Franz Link

Amerikanische Erzähler seit 1950
Themen. Inhalte. Formen.

BEITRÄGE
ZUR ENGLISCHEN UND AMERIKANISCHEN LITERATUR

Im Auftrag der Görres-Gesellschaft herausgegeben von
Franz Link und Hubertus Schulte Herbrüggen

in Verbindung mit Rüdiger Ahrens, Ulrich Broich,
Bernd Engler, Willi Erzgräber, Armin Paul Frank,
Roland Hagenbüchle, Karl Josef Höltgen,
Karl Heinz Göller, Klaus Lubbers, Heinz Joachim Müllenbrock,
Kurt Müller, Theodor Wolpers und Waldemar Zacharasiewicz

Band 12

FRANZ LINK

Amerikanische Erzähler seit 1950

Themen · Inhalte · Formen

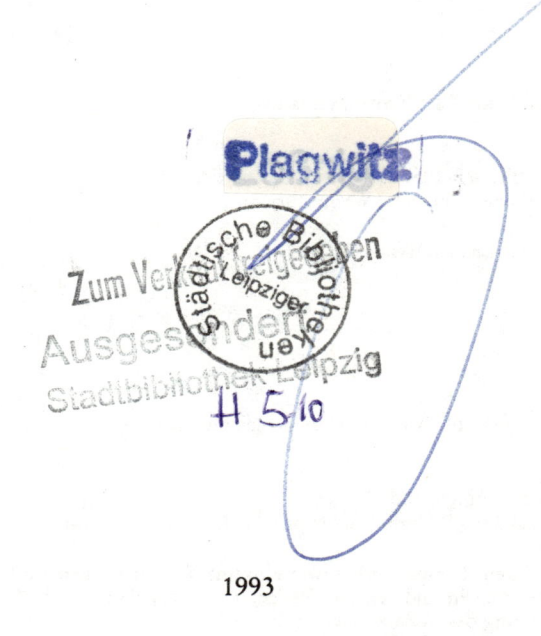

1993

FERDINAND SCHÖNINGH
PADERBORN · MÜNCHEN · WIEN · ZÜRICH

Die Deutsche Bibliothek - CIP-Einheitsaufnahme

Link, Franz:
Amerikanische Erzähler seit 1950: Themen, Inhalte, Formen /
Franz Link. - Paderborn; München; Wien; Zürich:
Schöningh, 1993
   (Beiträge zur englischen und amerikanischen Literatur; Bd. 12)
   ISBN 3-506-70822-8
NE: GT

Gedruckt auf umweltfreundlichem, chlorfrei gebleichtem Papier

© 1993 Ferdinand Schöningh, Paderborn
(Verlag Ferdinand Schöningh GmbH, Jühenplatz 1, D 4790 Paderborn)

Alle Rechte vorbehalten. Dieses Werk sowie einzelne Teile desselben sind urheberrechtlich geschützt. Jede Verwertung in anderen als den gesetzlich zugelassenen Fällen ist ohne vorherige schriftliche Zustimmung des Verlages nicht zulässig.

Printed in Germany. Herstellung: Ferdinand Schöningh, Paderborn

ISBN 3-506-70822-8

Helmut Viebrock

zu seinem 80.Geburtstag am 1.August 1992

in Erinnerung an den Anfang meines Studiums der
Englischen Philologie am 1.August 1945
als sein Schüler
an der Lagerhochschule Bellaria

Inhalt

Einleitung	11
Erzähler des Südens	19
Flannery O'Connor	22
Truman Capote	34
William Styron	41
Walker Percy	59
Weitere Erzähler des Südens	78
Madison Jones	78
James Dickey	80
Reynolds Price	83
Harry Crews	88
John Kennedy Toole	90
Jüdische Erzähler	93
Saul Bellow	96
Bernard Mallamud	120
Philip Roth	136
Weitere jüdische Erzähler	151
Stanley Elkin	151
Cynthia Ozick	157
E.L.Doctorow	163
Afroamerikanische Erzähler	173
Ralph Ellison	177
James Baldwin	184
Experimentelle afroamerikanische Erzähler	198
LeRoi Jones (Amiri Baraka)	199
Ishmael Reed	204
Weitere afroamerikanische Erzähler	212
Ernest J.Gaines	213
Toni Morrison	216
Alice Walker	224

Gesellschaftskritische und psychologische Erzählkunst 229
Der Militär- und Kriegsroman 230
  James Jones 232
  Norman Mailer 236

Zwischen Sachprosa und Erzählkunst 241
  Ken Kesey 248
  Tom Wolfe 253

Der Schul- und Hochschulroman und der Initiationsroman 262
  J.D.Salinger 262
  Mary MacCarthy 268

Die Erzähler der Beat-Generation 272
Jack Kerouac 276
William S.Burroughs 281

Surrealistische Erzählkunst 284
Joseph Heller 285
Kurt Vonnegut 292

Experimentelle Erzählkunst 303
William Gaddis 307
John Hawkes 315
John Barth 325
Thomas Pynchon 337
Donald Barthelme 351
John Gardner 363

Die *Akademiker* 374
  William Gass 375
  Ronald Sukenick 382
  Raymond Federman 387

Weitere experimentelle Erzähler 397
  Robert Coover 397
  Richard Brautigan 407
  W.S.Merwin 411

Erzählkunst der Immigranten 413
Vladimir Nabokov 413
Jerzy Nikodem Kosinski 427

Inhalt 9

Neorealistische Erzählkunst 435
John Updike 435
Joyce Carol Oates 449

Weitere neorealistische Erzähler 464
John Cheever 464
William Kennedy 471
Jayne Anne Phillips 474

Die *Minimalisten* 477
Raymond Carver 478
Frederick Barthelme 485
Richard Ford 490

Weitere Erzähler der Gegenwart 494
Thomas Berger, Gore Vidal, Don DeLillo, Anne Tyler, Paul Auster usw. 494

Schlußbetrachtung 509

Einleitung

Gleich zu Beginn der zweiten Hälfte unseres Jahrhunderts sprechen Kritiker von einem Wandel, dem sich die amerikanische Erzählkunst ihrer Zeit unterzogen sah. John W.Aldridge nennt die Sammlung seiner Essays über neu erschienene Romane *After the Lost Generation*, 1951. Irving Howe sprach 1959 in einem Aufsatz in der *Partisan Review* von "Post-Modern Fiction". Marcus Klein gab seiner Studie über die amerikanische Erzählkunst seiner Zeit den Titel *After Alienation*, 1964. Es bestand wenig Einigkeit darüber, wie die neue Erzählkunst zu bestimmen sei. Aber man fand einen gemeinsamen Nenner darin, daß sie anders war als die vorhergehende. Sie war "after", sie war "post". Diese Übereinkunft der Kritiker rechtfertigt es, die mit diesem Band vorgelegte Darstellung, die sich als Fortsetzung unserer *Geschichte der amerikanischen Erzählkunst* versteht, mit der Mitte des Jahrhunderts beginnen zu lassen. Im Zentrum des ersten Bandes unserer *Geschichte der amerikanischen Erzählkunst*,1980, stand deren erste Blüte in der oft als amerikanische Renaissance bezeichneten Periode. Ihre hervorragenden Autoren waren Edgar Allan Poe, Nathaniel Hawthorne und Herman Melville. Von einer zweiten Blüte konnte in unserem zweiten Band, der *Geschichte der amerikanischen Erzählkunst, 1900-1950*, 1983, gesprochen werden. Ernest Hemingway und William Faulkner waren ihre bedeutendsten Vertreter. In der Zeit zwischen diesen beiden Höhepunkten wirkten so bedeutende Erzähler wie Mark Twain und Henry James. Wenn nun in bezug auf die Erzähler, deren Werk in diesem Band dargestellt werden soll, von "after" und "post" die Rede ist, so zeigt das bereits an, daß wohl kaum von einer neuen Blüte die Rede sein kann. Zwar gibt es auch Kritiker - so Frank D.McConnell in seiner Studie über *Four Postmodern American Novelists: Bellow, Mailer, Barth and Pynchon*, 1977, (XXIX) -, die von einer neuen Renaissance sprechen, doch läßt sich die Situation besser mit dem von Philip Spevick in *Alternative Pleasures*, 1981, geprägten Bilde der "Pyramide ohne Spitze" umschreiben. In der Zeit nach 1950 zeichnen sich eine ganze Reihe von Erzählerinnen und Erzählern aus: Flannery O'Connor, Saul Bellow, William Styron, John Barth, John Updike oder Joyce Carol Oates. Doch keiner überragt seine Zeitgenossen in dem Maße wie die Meister der als erste und zweite Blüte bezeichneten Erzählkunst die ihren. Dennoch lohnt sich eine Betrachtung ihres Werkes. Wenn auch nicht einzelne Werke oder einzelne Autoren in dem gleichen Maße wie in den vorausgegangenen Perioden herausragen, zeigt die Erzählkunst nach 1950 doch ein beachtliches Niveau an künstlerischer Qualität und ein hohes Maß zeitgeschichtlicher wie gesellschaftlicher Relevanz, die sie in aller Welt Leser finden ließ.

Mit der Jahreszahl 1950 will unsere Darstellung keineswegs eine starre zeitliche Fixierung setzen. Wie fast alle bereits vorliegenden Studien zu unserem Gegenstand dokumentieren, vollzieht sich in der Erzählkunst von der ersten Hälfte des Jahrhunderts zur zweiten ein allmählicher Übergang. Das Kriegsende 1945 oder die Jahrhundertmitte sind nur Anhaltspunkte für eine ungefähre zeitliche Bestimmung. Die Meister der zweiten Blüte, Hemingway und Faulkner, leben und publizieren noch nach 1950. Dies gilt für den größten Teil der schon in dem zweiten Band unserer *Geschichte der amerikanischen Erzählkunst* behandelten Autoren. Ihre auch nach 1950 erschienenen Werke wurden in dem früheren Band bereits behandelt und werden in diesem nicht noch einmal aufgenommen. Das Schaffen einiger der in dem nun vorgelegten Band behandelten Autoren begann schon vor 1950. Dessen Höhepunkte liegen dann aber - vielleicht mit der Ausnahme von Norman Mailers *The Naked and the Dead*, 1948, - in der Zeit nach 1950.

Eine einheitliche Bestimmung oder eine eindeutige Gliederung der Erzählkunst nach 1950 dürfte kaum möglich sein. Verschiedene Tendenzen lösen einander ab oder laufen nebeneinander her; die Kritik verleiht ihnen nicht selten unterschiedliche Bedeutung. Politische und gesellschaftliche Umwälzungen schlagen sich in unterschiedlicher Weise in ihnen nieder. Zu nennen sind die Auswirkungen des letzten Weltkrieges, danach die Kriege in Korea, 1950-1953, und Vietnam, 1960-1973, die Atomspionageprozesse und die vor allem durch Senator McCarthy betriebenen Untersuchungsausschüsse über "unamerikanische Umtriebe" sowie die Bürgerrechtsbewegung und -gesetzgebung, die 1954/1955 voll einsetzte und mit dem Marsch auf Washington 1963 und dem Marsch zum Pentagon 1967 ihre Höhepunkte und mit der Ermordung Martin Luther Kings 1968 einen tragischen vorläufigen Endpunkt fand.

Nicht wegzudenken aus der Erzählkunst dieser Zeit ist die in den Jahren von 1956 bis 1960 ihren Höhepunkt erlebende Phase der "Beat Generation", die zusammen mit den von 1965 bis 1968 in den Vordergrund tretenden Hippies entscheidende Zeichen für gesellschaftliche Umwälzungen in der jüngeren Generation setzte. Ihre Entsprechung in der politischen Szene brachten die Vietnamproteste und die Studentenrevolten von 1968. Einen Niederschlag in der Erzählkunst fanden aber auch der Beginn der Raumfahrt im Jahre 1957 und die damit in Verbindung stehende Veränderung der Industrielandschaft mit Automatisation und Computertechnik. Nach den aufregenden politischen Ereignissen wie der Ermordung John F.Kennedys 1963 und der Watergateaffäre, die 1974 zum Rücktritt Nixons führte, ist die Ära Reagans zu nennen, die weniger auffällig in Erscheinung trat, jedoch die Szene auch für die Erzählkunst nachhaltig veränderte, wie in der Kritik deutlich wird, die ihr "Anpassung" oder "Resignation" vorwarf. Die Vielfältigkeit der Ereignisse wirkte sich in unterschiedlicher Weise in der Erzählkunst aus, ohne daß in irgendeinem der Fälle nur monokausale Verbindungen hergestellt werden könnten.

Soweit sich überhaupt Verallgemeinerungen zu einer Bestimmung der amerikanischen Erzählkunst dieser Periode anbieten, ließe sich sagen, daß sie eine Verschärfung der Frage nach der Identität der Person dokumentiert, die bis zur resignierenden Aufgabe des Fragens führen kann. Nach dem Verlust des Glaubens an die Selbstbestimmung des Ichs im Naturalismus - in seiner Bestimmtheit durch exogene Faktoren wie gesellschaftliche Umwelt, Erbmasse u.a. - versuchten die Erzähler der ersten Hälfte des Jahrhunderts neue Wege der Identitätsfindung und neue Möglichkeiten zur Verbesserung der gesellschaftlichen Verhältnisse zu erforschen. Nach dem letzten Weltkrieg greift jedoch zunehmend eine resignierende Enttäuschung um sich. Das zur Identitätsfindung erforderliche traditionelle Menschenbild hat für viele seine Gültigkeit verloren, da es nach ihrer Erfahrung versagte. Die Suche nach einer neuen

Identität und nach einem Sinn des Lebens hört nicht auf. Doch sie wird verhaltener und geht zum Teil neue Wege. Von einer Reihe von Autoren wird sie aber auch aufgegeben; man versucht, so gut es geht, ohne einen Sinn zu leben oder aber schafft sich einen eigenen - oft willkürlichen - Sinn. Nach John Cage "anything goes".

Die Verschärfung der Identitätsfrage zeigt sich in der Erzählkunst vielleicht am deutlichsten in der Darstellung der Liebe. Die Mehrzahl der im vorliegenden Band untersuchten Werke wäre im Verständnis, das noch zu dem Prozeß über D.H.Lawrences *Lady Chatterley's Lover* führte, als pornographisch zu bezeichnen. Vor der Jahrhundertmitte erfüllte die Darstellung des Aktes jedoch noch in der Regel die in den Prozessen um pornographische Literatur geltend gemachte Forderung nach ihrer künstlerischen Notwendigkeit im Sinne ihrer funktionalen Berechtigung zur Bedeutungserhellung der im Werk vermittelten Wirklichkeit. Vor allem galt selbstlose Liebe, Hingabe an den Anderen oder an die Gemeinschaft noch als Möglichkeit der Sinnerfüllung und Identitätsfindung. In der Erzählkunst der zweiten Hälfte unseres Jahrhunderts löst sich die Beschreibung des Aktes immer mehr von seiner Einbindung in diesem Sinne. An die Stelle von Eros tritt in vielen Fällen Sex, bzw. Sex löst sich von seiner Bindung an den Eros. An die Stelle des Füreinanderdaseins tritt die Selbstbefriedigung, die dann allerdings zum Scheitern führt, da sie keine dauerhafte Erfüllung zu bringen vermag.

Eine Form der Suche nach Identität, die schon vor 1950 eine besondere Rolle in der amerikanischen Erzählkunst gewonnen hatte und die danach in verstärktem Maße Gestalt gewinnen sollte, ist diejenige, die sich an gesellschaftlich, kulturell oder ethnisch besonders geprägten Gruppen orientierte. Schon vor 1950 handelte es sich dabei vor allem um die gesellschaftliche und kulturelle Ausprägung des amerikanischen Südens, nach diesem Zeitpunkt in zunehmendem Maße um ethnische Gruppen wie der jüdischen und afroamerikanischen, später auch der indianischen und vor allem hispanoamerikanischen Minderheiten. In zunehmendem Maße kommt dabei auch der Wandel der ursprünglich anglosächsisch-protestantisch geprägten Nation zu einem ethnisch-kulturell pluralistischen Staatswesen zum Ausdruck. Wir werden aus diesem Grunde die Erzählkunst der Südstaaten sowie die jüdische und die afroamerikanische jeweils getrennt betrachten.

Wir verzichten auf eine Darstellung der indianisch und der hispanoamerikanisch bestimmten Erzählkunst, da wir der Ansicht sind, daß sie noch keine Werke vergleichbarer Bedeutung wie die anderen Gruppen hervorgebracht haben. N.Scott Momadays mit dem Pulitzerpreis und dem National Book Award ausgezeichneter Roman *House Made of Dawn*, 1968, rechtfertigt noch kein Kapitel über indianische Literatur, und dies wäre das u.E. einzige Werk, das sich mit denen der hier aufgenommenen Autoren zum Vergleich anböte. In bezug auf die hispanoamerikanische Erzählkunst müßten wir zum Teil auf einen anderen sprachlichen Bereich übergreifen, da ihre Autoren erst ziemlich spät damit beginnen, sich der englischen Sprache zu bedienen. Wie die jüngsten Werke von Carlos Fuentes oder schon José Revueltas' *Los motivos de Caín*. 1957, deutlich machen, liegen hier auch Überschneidungen mit der mexikanischen Literatur vor. Der in der Gegenwart anhaltende starke Zustrom illegaler mexikanischer Einwanderer wird hier mit Bestimmtheit nicht nur die gesellschaftliche, sondern auch die literarische Szene weiter verändern.

Die Erzählkunst der Südstaaten steht nach etwa 1950 - und das heißt, nach Faulkner - bereits in einer zweiten Phase: Wenn Robert Penn Warren und Eudora Welty noch bis in die achtziger Jahre schreiben (Warren stirbt 1989), bestimmen sie mit den anderen ihrer Zeitgenossen der "Southern Renaissance" nicht mehr die Szene. Die Sinngewinnung geht, wie vor allem bei Flannery O'Connor, absurdere Wege oder findet sich - in einer weiteren Phase -, wie bei Walker Percy, außerhalb eines nur scheinbar aller Ordnung nach verlaufenden Lebens, in dem die neue wirtschaftliche und gesellschaftliche Wirklichkeit des früheren "Cotton Belt", der nun zum "Sun Belt" geworden ist, ihren Niederschlag gefunden hat.

In einer anderen Situation als die Erzähler der Südstaaten befinden sich die jüdischen Erzähler in den U.S.A.. Es gibt zwar eine beachtliche jüdische Literatur schon vor 1950 - zu nennen wären Abraham Cahans *The Rise of David Levinsky*, 1917, oder Henry Roths *Call It Sleep*, 1935, - doch wäre hier eher von einer Immigrantenliteratur zu sprechen, da sie primär nur für die Betroffenen Bedeutung gewinnt, weniger für außerhalb stehende Leser. Erst in dem Augenblick, da diese Bevölkerungsgruppe voll integriert zu werden scheint, wird auch die speziellere Ausprägung ihrer Literatur von allgemeiner Bedeutung. Die Autoren, die zu diesem Durchbruch verhalfen, sind Saul Bellow, Bernard Malamud und - in geringerem Maße - Philip Roth. Daneben schreiben andere jüdische Autoren, so etwa Chaim Potok, weiterhin vornehmlich für die jüdische Lesergemeinde. Dagegen läßt sich das Werk anderer jüdischer Autoren nicht mehr als jüdische Erzählkunst definieren, sondern hat, wie das des späteren Stanley Elkin, teil an dem allgemeinen Strom der Entwicklung. In einem gewissen Sinne lösten die zuvor genannten jüdischen Autoren die Erzähler aus den Südstaaten ab, ein Phänomen das der Erzähler in William Styrons *Sophie's Choice*, 1979, im Gespräch mit dem jüdischen Freund der Titelheldin erörtert.

Die afroamerikanische Literatur hatte in der Zeit zwischen den beiden Weltkriegen bereits ihre "Harlem Renaissance" erlebt. Mit Richard Wright stellte sie auch einen bedeutenden Erzähler. Ihren wirklichen Durchbruch erlebte sie aber erst nach 1950, vor allem mit Ralph Ellisons *Invisible Man*, 1952, und James Baldwins *Go Tell It On the Mountain*, 1954. Nach einer dann mehr durch die Aktualität der Bürgerrechtsbewegung bestimmten Phase fand sie in erstaunlicher Breite zu einer konstanten fruchtbaren Entwicklung im Bewußtsein ihrer eigenen, aber für das gesamte Gemeinwesen bedeutsamen Identität.

Auf andere Weise als in den bisher genannten Fällen zeigt sich die Identitätssuche in der Erzählkunst nach 1950 in den Darstellungen der Schwierigkeiten, die sich für das Hineinwachsen der jungen Generation in die Welt der Erwachsenen ergibt. Schule, College und Universität sind dabei gewöhnlich der Schauplatz des Geschehens. Das spektakulärste Beispiel dieser Werkgruppe bildet natürlich J.D.Salingers *The Catcher in the Rye*, 1951. Bei Mary McCarthy - so in *The Group*, 1963, - verbindet sich das Thema der Identitätsfindung des Jugendlichen mit dem der Frau.

Die Problematik der Sinngewinnung in der Welt unseres Jahrhunderts zeigt sich in besonders krasser Weise angesichts der Sinnlosigkeit der kriegerischen Auseinandersetzungen und Massenvernichtungen. So gewinnt neben dem Genre des Schulromans auch das des Militär- und Kriegsromans eine hervorragende Bedeutung. Im Krieg enthüllt sich den Erzählern dieses Genres die Absurdität der Geschichte der Nation oder der Menschheit wie des Lebens des Einzelnen. Bleibt die Reaktion auf die grundsätzlich absurde Situation in Norman Mailers *The Naked and the Dead* noch im Rahmen der herkömmlichen Gesellschaftskritik, so führt sie in Kurt Vonneguts *Slaughterhouse Five*, 1965, oder in Joseph Hellers *Catch-22*, 1961, zum Scheitern an ihrer Sinnlosigkeit. Für Mailer erhebt sich damit aber bereits auch die Frage nach der Fiktivität aller unserer Wirklichkeitsentwürfe. Die Konsequenz, die sich für ihn - wie für Truman Capote aus anderen Gründen - daraus ergibt, ist die Entstehung der sogenannten "faction" und des "New Journalism". Die Grenzen zwischen Erzählkunst und Journalismus sowie auch der persönlichen Essayistik beginnen zu verschwimmen. Aus diesem Grunde sahen wir uns genötigt, dem "New" oder "Literary Journalism" eigens einen Exkurs zu widmen.

Ein tiefgreifender Einschnitt in der gesellschaftlichen Entwicklung, der sich auch unmittelbar in der Erzählliteratur niederschlägt, erfolgt durch die "Beat Generation", die ihr folgende Hippie-Bewegung und die gesamte, durch sie initiierte Subkultur. Man entzieht sich einer Welt, in der man keinen Sinn mehr zu erkennen glaubt, um das Lebensglück durch den Genuß von Drogen herbeizuführen. Ziel jeglichen Bestrebens wird das momentane Glücksgefühl. Man entzieht sich den Forderungen der Gesellschaft; man "steigt aus". Ein früher Höhepunkt in der Erzählkunst dieser Subkultur ist William S.Burroughs *Naked Lunch*, 1959. Aber auch Ken Keseys *One Flew Over the Cuckoo's Nest*, 1962, ist in diesem Zusammenhang zu sehen. Tom Wolfs *The Electric Kool-Aid Acid Test*, 1968, gehört zu den besten Beiträgen des "New Journalism" zu der Szene. Die von der "Beat Generation" ausgelöste Bewegung wirkt bis in die Erzählkunst der achtziger Jahre weiter, wenn zum Beispiel der Aussteiger in den Erzählungen von Jayne Anne Phillips - *Fast Lines*, 1984, - als der einzige freie Amerikaner gefeiert wird.

Da sich alle bisherigen Sinnfindungen als unzulänglich erwiesen, wird nach 1950 jede Sinnfindung schließlich in zunehmendem Maße als mehr oder weniger willkürlich, wenn auch mitunter als Entwurf für notwendig erachtet. Die Willkürlichkeit des Sinnentwurfs wird zum Hauptthema der "new fiction" oder "metafiction". Sinnfindung wird dabei zu einem Experiment, und in Entsprechung dazu wird auch das Erzählen selbst zum Experiment; im Vorgang des Erzählversuchs wird mögliche Sinngebung erprobt. Es handelt sich bei dieser "new fiction" auch in dem Sinne um experimentelle Literatur, insofern herkömmliches Erzählen als nicht mehr möglich betrachtet wird, neue Formen erprobt werden oder - und daher "metafiction" - der Versuch des Erzählens selbst zum Thema wird. Eine stattliche Reihe von Autoren hat sich auf diesem Felde des Erzählens geregt und besonderes Interesse in der akademischen Welt auf sich gezogen, das in vielen Fällen nicht notwendigerweise auch dem Interesse des nichtprofessionellen Lesers entsprach. Viele Kritiker und natürlich die Autoren selbst betrachten diese experimentelle "new fiction" als die einzig mögliche Literatur ihrer Zeit, neben der sie keine andere gelten lassen möchten. Obwohl man sich auf eine lange, bis auf Laurence Sternes *Tristram Shandy*, 1759-1767, zurückgehende Ahnenreihe berief, nimmt die "new fiction" ihren Anfang mit William Gaddis' Roman *The Recognitions*, 1955, der sich selbst als Fälschung enthüllt, findet mit Autoren wie John Barth, Donald Barthelme und Thomas Pynchon in den sechziger und siebziger Jahren ihren Höhepunkt und befindet sich seit dem Beginn der achtziger Jahre nach dem Eingeständnis einiger ihrer Autoren selbst im Abklingen. Die Betrachtung gerade dieser Werkgruppe bereitet besondere Schwierigkeit, da ihre Grenzen unterschiedlich gezogen werden und immer wieder neue Talente - so vor allem durch Jerome Klinkowitz - propagiert werden. Die Hochschätzung einiger der Charlatanerie verdächtigen Werke durch anerkannte Kritiker macht es zudem schwierig, diesem Verdacht nachzugehen.

Getrennt werden in unserer Darstellung zwei Immigranten behandelt, die häufig auch als Autoren von "metafiction" reklamiert werden: der ursprünglich russisch publizierende Vladimir Nabokov, der durch seinen in Englisch verfaßten Roman *Lolita*, 1955, weltweites Aufsehen erregte, und der nach dem letzten Weltkrieg aus Polen emigrierte Jerzy Kosinsky. Denn ihre bedeutenden Werke in englischer Sprache sind wesentlich durch ihre Herkunft geprägt, und des letzteren *Painted Bird*, 1965, hat außer der Sprache eigentlich wenig mit der zeitgleichen amerikanischen Romanliteratur gemein.

Eine Verlegenheitslösung bedeutet es, wenn John Updike, Joyce Carol Oates, John Cheever, William Kennedy, Jayne Anne Phillips und die "Minimalisten" gemeinsam als "Neorealisten" behandelt werden. Ihre Erzählungen und Romane sind sehr verschieden geprägt. Bei den zuerst genannten Autoren geht es jedoch noch grundsätzlich um die immer schwerer gewordene Suche nach Identität in einer sich grundlegend wandelnden Gesellschaft auf einer gesellschaftskritisch wie individualpsychologisch verankerten Basis, die aber oft genug, wie in Updikes *The Centaur*, 1963, und Oates' *Bellefleur*, 1980, ins Phantastische übergeht. Die "Minimalisten" - und zum Teil auch Phillips - praktizieren dagegen einen "neuen" Realismus, der auf Äußerung der Gefühle oder auf Bewertungen verzichtet.

Es bleibt eine ganze Reihe von Autoren, die sich kaum in das behelfsmäßige Gerüst, das vor allem der besseren Übersichtlichkeit dienen will, einordnen lassen. Zudem erscheinen ständig neue Talente, deren Bedeutsamkeit selten sofort erkennbar ist und deren Werk zu sichten der einzelne Kritiker auch gar nicht in der Lage ist. Je näher sich die Darstellung auf die Gegenwart zubewegt, desto schwieriger wird auch die Auswahl, zum einen weil es bei der Fülle der Neuerscheinungen einer Vorauswahl im Prozeß der Rezeption bedarf, zum anderen weil die Zeit oft erst zeigt, was nur für die aktuelle Gegenwart von Bedeutung ist und was auf die Dauer von Wert bleiben wird, also erst Geschichte macht. Wir schreiben demnach Geschichte auch nur in einem sehr eingeschränkten Sinne, insofern unsere zu begründende Beurteilung den bleibenden Wert der Literatur, die wir behandeln, zu bestimmen versucht. In dem Band über die Erzählkunst im 19.Jahrhundert konnte sich die Darstellung auf eine ausführliche Behandlung von 13 Autoren beschränken. Es waren diejenigen, die auch heute noch gelesen werden und die die weitere Entwicklung mitprägten. In der Geschichte der amerikanischen Erzählkunst von 1900 bis 1950 waren 24 Autoren zur ausführlicheren Behandlung herangezogen worden, d.h., die fast doppelte Zahl von Namen für die Hälfte der Zeitspanne. Für den noch kürzeren Zeitraum nach 1950 hat sich die Zahl nun wieder mehr als verdoppelt, wobei wir uns natürlich bewußt sind, wie vorläufig unsere Auswahl notwendigerweise sein muß. Autoren, von denen wir noch vor etwa zehn Jahren glaubten, daß sie berücksichtigt werden müßten, schließen wir aus, da sie inzwischen schon - und wir meinen, zu recht - vergessen sind. Dagegen haben wir einige Autoren aufgenommen, von denen jedermann spricht, deren Werk sich aber als vorübergehende Modeerscheinung erweisen könnte. In einer Reihe von Fällen wählen wir Autoren als Beispiele von Tendenzen, für die auch andere hätten herangezogen werden können. Dies gilt besonders für die experimentelle Erzählkunst, wenn etwa William Gass, Roland Sukenik, Raymond Federman, Richard Coover und Richard Brautigan kurz behandelt werden, aber Walter Abish, Gilbert Sorrentino, Richard Yates, oder Thomas McGuane und ein Dutzend oder mehr Autoren, die hier genannt werden könnten, übergangen werden. Zu den Autoren, die vorübergehend in den Vordergrund traten, gehört James Gould Cozzens, der - vor allem mit *By Love Possessed*, 1957, - versprach, einer eher konventionellen Erzählweise wieder Geltung zu verschaffen, der in neueren Darstellungen aber - wenn überhaupt erwähnt - sehr kurz abgetan wird. Ähnliches wie für Cozzens gilt für James F.Powers, der als katholischer Erzähler - vor allem mit *Morte D'Urban*, 1962, - beachtliches Ansehen genas, für James Purdy, der für die Darstellung der Problematik der Homosexualität in gewissen Kreisen favorisiert wurde, aber gleichzeitig wegen seines Antagonismus zur Welt der Frauen auf Ablehnung stieß, oder für Paul Bowles, der mit *The Sheltering Sky*, 1949, oder *The Spider's House*, 1955, auf einem Albert Camus' *La peste*, 1947, ähnlichen nordafrikanischen Hintergrund dem europäischen Existentialismus nahe stand. Keiner der drei wird in der *Columbia Literary History of the United States* von 1988 auch nur noch genannt.

Wie in den beiden Bänden unserer Geschichte der amerikanischen Erzählkunst sollen im folgenden die einzelnen Autoren und die einzelnen Werke so vorgestellt werden, daß ihr jeweiliger Beitrag zur amerikanischen Erzählkunst und ihre Bedeutung in deren Entwicklung aus dem Text heraus sichtbar gemacht werden können. Der Leser soll in die Lage versetzt werden, die aus der Interpretation der Texte gewonnenen Aussagen und Urteile nachzuvollziehen und zu überprüfen. Aufgrund der großen Fülle des Materials kann die vorliegende Darstellung allerdings nicht in der gleichen Ausführlichkeit auf die Interpretation einzelner Werke eingehen, wie dies in dem ersten Band und in schon geringerem Maße im zweiten noch möglich war.

Der Gegenstand der hier vorgelegten Darstellung wächst in der für diese erforderlichen Zeit noch weiter. Der dadurch entstehenden Schwierigkeit soll - so weit wie möglich - dadurch Rechnung getragen werden, daß die Autoren und ihre Werke bis zu dem Zeitpunkt berücksichtigt werden, da der jeweilige Teil seine endgültige Formulierung findet. Dabei wird in Kauf genommen, daß die Darstellung, je mehr sie sich der Gegenwart nähert, desto fragmentarischer bzw. vorläufiger bleiben muß. Das Gleiche gilt für die Berücksichtigung der bisherigen Forschung zur amerikanischen Erzählkunst nach 1950. Eine Würdigung vorausgegangener Darstellungen (bis 1988) liegt in meinem Forschungsbericht "Bestimmungen der amerikanischen Erzählkunst nach 1950" vor, der im *Literaturwissenschaftlichen Jahrbuch*, Band 31, 1990 (337-371) erschien. Im Unterschied zu den früheren Bänden, steht die ausgewählte Bibliographie jeweils am Ende der Teile der Darstellung, auf die sie sich bezieht. Dort werden auch die Ausgaben der Werke genannt, auf die sich die jeweils im Text in Klammern genannte Seitenzahl bezieht. Soweit vorhanden, werden dabei auch Gesamtausgaben oder andere Werksammlungen der Autoren aufgeführt.

Literatur

John W.Aldridge, *After the Lost Generation*, New York, 1951.
Ihab Hasan, *Radical Innocence: Studies in the Contemporary American Novel(RI)*, Princeton, 1961.
Marcus Klein, *After Alienation: American Novels in Mid-Century*, Chicago, 1964.
Helen Weinberg, *The New Novel in America*, Ithaca, NY, 1970.
Jerry Bryant, *The Open Decision: The Contemporary American Novel and Its Intellectual Background*, New York, London, 1970.
Tony Tanner, *City of Words: American Fiction 1950-1970*, New York, 1971.

Brigitte Scheer-Schätzler, *Konstruktion als Gestaltung: Interpretationen zum zeitgenössischen amerikanischen Roman*, Wien, 1975.
Peter Freese, hg., *Die amerikanische Kurzgeschichte der Gegenwart. Interpretationen*, Berlin, 1976.
Frank D.McConnell, *Four Postwar American Novelists: Bellow, Mailer, Barth and Pynchon*, Chicago, 1977.
Warner Berthoff, *A Literature Without Qualities: American Writing Since 1945*, Berkeley, 1979.
Philip Spevick, *Alternative Pleasures: Postrealist Fiction and the Tradition*, Urbana, IL, 1981.
Craig H.Werner, *Paradoxical Resolutions: American Fiction Since James Joyce*, Urbana, IL, 1982.
Gordon Weaver, hg., *The American Short Story 1945-1980*, Boston, 1983.
Malcolm Bradbury, *The Modern American Novel*, Oxford, New York, 1983, 2.Aufl. 1992.
Frederick R.Karl, *American Fictions, 1940-1980: A Comprehensive History of Critical Evaluations*, New York, 1983.
Malcolm Bradbury und Sigmund Ro, hg., *Contemporary American Fiction*, London, 1987.
Alan Wilde, *Middle Grounds: Studies in Contemporary American Fiction*, Philadelphia, 1987.
Jan Gorak, *God the Artist: American Novelists in a Post-Realist Age*, Urbana, IL, Chicago, 1987.
Arno Heller, hg., *Der amerikanische Roman nach 1945*, Darmstadt, 1987.
Gerhard Hoffmann, hg., *Der zeitgenössische amerikanische Roman: Von der Moderne zur Postmoderne*, 3 Bde., München, 1988.
Thomas D.Young, hg., *Modern American Fiction*, Baton Rouge, LA, London, 1989.
Melvin Friedman, hg., *The American Novel Since 1960*, London, 1990.

Erzähler des Südens

Die gesellschaftliche und wirtschaftliche Besonderheit des Südens der Vereinigten Staaten hatte vorübergehend zur Eigenstaatlichkeit geführt, die erst durch einen blutigen Krieg wieder rückgängig gemacht wurde. Nur langsam konnte sich dieser Landesteil von den Folgen des Krieges erholen. Die Vergangenheit vor der Niederlage wurde im Verlauf des Genesungsprozesses zum Mythos, der zu einer Identitätskrise führen mußte. Diese versuchte der Süden nach dem ersten Weltkriege durch ein Aufarbeiten der Vergangenheit und d.h. vor allem, durch ihre Entmythologisierung zu bewältigen. Einen entscheidender Teil daran hatte die "Southern Renaissance", an der die Erzählkunst wiederum maßgeblich beteiligt war. Daß die Bewältigung im wesentlichen tatsächlich geleistet wurde, bezeugt die fast widerspruchslose Rezeption von Wilbur J.Cashs *The Mind of the South*, 1941. Cashs Studie entlarvt den Mythos des ritterlichen Plantagenbesitzers als eine Kompensation für das Schuldgefühl einer Gesellschaft, in der der Einzelne sich rücksichtslos auf Kosten der jeweils anderen durchzusetzen vermochte. Die Erzähler, die an dieser Vergangenheitsbewältigung mitwirkten, waren neben William Faulkner vor allem Katherine Anne Porter, Carson McCullers, Eudora Welty und Robert Penn Warren. Wir werden, wie bereits angekündigt, auf ihr Schaffen nicht zurückkommen, obwohl es z.T. weit über 1950 hinausreichte und dasjenige von Carson McCullers und Eudora Welty von einigen Kritikern für eine spätere Phase reklamiert wurde.
    Die Entmythologisierung der Vergangenheit führte in der Erzählkunst der Südstaaten keineswegs dazu, daß man sich von ihr löste. Nach der Formulierung von Lewis P.Simpson gelang es vielmehr, "to arrest the disintegration of memory and history"(71). Die neue Haltung, die man der Vergangenheit gegenüber fand, war das Eingeständnis der eigenen Schuld und Bedingtheit. Dies galt speziell für die Schuld gegenüber den Indianern als ursprünglichen Besitzern des Landes wie vor allem gegenüber der Sklaverei. Als Eingeständnis der Bedingtheit menschlichen Seins und der grundsätzlichen Fehlbarkeit des Menschen erhielt die neue Haltung des Südens gegenüber seiner eigenen Geschichte universelle Bedeutung. Die gesellschaftliche Relevanz dieser Vergangenheitsbewältigung lag in den Werten, denen man sich weiter verpflichtet wußte, gerade weil sie verletzt worden waren, und die man außerhalb seiner Grenzen keine Geltung mehr besitzen sah.
    Die bis zur Jahrhundertmitte gewonnene Position der Südstaaten und ihrer Erzählkunst wirkt nicht nur in den noch weiter tätigen, sondern auch in einer Reihe von neu sich zu Wort meldenden Autoren fort. Sie führt jedoch in einer am besten durch Flannery O'Connor, Carson McCullers, Truman Capote und William Styron gekennzeichneten Phase in Anbetracht noch überlebender, aber degenerierter gesellschaftlicher und wirtschaftlicher Strukturen zu einer Steigerung der schon bei Faulkner oft genug grotesken Situation ins Absurde. Die Situation bleibt nicht minder grotesk, wenn, wie Walker Percy es am eindrucksvollsten nachzeichnet, der Einzelne in einer ohne Werte belanglos gewordenen Alltagsnormalität des "Sun Belt" um seine Identität ringt.

Die Erzählkunst der Südstaaten nach 1950 braucht man nicht notwendigerweise noch als Fortsetzung der "Southern Renaissance" zu betrachten. Sie zeigt aber - wenn dies auch nicht für alle ihre Autoren gilt - immer noch ein eigenes Gepräge. Obwohl das Groteske und das Absurde auch außerhalb der Südstaaten an Bedeutung gewinnen, können sie doch weiterhin als ein besonderes Charakteristikum der Erzählkunst des Südens gelten. Das trifft nicht nur auf die wirtschaftlichen und gesellschaftlichen Besonderheiten der in der Erzählkunst dargestellten Wirklichkeit zu, sondern auch auf deren besonderen Wertanspruch und - nach Lewis A.Lawson, zumindest bei einigen ihrer bedeutendsten Autoren - auf den Willen, "to create another South, just as vital as Faulkner's, but thick with associations of grace"(19).

In die Zeit nach 1950 fällt auch die Phase, in der sich die Erzählkunst des Südens vor allem mit Bürgerrechtsfragen beschäftigte. Die meisten Romane dieser etwa von 1954 bis 1968 reichenden Phase werden von Jan Nordby Gretlund zu recht als "one-sided, narrow-minded and often sentimental" charakterisiert. Heute, so heißt es bei ihm weiter, "the collective consciousness of the Civil War has faded, and to a certain extent even the civil rights of the 60's seem forgotten"(15).

Die Erzählkunst der siebziger und achtziger Jahre wandte sich wieder den Themen der Einsamkeit und der Desintegration in der keinen Sinn mehr vermittelnden Wirklichkeit der Gegenwart zu. Sie beschäftigt sich aber kaum noch mit dem inzwischen zerschlagenen Mythos des Südens vor dem Bürgerkrieg oder den Überlebensversuchen der "Reconstruction Era", sondern vielmehr mit der eigenen Zeit und ihren wirtschaftlichen wie gesellschaftlichen Veränderungen, die sich seit den sechziger Jahren vollzogen. Seit dieser Zeit wird auch die Frage gestellt, ob es noch berechtigt sei, von einer Erzählkunst des Südens zu sprechen, die sich von derjenigen anderer Landesteile unterscheidet. Es handelt sich dabei allerdings um eine weitgehend theoretische Frage, die sich oft darauf reduzieren läßt, ob besondere Merkmale des Südens oder solche, die die amerikanische Erzählkunst auch in anderen Landesteilen charakterisieren, überwiegen. Eine beachtliche Anzahl der in dieser Zeit erscheinenden Werke hat gerade die Möglichkeit der erhofften oder befürchteten Anpassung des Südens an den Norden zum Thema. Es handelt sich jetzt kaum noch um den "Cotton Belt" der Vergangenheit, wenn vom Süden die Rede ist, sondern nach Fred Hobsons *Tell About the South* (352 u.ö.) und anderen Kritikern um den "Sun Belt", der mehr als andere Teile des Landes von der modernen Luft- und Raumschiffahrt und der Ölgewinnung, von der Agrarindustrie, dem Grundbesitz, von den militärischen Einrichtungen und dem hohen Erholungswert bestimmt ist.

Als die bedeutendsten Erzähler des Südens gelten heute nach dem Konsens des überwiegenden Teils der Kritiker Flannery O'Connor, William Styron und Walker Percy. Erstere fand sehr früh allgemeine Anerkennung und galt bei ihrem frühen Tod bereits als Klassikerin ihrer Zeit. Das Schaffen William Styrons setzte etwa gleichzeitig mit demjenigen O'Connors ein, verteilt sich jedoch über einen längeren Zeitraum, in dem das Aufsehen, das sein erster Roman auslöste, sich zu dauerhafter Anerkennung festigte. Obwohl älter als die beiden anderen, begann Walker Percy seine Laufbahn als Schriftsteller erst später, wie auch sein Werk eine spätere Phase der Entwicklung erkennen läßt.

In bezug auf Truman Capote gehen die Meinungen der Kritiker auseinander. In der *Columbia History* wird er nur noch als Verfasser von *In Cold Blood*, 1965, genannt, d.h., als Autor von "faction". Die Zuordnung zum Süden spielt dabei keine Rolle. Sein

Kurzroman *The Grass Harp*, 1951, stellt jedoch - zusammen mit einigen seiner frühen Kurzgeschichten - eine reizvolle Variante der Erzählkunst der Südstaaten dar, die es uns als berechtigt erscheinen läßt, ihm zumindest ein kurzes eigenes Kapitel zu widmen. Ähnliches könnte für William Goyen (1918-1983) gelten, dessen Roman *The House of Breath*, 1951, auch im deutschen Sprachbereich beachtlichen Widerhall fand. Mit seinem späteren Werk konnte Goyen jedoch nicht mehr an den Anfangserfolg anknüpfen und wurde sehr bald so gut wie vergessen.

Neben den soweit genannten Autoren bietet sich eine große Anzahl weiterer an, die das Gesamtbild der Erzählkunst in den Südstaaten mitbestimmen. Lawson zählt in seiner Studie von 1984 5oo Romane auf, die in den Südstaaten seit 1940 geschrieben worden waren. Nur wenige darunter fanden dauerhafte Anerkennung in den etablierten Kritikerkreisen. Von der älteren Generation wäre aus dieser Gruppe von Autoren vor allem Elizabeth Spencer (geb.1921 in Carrollton, Mississippi) zu nennen. Sie lernte Eudora Welty kennen, als sie in Jackson das College besuchte, und veröffentlichte, viel von ihr lernend, bereits 1948 ihren ersten Roman, *Fire in the Morning*, der von der Kritik wohlwollend aufgenommen wurde. Ihr Schaffen setzt sich bis in die Gegenwart fort. *The Collected Short Stories* von 1981 zeigen sehr deutlich eine Entwicklung über mehr als dreißig Jahre, bedeuten aber kein Ende. 1988 erschien bereits eine weitere Sammlung ihrer späteren Erzählungen unter dem Titel *Jack of Diamonds*. Seit der Mitte der fünfziger Jahre in Italien und dann in Kanada lebend, verlagerte sich ihr thematisches Interesse weg vom Süden, so daß sie kaum noch zu dessen Erzählern gerechnet werden kann.

Von der jüngeren Generation wählen wir fünf Autoren für eine kürzere Betrachtung aus: Madison Jones, James Dickey, Raynolds Price, Harry Crews und John Kennedy Toole. Sie zeigen unterschiedliche Tendenzen in der Erzählkunst der Gegenwart auf. Ihre Bedeutung für die weitere Entwicklung dürfte schwer einzuschätzen sein. Von einigen Kritikern wird neben ihnen noch Barry Hannah (geb.1942) genannt, der vor allem durch seine Sammlung von kürzerer Prosa, *Airships*, 1978, und seinen dritten Roman, *Ray*, 1981, einiges Aufsehen erregte. Sein Schaffen hält weiter an. Zuletzt erschien *Boomerang*, 1989. In seinem Werk fügen sich nach unserer Leseerfahrung die dargestellten Wirklichkeitsfragmente zu keinem sinnvollen Ganzen und werden die Beschreibungen sexueller Erlebnisse zu sehr zum Selbstzweck.

Literatur

Frederick J.Hoffman, *The Art of Southern Fiction: Some Modern Novelists*, Carbondale, 1967.
Louis D.Rubin und C.Hugh Holman, hg., *Southern Literary Study: Problems and Possibilities*, Chapel Hill, NC, 1975.
Lewis P.Simpson, *The Dispossessed Garden: Pastoral and History in Southern Literature*, Athens, GA, 1975.
Louis D.Rubin, hg., *The American South: Portrait of a Culture*, Baton Rouge, LA,,1979.
Richard King, *A Southern Renaissance: The Cultural Awakening in the South, 1936-1955*, New York, 1980.
ders., *A Gallery of Southerners*, Baton Rouge, LA, 1982.

Fred Hobson, *Tell About the South: The Southern Rage to Explain*, Baton Rouge, 1983.
Hans Bungert, "Hollywood in Dixie? Zur gegenwärtigen Situation der Erzählliteratur des amerikanischen Südens," in *Wirklichkeit und Dichtung: Studien zur englischen und amerikanischen Literatur*, hg.U.Halfmann u.a., Berlin, 1984, 403-416.
Lewis A.Lawson, *Another Generation: Southern Fiction Since World War II*, Jackson, MS, 1984.
Louis D.Rubin und andere, *History of Southern Literature*, Baton Rouge, LA, 1985.
Jan Nordby Gretlund, "Novelists of the Third Phase of the Renaissance: Walker Percy, Madison Jones and Barrie Hannah," *Revue Française d'Études Américaines*, 23, 1985, 13- 24.
Richard Gray, *Writing the South: Ideas of an American Region*, New York, 1986.
Waldemar Zacharasiewicz, *Die Erzählkunst des amerikanischen Südens*, Darmstadt, 1990.
Fred Hobson, *The Southern Writer in the Postmodern World*, Athens, GA, 1991.

Flannery O'Connor, 1925-1964

In Savannah, Georgia, geboren, zog Flannery O'Connor 1941 nach dem frühen Tode ihres Vaters mit ihrer Mutter nach Milledgeville im gleichen Staate, wo sie die längste Zeit ihres kurzen Lebens verbrachte. Ihre erzählerische Begabung schulte sie in der "Schriftstellerwerkstatt" (Writer's Workshop) der University of Iowa nach den Regeln des "New Criticism": darstellen statt beschreiben, die Stimme des Erzählers von der der Charaktere unterscheiden, Übertreibungen vermeiden, ein beherrschendes Bild oder Symbol entwickeln, um das Thema "objektiv" zu vermitteln, und alles auf eine überraschende ironische Wende am Ende hin ausrichten. Noch während ihres Studiums veröffentlichte sie ihre ersten Kurzgeschichten. Seit 1950 stand dann ihr Leben im Schatten einer unheilbaren Krankheit (Lupus), der sie 1964 erlag.

Ihre erste Sammlung von Erzählungen, *A Good Man Is Hard to Find*, 1955, brachte ihr fast uneingeschränkte Anerkennung bei Lesern und Kritikern, und seit ihrem frühen Tode gehört sie trotz des verhältnismäßig geringen Umfangs ihres Werkes neben Katherine Anne Porter, Eudora Welty und Carson McCullers zu den bedeutenden Erzählerinnen der Südstaaten. Wie das Werk von McCullers wird das ihre fast ausschließlich von der ländlichen und kleinstädtischen Atmosphäre Georgias geprägt. Mehr noch als bei jener wird das Leben in dieser Welt von Banalitäten bestimmt. Ein über die animalische Existenz hinausgehender Sinn ist darin nicht erkennbar. Die trostlose Landschaft ihrer Erzählungen und Romane erweist sich als "gefallene Welt". Als solche jedoch öffnet sie sich durch ihre Ausrichtung auf die Möglichkeit von Gnade und Erlösung einer Sinngebung, die sich häufig als Wunder offenbart. So ist es verständlich, daß sich die christliche - vor allem die katholische - Kritik der Interpretation ihres Werkes annahm. Ungewöhnlich ist, daß Flannery O'Connor als betont katholische Erzählerin auch bei der religiös neutralen und religiös anders orientierten Kritik meist volle Anerkennung fand. Man könnte, meint eine andere Erzählerin, Joyce Carol Oates, ihre Kunst anerkennen, ohne ihre theologischen Anschauungen teilen zu müssen. In kurzer Zeit entstand seit der Mitte der sechziger

Jahre eine Fülle von Untersuchungen zu ihrem Werk, daß man meinen könnte, alles Wissenswerte müsse inzwischen gesagt worden sein. Doch die Reihe der Publikationen wächst weiter. Wir werden nur etwa die Hälfte - unserer Einschätzung nach die wichtigere - zitieren können.

Der Darstellung ihres Schaffens seien an Hand der Interpretation einiger ihrer charakteristischen Werke mehrere ihnen allen gemeinsame Merkmale vorangestellt und zwar solche, die sie als Teil der Literatur des Südens erkennen lassen, wie solche, die ihre Charaktere und die für sie typischen Situationen bestimmen. Als charakteristisch für die Erzählkunst des Südens kann die gesellschaftliche Struktur der Welt O'Connors betrachtet werden: Weiße ("the white"), arme Weiße ("the poor white") und Neger ("the niggers"). Es fehlt die gehobene weiße Gesellschaftsschicht; als Weiße erscheinen nur die verarmten Landbesitzer oder solche, die sich über die "poor white" erhaben fühlen, deren Situation sich von der ihren aber kaum unterscheidet. Charakteristisch für den Süden sind in ihrem Werk die brutale Gewalt ("violence"), die meistens in einem melodramatischen Geschehen kulminiert, und schließlich das, was in der Kritik immer wieder mit den Stichworten "Southern Renaissance", Groteske oder schwarzer Humor umschrieben wird. Bei O'Connor verbinden sich diese Merkmale, wenn die Gestalten der Romane und Erzählungen in der für sie sinnlos gewordenen Welt als groteske Verzerrungen erscheinen und sie auf unbeholfene, komische Weise mittels der Gnade zu sinnstiftender Erlösung finden, die aber erst durch einen Akt der Gewalt erreicht wird. Für den O'Connors Glauben nicht teilenden Leser bleibt diese Gnade immer auch als Erlebnis der liebenden Zuneigung zum Anderen verstehbar.

Als charakteristische Gestalten erscheinen in O'Connors Werken die Frau mittleren Alters, die sich vergeblich bemüht, ihre Kinder ihrem Klassen- oder Rassenbewußtsein entsprechend zu erziehen, oder der aus der zum Abschaum ("trash") zählenden Bevölkerungsschicht hervorgegangene Pächter ("tenant") kleiner Güter, der unzuverlässig ist, aber meist auch vergeblich versucht, ein Existenzminimum zu erwirtschaften. Es erscheinen ferner der junge Intellektuelle, der die Banalität des Lebens in seiner Gesellschaft durchschaut, ihr aber nur mit nihilistischer Resignation zu begegnen vermag, sowie der "Nigger", der in seiner meist abhängigen Situation für sich herauszuholen versucht, was er kann, der für den Weißen aber immer undurchschaubar bleibt, oder der hilflos Treibende, der die ihm angebotene Hilfe nicht anzunehmen fähig ist, dessen Not aber auch verkannt wird. Aus der Gruppierung dieser Personen ergeben sich die charakteristischen Situationen der Handlung: das Mutter-Sohn-Verhältnis (oder das Verhältnis anderer Erzieher zu Kindern), in dem kein Verstehen möglich ist; das Verhältnis von Arbeitgebern zu Arbeitnehmern, in dem das Aufeinanderangewiesensein durch gesellschaftliche oder religiöse Vorurteile durchkreuzt wird. Die aufgezeigten Merkmale erscheinen in immer neuen Konstellationen, die jedem einzelnen Werk als einem jeweils abgeschlossenem Ganzen seinen eigenen Charakter verleihen. Die Kunst Flannery O'Connors erweist sich gerade darin, daß sie in der durch die genannten Merkmale bestimmten Welt immer wieder auf andere, aber stets überzeugende Weise die Öffnung zur Möglichkeit der Sinnfindung aufzeigt. Die Darstellung einer solcher Möglichkeit in konkretem Geschehen innerhalb des oben erwähnten Rahmens wird von einigen Kritikern als eine Art sakramentalen Aktes gesehen, da sie den Leser selbst von einer solchen Möglichkeit überzeugt. Die Interpretation der Werke muß in dieser Hinsicht hinter ihrer Lektüre zurückbleiben.

"A Good Man Is Hard to Find", 1953

In der Titelgeschichte ihres ersten Sammelbandes treten die oben genannten Merkmale weniger in Erscheinung. An ihr läßt sich jedoch - wie die vielen bereits vorliegenden Interpretationsversuche dokumentieren - das besondere Anliegen der Autorin aufzeigen, allerdings auch die Problematik, es zu bestimmen. Die Erzählerin interpretierte in ihren Briefen an fragende Leser die Geschichte später selbst. Dennoch wird das, was das Besondere O'Connors ausmacht, immer noch sehr verschieden umschrieben. Mit dem Wissen um die unterschiedlichen Auslegungen kann hier nur eine unter anderen Möglichkeiten gezeigt werden.

Die Geschichte beginnt mehr oder weniger banal mit dem Aufbruch der Familie Bailey zu einer Ferienreise nach Florida. Großmutter Bailey gelingt es nicht, ihren Sohn zu überreden, statt nach Florida nach East-Tennessee zu fahren. Mit East-Tennessee verbindet sie die Erinnerungen an ihre Jugend und an das aristokratische Leben, dessen letzten Abglanz sie dort auf einer Plantage noch erlebte. Ihre Verbundenheit mit der Vergangenheit, die für sie noch menschliche Werte vertrat, äußert sich in ihrem verschrobenen und eigensinnigen Verhalten. Ihr Sohn und seine Familie repräsentieren dem gegenüber die Belanglosigkeit des Alltags. Als die Familie zu einem Imbiß an einer Tankstelle Halt macht, beklagt sich der Besitzer, daß ein guter Mensch schwer zu finden sei. Im weiteren Verlauf der Reise gewinnt die imaginäre Vergangenheit der Großmutter die Oberhand. Sie intersssiert die unruhig gewordenen Kinder für ein altes Plantagenhaus, das unweit der Hauptstraße liegen soll und das sie aus ihrer Jugend kennen will. Mit Hilfe der Kinder gelingt es ihr, den Sohn zu einem kleinen Umweg zu überreden. In dem Augenblick, da ihr einfällt, daß die Plantage nicht in Georgia, sondern in Tennessee liegt, kommt es zu einem Unfall auf der nicht befestigten Straße. Aus einem Wagen, der an der Unfallstelle auf der abgelegenen Straße anhält und von dem man Hilfe erwartet, steigen der "Misfit" und seine zwei Helfer. Der "Misfit" ist ein erst kürzlich aus dem Gefängnis ausgebrochener Gewaltverbrecher, der sich laut Zeitungsbericht auf dem Wege nach Florida befinden soll. Deshalb hatte die Großmutter, die darum wußte, den Sohn bewegen wollen, nach Tennessee zu fahren. Sie ist es, die den Verbrecher sofort erkennt. Dessen Helfer führen den Sohn und den Enkel in den Wald und erschießen sie. Anschließend holen sie die Schwiegertochter, die Enkelin und den Säugling und bringen sie auf die gleiche Weise um. Währenddessen redet die Großmutter auf den "Misfit" ein und will ihn glauben machen, daß er doch ein guter Mensch sein könne, wenn er nur bete. Der "Misfit" mißt sein Tun aber nur an der Strafe, die er dafür einhandelt: "I call myself The Misfit [...] because I can't make what all I done wrong fit what all I gone through in punishment"(131). Wenn Christus tat, was er sagte, "then it's nothing for you to do but throw away everything and follow Him, and if He didn't, then it's nothing for you to do but enjoy the few minutes you got left the best way you can - by killing somebody or burning down his house or doing some other meanness to him"(132). Doch er war Christus nicht begegnet. Erregt behauptet er, daß er ein anderer Mensch geworden wäre, wenn er Zeuge von Christi Tun hätte sein können. Als die Großmutter ihm seine innere Not am Gesicht ablesen zu können glaubt, meint sie, er sei eines ihrer Babies, worauf der "Misfit" betroffen zurückschrickt und ihr drei Kugeln in die Brust jagt.

Der Rahmen dieser höchst melodramatischen Geschichte ist die banale Alltagswelt der jungen Baileys. Bailey liest die Zeitung und läßt sich von dem Gerede seiner Mutter nicht stören. Seine Frau, "a young woman in slacks, whose face was as broad and innocent as a cabbage and was tied around with a green head-kerchief that had two points on the top like rabbit's ears", sitzt auf dem Sofa und füttert das Baby. John Wesley, der Enkel, gibt freche Antworten; June Star, die Enkelin, liegt auf dem Boden und liest die "funny papers"(117). In dieser Situation wird die Nachricht über den "Misfit", die die Großmutter in der Zeitung findet, nicht ernst genommen. Die Gefahr ist nur etwas, worüber man in der Zeitung liest; sie kann die Routine der Gewohnheiten nicht durchbrechen. Verbrechen wie die des "Misfit" haben in dieser Welt keinen Platz. Die Baileys repräsentieren die normale, geregelte, aber auch banale und langweilige Welt, in der jemand wie die Großmutter nur komisch und schrullig wirken kann. Die Sympathien der Erzählerin sind dabei wohl ausgewogen. Die Großmutter wirkt zwar komisch, aber auch bemitleidenswürdig, da man kein Verständnis für sie aufbringt. Die jungen Baileys erscheinen als banal alltäglich, aber auch als gerechtfertigt, wenn sie sich gegen die Sonderlichkeiten der Großmutter abschirmen. Eine Bestätigung der Alltagswelt ist in gewissem Sinne auch die Bemerkung des Tankwarts, daß ein guter Mensch schwer zu finden sei. Die Bemerkung erscheint in der Umwelt, in der sich das Geschehen abspielt, als eine Redensart, die niemand ernst nimmt, deren Relevanz sich jedoch für die Baileys sehr bald zeigen soll. Die scheinbar belanglose Episode der Rast zwischen dem Aufbruch zur Reise und dem Unfall gewinnt dadurch Bedeutung, daß sich in dem Besonderen des Unfalls etwas, das zur Redensart herabgesunken ist, auch für das Alltagsleben als gültig erweisen soll, in dem es zur Redensart geworden war.

Mit der Großmutter verbindet sich die Vorstellung einer vergangenen, noch heilen Welt. In ihr waltet die Nostalgie, die der pseudoaristokratischen Vergangenheit des Lebens auf der Plantage nachtrauert, wie es Faulkner, Robert Penn Warren und andere Erzähler der Südstaaten ausgemalt hatten. Wie sehr diese Vergangenheit Illusion ist, enthüllt sich, wenn die Großmutter die Plantage, die sie als Kind erlebte, in ihrer Einbildung von Tennessee nach Georgia verlegt. Um die Welt ihrer Einbildung zu erreichen, bedarf es eines Abweichens von der Hauptstraße auf die schlechte Nebenstraße. Auf der Hauptstraße begegnet den Baileys - wie an der Tankstelle - noch der banale, aber geregelte Alltag, der die Kinder langweilt. Die Vergangenheit der Großmutter auf der Nebenstraße aber wird für die Kinder zur Möglichkeit des Abenteuers.

Hier wird nun aber auch das zweite - von dem ersten nicht zu trennende Element, das die Welt der Großmutter charakterisiert, bedeutsam, nämlich die Möglichkeit, daß sich das Unerwartete ereignet. Dieses ist die tödliche Begegnung mit dem "Misfit". Hierin zeigt sich das, was als "Gothic", als Element der Schauergeschichte bezeichnet werden kann, das der normalen Welt als unmöglich erscheinende Unheimliche, das jedoch an einen tieferen Bereich menschlichen Seins stößt. Es handelt sich um "Southern Gothic", insofern sich dieses Unheimliche bei der Großmutter mit dem vermeintlichen Glanz der Vergangenheit verbindet.

Da die Welt der Großmutter in dem Alltag der Gegenwart nur als schrullig erscheinen kann, wird sie - vielleicht mit einem lächelnden Bedauern - von dem Leser als komisch betrachtet. Komisch wirkt bereits ihre altmodisch elegante Kleidung, umso mehr durch den Schaden, den diese, - namentlich der Hut - bei dem Unfall erleidet. Wenn sie unter diesen Umständen dem "Misfit", dem Gewohnheitsverbrecher, wie einem mißratenen Kind begegnet, wird diese Komik unheimlich und damit zu dem, was als "schwarzer Humor" bezeichnet werden kann. Doch während der schwarze Humor - wie Humor überhaupt - auf eine Unangemessenheit reagiert, allerdings auf eine düstere, geht die hier dargestellte Situation noch darüber hinaus: die Unangemessenheit ist nicht nur düster, sie bezieht die Unheimlichkeit des Todes mit ein. Zwar enthüllt die als unangemessen erscheinende Haltung der Großmutter sich in dem Gespräch mit dem "Misfit" als das einzig Angemessene, das allerdings in einer so verzerrten Situation wiederum nur als "grotesk" bezeichnet werden kann. Unkommentiert verhallen die Schüsse, denen die ganze Familie Bailey Jr. zum Opfer fällt. Sang- und klanglos verschwindet ihre Alltagswelt gewissermaßen von der Bühne. Das Ereignis, von dem erwartet werden könnte, daß es den Höhepunkt der Geschichte ausmache, wird in unheimlicher Weise in den Hintergrund gerückt. Es wird verdrängt von dem so komisch anmutenden Versuch der Großmutter, einen Mörder nicht ihres und des Lebens ihrer Familie wegen, sondern um seines Seelenheiles willen zur Besserung zu überreden. Das, was sich als das Wesentliche enthüllt, wird gegenüber der Erwartung des Lesers ins Groteske verzerrt, um ihn gewissermaßen durch den Schock über ein, von außen betrachtet, melodramatisch erscheinendes Geschehen auf eine ganz andere Ebene zu führen.

Das Geschehen auf dieser anderen Ebene ereignet sich, wenn der "Misfit" von der Großmutter tatsächlich "angesprochen" wird, d.h., sich berührt fühlt. In der Welt der Großmutter, in der das Gebet noch gilt, gibt es die Möglichkeit der Umkehr, der Gnade und der Erlösung. Doch ihr Gesprächspartner hat nur eine Welt ohne Erbarmen kennengelernt und schenkt der Welt der Gnade keinen Glauben. In jener Welt des Verbrechers jedoch geht es nur darum, das Bestmögliche aus dem bißchen Leben zu machen, und sei es durch Morden. Dieses aber wird dort, wo das Außergewöhnliche der Gnade nicht mehr möglich ist, zum Teil des belanglosen Alltags. Das Ungeheuerliche des Mordens kann so gelassen wiedergegeben werden und von den Medien, wie die Nachricht vom Ausbruch des "Misfit" am Anfang der Geschichte, zum täglichen Konsum an Neuigkeiten verbreitet werden. Die banale Welt der jungen Baileys birgt solchen Tod in sich. Auch die Großmutter ist ihr erbarmungslos ausgeliefert. Sie vermag zwar vorübergehend den Verbrecher zu rühren. Doch die Möglichkeit des Erbarmens ist ihm so gründlich von der Alltagswelt, die ihn unangemessen bestrafte, ausgetrieben worden, daß er nur in ihrem Sinne letztlich zu handeln vermag, das Ungewöhnliche von sich weist und, um sich an der gewöhnlichen Welt zu rächen, mordet. Das Ungewöhnliche, das sich in "A Good Man Is Hard to Find" ereignet, besteht schließlich darin, daß sich das Leugnen des Ungewöhnlichen durch die banale Alltagswelt durch den rächt, dessen ungewöhnliche Erlösungsmöglichkeit von ihr geleugnet wird, und daß derjenige, der auf dieses Ungewöhnliche noch seine Hoffnung setzt, keine Möglichkeit mehr hat zu überleben.

Flannery O'Connor interpretiert ihre Geschichte anders als wir. Nach einem Brief an John Hawkes, einen anderen Erzähler, ist für sie der "Misfit" als Teufel ein Bote des Guten *malgré lui*, indem er die Großmutter für die Möglichkeit der Gnade öffnet. O'Connor ist interessiert an "the indication of Grace, the moment when you know that Grace has been offered and accepted - such as the moment when the Grandmother realizes the Misfit is one of her own children" (*Letters* 367). Die Großmutter stirbt mit einem Lächeln. Auch diese Interpretation ist berechtigt und genießt die Autorität der Verfasserin. In ihrem Sinne fügt sich die Geschichte auch in das Konzept der Einheit im mystischen Leib Christi, zu der der Glaube führt, und das in Einklang mit den Vorstellungen Teilhard de Chardins über die Einheit in Gott steht, auf die hin die Entwicklung des Kosmos angelegt ist. Damit vereinbar ist auch ein Verständnis der Geschichte, demzufolge der Versuch, in einer idealisierten Vergangenheit zu leben, zu Tod und Vernichtung führen muß. Die Kunst Flannery O'Connors besteht aber gerade auch darin, daß sie den Leser nicht auf eine dogmatische Auslegung im Sinne ihres Glaubens festlegt, sondern das Berührtsein in einer menschlichen Begegnung Gestalt werden läßt und damit auch den Leser zu berühren vermag.

So grotesk, so unwahrscheinlich und so skurril das Geschehen in "A Good Man Is Hard to Find" auch erscheinen mag, erzählt Flannery O'Connor mit ihm doch eine dem Lokalkolorit treue Geschichte, die in überraschender Weise die Situation einer Gesellschaft zu charakterisieren vermag, für die Gott tot ist und die sich ohne Glauben in ihrer ganzen Sinnlosigkeit und Grausamkeit enthüllt.

Wie die Interpretation zu zeigen vermochte, treten Elemente, die die Literatur der Südstaaten kennzeichnen - das brutale Verbrechen, die Idealisierung der Vergangenheit u.a. - in der Erzählung Flannery O'Connors in eine Verbindung, die ihr eine einmalige Aussagekraft verleiht. Die oft schon zu Klischees erstarrten Merkmale gewinnen bei ihr neues Leben, insofern sie die ihnen zugrundeliegende Realität einer neuen Sinngebung zugänglich machen, in der das Unglaubliche wieder glaubhaft wird, sei es die Gnade oder sei es die selbstlose Liebe. Es macht das seltsam erscheinende Wunder ihrer Erzählkunst aus, daß das Wunder wieder ernst genommen werden kann.

Nach der paradigmatischen Interpretation von "A Good Man Is Hard to Find" kann sich die Darstellung des übrigen Schaffens der Autorin auf einige wenige repräsentative Werke beschränken, um seine Variationsbreite aufzuzeigen.

"The Artificial Nigger", 1955

Nur zwei Jahre nach "A Good Man Is Hard to Find" erschien "The Artificial Nigger". Die Geschichte berichtet von Mr.Head und seinem Enkel Nelson. Nach dem frühen Tode seiner Tochter hatte Head deren Sohn aufgenommen und versucht, ihn aufzuziehen. Mr.Head wird als einfältiger Alter gezeichnet. Er war erst zweimal in seinem Leben in der Stadt. Der Junge behauptet ihm gegenüber, mit seinen zehn Jahren immerhin auch schon einmal in der Stadt gewesen zu sein, was der Alte ihm nicht zugestehen will, da er ja nur dort geboren sei. Mr.Head hat sich entschlossen, dem Jungen die Stadt zu zeigen, um zu beweisen, wie gut er sie kenne und wie wenig es sich lohne, sie öfters zu besuchen. Doch bald verlieren die beiden ihren Weg, und Nelson erkennt, wie sehr er auf den Alten angewiesen ist. Als Nelson bei einer kleinen Rast einschläft, versteckt sich der Alte, um dem Jungen Angst zu machen. Erschrocken, sich verlassen zu sehen, läuft Nelson, nachdem er aufgewacht ist, davon und stößt eine Frau um, die seinen Erzieher für die Kosten zur Heilung ihres gebrochenen Fußgelenkes haftbar machen will. Mr.Head, der nachgekommen war, verleugnet sich, als Nelson sich hilfesuchend ihm zuwendet. Er geht weiter; Nelson folgt ihm mit Abstand. Mr.Head fühlt sich als Verräter, Nelson als der Verratene. Sie finden schließlich den Weg zur Vorortstation. An einer Mauer sehen sie beide die Abbildung eines Negers, die sie fesselt und durch deren gemeinsame Betrachtung sie sich wie begnadet fühlen, so daß die zwischen ihnen entstandene Spannung weicht.

Die komisch groteske Wanderung der beiden durch die Stadt wird in der Kritik gerne - und zu recht - mit Bunyans *Pilgrim's Progress* oder Dantes *Purgatorium* verglichen. Mr.Head zeigt Nelson die Kanalisation und erklärt das Abwassersystem, "how the entire city was underlined with it, how it contained all the drainage and was full of rats and how a man could slide into it and be sucked along down endless pitchblack tunnels. At any minute any man in the city might be sucked into the sewer and never heard from again. He described it so well that Nelson was for some seconds shaken. He connected the sewer passages with the entrance to hell and understood for the first time how the world was put together in its lower parts"(259). Nachdem Head Nelson verleugnet und dieser sich ihm grollend entzieht, Head "felt he knew now what time would be like without seasons and what heat would be like without salvation." Von der Negerfigur in der Mauer heißt es: "He was meant to look happy because his mouth was stretched up at the corners but the chipped eye and the angle he was cocked at gave him a wild look of misery instead"(268). Mr.Head und Nelson "stood gazing at the artificial Negro as if they were faced with some great mystery, some monument to another's victory that brought them together in their common defeat. They could both feel it dissolving their differences like an action of mercy"(269). Beide gehen versöhnt nach Hause, um sich nicht wieder in der Stadt zu verlieren. Die Zitate dokumentieren die symbolische Bedeutung, die O'Connor dem Besuch von Head und Nelson in der Stadt verleiht und die mit der Beschreibung der Negerfigur in der Identifikation mit dem Erlösungsakt der Kreuzigung Christi gipfelt. An diesem Punkt wird die Kunst der Autorin aber fragwürdig, da sie einerseits die in der Mehrzahl ihrer Geschichten eingehaltenen Grenzen der Beschränkung auf die Darstellung und des Verzichtes auf die Interpretation überschreitet und andererseits die konkrete politische Wirklichkeit zu leichtfertig einer transzendenten unterordnet.

Flannery O'Connor hat sich mehrfach zu "The Artificial Nigger" als einer ihrer besten Geschichten bekannt. In einem Brief erläutert sie selbst, was sie sich bei der Einführung der beschädigten Negerfigur dachte. "What I had in mind to suggest with the artificial nigger was the redemptive quality of the Negro's suffering for us all" (*Letters* 78). Die Gnade wird Head und seinem Enkel demnach dadurch geschenkt, daß sie sich mit dem Erlösung ermöglichenden Leiden des Gekreuzigten identifizieren. Am Schluß glaubt Head zu erkennen, "that he was forgiven for sins from the beginning of time. when he had conceived in his own heart the sin of Adam, until the present, when he had denied Nelson. He saw that no sin was too monstrous for him to claim as his own and since God loved in proportion as He forgave, he felt ready at that instant to enter paradise"(270). Die theologische Interpretation erfolgt zwar aus der Perspektive Heads, doch zu sehr wird sie als solche der Erzählerin erkennbar. Es wird verständlich, daß Kritiker, die die Geschichte zu verteidigen versuchten, die abschließende Wendung ironisch verstehen wollten.

Es darf nicht vergessen werden, daß die Geschichte zur Zeit der heftigen Auseinandersetzungen um die Rechte der farbigen Bevölkerung entstand und das Ertragen ihres Leidens als erlösende Kraft zu interpretieren kaum anders als ironisch verstanden werden konnte. Doch die Erläuterung der Autorin schließt diese Interpretation aus. Am Schluß schaut Nelson dem Zug nach, der sie am Morgen in die Stadt und am Abend wieder zurück brachte. Aus der Perspektive seiner neu gewonnenen Einsicht "the train [...] disappeared like a frightened serpent into the woods"(270). Rechtfertigt die Perspektive des Jungen die symbolische Interpretation der Wirklichkeit oder mutet die Autorin hier ihrer künstlerischen Darstellung des Bösen in unserer heutigen Welt zu viel an theologischer Deutung zu? Die Frage wird immer unterschiedliche Antworten finden.

"The River", 1953

In der lieblosen und grausamen Welt ihrer Gegenwart bleibt den Menschen in den Erzählungen Flannery O'Connors oft nur noch die Hoffnung auf eine bessere jenseitige Welt. In "The River" schildert die Erzählerin den Tag eines kleinen Jungen, den die Eltern über Sonntag einer Betreuerin übergeben haben, um mit Freunden feiern zu können. Mrs.Connin, die Betreuerin, nimmt Harry, den Jungen, mit sich nach Hause und geht später mit ihm zu Bevel, einem Prediger, der für die Gesundheit von Harrys Eltern beten und ihn selbst taufen soll. In ihrem Hause zeigt sie ihm eine alte Bilderbibel, die er heimlich entwendet. Als er sie zu Hause betrachten will, nimmt man sie ihm ab. Ihr Wert wird als Antiquität eingeschätzt. Am anderen Morgen stiehlt sich Harry aus dem Hause, geht zum Fluß, in dem er am Tage zuvor getauft worden war und taucht unter. Er taucht ein in den Fluß, den der Prediger als den Fluß des Lebens bezeichnet hatte, den der Glaube an Christus spendet. Das Leben, das er zu Hause kennengelernt hatte, wurde nur als "joke" betrachtet. Die Bibel, die Mrs.Connin so sorgsam gehütet hatte, wird in der Welt seiner Eltern nur nach ihrem materiellen Wert eingeschätzt. Durch das Untertauchen im Fluß glaubt er, etwas finden zu können, das nicht mehr nur "joke" ist. In der Welt, in die er durch die Taufe eintaucht, kann er von sich sagen, "I count"(171).

Mr.Paradise, der Tankstellenwart, der skeptisch am Sonntag der Predigt beigewohnt hatte, sieht den Jungen am darauf folgenden Tage zum Fluß gehen und schöpft den Verdacht, er könne sich etwas antun. Als der Junge untertaucht, versucht er vergeblich, ihn zu retten. Der Schluß der Geschichte bleibt mehrdeutig. Der Junge nimmt sich, wenn er im Fluß untertaucht, das Leben. Wird er damit nicht dessen verlustig, was er zu erreichen versucht? Nach der Auffassung der Erzählerin "Bevel [=Harry] hasn't reached the age of reason; therefore he cann't commit suicide"(C 58). Es ließe sich aber auch fragen, ob es sich nicht so sehr um einen Versuch handelt, zu einem sinnvolleren Sein in der Transzendenz zu gelangen, als vielmehr darum, in die Geborgenheit pränataler Existenz zurückzukehren. Beide Lesarten brauchen sich nicht notwendigerweise auszuschliessen. Doch selbst einem christlichen Leser kann es Bedenken hervorrufen, die Erlösung in den Erzählungen O'Connors so oft auch als Erlösung vom diesseitigen Leben dargestellt zu finden. Jedoch, wie auch immer der Ausgang von "The River" interpretiert werden mag, zur Darstellung gelangt die Sehnsucht nach einem Leben, das nicht nur ein schlechter Scherz ("joke") ist, sondern nach einem Leben, das Sinn gibt, Sinn auch dadurch gibt, daß der andere gerührt wird, wie Mr.Paradise, der Skeptiker, der den Jungen zu retten versucht, während die Eltern sich nicht um ihn kümmern.

"Everything That Rises Must Converge", 1961

Liebe und Glaube gehören in den Erzählungen Flannery O'Connors immer wieder zusammen. Die Welt ist so grausam, weil ihr der Glaube fehlt. Der Welt fehlt der Glaube, weil sie nicht mehr zu lieben vermag. Nicht alle Geschichten enden mit Tod oder gar Totschlag, aber grausam geht es in fast allen zu, und die seelische Grausamkeit kann sich dabei als schlimmer erweisen als die körperliche. In einfachster Form und in anfänglich fast banaler Weise gestaltet Flannery O'Connor diese seelische Grausamkeit in der Titelgeschichte ihrer zweiten Sammlung "Everything That Rises Must Converge".

Mittwochabends begleitet Julian seine Mutter in die Stadt, wo sie im "Y" an der Gymnastik teilnimmt, um ihr Gewicht zu reduzieren. Aus der Perspektive Julians wird berichtet, wie er sie zum Bus begleitet, werden die Busfahrt selbst und ein Teil des Rückwegs beschrieben. Julian betrachtet seine Mutter als engstirnig und gewöhnlich. Sie verherrlicht eine Vergangenheit, die nicht mehr existiert, und ist voller Vorurteile, die es ihr schwer machen, in ihrer Zeit zu leben. Sie liebt ihren Sohn und arbeitet hart, um ihm eine gute Erziehung zu ermöglichen. Er fühlt sich gebildet, liberal und geistig unabhängig von seiner Mutter. Es ärgert ihn, daß sie sich von ihm abhängig macht, indem sie ihren Lebenssinn an der Fürsorge für ihn bestimmt. Als sie den Bus verlassen, will die Mutter einem kleinen Negerjungen, der neben ihr saß, einen Penny geben. Beleidigt schlägt ihr daraufhin dessen Mutter die Faust ins Gesicht. Julian hatte sie gewarnt, da die Farbigen darin eine Kränkung sehen würden. So empfindet er die Tat der Negerin als eine gerechte Strafe für seine Mutter. Diese begibt sich sofort auf den Rückweg und weigert sich, wieder einen Bus zu besteigen. Unterwegs sinkt sie tot nieder: "One eye, large and staring, moved slightly to the left as if it had become unmoored. The other remained fixed on him, raked his face again, found nothing and closed." Ihr Blick findet in Julians Augen keine Entgegnung. Doch er wird den Blick nicht vergessen können. "The tide of darkness seemed to sweep him back to her, postponing from moment to moment his entry into the world of guilt and sorrow" (420). Julians Mutter handelt dumm und einfältig. Sie betrachtet Neger als minderwertige Menschen; zumindest fühlt sie sich ihnen überlegen. Aber sie liebt Julian, und ihre Liebe wird nicht erwidert. Julian, der von allen Vorurteilen frei ist und sich über die engstirnige Welt seiner Mutter erhaben fühlt, versucht Kontakt mit seinem schwarzen Nachbarn im Bus aufzunehmen. Dieser geht aber überhaupt nicht auf ihn ein. In seiner Intellektualität und Erhabenheit über die Vorurteile seiner Umwelt bleibt er selbst isoliert und findet den Weg nicht zum anderen. Er findet auch nicht zum Verständnis für die Not des anderen in seiner jeweiligen schicksalhaften Bedingtheit. Erst der suchende Blick der sterbenden Mutter erweckt in ihm das Bewußtsein von "guilt and sorrow", von Schuld, sich dem anderen versagt zu haben. Die Brücke der Liebe zwischen den Menschen wird bei Flannery O'Connor meist nicht geschlagen. Ohne diese Brücke begegnen sie einander grausam. "Nothing seems to converge"; aber um dem Leben wieder Sinn zu verleihen, bleibt nichts anderes übrig, als daß - wie die Autorin es mit den Worten Teilhard de Chardins im Titel ihrer Geschichte ausdrückt - "everything that rises must converge".

"Judgement Day", 1965

In der Trostlosigkeit der Gegenwart wird dieses "converge" meist nur in der Hoffnung auf die Rückkehr in die Heimat realisiert, die sich in der jenseitigen Welt befindet. Paradigmatisch gestaltet Flannery O'Connor diese Heimkehr in ihrer letzten, erst posthum veröffentlichten Geschichte, "Judgement Day". Die Erzählung hatte sie ihr ganzes Schaffen hindurch begleitet, insofern sie nur die letzte Überarbeitung ihrer ersten Geschichte, "The Geranium", 1946, darstellt. Tanner, ein alter Mann, hat sich von seiner Tochter überreden lassen, mit ihr nach New York zu kommen und mit ihr zu leben. Die Tochter glaubt, damit einer Pflicht dem Vater gegenüber nachzukommen, da dieser nach dem Verlust seines eigenen Besitzes in Georgia in einer armseligen Hütte auf fremdem Grund und Boden mit einem seiner früheren farbigen Arbeiter zusammen wohnte. Er war in seinem Leben gedemütigt worden, hatte lernen müssen, seine Ansprüche herabzusetzen und wie ein "Nigger" mit einem "Nigger" zu leben. Doch in Georgia war er zu Hause gewesen. Wie minimal der Kontakt zu seinen Mitmenschen und wie grotesk sein Verhältnis zu Coleman, dem Farbigen, auch war, wußte er doch um seinen Platz und wußte sich in seiner Situation verstanden. In New York fühlt er sich entwurzelt. Die frühe Fassung der Geschichte zeigt seine Entwurzelung im Bild der Geranien, die im gegenüberliegenden Fenster stehen und kaum gedeihen können. Sie werden schließlich vom Wind in die Straße gefegt. Seine Tochter hat keine Zeit für ihn, und er weiß, daß er ihr zur Last fällt. Nebenan zieht ein Farbiger ein, den er, als er mit ihm Kontakt aufnehmen will, beleidigt, indem er ihn anredet, wie er einen Farbigen in Georgia angeredet haben würde. Sich in der Fremde verlassen und überflüssig fühlend, entschließt er sich, nach Georgia zurückzukehren. Heimlich will er sich davonschleichen. Er ahnt, daß er Georgia nicht mehr lebend erreichen wird und heftet deshalb einen Zettel für Coleman in seine Tasche, auf dem er diesen bittet, ihn zu bestatten. Kaum hat er die Wohnung verlassen, stürzt er die Treppe hinunter und verfällt der Vorstellung, daß er im Sarg in seinen Heimatort zurückgebracht werde, wo er den Sargdeckel öffnet und dem erstaunten Coleman den Anbruch des Jüngsten Tages verkünde. In Wirklichkeit wird er, als er sich wieder aufrichten will, von dem zurückkehrenden farbigen Nachbarn, der glaubt, von ihm beleidigt zu werden, niedergeschlagen. Die Rückkehr in die Heimat wird die Reise in den Tod, an deren Ende die Hoffnung auf die Auferstehung am Jüngsten Tage steht. Das Werk Flannery O'Connors ist das eines vom Tode gezeichneten Menschen, der auf diese Rückkehr in die Heimat seine Hoffnung setzt, da die Welt, in der er leben muß, verlernt hat zu lieben, der aber auch weiß, daß dieses Leben nur wieder sinnvoll werden kann, wenn sich die Dinge wieder vereinen, wenn der Mensch im Glauben an die Möglichkeit seiner Erlösung dem Nächsten wieder die Hand zu reichen vermag.

The Violent Bear It Away, 1960

Neben den etwas über dreißig Kurzgeschichten entstanden zwei Romane geringeren Umfangs während der kurzen Schaffenszeit der Autorin, der eine zu Beginn, der andere gegen Ende ihrer Laufbahn. Während der erste, *Wise Blood*, 1952, aus einer Reihe von Erzählungen hervorging, entstand der zweite, *The Violent Bear It Away* durch die Erweiterung einer Kurzgeschichte, nämlich "You Can't Be Any Poorer Than Dead". Beide Romane wurden von der Kritik weniger enthusiastisch als die Kurzprosa aufgenommen. Die Versuche, dennoch ihre Bedeutung und ihren Wert nachzuweisen, bestanden bezeichnenderweise darin, die in ihnen erkennbaren biblischen und theologischen Muster aufzudecken. So läßt sich denn Hazel Motes in *Wise Blood* nach Richard Giannone als ein Paulus interpretieren, einen Christen *malgré lui*(8f.) sowie als deutliches Beispiel der jansenistischen Tendenz, die die Glaubensvorstellung O'Connors bestimmt, wenn sie ihre Protagonisten ohne die Gnade der unüberwindlichen Lust zum Bösen ausgesetzt sieht. Auf seiner geistigen Suche durchläuft der

Held dann in vierzehn Kapiteln die vierzehn Stationen des Kreuzwegs. Das Bloßlegen der biblischen und theologischen Muster beweist jedoch noch nicht die künstlerische Qualität des Werkes. Für die Mehrzahl der Kritiker wird sie durch ein Übermaß an Bedeutungen, die über das konkrete Geschehen hinausweisen, beeinträchtigt.

Dies gilt zum Teil auch für *The Violent Bear It Away*. Doch entwickelt O'Connor die Handlung in dem Roman mit einer Folgerichtigkeit, die nicht nur seine künstlerische Einheit zu tragen vermag, sondern auch seinen Wert bestimmt, wenn diesbezüglich auch Einschränkungen gemacht werden müssen.

Der Roman erzählt die Geschichte von dem vergeblichen Versuch des vierzehnjährigen Francis Marion Tarwater, sich seiner Berufung als Verkünder des Glaubens zu entziehen. Sein Großonkel hatte ihn als Säugling seinem als Vormund eingesetzten Onkel Rayber entführt, um ihn auf einer entlegenen Lichtung als seinen Nachfolger im Amt des Predigers vorzubereiten. Die Handlung setzt mit dem Tode des über 80 Jahre alten Großonkels in seinem Haus in der Lichtung ein. Im Mittelpunkt des ersten der drei Teile steht die Bestattung des alten Tarwater. Der Junge ringt um seine Freiheit. Auf der einen Seite steht er unter dem Einfluß des Alten und in der Verpflichtung seines Auftrags, ihm ein christliches Begräbnis zu verschaffen, auf der anderen Seite bäumt er sich dagegen auf und versucht, den Auferstehungsglauben des Alten als Aberglauben von sich zu weisen. Die Auseinandersetzung wird dialogisiert, indem er beim Ausheben des Grabes mit der Stimme redet, die ihm seinen Glauben an die Auferstehung austreiben will. Noch bevor er das Grab vollends ausgehoben hat, betrinkt er sich und zündet, als er von seinem Rauschschlaf erwacht, das Haus an, in dem, wie er glaubt, der Alte noch am Frühstückstisch in der Lage sitzt, in der er gestorben war. Er verläßt fluchtartig die Lichtung und begibt sich zu seinem Onkel in die Stadt.

Rayber ist froh, ihn wieder zu haben, und glaubt, ihn zu einem vernünftigen normalen Menschen erziehen zu können. Doch Tarwater verschließt sich ihm. Er glaubt, sich von seinem Großonkel befreit zu haben, und will nicht in eine neue Abhängigkeit durch seinen Onkel geraten. Innerlich wird er jedoch weiter von beiden Männern bestimmt. Er kann sich nicht von der Vorstellung lösen, den zweiten Auftrag des Großonkels erfüllen zu müssen, nämlich den geistesgestörten Sohn Raybers zu taufen. Wie er glaubt, sich durch das In-Brand-Setzen des Hauses mit der Leiche des Alten von diesem und seinem Glauben befreit zu haben, versucht er, sich durch einen Gewaltakt von dem Einfluß Raybers zu befreien, indem er das tut, was dieser selbst zu tun beabsichtigt hatte, aber nicht auszuführen vermochte, nämlich seinen Sohn zu ertränken. Doch der Versuch, seinen Großonkel zu verbrennen, statt zu beerdigen, war mißlungen, wie er später feststellen muß; ein Neger aus der Nachbarschaft hatte ihn nämlich während seines Rauschschlafes bestattet. Auch sein Versuch, sich des zweiten Auftrags zu entledigen, mißlingt, da er, ohne es zu wollen, den Jungen, während er ihn ertränkt, tauft. Er hatte seinem Onkel beweisen wollen, daß es nicht genüge, nein zu sagen, sondern daß man das Nein auch tun müsse. Doch indem er mit dem Ertränken seines Vetters das Nein in die Tat umsetzt, handelt er, indem er tauft, auch ungewollt im Sinne des Ja.

Steht der erste Teil des Romans unter dem Zeichen der Beerdigung und dem des Glaubens an die Auferstehung beziehungsweise deren Leugnung, der zweite unter dem der Taufe, so der dritte unter dem des "Brotes des Lebens". Hungrig wendet er sich nach dem Mord an seinem Vetter wieder der Lichtung zu. Das Essen am letzten Tag mit seinem Onkel hatte er wieder auswerfen müssen. Ein Brot, das ihm unterwegs gereicht wird, kann er nicht essen. Erst als er auf die Lichtung kommt und das Grab entdeckt, spürt er einen unendlichen Hunger und die Möglichkeit, ihn durch das "Brot des Lebens" zu stillen. Das Feuer, das er im Wald legte, wird zum Reinigungsfeuer, das seinen bösen Geist vertreibt. Nun wird ihm auch die Vision zuteil, auf die er bisher vergeblich gewartet hatte; er sieht sich mit seinem Großonkel als Auferstandenem das Brot des Lebens teilen. Noch in der gleichen Nacht verläßt er die Lichtung, um den dritten Auftrag des Großonkels zu erfüllen, nämlich die Kinder Gottes vor dem Schrecken der Gnade zu warnen.

Der Titel des Buches ist Matthäus 11,12, entnommen: "From the days of John the Baptist until now, the kingdom of heaven suffereth violence, and the violent bear it away." Jesus spricht die Worte, nachdem er verkündet hatte, daß Johannes der Täufer ihm als Prophet vorausgehe. Auf die Geschichte bezogen, bedeutet es, daß nicht Rayber, der so Vernünftige, im Innern aber Unsichere, zum richtigen Handeln berufen ist, sondern derjenige, der zu handeln bereit ist gemäß dem Auftrag, zu dem er sich berufen sieht. Tarwater steht - wie der "Misfit" - auch zu seiner Einsicht des Nein. Der "Misfit", der von den Worten der Großmutter innerlich angerührt wurde, steht der Erlösung näher als deren Familie; Tarwater wird trotz seiner Brandstiftung und trotz seines Mordes die Berufung zuteil, nicht Rayber, der den Mord an seinem kranken Sohn nur in seinen Gedanken erwog.

Wie in ihren Kurzgeschichten, erzählt Flannery O'Connor in diesem Roman in konventioneller, doch meisterhafter Weise. In der Wiedergabe des Denkens ihrer Charaktere wird nicht nur deren Vorgeschichte vergegenwärtigt, sondern auch ihre Auseinandersetzung mit der ihnen gestellten Aufgabe. Wenn diese Auseinandersetzungen für manchen Leser die Glaubensfrage zu eindringlich zu Wort kommen lassen, werden sie jedoch durch das Thema der prophetischen Berufung gerechtfertigt. Allerdings gelangt diese im dritten und letzten Teil des Romans nicht mehr in einer dramatischen Konfrontation zur Darstellung. Der prophetische Auftrag findet keine Konkretisierung in menschlicher Begegnung.

Die Bedeutung der Romane und Erzählungen Flannery O'Connors kann darin gesehen werden, daß sie in ihnen die Not ihrer Zeit in konkreten Situationen in einer solchen Weise darzustellen vermochte, daß der Leser in den zu ihrer Überwindung erforderlichen Erkenntnisprozeß miteinbezogen wird. Für sie besteht dieser Prozeß in der Überwindung des ihre Welt bestimmenden Bösen mit Hilfe der Gnade. Jansenistisch - für manche Kritiker unberechtigterweise sogar manichäisch - erscheint ihre Vorstellung durch die Absolutheit des durch "violence" bestimmten Bösen und der Abhängigkeit von der Gnade, die die Erlösung oft nur in einem Jenseits ermöglicht. Die ihrem Werk zugrundeliegende katholische Sicht kann jedoch auch als bloß mögliche Konkretisation der allgemeineren Sicht verstanden werden, derzufolge die Sinnlosigkeit der Welt im Akt der Gewalt oder im Angesicht des Todes in der liebenden Öffnung zum Nächsten überwunden werden kann. Ihre Konkretisierung findet diese Möglichkeit in dem speziellen Ambiente des Südens, dessen früheren Werte sich als Illusionen erwiesen. Nach dem Verlust dieser Illusion bedarf es, wie die Erzählungen und Romane O'Connors zeigen, der Öffnung für neue Werte. Die letzte Bedeutung gewinnt ihre Erzählkunst jedoch dadurch, daß die von ihr dargestellte Situation des Südens als Paradigma für die Welt ihrer Zeit schlechthin betrachtet werden kann.

Literatur

Zitiert nach: *The Complete Stories*, New York, 1971; *The Habit of Being: Letters*, hg.von Sally und Robert Fitzgerald, New York, 1979; *Conversations with Flannery O'Connor*, (C) hg.von Rosemary M.Magee, Jackson, MS, 1987. Weitere Werke: *Mystery and Manners: Occasional Prose*, hg.von Sally und Robert Fitzgerald, New York, 1969.

Sekundärliteratur:
M.J.Friedman und L.A.Lawson, hg., *The Added Dimension: The Art and Mind of Flannery O'Connor*, New York, 1966.
Leon V.Driskell und Joan T.Brittain, *The Eternal Crossroads: The Art of Flannery O'Connor*, Lexington, KY, 1971.
Kathleen Feeley, *Flannery O'Connor: Voice of the Peacock*, New Brunswick, 1972.
David Eggenschwiler, *The Christian Humanism of Flannery O'Connor*, Detroit, 1972.
Miles Orwell, *Invisible Parade: The Fiction of Flannery O'Connor*, Philadelphia, 1972.
Gilbert H.Muller, *Nightmares and Visions: Flannery O'Connor and the Catholic Grotesque*, Athens, GA, 1973.
Frederick Asals, *Flannery O'Connor: The Imagination of Extremity*, Athens, GA, 1982.
Edward Kessler, *Flannery O'Connor and the Language of Apocalypse*, Princeton, 1986.
John Desmond, *Risen Sons: Flannery O'Connor's Vision of History*, Athens, GA, 1987.
Jill P.Baumgaertner, *Flannery O'Connor, A Proper Searing*, Wheaton, IL, 1988.
Richard Giannone, *Flannery O'Connor and the Mytery of Love*, Urbana/Chicago, 1989.
Bran A.Ragen, *A Week on the Road to Damascus: Innocence, Guilt, and Conversion in Flannery O'Connor*, Chicago, 1989.
Robert H.Brinkmeyer, Jr., *The Art and Vision of Flannery O'Connor*, Baton Rouge, 1990.

Truman Capote, 1924-1984

Truman Capote wurde 1924 als Truman Persons in New Orleans geboren und verbrachte nach der frühen Scheidung seiner Eltern seine Kindheit bei Verwandten im ländlichen Alabama. Nach der Wiederverheiratung seiner Mutter in New York nahm er deren neuen Namen an, besuchte verschiedene Internate und Tagesschulen in der Stadt und ihrer Umgebung, um sich jedoch sehr bald - wahrscheinlich noch vor seinem Schulabschluß - selbständig zu machen. Wie Flannery O'Connor verfaßte er schon während seiner Schulzeit Kurzgeschichten. Der Erfolg, den er in der Kurzform errang und der in der Verleihung des O.Henry Memorial Award 1943 für seine Erzählung "Miriam" gipfelte, ermunterte ihn zum Schreiben seines ersten von später insgesamt drei Kurzromanen, *Other Voices, Other Rooms*, 1948. Dem Roman folgten eine erste Sammlung seiner Kurzgeschichten, *Tree of Night and Other Stories*, 1949, und der zweite seiner Kurzromane, *The Grass Harp*, 1951. Der Erfolg des letzteren etablierte ihn fast gleichzeitig mit von ihm selbst sehr geschätzten Autoren wie Flannery O'Connor und William Styron als einen der führenden Erzähler des amerikanischen Südens.

In bezug auf die Wertung seines frühen Schaffens gehen die Meinungen der Kritiker weit auseinander. Es herrscht wohl kaum ein Zweifel über den unterschiedlichen Wert seiner Kurzgeschichten; die Auswahl der besten fällt jedoch schon sehr verschieden aus. Zu den immer wieder - auch in Anthologien - bevorzugten gehören die schon erwähnte preisgekrönte Geschichte "Miriam" sowie "Jug of Silver", beide 1945. Es fällt schwer, die Bevorzugung von *Other Voices, Other Rooms* als besten seiner Kurzromane zu verstehen, und es erhebt sich die Frage, ob die Thematisierung der Homosexualität dabei nicht die entscheidende Rolle spielte. *The Grass Harp* fügt sich trotz ähnlicher Episodenhaftigkeit wie in dem früheren Roman schlüssiger zu einer größeren, wenn auch nicht voll überzeugenden Einheit. Dieser zweite Kurzroman bietet sich aber auch am ehesten dazu an, die besondere Note Capotes als Autor der Südstaaten aufzuzeigen.

The Grass Harp, 1951

Die Grasharfe des Titels ist ein Feld mit Indianerhirse unterhalb des Friedhofes einer kleinen Stadt im Süden der Vereinigten Staaten. Im September streicht der Wind durch die Hirse, und das Feld erzählt von den Toten: "go see it in the fall, late September, when it has gone red as sunset, when scarlet shadows like firelight breeze over it and the autumn winds strum on its dry leaves sighing human music, a harp of voices [...] always telling a story - it knows the stories of all the people who ever lived and when we are dead it will tell ours, too"(5). Von den Toten erzählt im Roman auch - wie die Grasharfe - Collin Fenwick.

Collin war nach dem Tode seiner Eltern mit dreizehn Jahren von seiner Tante Verena Talbo, einer verschlossenen, aber geschäftstüchtigen Frau, aufgenommen worden. Zu dem Haushalt der Tante gehören deren Schwester Dolly und die farbige Dienerin Catherine. Fast alle in der Handlung zusammengeführten Personen sind Sonderlinge, die mit dem Leben nicht zurechtkommen. Im Mittelpunkt steht Dolly Talbo, die seit ihrer Kindheit unter dem Regiment der Schwester steht. Von Zigeunern hat sie das Rezept einer Medizin erhalten, die sie nun selbst - aus Kräutern und Wurzeln - herstellt und vertreibt. Dolly, Catherine und Collin bilden eine Gemeinschaft, die, isoliert vom Treiben der übrigen Welt und in Abgrenzung gegenüber Verena ihren eigenen Weg zu gehen versucht.

Es kommt zu einer Krise, als Verena - Collin ist inzwischen sechzehn Jahre alt - zur Herstellung von Dollys Medizin eine Fabrik errichten will und Dolly sich weigert, ihr Rezept zu verraten. Dolly, Catherine und Collin flüchten in den Wald hinter dem Feld mit der Indianerhirse und richten sich in einem Baumhaus ein. Als man versucht, sie von dort zu vertreiben, gesellen sich zu ihnen Riley Henderson, ein Waise wie Collin, der, nur zwei Jahre älter als dieser, selbständig das Erbe der Familie hütet und sich für seine beiden jüngeren Schwestern verantwortlich weiß, ferner Judge Charlie Cool und später Sister Ida, die als Wanderpredigerin mit ihren fünfzehn Kindern durch das Land zieht. Das ganze Abenteuer löst sich auf, als Verena erfährt, daß sie von dem Juden, der ihre Fabrik errichten sollte, betrogen und bestohlen worden war. Sie bittet nun Dolly, ihre Einsamkeit mit ihr zu teilen. Verena braucht jemanden, für den sie das Leben gestalten kann, Dolly jemanden, der für sie die Entscheidungen trifft. Das ganze Geschehen ist skurril und traumhaft, eine Parabel für den Versuch, sich dem Leben zu entziehen, um im Traum ein "eigentliches" Leben führen zu können. Doch die Parabel zeigt auch die Hilflosigkeit des Menschen und das Angewiesensein auf den anderen in seiner Einsamkeit sowie die Notwendigkeit, für dessen Schwächen Verständnis aufzubringen. Dort, wo Flannery O'Connor die Möglichkeit der Sinnfindung in der Ausrichtung auf eine ontologische Transzendenz darstellt, findet sich eine solche Möglichkeit für Capote in einer Art "Idylle" der Absonderung. Darin kann seine Besonderheit unter den Autoren des Südens gesehen werden.

Das Ganze bleibt bei Capote in einer traumhaft unwirklichen Atmosphäre und damit Unverbindlichkeit. Doch Dämonisches - im guten wie im bösen Sinne - als ein im Menschen lebendig werdender Urtrieb, der sich mit dem der Erhaltung des Lebens dienenden Mechanismus reibt, wird sichtbar, ohne daß seiner Bedeutung voll Rechnung getragen wird. Daß er sichtbar wird, macht die Faszination des Werkes aus. Daß seiner Bedeutung nicht voll Rechnung getragen wird, schränkt seine Aussage ein. Die Faszination löst sich zu oft in Lachen über die Komik der Situation auf. D.h.aber, daß sich entgegengesetzte Tendenzen aufheben. Zum Teil mag das die Absicht des Autors sein. Sie beeinträchtigt jedoch den Wert des Werkes, das nicht zu einer letzten Geschlossenheit gelangt, in der die widerstrebenden Elemente aufgehoben werden könnten.

Truman Capote bestritt Zeit seines Lebens, ein Schriftsteller des Südens zu sein. Doch zumindest die Hälfte seines Schaffens bezeugt das Gegenteil. Die andere Hälfte hat allerdings nur noch sehr wenig mit dem Süden zu tun und auch wenig mit der Weise seines Schreibens, die Ihab Hassan in dem Sinne charakterisierte, daß es angelegt sei, "to engage reality without being realistic"(*RI* 244). Dies gilt nicht für seine Kurzgeschichten und für seinen dritten Kurzroman, *Breakfast at Tiffany*, 1958, die nicht dem Süden verpflichtet sind, aber doch den Charakter der "romance" offensichtlich zur Schau tragen. Trotz des relativen Erfolges seiner Verfilmung erreicht der letzte seiner Kurzromane nicht mehr das Niveau seiner Vorgänger. Stimmung und Melodramatik beherrschen zu sehr die Szene.

In Cold Blood, 1965

Für den *New Yorker* schrieb Capote schon sehr früh neben seinen Kurzgeschichten vor allem Reportagen. Eine Sammlung hiervon erschien bereits 1950 unter dem Titel *Local Color*. In "The Duke in His Domain", 1957, verarbeitete er Interviews mit Marlon Brando in Japan in eine solche Reportage. In die weitere Entfaltung dieser Art seines Schaffens - von Kenneth T.Reed als "creative reporting"(94) bezeichnet - fällt auch die Entstehung von *In Cold Blood*, der sorgfältig recherchierten Reportage eines Mordfalls.

In seinem erzählerischen Werk stellt Capote immer wieder ungewöhnliche Situationen in so grotesk übertriebener Weise dar, daß das bedrohlichste Geschehen nur allzu leicht ins Komische umschlägt und daher vom Leser nicht mehr ernst genommen werden kann. Anders verhält es sich in dem gelungensten Werk seines "creative reporting", *In Cold Blood*. Die ungewöhnliche Situation wird auf ihre Alltäglichkeit reduziert. Die in *The Grass Harp* vermißte Synthese der einander widerstrebenden Elemente kommt hier dadurch zustande, daß die Faszination des Ungewöhnlichen keineswegs an Schärfe verliert, aber als auch im Alltäglichen wirksames Element erkennbar wird.

Das "Ungewöhnliche" in dem "Reportageroman" *In Cold Blood* besteht in dem allem Anschein nach völlig unmotivierten Mord an der Familie Clutter, an Mr.und Mrs. Clutter und ihren beiden Kindern Nancy und Kenyon. In der Nacht vom 15. auf den 16.November 1959 erscheinen die erst vor kurzem aus dem Gefängnis entlassenen Dick Hickock und Perry Smith im Hause der Clutters in Holcomb, einer kleinen Ortschaft im westlichen Kansas, und suchen vergeblich nach dem Geldschrank des wohlhabenden Farmers. Sie stellen Clutter, der sie zu überzeugen versucht, daß sich weder ein Geldschrank noch eine nennenswerte Summe Geldes in seinem Haus befindet. Die Eindringlinge binden und knebeln daraufhin die ganze Familie. Perry Smith durchschneidet Clutter die Kehle und erschießt alle Mitglieder der Familie aus nächster Nähe. Mit weniger als 40 Dollar Bargeld und einem Transisterradio als Beute begeben sich die beiden Verbrecher auf die Flucht. Nach einer Fahndung von wenigen Monaten werden sie mit Hilfe eines Hinweises von einem früheren Mitgefangenen in Las Vegas gestellt. Zum Tode durch den Strang verurteilt, werden sie am 14.April 1965 hingerichtet.

Es handelt sich hier um keinen Detektivroman, sondern um einen Kriminal- bzw. Justizroman: um die Darstellung eines Verbrechens, von Flucht und Gefangennahme der Mörder, Gerichtsverhandlung und schließlich Hinrichtung. Die Spannung entsteht nicht durch die Frage nach den Tätern - diese sind dem Leser von Anfang an bekannt - sondern durch die nach deren Motiven oder eigentlich danach, wie ein so grauenvolles Verbrechen ohne ersichtliche Motivierung zustande kommen konnte.

Für die Bevölkerung von Holcomb und seiner weiteren Umgebung erscheint die Tat als *absurd* und zwar deswegen, weil sie sich nicht rational erklären läßt. Der Autor läßt es aber nicht dabei bewenden, sondern bohrt weiter. Er breitet eine Fülle von Material aus, die es dem Leser erlaubt, zwar keine einwandfreie, eindeutige Begründung zu finden, aber doch einem Verstehen näher zu kommen. Wie auf den Leser und andere am Geschehen beteiligte Personen übt der Haupttäter Perry Smith bis zum Augenblick seines Todes auch eine Faszination auf Alvin Dewey, den mit der Klärung des Falles beauftragten leitenden Kriminalbeamten, aus. Nach der Beschreibung der Hinrichtung heißt es von dem als Zeugen anwesenden Dewey: "The preceding execution had not disturbed him, he had never had much use for Hickock [...]. But Smith, though he was the true murderer, aroused another response, for Perry possessed a quality, the aura of an exiled animal, a creature walking wounded, that the detective could not disregard"(340f.) In einem großen Teil des Romans wird versucht, diese "Qualität des verwundeten Geschöpfes" näher zu umschreiben. Sein Rätsel löst sich nie voll auf. Es werden das gestörte Verhältnis zwischen seinen Eltern, seine trostlose Jugend, das Fehlen einer Möglichkeit, seine Begabung zu entfalten, und anderes angeführt, um die Bedingtheit seines Verhaltens zu erklären. Doch die ganze Dokumentation des gesellschaftlichen wie psychologischen Hintergrundes dient letztlich nicht, wie im naturalistischen Roman dazu, die Tat zu erklären oder gar zu entschuldigen. Es bleibt ein unbestimmbarer Rest der den Täter schließlich als einen der Fremden in dieser Welt charakterisiert, wie der Leser sie schon in *The Grass Harp*

kennenlernen konnte. Entsprechend endet der Roman mit dem gleichen Bild, mit dem das frühere Werk begann. Dewey verläßt den Friedhof, auf dem er die Gräber der Clutters besuchte: "then, starting home, he walked towards the trees, and then under them, having behind him the big sky, the whisper of wind voices in the wind-bent wheat"(343). Es bleibt das geheimnisvolle Flüstern des Windes.

Capote gliedert *In Cold Blood* in vier Teile. Im ersten Teil, "The Last to See Them Alive", schildert er, mit Rückblicken auf die Vergangenheit aller Beteiligten, die letzten Tage vor dem Mord. Abwechselnd stehen Clutter, seine Familie und seine Umgebung auf der einen Seite und die Täter und ihre Vorbereitungen zum Mord auf der anderen Seite im Vordergrund. Dabei bewegen sich die Mörder und ihre Opfer schrittweise aufeinander zu. Die Tat selbst wird in der Darstellung ausgespart. Der zweite Teil, "Persons Unknown", ist in der gleichen Weise wie der erste aufgebaut. Abwechselnd folgt die Darstellung der Flucht der Verbrecher und die der Situation in Holcomb nach der Tat und den Anstrengungen, das Geheimnis des Mordes zu lüften. Der dritte Teil, "Answer", setzt den zweiten unmittelbar fort: Verfolger und Verfolgte bewegen sich endgültig aufeinander zu. Hickock und Smith gestehen bei ihrer Festnahme ihre Täterschaft. Teil vier konzentriert sich schließlich ganz auf die Täter und schildert ihre Verurteilung und Hinrichtung. Durch diese Anordnung der Darstellung erhält der Leser einen Einblick in beide Seiten des Geschehens. Er erlebt in der Darstellung gewissermaßen sowohl die Geschichte der "Jäger" wie die der "Gejagten", wobei natürlich die "Jäger" vom zweiten Teil ab die "Gejagten" werden. Der Leser wird damit aber auch gleichzeitig in zwei völlig verschiedene Welten eingeführt, die es für ihn zur Deckung zu bringen gilt. Erwartungsgemäß wird er sich zunächst mit der Welt der Clutters identifizieren. Seine Reaktion wird sich weitgehend mit derjenigen decken, wie sie im Roman von der Lehrerin nach der Tat beschrieben wird: "Feeling wouldn't run half so high if this had happened to anyone except the Clutters. Anyone less admired. Prosperous. Secure. But that family represented everything people hereabouts really value and respect, and that such a thing could happen to them - well, it's like being told there is no God. It makes life seem pointless. I don't think people are so much frightened as they are deeply depressed" (88). Für Holcomb - wie für den Leser, der sich mit dessen Welt identifiziert - wird das Leben zunächst "pointless", d.h., absurd. Die Tat stellt die Ordnung in Frage.

Doch es wäre falsch, den Roman - mit George R.Creeger - nun dahingehend zu interpretieren, daß Clutter und die durch ihn repräsentierte Ordnung im Verlauf der Darstellung ihrer Unangemessenheit überführt würde und daß sich in Clutter und seiner Familie Momente der Agressivität ähnlich der der Mörder zeigten, schließlich alle Betroffenen an der Schuld der Mörder teilhätten. Die Ordnung, die die Clutters repräsentieren, wird in dem Roman an keiner Stelle aufgehoben. Aber sie wird durch die Geschichte Perry Smiths um einen wesentlichen Aspekt ergänzt.

Während der Gerichtsverhandlung schüttet Mrs.Hickock, die Mutter von Perry Smiths Mittäter, einer Journalistin gegenüber ihr Herz aus: "There's lots more to Dick than what you hear back there in the courtroom. The lawyers jabbering how terrible he is - no good at all. I can't make any excuses for what he did, his part in it. I'm not forgetting that family; I pray for them every night. But I pray for Dick, too. And this boy Perry. It was all wrong of me to hate him; I've got nothing but pity for him now. And you know - I believe Mrs. Clutter would feel pity, too. Being the kind of woman they say she was"(287f.). Der Leser lernt mit Mrs.Hickock Perry Smith zu bemit-

leiden. Wird damit aber nicht nur auf sentimentale Weise der Leser wie Mrs.Hickock zu Tränen gerührt? Es könnte, beschränkte sich die Darstellung der Geschichte Perry Smiths auf diesen Aspekt, so scheinen. Doch seine Geschichte zeigt, warum er zu bemitleiden ist.

Dick Hickock gehört wie die Clutters zur normalen Welt des Lesers. Noch vor seiner Hinrichtung ist er der Auffassung, daß die Todesstrafe zu Recht bestehe. Er glaubt, daß die Clutters ein Recht darauf haben, sich an ihm zu rächen. Auch er würde sich rächen, wenn ihm ein Unrecht angetan würde. Dieser Kausalzusammenhang gilt aber nicht für Perry Smith. Er ist in einer anderen Welt, einer Welt ohne Liebe groß geworden. Er war nicht fähig, auf Dauer Kontakte zu anderen Menschen zu entwickeln. In dieser Welt ohne Liebe ist für ihn die Unterscheidung von Gut und Böse bedeutungslos geworden. Die in den Roman eingebrachten psychologischen Gutachten und Studien erklären den unmotivierten Mord mit einer temporären Amnesie oder Schizophrenie, in der sich alle Aggression entlädt, die sich in dem Täter staute und die er verdrängt hatte. Der Leser braucht in den psychologischen Erklärungen nicht die letzte Lösung für das Geheimnis der Tat zu sehen. Entscheidend ist, daß der Täter einen Krankheitsfall insofern darstellt, als er in einer Welt ohne Ordnung lebt oder in einer Welt seiner eigenen Träume und insofern er unter dem Anderssein und Ausgestossensein aus der Welt der Ordnung leidet und daher ein Anrecht auf unser Mitleid hat. Die Faszination, die im Roman von Perry Smith letztlich ausgeht, gründet schließlich darin, daß das Geheimnis seines Verhaltens auf der Sehnsucht beruht, an der anderen Welt teilhaben zu können, sich von ihr aber doch ausgeschlossen zu sehen.

Der Untertitel von *In Cold Blood* lautet *A True Account of a Multiple Murder and Its Consequences*. Das Werk gibt damit vor, Tatsachenbericht zu sein. Dieser Anspruch besteht weitgehend zu Recht. Der geschilderte Mord geschah tatsächlich. Der Autor studierte die Akten, befragte die Beteiligten, benutzt - von wenigen Ausnahmen abgesehen - authentische Namen von Personen und Lokalitäten. Doch geht er dabei im Grunde nicht anders als der Verfasser eines historischen Romans vor, der sehr wohl auch auf genaue Wiedergabe der Fakten Wert legt und umfangreiche Studien betreibt, um diese zu ermitteln. Der Roman besteht allerdings nicht nur aus verifizierbarer Dokumentation. Diese vermag nur Bruchstücke einer Wirklichkeit zu vermitteln, deren Zusammenhang erst durch die Interpretation hergestellt wird. Capote interpretiert in *In Cold Blood* die zusammengetragenen Fakten nicht, doch er stellt sie so dar, daß sich für den Leser der Zusammenhang in einer für ihn vorstellbaren Welt ergeben kann. Dazu bedurfte es der Ergänzung der Fakten durch die Darstellung dessen, was sich im Denken und Fühlen der Beteiligten abgespielt haben könnte, als hätte es sich abgespielt. Auch dieses Denken und Fühlen ließe sich als Dokumentation einbringen, wie etwa die von Dick Hickocks Mutter zitierten Worte aus einem authentischen Zeitungsbericht übernommen sein könnten. Die Dokumentation wird aber so ergänzt, daß eine nachvollziehbare Konsistenz in diesem Denken und Fühlen entsteht, die die dargestellte Welt als Einheit erkennen läßt. Erst auf diese Weise wird das Werk zum Kunstwerk. Es wäre allerdings auch dann eines, wenn jedes Detail der Wirklichkeit entspräche; denn allein die Darstellung im genannten Sinne macht die in ihm dargestellte Welt als Einheit verstehbar. Wirklichkeit und Fiktion kämen dann zur Deckung.

In der neueren Kritik wird in diesem Falle eine neue Form der Literatur gesehen, die unter anderem als "faction" - einer Kontraktion von "fact" und "fiction" - bezeichnet wird. Namen und Begriffe spielen dabei natürlich eine untergeordnete Rolle. Entscheidend ist, was durch das Zusammenfallen von Fiktion und Wirklichkeit erreicht wird. Eindeutig geht es bei *In Cold Blood* nicht darum, die Wirklichkeitsvorstellung des Lesers als Fiktion zu enthüllen, wie dies in der etwa zur gleichen Zeit entstehenden "metafiction" der Fall ist. Was aber die Deckung von Wirklichkeit und Fiktion in der Romanreportage erreicht, ist, daß das "Ungewöhnliche", das in den frühen Werken Capotes als grotesk erschien, als Teil unserer Wirklichkeit wenn nicht verstehbar gemacht, so doch glaubhaft dokumentiert wird.

Capotes *In Cold Blood* fand seine Entsprechung im Medium des Films in *Bonnie und Clyde*, 1967, mit Warren Beatty and Fay Dunnaway. Wie der Roman beruht der Film auf wirklichen Ereignissen und versucht zu zeigen, daß jemand wie Perry Smith - hier Clyde Barrow - "kalten Blutes" zum Mörder werden kann.

Capote feierte das Erscheinen von *In Cold Blood* in New Yorks Plaza Hotel mit 5oo geladenen Gästen von Rang und Namen. Diese "Party of the Decade", wie sie von New Yorkern genannt wurde, ist bezeichnend für den weiteren Lebensweg des Autors. Als erfolgreich und reich gewordener Schriftsteller bewegte er sich ungeniert in der Gesellschaft des "Jet set" in aller Welt nach seinen eigenen Vorstellungen. Seine Reportagen über diese Welt degenerierten zum Klatsch. Seine Partnerschaften mit Freunden, Alkohol und Drogen ruinierten das Leben des so erfolgreichen Autors in kurzer Zeit. Wie Gerald Clark in seiner Biographie eindrucksvoll darstellt, ging der so begabte Schriftsteller an seinem Erfolg zugrunde. Der Roman und die Reportage, an denen er angeblich arbeitete, blieben weitgehend Traum. Die posthum veröffentlichten Fragmente von "The Unfinished Novel" *Answered Prayers*, 1987, bestanden lediglich aus drei schon 1975 und 1976 in der Zeitschrift *Esquire* erschienenen Kapiteln. Mit *The Grass Harp* und einigen seiner Kurzgeschichten leistete er aber einen ihm eigenen Beitrag zur Erzählkunst des Südens, und mit *In Cold Blood* schuf er das Paradigma für die noch später ausführlicher zu behandelnde "fictional nonfiction" seiner Zeit.

Literatur

Zitiert nach: *The Grass Harp* (New American Library Ausgabe), New York, 1951; *In Cold Blood*, New York, 1965.

Sekundärliteratur:
George R.Creeger, *Animals in Exile: Imagery and Theme in Capote's **In Cold Blood**,* Middletown, CT, 1967.
William L.Nance, *The Worlds of Truman Capote*, New York, 1970.
Kenneth T.Reed, *Truman Capote*, Boston, 1981.
Gerald Clark, *Capote: A Biography*, New York, 1988.

Siehe ferner Robert A.Smart und John W.Hollowell zu dem Exkurs "New Journalism und Literary Journalism".

William Styron, geb.1925

Von den in den Südstaaten geborenen Autoren knüpft William Styron am unmittelbarsten an William Faulkner, Robert Penn Warren und Thomas Wolfe an. 1925 in Newport News, Virginia, geboren, studierte er an der Duke University in North Carolina und später an der New School of Social Research in New York. Während des Krieges meldete er sich freiwillig zu den "Marines", ohne jedoch zum Kriegseinsatz zu gelangen. Nach kurzer Tätigkeit im Lektorat des Verlages McGraw-Hill, einem längeren Aufenthalt in Europa, vor allem in Paris und Rom, sowie nach einem kürzeren Wehrdienst als Reserveoffizier während des Koreakrieges, ließ er sich 1954 in Roxbury, Connecticut, nieder und widmete sich ausschließlich seinem schriftstellerischen Schaffen.

Lie Down in Darkness, 1951

In *Sophie's Choice*, Styrons vorerst letztem Roman von 1979, berichtet Stingo, der Erzähler, von dem Buch, das er 1947 zu schreiben begann: "To begin with, a word about that book I was trying to get started on. In my career as a writer I have always been attracted to morbid themes - suicide, rape, murder, military life, marriage, slavery. Even at that early time I knew my first work would be flavored by a certain morbidity - I had the feeling in my bones, it may possibly be called the 'tragic sense' - but to be perfectly honest, I had only the vaguest notion of what I was so feverishly setting off to write about. It is true that I possessed in my brain a most valuable component of a work of fiction: a place. The sights, sounds, smells, the lights and shades and watery deeps and shallows of my native Tidewater coast contain my passion - it was almost like a rage - to get them down. But of characters and story, a sensible narrative through which I might be able to thread these vivid images of my recent past, I had none. At twenty-two I felt myself to be hardly more than a skinny, six-foot-tall, one-hundred-and-fifty-pound exposed nerve with nothing very much to say. My original strategy was pathetically derivative, lacking logic and design and substituting for both an amorphous hunger to do for a small Southern city what James Joyce had done in his miraculous microcosm. For someone of my age it was not a totally worthless ambition, save for the fact that even on the more modest level of attainment I sought, there seemed no way to invent Dixieland replicas of Stephen Dedalus and the imperishable Blooms"(110f.). Es war bereits Thomas Wolfes Absicht gewesen, für Ashville, seine Heimatstadt in North Carolina, das zu tun, was Joyce in seinem *Ulysses* für Dublin getan hatte. In dem späteren Roman ist fernerhin von dem Einfluß Robert Penn Warrens, Thomas Wolfes und selbst Carson McCullers die Rede(186). In gleicher Weise wäre Faulkner zu nennen, den Stingo zur Zeit der Entstehung seines Romans liest. Berichtet wird auch der Anlaß zur Niederschrift: der Selbstmord eines Mädchens, das er in seiner Jugend kennengelernt hatte. In dem Stingo des späteren Romans ist der Autor selbst zu sehen, und bei dem Roman, den er zu schreiben beginnt, handelt es sich um keinen anderen als *Lie Down in Darkness*. Mit Faulkner und Warren teilt Styron nicht nur den südstaatlichen Hintergrund, sondern auch das Bemühen darzustellen, wie die Menschen und die Gesellschaft seiner Welt von Vergangenheit und Geschichte bestimmt werden. Einen besonderen Akzent erhalten seine Romane bereits dadurch, daß es sich bei dieser Welt nicht - wie in den meisten Romanen der beiden anderen Schriftsteller - um Mississippi oder Kentucky handelt, sondern um Virginia als der "Wiege der Nation". Innerhalb der Gesellschaft dieses Staates kommen allerdings Vertreter zu Wort, die versuchen, eine liberalere Haltung als die traditionelle Führerschicht einzunehmen.

Gesellschaftlich gesehen, handelt es sich in *Lie Down in Darkness* zunächst um den Zerfall einer alten Familie Virginias in einer Umwelt, in der die alten Wertvorstellungen sinnlos geworden sind und in der man trotzdem noch versucht, die alten, durch sie bedingten, aber nun leer gewordene Lebensformen aufrecht zu erhalten. Mit dieser Geschichte verbindet sich die Frage nach dem Anteil der Verantwortung, den der Einzelne jeweils an dem Zerfall trägt. Die Schuldfrage tritt dabei so stark in den Vordergrund, daß die Sinnfrage fast kaum noch, oder doch nur sehr unklar gestellt wird. Das Fragen nach der Schuld scheint aber überflüssig zu werden, soweit eine Zielvorstellung für das Leben in der Gegenwart kaum noch impliziert ist.

Den erzählerischen Rahmen des Romans bildet die Beerdigung Peyton Loftis' im August 1945 in Port Warwick, Virginia, einer Stadt, die als identisch mit der Geburtsstadt des Autors betrachtet werden kann. Das Geschehen setzt um 11 Uhr morgens ein. Milton Loftis fährt im Wagen des Bestattungsinstitutes in Begleitung von Dolly, seiner Geliebten, und Ella, der farbigen Haushälterin, am Bahnhof vor, um den Sarg, in dem die Leiche seiner Tochter Peyton, die in New York Selbstmord begangen hatte, überführt wurde, abzuholen. Das damit einsetzende Geschehen besteht in dem Warten auf den Zug, der Fahrt zum Friedhof am anderen Ende der Stadt, der Fahrt seiner Frau Helen Loftis in Begleitung des Geistlichen Cary Carr mit dem gleichen Ziel, der Bestattungsfeierlichkeit und - als Epilog gewissermaßen - der Teilnahme Ellas und ihrer Tochter an einem Treffen der Farbigen mit Daddy Faith am Abend des gleichen Tages. Dieser Rahmen, für sich allein betrachtet, erinnert an Faulkners *As I Lay Dying*, insofern es sich um die Fahrt mit einer Leiche zu deren Bestattung handelt. Wie das Fuhrwerk der Bundrens in *As I Lay Dying* allen Mißgeschicken ausgesetzt ist, bricht in Styrons Roman die Kühlung des Leichenwagens zusammen und gibt Anlaß zu den komischsten Situationen bei den unerwünschten Aufenthalten. Die Ereignisse werden bei Styron aber nicht wie bei Faulkner ins Groteske überspannt. In Faulkners Roman wird das Ereignis aus der Perspektive und auch in der Sprache der Beteiligten beleuchtet. Ähnliches geschieht auch in Styrons Roman. Die Gedanken der Beteiligten wandern in die Vergangenheit zurück, die ihre jetzige Situation bestimmt. Die Vergangenheit wird dabei nicht lückenlos, sondern nur bruchstückhaft aufgerollt, jedoch so, daß die Probleme, die die Situation bestimmen, sichtbar werden, vor allem die Krisen in dem Leben des Ehepaares Helen und Milton Loftis und deren Tochter Peyton. Zwei der Hauptkrisen sind der Tod der älteren, geistig behinderten und verkrüppelten Tochter Maudie und die Hochzeit Peytons mit dem jüdischen Maler Harry Miller.

Die Vergangenheit, die sich aus den Rückblenden, in die immer wieder neue Rückblenden eingeschoben sind, zusammensetzt, beginnt damit, daß Milton Loftis, aus einer alten Juristenfamilie Richmonds stammend, zu Beginn des ersten Weltkriegs Helen Peyton, Tochter eines ebenfalls aus einer alten Familie Virginias stammenden Offiziers, heiratet. Sie verleben ihre junge Ehe verhältnismäßig bescheiden, aber glücklich in Port Warwick, wo sich Milton als Rechtsanwalt ohne großen Erfolg niedergelassen hatte. Durch das Geld, das Helen beim Tode ihrer Eltern erbt, gelangen sie zu einigem Wohlstand. Zu einem Zerwürfnis zwischen den Eheleuten kommt es, als Milton, über die kranke ältere Tochter enttäuscht, seine ganze Liebe der jüngeren zuwendet und sie verwöhnt, die Mutter es dagegen als ihre Lebensaufgabe betrachtet, sich ganz dem kranken Kinde zuzuwenden, und eifersüchtig auf das Verhältnis Miltons zu der gesunden Tochter schaut. Milton beginnt zu trinken und ein Verhältnis zu Dolly aufzunehmen. Helen wirft ihm seine Fehltritte vor, die er immer wieder einzugestehen bereit ist; er wirft ihr vor, durch ihr Verhalten zu diesen Fehltritten verführt worden zu sein. Er trinkt nicht, weil es ihm Spaß macht, und er sucht Dolly nicht auf, weil er sie liebt, sondern er tut beides, weil er, von seiner Frau abgewiesen, sich nicht zu helfen weiß. Der "Ersatz" für sein Bedürfnis nach Zuwendung ist zunächst Peyton; nach deren Entfremdung von der Familie und nach ihrem schließlichen Tod fühlt er sich jedoch völlig verloren. Der neuralgische Punkt in den ständigen Gewissenserforschungen beider Ehepartner ist der Mangel an echter Liebe. Helen glaubt, nach dem Gebot der Liebe zu handeln, wenn sie sich der kranken Tochter annimmt. Doch es wird sehr deutlich, daß sie es tut, um als aufopferungsvolle Mutter zu gelten. Milton glaubt zu lieben, wenn er sich immer wieder demütig Helen zu unterwerfen versucht; doch dahinter steht immer wieder als letzter Grund, den er sich nicht eingestehen kann, seine Hilflosigkeit, ohne Helen seinen Mann im Leben zu stehen. Ist es auf seiten Helens der Stolz, der sie zur wahren Liebe unfähig macht, so ist es der Mangel an Stolz, der die Liebe Miltons unglaubwürdig macht, obwohl er in den Augen der Beteiligten als der Schwache, der zu bedauern ist, meist positiver gesehen wird. Milton und Helen finden - ohne daß es in dieser Form im Roman gesagt wird - beide nicht zu echter Liebe, da sie sich nie selbst vergessen können. Der letzte Versuch Miltons, sich Helen wieder zu nähern, endet auf dem Friedhof mit einer Katastrophe. Dort scheint Helen zunächst zur Verzeihung bereit zu sein, weist Milton dann aber zurück, worauf dieser sie zu erwürgen versucht und in den Sturm entflieht.

In den meisten Kommentaren wird der Roman als die Geschichte Peytons dargestellt. Nach unsrer bisherigen Schilderung geht es zunächst um die Geschichte der Ehe von Helen und Milton Loftis. Um die Geschichte Peytons handelt es sich insofern, als an ihr die Folgen des zerbrochenen Verhälnisses oder des Mangels an Liebe zwischen den Eltern dargestellt werden. In diesem Sinne ist der Roman auch ein Generationsroman. Milton bereits erinnert sich immer wieder an die Lehren seines Vaters; er vermag aber wenig mit ihnen anzufangen. Der Vater steht noch in einer festen Ordnung, die für den Sohn ihren Sinn verloren hat. Peyton umschreibt das Verhälnis zur Generation ihres Vaters, wenn sie sagt: "Daddy, I guess. Anybody who thought about anything at all. They thought they were lost. They were crazy. They weren't lost. What they were doing was losing us"(35). Zu sehr auf sich selbst bezogen, hatte die sogenannte "lost generation" nach diesen Worten nicht nur den Kontakt untereinander, sondern auch zu der ihr folgenden Generation verloren, die sich nach einem Zuhause sehnte, es aber nicht mehr fand.

Peyton geht an dem Fehlen dieses Zuhauses zugrunde. Sie durchschaut die Liebe der Mutter als krasse Selbstliebe und sieht, daß die Liebe des Vaters in dessen eigener Hilflosigkeit ihr keine Stütze sein kann. Ihre Einsicht gibt ihr jedoch nicht die Kraft, ihren eigenen Weg zu finden. In einem sich über sechzig Seiten erstreckenden inneren Monolog enthüllt sie sich am Tage vor ihrem Tode als geistig völlig gebrochen - doch nicht ohne klare Augenblicke, in denen sie dem Leser Einsicht in ihr Dilemma erlaubt. Wenn wir Stingos Aussage in *Sophie's Choice* als diejenige des Autors verstehen dürfen, hatte Styron Peytons Monolog bereits 1947 konzipiert und davon geträumt, wie die Kritiker darauf reagieren würden: "The most powerfull passage of female interior monologue since Molly Bloom's" (449). Stingo kann beigepflichtet werden. Verzweifelt hatte Peyton die Liebe, die sie zu Hause entbehrte, bei Harry gesucht. Doch in ihrer Hilflosigkeit dem Vater ähnlich, hatte sie Harry keine Liebe mehr zu schenken vermocht. Immer wenn sie sich von Harry vernachlässigt oder zu Unrecht ermahnt fühlte, glaubte sie, sich damit an ihm rächen zu müssen, daß sie sich anderen Männern schenkte, darunter jedoch nur in masochistischer Weise litt. Sie glaubt sich auch von Harry nicht verstanden: "Oh, I would say, you've never understood me, Harry, that not out of vengence have I accomplished all my sins but because something has always been close to dying in my soul, and I've sinned only in order to lie down in darkness and find, somewhere in the net of dreams, a new father, a new home"(370). Im Wahnsinn, in den sie am Schluß verfällt, glaubt sie sich von flügellosen Vögeln verfolgt, und sie kauft einen Wecker, den sie Harry schenken will. Mit ihm will sie sich in die Uhr zurückziehen und inmitten ihrer fünfzehn Juwelen für immer mit ihm auf deren Rädern von aller Welt abgeschirmt drehen. Für sie ist die Welt "out of joint". Sie sehnt sich zurück in die Unschuld ihrer Kindheit und in die Geborgenheit des Eingefügtseins in die Zeit. Doch für sie ist die Welt eine "world adrift". "I feel adrift," schreibt sie in dem letzten Brief an ihren Vater(38). "Where are we going?" fragt Milton auf der Fahrt zum Friedhof(104).

Eine Antwort auf die Frage wird durch Beispiele spontaner, unreflektierter Liebe zu geben versucht. Eines der Beispiele ist das Erlebnis der schon zwanzig Jahre alten, aber immer noch kindlichen Maudie mit Bennie. Dieser, ein Mischling indianischen und afrikanischen Blutes, arbeitet in der Nähe des Gartens. Als er Maudie begegnet, macht er ihr Zauberkunststücke vor, an denen sie sich kindlich erfreut. Anteil an ihrer kindlich unreflektierten Freude nehmend, aber auch ihre Lebensuntüchtigkeit erkennend, kommt er in einem unbeobachteten Augenblick an den Zaun und küßt sie. Helen, die die Szene aus der Ferne miterlebte, spürt, daß sich hier in selbstlosem Miterleiden und im Verstehen der Situation des anderen reine Liebe zeigte. Maudie wird die Begegnung zum Ereignis ihres Lebens, das für sie aber unwiderruflich einmalig bleiben muß. Es wird zum letzten Grund ihres bald darauf erfolgenden Todes, obwohl Helen Peyton dafür die Schuld zuschieben möchte.

Einfache Liebe zeigt sich auf der anderen Seite bei Ella und ihrer Tochter La Ruth. Sie finden ihr Gleichgewicht im naiven Glauben an Gott, den ihnen Daddy Faith, der farbige Prediger, vermittelt. Auch ihr Leben ist ein Leben des Leidens. "Ella's face wore the passive look of one who has seen all, borne all, known all and expects little more, of either joy or suffering: she was too old, and if occasionally the wrinkled serenity of her face became a touch grim, it was because her outlook on life was basically tragic, and not because of any passing anger or bitterness"(389). Doch sie findet Geborgenheit bei Daddy Faith. Als zu Daddys Einführung gefragt wird: "Who *is* dis King of Glory?" antwortet Ella als erste "Daddy Faith! oh yes, Jesus, He de King of glowry!" (395). Jesus und Daddy Faith sind für Ella identisch. In ihrem primitiven Glauben findet sie in Daddy Faith - wie sein Name besagt - einen Vater, den Peyton vergeblich suchte, und Gewißheit im Glauben, der Liebe bedeutet. "LOVE" erscheint in Leuchtschrift in der Kugel über der Tribüne auf dem Floß, von wo aus Daddy wie Christus auf dem Boot im See zu den Gläubigen am Ufer spricht.

In beiden Fällen ist es der Farbige, Bennie bzw. Ella, der allein die Fähigkeit des unschuldigen Glaubens besitzt. Auch hierin mag Styron an Faulkner erinnern, der die Möglichkeit der "endurance" in dem farbigen Teil der amerikanischen Bevölkerung in seinen Romanen darstellt. Doch die Lösung vermag bei Styron weniger als bei Faulkner zu überzeugen. Der Glaube, der sich scheinbar als Lösung anbietet, wird als der des naiven Menschen betrachtet. Noch mehr als gegenüber dem späteren Roman, *The Confessions of Nat Turner*, kann sich daher der selbstbewußte amerikanische farbige Leser in *Lie Down in Darkness* als falsch dargestellt betrachten.

Die Frage, warum nicht auch die Loftis zu einfacher und echter Liebe finden können, bleibt im Roman eigentlich unbeantwortet, denn es zeigt sich, daß andere, und nicht nur die Farbigen, auch anders leben können, wie sich vor allem bei Harry zeigt. Zum Teil erlebt der Leser die Frage als unbeantwortet, aber eben doch als gestellt, durch den fragmentarischen Charakter der Erzählung. Entscheidende Momente des Geschehens sind ausgespart, wie zum Beispiel das letzte Gespräch zwischen Helen und Milton über den Tod Peytons. Auch in *Set This House on Fire* wird das Geschehen mosaikartig zusammengesetzt, doch erfolgt am Schluß eine Aufklärung, die die Neugier des Lesers befriedigt, obwohl auch hier die eigentlichen Wurzeln des Leidens der Helden an der Welt unscharf dargestellt bleiben.

Lie Down in Darkness fasziniert den Leser kaum durch seine Handlung als vielmehr durch die Beschreibung der verschiedenen Stimmungen und Gemütszustände der Personen in Situationen, die ihr Dilemma aufleuchten lassen. Diese verbindet sich mit der der Umwelt, die sich in ihrer impressionistischen Qualität mit derjenigen Fitzgeralds vergleichen läßt. In solchen Beschreibungen liegt die eigentliche Kunst Styrons. Seine Botschaft, deren Intention wohl offensichtlich ist, daß unsere Welt des Glaubens bedarf, vermag in der Form, in der sie zur Darstellung gelangt, nicht zu überzeugen. "It's time of belief," sagt Harry zu Peyton, als diese einen solchen Glauben in dem Bild zu sehen meint, das er bei ihrem letzten Besuch malt. "Don't you think? You should know"(378). Doch der Glaube, um den es dabei geht, erscheint in keiner sehr glaubwürdigen Form.

The Long March, 1956

Auf *Lie Down in Darkness* folgte 1956 der Kurzroman *The Long March*. In ihm beschreibt Styron den dreizehnstündigen Gewaltmarsch eines Marineinfanteriebataillions im sommerlichen Carolina. Der Geschichte liegt eigenes Erleben aus seiner Zeit als Reserveoffizier während des Koreakrieges zugrunde. Gegenüber dem Roman, mit dem er seine Laufbahn als Schriftsteller eröffnete, mutet die Geschichte fast wie ein Neubeginn an. Mit ihrer grausigen Eröffnung und der Darstellung atavistischer Instinkte weist er auf *Set This House on Fire* voraus. Ihre besondere Qualität zeigt sich allerdings am ehesten im Vergleich mit dem zwei Jahre zuvor erschienenen Roman James Jones', *From Here to Eternity* der zum ersten Male in drastischer Weise das unmenschliche System militärischer Disziplin in der amerikanischen Armee geißelte und eine zeitlang die amerikanische Öffentlichkeit erregte. Styron wie auch dem früheren Berufssoldaten James Jones kam es zugute, daß sie die Verhältnisse aus eigener Erfahrung beschreiben zu konnten. William Styrons Kurzroman hat gegenüber dem voluminösen Werk seines Vorgängers den Vorzug, daß er das ganze System von Möglichkeiten der Unmenschlichkeit holzschnittartig an einem beispielhaften Ereignis in Erscheinung treten läßt, ohne die ihm zugrundeliegenden menschlichen Schwächen oder Veranlagungen im allgemeinen aus dem Blickfeld zu verlieren. Im Unterschied zu James Jones vermag aber Styron auch eine Einsicht in die Ursachen für diese Grausamkeiten zu vermitteln.

Erzähltechnisch folgt Styron in exemplarischer Weise Henry James, insofern er das Geschehen aus der Sicht einer "central intelligence" darstellt, nämlich derjenigen Leutnant Culvers, der in der Geschichte offensichtlich den Autor vertritt. Die eigentlichen Protagonisten des Kurzromans sind der Bataillonskommandeur Oberst Templeton, genannt Old Rocky, und der mit Culver befreundete Captain Mannix. Mannix hat wie Culver sein im letzten Weltkrieg erworbenes Reserveoffizierspatent aufrechterhalten, da er nie daran dachte, daß es zu seinen Lebzeiten wieder zu einem Krieg kommen könnte. In der Koreakrise wieder zu den Waffen gerufen, hassen beide das militärische Leben, das sie hinter sich gelassen zu haben glaubten. Mannix läßt seinen Unwillen deutlich spüren. Culver sieht wegen der Aufrechterhaltung seines Patents die Schuld bei sich und fügt sich resigniert in die Situation. Er ist auch bereit, Colonel Templeton als Menschen anzuerkennen, da dieser die ihm zugewiesene Aufgabe kompetent zu meistern vermag. Wogegen er sich aufbäumt, ist das System als solches.

Als der Oberst den Gewaltmarsch anordnet, um zu sehen, ob sein Bataillon der Strapaze eines Kriegseinsatzes gewachsen ist, betrachten dies die Reservisten als eine Zumutung. Ohne ein allmählich auf eine solche Leistung hinführendes Training sollen 36 Meilen zurückgelegt werden. Da der Oberst den Befehl zu diesem Marsch gibt, weil Mannixs Kompanie sich nicht in kampffähigem Zustand befindet, fühlt dieser sich zum Widerstand aufgerufen und will dem gehaßten Vorgesetzten zeigen, daß er und seine Kompanie den Marsch überstehen werden. Obgleich er durch einen Nagel im Schuh ernsthaft behindert ist, zwingt Mannix sich zum Durchhalten. Was in ihm erwacht, ist "the old atavism that clutched them, the voice that commanded, once again, you will. *How stupid to think they had ever made their own philosophy; it was as puny as a house of straw, and at this moment - by the noise in their brains of those words,* you will - *it was being blasted to the winds like dust. They were as helpless as children. Another war, and years beyond reckoning, had violated their minds irrevocably. For six years they had slept a cataleptic sleep, dreaming blissfully of peace, awakened in horror to find that, after all, they were only marines, responding anew to the old commands"* (69).

Nach seinen Erfahrungen im letzten Weltkrieg hatte Mannix davon geträumt, sein Leben selbst gestalten zu können. Von neuem in die Situation des Soldatenlebens gestellt, versucht er nun in seiner Rebellion gegen das System, diesen Traum fortzusetzen. Durch Trotz meint er, seine Persönlichket unter Beweis stellen zu können und übersieht, daß er gerade dadurch seine Freiheit verliert und zum zwar nicht gefügigen, aber doch dienstbaren Instrument des Systems wird. Die Erkenntnis, die Culver für sich daraus zieht, ist, daß paradoxerweise sein ganzes Leben in einem solchen freiwilligen Unterstellen unter den Zwang, gegen den man zu rebellieren versucht, besteht.

Der "lange Marsch" aber ist das Erlebnis des sich instinkthaft wieder erweisen Müssens in einer Situation, die als unsinnig erkannt zu sein scheint. Die in dem Kurzroman zur Darstellung gelangende militärische Situation wird damit zum Paradigma für die Situation des menschlichen Lebens schlechthin.

Set This House on Fire, 1960

Der Titel des nächsten Romans ist wie derjenige von *Lie Down in Darkness* einem Brief John Donnes entnommen, dessen Formulierungen selbst auf die Bibel zurückgehen: Gott setzte dem Brief zufolge Donne - im Bilde: sein Haus - in Brand, um zu ihm zu gelangen, nachdem er vergeblich versucht hatte, ihn mit seinem Wort und seiner Gnade zu erreichen. Als Titel für den Roman besagt dies, daß sich Gott seinen Protagonisten zu offenbaren versucht, indem er sie den Schrecken eines Lebens ohne die Erfahrung der göttlichen Nähe aussetzt. Das im Roman ausgebreitete gewaltsame Geschehen wird damit von vornherein unter einen religiösen Aspekt gestellt.

Ausgangssituation des Geschehens ist der Besuch Peter Leveretts, des Erzählers, bei seinem früheren Schulfreund Mason Flagg, der sich kurz nach dem letzten Weltkrieg in Sambuco, einer kleinen Stadt in der Nähe Salernos niedergelassen hat, um ein vor geraumer Zeit begonnenes Schauspiel zu Ende zu schreiben. Auf dem Wege nach Sambuco stößt Peter mit einem italienischen Motorrollerfahrer zusammen, der bewußtlos ins Krankenhaus eingeliefert werden muß. Sambuco und Masons Haus werden, als er mit seinem stark beschädigten Wagen eintrifft, gerade von einer mit letzten Dreharbeiten beschäftigten amerikanischen Filmgesellschaft belagert.

Am Abend erlebt der Erzähler in Masons Haus die merkwürdigsten Dinge. Mason verfolgt im Morgenrock das fliehende Dienstmädchen Francesca und versucht, es einzufangen. Er erlebt ferner, wie Cass Kingsolving, ein amerikanischer Maler, der mit seiner Frau und drei Kindern im gleichen Hause lebt, in völliger Abhängigkeit von Mason auf erniedrigendste Weise die Gesellschaft unterhalten muß. Bei dem Versuch, ihm zu helfen, begleitet er den vorübergehend nüchtern gewordenen Cass zu einer armseligen Hütte, wo dieser Michele, dem Vater Francescas, Medizin bringt, die er von Mason gestohlen hatte. Am Morgen erfährt er, daß Francesca vergewaltigt und umgebracht wurde und Mason zerschmettert am Fuße eines steilen Felsen liegt. Erschüttert und verwirrt kehrt der Erzähler nach Amerika zurück. Die offizielle Erklärung für die Ereignisse lautet, Mason habe Francesca vergewaltigt, sie anschließend auf grausame Weise umgebracht und sich selbst vom Felsen gestürzt. Diese Erklärung vermag den Erzähler jedoch nicht zu befriedigen. Von Cass erfährt er in einem späteren Gespräch, daß dieser Mason erschlagen und vom Felsen gestürzt habe, um sich und Francesca zu rächen. Erst nach der Tat hatte Cass erfahren, daß Mason Francesca zwar vergewaltigt, aber nicht ermordet habe. Auf der Flucht vor Mason war diese Saverio, dem Dorfidioten, begegnet, der sie erschlug, als sie auf seine harmlose Berührung hysterisch reagierte.

Das äußerst melodramatische Geschehen gewinnt seine Bedeutung erst durch die Versuche Peter Leveretts und Cass Kingsolvings, sich über die für sie bereits in der Vergangenheit liegenden Ereignisse Klarheit zu verschaffen. Das Bemühen des Erzählers bildet für die Erhellungsarbeit den äußeren Rahmen. Er betrachtete sich bis dahin als einen durchschnittlichen Bürger ohne besondere Ambitionen. Doch die Ereignisse von Sambuco haben eine Unruhe in ihm hinterlassen: "I still felt low over what had happened in that Italian town.[...] though I was in no way the cause of Mason's death, I might have been in a position to prevent it"(6). Wie sich später herausstellt, wäre er nicht in der Lage gewesen, den Tod Masons zu verhindern; er hätte kaum anders handeln können, als er es tat, da er nicht durchschauen konnte, was sich vor seinen Augen eigentlich abspielte. Das Geschehen erhält jedoch im Nachhinein eine bestimmte Bedeutung für ihn. Als er Jahre nach den Ereignissen Cass Kingsolvings Namen unter einer Karikatur sieht, beschließt er, ihn in Charleston aufzusuchen, um von ihm Aufklärung zu erhalten. Auf dem Weg zu Cass besucht er seinen Vater. Nach dessen Worten ist das Leben "a search for justice"; Er selbst bezeichnet seinen Weg als ein "lonely seeking"(13). Der Traum, mit dem die Vereinigten Staaten in ihre Geschichte eingetreten waren, wird von Peters Vater, wie von dem Vater Robert Penn Warrens in dessen *Brother to Dragons*, 1953, als ursprünglich gerechtfertigt betrachtet: "Except maybe for the nigro, the common man found freedom in a way he never knew or dreamed of - freedom, and a full belly, and a right to pursue his own way of happiness. I guess it was the largest and noblest dream ever dreamed by man"(15). Doch der Traum hat durch den Raubbau an dem Land und durch die Sklavenhaltung seine Berechtigung verloren. Die Menschen der Vereinigten Staaten sind mit der Erfüllung ihrer Träume nicht gewachsen und reifer geworden. Sie sind eine "nation of children" geblieben. "They don't realize that the nigro has *got* to get his just payment"(14). Während der Wagen, mit dem er den Sohn durch die Stadt fährt, allmählich zusammenbricht, bedauert der Vater den Zustand der Nation. Das Versagen des Wagens wird zum Bild für das der Nation.

Auf der Fahrt gelangen sie an einen Ort an der Küste, an dem der Erzähler als Kind beinahe ertrunken wäre. Seine Rettung hatte ihn damals das Leben neu schätzen gelehrt. Das Bewußtwerden des früheren Ereignisses in der Erinnerung vermittelt ihm, aller Sicherheit früher Kindheit beraubt, "shorn of illusions and innocence"(19), ein neues Identitätsgefühl. Wie sein Vater geht er jetzt gewissermaßen auf die Suche nach Gerechtigkeit.

In dem Gespräch, das er mit Cass in Charleston führt, kann er sich von dem Schatten befreien, der durch die Ereignisse in Sambuco auf ihm liegt, und er erhält das Gefühl, auch Cass zur Klärung seiner Haltung geholfen zu haben. Die Bedeutung des Gespräches mit Cass besteht vor allem in der Erhellung der Rolle, die Mason in seinem Leben gespielt hatte. Er war diesem zum ersten Male auf einer Prep-School begegnet. Mason hatte ihm mit seinem Reichtum und seinem selbstsicheren Auftreten imponiert, und die Faszination, die von ihm ausging, war auch erhalten geblieben, als Mason wegen eines sexuellen Vergehens an einem minderjährigen geistesgestörten Mädchen von der Schule verwiesen wurde. Er erkannte die Perversion des Freundes und war doch immer wieder bereit, ihm zu verzeihen. Masons Situation läßt sich mit derjenigen seiner der Trunkenheit verfallenen Mutter vergleichen, deren Situation Cripp, der Regisseur des Films, der in Sambuco gedreht wurde, beschreibt: "it's really the symptom [...] not the disease.[...] it's simply that our disease is more - pandemic now [...]. Especially among Americans, I mean. [...]. A general wasting away of quality, a kind of sleazy common prostration of the human spirit. Like Burnsey there [einer der Schauspieler]. In his mid-thirties, just when an artist should be hitting his stride, achieving maturity, he sinks into his idiotic infantilism. He becomes a hipster. A juvenile delinquent"(116). Mason war nicht wie seine Mutter zum Trinker geworden, doch er war, wie so viele Gestalten in den Romanen Fitzgeralds, einer der "rich boys", die, von der Macht ihres Reichtums getragen, der Verantwortung des Erwachsenseins auswichen und glaubten, Erfüllung ihres Lebens mit ihrem Geld kaufen zu können. Der Erzähler sieht die Not, in der Mason damit steht. Er hat keine Freunde; man begegnet ihm freundlich, weil er Geld hat. Masons Verhalten ist das "of recompense and hire, and laden with the anguish of friendliness"(173). Trotz seines männlich guten Aussehens findet er kein normales Verhältnis zum anderen Geschlecht. Seine Perversion steigert sich zu einer Leidenschaft für Pornographie und Gruppensex. In allem aber zeigt sich die Anstrengung, seine Einsamkeit und seine Unreife zu kompensieren. Er braucht Peter, um sich selbst bestätigt zu sehen; er braucht jemanden, der ihm seine Lügen glaubt. In gleicher Weise braucht er Cass, um sich in seiner Macht über ihn selbst zu bestätigen. Er bestätigt sich vor allem als der Gönner, der den Verlorenen hilft.

Peter fragt Cass, ob Mason "böse" war und erwartet von ihm eine Bestätigung. Doch Cass verneint die Frage. Als Mason ihm in die Augen schaute, bevor er ihn erschlug, sah er, "that the pale face, which was so soft and boyish, and in death and in life so tormented, might be the face of almost anything, but was not the face of a killer"(465). Cass vermag sich seine Not vorzustellen: "Often I thought it was bound up with what I've just been trying to get at - with the *difficulty* I always suspected him of having, this failing which must be one of the most agonizing things that can afflict a man, this raging constant desire with no outlet, a starvation with no chance of fulfillment, which must fever and shake and torment a man until he can only find a release in violence" (442). So versteht er auch Masons Vergewaltigung von Francesca als eine Vergewaltigung seiner selbst(443). Mason Flagg wird damit zum Symbol für die amerikanische Gesellschaft, soweit sie glaubt, sich mit ihrem Wohlstand Freundschaft erkaufen zu können. Die Brücke zum anderen kann auf diese Weise nicht geschlagen werden. Der Versuch, aus der Isolation auszubrechen, wird dann zu einem Akt der Gewalt.

Erst durch das Gespräch mit Cass lernt der Erzähler die Gefahr erkennen, in die er sich in seinem Verhältnis zu Mason begeben hatte. Der Tod Masons hat ihn - nach der Klärung, die sich im Gespräch mit Cass vollzieht - von dieser Gefahr befreit. Er erlangt seine Reife, indem er Masons Verhalten nicht unbedingt als böse einzuschätzen lernt, sondern als Unreife, die das Leiden nicht zu akzeptieren bereit ist und glaubt, sich von ihm loskaufen zu können. Mit dieser Einsicht findet der Erzähler sein Gleichgewicht wieder, das er durch das Erlebnis in Sambuco verloren hatte. Wie aus einem Brief von Cass an Peter, der als Epilog angefügt ist, zu entnehmen ist, beabsichtigt er zu heiraten und ein normales bürgerliches Leben zu führen. Das Ergebnis des Ringens um die Wahrheit nimmt sich in dieser Andeutung sehr dürfig aus.

Etwas anders als mit dem Erzähler verhält es sich mit Cass. Noch als Junge hatte er einem Verkäufer zu helfen, Geld von einem farbigen Landarbeiter für seinen noch nicht bezahlten Radioapparat einzutreiben. Als sie den Schuldner nicht antrafen, durchsuchte der Verkäufer die offen stehende Hütte. Als er den noch unbezahlten Apparat gefunden und festgestellt hatte, daß er schon beschädigt war, zerstörte er sinnlos das ganze Inventar der armseligen Hütte. Cass war von dem Zerstörungsfieber mitgegriffen worden, als man ihm befohlen hatte, beim Umstürzen des Ofens zu helfen. Dieses Unrecht, das er gegenüber dem Farbigen mitbegangen hatte, bedrückte ihn seitdem. Er weiß, daß er sein Unrecht nicht wieder gut machen kann. Die Erinnerung daran bedeutet für ihn eine ständige Buße.

Die Schuld gegenüber dem Farbigen steht jedoch nur paradigmatisch für seine Schuld im allgemeinen. Er sieht nicht nur sich, sondern die Welt dem Bösen anheimgefallen. Dabei ist es für ihn eine Frage, ob das Böse eine Realität darstellt oder nur "a figment of the mind"(128) ist. Wo, so lautet für ihn die Frage, liegt die Schuld?

Er sieht das Unrecht, das die verarmte Landbevölkerung Süditaliens erleidet; er sieht das Unrecht, das Mason begeht. Er sieht aber auch die Verflechtungen, in denen der einzelne steht, durch den sich das Böse manifestiert. Existenz ist für ihn und die Welt, wie er sie sieht, nur ein Leiden geworden, von dem selbst Gott den Menschen nicht mehr zu befreien vermag. In einem seiner Träume glaubt er, zu der Erkenntnis zu gelangen, "that this was only He who in His capricious error had created suffering mortal flesh which refused to die, even in its own extremity. Which suffered all the more because even He in His mighty belated compassion could not deliver His creatures from their living pain"(358).

Seit einem Kriegserlebnis, dessen Folge ihn in psychotherapeutische Behandlung führte, an das er selbst sich aber nicht mehr zu erinnern vermag, besteht sein Leben in dem Versuch, diesem Leiden zu entrinnen. Dieser Versuch lähmt seine Kraft als Maler und macht ihn zum Trinker. Im trunkenen Zustand glaubt er, der Erlösung nahezukommen, um sich aber immer wieder getäuscht zu sehen. Was er erkennen lernen muß, ist, daß sein Ich seiner Seele im Wege steht, zu Gott zu finden. "To triumph over the self is to triumph over Death. It is to triumph over that beast which one's self interposes between one's soul and one's God" (254).

Das Ich sperrt sich, indem es nicht bereit ist, die Schuld und das Leiden auf sich zu nehmen. So versucht er, sich zurückzuversetzen in die Kindheit, in die Geborgenheit des mütterlichen Schoßes(271f.) oder denkt daran, sich und seine Familie umzubringen. In paradoxer Weise befreit er sich aus der Abhängigkeit von Mason durch die äußerste Erniedrigung seiner selbst ihm gegenüber, da er mit dieser Selbstaufgabe einen Weg findet, Michele zu helfen: "the paradox is that this slavish contact with Mason that I had to preserve in order to save Michele freed me to come into that knowledge of selflessness I had thirsted for like a dying man, and into a state where such a thing as dependence on the likes of Mason would be unheard-of, an impossibility"(443). Durch selbstlose Nächstenhilfe macht er sich von Mason und von den Gütern dieser Erde frei. Erst dann gelingt es ihm auch, sich von der Illusion zu lösen, durch Alkohol dem Leiden dieser Erde entrinnen zu können.

Cass ermordet Mason zu einem Zeitpunkt, da er noch glaubt, daß dieser sein Selbstbewußtsein auf das äußerste verletzte. Als Folge der Tat befindet er sich in einem Zustand, da er seinem und seiner Familie Leben ein Ende bereiten oder, nachdem er daran gehindert wird, sich der Justiz stellen will. Doch Luigi, der italienische Philosoph in Polizeiuniform, der sich der Wirklichkeit anzupassen gelernt hat, zwingt ihn auf einen anderen Weg. "You sin in this guilt of yours! You *sin* in your guilt!" (490) wirft er ihm vor. Er hindert Cass daran, sich der Justiz zu stellen. Leben bleibt danach aber für Cass "an imprisonment". "We are serving our sentences in solitary confinement," konstatiert er, über die Ereignisse reflektierend. "In the meantime we do what we can"(497).

Doch Cass hat einen Weg der Gerechtigkeit gefunden, wenn er sich von Luigi sagen läßt, daß "true justice must always somehow live in the heart, locked away from politics and governments and even the law"(498). Das Gesetz würde Cass nur weiter leiden lassen, und er würde sich in diesem Leiden nur gefallen. So ist ihm aber die Möglichkeit gegeben, sich nicht seiner Schuld, sondern dem Guten in sich zuzuwenden. Luigi beschwört ihn: "consider [...] this sinful guilt which has made you a drunkard, and caused you to wallow in your self-pity, and made you fail in your art.[...] Ask yourself whether it is not better to go free now, if only so that you may be able to strike down this other guilt of yours and learn to enjoy whatever there is left in life to enjoy." Er verweist ihn auf das Gute in ihm: "For the love of God, Cass.[...] Consider the *good* in yourself! Consider hope! Consider joy!"(499). Das Gute in sich hatte Cass Michele in seiner selbstlosen Nächstenliebe bewiesen. Durch dieses vermag er sich auch jetzt von Mason zu befreien. Den Mord kann er nicht rechtfertigen. Er übernahm darin, wie er sagt(446), die Richterrolle Gottes und nahm Mason die Möglichkeit, vielleicht doch noch ein besserer Mensch zu werden und zu reifen. Diese Möglichkeit der Reifung wird ihm selbst durch Luigis Beistand gegeben. In seinem Brief an Peter heißt es, nach der Mitteilung, daß seine Frau wieder guter Hoffnung sei: "A man doesnt even get started until he moves in toward il mezzo del camin. [...] Who was it in Lear who said ripeness is all. I forget, but he was right"(505f.).

Cass verneint am Ende seines Berichts, daß sein Weg als ein Leiden betrachtet werden kann, das schließlich die Gnade möglich mache. Für ihn bedeuten die Wahl zwischen "being and nothingness" und seine Entscheidung, "to choose being, not for the sake of being, or even the love of being, much less the desire to be forever - but in the hope of being what I could be for a time"(500f.) die befreiende Erkenntnis seines Lebens.

Als Cass in Sambuco nach seiner letzten Begegnung mit Luigi wieder zu seiner Familie zurückgekehrt war, dachte er, wie er später Peter berichtet, an einen Neuanfang in Amerika. In einem seit Hawthornes *The Marble Faun*, 1860, in der amerikanischen Literatur immer wieder gebrauchten Bilde - Stephen Crane benutzt es in *The Red Badge of Courage*, 1895, oder F.Scott Fitzgerald in *The Great Gatsby*, 1925, - zeichnet er die Hoffnung als die über Amerika aufgehende Sonne: "I kept thinking of the new sun coming up over the coast of Virginia and the Carolinas, and how it must have looked from those galleons, centuries ago, when after black night, dawn broke like a trumpet blast, and there it was, immense and green and glistening against the crashing seas. And suddenly I wanted more than anything in my life to go back there. And I knew I *would* go..."(500). Ein solcher Neubeginn erweist sich aber bei Cass wie bei Peter eher als ein sich Abfinden mit der apokalyptischen Situation des Lebens in der modernen Welt. Vergessen wird, was schon Peters Vater beklagte, "that the nigro [hier im Sinne der dunklen Mächte] has *got* to get his just payment"(14).

The Confessions of Nat Turner, 1967

In seinem nächsten Roman, *The Confessions of Nat Turner*, greift Styron ein Ereignis aus der Geschichte seines Heimatstaates Virginia auf. Die Hauptquelle für seinen historischen Roman sind die von einem Rechtsanwalt namens Thomas R.Gray niedergeschriebenen und 1831 veröffentlichten *Confessions of Nat Turner*. Nat Turner war der Anführer der wohl bedeutendsten Sklavenrebellion in den Südstaaten, die im ganzen Bereich der Staaten zu ihrer Zeit großes Aufsehen erregte und bei der fünfundfünfzig Weiße, Männer, Frauen und Kinder, ums Leben kamen. Styron hat weitere Studien zu diesem historischen Ereignis betrieben und betont in seinem kurzen Vorwort, daß er sich streng an die Fakten gehalten habe, sie nicht verfälschte, sondern nur imaginativ ergänzte. Die Existenz der Quelle wird nutzbar gemacht, indem - abgesehen von dem dem Roman vorangestellten Vorwort ihres Originals - der erste und der letzte von insgesamt vier Teilen Schilderungen Nat Turners von seiner Begegnung mit Gray im Gefängnis darstellen, die zu dessen Niederschrift führten. In diesen Schilderungen werden bereits die wichtigsten Tatsachen vermittelt und die Fragen, die den Protagonisten bewegen, gestellt. Die umfassende Frage, die der Roman zu beantworten versucht, ist die nach der Ursache für diese grausamen Vorgänge.

Die zwei mittleren Teile berichten - ebenfalls in Ich-Form - von dem Leben des Sklaven Nat Turner, der sich zunächst im Besitz von Benjamin und später von Samuel Turner befindet. Letzterer entdeckt seine Fähigkeiten und läßt ihn - in der Überzeugung, daß das Los der Schwarzen nur durch ihre Bildung gebessert werden könne und diese die Voraussetzung für ihre Freilassung sei - Lesen und Schreiben sowie ein Handwerk erlernen. Die versprochene Freilassung kommt nicht zustande, da sich Samuel Turner gezwungen sieht, Nat zu verkaufen, um seine Schulden abtragen zu können. Nach kurzer Zeit bei einem Geistlichen wird Nat Eigentum eines kleinen Farmers und kommt nach dessen Tod zu Thomas Trevis, einem Stellmacher. Von dieser Zeit bei den zuletzt Genannten berichtet der dritte Teil. Nun entwickelt sich Nat zum Prediger und schmiedet seinen Plan zur Ermordung aller Weißen der Umgegend.

Wie in den früheren Romanen konzentriert sich die Erzählung immer wieder auf Situationsschilderungen und die Darstellung von Gemütsverfassungen. Daneben treten jedoch aus der Perspektive des Ich-Erzählers die Überlegungen des Helden in eine noch bedeutendere Position als in den früheren Romanen, was mit dadurch bedingt ist, daß die Ereignisse auf ein festes Ziel hin ausgerichtet sind, dessen Bedeutungsmöglichkeiten einfacher konstruiert sind.

Die Schilderung des Lebens von Nat Turner zeigt in allen Nuancen, was es bedeutete, Sklave oder auch freigelassener Farbiger zu sein. Dem einen wie dem anderen sind die Voraussetzungen eines normalen Menschseins, selbst in einem Staate wie Virginia, wo ihr Los noch ungleich besser als im tiefen Süden war, entzogen. Abgesehen von allen Nachteilen verschiedener Art und allen auch möglichen Grausamkeiten, rebelliert Nat vor allem gegen die Verletzung seiner Menschenwürde. Er sieht diese Würde von einigen Weißen anerkannt, so von Judge Cobb und Margaret Whitehead, der am Ende siebzehnjährigen Schwester eines benachbarten Geistlichen. Die meisten seiner Besitzer und deren Nachbarn erkennt er als wohlmeinend und menschlich an. Doch stehen sie in einer menschlichen Ordnung, nach der sie in den Schwarzen nur untergeordnete und zu vollem Menschsein nicht fähige Wesen sehen können. Für ihn gibt es daher keinen anderen Ausweg, als alle Weißen, einschließlich der Frauen und Kinder, als Träger dieser Ordnung zu töten. Aus dieser Perspsektive gesehen, sind die *Confessions* ein rein historisch-politischer Roman, der letztlich die Frage aufwirft, ob sich die Situation der Schwarzen nur durch Gewalt ändern läßt und ob die Grausamkeit solcher gewaltsamen Veränderung gerechtfertigt ist.

Kompliziert wird die Problematik jedoch durch das für Nat bestimmende religiöse Moment. Nat ist sich der politischen und gesellschaftlichen Implikationen seines Handelns bewußt, doch letztlich glaubt er sich durch einen religiösen Auftrag bestimmt. Er beruft sich auf die im Alten Testament verkündete Befreiung Israels aus seiner Knechtschaft und den an ihn unmittelbar ergangenen Auftrag Gottes zur Befreiung seines Volkes. In der Schilderung seines religiösen Bemühens wird nun aber deutlich, daß seine Visionen durch nichts anderes als Askese und sexuelle Frustration zustandegekommen und infolgedessen recht zwielichtig sind. Der letzten von ihm geschilderten Erleuchtung geht die Masturbation unmittelbar voraus. In den größten Konflikt bei der Durchführung seines Auftrags gerät er gegenüber Margaret Whitehead. Wie er sich in bezug auf seine politischen Einsichten von Judge Cobb verstanden fühlt, so in bezug auf seine religiösen Vorstellungen von ihr. Ihr gegenüber verspürt er aber auch ein unbändiges sinnliches Verlangen, das zu unterdrücken er sich genötigt sieht. Margaret sieht das an den Schwarzen begangene Unrecht im Lichte ihres Glaubens. Dieses Unrecht ist für sie nicht durch Gewalt zu beseitigen, sondern nur durch Liebe, die für sie jedoch nur eine geistige Liebe sein kann. Da Nat der Weg der sinnlichen Liebe zu Margaret versperrt ist, vermag er auch den von *ihr* geschauten nicht zu betreten. Seine Frustration ihr gegenüber festigt ihn in dem vermeintlichen Auftrag Gottes, alle Weißen zu töten. Margaret wird das einzige Opfer, das er bei der Rebellion mit eigener Hand zu erschlagen versucht.

Von Gray vor seiner Hinrichtung gefragt, ob er nicht bereue, was er getan habe, antwortet er: "Yes, [...] I would have done it all again. I would have destroyed them all. Yet I would have spared one. I would have spared her that showed me Him whose presence I had not fathomed or maybe never ever known"(428). Deutlicher als in den anderen Romanen ist in diesen Worten das Hauptanliegen Styrons formuliert. Deutlicher wird in ihnen aber auch das Paradoxon, das sie enthalten. Wenn Nat bereit ist, die Greuel, die er begangen hat, zu wiederholen, nachdem der Gott, der sie ihm gebot, ihn verlassen hat, so glaubt er, daß er in der geschichtlichen Welt, in die er eingespannt ist, nicht anders handeln könne, obwohl er den anderen Weg als den einzig richtigen anerkennen muß. Es öffnet sich für Nat und sein Volk kein Weg aus Geschichtlichkeit und Gefallenheit heraus. Insgesamt gilt für das Werk Styrons, daß seine Menschen den Weg der christlichen Liebe erkennen oder erahnen, aber nicht glauben, sich aus einer schuldigen Welt lösen zu können, ja, den Weg der Schuld bis an sein bitteres Ende gehen zu müssen meinen.

Renommierte Kritiker wie Philip Rahv oder George Steiner bestätigten Styron seine faire Darstellung der Farbigen in *The Confessions*. Dennoch ist es verständlich, wenn farbige Kritiker ihm vorwerfen konnten, Nat Turner als religiösen Fanatiker, den sie als ihrer nicht würdig ablehnen, dargestellt zu haben. Wie schon in *Lie Down in Darkness* ist der bei der farbigen Bevölkerung angebotene Glaube auch zu naiv und unglaubwürdig dargestellt, als daß er aus der komplexen Situation, in der sich die Gestalten befinden, herausführen könnte.

Deutlich wird in *The Confessions* aber auch - wie in den früheren Romanen - der Zusammenhang zwischen pervertierter Sinnlichkeit und der Abwesenheit Gottes, wobei offen bleibt, auf welcher Seite Ursache und Wirkung liegen.

Sophie's Choice, 1979

In *Sophie's Choice*, seinem bisher letzten Roman, geht es Styron um nicht weniger als um "the embodiment of evil", das Auschwitz und die anderen Vernichtungslager Nazideutschlands heute für die Welt bedeuten. Er ist dabei nicht so sehr an der Darstellung der Ereignisse, als vielmehr an dem Versuch interessiert, dieses Geschehen am beispielhaften Schicksal einer Frau, die den Holocaust überstand, zu verstehen. "I have thought," erklärt der weitgehend mit dem Autor identische Erzähler, "that it might be possible to make a stab at understanding Auschwitz by trying to understand Sophie, who to say the least was a cluster of contradictions"(219). Wenn der Erzähler am Schluß des Romans weinend am Strand von Coney Island zusammenbricht, heißt es: "It was, of course, the memory of Sophie and Nathan's long-ago plunge that set loose this flood, but it was also a letting go of rage and sorrow for the many others who during these past months had battered at my mind and now demanded my mourning: Sophie and Nathan, yes, but also [...] Maria Hunt and Nat Turner [...] who were but a few of the beaten and butchered and betrayed and martyred children of the earth. I did not weep for the six million Jews [...]. - I was unprepared to weep for all humanity - but I did weep for these others who in one way or another had become dear to me"(515). Maria Hunt ist nach der Aussage von *Sophie's Choice* das Vorbild für die Heldin des ersten Romans, den der Erzähler zur Zeit der Begegnung mit Sophie und Nathan schreibt. Sie ist unschwer als Peyton in *Lie Down in Darkness* zu erkennen. Direkt wird der Titelheld seines soweit vorletzten Romans genannt. Demnach steht auch das Leiden der Protagonisten seiner früheren Werke für das Leiden der "humanity" am Bösen, das zu ergründen Styrons Anliegen seit Beginn seiner schriftstellerischen Laufbahn war und dem er in *Sophie's Choice* in seiner extremsten Äußerung in der Geschichte der Menschheit nachzuspüren versucht.

Styron weiß, welches Risiko er mit seinem Versuch eingeht. Das wird deutlich, wenn er George Steiner zitiert, für den es keineswegs klar ist, ob diejenigen "who were not themselves fully involved should touch upon these agonies," und wenn er auf Elie Wiesels Ansicht verweist, daß die Romanciers, die Auschwitz zu ihrem Thema machten, dadurch dessen Bedeutung minderten. "Novelists made free use of [the Holocaust] in their work [...]. In so doing they cheapened [it], drained it of its substance"(218). Doch glaubt der Erzähler nicht wie Steiner, daß "silence" die einzig mögliche Antwort auf die Frage, wie es zu Auschwitz kommen konnte, sei. Er kommt ferner Elie Wiesel entgegen, der zur Darstellung von Auschwitz eine "neue Literatur", nämlich "die Dokumentation in den Aussagen der Zeugen" verlangt, indem er seinen Roman in den das Vernichtungslager betreffenden Passagen in die Form der Aussage einer Zeugin kleidet.

Das Geschehen vollzieht sich auf drei Zeitebenen, der Ebene von Sophies Vergangenheit mit dem Höhepunkt ihres zwanzigmonatigen Aufenthaltes im KZ Auschwitz, der ihrer Begegnung mit Nathan Landau im Sommer 1947 in Brooklyn, die mit dem Selbstmord der beiden endet, und schließlich derjenigen der Begegnung des Erzählers mit dem Paare und deren Folgen für seine eigene Entwicklung. Der Erzähler lernt Sophie und Nathan in einem Hause in Brooklyn kennen, wo er als angehender Schriftsteller mit der Niederschrift seines ersten Romans beginnt. Er wird zum engsten Freunde des Paares und in dessen Schicksal einbezogen, ohne sein tragisches Ende verhindern zu können. So berichtet er das, was er selbst erlebt, oder das, was er von Sophie und anderen an dem Geschehen beteiligten Personen erfährt.

Sophies Vergangenheit wird dem Erzähler durch deren konfessionsartigen Bericht enthüllt, der nach anfänglichen Verschleierungsversuchen schrittweise der Wahrheit nahezukommen vorgibt. In seiner Wiedergabe läßt er Sophie selbst über längere Strecken in wörtlicher Rede sprechen und versucht, das "soliloquy" ihrer Konfession "to transcribe [...] as accurately as [he has] been able to remember it"(97). Des öfteren beruft er sich auf Aufzeichnungen aus seinem Tagebuch, das er zur Zeit der Begegnung mit dem Paare führte. Ergänzt wird dieser Bericht über die Vergangenheit durch das Wissen, das der Erzähler inzwischen - vor allem 1967, d.h. in dem Jahre, da Styron/Stingo mit der Niederschrift des Romans begann - aus der Holocaust-Literatur erworben hatte.

Der Erzähler erscheint in dem Roman unter dem Namen Stingo. Er führt sich als solcher mit der Wendung "Call me Stingo"(2) ein. Stingo ist der Spitzname, mit dem man ihn in der Schule rief. Mit der offensichtlichen Anlehnung an die Eröffnungsworte von *Moby-Dick*, "Call me Ishmael", stellt er sich jedoch auf die Ebene des Melvilleschen Ich-Erzählers, der die Ursachen seines Leidens an der Welt zu ergründen versucht. Damit wächst er aber auch wie jener über seine Rolle als Erzähler hinaus und wird zu einem der Protagonisten des von ihm wiedergegebenen Geschehens. Die Erfahrung, die ihm darin zuteil wird, faßt er am Ende, wieder in Anlehnung an Melville, direkt aber zunächst in Anlehnung an Poe zusammen. Wie schon erwähnt, sinkt der Erzähler weinend am Strand von Coney Island nieder. Gleich dem Erzähler in Poes "The Premature Burial" träumt er nun, lebendig begraben zu werden. Als er am anderen Morgen wieder aufwacht, stellt er fest, daß Kinder ihn mit Sand zugedeckt hatten: "Blessing my resurrection, I realized that the children had covered me with sand, protectively, and that I lay safe as a mummy beneath this fine, enveloping overcoat. It was then that in my mind I inscribed the words: *'neath cold sand I dreamed of death / but woke at dawn to see / in glory, the bright, the morning star.* This was not judgement day - only morning. Morning: excellent and fair"(515). Dieses den Roman abschließende Bild läßt das dem Erzähler zuteil gewordene Erleben als ein solches von Tod und Auferstehung erkennen. Wie Ishmael in *Moby- Dick* durch den in eine Boje verwandelten Sarg Queequegs als einziger der *Pequod* gerettet wird, findet der Erzähler von *Sophie's Choice* nach seiner Einweihung in das Böse zu neuem Leben.

Trotz dieser Parallelen zu Melvilles Ishmael handelt es sich bei Stingo um eine andere Art von Erzähler. Denn wenn dieser auch um der Erzählfunktion willen einen fiktiven Namen angenommen hat, so ist er doch eindeutig als der Autor zu identifizieren. Auch Melville verarbeitete in *Moby-Dick* eigene Lebenserfahrung. Doch wird diese in die Fiktion umgesetzt. In *Sophie's Choice* bleibt die Lebenserfahrung des Autors weitgehend erhalten und gewinnt auf diese Weise dokumentarischen Wert. Stingo ist der gleichen Herkunft wie Styron, diente wie dieser bei der Marineinfantrie, war als Lektor bei McGraw-Hill tätig und ist der Verfasser von Romanen, die eindeutig als *Lie Down in Darkness, The Long March* und *The Confessions of Nat Turner* zu erkennen sind. Wenn jedoch der Erzähler in das von ihm berichtete Geschehen als Handelnder eintritt, kommt es zu einer Verquickung von Fiktion und Wirklichkeit, die den Leser irritiert. Die Vortäuschung einer Wirklichkeitsdokumentation wird zum Trick.

Fände er *Sophie's Choice* nicht als Roman angekündigt, könnte der Leser zunächst annehmen, es handle sich bei Sophie und Nathan um Personen, denen der Autor tatsächlich begegnet war und deren Leben er wirklichkeitsgetreu wiederzugeben versuche. Wir hätten es dann mit einem Werk zu tun, das sich als "faction" mit Capotes *In Cold Blood* vergleichen ließe oder wie der Großteil der Werke Norman Mailers als "new journalism" zu verstehen wäre. Eine solche Interpretation ließe sich durch den Aufsatz Styrons in der *New York Times* rechtfertigen, in dem er von einer tatsächlichen Begegnung mit einer polnischen Frau berichtet, die in Auschwitz ihren Glauben verlor und die wir als Leser in Sophie ohne weiteres wiederzuerkennen vermögen. Zudem spricht Styron kurz vor dem Erscheinen des Romans von ihm als ein Werk "part fiction, part factual."

Der Eindruck der dokumentarischen Wiedergabe von Wirklichkeit wird nicht nur durch die autobiographischen Elemente, sondern auch durch die Berufung auf Autoritäten hervorgerufen, die sich zu dem Thema geäußert haben, sowie durch essayhafte Betrachtungen der historischen bzw. zeitgeschichtlichen Situation, in der sich die Ereignisse abspielten.

Den Erzählkonventionen, die den dokumentarischen Charakter prätendieren, stehen aber solche gegenüber, die unverhüllt den fiktiven Charakter voraussetzen. Wie die Begegnung des Erzähler/Autors mit Maria Hunt regt diejenige mit der Polin diesen zur Verarbeitung ihres Schicksals in einem Roman an. In *Sophie's Choice* spricht die Titelheldin selbst von ihrem Wunsch, einen Roman über Auschwitz zu schreiben (454). Stingo/Styron übernimmt ihr Anliegen, wenn er nach ihrem Tode mit der Niederschrift ihres Schicksals in der Form des Romans versucht, den Naziterror verstehen zu lernen.

An einer entscheidenden Stelle des Romans verweist der Erzähler ausdrücklich darauf, daß er Sophies Andeutungen spekulativ - und d.h. hier: imaginativ - ergänze: "I would risk speculating further on this [...]"(485). Es handelt sich dabei um das grausame Verhalten des Lagerarztes von Auschwitz gegenüber Sophie. Dieses besteht darin, daß er Sophie zu wählen zwingt, welches ihrer beiden Kinder sofort vergast und welches ins Arbeitslager eingewiesen werden solle. Stingo sieht in dem Lagerarzt einen ursprünglich gläubigen Christen, der sich nach dem Verlust seines Glaubens angesichts des Massenmordes, den er mitverantwortet, in einer Krise befindet und nun glaubt, durch die Ungeheuerlichkeit seiner Tat einen Sinn für Sünde und damit die Möglichkeit einer späteren Erlösung zurückzugewinnen. "Was it not supremely simple, then," fragt der Erzähler, "to restore his belief in God, and at the same time to affirm his human capacity for evil, by committing the most intolerable sin that he was able to conceive? Goodness could come later. But first a great sin. One whose glory lay in its subtle magnanimity - a choice" (486f.). Die Bedeutung dieser bewußt imaginativ ausgeweiteten - als spekulativ gekennzeichneten - Erklärung der Motivation des SS-Arztes liegt nicht nur darin, daß sie den Titel des Romans interpretiert, sondern auch eine in den vorausgehenden Werken des Autors immer wieder auftretende Kernfrage berührt. Auch Peyton in *Lie Down in Darkness* glaubt, wie sie in ihrem langen inneren Monolog vor dem Selbstmord bekennt, sündigen zu müssen, um zu einer Erlösung aus ihrem Verlorensein zu finden. Der Erzähler von *Sophie's Choice* spricht kurz vor seiner Spekulation über Jemand von Niemand, wie er den SS-Arzt nennt, über diesen Monolog Peytons, den er bereits fertig konzipiert hat, und fragt sich: "Could I make it all seem *real*? I was sorely bothered by the approaching struggle of *imagining* the girl's ordeal"(449). Doch die Sünde Peytons wie diejenige des SS-Arztes erscheinen als das "imaginary evil", von dem Simone Weil, die Styron selbst zitiert, sagt, es sei "romantic and varied, while real evil is gloomy, monotonous, barren, boring"(149). Natürlich zitiert Styron Simone Weil, weil er gerade *nicht* das "imaginary evil" darstellen will. Doch in bezug auf Jemand von Niemand stilisiert er das "real evil" ins "Tragische" und damit zu einem "imaginary evil" hoch.

Es wäre töricht, die Berechtigung des Imaginativen in einem Roman prinzipiell in Frage zu stellen. In der Tradition des "realistischen" Romans wird jedoch versucht, die Fiktionalität zu verschleiern. Es wird zur Erzählkonvention, eine Fiktion als etwas auszugeben, das sich wirklich ereignete. Die Erzählmittel, die Styron einsetzt, um seiner Geschichte Sophies dokumentarischen Wert zu verleihen, stehen in dieser Tradition. Mit Hilfe der Imagination versucht Styron einem Verstehen geheimnisvoller bzw. unbegreiflicher Ereignisse näherzukommen. In dem Tagebuch, das er zur Zeit der Begegnung mit Sophie führte, findet er den Eintrag:"*Someday I will understand Auschwitz*". Es wäre besser gewesen, meint er, er hätte geschrieben: "*Someday I will write about Sophie's life and death, and thereby help demonstrate how absolute evil is never extinguished from the world.*" Er gesteht, daß es ihm nicht gelang, mit dem Roman Auschwitz zu erklären: "Auschwitz itself remains inexplicable"(513). Gegenüber einer Ungeheuerlichkeit wie Auschwitz, so ließe sich daraus folgern, versagt die Imagination. Ihr gegenüber wird aber auch der Versuch einer fiktionalen Bewältigung zur Blasphemie, zumal wenn der Tat des Henkers der Charakter der "felix culpa" oder zumindest einer für seine mögliche Erlösung notwendigen Sünde zugeschrieben wird. Hier stellt sich nicht mehr die Frage nach der erzähltechnischen, sondern die nach der moralischen Berechtigung. Die Erzählkonvention wird in diesem Kontext zum Trick.

In der Geschichte Sophies und Nathans und derjenigen Stingos geht es neben dem Versuch, die Vergangenheit zu verstehen, darum, den Anteil der einzelnen an ihr zu bestimmen. Aus dem Wissen heraus, daß eine Reihe der Häftlinge der Hölle des Vernichtungslagers nur dadurch zu entkommen vermochte, daß sie sich zu Werkzeugen der Henker machte, fragt Nathan Sophie immer wieder, wie sie es angestellt habe, Auschwitz zu überleben. Sie selbst glaubt sich schuldig, und ihr Bericht über ihre Vergangenheit wird zu einer Konfession. Die Dinge, die sie Nathan nicht enthüllen zu können glaubt, beichtet sie Stingo: "there *were* circumstances and happenings in her past which had to be spoken; I think that quite unbeknownst to herself she was questing for someone to serve in place of those religious confessors she had coldly renounced. I, Stingo, handily filled the bill"(147). Der Erzähler zitiert, um Sophies Schuldgefühl zu erklären, wieder Simone Weil: "Affliction stamps the soul to its very depths with the scorn, the disgust and even the self-hatred and the sense of guilt that crime logically should produce but actually does not"(147). Es ist das gleiche Schuldgefühl, das bereits Cass Kingsolving in *Set This House on Fire* bedrückte. Wie für Cass bleibt auch für Sophie dieses Schuldgefühl ein Rätsel(286). Um dieses Schuldgefühl zu betäuben oder um die Schuld zu sühnen, ergibt sie sich nun einem rauschhaften Liebesleben mit Nathan, in dessen Beschreibung der Erzähler immer wieder schwelgt: "Sophie's lust was [...] boundless [...] for complex reasons; it had to do, of course, with her good raw natural animal passion, but it was also both a plunge into carnal oblivion and a flight from memory and grief. More than that, I now see, it was a frantic and orgiastic attempt to beat back death"(496).

Stingos Verständnis dafür, daß Sophie in der Leidenschaft eine Möglichkeit zur Abwehr des Todes sieht, steht nun aber im Widerspruch zu dem, was sie für ihn selbst bedeutet. Als sie am Ende des Sommers 1947 gewillt zu sein scheint, sich von Nathan zu trennen, als dieser in seinem temporären Wahnsinn sie und Stingo zu erschießen droht, gibt sie sich für eine Nacht dem Erzähler hin. Er wird bei dieser Gelegenheit ergriffen von einer "cognition of the necessity of redefining 'joy', 'fulfillment', 'ecstasy', even 'God'"(497). Lusterfüllung wird für ihn damit zu einem religiösen Akt.

Sophie kehrt darauf zu Nathan zurück und geht mit diesem in den Tod. Ihren Glauben hatte sie in Auschwitz verloren. Sie konnte sich nicht vorstellen, daß ein Gott solches Morden geschehen lassen könnte. Nathan macht sich über den Glauben an einen Gott lustig. Als sich die beiden aber zu ihrem Selbstmord auf das Bett in Sophies Zimmer niederlegen, hören sie als letztes von der Schallplatte J.S.Bachs Kantate "Jesu, Joy of Man's Desiring"(Kantate 147, 508). Wenn der Erzähler auch offen läßt, ob sie Erlösung finden werden, für Sophie wird es nichts Schlimmeres geben können, als was sie schon erlebte: "In the afterlife Sophie would be able to endure any hell"(509).

Stingo betrachtet sich wie Sophie und Nathan als Agnostiker(505). Durch das Erlebnis in der Nacht mit Sophie erfährt er jedoch eine "religious convulsion, brief in duration but intense"(505), und auf der Fahrt zurück nach New York, dem er zuvor entflohen war, greift er zur Bibel und liest Psalmen. In der Nacht nach der Beisetzung des Liebespaares erlebt er - wie bereits zitiert - am Strand von Coney Island seine "Wiederauferstehung". Die sexuelle Erfüllung, die Stingo bei Sophie und Nathan wahrnimmt, die er selbst begehrt und die ihm schließlich Sophie gewährt, wird in Parallele zu dem "imaginary evil" zu einer "imaginary love". Wird das Böse imaginär ins Tragische und Heroische hochstilisiert, so die sexuelle Befriedigung ins Religiöse. In der Verbindung von beidem in *Sophie's Choice* tut Styron damit aber gerade das, wovor - wie er selbst zitiert - Elie Wiesel warnt: "[he] cheapened [the Holocaust], drained it of its substance"(218).

Dennoch nötigt *Sophie's Choice* dem Leser von seiner Aussage wie von seiner künstlerischen Gestaltung her Achtung ab. Trotz der genannten Vorbehalte wird die originelle Erzählsituation zu einem Instrument, verschiedene Ebenen der Handlung und der Bedeutung miteinander in Beziehung zu setzen. In der Bewältigung der im Vergleich zu den früheren Romanen schwereren Aufgabe zeigt sich aber auch noch deutlicher die bei diesen schon aufgezeigte Schwäche des Autors, die letztlich in der Unglaubwürdigkeit des Paradoxons besteht, durch einen Akt der Gewalt zu neuer Unschuld finden zu können.

Unmittelbar nach dem Erscheinen von *The Confessions of Nat Turner* hatte Styron mit der Niederschrift eines Romanes begonnen, in dem er seine Erfahrungen als Soldat verarbeiten wollte. Als Titel war vorgesehen *The Way of the Warrior*. Die Arbeit an dem Roman wurde durch die Niederschrift von *Sophie's Choice* unterbrochen. Doch auch nach dem Abschluß von *Sophie's Choice* hat der Autor Schwierigkeiten, sein geplantes Werk zu Ende zu führen. Mit den bisherigen fünf Romanen ist ihm aber ein fester Platz in der Geschichte der Erzählkunst in den Südstaaten sicher. Wie seine Vorgänger zeichnet er die Bedingtheit der Gegenwart durch die Vergehen der Vergangenheit. Wie Faulkner, Robert Penn Warren und Flannery O'Connor sieht er durch die Schuld, an der die Gegenwart leidet, seine Welt zur Groteske verzerrt, aus der nur ein Akt der Gewalt zu befreien vermag. Der schon bei Warren fragwürdig gewordene Traum eines neuen Anfangs ist bei ihm in noch größere Ferne gerückt. In einer Welt, die den Glauben an Gott verloren hat, hoffen seine Helden auf Selbstbefreiung. Zur notwendigen Liebe vermögen sie nicht zu finden, da sie Liebe nur als Lust zu verstehen vermögen. Der sich mit der Situation des Gefallenseins abfindende Glaube, der selbstlose Liebe ermöglicht, bleibt bei Styron denen vorbehalten, die dem Bewußtsein seiner Zeit noch nicht gewachsen sind.

Literatur

Zitiert nach *Lie Down in Darkness*, Indianapolis, New York, 1951; *The Long March*, New York, 1956 (Vintage Books); *Set This House on Fire*, London, 1970; *The Confessions of Nat Turner*, London, 1968; *Sophie's Choice*, New York, 1979.
Weitere Werke: *This Quiet Dust And Other Writings*, New York, 1982.

Sekundärliteratur:
John H.Clarke, hg., *William Styron's Nat Turner: Ten Black Writers Respond*, Boston, 1968.
Melvin J.Friedman und Irving Malin, hg. *William Stryron's THE CONFESSIONS OF NAT TURNER: Critical Handbook*, Belmont, CA, 1970.
Marc L.Ratner, *William Styron*, New York, 1972.
Robert K.Morris und Irving Malin, hg. *The Achievement of William Styron*, Athens, GA, 1975, 2.Aufl. 1981.
Arthur D.Casciato und James L.W.West III, *Critical Essays on William Styron*, Boston, 1982.
John Kenny Crane, *The Root of All Evil: The Thematic Unity of William Styron's Fiction*, Columbia, SC, 1985.
Judith Ruderman, *William Styron*, New York, 1987.

Walker Percy, 1916-1990

Zu den bedeutendsten Erzählern der Südstaaten, deren Schaffen um die Jahrhundertmitte begann, gehört heute neben Flannery O'Connor, William Styron und - vielleicht - Truman Capote Walker Percy. Obwohl wesentlich älter als seine genannten Zeitgenossen, trat er als ihr letzter mit seinem Werk an die Öffentlichkeit. Sein erster Roman, *The Moviegoer*, erschien 1961, im Jahre nach dem Tode Flannery O'Connors.

1916 in Birmingham, Alabama, geboren, verlor er mit 13 Jahren den Vater, mit 15 die Mutter. Seine Mutter kam durch einen Autounfall ums Leben; sein Vater beging Selbstmord. Die Wirkung dieses Selbstmordes auf ihn sollte, in den Worten William R. Allens, eines seiner Kritiker, zur thematischen Obsession seiner Romane werden. Nach dem Tode seiner Eltern wuchs Percy im Hause seines ledigen Onkels William Alexander Percy in Greenville, Mississippi, auf. Von diesem Onkel, einem resignierten Stoiker, der sich selbst literarisch betätigte und in dessen Haus er unter vielen Künstlern und Schriftstellern, nicht nur des Südens, auch William Faulkner begegnete, wurde Walker Percy in bedeutsamer Weise geprägt. Nach dem College-Studium an der University of North Carolina versuchte er, sich davon freizumachen, und studierte zunächst Medizin an der Columbia-University in New York. Infolge einer schweren Tbc, die er sich bei Obduktionen zuzog, kam er nicht zur Ausübung seines Arztberufes. Er kehrte in den Süden zurück und ließ sich in New Orleans, später, 1950, außerhalb der Stadt in Covington, Louisiana, nieder.

Walker Percy zählt nicht nur selbst zu der dritten Generation von Schriftstellern aus den Südstaaten, die der Literatur dieses Landesteiles eine spezifische Ausprägung

Geschichte des Südens, auch seine Helden dieser dritten Generation an. Diese versuchen, die Last der Vergangenheit zu überwinden, sich frei zu machen von der Bevormundung durch die Helden des Bürgerkrieges und von der Verzweiflung ihrer schwachen Söhne, wie sie Faulkner in Quentin Compson beispielhaft darstellte. Der schwache Vater sollte für Percy der Vater, der Selbstmord begeht, werden. Als Alternative bietet sich in seinen Romanen der resignierende Stoiker nach dem Vorbild seines Onkels an, was aber nicht genügen sollte. Eine Lösung findet sich für die dritte Generation in der Möglichkeit der Wiedergewinnung des Glaubens. Im Rahmen dieser Thematik findet Percy zu einer authentischen Ausprägung seiner Erzählkunst.

Vor dem Erscheinen von *The Moviegoer* hatte Percy bereits zwei Romane geschrieben, von denen der eine keinen Verleger fand, der andere erst gar nicht zu einem solchen gelangte. Die eigentliche Vorstufe zu seinen Romanen bilden daher eher Beiträge zu verschiedenen Zeitschriften über philosophische, literarische und linguistische Themen, auf die erst am Ende unserer Betrachtung eingegangen werden soll, um den Romanen nicht einen aus den Essays gewonnenen Einblick in das Denken des Autors von vornherein unterlegen zu wollen.

The Moviegoer, 1961

In *The Moviegoer* erzählt John Bickerson Bollings, meist nur Binx genannt, die Ereignisse einer Woche seines Lebens, vom Mittwoch vor Mardi Gras bis zu seinem 30.Geburtstag am Aschermittwoch in dem Jahr, das mit dem der Veröffentlichung des Romans gleichgesetzt werden kann. Die meist als ironisch, lakonisch oder gar satirisch bezeichnete Erzählweise ist schwer zu beschreiben und bedarf einer detaillierteren Darstellung, als sie hier möglich ist. Immerhin läßt sich soviel sagen, daß sie einer Unmittelbarkeit des Erlebens entspricht und sich der jeweiligen Gemütslage anzupassen weiß, deren situationale Bedingtheit in der Reaktion der am Geschehen Beteiligten erkennbar wird. Die Ironie kommt daher oft dadurch zustande, daß der Erzähler als naiver als andere Charaktere und damit auch als der durch den Autor geführte Leser erscheint.

Obwohl der Erzähler nach Ansicht der Kritik seine Meinung oft eher essayhaft kundtut, statt sie durch sein Verhalten auszudrücken, entsteht das authentische Bild einer in sich geschlossenen charakteristischen Welt. In dem recht kurzen Roman wird der Leser vertraut mit einer beachtlichen Reihe von Mitgliedern einer verzweigten Familie aus New Orleans, die zum Teil auch aus der Umgebung der Stadt stammt. Innerhalb der Familie begegnen wir den verschiedensten Lebenshaltungen, aber auch den besonderen Werten, die ihr Leben bestimmen bzw. nach denen sie sich auszurichten versucht.

Die Handlung ist verhältnismäßig karg. Am Mittwoch vor Mardi Gras wird Binx, wie des öfteren, von seiner Tante Emily, die nach dem frühen Tode seines Vaters im letzten Weltkrieg seine Ausbildung ermöglichte, zum Lunch eingeladen. Bei dieser Gelegenheit bittet sie ihn, sich um Kate, ihre Stieftochter, die sich in einer psychischen Krise befindet, zu kümmern. Binx versucht sein Bestes, geht daneben aber auch seinen Geschäften als Makler in einer Zweigstelle der Firma seines Onkels Jules in einem Vorort von New Orleans nach, vergnügt sich mit seiner neuen Sekretärin am Wochenende auf einer Fahrt an die Golfküste, besucht bei dieser Gelegenheit die Familie seiner wiederverheirateten Mutter in ihrem Wochenendhaus in einem der

Bayous und hat daneben noch mehrfach Gelegenheit zu Kinobesuchen. Bei einem Besuch im Hause seiner Tante erfährt er am Sonntagabend, daß es in der vergangenen Nacht zu einer erneuten Krise bei Kate gekommen war. Diese wendet sich ohne das Wissen ihrer Stiefmutter vertrauensvoll an Binx, er möge sie mit nach Chicago nehmen, wo er an einer Maklertagung als Vertreter der Firma seines Onkels teilnehmen soll. Kate glaubt, in ihrer letzten Krise zu einer Selbsterkenntnis gekommen zu sein, die sie nun veranlaßt, Binx zu bitten, sich ihrer anzunehmen. Aus Chicago werden sie von der besorgten Tante, die in ständiger Angst lebt, Kate könne Selbstmord begehen, zurückgerufen. Am Aschermittwoch erscheint Binx wieder bei Tante Emily zum Lunch. Diesmal sollte er über seine Zukunftspläne berichten. Er erklärt nun seine Absicht, Kate zu heiraten und - dem Wunsch der Tante gemäß - ein Studium der Medizin aufzunehmen. Er hat Verantwortung übernommen, für Kate und für sein Leben.

Entscheidend für die Aussage des Romans ist weniger die Handlung als das Weltverständnis der verschiedenen Charaktere bzw. der verschiedenen Möglichkeiten eines solchen. Binx lebt zunächst das, was er als "the Little Way" bezeichnet: "It is not a bad thing to settle for the Little Way, not the big search for the big happiness but the sad little happiness of drinks and kisses, a good little car and a warm deep thigh"(101). Seit seiner Rückkehr aus dem Koreakrieg führt er das Leben des "Little Way": "For years now [...] I spend my entire time working, making money, going to movies and seeking the company of women"(34). Eines seiner bevorzugten Fernsehprogramme ist "This I Believe". Die Essenz dieses Programms liegt darin, daß jeder im Glauben an seine Besonderheit wie der andere erscheint: "Everyone on This I Believe believes in the uniqueness and the dignity of the individual. I have noticed, however, that the believers are far from unique themselves, are in fact alike as peas in a pod"(81). Dies gilt auch für die fest in ihrem Glauben stehenden Mitglieder der Familie wie Onkel Jules: "Uncle Jules is the only man I know whose victory in the world is total and unqualified. He has made a great deal of money, he has a great many friends, he was Rex of Mardi Gras, he gives freely of himself and his money. He is an exemplary Catholic, but it is hard to know why he takes the trouble. For the world he lives in, the City of Man, is so pleasant that the City of God must hold little in store for him"(27f.). Doch diese Welt, mit der er sich immer wieder so gut abzufinden vermag, enthüllt sich Binx in Augenblicken besserer Einsicht als leer und tot. An seinem 30.Geburtstag erscheint sie ihm als "the great shithouse of scientific humanism where needs are satisfied, everyone becomes an anyone, a warm and creative person, and prospers like a dung beetle, and one hundred percent of people are humanists and ninety-eight percent believe in God, and men are dead, dead, dead"(166). Das Leben des "Little Way" ist ein Leben im Tode.

Einen Ausweg aus diesem Leben des "Little Way" scheint das Kino anzubieten. Kinobesuch war Percy selbst während seiner Krankheit zur festen Gewohnheit geworden. William R.Allen zieht zur Erklärung Toynbees Vergleich des Kinos mit Platons Höhle heran, in der die festgebundenen Sklaven nur die Schatten einer ihnen nicht zugänglichen Wirklichkeit bzw. Idee sehen. Es ist fraglich, ob bei Percy ein solcher Vergleich angebracht ist, denn die Scheinwelt des Kinos verweist auf keine Welt, als deren Schatten sie betrachtet werden könnte. Auf der Markise vor dem Kino, das Binx regelmäßig besucht, heißt es: "Where Happiness Costs Little". Diese "Ersatz"-Befriedigung seiner Sehnsüchte kostet keine große Anstrengung. Einen

Einblick in das, was dem Erzähler die Welt des Kinos zu bedeuten vermag, vermittelt die Schilderung seiner Begegnung mit William Holden auf dem Weg zu seiner Tante: "Holden has turned down Toulouse shedding light as he goes. An aura of heightened reality moves with him and all who fall within it feel it.[...] It is their [the movie stars'] peculiar reality which astounds me"(18). Hierbei handelt es sich um nichts anderes als um die Anverwandlung des biblischen Bildes von Moses, von dessen Gesicht ein Leuchten ausging, als er nach seiner Begegnung mit Gott vom Sinai herabstieg (Ex.34, 19 u.30). Die "peculiar reality" der durchgöttlichten Welt wird ironischerweise auf die Scheinwelt Hollywoods übertragen. Später sieht er mit Kate einen Film, in dem die Umgebung ihres Kinos erscheint. Die Gegend erhält für ihn damit eine neue Wirklichkeit: "if he sees a movie which shows his very neighborhood, it becomes possible for him to live, for a time at least, as a person who is Somewhere and not Anywhere"(50). Doch Aunt Emily stellt die Frage, die er sich im Grunde immer wieder selbst stellen muß: "What do you think is the purpose of life - to go to the movies and dally with every girl that comes along?"(165).

Die Antwort darauf hatte Binx immer wieder zu verdrängen versucht. Sie war ihm als "the possibility of a search"(14) zum ersten Mal im Koreakrieg aufgegangen. "The search," heißt es, "is what anyone would undertake if he were not sunk in the everydayness of his new life." Es heißt dann aber auch: "To become aware of the possibility of the search is to be onto something. Not to be onto something is to be in despair"(15). Die Möglichkeit, nicht bewußt zu sein, bedeutet, tot zu sein. Dies ist im Zusammenhang mit dem Motto des Romans zu sehen, das Kierkegaards *Krankheit zum Tode* entnommen ist. In der englischen Übersetzung lautet es: "The specific character of despair is precisely this: it is unaware of being in despair." Das ist nichts anderes als dieses Totsein. Nur einmal sah der Erzähler die "everydayness" für sich durchbrochen, nämlich als er in Korea verwundet wurde. Er ist ihr jetzt wieder erlegen. Doch er schwört: "I'm a son of a bitch if I'll be defeated by the everydayness"(108).

Sich zur Suche aufgemacht zu haben, bedeutet für Binx noch nicht, einen Weg zu Gott gefunden zu haben. Nach einer bekannten Statistik sind in den USA 2% Agnostiker und 98% glauben an Gott. In der Statistik ist kein Platz für "a seeker", als den er sich betrachtet. Doch selbst noch nach seiner Rückkehr aus Chicago resigniert er wieder, seine Suche weiter zu verfolgen. Nach dem Gespräch mit Aunt Emily, die ihm Kates wegen Vorwürfe macht und der er nicht zu gestehen wagt, daß er sie heiraten will, sagt er sich: "My search has been abandoned" (166). Doch mit der Heirat und dem Beginn des Studiums findet er zu seiner "search" zurück.

Inhaltlich wird allerdings darüber nicht viel gesagt. Der Erzähler zieht sich hinter ein Wort Kierkegaards zurück: "As for my search, I have not the authority, as the great Danish philosopher declared, to speak of such matters in any way other than the edifying"(172). Wir haben aber mehrere Anhaltspunkte, worin die Suche zu ihrem Ziel zu gelangen hofft.

Zu der Bestimmung dieses Ziels bedarf es aber eines Blicks auf Kate. Diese leidet an schweren Depressionen, und man befürchtet, daß sie Selbstmord begehen würde. Kate selbst meint, daß sie nie Selbstmord begangen haben würde. Sie behauptet sogar, "suicide is the only thing that keeps me alive"(143). Sie ist diejenige, die sich ihrer prekären Situation wie der prekären Situation allen Menschseins bewußt ist: "it seemed that they (not just she but everybody) had become aware of the abyss that yawned at their feet even on the most ordinary occasions"(83). Entscheidend aber für Kate ist ihr "moment of recognition": "My God," fragt sie Binx, "can a person live twenty-five years, a life of crucifixion, through a *misunderstanding*? Yes! I stood up. I had discovered that a person does not have to *be* this or *be* that or be anything, not even oneself. One is free.[...] But what if there is nothing? That is what I've been afraid of until now [...]. But now I know why I was afraid and why I needn't be. I was afraid because I felt that I must *be* such and such a person"(85f.). Jetzt fühlt sie sich befreit davon, einer solchen Vorstellung folgen zu müssen. Sie betrachtet sich jetzt als "religious person", da sie jemandem vollkommen vertrauen kann und bereit ist zu tun, was er verlangt. Sich an Binx wendend, sagt sie: "You can do it because you are not religious. God is not religious. You are the unmoved mover. You don't need God or anyone else - no credit to you, unless it is a credit to be the most self-centered person alive"(145). Kate tut, wie die letzte Szene des Romans zeigt, gewissenhaft das, was Binx ihr sagt. Denn er sagt es ihr, um ihr zu helfen. Er findet über seine Ich-Zentriertheit hinaus, indem er zu helfen bereit ist.

Kate sagt Binx zweimal, daß er schlimmer dran sei als sie(36,141). Er ist dies, da er sich seiner Lage nicht bewußt ist, bzw. sein Bewußtsein davon zu verdrängen versucht. Er überwindet seine Situation, indem er bereit ist, Kate zu helfen, aber auch dadurch, daß er bereit ist, seinen "Beitrag"("contribution") zum Leben zum leisten, den Aunt Emily von ihm fordert(43,76). Er leistet ihn damit, daß er schließlich sein Studium der Medizin aufnimmt. Mit der Übernahme dieser Verantwortung wird er aber auch der Tradition der Familie gerecht, als deren Erbe ihn Aunt Emily betrachtet.

Für Aunt Emily besteht diese Tradition in "a native instinct for behavior, a natural piety or grace." Sie sieht darin aber auch eine Art Klassenzugehörigkeit gegenüber der "enshrined mediocrity", die zum "national ideal" geworden ist(162). Es sind die Ideale des Südens, die sie ihm vermachen will: "I wanted to pass on to you the one heritage of the men of our family, a certain quality of spirit, a gaiety, a sense of duty, a nobility worn lightly, a sweetness, a gentleness with women - the only good things the South ever had and the only things that really matter in this life"(163).

Aunt Emily ist am Ende mit Binx zufrieden. Doch er geht über ihre Ansprüche - die denen von Percys Onkel an Percy entsprochen haben mögen - hinaus, indem er nicht nur in der allem Anschein nach aussichtslosen Lage der Menschheit in seiner Zeit Haltung bewahrt, sondern auch zum Opfer bereit ist. Vorbild hierfür ist ihm sein körperlich behinderter Halbbruder Lonnie. Lonnie nimmt seinen katholischen Glauben, den die Familie von Binx' Mutter praktiziert, ohne viel darüber zu sprechen, sehr ernst. Binx ist Lonnie sehr zugetan. "We are good friends," berichtet er, "because he knows I do not feel sorry for him. For one thing, he has the gift of believing that he can offer his sufferings in reparation for man's indifference to the pierced heart of Jesus Christ" (102). Für Binx wird Lonnie eine Art "Glaubensritter" im Sinne Kierkegaards.

Als Lonnie untröstlich ist, daß er sich über den Tod seines von ihm beneideten Bruders Duval gefreut habe, tröstet Binx ihn mit einem Verweis darauf, was er selbst glaubt. Mit Anspielung auf 1 Kor 13,12, sagt er: "He [Duval] sees God face to face"(121). Der Roman endet mit einem Besuch an Lonnies Sterbebett. Binx verläßt das Krankenhaus und wendet sich seinen anderen Geschwistern, die im Auto vor dem Gebäude warten, zu und vermag sie zu trösten. Er handelt damit selbst als eine Art von "knight of faith".

Der Roman findet mit dieser Szene eine verhaltene, aber doch überzeugende Abrundung. Sehr deutlich zeigt sich der Einfluß Kierkegaards oder auch - besonders in der Haltung Kates - Sartres oder Camus'. Doch enthält er auch unverkennbar amerikanische Züge, vor allem in der Darstellung der historischen Situation der Südstaaten. In der hier übergangenen Person Sam Yergers, eines Freundes von Binx, haben wir es sogar mit einem Hemingwayschen Helden zu tun, dessen Funktion aber nicht deutlich herausgearbeitet ist und parodistische Züge aufweist, wenn von einem Abenteuer ähnlich dem von Henry in "Snow on the Kilimanjaro" berichtet wird.

Manche Gedankengänge sind angedeutet, wie etwa die Unterscheidung einer "vertical" und einer "horizontal search"(54,63) oder die von Kierkegaard übernommene Unterscheidung von "rotation" und "repetition"(61,107), ohne daß jedoch eine klar erkennbare Einsicht daraus entwickelt wird. Zu gern schwelgt Percy in literarischen und kunstgeschichtlichen Anspielungen. Wenn er auf die übliche Beschwörung von Rodins "Denker" zur Beschreibung einer Geste Aunt Emilys verzichtet und sich dafür auf Michelangelos "Il pensieroso" in der Grabkapelle der Medici in Florenz beruft ("She shifts over into her Lorenzo posture, temple propped on three fingers"), wirkt das noch humorvoll. Wenn er Aunt Emily aber gleich darauf Shakespeares 1 *Henry IV*, 1,2, zitieren läßt, ist ein Sinn nicht so leicht zu erkennen: "What a depraved and dissolute specimen, [...]. Grown fat-witted from drinking of old sack." Sie erhält die Antwort Falstaffs: "What I am, Hal, I owe to thee"(29). Trotz solcher Mängel kann *The Moviegoer* als bedeutender Ansatz zu der innovativen Erzählkunst Walker Percys betrachtet werden.

The Last Gentleman, 1966

Ob Perys nächster Roman, *The Last Gentleman* von 1966, auch sein bester ist, wie die meisten Kritiker meinen, muß dahingestellt bleiben. Er bringt eine Reihe von Episoden, deren Funktion in der Gesamtstruktur des Werkes nicht besonders einzuleuchten scheint, und er liest sich - vor allem wegen der Verteilung des wenigen Geschehens auf fast doppelt so viel Seiten wie in *The Moviegoer* - langweiliger.

Wie der frühere Roman ist die Handlungsarmut durch die Passivität des Helden bestimmt: Seit Will oder Billy Barrett Zeuge des Selbstmordes, den sein Vater beging, wurde, leidet er unter einer Amnesie, einer "nervous condition"(17). Ohne sich an die Vergangenheit zu erinnern, lebt er, ähnlich wie Binx, "in a state of pure possibility" (11). Eine Folge davon ist, daß er den größten Teil seines erst kurzen Lebens als "a gap" bezeichnet(18).

Der fünfundzwanzigjährige Held, der diesmal seine Geschichte nicht selbst erzählt, aus dessen Perspektive sie aber berichtet wird, stammt aus Alabama, wo sein Vater als Rechtsanwalt tätig war, aber nicht mehr mit dem Leben seiner Zeit zurechtkam. Billy Barrett gibt sein Studium an der Princeton University kurz vor dem Examen auf, begibt sich nach New York, unterzieht sich fünf Jahre lang einer psychiatrischen Behandlung und verdient seinen Unterhalt z.T. als "humification engineer", d.h. als für die Lüftungsanlage zuständiger Hausmeister im Keller von Macys Kaufhaus.

Das Geschehen setzt damit ein, daß Barrett ein Mädchen im Central Park von New York beobachtet und sich in sie verliebt. Er gibt seine Sitzungen bei dem Psychiater auf, kauft sich ein hochwertiges Teleskop und macht sich auf die Suche nach seinem Mädchen. Er stößt dabei auf deren ganze Familie, die zur Betreuung des jüngsten

Sohnes, der an einer Blutkrankheit leidet und in einem Krankenhaus der Stadt liegt, nach New York gekommen war. Jamie, der kranke Sohn der Vaughts, wird bald reisefähig. Barrett folgt den Vaughts als Betreuer Jamies nach Georgia. Die Familie der Vaughts besteht aus dem Vater, dem Besitzer der zweitgrößten Chevrolet-Vertretung der Welt, seiner Frau, der Tochter Kitty, 21 Jahre alt, der Schwiegertochter Rita, einer Krankenschwester, und dem kranken Jamie, 16 Jahre alt. In Georgia bzw. Alabama stoßen noch dazu Sutter, der Mann Ritas, ein Arzt, der jedoch seine Enttäuschung über die Welt in Alkohol und Sex zu vergessen versucht, und die zum Katholizismus konvertierte Novizin Val, die aus der gleichen pessimistischen Weltsicht wie ihr Bruder Sutter im Gegensatz zu diesem einen Ausweg in der Hoffnung auf ein göttliches Zeichen sieht. Barrett hat die Aufgabe, Jamie die wenigen Wochen oder Monate, die er noch zu leben hat, zu betreuen, mit ihm zu reisen oder zu studieren. Die Handlung spitzt sich daraufhin zu, daß Val Barrett beauftragt, dafür zu sorgen, daß Jamie noch vor seinem Tode getauft wird. Die Schwierigkeit dieses Auftrags besteht darin, daß Barrett wie Jamie sich als areligiös betrachten und Barrett keinen Anlaß zur Ausführung seines Auftrags sieht. In seiner Agonie wird Jamie dennoch durch die Vermittlung Barretts von einem katholischen Geistlichen getauft. Die durch die Taufe mögliche Sinngebung des Lebens wird damit zum Hauptgegenstand des Romans. Jedes der Familienmitglieder bezieht dazu seine eigene Stellung.

Der kranke und noch adoleszente Jamie ist in einer ähnlichen Situation wie Barrett. Von ihm heißt es - in den Gedanken Barretts - "like me he lives in the sphere of the possible, all antenna, ear cocked and lips parted. But I am conscious of it, know what is up, and he is not and does not"(131). Als er im Sterben - scheinbar zum ersten Mal - mit der Glaubensfrage konfrontiert wird, ist er weniger ablehnend als eher überrascht und fragt nach Zeugen. Er scheint es hinzunehmen, daß der Geistliche die Wahrheit seines Glaubens einfach damit bezeugt, daß er ihm sagt, er wäre sonst nicht mit diesem Anliegen bei ihm.

Barrett ist damit, daß er sich seiner Situation bewußt ist, in einer ähnlichen Lage wie Binx nach seiner Verwundung in Korea. Für Barrett geht es darum, seine Vergangenheit wiederzufinden und damit auch die Zeit wieder zu füllen. "The task, he mused, was to give shape and substance to time itself. Time was turned on and running between them like the spools of a tape recorder. Was that not the nature of amnesia: that all at once the little ongoing fillers of time, the throat-clearings and chair-scrapings and word-mumblings, stopped and the tape ran silent?"(234). Seine persönliche Situation ist immer auch die der Region seiner Herkunft. Von seiner Familie heißt es: "his family had turned ironical and lost its gift for action"(16). Sein Vater versuchte den Farbigen zu helfen, sah jedoch die Vergeblichkeit seines Bemühens. Als Südstaatler in New York kommt Barrett eine besondere Rolle zu, indem er seine Herkunft "in a faint burlesque of itself" zur Schau stellt, sie nicht leugnet, aber auch nicht voll ernst nimmt. Als "Southerner in the South" ist er "a skillful player of an old play who knows his cues and waits smiling in the wings"(50). In beiden Fällen fühlt er sich jedoch "dislocated", dies aber auch durch sein Vergessen: "I have recently returned to the South from New York, where I felt quite dislocated as a consequence of a nervous condition," sagt er einem James Baldwin nachempfundenen Literaten. "Only to find upon my return that I was no less dislocated here"(251). Andere Charaktere im Umkreis der Vaughts zeigen die Geistlosigkeit der Südstaatler, die noch das Spiel, das man von ihnen erwartet, zu spielen bereit sind. Für Barrett ist diese Welt nicht mehr in Ordnung. "But if there is nothing wrong with me, he thought, then there is something wrong with the world. And if there is nothing wrong with the world, then I have wasted my life and that is the worst mistake of all." Um aus diesem Dilemma herauszukommen, muß er zu einer neuen Identität finden, wozu immer auch seine Vergangenheit gehört: "he began to think it mightn't be a bad idea to return to the South and discover his identity" (68).

Die Vergangenheit wird nun in *The Last Gentleman* auf besondere Weise eingeführt, nämlich durch déjà-vu-Erlebnisse, mit Hilfe derer er die verlorene bzw. verdrängte Vergangenheit zu rekonstruieren vermag. In der neuen Situation, die ihn an die alte erinnert, lernt er aber schließlich auf neue Weise zu handeln. Das zentrale Ereignis in seiner Vergangenheit ist der Selbstmord seines Vaters. In der Gegenwart des Romans erweckt ein Schuß Sutters die Erinnerung daran. Sutter spielt mit dem Gedanken an den Selbstmord. Am Schluß begleitet Barrett Sutter auf seine Ranch, um - es wird nicht direkt gesagt - ihn vor dem Selbstmord zu bewahren. Damit gewinnt er selbst auch eine neue Haltung dem Leben gegenüber.

Wie diese Haltung aussieht, läßt sich nicht eindeutig bestimmen. Zum einen entschließt Barrett sich - noch bevor er auf den Auftrag Vals eingeht -, ein normales Leben zu führen. Er berichtet Sutter, "It seems that Mr.Vaught [...] is going to offer me a position of personnel manager. I actually feel I might do well at it"(298), und kurz darauf meint er, "I think I really might live like other men - rejoin the human race"(301). Die Vorstellung seines neuen Lebens entspricht im wesentlichen dem zuvor ausführlicher charakterisierten Leben der Südstaaten: "The happiness of the South was very formidable. It was an almost invincible happiness. It defied you to call it anything else. Everyone was in fact happy. The women were beautiful and charming. The men were healthy and successful and funny; they knew how to tell stories. They had everything the North had and more. They had a history, they had a place redolent with memories, they had good conversation, they believed in God and defended the Constitution, and they were getting rich in the bargain. They had the best of victory and defeat" (149f.). Die Ironie ist hier unverkennbar. Doch im Zusammenhang mit der Wiedergewinnung der Vergangenheit lernt Barrett erkennen, daß es sich um "a time of fake beauty and fake victory"(260) handelt. Sutter umreißt für Barrett die möglichen Alternativen in dieser Situation. "She," sagt er über Val, in der einer der vielen Kritiker des Romans Flannery O'Connor wiederzuerkennen glaubt, "believes that then, if we go the route and run out of Christendom, that the air would be cleared and even that God might give us a sign.[...] She got all dressed up for the bridegroom and the bridegroom didn't come. There she sits in the woods as if the world had ended and she was one of the Elected Ones Left to keep Things going, but the world has not ended, in fact is more the same than usual. We are in the same fix, she and I, only I know it and she doesn't." Er ist derjenige, der aufgeben will; von Val heißt es: "*She became beautiful*"(295). Diese Hoffnung ist es, die ihren Glauben ausmacht. Für Barrett sind die Alternativen, die Sutter sieht, zu extrem: "Where he probably goes wrong [...] is in the extremity of his alternatives: God and not-God [...]. Whereas and in fact my problem is how to live from one minute to the next" (277). Was Barrett wohl übrig bleibt, ist, das "normale" Leben zu führen, aber in dem Bewußtsein, daß sich etwas ereignen mag: "*Something is going to happen*, he suddenly perceived that he knew all along. He shivered. It is for me to wait. Waiting is the thing. Wait and watch"(192). Wenn er aber mit Jamie in ihrem Trav-L-Aire nach dem Westen fährt, so folgt er dem mythischen Vorbild des Ulysses, nach dem der Wohnwagen benannt ist: "He was meant to lead us beyond borders of the Western world and bring us home"(82). Jamie stirbt im Westen. Ihm verspricht der Geistliche, "that you may enter heaven and there see God face to face and be happy with Him forever" (314). Wird Barrett nach der Begegnung mit dem Tode im Westen sein Glück im Alltag finden, wenn er zu Kitty in den Osten zurückkehrt? Der Roman verlangt nach einer Fortsetzung zur Klärung, die alsdann auch tatsächlich 1980 mit *The Second Coming* erschien.

The Second Coming, 1980

Eine Fortsetzung ist dieser Roman allerdings nur in einem sehr bedingten Sinne. Der Held ist wieder Will Barrett, doch das in dem früheren Roman geschilderte Geschehen bildet keine Voraussetzung für das Verständnis des späteren. Barrett war nicht zu Kitty zurückgekehrt. Stattdessen hatte er Jura studiert, eine reiche, körperlich leicht behinderte Erbin geheiratet und war ein erfolgreicher Anwalt in der Wall Street geworden. Zu Beginn der im Roman wiedergegebenen Handlung ist seine Frau Marion gestorben. Mit seiner Tochter Leslie hat er sich in Linwood, North Carolina, niedergelassen und widmet sich vor allem dem Golfspiel auf dem ihm gehörenden und von ihm eingerichteten Platz in den Smokys. Doch etwas ereignet sich. "The first sign that something had gone wrong manifested itself while he was playing golf," heißt es im ersten Satz des Romans. In der Folge wird versucht zu erklären, was mit Barrett "schief" ging. Im Golfspiel zeigt es sich daran, daß er als sonst meisterhafter Spieler den Ball weit über das Loch hinwegschlägt. Der Golfplatz und das Golfspiel werden dabei für die gesamte Handlung zur symbolischen Folie. "The golf links was like his own soul's terrain,"(288) heißt es gegen Ende des ersten von den zwei Teilen des Romans.

Was sich vor allem ereignet, ist, daß er sich obsessiv der Vergangenheit erinnert. In *The Last Gentleman* litt er daran, sich nicht mehr erinnern zu können. In *The Second Coming* ist nun das Gegenteil eingetreten. An was er sich nun vor allem bis ins Detail erinnert, ist, wie sein Vater auf der Entenjagd in einem Sumpfwald in Georgia Selbstmord zu begehen versuchte und dabei auch ihn an der Wange traf. Jetzt wird ihm klar, daß sein Vater ihn, der damals zwölf Jahre alt war, mit umbringen wollte. Ständig ist er nun damit beschäftigt, nach der Bedeutung dieses Ereignisses für sich zu fragen. "His life - or was it his death? - he had left behind in the Thomasville swamp, where it still waited for him"(296). Der Vater, der ihm immer wieder in der Erinnerung erscheint, wird dabei zu dem "old mole," als welchen Hamlet seinen verstorbenen Vater am Ende des 1.Aktes anspricht; Barrett selbst in seiner depressiven Haltung und mit seinem bohrenden Fragen wird zu einem zweiten Hamlet. Er kommt schließlich zu der Erkenntnis, daß etwas in ihm abgestorben war, und sucht nun eine neue Möglichkeit des Lebens(324). Die entscheidende Erkenntnis in bezug auf das Jagderlebnis seiner Jugend ist, daß der Selbstmord seines Vaters keine Antwort für ihn sein kann. "The trouble with my father's exit is that it yields no answers. It doesn't even ask a question"(191).

In seiner Suche nach dem Sinn des Lebens identifiziert er sich mit Jakob: "Didn't Jacob, a Jew, require an answer of God by hanging on to him, rassling him until God got fed up with this Jew (what have I done to have picked out such a nagging stiff-necked people?) and gave him what he wanted.[...] God no longer makes appearances as a rassler, but I have my own way of getting at him"(193). Er glaubt nun, einen Weg gefunden zu haben, eine Antwort von Gott zu erzwingen, falls es einen Gott überhaupt gibt, und zieht sich zu diesem Zweck in eine Höhle zurück, in der er mit bewußtseinsdämpfenden Tabletten dreißig Tage auszuhalten gedenkt. Sein Experiment mißlingt allerdings, da sich in der zweiten Woche Zahnschmerzen einstellen, die ihn wieder hell wach machen. Trotzdem wird das Verweilen in der Tiefe der Höhle zu einem Erleben von Tod und Auferstehung. Beim Verlassen der Höhle gerät er in das Gewächshaus, in dem sich Allie, die Tochter Kittys, nach ihrer Flucht aus dem Sanatorium für Geisteskranke eingerichtet hatte.

In dieser Kürze wiedergegeben, erscheint ein solches Geschehen natürlich komisch, und in der Tat entbehrt es auch im Roman selbst nicht der Komik, allerdings der eines Verrückten. Als Barrett den Entschluß zu dem Experiment in der Höhle gefaßt hatte, heißt es ausdrücklich: "So it was that Will Barrett went mad"(197). Seine Krankheit wird definiert als "a form of epilepsy"(180) und später sogar von einem Psychiater der Duke University als "a petit-mal epilepsy"(302) spezifiziert. Peter Handke bezeichnet den "last gentleman" in der Übersetzung des früheren Bandes - in Anlehnung an Dostojewski - bereits als den *Idioten des Südens*.

In Allie findet Barrett nun seine Ergänzung. Das Geschehen wird dementsprechend auch abwechselnd aus der Perspektive Barretts und derjenigen Allies wiedergegeben. Wie er sich an alles erinnert, vergißt Allie alles. Da sie sich von der Welt nicht verstanden fühlt, verliert sie ihren Glauben an die Bedeutung der Sprache. Als sie dem Sanatorium entflieht, muß sie mühsam lernen, sich wieder der Sprache zu bedienen. Mit seiner Liebe zu Allie besiegt Barrett den Tod, den er als Feind allen Lebens erkannt hat: "The name of the enemy is death, he said, grinning and shoving his hands in his pockets. Not the death of dying but the living death. The name of this century is the Century of the Love of Death. Death in this century is not the death people die but the death people live"(271). Eros besiegt in der Liebe zu Allie Thanatos.

Allie hatte mit der Flucht aus dem Sanatorium ihre Freiheit gewonnen, denn sie hatte dabei erkannt, "that I could *act*. I was *free* to act"(40). Mit der Liebe findet sie auch wieder zur Sprache zurück. Ihre Liebe baut die Brücke zum anderen, und in der Begegnung mit dem anderen findet sie ihre Selbstverwirklichung.

Barrett eilt nun zu dem alten Geistlichen des von seiner verstorbenen Frau gestifteten Altersheims und bittet ihn, ihn und Allie zu trauen. Am Schluß stehen Fragen: "What is it I want from her [Allie] and him [dem Geistlichen], he wondered, not only want but must have? Is she a gift and therefore a sign of a giver? Could it be that the Lord is here, masquerading behind this silly simple holy face? Am I crazy to want both, her and Him? No, not want, must have. And will have"(360). William R.Allen sieht darin eine Lösung gegeben. Der Umtext jedoch macht die Lösung fraglich. Denn es bleibt offen, ob Barrett nicht doch wieder oder noch wahnsinnig ist. Die Anstalten, die er zu seinem neuen Leben macht, erscheinen zumindest unglaubwürdig, wenn nicht verrückt. Der Text läßt nicht einwandfrei erkennen, was als wahnsinnig und was als normal verstanden sein will, läßt sogar offen - und unter Umständen absichtlich -, ob das, was das richtige Handeln wäre, der Welt als wahnwitzig erscheint. John E.Hardy sieht darin einen Vorzug, daß Percy es diesbezüglich bei einem offenen Schluß beläßt. Bei der oben beschriebenen Ambivalenz fällt es jedoch schwer, ein abschließendes Urteil über das Gelingen oder Nichtgelingen des Romans zu finden.

Lancelot, 1977

In dem schon 1977 erschienenen vierten Roman Percys, *Lancelot*, berichtet der Erzähler, wie er ein Jahr zuvor entdeckte, daß seine inzwischen siebenjährige Tochter das Produkt eines Ehebruchs seiner Frau ist, und daß er sich während eines Hurrikans dadurch an dieser rächte, daß er ihren neuen Liebhaber umbrachte und sein Anwesen, das Herrenhaus einer alten Plantage, auf der Erdgas gewonnen wird, in Flammen aufgehen läßt, wobei auch seine Frau und zwei weitere Mitglieder einer im Hause einquartierten Filmmannschaft, umkommen.

Lancelot, der Erzählerheld, ist Patient bzw, Gefangener in einem "Center for Aberrant Behavior" (nach einer eulogistischen Umschreibung des Gefängniskrankenhauses) und erzählt in seiner Zelle die Ereignisse seinem Jugendfreund Percival, einem "priest-psychiatrist".

Das berichtete Geschehen wird mit einer Reihe vorgegebener Handlungsschemata in Verbindung gebracht. Zwei dieser Schemata wurden Filmen entnommen, von denen der eine vor einem Jahr auf Lancelots Besitztum Belle Isle gedreht worden war. Er könnte etwa der Verfilmung von Tennessee Williams *Orpheus Descending* entsprechen. Der andere, den der neue Liebhaber von Lancelots Frau Margot drehen wollte, war eine Adaption von Ibsens *Nora*, in der Margot die Hauptrolle übernehmen sollte. Die Namen Lancelots und seines Freundes Percival verweisen bereits auf ein weiteres Handlungsschema, nämlich auf die Artusritterrunde und die Gralssuche. Zu den Namen aus diesem Themenbereich gehört auch der des englischen Direktors der Filmmannschaft und Vaters der siebenjährigen Tochter: Merlin. Das entscheidende Element, das diesem Bereich entnommen wird, ist die Suche, die "Quest". Doch hier führt sie in die der Gralssuche entgegengesetzte Richtung: sie wird zur Suche nach der Sünde, nach dem "unholy grail": "in times when nobody is interested in God, what would happen if you could prove the existence of sin, pure and simple? [...] A new proof of God's existence! If there is such a thing as sin, evil, a living malignant force, there must be a God!"(52). Die Suche bleibt aber erfolglos. So heißt es dann am Schluß aus der Perspektive des Erzählerhelden: "There is no unholy grail just as there was no Holy Grail"(253). Die Frage nach dem Bösen und der Sünde ist natürlich - wie in den anderen Romanen unseres Autors verquickt mit jener nach dem "sexual behavior"(139) seiner Zeit, dem sich auch der Erzähler ungeniert hingegeben hatte. Nach einer mehr oder weniger programmatischen Erörterung kommt Lancelot, der Erzählerheld, zu der Theorie, daß in der Geschichte der Liebe drei Perioden zu unterscheiden seien: 1.die "Romantic period when one 'fell in love'", 2."a sexual period"(35), in der jeder mit jedem verkehrt, und 3.einer Periode, die er in der Zukunft erwartet, ein "new beginning", ein "new life"(62). "The great secret of life," das er bei seiner "quest" immerhin gefunden zu haben glaubt, ist, "that man's happiness lies [...] in men practicing violence upon women and that woman's happiness lies in submitting to it"(224). Das "new life" soll mit diesem "secret" aufräumen.

In der Nachbarzelle begegnet er Anna, einem Mädchen, das brutal vergewaltigt worden war. Er stellt in Anbetracht ihrer Erlebnisse die Frage, wie sie für ihn das "neue Leben" bedeuten könne: "Is it because the violation she suffered has in some sense restored her virginity [...]?" (86). Wie Allie in *The Second Coming* muß Anna erst wieder sprechen lernen, um zu der reinen Liebe ohne "violence" zu finden. Lancelot lernte wieder sprechen, als er in Percival einen Zuhörer fand. Damit erlangte er über seine Vergangenheit Klarheit. Aus der Einsicht heraus, die er aus der Betrachtung seiner Vergangenheit gewonnen hat, kann er wieder der Zukunft ins Auge schauen. Wie diese aber aussehen wird, bleibt unklar. Von den Menschen, die das "neue Leben" führen werden, heißt es: "We will know each other as gentlemen used to know each other - no, not gentlemen in the old sense - I'm not talking about social classes. I'm talking about something held in common by men, Gentile, Jew, Greek, Roman, slave, freeman, black, white, and so recognized between them: a stern code, a gentleness toward women and an intolerance of swineishness, a counsel kept, and above all a readiness to act, and act alone if necessary"(157). Nach dem "last gentleman" seines zweiten Romans wäre dies der "new gentleman" eines "new life". In gewisser Hinsicht ist dieses "neue Leben" Dantes "Vita Nova": Percival dient - wie Vergil in der *Göttlichen Komödie* Dante - dem Erzähler als Führer, und Anna wird wie Dantes Beatrice zum Vorbild reiner Liebe. Vorbild für den "new gentleman" ist für ihn jedoch durchaus der Gentleman des alten Südens, den er in Robert E.Lee verkörpert sieht. "Robert E.Lee and the Army of Northern Virginia had long since become for him as legendary and mythical as King Arthur and the Round Table"(116).

Gesellschaftskritisch wird der Roman dadurch, daß er in dem persönlichen Schicksal des Helden das der Nation aufzeigt. Er sieht den Norden der Pornographie verfallen. Der Südstaatler kommt nicht besser weg. "The Southerner started out a skeptical Jeffersonian and became a crooked Christian" (219). Am Sonntag ist er danach Billy Graham, den Rest der Woche Richard Nixon(220). Amerika erlebte für Lancelot zwei entscheidende Revolutionen, die beide in Virginia endeten: den Unabhängigkeitskampf, der zur Kapitulation der Engländer in Yorktown führte, den Bürgerkrieg, in dem der Süden mit der Kapitulation Lees in Appomatox unterlag. Lancelot will nun helfen, die dritte Revolution einzuleiten und zieht sich zu diesem Zweck nach Virginia zurück, wo er mit Anna und seiner Tochter in einer "corn crib" (eine Anspielung auf die Krippe von Bethlehem) ein neues Leben beginnen will: "we were qualified as the new Adam and Eve of the new world"(251). Wenn es einen Gott gibt, glaubt er, werde er die Revolution herbeiführen, wenn nicht, müsse er dennoch nach der Vorstellung, die er sich von diesem Gott macht, handeln.

Lancelot, nach dem ehebrecherischen Ritter der Tafelrunde benannt, reinigt sich von seiner Schuld in der Beichte gegenüber Percival, der den Namen des nach dem Gral suchenden und um Gott ringenden Ritters der Runde trägt. Die Beichte wird zur Auseinandersetzung mit der Vergangenheit und endet mit der Hoffnung auf deren Überwindung. Percival als *alter ego* Lancelots verspricht die Möglichkeit "neuen Lebens".

Love in the Ruins, 1971

Percys dritter Roman, *Love in the Ruins*, 1971, versetzt den Leser - wie auch sein vierter, *Lancelot* - in das Mississippidelta, allerdings ohne realistische Identifizierung der Örtlichkeiten. Die Zeit - ebenfalls ohne Spezifizierung, wahrscheinlich aber das Jahr 1983 - ist die - inzwischen überholte - Zukunft. Die USA führen seit über 15 Jahren Krieg auf der Seite von Südequador gegen Nordequador. Das Haupt der römisch-katholischen Kirche ist ein Johannes XXIV. Von symbolischer Bedeutung sind die Daten der tagebuchartigen Berichte des Geschehens: Sie beginnen mit dem 4.Juli, dem amerikanischen Nationalfeiertag, greifen zurück auf den 1., 2. und 3.Juli und schließen ab mit dem Weihnachtsabend fünf Jahre später. Der Bezug auf den Nationalfeiertag und das christliche Fest verweist schon darauf, daß es im Falle von *Love in the Ruins* weniger um individuelle als um politische, allgemein menschheitliche Probleme geht.

Held des Romans ist Dr.Thomas More, 45 Jahre alt, ein indirekter Nachkomme von Sir Thomas More. Er ist auch der Erzähler, d.h.der Verfasser des Tagebuches. Wie der "moviegoer" des ersten Romans ist er aber ein sehr unzuverlässiger Erzähler, vor allem deshalb, weil er - wie auch Barrett - als geistig nicht normal bezeichnet werden muß. Zumindest steht er, wie seine Berichte - außer dem fünf Jahre späteren Nachtrag - erkennen lassen unter ständigem Alkoholeinfluß. In eigener Sicht bedeutet dieses Kranksein als Außer-sich-sein auch einen Vorteil. Als Patient in der Nervenklinik ist er gleichzeitig Arzt. "Why is it I feel better," fragt er sich, "see more clearly, can help more people when I am crazy? Not being crazy, being sane in a sane world, is the craziest business of all" (196). Es bleibt fraglich, was als abnormal und was normal zu betrachten ist.

Als abnormal erscheint in *Love in the Ruins* vor allem die gesellschaftliche Situation. Es ist die Situation des geschichtlichen Scheiterns, die der der Apokalypse nahekommt: "The poor U.S.A.!   Even now, late as it is, nobody can really believe that it didn't work after all. The U.S.A. didn't work! Is it even possible that from the beginning it never did work? [...] What a bad joke: God saying, here it is, the new Eden, and it is yours because you're the apple of my eye; because you the lordly Westerners, the fierce Caucasian-Gentile-Visigoths, believed in me and in the outlandish Jewish Event even though you were nowhere near it and had to hear the news of it from strangers. But you believed and so I gave it all to you, gave you Israel and Greece and science and art and the lordship of the earth, and finally even gave you the new world that I blessed for you. And all you had to do was pass one little test, which was surely child's play for you because you had already passed the big one. One little test: here's a helpless man in Africa, all you have to do is not violate him. That's all.   One little test: you flunk"(53f.). Doch es ist nicht nur die Negerfrage. Die U.S.A. und die ganze westliche Zivilisation haben auf der ganzen Linie versagt. Weitere Gebiete des Versagens werden genannt. Die Kritik kulminiert alsdann in der Behauptung: "Don't tell me the U.S.A. went down the drain because of Leftism, Knotheadism, apostasy, pornography, polarization, etcetera etcetera. All these things may have happened, but what finally tore it was that things stopped working and nobody wanted to be a repairman"(60). Das Resultat in dieser Situation der Zeit nach dem "old Auto Age" ist der Tod im Leben.

Die einzige Möglichkeit, diesem Tod im Leben zu entgehen, ist für More der Glaube. So erinnert er sich noch an die Zeit, da er mit seiner inzwischen verstorbenen Tochter zur Messe ging: "Here I went to mass with Samantha, happy as a man could be, ate Christ and held him to his word, if you eat me you'll have life in you, so I had life in me"(131). Inzwischen hat er den Glauben verloren: In der Trostlosigkeit seiner Zeit sieht er eine Lösung, die derjenigen sehr nahekommt, die Peyton am Ende von Styrons *Lie Down in Darkness* vorschwebt: alle Sünde auf sich zu ziehen, um sie mit sich zu vernichten. More erwartet als Erlöser einen "new Christ, the spotted Christ, the maculated Christ, the sinful Christ. The old Christ died for our sins and it didn't work, we were not reconciled. The new Christ shall reconcile man with his sins. The new Christ lies drunk in a ditch. Victor Charles and Leroy Ledbetter [his friends] pass by and see him. [...] They laugh and pick up the new Christ, making a fireman's carry, joining four hands. They love the new Christ and so they love each other"(145). Dies ist nicht die letzte Lösung, die der Roman anbietet, sondern kennzeichnet nur - aus der Perspektive Mores - die Situation.

More spielt nun in dem Roman die Rolle des "repairman". Von dem Prinzip des Enzephalogramms ausgehend, entwickelt er einen "ontological lapsometer", mit dem er Bestand und Bedarf von menschlichen im Hirn verankerten Qualitäten messen und steuern kann. Mit seinem Instrument hofft er, "[to bridge] the dread chasm that has rent the soul of Western man ever since the famous philosopher Descartes ripped body loose from mind and turned the very soul into a ghost that haunts its own house" (181). Die Krankheit wird nach ihm als "More's syndrome" bezeichnet. Sie besteht in dem Auseinanderklaffen von geistiger und körperlicher Existenz und ist gleichsam ein "chronic angelism-bestialism"(360), den er durch Zufuhr von Ionen heilen will. Das Problem sieht er in einer Zone des Hirns lokalisiert, die er als "the musical-erotic" (201) bezeichnet. In Musik und sinnlicher Liebe begegnen sich das Abstrakte und das Konkrete und finden zum Ausgleich.

Es kommt jedoch zur Katastrophe, da sein Lapsometer mißbraucht wird. Durch zu starke Dosierung der Ionenzufuhr steigert er bei den einen die Agressivität, bei den anderen die Sinnlichkeit, so daß alles aus den Fugen zu brechen scheint. Verantwortlich für den Mißbrauch ist ein Art Immelman, hinter dem sich gewissermaßen Mores *alter ego* verbirgt, das seine Macht über andere auch auf den sexuellen Bereich ausdehnen möchte. D.h., Immelman ist der Versucher, der More Erfolg in der Wissenschaft wie in der Liebe (Faust und Don Juan vereinend) verspricht. Erst die Abkehr von dieser Versuchung ermöglicht es More, zu einem "Leben im Leben" zurückzufinden. Er gewinnt seinen Glauben wieder, verzichtet auf das Trinken, heiratet wieder und gründet - nun in wesentlich bescheideneren Verhältnissen als früher - eine Familie. Der Roman endet mit der Feier der Christmette und einer Nacht in dem Bett, das er seiner Frau zu Weihnachten geschenkt hatte. Es ist nicht ausgeschlossen, daß er rückfällig wird. Die Welt hat sich nicht wesentlich geändert, obwohl in "Paradise", dem Ort, in dem More wohnt, sowie überhaupt in den Staaten, inzwischen die Farbigen das Sagen haben. More wird weiter an seinem Lapsometer arbeiten. "Lapse" ist der "Fall". Der "Fall des Menschen" wird aber nie endgültig zu beheben sein. Er wird immer von neuem aus dem Paradies, das er sich zu erbauen hofft, vertrieben. In dem Labyrinth des Lebens kann er nur gelegentlich den Faden berühren, der ins Leben zu führen vermag. Als More noch als gläubiger Katholik die Messe besuchte, konnte er von sich sagen: "I touched the thread in the labyrinth, and the priest anounced the turkey raffle and Wednesday bingo and preached the Gospel and fed me Christ"(241). Die Formulierung klingt blasphemisch, soll jedoch nur in drastischer Weise die Zusammengehörigkeit des Geistigen und des Sinnlichen dokumentieren.

Love in the Ruins ist keine "metafiction", wie William R.Allen meint. Es handelt sich natürlich auch nicht um einen realistischen Roman, es sei denn, wir betrachten ihn realistisch als das Produkt eines Geisteskranken. Er ist vor allem aber eine Satire, die immer eine symbolische Deutung nahelegt. Immerhin spricht der Erzähler selbst von der Situation des amerikanischen Romans seiner Zeit: "American literature is not having its finest hour. The Southern gothic mood yielded to the Jewish masturbatory novel, which in turn gave way to the WASP homosexual novel, which has nearly run its course. The Catholic literary renascence, long awaited, failed to materialize"(18). Dennoch kann in Anbetracht von Flannery O'Connor und Walker Percy - in Parallele zu den natürlich älteren Briten Chesterton, Evelyn Waugh und Graham Green - von einer solchen Renaissance vielleicht gesprochen werden.

The Thanatos Syndrome, 1987

Durch den Mißbrauch der Erfindung Tom Mores war es in *Love in the Ruins* fast zur Katastrophe gekommen. Was aber geschehen würde, wenn es More mit seinem Lapsometer gelänge, Geist und Leib des Menschen wieder zusammenzuführen und den Menschen damit in den Zustand ursprünglicher Unschuld zurückzuführen, wird in *The Thanatos Syndrome*, Perys letztem Roman von 1987, nachgezeichnet. Wie *The Last Gentleman* seine Fortsetzung in *The Second Coming* fand, so *Love in the Ruins* in *The Thanatos Syndrome*. In beiden Fällen bildet die Fortsetzung jedoch eine durchaus selbständige, in sich ruhende Sinneinheit.

Thomas More, wieder der Erzähler, hat in *The Thanatos Syndrome* zwei Jahre Gefängnis hinter sich. Er hatte Beruhigungsmittel verschrieben, die unter dem Gesetz für Drogenmißbrauch standen und nicht in der globalen Weise, in der er es getan hatte, verschrieben werden durften. Seine Strafe ist auf Bewährung ausgesetzt. Bewährungshelfer sind zwei seiner Arztkollegen, Freund und Rivale, Max Gottlieb und Bob Comeaux, die auch schon in dem früheren Roman eine Rolle spielten.

Der Haupthandlungsstrang besteht darin, daß More ein Syndrom entdeckt, das er auf den Einfluß von "Na 24", schwerem Natrium, zurückführt. Das Syndrom ist gekennzeichnet durch die Rückführung sprachlicher Kommunikation auf eine binare Ebene der Alternative von Bejahung und Verneinung, durch ein Telephonbuchgedächtnis, in dem alles einmal Wahrgenommene auf Abruf reproduziert werden kann, durch sexuelle Willfährigkeit und Anomalität und schließlich durch den Abbau aller Eigenschaften, die den Menschen als *homo sapiens* auszeichnen. Sie bilden das Thanatos-Syndrom, da der Mensch als Mensch dabei abstirbt. Der Effekt ist damit der gleiche, den More bei der Perfektion seines Lapsometers hätte erreichen können.

Mit Hilfe einer entfernt verwandten Ärztin gelingt es dem Erzählerhelden auf detektivische Weise und ständig seine Freiheit dabei aufs Spiel setzend, der Verursachung des Syndroms auf die Spur zu kommen: In einem als "Blue Boy" bezeichneten Projekt hat Bob Comeaux "Na 24" aus dem Kühlturm des Kernkraftwerkes von Gran Mar in die Trinkwasserversorgung ableiten lassen, um zu demonstrieren, wie durch die Veränderung eines Teils der Großhirnrinde die Menschen glücklicher gemacht werden und die Krankheiten der Zeit beseitigt werden können. Diese Krankheiten bestehen in der abnormal hohen Kriminalität, der Häufigkeit von Selbstmord und Drogenmißbrauch bei Jugendlichen, sowie AIDS. Bob Comeaux, der Tom für seine Sache gewinnen will, erklärt sein Projekt: "The hypothesis [...] is that at least a segment of the human neocortex and of consciousness itself is not only an aberration of evolution but is also the scourge and curse of life on this earth, the source of wars, insanities, perversions - in short, those very pathologies which are peculiar to *Homo sapiens*. [...] what we are doing is cooling the superego which, as you of all people know, can make you pretty miserable, and strengthening the ego by increasing endorphin production. [...] Energies are freed up instead of being inhibited! [...] L.S.U. has not lost a football game in three years, has not had a point scored against them, and [...] has not given up a single first down this season. [...] L.S.U. engineering students no longer use calculators. They're as obsolete as slide rules. They've got their own built-in calculators." Bob ist enttäuscht, daß Tom nichts von seiner "cortical control"(195) hält. Was er will, ist nichts anderes als - in Abwandlung der utilitaristischen Maxime der "greatest happiness of all" - "the greatest good, the highest quality of life for the greatest number"(346). Am Schluß fühlt er sich als der mißverstandene Beglücker der Menschheit: "you try the best you can to help folks. And what do you get? [...] You get the same thing Lister got, Galileo got, Pasteur got. Ridicule"(332).

Die Individualität ist damit nur eine "aberration" der Evolution, die beseitigt werden muß, wie andere "aberrations". In dem "Qualitarian program" von Comeauxs Institut werden bereits andere "aberrations" behandelt. Zu dem Programm gehören "pedeuthanasia", die Tötung behinderter Kinder vor der Ausbildung ihrer Persönlichkeit, die mit 18 Monaten angesetzt wird, ferner die "gereuthanasia", die Tötung der Alten oder deren Reduzierung zu glücklichen Idioten. Dazu gehört ferner die Abtreibung(116). Die Gegenposition wird neben dem Erzähler vor allem durch Father Smith, einen verkommenen, an Graham Greenes Schnapspriester erinnernden katholischen Geistlichen vertreten. Father Smith zählt zunächst auch den Erzähler zu den Ärzten, die ihren Eid nicht einhalten. "You are a member of the first generation of doctors in the history of medicine to turn their backs on the oath of Hippocrates and kill millions of old useless people, unborn children, born malformed children, for the good of mankind - and to do so without a single murmur from one of you"(127), wirft er dem Erzähler vor und fragt, womit dies enden werde, um die Frage selbst zu beantworten, "you're going to end up killing Jews"(128).

In einer späteren "confession" berichtet Father Smith, wie er als Sechzehnjähriger mit seinem Vater (wahrscheinlich 1935/36) einen entfernten deutschen Verwandten besuchte, der als bekannter Psychiater in Tübingen und später in der Nähe von München die Euthanasie geistig Behinderter propagierte. Er gesteht, daß er, wenn er Deutscher gewesen wäre, von dem Beispiel seines Vetters verführt, selbst hätte Mitglied der SS werden können. Die Geschichte hat ihm inzwischen eine Lektion erteilt. Er sieht die Verbindung zwischen dem Projekt Blue Boy und dem, was in Nazi-Deutschland geschah. Tom erklärt Bob Smiths Haltung: "He claims it will eventually end as it did with the Germans, starting out with euthanasia for justifiable medical, psychiatric and economic reasons. But in the end the majority always gets in trouble, needs a scapegoat, and gets rid of an unsubsumable minority"(352). Der Sündenbock sind zunächst die Juden, im gegebenen Fall aber alle der Mehrheit unerwünschten Gruppen.

Die besondere Situation seiner Zeit kommt für Father Smith exemplarisch zum Ausdruck in den jugoslawischen Mädchen, die von einer Erscheinung der Mutter Gottes berichteten. Nicht die Erscheinung selbst ist ihm dabei von Bedeutung, sondern das, was die Erscheinung in der Gestalt einer schlichten jüdischen Frau zu den Mädchen sprach: Daß zwei Millionen Armenier durch die Türken ermordet werden konnten, daß Hitler fast alle Juden in Europa umbringen konnte, daß Stalin fünfzehn Millionen Ukrainer zu Tode brachte, daß atomare Zerstörungskraft entfesselt wurde, war nur dadurch möglich, daß Gott dem "Great Prince Satan" für 100 Jahre die Macht über die Erde überlassen hatte. "How did he do it? No great evil scenes, no demons - he's too smart for that. All he had to do was leave us alone. We did it. Reason warred

with faith. Science triumphed. The upshot? One hundred million dead. Could it be a test like Job's?"(365). Wie Hiob als einzelner steht im 20.Jahrhundert die Menschheit als Ganze in der Probe. Die Geschichte der Menschheit im 20. Jahrhundert wird in dem Roman damit zu einer Hiobsgeschichte. Als Hiobsgeschichte trägt sie allerdings auch die Hoffnung in sich, daß die Probe bestanden werden könnte. Der Erzähler glaubt sich selbst nicht mehr zu den Gläubigen zählen zu können. Father Smith tröstet ihn: "It is to be expected. It is only necessary to wait and to be of good heart"(363). Nach dem Vergleich mit Hiob läßt er die Kinder von der Rede der Muttergotteserscheinung berichten: "But you must not lose hope [...]. Because if you keep hope and have a loving heart and do not secretly wish for the death of others, the Great Prince Satan will not succeed in destroying the world"(365).

Unter dem Vorbehalt des In-der-großen-Versuchung-Stehens ist der Roman in einem gewissen Sinne ein katholischer Roman. Er ist dies ganz konkret, insofern er absolut für die Unantastbarkeit des Lebens eintritt, im erweiterten Sinne natürlich insofern, als er menschliches Leben als ein im theologischen Sinne gefallenes und der Gnade bedürftiges Leben sieht. Er ist aber auch in gewisser Beziehung ein Roman der Südstaaten. Gegen Schluß sagt Bob zu Tom: "The only difference between us is that you're the proper Southern gent who knows how to act and I'm the low-class Yankee who does all these bad things like killing innocent babies and messing with your Southern Way of Life by putting secret stuff in the water, right?"(347). Für Bob ist es nur die äußere Form, in der sich der Süden vom Norden unterscheidet. Der Erzähler impliziert jedoch mehr, nämlich die Aufrechterhaltung der menschlichen Würde auch in der Niederlage bzw. auch in der Möglichkeit der "aberration".

In der Darstellung dieser Situation gibt der Roman aber auch eine Antwort auf die Frage nach menschlicher Identität, wie sie von Faulkner und Warren im Süden, von Bellow in der jüdischen Erzählkunst und von anderen gestellt wurde, indem er sie in der Anerkennung auch der Möglichkeit des Versagens als zur Existenz des Menschen gehörig aufzeigt.

The Thanatos Syndrome gestaltet die Situation des Menschseins in unserer Zeit in einer tiefgründigeren und überzeugenderen Weise als alle früheren Romane Walker Percys. Dies gilt, was die Zeit betrifft, trotz der Tatsache, daß der Roman als Fortsetzung von *Love in the Ruins* in der Zukunft spielt. Die im Roman angegebene Zeit ist 1996(Hobson nennt 1997, 140). Doch noch mehr als es für Orwells 1984 galt, ist - bildlich gesehen - die Zeit von 1996 im Roman schon Gegenwart des Lesers. Als Tom nach allen Abenteuern mit seiner Familie in einem Wohnwagen zum Disneyland in Florida fährt, heißt es: "We stand about in Florida sunshine of Jack Rabbit run, under the minaret of Cindarella's Castle, they fresh from the wonders of Tomorrowland - Tomorrowland! - We don't even know what Todayland is! - fond, talkative, informative, and stunned, knocked in the head, like dreamwalkers in a moonscape" (340). Es ist das "Todayland" nicht nur des Erzählers, sondern auch das des Autors, das dieser in seinem Roman zu erforschen unternimmt.

The Message in the Bottle, 1975

Das Weltbild, das sich aus der Interpretation der Romane ergab, wird durch die Essays Percys weitgehend bestätigt. Von ihnen sind die wichtigsten in *The Message in the Bottle* gesammelt. Ihnen folgte 1983 noch *Lost in the Cosmos*. Der einleitende Essay

von *The Message in the Bottle*, "The Delta Factor", beginnt mit Fragen: "Why does man feel so sad in the twentieth century? Why does man feel so bad in the very age when, more than in any other age, he has succeeded in satisfying his needs and making over the world for his own use? Why has man entered on an orgy of war, murder, torture, and self-destruction unparalleled in history and in the very century when he had hoped to see the dawn of universal peace and brotherhood? Why do people often feel bad in good environments and good in bad environments?"(3) Es sind die Fragen, die er an die Welt stellt und die er in seinen Romanen zur Darstellung bringt. In der Weise der Darstellung versucht er, eine Antwort zu finden. Die entscheidende Frage ist natürlich die nach dem Menschen. Um den Menschen in der Situation der Gegenwart zu verstehen, sucht er nach einer "theory of man for a new age"(10). Er greift das Anliegen Alexander Popes auf: "The proper study of man," und "the proper study of man is man"(11).

Die Grundbestimmung des Menschen sieht Percy in dessen Fähigkeit zum Sprechen, die er als den Delta Faktor bezeichnet. Was aber diese besondere Fähigkeit ausmacht, wie sie zustandekommt, sieht er durch die Linguistik, die Anthroplogie oder andere Wissenschaften noch nicht beantwortet. Dieser Frage geht er in den meisten seiner Essays nach.

Entscheidend für die Situation seiner Zeit ist, daß sie nicht mehr mit den zwei Grundvorstellungen zu leben vermag, die die letzten 300 Jahre, "the old modern age", bestimmten. Eine dieser Grundvorstellungen sieht er in dem Verständnis des Menschen als Organismus, der durch seine Umwelt bestimmt und manipulierbar ist. Die andere sieht er als Erbe der jüdisch-christlichen Tradition, derzufolge der Mensch mit einmaligen Eigenschaften ausgestattet ist, die seine Identität ausmachen. Daraus resultiert "the respect of the sacredness and worth of the individual"(20). Das Dilemma seiner Zeit sieht er darin, daß beide Vorstellungen nicht miteinander vereinbar sind.

Er sieht ferner, daß der Sinn aus dem die Menschheit jahrhundertelang gelebt hat, für viele verloren gegangen ist: "It was something men lived by, even when they fell short of it and saw themselves as sinners. It was the belief that man was created in the image of God with an immortal soul, that he occupied a place in nature somewhere between the beasts and the angels, that he suffered an aboriginal catastrophe, the Fall, in consequence of which he lost his way and, unlike the beasts, became capable of sin and thereafter became a pilgrim or seeker of his own salvation, and that the clue and sign of his salvation was to be found not in science or philosophy but in news of an actual historical event involving a people, a person, and an institution". Es ist "this Judeo-Christian credo"(18), das die Helden in Percys Romanen wiederzugewinnen versuchen.

Den Romanschriftsteller seiner Zeit sieht Percy in "Notes for a Novel about the End of the World" als einen Propheten: "The novelist writes about the coming end in order to warn about the present ills and so avert the end. Not being called by God to be a prophet, he nevertheless pretends to a certain prescience. If he did not think he saw something other people didn't see or at least didn't pay much attention to, he would be wasting his time writing and they reading. This does not mean that he is wiser than they. Rather might it testify to a species of affliction which sets him apart and gives him an odd point of view. The wounded man has a better view of the battle than those still shooting"(101). Alle seine Romane sind "novels about the End of the World", besonders natürlich *The Thanatos Syndrome*.

Der Romanschriftsteller als Prophet - oder Quasi-Prophet - wird auch als "religious novelist" definiert. Percy gebraucht das Wort "religious in its root sense as signifying a radical *bond*, as the writer sees it, which connects man with reality - or the failure of such a bond - and so confers meaning to his life - or the absence of meaning"(102f.). Schriftsteller dieser Kategorie sind für ihn Dostojewsky, Camus, Sartre oder Flannery O'Connor. Den englischen Roman sieht er an der Fragestellung nicht im gleichen Maße interessiert. Die Schwierigkeit des "religious novelist" besteht für Percy darin, daß die Welt noch gleichgültig gegenüber ihrem Identitätsverlust ist. Sie hält den Erzähler als Propheten für verrückt. Die Frage, die dabei entsteht und wie sie immer wieder in den Romanen gestellt wird, "is whether most people are crazy"(102). Um den sich für normal haltenden Leser aufrütteln zu können, bedarf es extremer Mittel: "Perhaps it is only through the conjuring up of catastrophe [...] that the novelist [...] and his reader may come to themselves"(118).

Es gelingt Percy, in seinen Romanen eine authentische Welt entstehen zu lassen, die die Bedrohung der menschlichen Würde in unserer Zeit sichtbar werden läßt. Die zu verteidigende bzw. wiederzugewinnende Würde trägt Züge, die mit der Idee eines Menschenbildes des Südens der USA assoziiert werden, aber auch der des katholischen Glaubens. Theologisch und philosophisch beruft Percy sich auf Sören Kierkegaard, Gabriel Marcel oder Romano Guardini. Die Problematik seines Menschenbildes, das ein "credo quia absurdum est" voraussetzt, spiegelt sich in seiner Darstellungsweise, in der die Grenze zwischen direkter und indirekter, d.h. ironischer Aussage nicht immer auszumachen ist. Ironie wird nicht mehr erkennbar, wenn die Folie des Gemeinten, das unausgesprochen bleibt, nicht mehr als selbstverständliches Wissen oder als Überzeugung im Leser angesetzt werden kann.

Literatur

Zitiert nach *The Moviegoer*, London, 1987 (Paladin); *The Last Gentleman*, New York, 1982 (Bard Books); *Love in the Ruins*, New York, 1981 (Bard Books); *Lancelot*, New York, 1977; *The Second Coming*, New York, 1980; *The Thanatos Syndrome*, London, 1987; *The Message in the Bottle*, New York, 1983.

Sekundärliteratur:
Martin Luschei, *The Sovreign Wayfarer: Walker Percy's Diagnosis of the Malaise*, Baton Rouge, LA, 1972.
Robert Coles, *Walker Percy: An American Search*, Boston, 1978.
Jac Tharpe, *Walker Percy*, Boston, 1983.
Patricia Lewis Poteat, *Walker Percy and the Old Modern Age: Reflections on Language, Argument, and the Telling of Stories*, Baton Rouge, 1985.
Lewis A.Lawson und Victor A.Kramer, hg., *Conversations with Walker Percy*, Jackson, MS, 1985.
William Rodney Allen, *Walker Percy: A Southern Wayfarer*, Jackson, 1986.
John Edward Hardy, *The Fiction of Walker Percy*, Urbana,IL, 1987.
Linda Whitney Hobson, *Understanding Walker Percy*, Columbia, SC, 1988.
Lewis A.Lawson, *Following Percy: Essays on Percy's Work*, Troy,NY, 1988.
Mary Deens Howland, *The Gift of the Other: Gabriel Marcel's Concept of Intersubjectivity in Walker Percy's Novels*, Pittsburgh, 1990.

Jan Nordby Gretlund und Karl-Heinz Westorp, hg., *Walker Percy: Novelist and Philosopher*, Jackson, MS, 1991.

Weitere Erzähler des Südens

Es ist zum gegenwärtigen Zeitpunkt noch nicht auszumachen, ob einem weiteren Erzähler des Südens aus der gleichen Generation *die* Anerkennung zukommen wird wie den bisher vorgestellten Autoren. Nach dem Tode Walker Percys hat wohl Madison Jones den größten Anspruch darauf. Neben ihm muß aber auch James Dickey - zumindest aufgrund eines seiner Romane - genannt werden, wenn auch seiner Verskunst - vor allem der vor dem Roman entstandenen - der Vorrang zukommen sollte. Von den in den dreißiger Jahren geborenen Erzählern hat sich bereits Reynolds Price mit einer langen Reihe erfolgreicher Romane als einer der bedeutenderen Erzähler des Südens etablieren können. Ein ähnlicher Erfolg wäre für John Kennedy Toole denkbar gewesen, hätte ihn die Verzweiflung darüber, keinen Verleger für sein Erstlingswerk zu finden, nicht in den Tod getrieben. Der Reihe der vorgenannten Autoren dürfte noch Harry Crews anzugliedern sein, den wir mit einem seiner bisher besten Romane vorzustellen gedenken.

Madison Jones, geb.1925

Madison Jones's Werk verteilt sich ziemlich regelmäßig über die von uns behandelte Periode. In Nashville, Tennessee, 1925 geboren, an der dortigen Vanderbilt Universität und anderen Hochschulen des Südens ausgebildet und schließlich selbst als Professor an der Auburn Universität in Alabama tätig, trat er bereits 1957 mit *The Innocent*, seinem ersten Roman, an die Öffentlichkeit. In fast regelmäßiger Folge erschienen seine weiteren Romane, *Forest of the Night*, 1960, *A Buried Land*, 1963, *An Exile*, 1967, *A Cry of Absence*, 1971, *Passage Through Gehema*, 1982, und sein soweit letzter Roman *Last Things*, 1989. In der bisherigen Kritik erhielt er das Etikett eines Traditionalisten. Die Kennzeichnung trifft insofern zu, als er weder die von ihm dargestellte Wirklichkeit zu sehr ins Groteske und Absurde verzerrt, noch mit seiner Erzählweise experimentiert, vielmehr realistisch im inzwischen traditionellen Sinne die gesellschaftliche wie individualpsychologische Situation des Südens und seiner Menschen nachzeichnet. Er ist auch Traditionalist, wenn er den Verlust alter Werte bedauert. Ohne Nostalgie zeichnet er jedoch seine jeweilige Gegenwart nach, in der an eine Wiedergewinnung solcher Werte nicht zu denken ist. Seine meist anspruchsvollen Romane fanden zunächst wenig Resonanz. Seinen ersten Achtungserfolg erzielte er mit *An Exile*, hauptsächlich allerdings durch dessen Verfilmung unter dem Titel *I Walk the Line*. Zum Durchbruch gelangte er jedoch dann mit seinem Kurzgeschichtenzyklus

Season of the Strangler, 1982.

Der Zyklus läßt sich nicht nur mit demjenigen, den Sherwood Anderson mit *Winesburg, Ohio*, 1919 vorlegte, vergleichen, wie dies bereits mehrfach geschehen ist, sondern liest sich geradezu als in Analogie zu dem früheren Werk geschrieben. Er demonstriert gewissermaßen, daß nun für die Kleinstadt des Südens die Situation erreicht ist, in der sich diejenige des Mittleren Westens bereits 60 Jahre zuvor befand. Dennoch trägt die dargestellte Situation unverkennbare Züge des Südens. *Season of the Strangler* kann damit aber auch als ein Paradigma für die Erzählkunst des Südens nach 1968, also für die dritte Phase, gelesen werden.

Das zentrale, im Titel implizierte Ereignis spielt in dem Zyklus eine nur indirekte Rolle. Es handelt sich darum, daß in der Zeit von Mai bis September 1969 in Okaloosa, einer Kleinstadt Alabamas mit 38400 Einwohnern, fünf, mit einer Ausnahme, ältere Frauen geschändet und erwürgt werden, ohne daß man des Täters habhaft werden kann. Die Gesamtsituation wird im "Prologue" und "Epilogue" umrissen. Die Reaktion repräsentativer Figuren der Bevölkerung auf dieses Ereignis wird in zwölf Kapiteln bzw. Geschichten erzählt. Es erscheint ein alter Farmer, der seine Farm hat aufgeben müssen, sein Lebensende bei der Schwiegertochter fristet und daran zerbricht, daß er die falsche Person als Täter verdächtigt hat. Die weiteren Repräsentanten sind - ohne ihre unmittelbare Betroffenheit hier spezifizieren zu können - die Frau eines Handlungsreisenden, ein Geistlicher, ein farbiger Handwerker, ein Arzt, ein Schüler, ein Gelegenheitsarbeiter, ein farbiger Arbeiter, der Besitzer eines Schuhgeschäfts, ein Künstler, die Besitzerin eines heruntergekommenen Hotels und schließlich ein junger Mann, der seine Universitätsausbildung abgebrochen und noch keinen Platz im Berufsleben gefunden hat. Die verschiedenen Ebenen der Kleinstadtgesellschaft werden damit erfaßt und zwar in einer Situation, da die Herkunft aus einer angesehenen Familie ebenso wie die Hautfarbe oder die Ausbildung ihre Bedeutung verloren haben. Die Auswirkungen des Wandels erscheinen ausnahmslos negativ. Für die Alten geht der Sinn verloren, der ihnen noch in der Vergangenheit gegeben zu sein schien. Den Ehepartnern wird ihr Leben zu zweit zur Routine, die sie als Leere empfinden. Die Generation der Jungen findet keinen Anschluß mehr an die Gesellschaft, die ihnen alle Möglichkeiten an Bildung und an materiellen Bedingungen zu öffnen schien.

In der mit der genannten Auswahl von Personen gekennzeichneten Welt wird der Würger zu einer Symbolfigur, mit der sich alle in einem gewissen Sinne identifizieren können oder von anderen identifiziert werden. Angesichts der Angst der Stadt vor dem Würger werden die Ängste der einzelnen Bewohner in ihrer generellen Lebenssituation geweckt. In der ersten Geschichte, der des alten Mannes Wiley Brownlea, "A Strange Land", steigert sich die Angst zu dem Schrecken einer Poe-Geschichte, wenn Wiley - wie der Erzähler in Poes "The Tell-Tale Heart" in das Auge des Mannes - hier in das Auge des von ihm als Würger Verdächtigten starrt. Zunächst ist es der Verdächtigte, Ragar Wells, ein geistig Behinderter, der vor sich hinstarrt: "He never moved or made any sound but breathing, the lonely resonance of breath rising and falling in the room. Night after night, a familiar sound. It was his own breath that Wiley was hearing. He stood there for long time"(15). Für Ragar wird das Beobachtetwerden aber selbst zum "terror". Sich der Verdächtigung erwehrend, stürzt er sich auf Wiley, um *ihn* zu würgen: "It wasn't me, goddamnit, *goddamnit*! You're the one needs choking!"(21) Ähnlich Poe vermag Jones die psychologische Spannung schrittweise zur Katastrophe hin aufzubauen.

Ähnliches wie für die erste Geschichte gilt für die zehnte: "Selfportrait". Das literarische Vergleichsobjekt zu ihr wäre Oscar Wildes *The Picture of Dorian Gray*.

Joel Trotwood versucht vergeblich, sich als Künstler zu etablieren. Er hatte sich geweigert, das Erbe seines Vaters und Großvaters als Richter anzutreten und gibt es schließlich auch auf, durch Gelegenheitsarbeiten seinen Unterhalt zu verdienen. Er betrachtet sich allein als Künstler, obwohl er, nun schon fast 40 Jahre alt, bisher kein Bild verkaufen konnte. In der "season of the strangler" spielt er schließlich den Würger, als den seine Mutter ihn verdächtigt. Als "Würger" findet er seiner Mutter gegenüber, die nun Angst vor ihm hat, ihn damit aber auch respektiert, zu einer, wenn auch nur imaginären Identität, die sich in dem Bild, das er von sich selbst als Würger malt, spiegelt. Als seine Mutter herausfindet, daß er nicht der Würger sein kann, verliert er wieder alle Autorität bei ihr und erhängt sich an dem Draht, mit dem er seine Bilder aufzuhängen pflegte.

Die Berichte von der sich immer weiter steigernden Angst in den einzelnen Geschichten verdichten sich - nach Gretlunds Interpretation - zu einer "anatomy of fear". Die Alten fürchten, ihrer Familie zur Last zu fallen; die Jungen fürchten, nicht den Erwartungen ihrer Eltern zu entsprechen; die Menschen mittleren Alters fürchten, ihr Leben vertan zu haben. Audens *Age of Anxiety* ist mit Jones's Zyklus in den Süden der USA eingebrochen.

Season of the Strangler ist nicht nur eine "anatomy of fear" der Stadt oder von Jones's Süden, sondern von der des Ichs angesichts seiner Leere. Das Selbstportrait Joels wird damit zu einem gewissermaßen Kierkegaardschen Bilde, wie es auch Walker Percy entworfen haben könnte.

Literatur

Zitiert nach: *Season of the Strangler* (Charter Books), New York, 1983.

Sekundärliteratur:
Jan Nordby Gretlund, "The Last Agrarian: Madison Jones's Achievement," *The Southern Review*, 22,3, 1986, 478-488.

James Dickey, geb. 1923

Zur gleichen Generation wie die bisher behandelten Autoren gehört auch noch James Dickey. 1923 in Georgia geboren, diente er wie Styron im zweiten Weltkrieg - und zwar als Flieger - im Pazifik und wurde während des Koreakrieges wieder einberufen. Inzwischen hatte er sein Studium an der Vanderbilt Universität in Nashville absolviert. Nach vorübergehender erfolgreicher Tätigkeit als Werbefachmann, zunächst in New York, später in Atlanta, lehrte er an einer Reihe von Universitäten vor allem "creative writing", bis er sich als Professor für Englisch und "Writer in Residence" an der Universität von South Carolina in Columbia niederließ.

Dickey erwarb sich in den sechziger Jahren bereits einen Ruf als Lyriker. In seinem Gedichtband *Helmets*, 1964, erschien zum ersten Mal seine Serie von drei Gedichten "On the Coosawattee", deren Teile zuvor schon in Zeitschriften zur Veröffentlichung gelangt waren. Die Serie hat, wie der spätere Roman *Deliverance*, eine Kanufahrt auf dem Coosawattee (im Roman "Cahulawassee") zum Gegenstand, bevor der Fluß zu einem See aufgestaut wurde. Protagonist der Gedichtserie ist Lucas, der des Romans Ed Gentry. In der Gedichtserie ist die Landschaft durch den Stadtnamen Ellijay im nördlichen Georgia zu lokalisieren. Es liegt nahe, Gedicht und Roman als unterschiedliche Verarbeitungen eines u.U. gleichen Erlebnisses einander gegenüberzustellen. "On the Coosawattee" zeigt in repräsentativer Weise die Stärke der lyrischen Aussage Dickeys, die einfachem Erleben eine das normale Maß weit übersteigende Gefühlsintensität zu verleihen vermag. Erlebnisse verdichten sich dabei häufig zu Bildern, die allerdings oft genug in ihrer Bedeutung ambivalent bleiben. So bedeutet in dem Gedicht die Fahrt über den Katarakt sowohl Geburt in die Nacktheit, Reinheit eines neuen Lebens als auch Verlust himmlischer Vollkommenheit. Eine solche Interpretation läßt sich nicht ohne weiteres auf den Roman übertragen.

Deliverance, 1970

Der Geburt und dem Fall entspräche in dem Roman immerhin die in der bisherigen Kritik allgemein als Initiation umschriebene Situation. Die vier Männer, die sich auf die Kanufahrt begeben, unternehmen gewissermaßen eine Initiationsreise. Sehr deutlich wird dies, wenn der Erzähler selbst sagt: "I touched the knife hilt at my side, and remembered that all men were once boys, and that boys are always looking for ways to become men. Some of the ways are easy, too; all you have to do is be satisfied that it has happened"(69). Für die vier Männer, die sich dem 40.Lebensjahr nähern, kommt diese Initiation allerdings ziemlich spät. So geht es denn auch nicht so sehr um eine Initiation als darum, den Zwängen des modernen Lebens zu entrinnen.

Der Erzähler ist - wie Dickey selbst eine Zeitlang - Vizepräsident einer Werbeagentur in der Provinz und fühlt sich - wie seine Angestellten - in der Routine seines beruflichen Alltags als Gefangener(17). Die geplante Kanufahrt dient allen dazu, die Routine einmal zu durchbrechen. Normalerweise ist Ed mit seinem Status als Gefangener in der Alltagsroutine zufrieden. "I am mainly interested in sliding," sagt er von sich und definiert dieses "sliding" als "antifriction. Or, no, sliding is living *by* antifriction. It is finding a modest thing you can do, and then greasing that thing. On both sides. It is grooving with comfort"(41). Doch die Zivilisation, die diese Möglichkeit bietet, mag zerbrechen. Nach der Meinung Lewis Medlocks, des Initiators der Kanufahrt, "the machines are going to fail, the political systems are going to fail, and a few men are going to take to the hills and start over." Die Kanufahrt wird damit auch zu "the business of survival"(42).

Dieses "Geschäft des Überlebens" hat allerdings wieder seine verschiedenen Seiten. Für Lewis ist es die Beherrschung des Körpers, sowie Entschlußkraft. "Lewis [...] could do with his life exactly what he wanted to do [...]. He was not only self-determined; he was determined"(5f.). D.h., er wußte, was er wollte. Was er will, ist aber wiederum "game"(Spiel) und "fantasy". "You put in your time playing games," wirft ihm der Erzähler vor: Bogenschießen, Kanusport. Lewis akzeptiert dies: "That's all anybody has got. It depends on how strong your fantasy is, and whether you really - *really* - in your mind, fit into your own fantasy, whether you measure up to what you've fantasized". (49). Das Naturerlebnis der Kanufahrt wird damit zu einem Lebensentwurf.

Im Roman ist die Kanufahrt als solcher Lebensentwurf gegenüber der Gedichtserie wesentlich angereichert und zwar um eine Handlung, die, wie ein Kritiker bereits zu

Recht bemerkte, weniger für den Süden als für den Wilden Westen charakteristisch zu sein scheint. Zum einen geht die Fahrt durch Gewässer, die keiner - selbst Lewis nicht - kannte und die die Fahrt auf alle Fälle hätten zum Scheitern bringen müssen. Zum anderen begegnen die Kanufahrer zwei Verbrechern, wodurch es zu komplizierten Verwicklungen kommt: zunächst wird einer der Verbrecher von Lewis mit einem Pfeil erschossen, dann tötet der Erzähler, im Glauben, zwei seiner Kameraden retten zu müssen, jemanden mit einem Pfeil, ohne sich vergewissern zu können, ob es sich um den anderen Verbrecher handelt, und schließlich kommt einer der Teilnehmer zu Tode, wobei es unklar bleibt, ob er erschossen wurde oder sich bei einem Sturz in den Flußschnellen tödlich verletzte. Die Überlebenden verwischen die Spuren der Umgekommenen und leben von nun an in der Angst, des Mordes beschuldigt zu werden. Nacktes Überleben, sowohl in der Bewältigung der Natur als auch in einem Kampf nach dem Motto "who kills who"(153), bestimmt das Geschehen des Romans.

Als ganz ungewöhnlich erscheint die Beschreibung des Kenterns mit dem Kanu oder die des Bezwingens einer Felswand durch den Erzähler. In bezug auf diese Teile des Romans sagt R.E.Foust mit Recht, daß *Deliverance*, an die Stelle romantischer Vision kinetische Erfahrung von solcher Beharrlichkeit und Intensität setze, daß sie das Werk als eines der wenigen "truly phenomenological or post-modern works by an American writer in any genre" auszeichne (*SAmF*,9,1981,199-216). Diese Art der Erzählung wird der vom Erzähler erlebten schamanischen Identifizierung mit der Natur sowie seiner Erfahrung mit dem menschlichen Gegenüber gerecht.

Die Natur erscheint zwar in all ihrer Schönheit; sie wird aber auch zur extremen Bedrohung. "The river was blank and mindless with beauty," heißt es an einer Stelle. Der Erzähler "felt wonderful, and fear was at the center of the feeling: fear and anticipation - there was no telling where it would end"(171f). Obwohl der Erzähler - wie vor ihm Lewis - zum "killer" wird, empfindet er keine Schuld. Wie er zuvor die Natur als "mindless" erlebte, so empfindet er jetzt "indifference"(180).

Eine Reihe von Elementen gewinnt symbolische und mythische Dimensionen. Die Eule, die vom Zelt aus in der ersten Nacht auf Jagd geht, wird zum Raubvogel, zum bösen Omen und zum Vogel der Weisheit. Die drei Tage der Kanufahrt vom Freitag bis zum Sonntag werden zu einer Geschichte des Todes und der Auferstehung. Die Rettung aus dem Grab der Schlucht wird als "deliverance" auch zu einer Erlösung. Nach der Interpretation P.G.Endels entspricht das Abenteuer Eds und Lewis' dem Gang Dantes durch das Inferno unter der Führung Virgils (*AL*, 60,1988,611-624). Das in der Natur Erlebte gibt in der "fantasy" der Erinnerung dem Erzähler in seinem späteren Leben eine neue Bedeutungsdimension: "Now the river [nach der Fertigstellung des Damms] ran nowhere but in my head, but there it ran as though immortally [...]. It pleases me in some curious way that the river does not exist, and that I have it. In me it still is, and will be until I die, green, rocky, deep, fast, slow, and beautiful beyond reality. I had a friend there who in a way had died for me, and my enemy was there. The river underlies, in one way or another, everything I do. It is always finding a way to serve me, from my archery to some of my recent ads and to the new collages I have been attempting for my friends"(275f.). Die Geschichte der Kanufahrt ist gewissermaßen eine der Kollagen des Erzählers, in denen er versucht, die Bruchstücke der Wirklichkeit zu einem Muster zusammenzufügen, das einen Sinn ergeben könnte.

Dickey blieb nach dem - übrigens auch verfilmten - Roman weiter primär Lyriker. Doch erreichen weder seine spätere Lyrik noch sein zweiter Roman, *Alnilam*, 1987, die Bedeutung seines früheren Werkes.

Literatur

Zitiert nach: *Deliverance*, Boston, 1970.
Weitere Werke: *Poems 1957-1967*, Middletown, CT, 1968; *The Central Motion: Poems 1968-1079*, Middletown, 1980.

Sekundärliteratur:
Richard J.Calhoun und Robert W.Hill, *James Dickey*, Boston, 1983.
Ronald Baughman, *Understanding James Dickey*, Columbia,SC, 1985.
Harold Bloom, hg., *James Dickey*, New York, 1987.

Reynolds Price, geb.1933

Reynolds Price, 1933 in Macon, in der Nähe Raleighs, der Hauptstadt North Carolinas, geboren, hat die besten Aussichten, als der wohl bedeutendste Erzähler der Südstaaten, die in den dreißiger Jahren geboren wurden, in die Lietarturgeschichte einzugehen. Er studierte an der Duke University in Durham, North Carolina, wo er sich später auch als Professor und "Writer in Residence" niederließ. Wenige Monate vor Faulkners Tod 1962 trat er erfolgreich mit seinem ersten Roman, *A Long and Happy Life*, an die Öffentlichkeit. Dieser erste Roman, wie eine Sammlung von Kurzgeschichten, *The Names and Faces of Heroes*, 1963, und der zweite Roman, *A Generous Man*, 1966, die alle die Geschichte der Familie Rosacoke Mustians erzählen, wurden in der Kritik oft als Fortsetzung des Faulknerschen Werkes betrachtet; obwohl sie mit Milo, dem Bruder Rosas, in dem zweiten der Romane eine Figur zeichnen, die Faulkners Isaac McCaslin in "The Bear" aus der mythischen Ebene herausnimmt und vermenschlicht.

Auf ein nachlassendes Leserinteresse reagierte Price mit einem neuen Ansatz in seinem dritten Roman, *Love and Work*, 1968, und einer zweiten Kurzgeschichtensammlung, *Permanent Errors*, 1970. Als der erwartete Erfolg ausblieb, fragte er sich in einem Essay über "The Origins and Life of Narrative" 1978: "Could I go on for decades maybe, laboring to tell complex narratives to shrinking audiences?" Er erkannte, daß er sich um Einfachheit und Klarheit der Darstellung bemühen müsse(10). Den Übungsgegenstand hierzu fand er im Übersetzen biblischer Geschichten, unter denen ihn am meisten Abrahams Opfer Isaaks und Jakobs Ringen mit dem Engel interessierten. Bei den Darstellungen solcher Begegnungen mit Gott ging es ihm nicht so sehr darum, sie durch neue Übersetzungen dem heutigen Leser verständlich zu machen; die Unmittelbarkeit ihrer Wiedergabe sollte ihm vielmehr als Vorbild für sein eigenes weiteres Erzählen dienen. Ereignisse sollten "greifbar" werden: *A Palpable God* heißt die Sammlung, der der zitierte Essay als Einleitung diente. Die biblischen Geschichten bedeuteten ihm aber noch mehr als nur stilistische Übungen. Er sah in ihnen Grundmuster von Ereignisketten, die auch in seinem Leben und in dem Leben der Menschheit immer wiederkehren(13). Die folgenden Romane sollten die Handschrift dieser Überlegungen tragen. Den Roman, auf den sich die Äußerungen seines Essays beziehen, *The Surface of the Earth*, 1975, nannte Michael Kreyling in der *History of Southern Literature* "one of the more significant American novels of the twentieth century"(521). Ihm folgte, die Sage aus *The Surface of the Earth* fortsetzend, 1981 *The Source of Light*. Zum Durchbruch bei Lesern und Kritikern gelangte Price jedoch erst wieder mit

Kate Vaiden, 1986.

Zu den eindrucksvollsten Passagen des ersten erfolgreichen Romans gehören die langen Briefe Rosas an Wesley, den Vater des Kindes, das sie erwartet. Wie in diesen Briefen wird das gesamte Geschehen in *Kate Vaiden* aus der Perspektive einer Frau wiedergegeben. Die Sicherheit, mit der sich der Autor dieser Perspektive bedient, macht einen Teil des Reizes aus, den die Lektüre des Romans auszulösen vermag. Price verweist übrigens im Roman selbst auf ein weiteres Werk eines männlichen Autors, der sich der Frauenperspektive bediente: Defoes *Moll Flanders*. In seinem Essay "A Vast Common Room" nennt er als weitere Beispiele Richardsons *Pamela* und Clelands *Fanny Hill*(372).

Mit der von ihrer Lehrerin bestätigten "tendency to talk"(46) gibt Kate Vaiden angesichts der Bedrohung ihres Lebens durch einen bösartigen Gehirntumor in ihrem 57.Lebensjahr eine "explanation" für die Entscheidungen, die sie in ihrem Leben treffen mußte. "If I wanted to live, I'd have to change - way-down, skin-out. That didn't mean I thoroughly repented of my past. I trust I'll be able to stand up at Judgment and at least *explain* before I'm fried. My explanation will be this story, the one told here. No alibi and no apology, just a long process - the things that happened, in order, to and through me. The choices I made once other people made their choices on me"(426). (Der Roman ist auch Prices "story", insofern die Querschnittlähmung, die ein spinaler Tumor 1984 hervorrief, ihm Auftrieb für sein weiteres Schaffen gab.)

Ein entscheidender Faktor in Kate Vaidens Leben war, daß sie sich an dem Tod ihrer Eltern wie an dem zweier ihrer Liebhaber schuldig fühlte. Als sie elf Jahre alt war, hatte ihr Vater ihre Mutter erschossen und sich selbst das Leben genommen. Sie hatte geglaubt, ihre Eltern hätten sich ihretwegen zerstritten, und erfährt erst später, daß ihre Mutter ihren Neffen liebte, bevor sie ihren Vater kennen lernte, und daß dieser ihrem Leben ein Ende bereitete, als er annehmen mußte, daß sie jenen noch immer liebe. Gaston, den sie unmittelbar nach dem Tode ihrer Eltern zu lieben begann, meldet sich kurz nach dem Eintritt der USA in den letzten Weltkrieg zur Marineinfantrie und kommt bei einer Übung mit scharfer Munition um, wobei offen bleibt, ob er dabei Selbstmord beging. Ihr drittes Opfer glaubt sie in Douglas Lee, dem Vater ihres Kindes, zu sehen. Er war der Freund ihres Vetters, bevor er sich mit ihr eingelassen hatte. Obwohl er bereit war, sie zu heiraten, konnte sie sich ihm nicht voll anvertrauen. Daraufhin gerät er in Schwierigkeiten in dem Verhältnis mit einem Blinden, der ihn als Chauffeur engagiert hatte, und begeht in dessen Haus Selbstmord. Kate ist nicht bereit, auf das Angebot des Blinden, sie zu heiraten, einzugehen. Ihren Sohn ihrer Tante überlassend, beendet sie ihre Schulausbildung und beginnt ein neues Leben. Dieses verläuft in einem normalen bürgerlichen Alltag, abgesehen davon, daß sie ihren Sohn, der in der Obhut der Tante ist, abgeschrieben hat, um frei ihr Leben bestimmen zu können. Erst die Möglichkeit ihres nahen Todes treibt sie zur Suche nach dem Sohn.

Zentrales Thema ist das, welches Constance Rooke in ihrer Studie allen Werken des Autors zugrunde liegen sieht, nämlich der Konflikt zwischen Liebe und Einsamkeit oder - und besonders in *Kate Vaiden* - Liebe und Freiheit. Bei ihrer letzten vertraulichen Begegnung mit Gaston meint Kate, gehen zu müssen: "'I need to be gone' was the next thing I thought, which I guess meant *free*. And then the next true thing dawned on me hard - 'A child *can't* go'" (130). Nur weil sie noch Kind, kaum 16 Jahre alt, ist, glaubt sie sich nicht frei, in ihrer Liebe für oder gegen Gaston zu entscheiden. Ihre Unsicherheit sieht sie als Grund für den Tod des Geliebten.

Douglas Lee sah sich an Kates Vetter Walter gebunden, da dieser ihn aus dem Waisenhaus befreite und bei sich aufnahm. Jedoch meint er, sich durch die jenem entgegengebrachte Liebe freigekauft zu haben. "I think I'm thankful to Walter for my life - I'd have died long ago - but I also think I've about paid him off. He's had all but eleven years of me. I think now it's *time*"(223f.). Kate fühlt sich in einer ähnlichen Situation. Als Walter meint: "I'm your cousin, Kate. I caused you to come here," widerspricht sie: "I've caused myself for some years now - me and God Almight"(235). Zurück in Macon denkt sie an ihre Situation in Norfolk: "in Norfolk, after Christmas at least - I felt *lead on*, planned for and protected. In my room in Macon, I felt like a creature on the flattest widest plain with nothing but skyline, a trillion ways to go, and the choice up to me - no volunteer guide"(294). Immer wieder taucht die Alternative zwischen freier Wahl und Vorherbestimmung bzw. Bestimmung durch andere Menschen auf. Es war nicht ihre Wahl, meint Kate gegenüber der farbigen Hausgehilfin ihrer Tante, daß sie in der Welt herumgekommen sei. Diese antwortet jedoch: "People *choose* everything"(327). Einerseits geht es darum, ob sie sich anderen anvertrauen kann, andererseits darum, ob die Vergangenheit, ihr Erbe, ihren Weg bestimmt, oder ob sie diesen frei wählen kann. Was sie schließlich am meisten quält, ist, daß sie ihre Freiheit findet, indem sie ihre engste Bindung, die zu ihrem Kinde, leugnet. Der Gedanke daran aber ist es auch, der zur Bewältigung des Konfliktes durch die "explanation" führt, die sie ihrem Sohn zukommen lassen will, bevor sie versucht, den Kontakt mit ihm nach 39 Jahren wieder aufzunehmen.

"The 'central error'", heißt es bei Rooke in bezug auf *Permanent Errors*, "is a failure in love, whose 'diagnosis and palliation' occur largely through art"(87). Kates "explanation" entspricht dieser "art", allerdings nicht, die "failure in Love" wieder gutzumachen, sie soll vielmehr den Konflikt zwischen Bindung und Freiheit "erklären". Eine Lösung wird auf einer anderen Ebene als Möglichkeit angedeutet.

Wenn Price von den biblischen Mustern spricht, die allem menschlichen Verhalten und Handeln zugrundeliegen, so hat er in dem zitierten Essay vor allem die des Alten Testaments im Sinne. So sind es denn auch Abrahams Opfer Isaaks und die Geschichte Jephthas, die als solche Muster in *The Surface of Earth* erscheinen. In *Kate Vaiden* tritt an die Stelle des Alten das Neue Testament. Es sind vor allem drei Ereignisse aus den Berichten des Neuen Testaments, die der Roman als Erklärung für das Schicksal der Protagonistin anbietet. Das erste ist die Christgeburt. Als Kate Weihnachten mit Walter und Douglas in einer Jadghütte feiert, hat sie eine Vision: Sie glaubt zu sehen, wie Maria das Kind gebiert(210). Die Vision bleibt für sie von außergewöhnlicher Bedeutung, wenn sie sie auch nicht zu verstehen vermag: "I know that something bigger than Walter [...] -something present but hid - wished me well in this life and offered to help"(211).

Das zweite Ereignis umfaßt Passion und Auferstehung. In der katholischen Schule, die sie in Norfolk besucht, verbringt sie den Karfreitag in deren Kirche. "I stayed on the kneeler three hours; and what I keep the memory of, deep in my palms and the soles of my feet, is how iron nails would feel in your skin. I don't mean I came out bruised or bleeding or got a second vision, but I gave it my all and have never been sorry. I knew it was what had set me free to live on earth and hunt a better life than my sad parents or the rest of my kin"(228). An Ostern besucht sie mit Walter einen katholischen Gottesdienst. Im Mittelpunkt steht die Wandlung: "there in the priest's hands, they had the resurrection - real flesh and blood" (229). Daraus spricht die Hoffnung Kates, nach all ihren Leiden Erlösung zu finden - mit Hilfe ihrer "explanation".

Das dritte Ereignis ist die Verleugnung Christi durch Petrus. Bei einem Rombesuch erhält sie eine Karte für die Unterkirche des Petersdoms. Die Begegnung mit dem Ort, der die sterblichen Überreste des Apostels birgt, bewirkt in ihr eine Umkehr, die sie zu ihrem Sohne führt: "I knew I'd been through something substantial, that was meant for me"(422). Auf dem Rückflug denkt sie an den Sohn sowie an Onkel und Tante, die sich seiner angenommen hatten: "That I hadn't laid eyes on any of them or sent the simplest message, seemed a brand of denial past understanding"(423). Diese Verleugnung versucht sie daraufhin mit ihrem Bericht gut zu machen.

Auf der Suche nach Daniel Lee, ihrem inzwischen 40 Jahre alten Sohn, begegnet sie dem Vetter, dessen Liebe zu ihrer Mutter die Kette ihrer Schicksalsschläge auslöste. Dieser übergibt ihr den Abschiedsbrief, den ihr Vater für sie hinterlassen hatte und der ihr das Vertrauen zurückgibt, daß sich auch ihr Leben in Gottes Plan fügt. "God had heard Dan's voice and led him, whatever He meant.[...] what happened there was part of some plan - the start of something, not the bloody end. Then He'd guided me on to make one boy. The boy was a man now, with no help from me; the women who'd raised him were merciful but strong; and the living person who'd harmed me most was leading me to find him. Beyond that, I was still blind as Whitfield to all the rest - whether I'd moved to anybody's will except my own rank notions, needs, and fears" (447). Die Folge der Fehltritte ihrer Eltern und ihres Vetters führten zu den Leiden, denen sie ausgesetzt war. Doch sie hat sie bestanden. Sie nimmt die Verantwortung für das, was sie falsch gemacht hat, auf sich. Um das zu können, hatte sie sich von dem, was ihr auferlegt worden war, durch die "explanation" freimachen müssen. Daraus erwächst ihr nun die Hoffnung, von dem Sohn angenommen zu werden.

Mit *Kate Vaiden* ist es Price gelungen, nicht nur an den Erfolg seines ersten Romans anzuknüpfen, sondern auch ihn zu übertreffen. Die überzeugende Wirklichkeitsnähe seines Erstlings erhielt in *Kate Vaiden* ihre Einbettung in eine seine Gegenwart transzendierende Wirklichkeit.

Zwei Jahre nach *Kate Vaiden* erschien 1988 *Good Hearts*. Der Roman knüpft unmittelbar an *A Long and Happy Life* an und zeigt die Entfremdung, die zwischen Rosa und Wesley eingetreten ist. Aus ähnlicher Perspektive wie in dem vorausgehenden Roman wird gezeigt, wie Rosa sich vorwirft, sich nicht genügend um eine Sinnerfüllung des ehelichen Alltags bemüht zu haben. In *Good Hearts* kommt aber auch - aus der Perspektive des neutralen Erzählers - der männliche Partner zu Wort. Price greift hier ein in der Gesellschaft unserer Zeit für viele Ehen akutes Thema auf. Aber nicht die Aktualität des Themas, sondern die Kunst seines Erzählens macht die Bedeutung des Romans aus. Jefferson Humphrey glaubt in seiner Besprechung sagen zu können, "that we are in the hands of a master who has attained perfect ease in his art"(689). Der betont christliche Charakter in Prices Romanen scheint sich in *Good Hearts* zu verflüchtigen. Die alte Mutter Rosas hat ihren Glauben aufgegeben. Noch läßt Price die meisten seiner Gestalten beten, doch haben sie kaum noch Hoffnung auf Erhörung. Die beiden hier noch erscheinenden biblischen Muster sind Genesis 4,1, und Johannes 11,35. "Da weinte Jesus," heißt es in dem Evangelium, als man Jesus zu Lazarus führte. Im Roman empfindet Wesley sich als tot. Seine Liebe zu Rosa scheint ihm nichts mehr zu bedeuten. Er verläßt sie. Er kehrt zwar zurück, aber es kommt kaum noch zu einer Auferstehung von dem von ihm erlebten Tode, den der Verweis auf die Schrift(209) nahelegen würde. In dem Genesisvers "Adam erkannte Eva" geht es um die biblische Bedeutung des "to know"(182). Vor allem geht es Wave, der Rosa in Abwesenheit Wesleys vergewaltigt hatte, um ein solches Erkennen. Doch im Grunde wird der in den Schriften wirksame "palpable God" auch in bezug auf das Geschehen um die anderen Gestalten des Romans auf das Erkennen im Sinne von Genesis 4,1, reduziert.

In *The Tongue of the Angels*, 1990, wird auf den biblischen Bezug gleich im Titel verwiesen. Der Junge, an dessen Tod sich der Erzähler viele Jahre hindurch schuldig fühlte, wird zum Zeugen für die Liebe, von der Paulus im 13.Kapitel des 1.Korintherbriefes spricht. Doch die der Ich-Erzählung in *Kate Vaiden* entsprechende Wiedergabe des Geschehens vermag nicht mehr in der gleichen Weise wie in den früheren Romanen zu überzeugen. An die Stelle der Bibel tritt sehr deutlich die Welt, die der Erzähler, ein Maler, mit Hilfe seiner Kunst zu entziffern versucht. Von den Smoky Mountains, die er während seiner Tätigkeit als Betreuer in einem Jugendlager malt, heißt es: "I was sure then as now that most of the urgent outstanding secrets of this universe are strewn here before us. They are barely encoded, in faces and things, and are patiently waiting for the witness that will solve them"(40). Bridge Boatners, des Malers, Credo ist - auf die Malkunst übertragen - das künstlerische Credo Reynolds Prices: "He works most days to copy things that count in the world. So far the things are mostly people, some noble animals, a few natural objects and occasionally disguises of God"(189). Dies ist das Bekenntnis zu einer grundsätzlich realistischen, die Wirklichkeit nachbildenden Kunst, die jedoch Raum läßt für Einblicke in eine Wirklichkeit, die jenseits der sinnlichen Erfahrung liegt. Letztere ist im Roman angesprochen, wenn Bridge - mit deutlichem Bezug auf Jesaias 6,6f., - ein Gesicht zeichnet, "so filled with news, and all of it good [...]. The lips were parted on the glowing coal of news on its tongue, and a widening banner streamed from the mouth. I meant that to be the meaning of life in some angel dialect, not yet known to me"(88). Price befindet sich weiter auf der Suche nach dem "meaning" der von ihm geschauten Wirklichkeit.

Nach der Enttäuschung, die *The Tongue of Angels* in mancherlei Hinsicht für den Leser bedeutete, zeigen die in *The Foreseeable Future*, 1991, gesammelten drei Erzählungen Price wieder von seiner besten Seite.

Literatur

Zitiert nach: *A Palpable God*, San Francisco, 1985; *Kate Vaiden* (Large Print Books), Boston, 1987; *Good Hearts*, New York, 1988; *A Common Room: Essays 1954-1987*, New York, 1987; *The Tongues of Angels*, New York, 1990.

Sekundärliteratur:
Constance Rooke, *Reynolds Price*, Boston, 1983.
Jefferson Humphries, "'A Vast Common Room': Twenty-five Years of Essays and Fiction by Reynolds Price," *The Southern Review*, 24,3, 1988, 686-695.

Harry Crews, geb.1935

Harry Crews, geboren in Georgia und seit längerem in Florida ansässig, bezeichnet sich als sehr traditionellen Erzähler. Für einen Südstaatler bedeutet Erzählen allerdings keineswegs die Entwicklung einer gradlinigen realistischen Handlung. Es impliziert eher eine Bevorzugung des Konkreten vor dem Abstrakten, eine Ableitung symbolischer Bedeutung aus empirischer Realität. Dies gilt auch für die symbolistischen Qualitäten der Romane und Erzählungen Harry Crews', wie z.Bsp. für den Falken in *The Hawk Is Dying*, 1973, für die Schlangen und ihre rituellen und religiösen Bedeutungsnuancen in *A Feast of Snakes*, 1976, oder für das Auto als das beherrschende Bild der modernen Zivilisation in dem als Kurzroman zu bezeichnenden *Car*, 1972. Kritiker sehen Crews in der durch Erskine Caldwell und Flannery O'Connor bestimmten Tradition des Grotesken, das sich aus dem Einfluß modernen Lebens auf die traditionelle Lebensweise der Südstaaten ergibt. Von *A Feast of Snakes* sagt Shelton, daß es sogar nahelege, "that violence of the most horrible kind is the only available response to man's condition"(101). Die stattliche Reihe der Romane Crews' setzt sich bis in die Gegenwart fort.

Car, 1972,

ein weniger schlüssiges Werk als der oft als sein Meisterwerk genannte Roman *The Hawk Is Dying*, vermag am besten den paradigmatischen Charakter seines Schaffens nicht nur für den Süden der USA, sondern für die moderne Welt schlechthin zu dokumentieren.
   Im Zentrum des Geschehens stehen Easy Mack, seine Zwillingssöhne Herman und Mister, sowie seine Tochter Junill. Sie besitzen einen "junkyard" (Autofriedhof) am Stadtrand von Jacksonville, Florida. Mit seinen 43 Acres an Autowracks führt er den hochtrabenden Namen "Auto-Town". Der Vater besorgt das Geschäft im "Salvage House" mit den noch brauchbaren Teilen. Junill sammelt mit ihrem Abschleppwagen "Big Mama" die Wracks von den Unfällen in der Umgebung, wobei der "highway patrolman" Joe, ihr Freund, ihr gegenüber der Konkurrenz hilft. Mister besorgt die mächtige Presse, die die Wracks zu Blechpaketen zusammenstaucht. Herman ist der Träu- mer der Familie. Als er merkt, wie sehr die Menschen wegen der damit verbundenen Erinnerungen an ihren alten Wagen hängen, richtet er eine Ausstellung von 50 Autowracks mit Modellen der letzten 50 Jahre ein: CAR DISPLAY. YOUR HISTORY ON PARADE. Denn: "Everything that's happened in this goddam country in the last fifty years [...] has happened in, on, around, with, or near a car"(11f.). Aufgrund einer Reihe unliebsamer Szenen unter Besuchern der Ausstellung verbietet der Vater deren Weiterführung. Herman verläßt daraufhin "Auto-Town" und geht mit Mr.Edge einen Vertrag ein, im Ballsaal seines Hotels in der Stadt vor zahlendem Publikum ein Auto zu verzehren(13). Das Unternehmen wird zu einem großen "show

business", das durch das Fernsehen in alle Staaten und per Satellit sogar nach Japan ausgestrahlt wird. Nach wenigen Wochen scheitert es jedoch jämmerlich. Der Parabelcharakter dieses sehr konkreten, doch natürlich auch sehr verrückten Geschehens ist offensichtlich: er läßt die Misere des Menschen erkennen, der sich von seinem Produkt, der Maschine, hier dem Auto, beherrschen läßt.

Hermans Antwort auf die Frage, warum er ausgerechnet ein Auto verzehre, ist ganz einfach: "The car is where we are in America"(27). Eliots Prufrock bekennt "I have measured out my life with coffee spoons"(Z.51). Herman weigert sich "to have my life measured out in cars." Wenn Herman das Auto verzehrt, will er seine Situation ihm gegenüber umkehren: "Goddam cars are measuring *me! Me!* Don't you see we're on the wrong end?"(49) Es geht ihm aber nicht um das Herr-Werden über das Auto, sondern um das Finden eines Einvernehmens. Er liebt den Wagen, den er essen will, ja das Verzehren wird zum Sakrament, die "Show" zum Gottesdienst: "He solemnly opened his mouth as though about to take upon his tongue a sacrament, but instead his pink lolling tongue lapped out of his mouth and touched metal, touched the hood of the Maverick car. It was clean and cold and he felt himself tighten around his stomach. He longed to have it in his mouth. To feel it in his throat. To hold it in his stomach"(50).Die Stücke, die Hermans Körper passiert haben, werden umgeschmolzen und als Souveniers verkauft. Herman selbst erfährt durch dieses "Sakrament" eine Verwandlung. Er identifiziert sich in mysteriöser Weise mit dem, was er verzehrte. "His eyes filled with cars," heißt es zunächst(73). Doch er sieht nicht nur sie, sondern sieht sich selbst mit ihnen füllen. Eine weitere und letzte Stufe wird erreicht: "But at the last moment, when he was gasping and choking with cars, truly terrified that they would keep multiplying until the seams of his skin split and spilled his life, a solution - dreamlike and appropriate - came to him in his vision. He was a car. A superbly equipped car. He would escape because he was the thing that threatened himself, and he would not commit suicide"(74). Das Verzehren des Autos wird zur "Kommunion" mit seinem Gott. "We have found God in cars," sagt Crews in *Blood and Grits*(96). Doch es ist eine Kommunion mit Gott im Emersonschen Sinne, wie Shelton bereits hervorhebt, allerdings eine "grotesque adaptation to modern times of Emerson's vision of the desire for union of self and Over Soul"(107).

Das Auto war schon von jeher der Traum Easy Macks, den er auch auf seine Kinder übertragen hatte. Für ihn "America was a V-8 country, gas-driven and water-cooled, and that it belonged to men who belonged to cars"(79). Sein Wunschtraum war es, einmal einen weißen Sedan De Ville Cadillac zu besitzen, den Mister nun mit den Einnahmen aus dem "show business", in das er mit eingestiegen ist, für ihn erwirbt. "The Cadillac had overwhelmed him. All that power. All those lights. All that everything"(103). Der Cadillac wird für Easy die vollendete Schöpfung Gottes selbst. Doch nach wenigen Meilen fängt der Wagen an zu quietschen. Easy sieht sich nun vor die gleiche Frage wie sein Sohn gestellt: "Either you mastered it or it mastered you. In a blind aweful moment of perverse nonreasoning, he knew that if he couldn't fix it, he ought to have to eat it"(103f.). Wird Easy der Maschine Herr?

Herman kann sein Unternehmen nicht zuendeführen. Er krümmt sich vor Schmerzen und weigert sich weiterzumachen. Mister übernimmt seine Rolle, um das Geld, das die Show einbringt, zu retten. Doch das Metall zerreißt ihm Rachen und Därme. Easy, der ihm zuraunt, er habe den Cadillac reparieren können, hinterläßt ihn blutend in seinem Hotelzimmer, fährt zu seinem Autofriedhof zurück und läßt sich dort von der Blechpresse mit seinem Wagen zerstampfen. Herman flüchtet mit der Hotelhure, die sich seiner angenommen hatte, in ein Rolls-Royce-Wrack im Zentrum eines Blechbergs, wo er sich mit seiner Jugendliebe getroffen hatte, die, als sie einmal den Weg verfehlte, von den Blechmassen zermalmt worden war. Nach aller "violence" ein neuer Anfang? Wohl kaum. *Car* ist eine Parodie auf unsere Autozivilisation, doch eine Parodie, die kaum Alternativen zu ihr möglich erscheinen läßt. Eine Ordnung, wie sie einmal die Gesellschaft des Südens bestimmte, wird nicht mehr erkennbar. Aber auch diese Geschichte des "Automahls" ist eine Geschichte des Südens mit der Gewalt, in der sich falsches menschliches Verhalten äußert und von der man sich zu befreien versucht. Konkretes, wenn in seiner Gewaltsamkeit auch absurdes Geschehen wird dabei in ungewöhnlicher Weise symbolisch aufgeladen.

Literatur

Zitiert nach: *Car: A Novel* (Quill Books), New York, 1983; *Blood and Grits*, New York, 1979.

Sekundärliteratur:
Allen Shepard, "Matters of Life and Death: The Novels of Harry Crews," *Critique: Studies in Modern Fiction*, 20,1, 1978, 53-62.
Frank W.Shelton, "Harry Crews: Man's Search for Perfection," *The Southern Literary Journal*, 12,2, 1980, 97-113.

John Kennedy Toole, 1937-1969

Auch in einer nur begrenzten Auswahl von Erzählern der Südstaaten sollte der Autor nicht fehlen, der, als er keinen Verleger für seinen Roman fand, seinem Leben ein Ende bereitete: John Kennedy Toole. 1937 in New Orleans geboren, unterrichtete er nach seinem Studium an der Tulane und an der Columbia University selbst Literatur. Bei seinem Roman handelt es sich um

The Confederacy of Dunces, 1980.

Tooles Mutter hatte nach dem Tode ihres Sohnes Walker Percy so lange bedrängt, bis sich dieser schließlich für seine Veröffentlichung einsetzte. Der Erfolg blieb danach nicht aus. Der Roman wurde nicht nur mit dem Pulitzerpreis ausgezeichnet, sondern fand auch hohes Lob bei den Kritikern. Daß sich die Verleger scheuten, das Manuskript des Romans zu veröffentlichen, erscheint allerdings verständlich, da es einiger Geduld bedarf, sich in ihn einzulesen, bevor sich seine Kunst goutieren läßt.
Bei aller Originalität zeigt der am Anfang der sechziger Jahre geschriebene Roman deutlich Spuren des Einflusses von Flannery O'Connor und Walker Percy. Der Protagonist, Ignatius Reilly, teilt mit dem "moviegoer" Percys die Vorliebe für das Kino und für das Zitieren klassischer Literatur. Doch noch mehr als bei Percy - und in dieser Hinsicht Flannery O'Connor näherstehend - sind seine Charaktere ins Groteske verzogen. Mit beiden genannten Autoren hat er den Rückzug auf eine, allerdings rudimentäre, römisch-katholische Gläubigkeit gemein. Noch stärker als bei Percy wird

dabei die Ambivalenz in der Darstellung der Haltung des Helden spürbar, die seine Kritik an der Umwelt auf ihn selbst zurückfallen läßt. In dieser Hinsicht erinnert Ignatius Reilly an Edwin Arlington Robinsons Miniver Cheevy, der sich in das Mittelalter zurücksehnt und sich dem Leben der Gegenwart verweigert. Seine liberale jüdische, auf ihre Weise verrückte Freundin Myrna Minkoff spricht von "this strange medieval mind in its cloister" (334). Reilly, einmal als rosiger Elefant in seiner Fleischesfülle beschrieben, hat sich nach dem Studium und einem vergeblichen Versuch, eine Anstellung an der Universität zu finden, in ein Zimmer im Hause seiner von einer kleinen Rente lebenden Mutter zurückgezogen. Dort sitzt er vor dem Fernsehapparat. Wenn er das Haus verläßt, dann nur, um das Kino zu besuchen, aber weniger um - wie Percys "moviegoer" - seiner Welt zu entfliehen, sondern um die Filme und die in ihnen dargestellte Welt zu kritisieren. Er wird aus seinem Phlegma herausgerüttelt, als seine Mutter nach grotesken Zwischenfällen bei einem Einkauf in der Stadt ihn zwingt, Geld zu verdienen. Nun tritt er seinen Kampf als einzelner gegen die Stadt an. Diese, wieder wie in Percys *The Moviegoer*, New Orleans, ist für ihn "famous for its gamblers, prostitutes, exhibitionists, anti-Christs, alcoholics, sodomites, drug addicts, fetishists, onanists, pornographers, frauds, jades, litterbugs, and lesbians"(3). In der Umgebung, die er auf der Fahrt nach Baton Rouge kennengelernt hatte, um sich dort an der Universität zu bewerben, ist es noch schlimmer: "Outside of the city limits the heart of darkness, the true wasteland begins"(10). Seinen philosophischen Rückhalt findet er in Boëthius' *De Consolatione Philosophiae*. Er sieht sich wie dieser als Märtyrer, der lernen muß, sich mit dem Gang der Dinge abzufinden. Seine Geschichtsvorstellung hält sich an das Rad der Fortuna. In der Handlung des Romans beschreibt er eine Umdrehung dieses Rads. "Now that Fortuna had saved him from one cycle, where would she spin him now? The new cycle would be so different from anything he had ever known". Doch so verschieden wird die nächste Drehung des Rades kaum sein, wenn seine Freundin, die ihn am Schluß davor rettet, in die psychiatrische Klinik eingeliefert zu werden, recht behält, daß er immer noch sein "old horrible self"(337) sei.

Die einzelnen Episoden des Geschehens können hier kaum nacherzählt werden; jede Verkürzung wäre eine Banalisierung; sie leben von ihrer grotesken Verzeichnung im Detail. Reilly ist, in den Worten Percys im Vorwort zu dem Roman, der Filmkomiker Oliver Hardy, ein fetter Don Quichote und ein Gargantua in einem. Doch wird er zu einem authentischen Charakter, wie auch eine Reihe der Nebenpersonen: der immer aufsässige Neger Jones, der immer ungeschickt einen Fahndungserfolg anstrebende Polizist Mancuso und viele andere.

Geschickt wird das Geschehen um verschiedene Personengruppen am Ende zu einem Crescendo zusammengeführt. Die Notizen, die Reilly von seinem Erleben niederschreibt, stellen dabei seine Welterfahrung in den Mittelpunkt, die von den Briefen seiner liberalen Freundin, die sich nach New York zurückgezogen hat, ihn aber am Schluß besucht und rettet, kontrapunktiert wird. Reilly ist kein Held mehr, der die Welt zu retten vermag. An seiner Situation zeigt sich aber die Vergeblichkeit, der Welt einen Sinn abzugewinnen. Es bleibt hier nur das Beispiel des Boëthius, Trost zu suchen, allerdings weniger in der verrückten Philosophie Reillys als in der Komik, mit der dessen Verhalten und Erleben dargestellt wird.

Zitiert nach: *A Confederacy of Dunces*. Foreword by Walker Percy (Penguin), 1985.

Zu den Erzählern des Südens gehört auch eine Reihe farbiger Autoren. Diese werden im dritten Teil unserer Darstellung berücksichtigt. Auf zwei weitere jüngere Erzähler des Südens, Anne Tyler, Clyde Edgerton und Padgett Powell wird im letzten Teil kurz eingegangen werden. In die Reihe der bedeutenderen Autoren rückt neuerdings auch Cormac McCarthy, geb.1933, auf, nachdem *All the Pretty Horses*, sein sechster Roman, 1992 die Bestsellerliste anführte und er nicht mehr nur als Faulkner-Imitator betrachtet wird. Insgesamt zeigt sich an den Autoren, die hier vorgestellt wurden, daß eine durch die Südstaaten geprägte Erzählkunst weiterhin gedeiht. Immer wieder entstehen dabei - nach dem Vorbild von Faulkners Yoknapatawpha County - Modellandschaften, wie Percys Feliciana in der Umgebung von New Orleans, McCarthys Knoxville, Tennessee, oder Prices der Wirklichkeit noch näheren Umgebung Raleighs in North Carolina. Sie tragen aber zunehmend die Zeichen des wirtschaftlichen und gesellschaftlichen Umbruchs, der inzwischen erfolgte und der eine Identifizierung in der Konfrontation mit der geschichtlichen Vergangenheit in immer größere Ferne rückt, jedoch an einer auch für die Gemeinschaft geltenden besonderen Verantwortlichkeit festzuhalten versucht.

Jüdische Erzähler

Von der Erzählkunst der Südstaaten konnte gesagt werden, daß sie in dem Augenblick zu ihrer größten Blüte gelangte, da sich die kulturelle und gesellschaftli-che Eigenart jenes Landesteils aufzulösen bzw. zu wandeln begann. Damit war sie im wesentlichen auf eine fragwürdig gewordene Vergangenheit bezogen. Die Auseinandersetzung mit dieser Vergangenheit bot jedoch einen Ansatzpunkt für die Suche nach neuer Identität. Ähnliches wie von der Erzählkunst des Südens kann von der der ethnischen Minderheiten, insbesondere der jüdischen behauptet werden. Nach Allen Gutmann wird die jüdische Minorität zum Gegenstand der Literatur, da sie im Begriff ist, sich dem "mainstream" der amerikanischen Gesellschaft zu assilimilieren. Weder die Gesellschaft des Südens noch die jüdische Minorität hat ihr eigenes Gepräge verloren, doch beide wurden im Prozeß, der sie zu wesentlichen Bestandteilen des "mainstreams" werden ließ, verwandelt. In beiden Fällen bot der Verwandlungsprozeß eine Orientierungsstütze zur Findung neuer, für die umfassendere Gemeinschaft bedeutsamer Identitätsmöglichkeiten.

Folgte die Blüte der Literatur der Südstaaten deren Industrialisierung nach dem ersten Weltkrieg, so die der jüdischen dem Abschluß des Assimilationsprozesses der über zwei Millionen jüdischen Einwanderer aus Osteuropa. Nach der im wesentlichen zwischen 1882 und dem ersten Weltkrieg erfolgten Einwanderung hatte es bis in die vierziger Jahre unseres Jahrhunderts gedauert, daß dieser Prozeß zu einer weitgehenden Integration geführt hatte.

Ausgesprochen jüdische Literatur begann in den USA mit dem Eintreffen der ersten Einwanderer aus Osteuropa nach den Pogromen von 1881/2, wenn Emma Lazarus darauf mit ihren *Songs of a Semite* 1882 reagierte. Sehr bald danach entwickelte sich eine beachtliche jüdische Kultur und Literatur der Immigranten und ihrer Nachkommen, denen es jedoch vor allem darum ging, ihren Platz in der ihnen noch fremden Welt zu finden. Dieser Platz schien gefunden zu sein, als in den fünfziger Jahren Werke jüdischer Autoren erschienen, die dazu berechtigten, von einer Blüte jüdisch-amerikanischer Literatur und besonders von deren Erzählkunst zu sprechen. Louis Harap spricht von einer "Jewish Decade". 1951 erschien *The Cain Mutiny* von Herman Wouk. Es folgten *The Adventures of Augie March* von Saul Bellow 1953, Wouks *Marjorie Morningstar* 1955, Belllows *Seize the Day* 1956, Bernard Malamuds *The Assistant* 1957, im Jahre darauf die Sammlung seiner Kurzgeschichten *The Magic Barrel*; ebenfalls 1958 kam der große Erfolg von Leon Uris' *Exodus* und im Jahre danach Philip Roths *Goodbye Columbus*, um nur die wichtigsten zu nennen. In den fünfziger Jahren erschienen aber auch zum ersten Male Isaac Bashevis Singers Werke in englischer Sprache, deren jiddische Originale zuvor nur einem kleinen Kreis von Lesern zugänglich gewesen waren. Saul Bellow verschaffte ihnen - mit der Übersetzung von "Gimpel the Fool" 1953 beginnend - dauerhaften Erfolg.

Die Blüte der jüdisch-amerikanischen Erzählkunst kann jedoch nicht allein mit der Konsolidierung der Assimilation begründet werden. Vielmehr ist diese Entwicklung von den folgenden drei Faktoren entscheidend beeinflußt worden: von der durch die

Judenverfolgung und -vernichtung des Nazistaates ausgelöste Besinnung auf die ethnische Zugehörigkeit bzw. Herkunft, von der Gründung des Staates Israel als neue Möglichkeit der Selbstbestimmung sowie von der Tatsache, daß sich mit Saul Bellow, Bernard Malamud und Philip Roth gleich drei Erzähler ersten Ranges innerhalb einer Dekade zu Wort meldeten und weltweite Anerkennung fanden.

Bei einer Betrachtung des Anteils jüdischer Autoren an der amerikanischen Erzählkunst ist zunächst zu bestimmen, wer und was als jüdisch anzusehen ist. Einer Definition des jüdischen Schriftstellers und Kritikers Ludwig Lewisohn folgend, betrachten wir nur dann ein Werk als jüdisch, "when it is written by a Jew who knows he is a Jew." Der sich als Jude wissende Autor braucht aber nicht notwendigerweise jüdische Erzählkunst zu schreiben. Dies gilt in unserem Fall z.B. für Norman Mailer. Unter dem Titel "Jüdische Erzähler" beschränken wir uns auf diejenigen, in deren Werken sich ihre Herkunft oder ihre Zugehörigkeit zum jüdischen Teil der Bevölkerung der USA als wesentlicher Bestandteil des gesamten Gemeinwesens und seiner Kultur und Literatur niederschlägt. *Was* dabei als jüdisch betrachtet wird, ändert sich von Autor zu Autor. Die Definition von "Jüdischkeit" erweist sich in bezug auf die jüdisch-amerikanische Erzählkunst ebenso schwierig wie die des "Judeseins" im Staate Israel, wie sie Saul Bellow in *To Jerusalem and Back* 1976 beschreibt. Dem unterschiedlichen Verständnis der "Jüdischkeit" entspricht die unterschiedliche Bewertung ihres Anteils an dem, was das Werk wiederum als amerikanisch kennzeichnet.

Ohne in irgendeiner Weise eine Schule zu bilden, prägten die drei schon hervorgehobenen Autoren Saul Bellow, Bernard Malamud und Philip Roth das Bild der jüdisch-amerikanischen Erzählkunst über den Zeitraum von mehr als drei Jahrzehnten. Sie werden auch im Mittelpunkt der hier vorgelegten Darstellung stehen. Einen zum Teil noch größeren Leserkreis fanden Herman Wouk und Leon Uris. Literatursoziologisch ist es von größter Bedeutung, daß ihre ausgesprochen jüdischen Werke auf ein so ungewöhnlich großes Interesse stießen. Doch läßt sich ihr literarischer Wert kaum mit dem der zuvor genannten Autoren messen, so daß wir in dem bechränkten Rahmen, den wir uns setzten, auf ihre Vorstellung verzichten dürfen.

Anders verhält es sich mit Isaac Bashevis Singer. Er ist primär der jiddischen Literatur zuzurechnen, die ihre Blüte seit Ende des 19.Jahrhunderts mit den Romanen und Erzählungen Mendele Moicher Sforims, Jizchak Leib Perez' und Scholem Alechems erlebte und mit Scholem Asch und S.J.Agnon in Israel und in den USA ihre Fortsetzung fand. Ihre Kostbarkeiten blieben lange einem begrenzten Leserkreis vorbehalten, da sie - mit Ausnahme der Romane Aschs - selten Übersetzer fanden. Dies änderte sich mit der Übersetzung Singerscher Erzählungen durch Saul Bellow. Durch sie wurde das Werk Singers nicht nur einem größeren Leserkreis zugänglich, sondern erzielte auch durch die Eliminierung jiddischer Sonderheiten bei der Übersetzung eine wesentlich allgemeinere und umfassendere Bedeutung in seiner Aussage. Im Gefolge der Beliebtheit, die die jüdische Erzählkunst insgesamt in den fünfziger und sechziger Jahren erzielte, kam es denn auch zu einem weltweiten neuen Interesse an jiddischer Kultur und Literatur. Den Höhepunkt der Anerkennung dürfte wohl die Verleihung des Nobelpreises an Singer darstellen. Die Popularität des Jiddischen bekundete sich in dem Welterfolg von *Fiddler on the Roof*, 1964 (deutsch: *Anatevka*,1968), dem auf Scholem Alejchems Geschichten *Tewjes, des Milchmanns*, beruhenden Musical. Doch obwohl Singers Werk zum größeren Teil in den USA entstand und erst in der englischen Übersetzung die ihm gebührende Anerkennung fand, kann es kaum als jüdisch-amerikanische Literatur angesehen werden. Die Welt, die es darstellt und aus der es lebt, ist die des osteuropäischen Judentums.

Eine andere Ausgrenzung nimmt unsere Darstellung gegenüber Autoren vor, die sich als Juden weiterhin vornehmlich an jüdische Leser wenden. Dazu gehören vor allem Chaim Potok mit *The Chosen*, 1967, und einer ganzen Reihe weiterer Romane sowie Arthur A. Cohen mit *In the Days of Simon Stern*, 1973. Dazu gehört auch Cynthia Ozick, deren Erzählungen jedoch gelegentlich ihre jüdische Besonderheit in einem Ausmaß übersteigen, daß wir sie - wenn auch nur kurz - in unsere Betrachtung aufnehmen zu müssen glauben.

Im Unterschied zu den Erzählern des Südens lassen sich die jüdischen Erzähler nicht nach der Dekade ihrer Geburt einteilen. Philip Roth, geboren 1933, tritt in der gleichen Dekade in das Bewußtsein einer größeren Zahl von Lesern wie die 1914 und 1915 geborenen Malamud und Bellow. Klammern wir jedoch Roth als Ausnahmefall aus, so läßt sich immerhin die Gruppe von den um 1930 geborenen Autoren insofern zusammenfassen, als sie ein Stadium der jüdisch-amerikanischen Erzählkunst repräsentieren, das *nach* dem der drei Klassiker anzusetzen ist. Unter ihnen steht Cynthia Ozick für diejenigen Autoren, die sich wieder vornehmlich jüdischen Lesern zuwenden, Stanley Elkin und E.L.Doctorow für diejenigen, die sich mit Selbstverständlichkeit der jüdischen Welt zu bedienen vermögen, aber in keiner Weise mehr auf diese festzulegen sind. Dies braucht nicht zu bedeuten, daß die Blüte einer jüdisch-amerikanischen Erzählkunst mit den drei als Klassiker bezeichneten Autoren zu Ende geht. Ihre Stellung im Rahmen der amerikanischen Erzählkunst als ganzer hat sich jedoch verändert. Sie wird zum einen eine Stimme unter vielen in einer sich mehr und mehr als pluralistisch definierenden Gesellschaft. Zum anderen wird das einmal als spezifisch jüdisch Betrachtete zu sehr zum Bestandteil des allgemein Menschlichen, als daß es gesonderter Beachtung bedürfte. Wie selbstverständlich das Jüdische jedoch in der literarischen Szene der USA - und darüberhinaus in aller Welt - geworden ist, zeigen die Kriminalromane Harry Kemelmans - wie *Sunday the Rabbi Stayed Home*, 1969. An die Stelle Pater Browns bei Chesterton tritt bei ihm der Rabbi als Detektiv in einer spezifisch jüdischen, doch auch für jeden nichtjüdischen Leser verständlichen Umgebung.

Literatur

Irving Howe, "Introduction" zu *Jewish-American Stories*, New York, 1954.
Leslie Fiedler, *The Jew in America*, New York, 1959.
Irving Malin, *Jews and America*, Carbondale, IL, 1965.
Allen Gutmann, *The Jewish Writer in America: Assimilation and the Crisis of Identity*, New York, 1971.
Sanford Pinsker, *The Schlemiel as Metaphor: Studies in the Yiddish and American Jewish Novel*, Carbondale, 1971.
Irving Malin, hg., *Contemporary American-Jewish Literature: Critical Essays*, Bloomington, IN, 1973.
Kurt Dittmar, *Assimilation und Dissimilation. Erscheinungsformen der Marginalität bei jüdisch-amerikanischen Erzählern (1900-1970)*, Frankfurt a.M., 1978.
Rachel Ertel, *Le Roman Juif Américain: Une Écriture Minoritaire*, Paris, 1980.

Sam B.Girgus, *The New Covenant: Jewish Writers and the American Idea*, Chapel Hill, NC, 1984.
Louis Harap, *In the Mainstream: The Jewish Presence in Twentieth-Century American Literature, 1950s -1980s*, New York, 1987.
Mark Shechner, *After the Revolution in the Contemporary Jewish American Literature*, Bloomington, 1987.
Franz Link, hg., *Jewish Life and Suffering as Mirrored in English and American Literature*, Paderborn 1987.
Lewis F.Fried, *Handbook of American-Jewish Literature*, Westport, CT, 1988.

Saul Bellow, geb.1915

Saul Bellows Eltern waren erst zwei Jahre vor seiner Geburt aus Rußland nach Kanada ausgewandert und zogen, neun Jahre nach der Geburt des späteren Schriftstellers in Montreal nach Chicago weiter. Ähnlich wie James T.Farrell in dem irisch-katholischen Milieu der Metropole des Mittleren Westens wuchs Saul Bellow in der ihn prägenden entsprechenden jiddisch-jüdischen Umgebung auf. Er besuchte die University of Chicago und die Northwestern University und wechselte nach dem Abschluß seines Grundstudiums an die University of Wisconsin in Madison über, ohne aber dort seine Studien mit einem Examen abzuschließen.

Sehr früh zeigte er sich entschlossen, Schriftsteller zu werden. 1941 erschien seine erste Kurzgeschichte, 1944 sein erster Roman, *Dangling Man*. Der Erfolg dieses ersten und der des zweiten Romans, *The Victim*, 1947, brachten ihm ein Stipendium ein, das ihm einen längeren Aufenthalt in Paris ermöglichte. Die Frucht seines Aufenthaltes waren *The Adventures of Augie March*, 1953. Für diesen Roman erhielt er nicht nur den National Book Award, mit ihm erwarb er sich - zusammen mit den noch in der gleichen Dekade erfolgenden Veröffentlichungen von *Seize the Day*, 1956, und *Henderson the Rain King*, 1959, - die Anerkennung als bedeutendster amerikanischer Erzähler seiner Zeit. Eine Krönung seiner mit *Augie March* einsetzenden Serie von Meisterwerken der Erzählkunst bedeutete die Veröffentlichung von *Herzog*, 1964. Doch erst nach zwei weiteren Romanen, *Mr.Sammler's Planet*, 1970, und *Humboldt's Gift*, 1975, sowie einer ersten Sammlung seiner Kurzgeschichten, *Mosby's Memoirs and Other Stories*, 1968, wurde ihm 1976 der Nobelpreis verliehen. Mit *The Dean's December*, 1982, und *More Die of Heartbreak*, 1987, fand er nicht mehr die Anerkennung, mit der man - von Ausnahmen besonders schon in bezug auf die beiden vorausgegangenen Romane - seinem früheren Werk begegnete. Seine beiden 1989 erschienenen Kurzromane, *Theft* und *The Bellarosa Connection*, haben diese Zurückhaltung der Kritik nicht aufzuheben vermocht Ein guter Teil von Bellows Leben ging - imaginativ verwandelt - in seine Romane ein. Dies gilt in besonderem Maße für seine Prägung durch das Milieu der jüdischen Einwanderer aus Europa, aber auch für seinen Versuch, sich von den Fesseln zu lösen, die - wie er in den Romanen seiner Zeit las - seinen Gang durch diese Welt bestimmen sollten. Diese beiden biographischen Voraussetzungen ließen ihn zu dem ersten repräsentativen Erzähler der jüdischen Minorität werden, die ihren Beitrag zur amerikanischen Gesellschaft zu liefern begann, aber in gleicher Weise damit auch zu dem repräsentativen Erzähler einer Generation, die neue Wege in eine noch nicht festgelegte Zukunft zu betreten versuchte.

Dangling Man, 1944

Schon die frühen, noch vor 1950 veröffentlichten Romane, lassen, wenn auch auf unterschiedliche Weise, das Anliegen erkennen, das das gesamte Werk Bellows kennzeichnen sollte. Mit dem Titel von *Dangling Man* lieferte der Autor sogar bereits eine Kennzeichnung seiner Helden, die als "marginal men" in der Welt nicht Fuß zu fassen vermögen.

In dem relativ kurzen Erstling von 1944 berichtet Joseph, der Protagonist, in Tagebuchform von seinem Leben in der Zeit kurz vor seiner Einberufung zur Armee. Die Tagebucheinträge erstrecken sich vom 15.Dezember 1942 bis zum 9.April 1943. Die Form des Werkes hat bereits programmatischen Charakter. Gegenüber der Abstinenz in der Beschreibung von Gefühlen bei Hemingway und den seinem Beispiel folgenden Zeitgenossen bekennt sich der Erzähler zu seinem Empfinden: "to keep a journal nowadays is considered a kind of self-indulgence, a weakness, and in poor taste. For this is an era of hardboiled-dom. Today, the code of the athlete, of the tough boy [...] is stronger than ever[...]. If you have difficulties, grapple with them silently, goes one of their commandments. To hell with that! I intend to talk about mine [...]. In my present state of demoralization, it has become necessary for me to keep a journal - that is, to talk to myself - and I do not feel guilty of self-indulgence in the least"(9f.).

Die äußere Situation läßt sich damit umschreiben, daß Joseph seine Anstellung bei einem Reisebüro aufgegeben hat, um sich für seine Einberufung zum Kriegsdienst bereit zu halten. In diesem Wartezustand wird er zum "dangling man". Obwohl er zunächst glaubte, mit der vielen freien Zeit sehr gut zurechtzukommen, merkt er immer deutlicher, wie wenig er ohne eine Zielsetzung dazu fähig ist. Er wird ein Fremder gegenüber seinem früheren Ich und verliert seine Verbindung zu der "common humanity". Um seine Identität zu umschreiben, muß er auf sein früheres Ich verweisen. Außerhalb des Berufslebens hat seine Situation teil an "the comic or fantastic"(28). Vergeblich sucht er nach "a balance between what he wants and what he is compelled to do, between the necessity and the wish"(28f.). Bei der Aufgabe dessen, was ihn mit anderen verbindet, entfällt die Möglichkeit der Kommunikation, beispielhaft dargestellt in der Episode, in der ein früherer Genosse aus der kommunistischen Partei, der er einmal angehörte, ihn nicht mehr kennen will.

In seiner Not sieht Joseph sich immer wieder vor Fragen gestellt wie: "What is this for?", "What am I for?" oder "Am I made for this?"(123). Eine der Schwierigkeiten, wenn nicht die größte, besteht darin, daß er, um seinen Geist zu befriedigen, diesen opfern müßte. "But was there no way to attain that answer except to sacrifice the mind that sought to be satisfied?"(68) Gerade dieses ist dann auch das Thema der zwei Gespräche, die er - in Nachempfindung der Begegnung Iwan Karamazovs mit dem Teufel in Dostojewskijs Roman (Fuchs 40f.) - mit dem "Spirit of Alternatives" führt, dem "Tu As Raison Aussi", wie er diesen Geist auch nennt: "Then what are we given reason for? To discover the blessedness of unreason?"(136).

Joseph betrachtet sein Dilemma als das der Menschheit schlechthin. Seinen historischen Ursprung sieht er in der Renaissance. In ihr entstand "the Sense of Personal Destiny"(88), durch den der Mensch erst für seine Erlösung selbst verantwortlich wird. In dieser Selbstverantwortlichkeit ist der Mensch, wie es schon zu Beginn des Romans heißt, "solitary"(10). Im Jargon der Zeit ist es "alienation": "There's a lot of

talk about alienation. It's a fool's plea." "Alienation" bedeutet in diesem Kontext, sich nicht zufriedengeben mit "the Hollywood dream, the soap opera, the cheap thriller" (137). Doch wer sich nicht mit solchen Illusionen abfindet oder gar zufriedengibt, muß sich sein eigenes Ideal konstruieren. Der Mensch vermag nicht, ohne eine solche Konstruktion auszukommen. Die Suche nach einer Identität wird in diesem Zusammenhang eine Suche nach "the highest 'ideal construction'"(153), ein ständiger Kampf der Selbstbefreiung, eine "quest", den Sinn seines Lebens erkennen zu lernen: "All the striving is for one end. I do not entirely understand this impulse. But it seems to me that its final end is the desire for pure freedom"(154). Joseph ist nicht in der Lage, seine Suche selbständig durchzuführen. Er findet auf seiner "quest" keine "ideal construction", sondern eine ziemlich willkürliche. Indem er seine Einberufung endgültig herbeiführt, unterwirft er sich der militärischen Disziplin. Willkürlich ist diese für ihn, da er sie nicht aus patriotischen Gründen auf sich nimmt, sondern nur weil sie eine Ordnung ist, die, einmal angenommen, befolgt werden muß. So endet der Roman mit einer - wenn natürlich auch bewußt - falschen Lösung, da es allem Anschein nach keine sinnvolle Lösung des Dilemmas gibt.

Dangling Man ist kein ausgesprochen *jüdischer* Roman. Von Joseph und dem Personenkreis, in dem er sich bewegt, kann angenommen werden, daß sie jüdischer Herkunft sind. Doch ist davon im Roman nicht ausdrücklich die Rede. Josephs Existenz als "dangling man" entspricht der des "marginal man", in der sich der Angehörige der jüdischen Minderheit zu seiner Zeit noch sah. Mit dem Roman meldete sich aber ein Angehöriger dieser Minderheit zu Wort, der für die Situation des Menschen in seiner Zeit schlechthin zu sprechen vermochte.

The Victim, 1947

Im Unterschied zu *Dangling Man* ist *The Victim*, Bellows zweiter Roman, nicht nur das Werk eines jüdischen Autors, sondern auch eines mit einem spezifisch jüdischen Thema. Bei diesem handelt es sich um das, was im Roman selbst als "ghetto psychology" bezeichnet wird. Asa Leventhal lebt in der Furcht, daß die Anderen ihn nicht mögen, weil sie meinen, er fühle sich als etwas Besonderes. In dieser Situation fürchtet er, daß seine nicht-jüdische Schwägerin ihn für den Tod ihres Sohnes verantwortlich machen könnte, da er ihr in Abwesenheit seines Bruders den Spezialisten empfohlen hatte, von dem er glaubte, daß er seinen Neffen heilen könnte. Aus dieser Furcht heraus ist er nicht in der Lage, sich der Anschuldigung eines Kollegen zu erwehren, der ihn für seine Arbeitslosigkeit verantwortlich machen will. Weder sein Bruder Max, noch sein Freund Harkavy haben Verständnis für seine Furcht. Dennoch kann sie als charakteristisch jüdisch bezeichnet werden. Harkavy verspottet sie als unberechtigte "ghetto psychology"(249). Ihre Darstellung macht die Kunst des Romans aus. Seine Schwäche besteht darin, daß von einer Überwindung des Syndroms die Rede ist, aber nicht gezeigt wird, wie sie zustandekommt.

Die beiden ersten Romane zeigen bereits die unverkennbaren Merkmale des Bellowschen Stils. Dazu gehört die oft stark idiomatische Dialogführung, die immer wieder zu selbstquälerischen Reflektionen übergeht. Die Beschreibungen zeichnen sich oft durch extreme Qualifikation der sinnlich wahrgenommenen Szenerie aus, wie etwa in der Beschreibung des Frühlings in der Stadt in *Dangling Man*: "Sound was

magnified and vision enlarged, red was rough and bloody, yellow clear but thin, blue increasingly warm. All but the sun's own yellow that ripped up the middle of each street, making two of everything that stood - object and shadow"(173). In *The Dean's December* beschreibt Bellow mit dem Verhalten Cordes, des Protagonisten, seine eigene Darstellungsweise: "It was an instinct with Corde - maybe it was a weakness - always to fix attention on certain particulars, in every situation to grasp the details. If he took Valeria [seine Schwiegermutter] to dine at the Étoile, he brought away with him a clear picture of the wine waiter [...]. With him, exclusively mental acts seldom occurred. He was temperamentally an image man"(16f.). Durch Beschreibungen dieser Art wird die vorherrschende Tendenz zur Abstraktion immer wieder an die konkrete Wirklichkeit zurückgebunden.

Eigenheiten der jüdischen Erzählkunst erscheinen bereits in *The Victim* in dem Gebrauch jiddischer Ausdrücke - z.B. "shtup" für "Stoß"(88) oder "narischer mensch"(132) - oder jüdischer Witze als Beispiele jüdischen Humors im allgemeinen, der immer wieder das Unvermögen der situationsbedingten Hilflosigkeit zu belachen vermag.

The Adventures of Augie March, 1953

Zur vollen Entfaltung gelangt die Erzählkunst Bellows in *The Adventures of Augie March*. Wie aus den Anspielungen auf die politischen Ereignisse hervorgeht, handelt es sich bei dem Helden, der im Roman seine Abenteuer erzählt, um jemanden gleichen Alters wie der Autor. Wie dieser wächst er in Chicago auf und leistet während des Krieges Dienst in der Handelsflotte. Der Roman ist jedoch keineswegs Autobiographie; nur macht er sich die Erfahrungen des Autors zunutze.

In immer wieder neuen Begegnungen mit der Welt - "Abenteuern" - versucht der Held zu sich selbst und zu einer für ihn sinnvollen Haltung zur Welt zu finden. Die Entwicklung, die er dabei durchläuft, bewegt sich in einem ständigen Auf und Ab. Die einzelnen Phasen werden bestimmt durch die Abenteuer, die er in den zahllosen Episoden erlebt, die die lose Handlungskette ausmachen. Die Bildung, die der Held anstreben könnte, die Entwicklung, die er durchlebt, werden zu Abenteuern; der Bildungs- bzw. Entwicklungsroman wird für den modernen Pikaro wieder zum Abenteuerroman.

Die zahlreichen Episoden des Romans lassen sich in drei Phasen gliedern. Die erste umfaßt die Kindheit Augies. In ihr wird der Held weitgehend durch das Milieu, in dem er aufwächst, bestimmt. In dieser Zeit begegnet er auch den großen prägenden Leitbildern. Auch in der zweiten Phase - seiner Adoleszenz - läßt sich Augie in Ermanglung einer eigenen Initiative noch weitgehend von anderen Personen bestimmen, um aber im entscheidenden Augenblick seine Eigenständigkeit zur Geltung zu bringen. In der dritten und letzten Phase schließlich erwacht die Eigeninitiative Augies; er versucht sich selbst zu bestimmen, bleibt jedoch, angesichts der Beschränktheit seiner Möglichkeiten, immer wieder fremden Einflüssen ausgesetzt.

"All the influences were lined up waiting for me"(43), heißt es zu Beginn des 4.Kapitels. Der erste Teil des Romans zeigt dementsprechend eine Folge von Einflüssen, die dem heranwachsenden Jungen begegnen. Ein erstes Regulativ für die verschiedenen Einflüsse ist Grandma Lausch. Sie ist nicht nur die Untermieterin, sondern die bestimmende Person in der Familie. Sie glaubt, da der Vater die Familie verlassen hat, die Erziehung der drei Kinder übernehmen zu müssen. Die Mutter selbst ist eine sehr hilflose Person. Die Kinder versuchen, sich Grandma Lauschs Einfluß zu entziehen; Simon sorgt später dafür, daß ihre Söhne sie in einem Altersheim unterbringen. Doch für Augie stellt sie eine Autorität dar. Durch das, was ihr von dem Glanz ihres früheren Lebens in der Alten Welt noch verblieben ist, vermag sie sich auch in der dazu im Vergleich ärmlichen Wirklichkeit ihrer Gegenwart Achtung zu verschaffen. Obwohl sich auch Augie von ihr unabhängig macht, weiß er sie und auch das, was er von ihr lernen konnte, zu schätzen. Sie ersetzte den Vater und gab - obwohl eigentlich eine Fremde - der Familie Halt.

Die zweite bestimmende Person in Augies Kindheit ist William Einhorn, ein Krüppel aus der Nachbarschaft, für den er vorübergehend in den Ferien arbeitet. "William Einhorn was the first superior man I knew. He had a brain and many enterprises, real directing power, philosophical capacity, and if I were methodical enough to take thought before an important and practical decision and also (N.B.) if I were really his disciple and not what I am, I'd ask myself, 'What would Caesar suffer in the case? What would Machiavelli advise or Ulysses do? What would Einhorn think?' I'm not kidding when I enter Einhorn in this eminent list. It was him that I knew, and what I understand of them in him. Unless you want to say that we're at the dwarf end of all times and mere children whose only share in grandeur is like a boy's share in fairy-tale kings, beings of a different kind from times better and stronger than ours. But if we're comparing men and men, not men and children or men and demigods, which is just what would please Caesar among us teeming democrats, and if we don't have any special wish to abdicate into some different, lower form of existence out of shame for our defects before the golden faces of these and other old-time men, then I have the right to praise Einhorn and not care about smiles of derogation from those who think the race no longer has in any important degree the traits we honor in these fabulous names"(60). Der Erzähler stellt Einhorn in eine Reihe mit Cäsar, Machiavelli und Odysseus. Die bestimmenden Gestalten seiner Zeit haben den gleichen gesellschaftlichen Funktionswert wie die Großen der Vergangenheit. Allerdings vergleicht Augie Cäsar nicht mit Roosevelt oder einer anderen großen Persönlichkeit seiner Zeit, sondern mit Einhorn. D.h., er bezieht die Vergangenheit auf sein persönliches Erleben. Einhorn bedeutete für sein Leben, was Cäsar für Rom bedeutet haben mag. Augie bringt Einhorn Bewunderung entgegen, weil er sieht, daß dieser trotz seiner Verkrüppelung einen beachtlichen Lebenswillen aufbringt, seine Situation meistert und auch anderen Rat zu erteilen vermag. Als Vorbild nimmt Einhorn Einfluß auf das Leben Augies und hält ihn von manchen Fehltritten ab. Das bedeutet aber nicht, daß dieser ihm blind folgt. Als Einhorn später seinem eigenen Sohn gegenüber kein Verständnis aufzubringen vermag, setzt Augie sich von ihm ab. Augie zollt Einhorn Anerkennung auch dafür, daß er seinen Willen, sich dem Einfluß zu entziehen, anerkennt. "You've got *opposition* in you. You don't slide through everything. You just make it look so," sagt ihm Einhorn, und Augie kommentiert: "This was the first time that anyone had told me anything like the truth about myself"(117). Er erkennt sich mit Hilfe der Anderen, hier dadurch, daß er Widerstand gegenüber den Einflüssen, die auf ihn eindringen, leistet: "I never had accepted determination and wouldn't become what other people wanted to make of me. I had said 'No' to Gorman too. To Grandma. To Jimmy. To lots of people. Einhorn had seen this in me. Because he too wanted to exert influence"(117f.). Einhorn hat kraft der Autorität, die Augie in ihm bewundert, Einfluß auf diesen, jedoch ohne daß Augie sich von ihm bestimmen läßt, ebensowenig wie er sich selbst eine Bestimmung auferlegen will.

Sehr unterschiedlicher Art sind die "Abenteuer" Augies in der zweiten Phase seiner Entwicklung. Zu ihnen zählt seine Tätigkeit als Verkäufer in dem Sportgeschäft der Renlings, deren Einfluß er sich entziehen zu müssen glaubt, als sie ihn - in Ermanglung eigener Kinder - adoptieren wollen. Zu einem anderen Abenteuer wird die Begegnung mit seiner Nachbarin Mimi. Als diese ein Kind von einem Dozenten der Universität erwartet, der sie nicht zu heiraten gedenkt, wird Augie bei dem Versuch, ihr zu helfen, verdächtigt, ihr Liebhaber zu sein und verscherzt sich dadurch eine gute Partie mit der Schwägerin seines Bruders Simon. "The thing I began to learn from her was of the utmost importance; namely, that everyone sees to it his fate is shared"(211). Mimi will sein Leben nicht beeinflussen. Sie macht sich aber Augies Hilfsbereitschaft zunutze und bestimmt sein Leben dadurch mit, daß sie es zum Teil ihres eigenen werden läßt.

Augies nächstes entscheidendes Erlebnis ist sein Wiedersehen mit Thea, einer Frau aus reichem Hause, die er, als er einmal Mrs.Renling zur Erholung begleitete, kennengelernt hatte. Thea scheint für ihn die Liebe seines Lebens zu sein. Sie bedeutet aber auch die Gefahr der Bindung, vor der er sich selbst zu warnen versucht: "Look out! Oh, you chump and weak fool, you are one of a humanity that can't be numbered and not more than the dust of metals scattered in a magnetic field and clinging to the lines of force, determined by laws, eating, sleeping, employed. conveyed, obedient, and subject. So why hunt for still more ways to lose liberty? Why go toward, and not instead run from, the huge drag that threatens to wear out your ribs, rub away your face, splinter your teeth? No, stay away! Be the wiser person who crawls, rides, runs, walks to his solitary ends used to solitary effort, who procures for himself and heeds the fears that are the kings of this world." Durch das, was er von anderen lernte, wird er gewarnt, und dennoch verlangt es ihn, in die neue Bindung einzugehen, als sei sie die Erfüllung, die er suchte.

Allerdings ist es nicht nur die Liebe, die Augies Begegnung mit Thea bestimmt, sondern auch die Erwartung eines besseren Lebens: "Here Thea appeared with her money, her decided mind set on love and great circumstances, her car, her guns and Leicas and boots, her talk about Mexico, her ideas. One of the chiefest of these ideas being that there must be something better than what people call reality. Oh, well and good. Very good and bravo! Let's have this better, nobler reality. Still, when such an assertion as this is backed by one person and maintained for a long time, obstinacy finally gets the upper hand. The beauty of it is harmed by what it suffers on the way to proof"(316). Als Sklave seiner Liebe folgt Augie Thea nach Mexiko, richtet mit ihr einen Adler ab und geht mit diesem auf Jagd nach Leguanen.

Bei der Schilderung des Abrichtens zeigt sich auch Bellows ganzer Humor, wenn deutlich wird, wie Augie selbst dabei als der Liebhaber Theas abgerichtet wird. Augie begibt sich in die groteskesten Situationen, um seiner Liebe zu Thea zu genügen. Das bessere Leben wird damit als eine sehr verschrobene Idee der Lächerlichkeit preisgegeben.

Wie das letzte Zitat bereits deutlich macht, erkaltet die Liebe zwischen den beiden sehr bald. Noch vor dem endgültigen Bruch zieht Augie seine Lehre aus dem Abenteuer: "Everyone tries to create a world he can live in, and what he can't use he often can't see. But the real world is already created, and if your fabrication doesn't correspond, then even if you feel noble and insist on being something better than what people call reality, that better something needn't try to exceed what, in its actuality, since we know so little, may be very surprising. If a happy state of things, surprising; if miserable or tragic, no worse than what we invent"(378). Jeder macht sich seine Welt zurecht und versucht, alles dieser einzugliedern; doch gerät er damit in Konflikt mit der wirklichen Welt. Augie versucht, seine eigene Welt zwischen den Welten, die sich die anderen machen, und der Welt, wie sie wirklich ist, zu finden, doch das Wechselspiel zwischen eigener und wirklicher Welt vollzieht sich immer wieder von neuem.

Seine Begegnung mit Thea führt ihn noch zu einer weiteren Einsicht, nämlich, daß es kein dauerhaftes Glück geben kann. "My real fault was that I couldn't stay with my purest feelings. This was what tore the greatest hole in me. Maybe Thea couldn't stand many happy days in a row either, that did occur to me as a reason for her cooling off. Perhaps she had this trouble too, with her chosen thing [...]. Everyone got bitterness in his chosen thing. It might be in the end that the chosen thing in itself is bitterness, because to arrive at the chosen thing needs courage, because it's intense, and intensity is what the feeble humanity of us can't take for long"(402) Die Erkenntnis, die Augie aus seinen Erfahrungen zieht, ist, daß es kein dauerhaftes Glück geben kann. Wenn er auch aus rein menschlichem Impuls heraus handelt, werden seine Erwartungen enttäuscht.

Mit seiner Rückkehr nach Chicago beginnt Augies letzte Phase. Jetzt schmiedet er konkrete Pläne. Er beabsichtigt, eine Farm in Illinois zu kaufen, die Mutter und seinen schwachsinnigen Bruder George zu sich zu holen, um dann mit der Frau, die er zu heiraten gedenkt, eine Privatschule zu eröffnen. Von einem seiner Freunde wird ihm sofort vorgeworfen, er versuche nun, andere zu bestimmen. Augie nimmt seinen Plan aber ernst. Wegen des Krieges kommt es jedoch nicht zu seiner Verwirklichung. Er unternimmt aber den ersten Schritt, indem er Stella heiratet, der er schon in Mexiko begegnet war. Die Hochzeit wird von einem befreundeten Rechtsanwalt, einem Armenier namens Mintouchian, arrangiert. Dieser fungiert dabei als philosophisches Orakel. In einem römischen Dampfbad in New York gesteht ihm Augie sein Dilemma: "You will understand, Mr.Mintouchian, if I tell you that I have always tried to become what I am. But it's a frightening thing. Because what if what I am by nature isn't good enough? [...] I suppose I better, anyway, give in and be it. I will never force the hand of fate to create a better Augie March, nor change the time to an age of gold." Mintouchian bestätigt ihn: "That's exactly right. You must take your chance on what you are. And you can't sit still. I know this double poser, that if you make a move you may lose but if you sit still you may decay. But what will you lose? You will not invent better than God or nature or turn yourself into the man who lacks no gift or development before you make the move"(485). Dies entspricht seiner Einsicht, daß er immer wieder den Entwurf seiner eigenen Welt an der realen Welt überprüfen müsse. Trotz aller Enttäuschungen muß sie entworfen werden; trotz allen Versagens muß versucht werden, es das nächste Mal besser zu machen.

Zu der Einrichtung der Schulfarm kommt es nicht mehr. Augie lebt nach dem letzten Weltkrieg mit Stella in Paris und treibt etwas zweifelhafte Geschäfte mit Mintouchian. Der Roman klingt aus mit einem Bild. Augie bringt das Dienstmädchen zu Verwandten in die Normandie. Durch Sturm und auf aufgeweichten Wegen müssen sie das letzte Stück des Weges zu Fuß gehen. Jacqueline, die ein hartes Schicksal hinter sich hat, singt, um, wie sie meint, sich nicht zu erkälten. Augie denkt abends darüber nach und lacht: "That's the *animal ridens* in me, the laughing creature, forever rising up. What's so laughable, that a Jacqueline, for instance, as hard used as that by rough forces, will still refuse to lead a disappointed life? Or is the laugh at nature - including eternity - that it thinks it can win over us and the power of hope? Nah, nah! I think. It never will. But that probably is the joke, on one or the other, and laughing is an enigma that includes both. Look at me, going everywhere! Why, I am a sort of Columbus of those near-at-hand and believe you can come to them in this immediate *terra incognita* that spreads out in every gaze. I may well be a flop at this line of endeavor. Columbus too thought he was a flop. probably, when they sent him back in chains. Which didn't prove there was no America" (536). In dem Lachen Augies zeigt sich am Schluß noch einmal die Dichotomie, die für ihn das Leben bestimmt. Er lacht über die Vergeblichkeit des Bemühens im Leben. Es ist aber auch ein Lachen des Trotzes. Was immer Columbus von sich gedacht haben mag, Amerika war entdeckt worden, d.h., etwas wird doch erreicht, wenn auch, wie bei Augie, nicht das Ziel, das angestrebt wurde.

So zeigt sich das Thema des Romans schließlich auch als das der Stellung des Menschen zwischen Freiheit und Notwendigkeit. Es ist im Roman identisch mit der Frage nach der Identität zwischen Fremd- und Selbstbestimmung. Am Schluß steht die Hoffnung, der *homo ridens*. Augie verzweifelt nicht. Er nimmt die gegebenen Bedingungen an und versucht, in dem bescheidenen Rahmen, der ihm gegeben ist, das Bestmögliche zu tun. Das ist das "humanistische" Anliegen Bellows. Der gedämpft hoffnungsvolle Ausblick für den Menschen unterscheidet den Autor von den meisten seiner Zeitgenossen. Allerdings ist Bellows Anliegen nicht "humanistisch" im Sinne eines bestimmten vorgegebenen Menschenbildes, das auch für andere verbindlich sein könnte. Dagegen gerade wehrt sich Augie, wenn andere ihm zeigen wollen, wie er sein sollte. Jeder versucht bei Bellow, sein eigenes Menschenbild zu entwerfen, um es notwendigerweise an dem der Anderen und an der Wirklichkeit zu korrigieren. Er verwirklicht sich in diesem Prozeß des Entwerfens und Korrigierens nicht im Sinne einer bestimmten Vorstellung. Es geht nicht um das Leben für etwas oder auf etwas hin, sondern um das Leben überhaupt und um die Bejahung dieses Lebens.

Wenn Augies Bejahung des Lebens, wie es ihm jeweils begegnet, als jüdische Lebenshaltung betrachtet werden kann, wie dies bisher mehrfach geschehen ist, so wird das Werk dadurch noch keineswegs zu einem jüdischen Roman. Augies Bejahung des Lebens wird von Mintouchian, einem Armenier, geteilt. Auch er ist natürlich Angehöriger einer Minderheit. Aber anderswo - vor allem in *Humboldt's Gift* - vermag sich Bellow ebensogut auf Walt Whitman zu berufen. Wie Augie gleich zu Beginn des Romans betont, vor allem "Amerikaner" zu sein, ist der Roman selbst vornehmlich ein amerikanischer. Aus einer spezifisch amerikanischen Situation heraus vermag er Licht auf das Menschsein seiner Zeit im allgemeinen zu werfen. Um einen jüdisch-amerikanischen Roman handelt es sich bei *The Adventures of Augie March*, insofern er das Leben und die Probleme eines Angehörigen der jüdischen Minderheit zu einem Zeitpunkt nachzeichnet, da sie auch die Probleme anderer Minderheiten wie auch der Mehrheit des Gemeinwesens ausmachen. Spezifisch für die Bedeutung gerade dieses Romans von Saul Bellow ist, daß er zum ersten Mal diese Konvergenz literarisch gestaltet und damit die jüdisch-amerikanische Erzählkunst eigentlich erst begründet.

Seize the Day, 1956

Der nächste Roman Bellows, *Seize the Day*, unterscheidet sich in wesentlichen Zügen von seinem Vorgänger. Statt der losen Folge von Episoden wie in *Augie March* bedient er sich einer festen Struktur, in der sich ein Element aus dem anderen entfaltet. Erstrecken sich die Ereignisse des früheren Werkes über mehr als drei Dekaden, so konzentriert sich das Geschehen des Kurzromans auf die Zeitspanne eines Tages. An die Stelle der Personenfülle tritt die Konzentration auf die wenigen Personen, die dem Helden an dem einen Tag begegnen oder in seiner Erinnerung auftauchen.

Der aus dem Leben des Protagonisten dargestellte Tag wird von diesem selbst als ein "day of reckoning"(96) bezeichnet. Tommy Wilhelm, der Protagonist, ist mit 44 Jahren zu der Überzeugung gelangt, daß er bisher in seinem Leben versagt habe. "After much thought and hesitation and debate he invariably took the course he had rejected innumerable times. Ten such decisions made up the history of his life. He had decided that it would be a bad mistake to go to Hollywood, and then he went. He had made up his mind not to marry his wife, but ran off and got married. He had resolved not to invest money with Tamkin, and then he had given him a check"(23). Immer wieder hatte er sich gegen sein besseres Wissen entschieden, da er sein Leben nicht durch die Ratschläge anderer - vor allem nicht durch die seines Vaters und später seiner Frau - bestimmen lassen wollte. Er hatte es darauf angelegt, sein Ich selbst zu entwerfen. Doch mußte er schließlich einsehen, daß sein Ich, wie er es zu formen versuchte, nicht seinen Möglichkeiten entsprach. Dieses Ich war nichts als eine Maske, die er vor der Welt aufzusetzen versuchte. Bezeichnend hierfür ist seine erste Entscheidung, nämlich Schauspieler zu werden, wozu er sich jedoch als ungeeignet erwies. Sein eigentliches Ich verleugnet er, indem er seinen Namen von Wilhelm Adler zu Tommy Wilhelm abändert.

In seinem Streben, ein ihm fremdes Ich aufzubauen, nimmt er eine Last auf sich, die er schließlich nicht mehr zu tragen vermag. Von seiner Frau, die er vor vier Jahren mit ihren zwei Kindern verlassen hatte, fühlte er sich ausgesaugt und erdrückt. Dennoch fühlt er sich verpflichtet, sie zumindest der Kinder wegen großzügig zu unterhalten. Sein Vater, ein angesehener und wohlhabender Mediziner, ist nicht bereit, ihm mit Geld oder Anteilnahme zu helfen, da er von seinem Sohn erwartet, daß dieser selber seine Lage zu meistern wisse. Dagegen meint Tommy Wilhelm, Verständnis bei Dr.Tamkin zu finden, einem Mann, der mit ihm und mit seinem Vater in New York im gleichen Hotel wohnt und sich als Psychoanalytiker ausgibt. Er ist einer der Lehrer, die uns in Bellows Romanen begegnen, wie etwa Mintouchin in *Augie March* oder später Dahfu in *Henderson the Rain King*, doch auch wieder ganz anderer Art. Dr.Adler, Tommys Vater, warnt den Helden. Er hält Tamkin für einen Scharlatan, und Tommy selbst hat Zweifel an der Aufrichtigkeit seines neuen Freundes. Er fühlt sich zu ihm hingezogen, weil er glaubt, daß dieser ihn in seinen Nöten verstehe. Doch Tamkin erweist sich als "con-man", als Betrüger, indem er für Tommy Spekulationen eingeht, in denen dieser sein letztes Geld verliert.

Die Lehre, die Tamkin Tommy vermitteln will, gibt dem Roman den Titel, *Seize the Day*, das *carpe diem* des Horaz. Er rät ihm, sich von seiner Vergangenheit, von seiner Fremdbestimmung durch Vater und Frau und schließlich von den Illusionen, mit denen er leben zu können glaubte, zu befreien und die Möglichkeit des Augenblicks zu ergreifen. Dies entspricht der Einsicht, die Augie March bereits gewonnen und von Mintouchin bestätigt bekommen hatte. Es ist die Forderung, kein künstliches Ich aufzubauen oder sich aufstülpen zu lassen, sondern den Mut zu haben, sich selbst in seinem jeweiligen Sein anzunehmen. Allerdings wird in *Seize the Day* die Lehre von Tamkin erteilt, der sich als Psychoanalytiker ausgibt und als Schwindler entpuppt. D.h., es entsteht die Frage, wie weit Tamkin, auch in bezug auf seine Lebensweisheit, vertrauenswürdig ist.

Als Tommy erfährt, daß Tamkin ihn um sein letztes Geld gebracht hat, begibt er sich auf die - lange vergebliche - Suche nach ihm. Schließlich glaubt er ihn in der Menge vor einem Bestattungsinstitut zu erkennen und wird in dem Bemühen, sich ihm zu nähern, zum unfreiwilligen Teilnehmer an der Trauerfeier für einen Fremden. An der Bahre des Toten, löst sich seine innere Verkrampfung, und er beginnt zu weinen.

Die Szene wird gewöhnlich dahingehend interpretiert, daß Wilhelm in diesem Augenblick lernt, das Leben als ein Leben zum Tode zu akzeptieren. Doch legt die sehr deutlich hergestellte Assoziation der Szene bei der Trauerfeierlichkeit mit der Suche nach Tamkin andere Möglichkeiten der Bedeutung nahe, vor allem die Identifizierung des Toten mit dem in die Anonymität aufgehenden Tamkin. Nach den maßgeblichen bisherigen Interpretationen läge der Darstellung ein mehr oder weniger existentialistisches Lebensverständnis im Sinne Sartres zugrunde, demzufolge sich Leben vom Tode her bestimmt und Ichwerdung sich in der Abwehr des Todes vollzieht. In der Assoziation mit dem Toten entpuppt sich jedoch Tamkin, der Erfüllung im Leben verspricht, als der Tod. Es kann also nicht ohne weiteres behauptet werden, daß das Weinen Wilhelms vor dem fremden Toten eine Erlösung von der ihn bedrückenden Last bedeute. Wie in *Augie March* haben wir es in *Seize the Day* mit einem offenen Schluß zu tun, insofern als das Weinen in seiner Bedeutung und die Begegnung in ihrer Konsequenz für das Leben des Helden offenbleiben. Denn das Aufgeben aller Verpflichtungen, das Abwerfen aller Last, die ihn bedrückt, kann - so sehr es einer Befreiung von der Last bedarf - den Tod des Helden bedeuten. So könnte in der abschließenden Szene gerade die Trauer darum sehen, daß Leben bzw. Weiterleben ein Weitertragen der Last - und damit auch die Notwendigkeit eines neuen Lebensentwurfs ist.

Henderson the Rain King, 1959

In *Augie March* wird die Frage nach dem Sinn des Lebens und nach der Identität der Person aus dem Leben und den Lebensumständen des Helden heraus entwickelt. Dieser wird weitgehend von der Umwelt, in die er hineingeboren wurde, bestimmt. Dennoch muß er seine eigene Bestimmung finden und diese an der ihm begegnenden Wirklichkeit messen. Einen anderen Ansatz findet Bellow in *Henderson the Rain King*. Der wieder als Ich-Erzähler auftretende Held steht zu Beginn des Romans in seinem 55.Lebensjahr. Als mehrfacher Millionär leidet Henderson keine materielle Not. Dem väterlichen Einfluß hat er sich frühzeitig entzogen. Doch hat er es keineswegs leichter als Augie March, sich selbst zu bestimmen oder einen befriedigenden Lebenszweck zu finden.

Der Roman beginnt mit der Frage "What made me take this trip to Africa?" Und der Erzählerheld fährt fort: "There is no quick explanation. Things got worse and worse and worse and pretty soon they were too complicated." Diese Eröffnung des Romans entspricht derjenigen in *Moby Dick*. Wie Ishmael in Melvilles Roman vermag der Held unter den bisherigen Umständen nicht weiterzuleben. Er hofft, eine Lösung der ihn bedrängenden Fragen auf einer Reise in den schwarzen Kontinent zu finden.

Henderson ist gekennzeichnet durch ungewöhnliche Körpergröße, ein langes Gesicht sowie ungeheure Kraft. Dabei ist er in geistiger Hinsicht völlig unbeholfen. Alle seine diesbezüglichen Ambitionen sind imgrunde nur körperliche Kraftakte. Eine vorübergehende Befriedigung hatte er in der Schweinezucht gefunden. Henderson ist der Narr, der Tölpel, der sich auf der Suche nach seiner Bestimmung findet. Von den klassischen Helden der "Quest" unterscheidet er sich als gewissermaßen amerikanische Variante durch seine Naivität, die eine realistisch faßbare Bestätigung sucht.

Eugene Henderson, der amerikanische Tölpel, weiß nicht, was er sucht. Er spürt nur, daß ihm etwas fehlt. Durch seine Tolpatschigkeit mitverursacht, führen alle seine Versuche, in Begegnungen mit Menschen - oder auch Tieren - einen Lebenssinn zu finden, zu keinem Ergebnis. Eine ihn ständig begleitende Stimme kommt über ein "I want! I want!" nicht hinaus. Sie vermag ihm nicht zu sagen, *was* er braucht. Auf seiner Afrikareise hofft er zu finden, was er braucht, weil auf jenem Kontinent die Realität des Lebens - wie er meint - noch nicht von der Zivilisation verfälscht sei. Allein mit dem eingeborenen Führer Romilayu begibt er sich in das Innere des Landes. Nach mehrtägigem Marsch wird er in einem Dorf der Arnewi von einer Gruppe klagender Frauen und Mädchen empfangen. Ungewöhnlich berührt, fragt er sich: "Shall I run back into the desert [...] and stay there until the devil has passed out of me and I am fit to meet human kind again without driving it to despair at the first look? I haven't had enough desert yet. Let me throw away my gun and my helmet and the lighter and all this stuff and maybe I can get rid of my fierceness too and live out there on worms. On locusts. Until all the bad is burned out of me. Oh, the bad! [...]. God help me, I've made a mess of everything, and there's no getting away from the results. One look at me must tell the whole story"(49). Die Frauen und Mädchen klagen natürlich nicht seinetwegen, sondern wegen der Dürre, die das Leben ihrer Rinder und damit ihr Hab und Gut bedroht. Doch die Betroffenheit Hendersons wird in einer Weise dargestellt, die von vornherein archetypische Grundsituationen aufleuchten läßt: die Vorbereitung in der Wüste und der Verzicht auf alle zivilisatorischen Hilfsmittel, der an Faulkners Ike McCaslin in "The Bear" erinnert. Dies gilt auch für die weiteren Ereignisse des Romans. Sie werden zu Proben seiner Bewährung und zu Versuchen seiner Selbstbestimmung. Auf der Ebene konkreten Handelns ergibt sich dabei - wie im pikaresken Roman - eine Kette von Ereignissen. Henderson spielt in ihr den Picaro. Bei den Arnewi bestehen die Abenteuer in einem Ringkampf mit Itelo, dem Neffen der Königin, als einer Art Einweihungsritus und in seinem Versuch, das Wasserreservoir des Dorfes von den Fröschen, die sich dort eingenistet haben, zu befreien. Die Sprengladung, mit der Henderson die Frösche töten will, zerstört aber gleichzeitig das Reservoir, und das kostbare Wasser versickert in der Erde. Er hatte gehofft, durch die Beseitigung der Froschplage sich selbst bestätigen zu können. Doch er versagt, und beschämt zieht er von dannen. Sein Anliegen war es gewesen, "to find out the wisdom of life"(277). Willatah, die Königin der Arnewi bringt dies auf die Formel: "Man want to live"(85). Henderson sieht darin eine große Wahrheit. Was aber das Leben ausmachen soll, bleibt auch nach seinen Abenteuern bei den Arnewi für ihn ein Geheimnis. Mit der Sprengung des Wasserreservoirs nimmt er den Eingeborenen zunächst die primitive Voraussetzung für ihr Leben.

Henderson setzt seine Reise fort und gelangt zu den Wariri und deren König Dahfu. Auch bei den Wariri herrscht Trockenheit, die am Tage nach der Ankunft Hendersons durch ein Ritual vertrieben werden soll. Dabei muß die in Holz geschnitzte Göttin Mummah von einem Platz zu einem anderen getragen werden. Da dies keinem der Stammesmitglieder gelingt, springt Henderson mit seiner Körperkraft ein und wird dadurch zum Regenkönig. Der Regen setzt auch sofort ein. Seine Abenteuer bei den Wariri sind damit aber keineswegs abgeschlossen.

Wie mit Willatah führt Henderson mit Dahfu philosophische Gespräche. Auf eine Frage Dahfus hin meint Henderson, ohne es zunächst direkt auszusprechen, daß "some people found satisfaction in *being* (Walt Whitman: "Enough to merely be! Enough to breathe! Joy! Joy! All over joy!"). *Being*. Others were taken up with *becoming*. Being people have all the breaks. Becoming people are very unlucky, always in a tizzy. The Becoming people are always having to make explanations or offer justifications to the Being people" (160). Henderson möchte auch endlich ein "Be-er" sein. Nach Dahfu soll Atti, eine Löwin, die er im Keller seines Palastes gefangen hält, ihn lehren, "Be-er" zu sein. "You ask," fragt ihn Dahfu, "what can she do for you?" und antwortet: "Many things. First she is unavoidable. And this is what you need, as you are an avoider[...]. She will force the present moment upon you. Second, lions are experiencers. But not in haste. They experience with deliberate luxury. She has much to teach you"(260). Und ferner heißt es: "I think that part of the beauty emotion does result from [is] an overcoming of fear. When the fear yields, a beauty is disclosed in its place. This is also said of perfect love if I recollect, and it means that ego-emphasis is removed" (262). In einem Brief an seine Frau versucht Henderson zu formulieren, was er von Dahfu gelernt hat. Identifizierung mit dem Löwen bedeutet für ihn ein selbstloses Lieben wie auch Bewundern der Schönheit, wenn die Furcht gewichen ist. Darin findet er letztlich auch zu der Realität, die er suchte: "I had a voice that said, I want! *I* want? I? It should have told me *she* wants, *he* wants, *they* want. And moreover, it's love that makes reality reality. The opposite makes the opposite"(286). Es scheint, als entwickle Henderson in seinem Brief eine Philosophie, die ihm eine endgültige Antwort auf seine Fragen gibt. Doch dem ist nicht so, da die Antwort durch das weitere Geschehen wieder in Frage gestellt wird. Dahfu muß unter den unsinnigsten Bedingungen den Löwen Gmilo fangen, auf den die Seele seines Vaters übergegangen sein soll. Erst danach kann er dessen Nachfolge ohne Einschränkungen antreten. Dahfu kommentiert das Unternehmen damit, daß "Arrangements must be made." Wie in *Augie March* geht es um einen Kompromiß der Imagination zwischen dem, zu dem man sich bestimmt glaubt, und der Realität der Welt und deren Geschichte. "Do you know how to replace the whole thing? [Gemeint ist die unmögliche Fangvorrichtung für den Löwen] It cannot be done." Es bleibt das "smile even at being human"(296). Dahfu kommt beim Fangen des Löwen ums Leben. Als Henderson nach dem Gesetz des Stammes als Regenkönig sein Nachfolger werden soll, entzieht er sich durch Flucht. Zusammen mit dem Löwenjungen, in das nun Dahfus Geist eingegangen sein soll, kehrt er nach Amerika zurück. Es scheint, als habe er gelernt, jetzt ein "Be-er" zu sein, aber nicht im Geiste eines Löwen, sondern eines alten Zirkusbären, an den er sich aus seiner Jugend erinnert, der geduldig sein Schicksal ertrug.

Der Tölpel Henderson äußert sich wiederholt in einer Weise, die eigentlich seiner Tölpelhaftigkeit nicht entspricht. Er gesteht, kaum etwas gelesen zu haben. Doch seinen Äußerungen nach zu urteilen, müßte er sehr belesen sein. Sein Nachdenken entspricht seinem Charakter aber insofern, als er kaum die erlebte Wirklichkeit zu meistern vermag, zu ihr in einer Diskrepanz steht, die die Komik des Romans ausmacht. Die Wirklichkeit, hier die der grotesken Abenteuer in Afrika, stellt die Lebensentwürfe der Helden Bellows ständig in Frage, läßt sie aber, gerade weil diese Wirklichkeit sich als so komisch erweist, nicht resignieren. Mit *Henderson the Rain King* fand Bellow eine neue Form - eine "komische" Variante zu der in *Augie March* gewonnenen -, die Frage nach der Bestimmung des Menschseins in immer neuer Auseinandersetzung mit der Welt darzustellen, ohne endgültige Antworten präsentieren zu müssen.

Herzog, 1964

In *The Adventures of Augie March* und *Henderson the Rain King* erzählen die Helden ihre eigene Geschichte. Dadurch gewinnen ihre bohrenden Fragen nach dem Sinn der Welt und des Lebens - um die es dem Autor vor allem geht - besonderen Nachdruck. In *Herzog*, seinem nächsten Roman, der dieses Fragen noch intensiviert, bedient Bellow sich jedoch zunächst der Form der Er-Erzählung. Es zeigt sich aber sehr bald, daß diese Form nicht eingehalten wird. Immer wieder geht der Autor zur indirekten und direkten Rede über oder wechselt unangekündigt von erlebter zu direkter Rede, die der Bewußzseinsstromtechnik nicht mehr fernsteht. Eine weitere Eigenart des Romans besteht darin, daß Herzog, der Held, dadurch mit sich selbst ins Reine kommen will, daß er seine Gedanken in Briefen an alle möglichen Leute zu fixieren versucht, an seine Verwandten, Freunde, Bekannten, an bekannte Persönlichkeiten seiner Zeit oder sogar an Persönlichkeiten der Vergangenheit wie etwa Spinoza oder Nietzsche.

Bei allem Lob, das seinem Werk bisher gespendet wurde, wird Bellow oft vorgehalten, daß er keine neue Form des Romans geschaffen habe, sondern vielmehr auf bewährte Formen zurückgreife. Von *Herzog* kann das nicht ohne weiteres gesagt werden. Der Roman unseres Jahrhunderts hat sich in die verschiedensten Richtungen entwickelt: der naturalistische Roman unter anderem zu der immer größeren Fülle des Dokumentationsmaterials, die die Ohnmacht des Menschen gegenüber der Umwelt und der sie determinierenden Kräfte belegt; der Bewußtseinsroman mit dem Versuch, immer tiefer in das Unbewußte hinabzusteigen, um das Spiel der dort wirksamen Kräfte bloßzulegen; der *nouveau roman* mit seinem Bemühen, durch bloßes Registrieren die größtmögliche Objektivität zu erreichen und es dem Leser zu überlassen, die Fakten in einen sinnvollen Zusammenhang zu stellen. Bellows Bemühen geht in eine andere Richtung, die vielleicht am besten im Zusammenhang mit dem Bewußtseinsroman zu bestimmen ist.

Wie die soweit durchgeführte Analyse seiner Romane bereits zeigte, geht es den Helden Bellows um die Bestimmung ihrer Identität. Diese erweist sich als wesentlich bedingt durch die Antwort auf ihre Frage nach dem Sinn von Welt und Leben. Ihre Versuche, sich zu bestimmen, erfolgen immer in Begegnungen mit dem Leben, so quixotisch diese auch ausfallen mögen. Sie fragen durchaus nach ihrer eigenen Person, gehen - vom Handlungsverlauf her gesehen - zum Psychoanalytiker, orientieren sich jedoch nicht an dem in ihrem Unbewußten vielleicht aufgezeigten Grund ihrer Person, sondern gewinnen ihr Personsein erst in dem Verhältnis zu anderen und gegenüber der

Wirklichkeit. Das heißt, daß Bellows Helden die eigentlichen Enthüllungen nicht durch Epiphanien oder Offenbarungen aus den Schichten des Unbewußten gewinnen, sondern durch reale Erfahrungen in der Begegnung mit der Wirklichkeit. Formal finden diese Rationalisierungen ihren Niederschlag in den Briefen, die Herzog an alle Welt schreibt. Insofern erfährt das besondere Anliegen Bellows seine besondere und ihm angemessene Form.

Natürlich sind die zahllosen Briefe Herzogs - die ihn zunächst der Wirklichkeit entfremden - auch ein Symptom seiner seelischen Krankheit. Doch haben sie als Versuch, mit der Wirklichkeitserfahrung ins Reine zu kommen, für ihn auch eine therapeutische Wirkung: Denn die Rationalisierung, das aktive Bemühen um das Tatsächliche, nicht die passive Öffnung gegenüber dem Unbewußten heilt ihn. Er begeht damit einen Weg, der dem des Bewußtseinsromans letzten Endes diametral entgegengesetzt ist.

Die Rationalisierung der Erfahrung bedeutet nun aber keineswegs die Gewinnung eines eindeutigen Weltbildes. Ihr Ergebnis ist eigentlich nichts anderes als die Erkenntnis der Ambiguität aller Erfahrung, mit der zu leben jedoch möglich ist. Dieser Versuch der Rationalisierung ihrer Lebenserfahrungen wird schon von Bellows früheren Helden unternommen, sei es in den Kommentaren der Helden als Ich-Erzähler, in der spezifischen Form des Tagebuchs oder in dem Gespräch mit dem "Spirit of Alternatives" in *Dangling Man*. Vorbilder für das bohrende Befragen der Wirklichkeit fand er, wie bereits in bezug auf seinen ersten Roman gezeigt wurde, bei Dostojewskij. In der amerikanischen Erzählkunst seiner Zeit konnte er an Faulkners Technik des "stream of eloquence" als Alternative zu seinem "stream of rationalisation" anknüpfen.

Der Rahmen des Geschehens wird bereits im zweiten Abschnitt des Romans umrissen: "Some people thought he [Herzog] was cracked and for some time he himself had doubted that he was all there. But now, though he still behaved oddly, he felt confident, cheerful, clairvoyant, and strong. He had fallen under a spell and was writing letters to everyone under the sun. He was so stirred by these letters that from the end of June he moved from place to place with a valise full of papers [...]. Hidden in the country, he wrote endlessly, fanatically, to the newspapers, to people in public life, to friends and relatives and at last to the dead, his own obscure, and finally the famous dead"(1). Herzogs Problem ist nicht ein soziales Scheitern. Er ist ein angesehener Gelehrter und kann zu jeder Zeit eine Anstellung an einer Universität finden. Zudem sind seine reichen Brüder bereit, ihm zu helfen. Sein Problem besteht allein in der geistigen Bewältigung der Welt. Doch läßt sich nicht immer ohne weiteres die Verbindung zwischen Herzogs persönlichen Problemen gegenüber der Wirklichkeit und jenen herstellen, die den des Sinn des Lebens allgemein betreffen.

Seine persönlichen Probleme machen Herzog zu einem wirklichen Romanhelden, der nicht bloß ein Sprachrohr abstrakter Ideen ist. Eines der Probleme, das sich ständig in den Vordergrund drängt, ist das Verhältnis zu seiner zweiten Frau, Madeleine. Er wird nicht damit fertig, daß sie ihn um Gersbachs willen, den er als seinen Freund betrachtet hatte, verließ. Ihr Zustand scheint sich eindeutig als Paranoia bestimmen zu lassen; durch ihren Psychoanalytiker versucht sie jedoch, Moses Herzog glaubhaft zu machen, daß dies gerade seine Krankheit sei. Herzog bäumt sich dagegen auf und will sie und ihren Liebhaber erschießen. Mit geladener Pistole erscheint er vor ihrem Haus, bringt es jedoch nicht übers Herz, seinen Vorsatz auszuführen. Er fügt sich in sein Schicksal und schreibt nicht nur seine Frau ab, sondern auch seine zärtlich geliebte Tochter, da er fürchtet, daß seine Fürsorge für sie ihr mehr schaden würde als ihre Erziehung durch Madeleine und ihren Freund.

Das zweite zentrale Ereignis des Romans besteht in Herzogs Begegnung mit Romana, seiner New Yorker Geliebten. Bei ihr findet er Trost, Anerkennung und Liebe. Er weiß, daß auch sie ihre Ziele verfolgt. Als "Frau von dreißig Jahren" ist es für sie Zeit, einen Mann zu finden, und Moses ist sich seiner Neigung zum "family man" bewußt, sodaß er allzu leicht in die Gefahr gerät, sich wieder zu binden. Doch Romana hat zuviel Selbständigkeit, als daß sie für ihn zu einer Last wird. Sie dient ihm vor allem zur Bestätigung seiner unverbrauchten Männlichkeit. Herzogs Verhältnis zu den Frauen gehört mit in sein Leben. Es bleibt dies aber nicht dessen alleiniger Sinn, sondern bildet nur die körperliche Ausgangsbasis für seine geistigen Begegnungen und Bewegungen. Herzogs persönliche Probleme sind demnach vor allem Liebes- und Eheprobleme. Seine seelische Unsicherheit wird durch die Scheidung von Madeleine ausgelöst. Die allgemeinen Sinnfragen, die der Roman jedoch stellt, gehen weit darüber hinaus und entbehren weitgehend ihrer Verwurzelung im konkreten Geschehen.

Auf der Ebene des konkreten Geschehens vermittelt der Roman das realistische Bild eines Menschen unserer Zeit. Die Besonderheit des Romans bildet Herzogs jüdische Herkunft. Er ist besessen von der Erinnerung an seine Kindheit in Chicago in dem Milieu armer jüdischer Einwanderer. Zeit und Umstände sind denjenigen von *Augie March* - und damit denjenigen Bellows - nicht unähnlich. Immer wieder muß Herzog sich seinen Gesprächspartnern gegenüber entschuldigen, daß er so oft auf dieses Thema zurückzukomme, sodaß der Anschein entsteht, Bellow wolle sich selbst damit entschuldigen. In bezug auf die Erinnerungen an die Chicagoer Jugend bleibt Bellow auch in *Herzog* dem sozialkritischen Roman am nächsten. Anders sieht jedoch Herzogs Gegenwart aus. Angemessenerweise wählt Bellow hierfür den durch seine Jugenderinnerungen weniger belasteten Hintergrund New Yorks und die zu der Metropole gehörenden Fluchtorte aus dem Großstadtleben.

Auf der Ebene der Abstraktion, vornehmlich in einem Teil seiner Briefe, setzt Herzog sich mit Philosophen und Wissenschaftlern aller Zeiten auseinander. Ihre Aussagen werden überprüft. Herzogs bzw. Bellows Belesenheit erscheint dabei als die eines europäischen Intellektuellen oder eben als die eines jüdisch-amerikanischen Intellektuellen, der sich seines europäischen Erbes noch in vollem Maße bewußt ist. Für den jüdischen Intellektuellen ist dabei natürlich Spinoza einer der wichtigsten Ansatzpunkte. In einem Brief an diesen äußert Herzog sich über den Sinn seines Rationalisierens: "*Thoughts not causally connected were said by you to cause pain. I find that is indeed the case. Random associations, when the intellect is passive, is a form of bondage. [...] It may interest you to know that in the twentieth century random association is believed to yield up the deepest secrets of the psyche. [...] Believing that reason can make steady progress from disorder to harmony and that the conquest of chaos need not be begun anew every day*"(181). Spinozas Denken hilft Herzog, der Wirklichkeit einen Sinn abzugewinnen, nicht durch willkürliche Assoziationen, die dem Unbewußten entspringen, sondern durch Herstellung von kausalen Verbindungen, d.h., durch Rationalisierungen. In diesem Sinne wird es für Moses Herzog zur Aufgabe, sein Bewußsein zu erweitern. "Awareness was his work; extended consciousness was his line, his business"(278).

Das Ergebnis des Rationalisierens wird nicht ohne weiteres zur Richtschnur zukünftigen Handelns. In einem Brief an Rozanov schreibt Herzog: "*A curious result of the increase of historical consciousness is that people think explanation is a necessity of survival. They have to explain their condition. And if the unexplained life is not worth living, the explained life is unbearable, too. 'Synthesize or perish!' Is that the new law? But when you see what strange notions, hallucinations, projections, issue from the human mind you begin to believe in Providence again. To survive these idiocities... Anyway the intellectual has been a Separatist. And what kind of synthesis is a Separatist likely to come up with?* Luckily for me, I didn't have the means to get too far away from our common life. I am glad of that. I mean to share with other human beings as far as possible and not destroy my remaining years in the same way. Herzog felt a deep, dizzy eagerness to *begin*"(322). Das Rationalisieren scheint in dieser Aussage wieder weitgehend in Frage gestellt zu werden, doch eigentlich nur wenn es zu vereinseitigender Verallgemeinerung führt. Entscheidend ist, daß der Kontakt mit dem Leben nicht verloren geht.

Die einseitige Rationalisierung definiert Herzog an anderer Stelle als "super-clarity", die zur Neurose Madeleines geführt habe. Für sich selbst behauptet er in einem Brief an seinen Psychotherapeuten: "*Allow me modestly to claim that I am much better now at ambiguities. I think I can say, however, that I have been spared the chief ambiguity that afflicts intellectuals, and this is that civilized individuals hate and resent the civilization that makes their lives possible. What they love is an imaginary human situation invented by their own genius and which they believe is the only true and only human reality. How odd! But the best-treated, most favored and intelligent part of any society is often the most ungrateful*"(304). Erkenntnis besteht damit für Herzog nicht im Erstellen einer eigenen Synthese aus den gegebenen Fakten der chaotischen Wirklichkeit, sondern ist ein Erkennen der prinzipiellen Ambiguität der Wirklichkeit für den Einzelnen, hinter der sich eine Vorsehung verbergen mag.

Das Bemühen des Menschen besteht letztlich in einem Überleben der Widrigkeiten, die sich ihm entgegenstellen. Ihre Überwindung geht in die Persönlichkeit des Überlebenden ein. An Nietzsche schreibt Herzog: "*I also know you think that deep pain is enobling, pain which burns slow, like green wood, and there you have me with you, somewhat; But for this higher education survival is necessary. You must outlive the pain*"(319). Letztlich bleibt das Bemühen Herzogs wie dasjenige Hendersons ein undefinierbares Verlangen. Nur steht hinter dem Verlangen auch ein - wenn auch noch unsicheres - Vertrauen auf eine Bestimmung durch den, der ihn erschaffen hat. An Professor Hocking, den Philosophen, dem Bellow an der University of Chicago begegnet sein könnte, schreibt er: "I owe the powers that created me a human life. And where is it! Where is that human life which is my only excuse for surviving! What have I to show for myself? [...] *My God! Who is this creature? It considers itself human. But what is it? Not human of itself. But has the longing to be human. And like a troubling dream, a persistent vapor. A desire. Where does it all come from? And what is it? And what can it be! Not immortal longing. No, entirely mortal, but human*"(220). Hier erfolgt eine Begrenzung auf den zeitlichen Aspekt; doch das, wodurch das Verlangen gespeist wird, bleibt der Transzendenz gegenüber offen.

An Kierkegaard schreibt Herzog: "*Very tired of the modern form of historicism which sees in this civilization the defeat of the best hopes of Western religion and thought, what Heidegger calls the second Fall of Man into the quotidian and ordinary. No philosopher knows what the ordinary is, has not fallen into it deeply enough. The question of the ordinary human experience is the principal question of these modern centuries, as Montaigne and Pascal, otherwise in disagreement, both clearly saw. - The strength of a man's virtue or spiritual capacity measured by his ordinary life"* (106). Der Wert des Menschen bestätigt sich letztlich im Bewähren im Leben. Im Bewußtsein der Ambiguität aller Wirklichkeit versucht er dadurch seine Bestimmung zu finden, daß er sich dieser Bewährungsprobe stellt. Von dem Bezug zur Bewährung im Leben her gesehen, bleibt nach der Analyse auf der mehr abstrakten Ebene die Diskrepanz zwischen ihr und dem konkreten Geschehen nicht mehr groß. Denn im Bewältigen seiner persönlichen und praktischen Lebensprobleme liegt letztlich für Moses Herzog die Sinnfindung für sein Leben. Die Abstraktion tendiert immer wieder dazu, sich aus dem Bezug zu lösen, prinzipiell ist er jedoch gegeben.

Bellow sagt in *Herzog* kaum etwas, was er nicht schon in seinen früheren Romanen entwickelte, doch er tut das in einer neuen, in sich interessanten Variante, die neue Spektren des Lebens unserer Gegenwart einzufangen vermag und auch die seinem Anliegen gemäße neue Form findet.

Mr.Sammler's Planet, 1970

Von Werk zu Werk chronologisch fortschreitend, stellt sich bei einer Betrachtung Saul Bellows immer wieder die Frage, ob man es mit einer Wiederholung von schon in früheren Werken Gesagtem zu tun habe oder mit dessen Weiterentwicklung zu einem neuen Höhepunkt seines Schaffens. Sicher handelt es sich um einen bedeutsamen Schritt von seinen beiden frühen Romanen zu *Augie March,* und gewiß nehmen *Seize the Day* als Kurzroman und *Henderson* durch die besondere Art seiner Komik eine Sonderstellung ein. *Herzog* kann in der Folge der Romane als eine Weiterentwicklung betrachtet werden, insofern die Fragen, die Bellow seine Helden stellen läßt, in einer neuen ihr angemessenen Form erscheinen. Von einer entsprechenden Weiterentwicklung kann bei dem nächsten Roman, *Mr.Sammler's Planet*, nicht mehr die Rede sein. Mit ihm scheint Bellow eher den Höhepunkt seines Schaffens überschritten zu haben. Mit *Augie March* und *Herzog* bildet er jedoch eine deutlich erkennbare Folge. *Augie March* verfolgt die Entwicklung des Helden vom Kind zum jungen Mann. Der Held von *Herzog* ist der arrivierte Gelehrte in mittleren Jahren und derjenige von *Mr.Sammler's Planet* schließlich der auf sein Leben zurückblickende alte Mann. Dem jeweiligen Lebensalter entspricht die Lebenshaltung der Protagonisten. Die Helden der drei Romane sind - und darin zeigt sich wieder die Kunst Saul Bellows - in sich abgerundete Gestalten eigener Identität, und dennoch ließe sich ihre Folge als Trilogie betrachten, deren letzter Teil als die Summe des von der Kindheit an in *Augie March* über *Herzog* beschrittenen Weges zu verstehen wäre.

Die Zeit des Geschehens kann in *Mr.Sammler's Planet* mit der der Niederschrift des Romans gleichgesetzt werden: Die 1969 erfolgte Landung auf dem Mond steht bevor; der Sechstage-Krieg Israels von 1967 liegt zwei Jahre zurück. Wie Mr.Sammler selbst wird der Leser über die Zeitfolge der Ereignisse verwirrt. Es handelt sich aber wohl um drei Tage zwischen Winter und Frühjahr 1969. Das Geschehen wird ausschließlich aus der Perspektive Sammlers vermittelt. Das zentrale Ereignis des Romans ist das Sterben Dr.Elya Gruners, des nur um wenige Jahre jüngeren Neffen von Mr. Sammler. Der Roman endet mit einem Gebet Sammlers an der Leiche Gruners: "Remember,

God, the soul of Elya, who, as willingly as possible and as well as he was able, and even to an intolerable point, and even in suffocation and even as death was coming was eager, even childish perhaps [...], even with a certain servility, to do what was required of him. At his best this man was much kinder than at my very best I have ever been or could ever be. He was aware that he must meet, and he did meet - through all the confusion and degraded clowning of this life through which we are speeding - he did meet the terms of his contract. The terms which, in his inmost heart, each man knows. As I know mine. As all know. For that is the truth of it - that we all know, God, that we know, that we know, we know, we know." Elya wie Sammler sind Protagonisten des Geschehens, da sich das Leben des einen durch seinen Bezug auf das des anderen bestimmt.

Sammler war kurz vor der Jahrhundertwende in Krakau geboren worden, hatte sich von der jüdischen Tradition gelöst und war nach England ausgewandert, wo er bis 1939 als Korrespondent polnischer Zeitschriften tätig war. Auf einer Reise nach Krakau zur Erledigung von Erbschaftsangelegenheiten seiner Frau war er vom Ausbruch des Krieges überrascht worden. Als Juden waren seine Frau und er der Vernichtung durch die Nazis ausgesetzt. Bei einer Massenexekution, der seine Frau zum Opfer fiel, war er - für tot gehalten - dem Grabe, das er selbst hatte schaufeln müssen, entkommen und hatte den Krieg überlebt. Nach dem Krieg hatte ihn sein wohlhabender Vetter - zusammen mit seiner Tochter Shula, die er in einem katholischen Konvent versteckt hatte - nach New York geholt, wo er seitdem mit dessen Unterstützung lebte.

Während seines langen Aufenthaltes in London zwischen den beiden Weltkriegen hatte Sammler gelernt, sich zu beherrschen. In der Gegenwart von 1969 fällt ihm dieses schwer. Zwei Dinge sind es, die für Sammler diese Gegenwart kennzeichnen. Das erste ist die nach der bevorstehenden Mondlandung möglich erscheinende Flucht auf den Mond. Was H.G.Wells, über den er ein Buch zu schreiben beabsichtigte, prophezeite, scheint der Verwirklichung nahe. Eine Flucht auf den Mond würde Sammler der Notwendigkeit entheben, sich mit der Wirklichkeit seiner Gegenwart noch auseinanderzusetzen.

Das andere ihn in der Gegenwart bewegende Element ist die Haltung der Jugend. Der Roman entstand zur Zeit der Revolte der studentischen Jugend. Diese wird in dem Roman nicht direkt angesprochen. Doch Shula - wie auch die Kinder Gruners - werden als Repräsentanten dieser Jugend dargestellt. In der Haltung der Jugend sieht Sammler den Endpunkt einer mit der Renaissance beginnenden Entwicklung, die jedem die höchstmögliche Entfaltung seiner Persönlichkeit versprochen hatte. Für Sammler, als demjenigen, der seinen eigenen Tod im Massengrab bereits erlebt hatte, steht an diesem Endpunkt das Chaos. Nach seinem Verständnis hatte die Emanzipation des Individuums aus der Anonymität zur selbstzerstörerischen Willkür des emanzipierten Individuums geführt. Selbst angesichts des Todes ihres Vaters verfolgen Wallace und Angela, die Kinder Gruners, ihre pervers egoistischen Ziele. Sammler hat Verständnis für alles Bemühen um Individualität. "*But* individualism is [für ihn] of no interest whatever if it does not extent truth"(234). Er steht ein für die Befreiung des Menschen in seine Individualität. Doch er muß sehen, "that this liberation into individuality has not been a great success [...]. Hearts that get no real wage, souls that find no nourishment. Falsehoods, unlimited. Desire, unlimited. Possibility, unlimited. Impossible demands upon complex realities, unlimited. Revival in childish and vulgar form of ancient religious ideas, mysteries, utterly unconscious of course - astonishing

[...] the idea of the uniqueness of the soul. A excellent idea. A true idea. But in those forms?"(228f). Eine mögliche Heilung sieht Sammler in der Liebe: "Perhaps the best is to have some order within yourself. Better that what many call love. Perhaps it *is* love"(228).

Die Frage nach einem Weiterleben der Seele nach dem Tode läßt Sammler offen. Im Grunde kann er sich ein völliges Auslöschen nach dem Tode nicht vorstellen. Zumindest müßte seiner Meinung nach ein Weiterleben in dem Mittragen der Verantwortung für die Nachkommenschaft bestehen. Was Sammlers Weisheit letztenendes ausmacht, ist - im Gegensatz zu seiner Mitwelt - , nicht alles "erklären" zu können. "Explanation" ist im Roman eines der Kennzeichen seiner Zeit. Doch erkennt Sammler einen, wenn auch unbestimmbaren Auftrag an, dessen Erfüllung er im Leben und Sterben Gruners gesehen hat. Es ist das Verantwortungsbewußtsein gegenüber dem Nächsten, das Sammler kaum noch als "Liebe" zu bezeichnen wagte. In diesem Sinne wird dieser eminent jüdische Roman zu einem Roman von allgemeiner Bedeutung. Bei aller Notwendigkeit der Selbstbestimmung - die, wie der Roman zeigt, zur Selbstzerstörung führen kann - bleibt das oberste Gesetz doch, nicht zu tun, was einen anderen daran hindern würde, das Seine zu tun. Sammler/Bellow greift damit auf eine Maxime der Thora zurück, die Kant mit seinem kategorischen Imperativ nur neu formulierte.

Mit der Gestalt Sammlers setzt Bellow in der Folge der drei Romane, die unseres Erachtens als Trilogie betrachtet werden kann, einen neuen Akzent. Nach seinem Erleben im Massengrab - für ihn der Tod seiner früheren Persönlichkeit - tritt Sammler wieder in das Leben zurück, das er nun aus einer Distanz betrachtet, die ihn daran hindert, zu leichtfertig zu urteilen. Er sieht die Unzulänglichkeit nicht nur seiner Gegenwart, sondern auch der Vergangenheit. In seinen "condensed views"(278) schaut er auf das, was nach dem Abstreifen alles nur im Vorübergehen absurd Erscheinenden an Menschlichkeit zurückbleibt, die sich ständig neu aus der Perspektive ihres eigenen begrenzten Planeten neu bestimmen muß. An dieser neuen Selbstbestimmung hat Sammler auch in der Gegenwart teil. Sein "früheres" Leben erlaubt ihm nur, das Bleibende besser zu erkennen. So ist doch auch er der Held des Romans und nicht Gruner. Entscheidend nämlich ist, daß er die menschlichen Qualitäten seines Verwandten und Freundes, aber auch die der anderen Personen zu erkennen vermag.

Humboldt' Gift, 1975

Zu *Humboldt's Gift*, Saul Bellows nächstem Roman, ließen sich ähnliche Überlegungen wie zu *Mr.Sammler's Planet* anstellen. Er ähnelt in Stil und Anlage seinen Vorgängern und zeigt doch auch wieder seine Eigenheiten. Der Protagonist ist der typisch Bellowsche Held, aus dessen Perspektive das Geschehen geschildert wird: eine Variante des jüdischen Schlemihls, der guten Herzens - zu guten Herzens - ständig den Versuchungen des Geldes und der sinnlichen Liebe unterliegt und mit Glück, aber auch mit Menschlichkeit seine Abenteuer übersteht.

Charles Citrine, der Protagonist, ist ein erfolgreicher Autor von historischen Werken und einem Broadway-Kassenschlager. Nach seinen Erfolgen in New York kehrt er nach Chicago, seiner Heimatstadt, zurück, wo er von seiner Frau, von der er sich scheiden läßt, von seiner Geliebten wie von seinen Freunden ausgenommen wird. Von seiner Geliebten verlassen, strandet er mittellos in einer Madrider Pension.

Übel mitgespielt wird ihm in Chicago auch von Rinaldo Cantabile, einem jungen Gangster, der ihm aber wieder ein leidliches Vermögen verschafft. Cantabile hatte entdeckt, daß ein früher einmal zum Scherz gemeinsam mit seinem inzwischen verstorbenen Dichterfreund Humboldt verfaßtes Szenario in einen erfolgreichen Film verwandelt worden war, und seine Rechte eingeklagt. Ein von ihm als wertlos betrachtetes weiteres Szenario, das Humboldt ihm hinterlassen hatte, verspricht am Schluß neue Einkünfte. In dem soweit umrissenen Geschehen gerät Citrine in die unmöglichsten Situationen. Seine Gutmütigkeit - selbst dem Gangster gegenüber - grenzt an Tölpelhaftigkeit und macht ihn hilflos.

In die Geschichte Citrines sind eine Reihe weiterer Elemente eingewoben. Deren vornehmlichstes ist die Freundschaft des Helden mit dem von ihm bewunderten Dichter Von Humboldt Fleisher. Humboldt spielt eine so prominente Rolle in dem Roman, daß er als sein zweiter Protagonist betrachtet werden kann. Bellow hatte, wie Richard G.Stern berichtet, mit ihm seinem alten Freund Delmore Schwartz ein Denkmal setzen wollen(Fuchs 235). Wie die Vorstudien zu dem Roman erkennen lassen, wuchsen die späteren Humboldt- und Citrine-Handlungen erst allmählich zu *Humboldt's Gift* zusammen. In dem Roman hatte Citrine Humboldt bereits vor seinen eigenen Erfolgen kennengelernt und sich mit ihm eng verbunden gefühlt. Humboldt hatte sich jedoch als vom Erfolg verlassener Dichter von Citrine nach dessen Aufstieg abgewandt und sein Leben - nach vorübergehendem Aufenthalt in einer Nervenklinik - in ärmlichsten Umständen beendet. Citrine macht sich ständig Vorwürfe, seinem Freund nicht geholfen zu haben, obwohl ihn dieser selbst sehr häßlich behandelt hatte. Als Toter hilft Humboldt ihm durch die hinterlassenen Szenarios, wieder zu Geld zu gelangen. Es ist bezeichnend für jenen, daß er zu seinen Lebzeiten diese Szenarios nicht in Geld umzusetzen vermochte. Sie besitzen auch keinerlei künstlerischen Wert, bringen jedoch Geld. Humboldt war es immer nur um den künstlerischen Wert gegangen. Um den materiellen Erfolg hatte er sich nicht gekümmert. Sein Ende ist das des amerikanischen Dichters, der glaubt, allein für seine Kunst leben zu können, damit aber scheitert.

Ein weiteres bedeutendes, in die Geschichte Citrines eingeflochtenes Element sind Meditationen des Helden. Sie treten weitgehend an die Stelle der Rationalisierungsversuche der früheren Romane. Nachdem Bellow in fast manieristischer Weise in *Herzog* und *Mr.Sammler's Planet* mit der Kenntnis von Dichtern und Philosophen aller Zeiten und Länder brillierte, überrascht es, daß sich die literarischen Bezüge in *Humboldt's Gift* fast ausschließlich auf das Werk Rudolf Steiners und der ihn interpretierenden Anthroposophen beschränken. In eigentümlicher Weise kreist das Denken Citrines ständig um Steiner und, vor allem, um dessen Schrift *Wie erlangt man Erkenntnisse der höheren Welten?* Dabei wird eine ganze Reihe von Themen berührt. Um nur einige Gedankengänge anzudeuten, vermag nach Citrines Vorstellung, die er aus seiner Lektüre gewinnt, im Schlaf ein Teil des Ichs freizuwerden und sich in einer höheren Welt zu bewegen. In seiner Imagination kann der Künstler zum Objekt selbst werden, das er zu gestalten versucht. Wie Steiner beruft sich Citrine dabei auf Goethe: "Goethe simply wouldn't stop at the boundaries drawn by the inductive method. He let his imagination pass over into objects. An artist sometimes tries to see how close he can come to being a river or a star, playing at becoming one or the other - entering into the forms of the phenomena painted or described"(362). Im Teilhaben des unsterblichen Teils des Ichs an einer anderen Welt gelangt nach der Erkenntnis, die

Citrine in seinen Meditationen zu gewinnen glaubt, die Seele zu einer Stabilität, die sie im normalen Wachzustand nicht kennt. Dies ist auch ein Grund, warum Citrine Kontakt mit den Toten sucht: "This was why I looked forward to acquaintance with the souls of the dead. They *should* be a little more stable"(440). Dabei stellt sich Citrine die Frage, ob das Ich *wirklich* in eine Transzendenz überzugreifen vermag, oder ob diese nur eine Vorstellung des eigenen Inneren ist: "The one occult peculiarity that I couldn't get used to was that the questions we asked originated not with us but with the dead to whom they were addressed. When the dead answered it was really your own soul speaking. Such a mirror-image reversal was difficult to grasp"(441).

Von seinen anthroposophisch orientierten Meditationen erhofft er sich "relief from obsessions" sowie eine Befreiung von "the money obsession or the sexual obsession"(442); am Schluß plant er, mit dem relativ bescheidenen Gewinn aus "Humboldt's Gift" sich ein Häuschen in Dornach zu mieten, um sich am Goetheanum weiter in die Anthroposophie zu vertiefen. Daraus zu schließen, Saul Bellow befände sich in der Maske Charles Citrines auf dem Wege zur Anthroposophie, wäre falsch. Den Roman so zu lesen, würde bedeuten, seine Komik nicht wahrnehmen zu wollen. Es war die erklärte Absicht des Autors, "a funny book" zu schreiben(Fuchs 240). So komisch die Liebes- und Geldabenteuer des Helden sind, so komisch sind letztenendes seine Meditationen über Tod, Seele und Unsterblichkeit. Doch im Gegensatz zu der Komik der Abenteuer durchzieht die Komik der Meditationen eine Wehmut und Sehnsucht nach einem Festpunkt in dem unsteten Leben des Helden in der Transzendenz. Diese bleibt aber so zweideutig wie die Weltsicht von Bellows früheren Helden. Die Sehnsucht nach einer anderen Welt zeigt nur das Menschliche des Helden, der in seiner Hilflosigkeit und Liebesbedürftigkeit eines Bezugspunktes bedarf, dessen er aber nie sicher wird.

Als Schlemihls sehen sich die Helden Bellows immer wieder an die als Chaos sich zeigende Welt ausgeliefert. Sie verfallen dieser Welt; sie lieben sie und versuchen, in ihr ein offenes Herz für den anderen Menschen zu bewahren und nach Höherem zu streben, um dem Chaos zu entrinnen oder ihm Ordnung zu verleihen. Das macht den Humanismus Bellows aus, der keine neue ideale Definition des Menschen vermittelt, aber Menschlichkeit im Versuch zeigt, wenn auch das Ziel nie erreicht wird.

The Dean's December, 1982

1976 wurde Saul Bellow der Nobel-Preis verliehen. Danach meinte er, es wäre an der Zeit, "to write about people who make a more spirited resistance to the forces of our time [...]. I think it is time for me to move on"(Bradbury 22). Die "forces of the time," die Bellow dabei im Auge hatte, dürften die sein, die er schon mit der Generation von Gruners Kindern in *Mr.Sammler's Planet* geißelte. Diese seine Kritik bedeutete für eine Reihe von Interpreten bereits eine Abkehr von der bisherigen Tendenz seines Werkes. *The Dean's December* stellte für sie den Abschluß der sich über *Humboldt's Gift* fortsetzenden Phase dieser Kritik dar. Bellow wird für sie zu dem älteren Schriftsteller, dessen schöpferische Kraft nachgelassen hat.

Ursprünglich beabsichtigte Bellow nach *Humboldt's Gift* und seinem Jerusalembuch *To Jerusalem and Back*, 1976, eine Studie über Chicago zu schreiben. Diese ging dann aber ein in *The Dean's December*, einmal als Veröffentlichung des Romanhelden Albert Corde in *Harper's* wie auch als Darstellung des Chicagos, das Corde erlebt. Ein

weiteres wesentliches Element, das in den Roman einging, ist Bellows Reise nach Bukarest anläßlich des Todes der Mutter seiner inzwischen vierten Frau. Angesichts aller dieser Quellen ist es abwegig, sein Scheitern aus dem Fehlen der das übrige Werk tragenden autobiographischen Züge abzuleiten, nur weil Corde kein Jude sei und nicht als Jude empfinde (Wilson 32).

Albert Corde ist französischer und irischer Herkunft und stammt aus dem Mittleren Westen. In einer wohlhabenden Familie in Chicago aufgewachsen, hatte er sich nach einem erfolgreichen Start in der Karriere eines Journalisten als Professor wieder in die Stadt seiner Kindheit zurückgezogen. Inzwischen ist er Dekan einer der Universitäten in der Stadt. Zur Zeit der Gegenwartshandlung befindet er sich mit seiner Frau Minna in Bukarest. Minnas Mutter liegt auf der Intensivstation des Krankenhauses im Sterben. Die Regeln des Regimes machen es schwierig, die Mutter zu besuchen. Nach ihrem Tode kehrt Corde mit seiner Frau nach Chicago zurück. Das Geschehen endet auf Mount Palomar, wo seiner Frau, einer Astronomin, das Riesenteleskop für ihre Forschungen vorübergehend zur Verfügung gestellt worden war.

Corde hat während der Tage in Bukarest viel Zeit, über seine Situation nachzudenken. Im Mittelpunkt stehen dabei vor allem seine Artikel für *Harper's* sowie die Gerichtsverhandlung über den Mord an einem seiner Studenten. Bei seiner Studie über die Verhältnisse in seiner Geburtsstadt ging es ihm um "the American moral crisis": "In the American moral crisis, the first requirement was to experience what was happening and to see what must be seen. The facts were covered from our perception. More than they had been in the past? Yes, because the changes, especially the increase in consciousness - and also in false consciousness - was[sic!] accompanied by a peculiar kind of confusion. The increase of theories and discourse, itself a cause of new strange forms of blindness, the false representations of 'communication', led to horrible distortions of public consciousness. Therefore the first act of morality was to disinter the reality, retrieve reality, dig it out from the trash, represent it anew as art would represent it"(123). Was Corde - wie Bellow - beunruhigt, ist nicht allein der moralische Zerfall des modernen Amerika bzw. der modernen Welt im allgemeinen, als vielmehr die moralische Gleichgültigkeit, die er konkret in von ihm untersuchten Einzelfällen illustriert. Die Schuld für die "moral crisis" liegt nach Cordes Meinung bei den Medien und den Univeritäten, die sich die Freiheit haben nehmen lassen, die Welt nach humanistischen Vorstellungen zu messen.

Corde gibt seine Stellung an der Universität auf, um sich wieder als freier Journalist zu betätigen und dem Aufdecken der Wahrheit, die man nicht sehen will, zu dienen. Dies kommt am Schluß in einem Bild zum Ausdruck, wenn seine Frau versucht, als Astronomin den Kosmos zu erforschen, der anders aussieht, als wir ihn mit dem bloßen Auge wahrnehmen: "And what he saw with his eyes was not even the real heavens. No, only white marks, bright vibrations, clouds of sky roe, tokens of the real thing, only as much as could be taken in through the distortions of the atmosphere. Through these distortions he saw objects, forms, partial realities. The rest was to be felt. And it wasn't only that you felt, but that you were drawn to feel and to penetrate further, as if you were being informed that what was spread over you had to do with your existence, down to the very blood and the crystal forms inside your bones. Rocks, trees, animals, men and women, these also drew you to penetrate further, under the distortions (comparable to the atmospheric ones, shadows within shadows), to find their real being with your own. This was the sense in which you

were drawn"(311). Gegenüber den "partial realities", mit denen die Welt zu leben versucht, sucht er zur "wirklichen Wirklichkeit" vorzudringen. Doch wie Bellows frühere Helden muß auch Corde dabei scheitern. Er lebt noch von der "poetry", der "truth-passion" seiner Jugend.

Den Rahmen des Geschehens bildet der Besuch in Bukarest. Zum einen beinhaltet er eine Begegnung mit dem Tode, in der sich die Sinnfrage für Minna und Corde neu stellt und durch die für ihn die Situation der Gegenwart schlechthin als Apokalypse erscheint. Zum anderen wird durch den Hintergrund des Besuchs die moralische Krise des Westens in Parallele gesetzt zu der Amoralität der reinen Macht, die er in der kommunistischen Welt kennenlernt. Im Westen wie im Osten sieht er die moralische Substanz des Menschen verkümmern. Dies zu zeigen, ist Bellow in dem Roman in überzeugender Weise gelungen.

Weder Corde noch Minna sind Juden. Doch Corde unterscheidet sich im Kern nicht von den Helden jüdischer Herkunft in den früheren Romanen. Er versucht als Mensch zu leben, muß sein Menschsein immer neu definieren und ist trotz seines Scheiterns nicht bereit aufzugeben. Im Unterschied zu den früheren Romanen bleibt das Problem nicht mehr weitgehend auf den Helden beschränkt, sondern wird als ein Problem der geschichtlichen Situation darzustellen versucht. Durch diese Verlagerung des Akzents erscheint Bellow nicht weniger im Roman - wie Wilson meint - , sondern eher mehr, aber in unverhüllter Form. Die imaginative Umsetzung des Denkens und Erlebens des Autors in den Charakter des Helden und in die Handlung nimmt dabei allerdings deutlich Schaden.

Das Schaffen Bellows fand in *More Die of Heartbreak*, 1987, und zwei "novellas", *A Theft* und *The Bellarosa Connection*, beide 1989, seine Fortsetzung. Jedes dieser späten Werke zeigt den erfahrenen Erzähler, keines zeichnet sich jedoch durch Merkmale aus, die das Bild vom Bellows Schaffen wesentlich ergänzen würden. Die beiden Kurzromane wären dabei auch eher seiner Kurzprosa zuzurechnen, die in zwei Sammelbänden erschienen war, *Mosby's Memoirs*, 1968, und *Him with His Foot in His Mouth*, 1984. Während *Theft* ohne jegliches jüdische Milieu auskommt, greift *The Bellarosa Connection* noch einmal ausdrücklich auf die Verbindung des jüdischen Amerikaners zu seiner osteuropäischen Herkunft zurück, zeigt aber auch, wie sie in der Gesellschaft, in der man Anerkennung gefunden hat, ihre Bedeutung verliert. Die späte Geschichte kann es in dieser Hinsicht aber kaum der früheren Erzählung "The Old System" von 1967 gleichtun.

"The Old System", 1967

In "The Old System" erinnert sich der Naturwissenschaftler Dr.Braun an seinen Vetter Isaac und dessen Schwester Tina, deren Vater, Onkel Braun, als russischer Soldat im russisch-japanischen Krieg von der Insel Sachalin nach Kanada geflohen war, um sich später als Trödelhändler in Schenectady im Staate New York niederzulassen. Dorthin hatte Onkel Braun 1910 seine Familie mit dem jungen Isaac nachgeholt. Isaac erwarb sich nach dem Tode seiner Eltern durch Grundstückspekulationen und als Bauherr ein großes Vermögen. Bei einem risikoreichen Unternehmen hatte er seine Geschwister eingeladen, sich zu beteiligen. Als diese sich im letzten Augenblick zurückzogen, war Isaac allein das Risiko eingegangen. Seine Schwester Tina hielt ihm seitdem vor, daß er sie übervorteilt habe. Als Isaac am Vorabend von Jom Kippur, dem jüdischen Versöhnungstag, seine Schwester besuchen wollte, um, wie es der jüdische Glaube vorschreibt, sich mit ihr zu versöhnen, ließ diese ihn nicht ein. Sie hatte ihren jüdischen Glauben aufgegeben und war keineswegs von der Ernsthaftigkeit des Glaubens ihres Bruders überzeugt. Als sie im Sterben lag, wiederholte Isaac seine Bemühungen, von ihr empfangen zu werden. Als sie schließlich unter der Bedingung einwilligte, daß er ihr dafür 20 000 $ zahle, fuhr er nach Williamsburg -einer der bedeutendsten orthodoxen jüdischen Zentralen in den USA -, um sich dort mit einem jungen Rabbi zu beraten, der als Kind den Holocaust überlebt und später in Frankreich Naturwissenschaften studiert hatte. Er erwies sich als moderner chassidischer Zadddik, zu dessen Vorgängern man in der osteuropäischen Schtetlwelt von weither pilgerte, um Rat einzuholen. Der Rabbi riet Isaac zu zahlen, da er ja auch dem Goj sein Geld anvertraut hatte, als er sein großes Geschäft machte. Isaac war bereit, den Rat zu befolgen. Als er aber das Zimmer der sterbenden Schwester betrat, wies diese das Geld zurück, händigte ihm einen ihm zustehenden Ring aus, den sie sich angeeignet hatte, und versöhnte sich mit ihm. Alles weinte vor Rührung.

Dieser sentimentale Ausgang wird nun aber am Ende der Geschichte noch reflektiert. Isaac will sich von seinen Gefühlen befreien, aber, "when you wept them from the heart, you felt you justified something, understood something. But what did you understand? Again, *nothing*! It was only an imitation of understanding. A promise that mankind might - *might*, mind you - eventually, through its gift which might - *might* again! - be a divine gift, comprehend why it lived. Why life, why death"(82f.). Die Tränen als Zeichen brüderlicher Versöhnung, als Zeichen der Liebe, werden zu einer möglichen Antwort auf die Frage nach dem Sinn des Lebens, die sich auch dem Biologen Dr.Braun trotz seines Wissens um die biologischen Tatsachen dieses Lebens stellt. Er schaut schließlich auf zu den Sternen: "These things cast outward by a great begetting spasm billions of years ago." Leben ist für ihn "like molecular processes"(83). Der Jude Braun formuliert damit sein Weltverständnis bereits ähnlich wie später der Nicht-Jude Corde in *The Dean's December*. In "The Old System" erweist sich dieses Weltverständnis vereinbar mit dem der jüdischen Vorfahren. Ihr Glaube bot eine der Möglichkeiten, dem Chaos der Wirklichkeit eine Ordnung abzugewinnen, die es dem einzelnen erlaubte, seine eigene Identität zu finden. Bellow bringt diese bei den klassischen jiddischen Erzählern wie auch bei Isaac Bashavis Singer angebotene Möglichkeit zur Orientierung der im Exil oft hilflos einer ihr fremden Welt ausgesetzten Helden als jüdisches Element in die moderne amerikanische Welt wie in die Welt seiner Zeit im allgemeinen ein. Er erweist sich damit als Meister der jüdisch-amerikanischen Erzählkunst, daß er ihr als einem festen Bestandteil der Erzählkunst der Welt überhaupt Anerkennung zu verschaffen vermochte.

Literatur

Zitiert nach: *Dangling Man*, New York, 1944; *The Victim*, New York, 1947; *The Adventures of Augie March*, New York, 1953; *Seize the Day* (Compass Books), New York, 1964; *Henderson the Rain King*, New York, 1959; *Mr.Sammler's Planet*, London, 1970; *Humboldt's Gift*, New York, 1975; *The Dean's December*, New York, 1982; *Mosby's Memoirs and Other Stories*, New York, 1968.

Sekundärliteratur:
Jacob Clayton, *Saul Bellow: In Defense of Man*, Bloomington, IN, 1968.
Irving Malin, *Saul Bellow's Fiction*, Carbondale, IL, 1967.
-------------, hg., *Saul Bellow and the Critics*, New York, 1967.
Robert R.Dutton, *Saul Bellow* (1971), Überarb.Ausg. Boston, 1982.
Brigitte Scheer-Schäzler, *Saul Bellow*, New York, 1972.
Earl Rovit, Hg., *Saul Bellow: A Collection of Critical Essays*, Englewood Cliffs, NJ, 1975.
Malcolm Bradbury, *Saul Bellow*, London, 1982.
Daniel Fuchs, *Saul Bellow: Vision and Revision*, Durham, NC, 1984.
Yonathan Wilson, *On Bellow's Planet; Readings from the Dark Side*, Cranbury, NJ, 1985.
Ellen Pifer, *Saul Bellow Against the Grain*, Philadelphia, 1990.
Michael K.Glenday, *Saul Bellow and the Decline of Humanism*, New York, 1990.

Bernard Malamud, 1914-1986

Bernard Malamud, 1914 in Brooklyn geboren, begann sein literarisches Schaffen unter ähnlichen Voraussetzungen wie sein Zeitgenosse Saul Bellow. Als Sohn einer Familie jüdischer Immigranten aus Osteuropa wuchs er in einem der jüdischen Umgebung von Bellows Chicago entsprechenden Ambiente auf, genoß aber auch wie dieser eine seiner späteren Laufbahn förderliche Hochschulbildung, in seinem Falle am City College New York und an der Columbia Universität. Wie Bellow veröffentlichte er in den frühen vierziger Jahren seine erste Kurzgeschichte. Zu einem durchschlagenden Erfolg kam es jedoch erst drei Jahre nach Bellows *The Adventures of Augie March* mit *The Assistent* von 1957. Trotz des ähnlichen Hintergrundes repräsentieren Malamud und Bellow zwei sehr verschiedene Möglichkeiten jüdischamerikanischer Erzählkunst. Konnte von Bellow gesagt werden, daß er die jüdische Existenz seiner Zeit als exemplarisch für die allgemeine Situation des Menschen von heute darzustellen vermochte, so gilt für Malamud, daß das von ihm gezeichnete Bild des Juden mit einem allgemeingültigen Menschenbild nicht selten zur Deckung kommt. Beide Schriftsteller greifen verschiedene Tendenzen des modernen Romans auf, wie die des gesellschaftskritischen Realismus oder des Bewußtseinsromans, und berufen sich auf europäische wie amerikanische Vorbilder. Doch stärker als bei Bellow wird bei Malamud die Tradition der klassischen jiddischen Erzähler - wie Jizschak Perez oder Scholem Alechem - wirksam. Dies gilt besonders für seine Kurzgeschichten, in denen das, was als Wunder gilt, eine besondere Rolle spielt. Dazu kommt die Neigung Malamuds, seinen Romanen und Erzählungen Handlungsmuster zu unterlegen, die symbolische und mitunter allegorische Bedeutungen hervortreten lassen. Dies gilt bereits für seinen ersten, nichtjüdischen Roman *The Natural* von 1952. Mit ihm bewegte Malamud sich in der bereits von Ring Lardner, aber auch von Hemingway in die Erzählkunst eingeführten Welt des Sports. Der Held des Romans ist Baseball-Spieler. Sein Werdegang wird in Malamuds Darstellung zur Gralssuche und entfernt sich dabei von der Wirklichkeit des Spiels selbst. Auch in der Handlung von *The Assistant* ist das Muster der Gralssuche wiederzuerkennen, doch wird es dort nicht nur überlagert durch die legendäre Geschichte des Heiligen Franz von Assissi, sondern wird auch organischer in den realistischen Handlungsablauf integriert.

The Assistant, 1957

In dem Roman ist es Frank Alpine, einem jungen Mann italienischer Herkunft, - gleich Parzival, der zur Erlösung des Amfortas bestimmt war - aufgetragen, Morris Bober, den Inhaber eines armseligen Lebensmittelgeschäftes, aus seinem Elend zu erlösen. Frank Alpine wird durch seine *imitatio Christi* zu einem Franz von Assisi, indem er die Nachfolge Bobers als des wie Christus leidenden Menschen antritt. Eine jüdische Geschichte wird der Roman dadurch, daß Bober als vom Schicksal geschlagener Schlemihl die Leiden Hiobs trägt. Zu einem durchaus glaubwürdigen Träger dieser Bedeutungsmuster wird die Geschichte Bobers und seines kleinen Geschäfts.

Bober war als junger Mann aus dem zaristischen Rußland nach Amerika geflohen. Seine Absicht, Apotheker zu werden, hatte er aufgegeben, um heiraten zu können. Der Laden, mit dem er glaubte, seinen Unterhalt verdienen zu können, war ihm zu einem Gefängnis geworden, aus dem sich zu befreien er nicht den Mut hatte. Die Hoffnung, die er auf seinen Sohn gesetzt hatte, daß er es zu etwas Besserem bringe, war durch dessen frühen Tod zunichte geworden. Helen, die Tochter, muß in einem Bureau arbeiten, um die Eltern zu unterstützen. Der Laden bringt nicht genug ein, besonders als ein moderner Lebensmittelladen in der Nähe eröffnet wird und die meisten der wenigen noch verbliebenen Kunden abzieht.

In dieser Situation wird Bober eines Abends überfallen. Er wird durch Schläge auf den Kopf verletzt und muß für einige Zeit das Bett hüten. Als er mit Mühe seinen Laden wieder versieht, hilft ihm ein Fremder, die Milch und die Brötchen vom Bürgersteig in den Laden zu tragen. Bald darauf stellt er fest, daß der Fremde in seinem Keller übernachtet und sich seiner Brötchen bedient. Bober hat Mitleid mit dem Fremden und nimmt dessen Angebot an, ihm umsonst im Laden zu helfen. Daraufhin kümmert Frank Alpine, der Fremde, sich in aufopferungsvoller Weise und mit Erfolg um das Geschäft.

Frank Alpine, als Waise aufgewachsen, hatte es in seinem Leben noch zu nichts Rechtem gebracht. Von dem verkommenen Sohn eines Polizeidetektivs hatte er sich zur Mithilfe an dem Überfall auf Bober überreden lassen. Er versucht nun, sein Vergehen an diesem wieder gut zu machen. Der Aufschwung des Ladens ist aber nicht - wie Bober glaubt - allein Frank, sondern auch der Krankheit seines Konkurrenten zu verdanken. Frank glaubt, wieder Halt im Leben gefunden zu haben und verliebt sich in Helen. Es kommt zu einer Krise, als Bober entdeckt, daß ihn sein Gehilfe bestiehlt, und als Frank versucht, Helens Liebe zu erzwingen. Frank muß den Laden verlassen. Bober ist bald am Ende seiner Kräfte, als sich eine neue Konkurrenz auftut, und stirbt. Frank stellt sich wieder ein und hält das Geschäft über Wasser.

Bobers Charakter ist gekennzeichnet durch seine "honesty." Bei seiner Beerdigung muß der Rabbi zwar bekennen, daß sein Leben nicht der Form der jüdischen Tradition entsprach: "Maybe not to our formal tradition - for this I don't excuse him - but he was true to the spirit of our life - to want for others that which he wants also for himself." Er spricht damit die biblische Entsprechung zu Kants kategorischem Imperativ an. "He followed," fährt er fort, "the Law which God gave to Moses on Sinai and told him to bring to the people. He suffered, he endured, but with hope [...].

He asked for himself little - nothing, but he wanted for his beloved child a better existence than he had. For such reasons he was a Jew"(208). Das Wesentliche jüdischen Lebens erscheint in diesen Worten als etwas allgemein Menschliches. Die Stelle wird in der Kritik immer wieder für Malamuds Verständnis des Jüdischseins zitiert. Es bleibt jedoch im Roman nicht unwidersprochen. Helen meint, er habe es mit seiner Ehrlichkeit übertrieben: "I said Papa was honest but what was good of such honesty if he couldn't exist in this world? Yes, he ran after this poor woman to give her back a nickel, but he also trusted cheaters who took away what belonged to him [...]. He was no saint; he was in a way weak; his only true strength is his sweet nature and his understanding. He knew, at least, what was good [...]. People liked him, but who can admire a man passing his life in such a store? He buried himself in it; he didn't have the imagination to know what he was missing. He made himself a victim. He could, with a little more courage, have been more than he was"(ebd.). Auch dieser Vorwurf Helens kann als allgemeinmenschliche Reaktion verstanden werden, hat jedoch seine spezifisch jüdische Bedeutung insofern, als er sich gegen die Tradition vornehmlich des osteuropäischen Judentums wendet, alles Leid als Prüfung Gottes geduldig anzunehmen und sich nicht dagegen aufzulehnen.

Ähnliches wie für Bober gilt für Frank Alpine. Eher ein Schlimmazel, der sein Unglück selbst verschuldet, als ein Schlemihl, den es überkommt, versucht er, sich zu bessern. Als Kind katholisch erzogen, ist ihm die Geschichte Franz von Assissis in Erinnerung geblieben. Er kommt zur Beerdigung Bobers und fällt, als er der Rose nachschaut, die Helen auf den Sarg warf, ins Grab. Nach der Beerdigung versorgt er wieder den Laden. Er hofft, daß er genug verdienen kann, um Helen eine College-Ausbildung zu finanzieren. Helen erkennt, daß er sich gewandelt hat und sie ernsthaft liebt. "He had been one thing, low, dirty, but because of something in himself - something she [Helen] could not define, a memory perhaps, an ideal he might have forgotten and then remembered - he had changed into somebody else, no longer what he had been"(219f.). Das erinnerte Ideal ist das des Heiligen Franz, das ihm Bober vorgelebt hatte. Als er in dem von Kunden verlassenen Laden die Bibel liest, sieht er den Heiligen vor sich, wie er eine hölzerne Rose aus der Mülltonne holt. Als er sie ihm zuwirft, verwandelt sie sich in eine wirkliche Rose, die er dann Helen überreicht. Er läßt sich beschneiden und wird Jude. Er wird zum Juden, indem er dem Vorbild des Heiligen folgt. Christliches und jüdisches Menschenverständnis kommen dabei zur Deckung.

In diesem Ende des Romans kommt aber auch - wenn selbst nicht ausdrücklich formuliert - die Kritik an dem Lebensverständnis Frank Alpines zum Ausdruck. Er tut nämlich das Gleiche, womit Bober scheiterte. "He lived in the future, to be forgiven"(211), heißt es, nachdem er sich wieder des Ladens angenommen hat. Es ist eine Zukunft, die sich für Bober nie realisierte und von der abzusehen ist, daß sie sich auch für ihn nicht realisieren wird.

Malamud erzählt das Geschehen um Morris Bober und seinen Gehilfen in verhältnismäßig traditioneller Weise. Zur Schilderung der wirtschaftlichen und gesellschaftlichen Verhältnisse kann er auf seine eigenen Kindheits- und Jugenderlebnisse zurückgreifen. Immer wieder bedient er sich der Perspektive der beteiligten Personen, die dem Geschehen Bedeutung abgewinnen. Die anfangs genannten Muster kommen dabei in überzeugender Weise zur Geltung, ohne sich als "aufgesetzt" dem Leser aufzudrängen. In dieser Form gelingt es Malamud, sowohl ein jüdisches

Lebensverständnis als auch ein christliches bzw. allgemeinmenschliches darzustellen, gleichzeitig aber auch dessen Grenzen bzw. dessen Fragwürdigkeit aufzuzeigen.

A New Life, 1961.

1959 wurde Malamud für *The Magic Barrel*, seine erste, im Jahre zuvor erschienene Sammlung von Kurzgeschichten, mit dem National Book Award ausgezeichnet. 1961 erschien *A New Life*, sein weniger erfolgreicher dritter Roman. Seymour Levin, seines Lebens in New York überdrüssig, versucht mit dreißig Jahren einen Neuanfang im Westen des Landes. Wie in den vorausgehenden Roman floß auch in *A New Life* persönliche Erfahrung ein. Von 1949 bis zum Jahre der Veröffentlichung des Romans unterrichtete Malamud selbst an einem College im Westen, nämlich dem Oregon State College. Im Roman wird dieses zum State College von Cascadia.

Das Leben in Cascadia entspricht nun aber keineswegs den Erwartungen Seymours von einem "neuen Leben" im Westen. "Neues Leben" findet er aber in seiner Liebe zu Pauline, der Frau Gerald Gilleys, seines größten Rivalen am College. Er und Gilley hatten sich um die Direktorenstelle des "English Department" beworben. Infolge der Affäre Seymours mit Pauline fällt die Wahl auf Gilley, dessen Leben sich an den durch die Gesellschaft vorgegebenen und vom materiellen Erfolg bestimmten Normen ausrichtete. Seymour, dem es um geistige, den materiellen Erfolg transzendierende Werte ging, fand als Außenseiter zunächst Anerkennung bei einigen der Kollegen, aber eine Verletzung der Norm - wie sein Verhältnis zu der verheirateten Frau sie darstellte - war man nicht bereit hinzunehmen.

Die größte Schwäche des Romans kann darin gesehen werden, daß er nicht deutlich macht, wie Seymours Liebe zu Pauline als Alternative zu dem in Cascadia gesuchten "neuen Leben" betrachtet werden könnte. Die Verknüpfung der College-Handlung mit ihren Rivalitäten bei der Festsetzung des Curriculums, bei Beförderungen oder Wahlen mit der Liebeshandlung bleibt zu lose, um ihr Überzeugungskraft zu verleihen. Das "neue Leben", zu dem Seymour in seiner Liebe zu Pauline gefunden zu haben glaubt, bleibt ferner äußerst fragwürdig, wenn er sich seiner Gefühle ihr gegenüber am Ende nicht mehr sicher ist und ihr die Initiative zu diesem "neuen Leben" überläßt.

Auch *A New Life* liegt ein Handlungsmuster zugrunde; es ist das des "Goldenen Westens", der Neuanfang und Erfüllung verspricht. Die Erwartungen dieses "American Dream" werden nicht nur nicht erfüllt, sondern gerinnen in dem Roman immer wieder zu Klischees. Das gilt vor allem für die Schilderung des College-Betriebs. Dieser wird - wohl zu recht - kritisiert, aber in Vereinfachungen, die eben nicht anders als Klischees verstanden werden können, jedoch ohne daß ihnen - wie Sinclair Lewis dies vermochte - eine ironische Note verliehen wird.

Die Gestalt Seymours selbst wird zum Klischee, wenn er als der Held eingeführt wird, der nach unglücklicher Jugend von dem Gefühl bestimmt wird, keine Anerkennung zu finden. Murray Schisgall sollte in seiner Komödie LUV 1964 den Klischeecharakter dieser Lebenshaltung enthüllen. Zum Klischee wird diese Lebenshaltung, weil sie keine überzeugende Begründung erfährt. Als wenig glaubhaft erscheint die Auflösung des Gefühls des Ausgestoßenseins in *A New Life*, wenn sie nur dadurch zustandekommt, daß der Held den Beweis erbringt, eine Frau befriedigen zu können. Eine weitere Schwächung der Glaubwürdigkeit wirklicher Findung "neuen Lebens" ergibt sich durch die genüßlichen Schilderungen des Geschlechtsaktes, die den

Eindruck erwecken, als sollte es in ihm allein gefunden werden können. Seymour Levin ist ein aus New York stammender jüdischer Intellektueller. Sein Judesein spielt in dem Roman aber kaum eine Rolle. Ganz anders verhält es sich mit dem Helden des nächsten Romans:

The Fixer, 1966.

In ihm verfolgt Malamud das Schicksal seines Volkes zurück in das jiddische Schtetl des zaristischen Rußlands. Yakov Bok, der Held des Romans, von Beruf "Fixer", d.h. jemand, der als Schreiner, Maler, Glaser, Maurer oder Tapezierer Sachen repariert, versucht, aus der Enge seines Schtetls, d.h. aus der Enge eines jiddischen Kleinstädtchens zu entrinnen. Seine Frau Raisl hatte ihm nach sechsjähriger Ehe immer noch kein Kind geboren, und als er nicht mehr mit ihr schlief, war sie ihm davongelaufen. Dadurch aufgerüttelt, versucht Yakov sein Glück in der Welt. Nach ersten vergeblichen Versuchen in Kiew scheint ihm das Glück hold zu sein, als ihm der Posten eines Aufsehers in einer Ziegelei angeboten wird. Nach einigem Zögern übernimmt er aus Not die Stelle, macht sich aber wegen seiner Gewissenhaftigkeit sehr bald unbeliebt unter den Leuten, mit denen er zu arbeiten hat. Eines Tages wird er angeklagt, ein elfjähriges Kind ermordet zu haben. Damit greift Malamud die Legende des "Ritualmordes" auf, derzufolge den Juden zur Last gelegt wird, sie töteten Christenkinder, um deren Blut für rituelle Zwecke anläßlich des Pessachfestes zu gewinnen. Die Geschichte solcher Beschuldigung reicht weit zurück. Neben dem Vorwurf der Brunnenvergiftung zu Zeiten der Pest diente der des Ritualmordes immer wieder zur Rechtfertigung von Pogromen. Die letzte Anklage wegen Ritualmordes, die Malamud seiner Geschichte Yakov Boks zugrundelegte, erfolgte 1911 in Kiew gegen Mendel Bailiss. Fast gleichzeitig mit dem Roman erschien eine Dokumentation des Falles Bailiss, Maurice Samuels *Blood Accusation*. Der Roman wie das Sachbuch stießen auf ein großes Interesse bei den amerikanischen Lesern.

Der Hauptteil des Romans beschreibt den Leidensweg Yakovs während seiner Inhaftierung vor dem eigentlichen Prozeß. Malamuds erzählerische Kunst erweist sich hier in der Darstellung der sich steigernden Leiden während des fast dreijährigen Aufenthaltes in einem russischen Gefängnis. In exemplarischer Weise beschreibt er die Leiden des jüdischen Volkes während seiner langen Geschichte, den Aberglauben der sich von den Juden bedroht Fühlenden und ihren Haß, mit dem sie die eigenen Unzulänglichkeiten auf die jüdische Minderheit wälzten. Er beschreibt aber auch die Gewissenskonflikte eines aufgeklärten Russen, der sich wie Yakov von dem Glauben seines Volkes löst und, den Einsichten eines Spinoza folgend, sich als Freidenker über dessen Voreingenommenheit erhaben fühlt, aber dennoch spüren muß, wie er an dem Schicksal seines Volkes teilhat; ebenso beschreibt er die Hilflosigkeit der Nichtjuden, die mit dem Schicksal seines Volkes sympathisieren.

Die Geschichte endet kurz vor dem ersten Weltkrieg. Die bevorstehende Revolution wirft ihre Schatten voraus. Und die Hoffnung, die auch den unpolitischen Yakov in die Welt aufbrechen ließ, wird überschattet von dem Leiden, in das sein Weg mündet. Dieses führt ihn an den Rand des Wahnsinns. Dem Leser wird vorenthalten, wie Yakovs Prozeß ausgehen wird. Selbst wenn er ihn gewinnen sollte, wird er als ein gebrochener Mann daraus hervorgehen. Die letzte Einsicht, die er, der Unpolitische, gewinnt, ist, daß es keinen unpolitischen Menschen geben kann, besonders keinen unpolitischen Juden, der, weil er Jude ist, sich in einer nichtjüdischen Welt das Recht auf sein Menschsein erst erkämpfen muß.

Bei der Betrachtung eines Romans wie *The Fixer* erscheint eine Einteilung in nationale Literaturen besonders fragwürdig. Zweifellos gehört der Roman zur amerikanischen Erzählkunst, schon aus dem einfachen Grunde, daß er von einem Amerikaner geschrieben wurde. Innerhalb der amerikanischen Literatur gehört er zu der jüdischen Minorität, da sein Autor Jude ist. Wenn in ihm aber Ereignisse darstellt werden, die zur Geschichte der Juden im zaristischen Rußland gehören, erweitert er den Bezugskreis. In diesem Sinne ist *The Fixer* vor allem *jüdische* Literatur: An dem exemplarischen Schicksal eines einzelnen Juden stellt der Roman dasjenige des jüdischen Volkes dar.

The Tenants, 1971.

Mit seinem nächsten Roman, *The Tenants*, 1971, kehrt Malamud wieder nach New York zurück. Er erzählt von dem Ringen des jüdischen Schriftstellers Lesser, einen Roman zum Abschluß zu bringen. Lesser hat bereits zwei Romane veröffentlicht, ein gutes, wirklich gelungenes Werk und ein schwächeres. Durch den günstigen Verkauf der Filmrechte vermochte er jedoch von letzterem zehn Jahre lang zu leben. In dieser Zeit arbeitet er in einem alten Mietshaus in Manhattan an seinem dritten Roman, der ein Meisterwerk werden soll. Seine Wohnung war ihm schon seit geraumer Zeit gekündigt worden, da der Eigentümer das Haus abreißen lassen will. Allein Lesser weigert sich, die Wohnung zu verlassen. Mit Hilfe der Aufsichtsbehörde erreicht er es, das Haus weiterhin bewohnen zu dürfen.

Eines Tages läßt sich ein Farbiger in einer der geräumten Wohnungen nieder, um wie Lesser einen Roman zu Ende zu schreiben. Willie Spearmint, der Farbige, gewinnt Vertrauen in die Urteilsfähigkeit Lessers und bittet diesen um seine Kritik. Als er aber auf Lessers Vorschläge hin seine Entwürfe überarbeitet, vernachlässigt er das jüdische Mädchen Irene, mit dem er lebt. Nachdem er in Erfahrung gebracht hat, daß Lesser sich in sie verliebt hat, zerstört er mit Hilfe seiner Freunde dessen Romanmanuskript. Lesser wie Willie beginnen von neuem. Doch im Eifer der Rekonstruktion des Romans, über dessen Ende er sich immer noch unsicher ist, vernachlässigt nun Lesser Irene. Diese gibt ihn auf und verläßt New York. Verzweifelt ringen beide Schriftsteller in dem abbruchreifen Mietshaus um ihr Werk. Sie hassen sich und wissen jeder um das Bemühen des anderen, die eigene Not in ein Kunstwerk umzusetzen.

Der Roman, den Lesser schreiben möchte, handelt von Liebe. Er nennt ihn *The Promised End*. Aber eben dieses versprochene Ende vermag er nicht zu Papier zu bringen. In Lessers Roman handelt es sich um einen Schriftsteller namens Lazar Cohn, der gern lieben möchte, sich der Liebe aber dennoch nicht voll hingeben kann: "Anyway, this writer sets out to write a novel about someone he conceives to be not he yet himself. He thinks he can teach himself to love in a manner befitting an old ideal. He has resisted this idea for years; it's a chancy business and may not pay off. Still, if during the course of three books he had written himself into more courage, why not love? He will learn through some miracle of transformation as he writes, betrayal as well as bounty, perhaps a kind of suffering. What it may come to in the end, despite the writer's doubts, is that he invents this character in his book who will in a sense love for him; which is perhaps to say, since words rise and fall in all directions, that Lesser's writer in his book, in creating love as best as he can, if he brings it off in imagination will extend self and spirit; and so with good fortune may love his real girl as he would like to love her, and whoever else in a mad world is human. Around this tragic theme the story turns [...]. Thus Lesser writes his book and his book writes Lesser" (192f.). Die Verschachtelung der Geschichte - der Autor Malamud schreibt einen Roman über den Autor Lesser, der einen Roman über den Autor Cohn schreibt, ein *regressus in infinitum* - gibt die Besessenheit wieder, mit der versucht wird, das Leben im Kunstwerk einzufangen, während man sich in diesem Bemühen immer weiter von diesem Leben entfernt. Wie für Yakov das verzweifelte Bemühen, seine Unschuld zu beweisen, wird für Lesser der Versuch, seinen Roman zum Abschluß zu bringen, zum Angsttraum und zum Wahnbild. In der Darstellung solcher Besessenheit liegt Malamuds Hauptverdienst in diesem Roman. Er erinnert in dieser Hinsicht an die Problematik von Kunst und Wirklichkeit in den Künstlernovellen Henry James'.

Als eine Weiterentwicklung der Jamesschen Perspektivtechnik kann die Erzählweise in *The Tenants* betrachtet werden. Wie schon in Bellows *Herzog*, aber auch in Malamuds *The Fixer*, geht sie von einfachem Erzählen aus, wechselt aber, dem Gedankengang des Protagonisten folgend, immer wieder in erlebte und nicht markierte direkte Rede über, wobei jedoch, im Gegensatz zu Bellow, die Grenze zum Autoren-Ich immer erkennbar bleibt. Mit dieser Erzählweise gelingt es Malamud auch relativ leicht, von dem Berichten faktischen Geschehens zur Wiedergabe der Träume und Phantastereien Lessers überzugehen.

Auf einer anderen Ebene als der des um sein Werk ringenden Schriftstellers erscheint in dem Roman das Ringen zweier Minoritäten um ihre Identität. Lesser vertritt die jüdische Minorität und erscheint wie Yakov in *The Fixer* als der vergeblich sich bemühende und leidende Jude, der lieben und geliebt werden möchte. Willie Spearmint ist der Schwarze, der sich um seine Rechte betrogen sieht und - haßerfüllt - sich zu befreien versucht. Am Ende, als sie betreten aneinander vorbeigehen, heißt es: "Each, thought the writer [Lesser], feels the anguish of the other"(230). Es wird versucht, in Willies Worten die "Soul"-Sprache des Schwarzen nachzuzeichnen. Die Charakterisierung des jüdischen Schriftstellers erfolgt, wie schon in den früheren Romanen, durch jiddische Ausdrücke, aber auch in einer mehr und mehr der syntaktischen Zeichen sich entledigenden und dadurch nicht immer leicht verständlichen Sprache.

Auf der Ebene des Konflikts zwischen Juden und Schwarzen vermag der Roman nicht in der gleichen Weise zu überzeugen wie auf der zwischen Kunst und Wirklichkeit; einmal weil das schriftstellerische Anliegen Lessers nicht wie dasjenige Willies für den Leser erkennbar von seiner Zugehörigkeit zur jüdischen Minorität geprägt ist, zum anderen - aber damit natürlich verbunden - weil Lesser nicht so sehr für den Juden als für den Weißen allgemein steht und seine sonstige Charakterisierung als Jude dazu nicht immer passen will.

Überfordert wird der Roman aber auch, wenn über die sexuellen Begegnungen und über die handfeste fäkalische Sprache hinaus in den Phantasieszenen eine Rückführung der Auseinandersetzung zwischen den beiden Schriftstellern auf primitive Überlebensmechanismen und Riten erfolgt.

Die Rahmenhandlung, die Auseinandersetzung des Mieters Lesser mit seinem Hausherrn Levenspiel, vermag - interessant und humorvoll, wie sie ist - die verschiedenen

Handlungen nicht zu integrieren. Malamud scheint, wie seine Figuren, von einer großen Idee besessen zu sein, die den Leser immer wieder fesselt; er zeigt sich aber - vertreten durch Lesser - auch enttäuscht. Und er enttäuscht den Leser, da er sie in seinem Werk nicht voll zu realisieren vermag.

Dubin's Lives, 1979.

Mit einem Roman über das Schreiben eines Romans, beziehungsweise von Romanen, folgt Malamud der zeitgenössischen Tendenz der "metafiction", ohne allerdings wie diese den mimetischen Charakter seines Erzählens preiszugeben. Entscheidend bei seiner "metafiction" ist es gerade, daß das Leben des Schriftstellers mit in sein Werk eingeht, ohne deswegen notwendigerweise autobiographischen Charakter anzunehmen. Noch mehr als für *The Tenants* gilt dies für *Dubin's Lives* von 1979.

William Dubin, der Protagonist des Romans, ist zwar nicht Romancier, steht jedoch als Biograph, erfolgreicher Autor von Biographien über Abraham Lincoln und Henry David Thoreau, in einer ähnlichen Situation wie ein solcher. Zur Zeit der Handlung - in etwa identisch mit der Zeit der Entstehung des Romans - ist Dubin mit einer Biographie über D.H.Lawrence beschäftigt. Den Bezug seines Werkes zu seinem Leben formuliert er in einer Notiz, die er sich immer wieder vergegenwärtigt. Dort heißt es: "Everybody's life is mine unlived. One writes lives he can't live. To live forever is a human hunger"(11). Er schreibt "an imagined life", ein Leben, in dem er sich selbst nicht zu verwirklichen vermochte, das aber mit seinem eigenen verschmilzt bzw. mit diesem in Konflikt gerät. "All biography" wird demnach für ihn auch "ultimately fiction"(20), da er sein "imagined life" in das Leben dessen projiziert, der gerade Gegenstand seiner Biographie ist, wie umgekehrt dessen Leben in das seine eintritt. Der Gewinn kommt dabei dem Verlust gleich(12). Er lebt sein Leben, indem er das eines anderen schreibt, verliert dabei aber gleichzeitig sein eigenes Leben(114). Er ist mit keiner der Personen, deren Leben er beschreibt, identisch, und doch verbindet ihn jeweils etwas mit ihnen. "Nobody I've written about is like me though they all are"(171). Was ihn besonders an Lawrence interessiert, ist "his religion of sexuality: a belief in the blood, the flesh, as wiser than the intellect"(219). Ein solcher Glaube wird ihm verständlich, als er - inzwischen bereits Mittfünfziger - ein Liebesverhältnis mit Fanny, einem Mädchen, aufnimmt, das mit 21 Jahren kaum älter als seine Tochter Maud ist.

Maud selbst tritt in ein Verhältnis mit einem verheirateten Mann im Alter ihres Vaters und empfängt von diesem ein Kind. Sein eigenes Verhältnis erahnend, zitiert sie ihrem Vater ein Gedicht von Lawrence:

> Desire may be dead
> and still a man can be
> a meeting place for sun and rain
> as in a wintry tree. 171

Desire" in seinem Verhältnis zu Kitty, seiner Frau, ist erloschen. Die Liebe zu Fanny wird für ihn zu einem "meeting place for sun and rain."

Dem Titel des Romans nach lebt Dubin mehrere Leben, zunächst die Leben der Persönlichkeiten, die er in seinen Büchern beschreibt, im engeren Sinne jedoch sein Leben mit Kitty auf der einen und das mit Fanny auf der anderen Seite. Fanny braucht er, um ein Buch über Lawrence schreiben zu können. Fanny braucht ihn, um zu sich selbst finden zu können. Zwischen Kitty, Dubin und Fanny besteht nicht das übliche Dreiecksverhältnis, in dem die eine Geliebte durch die andere abgelöst wird. Dubin ist mit Kitty seit fast dreißig Jahren verheiratet. So sehr er glaubt, auf Fanny angewiesen zu sein, ist er nie bereit, sich von Kitty scheiden zu lassen. Er ist sich nicht mehr sicher, ob er sie je richtig geliebt hatte, doch hatte er dies zumindest gewollt. Er interpretiert seinen Namen "William" als "Will-i-am"(175). Doch Kitty sagt ihm zu Recht, "[that] Love can't be willed"(334). Er ist sich seiner Schuld Kitty und seiner Familie gegenüber bewußt: "in loving Fanny he withheld love from his wife and daughter" (279). Schöpferische Selbstverwirklichung bedeutet für ihn ein Opfer in bezug auf die Verpflichtungen gegenüber dem realen Leben. Thema in *Dubin's Lives* ist somit - wie bereits in *The Tenants* - die Problematik der Selbstfindung des Künstlers bzw. des schöpferischen Menschen schlechthin. Dubins Verhältnis zu Fanny kann demnach in einem gewissen Sinne als imaginär betrachtet werden. Nicht umsonst wird darauf verwiesen, daß der schöpferische Lawrence bereits sehr früh physisch impotent war. Der schöpferische Akt kann dabei allerdings auch als ein Ausweichen vor der Realität des Lebens betrachtet werden. In seinem "Jewish self-hatred" klagt sich Dubin selbst an: "You write muckspout lives because you fear you have no life to live"(319). Das Heraustreten aus der normalen Wirklichkeit hilft Dubin, diese wieder neu zu bestimmen. Doch wird dies auch immer wieder zu einer Gefahr: "The wild begins where you least expect it, one step off your daily course. A foot past the road and you're fighting with death"(149). Was Dubin zu lösen versucht, ist nichts anderes als die Quadratur des Kreises. So läuft er täglich seinen "rectangular circle" (141).

Malamuds Bild für das Problem seines Helden vermag auch als Bild für das zu stehen, was der Autor mit dem Roman darzustellen versuchte. Die Details der Liebesgeschichte zwischen Dubin und Fanny, auf die hier nicht eingegangen werden kann, lassen allzu deutlich in Erscheinung treten, daß es Malamud nicht gelungen ist, die Quadratur des Kreises in dem Roman zu lösen. Die Balance zwischen der für Dubins Schaffen erforderlichen Liebe zu Fanny und der ihn der Lächerlichkeit preisgebenden Liebe des alternden Vaters zu einem Mädchen im Alter seiner Tochter bleibt unbefriedigend. Die "balance" ist nicht gerade "delicate", sondern eher "indelicate", so daß - wie bereits in bezug auf *The Tenants* - auch von *Dubin's Lives* gesagt werden kann, daß es sich um einen hochinteressanten Entwurf handelt, dessen Realisierung sich jedoch als undurchführbar erwies.

Dubin ist Jude; doch spielt seine jüdische Herkunft im Roman keine bedeutsame Rolle. Dies ist wieder anders in Malamuds nächstem und letztem Roman:

God's Grace, 1982.

In der Folge von George Orwells *1984*, 1949, William Goldings *Lord of the Flies*, 1954, stellt Malamuds Roman einen Höhepunkt in der Geschichte der englischsprachigen "Anti-Utopie" nach dem letzten Weltkrieg dar. Er zeichnet aber nicht nur ein Schreckbild der Welt, wie er sie sich unter den heute gegebenen Voraussetzungen entwickeln sieht, sondern auch die Fragwürdigkeit eines Neuanfangs nach der möglichen oder gar für ihn vorhersehbaren Katastrophe. Bei der Darstellung des

Versuches, nach der Katastrophe von neuem zu beginnen, spielt das jüdische Erbe Malamuds beziehungsweise seines Protagonisten eine entscheidende Rolle.

Wie in *The Natural* und *The Assistant* bedient Malamud sich in *God's Grace* vorgegebener literarischer und biblischer Muster, vor allem derjenigen der Robinsonade und des Buches Genesis.

Ausgangspunkt der in dem Roman erzählten Geschichte ist der Untergang unserer Welt durch einen thermonuklearen Krieg. Einziger Überlebender der Katastrophe ist Calvin Cohn, der Sohn eines Rabbi, der als Forscher am "Day of Devastation" in einem Tauchboot im Pazifik den tödlichen Strahlen entgangen war. Der "Day of Devastation" ist für Cohn nicht nur der Tag des Überlebens eines letzten "Holocausts", sondern auch der Tag eines Neuanfangs. Als er aus der Tiefe auftaucht und das Expeditionsschiff betritt, spricht Gott zu ihm und versichert ihm, daß nicht Er die Menschheit zerstörte, sondern diese sich den Untergang selbst bereitete, daß es aber auch ein - wenn auch unbedeutendes - Versehen seinerseits sei, wenn er, Cohn, als einziger Mensch die Katastrophe überlebt habe. Cohn erhält dennoch die Möglichkeit, von neuem zu beginnen.

Äußerlich vollzieht sich der Neubeginn darin, daß der Held Menschenaffen begegnet, die die Katastrophe mit ihm überlebt haben und mit denen er die Entwicklung einer besseren Spezies für möglich hält, als sie der mit ihm untergehende *homo sapiens* repräsentierte. Auf dem sonst verlassenen Expeditionsschiff findet er zunächst einen jungen Schimpansen, den er nach einem Sohn von Abrahams Bruder "Buz" nennt. Mit diesem strandet er auf einer tropischen Insel, wo er sich mit den Vorräten und den Instrumenten und Werkzeugen des Schiffes einrichtet. Er entdeckt, daß der frühere Besitzer von Buz diesem eine künstliche Larinx einoperiert hatte, so daß dieser, als er die aus seinem Hals herausragenden Drähte verbindet, zu sprechen vermag. Mit Hilfe von Buz lernen fünf weitere Schimpansen zu sprechen, die auf der Insel die Katastrophe überlebt hatten. In Gemeinschaft mit den nun sechs Schimpansen setzt Cohn seine Hoffnung auf eine neue "Menschheit", die sich aus der Vereinigung der Schimpansen mit ihm ergeben könnte. In der neuen Gesellschaft auf der Insel spielt Buz eine ähnliche Rolle wie Piggy in Goldings Roman, und Esau, einer der Schimpansen, die auf der Insel zu ihm stießen, tritt in die Rolle Jacks.

Trotz gewisser Widerstände läßt sich Cohn mit dem einzigen überlebenden Schimpansenweibchen, Mary Madelyn, ein und zeugt mit ihr Rebekah, auf die er alle Hoffnungen für die Zukunft der neuen Spezies setzt. Doch von Buz verraten, der gegenüber dem Gott der Juden sich auf Christus beruft, aber am Ende als Judas erweist, wird er schließlich von Esau ermordet. Wie der zum Opfer bestimmte Isaak gefesselt, aber nicht wie jener gegen einen Widder ausgetauscht, findet er den Tod. Die Leiche Cohns wird von Buz auf einem Berg der Insel verbrannt. George, ein Gorilla, der der Sprache bisher noch nicht mächtig war, findet die verschmutzte weiße "yarmulke", die Cohn von seinem Vater ererbt hatte, und singt: "Sh'ma, Yisroel, the Lord our God is one." "In his throaty, gruff voice he began a long Kaddish for Calvin Cohn"(223). Damit endet der Roman.

Das Einbeziehen der Primaten in das utopische Geschehen führt natürlich zu einer Reihe von Situationen und Episoden, die schwerlich den Anspruch auf eine mögliche Wirklichkeit erheben können. Doch wird dieses Geschehen zum Träger einer Reihe von Bedeutungsschichten, die den Leser zwingen, es ernstzunehmen. In einer dieser Schichten ist Cohn der neue Adam, der den Versuchungen des Bösen, das die Welt zerstörte, zu widerstehen hat. In einer anderen ist es die Geschichte Hiobs, der ob seines Schicksals mit Gott hadert. Schon angesprochen wurde die Geschichte von Abraham und Isaak, die Buz sich von Cohn immer wieder erzählen läßt und die jedesmal ein Grauen in ihm auslöst.

In die Geschichte hineinverwoben ist aber auch das Gegenüber von Judentum und Christentum. Cohn versucht, die Neue Welt im Sinne seines Vaters, des Rabbi, zu gestalten, Buz im Sinne Christi. Zu den sieben Ermahnungen, die Cohn anstelle der zehn Gebote formuliert, gehört als zweite: "God is not love, God is God. Remember Him"(171). Buz als angeblicher Christ streicht später das "not" aus: "God is ... love" heißt es dann auf der Felswand, auf der Cohn seine Ermahnungen angebracht hatte. Doch im Verein mit der Liebe erscheint der Haß Esaus.

Damit sind keineswegs alle Bedeutungsschichten des Romans erwähnt. Doch wird in den genannten bereits Malamuds Anliegen deutlich. Es geht ihm um die Darstellung der Verzweiflung gegenüber Gottes Wegen mit der Menschheit und über die von ihm zugelassene Herrschaft des Bösen, um die Versuchung, Gott als Wunsch- oder Angstvorstellung abzutun, sowie um den Zweifel an der Kraft der christlichen Tugenden. Trotzdem wird sein Denken bestimmt von der Hoffnung, daß die Auserwählten - und sei es ein Volk von Gorillas - im Füreinander zur Sprache findend - sich zu überdauern vermögen.

God's Grace stieß bei Kritikern und Lesern auf sehr unterschiedliche Reaktionen. Der Roman erlaubt, wie manche der Kurzgeschichten Malamuds, verschiedene Interpretationen. Entscheidend ist, wie ernst der Schluß genommen werden kann. Ist mit dem Tod Cohns Gottes Versuch mit dem Menschen bzw. seinem auserwählten Volke zu Ende gegangen, oder ist der zur Sprache findende Gorilla Zeichen für einen Neuanfang? Malamud gestand - auf *God's Grace* hin befragt -, daß er in bezug auf die Zukunft des Menschen skeptischer geworden sei. Doch war das Ende von *The Assistant* optimistischer? Frank war zwar nicht der Neubeginn einer Welt auferlegt worden, doch sein Neuanfang führt zu einem ebenso erbärmlichen Leben wie dem seines Schwiegervaters. Selbst wäre George, dem Gorilla, ein Neuanfang möglich, würde dieser zu einer besseren Welt führen? Malamuds Held bleibt - auch in *God's Grace* - ein Schlemihl, der bereit ist, alle Schicksalsschläge zu ertragen. Er überdauert sie. Der Erlöser aus der Misere aber, der Messias, bleibt in weiter Ferne. Der jeweilige Neuanfang verspricht nicht, daß das Leben besser wird. In diesem Sinne erweist sich *God's Grace* als der vielleicht jüdischste von Malamuds Romanen. In ihm leben die Leidensgeschichte und die Messsiaserwartung als Geschichte des die menschliche Not ungebrochen ertragenden Schlemihls weiter. Doch in noch authentischerer Weise erscheinen sie in den Kurzgeschichten.

Malamud veröffentlichte seine Kurzgeschichten in drei Sammlungen, *The Magic Barrel*, 1958, *Idiots First*, 1963, und *Rembrandt's Hat*, 1973. Seine in Italien angesiedelten Geschichten ergänzte er zu *Pictures of Fidelman: An Exhibition*, 1969, einem Zyklus oder zu einem "aus Geschichten bestehendem Roman." Die besten seiner Werke in der Kurzform faßte er noch einmal in *The Stories of Bernard Malamud*, 1983 zusammen. Gegenüber den Romanen bilden die Kurzgeschichten eine weit einheitlichere und künstlerisch durchgehend befriedigendere Gruppe von Werken. Die meisten der Erzählungen sind in einem Milieu angesiedelt, das in der Lower East Side - dem jüdischen Viertel - Manhattans die Welt des osteuropäischen Ghettos und

Schtetls wiederentstehen läßt. Die oft zwei- oder gar mehrdeutig ausgehenden Begegnungen erinnern an die klassischen jiddischen Erzähler, insofern sie überlebendes jüdisches, oft chassidisches Kulturgut mit der Rationalität der Haskala bzw. des modernen Lebens überhaupt konfrontieren oder einfach miteinander in Verbindung bringen. Diese jüdische Welt erscheint auch in den in Italien angesiedelten Geschichten. Die besondere Kunst der Kurzgeschichten kann darin gesehen werden, daß Malamud dem Ereignis, auf das das Geschehen hinführt, eine neue Wendung zu geben vermag, die die Spannung zwischen diesen beiden Welten, der alten jüdischen Welt Osteuropas und der aufgeklärten Nachkriegswelt, aufscheinen läßt. In sehr einfacher, aber gerade deswegen um so überzeugenderer Form zeigt sich Malamuds Kurzgeschichte in

"The Mourners", 1955.

Protagonist der Geschichte ist Kessler, ein alter Jude, der in einfachen Verhältnissen im fünften Stockwerk eines Mietshauses auf der East Side Manhattans von seiner spärlichen Rente lebt. Wegen seines zänkischen Charakters war er früher entlassen worden. Vor dreißig Jahren war er, seiner Frau und seiner Kindern überdrüssig, ihnen entflohen, ohne sich je wieder um sie zu kümmern. Im Mietshaus lebt er völlig isoliert. Die Italienerin mit zwei Söhnen mittleren Alters und das kinderlose deutsche Ehepaar, die im gleichen Stockwerk mit ihm wohnen, nehmen keine Notiz von ihm. Mit Ignace, dem Hausmeister, mit dem er früher einmal Binokel gespielt hatte, bekommt er Streit, weil er seinen Müll nicht ordnungsgemäß abstellt. Ignace verbreitet das Gerücht, daß es bei ihm stinke und er seine Wohnung verkommen lasse. Er erwirkt bei Gruber, dem Hausbesitzer, daß Kessler gekündigt wird. Dieser reagiert darauf nicht und nimmt auch den Gerichtstermin nicht wahr, um sich zu verteidigen. So wird er eines Tages von der Polizei samt seiner Habe vor die Tür gesetzt. Dort bleibt er - obwohl es zu schneien anfängt - regungslos auf einem Stuhl sitzen.
    Als die italienische Nachbarin ihn dort findet, veranlaßt sie - entsetzt über die Grausamkeit der Polizei - ihre Söhne, Kessler und seine Habe in die Wohnung zurückzubringen. Der Hausherr, dem, als er davon erfährt, das Essen in der Kehle stecken bleibt, will zunächst die Polizei verständigen, entschließt sich dann jedoch, Kessler zu überreden, in ein Heim zu ziehen. Als er sich gewaltsam Zugang in die verbarrikadierte Wohnung verschafft, sitzt dieser auf dem Boden, seinen Oberkörper rhythmisch zum Gebet bewegend. Denn draußen im Schnee war ihm bewußt geworden, wie schlecht er an seiner Familie gehandelt hatte. Er bereut nun sein vertanes Leben. Gruber aber meint, er trauere über seine, Grubers Unmenschlichkeit und setzt sich, in Kesslers Bettlaken gehüllt, trauernd zu ihm auf den Boden.
    Offensichtlich handelt es sich um eine Geschichte, die sich ähnlich auch unter Nichtjuden hätte abspielen können. Doch eine Reihe von Details verweisen auf das charakteristisch jüdische Milieu oder Menschenverständnis. Wenn Kessler sich - und später Gruber - zum Trauern auf den Boden setzen und den Oberkörper dabei bewegen, so folgen sie damit jüdischem Brauch. Von Gruber wird an keiner Stelle gesagt, daß er Jude sei. Doch identifiziert er sich durch den Gebrauch des typisch jiddisch-hebräischen Wortes "chuzpah"(28) für "Frechheit". Als Gruber Kessler aus der Wohnung jagen will, fragt ihn dieser: "Are you Hitler or a Jew?"(32) Und Gruber besinnt sich schließlich als Jude darauf, daß es ihm aufgetragen ist, trotz aller

Verfolgungen, die sein Volk in der Geschichte erlebte, und gerade wegen dieser, für die Menschlichkeit einzustehen - selbst wenn er sich der Religion seines Volkes nicht mehr verpflichtet fühlt. Nichtjuden, die Italiener und andere Hausbewohner, hatten ihm ein Exempel gesetzt, indem sie Kessler wieder in seine Wohnung getragen hatten.

Die für die Kurzgeschichte charakteristische Wende am Schluß erscheint in der Sinneswandlung Grubers. Für manche Kritiker wird auf sie nicht genügend vorbereitet. Dennoch erzielt sie durch die ironische Brechung ihre Wirkung: Gruber glaubt, Kessler trauere seinetwegen, während er über sich selbst trauert. Doch wird eine weitere Schicht mit in das Spiel einbezogen. Ignace, wahrscheinlich ein Christ, diffamiert den Juden Kessler. Anderseits zeigen Christen, die Italiener, spontane Menschlichkeit, auf die die Juden sich erst wieder - im Kontrastbild Hitler/Jude - besinnen müssen. Mit der Bewegung des Körpers in der Trauer und in der Klage mündet das Gebet der Juden ein in signifikante Bildlichkeit.

Der Räumungserlaß und dessen Begleitumstände erfassen eine konkrete soziale Situation. Es bleibt aber nicht bei der Brandmarkung sozialer Ungerechtigkeit, sondern es geht letztlich um die moralische Existenz des Menschseins.

"The Magic Barrel", 1954.

Ein Jahr vor "The Mourners" war bereits "The Magic Barrel", die Titelgeschichte des späteren Sammelbandes, erschienen. In ihr geht es um den Jeschiwa-Studenten Leo Finkle, der vor dem Abschluß seiner Studien steht und dem man angedeutet hatte, daß es leichter wäre, eine Stelle als Rabbi zu finden, wenn er verheiratet wäre. Finkle wendet sich diesbezüglich an Salzman, der sich in einer Anzeige als Heiratsvermittler angeboten hatte. Unter den Frauen und Mädchen, die dieser anzubieten hat, findet Finkle keine, die ihm gefällt. Als Salzman ihm schließlich einen Umschlag mit neuen Photos hinterläßt, findet er darin ein allem Anschein nach zufällig darunter geratenes Bild aus einem Automaten, das ihn so sehr fasziniert, daß er sofort zu Salzman eilt. Dort sieht er, daß dieser in den ärmlichsten Verhältnissen lebt. Salzman gesteht ihm, daß jenes Photo seine gefallene Tochter Stella darstelle, die er als angehender Rabbi auf keinen Fall heiraten könne. Auf Finkles Drängen hin erklärt sich Salzman schließlich bereit, ein Stelldichein zu vermitteln. Nach dieser Verabredung "he was, however, afflicted by a tormenting suspicion that Salzman had planned it all to happen this way"(143).

Wie in "The Mourners" handelt es sich um eine doppelte Wende. Zum einen verliebt Finkle sich in das Mädchen, das Salzman zumindest vorgibt, nicht vermitteln zu wollen, bzw. Finkle faßt den von Salzman geschickt gelegten Köder. Zum anderen erwacht, wenn auch auf komische Weise, in dem bisher nur in seine Studien vertieften Finkle plötzlich die seinem Denken so abträgliche Leidenschaft, die ihn jedoch auch menschlich macht. Die Heirat mit einem gefallenen Mädchen aus armen Verhältnissen könnte - wenn sie zustande kommen sollte - es Finkle erschweren, eine Stelle als Rabbi zu finden. Anderseits verleiht die in ihm erwachte Liebesfähigkeit ihm die für seinen Dienst in der Gemeinde erforderliche Hinwendung zu den Mitmenschen. Er wird jetzt sogar vielleicht fähig, Gott, über den er bisher nur nachdachte, zu lieben.

"The Jewbird", 1963.

Der Form der Parabel bedient Malamud sich in "The Jewbird" aus *Idiots First*. Mit dem ersten Satz umreißt er in meisterhafter Weise die jüdische Situation des Ghetto-Daseins und der Verfolgung. "The window was open so the skinny bird flew in. Flappity-flap with its frazzled black wings. That's how it goes. It's open, you're in. Closed, you're out and that's your fate"(144).

Der Vogel, der in die Küche Harry Cohens fliegt, identifiziert sich als "jewbird", obwohl er sich äußerlich von anderen Krähen nicht unterscheidet. Der sprechende Vogel läßt sich, nach seinem Namen gefragt, mit "Schwartz" anreden. Harry will den Vogel los werden, ist jedoch bereit, ihn für eine Weile zu dulden, da seine Frau Edie und sein Sohn Maurie Mitleid mit ihm haben. In seinem Vogelhaus auf dem Balkon wird ihm ein "Ghetto" eingerichtet. Danach gefragt, warum er vor der Freiheit Angst habe, antwortet Schwartz: "Anti-Semeets"(145). Mit der Zeit verliert Harry jedoch die Geduld mit Schwartz und schleudert ihn schließlich von seinem Balkon.

Später, als der Schnee geschmolzen ist, sucht Maurie die Umgebung nach ihm ab. "He found him a dead black bird in a small lot by the river, his two wings broken, neck twisted, and both bird-eyes plucked clean." Wer hat dir das angetan, fragt der Junge; "Anti-Semeets" antwortet später die Mutter(154). Der Vogel wurde von einem Juden wie ein Jude von Antisemiten behandelt.

Die Komik der Geschichte beruht weitgehend auf der Selbstverständlichkeit, mit der der sprechende Vogel in das realistisch dargestellte Milieu der Cohens eingeführt wird. Die Grausamkeit gegenüber dem Tier erhält in ihrer ironischen Funktion als Verkleidung von Unmenschlichkeit aber auch erst ihre volle Eindringlichkeit. "Gevalt, a pogrom!(145) protestiert Schwartz. Wie dem nur seinem Studium hingegebenen Finkle mangelt es Cohen als Verkäufer von Tiefkühlkost an Menschlichkeit. Die in beiden Fällen ungewöhnlichen Begegnungen legen diesen Mangel bei bzw. legen ihn offen.

"Idiots First", 1961.

In der Titelgeschichte von *Idiots First* wird die wie in "The Jewbird" realistische Ausgangsbasis zum Surrealistischen hin überschritten. Wie in der zuvor besprochenen Geschichte umschreibt der erste Satz die Grundsituation des Geschehens: "The thick ticking of the tin clock stopped"(35). Mendels Lebenszeit ist abgelaufen. Ginzburg hatte ihm angekündigt, daß es sein letzter Tag sei. So muß Mendel dafür sorgen, daß sein fünfunddreißigjähriger geisteskranker Sohn Isaac noch am gleichen Tage seine Reise nach Kalifornien antritt, wo ein über achtzig Jahre alter Onkel sich seiner annehmen soll. Mendel fehlen dazu noch 35 Dollar. Beim Pfandleiher erhält er acht Dollar für seine goldene Uhr. Beim reichen Fishbein wird er abgewiesen. Vom armen Rabbi erhält er dessen neuen Kaftan. Mit dem Erlös für diesen hat er das Geld für die Fahrkarte zusammen. Als er aber an den Bahnsteig kommt, ist es schon 12 Uhr durch. Ginzburg will ihn nicht mehr zum Zug lassen. In seiner Verzweiflung stürzt Mendel sich auf Ginzburg. Als dieser in den verzweifelten Augen Mendels sich selbst erkennt, läßt er ihn mit seinem Sohn passieren. Nachdem Mendel vom Zug zurückgekommen ist, will - so heißt es nur - er sehen, was aus Ginzburg geworden ist.

Die Geschichte erlaubt - wie die bisherige Kritik zeigte - unterschiedliche Interpretationen. Doch lassen sich diese auf den gemeinsamen Nenner reduzieren, auf den es Malamud wohl ankommt, daß nämlich Menschlichkeit - hier die Sorge um den kranken Sohn - selbst den Tod zurückzudrängen vermag. Ginzburg ist als der Tod zu verstehen, wobei offen bleibt, ob er als solcher in den Gedanken Mendels oder als übernatürliche Erscheinung existiert. Ob für Isaac am Ende wirklich gesorgt ist oder nicht, ist nicht das Entscheidende, sondern die Tatsache, daß Mendel alles in seiner Kraft Stehende getan hat, um vor seinem Tode für ihn zu sorgen. Das entscheidende und bei Malamud immer wiederkehrende Moment ist, daß die Menschlichkeit nicht nur im geduldigen Hinnehmen besteht, sondern sich auch zu wehren vermag, so hier gegen Ginzburg, der den Zugang zum Bahnsteig versperren will.

"The Last Mohican" 1958.

Fidelman, der Protagonist von *Pictures of Fidelman*, 1969, wird gleich im ersten Satz der ersten der Geschichten, die den Roman ausmachen, "The Last Mohican", treffend als "a self-confessed failure as a painter"(46) gekennzeichnet. Er ist aber nicht nur als Künstler ein Versager, sondern auch als Mensch. Wie andere Helden der Kurzgeschichten Malamuds versagt Fidelman vor allem deshalb, weil er keine - oder nicht genug - Menschlichkeit zeigt.

Bei seiner Ankunft in Rom, wo Fidelman ein Buch über Giotto schreiben will, begegnet er einem jüdischen Schnorrer namens Susskind. Da es ihm selbst an Geld mangelt, verweigert er sich den recht anmaßenden Forderungen Susskinds. Dieser verfolgt ihn, bis Fidelman eines Tages feststellt, daß ihm das erste Kapitel seines Buches gestohlen wurde. Er verdächtigt Susskind. Als er diesen nach langer Suche findet, ist Susskind gerade dabei, das vermißte Manuskript zu verbrennen. Dieser versichert ihm: "I did you a favor. The words were there but the spirit was missing"(72). Wie Ginzburg läßt sich Susskind als surrealistische Figur verstehen. Sie erscheint als schlechtes Gewissen, das Fidelmans Menschlichkeit herausfordert. Ohne solche Menschlichkeit konnte er nicht zum richtigen Verständnis Giottos finden. Mit seiner Tat ermöglichte Susskind ihm die rechte Voraussetzung für einen Neuanfang.

"The Silver Crown", 1972.

Neben einem Zitat Eliots stellt Malamud seiner Sammlung *Rembrandt's Hat* eine Forderung James T.Fields als Motto voran: "What we want is short cheerful stories." Kurz sind die meisten Erzählungen Malamuds, "cheerful" allerdings kaum. Die zweifellos vorhandene Komik wird immer wieder durch Elemente aufgehoben, die zwar nicht tragisch zu sein brauchen, die aber doch auf eine ernstere Bedeutungsschicht verweisen. Sehr deutlich wird dies gleich in der ersten Geschichte der Sammlung, "The Silver Crown". Albert Gans' Vater ist schwer erkrankt. Die Ärzte wissen keinen Rat mehr. Eine Kollegin rät Albert, es mit einem "faith healer" zu versuchen. Als Biologielehrer weist er dies zunächst weit von sich. Doch möchte er für seinen Vater alles getan haben, was im Bereich des Möglichen steht. So läßt er sich schließlich auf die Anzeige eines alten Rabbi ein, der verspricht, mit einer silbernen Krone Kranke zu heilen. In amüsanter Weise wird erzählt, wie er sich gegen besseres Wissen auf den Betrug einläßt. Es wird ihm klar, daß der Rabbi ihn die silberne Krone, für die er 986 Dollar zahlte, nur in der Hypnose hatte sehen lassen. Als er ihn zur Rede stellt, weiß dieser sich wohl zu verteidigen. "The crown is a real crown. If you think there is magic, it is on account those people that they insist to see it - we try to give them an idea. For those who believe, there is no magic"(326). Da Albert nicht glaubt, kann die Krone kein Wunder bewirken. Der Rabbi bittet auch um Verständnis für seine Situation, sich als armer Mann mit einem behinderten Kind durchschlagen zu müssen: "Be kind [...]. Be merciful to an old man. Think of my poor child. Think of your father who loves you." Darauf enthüllt Albert seine wahre Haltung gegenüber dem Vater, die er durch den Versuch, ihm mit dem "faith healer" zu helfen, zu verdrängen versuchte: "He hates me, the son of a bitch, I hope he croaks"(328). In den Augen des Rabbi wird er damit zum Mörder seines Vaters, der noch in der darauf folgenden Stunde stirbt.

Daß Albert sich von dem Rabbi hereinlegen läßt, macht die komische Seite der Geschichte aus; die andere besteht in dem gestörten Verhältnis zu seinem Vater und zu seinen Mitmenschen, denen er - und darin liegt die doppelte Wende - keinen Glauben zu schenken vermag.

In der beachtlichen Reihe von Kurzgeschichten, die Malamud über die Jahre veröffentlichte, zeigen sich immer wieder die gleichen Motive, doch in immer neuen Einkleidungen. Ihr zentrales Thema ist die Menschlichkeit. Ihre Helden sind wie schon in *The Natural* ähnlich Parzival aufgerufen, anderen - selbst durch eigenes Leiden - zu helfen. Fast immer sind diese Helden Juden und das Geschehen bewegt sich in einem charakteristisch jüdischen Bereich. Insofern zählt Malamud zu den jüdischen Erzählern. Die Menschlichkeit, um die es dabei immer geht, bleibt jedoch keineswegs auf das Jüdische beschränkt.

Literatur

Zitiert nach: *The Assistant*, London, 1959; *The Tenants*, New York, 1971; *Dubin's Lives*, New York, 1979; *God's Grace*, New York, 1982; *The Stories of Bernard Malamud*, New York, 1983.

Sekundärliteratur:
Sidney Richman, *Bernard Malamud*, New York, 1966.
Leslie A. und Joyce Field, hg., *Bernard Malamud and the Critics*, New York, 1970.
Sandy Cohen, *Bernard Malamud and the Trial by Love*, Amsterdam, 1974.
Robert Ducharme, *Art and Idea in the Novels of Bernard Malamud*, The Hague, 1974.
Leslie A. und Joyce Field, hg., *Bernard Malamud: A Collection of Critical Essays*, Englewood Cliffs, NJ, 1975.
Richard Astro and Jackson Benson, hg., *The Fiction of Bernard Malamud*, Corvallis, OR, 1977.
Sheldon Hershinow, *Bernard Malamud*, New York, 1980.
Isak Alter, *The Good Man's Dilemma: Social Criticism in the Fictions of Bernard Malamud*, New York, 1981.
Jeffrey Helterman, *Understanding Bernard Malamud*, Columbia, SC, 1985.
Robert Solotaroff, *Bernard Malamud: A Study of the Short Fiction*, Boston, 1989.
Kathleen C. Ochshorn, *Bernard Malamud's Hero*, New York, 1990.

Philip Roth, geb.1933

Neben Saul Bellow und Bernard Malamud fand Philip Roth, ein wesentlich jüngerer Zeitgenosse, noch in den fünfziger Jahren Anerkennung als einer der bedeutenden jüdischen Erzähler Amerikas. Das Aufsehen, das einige seiner Werke erregten, beruhte allerdings zum Teil auf der Reaktion jüdischer Leser, die sich durch sie diffamiert sahen.

Herkunft und frühe Jugend Roths entsprechen denen, die wir schon bei Bellow und Malamud kennenlernten. 1933 in Newark, New Jersey, geboren, wuchs er in einer noch durch jüdische Immigranten aus dem Osten Europas geprägten Umgebung auf und hatte dank des bescheidenen Wohlstands, zu dem seine Eltern gelangt waren, die Möglichkeit zu studieren. Er schloß seine Studien an der Universität Chicago ab und begann dort seine Laufbahn als akademischer Lehrer, die er neben seiner schriftstellerischen Tätigkeit auch später fortsetzte. Bereits während seines Studiums verfaßte er Kurzgeschichten und kam zu seinem ersten größeren Erfolg, als "The Contest for Aaron Gold" 1956 im Jahresband der *Best American Short Stories* erschien. Größere Aufmerksamkeit wurde ihm aber erst durch die Veröffentlichung von *Goodbye, Columbus* 1959 zuteil. Die Titelgeschichte - eigentlich ein Kurzroman - wie auch die weiteren in dem Band enthaltenen fünf Erzählungen waren zuvor in *The Paris Review*, *The New Yorker* und *Commentary* erschienen.

"Goodbye, Columbus", 1959

In "Goodbye, Columbus" erzählt der Protagonist Neil Klugman die Liebe eines Sommers. Wie der Autor aus einer kleinbürgerlichen Familie Newarks entstammend, verliebt er sich in Brenda, die Tochter reicher Juden aus dem Villenvorort, verkehrt im Hause ihrer Eltern und wird sogar eingeladen, dort seine Ferien zu verbringen. Aus dem anfänglichen Flirt wird auf beiden Seiten echte Liebe. Als am Ende der Ferien die Hochzeit von Brendas Bruder Ron gefeiert wird, sieht man in Brenda und Neil bereits das nächste Paar. Neil kann sich jedoch nicht dazu entscheiden, Brenda zu fragen, ob sie seine Frau werden möchte. Stattdessen drängt er sie, sich einen Pessar zu beschaffen.

Neil kehrt zu seiner Arbeit in der Stadtbibliothek zurück, Brenda zu ihrem College nach Boston. Als Neil sie zu Rosh Hashana, dem jüdischen Neujahrstag, besucht, erfährt er, daß Mrs.Patimkin, Brendas Mutter, den Pessar ihrer Tochter entdeckt hat und entsetzt darüber ist. Brenda sieht sich vor die Wahl gestellt, Neil oder ihre Familie aufzugeben. Sie entschließt sich zu dem ersteren. Neil fragt sich, als er sein Spiegelbild in einem Fenster sieht: "What was it inside me that turned pursuit and clutching into love, and then turned it inside out again? What was it that had turned winning into losing, and losing - who knows - into winning?"(97) Er kann sich selbst darauf keine Antwort geben.

Immer wieder wird in der Geschichte die Frage nach dem richtigen oder falschen Handeln gestellt. Nachdem Neil den Brief, in dem Mrs.Patimkin Brenda von ihrer Entdeckung berichtete, gelesen hat, heißt es in dem darauf folgenden Dialog: "*Did you do anything wrong?*" "Neil, *they* think it's wrong. They're my parents." "But do you think it's wrong -" "That doesn't *matter*." "It *does* to me, Brenda..."(94) Neil wirft damit ein Problem auf, das zumindest bis *Portnoy's Complaint* immer wieder an zentraler Stelle in den Werken Roths erscheint. Die Frage ist, ob das als gut und richtig anzusehen ist, was das Elternhaus an Religion und Sitte überliefert, oder das, was der Einzelne im Prozeß seiner Selbstfindung als solches verstehen lernt. Nur an der Oberfläche geht es in "Goodbye, Columbus" um das Erlaubtsein vorehelichen Verkehrs; entscheidend ist die Frage nach der Gültigkeit der überlieferten moralischen Norm schlechthin. Die Geschichte - wie auch andere Werke Roths - geben darauf eine geteilte Antwort. Zunächst geben Brenda und Neil unterschiedliche Antworten. Brenda unterwirft sich dem elterlichen Gesetz. Neil ist dazu nicht bereit.

Brenda als Frau zu gewinnen, würde für Neil bedeuten, an dem Reichtum der Patimkins teilzuhaben. Mr.Patimkin läßt es an Andeutungen nicht fehlen, daß es auch für seinen Schwiegersohn noch eine Aufgabe in seinem Betrieb gäbe. So wie Neil die Familie in den Eltern und in Ron kennenlernt, würde er in ihrer Welt nicht leben können. Sie ist allein durch den Erwerb und den Genuß von Wohlstand bestimmt. Deutlich kommt dies in der Schilderung der Eßgewohnheiten der Familie zum Ausdruck: "There was not much dinner conversation; eating was heavy and methodical and serious, and it would be just as well to record all that was said in one swoop, rather than indicate the sentences lost in the passing of food, the words gurgled into mouthfuls, the syntax chopped and forgotten in heapings, spillings, and gorgings"(15). Ein intelligentes Gespräch - es sei denn um Geschäfte - kommt in dieser Atmosphäre nicht zustande.

Die Liebe der Eltern gegenüber ihren Kindern erschöpft sich weitgehend in materiellen Zuwendungen. "I love you honey," heißt es gleich am Anfang des Briefes von Patimkin an seine Tochter, "if you want a coat I'll buy You a coat"(90), und in dem Brief der Mutter an Brenda heißt es: "you drifted away from your family, even though we sent you to the best schools and gave you the best money could buy"(92).

Obwohl Neil die Lebensweise der Patimkins verabscheut, verfällt er der Versuchung ihres Wohlstandsdenkens. Als er in New York auf Brenda wartet, betet er in der Kühle von St.Patrick: "God, I said, I am twenty-three years old. I want to make the best of things. Now the doctor is about to wed Brenda to me [er paßt ihr den Pessar an], and I am not entirely certain this is all for the best [...]. If we meet You at all, God, it's that we're carnal, and acquisitive, and thereby partake of You.[...] I am acquisitive. Where do I turn now in my acquisitiveness? [...] Which prize is You? It was an ingenious meditation, and suddenly I felt ashamed"(71). Neil weiß aber auch die Antwort, die er auf ein solches Gebet zu erwarten hat, nämlich "[that] God only laughed, that clown"(72). Der Gott, den er anbetet, ist ein Gott der fleischlichen Lust und der des Goldenen Kalbes. Nicht Gott, sondern er, Neil, macht sich damit zum Clown.

So sehr er geistige Werte bei den Patimkins vermißt, hat Neil kaum eigene gefunden. Er versucht, dem Überkommenen zu widerstehen, weiß aber noch nicht, wohin sein Weg ihn führen soll. Diese Situation kommt am besten in dem Abschiedsgruß der Studenten der Ohio State University in Columbus, Ohio, zum Ausdruck. Neil hört ihn zum ersten Mal auf einer Platte Rons. Für Ron symbolisiert er den Abschied von seiner Jugend. Er spielt Neil die Platte noch einmal am Tage vor seiner Hochzeit vor. Rons Weg ist vorgezeichnet: Ehe und Geschäft. Neil träumt, als er die Platte hört, daß er zusammen mit einem kleinen Negerjungen auf einem Schiff an der

Küste einer Pazifikinsel stehe. Während Eingeborenenmädchen "Goodbye, Columbus"(53) singen, treibt das Schiff von der Insel ab. Den Negerjungen hatte er in der Bibliothek getroffen, wo dieser die Südseebilder Gaugins bewunderte. Für Neil gilt es, von einer Traumwelt Abschied zu nehmen. Seine Fahrt als Columbus führt nicht in die Arme Brendas. Diese ist zu sehr Teil einer ihm innerlich fremden Welt. Wohin die Fahrt jedoch führen wird, weiß er nicht. Es steht ihm noch bevor, sich selbst zu finden und zwar nicht in bloßer Ablehnung vorgegebener Werte, sondern in Auseinandersetzung mit ihnen. Neil ist der mit der Südseewelt symbolisierten jugendlichen Vorstellungswelt noch zu sehr verhaftet, als daß er dieser Auseinandersetzung gewachsen wäre. Jedoch mit der in Brendas Familie gewonnenen Erfahrung ist er ihr nähergerückt.

Zu einer jüdischen Geschichte wird "Goodbye, Columbus" dadurch, daß Neil den Werten, mit denen er sich auseinanderzusetzen hat, in der Form jüdischer Überlieferung begegnet. Ihre Anerkennung oder Ablehnung ist Teil des Prozesses der Assimilation beziehungsweise des Findens einer neuen Identität.

"The Conversion of the Jews", 1959

In der ersten der fünf Kurzgeschichten von *Goodbye, Columbus* wird die zur Individuation erforderliche Selbstbehauptung gegenüber dem Überkommenen in die Phase der Pubertät verlegt. Der aufgeweckte dreizehnjährige Ozzie Freedman gibt sich im Unterricht in der Synagoge nicht mit der Erklärung des noch jungen Rabbi Binder zufrieden, daß Christus nicht Gottes Sohn sein könne, da "the only way a woman can have a baby is to have intercourse with a man"(101). Ozzie behauptet dagegen, daß, wenn Gott allmächtig sei und die Erde habe erschaffen können, er es auch möglich machen konnte, Maria ohne Mann ein Kind empfangen zu lassen. Der Rabbi bittet - wie schon zweimal zuvor - daraufhin Ozzies Mutter zu sich. Jedoch vor ihrer Ankunft, fordert der Rabbi Ozzie in der Fragestunde noch einmal heraus. Ozzie wirft ihm nun vor, er verstehe nichts von Gott. Als der Rabbi ihn daraufhin schlägt, beschimpft er ihn und läuft davon. In die Enge getrieben, flüchtet Ozzie auf das Dach, wohin ihm der Rabbi nicht folgen kann. Dieser versucht nun von der Straße aus, Ozzie zu bewegen, das Dach zu verlassen. Es gibt einen großen Auflauf. Die Feuerwehr erscheint und spannt ihr Sprungtuch auf. Der Rabbi droht, bittet und fleht. Ozzie erkennt, welche Macht er plötzlich hat. Erst als der Rabbi, seine inzwischen dazugestoßene Mutter und die anderen Zuschauer auf den Knien bekennen, daß Gott "can make a child without intercourse"(113), daß sie an Jesus Christus glaubten und, zum Schluß, daß man niemanden Gottes wegen schlagen sollte, springt er in das aufgespannte Sprungtuch.

Natürlich bekehrt Ozzie nicht die Juden, die vor der Synagoge um sein Leben bangen. Er zeigt aber, daß der Rabbi kein Argument hat, die Göttlichkeit Christi zu leugnen, und vor allem, daß man Glauben nicht erzwingen kann und auch auf die Argumente eines Dreizehnjährigen eingehen muß.

"The Conversion of the Jews" ist eine komische Geschichte. Komisch ist vor allem natürlich, wie sich der Junge gegenüber den Erwachsenen durchsetzt. Komik erscheint aber auch in einer Reihe von Details, die durch die Perspektive der Kinder bedingt sind. So interessiert Itzie, Ozzies Freund, in dem die Geschichte einleitenden Gespräch weniger die theologische Frage als die Tatsache, daß der Rabbi das Wort "intercourse" gebraucht habe. Ozzie auf dem Dach ist für Itzie und seine Kameraden ein Abenteuer der Mutprobe. Ozzie behauptet sich gegen das in seiner Welt Vorgegebene, wo es seiner Einsicht entgegensteht. Ein Rebell ist er jedoch nicht. Wenn er in das Sprungtuch springt, kehrt er gewissermaßen wieder in die Arme der Gemeinde zurück, die allerdings seine Eigenständigkeit nun anerkannt hat.

"Eli, the Fanatic", 1959,

die letzte der fünf Kurzgeschichten in *Goodbye, Columbus*, kann als Gegenstück zu "The Conversion of the Jews" betrachtet werden. Sie könnte auch den Titel "The Conversion of a Liberal" führen, insofern ein liberaler Jude zur Orthodoxie bekehrt wird. Natürlich wäre auch hier die Konversion im ironischen Sinne zu verstehen.

In der Suburbia von Woodenton, 30 Meilen außerhalb von New York City, war es den Juden bis vor wenigen Jahren noch nicht möglich, Grundbesitz zu erwerben. Jetzt - man schreibt das Jahr 1949, also die Zeit nach dem Holocaust - wird dies geduldet. In einem Brief des Protagonisten heißt es: "It is only since the war that Jews have been able to buy property here, and for Jews and Gentiles to live beside each other in amity. For this adjustment to be made, both Jews and Gentiles alike have had to give up some of their more extreme practices in order not to threaten or offend the other"(189). Die Duldung wird mit dem Preis der Konformität bezahlt. Er wird allerdings gerne bezahlt, da man sich endlich sicher glaubt und nicht wie früher - und besonders in der Alten Welt - verfolgt weiß. Man glaubt sogar, daß die Juden nicht verfolgt worden wären, hätten sie sich jeweils der Gesellschaft angepaßt, in der sie sich niederließen. Die frühere Religion wird für sie zum Aberglauben. Einer der jüdischen Bürger, der seine Tochter in die Bibelschule in der Nachbarschaft schickt, ist entsetzt, daß man ihr erzählte, Gott habe von Abraham die Opferung seines Sohnes gefordert. Für ihn ist dies als Bürger des 20.Jahrhunderts nicht vorstellbar.

Der Frieden der jüdischen Bürger von Woodenton wird nun aber gestört, als Tzuref, ein orthodoxer Jude, ein Anwesen am Rande der Stadt erwirbt und eine Schule gründet. Tzuref und seine Zöglinge sind Überlebende des Holocaust. Besonderes Ärgernis erregt, daß das Faktotum der Schule in Kaftan und breitrandigem schwarzem Hut, d.h. in der Tracht der askenasischen Juden, in der Stadt erscheint, um die Einkäufe für die Schule zu erledigen. Eli Peck, ein junger Rechtsanwalt, wird daraufhin von seinen jüdischen Mitbürgern beauftragt, Tzuref dazu zu bewegen, die Stadt wieder zu verlassen. Man fürchtet, das Zur-Schau-Stellen des Andersseins würde die mit Mühe erreichte Anerkennung gefährden. Doch Tzuref läßt sich nicht beeindrucken. Eli gelingt es jedoch, das Faktotum zu überreden, die Kleider zu tragen, die er ihm aus seinem eigenen Bestand zukommen läßt. Eli glaubt, damit das Gesicht der jüdischen Bewohner der Stadt wahren zu können.

Als er jedoch die abgetragenen Kleider des Faktotums vor seiner Haustür findet, reizt es ihn, sie selbst anzuziehen. Als er in diesen Kleidern dem Faktotum begegnet, glaubt er, sich in zwei Personen in zwei Anzügen aufgeteilt wiederzusehen. Als die Bewohner der Stadt ihn in diesem Aufzug sehen, erklären sie ihn für verrückt. Auch seine Frau glaubt, er sei übergeschnappt, als sie ihn im Krankenhaus besucht, um seinen gerade geborenen Sohn zu sehen. Einem seiner jüdischen Mitbürger gelingt es aber bei dieser Gelegenheit, ihm eine Beruhigungsspritze zu verabreichen. "The drug calmed his soul, but did not touch it down where the blackness had reached"(216). Eli war zu dem Fanatiker geworden, als welchen die Juden der Stadt Tzuref und sein Faktotum betrachtet hatten.

Wie bei der zuvor betrachteten Geschichte wird in der Handlungssynopsis die Komik, mit der das Geschehen dargestellt wird, nicht voll erkennbar. Mehr aber noch als in der anderen Geschichte steigert sich diese ins Groteske, wenn die Konfrontation des angepaßten Juden mit dem die Vergangenheit seines Volkes repräsentierenden zur Erkenntnis des Identitätsverlustes führt, die einen - zumindest scheinbar - endgültigen Identitätsverlust im Wahnsinn verursacht.

Die Kunst der Geschichte zeigt sich vor allem in der Darstellung des Vorgangs, die von den Begegnungen Elis mit Tzuref zu denen mit seiner Frau oder zu den Telephongesprächen mit seinen Auftraggebern wechselt. Sie zeigt sich in der symbolischen Aufladung, wenn Woodenton durch grelles Licht, das Schulhaus durch Dunkelheit gekennzeichnet sind. Sie zeigt sich auch in der Offenheit des Schlusses. Es bleibt offen, ob Eli wirklich seine Identität verloren hat und verrückt geworden ist oder ob er erst durch seine Verwandlung zu seiner wahren Identität gefunden hat. Eine Antwort läßt sich finden, wenn die Geschichte im Kontext des Gesamtwerkes gesehen wird. Wie der Jugendliche sich in der Schwebe zwischen der Annahme des Überkommenen, d.h. der Konformität, und der Behauptung seiner Eigenheit, d.h. seiner Individualität, behaupten lernen muß, so der Jude zwischen der Anpassung an seine nicht-jüdische Umgebung und der Identifizierung mit seiner Herkunft und Geschichte. In beiden Fällen handelt es sich um Situationen der Spannung, die immer wieder an das Groteske grenzen und den Einzelnen um den gesunden Menschenverstand bringen können.

Von den restlichen drei Kurzgeschichten in *Goodbye, Columbus* seien nur zwei noch kurz erwähnt. In "The Defender of the Faith" bedient Roth sich eines Ich-Erzählers, der sich seiner jüdischen Herkunft gegenüber sehr gleichgültig verhalten hatte, aber als Sergeant am Ende des Krieges, von einem jüdischen Rekruten darauf angesprochen, sich ihretwegen von diesem ausnutzen läßt. Grossbart, der Rekrut, erreicht von Nathan Marx, dem Sergeanten, von unangenehmen Diensten befreit zu werden oder Urlaub zu erhalten, um den Sabbat oder Pessach feiern zu können. Es stellt sich jedoch bald heraus, daß er die Wahrnehmung jüdischen Brauches nur vorgibt, um persönliche Vorteile zu erringen. Marx fällt auf Grossbart herein, nicht weil er sich zur Wahrung des Brauches verpflichtet fühlte, sondern aus Nostalgie gegenüber der Vergangenheit seiner Herkunft. "The Defender of the Faith" wurde für viele jüdische Leser zum Stein des Anstoßes. Sie sahen in der Geschichte ihren Glauben als Heuchelei verspottet.

In der anderen noch zu erwähnenden Geschichte, "Epstein", spielt das jüdische Milieu eine nur untergeordnete Rolle. Interessant ist sie im Kontext des Rothschen Werkes aber insofern, als in ihr das Problem der Anpassung bzw. des Bewahrens der Individualität auf das Alter übertragen wird. Epstein, 59 Jahre alt, ein angepaßter Jude, lebt ganz seinem Geschäft; seine Frau ist für ihn nur Hüterin des Hauses. Als er ein junges Paar sich lieben sieht, kommt er auf den Gedanken fremdzugehen. Sein Abenteuer endet mit einem Herzinfarkt. Der Kommentar des Arztes, "All he's got to do is live a normal life, normal for sixty"(164), erspart jeden Kommentar des Interpreten.

Obwohl er seine ersten Erfolge in der kürzeren Erzählform erzielt hatte, schrieb Roth in der Folge fast nur noch Romane. Seine ersten beiden, *Letting Go*, 1962, und *When She Was Good*, 1967, brachten allerdings nicht die nach dem Erfolg von *Goodbye, Columbus* erhoffte Anerkennung. Thema ist, wie zum Teil schon in dem früheren Werk, der Konflikt zwischen Anpassung und neu zu findender Identität. Entwickelt er das Thema in dem ersten der Romane in einem spezifisch jüdischen, so in dem zweiten - mit einer viel zu komplizierten Handlung - in einem nicht-jüdischen Milieu. In beiden Romanen verwandelt er eigenes Erleben in fiktives Geschehen. In *When She Was Good* schreibt er sich, wie er später in seinem autobiographischen Bericht, *The Facts*, bekennt, das Ringen mit seiner ersten Frau von der Seele. Erst mit seiner kafkaesken und fast weitgehend auch parodistischen Darstellung des Konfliktes von Anpassung und neu zu findender Identität in *Portnoy's Complaint* sollte Roth der Durchbruch zum Erfolg - wenn zum Teil auch als Skandal - gelingen.

Portnoy's Complaint, 1969

Portnoy's Complaint wird in einem Vorspann zu dem Roman als eine Krankheit bezeichnet, bei der stark empfundene ethische und altruistische Impulse ständig im Widerstreit mit extremem sexuellem Verlangen stehen. Der Held, nach dem die Krankheit benannt ist, Alexander Portnoy, berichtet - oder besser: beichtet - Dr.Spielvogel, seinem Analytiker, seine Vergangenheit. Der Bericht kreist im wesentlichen um zwei Erlebnisbereiche, erstens den seiner Krankheit und seiner Jugend im Elternhaus, zweitens den seiner späteren Begegnungen mit dem anderen Geschlecht, vor allem aber mit seiner Freundin The Monkey.

Portnoys "kvetch", wie er mit dem jiddischen Wort seine wehleidige Klage benennt, gilt in bezug auf den ersten Erlebniskreis vor allem der Einengung seiner persönlichen Entwicklung, als die er die Sorge seiner Eltern empfindet. So wie er die Situation sieht, sind diese durch die jahrtausendlange Ghettoexistenz des jüdischen Volkes geprägt und leben in der Sorge um die Erhaltung des Stammes und in der Hoffnung auf eine bessere Zukunft der Kinder. Sie sind daher bemüht, daß Alex im richtigen Glauben aufwächst, daß er gesund bleibt, daß er seine überdurchschnittliche Intelligenz nutzbringend anwendet und daß er durch Heirat und Zeugen von Kindern den Stamm erhält. Während er sich in den ersten Jahren seiner Kindheit wohl einordnet, empfindet er später die Erwartungen, die in ihn gesetzt werden, immer mehr als Einengungen. Er versucht zu rebellieren, indem er es nach Abschluß seiner Ausbildung nicht darauf anlegt, viel Geld zu verdienen, sondern sich für politische Sauberkeit und soziale Gerechtigkeit einsetzt, mit "shikses", d.h. nichtjüdischen Mädchen, anbändelt und, in einer noch früheren Phase, sich einer exzessiven sexuellen Selbstbefriedigung hingibt.

Ein Grund dafür, daß er sich durch die elterliche Fürsorge in seiner Persönlichkeitsentfaltung gehemmt sieht, wird nicht angegeben. Von der Unterdrückung irgendeiner Fähigkeit ist in keiner Weise die Rede. Nur glaubt er selbst, seine sexuellen Begierden beherrschen zu müssen. Sollte es die Intention des Autors sein, in der exzessiven sexuellen Begierde des Helden eine Kompensation für seine verhinderte Persönlichkeitsentfaltung zu sehen, so ist es ihm nicht gelungen, das deutlich zu machen. Die zum Krankheitsbild Portnoys gehörenden starken ethischen und altruistischen Impulse - die später in seiner Tätigkeit für eine Kommission der Stadt New York gegen

Diskriminierung wirksam werden - sind von seinen Eltern am wenigsten unterdrückt worden. Diese sind nur darauf bedacht, daß er keine Nichtjüdin heiratet. Der Einfluß der Eltern in diese Hinsicht zeigt sich wirksam, als er von seiner Freundin, die er auf dem College kennenlernt, verlangt, daß sie sich zum jüdischen Glauben bekenne, wenn er sie heiraten sollte. Hier nun zeigt sich, daß die ihn bedrückende Einengung wohl bedingt ist durch den Wunsch der Eltern, die jüdische Tradition an ihn weiterzugeben. Dagegen rebelliert er einerseits, läßt sich andererseits aber in seinem praktischen Verhalten immer wieder von dieser Tradition prägen. Er leidet an der zwiespältigen Haltung gegenüber der Vergangenheit seines Volkes, kann sie aber auch, da er sich von ihr trennen will, nicht voll ernst nehmen. Er macht sich über die Situation, in die er dadurch gerät, immer wieder lustig, betrachtet seine Vergangenheit mit einer Ironie, die sich von dem, was ironisiert werden soll, distanzieren möchte und es doch nicht kann.

Das Element des Portnoyschen Berichtes, das dem Leser wohl zuerst ins Auge fallen dürfte, ist seine Sprache: Sie enthält wohl das gesamte Vokabular von Obszönitäten in der englischen Sprache und ist durchaus darauf bedacht, alle pornographischen Beschreibungen sexueller Perversitäten zu übertreffen. Damit kann der Roman nur als eine Parodie auf Pornographie verstanden werden. Die gleiche Zwiespältigkeit, die Portnoys Verhalten gegenüber der elterlichen Traditionsgebundenheit aufwies, zeigt sich auch hier: er schwelgt in Obszönitäten, fühlt sich aber gleichzeitig dadurch schuldig. So fürchtet er z.B., daß The Monkey, als er sie zu einem Empfang bei dem New Yorker Bürgermeister mitnimmt, mit diesem in der gleichen obszönen Weise redet wie mit ihm. Roth selbst spricht später in *The Facts* von "the fantastical style of obscene satire that began to challenge virtually every hallowed rule of social propriety in the middle and late sixties"(137). Anlaß dazu sah er nicht nur in seiner Wut auf Amerikas Einsatz in Vietnam gegeben, sondern auch durch das Verhalten seiner ersten Frau, die er in The Monkey parodistisch porträtierte.

Die Begegnung mit The Monkey ist im zweiten Erlebniskreis des Berichts für Portnoy der absolute Höhepunkt seiner sexuellen Abenteuer. Mary Jane, The Monkey, stammt aus einem entlegenen Städtchen Marylands und wird von ihm in der Stadt aufgelesen. Sie ist bereit, allen seinen sexuellen Ansprüchen zu willfahren und findet allem Anschein nach selbst Gefallen daran. Doch genügt ihr das sexuelle Spiel nicht. Sie hofft, in Portnoy ihren "Durchbruch" gefunden zu haben, den Mann, der sie heiratet und mit ihr eine Familie gründet. Darauf läßt Portnoy sich jedoch nicht ein. "Why continue with this person? This brutal woman! The coarse, tormented, self-loathing, bewildered, lost, identityless - " fragt er sich selbst. Worauf es schließlich hinausläuft, ist, daß er sie nur als Objekt seiner sexuellen Begierden betrachtet, sie als Person aber nicht anzuerkennen bereit ist. Damit ist aber auch exemplarisch sein ganzes Selbstverständnis und seine Haltung gegenüber anderen überhaupt umschrieben. "How have I come to be such an enemy and flayer of myself?" fragt er sich anklagend. "And so alone! *Oh*, so alone! Nothing but *self*! Locked up in *me*!"(298) Bei allem scheinbaren Einsatz für soziale Gerechtigkeit ist er nicht bereit, den anderen Menschen als Person anzuerkennen oder sich in der Ordnung, in der er aufwächst, zur Persönlichkeit zu bilden. Er ist nicht nur isoliert, wie es in dem letzten Zitat den Anschein haben mag, sondern es fehlt ihm die innere Stärke, sich in Auseinandersetzung mit anderen Persönlichkeiten zu entwickeln. Übrig bleibt, Erfüllung im rein körperlichen Lustempfinden zu suchen. Naomi, das Soldatenmädchen aus dem

Kibbutz, dem er bei seinem Besuch in Israel begegnet, bezeichnet ihn daher ganz einfach als Schwein, als er in solcher obszönen Weise sie auffordert, sich ihm als Objekt seiner Begierden zur Verfügung zu stellen.

In dem weiblichen Offizier, in dem Mädchen Naomi aus dem Kibbutz, und in dem Leben im Kibbutz steht ihm am Schluß seiner Abenteuer, nachdem er seinen Eltern aus Amerika entflohen ist und Mary Jane in Athen verlassen hat, ein anderes Leben gegenüber, das Naomi als ein Leben des aus dem Ghetto befreiten jüdischen Volkes definiert, in dem jeder den anderen respektiert und einer für den anderen einsteht. In der Beschreibung Portnoys ist dies aber auch nur ein ironisch zu verstehendes Ideal, das für ihn keine Basis in der Wirklichkeit hat und das er nur als Fassade verstehen will. Für ihn ist Israel nur wieder ein "Exil". Er muß sich aber eingestehen, daß seine bisherige Lebensweise ihn nur zur Selbstzerstörung führt. So endet Portnoys Bericht in einem über fünf Zeilen ausgedrückten Seufzer "Aaa [...] hhh!!!" Dr.Spielvogels Reaktion darauf ist - die einzigen Worte, die er im Roman spricht - : "So [...]. Now vee may perhaps to begin. Yes?" Im konkreten Zusammenhang bedeutet dies wohl, daß die Therapie beginnen kann, und im weiteren Sinne, daß Portnoy - nachdem er sich über seine Vergangenheit klar geworden ist - nun zu seinem wirklichen Leben finden wird. Doch letzteres ist fragwürdig, wie bereits Tony Tanner meint, da er von dieser Vergangenheit zu sehr besessen ist. Die Obsession für das, was als abscheulich erkannt wird, wird genüßlich gepflegt.

Die Situation Portnoys wird immer wieder als typisch jüdisch beschrieben. Das jüdische Milieu verleiht seinem Bericht eine noch stärkere Authentizität als bei Bellow, Malamud oder Mailer. Das Problem kann aber über die Grenzen des Jüdischen hinaus als gültig betrachtet werden. Es besteht - in Verbindung mit den sexuellen Exzessen - in dem Nebeneinander von dem abstrakten Sich-Einsetzen für soziale Gerechtigkeit mit der Verweigerung gegenüber den Ansprüchen der Gesellschaft, der Verweigerung der Anerkennung des Anderen als Person und der Bildung der eigenen Persönlichkeit im Gegenüber mit den Anderen.

Portnoy's Complaint machte als Bestseller Philip Roth nicht nur zu einem wohlhabenden Mann, sondern trotz unterschiedlicher Reaktionen seitens der Leser und Kritiker zu einem der bedeutenden amerikanischen Erzähler, von dem man in der Folgezeit weiterhin sprach. Roth war damit als Schriftsteller etabliert, blieb aber auch der "scholar", der Professor für Literatur, der um die theoretische Grundlage seines Schreibens wußte. Professoren und meist gleichzeitig Schriftsteller sind auch die Helden seiner nächsten Romane: David Kepesh in *The Breast*, 1972, und *The Professor of Desire*, 1977, Peter Tarnopol in *My Life as a Man*, 1974, und Nathan Zuckerman als Held einer der von Tarnopol geschriebenen Geschichten in *The Professor of Desire*, als auch der Held in *Zuckerman Bound: A Trilogy and Epilogue*, 1985, und in den der Trilogie folgenden *The Counterlife*, 1987, und *Deception*, 1990. Bei allen diesen Helden ist ein beachtliches Stück Autobiographie in die Darstellung eingegangen. In allen der genannten Romane wird das Problem der Spannung zwischen Anpassung und Aussonderung weiterverfolgt. Der Akzent liegt aber nicht mehr so sehr auf der Behauptung oder Entwicklung einer Identität gegenüber dem Herkömmlichen und besonders gegenüber der Herkunft im Sinne der Familie, sondern auf der Problematik eines gespaltenen Ich, das einerseits ein als vernünftig zu betrachtendes Leben zu führen versucht und das andererseits den Lockungen des Fleisches nachzugeben geneigt ist. David Kepesh möchte in *The Professor of Desire* nach Byron "studious by day, [...] dissolute by night" sein - nach einer Aussage Richard Steeles, des englischen Essayisten - "a rake among scholars, a scholar among rakes"(17). Die Versuche, als "Wüstling"("rake") zu leben, geben dem Autor genug Gelegenheiten, wie in *Portnoy's Complaint* in der Darstellung des Geschlechtlichen zu schwelgen, wenn auch nicht verkannt werden soll, daß dies in satirischer Weise geschieht. Kafkaeske Züge gewinnt das Geschehen, wenn sich Kepesh in *The Breast* auf eine Brust reduziert sieht. Die Darstellungsform des Geschehens als Beichte vor dem Analytiker, die Roth in *Portnoy's Complaint* eingeführt hatte, bleibt grundsätzlich erhalten. Dr.Spielvogel erscheint wieder in *The Professors Desire*. In *The Breast* und *My Life as a Man* tritt an seine Stelle Dr.Klinger. Ein neues Motiv erscheint, wenn die Beschäftigung mit Literatur oder das Verfassen von Literatur als Mittel dient, die Identitätskrisen der Helden zu überwinden. Thematisiert wird dabei auch das Verhältnis zwischen Wirklichkeit und Fiktion schlechthin. Erscheint jedoch der "scholar-rake" in den ersten Romanen vornehmlich noch als "lover", so in den beiden späteren vor allem als der "artist". Roth problematisiert damit nicht nur seine eigene Funktion als Schriftsteller, sondern auch die als jüdischer Erzähler, der seit der Veröffentlichung von "The Defender of the Faith", vor allem aber nach derjenigen von *Portnoy's Complaint* beschuldigt wird, mit seiner kritischen Darstellung jüdischen Erbes dem Volke seiner Herkunft zu schaden. "The ramification of the uproar it formented," berichtet er in *The Facts*, "eventually inspired me to crystallize the public feud into the drama of internal family dissension that's the backbone of the Zuckerman series, which began to take shape some eight years later"(116f).

Zuckerman Bound, 1985

Die einzelnen Teile, die Roth in der Zuckerman-Serie zusammenfaßte, sind *The Ghost Writer*, 1979, *Zuckerman Unbound*, 1982, *The Anatomy Lesson*, 1983, und - als Epilog - *The Prague Orgy*.
   In *The Ghost Writer* erzählt Nathan Zuckerman von seinem Besuch bei dem von ihm verehrten jüdischen Schriftsteller E.I.Lonoff in den Berkshires im westlichen Massachusetts im Dezember 1956. Zuckerman ist 1956 wie Roth 23 Jahre alt und hat erste Anerkennungen für seine Kurzgeschichten erhalten. E.I.Lonoff ist eine weitgehend fiktive Gestalt, trägt jedoch Züge anderer jüdischer Schriftsteller, die unterschiedlich als Malamud, Singer, Rahv oder Salinger von seiten der Kritiker identifiziert werden. Den von Lonoff zitierten Schriftsteller Abravanel identifiziert man mit Bellow oder Mailer. Doch dürfte die Frage nach dem Vorbild für die Gestalt Lonoffs von untergeordneter Bedeutung sein. Entscheidend ist vielmehr, was er für Nathan bedeutet. Dies ist zunächst: "Purity. Serenity. Simplicity. Seclusion. All one's concentration and flamboyance and originality reserved for the grueling, exalted, transcendent calling. I looked around and I thought, This is how I will live"(5). Lonoffs Leben besteht nach seiner eigenen Aussage im Herumdrehen von Wörtern und im Einhalten einer festen Routine, ohne die er sich langweilen würde. Erfahrung spielt eine untergeordnete Rolle für ihn. "I wish," sagt er, "I knew that much about anything [wie Nathan durch die Jobs, mit denen er sein Geld verdient]. I've written fantasy for thirty years. Nothing happens to me"(16). Nathan möchte Lonoffs "spiritual son" werden und sich nach seinem Vorbild ausrichten. Doch dieser warnt

ihn. Er sieht in Nathan eine andere Begabung. Zu seiner - übrigens nicht-jüdischen - Frau sagt Lonoff: "an unruly personal life will probably better serve a writer like Nathan than walking in the woods and startling the deer. His work has turbulence - that should be nourished, and not in the woods. All I was trying to say is that he oughtn't to stifle what is clearly his gift"(33). Lonoff weiß die Annäherungsversuche Amys, einer seiner ihn verehrenden Studentinnen mit väterlicher Würde und Liebe abzuweisen, während Nathan durch die immerhin schon 26-jährige Frau, die seine Phantasie erregt, in Versuchung gerät. Nathan gesteht am Ende seines Besuchs bei Lonoff: "*I don't think I could keep my wits about me, teaching such beautiful and gifted and fetching girls.*" Die lakonische Antwort Lonoffs ist: "*Then you shouldn't do it*"(175).

Damit ist wiederum das Thema, das schon die vorausgehenden Romane bestimmte, angesprochen: der Zwiespalt zwischen Anpassung und Sonderung erscheint hier, wie auch dort schon, als ein Konflikt zwischen Kunst und Leben. Die Kunst fordert hier ein Engagement, das das Leben auszuschließen scheint. Hope, Lonoffs Frau, ihm in Treue ergeben, leidet darunter. Nach 35 Jahren Ehe wünscht sie, daß Amy, deren Leidenschaft für Lonoff sie erkennt, auch auf ihn verzichte. Die Hingabe an die Kunst ist, wie Nathan sieht, selbst eine Leidenschaft. Sie kommt zum Ausdruck in einem Zitat aus Henry James' *The Middle Years*, das Nathan bei Lonoff findet: "We work in the dark - we do what we can - we give what we have. Our doubt is our passion and our passion is our task. The rest is the madness of art"(77). Lonoff wird zum Vorbild für Nathan. Doch er warnt diesen, da er - seinem Wesen entsprechend - mit einem anderen Verhältnis zwischen Leben und Wirklichkeit zu ringen hat.

Hand in Hand mit dem Problem, Künstler zu sein, geht für Nathan das des jüdischen Schriftstellers. Beides ist für ihn so eng miteinander verwoben, weil er die Verbindung zwischen Wirklichkeit und Kunst so eng sieht. Dabei wird zunächst von Bedeutung, wie er die Kunst Lonoffs einschätzt. "Lonoff's hero." heißt es, "is more often than not a nobody from nowhere, away from a home where he is not missed, yet to which he must return without delay. His celebrated blend of sympathy and pitilessness [...] is nowhere more stunning than in the stories where the bemused isolate steels himself to be carried away, only to discover that his meticulous thoughtfulness has caused him to wait a little too long to do anyone any good, or that acting with bold and uncharacteristic impetuosity, he has totally misjudged what had somehow managed to entice him out of his manageable existence, and as a result has made everything worse"(14). Es ist dies eine recht gute Beschreibung der Helden in Isaac Bashevis Singers Erzählungen, wie die des Schlemihl in der jüdischen Literatur überhaupt. Gekennzeichnet ist diese Literatur durch eine Balance zwischen Wehmut und Ironie über das Mißlingen des gutgemeinten Bemühens um Erfolg in der Welt. Es impliziert immer die Wahl zwischen den Möglichkeiten, sich mit dem Schicksal abzufinden oder sich daraus zu befreien. Für den jüdischen Schriftsteller, hier besonders für Roth, wird diese Frage zu der nach der Behauptung jüdischer Identität oder deren Aufgabe.

Die zweite Konkretisierung des Problems des jüdischen Schriftstellers erfolgt in *The Ghost Writer* durch die Kritik, die Nathans Vater an der Geschichte seines Sohnes übt, die dieser nach einer wahren Begebenheit in der Familie geschrieben hat. In der Anklage des Vaters geht es vor allem um die Vorwürfe, die Roth von jüdischen Lesern und Kritikern beim Erscheinen von "The Defender of the Faith" und später von *Portnoy's Complaint* gemacht wurden, nämlich daß er sein eigenes Nest beschmutzt habe. Der Vater und die jüdische Gemeinde fürchten, daß er die Juden damit in Verruf bringe und einen neuen Antisemitismus schüre. Der Vater glaubt, die Welt besser als sein Sohn zu kennen: "I wonder if you fully understand," sagt er zu Nathan, "Just how little love there is in the world for Jewish people. I don't mean in Germany, either, under the Nazis. I mean in run-of-the-mill Americans, Mr. and Mrs.Nice Guy, who otherwise you and I consider perfectly harmless. Nathan, it is there"(92f.). Dies ist eine Herausforderung, der sich Nathan gestellt sieht, der er aber nicht bereit ist, sich durch Anpassung zu beugen.

Eine Antwort findet Nathan gewissermaßen in der dritten Konkretisierung seines Problems, nämlich in dem, was je nach den Umständen als "Demythologisierung" oder als "Entsakralisierung" des *Tagebuchs der Anne Frank* bezeichnet werden könnte. Angestachelt durch die Eifersucht auf Amy, die Studentin, die die sehr unzweideutigen Annäherungsversuche an Lonoff macht, schreibt er in der Nacht, die er im Hause des von ihm verehrten Schriftstellers verbringt, in Gedanken die Geschichte Amys als Anne Frank, die Belsen überlebt hat.

Es darf als historisch gesichert gelten, daß von der Familie Frank und den anderen mit ihnen 25 Monate lang in einem Amsterdamer Hinterhaus versteckten Juden nur der Vater Anne Franks die SS-Vernichtungslager überlebte. In Nathans Geschichte überlebte Anne Frank Belsen und kam, im Glauben, daß ihre Angehörigen umgekommen seien, unter dem Namen Amy Belette nach Amerika, um ein neues Leben aus eigener Kraft zu beginnen. In einer Zeitschrift erfährt sie von der Veröffentlichung ihres von ihr längst vergessenen Tagebuchs und von dem Überleben ihres Vaters. Sie entschließt sich jedoch, ihre Identität mit Anne Frank nicht zu enthüllen. Denn inzwischen ist sie ein anderer Mensch geworden und teilt nicht mehr die Zuversicht des damals 12 bis 15-jährigen Mädchens in das Gute in der Menschheit. Daß Millionen von Lesern aber durch die Lektüre ihres Tagebuchs zum Mitleid für die Juden erregt wurden, betrachtet sie mit Genugtuung. Sie sieht darin eine Art Rache, meint jedoch, der Effekt würde verlorengehen, wenn man erführe, daß sie Belsen überlebt habe. Nathan läßt Amy die Geschichte Lonoff erzählen, "because it's like one of your stories"(124). Lonoff bekennt jedoch daraufhin: "Well, then, you have left my poor art behind"(125). Sie geht weiter als Lonoff. Es ist eben Nathans, d.h. Philip Roths, Geschichte, die auf Wirklichkeit, d..h. hier aber, transponierter Wirklichkeit beruht. Die Wirklichkeit, die hinzukommt, ist nicht so sehr die, daß Amy Annes Schicksal erlebte, sondern daß in Nathans Imagination sein "desire" nach Amy wirksam wird.

Nathan läßt Anne als 13-jähriges pubertierendes Mädchen in der Angst vor dem Tode sinnliche Liebe kennenlernen, durch die sie sich wiedergeboren und zu sich gekommen glaubt. Sie erleidet wie die anderen das Schicksal der Deportation, doch nicht so sehr als Jüdin unter Juden, sondern als eigene Person. Und es ist diese eigene Person, die den Holocaust überlebt. "*I don't feel in the least bit responsible to any of you ... I don't have to give an account of my deeds to anyone but myself...*"(140). Würde Nathan Amy als die wiedergefundene Anne Frank heiraten, würde er seines Vaters Vorstellungen genügen. Aber Nathan läßt Amy diese Identität verweigern: "But she could not bear them all laying their helpful hands upon her shoulders because of Auschwitz and Belsen. If she was going to be thought exceptional, it would not be because of Auschwitz and Belsen but because of what she had made of

herself since"(132). Es ist dies wohl Roths beredteste Verteidigung seiner eigenen Position als jüdischer Schriftsteller. Und sie ist dies, gerade weil er sie in einer Transformation der Geschichte von Anne Frank schreibt, die für seine Kritiker als Heilige gilt. Amy will keine Heilige sein. Roth will als Schriftsteller nicht von dem Mitleid profitieren, das den Juden des Holocausts zuteil wurde. Er will zeigen, was den Juden mit anderen gemeinsam ist, um sie nicht durch Verschweigen zu etwas Besonderem zu machen. Er zitiert aus dem Tagebuch: *"the time will come when we are people again, and not just Jews"*(142). Roth/Nathan sieht für sich die Zeit dazu gekommen. Sich als Geliebter Amys/Annes vorstellend, ruft er gegen Schluß für sich aus: "Oh, marry me, Anne Frank, exonerate me before my outraged elders of this idiotic indictment! Heedless of Jewish feeling? Indifferent to Jewish survival? Brutish about their wellbeing? Who dares to accuse of such unthinking crimes the husband of Anne Frank!" (170f.) Das Problem ist nur, daß Amys Identität verborgen bleiben muß, sie sich in Roths Imagination zu einem Leben befreit hat, das in gewissem Sinne fragwürdig bleibt, zumal sie zur "femme fatale" des Künstlers wird.

In Anwesenheit Nathans sagt Lonoff zu seiner Frau: "Let Nathan see what it is to be lifted from obscurity. Let him not come hammering at our door to tell us that he wasn't warned"(181). Roth stellt diese Worte dem zweiten Teil seiner Trilogie voran und formuliert damit bereits eines der Themen. Zuckerman wird in *Zuckerman Unbound* mit dem Erfolg seines Romans *Carnovsky* konfrontiert, der ihn berühmt und reich gemacht hat. Zuckermans *Carnovsky* erscheint 1969, d.h., zur gleichen Zeit wie Roths *Portnoy's Complaint*. Wie die vorausgehenden Romane - und wie das gesamte Romanwerk Thomas Wolfes', auf das sich Nathan beruft - ist *Zuckerman Unbound* weitgehend eine Verarbeitung eigener Erfahrung. Entscheidend ist die problematische Differenz zwischen "impersonation" und "confession". Seine Leser, heißt es, "had mistaken impersonation for confession and were calling out to a character who lived in a book" (190). Die Schwierigkeit besteht darin, daß Nathan sich seiner Identität selbst nicht sicher ist. D.h., hinter der Problematik von "impersonation" und "confession" steht die zwischen dem "serious writer"(188), der er gerne sein möchte, und dem "leading character" in "the theater of the ridiculous", den er - "because of literature"(273) - spielen möchte und zu spielen glaubt. Die Problematik findet in *Zuckerman Unbound* genausowenig eine Lösung wie in den früheren Romanen, sondern bleibt als Paradoxon bestehen, ohne aber damit etwa die Paradoxität des Künstlerseins selbst unbedingt zu umschreiben.

Das "theater of the ridiculous" findet Nathan zu seinem Leidwesen nicht bei dem von ihm geschätzten Aristoteles definiert. Auf diesen beruft er sich aber, wenn er meint, "that it is the writers who are supposed to move the readers to pity and fear, not the other way around!"(378). Wenn er die führende Rolle des Theaters des Lächerlichen sich selbst zuschreibt und die aus seiner eigenen Wirklichkeit übernommenen Figuren der Lächerlichkeit preisgibt, will er bei seinen Lesern Angst erzeugen, daß sie selbst solcher Lächerlichkeit anheimfallen könnten. Aber er will auch Mitleid mit diesen als Opfer einer lächerlich gewordenen Welt dargestellten Figuren bewirken. Dies ist ein rühmliches Unterfangen für einen satirischen Schriftsteller. Doch ist es nur die eine Seite. Ihr gegenüber steht Zuckermans Glaube, er finde seine Befreiung in dem Zustande, gegen den seine Satire sich richtet. Bei seiner Begegnung mit dem Sexfilmstar Caesara O'Shea meint er: "If only he *were* Carnovsky. Instead, he would go home and write it all down. Instead of having Caesara, he would have

his notes"(262). In diesem Falle widersteht er nicht mehr der Versuchung: er geht mit Caesara auf ihr Zimmer.

Als ihm sein Bruder Henry in einem schwachen Augenblick gesteht, wie unglücklich er sich in seiner Ehe fühle, empfiehlt er ihm, sich zu befreien. "You don't have to play the person you were cast as, not if it's what's driving you mad"(393). Die Rolle, von der die Rede ist, ist die des braven, gehorsamen Jungen, die Rolle, die der Vater für sie vorgesehen hat. Er glaubt, sich davon schon längst gelöst zu haben. Aber er weiß auch nicht, wer er jetzt ist. Als er sich in Newark noch einmal das Haus anschaut, in dem er mit seinen Eltern wohnte, fragt ein Farbiger ihn, der jetzt dort zu Hause ist, "Who you supposed to be?" Nathan antwortet: "No one"(404).Schon zuvor hieß es: "he was no longer any man's son. Forget fathers, he told himself. Plural"(378). Doch es bleibt nur ein Wunschtraum: "All he wanted at sixteen was to become a romantic genius like Thomas Wolfe and leave little New Jersey and all the shallow provincials therein for the deep emancipating world of Art. As it turned out, he had taken them all with him"(360). Und wenn er alles hinter sich gelassen zu haben glaubt, spielt er nur eine Figur in seinem Theater des Lächerlichen.

Sein Manager André wirft ihm zu recht vor, daß er nicht bereit sei, das Leben zu führen, das er - sich emanzipierend - immer führen wollte, so wie Lonoff sich nicht traute. "You felt stultified writing 'proper, responsible' novels [...]. Well you have successfully conducted your novelistic experiment and now that you are famous all over the haywire country for being haywire yourself, you're even more stultified than before. What is more, you are outraged that everybody doesn't know how proper, responsible, and drearily virtuous you really are, and what a great achievement it is for mankind that such a model of Mature Adult Behavior could have given the reading public a Gilbert Carnovsky. Yet set out to sabotage your own moral nature, you set out to humiliate all your dignified, high-minded gravity, and now that you've done it, and done it with the relish of a real saboteur, now you're humiliated, you idiot, because nobody aside from you seems to see it as a profoundly moral and high-minded act!"(305) Am Schluß scheint er auf Andrés Ratschlag einzugehen, das Leben, das er meinte, anstreben zu müssen, zu spielen, wenn er sich zu seiner Rückfahrt von Newark nach Manhattan eine kugelsichere Taxe mit einem bewaffneten Fahrer bestellt. Er akzeptiert jetzt die Rolle des bedrohten Millionärs, der Angst haben muß vor einem Attentäter wie "Oswald, Ruby et.al.", so der Titel des dritten der vier Teile des Romans.

Die Ironie liegt darin, daß er als Verfasser von *Carnovsky* nicht der Autor von "a profoundly moral and highminded *art*" ist. Er ist eine Figur des "show business", die im Grunde noch weniger als der "serious author" ihr Leben nach eigener Vorstellung zu entfalten vermag. Dies erkennt Nathan, wenn er in Alvin Pepler eine Parodie seiner selbst sieht. Pepler hatte dreimal einen Fernsehquiz gewonnen und war als eine Art Held gefeiert worden, bis die Gunst des Publikums bzw. der Manager ihn fallen ließ. Er bettelt Nathan in einer Weise an, die der Erpressung nahekommt. Pepler hat ein "maniacal memory" von Zahlen und Fakten wie Nathan von seiner Vergangenheit. Doch bei Pepler ist es ein "maniacal memory without maniacal desire for comprehension"(338). Pepler unterscheidet sich danach von Nathan. Doch wenn Nathan es aufgibt, der "serious writer" zu sein, ist er nicht viel besser als Pepler. "P. as my pop self? Not far from how P. sees it. He who's made fantasy of others now fantasy of others. Book: *The Vrai's Revenge* - the forms their fascination takes, the counterspell

cast over me"(339). Mit der Frage nach dem eigenen Ich stellt sich die nach der Wirklichkeit. Nach seiner Begegnung mit Pepler macht Nathan sich darüber Notizen, um diese später in einen Roman verarbeiten zu können. Er schreibt die Worte des Erpressers nieder, der seine Mutter zu entführen droht. Imagination mischt sich dabei mit Wirklichkeit, wenn er meint, der Erpresser sei identisch mit Pepler. Von Pepler meint er: "what a novel this guy would make!"(320) Der Leser weiß bald nicht mehr, inwieweit Pepler eine wirkliche Figur oder nur eine Vorstellung Nathans ist. "Or would Zuckerman's imagination beget still other Peplers conjuring up novels out of his - novels disguising themselves as actuality itself, as nothing less than real?"(378) Umgekehrt könnte auch von "actuality disguising itself as novels" gesprochen werden. Hinter Zuckerman steht Philip Roth, der sich vom Leser nicht verstanden glaubt. Hinter Carnovsky erkennen die Leser Zuckerman; hinter Pepler, über den Zuckerman als Carnovsky einen Roman schreiben will, werden die Leser wieder Carnovsky erkennen etc. Wie in Bildern Eschers geht die eine Ebene in die andere über. Roth läßt Zuckerman über die Schwierigkeiten schreiben, die er mit seiner Identität als Schriftsteller hat. Zuckerman läßt Carnovsky über seine Schwierigkeiten schreiben etc. D.h., es ist letztlich ein sehr narzißtisches Unterfangen. Roths Trilogie wird damit zur "metafiction", wenn die Frage nach der Möglichkeit der Darstellung die Darstellung selbst, "the art of depiction"(234), verdrängt.

Der Roman hält sich - ähnlich wie *The Ghost Writer*, wenn auch nicht mit der gleichen Strenge - an den mehrfach zitierten Aristoteles in bezug auf die Einheit von Ort und Zeit. Das Geschehen umspannt nur wenige Tage nach dem Erscheinen von Zuckermans *Carnovsky* und konzentriert sich auf Manhattan und einen Abstecher nach Miami zur Beerdigung des Vaters. Weniger einheitlich ist die Handlung. Das Geschehen gliedert sich in den Abschied von Laura, Zuckermans dritter Frau, die Begegnungen mit Caesara und Pepler, die Anrufe des Erpressers und den Tod und die Beerdigung des Vaters. Trotz mehrfacher Verknüpfung der einzelnen Elemente miteinander erscheinen sie doch eher als Episoden, die die Lektüre zwar interessant machen, aber zu keiner einheitlichen Entfaltung der Gedanken führen, um deren Darstellung es dem Autor geht.

In *The Anatomy Lesson*, dem dritten Teil der Serie, ist Zuckerman als Schriftsteller an einem toten Punkt angelangt. Immer wieder kreisen seine Gedanken um die Vorwürfe, die der Kritiker Appel ihm in bezug auf seinen Roman machte. Unschwer sind dabei Irving Howe und sein Aufsatz "Philip Roth Reconsidered" im *Commentary* vom Dezember 1972 zu erkennen, die den Schriftsteller sehr trafen. Die Auseinandersetzung mit der Kritik steht so sehr im Vordergrund, daß das Erzählen kaum noch zum Zuge kommt.

Auch nach dem Abschluß der Trilogie vermochte Roth sich nicht von seiner Obsession bezüglich der Kritik an seinem Werk und von der Figur Zuckermans zu befreien. Zur Neuauflage kommt das Thema der Anfeindung gegenüber dem jüdischen Schriftsteller seitens jüdischer Leser in *The Counterlife*, 1987, dem Roman, der einen Kritiker zu dem Bonmot veranlaßte: "Déjà Jew." "Gegenstück" zu seinem "Gegenleben" wird Roths bis zur Veröffentlichung von *Portnoy's Complaint* reichende Autobiographie *The Facts*, 1988. Nach dem Abschluß von *The Counterlife* hatte Roth einen psychischen und physischen Zusammenbruch erlitten. Mit einer Rückbesinnung auf die "Fakten" seines Lebens versucht er "to repossess life"(5). Roth fand zum

Leben zurück. Doch erfolgte kein neuer Ansatz in seinem schriftstellerischen Schaffen. *Deception*, 1990, wird zur bloßen Fortsetzung der Zuckerman-Serie, ohne das Interesse zu erwecken, das die ersten beiden Bände der Trilogie auszulösen vermochten. Es wird nur versucht, das alte Thema neu zu formulieren, wenn im Roman Philip, der einen Roman über den Biographen des inzwischen verstorbenen Zuckerman schreiben will, sagt: "I write fiction and I'm told it's autobiography. I write autobiography and I'm told it's fiction, so since I'm so dim and they're so smart, let *them* decide what it is or it isn't"(190). Das Besondere des Romans ist, daß er nur aus Dialogen besteht, und Roth ist darin - wie schon in seinem früheren Werk - Meister. Doch der Leser ist irritiert, wenn er bei jedem neuen Abschnitt erst wieder - und oft vergeblich - raten muß, wer nun mit wem spricht. *The Facts* fanden ihre Fortsetzung in *Patrimony*, 1992, dem Bericht von dem Tode seines Vaters, in dem sich Roths Kunst des Erzählens in bester Weise weiter bewährt.

In einem - später vielzitierten - frühen Essay, "Writing American Fiction", 1961, gesammelt in *Reading Myself and Others*, 1975, beschreibt Roth die Situation des Romanschriftstellers zu seiner Zeit dahingehend, daß die amerikanische Wirklichkeit alle normale Vorstellungskraft derart übersteige, daß der Verfasser von "fiction" nicht mehr mit ihr konkurrieren könne. Roth formuliert damit, was in dem Werk einer ganzen Reihe seiner Zeitgenossen erkennbar wird, sei es bei Joyce Carol Oates, John Updike, Norman Mailer oder den Autoren der "New Fiction". Saul Bellows *The Dean's December* noch kann als eine Reaktion auf diese Situation, wie Roth sie beschreibt, verstanden werden, wenn dessen Held einen neuen Versuch unternehmen will, dieser Wirklichkeit wieder gerecht zu werden. Bei Roth verzahnen Fiktion und Wirklichkeit sich immer mehr, so daß sie ihm zu einem postmodernen Albtraum werden.

In den soweit besprochenen Romanen geht es Roth weitgehend um persönliche Probleme seiner Helden. In einigen seiner Kurzgeschichten, in dem Kurzroman *The Gang*, 1971, und dem Roman *The Great American Novel*, 1973, geht er unmittelbar - und zwar in höchst satirischer Form - auf die gesellschaftliche und politische Situation seines Landes ein. Ziel der Satire ist dabei in *Our Gang* vor allem Präsident Nixon mit der Watergate-Affäre und dem Krieg in Vietnam, in dem Baseball-Roman *The Great American Novel* der amerikanische Traum als solcher. Wie sehr berechtigter Zorn des Autors dabei auch zum Ausdruck gelangt, verliert er doch durch seine Einseitigkeit und Vehemenz, die oft nicht mehr als formal gebändigt erscheinen, seine Wirkung.

Entscheidend für Philip Roths Bedeutung als Schriftsteller bleiben - bei allen Vorbehalten im einzelnen - *Goodbye, Columbus, Portnoy's Complaint,* und die ersten beiden Bände der Zuckerman-Trilogie *The Ghost Writer* und *Zuckerman Unbound*. Das Verdienst dieser Werke ist es, auf dem realen Hintergrund jüdischen Lebens in der Neuen Welt die Problematik der Selbstfindung jenseits überkommener Wertvorstellungen glaubwürdig dargestellt zu haben.

Literatur

Zitiert nach *Goodbye, Columbus* (Bantam), New York 1963; *Portnoy's Complaint*, New York 1969; *The Professor of Desire*, New York 1977; *Zuckerman Bound*, New York 1985; *The Facts*, London 1989; *Deception*, New York 1990.

Sekundärliteratur:
John N.McDaniel, *The Fiction of Philip Roth*, Haddonfield, NJ, 1974.
Sanford Pinsker, *The Comedy that "Hoits": An Essay on the Fiction of Philip Roth*, Columbia, MO, 1975.
Bernard F.Rodgers, *Philip Roth*, Boston, 1978.
Judith P.Jones und Guinevera A.Nance, *Philip Roth*, New York, 1981.
Sanford Pinsker, hg., *Critical Essays on Philip Roth*, Boston, 1982.
Hermione Lee, *Philip Roth*, London, 1982.
George J.Searles, *The Fiction of Philip Roth and John Updike*, Carbondale, IL, 1985.
Asher Z. Milbauer und Donald G.Watson, hg., *Reading Philip Roth*, London, 1988.

Weitere jüdische Erzähler

Stanley Elkin, geb.1930

Etwa gleichen Alters und aus ähnlichen Verhältnissen kommend wie Philip Roth, hätte nach seinen ersten Veröffentlichungen von Stanley Elkin ein entsprechendes Werk jüdischer Erzählkunst erwartet werden können. Sein Schaffen schlug jedoch sehr bald eine andere Richtung ein, die es ihm erschwerte, volle Anerkennung bei der Kritik zu finden.

Elkin wurde 1930 in New York City geboren, verbrachte aber seine Kindheit in Chicago und absolvierte an der Universität von Illinois in Urbana seine Studien. Später ließ er sich in St.Louis nieder, um an der dortigen George Washington Universität Literatur zu unterrichten. Wie Roth veröffentlichte er Ende der fünfziger Jahre, nicht ohne Erfolg, seine erste Kurzgeschichte. Eine Sammlung seiner frühen Kurzgeschichten erschien 1966 unter dem Titel *Criers and Kibitzers, Kibitzers and Criers*, drei Novellen 1973 unter dem Titel *Searches and Seizures*. An Romanen erschienen in dichter Folge *Boswell*, 1964, *A Bad Man*, 1967, *The Dick Gibson Show*, 1971, *The Franchiser*, 1976, *The Living End*, 1979, *George Mills*, 1982, und *The Magic KIngdom*, 1985.

"Criers and Kibitzers, Kibitzers and Criers", 1961.

Ein Teil der frühen Kurzgeschichten Elkins stehen denjenigen Malamuds und Roths sehr nahe. Dazu gehört auch die Titelgeschichte seines Sammelbandes. Es ist die Geschichte Jake Greenspahns, des Eigentümers eines Lebensmittelgeschäftes, der um den Tod seines 23-jährigen Sohnes Harold trauert. Nach "crieers and kibitzers" unterscheiden sich die Gäste in dem Restaurant, in dem Greenspahn sein Mittagessen einnimmt. "The criers, earnest, complaining with a peculiar vigor about their businesses, their gas mileage, their health; their despair articulate, dependably lamenting their lives, vaguely mourning conditions, their sorrow something they could expect no one to understand. The kibitzers, deaf to grief, winking confidentially at the others, their voices high-pitched in kidding or lowered in conspiracy to tell of triumphs, of men they know downtown, of tickets fixed, or languishing goods moved suddenly and unexpectedly, of the windfall that was life"(13f.). Greenspahn

gehört zu den "criers". Er ist unzufrieden mit dem Gang der Geschäfte, ärgert sich über die Kunden, die Angestellten und die Lieferanten.

Am Abend läßt er einen seiner Angestellten den Laden schließen, damit er rechtzeitig vor Sonnenuntergang zur "shul" kommt, um für seinen Sohn zu beten. In der darauf folgenden Nacht hat er zum ersten Mal einen Traum, in dem ihn der Rabbi auffordert, an Harold zu denken und Gott davon zu berichten. Er sieht Harold nun in seinem Sarg liegen, "twenty-three years old, wifeless, jobless, sacrificing nothing even in the act of death, leaving the world with his life not started"(36). Er sieht aber auch das hilflose Gesicht Harolds, als dieser bemerkte, daß ein Angestellter des Ladens sah, wie er Geld aus der Kasse entwendete. Der Sohn, auf den Greenspahn all seine Hoffnung gesetzt hatte, war ein Versager und hatte ihn dazu noch betrogen. "The criers, ignorant of hope," heißt es zuvor, ""the kibitzers, ignorant of despair. Each with his pitiful piece broken from the whole of life, confidently extending only half of what there was to give"(35). Elkin zeigt in seiner jüdischen Geschichte den Menschen in der Spannung zwischen Hoffnung und Verzweiflung noch in einem rein jüdischen Milieu. Der Lebensmittelhändler erinnert an Malamuds Bober in *The Assistant*, der Traum an Erzählungen Malamuds oder Singers.

Kennzeichnend für die Gesellschaft seiner Zeit, die Elkin in seinen späteren Werken darstellt, sind Warenverteilung und Konsumzwang, Verkauf und Erwerb als Formen gesellschaftlicher Interaktion. Seine Charaktere versuchen, sich in dieser zunächst durchaus positiv dargestellten Welt zu bewähren. Wie dies geschieht, zeigt bereits eine seiner frühen Kurzgeschichten, die er selbst als zentral für das Verständnis seines Gesamtwerkes betrachtet. Es handelt sich dabei um die auch in *Criers and Kibitzers* gesammelte Geschichte

"The Poetics for Bullies", 1965.

Die Erzählung beschreibt in märchenhaft-allegorischer Geradlinigkeit die Konfrontation zweier antagonistischer Charaktere. Auf der einen Seite steht Push, einer der im Titel genannten "bullies", ein Junge, dessen Findigkeit keine Grenzen kennt, wenn es darum geht, Mitschüler - vor allem solche, die ihm unterlegen sind - zu demütigen und zu drangsalieren. Sein Kontrahent ist John Williams, ein Ausbund an Freundlichkeit und mitfühlender Hilfsbereitschaft, zudem ein vorbildlicher Schüler. Push verkörpert die desillusionierende Macht des Realitätsprinzips, Williams die Aspirationen humaner Menschlichkeit. Wenn Williams dem querschnittgelähmten Krüppel Slud dabei hilft, die Muskulatur seiner Arme zu trainieren, damit seine Kräfte sich denen der anderen Schüler anpassen, so fühlt Push sich sogleich bemüßigt, die beiden daran zu erinnern, daß Slud eben auch mit den Bizepsen eines Gewichthebers nie werde tanzen oder radfahren können. Push ist ein Lehrmeister in Sachen menschlicher Erniedrigung. Das Besondere an der Geschichte ist nun aber, daß der Autor auf der Seite Pushs steht. Dabei ist für ihn nicht von Bedeutung, ob sein Handeln als gut oder böse zu werten sei, sondern daß er in der Lage ist, sich in dieser seiner Welt durchzusetzen, fähig ist, durch die Überwältigung seines Gegenübers oder der Umwelt seine Identität zu finden. Elkin geht dabei von einer quasi "leeren" Figur aus, die nur im jeweiligen neuen Aneignen oder Überwinden der ihr gegenübertretenden Wirklichkeit zur Person wird. Die auf diese Weise ihre Identität findende Figur bestimmt ihre Wirklichkeit, wie sie selbst durch sie bestimmt ist. Durch den Wechselbezug von Identität und Wirklichkeit wird die Welt von Elkins Erzählungen und Romanen nie zum reinen Konstrukt wie bei der gleichzeitig mit seinem eigenen Schaffen einsetzenden - und von seinem Freund und Kollegen William Gass vertretenen - "New Fiction". Elkins Sonderstellung in der Erzählkunst seiner Zeit ergibt sich aus der positiven Wertung der so bestimmten Identität und Wirklichkeit.

The Franchiser, 1976.

Ihren einstweiliegn Höhepunkt fand die Erzählkunst Elkins in *The Franchiser* von 1976. Seit dem Erscheinen dieses Romans wird Elkin von einer Reihe von Kritikern zu den besten amerikanischen Erzählern seiner Zeit gerechnet.

Ben Flesh, der Protagonist des Geschehens, war gegen Ende des letzten Weltkriegs noch einberufen worden, auf Grund des Unfalltodes seiner Eltern aber nicht mehr zum Kriegseinsatz gekommen. Trotzdem darf er wie die Kriegsteilnehmer auf Kosten der Regierung studieren. Er besucht die Wharton School of Business. Sein weiterer Lebensweg wird jedoch durch eine sonderbare Erbschaft bestimmt. Der Theaterschneider Julius Finsberg, der frühere Partner seines Vaters und sein Pate, wird auf dem Sterbebett von seinem Gewissen geplagt, weil er Bens Vater übervorteilt hatte. Er versucht, sein Unrecht dadurch gutzumachen, daß Ben zum Diskontsatz zu jeder Zeit von dem Erbe seiner eigenen achtzehn Kinder als Bürgschaft Gebrauch machen kann. Ben nutzt die ihm gegebene finanzielle Möglichkeit, indem er sich Konzessionen ("franchises") verschiedener über das ganze Land verbreiteter Firmen kauft und weiterverkauft. Zu den Firmen, deren Lizenzen er erwirbt, gehören u.a. Howard Johnson, Fred Astair Dance Studio, Colonel Sanders Kentucky Fried Chicken, One Hour Martinizing, K-O-A, Dairy Queen, Mister Softee Ice Cream, Robo Wash, Radio Shack, Econ-Car International, H&R Block, Burger King, Cinema I, Cinema II. Es geht ihm darum, daß man in allen Teilen des Landes die gleichen Geschäfte findet und damit weiß, daß man in Amerika ist. Das Land muß in Kalifornien genau so aussehen wie in Maine. Um seine verschiedenen Unternehmungen zu überwachen und zu über-prüfen, ist Ben Flesh das ganze Jahr über in seinem Cardillac unterwegs durch die Staaten.

Er setzt seine Tätigkeit auch fort, als er an Multipler Sklerose erkrankt, deren Symptome allerdings immer wieder vorübergehend verschwinden. Er bleibt auch unerschüttert, als seine "god-cousins", die Finsbergs, nacheinander sterben bzw. sich von ihm lossagen. Sein letztes Ziel ist der Bau eines Travel Inn in Ringgold, Georgia, das er nicht nur in Lizenz betreiben, sondern auch besitzen will. Travel Inns sollen dann das ganze Land mit Abständen durchschnittlicher Tagesreisen abdecken. Der erhoffte Erfolg bleibt aus, da durch eine Änderung der Geschwindigkeitsbegrenzungen sich die Tagesabschnitte verändern. Auch jetzt bleibt Ben Flesh in seiner durch die Krankheit bedingten Euphorie unverzagt.

Es handelt sich bei diesem Roman nicht mehr um jüdische Erzählkunst. Insgesamt kommen nur zwölf jiddische Ausdrücke vor. Dies ist eine Häufigkeitsquote, mit der sie auch in Werken nicht-jüdischer Autoren als Fremdwörter auftreten dürften. Sie verweisen auf keinen Fall auf ein spezifisch jüdisches Milieu. Daß es sich bei dem Protagonisten und den Finsbergs um Juden handelt, wird nur an einer Stelle gegen Schluß des Romans deutlich, wenn davon die Rede ist, daß ein Rabbiner bei der

Trauerfeier für verstorbene Finsbergs die Gebete spricht. All dies sind aber keine Indizien, die *The Franchiser* als jüdische Erzählkunst charakterisieren würden.

Elkin selbst bekennt, daß er von Saul Bellow, besonders von dessen *Adventures of Augie March*, gelernt habe. Mit *The Franchiser* hat Elkin sich weit von Augie March und mehr noch von anderen Helden Bellows entfernt. Seine Helden sind keine Schlemihls, die mit gutem Willen immer wieder ihr Bestes versuchen und doch das Falsche tun. Sie befinden sich nicht auf der vergeblichen Suche nach einer sinnvollen Identität. Doch hat auch Ben Flesh etwas von einem jüdischen Helden an sich: An einer Stelle ist von ihm als dem "Wandering Jew" die Rede. Zu seinem Leidensgenossen im Krankenhaus sagt er:

"What do you think? You think I should kick my preoccupations? The stuff about my godfather and my godcousins? All the Wandering Jew shit in my late-model Caddy, going farther than the truckers go, hauling my ass like cargo? Aach.

Me and my trademarks. I'm the guy they build the access roads for, whose signs rise like stiffened peters - Keep America Beautiful - beyond the hundred-yard limit of the Interstates. A finger in every logotype. Ho-Jo's [Howard Johnson's] orange roof and the red star of Texaco. D.Q.'s [Dairy Queen's] crimson pout and the Colonel's [Kentucky Fried Chicken] bucket spinning, spinning. You name it, I'm in it.

So. Doomed. Why? Shh. Because I am built to recognize it: a lip reader of big print and the scare headline. Because I'm one of those birds who ain't satisfied unless he has a destiny, even though he knows that destiny sucks. How did I get this way? I used to be a kid who ate fruit" (135). Danach ist Ben Flesh eine neue Verkörperung des Ewigen oder des Wandernden Juden, der aber nicht mehr auf eine Erlösung von seiner Wanderschaft wartet, sondern der Erfüllung findet. Vielleicht spricht auch sein Name dafür: Ben, der letztgeborene seines Stammes, der im Fleische ("flesh") sich zu erfüllen versucht. Er ist derjenige, der nicht dem Traum eines "Manifest Destiny" nachjagt, sondern der, der sich sein "destiny" selbst schafft. Darin findet er Erfüllung, wenn er auch weiß, daß dieses "destiny", ihn auf- bzw. aussaugt ("though he knows that destiny sucks"). Das scheinbar unvermittelte "I used to be a kid who ate fruit" spielt dabei allem Anschein nach auf das Essen des Apfels vom Baum der Erkenntnis im Paradies an.

Läßt sich auch sagen, daß es sich bei Ben Flesh um eine Weiterentwicklung der Figur des Wandernden Juden handelt, so muß doch auch sogleich hinzugefügt werden, daß das spezifisch Jüdische in dieser Figur zur Auflösung kommt. Denn das, wonach Ben Flesh sucht, ist nicht mehr durch jüdische Glaubensvorstellungen geprägt. In die Tradition der jüdischen Erzählkunst in den USA läßt Elkins Roman sich nur als ein möglicher Schlußpunkt einordnen, insofern er die durch die Säkularisation möglich gewordene absolute Integration darstellt.

Das "destiny", das Ben Flesh anstrebt, verbindet ihn mit dem Amerika, in dem er sich zu Hause fühlt und das gleich zu Beginn des Romans beschrieben wird: "Past the orange roof and turquoise tower, past the immense sunburst of the green and yellow sign, past the golden arches, beyond the low buff building, beside the descrete hut, the dark top hat on the studio window shade, beneath the red and white longitudes of the enormous bucket, coming up to the thick shaft of the yellow arrow piercing royal-blue field, he feels at home. Is it Nashville? Elmira, New York? St.Louis County? A Florida key? The Illinois arrowhead? Indiana like a holster, Ohio like a badge? Is he North? St.Paul, Minn.? Northeast? Boston, Mass.? The other side of America? Salt

Lake? Los Angeles? At the bottom of the country? The Texas udder? Where? In Colorado's frame? Wyoming like a postage stamp? Michigan like a mitten? The chipped, eroding bays of the Northwest? Seattle? Bellingham, Washington?"(3) Ähnlich beginnt ein späteres Kapitel mit Aufzählungen städtebaulicher Wahrzeichen, um zu dem Schluß zu kommen: "Given this - what? - Democracy and these - what? - monuments of the mercantile, these new Sphinxes and new Pyramids, these new wonders of the world. And everything's up to date in Kansas City"(161f.). Ben Flesh -wie auch der Erzähler - schwelgen nicht nur in diesen Errungenschaften des modernen Amerika. Ben ist stolz darauf, daran mitzuwirken: "He had a hand in making America look like America"(201). Er fühlt sich wohl unter den Besuchern seines Kinos: "I enjoy my customers [...]. This is the public I love [...]. In the lobby I mingle with the cream of my American public. Who have driven the Interstates to come here, the wide four-lane bypasses, the big new highways, median'd, cloverleafed, the great numbered exit signs every two and a half miles [...]. Driving to the movies in their splendid, multi-thousand-dollar machines, and snappy, perky compacts - these would be the younger people - like bright sculptures or cars like tennis shoes"(232). Er liebt diese Welt, "this comfortable, convenient world, its pillow condition"(63). Das Leben wird ihm durch seine Dance Studios zu einem einzigen Tanz. "to walk is good but to dance is better"(64). Und in diesem Tanz erhebt er sich über den Boden der Wirklichkeit, zeichnet ihr mit seinen Bewegungen sein eigenes Muster auf, wie es in dem grotesk-makabren Bild zum Ausdruck kommt, in dem eine Ketchupflasche auf dem Tanzboden zerbricht: "It was beautiful, the pasty, tomatoy brushstrokes like sigle-hued rainbows. The high heels of the women smashed explosively against the broken glass adding to the percussive effect of the music. Everything was rhythm"(61). Amerika ist sein "ball room"(68). Das Motiv des Tanzes verbindet sich im Roman mit dem der Theaterschneiderei, die Julius Finsberg und sein Vater für die Broadway-Theater betreiben. Das Spielen einer Rolle - welcher auch immer - wird zum Grundbedürfnis des Menschen, zu seinem "destiny". Auch als "franchiser" spielt Ben eine Rolle, nämlich "speaking some Esperanto of simple need, answering appetite with convenience foods. Some Howard Johnson yet to be"(258). In dieser Rolle fühlt er sich "loose and at large in his beautiful musical comedy democracy!"(262) Wenn die Rolle sich nicht mehr von selbst anbietet, muß er neue Gründe finden, um weitermachen zu können: "I must manufacture reasons to keep going"(279). Als derjenige, der sich selbst die Gründe zum Weitermachen erfindet, steht er immer im Mittelpunkt seiner Welt: "Anywhere he went would be the center"(333).

Ben Flesh zieht am Ende - um seinen baldigen Tod wissend - ein Fazit seines Lebens: "Life was exciting. Think of all that happened to *him*. His disease. It was a major disease, very big league [...]. And his parents killed in a highway crash; *that* was dramatic [...]. But there were other things. He couldn't list them all. He'd been to Wharton, maybe the top school in the country in the business field. All the things he'd done [...]. And musical comedy in his blood. What a heritage [...]. Ben Flesh himself like a note on sheet music, the clefs of his neon logos in the American sky [...]. Nope, he couldn't complain"(341f). Ben Flesh und die anderen Figuren in den Romanen Elkins leben in keiner Welt der Ideale. Es ist die Welt der "simple needs", die vor allem im Konsum bestehen, der jedem zugänglich geworden ist. Diese Welt ist krank. Ihr Untergang steht bevor. Bens Multiple Sklerose entspricht dieser Welt.

Elkin selbst leidet seit den sechziger Jahren an der Krankheit. Doch Ben nutzt den Aufschub, den die Krankheit gewährt, um sich sein "destiny" zurechtzuschneidern. So positiv, wie die Kritiker die von Ben in *The Franchiser* vertretene Weltsicht beurteilen, ist diese jedoch nicht. "What a piece of work is a man"(134) heißt es in Anlehnung an Shakespeares *Hamlet*(II,2). Es ist in *The Franchiser* nichts anderes als bei Shakespeare: "this quintessence of dust".

In *The Franchiser* berichtet ein Er-Erzähler, der sich jeglichen Kommentars enthält. Wenn er sich nicht der personalen Erzählweise bedient, die den Gedanken und Beobachtungen des Protagonisten folgt, läßt er diesen selbst zu Worte kommen. Der Roman gewinnt so den Charakter einer Konfession, und zwar in einer Weise, die an ein von Eliot seinem "Love-Song of J.Alfred Prufrock" vorangestelltes Zitat aus Dantes *Göttlicher Komödie* erinnert: d.h. der Bekennende teilt sich jemandem mit, dem er nie wieder begegnen wird und der das Gehörte nicht weitertragen kann: "'I once,' he said, 'knew someone who would tell his troubles to strangers on elevators, just the way travelers on buses and trains unload when they know they'll never see the other party again. He talked very fast, of course, and as he got older and accumulated more troubles, he would have to seek out taller and taller buildings in which to ride. On the way down he never said a word"(199f.). Für Ben Flesh wurde es zur Obsession, sich mitzuteilen. Dieses Bedürfnis steigert sich, je näher der Tod auf ihn zutritt. Leben wird damit in gewissem Sinne Abwehr des Todes, Rechtfertigung gelungenen Tuns gegenüber den Möglichkeiten des Versagens. Das Humane dabei erscheint darin, daß er auch den anderen, denen er begegnet, vorurteilsfrei die gleichen Chancen einräumt.

Der britische Luftwaffenoffizier, dem Ben im Krankenhaus begegnet, sagt von seiner Sprache: "Trouble with a clipped rather precise way of talking, articles left out, references left dangling, pronouns understood, is that it's often imprecise actually, rather"(126). Erzähler und Protagonist bedienen sich oft selbst der so umschriebenen Sprache und verweigern damit dem Leser präzise Information. Oft bedarf das sprachliche Konstrukt der Enträtselung wie in dem bereits zitierten Satz vom Ende des Romans: "Ben Flesh himself like a note of sheet music, the clefs of his neon logos in the American sky"(342). Eine mögliche Lösung des Rätsels liegt darin, daß es als eine Umschreibung des aus Neonleuchtröhren gebildeten "T" für ein Firmenzeichen ("logos") vor Bens Travel Inn verstanden werden kann, mit dem er sich ein Zeichen seiner "destiny" in der amerikanischen Landschaft setzt. Elkin bedient sich einer oft ziemlich futuristischen Sprache, die mehr ein jeweiliger Entwurf ist als eine Mitteilung von Wirklichkeit, über die zwischen Protagonisten, Erzähler und Leser ein Einvernehmen besteht. Neologismen verschiedenster Art erscheinen: Modewörter, die dem amerikanischen Leser zur Zeit des Erscheinens des Romans geläufig sind, komische Ableitungen wie "Hamburgerology"(75), verstehbare Neubildungen wie "cultivant tool" (315) oder "watch the telly"(330). Doch wird der Roman dadurch noch nicht zum reinen Sprachspiel, wie Elkin - nach seinen Aussagen in Interviews - es selbst gerne sehen möchte. Bei aller grotesken Verzerrung der dargestellten Welt und der Sprache bleibt der grundsätzlich mimetische Charakter des Erzählens erhalten. Es fällt dem Leser jedoch schwer, die Welt zu akzeptieren, mit der sich Elkins Helden und Elkin selbst identifizieren. Darauf dürfte auch die Zurückhaltung beruhen, mit der die Kritik auch heute noch - und wohl zu recht - dem Werk dieses Autors begegnet.

Literatur

Zitiert nach *Criers and Kibitzers, Kibitzers and Criers* (Plume Books), New York, 1973 (seitenidentisch mit Erstausgabe); *The Franchiser*, Foreword by William Gass (Nonpareil Books), Boston, 1980.

Sekundärliteratur:
Doris Bargen, *The Fiction of Stanley Elkin*, Frankfurt a.M., 1980.
Peter J.Bailey, *Reading Stanley Elkin*, Urbana, IL, 1985.
Sondernummer von *Delta*, Nr.20, Februar 1985.
David C.Dougherty, *Stanley Elkins*, Boston, 1990.

Cynthia Ozick, geb.1928

Alle bisher betrachteten jüdischen Erzähler lassen in ihren Werken Juden verschiedenster Glaubensvorstellungen auftreten, stehen jedoch selbst dem traditionellen jüdischen Glauben fern. Dies gilt nicht für Cynthia Ozick, die sich als Jüdin orthodoxen Glaubens betrachtet. Ihre Eltern waren zwischen den beiden Weltkriegen aus Litauen nach den USA ausgewandert und später Besitzer einer Apotheke in der Bronx, wo Cynthia 1928 geboren wurde. Nach einem Studium an den Universitäten von New York und Ohio heiratete sie einen New Yorker Anwalt und ließ sich in ihrer Heimatstadt nieder. Nach Gedichten und einem längeren, dann aber aufgegebenen Roman errang sie 1966 ihre ersten Erfolge mit *Trust*, einem Roman, an dem sie mehr als sechs Jahre gearbeitet hatte, und der Erzählung "The Pagan Rabbi".

"The Pagan Rabbi", 1966.

Der Erzähler der Geschichte erfährt, daß sich sein früherer Studienfreund vom rabbinischen Seminar, Isaac Kornfeld, in einem Park erhängt hat. Kornfeld war ein angesehener Professor für Talmudgeschichte geworden, während der Erzähler seinen Glauben aufgegeben hat und eine Buchhandlung betreibt. Er besucht nun den Park, in dem Kornfeld sich an seinem Gebetsschal erhängt hatte, und anschließend dessen Frau Sheindel, die ihn früher faszinierte und die nun als Witwe mit sieben Töchtern zurückbleibt. Er erfährt, daß Sheindel sich von ihrem Mann betrogen fühlt. Sie läßt den Erzähler den Brief lesen, der bei Kornfeld gefunden worden war. Der größere Teil der Geschichte besteht alsdann aus dem Inhalt dieses Briefes, der den Leser in ein allegorisches Fabelland führt. Kornfeld glaubte, erkannt zu haben, daß Gott in der Welt anwesend ist, in jeder Pflanze, in jedem Atom. Er glaubte, daß die materielle Welt beseelt sei, ihre Seele jedoch aus der Materie herauszutreten und sich frei zu bewegen vermöchte. Nur die menschliche Seele sei dazu bestimmt, im Körper gefangen zu bleiben, bis dieser sich wieder zu Erde verwandelt habe. Diese "Erkenntnis" macht Rabbi Kornfeld zum Heiden, für ihn existiert immer noch der Große Pan.

Um seine Seele früher von seinem Körper befreien zu können, verbindet er sich mit einer Dryade, der er im Park begegnet. Mit ihr erfährt er zwei Monate lang das höchste Liebesglück. Die Dryade macht ihm jedoch deutlich, daß es nicht seine Seele, sondern sein Körper war, der sich mit ihr vereinigte und dieser nun dem Tode anheimfalle. Sie zeigt ihm seine Seele, die als alter Mann die Straße entlang wandert, ohne auf die Blumen am Wege zu achten. "He reads the Law," meint der entseelte Körper Kornfelds, "and breathes the dust and doesn't see the flowers and won't heed the cricket spitting in the field"(35). Doch seine Seele belehrt ihn: "If you had not contrived to be rid of me, I would have stayed with you till the end. The dryad, who does not exist, lies. It was not I who clung to her but you, my body. Sir, all that has no real existence lies. In your grave beside you I would have sung you David's songs"(36). Das Gesetz steht höher als die Natur. "The sound of the Law is more beautiful than the crickets. The smell of the Law is more radiant than the moss. The taste of the Law exceeds clear water"(36). Das Gesetz ist hier Gott.

Die Geschichte, die der Brief erzählt, ist eine Parabel, nach Joseph Lowin ein Midrasch, der den Vers 63 aus Genesis 24 interpretiere: "Eines Tages ging Isaak gegen Abend hinaus, um sich auf dem Feld zu beschäftigen." (Er fand bei dieser Gelegenheit Rebekka). Nach Raschi bestand Isaaks Beschäftigung im Beten. Nach Ozick ist Isaac -wie auch nach anderen Talmudinterpreten - mit Tagträumen beschäftigt. Doch ist es bei Ozick ein sehr heidnischer Tagtraum. Für sie ist er das gefährliche Produkt seiner Einbildungskraft, die ihn aus den Fesseln des ihn bindenden Gesetzes befreit. Noch stärker als in "The Pagan Rabbi" wird das vor allem auch in ihren Essays behandelte Thema der Gefahr der Imagination für den Glauben in "Bloodshed" und in "Usurpation", Geschichten aus dem Band *Bloodshed*, 1976, hervorgehoben. In "The Pagan Rabbi" zeigt sich diese Gefahr in der Darstellung des zum Heiden gewordenen Rabbi als emanzipierten Juden, der seinen Glauben an Jehova und dessen Gesetz aufgibt, um Erfüllung in dieser Welt zu finden, in ihr aber nur dem Tode begegnet.

Der Erzähler hat Mitleid mit seinem früheren Studienfreund, da er die Tragik seines Glaubensverlustes erkennt; Sheindel hatte ihn anscheinend nie verstanden, da sie in der Dryade eine Rivalin ihrer Liebe sah. Das surrealistische Gewand der Parabel kommt noch einmal krass zum Ausdruck, wenn der Erzähler drei Pflanzen die Toilette hinunterspült, damit deren Geister im Klärbecken, an dessen Ufer der Geist Kornfelds wandert, diesen trösten.

Von einem mystischen Geschehen kann in der Parabel kaum die Rede sein, im besten Falle handelt es sich um ein "mystical enterprise" im Sinne der Autorin: "I myself am hostile to the whole mystical enterprise," sagt sie selbst. "I'm a rationalist and I'm a skeptic. But there's something in me that is fascinated by this surrender to the mystical blur between the creator and the created. It's really a fictional theme for me"(nach Lowin 67). Als "fictional theme" läßt das "mystische" Geschehen sich eher in unserem Sinne - aber gegen Ozicks Verständnis - allegorisch auslegen. Die Erzählung enthält mehr, als hier aufgegriffen wurde. Dieses "Mehr" besteht aber auch aus Elementen, die nicht voll in das Geschehen integriert zu sein scheinen. Der Interpret sollte sich hüten, den Text zu spitzfindig zu hinterfragen, um sie dennoch zu rechtfertigen.

"Envy; or Yiddish in America," 1969.

Zu den häufiger anthologisierten Erzählungen Ozicks gehört neben "The Pagan Rabbi" "Envy; or Yiddish in America" aus dem gleichen Bande. Die Erzählung zeigt die gleichen Schwächen wie die schon besprochene, insofern sie zu viele Details eines

Problems in den Rahmen einer dafür nur beschränkt tragfähigen Handlung einzubringen versucht. Das Interessante an der Geschichte besteht darin, daß in ihr das Problem des Jiddischen und dessen Überleben als Literatursprache thematisiert wird.

·Protagonist der Geschichte ist Hersheleh Edershtein, ein noch in Rußland und zwar im Haskala-Zentrum Wilna geborener Jude, der zwischen den beiden Weltkriegen nach den USA ausgewandert war. Er hat vier Bände jiddischer Gedichte veröffentlicht und fristet in der Erzählgegenwart sein Leben mit Vorträgen über das Aussterben des Jiddischen. Die Situation Edelshteins als "yiddishist" wird von vornherein als Paradoxon gekennzeichnet, wenn er den Schwanengesang der von ihm propagierten Sprache singt, so wenn von "mourning in English the death of Yiddish" die Rede ist(43).

Edelshtein ist stolz auf sein Jiddisch. Es ist die Sprache derer, die zu Trägern der westlichen Kultur geworden waren: "*Judenrein ist Kulturrein* was Edelshtein's opinion"(41). Es ist aber auch die Sprache derer, die mit ihrer Welt des Schtetls vernichtet wurden: "If the prayer-load that spilled upward from the mass graves should somehow survive! If not the thicket of lamentation itself, then the language on which it rode." "Whoever forgets Yiddish courts amnesia of history"(74), schreibt er Hannah, der Nichte eines Freundes, die er ermuntern will, das Jiddische weiterzureichen. "But he knew he lied, lied, lied"(75). Sein Reden über das Jiddische ist nur die Klage über den nicht mehr rückgängig zu machenden Verlust. Die jiddische Sprache ist nur noch ein Museum. "We're already dead. Whoever uses Yiddish to keep himself alive is already dead"(67).

Das Jiddische, das Edelshtein so viel bedeutete, war für ihn auch die Sprache der Emanzipation. Dies wird eher indirekt als direkt dargestellt. So beginnt er ein neues Gedicht - auf Jiddisch - "*Oh that I might like a youth be struck with the blow of belief*"(56). Die Sprache bleibt tot, da der Glaube, der sie trug, ihm fehlt. Noch deutlicher kommt dies in einer anderen, jiddisch zitierten Zeile zum Ausdruck: "Pust vi dem kalten shul mein harts"(58, leer wie die kalte Synagoge mein Herz). Das Jiddische, das er verehrt, bestimmt seine "Yiddishkeit" nicht mit "the presence of the Covenant, of Godliness, inhabits humble things and humble words." Dies betrachtet er als "delusion or a deception." Jiddisch ist für ihn vielmehr "the language of autoemancipation. Theodor Herzl wrote German but the message spread in *Mamaloshen* - my God cold" (86). Doch für Hannah ist auch diese Sprache der Selbstemanzipation tot, wenn sie Edelshtein und seine Freunde anklagt: "You old atheists [...]. You dead old socialists. Boring! You bore me to death. You hate magic, you hate imagination, you talk God and you hate God, you despise, you bore, you envy, you eat people up with your disgusting old age - cannibals, all you care about is your own youth, you're finished, give somebody else a turn!"(97f.)

Edelshtein erinnert sich immer wieder an ein Erlebnis seiner Jugend, als er mit seinem Vater, einem *melamed*(Lehrer), im Hause eines reichen Juden in Kiew unterrichtete. Seine Aufgabe war es, dem Jungen *chumash* (Pentateuch) einzupauken. Er war in diesen Jungen, Alexei Kirilov, vernarrt und fragt sich, was aus ihm wohl geworden sein mag. Am Schluß erkennt er, daß er Alexei, den assimilierten Juden, beneidete: "He longed to be Alexei. Alexei with his German toys and his Latin! Alexei whose destiny was to grow up into the world-at-large, to slip from the ghetto, to break out into engineering for Western Civilization!" Er will sich jetzt von diesem Neid losreißen, zufriedengeben mit dem Gefängnis, das für ihn das zur Geschichte gewordene Jiddisch bedeutet: "I'm at home only in a prison, history is my prison"(96). Jiddish ist nicht mehr Werkzeug der Emanzipation; als solches hat es ausgedient.

Die Problematik der Überlebenschancen des Jiddischen wäre reichlich genug Stoff für die Erzählung gewesen. Sie wird nun aber weitgehend überlagert durch die der erfolgreichen Übersetzung, die für Edelshtein zum Merkmal der Emanzipation aus dem Ghetto geworden ist. Das Beispiel für den erfolgreich übersetzten jiddischen Autor ist in der Geschichte Yankel Ostrover. Er ist unschwer als Isaac Bashevis Singer wiederzuerkennen, das imaginäre polnische Schtetl Zwrdl als Singers Frampol. Ostrovers Erfolg beruht nach Edelshteins Meinung allein auf der Tatsache, daß er gute Übersetzer fand: "Ostrover's glory was exactly in this: that he required translators. Though he wrote only in Yiddish, his fame was American, national, international. They considered him a 'modern'. Ostrover was free of the prison of Yiddish! Out, out - he had burst out, he was in the world of reality"(47). Worin dann der Sinn noch besteht, zukünftig weiterhin Jiddisch zu schreiben, wird nicht dargestellt. Obwohl Edelshtein selbst durch Übersetzungen zum Erfolg gelangen möchte, setzt er Ostrovers Leistung herab, wie Jacob Glatstein, der jüdische Dichter, dem Ozick ihn nachbildete, Singer herabsetzte. Wie der Brief von Ostrovers Übersetzerin ihn glauben macht, ist es deren Kunst und nicht die seine, die den Erfolg ermöglichte. Edelshtein sagt ihm, er sei nur "the puppet the ventriloquist holds in his lap"(83). Ostrover selbst zeigt jedoch den Unterschied, der zwischen ihm und Edelshtein besteht in einer Geschichte, die er auf einer Veranstaltung in dessen Anwesenheit vorliest. Danach erscheint ein Dichter, der nur in Zwrdlisch schreiben kann, das aber niemand in der Welt mehr zu lesen vermag, vor dem Teufel. Er verschreibt diesem seine Seele, wenn er ihm zu literarischen Ruhm verhelfe. Der Teufel erteilt ihm die Gabe, nacheinander in allen Sprachen der Welt zu dichten. Der Erfolg bleibt dennoch aus. Hannah erklärt ihm später den Unterschied. Ostrover schreibt nach ihrer Meinung für die Welt, nicht mehr für das Ghetto. Er ist "a contemporary. He speaks for everybody [...]. Humanity." Edelshtein dagegen macht sie zum Vorwurf: "you people listen only to yourselves"(95). Für Ostrover war es noch sinnvoll, in Jiddisch zu schreiben. Es war die Sprache, die er beherrschte. Es lohnte sich, ihn zu übersetzen, da er nicht nur für die sprach, die seine Sprache verstanden. In einem imaginären Gespräch fragt Edelshtein Ostrover: "you aren't a Jew?" Und dieser antwortet: "Not at all, I'm one of *them*"(68).

Ein weiteres Thema behandelt die Geschichte, wenn Edelshtein sich über die "Amerikaner-geboren", d.h., die schon in Amerika geborenen jüdischen Schriftsteller lustig macht. "Spawned in America, pogroms a rumor, *mamaloshen* a stranger, history a vacuum"(41). Die "so-called Amer.-Jewish writers"(52) sind für ihn Roth Philip/ Rosen Norma/ Melammed Bernie/ Friedman B.J./ Paley Grace/ Bellow Saul/ Mailer Norman. Später nennt er noch Stanley Elkin, und er macht sich über Bellows "The Old System" lustig, wenn er daraus ein Beispiel für dessen Unkenntnis des Jiddischen nimmt(79). Natürlich handelt es sich um Meinungen Edelshteins, indirekt aber darf vielleicht doch auf die Meinung der Autorin geschlossen werden, daß die genannten Schriftsteller, die in englischer Sprache schreiben, nicht als *jüdische* Erzähler mehr betrachtet werden können.

Ein weiteres Argument führt Ozick noch mit dem Schluß der Geschichte ein. Edelshtein ruft eine Nummer an, unter der sich jemand anbietet, in seelischer Not zu helfen. Als dieser erfährt, daß der Anrufer ein Jude ist, versucht er ihn zu überreden zu konvertieren. Daraufhin erkennt Edelshtein, daß die Antisemiten Schuld daran seien, daß er keinen Übersetzer findet. Es muß offen bleiben, wie dieser Schluß zu interpretieren ist. Findet Edelshtein keine Hörer oder Leser, weil die Nazis die Welt, in der seine Sprache ihre Heimat gefunden hatte, zerstörte? Dies wäre eine Möglichkeit der Interpretation; sie harmoniert nur nicht ganz mit anderen Aussagen der Geschichte. Zu viel versucht Ozick auf einmal auszusagen und dazu noch anhand einer zu dürftigen Handlung. Es ist charakteristisch, daß auf diese kaum eingegangen zu werden brauchte.

"Envy" bleibt trotz der zu üppigen Ausfaltung eine Geschichte über das Jiddische. Doch bei der Frage um den Gebrauch des Jiddischen oder Englischen geht es paradigmatisch auch um die besondere Bedeutung des Jüdischen im Kontext der abendländischen Kultur im allgemeinen. Es gehört mit zur Aussage der Geschichte, daß nicht nur das Jiddische seine Bedeutung verliert, wenn es nicht mehr von dem Glauben derer getragen wird, die es gebrauchen, sondern auch das Jüdische, wenn es das Besondere seiner Herkunft aufgibt.

Das Besondere des jüdischen Erbes im Kontext der abendländischen Kultur ist Thema vieler Erzählungen und auch des zweiten Romans von Cynthia Ozick, *The Cannibal Galaxy* von 1984. In letzterem findet das Thema dadurch seinen Ausdruck, daß Joseph Brill, der Protagonist, für die von ihm gegründete Schule ein "doppeltes Curriculum" entwirft, in dem er die humanistische Bildung Europas mit der der Thora-Schula zu verbinden versucht.

The Shawl, 1989.

1980 und 1983 veröffentlichte Cynthia Ozick zwei Erzählungen, "The Shawl" und "Rosa", im New Yorker. 1989 vereinte sie beide als *The Shawl* in einem kleinen Buch. Inzwischen waren beide bereits in deutscher Übersetzung in einer Sammlung ihrer Erzählungen, *Puttermesser und ihr Golem*, 1987, zusammen mit vier Geschichten aus ihrer Sammlung *Levitation*, 1983, erschienen. Sie können als ein vorläufiger Höhepunkt ihres Schaffens betrachtet werden. Über den Holocaust sollten nach Ozicks Meinung nur diejenigen schreiben, die ihn selbst erlebt hatten. Doch sah sie sich immer wieder angetrieben, zumindest das Schicksal der Überlebenden in ihren Werken darzustellen. Sheindel in "The Pagan Rabbi" gehörte zu diesen Überlebenden des Holocaust. In ihrem bisher letzten Roman, *The Messiah of Stockholm*, 1987, sind es fast alle der am Geschehen Beteiligten. Auch Rosa und Stella in der zweiten der beiden Geschichten von *The Shawl* sind, nach dem von Rosa verpönten Begriff, "survivors". In der ersten Geschichte aber zeichnet Ozick authentisches Erleben in einem Vernichtungslager auf völlig unprätenziöse, dafür aber um so überzeugendere Weise nach.

In "The Shawl" schleppen Rosa mit ihrer in einen Schal gewickelten 15-monatigen Tochter Magda und ihre 14-jährige Nichte Stella sich in dem Zuge der Gefangenen in ein Lager. Rosa muß ihr Kind verbergen. Als ihr Magda eines Tages wegläuft und aus der Baracke auf den Hof gerät und schreit, weiß sie nicht, wie sie sich helfen soll. Läuft sie dem Kind gleich nach, wird sie dessen Schreien ohne Schal nicht anhalten können. Läuft sie nach dem Schal und zeigt ihn dem Kind, wird es zu ihr zurückkommen und nicht mehr schreien. "But she did not know which to go after first. Magda or the shawl"(8). Sie entscheidet sich dafür, den Schal zu holen, den Stella, weil sie fror, an sich gerissen hatte. Sie kommt aber zu spät, um das Kind zurückholen zu können. Ein Wachmann hatte es inzwischen aufgegriffen, und sie muß mitansehen, wie er es in den mit Starkstrom geladenen Zaun wirft. "She looked like a butterfly touching a silver vine. And the moment Magda's feathered round head and her pencil legs and balloonish belly and zigzag arms splashed against the fence, the steel voices went mad in their growling, urging Rosa to run and run to the spot where Magda had fallen from the flight against the electric fence; but of course Rosa did not obey them"(10). Wäre sie zu dem toten Kind gelaufen, wäre sie erschossen worden.

Bei aller unmittelbaren Überzeugungskraft kann auch diese Geschichte als Midrasch einer früheren Geschichte verstanden werden, insofern die Wahl Rosas "Sophie's Choice" in Styrons Roman zu erklären vermag. Joseph Lowin interpretiert jedoch "Rosa" als Midrasch zu "The Shawl". Sechsunddreißig Jahre nach dem in "The Shawl" erzählten Geschehen begegnen wir Rosa in einem Altersheim in Miami als "a madwoman and a scavanger"(13). Denn als die Kunden ihres New Yorker Ladens der Erzählungen über ihr früheres Leben in Warschau überdrüssig geworden waren, hatte sie den Laden vernichtet und war von Stella nach Florida abgeschoben worden, um sie vor einer Einweisung in eine Nervenklinik zu bewahren. Sie hält Stella für einen "Angel of Death", der am Tode Magdas schuldig ist, da sie dem Kind den Schal entzogen hatte. Andererseits schreibt sie aber Briefe an Magda, als lebe diese noch. Simon, einem wie sie aus Warschau stammenden Juden, der sie anspricht, sagt sie, daß man ihr Leben gestohlen habe, womit sie die Ermordung ihres Kindes meint. Nach ihrer Vorstellung gliedert sich jedes Leben in drei Teile: "The life before, the life during, the life after." Für sie gilt nur das "during": "Before is a dream. After is a joke. Only during stays. And to call it a life is a lie"(58). "Life during" ist für sie immer noch das Erlebnis, das "The Shawl" wiedergab.

Das Besondere ihres Lebens "before" war ihre Jugend in einem Elternhaus, das an der Kultur des Landes voll partizipierte und das auf die Juden im Ghetto herabsah. Simon, der sich ihr in Miami annähert, war Knopffabrikant. Sie schaut auch auf ihn zunächst herab. Seine Sprache war das Jiddische, die ihre das Polnische. Das Besondere ihres Lebens "during" war die Entscheidung, vor die sie im Konzentrationslager gestellt worden war. Diese war zum Trauma ihres Lebens geworden. In ihren Briefen an Magda - in kultiviertem Polnisch! - versucht sie, sich davon zu befreien. "What a curiosity it was to hold a pen - nothing but a small pointed stick, after all, oozing its hieroglyphic puddles: a pen that speaks, miraculously, Polish. A lock removed from the tongue. Otherwise the tongue is chained to the teeth and the palate. An immersion into the living language: all at once this cleanliness, this capacity, this power to make history, to tell, to explain. To retrieve, to reprieve! To lie"(44). Im Zurückholen der Vergangenheit spricht sie sich los von ihr, sieht aber letztlich alles als eine "Lüge". Ihr Schreiben - in kultiviertem Polnisch! - hebt sie heraus aus der Menge, ihr Schicksal im K.Z. hebt sie heraus aus dem banalen Leben der Gegenwart. Sie befreit sich damit aber auch von dieser Aussonderung und ist am Schluß bereit, mit dem früheren Knöpfemacher zu verkehren. Kurz zuvor hatte sie die Zuschrift eines Forschers erhalten, der die Folgen der Schreckenserlebnisse auf "survivors" untersuchte und sie dazu befragen wollte. Sie weigert sich, sich einer solchen Befragung zu stellen. Ozicks "Rosa" jedoch ist ein Dokument des aus dem Schrecken geborenen Traumas und dessen Auflösung durch die Übertragung in eine imaginäre Wirklichkeit und insofern ein Midrasch zu "The Shawl". Das Besondere des Jüdischen wird in *The Shawl* zu der Besonderheit - hier Einmaligkeit - des

Holocaust, mit der der "survivor" jedoch in der Alltagswelt zu leben lernen muß. So kommt auch in dieser Holocaust-Geschichte - und das in besonders eindrucksvoller Weise - das Anliegen zum Ausdruck, das Ozick immer wieder beschäftigte: das Miteinander des Besonderen, das das Jüdische ausmacht, mit dem, was den Menschen im Allgemeinen bestimmt. Dieses Miteinander macht auch das Besondere ihrer jüdischen Erzählkunst aus.

Literatur

Zitiert nach *The Pagan Rabbi and Other Stories* (Obelisk), New York, 1983; *The Shawl*, New York, 1989.
Weitere Werke: *Art & Ardor: Essays*, New York, 1983; *Metaphor & Memory: Essays*, New York, 1989.

Sekundärliteratur:
Harold Bloom, hg., *Cynthia Ozick: Modern Critical Views*, New York, 1986.
Sanford Pinsker, *The Uncompromising Fiction of Cynthia Ozick*, Columbia, MO, 1987.
Daniel Walden, hg., *The World of Cynthia Ozick*, Kent, OH, 1987.
Joseph Lowin, *Cynthia Ozick*, Boston, 1988.
Lawrence S.Friedman, *Understanding Cynthia Ozick*, Columbia, SC, 1991.

E.L.Doctorow, geb. 1931

Zur gleichen Generation jüdisch-amerikanischer Erzähler wie Philip Roth, Stanley Elkin und Cynthia Ozick gehört E.L.Doctorow. Wie seine Zeitgenossen geht aber auch er seinen eigenen Weg. In seinem Falle führt er in die Nähe der experimentellen Erzählkunst, vor allem in der von ihm gewählten Form des historischen Romans. Die Jugend des 1931 in der Bronx als Enkel jüdischer Immigranten aus dem Baltikum geborenen Autors verlief wohl ähnlich wie diejenige Edgars, des Protagonisten seines weitgehend autobiographischen Romans *World's Fair* von 1985. Nach seinem Studium am Kenyon College und an der Columbia University war er bis 1969 im Verlagswesen tätig. Er hatte bereits zwei Romane, *Welcome to Hard Times*, 1960, und *Big as Life*, 1966, veröffentlicht, als er mit *The Book of Daniel* 1971 einen, wenn auch zunächst begrenzten, Widerhall bei Kritikern und Lesern fand. Der Durchbruch zu dauerhaftem Erfolg gelang ihm erst 1975 mit *Ragtime*. In der Folge erkannte die Kritik auch die Bedeutung von *Hard Times* und vor allem von *The Book of Daniel*.

Doctorow kommt mit seinem Verständnis von Erzählkunst dem der experimentellen Schriftsteller seiner Zeit sehr nahe, wenn er in seinem Essay "False Documents" die Untersuchung über das Verhältnis von Wirklichkeit und Fiktion mit der Bemerkung abschließt, "that there is no fiction or nonfiction as we commonly understand the distinction: there is only narration"(Trenner 26). Das Werk des Historikers ist für ihn wie das des Romanciers Fiktion. So schreibt er mit seinen Romanen wie der Historiker "metahistory" im Sinne von Hayden Whites *Metahistory*, 1973. Wie immer das wirkliche Ereignis sich vollzogen haben mag, verleiht ihm nach Whites Verständnis von Geschichtsschreibung als "metahistory" erst die erzählende Vermittlung eine Vorstellung der ihm innewohnenden Zusammenhänge oder Bedeutungen. Erst durch

die Einbindung in die erzählende Wiedergabe gewinnen die Einzelheiten Sinn. Der Versuch einer solchen Sinnfindung steht im Mittelpunkt von

The Book of Daniel, 1971.

Thema ist demnach nicht das Schreiben eines Romans - "metafiction" - wie in Roths Trilogie, sondern das Schreiben einer Geschichte. Das Thema findet seinen Niederschlag im Titel des Romans, insofern dargestellt wird, wie Daniel die Geschichte seiner Eltern zu schreiben versucht. Daniels Eltern sind Paul und Rochelle Isaacson, die trotz gewisser Freiheiten, die sich der Autor mit den historisch überlieferten Fakten erlaubt, als Julius und Ethel Rosenberg zu erkennen sind. Diese waren wegen Atomspionage für die Sowjetunion zum Tode verurteilt und 1953 auf dem elektrischen Stuhl hingerichtet worden.

Das Geschehen bewegt sich auf zwei Zeitebenen. Auf der einen meditiert Daniel über sein Schreiben und arbeitet an dem Buch, das er als Dissertation bezeichnet. Der Titel soll lauten: "DANIEL'S BOOK: A Life Submitted in Partial Fulfillment of the Requirements for the Doctoral Degree in Social Biology, Gross Entomology, Woman's Anatomy, Children's Cacophony, Arch Demonology, Eschatology, and Thermal Pollution"(302). Die Formulierung verrät den parodistischen Charakter des Titels. Das Buch versteht sich gleichzeitig als "novel as a sequence of analyses" (281). Das Werk der Geschichtsschreibung wird zu einem Roman: die Folge von Analysen wird zu *The Book of Daniel*. Nach dem zum Abschluß zitierten *Buch Daniel* "the words are closed up and sealed till the time of the end"(303, *Dan* 12,4). Erst am Ende der Zeiten, das legt der Verweis auf den Bibelvers nahe, wird sich zeigen, welche der "Analysen" dem nahekommen wird, was als "Wahrheit" bezeichnet werden könnte.

Daniel spricht als Ich-Erzähler, wenn er über seine Aufgabe nachdenkt. In dem, was er schreibt, spricht er von sich in der dritten Person. Was er niederschreibt, ist aus seiner Perspektive gesehen, jedoch in Erzähltes verwandelt. Während der Zeit seiner Recherchen und deren Niederschrift im Jahre 1967 besucht er seine Schwester Susan nach ihrem Selbstmordversuch im Worcester State Hospital, trifft sich mit einer Gruppe der Neuen Linken in der Lower East Side Manhattans und beteiligt sich im Oktober des Jahres am Marsch auf das Pentagon. Er identifiziert sich in dieser Zeit mit den Hippies. Er reist an die Westküste, um im Disneyland Dr.Mindish, den Kronzeugen für die Schuld seiner Eltern, zu befragen und trägt schließlich seine Schwester zu Grabe.

Auf der anderen Zeitebene bewegt sich das Geschehen, über das Daniel mit der Niederschrift seines Buches sich Klarheit verschaffen will. Es beginnt mit den Kindheitserinnerungen des 1941 oder 1942 geborenen Erzählers und reicht bis zur Beerdigung seiner Eltern und enthält alle Details aus deren Leben und dem Prozeßgeschehen, soweit er sie in Erfahrung bringen konnte. Daniels Hauptproblem ist natürlich die Frage nach der Schuld oder Unschuld seiner Eltern. Doch je weiter er mit seinen Nachforschungen vordringt, desto undurchsichtiger wird die Wirklichkeit für ihn. "In any event, my mother and father [...] went to their deaths for crimes they did not commit. Or maybe they did committ them. Or maybe my mother and father got away with false passports for crimes they didn't committ. How do you spell comit? Of one thing we are sure. Everything is elusive. God is elusive. Revolutionary morality is elusive. Justice is elusive. Human character"(42). Die Wahrheit entzieht

sich ihm. Als Sohn der Hingerichteten fühlt er sich verpflichtet, ihre Unschuld nachzuweisen. Wenn er daran ist, sein Bemühen aufzugeben, wird er von seiner Schwester wieder dazu angetrieben. Sie fühlt sich verfolgt, wie sie glaubt, daß ihre Eltern verfolgt worden waren. "They're still fucking us"(9) behauptet sie immer wieder. Obwohl von liberalen Juden adoptiert, sind Daniel und Susan nicht in der Lage, ihre Identität als Kinder der Verurteilten aufzugeben: "Under one guise or another they were still the Isaacson kids [...]. They were like figures in a myth who suffer the same fate no matter what version is told; who remain in eternal relationship no matter how their names are spelled"(63). Sie sind gezwungen, sich mit ihrer Vergangenheit zu beschäftigen. Damit zurechtzukommen, ist die Voraussetzung für ihr weiteres Leben. Susan gelingt dies nicht. Sie stirbt kurz nach ihrem Selbstmordversuch. Daniel bewältigt die Vergangenheit mit deren Niederschrift in seinem Buch.

Die Historiker sind sich bis heute nicht im Klaren über die tatsächliche Schuld der Rosenbergs. Dem entspricht der im Roman angesetzte Tatbestand in bezug auf die Schuld der Isaacsons, daß zu dem Zeitpunkt, da Daniel sein Buch schreibt, bereits sechs Bücher über den Fall erschienen waren, von denen "two support the verdict and the sentence, two support the verdict but not the sentence, which they find harsh, and two deny the justice either of the sentence or the verdict"(227). Im Roman werden verschiedene Versionen von dem, was geschehen war, vorgetragen. Doch immer wieder wird danach gefragt, ob oder wie die Richtigkeit der jeweiligen Version sich feststellen ließe. In seinem Gespräch mit dem Verlobten Lindas, der Tochter Selig Mindishs, sagt Daniel: "It was what Selig and or some of the others *thought* had happened or was going to happen. It was as much fantasy as what the FBI thought had happened"(278). Daniel sieht die Möglichkeit, daß alles, von dem die Beteiligten glaubten, daß es sich ereignet habe, reiner Mythos sei. Von der kommunistischen Partei in den USA heißt es, es sei kein Wunder "in this club of ideologues of the working class, self-designed martyrs, Stalinist tuning forks, sentimentalists, visionaries, misfits, hysterics, fantasists, and dreamers of justice - no wonder that a myth would spring out of their awe for someone truly potent. It is ironic that such a myth would arise without planning or intent from their laboriously induced collective mythic self. But they were helpless before it"(278f.). Die Partei brauchte einen Helden und einen Märtyrer, um ihre Selbstachtung zu bewahren. Linda gesteht, daß sie sich eine Zeitlang wünschte, ihr Vater wäre hingerichtet worden, damit sie als die Tochter eines Helden gelten könne. Doch ihr Vater wurde als Kronzeuge nur zu zehn Jahren Gefängnis verurteilt und ist danach als seniler Greis völlig von ihrer Fürsorge abhängig. Es geht Daniel im Roman nicht allein um das Problem der Wahrheitsfindung in dem speziellen Falle des Prozesses, der seinen Eltern gemacht wurde, sondern um das Problem der Wahrheitsfindung überhaupt. Er will dieses in einem Aufsatz diskutieren: "The idea is the dynamics of radical thinking. With each cycle of radical thought there is a stage of genuine creative excitement during which the connections are made. The radical discovers connections between available data and the root responsibility. Finally he connects everything. At this point he begins to lose his following. It is not that he has incorrectly connected everything, it is that he has connected everything. Nothing is left outside the connections. At this point society becomes bored with the radical. Fully connected in his characterization it has achieved the counterinsurgent rationale that allows it to destroy him. The radical is given the occasion for one last discovery - the connection between society and his death"(140).

Der Radikale versucht, alles miteinander zu verbinden. Indem er aber alles miteinander verbindet, bringt er es um. Daniel sieht, wie sich dies bei seinem Vater ereignete: "Putting together all the historic injustices and showing me the pattern and how everything that had happened was inevitable according to the Marxian analysis. Putting it all together. Everything was accounted for"(35). Sobald für alles eine Erklärung gefunden ist, gibt es keine Freiheit mehr. Daniel erkennt den tendenziösen Charakter eines solchen Denkens: "He was tendentious! Yes! A word he loved to apply to others. Tendentious"(36). "We had this way of understanding everything," sagt Daniel. "There was nothing my father could not explain"(93). Zentrales Bild für das Denken, das alles aus einer einzigen Idee abzuleiten versucht, ist im Roman die Elektrizität. Die Hinrichtung der Isaacsons auf dem elektrischen Stuhl wird dabei zur logischen Folge ihres Bemühens, alles in das Muster ihres Denkens einzubinden. In seinem Sterben wird Paul Isaacson zu "a portrait of electric current, normally invisible, moving through a field of resistance" (298). Der Kommunismus war für die Isaacsons zu einem geschlossenen System geworden, das sie zu Gefangenen machte. Doch es ist nicht nur der Kommunismus, der solchen Denkens bezichtigt wird. Das FBI entwickelt sein eigenes "closed system", um die Schuld der Isaacsons nachzuweisen. Es wirken darin "the dynamics of all radical thinking." Dieselben Regeln, die das radikale politische und juristische Denken bestimmen, liegen auch den Versuchen des Individuums zugrunde, die Bedeutung dessen, was es erfährt, zu ergründen. Für Linda wie für Daniel existieren zum Beispiel "family truths." Jede der betroffenen Familien hat ihre eigene Interpretation des Geschehens. "I saw her as locked into her family truths as we were locked in ours," sagt Daniel(275).

Ziemlich am Anfang des Romans meditiert Daniel über die Autorität des biblischen Gottes: "Actually that's what God does in the Bible - like the little girl says, he gets people. He takes care of them. He lays on this monumental justice [...]. He is constantly declaring His Authority, with rewards for those who recognize it and punishment for those who don't [...]. Each age has by trial to achieve its recognition of Him - or to put it another way, every generation has to learn anew the lesson of His Existence" (10). Daniel versucht, die Lektion von neuem zu lernen. Er tut dies, indem er *The Book of Daniel* schreibt oder indem er das biblische *Buch Daniel* in einem Sinne liest, daß es Wahrheit für ihn offenbart. Als Daniels Mutter zur Hinrichtung geführt wird, schickt sie den Rabbi weg. Aber sie ruft ihm noch nach: "Let my son be bar mitzvahed today. Let our death be his bar mitzvah"(298). Ihr Tod wird zur Bar Mizwa Susans. Daniel hat seine Bar Mizwa, indem er *The Book of Daniel* schreibt bzw. das *Buch Daniel* liest, denn Bar Mizwa erfolgt dadurch, daß ein jüdischer Junge zum ersten Mal öffentlich einen Abschnitt aus der hebräischen Thora liest. Doch Daniels Buch ist ein versiegeltes Buch. Es gibt keine verbindliche Lesart des Buches in bezug auf die Schuld oder Unschuld seiner Eltern. Entscheidend aber ist die Initiation, die er durch seine Bar Mizwa mit der Erkenntnis erfährt, daß es eine solche Lesart nicht geben kann.

Daß Daniels Buch als eine Entsprechung zu dem biblischen Buch und seine Initiation als Bar Mizwa verstanden werden können, verweist auf einen anderen, nämlich den jüdischen Aspekt des Romans. Der Erzähler ist Amerikaner, der sich als Jude versteht. Die meisten an dem Geschehen beteiligten Personen sind Juden. Paul schreibt im Gefängnis an seine Frau: "My darling have you noticed how many of the characters in this capitalist drama are Jewish? The defendants, the defense lawyers, the prosecution, the major prosecution witness, the judge. We are putting on this passion play for our Christian masters"(197). Wichtig ist dabei, daß die Juden sich auf beide Seiten verteilen.

Jüdische Geschichte wird durch den Leserbrief ("Bintel Brief") der Großmutter an den *Forwerts* eingebracht. Die Großmutter verweist auf die russischen Pogrome und auf ihre Flucht vor den "Czarist maniacs." Es ist die Geschichte von "hard-working folks and for thousands of years my people stumbling through the world in their suffering looking for paradise on earth righteous in our adoration of YHVH, trying to find a home on earth, an earth habitable in reason and peace and humanity, somewhere"(65). In ihrer eigenen Not setzte sie alle Hoffnung auf ihre Kinder. Doch die Tochter hat sie enttäuscht. Rochelle hatte sich ihrer geschämt, weil sie an ihrem Glauben und Brauchtum festhielt. Ihren Namen Rachel hat sie in Rochelle verwandelt. Für Paul ist der Glaube der Großmutter Aberglaube, der zum Wahnsinn führt. Daniel sieht dagegen, wie die Großmutter in ihm "the strength and innocence" erkennt, "that will reclaim us all from defeat. That will exonerate our having lived and justify our suffering." Es ist für sie Tradition, die Last auf die Schultern der Kinder zu übertragen. Die Bar Mizwa Daniels wird in diesem Sinne eine Art "transfer of knowledge"(71).

Es ist nicht nur Daniel, der die Tradition des jüdischen Volkes aufzunehmen und fortzusetzen versucht. Jeder der Hauptcharaktere tut dies auf seine Weise. Alle versuchen das Ideal ihrer Tradition dadurch zu erreichen, daß sie wahre Amerikaner werden wollen. Für die Isaacsons bedeutet, wahrhaft Amerikaner zu werden, Kommunist zu sein: "Because, look, the implication of all the things he used to flagellate himself was that American democracy wasn't democratic enough. He continued to be astonished, insulted, outraged, that it wasn't purer, freer, finer, more ideal [...]. My country! Why aren't you what you claim to be? If they were put on trial, they didn't say *Of course, what else could we expect, they said You are making a mockery of American justice!* And it was more than strategy, it was [...] passion"(40). Für die Isaacsons "COMMUNISM IS THE TWENTIETH CENTURY AMERICANISM!" (194). Sie betrachten sich als Erben Jeffersons, Lincolns, Andrew Jacksons oder Tom Paines.

In völlig anderer Weise identifiziert sich Jake Ascher, der Anwalt der Isaacsons, mit Amerika. Als orthodoxer Jude "he perceived in the law a codification of the religious sense of life." Es wird von ihm gesagt, daß er schon jahrelang an einem Buch arbeite, "demonstrating the contributions of the Old Testament to American law." Darüber hinaus läßt Daniel Ascher die Verbindung zwischen dem jüdischen Erbe undder kommunistischen Utopie der Isaacsons erkennen: "Ascher understood how someone could forswear his Jewish heritage and take for his own his perfectionist dream of heaven and earth, and in spite of that, or perhaps because of it, still consider himself a Jew"(119).

Aus einer mehr ironischen Perspektive sieht Daniel seinen Adoptivvater sein Amerikanertum und sein Judentum in Einklang bringen: "He wants to stabilize me with responsibility. That is a true blue american puritan idea. In that idea is the fusion of the Jew and America [...]. My lawyer father is no accident, and it is no accident that he loves American law, an institution that constantly fails and that he constantly loves, like a bad child who someday in his love will not fail, stabilized with responsibility"(155). Daniel schreibt dies in seiner Hippie-Phase. Später lernt er selbst, Verantwortung auf sich zu nehmen.

Ironie ist es auch, wenn neun Zehntel der Kinder in Daniels Schule Juden sind, deren Eltern oder Großeltern aus Europa einwanderten, und die jüdische Lehrerin "in total innocence" von der glorreichen Geschichte der Erschließung des amerikanischen Westens als der Geschichte ihres eigenen Volkes spricht. Nach Girgus "the Isaacsons' saga in the history of America becomes literally a Jewish story of America"(175). Nicht die Geschichte der Isaacsons, sondern die der Juden in Amerika wird im Roman zu einem wesentlichen Teil der amerikanischen Geschichte. Der jüdische Anteil an der Geschichte des Landes findet dabei sein Ende nicht in der Assimilation, sondern seine Fortsetzung in der Partnerschaft. Gerade das dürfte der Grund dafür sein, daß Girgus *The Book of Daniel* als "one of the great Jewish novels of our time"(165) betrachtet. Zu dem jüdischen Erbe gehört die Vorstellung des den Juden verheißenen Landes. Für den amerikanischen Juden ist nicht mehr Israel, sondern Amerika das verheißene Land. Doch die Verheißung hat sich noch nicht erfüllt. Jeder erwartet ihre Erfüllung auf seine Weise.

Es gehört zu dem Charakter des Romans als "metahistory", daß es nicht nur *eine* jüdische Interpretation der Wahrheit gibt, sondern viele. Es gibt nicht *die* Interpretation des Isaacsonprozesses, sondern viele, die von dem Anteil des jeweils Betroffenen an dem Geschehen abhängt. Doch die jeweils angenommene Interpretation verpflichtet. Dies ist "metafiction" und "metahistory", doch im Grunde auch nichts anderes als "to learn anew the lesson of His Existence" oder zu begreifen, wie wir Wirklichkeit verstehen lernen und ihr Bedeutung abzugewinnen vermögen.

Einen Makel in dem als "metahistory" so gelungenen Roman stellen die überflüssigen Beschreibungen sadistischen Sexes dar. Doctorow läßt Daniel anläßlich einer solchen Beschreibung die Frage stellen: "Who told you you could read this? Is nothing sacred?" nur um ihn fortfahren zu lassen "[that] the only thing worse than telling what happened is to leave it to the imagination"(60). Doch was Doctorow tut, ist, daß er die Einbildungskraft des Lesers in die von ihm gewünschte Richtung lenkt, selbst wenn er damit dem Leser nur eine Falle zu stellen gedenkt.

Ragtime, 1975.

Mit *The Book of Daniel* schrieb Doctorow nicht nur die Geschichte der Isaacsons bzw. Rosenbergs, sondern auch die Geschichte der USA in den frühen fünfziger und den späten sechziger Jahren. *Ragtime*, 1975, Doctorows nächster Roman, ist alsdann eine Gesellschaftsgeschichte der USA zu Beginn des Jahrhunderts von dem Regierungsantritt Theodore Roosevelts bis zum Eintritt in den ersten Weltkrieg 1917. *The Book of Daniel* fordert einen Vergleich mit Robert Coovers *Public Burning*, einem ganz anderen Roman über den Rosenbergprozeß, heraus, auf den später noch eingegangen wird. *Ragtime* dagegen lädt einerseits zu einem Vergleich mit John Dos Passos' *Manhattan Transfer*, 1925, und seiner *USA*-Trilogie, 1930-1936, ein, andererseits zu einem solchen mit Ishmael Reeds *Mumbo Jumbo*, 1972. Wie Pos Passos ein Bild der New Yorker Gesellschaft im ersten Viertel des Jahrhunderts entwirft, indem er eine Reihe von Geschichten verschiedenster Personen und Gruppen von Personen erzählt, die, wenn überhaupt, sich nur zufällig begegnen, so verfertigt Doctorow aus einzelnen nur lose verbundenen Geschichten eine Kollage, in der sich das Leben der Stadt vor dem Eintritt in den Krieg spiegelt. Doch die Aussageintentionen beider Romane weichen wesentlich voneinander ab. Wenn in *Manhattan*

Transfer sich das Leben einer Person nur selten mit dem einer anderen berührt, so dokumentiert Dos Passos damit das Isoliertsein seiner Menschen, die keinen Platz in der ihnen fremd gewordenen Welt und damit auch keinen Sinn mehr für ihr Leben finden. In *Ragtime* dagegen werden immer wieder neue Sinnmuster angeboten, die sich jedoch, noch bevor sie voll entfaltet sind, wieder auflösen und neuen Mustern weichen. Der ständige Prozeß von Auflösung und Neubildung solcher sinnstiftenden Muster kennzeichnet das Geschehen des Romans als "metahistory". Jeder der am Geschehen beteiligten Personen sieht eine andere "figure in the carpet" sich abzeichnen, dem Blick entziehen und in neuer Form wieder erscheinen. Der Roman ist nicht wie *The Book of Daniel* in dem Sinne "metahistory", daß über das Zustandekommen der Geschichte meditiert wird. Er zeigt nur auf, wie Tatsachen und Ereignisse in unterschiedlichste - oft zufällige - Verbindungen treten können.

Ragtime dokumentiert Gesellschaftsgeschichte nicht nur im herkömmlichen Sinne, sondern vor allem auch - was eine der Besonderheiten der Zeit zu Beginn des Jahrhunderts ausmacht - die Bedeutung, die der "popular culture" durch Radio, Film, "comic strips" und andere neue Medien zukommen sollte. Zu dem Zeitpunkt, von dem aus auf die Epoche vor dem ersten Weltkrieg zurückgeschaut wird, haben diese Medien bereits die Rezeptionsgewohnheiten von Lesern, Zuhörern und Zuschauern in einem hohen Maße geprägt, und Doctorow läßt - wie Charles Eidsvik nachweist - den Leser in *Ragtime* der Wirklichkeit wie durch die genannten Medien begegnen. Wie im Film z.B. die Kamera von dem Beobachter zum Beobachteten wechselt, so erfolgt auch im Roman der Übergang von der einen Geschichte zu der anderen auf diese Weise.

Die Vermittlung nach der neuen Rezeptionsgewohnheit erfolgt durch die Erinnerungen einer Person, die die Zeit als Kind, "the little boy", erlebte. Die Erinnerungen werden durch spätere Nachforschungen über ihre Jugendzeit ergänzt. Auch die Überlegungen über den Sinn der Vergangenheit werden aus der Perspektive des "little boy" angestellt, so wenn von diesem gesagt wird, "[that] in his mind the meaning of something was perceived through its neglect." Ihn interessieren immer wieder Einzelheiten, die andere meist übersehen. "He was alert," heißt es von ihm, "not only to discarded materials but to unexpected events and coincidences"(96). Bildet das biblische *Buch Daniel* das Paradigma für *The Book of Daniel*, so Ovids *Metamorphosen* das für *Ragtime*. Der Großvater liest dem kleinen Jungen Geschichten daraus vor. Von ihnen lernt er, "that the forms of life were volatile and that everything in the world could as easily be something else." Er beobachtet die Welt und "found proof in his own experience of the instability of both things and people"(97). Die Möglichkeiten der Verdoppelung faszinieren ihn. Wenn er in den Spiegel schaut, "he would gaze at himself until there were two selves facing one another, neither of which could claim to be the real one [...]. He was no longer anything exact as a person"(98). Er ist überzeugt davon, "that the world composed and recomposed itself constantly in an endless process of dissatisfaction." Die Weise, wie er die Welt sehen lernt, konkretisiert sich in einem Bild, wenn es heißt, "the boy's eyes saw only the tracks made by the skaters, traces quickly erased of moments past, journeys taken"(99).

Ein guter Teil der im Roman erzählten Geschichten besteht in Versuchen, der Wirklichkeit dadurch Herr zu werden, daß man in ihr Muster nachzuweisen versucht. Peary, der Polarforscher, entwickelt ein System zum Überleben im ewigen Eis. Das Tagebuch, das der Vater des Jungen als Teilnehmer an Pearys Expedition schrieb, entwickelt seinerseits ein System, "the system of language and conceptualization. It proposed that human beings, by the act of making witness, warranted times and places for their existence other than the time and place they were living through"(63).

Selbst Houdini, der berühmte Entfesslungskünstler seiner Zeit, dessen Geschichte ein Teil der Kollage des Romans ist, versucht, nach einem System zu leben. Die Bedeutung seiner Kunst als Wirklichkeit hinterfragend, versucht er sie zu vervollkommnen: "The wealthy knew what was important. They looked on him as a child or a fool. Yet his self-imposed training, his dedication to the perfection of what he did, reflected an American ideal"(27). Um der Wirklichkeit auf diese Weise näherzukommen, werden seine Entfesslungsexperimente immer riskanter.

Das System, nach dem der Einzelne zu leben versucht, mag wie bei Coalhouse Walker, Jr., dem farbigen Klavierspieler, auch darin bestehen, ein vorgegebenes System umzukehren. Er betrachtet es als selbstverständlich, wie jeder Weiße auftreten zu können. Nachdem er beleidigt worden war und ihm sein Recht vorenthalten wird, errichtet er sein eigenes System der Gewalt. Es stellt sich die Frage, ob "injustice, once suffered, a mirror universe" sei, "with laws of logic and principles of reason the opposite of civilization's?"(225)

Von einem anderen System oder Muster ist in dem Gespräch zwischen J.P.Morgan, dem großen Financier seiner Zeit, und Henry Ford, der gerade das erste Fließband in seiner Fabrik einrichtete, die Rede. Am Fließband sind, wie Morgan es interpretiert, "not only [...] the parts of the finished product [...] interchangeable, but [...] the men who build the products [are] themselves interchangeable parts"(113), da es zu der geforderten Arbeit keiner besonderen Ausbildung bedarf. Die einzelnen Teile sind auswechselbar, entscheidend ist das Muster, in das sie eingefügt werden. Doch auch das Muster ist ständig dem Wandel unterworfen. Nach der Ansicht von Morgan und Ford bedarf es der Reinkarnation besonders dafür auserlesener Menschen, immer wieder neue Muster zu entwickeln. In "ragtime" bildet die mit der linken Hand gespielte Melodie das sich wiederholende Grundmuster; die rechte Hand spielt die synkopierten Improvisationen.

In *Ragtime* erscheinen rein fiktive, aber auch eine ganze Reihe historischer Personen in zum Teil fiktiven Situationen. Zu letzteren gehören neben J.P.Morgan und Henry Ford Sigmund Freud und C.G.Jung, die Anarchistin Emma Goldman, Theodore Dreiser, Houdini oder Evelyn Nesbit, der Prototyp des "glamour girl" des späteren Films. Etwa ein Drittel des Romans wird von der schon erwähnten Geschichte Coalhouse Walkers eingenommen. In ihr versetzt Doctorow Kleists Michael Kohlhaas nach Amerika und zeigt die Relevanz von dessen Geschichte für das Schicksal amerikanischer Farbiger, die für ihre Rechte kämpften, auf.

Neben der Geschichte Walkers sind es noch die Geschichten zweier nicht namentlich identifizierter Familien, die einen größeren Teil des Romans ausmachen. Bei der einen handelt es sich um die Familie des kleinen Jungen, bestehend aus dem Vater, der Mutter und dem jüngeren Bruder der Mutter. Der Vater, Hersteller von Fahnen, festlichen Dekorationen und von Feuerwerk, versucht, sich seiner Erfahrungen bei der Polarexpedition durch die Niederschrift seines Tagebuchs zu vergewissern. Doch das Muster, das sich schließlich für ihn bildet, bleibt von nur vorübergehender Bedeutung. Im Muster seines beruflichen Alltags erkennt er keinen Sinn. 1915 findet er mit dem Untergang der Lusitania seinen Tod. Er befand sich auf dem Wege nach London, um der britischen Regierung Waffen zu verkaufen. Es war seine letzte Expedition. Er ist "the immigrant, as in every moment of his life, arriving eternally on the shore of his Self"(269). Im Leben fand er *nicht* zu seinem Sein. Sein Leben fügte sich in ein dauerhaftes oder gar konsistentes Muster erst im Tod.

Anders verhält es sich mit Tateh, dem Haupt der zweiten, nicht beim Namen genannten Familie jüdischer Immigranten. Dieser trennt sich von seiner Frau, als er erfährt, daß sie sich mit ihrem Arbeitgeber eingelassen hat, um Geld für die Miete zu verdienen. Tateh selbst versucht vergeblich, mit Scherenschnitten den Unterhalt der Familie zu finanzieren. Nach langem Zögern läßt er sich seiner Tochter wegen von Evelyn Nesbit helfen, um sich aber von ihr zurückzuziehen, als er erfährt, in welchem Ruf sie steht. Nach vergeblichem Einsatz für die Armen in einem Streik in Neuengland gibt er sein sozialistisches Denken auf und versucht, durch seine Kunst reich zu werden. Er macht in Hollywood Kariere, nennt sich Baron Ashkenazy und heiratet die inzwischen verwitwete Mutter des kleinen Jungen. Tateh vermag sich anzupassen, immer neue Sinnmuster zu entwerfen, wenn es sich mit den alten nicht mehr leben läßt. Ein Muster der Eingliederung des Jüdischen in die amerikanische Gesellschaft wird durch die Kinder Tatehs angedeutet. Neben seiner jüdischen Tochter sind dies "the little boy" und das farbige Kind von Coalhouse Walker, das er adoptiert.

Die verschiedenen Geschichten ergeben einen nicht gewebten, sondern aus Flicken ("rags") zusammengesetzten Teppich, in dem sich die Zeit des "ragtime" spiegelt. Am Ende heißt es: "And by that time the era of Ragtime had run out"(270). "Ragtime" ist nicht nur die in der Zeit beliebte Musik, sondern die aus den verschiedensten "Fetzen" zusammengesetzte Geschichte der Zeit. Der Roman ist ein Versuch, ein Muster zu entwerfen, das zu einem besseren Verständnis der in dieser Zeit erlebten Wirklichkeit führen soll. Das Ergebnis weicht nicht sehr weit von demjenigen Dos Passos' ab. "Metafiction" in *Ragtime* erweist sich auch nur als ein neuer Versuch, Geschichte zu schreiben, und für Dos Passos war Geschichte bereits etwas, das nur als Prozeß, als ständiger Wandel verstanden werden konnte.

Doctorow setzte seine erzählerischen Experimente in der weiteren Folge seiner Romane fort, in *Loon Lake*, 1979, in dem nicht so sehr die Umwelt als die Person, die ihr begegnet, in Frage gestellt wird, in *Wold's Fair*, 1985, in dem er seine eigene Kindheit aus der Perspektive, aus der er sie erlebte, zu rekonstruieren versucht, und in *Billy Bathgate*, 1989, der Gangstergeschichte, in der die reißerischen Elemente seiner Erzählweise stärker zur Geltung kommen. Jeder seiner Romane stellt einen neuen Versuch dar, einem Teil der Wirklichkeit Sinn abzugewinnen. Wenn die Sinnfindung sich auch immer wieder als subjektiv erweist und nur vorübergehende Gültigkeit zu beanspruchen vermag, zeigt es sich aber auch als lebensnotwendig, sich immer wieder um sie zu bemühen. Dies gilt auch für die ständige Neubesinnung auf das, was das Jüdische an dem jeweiligen Lebensentwurf ausmacht.

Litertur

Zitiert nach *The Book of Daniel*, New York, 1971; *Ragtime*, New York, 1975.

Sekundärliteratur:
Richard Trenner, hg., *E.L.Doctorow: Essays and Conversations*, Princeton, 1983.

Bernhard Reitz, "'A Society of ragamuffins' - Fortschritt und Fiktion in E.L.Doctorows *Ragtime*(1975)", R.Borgmeier u.B.Reitz, hg., *Der historische Roman*, Bd.2, Heidelberg, 1984, 135-154.
Geoffrey G.Harpham, "E.L.Doctorow and the Technology of Narrative," *PMLA*, C,1, 1985, 81-95.
Paul Levine, *E.L.Doctorow*, London u. New York, 1985.
Bernhard Reitz, "Aspekte postmoderner Geschichtsdarstellung in E.L.Doctorows *The Book of Daniel*," W.Herget u.a., hg., *Theorie und Praxis im Erzählen des 19.und 20.Jahrhunderts*, Tübingen, 1986, 373-388.
Herwig Friedl u. Dieter Schulz, hg., *E.L.Doctorow: A Democracy of Perception*, Essen, 1988.
Charles Eidsvik, "Playful Perceptions: E.L.Doctorow's Use of Media Structures and Conventions in *Ragtime*," *Literaturwissenschaftliches Jahrbuch*, 30, 1989, 301-309.
Carol Harter u.James R.Thompson, *E.L.Doctorow*, Boston, 1990.
John G.Parks, *E.L.Doctorow*, New York, 1991.

Die Liste jüdischer Erzähler ließe sich noch um ein Beträchtliches erweitern. Die hier vorgelegte Darstellung muß sich jedoch auf die ihr am wichtigsten erscheinenden beschränken. Neben den schon einleitend genannten Autoren seien zumindest noch aufgeführt die politisch aktive Feministin Grace Paley mit bereits drei Bänden gesammelter Kurzgeschichten, *The Little Disturbances of Man*, 1959 , *Enormous Changes at the Last Minute*, 1974, und *Later the Same Day*, 1985, ferner Anne Roiphes mit *Long Divisions*, 1972, Robert Kotlovitz mit *Somewhere Else*, 1972, Arthur A.Cohen mit *In the Days of Simon Stern*, 1973, Joseph Epstein, der Kritiker, der sich auch als Erzähler hervortat und dessen, oft an Malamud erinnernden Kurzgeschichten jetzt gesammelt in *The Golden Boys*, 1992, vorliegen, sowie von den jüngeren Autoren Mark Helprin, geb.1947, mit *Refiner's Fire*, 1977, *Winter's Tale*, 1982, und zwei Sammlungen von Kurzgeschichten.

Ihrer Bedeutung wegen müssen auch Erfolgsautoren wie Herman Wouk oder Leon Uris genannt werden. Wouk, der vor allem durch *The Caine Mutiny*, 1951, und dessen Verfilmung bekannt geworden war, setzte in *Marjorie Morningstar*, 1955, an die Stelle jüdischen Glaubens ("Judaism") die Psychologie jüdischen Brauchtums als bewußtseinbestimmendes Element der "Jewishness" ein und setzte sich in *This Is My God*, 1959, ausführlicher mit seinem Judesein auseinander. Leon Uris schuf mit seinem Bestseller *Exodus*, 1959, ein von vielen Lesern als das Epos des modernen Israel betrachtetes, leider dessen Geschichte aber auch verfälschendes Werk.

Weitere jüdische Erzähler werden in späteren Kapiteln unserer Darstellung Berücksichtigung finden. Dazu gehören Norman Mailer, Joseph Heller, Ronald Sukenick, Raymond Federman, Walter Abish wie auch Jerzy Kosinsky.

Afroamerikanische Erzähler

Bei einer gesonderten Betrachtung afroamerikanischer Erzähler im Rahmen einer Gesamtdarstellung der amerikanischen Erzählkunst setzt sich der Autor dem Vorwurf aus, er plädiere für die Segregation des farbigen Teils der amerikanischen Gesellschaft und hege rassistische Vorurteile. Verzichtet er jedoch auf eine solche getrennte Betrachtung, wird er ähnlichen Vorwürfen begegnen, vor allem dem, der besonderen Erzählweise der farbigen Autoren und ihrem Anliegen nicht Rechnung zu tragen. Daß sich diese beiden Möglichkeiten der Beurteilung ergeben, verweist bereits auf die Problematik der afroamerikanischen Erzählkunst und ihrer Wertung in der bisherigen Kritik. Ihr gerecht zu werden, ist nur möglich, wenn sie, wie dies im folgenden geschehen soll, in ihrem historischen, politischen und kulturellen Kontext betrachtet wird, d.h., wenn die Problematik als durch diesen Kontext bedingt gesehen wird.

Als afroamerikanisch werden durchweg alle Erzähler afrikanischer Herkunft betrachtet. Muß sich der jüdische Erzähler erst durch das Bekenntnis zu seiner Herkunft als solcher zu erkennen geben, sieht sich der afroamerikanische Erzähler durch das Pigment seiner Haut identifiziert. Selbst bei gemischter Herkunft gilt er als Afroamerikaner, solange der farbige Anteil an seinem Erbe an der Hautfarbe erkennbar ist. Die Fälle, in denen die "Farbgrenze" überschritten wird, zeigen ihre eigene Problematik und seien hier ausgeklammert. In Zweifelsfällen entscheidet der Betroffene, mit welcher Herkunft er sich identifiziert. Die Hautfarbe des Erzählers ist allerdings für den Leser nicht sichtbar. Sie kann demnach auch nicht als entscheidendes Kriterium zur Identifizierung afroamerikanischer Erzählkunst herangezogen werden.

Afroamerikanische Erzählkunst bestimmt sich in vielen Fällen, aber nicht notwendigerweise, durch ihre Thematik. Sehr häufig ist das Schicksal des afroamerikanischen Teils der Gesellschaft ihr Thema. Doch wie James Baldwins *Giovanni's Room* z.B. dokumentiert, kann alles an afroamerikanische Herkunft Erinnernde eliminiert werden. Zudem kann afroamerikanisches Schicksal auch Thema nichtfarbiger Erzähler werden wie in Robert Penn Warrens *Band of Angels*, 1955, oder William Styrons *The Confessions of Nat Turner*, 1969.

Neben der Thematik werden - so bei Bernard W. Bell - Stil und Struktur der Werke zur Bestimmung afroamerikanischer Erzählkunst herangezogen. So wertvoll diese Merkmale auch erscheinen, sie kommen nicht zur Geltung, wenn es der Autor darauf anlegt nachzuweisen, daß er so schreiben kann wie diejenigen, die nicht an seiner besonderen Herkunft teilhaben. Dies gilt vor allem für afroamerikanische Erzähler des 19.Jahrhunderts. Doch bestimmt sich in solchen Fällen das Werk durch seine Thematik als afroamerikanisch, wenn es die Schwierigkeiten oder Möglichkeiten der Assimilation in den Hauptstrom der amerikanischen Gesellschaft bzw. von deren Literatur darzustellen versucht.

Stilistische und strukturelle Eigenheiten zeigt die afroamerikanische Erzählkunst, wenn sie aus der Folklore der farbigen Bevölkerungsgruppe hervorgeht. Diese ist wiederum gekennzeichnet durch die mündliche Überlieferung ("oral tradition") und äußert sich in dem Gebrauch der Sprache, der Musik und der Religion, die aus ursprünglich afrikanischen Wurzeln in der langen Geschichte in der Neuen Welt zu ihren eigenen Formen fanden. Die Problematik der Bedeutung dieser Tradition zeigt sich darin, daß sie von denjenigen, die den sozialen Aufstieg durch Assimilation mit der Welt der Weißen zu erreichen versuchten, vergessen oder geleugnet wurde. Sie war mit dem Stigma des niederen Standes behaftet. Eine Identifizierung mit der mündlichen Überlieferung bedeutete dementsprechend auch eine solche mit der gesellschaftlich unterprivilegierten Schicht.

In dem größeren und bedeutsameren Teil der afroamerikanischen Erzählkunst in der zweiten Hälfte unseres Jahrhunderts vereint sich die aus der farbigen Bevölkerungsgruppe erwachsene mündliche Tradition mit Formen, die aus der schriftlichen, nichtafroamerikanischen Tradition hervorgegangen sind. Afroamerikanische Autoren studieren James Joyce, William Faulkner und andere nichtfarbige Autoren, um deren Kunst ihren eigenen Zwecken dienstbar machen zu können. Ihr Werk erhält ein Höchstmaß an afroamerikanischer Eigenheit, wenn die mündliche Überlieferung die vorgegebenen Formen der Schriftlichkeit ihrer Aussageintention entsprechend umzugestalten vermag.

Das Neben- und Miteinander der aus der besonderen Herkunft erwachsenen Eigenheit und der Zugehörigkeit zu einem eine Vielzahl von Kulturen umfassenden Gemeinwesen führte zu einer Haltung des afroamerikanischen Erzählers gegenüber seiner Umwelt, die schon von W.E.B.DuBois in *The Souls of Black Folk* 1903 als "double-consciousness" bezeichnet worden war. Bereits die von uns gewählte Bezeichnung "afroamerikanisch" verweist auf die zwei Welten, die in diese Erzählkunst eingegangen sind. Das Neben- oder Miteinander findet in den wenigsten Fällen zu einer dauerhaften Ausgeglichenheit, sondern ist den Schwankungen zwischen Integration und Segregation unterworfen. Bei der Segregation hängt es wiederum davon ab, ob sie - wie ursprünglich - erzwungen ist oder bewußt herbeigeführt werden soll - wie später in der "Black Power"-Bewegung. Selbstwertschätzung und erzwungene Unterwerfung finden in den Gestalten der afroamerikanischen Erzählkunst zu einem weiteren Nebeneinander, einer "double vision", die sich im Erzählen selbst als Parodie oder Ironie niederschlägt. Hierzu kann vor allem auf Ostendorfs musterhafte Interpretation von Ralph Ellisons "Flying Home" verwiesen werden (133-144). Das Einverständnis mit der "weißen" Kultur wird in diesem Falle nur gespielt.

Die Thematik der afroamerikanischen Erzählkunst wird vornehmlich durch "freedom" und "literacy" bestimmt, die von Robert B.Stepto in einer heute allgemein anerkannten Weise definiert wurden. Das Thema der Freiheit ist demnach zunächst durch die Befreiung aus der Sklaverei bestimmt, später jedoch in der umfassenderen Bedeutung als volle Teilhabe an allen durch die Verfassung garantierten Rechten. "Literacy" bedeutet zunächst die Fähigkeit zu lesen und zu schreiben. Sie erweist sich allerdings als problematisch, insofern sie die Eigenart der mündlichen Tradition aufzuheben droht. Im erweiterten Sinne wird sie denn auch als die Fähigkeit verstanden, die Merkmale der eigenen Herkunft zu erkennen und zum Ausdruck zu bringen. Erst die dadurch gewonnene Selbstdarstellung führt zu dem auch als weiteres Thema der afroamerikanischen Erzählkunst genannten Respekt, der ihr in der Gesamtheit menschlicher Ausdrucksmöglichkeiten gebührt.

Eine entscheidende Rolle bei der Entstehung wie bei der Bewertung der afroamerikanischen Erzählkunst spielt der Adressat. Wendet sie sich. zunächst an den weißen Leser, so wird in unserem Jahrhundert immer häufiger der Farbige angesprochen. Der weiße Leser ist auch dann gemeint, wenn es vor allem um einen Protest gegen die ungerechte Behandlung des Farbigen geht. Vor allem aber wird in der Protestliteratur der Farbige aufgerufen, sich für die ihm vorenthaltenen Rechte einzusetzen.

Eine Problematik eigener Art stellt die afroamerikanische Erzählkunst als Literatur des Protestes dar. Wegen des Protestcharakters wurde immer wieder ihr ästhetischer Wert in Frage gestellt. Um diesem Vorwurf zu entgehen, verzichteten einige farbige Erzähler auf den Protest. In der Entwicklung der afroamerikanischen Literatur seit Richard Wright kommt es zu den verschiedensten Haltungen in bezug auf den Protest. So vollzieht sich Noel Schraufnagel zufolge eine Entwicklung von der "protest novel" Richard Wrights und seiner Nachfolger über die "apologetic novel" Willard Savoys und William Gardner Smiths sowie über die "accomodationist novel" William Dembys, J.Saunders Reddings, Ralph Ellisons und James Baldwins nach 1945 bis hin zu der "militant protest novel" John Oliver Killens und des späteren William Gardner Smith in den fünfziger und John A.Williams', Ronald Fairs, James Baldwins, Sam Greenlees in den späten sechziger Jahren. Entscheidend wurde für die nach diesem Parameter bewertete Erzählkunst in der Diskussion um eine "schwarze Ästhetik" die Bestimmung von Literatur als "politischem Produkt". In der "heißen Phase" der "Black Power"-Bewegung bedeutete dies aber auch, daß Erzähler wie James Baldwin politische Traktate schrieben und den politischen oder autobiographischen Schriften wie Eldridge Cleavers *Soul on Ice*, 1968, oder *The Autobiography of Malcolm X*, 1965, größere Beachtung als der zur gleichen Zeit veröffentlichten "protest fiction" geschenkt wurde.

Die moderne afroamerikanische Erzählkunst beginnt, nach dem Urteil wohl aller Kritiker mit Richard Wrights *Native Son* von 1940. Wir versuchten Wrights Werk bereits in unserer *Geschichte der amerikanischen Erzählkunst 1900 bis 1950* gerecht zu werden. Sein Schaffen reicht weit über die Jahrhundertmitte hinaus und paßt sich der späteren Entwicklung der afroamerikanischen Erzählkunst an. Sein Aufenthalt im selbstgewählten französischen Exil ließ ihn jedoch den konkreten Kontakt mit dem Schicksal der Menschen verlieren, für die er weiterhin zu schreiben versuchte. Er fand seine Nachfolger in den USA vor allem in Chester Himes, William Gardner Smith und Ann Petry. Die Kritik übersah dabei allerdings Zora Neale Hurstons *Their Eyes Were Watching God*, 1937, einen Roman ungewöhnlicher Qualität, der sich schon der Bedeutung des eigenen Erbes zugewandt hatte.

Ein neuer Ansatz wurde in den fünfziger Jahren von Ralph Ellison mit seinem *Invisible Man*, 1952, und James Baldwin mit *Go Tell It On the Mountain*, 1954, gefunden. Sie sahen in den Romanen Wrights und seiner Nachfolger eine Verzerrung des Lebens der Farbigen, insofern es nur in seiner naturalistisch dargestellten Bedingtheit durch die von Weißen bestimmte Gesellschaft vorgeführt wurde. Dagegen stellen sie den Farbigen in Analogie zu allen anderen Mitgliedern der amerikanischen Gesellschaft auf der Suche nach seiner eigenen Identität dar, aber - wie schon Zora Neale Hurston - auf dem Hintergrund seiner spezifischen Herkunft. Ellison wird mit seinem Rückgriff auf die reiche mündliche Überlieferung der farbigen Bevölkerung zum großen Beispiel für die nachfolgenden Erzähler. Baldwin bestimmt mit seiner heftigen Attacke auf Wright die antinaturalistische Tendenz.

Den Anstoß zu einer regelrechten Flut afroamerikanischer Literatur gaben alsdann die Aktivitäten der Bürgerrechts- und "Black Power"-Bewegungen in den sechziger und frühen siebziger Jahren. Auch der Protest gegen den Krieg in Vietnam wirkte sich in dem gleichen Zeitraum auf die Erzählkunst der schwarzen Autoren aus. Es erschienen die schon erwähnten nichtfiktionalen Werke, die extrem experimentelle Prosa LeRoi Jones' wie auch die aggressivsten Ausformungen des Protestromans mit John A.Williams' *The Man Who Cried I Am*, 1967, und *Sons of Darkness, Sons of Light*, 1969, sowie Sam Greenslees *This Spook Who Sat by the Door*, 1969. Daneben aber erscheinen auch die ersten Romane von Ernest J.Gaines, der zumindest von einem der Kritiker (Schraufnagel 163) als der bedeutendste der farbigen Autoren der sechziger Jahre betrachtet wird.

Nach dem weitgehend erfolgreichen Abschluß des Ringens der farbigen Bevölkerung um ihre Rechte zeigt sich die afroamerikanische Erzählkunst als etablierter Zweig der gesamtamerikanischen Erzählkunst, der in deren Rahmen jedoch sein eigenes Gesicht zu wahren bzw. zu entfalten vermochte. Eigentlich sind es jedoch viele Gesichter. Neben einer weitgehend kritisch-realistischen Erzählkunst, die - mit einer starken feministischen Tendenz gepaart - im Werk von Alice Walker ihre Fortsetzung erfährt, erscheinen die eher poetischen Ausformungen - auch als "romances" gekennzeichnet (Campbell) - der Erzählkunst bei Toni Morrison und Toni Cade Bambara, sowie die experimentelle Erzählkunst Ishmael Reeds und Samuel R.Delanys. Die reiche Geschichte der farbigen Bevölkerung der USA kommt dabei in gleicher Weise zu ihrem vollen Ausdruck wie die verschiedenen Möglichkeiten der Suche nach Identität. Wie in der jüdisch-amerikanischen zeigt sich die Bedeutung, die sie gewonnen hat, auch in der afroamerikanischen Erzählkunst in ihrer Auswirkung auf die Trivialliteratur. Hierzu wäre vor allem der durch seine Verfilmung potenzierte Erfolg von Alex Haleys *Roots*, 1979, zu nennen.

In unserem Überblick kann nur auf einen Bruchteil der Fülle afroamerikanischer Erzählkunst nach 1950 eingegangen werden. Wenn wir LeRoi Jones einer kurzen Betrachtung unterziehen, so tun wir dies der Bedeutung wegen, die er in den sechziger Jahren hatte, wenn er auch heute - mit Recht - bereits der Vergessenheit anheimfällt. Bei der unterschiedlichen Wertung, die die Erzähler der Gegenwart erfahren und auch untereinander vornehmen, fällt es schwer, eine Auswahl zu treffen. Wir sind sicher, daß Ishmael Reed es uns verübeln wird, daß wir Alice Walker in unsere Betrachtung aufnehmen und Toni Bambara übergehen. Wahrscheinlich wird die dabei zugrundeliegende Wertschätzung auf Gegenseitigkeit beruhen. Das Werk der meisten der bereits genannten Autoren kann in unserem Rahmen nicht in die Darstellung aufgenommen werden; von den vielen noch ungenannt gebliebenen sei jedoch John Wideman mit seiner *Homewood*-Trilogie genannt, da er immerhin auch in deutscher Übersetzung erschien.

Literatur

Edward Margolies, *Native Sons: A Critical Study of Twentieth-Century Negro American Authors*, Philadelphia, 1968.
Donald B.Gibson, hg., *Five Black Writers: Essays on Wright, Ellison, Baldwin and Hughes and LeRoi Jones*, New York, 1970.

Noel Schraufnagel, *From Apology to Protest: The Black American Novel*, Deland, FL, 1973.
Robert B.Stepto, *From Behind the Veil: A Study of Afro-American Narrative*, Urbana, IL, 1975.
A.Robert Lee, hg., *Black Fiction: New Studies in the Afro-American Novel Since 1945*, London, 1980.
Berndt Ostendorf, *Black Literature in White America*, Brighton, 1982.
Peter Bruck u.Wolfgang Karrer, hg., *The Afro-American Novel Since 1960*, Amsterdam, 1982.
Mari Evens, *Black Women Writers (1950 - 1980): A Critical Evaluation*, New York, 1984.
Keith E.Byerman, *Fingering the Jagged Grain: Tradition and Form in Recent Black Fiction*, Athens, GA, 1985.
Jane Campbell, *Mythic Black Fiction: The Transformation of History*, Knoxville, TN, 1986.
Robert Elliot Fox, *Consciencious Sourcerers: The Black Postmodernist Fiction of LeRoi Jones/Amiri Baraka, Ishmael Reed and Samuel R.Delany*, New York, 1987.
Bernard W.Bell, *The Afro-American Novel and Its Tradition*, Amherst, 1987.
Norma Harris, *Connecting Time: The Sixties in Afro-American Fiction*, Jackson, 1988.

Ralph Ellison, geb.1914

Wie die Entwicklung der jüdisch-amerikanischen Literatur nur auf dem Hintergrund der großen Einwanderungswelle osteuropäischer Juden nach 1882 gesehen werden kann, so das Hervortreten der afroamerikanischen Erzählkunst nur auf dem der großen Wanderung der schwarzen Bevölkerung aus den Südstaaten nach dem Norden, in die industriellen Ballungszentren, vor allem aber nach Chicago oder New York. Richard Wright hatte seinen Weg nach Chicago gefunden, dem Ort der Handlung von *Native Son*, mit dem er der modernen afroamerikanischen Erzählkunst einen Anfang setzte. Ralph Ellison hatte den Weg von Oklahoma über Alabama nach New York gefunden, genauer: nach Harlem, nach dem zur Zeit seiner Ankunft 1936 bereits die Renaissance afroamerikanischen Kulturlebens - als Harlem-Renaissance - benannt worden war. Der führende Lyriker der Bewegung, Langston Hughes, dem er zufällig begegnet war, machte ihn mit Richard Wright bekannt, der inzwischen von Chicago nach New York übergesiedelt war. Richard Wright war es denn auch, der den noch vor allem an Musik interessierten jungen Ellison anregte zu schreiben. Einer Einladung Duke Ellingtons zum Vorspielen zwecks Einstellung in seine Band war er nicht mehr gefolgt.

1914 in Oklahoma City geboren, hatte Ellison mit Hilfe eines Stipendiums drei Jahre lang an dem von Booker T.Washington gegründeten Tuskegee Institute studieren können. Zum Weiterstudium hätte er sich Geld verdienen müssen, wozu er in New York die beste Gelegenheit zu finden hoffte. Harlem führte ihn dann aber auf andere Wege. Eine Möglichkeit zur Finanzierung seines Lebensunterhalts fand er als Mitarbeiter an einem Federal Writers Project, einer Einrichtung zur Arbeitsbeschaffung für Schriftsteller im Rahmen von Roosevelts New Deal. Seine Tätigkeit an dem Projekt vermittelte ihm genauere Kenntnisse der Geschichte der schwarzen Bevölkerung New Yorks. Wrights Einfluß darf es zugeschrieben werden, daß Ellison zunächst der extremen Linken zuneigte. Doch wurde er nie - wie Wright - Mitglied der kommunistischen Partei. Durch Wright fand er für seine ersten Veröffentlichungen auch Zugang zu der kommunistischen Zeitschrift *New Masses*. In den Kurzgeschichten, die er seit 1939 zu schreiben begann, wandte er sich aber sehr bald von Wright als Vorbild ab. Er glaubte, der afroamerikanischen Sache nicht gerecht werden zu können, wenn er - wie Wright und seine unmittelbaren Nachfolger - den Schwarzen nur als Opfer der kapitalistischen weißen Gesellschaft darstellte. Entscheidend wurde für ihn das spezifisch afroamerikanische Erbe, das den Farbigen prägte und das dieser in die gemeinsame Kultur der Vereinigten Staaten einbrachte. Er distanzierte sich damit auch von dem schwarzen Nationalismus eines Marcus Garvey, da er erkannte, daß die afrikanische Überlieferung in ihrer 200jährigen Geschichte in der Neuen Welt eigene Wege gegangen war. Damit widersprach er natürlich dem extremen Nationalismus der "Black-Power"-Bewegung der späten sechziger und der siebziger Jahre und setzte sich heftiger Kritik von deren Seite aus.

Das afroamerikanische Erbe sah er auf vielfältige Weise ausgedrückt durch die besondere Ausprägung der Sprache, deren rhetorische Ausformungen, vor allem in der Predigt, aber auch in Schimpftiraden, und durch die verschiedenen musikalischen Formen wie des Jazzes, der Blues oder der Spirituals. Dazu kommen Verhaltensformen wie das ironische Rollenspiel des So-tun-als-ob oder Ausdrucksformen wie die Lügengeschichte ("tall tale"). In diesem Erbe erscheint damit auch eine Reihe von Elementen, die einer anderen als der naturalistischen, realistischen Darstellungsweise bedurften. Ellison öffnete dafür seine oft noch realistische Grundform hin zu symbolistischen und surrealistischen Möglichkeiten der Darstellung. Von T.S.Eliots *Waste Land* hatte er gelernt, daß das folkloristische Erbe archetypische Ausdruckskraft besaß. Dies hatte für ihn auch in bezug auf die afroamerikanische Kultur seine Geltung. Formen, sie zum Ausdruck zu bringen, fand er bei Dostojewskij und in der Erzählkunst seiner Zeit, vorübergehend bei Hemingway, dauerhafter bei William Faulkner und James Joyce.

Seine Erzählungen und seinen Roman betrachtete er nicht primär als Protest, sondern als Kunst. Es ging ihm um die *Darstellung* des Lebens des farbigen Amerikaners. In der Darstellung seiner Sonderheiten glaubte er, dessen Beitrag zu der Gesamtheit der Menschheit als entscheidende Bereicherung glaubhaft machen zu können. Wenn ihm dies in seiner Kunst gelänge, wäre damit gleichzeitig ein Protest gegen alle, die diesen Anteil nicht anzuerkennen bereit waren, gegeben. Für die Protestbewegung der sechziger und siebziger Jahre sollte dies deren Wortführern nicht ausreichen. Ellisons Haltung entsprach nicht der von ihnen geforderten "black aesthetics", die ein Primat des Politischen vor dem Künstlerischen forderte.

Vor dem Erscheinen von *Invisible Man*, 1952, hatte Ellison bereits zehn Kurzgeschichten veröffentlicht. Er war damit noch nicht in das Rampenlicht einer größeren literarischen Öffentlichkeit getreten. Doch zumindest zwei dieser Geschichten fanden später ihre Anerkennung als gelungene Kleinkunstwerke, "King of the Bingo Game" und "Flying Home", beide 1944. Davon kann letztere als Muster für die Aufnahme afroamerikanischer Überlieferung in einer bereits vorgeprägten literarischen Form betrachtet werden.

"Flying Home", 1944

Wie "In a Strange Country" aus dem gleichen Jahr ist "Flying Home" Bruchstück eines von dem Autor begonnenen, dann aber aufgegebenen Romans über einen farbigen Fliegeroffizier, der im Ersten Weltkrieg in deutsche Kriegsgefangenschaft gerät und als ranghöchster Offizier weißen Mitgefangenen vorgesetzt wird. Als Kurzgeschichte bildet "Flying Home" eine in sich geschlossene Einheit.

Zentrales Ereignis der Geschichte ist die Bruchlandung des farbigen Flugschülers Todd auf einem Baumwollfeld in Alabama. Übermütig hatte er seine Maschine zu steil hochgezogen, war ins Strudeln geraten und bei dem Versuch, das Flugzeug wieder abzufangen, mit einem schwarzen Bussard kollidiert. In der dadurch entstandenen Verwirrung versucht er eine Notlandung, bei der er aus der Maschine geschleudert wurde und sich den linken Fuß verletzte.

Die Er-Erzählung des Anfangs erweist sich sehr bald als erlebte Rede Todds: "When Todd came to, he saw two faces suspended above him," heißt es zu Beginn, um fünf Sätze weiter den Bericht durch den Gebrauch von "Black English" als erlebte Rede Todds erkennen zu lassen: "Sounds came to him dimly. He done come to. Who are they? he thought. Naw he ain't, I coulda sworn he was white"(151). Eingeflochten in die erlebte Rede ist die wahrgenommene Rede von Jefferson und dessen Sohn, der beiden Schwarzen, die ihn auffinden. Wenn die Schmerzen ihn überwältigen, geht die Erzählung über zum inneren Monolog. Als solcher sind die Erinnerungen an Jugenderlebnisse eingeflochten. Als direkte Rede ist die Geschichte eingefügt, die Jeff von seinem eigenen Flugerlebnis erzählt, während der Sohn Hilfe holt, um Todd abtransportieren zu können. Todd hatte gefragt, ob es sich um eine "tall tale" handele, worauf Jeff nur antwortete: "Well, I ain't so sho', on account of it took place when I was dead"(158).

Jeffs Geschichte besteht darin, daß ihm nach seinem Tode im Himmel Flügel wuchsen, mit denen er besser als alle Engel zu fliegen vermochte. Doch Petrus war dies zu gefährlich geworden; darum hatte er ihn mit einem Fallschirm und einer Landkarte von Alabama wieder zur Erde zurückgeschickt. Bei Jeffs Geschichte handelt es sich um die Variante einer unter dem Titel "Colored Man in Heaven" registrierten Volkserzählung. - Das Motiv des Negers, dem Flügel wachsen, sollte von Toni Morrison in ihrem *Solomon's Song* wieder aufgenommen werden. - Jeffs Erzählung fügt sich in die Tradition der im Südwesten der USA entwickelten humoristischen Geschichte ("Southwestern Humor"). Jeff, der Feldarbeiter des Südens ("field nigger"), wäre dabei als der scheinbar dumme, einfältige Grenzer der Binnenerzähler, Todd als Vertreter des gebildeten Ostens der Rahmenerzähler, der jetzt mit der modernen Welt der Technik vertraute Schwarze aus dem Norden. Doch wie schon in Mark Twains "Jumping Frog", dem Höhepunkt des "Southwestern Humor", verdrehen sich die Fronten. Der scheinbar einfältige Binnenerzähler erweist sich als der Schlauere. Er weiß sich den Anschein der Anpassung zu geben und damit den weißen Herrn, der Todd in eine Zwangsjacke stecken lassen und ins Irrenhaus bringen will, abzulenken und Todd mit Hilfe seines Sohnes zu seinem Stützpunkt zurückzutransportieren. Todd wiederum glaubt sich - wie der "gentleman" aus dem Osten in der humoristischen Geschichte des Südwestens - den "field niggers" aus Alabama überlegen. Als Flugzeugführer glaubt er, es seinen weißen Kameraden gleichtun zu können. Er merkt aber nicht, daß er zum Besten gehalten wird. Man bildet ihn - zusammen mit anderen Farbigen - zwar zum Piloten aus; zum Fronteinsatz wird er aber nie kommen. Seine Bruchlandung erst lehrt ihn - mit Hilfe von Jeffs Geschichte, die sie interpretiert, - erkennen, daß er sich falschen Illusionen hingegeben hatte. Er scheitert an dem "Jim Crow"-Gesetz der Aussonderung. Der Bussard, der die Bruchlandung auslöste, ist ein "jim-crow bird". Sein Erlebnis wird damit zu einer Initiation, die ihn die Notwendigkeit erkennen läßt, die Rolle des "Als-ob" auch als derjenige spielen zu müssen, der den Einschränkungen der Gesellschaft des Südens entronnen zu sein glaubte. Ellison gelingt es mit "Flying Home", afroamerikanische Überlieferung in der schon ausgeprägten Form der humoristischen Geschichte des Südwestens zu gestalten, die ihrerseits aus afroamerikanischen Wurzeln hervorging.

In der Tradition der amerikanischen Erzählkunst bekundet "Flying Home" die Nähe zu Mark Twain. Dies gilt auch für die drei Buster-Riley-Geschichten, die Ellison 1956 um eine weitere ergänzte, in denen zwei Negerjungen ähnliche Rollen wie Tom Sawywer und Huck Finn übernehmen. Noch nicht gesammelt veröffentlicht, bleiben die Kurzgeschichten Ellisons leider weiterhin schlecht zugänglich.

Invisible Man, 1952

Die Nachkriegsjahre bis in die Mitte der fünfziger Jahre standen in der Erzählkunst noch ganz unter dem Zeichen Faulkners und Hemingways. Ersterer war mit dem Erscheinen von Malcolm Cowleys *Portable Faulkner* 1946 erst zur vollen Anerkennung gelangt, die sich 1951 in der Verleihung des National Book Award für die *Collected Stories* von 1950 niederschlug. Hemingway erzielte mit der Veröffentlichung von *The Old Man and the Sea* im *Life*-Magazin 1952 einen seiner größten Erfolge. William Styron setzte 1951 mit *Lie Down in Darkness* ein deutliches Zeichen für das Weiterleben der Romankunst der Südstaaten durch eine jüngere Generation von Erzählern. Doch erst Ellisons *Invisible Man* wurde zu dem überragenden Ereignis in der Entwicklung der Erzählkunst in den USA nach 1945, an dessen Bedeutung Saul Bellows *The Adventures of Augie March* erst zwei Jahre später herankommen sollten. Die Mehrzahl der Kritiker betrachtete in einer späteren Umfrage Ellisons Roman als den bedeutendsten der ersten drei Nachkriegsjahrzehnte. *Invisible Man* bedeutete nicht nur einen Neuansatz in der afroamerikanischen Erzählkunst, sondern in der Erzählkunst überhaupt, indem er in der Darstellung der Identitätssuche eines schwarzen Amerikaners grundsätzliche Möglichkeiten der Identitätsfindung und ihrer literarischen Gestaltung überhaupt aufzuzeigen vermochte.

Protagonist des Romans ist der nie bei seinem Namen genannte "Unsichtbare" des Titels. Er erzählt die Geschichte seines Werdegangs selbst. Ein Prolog und ein Epilog, in denen er seine Situation des Erzählens unter dem Einfluß von "pot"(Marihuana) umschreibt, rahmen die 25 Kapitel ein, in denen er, vorwiegend aus der Perspektive des erlebenden Ichs, von den einzelnen Stationen seines Werdegangs berichtet. Diesen Situationen entspricht der episodische Aufbau der Handlungsführung.

Der sich später als "unsichtbar" bezeichnende Protagonist wächst in einer kleinen Stadt im Süden der Vereinigten Staaten auf und kann seine erfolgreiche Schulzeit damit krönen, daß er die Rede bei der Entlassungsfeier halten darf. Er wird eingeladen, seine Rede anläßlich eines Herrenabends der weißen Honoratioren der Stadt zu wiederholen. In der nach dem Muster einer Rede Booker T.Washingtons verfaßten

Ansprache geht es darum, daß der beste Weg des Farbigen voranzukommen darin bestehe, daß er die ihm zugedachte Stellung akzeptiere. Die Belohnung für diese Haltung ist im Falle des Protagonisten ein Stipendium - und die Demütigung. Die Demütigung erfährt er dadurch, daß er sich an dem gleichen Abend in einem Ring an einem Kampf schwarzer Jugendlicher mit verbundenen Augen, der "Battle Royal", beteiligen und sich anschließend seine Belohnung von einem elektrisierten Teppich holen muß. Von einer "Battle Royal" berichtet auch Richard Wright, doch dürfte sie so, wie Ellison sie in seinem Roman beschreiben läßt, kaum im Süden möglich gewesen sein. Immerhin verweist sie expressionistisch auf Grundbefindlichkeiten in der Situation des Protagonisten. Dazu gehören unter anderem die Blindheit, die Demütigung oder der Kampf der Gedemütigten untereinander. Die Blindheit besteht für ihn bei der "Battle Royal" nicht allein in den verbundenen Augen, sondern in seiner Unkenntnis darüber, daß sich die anderen Beteiligten auf ihre Situation einrichten und sich entsprechend zu schonen wissen, aber um so heftiger auf den unwissenden "Unsichtbaren" einzuschlagen vermögen. Ihm fehlt noch das Wissen um die Bedeutung seiner Unsichtbarkeit. Die Episode des Herrenabends wird zum sich wiederholenden Grundmuster der weiteren Handlung.

Mit Hilfe des Stipendiums besucht der Protagonist ein Neger-College, das dem Tuskegee Institute Booker T.Washingtons, das Ellison selbst besuchte, nachgebildet ist. Er fühlt sich dort wohl. Sein großes Vorbild ist der Gründer der Institution, und er macht sich Hoffnungen darauf, später einmal der Nachfolger seines jetzigen Leiters Dr.Bledsoe zu werden. Es kommt für ihn zu einer Krise, als er Mr.Norton, einem der weißen Kuratoren des College, die Umgebung zeigen soll. Sie begegnen dem Neger Trueblood, der Norton die Geschichte seines Inzests mit seiner Tochter erzählt. Als es Norton daraufhin schlecht wird, bringt der Protagonist ihn zu den Golden Days, einem Lokal, wo sich geisteskranke Veteranen mit Dirnen und Alkohol amüsieren und den Kellner niederschlagen. Norton lernt auf diese Weise zum ersten Mal die Schattenseiten des Südens kennen, von denen man ihn fernzuhalten versucht hatte. Die Bedeutung der Episode liegt darin, daß der Weiße im Leben der Farbigen eine Seite seines eigenen Wesens erkennt, mit der er aber nicht fertig zu werden vermag. Trueblood dagegen weiß um seine Schuld und ist bereit, sie zu büßen, als seine Frau mit der Axt auf ihn einschlägt. Aber er ist auch fähig mit ihr zu leben, unter anderem dadurch, daß er sie zu erzählen vermag. Von Weißen wird er für das Erzählen seiner "folk tale" sogar belohnt. Für Norton aber führt die Begegnung zu Ohnmacht und Chaos.

Die Geschichte Truebloods ist wie diejenige Jeffs in "Flying Home" eine tatsächlich gelungene "folk tale". Im Roman steht sie im Gegensatz zu der Predigt Rev.Barbees zu Ehren des Gründers, die sich in rhetorischen Klischees ergeht und die Thematik der Rede des Protagonisten zur Schulentlassungsfeier aufnimmt. Barbee erweist sich, als er nach der Predigt stolpert und stürzt, als so blind wie der Protagonist bei der "Battle Royal".

Bledsoe bestraft den "Unsichtbaren", weil er Norton zeigte, was dieser nicht sehen sollte. Er hält ihm vor, daß er nicht wisse, was jeder Schwarze weiß, daß man nämlich den Weißen belügen müsse, um ihm zu gefallen. Dies hatte er zwar schon seinen Großvater sagen hören, konnte es aber nie verstehen. Bledsoe schickt ihn mit Empfehlungsschreiben nach New York, damit er sich Geld verdienen könne, um sein nächstes Studienjahr zu finanzieren. Von dem Sohn eines der Kuratoren des College, bei dem er in New York vorspricht, erfährt er den Inhalt seiner Empfehlungsschreiben. Ihren Kern formt er - in Anlehnung an den Blues "O well they picked poor Robin cleen" - in seine Worte um: "My dear Mr.Emerson, [...] The Robin bearing this letter is a former student. Please hope him to death, and keep him running. Your most humble and obedient servant, A.H.Bledsoe"(147). Er stellt sich auch Emersons Antwort vor: "Dear Bled, have met Robin and shaved tail. Signed, Emerson"(148). Am Ende der ersten Episode war ihm sein Großvater im Traum erschienen und hatte ihn aufgefordert, einen Brief, den er mit den Papieren für sein Stipendium verwahrte, zu öffnen. Die Botschaft, die der Brief enthielt, lautete: "Keep This Nigger Boy Running"(26).

Nach der Enttäuschung durch die Enthüllung des "Empfehlungsschreibens" findet der Protagonist Arbeit in einer Farbfabrik. Die hier spielende Episode zeichnet einerseits realistisch die Stellung des Farbigen als Arbeitnehmer - vor allem auch in bezug auf die diese Stellung bestimmenden Gewerkschaften -; andererseits wird sie zum expressionistischen Bild für die Bedeutung der Farben und die Möglichkeit, seine Identität gegen alle Widerstände zu behaupten. Die Fabrik stellt weiße Farbe her. Mit ihr wird die Wirklichkeit übermalt. Sie besteht aber auch aus einem Gemisch von Weiß und Schwarz. Der "Unsichtbare" muß in jeden Behälter weißer Farbe zehn Tropfen schwarzer Farbe einrühren. Nachdem der "Unsichtbare" sich im Kreise seiner Arbeitskameraden mit Gewalt Gehör verschafft hat, wird er zum Opfer einer Kesselexplosion. Im Krankenhaus versucht man daraufhin, seine Identität durch Schockbehandlung umzumodeln. Er leistet Widerstand, indem er den Gefügigen spielt und sich im Stillen auf seine Herkunft besinnt, durch die er seine Identität bestimmt sieht. Als man ihn nach der Behandlung entläßt, wird als letztes die Elektroschnur, die man ihm um den Leib gelegt hatte, gelöst. Selbst in dem Kontext der hier expressionistischen Aussageweise wird der damit erfolgende Verweis auf eine Neugeburt durch das Durchschneiden der Nabelschnur zu künstlich herbeigeführt, um künstlerisch überzeugen zu können.

Nach seiner "Neugeburt" findet der "Unsichtbare" zunächst Unterschlupf bei Mary, einer Verkörperung der mütterlichen Güte. Sie wird zum Zeichen für das Erbe, das ihn noch mit dem Süden verbindet. Diese Verbindung demonstriert er dadurch, daß er auf offener Straße eine heiße Süßkartoffel ißt. In Anlehnung an die alttestamentarische Identifizierung Gottes als "Ich bin, der ich bin", sagt er von sich: "I yam what I am!"(201). Indem er die heiße süße Kartoffel (="yam"), Nahrungsmittel der armen schwarzen Bevölkerung des Südens, auf der Straße ißt, identifiziert er sich mit seiner Herkunft. Doch kann er sich auch nicht mehr mit dieser Identität begnügen. Er ist nicht mehr bereit, nur das zu tun, was man von ihm bei solcher Herkunft erwartet.

Nachdem sich der "Unsichtbare" daran beteiligt hat, die Ausquartierung eines alten Paares aus seiner Wohnung in Harlem zu verhindern, wird er von Jack für die Brotherhood - eine Entsprechung für die kommunistische Partei - angeworben. Im Einsatz für die Brotherhood glaubt er, eine neue Identität zu gewinnen, die nicht durch die Klassenzugehörigkeit bestimmt ist. Er gewinnt eine große Anhängerschaft in Harlem, wird aber sehr bald abgelöst, da er seine Identität immer auch persönlich versteht und nicht bereit ist, sich der Brotherhood bedingungslos zu unterwerfen. Von einem Einsatz in Downtown New York kehrt er nach Harlem zurück, um eine Trauerfeier für Tod Clifton, einen seiner früheren Mitarbeiter, der von der Polizei erschossen worden war, zu organisieren, ohne das Komitee der Brotherhood gefragt zu haben. Er wird zurechtgewiesen; er darf nicht für seine schwarzen Mitbrüder kämpfen, wenn die Brotherhood höhere Ziele zu verwirklichen hat. Er sieht sich wieder in einer Rolle, die die weiße Gesellschaft für ihn festlegt. Daraufhin handelt er nach dem Vorsatz, den er schon von seinem Großvater gelernt hatte, nämlich sich gefügig zu zeigen, in Wirklichkeit aber das zu tun, was er für richtig hält. Als - wenn auch wohl zu aufdringliches - Bild für die zumindest teilweise Blindheit der Brotherhood erscheint die Szene, in der Jack zur Erinnerung an die Opfer, die er für die Gemeinschaft brachte, bei einer Sitzung des Komitees sein Glasauge aus seiner Höhlung herausholt und über den Tisch rollen läßt.

Die Totenfeier für Tod Clifton hatte die Bevölkerung Harlems in Aufregung versetzt, die zu weiteren Unruhen führte. Als Gegner des "Unsichtbaren" erscheint dabei Ras, ein kompromißloser schwarzer Nationalist, dessen Verfolgung sich der Protagonist durch Verkleidung zu entziehen versucht. Er tritt dabei auf als Rinehart, ein Betrüger, der den Leuten alles vormachen kann. Identität wird für den "Unsichtbaren" jetzt bewußt zum Spiel. Als er in die Rassenunruhen hineingezogen wird, erkennt er jedoch, daß sie nur Zielen der Brotherhood dienen, mit denen die Schwarzen nichts zu tun haben. Auch sein eigener Einsatz erscheint ihm am Ende nicht mehr sinnvoll. Er flieht in einen Kohlenkeller, wo er sich zunächst mit dem Verbrennen der Papiere aus seiner Vergangenheit Licht macht. In dem dann mit einer riesigen Zahl von Glühbirnen erhellten Keller schreibt der "Unsichtbare" seine Geschichte, um im Durchleuchten seiner Vergangenheit Klarheit über seine Situation zu gewinnen. Wie er glaubt, daß die Anderen ihn nicht als denjenigen sehen, der er ist, weiß er selbst nicht, wer er ist oder sein sollte. Sein Rückzug in den Keller wird zu einem vorübergehenden Verzicht auf Identität. "My world has become one of infinite possibilities"(435). Doch muß er sich entschließen, eine der Möglichkeiten zu ergreifen, "even an invisible man has a socially responsible role to play"(439). Er wird in die Wirklichkeit zurückkehren und mit der Verantwortung eine Identität annehmen. Bild für dieses Zurückziehen in die "possibilities" und das Heraustreten in die Identität ist für Ellison der Jazz. "True jazz is an art of individual assertion within and against the group", heißt es in einem seiner in *Shadow and Act* gesammelten Aufsätze. "Each true jazz moment [...] springs from a contest in which each artist challenges all the rest; each solo flight, or improvisation represents [...] a definition of his identity; as individual, as member of the collectivity and as a link in the chain of tradition"(234). Dem Gesetz des Jazz folgt der Roman, wenn der "Unsichtbare" immer wieder neue Rollen, seine "Soli", spielt. Am Schluß sieht er sich vor der Entscheidung, wieder ein neues Solo zu spielen. Doch bleibt offen, wie die neue Rolle aussehen wird. Er hält die Ideen, nach denen Amerika angetreten ist, für richtig, und möchte nur "nein" zu dem sagen, was dieser Idee nicht entspricht. Er muß mit der Tatsache leben, daß man nicht gesehen wird. Doch immer wieder von neuem muß der Versuch gemacht werden, sich an der gegebenen Wirklichkeit in ihrer Unvollkommenheit zu orientieren.

Ellison versucht im Epilog, Hoffnung für die Möglichkeiten in der Zukunft zu erwecken, mehr noch in seinen späteren Äußerungen zu dem Roman. Doch bietet der Roman nur wenige Anhaltspunkte für die Berechtigung solcher Hoffnung. Der "Unsichtbare" durchläuft in den Episoden eine Reihe von Initiationen in neue Identitäten. Man könnte eine "Bildung" zu einer gesicherten Identität erwarten. Doch kann dies von keiner, zu der er gelangt oder von derjenigen, in die er wieder einzutreten gedenkt, erwartet werden. So besteht die Situation des "Unsichtbaren" - wie diejenige Augie Marchs in Bellows zwei Jahre später erscheinendem Roman - in dem Genötigtsein, seine Identität immer wieder zu entwerfen und in ihrer Begegnung mit der Wirklichkeit zu korrigieren. Der "Unsichtbare" von Ellisons Roman will sich wie Augie March dem Versuch der Anderen entziehen, ihn immer wieder bestimmen zu wollen. Doch im Unterschied zu Augie March entzieht sich der "Unsichtbare", es sei denn vorübergehend, nicht der gesellschaftlichen Verantwortung. Diese Variante der Identitätsgewinnung künstlerisch überzeugend dargestellt zu haben, macht das besondere und das bleibende Verdienst von Ellisons *Invisible Man* aus.

Ellison veröffentlichte nach dem Erscheinen seines Romans noch insgesamt zwölf Kurzgeschichten. Acht davon waren als Teile eines Romans gedacht, den er noch zu schreiben beabsichtigte, inzwischen aber aufgegeben haben dürfte. In ihnen geht es um einen Rev.Hickman und seinen Freund Bliss, den späteren Senator Sunraider, der seine afroamerikanische Herkunft zu leugnen versucht. Keiner der Geschichten kann die Bedeutung zugesprochen werden, die dem Roman zukommt. Bei allen Schwächen, die auch dieser zeigt - die zum Teil zu künstlich eingebrachte Symbolik oder die klischeehafte Behandlung aller Weißen - war Ellison mit ihm ein Werk gelungen, das das afroamerikanische Erbe endgültig in die amerikanische Erzähltradition einzubringen vermochte.

Literatur

Zitiert nach: *The Best Short Stories by Negro Writers*, hg., Langston Hughes, Boston, 1967; *Invisible Man*, New York, 1952; *Shadow and Act*, New York, 1964.
Weitere Sammlung von Aufsätzen: *Going to the Territory*, New York, 1986.

Sekundärliteratur:
John M.Reilly, hg., *Twentieth Century Interpretations of INVISIBLE MAN: A Collection of Critical Essays*, Englewood Cliffs, NJ, 1970.
Ronals Gottesman, hg., *The Merrill Studies in INVISIBLE MAN*, Columbus, OH, 1971.
John Hersey, hg., *Ralph Ellison: A Collection of Critical Essays*, Englewood Cliffs, 1974.
Robert G.O'Meally, *The Craft of Ralph Ellison*, Cambridge, MA, 1980.
Kimberley W.Benston, hg., *Speaking for You: The Vision of Ralph Ellison*, Washington, DC, 1987.
Kerry McSweeney, *Invisible Man: Race and Identity*, Boston, 1988.
Mark Busby, *Ralph Ellison*, Boston, 1991.

James Baldwin, 1924-1987

Nur ein Jahr später als Ralph Ellison fand ein weiterer afroamerikanischer Erzähler eine weltweite Leserschaft: James Baldwin mit *Go Tell It on the Mountain*, 1953. Wie sein zehn Jahre älterer Zeitgenosse war er von Richard Wrights *Native Son* zutiefst beeindruckt, sah sein eigenes Anliegen als Schriftsteller aber auch im Gegensatz zu dem des für die afroamerikanische Erzählkunst Epoche machenden Romans. Der Schwarze der USA war für ihn - wie für Ellison - nicht nur Opfer einer vornehmlich durch die Weißen geprägten Gesellschaft, sondern war jemand, der mit seiner aus leidvoller Geschichte in der Neuen Welt gewonnenen Identität seinen eigenen Beitrag in deren Kultur leistete. In seiner Erzählkunst ging es Baldwin - ähnlich wie Ellison - um die Darstellung des Gewinnens dieser Identität und nicht um den Protest gegen die Mächte, die diese zu bestimmen versuchten. Doch anders als Ellison vermochte er sich dem Protest nicht mehr zu entziehen, als es Ende der fünfziger und in den sechziger Jahren darum ging, für die Rechte der Schwarzen zu kämpfen. Mit zahlreichen Reden und Schriften setzte er sich - mit zunehmend radikaler Tendenz - für die Bürgerrechtsbewegung ein und wurde zu einem ihrer bedeutendsten Sprecher. Schon vor *Go Tell It* hatte er sich als gewandter Essayist erwiesen und Aufsehen erregt, so mit "Everybody's Protest Novel", 1949, womit er seine eigene Position gegenüber Wright festlegte. Ende der fünfziger Jahre wurde diese Essayistik zur meistenteils autobiographisch untermauerten Protestpamphletistik, die ihren Höhepunkt in *The Fire Next Time*, 1963, fand. Danach wurde er nicht mehr als der Autor von *Go Tell It*, sondern - so selbst in der französischen Presse - als "L'Auteur de *La Prochaine Fois Le Feu*" apostrophiert. Der Protest ging dann auch -gegen seine ursprüngliche Vorstellung von Erzählkunst - in seine vier späteren Romane ein.

Berief sich Ellison auf die folkloristische Überlieferung, die er als afroamerikanisches Erbe in die amerikanische Erzählkunst einbrachte, so sah sich Baldwin eher als "Zeuge" persönlichen und gesellschaftlichen Ringens des Schwarzen um seine Identität in einer durch die Kultur der Weißen bestimmten Umwelt. Als er in seinen letzten Jahren während eines vorübergehenden Aufenthaltes an der University of Massachusetts in Amherst nach der vordringlichsten Aufgabe des schwarzen Schriftstellers gefragt wurde, antwortete er: "To make the question of color obsolete"(Weatherby 350).

Sein von ihm des öfteren betontes "Zeugesein" leitet sich dabei aus seinem Werdegang ab. 1924 wurde er als uneheliches Kind in Harlem geboren. Keine drei Jahre später heiratete seine Mutter David Baldwin und hatte von ihm acht weitere Kinder. Mutter wie Stiefvater hatten ihren Weg aus den Südstaaten nach Harlem gefunden. Der Stiefvater verdiente seinen Unterhalt als Arbeiter; am Wochenende wirkte er als in seiner Nachbarschaft angesehener Prediger in einer der zahlreichen "Store Front Churches" in Harlem. Sein Sohn James tat sich schwer mit ihm und glaubte eine Zeitlang, sich damit gegen ihn zu behaupten, daß er selbst, schon mit 14 Jahren, als Prediger einer dieser Kirchen tätig wurde. Sein erster Roman setzt diese Phase seiner Entwicklung um in Fiktion. Als Prediger betrachtete er sich als "Zeuge" des göttlichen Wortes, das er verkündete. Als späterer Autor sah er sich als "Zeuge" der Stimmen seiner Figuren, die durch ihn zur Sprache zu kommen verlangten. Es war ein mühsamer Weg, bis es ihm gelang, das biblische Sprechen seiner Predigten zum Ausdrucksmittel seiner Figuren umzugestalten. William Faulkner und Henry James waren ihm dabei die großen Vorbilder. Wie James bedurfte er aber auch der Distanz des Exils, um sich - in seinem Fall - nicht gezwungen zu sehen, nur aus der Perspektive eines schwarzen Schriftstellers seine Welt betrachten zu müssen. "I left America because I doubted my ability to survive the fury of the color problem here," sagt er in "Discovery of What It Means to Be an American", einem Azufsatz von 1959. "I wanted to prevent myself from becoming merely a negro; or, even, merely a negro writer"(171). 1948 kam er mit $ 40,- nach Paris, wo er sich - oft nur mit Hilfe von Freunden - mühselig durchschlug, bis er sich darauf konzentrieren konnte, seinen schon lange geplanten Roman zu Ende zu führen. Dies gelang ihm 1953.

Go Tell It on the Mountain, 1953

Der Roman erzählt die Geschichte des 14.Geburtstags von John Grimes, einem - wie Baldwin selbst gesteht - Alter Ego des Verfassers. John, Stiefsohn eines einstmals gefeierten und immer noch geachteten Predigers, sieht die Ungerechtigkeit und Heuchelei in der Selbstgerechtigkeit seines Vaters und vermag aus diesem Grunde die Erwartungen seiner Mutter und der Gemeinde nicht zu erfüllen, auch Prediger zu werden. Er ist dagegen den Versuchungen der Welt ausgesetzt und haßt seinen Vater. In der Nacht, da sein Vater, seine Mutter und seine Tante im Gottesdienst vor sich selbst Rechenschaft gegenüber Gott zu geben versuchen, erlebt er im Trancezustand deren Schuld und Leid wie auch deren Hoffnung mit, die es ihm ermöglichen, Erlösung aus der dunklen Nacht zu finden. Die in der Kirche erlebte religiöse Ekstase wird als Ausdruck der Auseinandersetzung mit seinem Erbe und mit den Einflüssen, die auf sein Leben wirken, begreiflich.

Der Roman gliedert sich in drei Teile: "The Seventh Day", "The Prayer of the Saints" und "The Threshing- Floor". Der erste Teil beginnt mit einer Erklärung dessen, was der siebente Tag, d.h., der Sonntag, für John und die Familie Grimes bedeutet, berichtet dann aber in der Rückschau in der Hauptsache den Verlauf des Samstags, an dem John 14 Jahre alt wird. Der Einsatz mit der Bedeutung des Sonntags für John ist durchaus sinnvoll. Zum einen wird damit der Bogen zum Ende des Romans gespannt. Zum anderen wird die Spannung wirksam, in die John von den Erwartungen her, die an ihn herangetragen werden, zu seiner Umwelt gestellt wird. Auf der einen Seite steht die Unglaubwürdigkeit seines Vaters, auf der anderen stehen der Hohn der Ungläubigen und die weltlichen Verlockungen. Der Leser erlebt die Welt weitgehend aus der Perspektive der Zerrissenheit und der Zweifel des Helden selbst. Er wird aber auf eine Lösung des Konfliktes hin gespannt, die sich in der Auseinandersetzung des Helden mit der Welt abspielt. Die Beschreibung des Tagesverlaufs zeigt zunächst den Versuch Johns, sich über die Dinge, die ihn bewegen, klar zu werden, um seine Bestimmung zu erkennen. Der Schluß des ersten Teils berichtet bereits von dem Beginn des Gottesdienstes, der zur Vorbereitung des Sonntags dient.

Der zweite Teil beschreibt den Verlauf dieses Gottesdienstes. Er gliedert sich in drei Abschnitte: "Florence's Prayer", "Gabriel's Prayer" und "Elizabeth's Prayer". In ihnen wird die Vergangenheit der Tante, des Vaters und der Mutter aufgerollt. Die nüchterne, ziemlich skeptische Tante, eine Schwester des Vaters, hatte zuerst den Weg aus dem Süden nach dem Norden gefunden. Im Süden kannte sie ihren Bruder nur als verkommenen jungen Mann. Seiner Bekehrung, die er danach erlebte, steht sie zweifelnd gegenüber. Sie weiß auch, wie er nach seiner Bekehrung seine erste Frau, ihre frühere Freundin, hintergangen hatte und in schändlicher Weise ein Mädchen, das ein Kind von ihm erwartete, sitzen ließ und dem Untergang preisgab. Einen Brief darüber hält sie bereit, um Gabriel davon abzuhalten, in falscher Selbstgerechtigkeit seinen Stiefsohn John ungerecht zu behandeln. Florence war nach dem Norden gegangen, weil das Leben der "nigger" im Süden sie abstieß. Erfüllung erhofft sie sich durch ihre Heirat. Doch ihr Mann trinkt und vergeudet - zwar meist aus Gutmütigkeit

- sein Geld, so daß sie nicht vorankommen. Sie muß weiter wie ein "nigger" leben. Die Hoffnung, würdiger zu leben, bleibt erhalten. Im Gottesdienst, da die Vergangenheit an ihr vorüberzieht, erkennt sie auch ihren falschen Stolz.

Gabriel belastet die Schuld, die er in der Vergangenheit auf sich geladen hat. Er erwartet die Erfüllung seiner Hoffnungen in einem eigenen Sohn. Seine erste Frau hatte ihm keine Kinder geschenkt. Sein uneheliches Kind war auf schiefe Wege geraten und in einem von ihm verursachten Streit ermordet worden. Seine zweite Frau, Elizabeth, bringt John mit in die Ehe. Der Sohn aus dieser Ehe, Royal, scheint den gleichen Weg wie der erste gleichen Namens zu gehen. Gabriel haßt John und versucht vergeblich, seinen Haß zu unterdrücken. Er haßt ihn, weil es nicht *sein* Sohn ist, der berufen zu sein scheint, seinen Weg als Prediger fortzusetzen. Die Versuchungen, denen er im Leben unterlegen war, bestimmen ihn mit, obwohl er immer wieder versuchte, den Weg des Heiligen zu beschreiten und damit den Erwartungen seiner Mutter zu entsprechen.

Elizabeth war ihrem Geliebten in den Norden gefolgt. Dieser schiebt die Heirat hinaus, um es erst zu etwas zu bringen. Unschuldig wird er jedoch in einen Zwischenfall mit der Polizei verwickelt. Obwohl er frei gesprochen wird, kann er es nicht verwinden, wie ein gewöhnlicher "nigger" behandelt worden zu sein. Er begeht Selbstmord, ohne zu wissen, daß Elizabeth ein Kind von ihm erwartet. Die enttäuschten Hoffnungen ihres Geliebten überträgt Elizabeth auf John.

Im Gebet aller drei, in dem ihnen die Vergangenheit lebendig wird, kommt das Verlangen zum Ausdruck, den Zustand des "Niggerseins" zu überwinden, aber auch das Bewußtsein der Schuld, als "nigger" gehandelt zu haben, gehandelt haben zu müssen, ein Erkennen der Unmöglichkeit, sich selbst aus diesem *circulus viciosus* zu befreien. Auf diesem Hintergrund wird das Glaubenserlebnis Johns ein Aufnehmen der Hoffnungen seiner Eltern und seiner Tante als Vertretern der Vergangenheit seines Volkes. "The light and the darkness had kissed each other, and were married now for ever, in the life and the vision of John's soul"(236). Das Erleben der "dunklen Nacht" im Grabe wird für ihn zu einem Erleben des Verstricktseins in die Situation seiner Rasse, das Erleben des hereinbrechenden Lichts ein Erfühlen der Hoffnungen dieser Rasse, auch wenn sie auf eine jenseitige Welt ausgerichtet sind.

Das mystische Erleben auf dem "threshing floor", dem Platz vor dem Altar, vor den die Gläubigen treten, wenn sie in Verzückung geraten, erhält auf diese Weise eine mehrschichtige Bedeutung. In das mystisch-religiöse Erleben Johns ist der Versuch eingegangen, mit der persönlichen Vergangenheit fertig zu werden, mit der Vergangenheit seiner Mutter, seines Stiefvaters, seiner Tante, d.h. seiner Familie, da aber deren Probleme gleichzeitig die Probleme seines Volkes sind, auch mit dessen Geschichte und dessen Situation. Das für den modernen Leser unglaubwürdige Erleben wird auf diese Weise *symbolisch* glaubhaft. Es wird aber auch psychologisch glaubhaft durch die Darstellung aus der Mentalität des noch in dem Süden aufgewachsenen Schwarzen. Ihm ist noch die Fähigkeit der Verzückung gegeben. Es ist eine Fähigkeit, die zum Verhängnis werden kann, da es einen Teil des "Niggerseins" ausmacht; sie verspricht aber auch eine Erlösung aus dem "Niggersein".

Problemstellung und Darstellungsweise heben den Roman Baldwins von dem größten Teil afroamerikanischer Schriftsteller ab, indem nicht die Rechtfertigung, schwarz zu sein, gegenüber einer Welt der Weißen versucht wird. Die Welt der Weißen wird nicht völlig ausgespart. Sie tritt in dem Roman aber nur am Rande in Erscheinung.

Das Schicksal Johns und seiner Familie wird als durchaus eigenständig, in sich ruhend betrachtet, als ein Problem, mit dem sie auch selbst fertig werden müssen. Wir bleiben immer in der Welt der Schwarzen. Aus dieser Perspektive heraus gesehen, kann der Roman als genuines Werk dieses Teils der Nation betrachtet werden, genuin in dem Sinne, daß es weder die Welt des Weißen nachzuahmen versucht oder sich an ihr mißt, noch aus der ständigen Konfrontation oder Auseinandersetzung mit ihr lebt.

Das gilt auch für die Technik des Romans. Gewiß wird eine Bewußtseinstechnik verwandt, für die Henry James und William Faulkner Pate standen. Sie folgt hier aber einem anderen Sprachduktus, hauptsächlich dem des verzückten Sprechens und gewinnt daher in den Charakteren ihre Begründung.

Ein Problem aus der Sicht des Schwarzen gestaltend, bleibt der Roman nicht ein Kunstwerk, das allein im begrenzten Rahmen dieser Welt seine Bedeutung gewinnt. Denn sein Problem stellt wieder nur eine partikulare Realisierung eines allgemein menschlichen Problems dar: der ewigen Hoffnung des Menschen auf eine bessere Zukunft, die durch eigene Schuld immer wieder zunichte wird, ohne die er - selbst wenn er genötigt ist, sie im Jenseits anzusiedeln - nicht leben kann. In der Aufnahme dieses ewigen Verlangens des Menschen werden auch Formen des Erlebens wieder lebendig, die in Verbindung damit erscheinen. Das Erleben des Dunkels im Grabe ist bei John nicht ohne Verbindung mit dem Schicksal der Schwarzen zu denken. Doch es ist auch die dunkle Nacht der Seele, die in den gleichen Bildern des spanischen Mystikers Johannes vom Kreuz - von T.S.Eliot in seinen *Four Quartets* nachvollzogen - lebt. Nicht umsonst trägt der Held den Namen auch des Autors der Apokalypse. Die Bilder dieser Schrift, ihre Visionen, finden in denjenigen Johns ihre Entsprechung. Das Gleiche wie für den Abstieg in das Dunkel gilt - in Analogie dazu - für das Hereinbrechen des Lichtes als Erlösung in der Hoffnung auf eine bessere Welt. Baldwins Roman findet in dieser Anknüpfung an die Tradition zu deren immer gegenwärtigen mythischen Dimension, ohne den Boden der Gegenwartswirklichkeit verlassen zu brauchen.

Mit seinen späteren Romanen und mit seinen autobiographisch-politischen Schriften geht Baldwin zum Teil andere Wege. Seinem ersten Erfolg von *Go Tell It* stehen aber noch einige seiner 1965 unter dem Titel *Going to Meet the Man* gesammelten Kurzgeschichten nahe, vor allem "Sonny's Blues", 1957, und "This Morning, This Evening, So Soon", 1960.

"Sonny's Blues", 1957

Bereits in *Go Tell It* spielt Johns Verhältnis zu seinem Bruder Royal eine wichtige Rolle. Das Verhältnis ähnlich gearteter Brüder erscheint auch in Baldwins letztem Roman von 1979, *Just Above My Head*, noch einmal an entscheidender Stelle. Es steht aber auch bereits im Mittelpunkt von "Sonny's Blues". Die Geschichte wird von Sonny's älterem Bruder erzählt, der es als Schwarzer im Leben zu etwas gebracht hat. Er genießt das Ansehen eines Mathematiklehrers, ist glücklich verheiratet und hat zwei Söhne. Sein Glück wird gestört, als er erfährt, daß sein Bruder Sonny einer Drogenaffäre wegen verurteilt wurde. Von diesem Ereignis aus blendet der Erzähler zurück in die Vergangenheit und schaut auf das, was ihm in Zukunft bevorstehen wird.

Eine der Rückblenden in die Vergangenheit besteht in der Erinnerung an die Sonntagabende im Kreise der Familie: "The way I always see her [my mother] is the way

she used to be on a Sunday afternoon, say, when the old folks were talking after the big Sunday dinner. I always see her wearing pale blue. She'd be sitting on the sofa. And my father would be sitting in the easy chair, not far from her. And the living room would be full of church folks and relatives. There they sit, in chairs all around the living room and the night is creeping up outside, but nobody knows it yet.
You can see the darkness growing against the windowpanes and you hear the street noises every now again, or maybe the jangling beat of a tambourine from one of the churches close by, but it's real quiet in the room. For a moment nobody's talking, but every face looks darkening, like the sky outside. And my mother rocks a little from the waist, and my father's eyes are closed. Everyone is looking at something a child can't see. For a minute they've forgotten the children.[...] The silence, the darkness coming and the darkness in the face frightens the child obscurely. He hopes that the hand which strokes his forehead will never stop - will never die. He hopes that there will never come a time when the old folks won't be sitting around the living room, talking about where they've come from, and what they've seen, and what's happened to them and their kinfolk." In einer dem mündlichen Erzählen nachempfundenen aber doch zur schriftlichen Fixierung stilisierten Sprache zeichnet der Autor ein überzeugendes Genrebild häuslicher Gemeinschaft. Es wird zum verweisenden Bild, wenn das Kind, als das der Erzähler in ihm noch erscheint, bereits das Ende der Geborgenheit, die es ihm bietet, erahnt: "But something deep and watchful in the child knows that this is bound to end, is already ending"(114f.).

Eine andere der Rückblenden in die Vergangenheit besteht in der Geschichte, die die Mutter dem Erzähler vor ihrem Tode von dem Bruder des Vaters, der von Weißen auf nächtlicher Straße mutwillig überfahren worden war, mitteilt. Die Mutter erzählt die Geschichte ihrem ältesten Sohn, damit er auf Sonny, den jüngeren, aufpasse.

Dem Erzähler bereitet es Sorge, daß Sonny Jazz-Pianist werden will: "I simply couldn't see why on earth he'd want to spend his time hanging around in nightclubs, clowning around on barstands while people pushed each other around a dance floor. It seemed - beneath him, somehow"(120). Doch Musik ist für Sonny etwas anderes als für seinen Bruder. Zunächst geht Sonny nicht auf dessen Argument ein, daß man im Leben oft etwas tun müsse, was man sich nicht gerade gewünscht hatte. Sonnys Reaktion ist: "I think people *ought* to do what they want to do, what else are they alive for?"(121f.). Doch entscheidend ist, was Jazz für Sonny bedeutet: Musik wird für ihn aus dem Leben geboren, an dem er leidet, wie das Singen der Frau, das er aus einem Hause dringen hörte: "listening to that woman sing, it struck me all of a sudden how much suffering she must have had to go through - to sing like that. It's *repulsive* to think you have to suffer that much"(132). Musik wird für Sonny wie für den Erzähler zum Auffangen, zum "Bezeugen" eines Aufschreis gegen das Leiden in einer Ordnung, die Leben unmöglich macht. "But the man who creates the music is hearing something else, is dealing with the roar rising from the void and imposing order on it as it hits the air"(137). Hierzu muß der Musiker seine ganze Leidenschaft einbringen, gegebenenfalls - worauf hier nicht näher eingegangen werden kann - zur Droge greifen. Sonnys Jazz - wie Baldwins Erzählkunst - sind Möglichkeiten, durch Darstellung des Leidens ihres Volkes das Leiden zu überwinden und die Leidenden zur Freiheit zu führen. "Freedom lurked around us and I understood at last, that he could help us to be free if we would listen, that he would never be free until we did"(140). Jazz spielt damit eine ähnliche Rolle wie schon bei Ellison.

"This Morning, This Evening, So Soon", 1960,

handelt von der Heimkehr eines schwarzen amerikanischen Sängers und Schauspielers nach zwölfjährigem Aufenthalt in Paris. Das Problem seiner Heimkehr sieht er in seiner Ehe mit einer Schwedin und in ihrem inzwischen achtjährigen Sohn. Die Geschichte enthält viele autobiographische Elemente und kann als Vorwand des Autors betrachtet werden, seine Situation als arrivierter Schwarzer in den USA zu beleuchten. Aus dieser Perspektive gesehen, steht die Erzählung bereits seinen Essays und Reden näher als seinem ersten Roman. An diesen erinnert jedoch eine Reihe gelungener Bilder wie das abschließende: Der Erzähler holt seinen Sohn von der Concierge ab, um mit ihm am nächsten Tag nach New York abzureisen. Als er mit ihm den Fahrstuhl besteigt, heißt es: "I open the cage and step inside. 'Yes,' I say, 'all the way to the new world.' I press the button and the cage, holding my son and me, goes up"(193). Sie gelangen zu Erfolg, doch entrinnen nie dem Käfig.

Giovanni's Room, 1957

Giovanni's Room, Baldwins zweiter Roman, unterscheidet sich von seinem ersten zum einen durch das zentrale Thema der Homosexualität, zum anderen dadurch, daß er nur unter Weißen handelt. In bezug auf das Thema erklärte Baldwin in einem Interview: "American homosexuality is a waste primarily because, if people were not so *frightened* of it - if it wouldn't, you know - it really would cease in effect, as it exists in this country now, to *exist*. I mean the same way the Negro problem would disappear. People wouldn't have to spend so much time being defensive - if they weren't *endlessly* being *condemned*"(Eckman 32). Baldwin setzt in dieser Aussage das "Negerproblem" gleich mit dem Problem der Homosexualität. Homosexualität erschien schon in *Go Tell It* in dem Verhältnis Johns zu Elisha, einem Mitglied der Gemeinde. Auf Veranlassung des Verlegers hatte Baldwin eine deutlichere Anspielung auf das homosexuelle Verhältnis der beiden abgeschwächt. Zudem handelte es sich bei dem Helden noch um einen vierzehnjährigen Jugendlichen. Im Mittelpunkt von *Go Tell It* steht allein die Frage nach der Identität des Helden in Verbindung mit seinem Schwarzsein. In *Giovanni's Room* geht es allein um das Problem der Homosexualität bzw. der Bisexualität. Erst in den folgenden Romanen werden beide Problemkreise miteinander verbunden.

Baldwin bekannte sich zu einer ganzen Reihe zum Teil langjähriger, zum Teil aber auch nur vorübergehender Männerfreundschaften. Lange Jahre lebte er zusammen mit dem Schweizer Künstler Lucien Happensberger, dem er auch *Giovanni's Room* widmete. Lucien war verheiratet und wie David, der Held des Romans, zwischen der Liebe zur Frau und der zum Mann hin- und hergerissen. Baldwins Freundschaft zu Lucien zur Zeit seines ersten Pariser Aufenthaltes kann als autobiographischer Hintergrund für *Giovanni's Room* betrachtet werden.

Bei dem Roman handelt es sich um eine konsequent durchgestaltete Ich-Erzählung, in der der Held auf die Ereignisse zurückblickt, die zu seiner gegenwärtigen Gemütsverfassung führten. Die Grundsituation verleiht dem Bericht eine lyrische Note. David, der Erzähler und Held des Romans, ist Amerikaner, der, ohne ein wirkliches Verhältnis zu seinem Vater gefunden zu haben, nach dem frühen Tod seiner Mutter in Paris lebt und sich vor die Entscheidung gestellt sieht, Hella, eine Amerikanerin, zu heiraten oder nicht. Sein Verhältnis zu ihr überdenkend, berichtet er: "I liked her. I thought she would be fun to have fun with. That was how it began, that was all it meant to me; I am not sure now, in spite of everything, that it ever really meant more than that to me.[...] And these nights [die er mit ihr verbrachte] were being acted out under a foreign sky, with no one to watch, no penalties attached - it was this last fact which was our undoing, for nothing is more unbearable, once one has it, than freedom. I suppose this was why I asked her to marry me: to give myself something to be moored to.[...] But people can't, unhappily, invent their mooring posts, their lovers and their friends, anymore than they can invent their parents. Life gives these - and also takes them away and the great difficulty is to say Yes to life"(5f.). Die in diesen Überlegungen angesprochenen Probleme werden in dem Romangeschehen weiter entfaltet: das der Freiheit oder der Notwendigkeit der Bindung, das der Unfreiheit in der Wahl der Bindung sowie die Annahme der unfreiwillig auferlegten Bindung. Freiheit wird dabei weitgehend im allgemeinen Sinne einer Ungebundenheit an eine Bestimmung verstanden. Durch die Gleichgültigkeit seines Vaters hatte David in seiner Kindheit und Jugend nie Hilfe erhalten, zu einem Bild seiner selbst zu gelangen. Ihm fehlt das Vorbild oder die Prägung, die seinem Leben eine Richtung hätte verleihen können. Ohne diese treibt er hilflos in der Welt umher. So ist er auch nicht in der Lage, sich in seinem Verhältnis zu Hella selbst als Mann zu bestimmen. Seine Hilflosigkeit ist im Grunde die der Adoleszenz. Er gesteht diese ein, wenn er am Schluß Paulus (1.Kor, 13,12) zitiert: "When I was a child I spake as a child, I understood as a child, I thought as a child: but when I became a man, I put away childish things" und kommentiert: "I long to make this prophecy come true"(247).

Hella sieht die größere Freiheit in der ehelichen Bindung. In ihrer Einsamkeit in Spanien ist ihr klar geworden, "that I wasn't free, that I couldn't be free until I was attached - no, *committed* - to someone." Auf die Frage Davids ergänzt sie "someone" um "something"(184f.). Diese Bindung bedeutet Freiheit, insofern sie zur Selbstbestimmung führt. Sie setzt die freie Wahl der Bindung voraus. Ohne jede Bindung gerät die Person immer wieder in Gefahr, von der Umwelt bestimmt zu werden. Am Ende in ihrer Hoffnung enttäuscht, fragt Hella: "But if women are supposed to be led by men and there aren't any men to lead them, what happens then?"(242)

David selbst sehnt sich nach einer Bindung, wie sie Hella vorschwebt: "I wanted a woman to be for me a steady ground, like the earth itself, where I could always be renewed. It had been so once: it had almost been so once. I could make it again, I could make it real. It only demanded a short hard strength for me to become myself again"(152). Damit ist ein alle Mythen schon bestimmendes Verhältnis zwischen Mütterlichem und Väterlichem, Weiblichem und Männlichem angesprochen, an dem die anderen Verhältnisse gemessen werden.

Der Konflikt des Romans besteht darin, daß David in der Abwesenheit Hellas - sie will sich in Spanien vergewissern, ob sie ihn heiraten soll - auf die Annäherungen Giovannis, eines Bartenders, eingeht. Auf Giovannis Frage "What are they [peole] waiting for?" antwortet David: "I guess people wait in order to make sure of what they feel"(56). Genau das umschreibt sein Verhalten gegenüber Hella. Wie sie will auch er sich vergewissern, bevor er eine Bindung eingeht. Giovanni ist sich seiner Gefühle sicher: Er glaubt bei der ersten Begegnung, in David einen Freund gefunden zu haben, und in der Absolutheit der sofortigen Zuwendung erkennt David die Fehlhaltung seines ständigen Unsicherheitsgefühls; er fühlt sich gewissermaßen gezwungen, die absolute Hingabe Giovannis zu akzeptieren. Die damit eingegangene homosexuelle Beziehung wird nun aber in der Darstellung des Verhältnisses zwischen Giovanni und David im Roman keineswegs verherrlicht. Es wird sehr deutlich gezeigt, wie eine scheinbar glückliche Erfüllung sehr bald degeneriert und egoistische Befriedigungswünsche das Verhältnis auf die Dauer bestimmen. Ohne daß es von dem Erzähler eingestanden wird, zeigt sich sehr deutlich, daß in der Beziehung von Mann zu Mann gerade das fehlt, was als das Ideal der gegenseitigen Ergänzung in dem Verhältnis zwischen Mann und Frau gezeigt wird. In ihrer sexuellen Verbindung berühren Giovanni und David - im Bild, das der Roman selbst gebraucht - auf dem Grunde des Meeres das Chaos, das sie vereint, aus dem sie aber nicht die Kraft der Regeneration zu schöpfen vermögen. Sie übernehmen selbst die Rolle der Frau, werden feminin, aber doch "unfruchtbar" im doppelten Sinne. Sie vermögen nur zu nehmen, aber nicht zu geben. Die Verantwortung gegenüber dem Leben, wenn sie überhaupt vorhanden war, verblaßt. Giovanni verliert seinen Arbeitsplatz und bemüht sich nicht um einen neuen. David bittet seinen Vater nicht um das Geld, das sie eigentlich brauchten, um weiter leben zu können. Er leiht es sich von einem anderen Schwulen. Giovanni endet schließlich als Mörder seines früheren Arbeitgebers. David fühlt sich daran mitschuldig, weil er Giovanni nach der Rückkehr Hellas verlassen hatte. Er glaubt aber zu erkennen, daß er Giovanni mehr liebte als Hella und als Schwuler veranlagt sei. Ja-Sagen zum Leben bedeutet für ihn am Schluß ein Sich-Abfinden mit seiner vermeintlichen Veranlagung.

Positiv in dem Verhältnis zwischen den beiden Männern ist - zumindest seitens Giovannis - die Sicherheit des Gefühls, die Fähigkeit, sich ganz hingeben zu können. Das fehlte David bisher und fehlt ihm auch gegenüber Hella. Negativ ist jedoch, daß beide als Männer Hilfe suchen, statt sie zu geben. Diese Schwäche wird, worüber der Roman keinen Zweifel läßt, zur Schuld.

Wenn die Homosexualität von David als Veranlagung akzeptiert wird, erscheint dies als eine problematische Lösung. Als Ausweg aus dem Dilemma wird David von seiner Wirtin empfohlen zu beten. Er hofft auf göttliche Gnade, wenn es am Schluß heißt: "I must believe, I must believe, that the heavy grace of God, which has brought me to this place, is all that can carry me out of it"(248). Es wäre ein Weg aus dem Dilemma, der in Parallele zu demjenigen von *Go Tell It* stünde. Dort sollte das "Niggersein" überwunden werden; die im "Niggersein" zugezogene Schuld verhinderte jedoch eine solche Überwindung und führte zum Akzeptieren des "Niggerseins". Entsprechend wird das adoleszente homosexuelle Verhalten in *Giovanni's Room* als etwas betrachtet, das überwunden werden sollte; jedoch besteht die Überwindung weitgehend darin, daß dieses Verhalten akzeptiert wird. In bezug auf das Rassenproblem wie auf das der Homosexualität erweist sich das Bemühen der Helden Baldwins letztlich als narzißtisch und selbstzerstörerisch.

Das in *Giovanni's Room* in den Mittelpunkt tretende Thema der Homosexualität ist in der Literatur natürlich nicht neu. Es erscheint bereits als Thema in André Gides *Les faux monnayeurs*, 1925, wie in Marcel Prousts *A la recherche du temps perdu*, 1913-1927. Mit Carson McCullers *Reflections in a Golden Eye*, 1944, von weiblicher Seite und - nach dem "Vorspiel" von Truman Capotes *Other Voices, Other Rooms*, 1948, - Baldwins *Giovanni's Room* von männlicher Seite tritt die Erzählkunst zu diesem Thema jedoch in ein neues Stadium ein. Es entsteht eine regelrechte "gay literature" mit einem ihrer Höhepunkte in den Romanen Edmund Whites, *The Joy of Gay Sex*, 1979, *States of Desire: Travels in Gay America*, 1980, oder *A Boy's Own Story*, 1982.

Another Country, 1962

Giovanni's Room war zunächst als Teil eines umfangreicheren und komplexeren Romans gedacht. Erst nach dem Herauslösen des Geschehens um Giovanni gelang es Baldwin, den Rest seines immer noch mehrere Handlungsstränge umfassenden Konzeptes zu verwirklichen. Dazu war es auch noch erforderlich, einen Bezugspunkt für diese verschiedenen Handlungsstränge zu finden. Diesen gewann Baldwin mit der Figur von Rufus Scott, der er die Erinnerungen an seinen Freund Eugene Worth zugrundelegte. In *Another Country* von 1962, der Realisation seines Konzeptes, ist Rufus Scott ein farbiger Jazzschlagzeugspieler, der in den führenden Nachtlokalen New Yorks zu Ansehen gekommen ist, dessen Karriere jedoch durch seine Begegnung mit Leona, einer weißen, aus dem Süden stammenden Frau, unterbrochen worden war. Rufus liebt Leona als Frau, fühlt sich jedoch gezwungen, sie als Weiße zu hassen. Er schlägt und mißhandelt sie. Immer lebt er in dem Gefühl, daß Andere seiner Hautfarbe wegen verächtlich auf ihr Verhältnis herabschauen. Doch kann er sich von seiner Leidenschaft für Leona nicht befreien und vernachlässigt seinen Beruf. Schließlich treibt er Leona in den Wahnsinn. Er selbst findet keinen Kontakt mehr zum Leben und begeht Selbstmord.

Die Geschichte von Rufus und Leona wird aus der Retrospektive erzählt. Zu Beginn des Romans hat Rufus Leona bereits verlassen und streift ziellos durch New York. Die Vergangenheit wird als Erinnerung von Rufus oder seinen Freunden eingeblendet. Es gelingt Baldwin, die jeweilige Gefühlslage des Helden in ihrer ganzen Intensität spürbar werden zu lassen, doch vermag er sie kaum glaubhaft zu motivieren. Der schon früh erscheinende Höhepunkt des ersten Teils des Romans besteht in der ersten sexuellen Begegnung zwischen Rufus und Leona. Diese ereignet sich ziemlich schamlos gegen Ende einer Gesellschaft, zu der sie eingeladen waren, auf dem Balkon des Gastgebers fast vor den Augen der anderen Gäste. Durch sie sieht Leona eine für sie unlösliche Verbindung mit Rufus gegeben. Der sexuelle Akt wird für Rufus nicht allein zur höchsten Erfüllung von Liebe, sondern macht allein die Liebe aus. Verächtlich heißt es an einer anderen Stelle des Romans, daß die Weißen immer weiter denken wollen, statt damit zufrieden zu sein. Den Weißen wird die Schuld an Rufus' Selbstmord gegeben, da sie ihn und seine Auffassung von Liebe nicht zu verstehen vermochten.

Die anderen Handlungsstränge des Romans werden dadurch miteinander verbunden, daß sich die an ihnen beteiligten Personen an Rufus erinnern. Bei jenen Handlungssträngen geht es um das Werben Vivaldos um Ida, die Schwester von Rufus, die noch einmal die Schwierigkeiten der Begegnung zwischen Schwarz und Weiß darstellen, um das Scheitern der Ehe des Romanschriftstellers Richard, dessen Frau ein Verhältnis mit Eric, einem Schwulen, aufzunehmen versucht, und schließlich um eine Variante der Geschichte von *Giovanni's Room*, Erics Liebe zu Yves, in die aber auch Vivaldo einbezogen wird. In dem meist leidenschaftlich bewegten Geschehen streben Menschen nach Anerkennung und Erfüllung; doch diese bestehen fast ausschließlich in dem Versuch, sich der normalen Gesellschaft zu entziehen und mit Hilfe von Marihuana oder Coitus Glückseligkeit zu finden.

So wenig das, was dargestellt wird, zu überzeugen vermag, so sehr gelingt es Baldwin auch in *Another Country* durch seine Darstellungsweise den Leser zu fesseln. In einigen Szenen kommt er auf die Höhe seiner in *Go Tell It* erwiesenen Kunst. Dies ist z.B. der Fall bei der Schilderung der Trauerfeier für Rufus mit der Predigt des schwarzen Geistlichen. Ein Kabinettstück seiner Kunst ist die Gestaltung der Szene, in der Ida einen Fehltritt beichtet, während Vivaldo das Essen richtet. Dabei wird nicht nur die Sprache, sondern auch der Handlungsablauf rhythmisiert, indem in dem Fluß des einen Geschehens das andere synkopisch zum Einsatz gelangt, womit der Höhepunkt gewissermaßen hervorgetrieben, dann aber wieder zurückgehalten wird. Wenig erbaulich ist wieder das Vokabular, das auf der gleichen Ebene wie dasjenige von Philip Roths *Portnoy's Complaint* liegt.

Erstaunlich ist es, daß angesehene Kritiker *Another Country* als Meisterwerk der amerikanischen Erzählkunst feierten. Inzwischen hat sich der Enthusiasmus für den Roman gelegt. Eine der jüngeren Studien über Baldwin, Horace A.Porters *Stealing the Fire*, 1989, glaubt bereits sich zur Darstellung seiner Kunst auf das Frühwerk des Autors beschränken zu können. Baldwin hatte sich mit *Giovanni's Room* und *Another Country* in eine Sackgasse verlaufen, indem er bei dem stehen blieb, von dem er in seinem ersten Roman überzeugt war, daß es überwunden werden müsse. Zweifellos kann dafür die für die Minorität stets virulante Problematik der Segregation oder Integration als mitverantwortlich betrachtet werden.

Seit er den Entschluß gefaßt hatte, Schriftsteller zu werden, führte Baldwin ein sehr unstetes Leben. Oft zog er von Bar zu Bar und feierte mit Freunden, und es fiel ihm schwer, sich zurückzuziehen, um schreiben zu können. Seit 1948 war Paris sein Hauptaufenthaltsort geworden. Von 1957 bis 1970 war er ein Reisender zwischen zwei Welten. Die Publikation seiner Bücher, die Inszenierung von *Blues for Mister Charlie*, eines seiner Theaterstücke, sowie sein Engagement für die Bürgerrechtsbewegung führten ihn immer wieder in die USA. Dazwischen besuchte er Afrika und zog sich nach Istanbul zum Schreiben zurück. Mit Whiskey und Kettenrauchen glaubte er, durchhalten zu können. Vordringlich blieb für ihn aber weiterhin seine Erzählkunst. Trotz allem, was auf ihn eindrang, gelang es ihm immer wieder, Ruhe zu finden, um sein Romanwerk fortzuführen. Seit seinem Engagement für die Bürgerrechtsbewegung wurde es auch Teil seines Protestes. Sechs Jahre nach *Another Country* erschien

Tell Me How Long the Train's Been Gone, 1968.

Leo Proudhammer, gefeierter schwarzer Schauspieler, erzählt in dem Roman seine Lebensgeschichte. Auf dem Höhepunkt seiner Laufbahn war er seinen Überanstrengungen erlegen und zusammengebrochen. Er hatte dadurch die Grenzen seiner Möglichkeiten kennengelernt. Während er sich von dem Kollaps erholt, gibt er sich Rechenschaft über sein bisheriges Leben. Trotz unterschiedlicher biographischer Details wird Proudhammer als Maske des Autors erkennbar, der - im gleichen Alter wie der Protagonist des Romans - auf der Höhe seines Schaffens selbst mit seiner Vergangenheit abrechnet.

Wie in *Another Country* erscheint in *Tell Me* eine Fülle von Gestalten. Doch sind diese eindeutiger als in dem früheren Roman dem Lebensweg des Protagonisten zugeordnet. Es sind vor allem drei Personen, die für Proudhammer dadurch Bedeutung gewinnen, daß er sich an ihnen selbst profiliert. An erster Stelle steht sein sieben Jahre älterer Brude Caleb, von dem er die Weißen hassen lernt, da sie ihnen als Schwarzen die freie Entfaltung ihrer Fähigkeiten erschweren. Der Bruder bleibt selbst als Krimineller noch Vorbild für Leo, da er seine Verbrechen nur als Notwehr gegen die weißen Unterdrücker begreift. Doch als Caleb aus dem Kriege zurückkehrt und von seiner Bekehrung zum christlichen Glauben spricht, wendet sich Leo von ihm ab. Caleb erscheint ihm jetzt als der duckmäuserische Anpasser, der sein gutbürgerliches Ansehen als Prediger und Familienvater damit bezahlt, daß er eine untergeordnete Rolle in einer von Weißen bestimmten Gesellschaft akzeptiert. Baldwin nimmt mit Caleb gewissermaßen noch einmal Abschied von der Rolle, die er in seinem ersten Roman von sich selbst in John entworfen hatte.

Die zweite der für Proudhammers Leben bedeutsamen Personen ist Barbara, die mit ihm ihre Laufbahn als Schauspielerin begonnen hatte. Sie war ihrer wohlhabenden und angesehehenen Familie in Kentucky als noch Minderjährige entlaufen und hatte wie Leo, der sich von seinen Eltern in Harlem getrennt hatte, versucht, in Greenwich Village ihren eigenen Weg zu finden. Barbara und Leo führen ein sehr freies Leben, glauben jedoch in einer Weise zueinander gefunden zu haben, daß sie sich trotz aller immer wieder auftretenden Zerwürfnisse für ihr ganzes Leben aneinander gebunden fühlen. Barbara scheut dabei nicht vor der Verachtung zurück, die ihr die Gesellschaft als weißer Geliebten eines Schwarzen entgegenbringt. Von einer dauerhaften Bindung in der Ehe sehen sie ab, da sie glauben, ihren ohnehin schwierigen Weg dadurch nur weiterhin zu belasten. Barbara nimmt in ihrer Liebe zu Leo auch hin, daß er mit Männern lebt und keinen Hehl daraus macht. Beide machen ihren Weg. Am Krankenbett Leos ist es Barbara, die ihm als erste ihre Liebe und Fürsorge bekundet. In Barbara begegnet Leo einer Weißen, die er nicht wie alle anderen Menschen weißer Hautfarbe hassen kann. Er ist aber auch nicht in der Lage, ihre Liebe dadurch voll anzuerkennen, daß er sich an sie bindet oder ihre Bindung an ihn zu akzeptieren. Zwischen ihnen steht Black Christopher, die dritte Figur, die für Leos Leben bestimmend wird.

Christopher lernte Leo erst kennen, als dieser bereits als Schauspieler Anerkennung gefunden hatte. Er wird sein ständiger Lebenspartner. Leo übernimmt dabei die Rolle des älteren Bruders, der sich des jüngeren annimmt. Als *Black* Christopher ist dieser aber auch die Symbolfigur für Leo, die ihn an das Leid seiner Rasse erinnert. Christopher erinnert Leo am Schluß daran, daß sie Waffen brauchen. Leo ist nicht in der Lage, mit einer Waffe umzugehen, aber er ist bereit, seinem jüngeren Bruder dazu zu verhelfen. Obwohl Christopher erst am Ende des Romans ins Blickfeld gerät, wird er durch die Rolle, die er übernimmt, zu dessen beherrschender Figur.

Leo findet in seiner Liebe zu Barbara keine letzte Erfüllung. Es kommt für ihn damit aber auch nicht zu einer Versöhnung mit seinen weißen Landsleuten. Er hat zwar Anerkennung gefunden; aber man hatte es ihm schwer gemacht, sein Ziel zu erreichen. Black Christopher bewahrt Leo vor der Versuchung, sich wegen der ihm entgegengebrachten Anerkennung mit den Weißen zu versöhnen und sich zu integrieren. Mit Christopher erhält er trotz Barbara seine Segregation aufrecht.

Der Roman zeigt die Genugtuung des Protagonisten darüber, daß die Welt bereit ist, ihm in Liebe zu begegnen. Doch durch sein intimes Verhältnis zu Black Christopher fühlt er sich zum Haß verpflichtet. Abgesehen von phrasenhaften Verallgemeinerungen wird der Haß nicht begründet. Der Roman wird damit zum Protest, aber zu einem

Protest, der nicht zu überzeugen vermag. Dies ist um so bedauerlicher, als sich Baldwin auch in *Tell Me* als ein Erzähler erweist, der die Technik seiner Kunst in ungewöhnlicher Weise beherrscht.

Wie der Protagonist seines Romans erlebte Baldwin bald nach dessen Veröffentlichung 1970 einen völligen Zusammenbruch. Freunde fanden für ihn in St.Paul-de-Vence in der Nähe von Nizza ein Haus, wo er sich erholen konnte. Das Haus wurde sehr bald sein ständiger Wohnsitz, von dem aus er aber immer wieder zu Reisen in die restliche Welt aufbrach. Er arbeitete bereits mehrere Jahre an einem Manuskript, das später unter dem Titel *Just Above My Head* erschien, als er die Arbeit an einem kürzeren Roman einschob. Dieser erschien als

If Beale Street Could Talk, 1974.

Der Titel ist dem "Beale Street Blues" entnommen. In diesem heißt es: "If Beale Street could talk,/ If Beale Street could talk,/ Married men would have to take their beds and walk." Als Erzähler erscheint eine Frau: Tish Rivers, die von Fonny, der sie heiraten wollte, ein Kind erwartet. Sie erzählt, wie Fonny beschuldigt wird, eine weiße Frau vergewaltigt zu haben, den Aussagen schwarzer Zeugen für seine Unschuld aber kein Glaube geschenkt wird. Baldwin greift damit einen exemplarischen Fall von an Schwarzen immer wieder begangenem Unrecht auf. Die an und für sich glückliche Wahl der Erzählperspektive erweist sich in diesem Falle allerdings als Nachteil, da die Sprachebene des aus einfachen Verhältnissen stammenden Mädchens nicht eingehalten wird und der Autor zu viel von dem Geschehen Tish erst aus zweiter Hand in Erfahrung bringen lassen muß. Baldwins Zorn, mit dem er sich für die Schwarzen einsetzte, kommt in dem Roman voll zur Geltung. Dieser kann als Kampfschrift verstanden werden, die die schwarzen Mitbürger aufruft, für ihr Recht zu kämpfen. Von Fonny heißt es am Schluß: "He is fighting for his life"(192). Er kämpft für ein Leben, das er sich nicht vorschreiben läßt, für ein Leben, das er selbst gestalten will. Die Glaubwürdigkeit der gerechten Forderungen, die sich aus dem begangenen Unrecht ergeben, wird jedoch durch die Einseitigkeit, mit der dieses dargestellt wird, beeinträchtigt. In oft pharisäerhaftem Ton wird alles gutgeheißen, was von Schwarzen getan wird, alles Tun der Weißen durch Rassenhaß motiviert gesehen.

Just Above My Head, 1979

Baldwins letzter Roman *Just Above My Head* hat wieder einen Künstler schwarzer Hautfarbe und homosexueller Neigungen zum Protagonisten. Diesmal erscheint dieser in der Rolle eines Gospel Singers. Rasse und Sex gelangen bei Arthur Montana, dem Protagonisten, zu einer ungewöhnlichen Symbiose. Montana war zu seinem Erfolg als Gospel Singer gelangt, da er den religiösen Inhalt seiner Lieder politisch zu interpretieren verstand. Zum großen gefeierten Star wird er aber erst, als er mit Jimmy als Freund zusammenzuleben beginnt. Nun vermag er mit seinem Singen auch seiner Liebe zu Jimmy Ausdruck zu verleihen. Die für Baldwin zweifellos naheliegende Symbiose vermag in ihrer Darstellung jedoch keineswegs zu überzeugen.

Wie in *If Beale Street Could Talk* hat Baldwin aber auch in *Just Above My Head* Schwierigkeiten mit der Erzählperspektive. Erzähler ist Hall, der Bruder und Manager

Arthurs. Zwei Jahre nach dem Tode Arthurs durch einen Herzinfarkt in der Toilette einer Londoner Bar versucht er, Rechenschaft über seinen Bruder und Jimmy, der sich an dessen Tod für schuldig hält, sowie über sich selbst zu geben. Baldwin sieht sich dabei des öfteren genötigt, Details aus dem Leben anderer wiederzugeben, die der Erzähler in der durch die Handlung festgelegten Form kaum vermittelt bekommen haben konnte. Allzu oft läßt er den Erzähler dazu über die Problematik der Rassenfrage oder der Homosexualität abstrakte Überlegungen anstellen. Alle Baldwin erregenden Fragen werden in dem Roman noch einmal aufgegriffen. Doch erfüllt er genauso wenig die Hoffnungen, die an den Autor nach dem Erscheinen von *Go Tell It* herangetragen wurden, wie *Another Country*, *Tell Me* oder *If Beale Street Could Talk*.

"Notes of a Native Son", 1955

Neben seinen Romanen und Erzählungen schrieb Baldwin zwei Schauspiele, *Blues for Mister Charlie*, 1964, und *The Amen Corner*, 1968, ein Szenario zu *The Autobiography of Malcolm X*, Gedichte, gesammelt in *Jimmy's Blues*, 1985, vor allem aber auch autobiographische, literaturkritische und politische Essays, gesammelt in *The Price of the Ticket*, 1985. Noch vor seinem intensiven Engagement für die Bürgerrechtsbewegung war sein autobiographischer Essay "Notes of a Native Son" entstanden. In dem Titel verband er die Titel von Richard Wrights *Native Son* und Henry James' *Notes of a Son and Brother* und bekannte sich damit zu zweien seiner großen Vorbilder. Im Zentrum des Essays steht der Tod seines Vaters im Jahre 1943. Baldwin hatte zu diesem Zeitpunkt ein Jahr außerhalb der Familie zugebracht und die Feindschaft kennengelernt, die man Schwarzen entgegenbrachte.

Deutlich zeichnet sich in dem Essay bereits seine spätere Haltung zur Rassenfrage ab. Er sieht sich vor der Wahl zwischen "amputation" und "gangrene". "Amputation is swift but time may prove that the amputation was not necessary - or one may delay the amputation too long"(144). Was er zu vermeiden versucht, ist Haß: "The dead man mattered, the new life mattered; blackness and whiteness did not matter; to believe that they did was to aquiesce in one's own destruction. Hatred, which could destroy so much, never failed to destroy the man who hated and this was an immutable law." Für ihn gilt "that injustice is a commonplace," d.h., daß wir in einer gefallenen Welt leben und "that one [...] must fight [these injustices] with all one's strength. This fight begins, however, in the heart and it now had been laid to my charge to keep my own heart free from hatred and despair"(145). Baldwin gelang es nicht immer, sich an diese Vorsätze zu halten. Sie brachten ihm aber auch trotz seiner später wachsenden Militanz die Feindschaft seiner extremeren schwarzer Mitbürger ein. Für diese gab es - vor allem nach dem Tode Martin Luther Kings - keine Möglichkeit mehr für eine friedliche Integration. Baldwin unterschied zwischen Integration und Assimilation. Assimilation als völliges Aufgehen in die Kultur der Mehrheit lehnte er ab. Was er anstrebte, war eine Integration, in die der schwarze Amerikaner seinen Beitrag in das, was Amerika zwar nach seiner Ansicht noch nicht ausmacht, aber doch ausmachen sollte, einzubringen vermochte. Das Ethos dieses Anliegens wird auch in seinen Romanen und Erzählungen wirksam. Es beeinträchtigt aber auch deren künstlerische Integrität. Dies gilt nicht für einen Teil seiner Kurzgeschichten oder für *Go Tell It*. Zusammen mit Ellisons *Invisible Man* - und dessen künstlerische Konzeption ergänzend - setzte *Go Tell It on the Mountain* einen Neuanfang für die bald darauf in einer erstaunlichen Breite einsetzende weitere Entwicklung selbstbewußter afroamerikanischer Erzählkunst.

Literatur

Zitiert nach: *The Price of the Ticket: Collected Non-Fiction*, London, 1985; *Go Tell It on the Mountain*, London, 1954; *Going to Meet the Man*, New York, 1965; *Giovanni's Room*, New York, 1956; *If Beale Street Could Talk*, New York, 1974.

Sekundärliteratur:
Fern Marga Eckman, *The Furious Passage of James Baldwin*, New York, 1966.
Stanley Macebuh, *James Baldwin: A Critical Study*, New York, 1973.
Kenneth Kinnamom, hg., *James Baldwin: A Collection of Critical Essays*, Englewood Cliffs, NJ, 1974.
Peter Bruck, *Von der "Store Front Church" zum "American Dream": James Baldwin und der amerikanische Rassenkonflikt*, Amsterdam, 1975.
Karin Moller, *The Theme of Identity in the Essays of James Baldwin*, Göteborg, 1975.
Louis H.Pratt, *James Baldwin*, Boston, 1978.
Caroline Wedin Sylvander, *James Baldwin*, New York, 1980.
Fred L.Stanley u. Nancy V.Bart, hg., *Critical Essays on James Baldwin*, Boston, 1988.
Horace A.Porter, *Steeling the Fire: The Art and Protest of James Baldwin*, Middletown, CT, 1989.
W.J.Weatherby, *James Baldwin: Artist on Fire: A Portrait*, New York, 1989.
James Campbell, *Talking at the Gates: A Life of James Baldwin*, New York, 1991.

Experimentelle afroamerikanische Erzähler

Neben der Pamphletistik, der dem Protest gewidmeten Erzählkunst und den Romanen, die die mit Ellisons *Invisible Man* und Baldwins *Go Tell It on the Mountain* gewonnenen Neuansätze weiter entwickelten, spielte in den bewegten sechziger und siebziger Jahren der Bürgerrechts- und der "Black-Power"-Bewegung auch die experimentelle Erzählkunst eine besondere Rolle. Diese bestand vor allem darin, daß sie nach neuen Ausdrucksformen für das suchte, was die schwarze Minderheit von der vornehmlich durch die Weißen geprägten Gesellschaft unterscheiden sollte. Das galt bereits für Ellison und Baldwin, insofern sie Formen aufnahmen, die sie in der mündlichen Überlieferung der Schwarzen vorgeprägt fanden. Den experimentellen Erzählern ging es jedoch darum, neue Formen zu entwickeln. Bei ihren Bemühungen, sich von der literarischen Tradition der nicht-schwarzen Kultur abzusetzen, griffen sie aber auf Neuerungen eben dieser Tradition zurück. So ist LeRoi Jones für Robert E.Fox "working against tradition though deriving from it"(11).

Als Hauptvertreter der experimentellen Erzählkunst unter den schwarzen Autoren können LeRoi Jones, Ishmael Reed und Samuel R.Delany betrachtet werden. Unsere Darstellung beschränkt sich auf die ersten beiden, die wir für die bedeutenderen halten. Jones und Reed experimentieren jedoch auf sehr unterschiedliche Weise. Kann das Bemühen von Jones um eine neue Ausdrucksform in Parallele zu dem der

Beatniks gesehen werden, so dasjenige Reeds zu dem der Dekonstruktivisten. Beide, Jones wie Reed, unterscheiden sich aber auch wieder als schwarze Autoren von ihren weißen Zeitgenossen. Indem sie ihre Kunst auch als kämpferischen Einsatz für die schwarze Minderheit betrachten, ist es ihnen nicht - wie den Beatniks oder den Dekonstruktivisten weißer Hautfarbe - möglich, auf die historischen und ethischen Komponenten der Kunst zu verzichten.

LeRoi Jones, geb.1934

Als Sohn einer gut bürgerlichen Familie 1934 in Newark, NJ, geboren, studierte LeRoi Jones an der Rutgers Universität in seiner Heimatstadt und an der Howard University in Washington, DC. Er verließ die Universität ohne einen Abschluß und leistete drei Jahre lang Dienst in der amerikanischen Luftwaffe. Nach seiner Entlassung ließ er sich 1958 in Greenwich Village nieder, wo er sich in Kreisen der Beats bewegte und seine literarische Laufbahn als Herausgeber kurzlebiger Zeitschriften begann. Er begegnete Allen Ginsberg, Robert Creeley, Charles Olson, Frank O'Hara und veröffentlichte deren Gedichte. Einer größeren Öffentlichkeit wurde er 1964 durch die Aufführung seines Schauspiels *Dutchman* bekannt. 1965 verließ er Greenwich Village, ließ sich vorübergehend in Harlem nieder, wo er eine Schule für schwarzes Theater aufzubauen versuchte, zog sich dann jedoch nach Newark zurück, um politisch tätig zu werden. Gemeinsam mit Malcolm X und Eldridge Cleever war er bald einer der führenden Sprecher des militanten schwarzen Nationalismus. Als Angehöriger einer der Muslim-Gruppierungen legte er sich 1966 den islamischen Namen Amiri Baraka zu. Mitte der siebziger Jahre verschrieb er sich dem orthodoxen Marxismus/Leninismus. Als Propagandist marxistischer Ideen fand er aber kaum noch Gehör.

Seine größte Bedeutung erlangte Jones als Amiri Baraka zur Zeit des militanten schwarzen Nationalismus zum einen als politischer Organisator, zum anderen durch seinen wesentlichen Anteil an der Formulierung einer "schwarzen Ästhetik". Sein Essay "The Fire Must Be Permitted to Burn Full Up: Black 'Aesthetic'" von 1970 gilt als einer der zentralen Texte zu dem Thema. Ausgangspunkt seiner kurzen Ausführungen ist die Unterscheidung zwischen dem "feeling" der schwarzen und dem "thinking" der weißen Kunst. "Fühlen" ist dabei für Jones das, was an der Wirklichkeit orientiert ist. *"What does aesthetic mean? A theory in the ether. Shn't it mean for us Feelings about reality!"*(117) Erfühlen der Wirklichkeit kommt dabei einer Selbstverwirklichung gleich. *"Ourselves are revealed in whatever we do. Our art shd be ourselves as self conscious with a commitment to revolution. Which is enlightenment. Revolution is Enlightenment!"*(118). Impliziert ist in dieser Aussage auch bereits, daß nach der schwarzen Ästhetik Kunst immer engagierte Kunst sein muß.

Das Erfühlen von Wirklichkeit erfolgt - und hierbei zeigt sich der Zusammenhang mit der schwarzen Musik, dem Jazz - vor allem durch den Rhythmus. Für den Schwarzen ist nach Jones - im Gegensatz zu dem Weißen - der Rhythmus noch intakt: "Our rithms intact". Gefordert wird "a new value system"(ebd.). Zu einer Definition dieses Systems kommt es jedoch nicht. Bewußt verzichtet Jones auf eine logische Argumentation. Sie ist für ihn ein Unterdrückungsinstrument der Weißen. Seine Logik des "Fühlens" ergeht sich aber - wie in fast allen seinen Schriften - in Invektiven und in leerer Rhetorik. Eine andere Formulierung der "black aesthetics" findet sich in Jones' als Gedicht bezeichneten Zeilen "Black Art". Noch deutlicher als in dem Essay tritt in diesen Zeilen die zumindest verbale Aggressivität des schwarzen Nationalismus hervor. Sie verbindet sich in diesem Falle unverhüllt mit Antisemitismus. Letzteres ist um so erstaunlicher als Jones mit einer Jüdin verheiratet war, von der er sich erst kurz nach dem Erscheinen seines Romans 1965 scheiden ließ. "We want poems," heißt es in den Zeilen, "dagger poems in the slimy bellies/ of owner jews." "Assassin poems" sollen geschrieben werden, "Setting fire and death to/ whities ass. Look at the Liberal/ Spokesman for the jews clutch his throat/ & puke himself into eternity." Solche Dichtung verbreitet Haß: "Another bad poem cracking steel knuckles in a jewlady's mouth/ Poem scream poison gas on beasts in green barrets/ Clean out the world for virtue and love." Es sollte zu besser begründeten Formulierungen der "black aesthetic" kommen. Addison Gayle, Jr., veröffentlichte eine Reihe kompetenter Äußerungen darüber in *The Black Aesthetic* von 1972. Doch Jones' Stimme gab zu seiner Zeit wesentlich den Ton an.

Als Jones seine Forderungen für die "black aesthetic" formulierte, hatte er bereits seine zwei bedeutenderen Werke in der Erzählkunst - noch unter seinem ursprünglichen Namen - veröffentlicht: *The System of Dante's Hell*, 1965, und *Tales*, 1967. Seine spätere Geschichte "Blank", 1985, ist nicht mehr der Rede wert. Ein zweiter Roman, *...& After*, blieb bislang unveröffentlicht und wird von seinem Autor selbst als mißlungen betrachtet.

The System of Dante's Hell, 1965,

stellt ein bewußt paradoxes Unterfangen dar, insofern es die Romanform als Erfindung der Weißen in der Form eines Romans zu vernichten bzw. zu verneinen sucht. Jones folgt dabei allerdings einer weißen Tradition, deren Beginn er in Laurence Sternes *Tristram Shandy* und deren Höhepunkt er in unserem Jahrhundert in James Joyces *Ulysses* sieht. Er bedient sich ferner eines der weißen Tradition entlehnten Schemas, nämlich desjenigen der *Göttlichen Komödie*, um zu zeigen, daß Dantes Inferno im Vergleich zu dem Leben in einem schwarzen Ghetto keine Hölle sei. Der Erzählerheld ist dabei sein Alter Ego Roi, aber auch Dante oder Stephen Dedalus aus Joyces *Ulysses*. Der experimentelle Charakter des Romans besteht vor allem in seiner nichtlinearen Erzählweise, die Momentaufnahmen von Eindrücken in einer Art Montage lose in ein System fügt, das aus der *Göttlichen Komödie* Dantes abgeleitet ist.

Nur mit Mühe und einem reichlichen Maß an Phantasie - sowie der Hilfe von Lloyd W.Brown - läßt sich ein Zusammenhang der einzelnen Momente erkennen. Im Mittelpunkt steht das Erleben des Erzählers: Zunächst begegnet Roi in dem schwarzen Ghetto Newarks einer zerstörerischen sowie intensiv vitalen Welt. Sein weiterer Weg, vor allem seine Karriere als Angehöriger der Luftwaffe, bringen ihn in Distanz zur schwarzen Gemeinde und führen ihn in das gesellschaftliche und intellektuelle Milieu der Weißen ein. Das führt zu unterschiedlichen Ergebnissen in seiner Entwicklung. Auf der einen Seite entflieht er dem gesellschaftlichen und wirtschaftlichen Sumpf der schwarzen Slums. Andererseits flieht er vor sich selbst, vor seiner rassischen Identität und deren kulturellen Wurzeln in die höllische Umgebung einer feindlichen weißen Welt, deren Literatur, Geld und Institutionen er einen übermächtigen Einfluß ausüben sieht. Rois Erfahrungen werden zu einer Art Allegorie, die ein zentrales Dilemma der schwarzamerikanischen Situation dramatisieren. Der Zerfall und die zerstörerische Gewalt der Slums stärken das unausweichliche Verlangen, in den relativen Komfort der Bürgerlichkeit zu entfliehen. Doch das schwarze Ghetto ist auch eine Gemeinde mit einem ausgeprägten Lebensstil, mit einer eigenen Sprache und einer eigenen Musik, die eine eigene Kultur ausmachen. Roi geht es darum, die positiven Werte dieser Kultur als Teil der gemeinsamen Kultur der USA zu retten.

Das Problem, den Slums zu entrinnen oder doch deren Werte zu retten, wird in dem Roman nie ganz gelöst. In seiner zweiten Hälfte wird in einer Reihe sich ständig linearem Erzählen annähernder Episoden Rois allmähliche Ablehnung der weißen Welt dargestellt. Diese Ablehnung geht Hand in Hand mit dem Versuch, die eigene rassische Identität zu bejahen. Schauplatz für den entscheidensten dieser Versuche ist "The Bottom", ein schwarzes Ghetto in den Südstaaten, in dessen Nähe Roi als Luftwaffenangehöriger stationiert ist. Hier sinkt er auf den Grund der Hölle seiner rassischen Selbstverleugnung. Er verleugnet seine rassische Zugehörigkeit und wird zur Imitation eines Weißen. Als positive Gegenfigur erscheint die schwarze Hure Peaches, bei der er sexuell versagt. Sie steht für persönliche und rassische Integrität.

Bevor Roi Peaches verläßt, lernt er, ihre Welt anzuerkennen und zu akzeptieren: "[I] felt the world grow together as I hadn't known it. All lies before, I thought. All fraud and sickness. This was the world. It leaned under its own suns, and people moved on it. A real world, of flesh, of smells, of soft black harmonies and color. The dead maelstrom of my head, a sickness"(148). Doch nimmt er nur vorübergehend an dieser Welt teil. Er muß wieder zu seiner Einheit und in die weiße Welt zurückkehren, in die er eingebunden ist. Die Bejahung seines Schwarzseins und die Zurückweisung seines nachgeahmten Weißseins sind am Ende des Romans nicht abgeschlossen; doch hat Roi angefangen, sein hybrides Erbe und seine Identität als schwarzer Amerikaner zu überprüfen.

In dem Epilog zu dem Roman, "Sound and Image", sagt Jones selbst: "Hell in this book which moves from sound and image ('association complexes') into fast narrative is what vision I had of it around 1960-61 and that fix on my life, and my interpretation of my earlier life"(153). Es fällt dem unvorbereiteten Leser jedoch schwer, sich in den "association complexes" zurechtzufinden. Die Assoziationstechnik ist zu subjektiv, als daß sich die Wortfolgen dem Leser zu Bildern ordneten und ihm einen wirklich sinnvollen Eindruck vermittelten. Wenn der Autor zur "fast narrative" übergeht, verstehen wir mehr. Wir erkennen das Geschehen in drei Episoden. In der ersten, "The Eighth Ditch (is Drama", geht es in der Form eines Dialogs um Homosexualität unter Pfadfindern in einem Zeltlager, in der zweiten, "CIRCLE 9: Bolgia 1 - Treachery To Kindred. The Rape", um den Versuch einer Vergewaltigung während einer Autofahrt. Die dritte Episode besteht in dem Besuch von "The Bottom". Der Sinn des Geschehens in den drei Episoden läßt sich jedoch wiederum nicht immer leicht erschließen. Gelegentlich wird immerhin - ohne daß es aus dem dargestellten Geschehen hervorginge - das Thema vor allem der letzten Episode in direkter Aussage greifbar, so wenn es unvermittelt heißt: "Willful sin, in your toilets jerking off. You refused God. All frauds, the cold mosques glitter winters. 'Morsh-Americans.' Infidels fat niggers at the gates. What you want. What you are now. Liar. All sins, against your God. Your own flesh. TALK. TALK"(136). Die Untreue gegenüber der eigenen Rasse wird als Häresie betrachtet.

Der Roman erweist sich als Experiment, doch darf er kaum als gelungen betrachtet werden. Der Interpret mag ihm eine Bedeutung abgewinnen; die Montage enthält jedoch zu viele Elemente, deren Sinn verschlossen bleibt.

Tales, 1967

Die 1967 gesammelt erschienenen *Tales* bereiten dem Leser die gleichen Schwierigkeiten wie der ihnen vorausgegangene Roman. Einem Teil dieser "tales" kann ich keinerlei Sinn abgewinnen. Anscheinend geht es anderen Lesern ebenso, da bisher niemand versuchte, sie zu interpretieren. Bei einem anderen Teil ergibt sich ein gewisser, Bedeutung vermittelnder Eindruck von Szenen und Stimmungen. Ein wieder anderer, aber nur kleiner Teil kommt der normalen Kurzgeschichte nahe. Von allen Erzählungen ließe sich sagen, daß Jones mit ihnen - wie beabsichtigt - herkömmliche Formen zerbricht. Ob ihm eine neue Form gelungen ist, muß dahingestellt bleiben.

Zu den der Kurzgeschichte nahestehenden "tales" gehört "Uncle Tom's Cabin: Alternative Ending." Es ist die Geschichte Ellen Orbachs. "Teaching the 5th grade, in a grim industrial complex of northeastern America; about 1942"(36). Ellen Orbach wird aus ihrer vertrauten Welt gerissen, als ein kleiner Negerjunge als einziger der Klasse die richtige Antwort auf ihre Frage weiß. Die für Krieg und Kriegsindustrie notwendigen Schwarzen gewinnen Zugang zu der Bildung der Weißen, und es ereignet sich für die weiße Lehrerin, was sie nicht für möglich hielt: daß ein schwarzer Junge klüger sein konnte als ihre weißen Schüler. Die Lehrerin schickt den kleinen McGhee zum Arzt, weil sie meint, es müsse bei ihm etwas nicht in Ordnung sein. Dessen Kommentar ist nur: "Miss Orbach is confused"(39). Die McGhees wollen aber genau wissen, was Miss Orbach veranlaßte, ihren Sohn zum Arzt zu schicken. Diese kommt in das Zimmer der Direktorin, "looked directly into Louise McGhee's large brown eyes, and fell deeply and hopelessly in love"(40). Damit endet die Geschichte und läßt alles Weitere offen. Dieses Ende ist eine höchst ironische "Alternative" zu *Uncle Tom's Cabin*, insofern sich Louise McGhee, in die sich die Lehrerin verlieben zu müssen glaubt, keineswegs ein Onkel Tom ist.

Charakteristischer für die Darstellungsweise von Jones ist "The Death of Horatio Alger". Der Sprecher nimmt in der "tale" Abschied von seinem Traum, als Schwarzer durch Anpassung zu Erfolg in der Welt der Weißen zu gelangen. Berichtet werden die Eindrücke, die auf ihn wirken, als er von einem weißen Schulkameraden niedergeschlagen wird und weiße Mitschüler, die er als seine Freunde betrachtete, ihn auslachen, während er verzweifelt im schmutzigen Schnee liegt. Die Welt der Weißen war ihm in seinen Träumen vor allem im Bilde der weißen Frau erschienen. So heißt es an einer Stelle: "I don't remember a direct look at them even, with clear knowledge of my desire, until one afternoon I gave a speech at East Orange High, as sports editor of our high school paper, which should have been printed in Italian, and I saw there, in the auditorium, young American girls, for the first time. And have loved them as flesh things emanating from real life, that is, in contrast to my own, a scraping and floating through the last three red and blue stripes of the flag, that settles the hash of the lower middle class. So that even sprawled there in the snow, with my blood and pompous isolation, I vaguely knew of a glamorous world and was mistaken into thinking it could be gotten from books. Negroes and Italians beat and shaped me and my allegiance is there. But the triumph of romanticism was parquet floors, yellow dresses, gardens and sandy hair. I must have felt the loss and could not rise against a cardboard world of dark hair and linoleum. Reality was something I was convinced I could not have"(45). Aus der Welt der WASPs ausgeschlossen zu sein und dies als Demütigung zu erfahren, ist die Voraussetzung bzw. die Grundlage für den späteren militanten Nationalismus. Es zeigt sich in dem Zitat aber auch ein sozialer Aspekt: Als Schwarzer sieht sich der Sprecher noch auf einer Ebene mit den italienischen Einwanderern. Die Welt der WASP ist für beide, "Dago" und "Black", die für sie unerreichbare Welt des Wohlstandes.

Eine "tale" mit einer wirklichen Geschichte ist "Going Down Slow". Lew Crosby geht seit Wochen fremd. Er kann es aber nicht ertragen, daß seine - allem Anschein nach - jüdische Frau das gleiche tut. Er holt sie aus ihrem Liebesnest, versöhnt sich mit ihr und erschlägt ihren Liebhaber. Die Geschichte endet bei Freunden, die sich Heroin spritzen. Mit ihnen versetzt sich Lew in die Traumwelt der Droge. "I am Lew Crosby, a writer. I want to write what I'm about, which is profound shit. Don't ask me anything. Just sit there if you want to. No, I'm not thinking. I'm just sitting. Don't try to involve yourself with me"(55). Trotz des Ausgangs im Drogentraum und der erklärten Absichtslosigkeit gewinnt zwischendurch eine Eifersuchtsgeschichte immerhin dramatische Gestalt.

Dem Jazz-Enthusiasten LeRoi Jones begegnen wir in "The Screamers". In dieser "tale" handelt es sich um die Beschreibung einer "session" mit Lynn Hope in Harlem und einem "lindy hopping". Die Beschreibung folgt der sich steigenden Ekstase, z.T. aber in einer Sprache, die nicht jedem Leser vertraut sein dürfte. Es ist die sehr spezielle, aber auch verkümmerte Sprache der "hipsters". Hier eine relativ harmlose Probe: "All extremes were popular with the crowd. The singers shouted, the musicians stomped and howled. The dancers ground each other past passion and moved so fast it blurred intelligence. We hated the popular song, and any freedman could tell you if you asked that white people danced jerkily, and were slower than our champions. One style, which developed as Italians showed up with pegs, and our own grace moved toward bellbottom pants to further complicate the cipher, was the honk. The repeated rhythmic figure, a screamed riff, pushed in its insistence past music. It was hatred and frustration, secrecy and despair. It spurted out of the diphthong culture, and reinforced the black cults of emotion. There was no compromise, no dreary sophistication, only the elegance of something that is too ugly to be desrcibed, and is diluted only at the agent's peril"(75f.). Wie bei anderen afroamerikanischen Schriftstellern ist auch bei Jones Jazz Ausdruck der Empfindungen, im Ghetto oft des Hasses, der sich Luft zu machen versucht. In "The Screamers" findet dies symbolisch seinen Ausdruck am Ende. Hopes Band hatte sich erhoben und war durch den Saal auf und ab marschiert; die Tänzer hatten sich der Schlange angeschlossen. Als die Tanzfläche zu voll wird, heißt es: "So Lynn thought further, and made to destroy the ghetto. We went out into the lobby and in perfect rhythm down the marble steps. Some musicians laughed, but Lynn and some others kept the note, till the others fell back in. Five or six hundred hopped-up woogies tumbled out into Belmond Avenue"(79). Der Verkehr wird aufgehalten, bis die Polizei das Unternehmen mit Schlagstöcken auflöst. Der Versuch, sich durch die Musik zu befreien, wird brutal verhindert.

Selbst die Kunst der hier vorgestellten "tales" reicht nicht an diejenige von Ellison oder Baldwin heran. Sie dokumentiert eher das Versagen, in der Verneinung "weißer" Formen eine eigene Form zu schaffen.

The System of Dante's Hell und ein Teil der *Tales* entstanden, als Jones sich von der Welt der Hipster abwandte und im Sinne des schwarzen militanten Nationalismus - zunächst in Newark, später auf nationaler Ebene - politisch tätig wurde. Noch hoffte er, daß sich das afroamerikanische Erbe dem gesamtamerikanischen einverleiben ließe. In seiner Phase des schwarzen Nationalismus betrachtet er diese Möglichkeit nicht mehr als wünschenswert. Die Problematik seiner erzählerischen Experimente beruht allerdings nicht allein auf dem spezifisch von ihm eingeschlagenen Weg, sondern ist die der literarischen Versuche der Beat-Generation im allgemeinen, worauf in dem ihr gewidmeten Abschnitt zurückzukommen sein wird.

Literatur

Zitiert nach: *Raise, Race, Rays, Raze: Essays Since 1965*, New York, 1971; *The System of Dante's Hell*, New York, 1966 (Evergreen Ed.); *Tales*, New York, 1968 (Evergreen Ed.).
Weiteres Werk: *The Autobiography of LeRoi Jones/Amiri Baraka*, New York, 1984.

Sekundärliteratur:
Theodore R.Hudson, *From LeRoi Jones to Amiri Baraka*, Durham, NC, 1973.
Kimberley W.Benston, *Baraka: The Renegade and the Mask*, New Haven, 1976.
Werner Sollors, *Amiri Baraka/LeRoi Jones: The Quest for a "Populist Modernism"*, New York, 1978.
Henry C.Lacey, *To Raise, Destroy, and Create: The Poetry, Drama, and Fiction of Imamu Amiri Baraka*, Troy, NY, 1981.
Robert Elliot Fox, *Conscientious Sorcerers: The Black Postmodernist Fiction of LeRoi Jones/Amiri Baraka, Ishmael Reed, and Samuel R.Delany*, New York, 1987.

Ishmael Reed, geb.1938

Zwischen LeRoi Jones und Ishmael Reed, den beiden experimentellen Erzählern schwarzer Herkunft, gibt es nur wenige Berührungspunkte. Zu diesen gehört, daß Reed zwar im Süden, nämlich in Chattanooga, TN, 1938 geboren wurde, aber wie Jones im Norden, in Buffalo aufgewachsen war. Wie sein vier Jahre älterer Zeitgenosse verfehlte er den Abschluß seiner Studien. Beide begegneten sich in New York und begaben sich 1965 nach Newark, Jones, um politisch aktiv zu werden, Reed, um dort eine schwarze Zeitung zu übernehmen. Ihre Wege trennten sich bald darauf, als Reed 1968 nach Berkeley ging und sich 1979 in Oakland niederließ. Entscheidender als diese biographischen Begebenheiten ist das unterschiedliche Anliegen der beiden Erzähler. Gegenüber Jones und anderen Verfechtern einer "Schwarzen Ästhetik" - wie Addison Gayle, Clarence Major oder Houston Baker - entwickelt Reed seine eigene afroamerikanische Ästhetik als "Neo-Hoodooismus". Hoodoo als US-amerikanische Variante des karibischen Voodoo erscheint bei Reed erstmals in seinem zweiten Roman, *Yellow Back Radio Broke-Down,* 1969, und findet seine volle Entfaltung als Neo-Hoodoo in seinem von der Kritik bereits mehrfach als Meisterwerk bezeichneten dritten Roman, *Mumbo Jumbo*, 1972. Sein erster Roman, *The Free-Lance Pallbearers*, war 1967 bereits während seines Aufenthaltes in New York entstanden. Daneben erschienen Gedichte, Dramen und Essays. Die Reihe der Romane setzte sich fort mit *The Last Days of Louisiana Red*, 1974, *Flight to Canada*, 1976, *The Terrible Twos*, 1982, *Reckless Eyeballing* 1986, und *The Terrible Threes*, 1989, und darf kaum als abgeschlossen gelten; nach eigener Aussage ist Reed mit der Niederschrift von *The Terrible Four* beschäftigt.

Yellow Back Radio Broke-Down, 1969

Reeds Romane sind keine leichte Lektüre. *Yellow Back Radio Broke-Down* von 1969 beginnt mit den folgenden Worten: "Folks. This here is the story of the Loop Garoo Kid. A cowboy so bad he made a working posse of spells phone in sick. A bullwhacker so unfeeling he left the print of winged mice on hides of crawling women. A desperado so onery he made the Pope cry and the most powerful of cattlemen shed his head to the Executioner's swine"(9). Es bedarf der umgangssprachlichen Betonung, um die syntaktische Struktur von "a working posse of spells phone in sick" erkennbar werden zu lassen, und einer Kenntnis folkloristischer Details, um die Anspielungen in den folgenden Sätzen zu verstehen. Im Namen des Helden - Loop Garoo als Abwandlung von französisch Loup Garou - versteckt sich die Bedeutung "Werwolf". Trotz der Verständnisschwierigkeiten wird auch dem uneingeweihten Leser deutlich, was er nach dieser Ankündigung der Geschichte zu erwarten hat. Als "Folks" angesprochen, wird er fiktiv in die Situation des *Hörers* einer "folk tale" versetzt. Die Art der Volkserzählung ist durch die Attribute des Helden, "so bad", "so unfeeling", "so onery", als Lügengeschichte umschrieben. Durch den Beruf des Helden erscheint diese "tall tale" auch als Wild West-Geschichte, des Lügencharakters wegen aber als Parodie einer solchen.

Weitere Aufklärung über die komplexe Struktur des Romans erhält der Leser gleich auf der nächsten Seite: Loop Garoo Kid schließt sich einem Zirkus an, in dem er zusammen mit einem Jongleur, einem tanzenden Bären und einem schnell sprechenden Ausrufer auftritt, sowie mit der Wahrsagerin Zozo, "charter member of the American Hoo-Doo-Church." Der Zirkus zieht nach Yellow Back Radio, das als "a section of Hell chipped off and shipped upstairs" beschrieben wird, "Where even the sun was afraid to show its bottom"(10). In dem Medium des Erzählens erscheint damit das der Zirkusartistik wie das des Radios und des Fernsehens. Der Werbezettel des Zirkus fordert auf, sich einzuschalten: "Pluck In Your Head"; die nächste Stadt ist Video Junction(14). Video steht dabei - wir befinden uns im amerikanischen Westen! - in Analogie zu Rodeo. Handlung und Zirkusnummer, Ort des Auftritts und Ort der Sendung kommen zur surrealistischen Überlagerung. Wir begegnen einem Medium durch das andere und der Wirklichkeit durch das Medium der Lügengeschichte.

Als sich der Zirkus seinem Ziel nähert, kommt ihm eine Gruppe von Kindern entgegen, die die Macht in der Stadt an sich gerissen haben. Alle Erwachsenen waren von ihnen aus der Stadt gejagt worden. Sie selbst berichten von ihrer "Machtübernahme": "We chased them out of town. We were tired of them ordering us around. They worked us day and night in the mines, made us herd animals harvest the crops and for three hours a day we went to school to hear teachers praise the old. Made us learn facts by rote. Lies really bent upon making us behave. We decided to create our own fiction"(16). Es handelt sich danach nicht allein um eine Revolution - und eine Parodie auf die Hippie "Blumenkinder" der sechziger Jahre -, sondern auch um ein Infragestellen der Interpretation von Wirklichkeit. Die Bestimmung von "facts" wird zu einem Machtinstrument. Fakten werden als Lügen entlarvt. Sie waren nur Fiktionen. An ihre Stelle treten neue Fiktionen. Wir bewegen uns damit im Bereich der "Metafiktion", die in den sechziger Jahren mit Thomas Pynchon, John Barth und anderen sich bereits zur vollen Blüte in den USA entfaltet hatte.

Der Zirkus unterhält die Kinder mit Kunststücken. "Jake the Barker", der Ausrufer, entfaltet seine Vision von "The Seven Cities of Cibola". Die sieben Städte von Cibola werden als Eldorado des Wilden Westens beschrieben: "Inanimate things, computors do the work, feed the fowl, and programmed cows give cartons of milkshakes in 26 flavors"(17). Bis weit in die Nacht hinein erzählt Jake von den sieben Städten, dem "magnificent legendary American paradise where tranquilized and smiling machines gladly did all of the work so that man could be free to dream.[...] Stupid historians who are hired by the cattlemen to promote reason, law and order - toad men who adore facts - say that such an anarchotechnological paradise [...] is as real as a green horse's nightmare. Shucks I've always been a fool, eros appeals more to me than logos. I'm just silly enough to strike out for it tomorrow as soon as the circus splits up"(24f.). Jakes Vision ist eine Parodie des amerikanischen Traums. In seinem Dorado können die Menschen träumen; die Arbeit wird von den Maschinen bzw. der mechanisierten Natur geleistet. Diejenigen, die diese Welt nicht wahrhaben wollen, folgen dem Logos; Jake propagiert dagegen den Eros. Damit erscheinen zwei Welten, die auch die Pole in dem Geschehen von *Mumbo Jumbo* später dastellen sollten.

In *Yellow Back Radio* verflüchtigt sich die Vision des goldenen Westens sehr schnell. Die von den Kindern vertriebenen Bürger der Stadt hatten bereits Verhandlungen mit Drag Gibson, einem Farmer der Umgebung, über seine Unterstützung zur Wiedergewinnung der Stadt aufgenommen. Drag erhält "the hand over the Yellow Back Radio, so that [he] could adjust all the knobs and turn to whatever station [he] wished"(22). Wieder zeigt sich, daß der Name der Stadt nicht nur Metapher ist. Er bezeichnet die durch die Medien manipulierte Wirklichkeit. Mit dem Medium gewinnt Drag Macht über die Wirklichkeit. Gegen ihn haben die Kinder keine Chance. Drag verteilt von ihm entwickelte achtschüssige Colts, zieht mit seinen Leuten gegen Yellow Back Radio und schießt alle Kinder wie alle Mitglieder des Zirkus nieder. Der Einzige, der das Massaker überlebt, ist "the Loop Garoo Kid". Die sterbende Zozo fordert ihn auf zu fliehen: "Flee boy, save yourself, I'm done for, the woman murmured pressing something into his hand. It's a mad dog's tooth it'll bring you connaissance and don't forget the gris gris, the mojo, the wangols old Zozo taught you and when you need more power play poker with the dead"(26). "The Loop Garoo Kid", der schwarze Cowboy, wird nicht nur Erbe des Helden des Wilden Westens und mit diesem des amerikanischen Traums, sondern auch Erbe der Hoodoo-Geheimnisse. Hoodoo erscheint hier in der Form des Zaubers und der damit verbundenen Fähigkeit, mit den Toten, d.h., mit der Vergangenheit, Verbindung aufnehmen zu können. Es ist aber auch das Vermögen des "signifying monkeys" oder "tricksters"(Gates), sich gegen die Welt der Weißen, die Welt der Gewalt als einer durch "law and order" bestimmten Welt, zu behaupten. "The Loop Garoo Kids" Zauber ist aber als die im Zirkus eingeübte Kunst des Cowboys auch eine sehr künstliche Angelegenheit.

Das erste der fünf Kapitel des Romans läßt sich als in sich geschlossene Einheit interpretieren. Es erschien unter dem Titel "The Loop Garoo Kid" auch als selbständige Kurzgeschichte. Wir belassen es bei der Betrachtung dieses Kapitels zur Einführung in die Kunst Reeds, um uns dem Roman zuzuwenden, in dem Reed seinen Neo-Hoodooismus voll entwickeln sollte.

Mumbo Jumbo, 1972

Der experimentelle Charakter des Romans zeigt sich bereits in einer Reihe formaler Eigenheiten. Wie einige Filme der Zeit eine Szene der späteren Handlung bereits vor der Titelei zeigen, erscheint das erste Kapitel des Romans vor der Titelseite und vermittelt dem Leser einen ersten Eindruck von dem, was er zu erwarten hat. Verschiedene Drucktypen dienen zur Unterscheidung historischer und pseudohistorischer Dokumente von der fiktiven Erzählung. Bilder erscheinen nicht als Illustrationen des narrativen Textes, sondern als selbständige historische Dokumente zum Thema des Romans. Als Manierismus erscheint die durchgängige Wiedergabe von Zahlwörtern in Ziffern. So steht z.B. für "no one" "no 1", das von dem unvorbereiteten Leser als "number one" gelesen wird. Wichtiger ist, daß Reed aus nicht-fiktiven Werken zitiert und sie in Anmerkungen identifiziert. Als Anhang erscheint eine Bibliographie mit 104 Titeln. Das Neben- bzw. Miteinander gesteht Fiktion und Geschichtsschreibung den gleichen Wahrheitsanspruch zu, d.h. weist beide als Fiktionen aus.

Das Geschehen des Romans verläuft auf drei zeitlichen Ebenen. Im Zentrum steht eine Detektivgeschichte, in der in den zwanziger Jahren zur Zeit der Harlem Renaissance nach einem Text gesucht wird. *Mumbo Jumbo* ist damit bereits als "Metafiktion" in dem Sinn eines Textes über einen Text gekennzeichnet. Im Zusammenhang mit der Suche steht die Geschichte des Textes, die bis in die Anfänge des Alten Ägypten zurückgeführt wird. Schließlich erfolgt zur Zeit der Niederschrift des Romans rückblickend eine zumindest teilweise Entschlüsselung der vorausgegangenen, meist rätselhaften Ereignisse. Die Erzählzeiten gehen dabei jedoch durcheinander, und Merkmale der einen Zeit werden auf eine andere übertragen. So werden in den zwanziger Jahren bereits Fernseher und Tonbandgeräte gebraucht. Raumschiffe und Atomexplosionen erscheinen bereits im Alten Ägypten. Zwei Ritter des Templerordens leben noch in den zwanziger Jahren. Bewußt wird damit versucht, die Zeit aufzuheben. Zeitlosigkeit bzw. zyklische Zeit wird zu einem wichtigen Bestandteil der Ästhetik des Neo-Hoodooismus.

Auf lange Strecken, besonders in dem langen Kapitel 52 und im Epilog erscheint als Sprecher PaPa LaBas. Dieser ist ein Hoodoo-Psychiater, im Roman identisch mit "Mumbo Jumbo". Reed zitiert dazu eine Definition aus *The American Heritage Dictionary*: "Mandingo *má-má-gyo-mbó*, 'magician who makes the troubled spirits of ancestors go away'; *má-má*, grandmother+*gyo*, trouble+*mbó*, to leave"(10). LaBas' Hauptquartier wird von seinen Kritikern als "Mumbo Jumbo Kathedrale" bezeichnet, und, so heißt es: "Many are healed and helped in this factory which deals in jewelry, Black astrology charts, herbs, potions, candles, talismans"(26). Damit praktiziert PaPa LaBas Hoodoo. Sein Zauber besteht vor allem in der "Loa", einer Art Geist oder Halbgott, der Dingen, Tieren und Menschen einzuwohnen vermag: "The loa is not a daimon in the Freudian sense, a hysteric; no, the loa is known by its sign and is fed, celebrated, drummed to until it deserts the horse [Träger] and *govi* of its host and goes on about its business. The attendants are experienced and know the names [...] they don't wish it ill, they welcome it"(256). Für PaPa LaBas ist der Jazz der zwanziger Jahre eine Manifestation der Loa seiner Zeit.

Jazz ist wiederum Teil von dem, was in dem Roman als "Jes Grew" bezeichnet wird: "*Actually Jes Grew was an anti-plague. Some plagues caused the body to waste away: Jes Grew enlivened the host. Other plagues were accompanied by bad air (malaria). Jes Grew victims said that the air was as clear as they had ever seen it [...]. Some plagues arise from decomposing animals, but Jes Grew is electric as life and is characterized by ebullience and ecstasy*"(9) "Jes Grew" ist demnach eine nicht näher bestimmbare Fähigkeit, die im Jazz - wie zuvor im Ragtime - Macht gewinnt. Es ist etwas "just growing". Zur Bezeichnung der den Jazz animierenden Fähigkeit war dieser Ausdruck bereits von dem schwarzen Dichter James Weldon Johnson eingeführt worden.

Das "Jes Grew" der zwanziger Jahre hat in dem Roman seinen Ursprung in Haiti, verbreitet sich von New Orleans aus über die ganzen Vereinigten Saaten und ist im Begriff, sich Manhattan zu nähern. "Jes Grew" wird zum US-amerikanischen Äquivalent zum karibischen Voodoo. "Its blee blop essence; they've isolated the unknown factor which gives the loas their rise. Ragtime. Jazz. Blues. The new thang. That talk you drum from your lips. Your style. What you have here is an experimental art form that all of us believe bears watching. So don't ask me how to catch Jes Grew. Ask Louis Armstrong, Bessie Smith, your poets, your painters, your musicians, ask them how to catch it"(173f.). Das Zitat enthält bereits eine Teildefinition des "Neo-Hoodooismus". Er propagiert eine "experimental art", die improvisiert und durch keine Regeln festgelegt ist. Sie nimmt damit immer neue Formen an.

In Manhattan soll "Jes Grew" seinen Text finden. Die Suche nach diesem Text macht, wie schon erwähnt wurde, das zentrale Geschehen des Romans aus. Als eine "psychic epidemic"(7) ist "Jes Grew" in Gefahr, außer Kontrolle zu geraten. Um das zu verhindern, müssen die richtigen Riten eingehalten und die richtigen Worte gesprochen werden. "If it could not find its Text then it would be mistaken for entertainment"(241). Der Text ist in dem *Book of Thoth* niedergeschrieben. Dort sind die Worte zur Beschwörung der Geister festgehalten und die Tanzschritte beschrieben, die bei den Fruchtbarkeitsriten des Osiriskultes eingehalten werden müssen. Auf Umwegen kommt das *Book of Thoth* nach Amerika, wo es in einer Kiste versiegelt unter 14 Personen, die nichts von seinem Inhalt wissen, zirkuliert. Eine der Personen, ein schwarzer Muslim, erbricht die Kiste schließlich, übersetzt den Text und zerstört ihn, da er ihn seines Volkes unwürdig findet. Er zerstört damit das Heilige Buch der Ägypter und damit - nach dem Verständnis Reeds - das Heilige Buch der schwarzen Rasse, da die Bevölkerung des Alten Ägypten - trotz der gegenteiligen Behauptung deutscher Gelehrter - schwarz gewesen sei. Ohne das *Book of Thoth* läuft sich "Jes Grew" tot. Doch Black Herman, ein Okkultist und Freund PaPa Labas', glaubt, daß es auch ohne das Buch ginge: "We were dumped here on our own without the Book to tell us who the loas are, what we call spirits were. We made up our own. The theories of Julie Jackson. I think we've done all right. The Blues, Ragtime, The Work that we do is just as good. I'll bet later on in the 50s and 60s and 70s we will have some artists and creators who will teach Africa and South America some new twists. It's already happening. What it boils down to, LasBas, is intent. If your heart's there, man, that's 1/2 the thing about The Work. Even the European Occultists say that. Doing The Work is not like taking inventory. Improvise some. Open up, PaPa. Stretch on out with It"(158f.). PaPa LaBas selbst glaubt am Ende, daß "Jes Grew" ohne das verlorene Buch auszukommen vermag. "We will make our own future Text," sagt er.

"A future generation of young artists will accomplish this"(233). Dies lehrt der am Ende hundertjährige LaBas in seiner Vorlesung über die Harlem Renaissance die Studenten zur Zeit der Entstehung des Romans. Deren Professoren lehren, meint er, Freud und Marx, den Weg des weißen Mannes. Er hofft auf die Zukunft des Weges, den die Lehre des schwarzen Erbes weist. Ishmael Reed verfaßt mit *Mumbo Jumbo*, der die Geschichte von "Jes Grew" von seinen ägyptischen Anfängen bis in die Gegenwart nachzeichnet, eine Art Text für "Jes Grew" und bannt die Loas für seine Zeit in seinen Text.

Die soweit umrissene Handlung des Romans ist eine Geschichte des "Jazz Age" in dem Sinne, wie Doctorows Roman sie für die Ragtime-Zeit vor 1917 darstellt. Reeds wie Doctorows Fiktion beansprucht, die Wirklichkeit der dargestellten Zeit genau so gut erfaßt zu haben wie die offizielle Geschichtsschreibung. Für beide gibt es viele Möglichkeiten, sie zu interpretieren. Doch obwohl Doctorows - übrigens erst nach Reeds Roman entstandenes - Werk auch als Teil der Geschichte des jüdischen und des amerikanischen Radikalismus betrachtet werden kann, ist er weit weniger ideologisch als das des schwarzen Erzählers befrachtet. *Mumbo Jumbo* enthält zu viele Reden über schwarze Kultur - einschließlich aller "gelehrten" Verweise -, die nicht nur eine mögliche Interpretation der Zeit anbieten, sondern auch deren Vorzüge nachzuweisen versuchen. Obwohl sich Reed von der "schwarzen Ästhetik" seiner Zeitgenossen distanziert, wird auch sein Werk von dem kämpferischen Impetus seiner Zeit mitbestimmt. Seine Festlegung wird formal auch dadurch deutlich, daß die Geschichte, als deren Teil sich "Jes Grew" in den zwanziger Jahren erweisen soll, von LaBas als Vorlesung, d.i., als Lehrmeinung, vorgetragen wird.

Der der Geschichte von "Jes Grew" zugrundeliegende Mythos ist der des Osiris. Nach der von LaBas in seiner Vorlesung vorgetragenen Version war Osiris ein ägyptischer Prinz, der bei seinem Studium in Nysa, einer Stadt im heutigen Jemen, die Fruchtbarkeitsbräuche Äthiopiens und des Sudan kennengelernt und in seiner Heimat eingeführt hatte. Sein Gegner ist sein Bruder Set, von dem es heißt, daß er vom Volk gehaßt wurde. "He went down as the 1st man to shut nature out of himself. He called it discipline. He is also the deity of the modern clerk, always tabulating, and perhaps invented taxes"(185). LaBas' Version der Geschichte folgt dann der herkömmlichen Überlieferung in bezug auf die Geschichte von Osiris und Isis, Osiris' Tod und Wiedergeburt. Set wird bei LaBas dann aber zum Begründer des Sonnenkultes, der die Sonne als Aton verehrte. Damit begründete er den "Atonist Path". In Griechenland wurde der Osiriskult durch Dionysos verbreitet. Das Ritual des Kultes war - wie bereits erwähnt - von Thoth schriftlich festgehalten worden. Thoths Buch soll jedoch zu einer ungünstigen Zeit in die Hände von Moses geraten sein. Zur falschen Zeit und auf die falsche Weise benutzt, kann das Buch dem "Atonist Path" mit minderwertigem Zauber dienen. Der von LaBas wiedergegebene Mythos unterscheidet zwischen "hougan" und "bokor", einem schwarzen und einem weißen Zauber(104), dem der rechten und dem der linken Hand(213), Rada und Petro Asson(214). Der "Atonist Path" wird dabei weitgehend mit dem Werk der linken Hand, mit Petro Asson oder "bokor"-Zauber identifiziert. Die weitere Geschichte des zum Teil verfälschten Osiriskultes wird mit Hilfe von Madame Blavatsky, der Theosophin, als die Geschichte der Freimaurer, des Templerordens bis zu den modernen Freimaurerlogen weitergeführt. Der wahre Osiriskult fand seinen Weg über das schwarze Afrika nach Amerika und erhielt sich in seiner reinsten Form im Voodoo Haitis.

Diese von LaBas vorgetragene Version des Mythos und seiner Geschichte nimmt mit der Unterscheidung zwischen Aton und Osiris diejenige Nietzsches zwischen Apollo und Dionysos auf und plädiert für die Rehabilitation des letzteren. LaBas wettet, "that before this century is out men will turn once more to mystery, to wonderment [Osiris]; they will explore the vast reaches of space within instead of more measuring more 'progress' more of this and more of that"(28).

Die Seite der Atonisten wird in der Handlung während der zwanziger Jahre durch den "Wallflower Order" vertreten, der sich, worauf der Name wohl verweisen soll, aus Absolventen der "Ivy League", d.h. der renomierten Hochschulen des Ostens, rekrutiert. Der Orden steht in der Nachfolge des Deutschherrenordens. Sein Großmeister ist Walter Mellon. Der Name verweist als der der Eigentümer der größten Stahlwerke der USA auf deren Macht im Staate. Mit allen Mitteln versucht der Orden, das weitere Vordringen von "Jes Grew" zu verhindern. Als "Jes Grew" vor den Toren New Yorks steht, ist der Orden zunächst hilflos: "Things look helpless. It has been an interesting 2,000 years but this is the end of the road. 2,000 years of probing classifying attempting to make an 'orderly' world so that when company came they would know the household's nature and would be careful about dropping ashes on the rug"(175). Doch der Großmeister rettet die Situation. Er leitet Maßnahmen ein, die zwangsläufig zu einer Depression führen müssen. Dies ist, was tatsächlich geschieht. Das "Jazz Age" geht mit der Weltwirtschaftskrise zu Ende. Die Atonisten bleiben an der Macht. LaBas hofft darauf, daß die Künstler der siebziger Jahre einen neuen Text zu schreiben vermögen. Reed schreibt einen solchen mit *Mumbo Jumbo*.

Die verschiedenen Episoden der Handlung sind vor allem durch die Aktivitäten der verschiedenen Geheimgesellschaften verbunden, von denen hier nur ein Teil genannt werden konnte. Reed fand dafür Beispiele in Thomas Pynchons *V*, 1963, und *The Crying of Lot 49*, 1966. Durch die - wenn auch surrealistische - Einbeziehung der Geheimgesellschaften wird fiktiv eine Erklärung für bisher dem Leser unbekannt gebliebene geschichtliche Zusammenhänge bereitgestellt. Mit Hilfe der Geheimgesellschaften wird ein geheimer Zusammenhang aller Ereignisse der Weltgeschichte hergestellt. "Metahistory" wird zu einer Geschichte der Geheimgesellschaften. Es bleibt natürlich eine sehr fragwürdige Geschichte. Sie stellt ihren Anspruch auf Glaubwürdigkeit selbst in Frage, indem sie nicht nur herkömmliche Interpretationen geschichtlicher Zusammenhänge parodiert, sondern auch die Interpretation, die sie ablösen soll, durch surrealistische Verzerrung der Lächerlichkeit preisgibt.

Wie schon Ellison und Baldwin bekennt sich Reed zur mündlichen Überlieferung der schwarzen Kultur. "My approach owes more to the Afro-American oral tradition and to folk art than to any literary tradition," sagt er in einem Interview mit Mel Watkin. "The oral tradition includes techniques like satire, hyperbole, invective, and baudiness"(*SoR*,21,1985,610). Die mündliche Tradition verliert jedoch, wie er selbst betont, ihren ursprünglichen Charakter, wenn sie schriftlich fixiert wird. Darin mag ein Grund dafür gesehen werden, daß "Jes Grew" seinen Text nicht findet, vielleicht auch nicht zu finden braucht. Der Text signalisiert die Schriftlichkeit. Trotz damit verbundener Widersprüchlichkeiten zeigt *Mumbo Jumbo* ein Konzept von Kunst und insbesondere von Erzählkunst, das bei gewissen Gemeinsamkeiten mit der "schwarzen Ästhetik" einerseits und der dekonstruktivistischen Literaturtheorie andererseits Eigenheiten erkennen läßt, die es sowohl als originell wie auch alsfür die Situation der afroamerikanischen Erzählkunst plausibel erscheinen lassen. Reed nennt es "Neo-

Hoodooismus". Die Loa wird in dieser säkularisierten Form des Voodoo zu dem von den Theoretikern der afroamerikanischen Literatur beschworenen Geist, der die kulturellen Äußerungen der Schwarzen beseelt. Bei anderen - wie schon bei DuBois - ist es einfach "the Soul". Dieser Geist manifestiert sich in immer wieder neuen Formen. Er ist wie der Jazz und besonders der Bebop, wie Reed mit Bezug auf den Saxophonisten Charlie Parker betont, auf Improvisation angewiesen. Ähnliches war, wie wir zeigen konnten, bereits bei dem Jazz-Verständnis Ellisons angelegt gewesen. Diese Kunst genügt den Ansprüchen der Dekonstruktivisten, insofern keine Regeln vorgegeben sind und es auf die jeweils individuelle Interpretation ankommt. Reed bringt dies auf geniale Weise mit dem Wesen der Mündlichkeit in Zusammenhang, die zur - einmaligen - schriftlichen Fixierung gelangen kann, damit aber ihren ursprünglichen Charakter verliert. Durch den Bezug auf Aton und Osiris bringt Reed das Verhältnis von Mündlichkeit und Schriftlichkeit in Analogie zu dem Verhältnis von Bewußtsein und Unterbewußtsein - worauf hier nicht näher eingegangen werden konnte - und zu dem von Apollinischem und Dionysischem im Sinne Nietzsches. Damit stellt er dieses Verhältnis in einen geistesgeschichtlichen Zusammenhang, der denjenigen, den die "Black Aesthetic" soweit zu entwickeln vermochte, an Überzeugungskraft auf alle Fälle übertrifft.

Dies bedeutet keineswegs, daß *Mumbo Jumbo* oder das übrige nach dem Konzept des "Neo-Hoodooismus" entworfene Romanwerk immer völlig zu überzeugen vermag. Es ist, worauf verwiesen wurde, zu sehr ideologisch befrachtet. Ihrer vielfältigen Handlungen wegen sind die Romane Reeds immer spannend. Die Charakterzeichnungen kommen dabei allerdings zu kurz. Seine Figuren sind fast ausschließlich Typen, wozu noch die Schwierigkeit kommt, daß oft mehrere Typen in einer Figur zusammentreffen. Ein Zuviel an abstrakten Vorstellungen soll in die fiktive Konkretisierung eingebracht werden.

Zu dem experimentellen Charakter der Romane Reeds gehört, daß mit historischen Fakten, mit Mythen, mit Literatur sowie mit den Formen der verschiedensten Medien spielerisch umgegangen wird. In seinem ersten Roman parodierte er die Horatio Alger-Erfolgsgeschichte, in seinem zweiten nicht nur die Literatur des Wilden Westens, sondern auch den Westerner Film. *Mumbo Jumbo* parodierte den Detektivroman und schrieb Weltgeschichte neu als einen Mythos von Aton und Osiris. In seinem nächsten Roman, *The Last Days of Louisiana Red*, interpretiert er nicht nur die Geschichte Antigones um - Sophokles ließ den Chor nicht genug zu Wort kommen! -, sondern auch die von Richard Wrights *Native Son*. Mit Louisiana Red und Cato in *Flight to Canada* erregt er den Ärger der Vertreter der neuen "Schwarzen Ästhetik", da er auch die negativen Seiten der schwarzen "Seele" zeigt.

Als höchst komplex erweist sich die Struktur des zuletzt genannten Romans, wenn er nicht nur die "slave narrative" parodiert und eine dieser autobiographischen Berichte von Sklaven als Quelle für Harriet Beecher Stowes *Uncle Tom's Cabin* rekonstruiert, sondern auch noch "The Raven" von Poe und König Artur mit seinem Camelot als Folie heranzieht. Das Spiel wird in den noch folgenden Romanen fast nur noch Routine. In *The Terrible Twos* und *The Terrible Threes* müssen Santa Claus - begleitet von Black Peter - und das christliche Weihnachtsfest als Opfer der Satire herhalten und muß Dickens' *Christmas Carol* es sich gefallen lassen, neu geschrieben zu werden. In *Reckless Eyeballing* wird Alice Walkers *The Color Purple* wie zuvor

Wrights Roman gemaßregelt. Peinlich wird hier besonders die Gleichsetzung von Feminismus und Faschismus.

Es gehörte zur "Neo-Hoodoo Ästhetik", daß jedes Werk eine neue Improvisation darstellte, die keinem vorgegebenen Muster folgte, sondern solche nur parodierte. In seinem Gedicht "The Neo-Hoodoo Aesthetic" beschreibt Reed zwei Rezepte und fragt dann: "Why do I call it 'Neo-Hoodoo Aesthetic'?" Die Antwort lautet: "The proportion of ingredients used depend upon the cook!"(26) Reed benutzt als "Koch" immer neue Zutaten, das Schema seiner Rezepte bleibt jedoch das gleiche; die Speise ist auf die Dauer nicht mehr so leicht bekömmlich. Reeds Experimente fanden keine nennenswerten Nachahmer. Seine "Neo-Hoodoo Ästhetik" machte keine Schule. Doch stellt sie eine interessante und geistreiche Variante im Spektrum der afroamerikanischen wie der experimentellen Erzählkunst im allgemeinen dar.

Literatur

Zitiert nach: *Yellow Back Radio Broke-Down*, Chatham, NJ, 1975; *Mumbo Jumbo*, New York, 1978 (Bard Book); *New and Collected Poems*, New York, 1988.
Weiteres wichtiges Werk: *Shrovetide in New Orleans*, New York, 1978.

Sekundärliteratur:
Henry Louiś Gates, Jr., "The 'Blackness of Blackness': A Critique of the Sign and the Signifying Monkey," *Black Literature and Literary Theory*, New York, 1984, 285-321.
Günter Lenz, "'Making Our Own Future Text': Neo-HooDooism, Postmodernism, and the Novels of Ishmael Reed," *Theorie und Praxis im Erzählen des 19. und 20.Jahrhunderts*, hg. W.Herget u.a., Tübingen, 1986, 323-344.
Robert Elliot Fox, *Conscientious Sorcerers*, siehe unter LeRoi Jones.
Reginald Martin, *Ishmael Reed and the New Black Aesthetic Critics*, New York, 1988.

Weitere afroamerikanische Erzähler

Die Zukunft der afroamerikanischen Erzählkunst wird kaum in ihren experimentellen Varianten liegen. Nach ihren Erfolgen hat sich die Virulenz der Bürgerrechtsbewegung im Laufe der siebziger Jahre weitgehend gelegt. Danach dürfte auch dem Protestroman keine weitere Entwicklung beschieden sein. Die Geschichte der schwarzen Bevölkerung und deren Bedeutung für die Bestimmung ihrer Eigenheit in der Situation der Gegenwart bleibt aber weiterhin das entscheidende Thema der afroamerikanischen Erzählkunst. Zur Gestaltung ihrer Thematik vermag sie sich der ganzen Breite der geschichtlich entfalteten Formen ihres Mediums zu bedienen. Ihr besonderes Kennzeichen gewinnt sie nach dem Vorbild von Ellison und Baldwin durch die Aufnahme der reichen mündlichen Überlieferung und durch die Problematik der "double consciousness", ihr durch das Verhältnis der Minorität zur Majorität bestimmtes Bewußtsein.

Neben den im Norden geborenen - oder zumindest dort aufgewachsenen - Autoren treten seit den sechziger Jahren auch solche in den Vordergrund, die nicht nur aus dem Süden stammen, sondern diesen auch weiterhin als ihre Heimat betrachten. Dazu gehört vor allem Ernest J.Gaines, der dementsprechend auch nicht nur als afroamerikanischer, sondern mit gleicher Berechtigung als Erzähler des Südens betrachtet werden kann.

Ernest J.Gaines, geb.1933

Gaines war 1933 auf einer Plantage in der Nähe von New Roads im südlichen, stark von den durch die Engländer aus Kanada vertriebenen Franzosen, den Cajuns, geprägten Louisiana geboren. Er studierte an der San Francisco State und der Stanford University. Heute lehrt er die eine Hälfte des Jahres an der Universität in San Francisco, die andere an der University of Southern Louisiana in Lafayette in der Nähe seines Geburtsortes. Nach vergeblichen Versuchen, seine Erfahrung in Künstlerkreisen Kaliforniens literarisch zu verarbeiten, fand er das Thema seiner Erzählungen und Romane in der Geschichte der Landschaft und Gesellschaft seiner Herkunft, inspiriert vor allem durch eine schwer behinderte Tante, der er in der Erzählerin und Heldin von *The Autobiography of Miss Jane Pittman* ein Denkmal setzte. New Roads wurde in seinen Erzählungen und Romanen zu Bayonne und dem umliegenden "Luzana". Gaines fand damit seine fiktive Welt wie Walker Percy die seine in Feliciana bei New Orleans oder Faulkner die seine in Yoknapatawpha. Gaines' Landschaft ist die der Baumwoll- und Zuckerrohrplantagen inmitten der Bayous des "Deep South". Die Darstellung des Schicksals der schwarzen Bevölkerung erfolgt auf dem Hintergrund einer differenzierten gesellschaftlichen Struktur, in der die alte Oberschicht der weißen Plantagenbesitzer im Begriff ist, ihre Macht an die bis dahin wirtschaftlich schwachen Cajuns zu verlieren, und in der die Kreolen, Mischlinge teils französischer Abkunft, eine gesonderte Rolle spielen. Im Mittelpunkt der Darstellung steht das Leid der schwarzen Sklaven und ihrer Nachkommen, ihr Ringen, auch unter erniedrigendsten Bedingungen ihre Würde zu wahren und im Widerstand gegen ihre Unterdrücker zu neuer Selbstbestimmung zu finden. Die literarischen Vorbilder sind für Gaines kaum seine Vorgänger in der afroamerikanischen Erzählkunst, sondern die russischen Erzähler - Tolstoi, Tschechow und Turgenjew -, vor allem aber James Joyce und William Faulkner. Wie Ellison und Baldwin verleiht er seinem Schaffen die besondere Note durch das Ausschöpfen der folkloristischen Überlieferung seiner ethnischen Herkunft.

Die Reihe von Gaines' Veröffentlichungen beginnt mit Kurzgeschichten, von denen etwa "The Sky in Gray" oder "Just like a Tree", beide 1963, hervorzuheben sind und die 1968 in *Bloodline* gesammelt erschienen. Das Romanschaffen setzte ein mit *Catherine Carminer*, 1964, und *Of Love and Dust*, 1967, und fand seinen bisherigen Höhepunkt in *The Autobiography of Miss Jane Pittman*.

The Autobiography of Miss Jane Pittman, 1971

Einen Höhepunkt im Schaffen Gaines' bildet der Roman insofern, als es ihm gelingt, die Geschichte der schwarzen Bevölkerung Amerikas vom Bürgerkrieg bis zur Bürgerrechtsbewegung zur Zeit seiner Entstehung in konkretem individuellem Geschehen aus der Perspektive der hundertzehnjährigen Jane Pittman darzustellen, die einem weißen Reporter gestattet, ihre Lebensgeschichte auf Tonband aufzunehmen.

(Schon Thomas Berger hatte Jack Crabb, einen Überlebenden von Custers Niederlage in der Schlacht am Little Bighorn die Geschichte einer Gefangenschaft bei den Indianern in *Little Big Man*, 1964, als Hundertelfjährigen auf ein Band diktieren lassen.) Die Erzählerin selbst erscheint in Gaines' Roman als legendäre Figur, die zu Recht mit Faulkners Dilsey aus *The Sound and the Fury* verglichen wurde und wie diese ihre Größe und ihre Würde im Erleiden und im Überwinden aller Erniedrigungen zeigt. In Anbetracht ihres Alters ist die Erzählerin auf die Hilfe von Freunden angewiesen, wenn sie sich nicht mehr an alle Details der Vergangenheit erinnern kann. Doch der Reporter reduziert als Herausgeber des Tonbandes das Übermittelte auf die Stimme Janes. In der Kennzeichnung des Erzählten als Tonbandaufnahme bleibt die Fiktion der mündlichen Überlieferung erhalten. Die Erzählsituation entspricht derjenigen der Berichte freigelassener und geflüchteter Sklaven, die Weißen diktiert wurden und die Gaines als Muster für seinen Roman studierte. Als weitere Parallele ergibt sich diejenige zu Mark Twains *Huckleberry Finn*, insofern die jeweiligen Helden ihre Geschichte in ihrer Sprache wiedergeben. In idealer Weise, könnte man meinen, vereinen sich dabei die Tradition des mündlichen Erzählens der schwarzen Bevölkerung und die der humoristischen Geschichte des Südwestens, aus der Mark Twain seine umgangssprachliche Erzählweise übernommen hatte. Doch hier bedarf es einer Einschränkung: Obwohl Miss Janes Erzählung in der Kritik bereits mehrfach als "idiomatisch präziser Bericht" (so Zacharasiewicz 210) bezeichnet wurde, spricht doch zu oft der Autor, der die historischen Dokumente studiert hat, mit ihrer Stimme, um seine Geschichte wirklichkeitsnah gestalten zu können. Miss Jane beruft sich auf Frederick Douglass, wenn sie dafür plädiert, daß dem Süden eine Chance gegeben werde, und formuliert ihre Argumente wie Martin Luther King, wenn sie sich im Sinne der Bürgerrechtsbewegung ausspricht. Das Idiom der Umgangssprache in Aussprache (bzw. Schreibung) und Grammatik bleibt dabei Äußerlichkeit. Die Gedanken sind die des Autors als Historiker. Der Vorstellung des Historikers entspricht auch die Auswahl der signifikanten Ereignisse in der Geschichte der Zeit. Sie folgt der etablierten Geschichtsschreibung, nicht dem individuellen Erleben der Person und ihrer Angehörigen.

Trotz der Einschränkungen, die in bezug auf die Handhabung der Erzählperspektive zu machen sind, überzeugt der Bericht durch die Persönlichkeit, als die die Erzählerin darin erscheint. Als Persönlichkeit erweist sie sich als Elf- oder Zwölfjährige gleich zu Beginn, wenn sie auf dem Namen beharrt, den ihr ein Unionssoldat gab, und dafür eine barbarische Auspeitschung seitens ihres Herren und ihrer Herrin erdulden mußte, die sie für den Rest ihres Lebens zeichnet. Auf der Flucht nach dem Norden nimmt sie sich des nur ein Jahr jüngeren Ned an, mit dem sie ein Massaker allein überlebte. Später heiratet sie Joe Pittman, einen Witwer, um seine zwei Töchter zu versorgen. Als sie um das Leben ihres Mannes bangt, entwickelt dieser eine Philosophie, nach der sie leben: "Now, little mama, man come here to die, didn't he? That's the contract he signed when he was born - 'I hereby degree that one of these days I'm go'n lay down these old bones.' Now, all he can do while he's here is do something and do that thing good.[...] That's what life's about, doing it good as you can. When the time come for them to lay you in that long black hole, they can say one thing: 'He did it good as he could.' That's the best thing you can say for a man. Horse breaker or yard sweeper, let them say the poor boy did it good as he could"(89).

Nach dem Tode ihres Mannes kehrt Ned, der Jane nach ihrer Heirat verlassen hatte, zurück. Er möchte seine schwarzen Brüder nicht wie Booker T.Wshington als tüchtige, aber untergeordnete Mitglieder der Gesellschaft, sondern als gleichberechtigte Teilhaber dieser Gesellschaft heranbilden. Jane warnt ihn vergeblich vor der damit verbundenen Gefahr. Sie ist aber nicht in der Lage zu verhindern, daß er erschossen wird. Das gleiche geschieht mit Jimmy, dessen sie sich annimmt. Aber sie erkennt, daß es eines Führers bedarf, der trotz der Widerstände im eigenen Volk bereit ist, sich für die diesem zustehenden Rechte einzusetzen: "They want you, Jimmy," sagt sie, in seiner Abwesenheit vor sich hinsprechend, "but now you here they don't understand nothing you telling them. You see, Jimmy, they want you to cure the ache but they want you to do it and don't give them pain. And the worse pain, Jimmy, you can inflict is what you doing now - that's trying to make them see they good as the other man. You see, Jimmy, they been told from the cradle they wasn't - that they wasn't much better than the mule. You keep telling them this over and over, for hundreds and hundreds of years, they start thinking that way. The curtain, Jimmy, the quilt, the veil, the buzzing, buzzing, buzzing - two days, a few hours, to clear all this away, Jimmy, is not enough time. How long will it take? How could I know? He works in mysterious ways, wonders to perform"(234f.). Miss Jane steht das Leiden ihres Volkes nicht nur durch - Faulkners "enduring" -, sondern sie lernt auch, für dessen Rechte zu kämpfen. Das macht sie zu der bewunderungswürdigen Persönlichkeit des erzählten Geschehens und zu dessen glaubwürdigem Erzähler. Der Roman zeigt die Stärke des Volkes, dessen Geschichte er schreibt, ohne falsche Idealisierung; er zeigt diese Stärke aber auch ohne Haß. Das ist es aber gerade, was bei den Kritikern von seiten der "schwarzen Ästhetik" Anstoß erregte. Ihnen fehlte die uneingeschränkte Verurteilung der Unterdrücker; dafür fanden sie zu viel an Verstrickungen der schwarzen Charaktere in eigene Schuld.

Dennoch wurde *The Autobiography of Miss Jane Pittman* zu einem großen Erfolg bei den Lesern. Von seiner 1973 erschienenen Filmversion kann sogar gesagt werden, daß sie Geschichte machte, insofern sie der Verfilmung schwarzer Themen in Hollywood zum Durchbruch verhalf und Schrittmacherdienste für die Verfilmung von Alex Haleys *Roots* von 1976 in einer zwölfteiligen Fernsehserie leistete. Die Verfilmung von Gaines' Roman gab allerdings auch Anlaß zur Kritik, insofern ihm vorgeworfen werden konnte, in dem Verhältnis des Reporters zu Miss Jane eine Art Versöhnung angestrebt zu haben, die nicht der Würde des Kampfes, um den es für die schwarze Bevölkerung ging, entsprach. Gaines war mit *The Autobiography* der vor allen seinen Zeitgenossen anerkannte afroamerikanische Erzähler, was sich auch auf die Aufnahme seiner nächsten Romane auswirken sollte.

Bei diesen seinen bisher letzten beiden Romanen handelt es sich um *My Father's House*, 1978, und *The Gathering of Old Men*, 1983. In *My Father's House*, dem weniger erfolgreichen dieser beiden Romane, benutzt Gaines die ihm nicht sonderlich liegende Er-Erzählweise. Der Roman spiegelt seine Enttäuschungen über den Verlauf der Bürgerrechtsbewegung und die Korruptionsfälle in ihren Reihen wieder. Es ist auch der einzige Roman, der nicht in Bayonne und seiner näheren Umgebung, sondern in Baton Rouge spielt. Der bisher letzte Roman kehrt räumlich wieder nach Bayonne, technisch zur Innenperspektive zurück. Aus der Sicht von insgesamt fünfzehn Personen unterschiedlicher rassischer Herkunft wird ein komplexes

Geschehen wiedergegeben, das zu einer Selbstreinigung führt, die aus der dadurch gewonnenen neuen Identität zuversichtlicher in die Zukunft blicken läßt. Gaines führt mit diesem Roman wie mit seinem gesamten Erzählwerk die afroamerikanische Erzählkunst auf keinen besonders neuartigen Weg, aber doch in gekonnter Weise fort.

Literatur

Zitiert nach: *The Autobiography of Miss Jane Pittman*, New York, 1971.

Sekundärliteratur:
Siehe S.22, W.Zacharasiewiecz, 202-215; S.177, K.Byerman, 41-103, und P.Bruck u.W.Karrer, 219-235. Ferner:
Jack Hicks, *In the Singer's Temple: Prose Fictions of Barthelme, Gaines, Brautigan, Percy, Kesey, and Kosinski*, Chapel Hill, 1981, 83-137.
Callaloo, I,3, May 1978, *Ernest Gaines: A Special Issue*, 1-138.

Toni Morrison, geb.1931

Obwohl älter als die bisher behandelten experimentellen Erzähler und als Ernest J.Gaines trat Toni Morrison erst später als diese mit ihren Romanen vor die Öffentlichkeit. 1931 als Cloe Anthony Wofford in Lorrain am Erie-See geboren, studierte sie an der Howard und der Cornell University und lehrte anschließend an der Texas Southern University und von 1957 bis 1965 an der Howard University. Während ihrer Lehrtätigkeit in Washington war sie verheiratet und war Mutter von zwei Söhnen geworden. Erst während ihrer anschließenden Tätigkeit als Verlagslektorin wandte sie sich der Erzählkunst zu. Ihr erster Roman, *The Bluest Eye*, erschien 1970. Ihm folgte 1974 *Sula*. Doch erst mit *Song of Solomon*, 1977, gelang ihr der Durchbruch zur Anerkennung als einer der bedeutenden amerikanischen Erzähler ihrer Zeit. Nach *Tar Baby*, 1981, erschien 1987 *Beloved*, ihr bisher letzter Roman, für den sie mit dem Pulitzer Preis des folgenden Jahres ausgezeichnet wurde. Neben der Erziehung ihrer beiden Söhne widmete sie sich während dieser Zeit wieder gastweise an verschiedenen Universitäten der Lehrtätigkeit.

Seit der Veröffentlichung von *Song of Solomon* dürfte sie Ernest J.Gaines als den bei Lesern wie Kritikern in höchstem Ansehen stehenden afroamerikanischen Erzähler abgelöst haben. Dies gilt, obwohl eine Reihe von Kritikern ihr die mit diesem Roman einsetzende Abweichung von dem Realismus ihrer beiden ersten Romane zum Vorwurf macht. Entscheidend für die Einschätzung ihres Werkes dürfte ihr engagierter Einsatz für die Bürgerrechtsbewegung sein. "The work must be political," erklärt sie. "It must have that as its thrust.[...] The best art is political and you ought to be able to make it unquestionably political and irrevocably beautiful at the same time"(Evans 344f.). Damit bekennt sie sich explizit zu den Forderungen der "schwarzen Ästhetik". Entscheidend für ihr Ansehen dürfte aber auch ihr Eintreten für die Frauenbewegung gewesen sein. In ihren Romanen zeigt sie nicht nur die Leiden der in der amerikanischen Gesellschaft benachteiligten Schwarzen, sondern auch die der unter den sozioökonomischen Bedingungen benachteiligten Frauen.

In *The Bluest Eye*, ihrem ersten Roman, zeigt Morrison, wie die nicht gerade schöne Pecola Breedlove daran zugrunde geht, daß sie keine blauen Augen und kein blondes Haar haben kann wie die weißen Mädchen. Sie scheitert, weil sie als Schwarze nicht in der Lage ist, das durch die Kultur der Weißen bestimmte Schönheitsideal der Gesellschaft zu erfüllen. Es ist aber auch ihre Schwäche, sich nicht das Erbe ihrer schwarzen Herkunft zu eigen zu machen. *The Bluest Eye* wendet sich damit aber nicht nur gegen ein von der weißen Gesellschaft bestimmtes Ideal, sondern auch dagegen, daß Schönheit überhaupt den Wert einer Frau bestimmen sollte. Der Roman kann damit auch als Hauptquelle für die Bewegung gegen das, was später als "Lookism" bezeichnet wurde, gesehen werden. Die Entwicklung Pecolas wird dadurch kompliziert, daß sie von ihrem Vater vergewaltigt wird. Darauf kann hier nicht weiter eingegangen werden. Doch soviel sei gesagt, daß es als Zeichen dafür gelten kann, daß Morrison nicht nur Schwarz-Weiß-Malerei betreibt, sondern auch die schuldhafte Verquickung Schwarzer bloßstellt, wenn diese auch in einer gesellschaftlichen Situation erst möglich wird, für die die Weißen verantwortlich zeichnen.

Kann das Scheitern Pecolas in *The Bluest Eye* noch als Versagen einer schwachen Persönlichkeit betrachtet werden, so wird das Fehlverhalten der Personen in den späteren Romanen oft genug zu einem tragischen Schuldigwerden. Morrison nimmt damit das Ringen um Selbstfindung in dem Sinne auf, wie es Baldwin in *Go Tell It on the Mountain* bereits aufgezeigt hatte. Sie wird dabei als Autorin wie dieser zum "Zeugen": "My attempt, although I never say any of this, until I'm done [...] is to deal with something that is nagging me, but, when I think about it in a large sense, I use the phrase 'bear witness' to explain what my work is for"(nach Samuels, Hudson-Weems 139). Wie Baldwin bezeugt sie, was die von ihr imaginierten Figuren ihr über die Situationen zu sagen haben, in die sie sie stellt, und was ihr und den Lesern bislang entgangen sein könnte.

Wie bei Baldwin und anderen afroamerikanischen Erzählern kann bei Morrison - so bei Samuel und Hudson-Weems - die Identitätsfindung im existentialistischen Sinne als fortdauernde und nie zu Ende kommende Selbstbestimmung verstanden werden. Ihren besonderen Akzent erhält sie bei Morrison dadurch, daß sie sich in dem Prozeß von den durch die weiße oder angepaßte schwarze Gesellschaft vorgegebenen Mustern zu befreien hat. Zur tragischen Verquickung kommt es dabei, wenn dadurch die Rechte des Nächsten verletzt werden. Ein Beispiel dafür ist die Titelheldin des zweiten ihrer Romane *Sula*. Sula wächst als Außenseiterin der schwarzen Gemeinde im "Bottom" von Medallion auf und folgt allein dem Gesetz ihrer Selbstverwirklichung. Sie umschreibt ihre Situation im Bilde der Spinne und ihres Netzes: "Now Nel [ihre beste Freundin, die sich dem Gesetz der Gemeinschaft angepaßt hatte] was one of *them*. One of the spiders whose only thought was the next rung of the web, who dangled in dark dry places suspended by their own spittle, more terrified of the free fall than the snake's breath below. Their eyes so intent on the wayward stranger who trips into the net, they were blind to the cobald of their own backs, the moonshine fighting to pierce their corners. If they were touched by the snake's breath, however fatal, they were merely victims and knew how to behave in that role (just as Nel knew how to behave as the wronged wife). But the free fall, oh no, that required - demanded - invention: [...] most of all a full surrender to the downward flight if they wished to taste their tongues or stay alive. But alive was what they, and now Nel, did not want to be. Too dangerous. Now Nel belonged to the town and all of its ways. She had given herself over to them, and the flick of their tongues would drive her back into the little dry corner where she would cling to her spittle high above the breath of the snake and the fall"(120). Sula ist bereit, in den Abgrund zu stürzen und dem Bösen zu begegnen. Dadurch macht sie sich aber auch schuldig, wenn sie den Mann ihrer besten Freundin verführt und damit deren Selbstbewußtsein zerstört.

In einen umfassenderen Kontext stellt Toni Morrison die Problematik der Selbstfindung in

Song of Solomon, 1977.

Wie durch *The Autobiography of Miss Jane Pittman* von Gaines wird dabei ein Zeitraum erfaßt, der bis in die Zeit der Sklaverei zurückreicht.
Im Mittelpunkt des Geschehens steht Macon Dead III, genannt Milkman, Sohn einer wohl situierten Familie Schwarzer in einer Stadt am Lake Superior. Die realistisch psychologische Studie seiner Selbstfindung wird zur Bereicherung und Vertiefung der symbolischen und mythologischen Bedeutung durch das Heranziehen von Träumen und das Erzählen übernatürlicher Ereignisse ergänzt. Eingeleitet wird der Roman durch eine symbolische Handlung: Mr.Robert Smith, der Vertreter einer Lebensversicherungsgesellschaft, kündigt an, am 18.Februar 1931 mit selbstgemachten Flügeln von Michigan aus den See zu überqueren. Er springt von der Kuppel des Krankenhauses und stürzt tot zur Erde nieder. Ruth Foster Dead, die dem Ereignis beiwohnte, kommt vorzeitig mit einem Sohn nieder. Diesen stillt sie bis zu seinem vierten Lebensjahr, woraufhin man ihm den Beinamen Milkman gab. Mit vier Jahren lernt Milkman - wie Mr.Smith vor ihm -, daß nur Vögel und Flugzeuge fliegen können(15). Doch am Ende des Romans erfährt er, daß sein Urgroßvater Solomon von einem Felsen in den Blue Mountains aus nach Afrika geflogen sei. Seine Frau und seine einundzwanzig Söhne habe er zurückgelassen. Der realistisch geschilderte Flugversuch Mr.Smiths wird durch die phantastische Erzählung von dem Flug Solomons ergänzt. Die Lehre, die Milkman daraus zieht, formuliert der letzte Satz des Romans: "If you could surrender to the air, you could *ride* it"(336): Die Wirklichkeit muß angenommen werden, um sie zu meistern.

Ein weiteres wichtiges Symbol kann in dem Titel des Romans gesehen werden. Auf der Suche nach seiner Bestimmung erkundet Milkman die Geschichte der Familie seines Vaters. In Shalimar in Virginia erfährt er, daß sein Urgroßvater den Namen Solomon trug und - wie bereits erwähnt - nach Afrika zurückgeflogen sei. Der Felsen, von dem er abgesprungen sein soll, wurde nach ihm benannt. Ryna, die Frau, die er mit den Kindern hinterließ, "screamed out loud for days"(322) und verlor den Verstand. Die Schlucht, in der sie klagte, wurde nach ihr "Ryna's Gulch" benannt. Die Geschichte der Menschen hat sich mit den Orten verbunden, an denen sie lebten. Indem sie zu den Orten, denen ihre Vorfahren Bedeutung verliehen hatten, zurückkehren, finden die Nachkommen ihre Identität; sie gewinnen sie nicht in Nachahmung der weißen Gesellschaft, in der sie zu Erfolg zu gelangen versuchen.

Zur Geschichte von Solomons Flug gehört, daß er einen seiner Söhne mitzunehmen versuchte, ihn aber im Flug fallen ließ. Dieser Sohn, Jake, war von Heddy Byrd, einer Frau zumindest teilweise indianischer Herkunft, gefunden und aufgezogen worden. Jake und Sing, die Tochter Heddys, sind die Großeltern Milkmans. Sie waren nach Pennsylvanien gezogen, hatten dort in Danville eine Farm erworben und waren zu bescheidenem Wohlstand gelangt. Doch Sing starb bei der Geburt ihres zweiten Kindes, ihrer Tochter Pilate. Jake war vier Jahre später von Weißen, die seine Farm für sich beanspruchten, erschossen worden. Die Erlebnisse seiner Kinder Pilate und Macon Dead II, verlieren sich alsdann im Phantastischen: Die beiden verstecken sich in einer Höhle, in der sie einen Weißen, der sie bedroht hatte, getötet zu haben meinen. Sie finden dort drei mit Gold gefüllte Säcke. Doch die Kinder werden getrennt, und Macon glaubt, seine Schwester habe das Gold an sich genommen. Pilate glaubt später, ihr Vater habe sie beauftragt, die Knochen des ermordeten Weißen einzusammeln. Sie kehrt zu der Höhle zurück und liest die Knochen auf, die sie dort findet. Milkman sucht nach mehr als dreißig Jahren die Höhle in der Hoffnung auf, das Gold zu finden, das sein Vater dort gesehen haben will und das Pilate nicht mitgenommen zu haben scheint. Er findet in der Höhle zwar nicht Gold, erfährt aber, daß die Knochen, die Pilate mitnahm, die seines ermordeten Großvaters sind. Der Goldschatz, der mysteriöse Mord, die in die Höhle gespülten Knochen des Großvaters gehören zu den nichtrealistischen Elementen, die für eine Reihe von Kritikern den Roman mit Recht unglaubwürdig werden lassen. Es hätte dieser Zutaten nicht bedurft, um die Aussage des Romans zu verdeutlichen. Worum es geht, ist zu zeigen, daß nicht Besitz oder das durch Geld und Gold erworbene Ansehen zählt, sondern die Annahme der eigenen Herkunft und der durch sie bedingten gegenwärtigen Wirklichkeit. Macon Dead II lehrt seinen Sohn: "Let me tell you right now the one important thing you'll ever need to know: Own things. And let the things own other things. Then you'll own yourself and other people too"(59). Milkman wird mit dieser Art von Philosophie nicht glücklich. In Virginia, wo er auf die Spuren seiner Herkunft stößt, gelangt er zu einer besseren Einsicht: "His watch and his two hundred dollars would be of no help out here, where all a man had was what he was born with, or had learn to use. And endurance"(278). Um diese Einsicht zu vermitteln, bedurfte es nicht der sonderlichen Erlebnisse in der Höhle.

Morrison bedient sich in *Song of Solomon* eines allwissenden Erzählers, beschränkt sich jedoch über weite Strecken hin auf die Perspektive der einen oder anderen an dem Geschehen beteiligten Personen. Die im Mittelpunkt stehende Geschichte Milkmans beginnt mit seiner Geburt an dem Tag des tödlich endenden Flugversuches von Mr. Smith. Die zweite Hälfte des Romans beschreibt Milkmans Reise in den Süden auf der Suche nach seiner Herkunft. Während Gaines in *The Autobiography* sich der alten Erzählerin bedient, deren Erinnerungen in die Zeit der Sklaverei zurückreichen, um eine über hundert Jahre sich erstreckende Geschichte in mehr oder weniger chronologischer Folge erzählen zu können, erschließt Toni Morrison in *Song of Solomon* die Vergangenheit so, wie die in der Gegenwart Lebenden sie in Erfahrung bringen und sie sich gegenseitig mitteilen. Morrisons Technik erlaubt es, eine größere Vielfalt der Möglichkeiten, auf das Erbe zu reagieren, darzustellen. Zwischen oft entgegengesetzten Möglichkeiten bleibt dabei die Frage nach dem richtigen Handeln, nach der angemessenen Reaktion offen.

Eines der Gegensatzpaare des Romans bilden Milkman und sein Freund Guitar. Guitars Mutter wird mit ihren vier Kindern von Milkmans Vater aus ihrer Wohnung vertrieben, weil sie die Miete nicht zahlen kann. Guitar schließt sich daraufhin der Seven Days Society an, die geschworen hat, für jeden Schwarzen, der von Weißen ermordet wurde, einen Weißen zu töten. Er glaubt, dies tun zu können, nicht weil er die Weißen haßt, sondern weil er sein Volk liebt. Milkman hält Guitar für verwirrt in seinen Ansichten. Er meint, "Guitar could kill, would kill, and probably had killed. The Seven Days was the consequence of this ability, but not its origin"(210). Dies ist eine deutliche Aussage zugunsten der Gewaltlosigkeit. Am Ende ermordet Guitar Pilate und versucht, auch seinen Freund zu töten, da er - nun von Sinnen - glaubt, daß Pilate und Milkman im Besitz des Goldes seien, das in der Höhle verborgen gewesen sein soll. Von Milkman heißt es, "that he didn't concern himself an aweful lot about other people.[...] The racial problems that consumed Guitar were the most boring of all"(110). Von keiner der beiden Haltungen wird gesagt, daß sie die richtige sei.

Ein anderes Gegensatzpaar bilden die beiden Großväter Milkmans. Dr.Foster, der Vater seiner Mutter, war zu seiner Zeit der einzige schwarze Doktor der Stadt. Als er in ein vornehmes Haus am Rande des Wohngebietes der Weißen zog, "his patients took to calling the street [...] Doctor Street"(9). Die Schwarzen verehrten ihn, doch: "He didn't give a damn about them, though. Called them cannibals"(74). Sein Ziel war es - zumindest für seine Tochter - die Rassenschranke zu überschreiten und als Weißer anerkannt zu werden. Sein Gegenbild ist Jake: "He had come out of nowhere, as ignorant as a hammer and broke as a convict with nothing but free papers, a Bible and a pretty black-haired wife, and in one year he'd leased ten acres, the next ten more. Sixteen years later he had one of the best farms in Montour County. A farm that colored their lives like a paintbrush and spoke to them like a sermon. 'You see?' the farms said to them.[...] Here, this, is what a man can do if he puts his mind to it and his back in it.[...] We live here on this planet in this nation in this county right here. *No*where else! We got a home in this rock, don't you see! nobody starving in my home nobody crying in my home, and if I got a home you got one too! Grab it. Grab this land! [...] Pass it on!'"(236f.). In Danville erinnert man sich noch seiner. Er hatte den anderen Schwarzen geholfen, ihr Selbstvertrauen zu gewinnen.

Einen weiteren Gegensatz zeichnet Morrison in Pilate und Ruth, Milkmans Tante und seiner Mutter. "They were so different, these two women. One black, the other lemonly. One corseted, the other buck naked under her dress. One well read but ill traveled. The other had read only a geography book, but had been from one end of the country to another. One wholly dependent on money for life, the other indifferent to it"(140). Die beiden Frauen bilden das weibliche Pendant zu dem Gegensatz der beiden Großväter. Wie bei dem Urgroßvater mit seinem Flug mythische Dimensionen angesprochen werden, so auch bei Pilate. Sie soll keinen Nabel besitzen, ein Bezug auf die Braut im Hohenlied, dem biblischen *Song of Solomon* (4,7), den James Joyce in das Proteuskapitel seines *Ulysses* aufgenommen hatte, wo die Rede ist von: "Creation from nothing.[...] Spouse and helpmate of Adam Kadmon: Heva, naked Eve. She had no navel. Gaze belly without blemish." Pilate wird damit zur Urmutter.

Milkman hat seinen eigenen Weg in der durch die Vielfalt von Möglichkeiten gekennzeichneten Welt zu finden. Die Abhängigkeit seiner Mutter und das Erfolgsstreben seines Vaters können ihn auf die Dauer nicht befriedigen und verunsichern ihn: "He wanted to escape what he knew, escape the implications of what he had been told. And all he knew in the world about the world was what other people had told him. He felt like a garbage pail for the actions and hatreds of other people. He himself did nothing. Except for the one time he had hit his father, he had never acted independently, and that act, his only one had brought unwanted knowledge too, as well as some responsibility for that knowledge"(122). Und später heißt es: "Deep down in that pocket where his heart hid he felt used. Somehow everybody was using him for something or as something. Working out some scheme of their own on him, making him the subject of their dreams of wealth, or love, or martyrdom"(166). Als er auf der Suche nach seiner Herkunft nach Shalimar kommt, betrachten ihn die Bewohner zunächst nicht als einen der Ihren: "They looked at his skin and saw it was black as theirs, but they knew he had the heart of the white man who came to pick them up in the trucks when they needed anonymous, faceless laborers"(267). In dem Kampf, den sie mit ihm anzetteln, steht er seinen Mann. Als er seinen Wagen, seine Uhr und sein Geld zurückläßt, erfährt er, wie Ike McCaslin in Faulkners "The Bear", auf der Jagd nach dem Rotluchs seine Einweihung und wird von der schwarzen Gemeinde als einer der ihren anerkannt. Die Geschichte Milkmans wird damit zu einer Geschichte der Lösung von der Fremdbestimmung durch die kulturellen und materiellen Werte der Welt der Weißen und der Anerkennung der Zugehörigkeit zu der Gemeinschaft des schwarzen Volkes. Dessen eigene Werte bleiben allerdings weitgehend unbestimmt oder gekennzeichnet durch ihre Einbindung in den Kreislauf allen natürlichen Seins.

In ihrem nächsten Roman, *Tar Baby*, 1981, überträgt Toni Morrison die Problematik der Selbstfindung auch auf ein weißes Ehepaar. Im Mittelpunkt steht jedoch der Gegensatz zwischen Fremd- und Selbstbestimmung von Schwarzen oder - in diesem Falle angemessener - einer leicht braunen Frau und einem schwarzen Mann. Die Kritik verhielt sich gegenüber dem Roman weitgehend zurückhaltend. Aufsehen erregte erst wieder der nächste, als erster Teil einer Trilogie angekündigte Roman:

Beloved, 1987.

Das Aufsehen bestand vor allem in dem massiven Protest schwarzer Schriftsteller und Kritiker dagegen, daß *Beloved* nicht der National Book Award zuerkannt wurde. Die Verleihung des Pulitzer Preises 1988 wurde nicht als angemessener Ausgleich anerkannt. Doch fand der Roman auch keineswegs bei allen schwarzen Kritikern uneingeschränkte Anerkennung. Hier kann nur aufgezeigt werden, welche Qualitäten der er besitzt und welche Merkmale es verständlich erscheinen lassen, daß er nicht zur höchsten Anerkennung gelangte, die in den USA einem Roman zuteil werden kann.
Formal greift Morrison mit *Beloved* auf die "Slave Narrative" zurück. Direkte Quelle war für sie ein Bericht, den sie für *The Black Book*, eine Dokumentation der Leiden ihres Volkes, gesammelt, aber bei dessen Veröffentlichung ausgespart hatte. Diesem Bericht zufolge tötete eine Sklavin ihr Kind, um ihm das Schicksal der Sklaverei zu ersparen, das sie selbst zu erdulden hatte. Doch im Unterschied zu der Verarbeitung von "Slave Narratives" oder der Verwendung von deren Form in den Romanen von Styron, Reed oder Gaines ging es Morrison darum, das zur Sprache zu bringen, was wegen der Rücksichtnahme auf den Schreiber, dem die Erzählung diktiert wurde, oder auf den weißen Leser, dessen Anteilnahme angesprochen werden sollte, verschwiegen worden war. Dies ist ihr in einer einmaligen Weise gelungen. Nach ihrer eigenen Aussage entsprechen den zweihundert Jahren der Sklaverei in Amerika die Jahre des letzten Weltkrieges. In ihrer Darstellung erscheinen die Verbrechen der Sklaverei in ihrer grotesken Grausamkeit wie diejenigen der Kriegsromane von Mailer, Vonnegut, Heller oder Hawkes. Wie in diesen treiben sie die Betroffenen in den Wahnsinn. Im Unterschied zu ihnen wird jedoch auch ein Weg zur Heilung aufgezeigt.

Im Mitelpunkt steht das Schicksal der Sklavin Sethe. Sie arbeitete mehrere Jahre unter verhältnismäßig günstigen Umständen mit fünf männlichen Sklaven auf der Sweet Home Farm Mr.Garners, dessen "Vermögen" sie durch die Geburt von drei Kindern mit Halle, einem der Sklaven, vermehrte. Ihr Leben änderte sich grundlegend, als nach dem Tode ihres Herrn ein Schwager, "schoolteacher", das Regiment übernahm. Dieser läßt seine zwei Neffen Buch daüber führen, was an ihren Sklaven als menschlich, was als animalisch zu charakterisieren sei. Als Sethe davon erfährt, ist ihr Selbstbewußtsein zutiefst gestört. Mit den anderen Sklaven wollen Halle und sie sich den Mißhandlungen durch ihren neuen Herren durch Flucht entziehen. Bevor es dazu kommt, wird Sethe von den Neffen des "schoolteacher" mißhandelt, indem man ihren Brüsten die Milch, mit der sie ihre Tochter Beloved nährte, nimmt. Nach einem Versuch, sich bei der alten Herrin zu beschweren, wird die vor der Geburt ihres vierten Kindes stehende achtzehnjährige Frau von den Jungen auf die grausamste Weise ausgepeitscht. Ohne daß sie es weiß, wird ihr Mann Zeuge der Mißhandlung und verliert dabei seinen Verstand. Ihre drei Kinder hatte sie schon über den Ohio nach dem sklavenfreien Cincinatti zu Baby Suggs, der Mutter ihres Mannes, bringen lassen. Als sich Halle nicht an dem vereinbarten Ort einstellt, versucht Sethe, allein den Norden zu erreichen. Am Ende ihrer Kräfte hilft ihr ein weißes Mädchen, sich wieder aufzuraffen, unterstützt sie bei der Geburt ihres vierten Kindes, Denver, und ermöglicht ihr den Weg in die Freiheit. Trotz des Bangens um ihren Mann erlebt sie in 124 Bluestone Road, dem Haus ihrer von Halle durch Extraarbeit freigekauften Schwiegermutter, achtundzwanzig glückliche Tage. Dann aber erscheint der "schoolteacher" mit dem Sheriff, um - gemäß dem "Fugitive Law" - Anspruch auf sein "Eigentum" zu erheben. Als man das Tor zu dem Schuppen öffnet, in den Sethe geflüchtet war, ist sie dabei, sich und ihre Kinder umzubringen. Sie hatte bereits Beloved mit einer Handsäge die Kehle durchgeschnitten, als man sie daran hinderte, ihr Blutbad fortzusetzen. "Schoolteacher" muß unverrichteter Dinge zurückkehren. Sethe hat sich für den Mord an ihrem Kind vor dem Gesetz zu verantworten. Bald aus dem Gefängnis entlassen, wohnt sie mit den Kindern im Hause ihrer Schwiegermutter, von dem Geist der ermordeten Tochter heimgesucht und von der Gemeinde gemieden.

Aufgerollt wird das soweit umrissene Geschehen aus der Perspektive der Beteiligten, als achtzehn Jahre nach der Flucht, nämlich 1873, Paul D., der einzige Überlebende der fünf Sklaven von Sweet Home, in 124 Bluestone Road erscheint, den Geist des ermordeten Kindes vertreibt und versucht, Sethe dem Leben, aus dem sie sich zurückgezogen hatte, wieder zuzuführen. Doch in dem Augenblick, da ihm dies zu gelingen scheint, taucht eine junge Frau auf, in der Sethe ihre ermordete Tochter wiederzuerkennen glaubt. Paul D. erfährt von ihrem Verbrechen und zieht sich zurück. Sethe glaubt, ihr Vergehen an der ermordeten und nun wiedergefundenen Tochter rechtfertigen, aber auch gutmachen zu müssen. Denver erkennt, wie ihre Mutter dabei dem Wahnsinn verfällt und sieht sich nach Hilfe in der schwarzen Gemeinde um.

Wogegen Sethe sich aufbäumt, ist: "That anybody white could take your whole self for anything that came to mind. Not just work, kill, or maim you, but dirty you. Dirty you so bad you couldn't like yourself anymore. Dirty you so bad you forgot who you were and couldn't think it up. And though she and others lived through and got over it, she could never let it happen to her own. The best thing she was, was her children. White might dirty *her* alright, but not her best thing, her beautiful, magical best thing - the part of her that was clean[.[...] And no, nobody on this earth, would list her

daughter's characteristics on the animal side of the paper"(251). Die Verletzung ihrer Menschenwürde und die Furcht, daß die Würde ihrer noch unberührten Kinder in der gleichen Weise in den Schmutz getreten werden könnte, machen ihre entsetzliche Tat verständlich; doch sie ist damit nicht entschuldigt. Als sie sich nach ihrer Erniedrigung, ohne auf Halle zu warten, entschloß zu fliehen, hatte sie zu sich selbst gefunden. "I did it. I got all out. Without Halle too. Up till then it was the only thing I ever did on my own. Decided," erklärt sie Paul D. "But it was more than that. It was a kind of selfishness I never knew nothing about before. I felt good. Good and right"(162). Mit dem Entschluß zur Flucht fand sie zu sich. Ihre Selbstfindung wird mit der Flucht gleichzeitig zu einem Akt der Befreiung. Das Selbst, das sie mit ihrer Entscheidung zur Freiheit gewonnen hat, ist sie nicht bereit, wieder aufzugeben: "Well, all I'm saying is that's a selfish pleasure I never had before. I couldn't let all that go back to where it was, and I couldn't let her nor any of em live under schoolteacher. That was out"(163).

Ihre Entscheidung ist nicht nur Selbstfindung, sondern auch "selfishness". Wenn sie auch durch den Mord ihr Kind dem "schoolteacher" als "Eigentum" entzieht, so beansprucht sie es doch für sich als "Eigentum", als habe sie ein Recht, über es zu verfügen. Wie in den früheren Romanen - mit Ausnahme von *The Bluest Eye* - kommt es damit auch in *Beloved* zu einem tragischen Konflikt bei der Identitätsfindung, insofern sie das Recht des Anderen oder das der Gemeinde verletzt. Die Gemeinde ist es in ihrem Falle, die hilft, den bösen Geist, die Erinnye in Gestalt des zurückgekehrten toten Kindes zu vertreiben. "The best thing she was, was the children," hieß es. Doch derentwegen hatte sie sich auch für sich selbst entschieden. Darauf verweist sie Paul D., als er ihr am Ende seine Hilfe anbietet, einen Weg in die Zukunft zu finden: "You your best thing, Sethe. You are"(273).

Als Paul D. von Sethe erfuhr, daß sie ihr Kind getötet hatte, wandte er sich von ihr ab: "You got two feet, Sethe, not four"(165). Doch als ihm die Tragik ihrer Verstrickung aufgeht, kommt er wieder, ihr zu helfen, und will sie reinigen. "And count my feet?" fragt sie ihn nun. "Rub your feet"(272) antwortet er. Auf diese Weise hatte das weiße Mädchen sie auf ihrer Flucht ins Leben zurückgeholt. Mit Paul D. steht ihr jetzt die Zukunft wieder offen.

Der Ärger des Romans sind seine Geister, erst das rötlich zuckende Licht, das die Möbel verrückt, später das neunzehnjährige Mädchen, das sich im Hause als Beloved niederläßt. In einem Gespräch zwischen zwei Mitgliedern der Gemeinde sagt das eine dem anderen: "You know as well as I do that people who die bad don't stay in the ground"(188). Das Auftreten der Geister im Roman entspricht danach dem Glauben der schwarzen Bevölkerung. Der Geisterglaube ist für Morrison Teil der Kultur des "village", als das sie die Gemeinde der Schwarzen auch bezeichnet. Das Einbeziehen übernatürlichen Geschehens wäre damit ihre Sonderheit, schwarzes Erbe in der Erzählkunst nutzbar zu machen. Es bleibt jedoch fraglich, ob ihr das gelungen ist. Meisterhaft beherrscht sie die im Roman von Henry James, James Joyce oder William Faulkner entwickelten Erzähltechniken wie die Multiperspektivität oder den inneren Monolog. In deren Form wirken die Geister wie Fremdkörper. Ihre Einführung erscheint als Rückgriff auf überholte Darstellungsmittel psychologischer Vorgänge in einer Kunst, die dafür eine Reihe überzeugenderer Techniken entwickelt hat. Dies macht es verständlich, daß dem Roman nicht die höchste Anerkennung zuteil wurde. Trotz dieses Mangels darf der Roman nicht nur als eine eindrucksvolle Darstellung der

Sklaverei und ihrer Nachwirkungen betrachtet werden, sondern auch als eine gelungene Verbindung der Befreiung aus der Sklaverei mit der Selbstfindung und -bestimmung der Person. Der Leser dürfte auf die nächsten Bände, die mit der Ankündigung des Romans als erstem Teil einer Trilogie zu erwarten sind, gespannt sein.

Literatur

Zitiert nach: *Sula*, New York, 1973; *Song of Solomon*, London, 1980 (Panther Books); *Beloved*, London, 1987.

Sekundärliteratur:
Nellie Y.McKay, *Critical Essay on Toni Morrison*, Boston , 1988.
Terry Otten, *The Crime of Innocence in the Fiction of Toni Morrison*, Columbia, MO, 1989.
Wilfred D.Samuel u. Clenora Hudson-Weems, *Toni Morrison*, Boston, 1990.

Alice Walker, geb.1944

Im gleichen Jahr wie Toni Morrisons *The Bluest Eye* erschien der erste Roman der wesentlich jüngeren Alice Walker, *The Third Life of Grange Copeland*. Von beiden Autorinnen lagen 1991 fünf Bände Erzählkunst vor, von Alice Walker neben dem bereits genannten Werk zwei weitere Romane, *Meridian*, 1976, und *The Color Purple*, 1982, sowie zwei Sammlungen von Kurzgeschichten, *In Love and Trouble*, 1973, und *You Can't Keep a Good Woman Down*, 1981. Daneben erschienen bis zu diesem Zeitpunkt drei Bände Gedichte.

1944 in Eatonton, Georgia, als Kind einer Landarbeiterfamilie geboren, studierte Alice Walker an Hochschulen ihres Heimatstaates, engagierte sich anschließend in New York in der Bürgerrechtsbewegung, war von 1967 bis 1976 mit einem Anwalt der Bewegung verheiratet und lehrt seit der Veröffentlichung ihres ersten Gedichtbandes *Once*, 1968, als Gast an verschiedenen Universitäten des Landes. Ihr weiteres politisches Engagement bekundet sie vor allem als Mitarbeiterin und Mitherausgeberin der schwarzen politischen Vierteljahreszeitschrift *Freedomways* und der feministischen Monatszeitschrift *Ms*, die beide in San Francisco, ihrem Hauptwohnsitz, erscheinen.

Früher als Toni Morrison kam Alice Walker bereits 1983 durch die Verleihung des Pulitzer Preises für ihren dritten Roman zu literarischen Ehren. Zu dem ungewöhnlichen Erfolg des Romans trug seine Verfilmung wesentlich bei, aber auch die Heilsbotschaft, die viele Feministinnen in seiner Darstellung des Weges der Frau aus der völligen Abhängigkeit und Unterdrückung in der vom männlichen Geschlecht bestimmten Welt zur Befreiung und kreativen Selbstverwirklichung sahen. Walkers Roman stieß aber auch - selbst seitens der Feministinnen - auf Kritik, wenn die Lösung, die er anzubieten scheint, als Utopie oder Märchen eingeschätzt wird. In Anbetracht der gesellschaftspolitischen Diskussion über das Werk von Alice Walker tat sich die Kritik bisher schwer, dessen literarischen Wert zu bestimmen. Obwohl die Kritik auch in bezug auf Toni Morrison keineswegs zu einem Konsens über ihre Bedeutung gelangt ist, blieb die Stellung von Alice Walker in ungleich höherem Maße umstritten. Ansatzpunkt für die Kritik ist seit seinem Erscheinen ihr dritter Roman:

Alice Walker

The Color Purple, 1982.

The Color Purple ist ein Briefroman in der Tradition von Richardsons *Pamela* oder *Clarissa* und Goethes *Die Leiden des jungen Werthers*, wie sie in dem hier behandelten Zeitraum in Bellows *Herzog* und in John Barths *Letters* wieder aufgenommen wurde. Doch handelt es sich bei Walker um einen Briefroman besonderer Art. Celie, die Protagonistin, schreibt ihre Briefe an Gott. Eine Erklärung hierfür findet sich bereits in dem Satz, der dem ersten Brief vorangestellt und der keiner der Personen des Romans zugeordnet ist, aber als Warnung von Celies Stiefvater verstanden werden kann, daß sie über das, was er ihr angetan hat, zu keinem Menschen sprechen dürfte: "*You better never tell nobody but God. It'll kill your mammy*"(7). Celie nimmt die Warnung wörtlich. Eine weitere Erklärung findet sich in einem der Briefe, die Nettie, ihre Schwester, ihr schreibt. Dort heißt es: "I remember one time you said your life made you feel so ashamed you couldn't even talk about it to God, you had to write it, bad as you thought your writing was. Well, now I know what you meant. And whether God will read letters or no, I know you will go on writing them; which is guidance enough for me. Anyway, when I don't write to you I feel as bad as I do when I don't pray, locked up in myself and choking on my own heart. I am so *lonely*, Celie"(110). Celie und später Nettie berichten in ihren Briefen von ihrem Leben. Doch wenn Celie ihr Leben Gott - und später Nettie - erzählt, handelt es sich weniger um eine Beichte als um eine Art von Gebet. Celie wie auch Nettie brauchen jemanden, zu dem sie sprechen können und der sie vielleicht versteht. Sie befinden sich in einer ähnlichen Situation wie die grotesken Sonderlinge in Carson McCullers *The Heart Is a Lonely Hunter*, die Singer, dem Taubstummen, ihr Herz ausschütten. Wenn sie Gott oder später der im fernen Afrika weilenden Nettie schreibt, befreit sich Celie von ihren Hemmungen und enthüllt ihr verborgenes, weil unterdrücktes Leben. Ihr Briefeschreiben erweist sich nicht nur als eine Technik des Erzählens, sondern auch und vor allem als ein Mittel zur Entfaltung ihrer Persönlichkeit. Dies zeigt sich unter anderem auch darin, daß sie in einem bestimmten Stadium ihrer Entwicklung damit beginnt, ihre Briefe nicht mehr an Gott, sondern an Nettie zu adressieren. Es ist ein Zeichen dafür, daß sie ihren Glauben an Gott verloren hat. Er hat ihre Gebete nicht erhört und sie nur weiter leiden lassen. "I don't write to God no more, I write to you," schreibt sie nun an Nettie und berichtet ihr, was sie auf die Einwände ihrer Freundin Shug hin sagte, "[that] he give me a lynched daddy, a crazy mama, a lowdown dog of a step father and a sister I probably won't ever see again. Anyhow, I say, the God I been praying and writing to is a man. And act just like all the other mens I know. Trifling, forgitful and lowdown"(164). Sie schreibt Nettie auch, was Shug, die Bessie Smith nachempfundene Pop-Sängerin und Geliebte ihres Mannes, ihr gegenüber gemeint habe: "She say, Celie, tell the truth, have you ever found God in church? I never did. I just found a bunch of folks hoping for him to show. Any God I ever felt in Church I brought in with me. And I think all the other folks did too. They come to church to *share* God, not find God"(165). Celie übernimmt die Ansichten Shugs und spricht wie ein afroamerikanischer Emerson oder Whitman, wenn sie fortfährt: "The thing I believe. God is inside you and inside everybody else. You come into the world with God. But only them that search for it inside find it. And sometimes it just manifest itself even if you not looking, or don't know what you looking for.[....] I

believe God is everything, say Shug. Everything that is or ever was or ever will be. And when you can feel that, and be happy to feel that, you've found it"(166f.).

"That feeling of being part of everything, not separate at all" lernt Celie in ihrer Liebe zu Shug kennen. Diese bildet allerdings den fragwürdigsten Teil des Romans, wenn der Leser dabei genötigt wird, die erniedrigende Rolle des Voyeurs zu übernehmen. Der Orgasmus wird dabei Teil einer alles umfassenden Liebe. "God love all them feelings," sagt ihr Shug. "That's some of the best stuff God did. And when you know God loves 'em you enjoys 'em a lot more. You can just relax, go with everything that's going, and praise God by liking what you like." Zu lieben, was einem gefällt, ist ein Mittel, der Schönheit der Natur gewahr zu werden. In der vulgären Sprache Shugs heißt das: "[that] it pisses God off if you walk by the color purple in a field somewhere and don't notice it"(167). Das Kleid, in dem Shug singt, ist purpurfarben. Purpur steht für die Schönheit, von der erwartet wird, daß man sie mit allen seinen Sinnen genieße. Shug findet sie in der Liebe zu Celies Mann, in der zu Celie und in der zu weiteren Männern, denen sie später begegnet.

Nettie hat ähnliche Probleme wie Celie. Doch Nettie lernt früh, in der Welt voranzukommen: "No matter what happen," meint Celie, "Nettie steady try to teach me what go on in the world. And she a good teacher too. It nearly kill me to think she might marry somebody like Mr.___[CeliesMann] or wind up in some white lady kitchen. All day she read, she study, she practice her handwriting, and try to git us to think. Most days I feel too tired to think"(17). Celie weiß sich nicht zu wehren. Sie reduziert ihre Anstrengungen darauf zu überleben. "I just say, Never mine, never mine, long as I can spell G-o-d I got somebody along"(18). So hat sie nicht die Kraft, sich gegen den Mann zu wehren, von dem sie annehmen muß, daß er ihr Vater ist und von dem sie zwei Kinder bekommt. So gehorcht sie diesem Vater und heiratet einen älteren Mann, den sie nicht liebt, der sie schlägt und sie wie ein Eigentum behandelt, über das er nach Gutdünken verfügen kann. Erst als Shug in ihr Leben tritt, beginnt sie, sich dagegen aufzulehnen und nach ihren eigenen Interessen zu schauen.

Nettie kämpft von Anfang an für ihre Interessen. Sie nimmt eine Stelle bei einem schwarzen Missionar an, der ohne Celies Wissen deren Kinder aufgenommen hat. Sie begleiten ihn und seine Familie nach Afrika. Netties Berichte aus Afrika sind in normalem Englisch geschrieben, haben aber bei weitem nicht die Überzeugungskraft wie die Briefe Celies. Sie enthalten berechtigte Klagen über die koloniale Ausbeutung des Kontinents, sind jedoch zu wenig in konkret erlebtes Geschehen eingebettet, um als fiktive Wirklichkeit zu überzeugen. Auch Nettie beginnt, an ihrem bisherigen Glauben zu zweifeln. "When we return to America," schreibt sie Celie, "we must have long talks about this, Celie. And perhaps Samuel [ihr Mann] and I will found a new church in our community that has no idols in it whatsoever, in which each person's spirit is encouraged to seek God directly, his belief that this is possible strengthened by us as people who also believe"(218).

Nachdem Shug sie verlassen hat, sie ein Haus und ein Geschäft von ihrem wirklichen Vater, von dem sie nie gehört hatte, geerbt hat, findet Celie wieder zu einem erträglichen Verhältnis zu ihrem Mann. Er hat sich - im Roman kaum motiviert - inzwischen gewandelt. Er gesteht ein, daß er lange brauchte, um zu erkennen, welch ein guter Mensch sie sei. Zwar wird er für sie kein Ersatz für Shug, "but he begin to be somebody [she] can talk to"(233). Am Ende entwickelt er seine eigenen Gedanken über Liebe: "I start to wonder why us need love. Why us suffer. Why us black. Why

us men and women. Where do children really come from. It didn't take long to realize I didn't hardly know nothing. And that if ast yourself why you black or a man or a woman or a bush it don't mean nothing if you don't ast why you here, period.[...] I think us here to wonder, myself. To wonder. To ast. And that in wondering bout the big things and asting bout the big things, you learn about the little ones, almost by accident. But you never know nothing more about the big things than you start out with. The more I wonder, he say, the more I love." Und Celie stimmt mit ihm überein, wenn sie fortfährt: "And people start to love you back, I bet"(239). Albert, wie sie nun ihren vorher nur als "Mr.___"bezeichneten Mann am Schluß nennt, wird nicht wieder zu ihrem Ehemann, doch zu einem Freund, mit dem man sprechen kann. Die Geschichte schließt dann kurz nach dem Ende des letzten Weltkrieges reichlich sentimental mit der Rückkehr Netties aus Afrika und einer Zusammenführung der ganzen Familie am 4.Juli, dem amerikanischen Nationalfeiertag. Die Familie umfaßt Samuel, den Missionar, den Nettie nach dem Tode seiner Frau geheiratet hatte, und Celies Kinder, die nicht, wie diese geglaubt hatte, im Inzest empfangen worden waren.(Daß sie dabei vergewaltigt worden war, spielt allem Anschein nach keine Rolle mehr.) Die Familie umfaßt alle, die gelernt haben, sich dagegen zu wehren, von Anderen nur "gebraucht" zu werden. Jetzt schreibt Celie ihre Briefe wieder an Gott, doch an einen Gott, den sie überall zu finden vermag: "Dear God. Dear stars, dear trees, dear sky, dear peoples. Dear Everything. Dear God"(242).

Wie die anderen afroamerikanischen Autoren knüpft Walker an die westliche wie an die spezifisch schwarze Tradition des Erzählens an. Äußerlich zeigt sich dies bereits in der Anverwandlung der Tradition des Briefromans einerseits und in dem Gebrauch des Idioms des schwarzen Sprechers in Celies Briefen andererseits. Dabei erscheint dieses Idiom authentischer als bei Toni Morrison. Ihr Vorbild ist Zora Neale Hurston, deren Bedeutung sie mit einer Auswahl ihrer Werke in *I Love Myself When I Am Laughing: A Zora Neale Hurston Reader*, 1979, aufzuwerten versuchte. Auch in ihrer Erzählweise glaubt sie nicht etwa dem Vorbild Ellisons oder Baldwins zu folgen, sondern dem ihrer Vorgängerin als Erzählerin. Thematisch erscheinen bei ihr die typischen Situationen der schwarzen Protestliteratur, typische Situationen der Unterdrückung wie die Vergewaltigung oder die Behandlung als "Chattle", d.h. veräußerlichem Besitz. Doch der afroamerikanische Aspekt wird von dem feministischen überlagert. Die Vergewaltigung ist nicht mehr nur ein Aspekt der Beziehungen zwischen Schwarzen und Weißen, sondern auch - und vor allem - Paradigma für die ungerechte Dominanz des Männlichen, die Nettie in Afrika auch unter Schwarzen erlebt. Damit wird *The Color Purple* aber noch nicht zu einem gelungenen feministischen Roman. Die voyeuristisch angelegten lesbischen Liebesszenen wie die märchenhafte Befreiung aus der Herrschaft des Mannes schränken den Wert des Romans auch im feministischen Sinne beträchtlich ein. Trotz aller Schwächen fasziniert *The Color Purple*, wenn es darum geht, wie der Unterdrückte, die Unterdrückte lernt, sich zu wehren.

Walkers nächster Roman, *The Temple of My Familiar*, 1989, erregte bei weitem nicht mehr das Aufsehen wie sein Vorgänger. Die Kritik war weiterhin mit diesem beschäftigt.

In den nun mehr als vierzig Jahren seit 1950 hat sich die afroamerikanische Erzählkunst in einer erstaunlichen Breite entwickelt. Die Meisterwerke, die an ihrem Anfang stehen, Ellisons *Invisible Man* und Baldwins *Go Tell It on the Mountain*, dürften wohl kaum übertroffen worden sein. In ihrer Breite ist die afroamerikanische Erzählkunst jedoch zu einem anerkannten festen Bestandteil der gesamtamerikanischen Literatur geworden, der in diese ihre Eigenheiten eingebracht hat. Letztere bestanden und bestehen zum Teil immer noch in ihrem bewußt politischen Anliegen des Protests, vor allem aber im Überführen der mündlichen Überlieferung in die Schriftlichkeit. Formal bediente sie sich meist der im 20.Jahrhundert entwickelten Formen des psychologisch- oder gesellschaftskritisch-realistischen Romans, beteiligte sich aber auch - wie im Falle LeRoi Jones' oder Ishmael Reeds - an Experimenten in neuen Formen. Aus den Anfängen der Literarisierung des mündlichen Berichtes von dem eigenen Schicksal in den "Slave Narratives" entwickelte sich ein autobiographischer Roman spezifisch afroamerikanischer Prägung. Das Bemühen der schwarzen Autoren, mit ihrem mündlich überlieferten Erbe die Kultur der Vereinigten Staaten um den Aspekt des in ihr vernachlässigten Seelischen zu bereichern, kann - was in der bisherigen Kritik kaum in Erwägung gezogen wurde - als Entsprechung zu dem Anliegen vieler psychologischer Romane weißer Autoren betrachtet werden, die die durch diese Vernachlässigung des Seelischen hervorgerufene und in Norman Mailers Hipster-Essay über "The White Negro" angesprochene Not des modernen Menschen aufzuzeigen versuchen.

Literatur

Zitiert nach: *The Color Purple*, London, 1983.
Weiteres wichtiges Werk: *In Search of Our Mother's Gardens: Womanist Prose*, San Diego, 1983.

Sekundärliteratur:
Harold Bloom, hg., *Alice Walker: Modern Critical Views*, New York, 1989.

Gesellschaftskritische und psychologische Erzählkunst

Wie viele der Erzähler in der ersten Hälfte unseres Jahrhunderts stellen jene der Folgezeit immer wieder die Frage nach der Identitätsgewinnung ihrer Helden und Heldinnen. In der fortschreitenden Komplexität der Gesellschaft, in die es hineinzuwachsen gilt, in dem wachsenden Netz der Automatisierung der Arbeits- und Kommunikationsvorgänge sowie in Anbetracht der dadurch verursachten Katastrophen war die Identitätsfindung für sie schwerer geworden. Als Hilfe - oder aber auch als Erschwerung - erwies sich nun die Orientierung an einer überkommenen Gruppenidentität, sei sie religiöser, rassischer oder regionaler Herkunft. Bei den soweit behandelten Erzählern boten sich die geschichtlich gewachsene Eigenheit der Südstaaten, die Tradition der jüdischen Einwanderer und - im Falle der schwarzen Autoren - das gemeinsame Schicksal ihrer Vorfahren in der Sklaverei zur Orientierung an. Andere Möglichkeiten der Gemeinsamkeit zeigten sich - wie bei Baldwin - in der homosexuellen Veranlagung oder - wie bei Alice Walker - in der Geschlechtszugehörigkeit im allgemeinen. Doch eine ganze Skala weiterer Zugehörigkeiten spielt in der Erzählkunst eine entscheidende Rolle für die Identitätsfindung. Zu diesen gehört z.B. die Gemeinschaft der Lernenden und Lehrenden an Schule, College oder Universität. Die Gesellschaft der genannten Institutionen erfährt ihre eigene und sie von der Umwelt unterscheidende Ausprägung und bildet zudem ihr eigenes Lesepublikum. Bekannte Beispiele hierfür sind J.D.Salingers *The Catcher in the Rye*, 1951, John Knowles' *A Separate Peace*, 1962, oder Mary McCarthys *The Group*, 1963. Als weitere Gesichtspunkte zur Betrachtung der Identitätsproblematik bieten sich Adoleszenz oder Initiation an.

Neben bzw. mit der Erzählkunst, die sich mit den verschiedenen Möglichkeiten der Identitätsfindung beschäftigt, widmet sich der folgende Teil unserer Darstellung den Autoren, die die Wirklichkeit - vor allem die ihrer eigenen Zeit - mit ihren gesellschaftlichen und psychologischen Problemen zu erfassen versuchen, sei es in der Fortsetzung des gesellschaftskritischen Romans der ersten Hälfte des Jahrhunderts, der Bewußtseinskunst oder - wie in den meisten Fällen - in deren Verschmelzung.

Schwierigkeiten der Abgrenzung entstehen gegenüber der später unter dem Merkmal des Surrealistischen betrachteten Erzählkunst, insofern die dargestellte Wirklichkeit in ihrer äußersten Verzerrung erscheint oder aus einer sie verzerrenden Perspektive dargestellt wird. Als Beispiel für den ersten Fall kann der Militär- und Kriegsroman betrachtet werden, dem - wie dem Schulroman - ein eigener Exkurs vorbehalten bleibt. Als Beispiel für den zweiten Fall erscheint in der folgenden Darstellung Ken Keseys *One Flew Over the Cuckoo's Nest*, 1962.

Der gesellschaftskritische Aspekt der Erzählkunst des hier behandelten Zeitraumes rfährt in dem mit Truman Capotes *In Cold Blood* bereits berührten "creative reporting", dem Reportageroman, eine besondere Entwicklung durch die Verschmelzung von Sachprosa und Erzählkunst. Die hervorragenden Beispiele hierfür sind Norman Mailers *The Armies of the Night*, 1968, und der "Literary Journalism" Tom Wolfes.

Seine Fortsetzung findet dieser Teil über die gesellschaftskritische und psychologische Erzählkunst in demjenigen über die phantastisch-realistische bzw. neorealistische Erzählkunst, in dessen Mittelpunkt die Werke John Updikes und Joyce Carol Oates' stehen werden.

Der Militär- und Kriegsroman

Im Militär- und Kriegsroman verbinden sich individuelle Bestimmung und gemeinschaftliche Verantwortung auf besondere Weise. Auf der einen Seite steht die Bewährung des Einzelnen im Kampf um Leben und Tod, auf der anderen das Sich-Einordnen in die Gemeinschaft auf Kosten der Selbstbestimmung. Letzteres war bereits in William Styrons *The Long March* und in Saul Bellows *Dangling Man* thematisiert worden. Zur übergreifenden Frage wird dann aber auch die nach dem Sinn des Krieges. Der Schwierigkeit des modernen Menschen, zu einer für ihn sinnvollen Identität zu gelangen, entspricht diejenige, in kriegerischen Auseinandersetzungen einen Sinn zu finden. Wie im 20.Jahrhundert an die Stelle des utopischen der anti-utopische Roman tritt, so an die Stelle des Kriegsromans der Antikriegsroman.

Die Kriege der englischen Kolonien in Amerika wie die ersten Kriege des neuen Staates, der Unabhängigkeitskrieg und der englisch-amerikanische Krieg von 1812 bis 1814, fanden bereits in den historischen Romanen James Fenimore Coopers ihren Niederschlag. Der Kampf gegen die Indianer von der Kolonialzeit bis weit ins 19.Jahrhundert bildet dabei eine amerikanische Sonderheit, auf die hier nicht weiter eingegangen werden kann. Der große Krieg der USA im 19.Jahrhundert, der Bürgerkrieg von 1861 bis 1865, wurde zum Thema unzähliger Romane der Folgezeit, von William De Forests *Miss Ravenel's Conversion from Secession to Loyalty*, 1867, bis Margaret Mitchells *Gone With the Wind*, 1936. Trotz aller Verherrlichung des Heldentums auf beiden Seiten trat in vielen dieser Romane die Grausamkeit der modernen Kriegsführung in das Blickfeld der Darstellung, so vor allem in Stephen Cranes *Red Badge of Courage*, 1895, und den Erzählungen von Ambrose Bierce. Zum Ausgesprochenen Antikriegsroman wurde dann der Roman des Ersten Weltkriegs wie Dos Passos' *Three Soldiers*, 1921, E.E.Cummings' *The Enormous Room*, 1922, oder Hemingways *A Farewell to Arms*, 1929. Bei Hemingway kommt allerdings der Krieg auch wieder als Bewährung des Einzelnen im Angesicht des Todes zu seinem Recht wie vor allem in *For Whom the Bell Tolls*, 1940, seinem Roman über den spanischen Bürgerkrieg. Diese Bewährung zeigt sich dann allerdings auch als Aufschneiderei wie in *Across the River and Into the Trees*, 1950, oder in *Islands in the Stream*, 1970 (posthum), die zum Teil vom letzten Weltkrieg handeln.

Aus der größeren Zahl der bedeutenderen Romane zum letzten Weltkieg können hier nur wenige behandelt werden, nur zwei davon in diesem Teil, James Jones' *From Here to Eternity*, 1951, und Norman Mailers *The Naked and the Dead*, 1948. In Joseph Hellers *Catch-22*, 1961, und Kurt Vonneguts *Slaughterhouse Five*, 1969, wird der Krieg zum Spiegelbild der Absurdität menschlicher Existenz schlechthin. Ihnen wird aus diesem Grunde ein eigener Teil gewidmet sein. Zu den Kriegsromanen zählen ferner John Hawkes' *The Cannibal*, 1950, Thomas Pynchons *V*, 1963, und Jerzy Kosinskis *The Painted Bird*, 1965, die in anderem Zusammenhang in die Darstellung aufgenommen werden.

Von den bisher genannten Romanen bildet James Jones' *From Here to Eternity* eine Ausnahme. Seine Handlung reicht zwar noch in die Zeit der ersten Wochen nach Pearl Harbor, stellt jedoch vor allem die gesellschaftliche und psychologische Problematik des militärischen Lebens dar. Er ist in diesem Sinne vor allem Militärroman. Die besondere Situation, die sich für diesen ergibt, ist, daß es sich bei der Armee um eine Institution handelt, deren Sinn sich nur im Krieg erfüllen kann, der Krieg selbst sich aber als sinnlos erweist. Als Vorläufer des Militärromans in diesem Sinne kann Carson McCullers *Reflection in a Golden Eye*, 1941, betrachtet werden. Zur gleichen Zeit wie *From Here to Eternity* erschien Herman Wouks *The Caine Mutiny*, 1951, der in der Zeit des letzten Weltkriegs spielt, in dem es aber weniger um den Krieg als um den Gewissenskonflikt zwischen Gehorsam und Eigenverantwortung geht. Trotz seines Erfolges kann dem Roman - wie auch dem Gesamtwerk des Autors - nicht die literarische Qualität oder Bedeutung zugesprochen werden wie anderen Werken, die wir in unsere Betrachtung aufzunehmen uns genötigt sehen. Dies gilt auch für Irwin Shaw und seinen Kriegsroman *The Young Lions*, 1948.

Der amerikanische Kriegsroman fand inzwischen leider Stoff in weiteren kriegerischen Verwicklungen der Vereinigten Staaten. Während der Koreakrieg noch verhältnismäßig wenig Resonanz in der Erzählkunst fand, ergaben sich aus dem Krieg in Vietnam neue Perspektiven in bezug auf die Rechtfertigung des kriegerischen Einsatzes, die wiederum zu häufigerer Behandlung in der Erzählkunst führten. Fand der letzte Weltkrieg jedoch seinen charakteristischen Ausdruck in Hellers *Catch-22*, so sollte der Vietnamkrieg eher in Romanen zum Ausdruck gelangen, die - nach dem Urteil Beidlers - Burroughs *Naked Lunch* glichen: "not so much apocalyptic in any absolute sense of the term as mainly just loud, violent, crazed, and lurid." Eine Reihe von Romanen über den Krieg in Vietnam erregte Aufsehen, so William Eastlakes *The Bamboo Bed*, 1969, Tim O'Briens *Going After Cacciato*, 1978, oder John A.Williams' *Captain Blackman*, 1972. Letzterer versuchte, diachronisch die Beteiligung eines schwarzen Soldaten vom Unabhängigkeitskrieg bis zum Vietnamkrieg darzustellen. Für Eastlake erscheint der Vietnamkrieg nur als ein Krieg in einer langen Serie von Kriegen, die mit dem Kampf gegen die Indianer begann. Der Erwähnung bedürfen in diesem Zusammenhang auch die Erzählungen O'Briens, *The Things They Carried*, 1990. Doch weder diesen noch den Romanen über den Vietnamkrieg kommt die Bedeutung der oben genannten Werke zum letzten Weltkrieg zu. Der Roman über den völlig anderen Krieg in der Wüste am Golf steht noch aus.

Literatur zum Militär- und Kriegsroman

Peter Aichinger, *The American Soldier in Fiction, 1880-1963*, Ames, IA, 1975.
Peter G.Jones, *War and the Novelist, Appraising the American War Novel*, Columbia, MO, 1975.
Geoffrey Welsh, *American War Literature: 1914 to Vietnam*, London, 1982.
Philip Beidler, *American Literature and the Experience of Vietnam*, Athens, 1982.
Michael Barton, Werner Sollors, hg., The American Way of War, *American Quarterly*, 36,3, 1984.
Walter Hölbling, *Fiktionen vom Krieg im neuen amerikanischen Roman*, Tübingen, 1987.

James Jones, 1921-1977

Als Berufssoldat war James Jones wie kaum ein anderer dazu berufen, militärisches Leben authentisch darzustellen. 1921 in Robinson, Illinois, geboren, wurde er 1939 Soldat, war im Einsatz im Pazifik, wurde bei den Kämpfen um Guadalcanal verwundet und begann nach anfänglichen Schwierigkeiten, seine Kriegserlebnisse dadurch zu bewältigen, daß er sie in seinen Romanen darstellte. Ergebnis dieses Bemühens wurde seine "Kriegstrilogie". An deren Anfang steht *From Here to Eternity*, der Roman, der neben J.D.Salingers *The Catcher in the Rye* und William Styrons *Lie Down in Darkness* die Sensation des Jahres 1951 darstellte. Sein erster Erfolg bei den Kritikern sollte sich nicht wiederholen, wenn auch die Leser ihm weitgehend treu blieben. Nach dem ersten Teil der Trilogie, der noch hauptsächlich die Zeit vor dem Eintritt Amerikas in den Krieg behandelt, schildert der zweite, *The Thin Red Line*, 1962, die Kämpfe im Pazifik, der letzte, noch auf dem Totenbett provisorisch zum Abschluß gebrachte Teil, *Whistle*, 1978, die Zeit der Rekonvaleszenz des verwundeten Helden. Kommt *The Thin Red Line* noch dem ersten Roman an Qualität nahe, so ist *Whistle* zu sehr von dem Blick des Autors auf James Gould Cozzens' *Guard of Honor*, 1948, bestimmt, indem er eine ähnliche Situation, wie sie Cozzens aus der Perspektive des Offiziers darstellt, nun aus der des einfachen Soldaten wiederzugeben versucht. Die weiteren, durchaus zahlreichen Werke James Jones' bedürfen keiner Erwähnung.

From Here to Eternity, 1951

Die Handlung des Romans erstreckt sich vom Frühsommer 1941 bis in den Anfang des Jahres 1942. Schauplatz sind die Schofield Barracks in der Nähe Honolulus und deren Umgebung. Wie bei Frank Norris oder Theodore Dreiser wird das alltägliche Leben ausführlich geschildert, hier der Alltag des Soldaten. Charakteristisch für dieses Leben ist die Zeit, die nach den Zahltagen bemessen wird: "Life on the Inside was not measured by hours but by Paydays: Last Payday, next Payday, and then there was the inbetween that lasted very long but never was remembered"(139). Das Leben am Zahltag besteht dann allerdings in kaum etwas anderem als Trinken, Raufen und Huren. Es bleibt jedoch nie bei einer allgemeinen Beschreibung des Lebens. Seine Darstellung wird immer durch das Geschehen, in das die Personen des Romans verwickelt sind, konkretisiert.

Protagonist ist - wie in einer ganzen Reihe naturalistischer Romane - nicht so sehr eine einzelne Person wie ein bestimmter Sektor der Gesellschaft, in diesem Falle die Armee, konkretisiert in der Infanterie, in einem bestimmten Regiment und schließlich in der G-Kompanie. Letztere ist mit allen Chargen im Geschehen vertreten, vom Kompanieführer Dana E.Holmes, genannt *Dynamite* Holmes, über die Unteroffiziere, wie den First Sergeant Warden oder den Küchenchef Stark, bis zu den einfachen Soldaten wie Robert E.Lee Prewitt, Angelo Maggio, Sal Clark, Andy und viele andere, deren Namen bereits auf die unterschiedliche ethnische Herkunft verweisen. *From Here to Eternity* füllt mit seiner Darstellung der Gesellschaft des Militärs eine Lücke im Spektrum des naturalistischen Romans der USA zu einer Zeit, da seine Darstellungsweise bereits als veraltet gilt.

Neben der Gesellschaft gibt es jedoch einen persönlichen Protagonisten, Prewitt, in dessen Schicksal die meisten der Handlungsfäden einmünden. Die Geschichte Prewitts beginnt damit, daß er als der beste Hornist der Armee, der den Zapfenstreich in Arlington, dem Heldenfriedhof der Vereinigten Staaten, blasen durfte, einem schlechteren Mann untergeordnet werden soll. Als er sich wehrt, wird er degradiert. Er läßt sich daraufhin in die G-Kompanie versetzen. Holmes, deren Hauptmann, legt Wert darauf, die besten Boxer des Regiments in seinen Reihen zu wissen. Diese werden von ihm befördert und genießen allerlei Vorteile. Holmes weiß, daß sich Prewitt früher als Boxer ausgewiesen hatte, und will ihn für seine Boxstaffel gewinnen. Prewitt weigert sich jedoch. Er hatte in seinem letzten Kampf einen Kameraden blind geschlagen und sich daraufhin vorgenommmen, nie wieder zu boxen. Holmes legt es darauf an, Prewitt mürbe zu machen. Doch dieser bleibt bei seinem Beschluß und gewinnt die Achtung aller, die nicht zu den von Holmes Bevorzugten gehören. Durch eine Häufung unglücklicher Umstände wird er in eine Schlägerei verwickelt und daraufhin zu drei Monaten Arrest verurteilt. Im Arrest geht es mit Arbeit im Steinbruch und mit Prügelstrafe schlimmer als in einem Zuchthaus zu. Nach seiner Entlassung aus dem Arrest rächt er einen seiner zu Tode geprügelten Kameraden an dem obersten Wachhabenden des Straflagers, indem er ihn ersticht. Da er selbst dabei verletzt wird, kann er nicht zu seiner Kompanie zurück, ohne nicht sofort des Mordes beschuldigt zu werden. Er flieht und findet Unterschlupf bei einer Prostituierten. Dort hält er sich auf, als die Japaner Pearl Harbor bombadieren. Damit rechnend, daß Sergeant Warden seine Abwesenheit vertuschen würde, versucht er, wieder zu seiner Kompanie zurückzukehren, wird auf dem Wege dorthin aber von einer Streife gestellt und, als er fliehen will, erschossen.

Von den zahlreichen unter- und nebengeordneten Handlungen sei hier nur die um den First Sergeant Warden erwähnt. Warden verliebt sich in Karen, die Frau seines Vorgesetzten, Captain Holmes. Diese drängt ihn, sich als Offizier zu qualifizieren, damit sie sich dann von ihrem Mann scheiden lassen und Warden heiraten könne. Dieser erhält zwar am Ende das Offizierspatent, zerreißt es jedoch und zieht es vor, "enlisted man" zu bleiben. Eine Heirat mit Karen hätte, wie am Ende beide glauben, ihre Liebe zerstört, die in dem Außergewöhnlichen bestand, das durch den Alltag der Ehe aufgehoben worden wäre.

Prewitt zeichnet sich auf besondere Weise durch seine Haltung gegenüber dem Sterben aus. Er möchte so wie seine Mutter sterben: "It was hard to accept that he, who was the hub of this known universe, would cease to exist, but it was an inevitability and he did not shun it. He only hoped that he would meet it with the same magnificent indifference with which she who had been his mother met it. Because it was there, he felt, that the immortality he had not seen was hidden"(23). Es gehört zu seiner Persönlichkeit, dem Tod auf diese gefaßte Weise begegnen zu können. Als er am Schluß darauf verzichtet, sich zu wehren, und niedergeschossen wird, legt er Wert darauf, im Sterben seine Würde zu wahren. Mit Mühe wendet er sich um, um seinen Verfolgern ins Gesicht schauen zu können.

Nach dem frühen Tod seiner Eltern und nach Jahren des Herumtreibens hatte Prewitt in der Armee Geborgenheit und Heimat gefunden. Ein Gefühl der Einsamkeit konnte er jedoch nie ganz los werden. Einsamkeit ist für ihn eine Grundbefindlichkeit des Lebens. Vom Leben in der Kaserne ist die Rede als von "the crowded loneliness of the barracks"(91). Das Empfinden dieser Einsamkeit macht Prewitt zum Meister seines

Instruments. Von dem Zapfenstreich, den er bläst, heißt es: "This is the song of the men who have no place, played by a man who has never had a place, and can therefore play it. Listen to it. [...] This is the song you close your ears to every night, so you can sleep. [...] This the song of the Great Loneliness, that creeps in like the desert wind and dehydrates the soul. This is the song you'll listen to on the day you die"(198). Neben dem Zapfenstreich sind es die "hillbilly songs" und "blues", die dem Lebensgefühl Prewitts und seiner Kameraden Ausdruck verleihen. Prewitt und seine Kameraden Andy und Sam, die Hornisten der Kompanie, schreiben ihre eigenen Blues: "The Re-enlistment Blues". Im Versuch, ihrem Lebensgefühl Ausdruck zu verleihen, meistern sie ihr Leben. "The clerks, the kings, the thinkers," d.h., die Intellektuellen reden über das Leben und zerstören es. "And when they had destroyed it with their talking the truckdriver and the straight duty man would build it up again, simply because they were hunting for some way to speak." Wie schon im frühen naturalistischen Roman in Amerika - so etwa bei Frank Norris - handelt es sich hierbei um eine recht verschwommene mythisierende Vorstellung von dem Sänger des einfachen Volkes. Von dem "hillbilly song" heißt es, "that in its artless simplicity [it] said everything their [the clerk's] four-dollar words could never say, went back to a basic simplicity that gave a sudden flashing picture of all life that could never be explained and an understanding of it that could never be expressed"(122). Für den einfachen Menschen ist es nicht eine Frage des Denkens, sondern eine Offenbarung. In ihr erhellt sich eine Wirklichkeit, die so angenommen sein will, wie sie in Erscheinung tritt. Es handelt sich dabei letztlich um ein Akzeptieren des Lebens, wie es ist. So heißt es von Prewitt in einer Auseinandersetzung mit einem Kameraden, der ihm seine Vorstellung von Sünde aufdrängen möchte: "The brightly lighted revelation was surging up now again, in his mind. He could see it. But how to say it? [...] Life was enough, in itself. All men should see life in itself was enough, was all, because it was there"(349).

Der Roman bleibt keineswegs bei dieser einfachen Bejahung allen Lebens durch den einfachen Mann stehen. Wie im naturalistischen Roman generell wird immer wieder die Frage nach dem freien Willen und der Möglichkeit der Wahl gestellt. Jones gebraucht das Bild des Treppenhauses, das der Held zwar in freier Entscheidung betritt, in dem er nun aber von Stufe zu Stufe geführt wird. Prewitt wählt, kann jedoch gar nicht anders wählen als er es tut, wenn er sich selbst treu bleiben will. Wie bei Dreiser oder Norris waltet in allem Geschehen "an irresistible cosmic force of some kind"(285). Kein Einzelner kann in der Gesellschaft verantwortlich gemacht werden: "Its the system. Thats what you got to remember, that nobody's to blame"(325). Bei Jones gipfelt die Auseinandersetzung mit der Frage nach der Freiheit in der Aussage Jack Malloys, dem Prewitt im Straflager begegnet, daß der einzige Weg des Menschen, Freiheit zu erlangen, darin bestehe, daß er für sie stirbt: "In our world, citizens, [...] theres only one way a man can have freedom, and that is to die for it, after he's died for it it dont do him any good. Thats the whole problem, citizens. In a nutshell"(519). Die Ironie der Aussage ist nicht zu verkennen.

Jack Malloy gilt im Straflager als Sprecher der Gefangenen. Sie stehen alle in seinem Bann und bewundern ihn. In seiner Jugend war er Mitglied der IWW (Industrial Workers of the World), der wohl bekanntesten kommunistischen Organisation, die es in den USA bisher gab. Er erlebte deren Ende, ohne den Glauben an ihre Ideen aufgegeben zu haben. Er betrachtet ihre Führer als Propheten und wartet auf den

Messias, der die Ideen in Wirklichkeit umzusetzen vermöchte. Prewitt glaubt später, in Malloy selbst diesem Messias begegnet zu sein. Mit Malloy wird das Problem eingebracht, das fast alle früheren naturalistischen Romane bestimmt, nämlich das des Widerspruchs zwischen einer deterministischen Weltsicht und dem Glauben, die Welt verbessern zu können. Soziales Denken bestimmt Prewitt schon vor seiner Begegnung mit Malloy. "He had always believed in fighting for the underdog, against the top dog." Beinflußt wurde er in dieser Hinsicht vor allem "from that [...] great moulder of social conscience, The Movies. From all those movies that had begun to come out when Roosevelt went in"(248), und genannt werden *Dead End, Winterset, Grapes of Wrath* und *Dust Be My Destiny*. Malloy entwickelt daraus aber seine eigene Lehre. Sie gipfelt in dem Glauben, "that over the old God of Vengence, over the new God of Forgiveness, was the still newer God of Acceptance, the God of Love-That-Sur-passeth-Forgiveness, the God who saw heard and spoke no Evil simply because there was none"(571). Damit läuft es bei Malloy - wie schon zuvor bei Prewitt - letztlich auf das Akzeptieren des Lebens, wie es ist, hinaus. Die Ironie, die diesem Denken jedoch zugrunde liegt, ist, daß er zwar die anderen lehrt, danach zu handeln, selbst jedoch nicht danach handeln kann. Weder Malloy noch Prewitt können sich mit der Welt zufrieden geben, wie sie ist. Malloy bricht aus dem Lager aus, um an den Verbesserungen der Welt. Prewitt nimmt es nicht hin, daß man seinen Kameraden zu Tode prügelt; er rächt ihn. D.h., der Mensch sieht sich bestimmt durch Kräfte, gegen die er hilflos ist, gegen die er sich dennoch auflehnt, um seine Würde zu bewahren.

Eine entscheidende Rolle spielt in Prewitts wie in Malloys Menschenbild die Liebe. Malloy glaubt, vor allem deshalb mit seiner Philosophie scheitern zu müssen, weil er nie richtig zu lieben vermochte. Zunächst meint er noch, daß er trotz aller Ungerechtigkeiten, die er erfahren mußte, sein Land liebte. Wie seine Kameraden kämpft er nur darum, es besser zu machen. "They were men who knew their country, and in spite of that still loved it"(526). In dem Versuch, es besser zu machen, sieht Prewitt die alte Pioniertradition weiterleben. Die Ungerechtigkeit, die ihnen widerfährt, macht sie nur stark in ihrem Kampf für die Gerechtigkeit. "American faces, he thought sleepily happily with that ecstasy of the martyr that had always been his goal and his destiny, American faces and American voices, weak with the lustful-hungry greedy-lying American weaknesses, but strong now with the strength bred of necessity which is the only real strength ever, leathery lean hardbitten faces and voices in the old American tradition of the woodsmen and the ground-clearing farmers who also fought bitterly to stay alive. Here is your Army, America, [...] here is your strength, that You have made strong by trying to break, and that You will have to depend on in the times that are coming"(527). Malloy beneidet Prewitt, daß er zumindest die Armee lieben kann. "I'd give whatever place in heaven I've got coming to have been able to love something as much as you love the Army"(586f.). Doch Prewitt zahlt diese Liebe mit seinem Tod.

Nicht viel anders als mit der Liebe zum Land oder zur Armee steht es mit der Liebe zum anderen Geschlecht. Als Prewitt zu Beginn des Romans das eingeborene Mädchen verläßt, bei dem er an seinen freien Wochenenden schlief, "it seemed to him then that every human was always looking for himself, in bars, in railway trains, in offices, in mirrors, in love, especially in love, for the self of him that is there, someplace, in every other human. Love was not to give oneself, but find oneself, describe oneself.[...] the one part of any man that he can ever touch or understand is that part of himself he recognizes in him. And that he is always looking for the way in which he can escape his sealed bee cell and reach the other airtight cells with which he is connected in the waxy comb"(90f.). Liebe wird, weil man sich selbst im anderen sucht, wie in McCullers *The Ballad of the Sad Café*, 1943, mit Haß auf den gepaart, der sich dieses Selbst anzueignen versucht: "All love has hate in it," sagt Karen Holmes zu Warden. "Because you are tied to anyone you love, and it takes away part of your freedom and you resent it, you cant help it. And while you are resenting the loss of your own freedom, you are trying to force the other to give up to you every last bit of his own"(732). Liebe erfährt ihre höchste Erfüllung danach darin, daß sie nicht vollzogen wird: "The only way we could have kept love was to have never had each other"(733).

Erzähltechnisch bringt der Roman keine Neuerungen. Die Darstellung erfolgt meist aus der Perspektive der Protagonisten und erinnert an Thomas Wolfe, den Autor, der Jones als Vorbild für sein eigenes Schaffen diente und den er Prewitt im Roman selbst lesen läßt. Seine Stärke besteht in der überzeugenden Darstellung des soldatischen Lebens als Muster für Möglichkeiten menschlichen Lebens überhaupt. In bezug auf die amerikanische Gesellschaft zeigt es in der besonderen Gruppierung des "platoon" (des Zuges) auch die Möglichkeiten im Zusammenleben mit ethnischen Minderheiten. Zu der Tradition der naturalistischen und gesellschaftskritischen Erzählkunst leistet der Roman seinen durchaus originellen Beitrag: Er singt das Hohe Lied des Lebens, wie es ist und wie es angenommen werden sollte. Doch er singt dieses Lied als Blues. In ihm kommt das Leiden am Leben zu Ausdruck. Er feiert die Würde des Einzelnen, die Liebe, die sich im Anderen findet, doch er feiert sie im Bewußtsein des Scheiterns, des Todes oder des Verzichts. Als Militärroman singt *From Here to Eternity* das Hohe Lied der Armee, vor allem das Hohe Lied des "enlisted man", des Berufsoldaten. Wenn sich der Sinn einer Armee daraus ergibt, daß sie auf etwas vorbereitet, was nicht geschehen soll, nämlich den Krieg, so ergibt sich der Sinn in *From Here to Eternity* dadurch, daß die so vorbereitete Armee als bereit gezeigt wird, in dem Krieg zu bestehen, der ihr durch Pearl Harbor aufgezwungen wurde.

Literatur

Zitiert wurde nach: *From Here to Eternity*. London, 1952.

Sekundärliteratur:
James R.Giles, *James Jones*, Boston, 1981.
Frank MacShane, *Into Eternity: The Life of James Jones, American Writer*, Boston, 1985.

Norman Mailer, geb. 1923

Noch vor Jones' *From Here to Eternity* war Norman Mailers *The Naked and the Dead* als erster bedeutenderer Roman über den letzten Weltkrieg erschienen. Er teilt mit dem späteren Roman die naturalistische Darstellungsweise und kann neben diesem als Paradigma des Militärromans als ein solches des Kriegsromans betrachtet werden.

Mailer war 1923 in Long Branch, New Jersey, als Sohn jüdischer Eltern geboren worden, legte jedoch immer Wert darauf, nicht nach seiner Herkunft beurteilt zu werden. Er wuchs in Brooklyn auf und studierte alsdann an der Harvard Universität erfolgreich Flugtechnik. Bereits während seines Studiums verfaßte er Erzählungen, die in studentischen Zeitschriften erschienen. 1944 wurde er zum Kriegsdienst eingezogen und kam im Pazifik zum Einsatz. Nach seiner Entlassung im Jahre 1946 schrieb er *The Naked and the Dead*, den Roman, der ihm 1948 unmittelbaren Erfolg einbrachte und ihn zu einem Schriftsteller werden ließ, der sich gezwungen fühlte, in der Folgezeit seinem Ruhm gerecht zu werden.

The Naked and the Dead, 1948

Der Roman schildert die Eroberung der von den Japanern besetzten pazifischen Insel Anopopei durch die Amerikaner. Abgesehen von einem nur zwei Kapitel umfassenden, die Landung der Amerikaner schildernden Prolog, "Wave", und einem Epilog, "Wake", gliedert sich der Roman in zwei Teile: "Argil and the Mold" sowie "Plant and Phantom". Der erste schildert die schrittweise Eroberung einer Halbinsel bis kurz vor die Hauptverteidigungslinie der Japaner auf dem Hauptteil der Insel, der zweite die Operationen zum Durchbruch durch die Linie und vor allem eine zu dessen Vorbereitung unternommene Patrouille.

Auf seiten des Offizierkorps stehen im Vordergrund Cummings, der kommandierende General der Truppe, und sein Adjutant, Leutnant Hearn, daneben Major Dalleson, dem unerwarteter Weise der Durchbruch durch die japanische Front gelingt. Cummings wird als kompetenter Truppenführer ohne Illusionen und Ideale geschildert, der von seinen Kollegen und seinen Untergebenen nicht geliebt, aber gefürchtet und anerkannt wird. Autorität verschafft er sich nicht so sehr durch Strenge, als dadurch, daß er seine Überlegenheit spürbar werden läßt und doch als derjenige erscheint, der alles zum Wohle der Betroffenen tut. Den Gehorsam in der Truppe sieht er nur dadurch gewährleistet, daß der Untergebene in Furcht vor dem Befehlenden bzw. im ständigen Bewußtsein seiner Unterlegenheit lebt. Seine Grundsätze für die Führung seiner Division überträgt er auf seine Vorstellung von dem Funktionieren der Gesellschaft im allgemeinen. Ordnung sieht er im Gemeinwesen nur durch die rigorose Ausübung von Macht gewährleistet, die jedem seinen Platz zuweist. Offen bekennt er sich damit zum Faschismus, den er als die seiner Zeit gemäße Gesellschaftsordnung betrachtet. Seine Gedanken werden hauptsächlich in den Gesprächen mit seinem Adjutanten entwickelt, einem jungen Mann aus wohlhabendem Hause und Absolventen der Harvard Universität, dessen politische Vorstellungen als linksliberal bezeichnet werden können, der sich jedoch noch sehr unsicher fühlt. Hearn sieht sich dem General, der eine gewisse Vaterfunktion ihm gegenüber einnimmt, immer wieder unterlegen und verführt, dessen Auffassungen gegen seinen Willen als richtig anzuerkennen. Die Gespräche der beiden drohen, sich mehrfach zu verselbständigen und den Rahmen des Romans zu sprengen. Cummings reizt seinen Adjutanten zum Widerstand, wagt es jedoch nicht, ihm gegenüber seine Autorität voll auszuspielen. Als Hearn ihn bittet, versetzt zu werden, um sich von seinem Einfluß zu befreien, kommt dieser seinem Wunsche nach, um ihm die Gelegenheit zu geben, selbst zu erfahren, daß er recht habe. Hearn übernimmt die Patrouille hinter die japanischen Linien, erweist sich aber als unfähig, seine Mannschaft nach seinen Vorstellungen zu führen. Er muß einsehen, daß nur eine Autorität, wie Cummings sie beansprucht, zum Ziele führen kann. Er selbst sieht sich nicht in der Lage, diese Autorität auszuüben. Er bleibt dem bisherigen Vorgesetzten der Mannschaft, dem Sergeanten Craft, einem Faschisten aus Instinkt, unterlegen, wird von diesem nicht gedeckt und fällt.

Die endgültige Eroberung der Insel erfolgt durch Dalleson, der in Abwesenheit des Generals ziemlich hilflos auf eine unvorhergesehene Situation reagieren muß und dabei erfährt, daß die Japaner nicht mehr fähig sind, sich zu verteidigen, da ihnen die Lebensmittel und die Munition ausgegangen sind. Die von Cummings angeordnete Blockade der Insel hatte allerdings dazu die Voraussetzungen geschaffen.

Der weitaus größere Teil des Romans nimmt die Schilderung der Mannschaft Crafts ein. Im ersten Teil hat der Zug - mit Ausnahme eines kurzen Einsatzes zur Abwehr eines japanischen Angriffs - hauptsächlich Aufgaben hinter der Front zu erfüllen. Im zweiten Teil, da er Hearn unterstellt ist, hat er die Aufgabe, auf beschwerlichem Weg über das Gebirge hinter die japanischen Linien zu gelangen. Entscheidend ist dabei nicht das Geschehen als solches, sondern das sehr unterschiedliche Verhalten der an ihm beteiligten Mitglieder des Zuges. Sie bilden eine Gemeinschaft, die nur durch die Gefahr, in der sie stehen, zusammengehalten wird. Wofür der Krieg geführt wird, spielt für sie - wie übrigens auch für die Offiziere - keine Rolle. Die meisten versuchen, sich zu drücken. Sie führen ein ziemlich trostloses Leben. Nach seinem Sinn wird kaum gefragt. Man hält zusammen, wenn es gilt, dem Kameraden zu helfen. Die Kameradschaft geht aber nicht soweit, daß sie außerhalb der Gefahr auch zur Freundschaft würde. Es wird gezeigt, wie man Angst hat, wie man feige ist, wie man diese Situation aber auch immer wieder zu überwinden gezwungen ist, und daß man unter der eisernen Autorität Crafts in der Lage ist, das letzte aus sich herauszuholen.

Erzähltechnisch wird die Situation der Soldaten in der Weise ausgebreitet, daß neben der Schilderung des eigentlichen Geschehens ihre Gedanken oder Reaktionen dazu wie auch ihre Gedanken über die Vorgesetzten oder die Kameraden wiedergegeben werden. So kommt es öfters zur Darstellung des Geschehens aus verschiedenen Perspektiven, die zwar einen weiteren Einblick in die erlebenden Personen erlaubt, aber auch den Leser, der auf die Fortsetzung der Handlung gespannt ist, langweilen kann. Vertieft wird die Darstellung der einzelnen Personen - einschließlich Cummings und Hearns - durch impressionistische Kurzbiographien unter dem Titel The Time Machine. Durch sie wird der gesamte gesellschaftliche Hintergrund der Vereinigten Staaten in den Roman miteingebracht. Die verschiedenen Schichten und Gruppen der Gesellschaft kommen dabei zu Wort. Diese biographischen Einschübe, wie auch die Momentaufnahmen von Situationen unter dem Titel "Chorus" erinnern an Dos Passos' *USA*. Dessen Trilogie kommt dann auch die Aussage des Romans nahe: Beide Romane zeigen "a world adrift", die bei Mailer allerdings durch den Zwang des Krieges, die militärische Disziplin zusammengehalten wird.

Stärker als bei Dos Passos wird das politische Interesse des Autors sichtbar, vor allem in der Charakterisierung der speziellen Kriegssituation als Muster für die faschistischen Möglichkeiten einer gesellschaftlichen Ordnung, deren Grausamkeit die Würde des Menschen zerstört. Doch vermag die Übertragung der speziellen Situation auf die allgemeine in den Gesprächen zwischen Cummings und Hearns nicht voll zu überzeugen. Das positive Menschenbild, das in Hearn angelegt ist, gelangt in ihnen nicht zur Entfaltung. Es wird von einer tiefen Resignation vor einer scheinbar nicht zu bewältigenden Wirklichkeit überlagert. Das in *The Naked and the Dead* nicht voll ausgetragene politische Interesse sollte auch Mailers weiteres Schaffen bestimmen. Am Ende des Romans ist bereits die Rede von "a conservative liberalism"(718), zu dem sich der Autor später vorübergehend bekennen sollte.

Trotz aller Verpflichtung gegenüber der Tradition des gesellschaftskritischen und naturalistischen Romans im Sinne Theodore Dreisers, James T.Farrells oder John Dos Passos' zeigt Mailers *The Naked and the Dead* seine eigene Note. Diese besteht in einem, in den späteren Werken immer wichtiger werdenden existentialistischen Moment, insofern für die am Kriegsgeschehen Beteiligten letztlich allein die Bewährung in der konkreten Gefahr zählt, die Sinn für sie schafft.

Mailers nächster Roman, *Barbary Shore*, 1951, von Robert Merrill als "Orwellian political novel"(66) umschrieben, enttäuschte Leser und Kritiker. Der Autor selbst war davon überzeugt, daß man den Wert seines Werkes verkannte. Auf unterschiedliche Reaktionen stieß sein darauf folgender Roman, *The Deer Park*, 1955. Wie in *The Naked and the Dead* handelt es sich hier um einen gesellschaftskritischen Roman, doch diesmal weniger im Stile von Dos Passos, als demjenigen Fitzgeralds, was an der Lokalisierung der Handlung liegen mag. Mit Fitzgeraalds *The Last Tycoon*, Nathanael Wests *The Day of the Locust*, Bud Schulbergs *What Makes Sammy Run?* oder Evelyn Waughs *The Loved One* gehört er in die Reihe der Hollywood-Romane, vermag sich mit den genannten Werken jedoch nicht zu messen.

Mailer erkannte wohl selbst, daß er neue Wege versuchen mußte, um an seinen ersten Erfolg anknüpfen zu können. Bis zum Erscheinen seines nächsten Romans verstrichen einige Jahre. Mit *An American Dream* von 1965 und *Why Are We in Vietnam?* von 1967 beschritt er zwar neue Wege, doch überzeugten sie weder durch ihre Kunst des Erzählens noch durch die in ihnen aufgestellten Thesen. Anhand einer abenteuerlichen Jagdpartie in Alaska und einer Auseinandersetzung zwischen den Generationen versucht Mailer in dem zweiten der Romane zu zeigen, warum die USA bereit waren, sich in Vietnam zu engagieren. Die von dem Autor postulierten Folgerungen sind jedoch keineswegs ohne weiteres einzusehen. Die wenig freundliche Rezeption beider Romane führte wohl zu der längeren Pause bis zum Erscheinen seines nächsten Romans,

Ancient Evenings, 1983.

Es gelang Mailer, ein solches Interesse an diesem seit 1973 im Entstehen begriffenen Werk aufzubauen, daß es bei seinem Erscheinen sofort zu einem internationalen Bestseller wurde. Trotz einer beachtlichen Anzahl euphorischer Besprechungen des Romans muß sein literarischer Wert in Frage gestellt werden. Was Mailer in ihm versucht, ist nichts anderes, als sein inzwischen entwickeltes Weltbild anhand der Geschichte der Menschheit zu illustrieren. In *Ancient Evenings* geschieht dies zunächst am Beispiel der Geschichte des Alten Ägypten. Weitere Romane sollen die des antiken Griechenland und des Mittelalters aufnehmen. Die Fragwürdigkeit des Unternehmens besteht in der durch sein Weltbild eingebrachten Pervertierung der an und für sich gut recherchierten Geschichte des Alten Ägypten zur Zeit des Neuen Reiches von Ramses II.(1290-1224 v.Ch.) bis Ramses IX.(1134-1117 v.Ch.). Einen der Höhepunkte des Romans bildet die Schilderung der Schlacht bei Kadesch gegen die Hethiter 1285 v.Ch. Ein großer Teil ägyptischer Mythologie wird dem Leser vermittelt: die

Geschichten von der Erschaffung der Welt, der Mythos von den acht Urgöttern, von Isis und Osiris, oder die von den Totenbüchern festgehaltene Fahrt der Verstorbenen durch die Duat, die ägyptische Unterwelt. Dem Leser wird eine Vorstellung vom Tempelritus, von der Jubiläumsfeier des Pharao oder von der Einbalsamierung und Bestattung der Toten vermittelt. Die tatsächliche Überlieferung wird von Mailer jedoch auf phantastische Weise ergänzt.

Ansatz für diese phantastische Erweiterung ist die Vorstellung der Wiedergeburt durch Selbstzeugung im Augenblick des Sterbens. Der, dem es gelingt, sich sterbend neu zu zeugen, vermag sich seines früheren Lebens zu erinnern und zu erkennen, was ihm noch an Wissen fehlt, um zur Erfüllung allen Lebens zu gelangen. Diese besteht darin, die zwölf Tore der Unterwelt zu passieren, um im Boot des Sonnengottes Ra durch den Kosmos zu gleiten. "We sail across dominions barely seen, washed by swells of time," heißt es, nachdem das Ziel erreicht ist, am Schluß. "We plow through fields of magnetism. Past and future come together on thunderheads and our dead hearts live with lightning in the wounds of the Gods." Die Begegnung mit der Ewigkeit bzw. der Übergang in das Jenseits bedeutet eine Identifizierung mit dem Göttlichen als *Kraft*("power"). Nach der Vorstellung von Mailers altägyptischem Erzähler, dem "Ka", d.h. dem "Lebensleib" Menenhetets II. wird das Verdienst des Menschen entgegen der Überlieferung nicht nach seinen guten Taten bemessen, sondern ausschließlich nach seiner Stärke. "Purity and goodness were worth less to Osiris than strength"(702). Stärke zeigt Menenhetet als Wagenlenker, als Krieger, als Geschäftsmann, vor allem aber - nach seinem großen Vorbild Ramses II. - als Samenspender.

Der Roman bewegt sich auf drei verschiedenen Zeitebenen. Auf der ersten berichtet der Ka des verstorbenen Menenhetet II., wie er aus der leeren Grabkammer der Cheopspyramide entflieht und in sein recht ärmliches Grab zurückkehrt, das inzwischen von Grabräubern erbrochen worden war. Dort begegnet er dem Ka seines Urgroßvaters Menenhetet I., der ihn wieder in die Cheopspyramide zurückführt. In deren Aufgang befindet sich eine Nische, die einen der Zugänge zur Unterwelt darstellt. An der Seite seines Urgroßvaters durchschreitet Menenhetet II. die Unterwelt, um - wie bereits zitiert - am Ende in das Boot Ras aufgenommen zu werden. Inzwischen sind aber über tausend Jahre seit seinem Tode vergangen; er befindet sich gewissermaßen in dem Bereich jenseits aller Zeiten. Entsprechend geht die Erzählzeit am Ende vom Imperfekt ins Präsens über. Der Urgroßvater verschwindet in der letzten Phase des Ganges durch die Unterwelt - die eigentlich an ihm im Geiste vorüberzieht - und der berichtende Ka weiß nicht mehr, ob er Menenhetet I.oder II. zugehört. D.h. aber, daß der Ka von Menenhetet I. seinen Weg durch die Unterwelt dadurch gefunden hat, daß er in dem Ka Menenhetet II. aufgegangen ist.

Die Vereinigung der beiden Kas vollzieht sich dadurch, daß Menenhetet II. den Samen seines Großvaters durch seinen Mund aufnimmt. Während dieses Aktes erinnert er sich an zwei Tage, die er als sechjähriger Junge mit seinen Eltern auf Besuch bei seinem Urgroßvater erlebte. Am zweiten dieser beiden Tage erzählte Menenhetet I. Erlebnisse aus seinem früheren Leben, die alsdann die dritte Zeitebene ausmachen. Im Mittelpunkt steht immer wieder der Nachweis sexueller Stärke, der auf die verschiedenste meist perverse, Weise zustandekommt. Der Orgasmus wird zum höchsten Glücksgefühl des Menschen. Mailer sieht sich in dessen Darstellung in der Nachfolge Henry Millers als der große Prophet seiner Zeit, wenn er das Kopulieren in allen für ihn möglichen Formen zur Religion erhebt. Mit der religiösen Vorstellung des Alten Ägypten hat dies nichts mehr zu tun, doch sehr wohl mit Sensation, die - wie böse Zungen behaupten - genügend Leser anziehen soll, damit Mailer das Geld zufließe, dessen er bedarf, um die Kinder seiner inzwischen sechs Frauen unterhalten zu können.

Von den noch geplanten Fortsetzungen von Mailers Ausflug in die Geschichte wird kaum mehr zu erwarten sein als von *Ancient Evenings*. Sein ein Jahr nach *Ancient Evenings* erschienener Roman, *Tough Guys Don't Dance*, 1984, ein Ausflug in das Gebiet des Detektivromans, wurde von der Kritik kaum noch zur Kenntnis genommen. Auch *Harlot's Ghost*, 1991, Mailers längster Roman (1300 Seiten!), stieß bei den Kritikern auf wenig Gegenliebe. Allerdings fand er mit dem CIA wieder ein für seine in den sechziger Jahren mit Erfolg geübte Kritik an dem amerikanischen Establishment geeignetes Thema. Seine Kritik ist jedoch wesentlich milder geworden. Nach den zahlreichen Anspielungen auf Miltons *Paradise Lost* den Roman als eine nicht ganz gelungene komische Variante eines säkularisierten religiösen Epos', in dem der Kalte Krieg dem Kampf der Engel, der Schöpfung und dem Fall Satans entspräche, zu betrachten, wie dies in der Kritik geschah, dürfte etwas zu schmeichelhaft sein.

Die Pause in seinem Romanschaffen von 1967 bis 1983 bedeutete für Mailer alles andere als ein Schweigen. Er nutzte in dieser Zeit jede Gelegenheit, sich im Gespräch der Öffentlichkeit zu halten. Er betrieb - so der Titel einer seiner Sammlungen - "Advertisement for Myself". Im Vordergrund steht für ihn nicht das Kunstwerk, sondern die Persönlichkeit des Schriftstellers, der mit Hilfe seines besonderen Könnens mitwirken muß, die Gesellschaft, die er als krank betrachtet, zu heilen. Er vergleicht sich dabei gerne mit Henry Miller - so in *Genius and Lust: A Journey Through the Major Writings of Henry Miller*, 1976, - als ein Prophet, der mehr durch seine Person als durch sein Werk zu wirken vermochte. Dies fand seinen Niederschlag in einer Reihe von Schriften, deren allgemeiner Charakter im Rahmen des folgenden Exkurses umschrieben werden soll.

Zwischen Sachprosa und Erzählkunst

Für die Prosa, um die es sich dabei handelt, wurden bisher die unterschiedlichsten Bezeichnungen gebraucht. Ihre Autoren oder Kritiker sprechen von "New Journalism", "engaged reporting", "parajournalism", "subjective approach to nonfiction" oder von "the techniques of fiction in the essay". Es ist die Rede von "sociological fiction", "faction", "fiction in the service of nonfiction" oder - so Truman Capote - von der "nonfictional novel". Bei genauerem Hinsehen zeichnen sich zwei Gruppen von Werken ab: "fictional or engaged nonfiction" und "nonfictional fiction". Capote versteht unter letzterer "a narrative form that employs all the techniques of fictional art but is nevertheless immaculately factual". "Fiction" wird dabei nicht als Form der Wirklichkeit, sondern als Form der Kunst, Erzählung oder Roman, verstanden. "Nonfictional Fiction" in diesem Sinne ist Capotes *In Cold Blood*, in der Kritik auch als "faction" bezeichnet.

"Fictional or engaged nonfiction" kann daneben als die Proa verstanden werden, die primär nicht der Unterhaltung, sondern der Information dient, diese aber subjektiv vermittelt. Dazu gehören fiktionale oder engagierte Essays, Reportagen, Biographien und Werke der Geschichtsschreibung. Mailers im folgenden behandelten Werke sind solche "fictional nonfiction". Um einen engagierten Essay handelt es sich bei "The White Negro" von 1975, später aufgenommen in die Sammlung *Advertisement for Myself*, 1959, um eine engagierte, fiktionale Reportage bei "Ten Thousand Words a Minute", 1962, aufgenommen in eine zweite solcher Sammlungen, *The Presidential Papers*, 1963, und um ein fiktionales oder engagiertes Werk der Geschichtsschreibung bei *The Armies of the Night*, 1968.

"The White Negro: Superficial Reflections on the Hipster", 1957

In bezug auf "The White Negro" kann auch von einem - wenn auch engagierten - Essay im herkömmlichen Sinne gesprochen werden. Seine Bedeutung gewinnt er in dem hier dargestellten Zusammenhang als eines der markanten Dokumente - oder gar Manifeste - der "Hip"-Kultur der fünfziger Jahre. Mailer beschreibt darin den "hipster" und damit seine eigene Position als "American existentialist".

Angesichts der ständigen Gefahr eines plötzlichen Todes durch die Atombombe oder eines langsamen seelischen und geistigen Todes durch die Anpassung an die moderne Massen- und Konsumgesellschaft lebt - nach der Interpretation des Essays - der "hipster" in der Annahme des Todes, bereit, sich allen Gefahren auszusetzen, sich dadurch aber auch von der Gesellschaft emanzipierend. Er wird nicht dadurch zum Rebellen, daß er gegen die bestehenden Verhältnisse ankämpft, sondern dadurch, daß er sich ihnen entzieht, sich ihnen verweigert. Er entscheidet sich damit, als "Psychopath" zu leben, als jemand, der von der sich als "normal" betrachtenden Mehrheit als "anormal" angesehen wird.

Vorläufer des "hipster" sind für Mailer D.H.Lawrence, Henry Miller, Wilhelm Reich und Hemingway. Seine kulturelle Mitgift erhält er jedoch von dem farbigen Amerikaner, dem *Negro*. Der Neger steht für Mailer schon immer in der aussichtslosen Situation der ständigen Bedrohung, in der sich in seiner Zeit nun der "hipster" befindet. Um überleben zu können, entwickelt der Neger "the art of the primitive, he lived in the enormous present, he subsisted for his Saturday night kicks, relinquished the pleasures of the mind for the more obligatory pleasures of the body, and in his music he gave voice to the character and quality of his existence, to his rage and the infinite variations of joy, lust, languor, growl, cramp, pinch, scream and despair of his orgasm"(273). Diese Lebensweise übernahm der "hipster" von dem Neger, um sich seiner Situation, wie er sie sah, gewachsen zu fühlen.

Der amerikanische Existentialismus, von dem Mailer dabei spricht, unterscheidet sich von dem französischen eines Jean Paul Sartre dadurch, daß er alles nicht auf die Entscheidung seines Denkens, sondern auf sein Fühlen hin orientiert: "To be an existentialist, one must be able to feel oneself - one must know one's desires, one's rages, one's anguish, one must be aware of the character on one's frustration and know what would satisfy it"(ebd.). Dies impliziert eine mystisch-religiöse Haltung als Antwort auf die Verzweiflung ("despair") angesichts der Bedrohung durch den Tod, in der der "hipster" sich ständig zu stehen glaubt. "The desire to murder and the desire to create"(275) liegen dabei für ihn nahe beieinander. Entscheidend ist die unmittelbare Befriedigung eines jeden Verlangens, ein ständiges Entscheiden und damit ständiges Neubestimmen seines Lebens, nicht mit Hilfe der Ratio, sondern des

Handelns. Befriedigung solchen Verlangens ist für Mailer Orgasmus, für den der "hipster" als apokalyptischem Ereignis ständig lebt.

Die Emphase des "hipsters" "is on energy". Mit seiner Energie muß er den anderen überlegen sein, um zur Erfüllung seines Verlangens zu kommen. Für ihn gibt es kein gut oder böse, sondern nur - wie bei Hemingway - ein "feeling good", das Gefühl, das Richtige getan zu haben. Das bedeutet aber auch, daß der "hipster" immer für sich allein steht. Um seine Bedürfnisse zu stillen, steht er gegen alle, die das Gleiche zu tun versuchen. Seine Welt ist demnach auch durch ihn eine grausame Welt.

Mailer bedient sich zur Beschreibung des "hipsters" einer sehr persönlichen Sichtweise; eine solche ist dem "informal essay" aber schon immer zu eigen gewesen. "The White Negro" geht jedoch darüber hinaus, wenn Mailer bekennt, "[that] what I have offered above is an hypothesis, no more, and there is not the hipster alive who is not absorbed in his own tumultuous hypotheses. Mine is interesting, mine is way out (on the avenue of the mystery along the road to 'It') but still I am just one cat in a world of cool cats, and everything interesting is crazy, or at least so the Squares who do not know how to swing would say"(283). Mailer bedient sich in dem Essay durchgehend der "Hip"-Sprache. In ihr ist "cat" ein richtiger "hipster", der "cool" ist, wenn er sich immer seiner Situation gewachsen weiß. "Square" ist der "outsider", der kein Verständnis für sein Verhalten hat und nicht in der Lage ist "to swing", d.h., sich in die Situation einzufühlen. Grundsätzlich erhält in dieser Sprache das Wort für Mailer aber auch in jeder Situation eine neue Bedeutung. Dabei nähert er sich dem Sprach- und Wirklichkeitsverständnis der Dekonstruktivisten. So heißt es unter anderem: "Character being [...] seen as perpetually ambivalent and dynamic enters then into an absolute relativity where there are no truths other than the isolated truths of what each observer feels at each instant of his existence. To take a perhaps unjustified metaphysical extrapolation, it is as if the universe which has usually existed conceptually as a Fact [...] but a Fact which it was the aim of all science and philosophy to reveal, becomes instead a changing reality whose laws are remade at each instant by everything living, but most particularly man, man raised to a neo-medieval summit where the truth is not what one has felt yesterday or what one expects to feel tomorrow but rather truth is no more no less than what one feels at each instant in the perpetual climax of the present"(285f.). Wirklichkeit ist demnach das, was der einzelne als solche empfindet, oder aber auch das, was er als Wirklichkeit empfinden *will*. Auf die Ethik des "hipsters" übertragen, bedeutet dies "to do what one feels whenever and whatever it is possible." Wenn jeder so handelt, kommt es natürlich dazu, "that the nihilistic fulfillment of each man's desire contains its antithesis of human co-operation." Daß eine solche Haltung zum Besten des Menschen führen soll, basiert auf der Illusion, daß letztlich bei Wegfallen aller Schranken der doch überwiegend gute Kern des Menschen dominieren werde, bzw. die Befriedigung eines normalisierten Verlangens den Mitmenschen nicht mehr schädige. Darauf beruht auch die Aussage, "that individual acts of violence are always to be preferred to the collective violence of the State"(286).

In der Buchveröffentlichung des Essays druckte Mailer Einwände und seine Entgegnungen mit ab, ohne daß die Argumente jedoch wesentlich dadurch erweitert wurden. Doch sind die Argumente keine solchen im eigentlichen Sinne. Es ist auch keine Beschreibung eines Phänomens im objektiven Sinne, sondern handelt sich um das engagierte Verkünden einer Überzeugung, die mit Argumenten kaum zu widerlegen ist. Insofern entspricht die Form des Essays dem, was er zu verkünden versucht. Was in dem Essay weitgehend unterschlagen wird, ist, daß der "hipster" unter dem Einfluß von Drogen, Marihuana, LSD u.a. steht, die ihm die Wirklichkeit nicht, wie beabsichtigt, sinnlich konkret greifbar werden lassen, sondern ihn letztlich der Wirklichkeit entziehen. Seine Wirklichkeit ist die seiner Träume und Illusionen.

"Ten Thousand Words a Minute", 1962

Anfang der sechziger Jahre hatte Mailer die Drogen überwunden. Gelegentlich mußte der Alkohol deren Funktion übernehmen. Der Enthusiasmus, mit dem er sich nun zwar nicht mehr wie in "The White Negro" für die "Hip"-Kultur, so aber doch weiterhin für seine Vorstellung eines amerikanischen Existentialismus einsetzte, blieb erhalten. Er verband sich in der Kennedy-Ära mit dem Enthusiasmus für den von ihm schon in *The Naked and the Dead* als "konservativ" bezeichneten Liberalismus, in dem er eine Chance für ein besseres Amerika sah. Seine journalistischen Arbeiten aus dieser Zeit sammelte er in *The Presidential Papers*, 1963. In "Superman Comes to the Supermarket", 1960, einer der Reportagen, feierte er John F.Kennedy als amerikanischen Existentialisten. Er war der Überzeugung, durch seine Reportagen wesentlich an der Wahl Kennedys zum Präsidenten beteiligt gewesen zu sein.

In der längsten Reportage des Bandes, "Ten Thousand Words a Minute", berichtet er von dem Kampf um die Boxweltmeisterschaft im Schwergewicht zwischen Floyd Patterson und Sonny Liston. Es handelt sich um eine fiktionale oder engagierte Reportage, insofern die Einbeziehung des Reporters und seiner Entwicklung dem berichteten Ereignis einen ganz anderen Charakter verleiht, als wenn es diesem nur um die objektive Wiedergabe der Fakten gegangen wäre.

Die Ironie des Berichtes liegt darin, daß er sechzig Seiten braucht, um einen Boxkampf zu schildern, der nur zwei Minuten dauerte. Doch geht es Mailer nicht nur um den speziellen Boxkampf Patterson/Liston, sondern - wie später Joyce Carol Oates in ihrem Essay *On Boxing*, 1988, - um die Situation des Boxers im allgemeinen. Der Boxer stellt sich nach Mailer bewußt einer existentiellen Situation. Sie wird am deutlichsten an dem Beispiel des Kampfes um den Weltmeistertitel im Weltergewicht zwischen Griffith und Paret dargestellt. Dieser war dem Kampf Patterson/Liston vorausgegangen und hatte sein Ende in der ersten Runde durch einen K.O.-Schlag mit tödlicher Folge gefunden. Die Beschreibung des Ringtodes zeigt Mailers Kunst im "fictionalizing" von "fact": "Paret died on his feet. As he took those eighteen punches something happened to everyone who was in psychic range of the event. Some part of his death reached out to us. One felt it hover in the air. He was still standing in the ropes, trapped as he had been before, he gave some little half-smile of regret, as if he were saying, 'I didn't know I was going to die just yet', and then, his head leaning back but still erect, his death came to breathe about him. He began to pass away. As he passed, so his limbs decended beneath him, and he sank slowly to the floor. He went down more slowly than any fighter had ever gone down, he went down like a large ship which turns on end and slides second by second into its grave. As he went down, the sound of Griffiths punches echoed in the mind like a heavy ax in the distance chopping into a wet log"(265).

Für Mailer hängt das Leben nach dem Tode davon ab, wie sich der Mensch im Sterben bewährt. Der Boxer weiß, daß er sich in dem Kampf, der ihm den Tod bringen kann, bewähren muß. Das macht auch die Spannung aus, die die Zuschauermassen anzieht: "That is the existential venture, the unstated religious view of boxers trying to beat each other into unconsciousness or ultimately, into death. It is the culture of the killer who sickens the air about him if he does not find some half-human way to kill a little in order not deaden all. It is a defense against the plague, against that plague which comes from violence converted into the nausea of all that nonviolence which is void of peace"(267). Deutlich zeigt sich hier der Einfluß Hemingways. Was ihn mit diesem wie mit D.H.Lawrence verbindet, ist die "religion of blood".

Bei dem Kampf Patterson/Liston geht es Mailer aber noch um etwas anderes. Der Ausgang des Kampfes ist für ihn ein "mystery". Es war kein Schlag zu erkennen, der Patterson außer Gefecht hätte setzen können. Die Erklärung dieses "mystery" wird nun zum Hauptthema der Reportage: Mailer versucht darzulegen, daß er mit an Pattersons Niederlage schuldig sei, da er zwar auf seinen Sieg setzte, aber - wie auch die vielen anderen, die das gleiche taten, -, ihn moralisch nicht sichtbar genug unterstützte. Patterson war der Schwarze, der in der Gesellschaft der Weißen Anerkennung gefunden hatte und reich geworden war. Er war der Schwarze, den man in seine Gesellschaft zu integrieren bereit war. Wie in dem früheren Essay von dem "white negro" die Rede war, so spricht Mailer jetzt von Patterson als dem "Negroid white"(281). Den Grund dafür, daß man Patterson nicht genug unterstützte, sieht Mailer darin, daß an ihm als Symbolfigur etwas falsch war. Liston vertrat Patterson gegenüber etwas, was man fürchtete, das aber auch Anerkennung heischte, das nämlich, was ihn als Schwarzen in seinem Eigenwert charakterisierte.

Als "meta-nonfiction" erweist sich Mailers Reportage, wenn sie ihr Zustandekommen selbst hinterfragt. Die Quintessenz des Hinterfragens besteht darin, daß nur neun Zehntel der Reportage den Tatsachen entsprechen. Doch Mailer versucht, auch dem letzten Zehntel noch gerecht zu werden. "Ten Thousand Words a Minute" ist in dieser Hinsicht ein gelungener Versuch. Das Fragwürdige bleibt dabei die mysteriöse Religion des Blutes, die Mailer seinem amerikanischen Existenzialismus unterschiebt.

The Presidential Papers fanden ihre Fortsetzung in *Cannibals and Christians,* 1966, mit der Reportage der Republican Convention von 1964. Um die dritte Form der fiktionalen oder engagierten Sachprosa, um fiktionale oder engagierte Geschichtsschreibung handelt es sich in

The Armies of the Night, 1968.

In dieser Form berichtet Mailer von dem Marsch auf das Pentagon im Oktober 1967, einem der Höhepunkte des Protestes gegen das Eingreifen der USA in den Krieg in Vietnam. Der Untertitel des Berichtes betimmt seine beiden Teile gattungsmäßig als "History as a Novel. The Novel as History". "History as a Novel" schildert die Ereignisse vom Donnerstag, dem 19., bis zum Sonntag, dem 22.Oktober, aus der Perspektive einer der am Marsch teilnehmenden "angesehenen Persönlichkeiten". Als "novel" stellt der Bericht eine "personification of a vision" dar, "which will enable one to comprehend other visions better"(219). Diese Definition mag in gewisser Hinsicht - auf die hier nicht weiter eingegangen werden kann - ihre Berechtigung haben; sie qualifiziert den ersten Teil von *The Armies of the Night* aber nicht als Roman. Die

"Personifikation der Vision" ist nämlich die des Autors als beteiligtem "Helden"; sie steht nicht über dem Ereignis, was für ein besseres Verständnis anderer Visionen erforderlich gewesen wäre.

Mailer befolgt in seinem politischen Engagement wie in der Niederschrift seiner Erlebnisse einen Ratschlag, den er - wie er selbst bemerkt - auch bei Hemingway hätte finden können: "look to the feel of the phenomenon"(25). Doch dieses Empfinden bleibt zu unsicher, als daß es die Einheit der Vision des Ganzen zu garantieren vermöchte. Diese historische Reportage wird durch das Engagement des Reporters noch nicht zum Roman. Mailer fühlte sich jedoch gekränkt, als er als Journalist gelobt wurde. Er zitiert Rober Lowell, der sich mit ihm an dem Marsch beteiligt hatte: "You know, Norman, [...] Elizabeth and I really think you're the finest journalist in America"(21). Mailer hörte dies nicht gerne.

Der zweite Teil von *The Armies of the Night*, "The Novel as History", ist eine Dokumentation, in der Augenzeugenberichte aus verschiedenen Quellen und vor allem Zeitungskommentare ausgewertet werden. Mailer glaubt jedoch, auch in diesem Teil streckenweise zur Form des Romans übergehen zu müssen, zu der Form, die er nach dem Vorbild von Dos Passos als "collective novel" betrachtet. "While dutiful to all newspaper accounts, eyewitness reports, and historical inductions available [it] is finely now to be disclosed as some sort of condensation of a collective novel - which is to admit that an explanation of the mystery of the events at the Pentagon cannot be developed by the methods of history - only by the instincts of the novelist." Eine Definition dessen, was er dabei unter Roman versteht, erfolgt in der weiteren Erläuterung: "the novel must replace history at precisely that point where experience is sufficiently emotional, spiritual, psychical, moral, existential, or supernatural to expose the fact that the historian in pursuing the experience would be obliged to quit the clearly demarcated limits of historical inquiry"(255). Mailer glaubt, dann einen Roman zu schreiben, wenn er nicht nur die Fakten wiedergibt, sondern sich auf die Motivation des dargestellten Handelns einläßt und sie in einen Zusammenhang bringt, der eine metaphysische Einsicht voraussetzt.

Auch in "The Novel as History" bleibt die einheitschaffende Vision fragwürdig. Spürbar wird durchgehend das Engagement des Autors gegen den Krieg in Vietnam. Es erfolgt vor allem aus Liebe zu seinem Land, einer Liebe, die nicht selten auch Haßliebe zu sein vermag. Er spricht von "some dim unawakened knowledge of the mysteries of America buried in these liberties to dissent-- What a mysterious country it was. The older he became, the more interesting he found her"(114). Doch über dieser Liebe steht die Liebe zu sich selbst, die Sorge um sein "Image" als Romanschriftsteller, so daß die Perspektive des engagierten Patrioten unglaubwürdig wird.

Mailer bezeichnet sich als "Left Conservative, that lonely flag - there was no one in America who had a position even remotely like his own"(180). An anderer Stelle bezeichnet er seine Position als "his private mixture of Marxism, conservatism, nihilism, and large parts of existentialism"(23). Deutlich grenzt er sich gegen den Kommunismus ab, den er im Bunde mit "technology" sieht, die für ihn die Menschheit in anonyme Knechtschaft zwingt und entmenschlicht. Er mockiert sich über die Liberalen, die nach seiner Meinung glauben, das Paradies auf Erden errichten zu können. Er wendet sich nun auch gegen den "Hip"-Kult und gegen allen Drogengebrauch, da er deren selbstzerstörerische Kraft an sich selbst erfahren hatte. Die größte Gefahr sieht er jedoch in dem "totalitarianism", der ihn seit der Zukunftsvision

General Cummings in *The Naked and the Dead* wie ein Alptraum verfolgt. Er sieht diesen "totalitarianism" in dem, was er als "corporation land"(110) bezeichnet. In dessen anonymen Institutionen wird der einzelne Mensch zum bloßen Funktionsglied eines unüberschaubar gewordenen Mechanismus. In der Machtlosigkeit des Individuums gegenüber der Institution, die sein Leben erst möglich macht, sieht Mailer die Misere seiner Zeit, aus der er keinen Ausweg weiß. Als derjenige, der sich vergeblich dagegen auflehnt, wird er zum "comic hero". So wird seine Haltung letztlich die des Nihilismus, der nur dadurch aufgehellt wird, daß er nicht resigniert, sondern trotz der Einsicht in die Vergeblichkeit weiterhin Widerstand leistet. Als Bericht des vergeblichen Widerstandes gegen eine Welt, die er von für ihn nicht mehr durchschaubaren Mächten bestimmt und bedroht sieht, gewinnt *The Armies of the Night* seine Bedeutung. Eine eindeutige Bestimmung des Berichtes als fiktionale oder engagierte Sachprosa läßt sich nicht vornehmen, da das als fiktional zu betrachtende Element weitgehend auf einfach subjektiver Interpretation der Fakten beruht. Angemessener ließe sich von der Reportage eines historischen Ereignisses reden. In diesem Sinne wurde *The Armies of the Night* auch zum Muster weiterer ähnlicher Reportagen Mailers sowie auch der alsdann unter der Kennzeichnung des "New Journalism" schreibenden Autoren.

Zu Mailers weiteren Reportagen gehören *Miami and the Siege of Chicago* über die Parteitage der Demokraten und der Republikaner 1968, und *Of a Fire on the Moon*, 1970, über die Mondlandung der amerikanischen Astronauten. Als fiktive oder engagierte Biographie ist *Marilyn*, 1973, sein Buch über Marilyn Monroe. Mit seinem fiktionalen bzw. engagierten Essay *The Prisoner of Sex*, 1971, zog er den Zorn der Feministinnen auf sich.

Der Ruhm des Romanschriftstellers Mailer sollte weiterhin auf *The Naked and the Dead*, seiner "collective novel" im Stile des Naturalismus beruhen. In diesem Sinne steht er mit dem ersten bedeutenderen Roman über den letzten Weltkrieg am Ende einer Tradition. Mit seinen engagierten Reportagen leitete er maßgeblich die neue Variante realistischer Prosa des "New Journalism" mit ein. In die Geschichte der amerikanischen Erzählkunst wird Mailer als der Autor eingehen, der mit seinem "Advertisement for Myself" das Interesse der Öffentlichkeit auf sich zu ziehen versuchte, um Gehör für seine Ideen zu finden. Einer rationalen Analyse vermögen diese Ideen nicht standzuhalten, wie die vernichtende Kritik Jean Radfords ohne Erbarmen dokumentiert. Doch kommt auch ihnen eine historische Bedeutung zu, insofern sich darin die Hilflosigkeit seiner Generation gegenüber einer für sie undurchschaubaren Wirklichkeit spiegelt.

Literatur

Zitiert wurde nach *The Naked and the Dead*, New York, 1948; *Ancient Evenings*, Boston, 1983; *Advertisement for Myself*, London, 1972 (Panther Books); *The Presidential Papers*, Frogmore, St.Albans, 1977 (Panther Books); *The Armies of the Night*, New York, 1968.

Sekundärliteratur:
Richard Poirier, *Norman Mailer*, New York, 1972.

Robert Solotaroff, *Down Mailer's Way*, Urbana, IL, 1974.
Stanley F.Gutman, *Mankind in Barbary: The Individual and Society in the Novels of Norman Mailer*, Hanover, NH, 1975.
Jean Radford, *Norman Mailer: A Critical Study*, New York, 1975.
Jonathan Middlebrook, *Mailer and the Times of His Time*, San Francisco, 1976.
Robert Merrill, *Norman Mailer*, Boston, 1978.
Hillary Mills, *Mailer. A Biography*, New York, 1982.
Joseph Wenke, *Mailer's America*, Hanover, NH, 1978.
Nigel Leigh, *Radical Fictions and the Novels of Norman Mailer*, New York, 1990.
Carl Rollyson, *The Lives of Norman Mailer: A Biography*, 1991.

Ken Kesey. geb.1935

Ken Kesey wird des öfteren im Zusammenhang mit dem "Hip"-Kult und der absurden Erzählkunst genannt. Das Absurde hat bei Kesey jedoch eine durchaus realistisch-psychologische Basis, insofern in dem Roman, mit dem er in die Geschichte der amerikanischen Erzählkunst einging, die Wirklichkeit aus der Perspektive eines erst allmählich gesundenden Psychopathen gesehen wird. Zudem erscheint das Absurde als Folge unmenschlicher gesellschaftlicher Machtverhältnisse. Kesey gehört demnach zu den Vertretern der gesellschaftskritischen und psychologischen Erzählkunst. Mit Norman Mailer verbinden ihn seine Zuwendung zu der Generation der Blumenkinder und seine Experimente mit LSD.

Kesey wurde 1935 in La Junta, Colorado, geboren, zog mit seinen Eltern nach Springfield, Oregon, studierte dann an der Univerity of Oregon und schrieb dort bereits seinen ersten, aber unveröffentlicht gebliebenen Roman. Entscheidende Erlebnisse wurden für ihn 1959 ein Stipendium, das ihm die Teilnahme an einem "creative writing program" an der Stanford University ermöglichte, und seine Niederlassung während dieser Zeit in der Perry Lane in Menlo Park, einem Ableger der Beat-Bewegung San Franciscos. In Menlo Park stellte er sich auch freiwillig zu Experimenten mit Drogen zur Verfügung, die ihm einen Einblick in die Atmosphäre einer Nervenheilanstalt gewährten. Sie sollte den Hintergrund für den Roman bilden, mit dem er zu weltweitem Ruhm gelangte:

One Flew Over the Cuckoo's Nest, 1962.

Der Titel ist einem Kinderreim entnommen, den der Erzähler, wie es in dem Roman heißt, von seiner Großmutter gelernt hatte: "one flew east, one flew west, one flew over the cuckoo's nest"(272). Das Kuckucksnest ist in dem Roman eine Nervenheilanstalt im Norden Oregons, die Gans, die über das Nest fliegt, ist McMurphy, der zu vier Monaten Freiheitsentzug verurteilt gewesen war, nun aber als Psychopath in die Anstalt überwiesen wird. McMurphys Kampf um die Würde der Kranken und seine Selbstbehauptung wird von einem der Patienten erzählt, der durch seine Bemühungen wieder zu sich selbst findet, seine Krankheit überwinden zu können glaubt und am Ende der Anstalt entflieht.

Die Perspektive des Geisteskranken benutzte bereits William Faulkner in *The Sound and the Fury*. In dem ersten Teil dieses Romans registriert der irre Benjy, was ihm

begegnet, ohne daß er es zeitlich oder bedeutungsmäßig einzuordnen weiß. Auch Broom Bromden, der Erzähler von *One Flew Over the Cuckoo's Nest*, hat Schwierigkeiten mit der zeitlichen und räumlichen Orientierung; die erlebte und registrierte Wirklichkeit gewinnt jedoch in surrealistischer Verzerrung alptraumhafte Bedeutung. Zunächst werden ihm immer wieder Ausschnitte seines früheren Lebens in der Gegenwart präsent. Im Mittelpunkt steht dabei die Zeit, da sein mit einer Weißen verheirateter indianischer Vater als Häuptling mit seinem Stamm noch Lachs an einem Wasserfall des Columbus River fing. Zwei Erlebnisse sind dabei von besonderer Bedeutung. Das erste ist der Verkauf des Landes an die weiße Regierung, in den sein Vater, nachdem man seinen Widerstand durch Alkohol gebrochen hatte, einwilligen mußte. Dort, wo der Stamm früher auf Holzgerüsten am Fall fischte, ist inzwischen ein Staudamm entstanden. Man war gut bezahlt worden, hatte aber seine Identität verloren.

Das zweite bedeutsame Ereignis seiner Jugend ist für Broom, der von den Mitpatienten meist einfach "Chief" genannt wird, der Besuch einer Kommission, die seinen Vater sprechen wollte und ihn, den Jungen, der hätte Auskunft geben können, als nicht anwesend betrachtete. Daß man ihn nicht wahrnehmen wollte, veranlaßte ihn, auf den Gebrauch seiner Sprache zu verzichten. McMurphy bringt ihn erst allmählich wieder zum Sprechen.

Die Ereignisse der Vergangenheit werden für Broom immer wieder Wirklichkeit der Gegenwart. Zeit und Raum gewinnen für ihn aber auch auf andere Weise Bedeutung. Zeit wird von ihm subjektiv erlebt. "The Big Nurse is able to set the wall clock at whatever speed she wants," heißt es aus seiner Perspektive, in der die Wirklichkeit dann surrealistisch verzerrt wird. Wenn er die Zeit aufhalten möchte, beschleunigt die Stationsschwester sie, "and those hands whip around the disk like spokes in a wheel." Wenn er, was häufiger der Fall ist, die Zeit schneller verlaufen sehen möchte: "She'll turn that dial to a dead stop and freeze the sun there on the screen so it don't move a scant hair for weeks"(73.).

Noch gravierender erscheinen die räumlichen Verzerrungen. Als er bei seiner täglichen Arbeit des Fegens einhält und ein Bild betrachtet, tritt er schrittweise in die Wirklichkeit des Bildes ein. "There's a path running down through the aspen, and I push my broom down the path a ways and sit down on a rock and look back out through the frame at that visiting doctor talking with the residents.[...] You forget [...] how it was at the old hospital. They didn't have nice places like this on the walls for you to climb into"(122). Die Wirklichkeit wird gefühlsmäßig erlebt; die Bedeutung, die sie für das Empfinden gewinnt, drückt sich in den Dimensionen aus, die sie annimmt. So sieht Broom die Stationsschwester, "the Big Nurse", anschwellen, wenn sie ihre Macht über die Patienten auszuüben beginnt: "She listens a minute more to make sure she isn't hearing things; then she goes to puffing up. Her nostrils flare open, and every breath she draws she gets bigger, as big and tough-looking's I seen her get over a patient since Taber was here. She works the hinges in her elbows and fingers. I hear a small squeak. She starts moving, and I get back against the wall, and when she rumbles past she's already a big truck, trailing that wicker bag behind her exhaust like a semi behind a Jimmy Diesel. Her lips are parted, and her smile's going out before her like a radiator grill. I can smell the hot oil and magneto spark when she goes past, and every step hits the floor she blows up a size bigger, blowing and puffing, roll down anythings in her path! I'm scared to think *what* she'll do"(93). Die

surrealistische Verzerrung ist die realistische Wiedergabe der Sehweise des geistesgestörten Erzählers bzw. des nun gesundenden Erzählers, der wiedergibt, wie er die Wirklichkeit sah, als er noch kränker war.

Die Beschreibung führt den Leser aber auch psychologisch in die Genese einer mythischen Dimension ein, wenn die "Big Nurse" bei jedem Schritt größer wird, wie der Antäus des Mythos bei jeder Berührung mit dem Boden neue Kraft gewinnt. Im Rahmen der amerikanischen Erzählkunst erscheint der Bericht als "tall tale", Lügengeschichte. Darüberhinaus verweist die Metaphorik auf die dem Betrachter als mechanisch, technisch determiniert erscheinende Wirklichkeit: Die Stationsschwester erscheint als Lastwagen oder - so zu Beginn - als Traktor, "so big I can smell the machinery inside the way you smell a motor pulling too big a load"(5). Von den Augen der farbigen Helfer heißt es gleich zu Beginn, daß ihre Augen aus ihren schwarzen Gesichtern glitzern "like the hard glitter of radio tubes out of the back of an old radio"(3).

Charakteristisch für die als technisiert angesehene Welt ist, daß der Erzähler sich durch sie kontrolliert fühlt. Kontrolleur ist vor allem die "Big Nurse", die für ihn zuständige Stationsschwester: Wie eine Spinne im Netz ihre Opfer nicht aus den Augen läßt, so beobachtet sie ihre Patienten. "Practice has steadied and strengthened her until now she wields a sure power that extends in all directions on hair-like wires too small for anybody's eye but mine; I see her sit in the center of this web of wires like a watchful robot, tend her network with mechanical insect skill, know every second which wire runs where and just what current to send up to get the result she wants"(26f.). Maschinen und Elektrizität erscheinen als die zentralen Metaphern in der Kritik an einer Gesellschaft, die zu einem System erstarrt ist, in dem der individuellen Entfaltung kein Raum mehr bleibt. Die "Big Nurse" ist Repräsentantin dieser Welt. Die Abteilung, der Miss Ratched, die "Big Nurse", vorsteht, wird damit zu einem Abbild der Welt als ganzer, der die Patienten nicht gewachsen sind.

Was diese zur Maschine gewordene Wirklichkeit fordert, ist Anpassung. Die Patienten lernen, sich in die in der Anstalt bestehende Ordnung einzufügen, um die Anpassung in der "Outside world", "the Combine", zu üben: "The ward is a factory for the Combine. It's for fixing up mistakes made in the neighborhoods and in the schools and in the churches, the hospital is. When a completed product goes back out into society, all fixed up good as new, *better* than new sometimes, it brings joy to the Big Nurse's heart; something that came in all twisted different is now a functioning, adjusted component, a credit to the whole outfit and a marvel to behold. Watch him sliding across the land with a welded grin, fitting into some nice little neighborhood. [...] He's happy with it. He's adjusted to surroundings finally...."(38). Mit der Anpassung hat er jedoch seine kreative Individualität verloren.

Die in der Anstalt angewandte Methode folgt der vom Arzt erläuterten "theory of the Therapeutic Community". Sie besteht einfach darin, "[that] a guy has to learn to get along in a group before he'll be able to function in a normal society; [...] the group can help the guy by showing him where he's out of place; [...] society is what decides who's sane and who isn't, so you got to measure up"(47).

Die Ordnung in der Welt der "Big Nurse" und des "Combine", für den sie steht, wird durch die Einweisung McMurphys empfindlich gestört. McMurphy ist nicht bereit, sich der Ordnung der "Big Nurse" zu unterwerfen. Zunächst macht er Kompromisse, um sich einen gewissen Freiheitsraum erhalten zu können. Er geht mit den Patienten der Station eine Wette ein, daß er sich biszum Ende der ersten Woche gegenüber der "Big Nurse" durchsetzen werde. Er gewinnt die Mehrzahl der Patienten für eine Abstimmung darüber, gegen den Willen der "Big Nurse" die Endspiele der Baseballsaison im Fernsehen zu verfolgen. Da die Mehrheit bei der Abstimmung durch die Stimme des Erzählers erst zustandekommt, nachdem Miss Ratched das Verfahren schon abgeschlossen hatte, schaltet sie dem Fernsehapparat den Strom ab, als sich McMurphy davorsetzt. Doch die Freunde, die er für sich gewonnen hatte, setzen sich trotzdem zu ihm vor die dunkle Scheibe. Ironisch heißt es dann am Schluß des ersten Teils: "If somebody'd of come in and took a look, men watching blank TV, a fifty-year old woman hollering and squealing at the back of their heads about discipline and order and recriminations, they'd of thought the whole bunch was crazy as loons"(138). Die "Big Nurse" gibt jedoch nicht auf. Sie versucht nun erst recht, McMurphy zu zeigen, wer an dem längeren Hebelarm sitzt.

McMurphy ist der einzige auf der Station, der lacht. Alle anderen haben das Lachen verlernt und sind nur noch zu einem matten Grinsen fähig. McMurphys Lachen steht als Zeichen dafür, daß er mit der Welt zurechtzukommen vermag: "When you lose your laugh you lose your *footing*"(68) erklärt er. Er heilt die anderen, die sich für krank halten, dadurch, daß er sie zum Lachen bringt. Auf dem Höhepunkt des Romans, dem Fischfang, stimmen alle, die er dazu hat gewinnen können, in sein Lachen ein und befreien sich damit aus ihrer Angst: "Because he knows you have to laugh at the things that hurt you just to keep yourself in balance, just to keep the world from running you plumb crazy"(237). McMurphys Lachen wird zum Zeichen seiner Selbstbehauptung. Das Lachen der anderen zeigt an, daß es ihm gelungen ist, sie auf den Weg zur Heilung zu bringen.

Der Erzähler - wie die anderen Kranken - merken sehr bald, daß McMurphy etwas Besonderes ist. Dieses Besondere besteht darin, daß er ist, was er ist, wie es der Erzähler formuliert: "He's what he is, that's it"(153). Zu sein, was man ist, war für die geistig Kranken nicht mehr möglich. Sie waren, wie einer von ihnen es McMurphy zu erklären versucht, zu schwach dazu. McMurphy zeigt ihnen, daß sie sich noch wehren können. Die meisten sind am Schluß noch krank: "But at least there's that: they are sick *men* now. No more rabbits." Sie lernen dabei, daß es nicht allein auf die Gesellschaft ankomme, der gegenüber sie scheitern zu müssen glauben, sondern auch auf sie selbst, auf ihr Vertrauen in sich selbst.

In seiner Auseinandersetzung mit der "Big Nurse" geht es McMurphy darum, er selbst zu bleiben. Es kommt ihm nicht so sehr darauf an, etwas Bestimmtes zu erreichen, sondern darauf, daß nicht andere sein Leben bestimmen und festlegen. In zunehmendem Maße versucht er, die anderen Patienten der Station in sein Ringen einzubeziehen. Die Höhepunkte seines Bemühens bilden eine Angeltour an der Pazifikküste und ein Trinkgelage mit zwei eingeschmuggelten Dirnen auf der Station. In den bisherigen Interpretationen erscheint dabei McMurphy als Christus, der mit seinen zwölf Jüngern - ein Arzt und eine Dirne mitgezählt - auf Fischfang geht. McMurphy ist in der Tat derjenige, der seine kranken Freunde lehrt und zu heilen versucht, und sie bringen viele Fische ein. McMurphy aber als Christusfigur zu interpretieren, geht etwas zu weit. Symbolische Bedeutung gewinnt der Fischfang dadurch, daß die Kranken den Mut aufbringen, auf das Meer hinauszufahren, und daß sie Ernte durch ihren Einsatz einbringen. Das Lachen, in das das Unternehmen einmündet, zeigt die dabei gewonnene Befreiung an.

Durch die Überredung des farbigen Nachtwächters gelingt es danach, zwei Dirnen einzuschmuggeln, die eine ausgiebige Menge alkoholische Getränke mitbringen. Alkohol und Frauen sollen es den Kranken ermöglichen, sich als Männer zu erweisen. Das Unternehmen geht schief, als der hauptsächlich dabei Betroffene aus Scham über sein Versagen Selbstmord begeht. McMurphy ist, da er sein Ziel verfehlt, nicht bereit, mit den beiden Dirnen rechtzeitig das Weite zu suchen. Um ihn unschädlich zu machen, wird er einer Lobotomie unterzogen, die seine Persönlichkeit zerstört. Nach der Operation bringt ihn die "Big Nurse" als völliges Wrack wieder auf die Station. Der Erzähler behauptet nun gegenüber den anderen Patienten, daß man jemanden wie McMurphy zurechtgemacht habe, um ihnen zu zeigen, was ihnen passieren könnte, wenn sie sich nicht fügten. Die Anstaltsleitung wolle nicht, daß er als Märtyrer in Erinnerung bleibe. Broom erstickt ihn in der Nacht, um die Legende des Märtyrers McMurphy, der sich für sie opferte, aufrechtzuerhalten, und entflieht aus der Anstalt. Fast alle, die mit McMurphy in Berührung gekommen waren, ermannen sich, der "Outside world" zu begegnen und die Anstalt zu verlassen.

Keseys Roman zeigt den Menschen, der sich von der modernen Welt nicht vereinnahmen lassen will, der aber auch nicht mehr die Kraft hat, sich gegen sie zu behaupten. McMurphy bezahlt seinen Versuch der Behauptung mit dem Leben. Die anderen versuchen, sich der Welt zu entziehen. Über einen der Alpträume, die Broom bedrängen, heißt es: "Right and left there are other things happening just as bad - crazy, horrible things too goofy and outlandish to cry about and too much true to laugh about - but the fog is getting thick enough. I don't have a watch. And somebody's tugging at my arm. I know already what will happen: Somebody'll drag me out of the fog and we'll be back on the ward and there won't be a sign of what went on tonight and if I was a fool enough to try and tell anybody about it they'd say, Idiot, you just had a nightmare"(87). Der Nebel bildet eine Schutzmauer gegen die Außenwelt. McMurphy wird als derjenige betrachtet, der sie aus dem Nebel herauszuziehen versucht. Sie fürchten, es würde ihnen die Sicherheit nehmen, die sie im Nebel empfinden(123). Je mehr der Erzähler durch McMurphy zu sich selbst zu gelangen scheint, um so mehr lichtet sich für ihn der Nebel. Doch er wird auch die Gefahr gewahr, in die er sich damit begibt, "I'm just getting the full force of the dangers we let ourselves in for when we let McMurphy lure us out of the fog"(142). Der Erzähler ist am Schluß keineswegs psychisch gesund, sondern interpretiert sein Sich-Zurückziehen immer noch als ein Untertauchen im Nebel. Er hat aber immerhin den Mut, der Welt zu begegnen. Das bedeutet auch, wie es in der Absichtserklärung am Anfang des Romans heißt, daß er die Wahrheit erzählen will: "But it's the truth even if it didn't happen"(8). Zu dem, was sich nicht ereignet haben mag, gehört der Nebel. Aber der Nebel ist ein Teil der Wirklichkeit, die er, der psychisch kranke Erzähler, erlebte.

Ken Keseys Roman wurde zu Recht als besonderes literarisches Ereignis gefeiert. Er zeigt die Hilflosigkeit des Individuums in der modernen Welt, wie sie Mailer in "The White Negro" beschrieb, als psychisches Kranksein. Die Darstellung gewinnt ihre Überzeugungskraft vor allem dadurch, daß sie - worauf die sonst so erfolgreiche Verfilmung von Miles Forman leider verzichtet - aus der Perspektive eines Kranken erfolgt. Das Krankenhaus wird in dieser Darstellung zum Bild für die Welt schlechthin. Mit McMurphy führt Kesey keinen Erlöser aus dieser Welt ein. Doch dokumentiert er mit ihm die Notwendigkeit einer, wenn unter Umständen auch vergeblichen

Auflehnung gegen eine Ordnung, die keinen Spielraum mehr läßt für Individualität und Kreativität.

Es ist zu bezweifeln, daß Kesey Teile des Romans unter dem Einfluß von Drogen schrieb, wie Tom Wolfe behauptet. Drogen bestimmen jedoch Keseys weiteres Leben und Schaffen. Wenn auch Tanner und Porter noch für seinen nächsten Roman, *Sometimes a Great Nation*, 1964, eine Ehrenrettung versuchen, kann Kesey mit seinen späteren Veröffentlichungen, zusammengefaßt in *Demon Box*, 1986, nicht mehr an seinen frühen Erfolg anknüpfen. In die Geschichte der amerikanischen Erzählkunst geht er als der Autor von *One Flew Over the Cuckoo's Nest* und als eines der Idole der Beat-Generation der sechziger Jahre ein, wie ihn Tom Wolfe in *The Electric Kool-Aid Acid Test*, seiner Reportage, beschrieb.

Literatur

Zitiert nach *One Flew Over the Cuckoo's Nest. Text and Criticism*, hg., John Clark Pratt, New York, 1973.

Sekundärliteratur:
Bruce Carnes, *Ken Kesey*, Boise, ID, 1974.
M.Gilbert Porter, *The Art of Grit: Ken Keseys's Fiction*, Columbia, MO, 1982.
Stephen L.Tanner, *Ken Kesey*, Boston, 1983.
George J.Searles, *A Casebook on Ken Kesey's ONE FLEW OVER THE CUCKOO'S NEST*, Albuquerque, 1992.

Tom Wolfe, geb.1931

Der Autor von *The Electric Kool-Aid Acid Test*, Tom Wolfe, eigentlich Thomas Kennerly, war 1931 in Richmond, Virginia, geboren worden und kann als einer der prominentesten Vertreter des "New Journalism" betrachtet werden. Sein Essay über *The New Journalism*, 1973, gehört zu den besten Einleitungen in den Gegenstand. Zu seinen zahlreichen Reportagen und Essays, in denen er die Verhaltensweisen des Amerikaners und die Modeerscheinungen der Kultur seiner Zeit schildert, gehören - um nur einige zu nennen - *The Kandy-Kolored Tangerine-Flake Dreamline Baby*, 1965, *Radical Chic & Mau-Mauing the Flak Catchers*, 1970, *Mauve Gloves & Madmen, Clutter & Vine*, 1976, *From Bauhaus to Our House*, 1981, oder *The Purple Decades*, 1983, mit meist auffallenden Titeln, die ihr Thema nicht immer gleich erkennen lassen. Dazu gehört auch die Reportage über Ken Keseys LSD-Tour mit den "Merry Pranksters".

The Electric Kool-Aid Acid Test, 1968

Wolfe schildert zunächst den Anlaß seiner Begegnung mit Ken Kesey und den "Merry Pranksters", nämlich die Absicht, eine Reportage über den nach Mexiko geflüchteten Autor zu schreiben, der, inzwischen nach Kalifornien zurückgekehrt, angeklagt ist, Marihuana besessen zu haben. Er trifft ihn mit den "Merry Pranksters", seinen

Anhängern, bei seiner Entlassung aus der Untersuchungshaft in San Francisco. Mit Hilfe Keseys und seiner Freunde rekonstruiert er die Ereignisse von dem Erscheinen von *One Flew Over the Cuckoo's Nest* bis zu dem Zeitpunkt, da er selbst der Gruppe begegnete. Dabei ist es seine Absicht, "to recreate the mental atmosphere or subjective reality" des Geschehens(415).

Das Leben Keseys vor 1962 wird nur skizzenhaft geschildert. Wichtig wird der Autor für den Journalisten erst mit seiner Niederlassung in Perry Lane und der Entstehung des Romans. Wolfe zeigt, wie Kesey als erfolgreicher Schriftsteller zum Helden von Perry Lane avancierte und als solcher zur zentralen Figur der "Merry Pranksters" und ihrer Bustour wurde. Er legt dabei Wert auf die Tatsache, daß Kesey - zumindest zu Beginn - sich nicht als Führerfigur verstanden wissen will. Wie die ganze Gruppe sich als "Non-people" versteht, so er als "Non-navigator". Die Busfahrt kreuz und quer durch die Vereinigten Staaten wird zu einer "allegory of life"(73). Dennoch wird Kesey von den anderen immer mehr als Führerfigur betrachtet. Wolfe berichtet, daß man in ihm einen "hipster Christ" sah, "'a modern mystic' after the model of Jack Kerouac and William Burroughs"(154). In einer Versammlung von Unitariern wird er zu einem modernen Propheten: "Paul Sawyer [der unitarische Geistliche] looked at Kesey ... and he saw a prophetic figure. He had not *taught* or *preached*. Rather, he had created ... an experience, an awareness that flashed deeper than celebration. Somehow he was in the tradition of the great prophets. The modern world knows prophets only in the stiff reverent language of the texts and scholarly limnings of various religions. Somehow Kesey had created the prophetic *aura* itself, and through the Pranksters many people at the conference had not observed but *experienced* mystic brotherhood, albeit ever so bizarre ... a miracle in seven days"(192). Kesey wird zum Führer der Gruppe, besonders wenn er die Kontrolle der "Acid Test Trips", der öffentlichen Veranstaltungen der Gruppe mit LSD, übernimmt. Zunächst erwächst seine Rolle aber aus derjenigen McMurphys in seinem Roman, mit dem ihn seine Freunde identifizieren.

Das Anliegen der Pranksters - und dazu dienen die "Acid Test Trips" - ist Bewußtseinserweiterung. Um dies zu erklären, greift Wolfe auf Aldous Huxley zurück, der in *The Doors of Perception*, 1954, über seine Erfahrungen mit Mescalin berichtete. Huxley, so heißt es, "compared the brain to a 'reducing valve'. In ordinary perception, the senses send an overwhelming flood of information to the brain, which the brain then filters down to a trickle it can manage for the purpose of survival in a highly competetive world. Man has become so rational, so utilitarian, that the trickle becomes most pale and thin. It is efficient, for mere survival, but it screens out the most wonderous part of man's potential experience without his even knowing it. *We're shut off from our own world*. Primitive man once experienced the rich and sparkling flood of the senses fully. [...] Somehow, Huxley had said, the drugs opened these ancient doors. And through them modern man may at last go, and rediscover his divine birthright -"(46).

Kesey und die "Merry Pranksters" versuchen, die Bewußtseinserweiterung vor allem durch LSD zu gewinnen, das zu ihrer Zeit in Kalifornien noch nicht verboten war. Die Bewußtseinserweiterung sollte zu einem volleren Leben als einem umfaßend gestalteten Kunstwerk führen. Dazu gehörten dröhnende Rockmusik, in die alle Geräusche der jeweiligen Umgebung eingeblendet wurden, die Bemalung des Busses mit "Day Glo"(Leuchtfarben) und das Tragen von Kleidung in ausgefallenen Farben und

Mustern. Später - bei den "Acid Tests" - kommen Lichteffekte wie das "strope light" und die Projektion von Filmen dazu. Auf der Reise mit dem Bus wird dazu ständig gefilmt. Es entstehen insgesamt 40 Stunden Film, *The Movie*. *The Movie* ist aber nicht nur der von den Pranksters gedrehte Film, sondern auch das Erlebnis der Reise als "experience" insgesamt. Das Erlebnis der "acid tests" wird in Entsprechung dazu später "The Life".

Ausgangspunkt für das Unternehmen ist der Versuch, "to develop various forms of spontaneous expression"(60). Angestrebt wird ein Aufgehen im Jetzt und in einer alle umfassenden Identität. "The whole *other world* that LSD opened your mind to," heißt es nachempfindend bei Wolfe, "existed only in the moment itself - *Now* - any attempt to plan, compose, orchestrate, write a script, only locked you out of the moment, back in the world of conditioning and training where the brain was a reducing valve ..."(60). Ein der zeitlichen Dimension unterworfenes Kunstwerk wird danach nicht mehr möglich. Man glaubt aber, in einer solchen Erfahrung zu dem zu kommen, was man ist. Von den Teilnehmern an der Busfahrt heiß es: "Everybody is going to be what they are, and whatever they are, there's not going to be anything to apologize about"(74). Jeder ist, was er ist, aber jedes Ich verschmilzt auch wiederum mit jedem Nicht-Ich. "*Ego* and *Non-Ego* started to merge, too"(141). Es ist ein "*experiencing* of an Other World, a higher level of reality. And a perception of the cosmic unity of this higher level. And a feeling of timelessness"(143). Bei den "Acid Tests"-Veranstaltungen werden Besucher und Veranstalter identisch. Das Erlebnis wird zur "total identification"(234). In der den "Merry Pranksters" nachempfundenen Sprache heißt es dann, "[that y]ou believe that a man should move off his sure center out onto the outer edges, that the outlaw, even more than the artist, is he who tests the limits of life and that - The Movie :::: by getting totaly into Now and paying total Attention until it all flows together in the *synch* and imagining them all into the Movie, your will will determine the flow and control all jungles great and small"(304). Bei den "Merry Pranksters" geht alles mit Elektronik. So steht "synch" als "sychronization" für das Einfügen, Einfühlen in die umfassendere Gruppenidentität. In ihr wird versucht, Grenzen zu neuer, immer umfassenderer Erfahrung zu überschreiten. Eine Einbindung in den amerikanischen Mythos der offenen Grenze zum Westen erfährt dieser Versuch, wenn von "the westernmost edge of experience"(362) die Rede ist.

Nach Wolfe unterscheiden sich die Pranksters von den Beatniks im Osten, den "New York Intellectuals", die versuchen, sich mit Hilfe von Drogen in indischer Meditationspraxis zu üben. Sie wollen auch nichts mit der Anti-Vietnam-Bewegung oder mit den Beatles zu tun haben, da es ihnen darum geht, nicht nur für sich etwas zu erreichen, sondern auch anderen die gleichen Möglichkeiten höheren Erlebens zugänglich zu machen. Von anderen Bewegungen wollen sie sich auch dadurch unterscheiden, daß sie mit Musik, Lichteffekten und anderem alle Sinne erreichen wollen. Bewußtseinserweiterung bedeutet für sie ein Öffnen aller Sinneswahrnehmungen: "One experience, with all the senses opened wide, words, music, lights, sounds, touch - *lightning* - "(10).

Für Wolfe trägt die "experience" der "Merry Pranksters" und ihrer "Acid Tests" alle Merkmale des Religiösen. "The *new experience*" der "Merry Pranksters" vergleicht er mit dem, was der Religionswissenschaftler Joachim Wach als "the experience of the holy" und der Soziologe Max Weber als "possession of the deity" bezeichneten(128). Während Keseys Aufenthalt in Mexiko veranstalteten die "Merry Pranksters" einen

"Acid Test" in Los Angeles, bei dem sie "Kool-Aid", ein Getränk, reichten, in das sie ihr LSD mischten und das daher als "electric" bezeichnet wird. Von dem "Acid Test" heißt es dann, "[that] it was truely turning on the world, inviting all in to share the Pranksters' ecstasy of the All-one ... all become divine vessels in unison"(274).

Kesey und die Pranksters selbst denken weniger an ein religiöses Empfinden. Für Kesey wird es - wie Wolfe andeutet - eher ein philosophisches Problem, wenn er sich der Lektüre Nietzsches zuwendet. Nietzsches Übermensch wird zu dem "super-hero", der man durch die Bewußtseinserweiterung zu werden hofft. Nietzsches Wiederkehr des ewig Gleichen wird mit Hilfe der Droge dadurch herbeigeführt, daß man in der "total identity" wieder in die Undifferenziertheit zurückkehrt, aus der heraus neue Individualisation möglich wird. Aber hierbei wird die Vorstellung der Pranksters - zumindest so, wie Wolfe sie darstellt - widersprüchlich, da es ja eigentlich darum geht, nicht mehr in die Individuation zurückkehren zu müssen.

Letzteres kommt zum Ausdruck, wenn dargestellt wird, daß Kesey nach seiner Rückkehr aus Mexiko die Ansicht äußert, man komme mit dem Experiment der Bewußtseinserweiterung nicht mehr weiter und müsse neue Wege versuchen, die einen ständigen Neubeginn überflüssig machen. Kesey gibt die Parole aus, "to graduate from acid"(13). Die Unternehmungen der Pranksters sind "pranks", Streiche. Gegen Schluß spricht Kesey dagegen immer mehr von "fantasies". Eine dieser "fantasies" - eigentlich die abschließende - ist "the Acid Test Graduation"(35), die darin bestehen soll, daß die durch LSD herbeigeführte Ekstase auch ohne die Droge erreicht wird, mit der unausgesprochenen Erwartung, daß es dann zu keinem Rückfall in die normale Welt mehr komme. Dies würde bedeuten, "to take the Prankster circus further on toward Edge City"(35). "Furthur" - eine Kontraktion von "further" und "future" - ist übrigens das Wort, das die Pranksters als Parole auf ihren Bus geschrieben hatten. Wolfe benutzt die Schilderung der Reaktion auf diese "fantasy" geschickt als "Anti-Klimax" auf dem Höhepunkt der rauschenden "Acid Test-Festivals". Kesey zieht sich auf das Land zurück. Was - nach der Schilderung Wolfes - als epochale Erscheinung in Szene tritt, versinkt klanglos. Nur andeutungsweise kommt zum Ausdruck, daß eine Fortführung des Experiments zu psychischen Dauerschädigungen geführt hätte, wie in dem Falle eines der Mädchen, das schon während der Busfahrt in eine Klinik eingeliefert werden mußte.

In seiner Darstellung der Erlebnisse Ken Keseys und der "Merry Pranksters" von 1962 bis 1966 paßt Wolfe immer wieder Sprache und Stil den Personen an, über die er berichtet. Es ist die Sprache der "hipsters", deren sich bereits Mailer und andere Autoren - so Malcolm X - bedienten. Die Drogenerfahrung wird durch den stellenweisen Übergang in die Reproduktion des Bewußtseinsstroms oder in das Registrieren des nach dem Genuß der Droge unkontrollierten oder ungehemmten Bewußtseins simuliert. Ken Kesey wird schrittweise als "one of the heroes of the psychedelic movement"(30) aufgebaut, und die "Merry Pranksters" werden als signifikante Erscheinung der Epoche charakterisiert. *The Electric Kool-Aid* gehört damit - wie andere Werke Tom Wolfes oder Mailers *Armies of the Night* - zu den Büchern, die in eindringlicher Weise ein Genrebild ihrer Zeit zu zeichnen vermochten. Im Rückblick charakterisiert Wolfe in *The Electric Kool-Aid* in treffender Weise auch die vierziger und fünfziger Jahre, die unmittelbaren Nachkriegsjahre, als die des "American Teenage Drive-In Life"(40), die Jahre des "Superkid" und der "Neon Renaissance"(41). Die Zeit der Pranksters ist für ihn die des "psychedelic movement", die ihre Spuren in der "psychedelic art" hinterlassen hat und weiterwirkt etwa in der "Sound"-Technik der großen Festivals wie Woodstock oder in den "strope lights" der Diskotheken. "The Acid Tests were the *epoch* of the psychedelic style and practically everything that has gone into it"(251). Die Kunst Wolfes und des "New Jounalism" besteht darin, charakteristische Zeitereignisse so zu beschreiben, daß der Leser sie wie die Handlung eines Romans in der Vergegenwärtigung nacherleben kann.

The New Journalism, 1973

In dem einleitenden Essay zu seiner zusammen mit E.W.Johnson herausgegebenen Anthologie über *The New Journalism* spricht Wolfe von diesem als "the first new direction in American literature in half a century"(3). Zur Darstellung seiner Entwicklung greift er auf seine eigene Erfahrung zurück. Weniger an dem Wettkampf interessiert, als erster eine sensationelle Neuigkeit zu erjagen und sie zu Papier zu bringen, "to get a story first and write it fast," wandte er sich dem "feature writing", dem Schreiben von Artikeln zu speziellen Themen der Zeit, zu. Damit gehörte er zu jenen Journalisten, "[who] regarded the newspaper as a motel you checked into, over night on the road to the final triumph. The idea was to get on a job on a newspaper, keep body and soul together, pay the rent, get to know 'the world', accumulate 'experience', perhaps work some off the fat of your style - then, at some point, quit cold, say goodbye to journalism, move into a shack somewhere, work night and day for six months, and light up the sky with the final triumph. The final triumph was known as The Novel"(5). Während der vierziger und fünfziger bis in die sechziger Jahre war der Gedanke, einen Roman zu schreiben, der "American dream"(7) für Journalisten, Verlagslektoren, Werbetexter, Fernseh- und Filmleute oder Professoren an den Englischen Seminaren. Man war von diesem Traum, ein erfolgreicher Schriftsteller zu werden, besessen. Dann aber sieht Wolfe sich anfangs der sechziger Jahre eine Wende vollziehen: "a curious notion [...] had begun to intrude into the tiny confines of the feature statusphere. [...] that it just might be possible to write journalism that would read like a novel"(9). Was sich ereignete, illustriert er mit einem Zitat aus einem Artikel, den Gay Talese im Herbst 1962 für *Esquire* schrieb. "What the hell is going on?" fragt er danach. "With a little reworking the whole article" - über "Joe Louis: the King as a Middle-aged Man" - "could have read like a short story [...]. The piece could have been turned into a non-fiction short story with very little effort"(11). Zuerst dachte er, Talese habe die Geschichte erfunden. Doch das war nicht der Fall. Obwohl es wie "fiction" aussah, resultierte diese Art von Journalismus auf umfassendem Recherchieren der Tatsachen.

Wolfe wendet sich alsdann seiner eigenen Erfahrung im Frühjahr 1963 zu, die er schon in seiner Einleitung zu *The Kandy-Kolored Tangerine-Flake Streamline Baby* beschrieben hatte. Was ihn interessierte, "was not simply the discovery that it was possible to write accurate non-fiction with techniques usually associated with novels and short stories. It was that - plus. It was the discovery that it was possible in non-fiction, in journalism, to use any literary device, from the traditionals dialogisms of the essay to stream-of-consciousness, and to use many different kinds simultaneously, or within a relatively short space ... to excite the reader both intellectually and emotionally"(15). Er erhielt die Gelegenheit, seine Idee in einem Artikel für die Sonntagsbeilage der *Herald Tribune* auszuprobieren. Hier versuchte er nun, "to create the illusion of seeing the action through the eyes of someone who was actually on the scene and involved in it"(18). Für eine Reportage dieser Art brauchte man "a depth of information". Oft mußte man mit den Leuten, über die man schrieb, Tage und Wochen zusammen sein. "It seemed all-important to be *there* when dramatic scenes took place, to get the dialogue, the gestures, the facial expressions, the details of the environment. The idea was to give the full objective description, plus something that readers had always had to go to novels and short stories for: namely, the subjective or emotional life of the character"(21).

Der "New Journalism" wird von Wolfe nicht als eine "Bewegung" angesehen. "There were no manifestos"(23). Die "New Journalists" wurden zunächst im abwertenden Sinne als "parajournalists" bezeichnet. Die neue Form der Reportage wurde ausdrücklich verurteilt. Doch dann veröffentlichte Capote *In Cold Blood* in *The New Yorker* und behauptete, "he had invented a new literary genre, 'the nonfiction novel'"(26). 1968 wandte sich ein weiterer Romanschriftsteller der "nonfiction" zu, Mailer mit *The Armies of the Night*. Dadurch erhielt der "New Journalism", der sich erzählerischer Techniken bediente, ein anderes Ansehen. Während die Reportage des "New Journalism" blühte, schien die Erzählkunst ihre Aufgabe, die Geschichte ihrer Zeit zu dokumentieren, nicht mehr zu erfüllen. "There is no novelist who will be remembered as the novelist who captured the Sixties in America," meint Wolfe(29). Es blieb dem "New Journalism" überlassen, die Geschichte des Jahrzehnts zu schreiben, "when manners and morals, styles of living, attitudes toward the world changed the country more crucially than any political events ... all the changes that were labeled, however clumsily, with such tags as 'the generation gap', 'the counter culture', 'black consciousness', 'sexual permissiveness', 'the death of God', ... the abandonment of proprieties, pieties, decorums connoted by 'go-go funds', 'fast money', swinger groovy hippie drop-out pop Beatles Andy Baby Jane Bernie Huey Eldridge LSD marathon encounter stone underground rip-off ... This whole side of American life that gushed forth when postwar American affluence finally blew the lid off - all this novelists simply turned away from, gave up by default"(29f.). Der "New Journalism" wird damit nach Wolfes Ansicht zum Erben des realistischen Romans. Die Zukunft der Erzählkunst sieht er in "a sort of novel that will be called the journalistic novel or perhaps documentary novel, novels of intense social realism based upon the same painstaking reporting that goes into the New Journalism"(35). Der "Neo-Fabulist" - so nennt er den experimentellen Erzähler - erscheint daneben "like an engineer who decides to give up electricity because it has 'been done'"(41).

Neben Tom Wolfe zählen zu den bedeutenderen Vertretern des "New Journalism" Joan Didion, Richard Rhodes, Gay Talese, Jimmy Breslin und, vielleicht, John Brainbridge. Von den bereits etablierten Schriftstellern läßt sich Mary McCarthy zu ihnen zählen. Um die Mitte der achtziger Jahre betrachten sich die "Literary Jounalists" - so der Titel ihrer von Norman Sims eingeleiteten Anthologie - als Nachfolger der "New Journalists". Zu ihren bedeutenderen Vertretern gehören Richard West, Mark Kramer, Tracey Kidder, Mark Singer, Bill Barich und Sarah Davidson. Als ihr Wortführer erscheint John McPhee. Ihnen geht es darum, daß der Leser die Authentizität dessen, was sie schreiben, erlebt. Um diese Authentizität zu erreichen, muß sich der Autor ganz in seinen Gegenstand vertiefen und ihn so genau wie möglich beschreiben. Der Leser muß das Gefühl haben, sich auf den Berichterstatter verlassen zu können. Dies war allerdings auch bereits das Anliegen der "New

Journalists". Im Grunde handelt es sich bei den "Literary Journalists" nur um eine Verfeinerung der schon von ihren Vorgängern angewandten Methoden.

"New Journalism" und "Literary Journalism" hinterließen ihre Spuren nicht nur in ihren einzelnen Reportagen - oft als Bücher -, sondern auch in einem bemerkenswerten qualitativen Anstieg der Zeitschriften wie *The New Yorker, Esquire, The Atlantic, The Village Voice* oder *The New York Review of Books*, aber auch in Zeitschriften mit eher wissenschaftlichen und sonstigen praktischen Informationen wie *Geo, Science, The Public Interest* oder *Commentary*, einschließlich deren beachtlicher Kunst der photographischen wie graphischen Dokumentation.

Literatur zur Literatur zwischen Sachprosa und Erzählkunst

Tom Wolfe, *The New Journalism* with an Anthology ed. by Tom Wolfe and E.W.Johnson, New York, 1973.
Marshall Fisherick, hg., *New Journalism*, Bowling Green, OH, 1975.
Mas'ud Zavarzadeh, *The Mythopoetic Reality: The Postwar American Nonfiction Novel*, Urbana, IL, 1976.
John Howell, *Fact and Fiction: The New Journalism and the Nonfiction Novel*, Chapel Hill, 1977.
Norman Sims, hg., *The Literary Journalists*, New York, 1984.
Robert A.Smart, *The Nonfiction Novel*, 1985.
Chris Anderson, *Style As Argument: Contemporary American Nonfiction*, Carbondale, IL, 1987.

The Bonfire of the Vanities, 1988

Der Traum der Journalisten der vierziger und fünfziger Jahre, sich als Romanschriftsteller zu etablieren, ging für Tom Wolfe 1988 mit dem Erfolg seines ersten Romans, *The Bonfire of the Vanities*, in Erfüllung. Für Fallow, den englischen Journalisten, einen Charakter dieses Romans, sind seine Artikel "only journalism, after all, a cup of tea on the way to his eventual triumph as a novelist"(191). Wolfe ist mit dem Roman dieser Triumph gelungen.

The Bonfire of Vanities hätte sehr gut wieder ein journalistischer Bericht werden können, nämlich ein solcher über die Kriminaljustiz New Yorks. Sherman McCoy, der Protagonist des Romans, der in die Fänge des Systems geraten ist, warnt bei einer Gesellschaft, die ihn, da er Schlagzeilen macht, interessant findet: "Don't *ever* ... get *caught up* ... in the *criminal justice system* ... in this city. As soon as you're caught in the ma*chinery,* just the ma*chinery,* you've lost. The only question remaining is *how much* you're going to lose. Once you enter a cell - even before you've had a chance to declare your innocence - you become a cipher. There *is* no more you"(621). Spannend vermag Wolfe darzustellen, wie McCloy in die Maschine gerät, wie politische Machenschaften und die Sensationshascherei der Medien den Protagonisten dieser Maschinerie ausliefern. Mit dem Roman intendiert Wolfe aber auch diesmal mehr als mit seinen journalistischen Berichten.

Neben dem speziellen Fall der Justiz zeichnet er in *The Bonfire* ein Bild der sich wandelnden Stadt New York in den achtziger Jahren. Auch dies könnte natürlich noch im Stil eines journalistischen Berichtes erfolgen. Doch konkretisiert sich die

Darstellung in einem individuellen imaginären Geschehen. Mit der Darstellung der Stadt reiht sich Wolfe in die von Dos Passos durch *Manhattan Transfer* begründete Tradition der New York City-Romane ein und scheint dabei eine entscheidende Phase erfaßt zu haben. Diese wird am eindringlichsten im Prolog des Romans umschrieben, wenn der Erzähler der aufgeregten Menge folgt, die den jüdischen Bürgermeister Goldberg bei einer Wahlveranstaltung in Harlem niederschreit und bedroht: "Do you really think this is *your* city any longer? Open your eyes! The greatest city of the twentieth century? Do you think *money* will keep it yours? Come down from your swell co-ops, you general partners and merger lawyers! It's the Third World down there! Puerto Ricans, West Indians, Haitians, Dominicans, Cubans, Columbians, Hondurans, Koreans, Chinese, Thais, Vietnamese, Equadorians, Panamanians, Philipinos, Albanians, Senegalese, and Afro-Americans! Go visit the fontiers, you gutless wonders! Morningside Heights, St.Nicholas Park, Washington Heights, Fort Tyron - *por qué pagar más!* The Bronx, the Bronx is finished for you! [...] Brooklyn - *your* Brooklyn is no more! [...] And you, you Wasp, charity-ballers sitting on your mounds of inherited money up in your co-ops with the twelfth-foot ceilings and the two wings, one for you and one for the help, do you really think you're impregnable? And you German-Jewish financiers who have finally made it into the same buildings, the better to insulate yourselves from the *shtetl* hordes, do you really think you're insulated from the *Third World*?"(13f.) Das Schema der Entwicklung der Stadtgesellschaft von der Übernahme der ursprünglich von WASPs bewohnten Viertel durch Iren, dann durch Juden, schließlich durch Farbige wird hier erweitert um die ganze Palette der Dritten Welt.

Im Zentrum der Darstellung steht der Kampf um die politische Macht auf der Seite dieser Dritten Welt gegen die noch ihre Ämter verteidigende jüdische politische Mafia. Beide Gruppen aber stehen gegen die wirtschaftlich noch bestimmende Macht der WASPs, im Roman repräsentiert durch den Wertpapiermakler McCoy, der aus alter New Yorker Familie stammt und eine 3,5 Millionen Dollar teure Wohnung in der Park Avenue besitzt. Gegenüber der Welt der anderen ist die der Park Avenue ein "Fairyland". Kramer, dem jüdischen Staatsanwalt, wird bei einer Lagebesprechung klar, was Martin, der Detektiv irischer Herkunft, bei seinem Besuch bei McCoy sah: "'The library' ... The Wasps ... Thirty-eight ... only six years older than he was ... they were left all this money by their parents, and they lived in Fairyland. Well, this one was heading for a collision with the real world"(459). Doch um die Zinsen für die Kredite zahlen zu können, die er für den Erwerb seiner Wohnung aufzunehmen hatte, muß McCoy jährlich über eine Million Dollar verdienen. Dies tut er bei Pierce & Pierce, indem er vor seinem Computer am Telephon Papiere im Wert von Millionen kauft und verkauft. Nicht nur der Luxus, in dem er lebt, ist "Fairyland", sondern auch die Erwerbswelt, durch die er sich diesen Luxus leisten kann. Die Wirklichkeit ist nicht mehr weit von der Fiktion entfernt.

Um die "real world" der anderen steht es aber nicht viel anders. Die politischen Interessen werden von kleinen Gruppen vertreten, die den Machtkampf inszenieren und vor allem ihr eigenes Schäfchen ins Trockene zu bringen versuchen. Eine Demonstration wird mit einem Minimum an Beteiligung so vor den Medien inszeniert, daß sie als ein Aufstand der Massen erscheint. Die Medien legen fest, was für die Öffentlichkeit die Wirklichkeit ausmachen muß. Die von ihnen manipulierte Wirklichkeit soll alsdann auch die Wahrheitsfindung vor Gericht bestimmen.

Abe Weiss, der Oberstaatsanwalt, der um seiner Wiederwahl willen bereit ist, nicht dem Recht, sondern der Stimme der manipulierten Massen zu folgen, glaubt, sich damit rechtfertigen zu können, daß er das Werkzeug einer höheren Macht sei. Er sieht sich in einer "modern era in the Laboratory of Human Relations"(544). Die Machenschaften dienen seiner Ansicht nach nur dazu, die gesellschaftlichen Verhältnisse zurechtzurücken. Danach handeln auch Bacon, ein farbiger Geistlicher, und andere, die sich auf Kosten aller bereichern.

Mit dem Transferieren von Millionen am Telephon glaubt aber auch McCoy, die Wirklichkeit beherrschen zu können. Er fühlt sich als einer der "masters of the Universe"(65 u.ö.). Nachdem er sich bei einem Überfall auf seinen Wagen in der Bronx erfolgreich verteidigt hatte, fühlt er sich auch als "King of the Jungle!"(113) In letzterem sieht er sich allerdings sehr bald getäuscht. Aus dem Überfall zweier farbiger Jugendlicher auf seinen Wagen wird mit Hilfe der politischen Mafia, der Medien und der Justizmaschinerie die Flucht vor einem Unfall, bei dem er einen schwarzen Musterschüler lebensgefährlich verletzt haben sollte.

Das, was die journalistische Analyse zum Roman macht, ist die Geschichte dieses Unfalls. In ihr wird McCoy erst lernen müssen, sich in dem Dschungel New Yorks zu bewähren. In seinem "war"(694) vor Gericht und in den Zellen des Untersuchungsgefängnisses wird er zu einem neuen Menschen: "I'm not Sherman McCoy anymore. I'm somebody else without a proper name. I've been that other person ever since the day I was arrested. I knew something ... something fundamental had happened that day, but I didn't know what it was at first. At first I thought I was still Sherman McCoy and Sherman McCoy was going through a period of very bad luck. Over the last couple of days, though, I've begun to face up to the truth. I'm somebody else"(692). Er vermag in dem Dschungel nun wie ein Hund zu reagieren, "[who] knows when it's time to turn into an animal and fight"(693). Wolfe vermag allerdings den Leser von dem Wandel, den McCoy durchmacht, kaum zu überzeugen.

Wolfe überzeugt in dem Roman als Journalist, wenn er die gesellschaftliche Szene New Yorks in den achtziger Jahren zeichnet und die Dynamik der gesellschaftlichen Prozesse veranschaulicht oder das Zusammenspiel von Justiz, Politik und Medien analysiert. Die Wirklichkeit, die er darstellt, erscheint dabei oft genug als absurd. Sie ist, wie schon Bellow feststellte, phantastischer als die Welt des Romans geworden. Doch ist es leider die Wirklichkeit unserer Zeit. Sie wird von Wolfe glaubwürdig geschildert. Als weniger glaubhaft erscheint die Entwicklung des Protagonisten und zwar gerade wegen der objektiven journalistischen Darstellungsweise, die eine dazu notwendige Sympathielenkung verbietet oder sie unglaubwürdig macht. Der Triumph Fallows, des englischen Reporters, besteht am Ende in der Verleihung des Pulitzer Preises für seine Berichterstattung über den Fall McCoy. Auch *The Bonfire of the Vanities* ist eher der Triumph eines Journalisten als der eines Romanschriftstellers. Doch es ist ein hochkarätiger Triumph der Reportage.

Zitiert wurde nach *The Electric Kool-Aid Acid Test*, New York, 1968; *The New Journalism* with an Anthology ed.by Tom Wolfe and E.W.Johnson, New York, 1973; *The Bonfire of the Vanities*, London, 1988 (Picador).

Der Schul- und Hochschulroman und der Initiationsroman

Die bisherige Gliederung der unter dem Aspekt der Gesellschaftskritik und Charakterpsychologie betrachteten Erzählkunst dokumentierte bereits deren Vielfältigkeit. Eine Reihe weiterer Aspekte ließe sich zur detaillierteren Untergliederung anführen; doch würde die Darstellung damit kaum an Übersichtlichkeit gewinnen. Allein, zwei Aspekte seien doch noch aufgenommen, zum einen der der besonders geprägten Welt der Schule, des College und der Universität, zum anderen der der entscheidenden Lebensphase der Initiation.

Der Schul- und Hochschulroman sowie die ihm entsprechende Erzählung erhalten ihre Bedeutung schon allein dadurch, daß Lehrer und Schüler einen großen, wenn nicht sogar den größten Teil der lesenden Bevölkerung ausmachen. Dies kann unter Umständen zu einem hohen Grade von Narzißmus führen, wenn der Professor Romane über Schüler schreibt, die von Schülern gelesen werden und Gegenstand seines Unterrichts werden. Die in sich geschlossene Welt der Schule erweist sich dabei als ein Experimentierfeld, das von der in eigener Verantwortung zu meisternden Wirklichkeit noch abgeschirmt ist. Im Mittelpunkt dieser Erzählkunst können Lehrer wie Schüler stehen. Professoren sind so z.B. die Protagonisten in Randell Jarrells *Pictures from an Institution*, 1954, Malamuds *The New Life*, 1961, oder Nabokovs *Pnin*, 1957, Schüler die in Salingers *The Catcher in the Rye*, 1951, John Knowles' *A Separate Peace*, 1959, oder Oates' *Expensive People*, 1968.

Bei der Geschichte des Schülers handelt es sich zwar meistenteils um eine Initiation; da sie sich aber noch in der geschützten Welt der Schule abspielt, hat sie oft nur vorläufigen Charakter. Initiation gelangt in der Literatur in sehr unterschiedlichen Kontexten zur Darstellung. Sie wird in der Erzählkunst der Gegenwart zum Problem vor allem dadurch, daß die zu gewinnende Identität als solche in Frage gestellt wird. Die Problematik von Initiation und Identität zeigt sich in den verschiedensten Ansätzen zu ihrer Beschreibung in der bisherigen Forschung, wie z.B. in den deutschen Studien der siebziger Jahre zu dem Gegenstand von Peter Freese über *Die Initiationsreise: Studien zum jugendlichen Helden im modernen amerikanischen Roman*, 1971, Arno Heller über die *Odyssee zum Selbst: Zur Gestaltung jugendlicher Identitätssuche im neueren amerikanischen Roman*, 1973, und Manfred Pütz über *The Story of Identity: American Fiction of the Sixties*, 1979. Die folgende Darstellung beschränkt sich auf zwei Beispiele der Initiationsliteratur, die in den fünfziger und sechziger Jahren unter Schülern und Studentinnen eine außergewöhnliche Bedeutung gewonnen hatten: Salingers *The Catcher in the Rye* (unter Mitberücksichtigung seiner Kurzgeschichten) und McCarthys *The Group*.

J.D.Salinger, geb.1919

Millionen Jugendlicher in aller Welt lasen J.D.Salingers *The Catcher in the Rye* und sahen ihre eigenen Probleme des Hineinwachsens in die Welt der Erwachsenen sich in denen Holden Cauldfields, des Helden des Romans, spiegeln. Das literarische Kunstwerk erwies sich damit als soziopsychologisches Dokument. Vor dem Erscheinen des Werkes hatte sich sein Autor zwar bereits mit Kurzgeschichten einen Namen erworben, aber bei weitem nicht die Aufmerksamkeit erregt, die ihm nun zuteil wurde.

Jerome David Salinger war 1919 als Sohn eines jüdischen Vaters und einer schottisch-irischen Mutter in New York geboren worden, absolvierte die Valley Forge Military Academy und bereitete sich - unterbrochen von vorübergehendem Kriegsdienst - mit Hilfe von einer Reihe von Kursen an Colleges und Universitäten auf seine schriftstellerische Laufbahn vor. Es liegen keinerlei Anzeichen dafür vor, daß er auf der Schule oder beim Militär selbst Schwierigkeiten gehabt hätte, wie sie die Helden seiner Erzählungen und vor allem seines Romans kennzeichnen. Seine erste Kurzgeschichte schrieb er in Whit Burnetts Kurs an der Columbia Universität. In Burnetts zu jener Zeit berühmten Zeitschrift *Story* gelangte auch seine erste Geschichte an das Licht der Öffentlichkeit. Er schrieb weiter für *Story*, aber auch für andere Zeitschriften. Seit seinem Erscheinen von "A Perfect Day for Bananafish" in *The New Yorker* 1948 galt er als in seinem Metier etabliert.

"A Perfect Day for Bananafish", 1948

Die Geschichte gliedert sich in drei Teile; der erste berichtet von einem Ferngespräch Muriels in ihrem Hotelzimmer in Florida mit ihrer Mutter in New York. Gegenstand des Gesprächs ist Muriels Mann Seymour. Die Mutter macht sich Sorgen um ihn und fürchtet, er könne Selbstmord begehen. Muriel Glass wird meist nur als "the girl in 507"(3) bezeichnet. Seymour nennt sie "Miss Spiritual Tramp of 1948"(7), und ihr ständiges Kichern bezeugt ihr noch kindisches Wesen. Allem Anschein nach hatte Seymour sie schon als kleines Mädchen kennengelernt. Während des Krieges hatte sie auf ihn gewartet, um ihn nach seiner Rückkehr zu heiraten. Doch sie ist das Kind geblieben, das er vor dem Kriege gekannt hatte.

Während Muriel telephoniert, liegt Seymour am Strand, wo er von Sybil, einem kleinen Mädchen, das im gleichen Hotel wie das Ehepaar Glass wohnt, angesprochen wird. Sybil ist eifersüchtig, weil Seymour dem kleinen dreieinhalbjährigen Sharon Lipschutz erlaubt hatte, sich zu ihm zu setzen, als er Klavier spielte. Seymour lenkt das Mädchen von seiner Eifersucht ab, indem er ihm vorschlägt, einen Bananenfisch zu fangen. So nehmen sie ein Floß und suchen die Küste nach Bananenfischen ab. Es ist "a *perfect* day for bananafish"(22). Was, jedoch, ist ein Bananenfisch? Seymour erklärt es dem kleinen Mädchen spielerisch: "Well, they swim into a hole where there's a lot of bananas. They're very ordinary-looking fish when they swim *in*. But once they get in, they behave like pigs. Why, I've known some bananafish to swim into a banana hole and eat as many as seventy-eight bananas. [...] Naturally after that they're so fat they can't get out of the hole again. Can't fit through the door"(23). Sie bekommen das Bananenfieber und sterben. Die kleine Sybil glaubt, einen Bananenfisch zu sehen, doch Seymour zieht das Floß an Land.

In dem kurzen dritten Teil der Geschichte kehrt Seymour auf Zimmer 507 zurück, in dem Muriel jetzt schläft. Er holt eine Pistole aus seinem Gepäck und jagt sich eine Kugel durch die rechte Schläfe.

Salingers Geschichte läßt sich mit Hemingways "Soldier's Home" vergleichen. In beiden Erzählungen finden sich die "Kriegshelden" nicht mehr in der bei Salinger als "phoney" bezeichneten Alltagswelt zurecht. In bezug auf die Form erscheint die Kurzgeschichte Salingers weniger konzentriert als die seines Vorgängers. Sie bedient sich keiner einheitlichen Perspektive, und das Geschehen folgt keiner erkennbaren Logik. Das melodramatische Ende wird von Szenen umspielt, die es nicht vorbereiten, deren Atmosphäre es jedoch glaubhaft macht.

Nach seinen Kriegserfahrungen fühlt Seymour sich aus der harmonischen Welt seiner Kindheit, zu der auch Muriel gehört hatte und die er jetzt in der kleinen Sybil repräsentiert sieht, ausgeschlossen. Die gegenwärtige Welt sieht er durch die Werbefachleute vertreten, die den größeren Teil des Hotels belegt haben. Er ist in eine Welt der Erwachsenen eingeführt worden, die er als unecht, als "phoney" empfindet. In ihr sieht er sich wie der Bananenfisch seiner Imagination in seinem Loch gefangen. Unfähig, in dieser Welt zu leben und sich ihr anzupassen, begeht er Selbstmord.

In "A Perfect Day for Bananafish" erscheinen - wie in dem späteren Roman - die zwei Welten der Kinder und der Erwachsenen. Die als "nice" betrachtete Welt der Kindheit bedeutet Verbindung und Verstehen. Die als "phoney" betrachtete Welt der Erwachsenen ist unfähig, nach Werten zu leben, denen zu folgen sie vorgibt. Nicht alle Helden Salingers folgen Seymours Beispiel, doch sein Problem, mit einer Welt leben zu sollen, die er als unwahrhaftig, als "phoney" durchschauen zu müssen glaubt, bleibt das wichtigste Thema des Autors. Es erscheint mit unterschiedlichem Ausgang in bezug auf die Angleichung an die Alltagswelt z.B. in "Uncle Wiggily in Connecticut" aus dem gleichen Jahr wie "A Perfect Day for Bananafish", in "For Ésme - With Love and Squalor", 1950, und vor allem in seinem Roman.

The Catcher in the Rye, 1951

Als Autor von hauptsächlich in *The New Yorker* erschienenen Kurzgeschichten hatte Salinger zu Beginn der fünfziger Jahre bereits ein beachtliches Ansehen gewonnen. Wäre es nach den Kritikern gegangen, hätte sich an seinem Rang in der literarischen Welt durch die Veröffentlichung von *The Catcher in the Rye* wenig geändert. Der unerwartete Erfolg des Romans bei den jugendlichen Lesern seiner Zeit hob ihn jedoch weit darüber hinaus. Junge Leser erkannten sich in Holden Cauldfield, dem Protagonisten des Romans, wieder und sahen ihre eigene Einschätzung der Erwachsenenwelt durch die seinige bestätigt. Kaum ein anderes Buch der fünfziger Jahre wurde häufiger diskutiert. Der Roman wurde zur Schullektüre, wurde Gegenstand einer fast unüberschaubaren Zahl literarischer Studien. Die Einschätzung seines Wertes schwankt jedoch beträchtlich. So spricht George Steiner in *Nation* 1959 von "Semi-literate maunderings of the adolescent mind," die "the very ignorance and shallowness of his young readers" schmeichelten(360-3). Warren French sieht dagegen einen therapeutischen Wert des Romans, da er einen Weg zeige, sich trotz des Verlustes der "schönen"("nice") Welt des jugendlichen Idealismus der als "phoney" durchschauten Welt anzupassen.

Zu Beginn des Romans erholt sich der siebzehnjährige Holden Cauldfield von einem Zusammenbruch, den er kurz vor Weihnachten erlitten hatte. Während er sich im Sanatorium einer psychotherapeutischen Behandlung unterzieht, schreibt er die Geschichte seines Zusammenbruchs. Wie bereits zuvor an zwei anderen Schulen war es ihm an der Pencey Prep, seiner dritten Schule, nicht gelungen, sich einzufügen, und er hatte das Internat verlassen müssen. Holdens Niederschrift setzt mit den Ereignissen an dem Samstag vor Beginn der Weihnachtsferien ein. Am späten Abend hatte er einen Streit mit Stradlater, seinem Zimmergenossen, hatte seine Sachen gepackt und die Schule verlassen, um in der Nacht nach New York zu fahren. Dort will er die Zeit bis zum Mittwoch, dem Beginn der Ferien, in einem Hotel verbringen. Seine Eltern sollen erst durch die Benachrichtigung seitens der Schule auf seine Entlassung vorbereitet sein. Doch die Geschichte endet bereits am Montagnachmittag, als er seiner Schwester Phoebe verspricht, sie nach Hause zu begleiten. Die Ereignisse der dazwischen liegenden Zeit machen keine dramatische Handlung aus. Allein sein Weggang von der Pencey Prep kommt einer solchen nahe, wenn er sich mit Stradlater streitet, weil dieser sich mit Jane Gallagher, seiner früheren Freundin, verabredet hat und andeutet, mit ihr Verkehr gehabt zu haben. Zu einer annähernd dramatischen Situation kommt es auch am Ende der Zeit, als er vorübergehend entschlossen ist, sich in den Westen abzusetzen, statt nach Hause zu gehen. Als er sich jedoch von seiner neun Jahre alten Schwester verabschieden will, besteht diese darauf, mit ihm zu gehen. Um sie zu beschützen, macht er seine Entscheidung rückgängig und bringt sie nach Hause.

Die dazwischenliegenden Ereignisse lassen den Gemütszustand des Helden erkennen. Er tritt zutage in Begegnungen mit Spencer, seinem Geschichtslehrer an der Pencey Prep, mit Antolini, seinem früheren Englischlehrer, in New York, mit seinen Mitschülern wie Ackley und Stradlater oder mit Sally Hayes, seiner Freundin. Sein Gemütszustand zeigt sich aber auch in seiner Erinnerung an frühere Begegnungen, so derjenigen mit Jane und vor allem mit seinem bereits vor einigen Jahren verstorbenen Bruder Allie.

Holdens Gemütszustand enthüllt sich weniger in Reflektionen über sich selbst als in seinen Reaktionen gegenüber anderen Personen, oder gegenüber der Welt im allgemeinen. Für ihn sind die ihm begegnenden Erwachsenen "phoney". Das Wort "phoney" erscheint fast auf jeder Seite des Buches. Der Direktor der Schule ist "phoney", da er vorgibt, eine Erziehung für das Leben anzubieten, den Bedürfnissen der Schüler aber nicht gerecht zu werden vermag. Die Schüler erweisen sich als "phoney", weil sie sich für gut halten, wenn sie den Anforderungen der Schule genügen. Stradlater ist in Holdens Meinung "phoney", wenn er glaubt, seine Männlichkeit dadurch unter Beweis stellen zu müssen, daß er Verkehr mit Mädchen hat, ohne sie zu lieben. Es wäre "phoney" für ihn, wenn er, wie Phoebe ihm rät, den Beruf seines Vaters, eines Rechtsanwalts, ergreifen würde. Hinter dem Vorwand, Unschuldige zu verteidigen, sieht er den Versuch, sich durch den Schaden anderer selbst zu bereichern und durch Erfolg Anerkennung zu finden. Seine gut aussehende Freundin Sally ist "phoney", wenn sie versucht, die bewundernde Aufmerksamkeit ihrer Freunde auf sich zu lenken. Seine ganze Umgebung erscheint Holden als "phoney", da jeder eine Persönlichkeit darstellen will, die er nicht ist.

Mit Holdens Enttäuschung kritisiert Salinger eine Gesellschaft, in der nur der Schein gilt und in der eine wirkliche Perönlichkeit keine Chance hat, sich zu entwickeln. Insofern ist *The Catcher in the Rye* Gesellschaftskritik. Der Roman ist natürlich aber vor allem die psychologische Studie eines heranwachsenden Jugendlichen, der nicht bereit ist, die Notwendigkeit anzuerkennen, seine Persönlichkeit in der Auseinandersetzung mit der bestehenden Gesellschaft zu erkämpfen. Das Besondere des Romans kann vielleicht in der Spannung gesehen werden, die sich zwischen der Kritik an der als "phoney" charakterisierten Welt und der Analyse der Persönlichkeitskrise beim Verlassen der "schönen" Welt der Jugend auftut.

Trotz seiner unflätigen Sprache ist *The Catcher in the Rye* ein sehr moralischer Roman. Trotz aller Versuchungen der unwahrhaftigen Welt um ihn herum bleibt

Holden unberührt. Die Dirne, die ihm seine Freunde zuführen, verläßt er unangetastet. Er ist nur fähig, das zu tun, was er vollen Herzens rechtfertigen kann. Er trinkt und raucht, aber wenn es um Prinzipien geht, bleibt er den moralischen Ideen treu, die ihm sein Gewissen vorschreibt.

Holdens ideale Welt ist eine weitgehend romantische Welt. Immer wieder erinnert er sich an seinen toten Bruder Allie oder an Phoebe. Sie haben keinen Anteil an der Welt, die er als "phoney" verachtet. Allie starb zu jung, und Phoebe ist zu jung, um ihre Natürlichkeit verloren zu haben. Wie Sybil in "A Pefect Day for Bananafish" erscheinen sie immer wieder als Bilder einer noch heilen, ungefallenen Welt. In der Tendenz des Erzählerhelden, sich diesen Kindheitsbildern zuzuwenden, gelangt sein regressives Verhalten zum Ausdruck. Er wünscht sich zurück in seine Kindheit bzw. will sie nicht verlassen. Er will noch so ungehemmt natürlich handeln können, wie es sein Bruder tat oder seine Schwester noch tut. Doch es gelingt ihm nicht. Er ist nicht in der Lage, hinter das Bewußtsein zurückzufallen, das er erreicht hat und das sich mit der Welt seiner Altersgenossen wie der Erwachsenen zu arrangieren hat. Selbst nicht mehr in der Lage, in die Welt seiner Kindheit zurückzukehren, betrachtet er es als seine Aufgabe, Kinder davor zu bewahren, am Ende des Roggenfeldes in den Abgrund zu stürzen, in dem die "phoney world" auf sie wartet. Auf Robert Burns' Lied, dem der Titel des Romans entnommen ist, Bezug nehmend, sagt er zu seiner Schwester "I keep picturing all these little kids playing some game in this big field of rye and all. Thousands of little kids, and nobody's around - nobody big, I mean - except me. And I'm standing on the edge of some crazy cliff. What I have to do, I have to catch everybody if they start to go over the cliff"(224).

Auf der einen Seite schaut Holden Cauldfield zurück auf die Natürlichkeit der Kindheit, auf der anderen Seite träumt er von einer von ungerechtfertigten Anmaßungen unberührt gebliebenen Zukunft. Ohne auf ihr Verständnis zu stoßen, schlägt er Sally vor, mit ihr nach Maine zu gehen, um von dem wenigen Geld, das sie haben, zu leben und später ihr Geld auf einfache Weise zu verdienen und mit Wenigem zufrieden zu sein. Später träumt er von einer Flucht in den Westen und der einfachen Arbeit eines Tankstellenwarts, die ihn in die Lage versetzen würde, ohne Ansprüche glücklich in natürlicher Umgebung zu leben. In ihm lebt der "American Dream", der ihn in Versuchung bringt, der Wirklichkeit auszuweichen. Mehrfach erscheint das Bild der Enten auf dem Teich im Central Park. Er fragt sich, wo sie wohl überwintern werden. Er findet keine Antwort auf seine Frage. Nach dem Sommer seiner Jugend weiß er nicht, wie er im Winter seines Erwachsenseins überleben soll.

Der Roman endet, wie bereits erwähnt, mit der Rückkehr Holdens in das Haus seiner Eltern, um Phoebe davor zu bewahren, am Ende des Roggenfeldes in den Abgrund zu stürzen. Er gibt seine Absicht auf, "to light out for the territory". Hans Bungert bemerkt mit Recht, daß es dieses "territory", diese Freizone im Westen, nicht mehr wie noch für Huck Finn am Ende von Mark Twains Roman gibt. Für Holden sind die Alternativen Regression oder Resignation, wobei letztere auch bedeuten könnte, das Beste aus der Situation zu machen. Eine dritte Möglichkeit, die eigenen Vorstellungen zu verwirklichen oder für sie zu kämpfen, gibt es für ihn nicht.

Warren French argumentiert in seiner Studie, "[that] the novel is [...] not aimed at promoting revolt but discourage it - and at encouraging a reconciliation with others who suffer under the burden of man's imperfections"(163). French ist zuzustimmen, daß der Roman kaum eine Ermutigung zum Aufbegehren darstellt. Doch dürfte er auch kaum zu einer Versöhnung aufmuntern. Was er nahelegt, ist Resignation. Mit dieser Resignation mag Salinger die Situation der enthusiastischen Leser seiner Zeit umschrieben haben. Sein eigenes Leben scheint an einer solchen Resignation teilzuhaben, wenn er sich von allem öffentlichen Leben zurückzieht und nur noch Weniges veröffentlicht, so daß die Welt kaum etwas von seinem persönlichen Leben oder seinen persönlichen Ideen weiß. Nach Norman Mailers Äußerung in seinem *Advertisement for Myself* ist Salinger damit "the greatest mind ever to stay at prep school"(467). In der Geschichte unseres Jahrhunderts kann die in Salingers Roman zur Darstellung gebrachte Hilflosigkeit des heranwachsenden Jugendlichen im Angesicht einer von ihm als "phoney" betrachteten Welt als Vorspiel zur Haltung der "Beat"-Generation angesehen werden.

"Franny", 1955

Nach der Veröffentlichung von *The Catcher in the Rye* schrieb Salinger bislang nur noch neun Erzählungen. Deren letzte erschien 1965. Die vielleicht interessanteste dieser späten Geschichten ist "Franny", die 1955 zuerst in *The New Yorker* und 1961, zusammen mit "Zooey", in Buchform erschien. Sie stellt unter anderem eine Satire auf die "phoniness", die Unwahrhaftigkeit des College-Betriebes dar, obwohl das Wort "phoney" nicht mehr in Erscheinung tritt.

Zu Beginn der Geschichte wartet Lane Coutell am Bahnhof auf seine Freundin Franny, um mit ihr ein Football-Spiel zu besuchen. Franny ist, wie der Leser später erfährt, die Schwester von Seymour Glass. Der größte Teil der Geschichte wird von dem Gespräch der beiden in einem Restaurant im Zentrum der Stadt eingenommen. Beide sind ziemlich befangen und ertappen sich dabei, etwas vorzugeben, was sie in Wirklichkeit nicht sind oder empfinden. "She gave Lane's arm a special little pressure of simulated affection," heißt es, oder "[that] the words were no sooner out than she realized that she didn't mean them at all"(10). Das Gleiche wie für Franny gilt für Lane, "[when he] sat back and briefly looked around the room with an almost palpable sense of well-being at finding himself (he must have been sure no one could dispute) in the right place with an unimpeachable right-looking girl." Franny reagiert entsprechend: "[She] had seen it, caught it and sentenced herself to listen to Lane's ensuing conversation with a special semblance of absorption"(11). Mit anderen Worten: Sie sind nicht das, als was sie erscheinen wollen. Sie sind das, was Holden im Roman als "phoney" bezeichnete.

Lane kommt dann auf ein Referat zu sprechen, das er über Flaubert geschrieben und das zur Veröffentlichung einzureichen, sein Lehrer ihn ermuntert hatte. Franny unterbricht ihn und beschuldigt ihn, wie ein Professor zu reden, der, einen Kollegen vertretend, nur um seine Gelehrsamkeit zu demonstrieren, die Autoren schlecht macht, die die Studenten anzuerkennen bereit waren. "It's all the most incredible farce"(17) für sie. Sie macht niemanden im besonderen dafür verantwortlich. Alle machen es so: "Everything everybody does it so - I don't know - not *wrong* or even mean, or even stupid necessarily. But just so tiny and meaningless and - sad-making. And the worst part is, if you go bohemian or something crazy like that, you're conforming just as much as everybody else, only in a different way"(26). Sie fürchtet, verrückt zu werden. Noch versuchend, an der Welt Anteil zu nehmen, "[she] began to feel like such a nasty little egomaniac"(28). Schließlich bricht sie zusammen; doch während sie sich wieder erholt, spricht sie von einem Buch, das sie zur Zeit fasziniert. Sein Titel ist *The Way of a Pilgrim* und erzählt die Geschichte eines russischen Bauern, der, wie Paulus es den Thessalonichern empfohlen hatte, lernen will, unaufhörlich zu beten. Ein Staretz unterweist ihn. Während er sein Gebet ständig wiederholt und das Wort "Gott" immer wieder gebraucht, beginnt Gott in ihm zu wirken. Franny versucht, Lane die Faszination zu erklären, die die Geschichte des russischen Bauern auf sie ausübt. Doch dieser scheint daran nicht interessiert zu sein. "You actually believe that stuff, or what," fragt er sie(38). Franny bricht zum zweiten Mal zusammen. Als sie wieder zu sich kommt, hat Lane den Raum verlassen, um ein Taxi zu rufen. "Alone, Franny lay quite still, looking at the ceiling. Her lips began to move, forming soundless words, and they continued to move"(43). D.h. sie wiederholt das Gebet.

"Franny" ist nicht die Geschichte einer Konversion. Franny ist so gut wie Lane besessen, er von seiner scheinbar distanzierten Gelehrsamkeit, sie von ihrer Faszination für die Geschichte des russischen Bauern. Aber die Spannung der frühen Geschichten und des Romans zwischen der Welt der Kindheit und des Erwachsenseins ist einem Ausgleich gewichen. Wie "Zooey" zeigt, muß Franny lernen, sich weiterzuentwickeln, statt andere zu verurteilen, d.h. ihre Persönlichkeit dadurch zu verwirklichen, daß sie die Welt akzeptiert, wie sie ist. Leider ist "Zooey" nicht von dem gleichen künstlerischen Rang wie die früheren Geschichten. In anderen seiner Geschichten und in seinem Roman dokumentierte Salinger nicht nur Mentalitätsgeschichte seiner Zeit, sondern auch Werke von beachtlichem künstlerischem Rang.

Literatur

Zitiert wurde nach *Nine Stories*, Boston, 1953; *The Catcher in the Rye*, Boston, 1951; *Franny and Zooey*, London, 1962.

Sekundärliteratur:
Frederick L.Gwinn u. Joseph L.Blotner, *The Fiction of J.D.Salinger*, Pittsburgh, 1958.
William F.Belcher u. James W.Lee, hg., *J.D.Salinger and the Critics*, Belmont, CA, 1962.
Henry A.Grunwald, hg., *Salinger: A Critical and Personal Portait*, New York, 1962.
Marvin Laser u. Norman Froman, hg., *Studies in J.D.Salinger: Reviews, Essays and Critiques of THE CATCHER IN THE RYE and Other Fiction*, New York, 1963.
Warren French, *J.D.Salinger*, Boston, 1963, 2.Aufl.1976, überarb.1989.
James Lundquist, *J.D.Salinger*, New York, 1979.
Ian Hamilton, *In Search of J.D.Salinger*, New York, 1988.

Mary McCarthy, 1912-1989

Ähnlich wie Salinger mit *The Catcher in the Rye* Zugang zu einem ungewöhnlich großen Leserkreis fand, während die Kritiker Zurückhaltung zeigten, gelangte Mary McCarthy mit *The Group*, 1963, zu ihrem bedeutendsten, wenn auch ihrem Vorgänger gegenüber bescheideneren Erfolg bei den Lesern, kaum aber bei den Kritikern. Bei letzteren beruhte ihr Ansehen vor allem auf ihrer oft scharfen Kritik an dem

Literaturbetrieb und vor allem an dem Theater ihrer Zeit. Als ihr Meisterwerk auf dem Gebiet zwischen Sachprosa und Erzählkunst gilt die Beschreibung ihrer Kindheit und Jugend in *Memories of a Catholic Girlhood*, 1957. Ihre autobiographischen Schriften fanden weitere Fortsetzungen bis zu dem späten Rückblick in *How I Grew*, 1987, aber auch in den Romanen, in denen sie ihr Leben und das ihrer Bekannten ziemlich unverhüllt verarbeitete. Züge der Autorin erscheinen in Martha Sinnott aus *A Charmed Life*, 1955, in Kay Petersen aus *The Group*, in Rosamund Brown aus *Birds of America*, 1971, oder in Domna Rejnev aus *The Groves of Academe*, 1952. Ein Porträt ihrer Heldinnen kommt einem Porträt ihrer selbst gleich, wie es Willene Hardy beschreibt. Danach genießt sie die Vorteile der Freiheit von Armut, der Intelligenz, einer guten Erziehung und einer anziehenden äußeren Erscheinung. Sie besitzt literarische und andere künstlerische Fähigkeiten, vermag sich klar auszudrücken, ist freimütig, kultiviert, aber oft auch extrem selbstbewußt und andererseits voller Zweifel an sich selbst. Mißtrauisch gegenüber allem Offensichtlichen und Leichten liebt sie die Wahrheit und versucht nie, sich selbst zu betrügen(52). Für viele galt sie - in noch größerem Maße als später Susan Sontag - als die gescheiteste Frau Amerikas. Ihr linksliberal orientiertes politisches Engagement dokumentierte sie durch ihre Mitarbeit an *The Partisan Review* und durch ihre Reportagen über die Politik Senator McCarthys, über Vietnam und die Watergate-Affäre. *Vietnam*, 1967, und *Hanoi*, 1968, sind ihr Beitrag zum "New Journalism". Ihr politisches Engagement fand aber auch seinen Niederschlag in ihren Romanen, wie ihre Kritik an der Kommunistenverfolgung McCarthys in *The Groves of Academe*.

Mary McCarthy war 1912 in Seattle, Washington, geboren worden und fühlte sich dort - so ihre spätere Erinnerung - wie in einem Paradies. Dieses nahm ein jähes Ende durch den Tod ihrer Eltern bei dem Umzug nach Minneapolis, der Heimat ihres Vaters. Mary McCarthy war zu dieser Zeit acht Jahre alt. Ihre Großeltern übergaben sie und ihre Brüder der Pflege einer verheirateten Tante, die wenig Verständnis für die Kinder zeigte. Ihr Großvater mütterlicherseits befreite sie aus dieser Situation und ließ ihr eine angemessene Erziehung zuteil werden. Er ermöglichte auch, daß sie am Vassar College studieren konnte. Ihr Studium an dem College prägte sie für die intellektuelle Szene New Yorks und der nördlichen Westküste. Nach Beendigung des Studiums arbeitete sie für Verlage und Zeitschriften, unterrichtete vorübergehend und versuchte sich auf Anregung ihres zweiten Ehemannes, des Kritikers Edmund Wilson, als Erzählerin. Wilson bereute seine Anregung, als er sich nach ihrer Scheidung in *The Charmed Life* porträtiert fand.

The Group, 1963

Wie alle ihre Bücher ist *The Group* sehr gescheit geschrieben. Die Autorin schwelgt geradezu in ihrer Intelligenz und läßt die Lektüre zu einem intellektuellen Vergnügen werden. Doch im Vergleich zu ihren anderen Schriften ist *The Group* mehr als dies, und zwar insofern, als er das Material für das liefert, was John W. Aldridge 1972 als "panoramic social novel" bezeichnete. Es hätte sich daraus nach dem Vorbild von Dos Passos "a feminist *USA*" machen lassen oder nach dem Vorbild Dreisers "a tragedy built on the plight of women in American society and the collapse of a dream of romantic love." McCarthy gelang es nicht, diese in ihrem Stoff liegende Möglichkeit zu realisieren. Den Grund hierfür sieht Aldridge mit Recht in "the disparity between the sophistication of its style and tone and the essential banality of its perceptions of life"(*The Devil in the Fire*, 217f.).

Der Roman beginnt mit der Hochzeit von Kay Leiland Strong und Harald Petersen in New York. Kay ist eines aus der Gruppe von acht Mädchen, die zwei Zimmer in einem der Türme des Vassar College bewohnen und 1933 - wie die Autorin - ihr Studium abgeschlossen hatten. Alle Mitglieder der Gruppe kommen zu der unkonventionellen Hochzeit. In Abwesentheit der Eltern agieren sie als "Brauteltern". Die Geschichte der Ehe Kays macht dann einen der Hauptteile des Romans aus. Ihre eigenen beschränkten Fähigkeiten erkennend, glaubt Kay an die Begabung ihres Mannes als Bühnenautor. Doch damit, daß sie Harald mit ihren Erwartungen bedrängt, vereitelt sie seinen Erfolg. Norine, eine andere Studentin des Jahrgangs und Rivalin Kays, die selbst nicht zu der "Gruppe" gehört, versucht, eine Erklärung zu geben: "Thwarted social strivings. She made it at Vassar with you people in the South Tower. But she never could make it again. So she transferred all her ambitions to Harald, and the insensate pressure of that was too much for him. She was killing the goose that ought to have laid the golden eggs"(346). Zu dieser Zeit ist die Ehe Kays mit Harald bereits geschieden. Im darauf folgenden Jahr, 1940, trifft sich die "Gruppe" wieder, um Kay zu beerdigen. Sie hatte sich im Vassar Club in New York aus dem Fenster gestürzt. Die Hochzeit und die Beerdigung Kays bilden den Rahmen für die Geschichten der übrigen Mitglieder der Gruppe. Sie besitzen allesamt exemplarischen Charakter. Kays Geschichte ist die einer jungen Frau, die ihre Identität in dem Erfolg ihres Mannes zu finden versucht, der sich jedoch weigert, auf diese Weise festgelegt zu werden. In allen Fällen handelt es sich um eine Art Initiation in das Erwachsensein, vor allem in das Erwachsensein der Frau mit all seinen Implikationen.

Die Beteiligten erzählen einander ihre Schicksale bei verschiedenen Begegnungen, so bei einer Hochzeit, einer Party wie einem zufälligen Treffen. Man fragt nach den gerade nicht Anwesenden und erzählt, was man von ihnen gehört hat. Auf diese Weise wird der Leser durch den Klatsch der Gruppe informiert. Aldridge spricht denn auch von der "petty female gossipness"(218) des Romans. Gelegentlich erscheint die Geschichte als ein Bericht für die Alumnae Zeitschrift des College, den Helena Davidson, ein ziemlich jungenhaftes Mädchen der Gruppe, als Klassenkorrespondentin verfaßt. Bei anderen Gelegenheiten, so im achten Kapitel, erscheint sie als Bericht Libbys. Libby arbeitete zunächst für einen Verlag, später als Literaturagentin. Sie schreibt selbst und heiratet schließlich einen Erfolgsautor. Mit der Geschichte der Gruppe übt sie sich als Schriftstellerin: "It struck her that it would be a fascinating exercise in narrative point of view to tell the story of their relation first from her standpoint and then from Mr LeRoy's. What would stand out, of course, would be the complete contrast. It would show how each of us is locked in his own private world"(188). Die Geschichte wird alsdann tatsächlich erst so erzählt, wie Libby, dann wie LeRoy sie sieht. Doch ist es im Grunde ein bloßes Rollenspiel der Autorin, die sich in diesem Falle mehr oder weniger mit Libby identifiziert. Der Leser ist allerdings nie sicher, mit wem sich die Autorin gerade identifiziert. Es fällt schwer, ihre eigene Stimme auszumachen. Einer der Gründe hierfür mag sein, daß zu viel Wirklichkeit unverwandelt in den Roman übernommen wurde. Doch zeigt sich in der Einführung verschiedener Erzählerrollen auch die Lust der Autorin, mit ihrem Wissen um die Möglichkeiten der verschiedenen Erzählweisen zu brillieren.

The Group ist jedoch nicht in erster Linie darauf angelegt, verschiedene Erzählweisen vorzuführen, sondern Möglichkeiten der Initiation in das Erwachsenenleben der Frau. Darin darf auch der Grund gesehen werden, daß *The Group* zum Bestseller unter College-Studentinnen wurde. Drei Jahre nach dem letzten Pornographieprozeß über D.H.Lawrences *Lady Chatterley's Lover* brauchte der Roman auf keine Tabus mehr Rücksicht zu nehmen. Mit klinischer Exaktheit beschreibt Mary McCarthy, was Dottie bei ihrem ersten Geschlechtsverkehr empfindet. Mit der Genauigkeit einer Krankenschwester erklärt sie, wie ein Pessar eingeführt werden muß. Mit dem Wissen eines Kinderarztes argumentiert sie für und gegen das Stillen der Säuglinge oder über die Methoden, sie daran zu gewöhnen, den Topf zu benutzen. Sie wird zum Psychiater, wenn es darum geht, wie man einen impotenten Ehemann zu behandeln hat. In Anbetracht aller auf diese Weise vermittelten Informationen erscheint die Handlung des Romans als eine schlechte Entschuldigung für das Zurschaustellen des Wissens der Autorin. Entsprechend kann angenommen werden, daß er mehr seines Informationswertes wegen gelesen wurde als um seiner literarischen Kunst willen.

Mary McCarthy ist wohl bekannt für ihre oft zynische Kritik am Leben ihrer Zeit. Doch der Zynismus und die Satire von *The Group* fällt auf sie zurück, wenn die Mädchen der "Gruppe" trotz aller Information, mit der die Autorin sie für ihre Initiation versorgt, scheitern. Was McCarthy natürlich zeigen will, ist, daß die Mädchen wegen ihrer falschen Illusionen gegenüber dem Leben scheitern. Die Hilfe, die sie mit ihrer Information anbietet, ihre "Aufklärung", kann das Scheitern nicht verhindern. Die Ironie dieses Scheiterns rettet den Roman, doch macht sie ihn noch nicht zu einem großen Kunstwerk. Mary McCarthys Verdienst beruht nicht auf ihrer Erzählkunst, sondern auf der, wenn auch oft überzogenen, doch immer geistreichen Kritik an ihrer Zeit.

Literatur

Zitiert nach *The Group*, New York 1963.

Sekundärliteratur:
Barbara McKenzie, *Mary McCarthy*, New York 1966.
Doris Grumbach, *The Company She Kept*, New York 1967.
Willene Schaefer Hardy, *Mary McCarthy*, New York 1981.
Carol Gelderman, *Mary McCarthy: A Life*, London 1989.

Die Erzähler der Beat-Genration

Die Entwicklung der in den voraufgehenden Abschnitten behandelten amerikanischen Erzählkunst seit 1950 folgte derjenigen der Gesellschaft, aus der sie hervorging. Sie ist als eine unmittelbare Reaktion auf die Erfahrung im letzten Weltkrieg, in Vietnam, auf die Bürgerrechtsbewegung sowie auf andere Ereignisse ihrer Zeit zu verstehen. Ihr gemeinsamer Nenner kann größtenteils in den Versuchen der Protagonisten gesehen werden, in einer für sie bedeutungslos gewordenen Welt wieder einen Lebenssinn zu finden. Die dabei auftretenden Unterschiede waren durch den gesellschaftlichen Hintergrund bedingt. In diesem Zusammenhang war auch bereits auf die Beat-Generation verwiesen worden, deren Welt in der Literatur ihrer Zeit ihren Niederschlag fand. LeRoi Jones zählte zu dieser Generation; Norman Mailer betrachtete sich - zumindest vorübergehend - als ihr Sprecher, und Ken Kesey konnte als Erzähler betrachtet werden, der ihr Anliegen in die sechziger Jahre hinüberführte. Im folgenden Teil unserer Darstellung sollen die zwei Hauptvertreter der Erzählkunst dieser Generation noch behandelt werden. Obwohl schon von einigen Merkmalen der Beat-Generation die Rede war, ist es erforderlich, hierzu noch etwas ausführlicher auf ihr Anliegen einzugehen.

Die Anfänge der Beat-Generation wurden unterschiedlich angesetzt; die Mehrzahl der Kritiker ist sich jedoch heute darüber einig, daß sie mit der Ankunft von Allen Ginsberg, Lawrence Ferlinghetti und Jack Kerouac in San Francisco 1953 und mit dem Ende des Koreakrieges in Erscheinung trat. Sie erreichte ihren Höhepunkt an Popularität in der zweiten Hälfte der fünfziger Jahre, von dem Erscheinen von Ginsberg's *Howl*, 1956, bis zur Publikation von William S.Burrough's *Naked Lunch* 1959. Der Beat-Generation ging - wie Thomas Parkinson(P) sie bezeichnete - die "silent generation" voraus, die den Weltkrieg und Korea erlebt hatte und versuchte, sich wieder im normalen Leben zurechtzufinden. Die sich anschließende Blütezeit der Beat-Generation währte demnach nur kurz. Ihre Autoren schrieben und veröffentlichten zwar weiter, doch beherrschten sie in der Folge nie mehr die Szene im gleichen Maße.

Parkinson unterscheidet zwischen "beats" und "beatniks" und versteht unter den "beats" nur jene "beatniks", die sich literarisch äußerten. Da sich jedoch ein sehr großer Teil der "beatniks" literarisch zu betätigen versuchte und die Ergebnisse ihres Bemühens sehr unterschiedlichen Wertes sind, hilft die Unterscheidung sehr wenig. Doch läßt sich sehr wohl sagen, daß eine Gruppe von Dichtern, inspiriert vor allem durch Kenneth Rexroth, zu der auch Gary Snider und Phil Whalen gehörten, die Dichtweise der Beat-Generation vorwegnahm - ohne von ihrem Weltverständnis und ihrer Lebensweise her gesehen - dazuzuzählen.

Grundsätzlich sind die "beats" nach der Definition Paul O'Neills "social rebels first and poets only second" (P 242). Doch sind sie keine Revolutionäre; sie kämpfen nicht für eine Veränderung der Gesellschaft, sie verweigern sich ihr. Nach einem ihrer Sprecher, Clellon Holmes, Autor von *Go*, eines Beat-Romans, besteht die Beat-Philosophie in einer Suche, nicht in einer Flucht. Junge "beats", meint er, nehmen eine

Verhaltensweise an, die von ihren Eltern abgelehnt wird, da deren Maßstäbe und Werte den Problemen ihrer Kinder nicht gerecht zu werden vermögen. Nach Holmes sehnen sich die "beats" nach Werten, doch nach anderen Werten als denen ihrer Eltern. Gegebenenfalls bringen sie ihr Verlangen durch kriminelles Verhalten zum Ausdruck. Positive Umschreibungen der Werte, nach denen der "beat" sein Leben zu gestalten versucht, sind kaum zu finden. In der Praxis erwies sich Beat vornehmlich als ein Dagegensein, nicht als ein Für-etwas-Sein. Alles, was für den "beat" nicht "beat" oder "hip" ist, ist "square", d.h., gehört der korrupten, schon zerstörten Welt an, an der er selbst keinen Anteil haben will. Im Gegensatz zur folgenden Generation ist die Beat-Generation extrem unpolitisch. Der "beat" will nicht von der Gesellschaft abhängig ("hooked up")sein. Seine Haltung ist die der Ablehnung und der Verweigerung.

In seiner Konfrontation mit der Gesellschaft kann der "beat" - wie dies mehrfach geschehen ist - auch als eine neue Version der Boheme oder der subversiven Tradition in Amerika betrachtet werden. Ginsberg ist stolz auf Walt Whitman als einen seiner literarischen Vorgänger. Kerouacs *On the Road* wurde als zeitgenössische Entsprechung zu Mark Twains *Huckleberry Finn* verstanden. Selbst in bezug auf den Gebrauch von Drogen berief man sich auf Vorgänger wie Poe, Coleridge oder De Quincy. Sicher sind die Beat Generation, die Welt der Boheme und die subversive Tradition in den USA durch eine Reihe von Elementen verbunden. North Beach, San Francisco, kann als ein weiteres Greenwich Village oder eine andere Left Bank betrachtet werden. Dennoch hat die Beat-Generation ihre allein sie betreffenden besonderen Kennzeichen, auf die noch einzugehen ist.

Mit Whitman teilen die "beats" ihren Glauben an den gegenwärtigen Augenblick und das Annehmen der Dinge, wie sie sind. "In their enthusiastic acceptance of the visionary and spiritual element in life, in their indiscriminate assertion that all is holy - that we are all, as Kerouac says, angels even if we do not know it, in their passionate concern with the individual and their rejection of all that inhibits his free development, in their unqualified commitment to experience," heißt es bei John P.Sisk, "they underline traditionally sacred American patterns of thought and action." Dementsprechend "the poet is defined as prophet or visionary; he is a seer more than a maker; the sign of his authentic vision is the quality of unchecked outpour, of rhapsodic, jazz-inspired improvisation in his utterance. He is the poet as inspired madman"(P 199). Im Gegensatz zu den Bohèmiens der zwanziger und dreißiger Jahre gibt sich der "beat" ausdrücklich anti-intellektuell. Er ist, wie Norman Podhoretz es formuliert, ein "know-nothing populist." Die Beat-Generation "is hostile to civilization; it worships primitivism, instinct, energy, 'blood'. To the extent it has intellectual interests at all, they run to mystical doctrines, irrational philosophies, and left-wing Reichianism"(P 203f.). Der Primitivismus des "beat" erscheint dabei oft als Tarnung der anti-intellektuellen Einstellung. Podhoretz geht sogar darüber hinaus, wenn er sagt, "that the beat Generation's worship of primitivism and spontaneity is more than a cover for hostility to intelligence; it arises from a pathetic poverty of feeling as well. The hipsters and hipster-lovers of the Beat Generation are rebels, all right, but not against anything so sociological and historical as the middle class or capitalism or even respectability. This is the revolt of the spiritually underprivileged and the crippled of soul - young men who can't think straight and so hate anyone who can"(P 211). Die Beschreibung könnte auf Jack Kerouac gemünzt sein, den "football"-Spieler, der aufgrund seiner sportlichen Fähigkeiten Student der Columbia Universität wurde, intellektuell aber seine Situation an der Universität nie zu bewältigen vermochte. In seinem Selbstverständnis bleibt der "beat" zweideutig. Er verweigert sich einerseits jeder ihm durch die Gesellschaft zugeschriebenen Identität, andererseits versucht er, sich in einer umfassenderen Identität zu verlieren. "They're disgusted because they've got to save their own egos, you see," heißt es bei Holmes. "But I haven't got one, I mean I don't care about all that anymore, so it doesn't matter to me [...]. I just accept it so as not to get hung up"(P 216). Das Dilemma dieser Situation zeigt sich schließlich in der Tendenz des "beat" zur Selbstzerstörung. Dies ist in exemplarischer Weise der Fall bei Dylan Thomas, den Kenneth Rexroth als Prototyp des Beat-Dichters betrachtet. Andere Beispiele dafür sind Jackson Pollock, der Maler der Generation, Charlie Parker, der von der Beat-Generation vergötterte Saxophonspieler, wie auch Jack Kerouac.

Die Kunst des "beat" besteht nach Ansicht Warren Tallmans darin, dem Augenblick Dauer zu verleihen. Für den "beat" wird der Augenblick zu "the golden island ahead where one can score, then fix, then swing. To swing is to enter into full alliance with the moment and to do this is to triumph over the squares who otherwise run the world"(P 217). Wesentlichstes Mittel, dem Augenblick Dauer zu verleihen, ist die Improvisation. Der "hipster" oder "beat"-Held, der diese beherrscht, ist der Jazzmusiker, allen voran ihr Idol Charlie Parker. Die Folge von "score, fix and swing" wird im Beat-Jazz realisiert, d.h., als "bob" durch "hop, skip and jump." Wie Talman darlegt, "the melody (the escalator) has been assimilated into the pattern of improvisations (hop, skip, jump) and the improvisations - always the life of jazz - have dominated in this merger"(P 219). Während im Jazz die Improvisation von einer Ebene der Melodie zu einer anderen führt, fügt sich im Bob eine Improvisation an die andere; die Melodie wird eliminiert. Die Bewertung dieser Praxis schwankt: ein Teil der Kritiker sieht im Bob den Höhepunkt der Entwicklung in der Jazzimprovisation, andere finden ihn schlichtweg langweilig.

Eine andere Version der Theorie, dem gegenwärtigen Augenblick durch Improvisation Dauer zu verleihen, wird von Kenneth Rexroth vertreten. Nach Rexroth versuchten sich Dylan Thomas wie auch Charlie Parker gegen "the ruin of the world" durch "the creative act" zu verteidigen(P 181). Das Thema oder der Gegenstand ihrer Kunst spielte dabei keine Rolle. Für Thomas ist bei der Zwiespältigkeit der ständigen Wiederkehr von Geburt und Tod von entscheidender Bedeutung "the entranced rapture at his own creativity"(P 180). "Thomas's ellipsis and ambiguities are ends in themselves. The immediate theme, if it exists, is incidental, and the main theme - the terror of birth - is simply reiterated" (P 182). Was Tallman als eine Sequenz von Improvisationen beschreibt, erscheint bei Rexroth als "confabulation". Aus dieser Sicht gesehen, kommt die Literatur der Beat Generation bereits nahe an die "metafiction" der experimentellen Erzähler heran, die von McCafferie zunächst auch als "fabulation" bezeichnet worden war. Der Unterschied zwischen beiden besteht natürlich darin, daß es den "beats" auf das "Fabulieren" als solches ankam, während es den experimentellen Erzählern ein Mittel, mögliche Muster der Wirklichkeit zu entwerfen war. Die Zwiespältigkeit von Geburt und Tod, um die nach Rexroth das Dichten von Thomas immer wieder kreiste, entspricht der Vorstellung von "holiness" einer jeden Person, wie sie bei Kerouac und anderen Autoren der Beat-Genaration erscheint.

Ein weiteres entscheidendes Kennzeichen der Beat-Generation und ihrer Erzähler ist der Konsum von Drogen. Man beginnt mit Marihuana oder LSD und greift meist sehr bald zu stärkeren Drogen und endet nicht selten mit Heroin. Das Rauchen von "tea" (Marihuana), der "joint" (der Marihuana-Zigarette), der "roach" (der Kippe) erscheinen immer wieder in der Literatur der Beat-Generation. Das Hauptproblem der Drogenabhängigkeit besteht für den "beat" darin, daß er, der sich ganz auf die Entfaltung seines Ichs konzentriert, dieses unter dem Einfluß der Droge immer wieder verliert. Es kommt ihm darauf an, sich vor den anderen als "hip" zu erweisen; man lebt in Gruppen, kleidet sich auf auffallende Weise. Starke Drogen jedoch isolieren den Einzelnen; sie lassen ihn mit sich selbst allein. Es gehört zur Haltung des "beat" oder des "bob", Distanz zu wahren: "cool" zu sein (im Gegensatz zu dem "hot" des Jazz); im praktischen Leben spielt das Erleben in der Gruppe jedoch eine entscheidende Rolle. Zur Welt der Beat-Generation gehört auch die Neigung zum Zen-Buddhismus, der zu ihrer Zeit großen Anklang in den USA fand. Ihr Verhältnis zu ihm blieb jedoch sehr oberflächlich. Er forderte ein zu großes Maß an Disziplin, das der "hipster" im Regelfalle nicht zu leisten geneigt war. Was ihn anzog, war "the basic Buddhist goal of achieving absorption into the All"(P 259).

In bezug auf Liebe neigte die Beat-Generation zur Libertinage. Es gehörte zu ihrem "primitivism", den Orgasmus zu feiern. Zum großen Teil handelte es sich um bloße Angabe, da der Genuß von Drogen oft genug zur Impotenz führte. Es gehörte zum Ritual, ein "chick" (Mädchen) auf dem "pad"(Polster) zu haben, doch waren Frauen unter ihnen deutlich in der Minderheit. Oft verband man sich mit einem Mädchen, das verdiente, damit das "bread" (der Unterhalt) gewährleistet war. Zur Szene gehörten Lesbierinnen wie - so Ginsberg - Homosexuelle. Man stellte seine Neigungen ungeniert zur Schau.

Die Beat-Generation vermochte sich geschickt in Szene zu setzen, sie erregte die öffentliche Aufmerksamkeit in einem ungewöhnlichen Maße. Heute gehört sie der Vergangenheit an. Der Wert ihrer Erzählkunst wurde maßlos überschätzt. Die meisten ihrer Werke sind heute vergessen. Doch sie hinterließen ihre Spuren in der Gesellschaft, wie in der Literatur. Als der Hauptvertreter ihrer Erzählkunst sollte Jack Kerouac von ihr selbst zum Idol erhoben werden. *The Naked Lunch* von William Burroughs, der selbst nicht zu dem engeren Kreis der Generation zählt, wurde für sie zu einem heiligen Buch.

Literatur

Thomas Parkinson, *A Casebook on the Beat*, New York, 1961.
Bruce Cook, *The Beat Generation*, New York, 1971.
John Tytell, *Naked Angels: The Lives and Literature of the Beat Generation*, New York, 1976.
Gertrude Betz, *Die Beatgeneration als literarische und soziale Bewegung*, Frankfurt am Main, 1977.
Dennie McNally, *Desolate Angel: Jack Kerouac, the Beat Generation and America*, New York, 1979.
Lee Bartlett, hg., *The Beats: Essays in Criticism*, Jefferson, NC, 1981.
Gregory Stephenson, *The Daybreak Boys: Essays on the Literature of the Beat Generation*, Carbondale, IL, 1990.

Jack Kerouac, 1922-1969

Jack Kerouac wurde von der Beat-Generation als ihr Prophet gefeiert. Nach dem Zeugnis von Leuten, die ihm begegneten, ging wohl ein Charisma von ihm aus, mit dem er seine Freunde von allem überzeugen konnte, was er "verkündete". Die Niederschrift der Begegnungen mit seinen Freunden dehnte seinen Einfluß auch auf einen großen Teil der Leser aus. Die Begegnung mit Kerouac und seinen literarischen Ergüssen trug wesentlich dazu bei, Beat zu einer wirklichen, die ganze westliche Welt übergreifende Bewegung werden zu lassen.

Von franco-kanadischer und indianischer Herkunft, war Kerouac in Lowell, Massachusetts, 1922 geboren und - wie Mary McCarthy - im katholischen Glauben erzogen worden. Sehr früh entwickelte sich sein Ehrgeiz, Schriftsteller zu werden. Seine literarischen Helden waren Jack London - als Tramp - und Thomas Wolfe - als Beispiel für die Sehnsucht, die Welt umarmen zu können.

Als guter "football"-Spieler erhielt er ein Stipendium an der Columbia Universität in New York. Doch Sport *und* Studium waren zu viel für ihn, so daß er die Universität sehr bald wieder verließ. Er versuchte sich in verschiedenen Gelegenheitsarbeiten, bis er Allen Ginsberg, Neal Cassidy und anderen aus deren Kreis begegnete und während des Krieges damit anfing, seinen ersten Roman zu schreiben. Nach dem Krieg begann er - mit oder ohne Neal Cassidy - seine "tramping tours" kreuz und quer durch den Kontinent, die Gegenstand der meisten seiner Bücher wurden. Sein erster Roman, *The Town and the City*, 1950, zeigt noch den starken Einfluß Thomas Wolfes. Sein nächstes Buch - Reisebericht oder autobiographischer Roman, wie immer man es bezeichnen mag - war *On the Road*. Es dauerte fünf Jahre, bis er einen Verleger dafür fand. Dann wurde es aber zu *dem* Buch der Beat-Generation. Von den zwölf weiteren Büchern, die er in den nächsten sechs Jahren schrieb, wurde keines so gefeiert wie *On the Road*, obwohl *The Subterraneans* von 1958 in ähnlicher Weise als Manifest der Bewegung hätten dienen können. *The Dharma Bums*, 1958, führte Zen als Teil der Beat-Philosophie ein. Doch wie Zen für Kerouac persönlich keine größere Rolle spielen sollte, vermochte auch das Buch keinen größeren Einfluß auf seine Leserschaft auszuüben. Aus der langen Reihe der Werke sollte noch auf *Desolation Angels*, 1965, verwiesen werden, da sein Titel die Beatniks so umschreibt, wie sie selbst sich sahen. Seine "road novels" beabsichtigte er zu überarbeiten und als *Dulouz Legend* zusammenzufassen. Doch dazu kam es nicht mehr.

Die Literatur der Beat-Generation besteht im wesentlichen in der Beschreibung ihres Lebens. Dies gilt auch für Kerouac. *On the Road*, wie der größte Teil seiner weiteren Werke, besteht aus dem Bericht über eine Reihe von Fahrten durch die USA und Mexiko. Beat war für die Beat-Generation das Leben, wie es in diesen "road-novels" beschrieben wurde. Doch um diese Berichte schreiben zu können, mußte ihr Autor sich immer wieder in die wohl geordnete Welt seiner Mutter - im Roman ist es die der Tante des Protagonisten - zurückziehen. Das bedeutete aber auch, daß ihm das Leben "on the road" nicht genügte, sondern daß ihm sehr daran lag, Anerkennung in der literarischen Welt zu gewinnen. Das Geld, das ihm der Erfolg einbrachte, brauchte er zur Finanzierung weiterer Fahrten, die er als Stoff für immer wieder neue erfolgreiche Bücher verwandte. Diese Serie konnte er nicht für immer fortsetzen. Eine der

Qualifikationen für die Zugehörigkeit zur Beat-Generation war es, jung zu sein. Auch für Kerouac ging die Jugend einmal zu Ende. Bereits *On the Road* endet mit diesem Gedanken: "Nobody, nobody knows what's going to happen to anybody besides the forlorn rags of growing old." Drogen und Trinken führten Kerouac 1969 zu einem frühen Tode. Sein Leben und sein Werk bilden eine Einheit, sie harmonisieren jedoch keineswegs. Sie stehen in dieser Einheit in einem Kontrast zueinander. Dieser Kontrast - oder dieses Paradoxon, das in ihm gesehen werden kann - erscheint bereits in

On the Road, 1957.

Der autobiographische Roman berichtet von vier Fahrten Sal Paradises, des Erzählers, mit oder ohne seinen Freund Dean Moriarty und einer Reise Deans zwischen 1947 und 1949. Der Erzähler ist ohne weiteres als Kerouac selbst, Dean Moriarty als sein Freund Neal Cassidy zu erkennen. Das Werk wurde auf die unterschiedlichsten und oft sich widersprechenden Weisen verstanden. So interpretiert Carole G.Vopat den Roman als eine Kritik an der Beat-Generation. Obwohl Sal sich auf Fahrt begibt, um dem Leben mit seinen Verantwortungen und menschlichen Bindungen zu entrinnen, um seine Identität und das von Vernunft geregelte Leben eines Erwachsenen hinter sich zu lassen, hält Vopat ihn für fähig, seine Impulse zu korrigieren und ein Gefühl von Kontinuität zu vermitteln, das den anderen Charakteren fehlt, sowie seine Abhängigkeit von Dean Moriarty und von seinem Leben "on the road" richtig einzuschätzen. Nach Vopats Interpretation wendet sich Sal schließlich von dem Leben der Beat-Generation ab. Doch entzieht er sich diesem Leben keineswegs auf die Dauer, sondern wird - wie der Autor - seine Wanderungen fortsetzen. Er zieht sich *von* dem Leben auf der Straße nur vorübergehend zurück, um das Buch *über* das Leben auf der Straße zu schreiben.

George Dardess sieht in dem Roman eine Entwicklung von demjenigen, der das Leben der "beats" lebt, zu dem, der es beschreibt. Danach wandelt Sal sich vom unschuldigen romantischen Beobachter des ersten Teils zum geblendeten Bewunderer im zweiten, um dann im dritten Teil, dem Wendepunkt, Dean in väterliche Obhut zu nehmen und langsam die Gefahren zu erkennen, mit denen die Verantwortung für das Leben eines anderen verbunden ist. Im letzten Teil kommt - der Interpretation Dardess' zufolge - Sal zu einem Entschluß, der eigentlich keiner ist: Statt Dean als eine "Ratte" abzuschieben oder ihn als einen "Gott" in seine Arme zu schließen, will er beides miteinander vereinen, das heißt aber nur, weder das eine noch das andere zu tun. Dean ist jedoch von Anfang an zweideutig in seiner Haltung. Die Möglichkeiten des "beat" bestehen im Grunde nur darin, entweder "hip" zu leben oder "square" zu werden, um zu beschreiben, wie man "hip" lebt.

Der von Sal bewunderte Freund Dean Moriaty, der Neal Cassidy in Kerouacs Leben, wird von dem Erzähler als Verrückter ("madman") eingeführt. Doch die Verrückten sind die einzigen, mit denen Sal zu tun haben will: "The only people for me are the mad ones, the ones who are mad to live, mad to talk, mad to be saved, desirous of everything at the same time, the ones who never yawn or say a commonplace thing, but burn, burn, burn like fabulous yellow roman candles exploding like spiders across the stars and in the middle you see the blue centerlight pop and everybody goes 'Awww!'"(8) Deans Wahnsinn besteht in einer selbstzerstörerischen Besessenheit. Sal weiß, daß Dean ein Sträfling ist, weiß, daß er betrügt. Dennoch ist er für ihn auch "the holy con-man with the shining mind"(7). Er weiß um Deans Kriminalität, weiß, daß er Wagen stiehlt, um spazierenfahren zu können; doch sieht er darin nur "a wild yea-saying overburst of American joy; it was Western, the west wind, an ode from the Plains"(10). Für Sal ist Dean mit seiner unglaublichen Energie "a new kind of American saint"(39). Sal sieht auch die weniger erfreulichen Seiten von Deans Leben: daß er die Arbeit eines Parkplatzwächters annehmen muß, um seine Frau zu unterhalten und die Miete bezahlen zu können.

Dean ist vornehmlich besessen, alles zu jeder Zeit zu genießen. Auf einer ihrer wilden Fahrten "Dean was tremendously excited about everything he saw, everything he talked about, every detail of every moment that passed. He was out of his mind with real belief. 'And of course now no one can tell us that there is no God. [...] Everything is fine, God exists [...]'"(120). Als Berichterstatter versucht Sal auf Distanz zu bleiben. "There was nothing clear about the things he said," kommentiert Sal, "but what he meant to say was somehow made pure and clear. [...] I had never dreamed Dean would become a mystic"(121). Kerouac nannte sich selbst einen "Catholic mystic," und Sal erfährt im Roman Wirklichkeit in der gleichen Weise wie Dean. Als sie auf ihrer Fahrt durch Mexiko an Schäfern mit ihren Herden vorbeifahren, weckt er Dean: "wake up and see the shepherds, wake up and see the golden world that Jesus came from, with your eyes you can tell!"(282) Auf ihrer ersten Fahrt in den Westen essen sie in einem Wagenrestaurant, als ein Farmer eintritt und lacht: "I heard a great laugh," berichtet Sal, "the greatest laugh in the world, and here came this rawhide old-timer Nebraska farmer with a bunch of other boys into the diner; you could hear his raspy cries clear across the plains, across the whole gray world of them that day. Everybody else laughed with him. He didn't have a care in the world and had the hugest regard for everybody. I said to myself, Wham, listen to that man laugh. That's the West, here I am in the West. [...] It was the spirit of the West sitting right next to me"(21). Sal huldigt damit dem gleichen Mystizismus wie Dean. Für das, was ihn begeistert, vermag er genau so wenig eine Erklärung zu geben wie Dean. Seine Reaktion ist die gleiche wie diejenige Deans in ähnlichen Situationen: "Wham!"

Was Dean wie Sal suchen, ist "the last thing": "That last thing," sagt Sal, "is what you can't get [...]. Nobody can get to that last thing. We keep on living in hopes of catching it once for all"(48). Dean glaubt, daß es der Altsaxophonist in einer Bar in San Francisco gefunden habe: "'that alto man last night had IT - he held it once he found it [...].' I wanted to know what 'IT' meant. 'Ah well' - Dean laughed - 'now you're asking me impon-de-rables-ahem!'"(206) "IT" kann nicht beschrieben werden, aber "we know what IT is and we know TIME and we know that everything is really FINE"(208).

"IT" ist eigentlich nicht etwas, was man schon erlebt hat, sondern etwas, was man zu erleben hofft. Die Fahrten Sals und Deans sind eine "quest" nach dem "IT". Anläßlich eines Besuchs bei Old Bull Lee - dem alter ego von William Burroughs' im Roman - wird Dean von diesem gefragt, warum er so das Land durchfahre. Hilflos antwortet Dean: "Ah well, you know how it is." Und selbst Sal sieht sich genötigt, der Antwort auszuweichen(145). Später gesteht Sal: "What I accomplished by coming to Frisco I don't know"(177). In Chicago meint Dean: "we gotta go and never stop going till we get there." Sal fragt: "Where we going, man?" und Dean antwortet: "I don't know but we gotta go"(238). Worauf es allem Anschein nach ankommt, ist nicht das "where", sondern das "going". Dennoch glaubt Sal, das Ziel erreicht zu haben, als sie nach Mexiko kommen. "We had finally found the magic land at the end of the road" (276). Das mexikanische Abenteuer endet jedoch mit einer Orgie in dem Bordell Gregorias, wo sie, trunken von Drogen, Alkohol und Sex, von der Bevölkerung ausgenommen und ausgelacht werden. Sal landet krank und ohnmächtig in Mexico City.

Das Leben "on the road" führt letztlich in den Tod. Kurz vor ihrer Sylvesterparty 1948 glaubt Sal, etwas vergessen zu haben. Schließlich erinnert er sich daran: "Something, someone, some spirit was pursuing all of us across the desert of life and was bound to catch us before we reached heaven. Naturally, now that I look back on it, this is only death: death will overtake us before heaven. The one thing that we yearn for in our living days, that makes us sigh and groan and undergo sweet nauseas of all kinds, is the remembrance of some lost bliss that was probably experienced in the womb and can only be reproduced (though we hate to admit it) in death. But who wants to die? In the rush of events I kept thinking about this in the back of my mind. I told it to Dean and he instantly recognized it as the mere simple longing for pure death"(124). Das Abstreifen allen zivilisierten Lebens, das Abschütteln aller Verantwortung für andere bedeutet schließlich ein Sich-zurück-Ziehen in den Mutterschoß. Dies wird sehr deutlich, wenn Deans Geschlechtsverkehr erklärt wird als "mad with a completely physical realization of the origins of life-bliss; blindly seeking to return the way he came"(132).

Neben der Erwartung des Todes oder der Rückkehr in den Mutterschoß steht der Rückfall in einen prähistorischen Primitivismus oder die Ablehnung des Intellekts zugunsten einer Verherrlichung der Seele - "SOUL". Zu Beginn des Romans spricht Sal von Dean als "a young jailkid all hung-up on the wonderful possibilities of becoming a real intellectual"(6). Doch korrigiert sich Sal sehr bald, indem er einschränkt, daß "Dean's intelligence was every bit as formal and shining and complete, without the tedious intellectualness"(10). Sal unterläuft das übliche Mißverständnis, im Neger den idealen Vertreter der nicht-intellektuellen Lebensweise zu sehen. Als er durch Denver geht, wünscht er sich, ein Neger zu sein, "feeling that the best the white world had offered was not enough for me, not enough life, joy, kicks, darkness, music, not enough night. [...] I was only myself, Sal Paradise, sad, strolling in this violet dark, this unbearably sweet night, wishing I could exchange worlds with the happy, true-hearted, ecstatic Negroes of America"(180). Er entwickelt eine ganze Theorie von der Geschichte der "Fellahin Indians", wonach die Menschheit eines Tages wieder zu ihrer ursprünglichen Lebensweise zurückkehren werde, ohne daran zu denken, daß diejenigen, die danach leben, sie gerne abstreifen würden, wenn sie dazu in der Lage wären. Der von Sal verherrlichte Primitivismus entspricht im Grunde Deans Wahnsinn. Sal "suddenly realized that Dean, by virtue of his enormous series of sins, was becoming the Idiot, the Imbecile, the Saint of the lot"(193). Immer wieder entledigt sich Dean aller Verantwortung und wird gerade aufgrund dessen zum "Holy Goof" - "Gimpel the fool". Es ist der Preis, der bezahlt werden muß, um man selbst zu sein(194). In Sals Vision wird Dean schließlich zu einer Art Gargantua. Er erscheint ihm als "a burning shuddering frightful Angel, palpitating toward me across the road, approaching like a cloud, with enormous speed, pursuing me like the Shrouded Traveler on the plain, bearing down on me. I saw his huge face over the plains with the mad, bony purpose and the gleaming eyes; I saw his wings; I saw his old jalopy chariot with thousands of sparking flames shooting out from it; I saw the path it burned over the road; it even made its own road and went over the corn, through cities, destroying bridges, drying rivers. It came like wrath to the West. I knew Dean had gone mad again. [...] Everything was up, the jig and all. Behind him charred ruins smoked. He rushed westward over the groaning and awful continent again, and soon he would arrive"(259). Autor und Erzähler sind sich der Tatsache bewußt, daß eine solches Leben nur möglich ist, wenn noch etwas von dem übrig geblieben ist, das es zu zerstören unternommen hat. Darin besteht schließlich das Paradoxon der Beat Generation und der ihnen folgenden Bewegungen, die sich der Zivilisation zu entziehen versuchen.

Als Beschreibung des Lebens der Beat Generation ist *On the Road* primär historische Dokumentation. Es bliebe noch zu fragen, inwieweit der Bericht auch als Kunstwerk verstanden werden kann. Zunächst erweist sich eine Reihe der Beschreibungen selbst als kunstvoll. Als Beispiel mag die exakte und doch ungewöhnlich assoziationsreiche Beschreibung einer Bobjazz-Session dienen: "Stranger flowers yet - for as the Negro alto mused over everyone's head with dignity, the young tall, slender, blond kid from Curtis Street, Denver, jeans and studded belt, sucked on his mouthpiece while waiting for the others to finish; and when they did he started, and you had to look around to see where the solo was coming from, for it came from angelical smiling lips upon the mouthpiece and it was a soft, sweet, fairy-tale solo on an alto. Lonely as America, a throatpierced sound in the night"(240).

Viele Kritiker verweisen vor allem auf seine Kunst der "spontanen Prosa". Doch davon findet sich wenig in *On the Road*. Eine Entsprechung kann jedoch in der Wiedergabe der Ereignisse gesehen werden; sie werden berichtet, wie sie dem Erzähler begegneten, ohne Erklärung oder Einordnung in übergreifende Geschehnisketten. Als Beispiel hierfür mag die Beschreibung einer Busfahrt in den Westen dienen: "I took the Washington bus; wasted some time there wandering around; went out of my way to see the Blue Ridge, heard the bird of Shenandoah and visited Stonewall Jackson's grave; at dusk stood expectorating in the Kanawha River and walked the hillbilly night of Charleston, West Virginia; at midnight Ashland, Kentucky, and a lonely girl under the marquee of a closed-up show. The dark and mysterious Ohio, and Cincinnati at dawn. Then Indian fields again, and St.Louis as ever in its great valley clouds of Afternoon. The muddy cobbles and the Montana logs, the broken steamboats, the ancient signs, the grass and the ropes by the river. The endless poem. By night Missouri, Kansas fields, Kansas night-cows in the secret wides, crackerbox towns with a sea for the end of every street; dawn in Abilene. East Kansas grasses become West Kansas rangelands that climb up the hill of the Western night"(255). Es handelt sich um eine bloße Aufzählung. Was "mysteriös" am Ohio sein soll oder warum die Landschaft ein "endloses Gedicht" darstellt, wird nicht erkennbar. Die erwähnten Empfindungen bleiben bedeutungslos, da sie nicht glaubhaft gemacht werden. Das gleiche wie für die Beschreibung der Landschaft gilt für die der Handlung. Es wäre daher angemessener, nicht von einem Roman, sondern von einem Logbuch zu sprechen, das festhält, was sich ereignete, ohne den Leser darüber zu informieren, was es dem Berichterstatter bedeutete. Zwar wird gesagt, *daß* es dem Protagonisten viel bedeutete, doch der Leser möchte gerne wissen, *warum* es ihm so viel bedeutete und was. Weder Sal noch Kerouac die Frage beantworten. *On the Road* vermochte jedoch viele seiner Leser zu überzeugen, in der Lebensweise der Beat Generation Erfüllung finden zu können.

Literatur

Zitiert nach Jack Kerouac, *On the Road*, London 1958.

Sekundärliteratur:
Ann Charters, *Kerouac, A Biography* San Francisco 1973.
Carole G.Vopat, "Jack Kerouac's ON THE ROAD: A Re-evaluation," *Midwestern Quarterly*, 14,4, 1973, 385-407.
George Dardess, "The Delicate Dynamics of Friendship: A Reconsideration of Kerouac's ON THE ROAD," *American Literature*, 46,2, 1974, 200-206.
Barry Gifford und Lawrence Lee, *Jack's Book: An Oral Biography of Jack Kerouac*, New York 1978.
Gabriele Spengemann, *Jack Kerouac, Spontaneous Prose. Ein Beitrag zur Theorie und Praxis der Textgestaltung von ON THE ROAD und VISIONS OF GERARD*, Frankfurt a.M. 1980.
Tim Hunt, *Kerouac's Crooked Road. Development of a Fiction*, Hamden, CN 1981.
Gerald Nicosia, *Memory Babe: A Critical Biography of Jack Kerouac*, New York 1983.
Tom Clark, *Jack Kerouac*, San Diego 1984.
Warren French, *Jack Kerouac*, Boston 1986.

William S.Burroughs, geb.1914

Mit Kerouacs *On the Road* gehörte William Burroughs *Naked Lunch* zu den meistgelesenen Büchern der Beat-Generation. Erst drei Jahre nach der 1959 in Paris erschienenen Erstausgabe, konnte das Buch auch in den USA erscheinen. *Naked Lunch* war nicht Burroughs erstes Buch. 1953 war bereits *Junkie* erschienen, seine - wie er es nannte - "confessions of an unredeemed drug addict." Schon längere Zeit zu den Kreisen um Ginsberg und Kerouac gehörend, wurde er erst durch *Naked Lunch* dem größeren Leserkreis bekannt. Seitdem gehört er für seine Bewunderer zu den führenden Autoren der USA. Wie in einer Reihe anderer Fälle hat der Kritiker, der nicht zu dem Kreis seiner Verehrer gehört, damit zu rechnen, als "Philister, ob amtlich oder selbsternannt" (Poenicke) betrachtet zu werden.

Wie bei Kerouac und anderen Autoren der Beat-Generation kann auch Burroughs' Werk nicht von seinem Leben getrennt werden. 1914 in St.Louis geboren, standen ihm als Sohn aus wohlhabender Familie alle Möglichkeiten eines gesicherten Lebens offen. Er studierte an der Harvard Universität, publizierte Studien auf dem Gebiete der Ethnologie und begann in Wien mit einem Studium der Medizin, bevor er drogensüchtig wurde. Während der Zeit seiner Süchtigkeit nahm er Kontakt zu Kerouac auf und lebte vorübergehend zusammen mit Ginsberg in New York. In Mexiko erschoß er bei dem Versuch, ein Glas auf ihrem Kopfe zu treffen, seine Frau. 1957 fand er sich schließlich hilflos in Tanger in einem Zimmer voller leerer Ampullenschachteln. Im letzten Augenblick gelang es ihm, der Situation zu entrinnen, nach London zu reisen und sich dort einer Entziehungskur zu unterziehen. In *Junkie* hatte er bereits über seine Drogenabhängigkeit berichtet. In *Naked Lunch* warnt er alle, die in der Gefahr stehen, der harten Droge zu verfallen, und zeigt einen Weg, sich aus der Abhängigkeit von ihr zu befreien. Seitdem scheint er harte, sucht-erzeugende Drogen zu meiden, bedient sich jedoch großzügig halluzinationsfördernder weicher Drogen wie Yage und LSD, von denen er behauptet, daß sie nicht suchterzeugend seien. Zu den suchterzeugenden, denen er sich größtenteils zuvor bediente, zählt er Opium, Heroin, Morphin und Kodein. Zu den Drogen, die nicht abhängig werden lassen, zählt er Sensibilisierer, halluzinationsfördernde Narkotika wie Kokain, Haschisch, Marihuana, Barbiturate, Benzedrin, Meskalin, Yage oder LSD. Nach seiner in *Naked Lunch* ausführlich geschilderten Erfahrung erlauben die Opiate keinerlei kreative Tätigkeit. Halluzinationsfördernde Narkotika, wie zum Beispiel Yage, erzeugen jedoch "a deeper derangement of the senses with actual hallucinations"(254). Er nahm Yage, als er *Naked Lunch* schrieb, und scheint es seitdem weiterhin zu benutzen, wenn er schreibt oder - seit 1982 - malt. Zu seinem inzwischen ziemlich umfangreichen Werk gehören *The Soft Machine*, 1961, *The Ticket that Exploded*, 1962, und *Nova Express*, 1964, die mit *Naked Lunch* eine Art von Tetralogie bilden. In ihr entwickelt Burroughs seine Lebensphilosophie mit der Technik der "science fiction" und mit Sprachexperimenten wie "cut-ups" und "fold-ins", im wesentlichen Textkollagen, die darauf angelegt sind, die lineare logische Struktur der Sprache aufzuheben.

Naked Lunch, 1959

Wie die anderen seiner Werke wird *Naked Lunch* gewöhnlich als der Erzählkunst zugehörig betrachtet. Er selbst erhebt diesen Anspruch nicht. Im Buch heißt es, "[that t]here is only one thing a writer can write about: *what is in front of his senses at the moment of writing....* I am a recording instrument.... I do not presume to impose 'story' 'plot' 'continuity.'... In sofaras I succeed in *Direct* recording of certain areas of psychic process I may have limited function.... I am not an entertainer...."(221). Dementsprechend wäre es angemessen, *Naked Lunch* als Protokoll psychischer Vorgänge zu bezeichnen. Bei genauerem Hinsehen sind in dem Text einfache autobiographische Passagen zu erkennen, allegorische Umgestaltungen autobiographischer Elemente oder grotesk verzerrte Darstellungen von dem, was der Autor als die gesellschaftliche und politische Wirklichkeit seiner Zeit bestimmen zu müssen glaubt. Der Leser wird kaum über Zeit und Ort der Vorgänge unterrrichtet. Eine der weitgehend imaginären Lokalitäten ist die "City of Interzone", es erscheinen aber auch NY(New York) oder Chic(Chicago). Der Autor ist - wie schon in *Junkie* und in Kerouacs *On the Road* - als William Lee wiederzuerkennen. Poenicke wie Mottram versuchten, das Werk durchziehende Handlungsketten zu rekonstruieren. Dazu bedarf es jedoch ziemlich akribischer detektivischer Arbeit, die sich als überflüssig erweist, da es - wie das obige Zitat zeigte - dem Autor nicht um Handlungsfolgen geht.

Burroughs beschreibt im wesentlichen das Glücksgefühl, durch Opiate vom Schmerz befreit zu sein, sowie den Schmerz, den ihm die verschiedenen Entziehungsversuche bereiten. Er beschreibt die durch die Droge herbeigeführten Ekstasen äußerster Glückseligkeit wie die Brutalität der Mächte, die ihn daran hindern, seiner sexuellen Perversion zu frönen oder sich der Droge zu bedienen. Zur detaillierteren Beschreibung bedürfte es längerer Zitate, auf die in dieser gerafften Darstellung jedoch verzichtet werden muß.

Von der Drogensucht befreit, betrachtet Burroughs diese als die Waffe einer allmächtigen Verschwörung, die es darauf angelegt hat, die Welt zu beherrschen. Der perverse Süchtige avanciert zum hilflosen Opfer dieser Mächte, das schließlich - vor allem in den späteren Werken - Widerstand leistet und zum Propheten und revolutionären Führer wird, das Manifeste herausgibt und alles Böse der Welt auszurotten versucht. In *Naked Lunch* gibt er - wie auch in seinem weiteren Werk - vor, gegen die Knechtschaft des Menschen unter den seinem Bewußtsein fremden Mächten zu kämpfen. Die Vorstellung von der Droge als Mittel seiner Versklavung wird zur Obsession.

Burroughs wendet sich in seinem Verfolgungswahn nicht nur gegen die für ihn durch die aristotelische Logik bestimmte Zivilisation der westlichen Welt, er verwirft auch den Mythos einer Regeneration, in der andere Kritiker dieser Welt immerhin die Möglichkeit zu einem Neuanfang sehen. In seiner homoerotischen Obsession erscheint die Frau als eine unerwünschte biologische Entwicklung. In seiner Zukunftsvision zeugen die Männer der Zukunft mit Hilfe von Telepathie nur Knaben. Nach der Zerstörung des Wortes versinkt das Wort in *Nova Express* in absolutes Schweigen. Alles endet schließlich in dem monistischen Traum vom All-Einen, das sich - wie in Edgar Allan Poes *Eureka* - sebst aufhebt.

In seiner Einleitung zu *Naked Lunch* bezeichnet Burroughs seine Drogensüchtigkeit als "The Sickness". Sein Werk ist ein Dokument dieser Krankheit. Es liegt kein Grund vor, ihn als einen der großen Schriftsteller der USA nach 1950 zu bewundern. Er dürfte eher als Kranker zu bedauern sein.

Literatur

Klaus Poenicke, "William Burroughs," *Amerikanische Literatur der Gegenwart in Einzeldarstellungen*, hg. Martin Christadler, Stuttgart 1973, 268-298.
Eric Mottram, *William Burroughs: The Algebra of Need*, London 1977.
Michael B.Goodman, *Contemporary Literary Censorship: The Case History of Burrouh NAKED LUNCH*, Metuchen, NJ 1981.
Jennie Skerl, *William S.Burroughs*, Boston 1985.
Robert Lydenberg, *Word Cultures: Radical Theory and Practice in Williams S.Burroughs' Fiction*, Urbana, IL, 1987.
Ted Morgan, *Literary Outlaw: The Life and Times of William S.Burroughs*, New York 1988. (wenig zuverlässige Biographie).
Jenny Skerl u. Robin Lydenberg, hg., *William S.Burroughs, 1959-1989*, Carbondale, IL, 1991.

Surrealistische Erzählkunst

Die literarische Welle der Beat-Generation verebbte in den sechziger Jahren oder verlor ihre zunächst ungewöhnliche Bedeutung. Der Vietnamkrieg und die in ihre entscheidende Phase tretende Bürgerrechtsbewegung politisierten die jüngere Generation und erweckten ihren Widerstand nicht nur - wie zur Zeit der Beat-Generation - gegen die Lebensformen der bürgerlichen Welt der älteren Generation, sondern auch gegen deren staatliche Organisationen. Aus passivem wurde aktiver Widerstand. Er war bereits Gegenstand unserer Darstellung der Erzählkunst der afroamerikanischen Schriftsteller oder Norman Mailers, Tom Wolfes und anderer Vertreter des "New Journalism". Literarisch fand die neue Situation ihren Niederschlag auf unterschiedliche Weise.

Daneben setzte in diesem Jahrzehnt eine neue Weise des Erzählens ein, die mit den Werken von E.L.Doctorow und Ishmael Reed zwar schon angesprochen worden war, mit ihren Hauptvertretern aber erst in den nächsten drei Teilen dargestellt werden soll. Die hiermit gemeinte neue Erzählweise wurde von der bisherigen Kritik sehr unterschiedlich bestimmt. Abgesehen von den verschiedenen Bezeichnungen wie "innovative fiction", "surfiction", "superfiction", "antifiction" oder "metafiction", wurde ihr ein sehr unterschiedlicher Kanon von Werken zugeordnet. In Anbetracht der Schwierigkeit, ihre Merkmale in umfassender Weise zu bestimmen, bedienen wir uns der zunächst neutraleren Bezeichnung "new fiction" und sprechen von "experimenteller Erzählkunst". Eine eingehendere Einführung in den Gesamtkorpus dieser Erzählkunst wird dem danach benannten Teil unserer Darstellung voraufgehen. Zunächst wenden wir uns zwei Autoren zu, die von vielen Kritikern zu dem Kreis der experimentierenden Erzähler gerechnet werden, doch einige der entscheidenden Merkmale nicht aufweisen, die diese in ihrer Mehrheit auszeichnen: Joseph Heller und Kurt Vonnegut.

Heller wie Vonnegut zeichnen - wenn auch wieder auf unterschiedliche Weise - eine Welt, die der der im nächsten Teil zu behandelnden Erzähler sehr ähnlich ist. Ihr Bezug zur normalen Erfahrungswelt wird jedoch noch nicht völlig aufgegeben. Beide sind Surrealisten in dem Sinne, daß in ihrer Darstellung die Welt in grotesker Verzerrung erscheint. Doch ist sie als unsere Welt in der Verzerrung noch zu erkennen. Sie wird weniger durch die Darstellung verzerrt, als vielmehr als verzerrte Wirklichkeit erfahren, weil sie unseren traditionellen Vorstellungen von der Welt nicht mehr entspricht und als sinnlos, ja als absurd erscheint. Die Wirklichkeit dieser Welt ist für beide Erzähler zum Alptraum geworden. Es ist eine kranke Welt. Derjenige, der sich ihr nicht unterwirft, wird selbst krank. So wird sie immer wieder auch aus der Perspektive des durch sie in den Wahnsinn getriebenen Protagonisten dargestellt. Die surrealistische Erzählkunst Hellers und Vonneguts ist nicht nur durch das Absurde und Groteske gekennzeichnet, sondern auch - in Verbindung mit dem Grotesken - durch ihren schwarzen Humor, der nicht jedem Leser liegen dürfte.

Die soweit genannten Merkmale finden sich nicht nur in der Erzählkunst der beiden genannten Autoren, sondern auch bei der Mehrzahl der von uns als "experimentell" bezeichneten Erzähler, nur daß deren Welten sich noch entscheidender von der normalen

Alltagswelt lösen. Bei einer ganzen Reihe von Werken muß allerdings im Falle einer solchen Unterscheidung von Grenzfällen gesprochen werden, deren besonderem Charakter jeweils eine größere Aufmerksamkeit geschenkt werden soll als den den Werkgruppen gemeinsamen Merkmalen.

Joseph Heller, geb.1923

Joseph Heller war 1923 als Sohn jüdischer Einwanderer russischer Herkunft in Brooklyn geboren worden. 1942 zum Kriegsdienst eingezogen, flog er als Langstreckenbomberpilot von Korsika aus sechzig Einsätze. Nach dem Krieg heiratete er, studierte bis 1950 und war anschließend als Werbetexter bei verschiedenen Zeitschriften tätig. Schon während seines Studiums schrieb er Kurzgeschichten und konnte sie in renommierten Zeitschriften veröffentlichen. Doch erst sehr spät wagte er es, seine Kriegserlebnisse literarisch umzusetzen. Das Ergebnis war *Catch-22*, 1961. Zunächst von Lesern wie Kritikern mit gewisser Zurückhaltung aufgenommen, gewann der Roman durch den Vietnamkrieg neue Aktualität und gelangte nach seiner Verfilmung 1970 durch Mike Nichols auf die amerikanische Bestsellerliste.

Catch-22, 1961

Der Umschlag der Dell-Taschenbuchausgabe registrierte 1975 eine Auflagenhöhe von 8 Millionen. Die Kritiker zählen den Roman inzwischen in ihrer Mehrheit zu den Meisterwerken amerikanischer Erzählkunst seit der Jahrhundertmitte. Dies geschieht trotz auch eingestandener Mängel des Werks. Zu diesen wird zwar nicht das Fehlen einer normalen zeitlichen Folge in der Darstellung der einzelnen Ereignisse gezählt. Doch hat sich eine ganze Reihe von Kritikern fast zwei Jahrzehnte lang darum bemüht, deren chronologische Folge zu rekonstruieren, die, wie sich erwies, einige Unstimmigkeiten aufzeigt.

Im Mittelpunkt des Romans stehen die Erlebnisse Captain Yossarians, des Piloten eines B 25-Bombers auf dem italienischen Kriegsschauplatz 1944. Hauptschauplatz ist die Operationsbasis des Geschwaders auf der südlich von Elba gelegenen Insel Pianosa. Ein Teil des Geschehens spielt - nach dessen Einnahme durch die Alliierten im Juni - in Rom, wo Offiziere wie Mannschaften ihre Freizeit verbringen. Zu dem eigentlichen Kriegsgeschehen gehören Einsätze gegen Ferrara, Bologna und Avignon. Doch schon die Titel der insgesamt 42 Kapitel zeigen an, daß es um etwas anderes als eine fortschreitende Kriegshandlung geht. Die Mehrzahl der Kapitel trägt als Titel den Namen einer der am Geschehen beteiligten Personen. Neben Yossarian erscheinen dessen Kameraden, der Messeoffizier Milo Mindenbinder, die Ärzte Doc Daneeka und Snubbs, der Feldgeistliche Chaplain Tappman und Vorgesetzte wie die Obersten Cathcart und Korn oder die Generale Dreedle, Peckem und Scheisskopf. Fast alle nehmen sie eine signifikante Funktion in dem turbulenten Geschehen ein.

Yossarian sieht sein Leben auf die unsinnigste Weise gefährdet und versucht, sich der Bedrohung zu entziehen. Wie er fast alles, was sich um ihn herum ereignet, als verrückt betrachtet, hält man ihn, beziehungsweise seinen Versuch, sich dieser Welt zu entziehen, für verrückt. Immer wieder stellt sich die Frage, wer oder was eigentlich verrückt sei. Die dann dargestellte Welt erscheint als *verrückte* Welt grotesk verzerrt, oder sie erscheint als solche, weil sie von einem Verrückten erfahren wird. Die Stupidität der Vorgesetzten oder die frivole Geschäftemacherei des Messeoffiziers lassen den Abscheu Yossarians vor der von diesen bestimmten Welt verständlich erscheinen. Doch die Machenschaften Colonel Cathcarts und Major Milos werden in so grotesker Verzerrung dargestellt, daß sie eigentlich nur als Vorstellungen eines Wahnsinnigen verstehbar sind. Yossarian fühlt sich nicht nur ständig als verfolgtes Opfer; er sieht auch, wie seine Kameraden Opfer der Machenschaften dieser grotesken Welt werden. Er wird zum Opfer, als die Hure, die sein Kamerad Nately liebte, ihn mit dem Brotmesser schwer verletzt, da sie glaubt, er trage die Schuld an Natelys Tod.

Die Darstellungsweise des Romans legt die Ambiguität der dargestellten Wirklichkeit offen. Sie wird dadurch ihrem Gegenstand auf ideale Weise gerecht. Schlüssel dazu ist der im Titel genannte "catch-22". "Catch-22" wird im Roman nie eindeutig beziehungsweise auf verschiedene Weise definiert. Zunächst erscheint "catch-22" als Syndrom für einen Irrsinn, der als solcher aber nicht anerkannt wird, da er als Angst vor etwas wirklich Bedrohendem im Gegensatz zu der Angst vor Wahngebilden rational verständlich ist. "There was only one catch and that was Catch-22, which specified that a concern for one's own safety in the face of dangers that were real and immediate was the process of a rational mind. Orr was crazy and could be grounded [für flugtauglich erklärt werden]. All he had to do was ask; and as soon as he did, he would no longer be crazy and would have to fly more missions. Orr would be crazy to fly more missions and sane if he didn't, but if he was sane he had to fly them. If he flew them he was crazy and didn't have to; but if he didn't want to he was sane and had to. Yossarian was moved very deeply by the absolute simplicity of this clause of Catch-22 and let out a respectful whistle"(47). Ins Komische übertragen erscheint Catch-22, wenn Yossarian seiner Geliebten sagt, er wolle sie heiraten. Sie antwortet ihm, daß er sie nicht heiraten könne, da sie nicht mehr Jungfrau sei. Als er darauf besteht, sie dennoch zu heiraten, antwortet sie ihm, er sei verrückt. Auf die Frage, warum er verrückt sei, erhält er die Antwort, er sei verrückt, weil er sie heiraten wolle, obwohl sie nicht mehr Jungfrau sei. Dieses Prinzip von Catch-22 durchzieht den ganzen Roman. Alle Logik wird damit aufgehoben. Alles erscheint als absurd. In ihm Mittel zur Darstellung der Absurdität dieser Welt des Krieges gefunden zu haben, macht die literarhistorische Bedeutung von *Catch-22* aus. Er ist nicht - in Entsprechung zum gesellschaftskritischen Roman - einfach Kritik am Krieg, sondern zeigt die Absurdität des Krieges. Er kennt keinen festen Punkt mehr, von dem aus kritisiert werden könnte.

Die Schwäche des Romans besteht darin, daß sich in Anbetracht des geschilderten Grauens der Leser nicht immer bereit findet, auf einen solchen festen Punkt zu verzichten, und daß ein solcher sich auch immer wieder geltend macht. Letzteres ist vor allem der Fall in bezug auf den Tod des Bordschützen Snowden. Yossarian muß immer wieder an dessen grauenvollen Tod denken. Mehrfach wird der Leser davon unterrichtet, wie Yossarian auf einem Einsatz dem von einem Flakgeschoß verletzten Kameraden zu helfen versucht. Bei jedem Aufgreifen der Erinnerung Yossarians an das Erlebnis wird ein Stück mehr davon enthüllt und erst ganz am Schluß eröffnet, daß ihm die Eingeweide des Verletzten entgegenfielen, als er sein Hemd öffnete, um ihn verbinden zu können. "Yossarian was cold, too, and shivering uncontrollably. He felt goose pimples clacking all over him as he gazed down despondently at the grim secret Snowden had spilled all over the messy floor. It was easy to read the message in his entrails. Man was matter, that was Snowden's secret. Drop him out of the window and he'll fall. Set fire to him and he'll burn. Bury him and he'll rot like other kinds of garbage. The spirit gone, man is garbage. That was Snowden's secret." Und der Absatz endet sarkastisch mit dem

Shakespeare-Zitat: "Ripeness was all (47)". In der von Yossarian erlebten absurden Welt des Krieges wird der Mensch zum bloßen Abfall. Im Hintergrund bleibt aber der "spirit", der doch noch eine Sinnorientierung jenseits des Grauens möglich erscheinen läßt.

Die dargestellte Wirklichkeit erscheint - an der normalen Wirklichkeit gemessen - so unglaubwürdig, daß dem Leser nahegelegt wird, sie nicht ernst zu nehmen. Er lacht über sie als Übertreibung. Sein Lachen ist allerdings in Anbetracht des Grauens dieser Wirklichkeit das des "schwarzen Humors". Wenn sich das Grauen aber nicht als Übertreibung des Erzählers, sondern als groteske Wirklichkeit erweist, bleibt dem Leser das Lachen im Halse stecken. McWatt scheint sich einen Spaß machen zu wollen, wenn er im Tiefflug über seine badenden Kameraden am Strand fegt. Der Spaß vergeht dem Leser jedoch, wenn beschrieben wird, wie McWatt einen seiner Kameraden dabei in zwei Teile schneidet. Damit wird der Spaß für den Leser zum Grauen, da er nicht teilhat an der Absurdität der Welt, in der so etwas als Spaß gilt.

Catch-22 sollte seine Leser dennoch faszinieren, und die Mehrheit der Kritiker betrachtet den Roman bis heute als Hellers Meisterwerk. Neben einer kritischen Ausgabe erschienen bis 1989 drei Bücher, die allein ihm gewidmet waren.

Nach dem Erfolg von Catch-22 sollte auch der nächste Roman Hellers, Something Happened, 1974, sehr schnell die Bestsellerliste krönen. Es hatte allerdings dreizehn Jahre bis zu seiner Veröffentlichung gedauert. In ihm wendet der Autor die in Catch-22 entwickelte Technik auf die Darstellung des Alltagslebens in der Welt des Profits an. Bob Slocum, der Erzählerheld, schaut, als ihm eine führende Position in einer Versicherungsgesellschaft angeboten wird, auf sein Leben zurück. Er war erfolgreich gewesen. Er hatte gewußt, anderen zu gefallen und schwelgt darin, alle sich ihm bietenden Gelegenheiten zu seinem Vorteil zu nutzen, ohne jedoch glücklich damit zu werden. Er kann sehr gemein sein, doch sehen die anderen darin eher eine Schwäche als eine Boshaftigkeit. Sein Monolog ist sowohl eine Konfession wie auch ein Versuch, die negativen Seiten seines Lebens zu verschleiern. Sein erfolgreiches Leben enthüllt sich als ein Alptraum, hervorgerufen durch die Angst vor seiner inneren Leere und seinem Mangel an Individualität.

Die beiden nächsten Romane Hellers können der jüdisch-amerikanischen Erzählkunst zugerechnet werden. Bruce Gold, der Protagonist des ersten der beiden, Good as Gold, 1979, ist, wie der Autor, in Brooklyn geboren und soll ein Buch über The Jewish Experience in America schreiben. Er weiß darüber zunächst wenig zu sagen. Durch seine Recherchen lernt dann aber auch der Leser einiges über die Geschichte der Immigranten, über jüdisches Familienleben, jüdische Geschäftsgepflogenheiten kennen. Durch die leeren Versprechungen eines Freundes macht sich Gold vergeblich Hoffnung auf eine bedeutende Position im Mitarbeiterstab des Präsidenten und erhält dabei einen Einblick in das politische Leben Washingtons. Die albern überzogene politische Satire kann dabei jedoch kaum überzeugen.

Einen großen Einschnitt in seinem Leben erfährt Heller 1981. Er trennt sich nach fünfunddreißigjähriger Ehe von seiner Frau und wird am Ende des Jahres schwer krank. Ein halbes Jahr lang muß er das Krankenbett hüten, und erst allmählich gewinnt er mit Hilfe seiner Krankenschwester und späteren zweiten Frau seine Kräfte zurück. In No Laughing Matter, 1986, legt er mit Hilfe von Speed Vogel darüber Rechenschaft vor. Doch noch davor konnte er seinen bereits vor dem Ausbruch der Krankheit begonnenen Roman, God Knows, abschließen.

God Knows, 1984.

God Knows gehört zu der Reihe von Romanen, die Geschichte in dem Sinne neu zu schreiben versuchen, als sie deren Verständnis von der Intention ihres jeweiligen Betrachters abhängen lassen. John Barth machte mit *The Sot-Weed Factor*, 1960 den Anfang und setzte mit seinem Roman das Muster. Als unmittelbarer Vorgänger von *God Knows* kann Mailers *Ancient Evenings*, 1983, betrachtet werden. *God Knows* fügt sich damit aber auch in die Reihe der bisherigen Romane Hellers. Er räumt in ihm mit einem weiteren Mythos auf: nach dem des Krieges, des Geschäfts und der Politik nun mit dem der Geschichte. Die Geschichte, die neu interpretiert wird, ist diejenige König Davids. Die der Neuinterpretation zugrundeliegende Intention ist die Suche nach jüdischem Selbstverständnis.

God Knows kann auch als *Das Buch Davids* bezeichnet werden. König David erzählt in ihm seine Geschichte selbst. Er ist unzufrieden damit, wie sie niedergeschrieben wurde und daß man die betreffenden Bücher nicht nach ihm benannte. "And I still won't have a book of the Bible named after me, unless I rewrite the whole thing myself" (170). Wenn nicht schon in den Büchern Samuel und der Könige, war er nach seiner Ansicht in den Büchern der Chronik als Symbol jüdischer Nationalität gefeiert worden. Demgemäß, sagt David im Roman, "I am a pious bore, as dull as dishwater and as preachy and insipid as that self-righteous Joan of Arc, and God knows I was never anything like that" (13). Er erzählt seine "wahre" Geschichte, die - unter anderem - die Geschichte seines Haders mit Gott ist.

Wenn Thomas Mann in seiner monumentalen Tetralogie die Geschichte Josephs neu erzählt, so versucht er, sie dem modernen Leser dadurch näherzubringen, daß er die mythischen Strukturen psychologisch realistisch verstehbar werden läßt. Hellers Intention ist völlig anderer Art. Zunächst scheint er nur wie Mailer in *Ancient Evenings* früheres Geschichtsverständnis der Lächerlichkeit preisgeben zu wollen. Dies ist zu einem beachtlichen Teil auch der Fall. Doch will Heller mehr mit dem Entlarven ("debunking") der Vergangenheit. Er stellt die Frage nach dem, was danach übrig bleibt, umgesetzt auf die historische Situation des Volkes seiner Herkunft: was bleibt dem jüdischen Volke, nachdem es seinen Gott aufgegeben hat. In dieser Fragestellung liegt die besondere Bedeutung seines vierten Romans.

Heller läßt den siebzigjährigen David, der bereits zwei seiner Frauen - Michal und Abigail - verloren hat und der von Bathsheba gedrängt wird, ihren Sohn Solomon statt des älteren Adonjah zum Nachfolger zu bestimmen, seine Geschichte erzählen. Die Situation ist voller Komik, insofern er von Bathsheba erwartet, daß sie zu ihm ins Bett komme, da das junge Mädchen Abishag, die Sunamiterin, die ihm der Arzt verschrieben hatte, ihn nicht genügend aufzuwärmen vermöge. Sie macht sich seines Alters wegen über ihn lustig, denn ihr geht es seit Solomons Geburt nur darum, Königsmutter zu werden.

Der größere Teil der Komik des Romans entspringt jedoch nicht der Situation des ältlichen Liebhabers, sondern der Diskrepanz zwischen dem historischen oder mythischen König David und dem David als Erzähler seiner Geschichte, der mit all dem Wissen des modernen Autors ausgestattet ist. David als Erzähler ist ein guter Kenner der Bibel. Einmal zitiert er einen Bibelvers in Hebräisch, sonst bedient er sich der King James-Übersetzung. Er kennt seinen Shakespeare und seinen Milton und ist vertraut mit allen späteren Erfindungen wie dem Telephon, dem Tonbandgerät oder der Nähmaschine.

Rückschau haltend auf sein Leben, ist David stolz auf das, was er erreichte. Er hatte die Philister besiegt, Jerusalem zur Hauptstadt seines Königreiches von Juda und Israel gemacht und die heilige Lade in die Stadt gebracht. Es liegt ihm nicht daran, seine Errungenschaften zu glorifizieren. Er ist sich der Tatsache bewußt, daß er immer nach dem handelte, was er als "the celebrated golden rule" bezeichnet, "upon which the civilized world turns to this day: 'Always do unto others what is best for you'" (345). Von größerer Bedeutung als alle seine Siege ist ihm seine Liebe, die zu Abigail und - vor allem - die zu Bathsheba sowie für zumindest zwei seiner Söhne.

Die aus der anachronistischen Perspektive des Erzählers resultierende Komik bedient sich häufig gelehrter Anspielungen. So heißt es, als David von König Saul gerufen wird, um mit einem Lied dessen aufgewühltes Gemüt zu besänfigen: "I began with a simple and brief Russian lullaby of my mother's [...]. Of arms and the man I sang [*Aeneis*], of the wrath of Achilles [*Ilias*], and of man's first disobedience to God [*Paradise Lost*]"(143). Er macht von seinem Wissen um die Erfahrung seines Volkes in Osteuropa genauso Gebrauch wie von dem der großen Epen der Weltliteratur. "Who else but me can ever justify the ways of God to man?"(231) fragt er in Anlehnung an die Eröffnung des Miltonschen Epos und erhebt den Anspruch, dies mit der Niederschrift seiner Geschichte selbst tun zu können.

Er fühlt sich Shakespeare bei weitem überlegen. Nach seiner Meinung war dieser ein "gonoph" (Hebräisch für "Dieb"). Er stahl von Plutarch, von Saul und von ihm selbst. David als Erzähler stiehlt aber wiederum von Shakespeare und bereichert damit die komische Situation. In einer Diskussion mit Bathsheba über ihren Sohn Solomon zitiert er *The Merchant of Venice*, als sei es ein Text der Bibel: "The quality of mercy is not strained. You don't know that? It droppeth as the gentle rain from heaven upon the place beneath. Don't you understand Exodus and Deuteronomy?"(124) Als Gefangener in Gath, sagt er, "I decided to put on an antic disposition and stake everything on the effect"(202) und beschuldigt Shakespeare, diese Idee für seinen *Hamlet* von ihm gestohlen zu haben. Am Ende des gleichen Kapitels benutzt David eine weitere Zeile aus Shakespeares Tragödie, wenn er "the morn in russet mantle clad creep o'er hills" (204) beobachtet. Er vergleicht sich mit Othello, wenn er nach dem fragt, "that loved not wisely but too well? Me and Bathsheba, or Othello and that wop[Desdemona]?"(230) Zur Beschreibung Bathshebas bedient er sich des 18.Shakespeareschen Sonetts: "Shall I compare her to a summer's day? Why not? She was so lovely and always more temperate"(240). Wenn er versucht, Bathsheba die Eitelkeit allen menschlichen Strebens zu erklären, bedient er sich eines Monologs von Macbeth: "'There's a divinity that shapes our ends,' I explain altruistically, to cushion her for the disappointment I know is inevitable, 'rough-hew them how we will, and all our yesterdays have lighted fools the way to dusty death'"(385). Die Beispiele ließen sich vermehren.

Davids Zitatenschatz beschränkt sich keineswegs auf Shakespeare. In ähnlicher Weise zitiert er Milton, Donne, Burns, Shelley, Poe und andere Dichter. So paraphrasiert er Shelleys "Ozymandias", wenn er Solomon die Geschichte von Ramses II. erzählt(280). In seinem Versteck in der Höhle von Adullam findet er - Poes "The Raven" zitierend - "some surcease from sorrow"(199). Eine der häufigsten Quellen ist die Bibel selbst, die er neu zu schreiben unternommen hat. Dazu gehört auch das *Hohelied*, von dem er behauptet, es - wie auch das *Buch der Sprüche* - selbst verfaßt zu haben. Er verweist sogar auf ein von ihm verfaßtes, inzwischen aber verschollenes *Buch Jasher*(80).

Anachronistisch ist nicht nur das Zitieren späterer Literatur, sondern auch - und vor allem - das moderne Bewußtsein, mit dem David spricht. Biblische Ereignisse werden nach Vorstellungen der Gegenwart bewertet. "Michal, my bride," sagt David, "was not just the daughter of a king but a bona-fide Jewish American Princess! I had married a JAP! I am the first in the old Testament to be stuck with one"(165). Auf der gleichen Ebene liegt es, wenn er, als Bathsheba ihr Haar färbt, meint, "[she] was trying to turn herself into a WASP!"(300). Auch die in der jüdischen Literatur schon längst zum Klischee gewordene Frage nach der Sprache, mit der Gott spricht, wird gestellt. "In what language [...] did God address you?" fragt David Nathan, und dieser antwortet: "In Yiddish of course [...]. In what other language would a Jewish God speak?"(323)

David ist überzeugt, daß seine Geschichte die beste aller biblischen Geschichten ist: "I honestly think I've the best story in the Bible"(13). In bezug auf deren Wahrheit bleibt er zweideutig. Er beschuldigt Milton, ein unrealistisches Bild von Samson Agonistes gezeichnet zu haben. Dennoch bewundert er dessen Drama als Dichtung: "He and I are poets," sagt er, "not historians or journalists, and his *Samson Agonistes* should be looked at in the same fair light as my famous elegy on the deaths of Saul and Jonathan, along with my psalms and proverbs and other outstanding works. Adore them as poems. Look to us for our beauty rather than factual accuracy"(42). Trotz dieses Eingeständnisses ist er der Meinung, der Wahrheit näher zu kommen als die Bibel.

Bei aller, oft auch sehr platten Komik enthält die Geschichte Davids einen ernsten Kern. Dieser besteht in seinem Hader mit Gott. Nach seiner Salbung durch Samuel ist David fähig, mit Gott zu sprechen. Am Ende ist er dazu nicht mehr in der Lage. Den Grund hierfür sieht er in dem Tod seines ersten Kindes von Bathsheba. Gemäß den biblischen Quellen sieht David, wie Bathsheba auf dem Dach ihres Hauses ein Bad nimmt, während Uriah, ihr Mann mit dem Heer ausgezogen ist, eine feindliche Stadt zu erobern. Bathsheba nimmt Davids Einladung in seinen Palast an und empfängt ein Kind von ihm. Bei der Belagerung von Rabba läßt David Uriah an eine Stelle postieren, wo der Kampf am heftigsten tobte. Wie erwartet, fällt Uriah. Nathan prophezeit ihm daraufhin, daß Bathsheba das Kind, das sie von ihm trägt, verlieren und daß sein Sohn sich gegen ihn erheben werde. Als sich Nathans Prophezeiungen erfüllen, hadert er mit seinem Gott. "My throbbing memory pains me still for the loss of that little child I did not know, and for the grisly, cold-blooded slaying of that older one I loved too much [...]. I have still not forgiven God for getting back at me that way"(99). Er hält sich für "a much better person than He is"(17). Er spricht nicht mehr mit Gott, noch Gott mit ihm. "'Maybe,' I hypothesized, venturing forth again into the same uncharted intellectual territory which I had once started incautiously to explore with Saul, 'God is dead'" (190). In seinem Schmerz "[he] was raging at the Lord, seething with scornful belligerence toward the Lord, and spoiling for a fight with Him." Die einzige Antwort, die er von ihm erhält, ist "Silence. It is the only answer I have got from Him since"(326). Am Ende seines Lebens gibt er vor, sich darüber keine Gedanken mehr zu machen. "The truth is," sagt er, "I hate God and I hate my life"(18). Er ist sich nicht einmal mehr sicher, "[that] we really had that much need for a God as much as we did seem to have a need to believe in Him"(141). Dieses Bedürfnis wächst mit seiner Bedrängnis, so, als er sich genötigt sieht, seinen aufsässigen aber geliebten Sohn in der Schlacht zu besiegen. "I feel nearer to God," sagt er, als er sich daran erinnert, "When I am in deepest anguish" (381). Er glaubt, sich nicht schuldig gemacht zu haben, doch fühlt er sich von Dämonen gejagt. Gott fühlt er wie einen Affen auf seinem Rücken sitzen: "I have a monkey on my back that I cannot shake off, and now I know who that monkey is: His name is God"(380). Doch er kann nicht länger dem Teufel Vorwürfe machen, ihn versucht zu haben. Schließlich erkennt er, daß er die Verantwortung für den Schmerz trägt, den er erleidet: "The fault, I know, was not in the stars but in myself. I've learned so many things that have not been much use to me. The human brain has a mind of its own" (381). Die Erkenntnis, die er aus seinem Kampf mit Gott gewinnt, faßt er im folgenden zusammen: "To me He would not give the time of the day. He made my baby die. He was working again in one of His mysterious ways. How could I ever forget? Nathan told me He would. I still have not forgiven Him for that, although I feel I need my God now more than ever before, and miss Him more than I would care to let Him know. And I do not believe that He has forgotten me"(316). In seiner Sterbestunde fragt er: "You think I'm at peace now with my Maker?" Seine Antwort ist "No"(397). Doch er muß an Gott denken. Er vergleicht sich mit Saul, der in seiner Bedrängnis nach ihm gerufen hatte, damit er ihn mit einem Lied tröste. Mit dessen Augen sieht er den Jüngling vor sich, der er war, als er Saul sein Lied sang. Wie damals Saul schaut er nach einem Speer, um ihn nach dem Jüngling zu werfen. Doch "Abishag my angel has risen from her chair and approaches without noise, wearing only a vivid scarf. Her eyes are as dark as the tents of Kedar. I want my God back; and they send me a girl"(398). Mit diesen Worten endet der Roman. Abishag hat für ihn die Funkion übernommen, die er für Saul ausübte. Er gerät in Zorn über sie wie einst Saul in Zorn geriet, als er ihm vorsang. Weder die Liebe, noch die Kunst des Gesangs vermögen ihm wie Saul Gott zu ersetzen, den er glaubt, verloren zu haben, der aber noch immer Ziel seines Suchens ist.

Mit seiner Version der Geschichte König Davids beschreibt Heller in der Maske des Königs, der zum Zeichen für sein Volk geworden war, unter Aufrechterhaltung seines modernen Bewußtseins das Dilemma der Nachkommen seines Volkes, die ihren Gott verloren haben und Ersatz in Kunst und Sex zu finden versuchen. So gesehen, könnte *God Knows* als ein bedeutender Beitrag zur jüdisch-amerikanischen Literatur betrachtet werden. Doch wird ein solches Verständnis des Romans durch die Handlung nicht voll getragen. Wenn David nach seiner oben zitierten goldenen Regel handelt, ist er es und nicht Gott, der für sein Leiden verantwortlich ist. Er rechtfertigt nicht - wie Milton, den er zitiert - "the ways of God to men", sondern seinen auf sexuelle Befriedigung ausgerichteten Egoismus, immer noch hoffend, daß Bathsheba wieder das Bett mit ihm teilen werde.

Bereits 1988 erschien das nächste Werk Hellers: *Picture This*. Krieg und Geld sind wieder - wie in seinen ersten beiden Romanen - Gegenstand des zwar als Roman bezeichneten, aber eher als Sachbuch erscheindenden Werkes. Rembrandts "Aristoteles mit der Büste Homers" im New Yorker Metropolitan Museum of Arts wird Anlaß zu Überlegungen über die Geschichte der Niederlande zur Zeit des Malers und zur Geschichte Griechenlands vom Peloponnesischen Krieg bis zum Tode des Sokrates. Als literarisches Kunstwerk vermag *Picture This* nicht zu überzeugen. Hellers bedeutendsten Werke bleiben seine beiden ersten Romane.

Literatur

Zitiert nach *Catch-22*, New York 1974; *God Knows*, New York 1984 (beide Dell Taschenbuchausgaben).

Sekundärliteratur:
Robert Scotto, hg., *Catch-22: A Critical Edition*, New York, 1973.
Frederick Kiley und Walter McDonald, hg., *A CATCH-22 Casebook*, New York, 1973.

James Nagel, hg., *Critical Essays on CATCH-22*, Encino, CA, 1974.
Brenda M.Keegan, *Joseph Heller: A Reference Guide*, Boston, 1978.
James Nagel, hg., Critical Essays on Joseph Heller, *Boston, 1984*.
Stephen W.Potts, *From Here to Absurdity: The Moral Battlefields of Joseph Heller*, San Bernardino, CA, 1984.
Robert Merrill, *Joseph Heller*, Boston, 1987.
David Seed, *The Fiction of Joseph Heller: Against the Grain*, London, 1989.
Stephen W.Potts, *CATCH-22: Antiheroic Antinovel*, Boston, 1989.
Sanford Pinsker, *Understanding Joseph Heller*, Columbia, SC, 1991.

Kurt Vonnegut, geb. 1922

Das Werk Kurt Vonneguts, des zweiten der hier unter der Kennzeichnung des Surrealismus betrachteten Autoren, wird von der Kritik sehr unterschiedlich gewertet. Allgemeine Anerkennung fand jedoch - wie bei Joseph Heller - sein Roman, der seine Kriegserfahrung verarbeitete, in seinem Falle *Slaughterhouse-Five*, 1969.

Vonnegut war 1922 in Indianapolis geboren worden und hat sich immer wieder zu dem kleinstädtischen Hintergrund des Mittleren Westens, dem er entstammte, bekannt. Entscheidende Ereignisse seines Lebens waren der Verlust des Vermögens seiner in Indianapolis ursprünglich wohlsituierten Eltern während der Weltwirtschaftskrise, der es ihm nicht wie seinen älteren Geschwistern erlaubte, eine der angesehenen Privatschulen zu besuchen, und vor allem die Vernichtung Dresdens im Februar 1945 durch britische und amerikanische Bombengeschwader, die er als Kriegsgefangener in einem Keller der Schlachthöfe überlebte. Ein einschneidendes Erlebnis bedeutete für ihn nach dem Kriege, 1958, auch der Tod seiner Schwester Alice und ihres Mannes. Er nahm drei ihrer Kinder neben seinen eigenen drei auf.

Seine vor dem Kriegsdienst an der Cornell University begonnenen Studien hatte er an der University of Chicago nach dem Kriege fortgesetzt, aber nicht abgeschlossen, als er eine Stelle in der Werbeabteilung von General Electric in Schenectady übernahm, bei der sein älterer Bruder als Wissenschaftler tätig war. 1950 gab er die Stelle auf, zog sich nach Cape Cod zurück und widmete sich ganz seiner inzwischen begonnenen Schriftstellerei. Er schrieb Kurzgeschichten für illustrierte Massenzeitschriften wie die *Saturday Evening Post, Colliers* oder *Ladies' Home Journal*. Als sich der Markt für die populäre Kurzgeschichte verschlechterte, wandte er sich der Science Fiction zu, die in Taschenbuchform in den Bücherständen der Drugstores ihren Absatz fand. Zu den in dieser Zeit erschienenen Romanen gehören *Piano Player*, 1952, *The Sirens of Titan*, 1959, *Mother Night*, 1961, *Cat's Cradle*, 1963, und *God Bless you, Mr.Rosewater*, 1965. Alle frühen Titel - wie auch die Kurzgeschichten - erschienen in Form gebundener Bücher, als ihnen die Kritiker nach dem Erfolg von *Slaughterhouse-Five* ihre Aufmerksamkeit zuwandten. Doch es hatte fast ein Vierteljahrhundert gedauert, bis es Vonnegut gelungen war, sich sein Kriegserlebnis von der Seele zu schreiben.

Slaughterhouse-Five, 1969

Der Autor meldet sich selbst - vor allem in dem ersten und in dem letzten Kapitel - in dem Roman zu Wort, um über die Schwierigkeit des Erinnerns an die Vergangenheit zu reflektieren, die er durch ihre Umsetzung in die Fiktion des Romans zu bewältigen

Kurt Vonnegut

hofft. In diesem Sinne wird *Slaughterhouse-Five* auch zur "metafiction": die Entstehung des Romans wird Teil seines Themas. Im Unterschied zu anderer "metafiction" seiner Zeit übernehmen die Reflektionen des Autors jedoch eher die Funktion einer Einführung in das Werk. Der Autor betrachtet seinen Versuch als mißlungen. Die Darstellung der Erlebnisse seines Protagonisten lassen den Sinn nicht erkennen, nach dem der Autor fragte.

Der "experimentellen" Erzählkunst steht der Roman auch nahe, wenn er die einzelnen Lebensabschnitte des Protagonisten - einschließlich seines erst nach dem Erscheinen des Werkes erfolgenden Todes - in nichtlinearer zeitlicher Folge als Collage zur Darstellung bringt. Er folgt damit der Wahrnehmungsweise der Tralfamadorianer, der außerirdischen Lebewesen, mit denen sein Protagonist in Verbindung getreten zu sein vorgibt. Über deren Lesen von Büchern heißt es: "We Tralfamadorians read them all at once, not one after the other. There isn't any particular relationship between all the messages, except that the author has chosen them carefully, so that, when seen all at once, they produce an image of life that is beautiful and surprising and deep. There is no beginning, no middle, no end, no suspense, no moral, no causes, no effects. What we love in our books are the depths of many marvelous moments seen all at one time"(88). Das, was den Büchern der Tralfamadorianer fehlt, fehlt auch ihrem Leben, dem, nach irdischen Maßstäben gemessen, alles Menschliche abgeht. Was die Collage Vonneguts jedoch von ähnlichen Experimenten seiner Zeitgenossen unterscheidet, ist, daß er die Verbindungen der einzelnen Teile durch das Hin- und Herbewegen durch die Zeit im Sinne der Science Fiction herstellt und dieses wiederum "realistisch" dadurch untermauert, daß es sich um das Erleben eines geistig nicht mehr voll zurechnungsfähigen Menschen handelt.

Held des Romans ist Billy Pilgrim, der wie Vonnegut als amerikanischer Soldat Ende 1944 in deutsche Gefangenschaft gerät und die Zerstörung Dresdens erlebt. Sein Weg wird nicht wie derjenige von John Bunyans Christian zum "Pilgrim's Progress" von der "City of Destruction" zur "Celestial City". Nach der Beseitigung der Opfer der Zerstörung meldet sich der Frühling nur mit der Frage eines Vogels an Billy Pilgrim: "*Poo-tee-weet?*"(215). Ein Sinn wurde auf der Pilgerreise des Lebens von Billy nicht gefunden.

Das zentrale Geschehen des Romans erstreckt sich von der Gefangennahme Billys bis zu seiner Befreiung am Ende des Krieges. Von dieser primären Erzählschicht springt die Darstellung jedoch ständig in die Vergangenheit und Zukunft des Protagonisten. Billy hatte die Tochter des Leiters der Schule geheiratet, an der er sich für seinen Beruf als Optiker vorbereitete. Die Heirat mit der Frau, die für ihn kaum etwas zu bedeuten scheint, bringt ihn durch die Stellung ihres Vaters zu Ansehen und Wohlstand. Als einziger überlebt er auf dem Weg zu einem Optikerkongress einen Flugzeugabsturz, erleidet dabei allerdings eine schwere Kopfverletzung. Seine Frau kommt durch einen Autounfall ums Lebens, als sie ihn im Krankenhaus besuchen will. Nach Ilium, seiner Heimatstadt, zurückgekehrt, beginnt er, der Zeitung Berichte über seinen Besuch auf dem Planeten Tralfamador einzusenden, woraufhin ihn seine Tochter für unzurechnungsfähig erklären läßt.

Die Geschichte von Billys Begegnung mit den Tralfamadorianern bildet eine eigene Schicht der Darstellung. Mit ihr wird die Form der Science Fiction in den Roman integriert und dabei parodiert. Bei dem Aufenthalt in einem Nervensanatorium nach dem Kriege lernt er durch seinen Bettnachbarn die Science Fiction eines Kilmore Trout kennen. Später begegnet er Trout als Bürger Iliums. Als Extrapolation des schizophrenen

Billy Pilgrim wird Trout gewissermaßen zu dessen *alter ego*. Die Romane Trouts erscheinen als Produkte des schizophrenen Pilgrim. In seiner Schizophrenie erlebt Pilgrim seine Entführung auf den Planeten Tralfamador. Aus der Perspektive von dessen Bewohnern ergibt sich für ihn eine völlig andere Sicht der Wirklichkeit. Für die Tralfamadorianer ist alle Geschichte gleichzeitig und vorherbestimmt. Nach dem System des "time shuttle" können sie sich in jede Zeit versetzen und, da ihnen die Wahl offen steht, versuchen, sich immer in Zeiten aufzuhalten, in denen sie sich glücklich fühlen. Pilgrim sieht sich selbst auch des Wanderns zwischen den Zeiten fähig. Der Übergang von einem Lebensabschnitt Billys zum anderen wird damit Teil seiner Wanderschaft. Billys Wandern ist absurd, aber als Vorstellung eines Geisteskranken erklärbar. Wie bei Yossarian in Hellers *Catch-22* resultiert nun aber wiederum Pilgrims Geisteskrankheit aus der Tatsache, daß die Welt für ihn sinnlos geworden ist. Als sinnlos erscheint die Zerstörung Dresdens genauso wie das spießbürgerliche Leben in Ilium. Der bleibende Wert von *Slaughterhouse-Five* dürfte wohl in seiner gelungenen Darstellung der Hilflosigkeit des Menschen gegenüber der Sinnlosigkeit seiner Welt bestehen. Das außergewöhnliche Ereignis, die Zerstörung Dresdens, der Anlaß für die Entstehung des Romans, wird allerdings durch die Gleichsetzung mit der Ganzheit des menschlichen Lebens relativiert. Vonnegut schreibt mit *Slaughterhouse-Five* wie John Barth eine "nihilistic comedy". Doch als "black humor" verschlägt sie angesichts der Wirklichkeit, die sie zu bewältigen versucht, dem Leser den Atem.

Cat's Cradle, 1963

Nach dem Urteil einer Reihe von Kritikern verdankt Vonnegut seine Popularität bei seinen Lesern durch die der Pop Art gemäße Darstellung gehobener Themen in der Form der Trivialliteratur ("popular literature"), sei es der der Science Fiction, des Detektiv- oder des Spionageromans. Als wichtigster Vorläufer von *Slaughterhouse-Five* kann in dieser Hinsicht *Cat's Cradle* betrachtet werden.

In spielerischer Nachahmung von Melvilles *Moby-Dick* ("Call me Ishmael.") beginnt der Roman mit der Aufforderung an den Leser: "Call me Jonah". Andere zeitgenössische Autoren - so Styron, Philip Roth oder Brautigan - sollten dieses Spiel später weiterführen. Wie bei Melville legt die Nennung des Namens den Verweis auf den biblischen Jonas nahe, der sich dem Auftrag, den er von Gott erhält, entziehen will, aber doch gezwungen wird, ihn zu erfüllen. So sahen einige Kritiker in dem Erzählerhelden nicht nur eine Christus- sondern auch eine Jonasfigur. Doch die Anhaltspunkte für eine solche Interpretation bleiben zu spärlich, um überzeugen zu können. Der Verweis bleibt eher Spiel, wenn Vonnegut fortfährt: "My parents did, or nearly did. They called me John. Jonah - John - if I had been a Sam, I would have been a Jonah still - not because I have been unlucky for others, but because somebody or something has compelled me to be certain places at certain times, without fail. Conveyances and motives, both conventional and bizarre, have been provided. And, according to plan, at each appointed second, at each appointed place this Jonah was there." Der Erzähler rechtfertigt mit dem Jonasverweis lediglich seine Zeugenschaft für das von ihm berichtete Geschehen. Er wird zum regelrechten Gag, wenn ihm eine zeitliche Bestimmung über die Entstehung der Niederschrift in Popmanier folgt, in der es heißt: "When I was a younger man - two wives ago, 250,000 cigarettes ago [...]"(7).

Der Erzähler berichtet alsdann in der Tradition der apokalyptischen Variante des Zukunftsromans von dem Ende der Welt. Zunächst hatte er beabsichtigt, unter dem

Titel *The Day the World Ended* ein Buch über Hiroschima zu schreiben. Er wollte festhalten, wie verschiedene Personen den Tag erlebten, an dem die erste Atombombe auf die japanische Stadt fiel. Der als Vater der Atombombe betrachtete Wissenschaftler Dr.Felix Hoenikker lebt nicht mehr, als der Erzähler mit seinen Nachforschungen beginnt. Von seinem Sohn Newt erfährt der Erzähler bei seinem Besuch in Ilium - später auch in *Slaughterhouse-Five* die fiktive Entsprechung zu dem Schenectady von General Electric -, daß Hoenikker nie Interesse an anderen Menschen zeigte, selbst nicht an seiner Frau und seinen Kindern. Von seiner Reaktion auf den Abwurf der Bombe berichtet sein Sohn, daß "After the thing went off, after it was a sure thing that America could wipe out a city with just one bomb, a scientist turned to Father and said, 'Science has now known sin.' And do you know what Father said? He said, 'What is sin?'"(16f.) Später kommentiert Marvin Breed, der Bruder eines der Wissenschaftler, der in der Forschungsabteilung Hoenikkers tätig war, dessen Haltung: "How the hell innocent is a man who helps make a thing like an atomic bomb? And how can you say a man had a good mind when he couldn't even bother to do anything when the best-hearted, most beautiful woman in the world, his own wife, was dying for lack of love and understanding"(47). Die "reine Wissenschaft" Hoenikkers ist nicht an den Folgen ihres Tuns interessiert. Sie macht, was machbar ist, ohne nach dessen Sinn zu fragen. Ihr Tun wird zum bloßen Spiel. Als Hoenikker auf den Gedanken kommt, der Frage nachzugehen, ob die Schildkröte beim Zurückziehen ihres Kopfes den Hals beugt oder zusammenzieht, vergißt er seine Atombombe. Als man seine Tochter fragt, was man tun könne, um ihn wieder an der Atombombe zu interessieren, rät sie nur, ihm seine Schildkröten, d.h., sein Spielzeug wegzunehmen. Hoenikker spielt mit Wirklichkeit. "Why should I bother with made-up games," fragt er, "when there are so many real ones going on?"(13) Das einzige "non-real game", das er spielt, ist "cat's cradle", das Fadenspiel, und bedeutungsvollerweise bedient er sich dazu einer Schnur, die um das Manuskrikt eines Zukunftsromans gebunden war. "'A cat's cradle is nothing but a bunch of X's between somebody's hands, and little kids look and look at all those X's...' 'And?' '*No damn cat, and no damn cradle*"(105). Alle Wirklichkeit hebt sich im Spiel auf. Soweit ist der Roman fast ausschließlich Satire auf die sich als "reine" bezeichnende Wissenschaft, die - da auf das Geschehen aufgepfropft - wenig zu überzeugen vermag.

Zur apokalyptischen Science Fiction wird der Roman erst in seinem zweiten Teil voll entfaltet, als der Erzähler einer anderen Erfindung Hoenikkers auf detektivische Weise auf die Spur kommt. Dabei handelt es sich um "ice-nine", eine kristalline Form des Wassers, die die Eigenschaft besitzt, alles Wasser, mit dem es in Berührung kommt, umzustrukturieren und erstarren zu lassen. Durch gewissenlosen Gebrauch ist es mit "ice-nine" möglich, alles Leben auf Erden zunichte zu machen. Durch Frank, einen der beiden Söhne Hoenikkers, gelangt "ice-nine" nach San Lorenzo, einer Insel in der Karibik, wo sich das Geschehen des zweiten Teils des Romans abspielt. Der Erzähler war dort im Auftrag einer Zeitung hingereist, um über ein im Sinne Albert Schweitzers errichtetes Krankenhaus zu berichten. Die Atombombe ist in diesem zweiten Teil so gut wie vergessen.

An die Stelle der "reinen Wissenschaft" als Spiel tritt im zweiten Teil die Lehre, die der Erzähler aus seinen Erfahrungen auf San Lorenzo gewinnt und die er in *The Books of Bokonon* vorformuliert findet. Die Lehre der Bücher bestimmt den Glauben der Bewohner der Insel. Offiziell ist dieser Glaube verboten. Das Verbot war von Bokonon gleich miterfunden worden, "in order to give the religious life of the people more zest, more tang"(109). So wurde Bokonon zu "the gentle holy man in the jungle" und sein

Freund McCabe, der als Präsident der Inselrepublik seine Religion verbieten mußte, zu "the cruel tyrant in the city." "They were," so heißt es dann, "all employed full time as actors in a play they understood, that any human being anywhere could understand and applaud." Wie die "reine Wissenschaft" sich im ersten Teil als bloßes Spiel erwies, so erschent alles Leben im zweiten als "Kunstwerk": "So life became a work of art"(110). Solches Spiel und solche Kunst kosten jedoch einen hohen Preis: Bokonon und McCabe "became, for all practical purposes, insane"(111). Wie in *Slaughterhouse-Five* erweist sich die sinnlos gewordene Welt als kranke Welt. Da im Wahnsinn entworfen bzw. zum Wahnsinn führend, hebt sich jede Aussage wieder auf. Folgerichtig "Everything Is Meaningless"(106).

Der erste Satz in *The Book of Bokonon* lautet: "All of the true things I am about to tell you are shameless lies"(9). Der Autor überträgt dies auf sein eigenes Werk, wenn er diesem als Motto voranstellt: "Nothing in this book is true", und dazu wieder Bokonon zitiert: "Live by the *foma* that make you brave and kind and healthy and happy"(6). "*Foma*" sind in der Sprache Bokonons, eines Dialekts von San Lorenzo, "harmless untruths". Religion wurde, wie Bokonon sie verstand, zum einzigen Instrument der Hoffnung für die Menschen, denn "Truth was the enemy of the people, because the truth was so terrible, so Bokonon made it his business to provide the people with better and better lies"(109).

In der Schöpfungsgeschichte Bokonons fragt der Mensch Gott nach dem Sinn alles dessen, was er in seiner Einsamkeit geschaffen hatte. "Everything must have a purpose?" fragt daraufhin Gott den Menschen. "Certainly," antwortet dieser, woraufhin Gott es ihm überläßt, sich einen solchen auszudenken: "Then I leave it to you to think of one for all this"(166). Danach ist es der Mensch, der seinem Leben erst einen Sinn verleiht. Doch ist dieses Leben andererseits von Gott vorherbestimmt. Es gehört zu den Einsichten Bokonons, "that God was running my life and that He had work for me to do"(127). Die Ambiguität der Lehre, die sich der Erzähler zu eigen macht, gelangt in vielfältiger Weise in dem Roman zum Ausdruck. So heißt es auf die Frage "What Can a Thoughtful Man Hope for Mankind on Earth, Given the Experience of the Past Million Years?" schlicht "Nothing" (153). Dagegen wird in einem Experiment Franks mit Ameisen, die die Katastrophe überleben, ein Weg in die Zukunft angedeutet. "You know why ants are so successful?" fragt Frank den Erzähler: "They co-*op*-er-ate"(175). Als der Erzähler schließlich Bokonon selbst trifft, steckt dieser ihm einen Zettel mit einem Ratschlag zu, den er alsdann befolgt: "If I were a younger man, I would write a history of human stupidity; and I would climb to the top of Mount McCabe and lie down on my back with my history for a pillow, and I would take from the ground some of the blue-white poison that makes statues of men; and I would make a statue of myself, lying on my back, grinning horribly, and thumbing my nose at You Know Who"(179).

Cat's Cradle weist in der Vereinigung des absurden, zur Apokalypse führenden Geschehens im Sinne der Science Fiction mit dem dieses Geschehen interpretierenden Glaubenslehre bereits wesentliche Bestandteile auf, die später die Originalität von *Slaughterhouse-Five* ausmachen sollten. Die Unstimmigkeiten im Geschehen und in der es interpretierenden Lehre sind weitgehend auf deren grundsätzliche Absurdität zurückzuführen. Der künstlerische Rang des Romans wird jedoch wesentlich durch die Diskontinuität seiner beiden Teile, durch die in seinem Rahmen als Fremdkörper erscheinenden klischeehaften Passagen zu aktuellen sozialpolitischen Fragen, auf die hier nicht weiter eingegangen werden konnte, sowie dadurch wesentlich eingeschränkt, daß seine Gestalten wenig Leben gewinnen.

Wie die frühen Romane fanden auch die noch vor ihnen entstandenen Kurzgeschichten nach dem Erfolg von *Slaughterhouse-Five* in der Kritik Beachtung. In seinem Vorwort zu *Welcome to the Monkeyhouse*, 1968, der Sammlung dieser Geschichten, bezeichnet Vonnegut sie selbst als "work I sold in order to finance the writing of the novels. Here one finds the fruits of Free Enterprise." Es ist für ihn "slick fiction"(XIV). Einige dieser Geschichten sind jedoch zumindest besser "gemacht" als seine frühen Romane. Als Beispiel dafür sei angeführt

"Tomorrow and Tomorrow and Tomorrow", 1954

Vonnegut greift mit der Geschichte schon sehr früh das inzwischen bereits häufiger in der amerikanischen Erzählkunst anzutreffende Thema des Alterns auf. Zeit der Handlung ist das Jahr 2158. Die Besiedlung anderer Planeten hat sich zu diesem Zeitpunkt als undurchführbar erwiesen. "Anti-gerasone", ein weiteres Altern verhinderndes Medikament, hat zu einer bedrohlichen Übervölkerung der Erde geführt. Gramps Schwartz, der schon siebzig Jahre alt war, als das Medikament erfunden wurde, ist inzwischen 172 Jahre alt und wohnt mit zweiundzwanzig seiner Nachkommen in einer Zweizimmerwohnung in Alden Village, "a New York housing development that covered what had once been known as Southern Connecticut"(284). In diesem Projekt wohnt die Familie im 76.Stockwerk des Hauses Nr.257. Die Zeit des Autos ist inzwischen abgelaufen, da weder Metall noch Benzin vorhanden sind. Die Nahrung besteht aus aufbereitetem Seetang und Sägemehl. Jedes Mitglied der Familie hofft darauf, nach dem Absterben Gramps das von ihm für sich allein beanspruchte Zimmer erben zu können. Als er glaubt, sein Enkel Lou wolle ihn durch Verdünnung seiner Medizin sterben lassen, verläßt Gramps das Haus und hinterläßt einen Brief, daß er nach diesem Anschlag auf sein Leben sterben möchte und sein Erbe allen Nachkommen zu gleichen Teilen vermache. In bewährter O'Henry-Manier erfolgt jedoch ein Umschlag in der Entwicklung des Geschehens: Die sich prügelnden Erben werden von der Polizei abgeführt und finden in ihren Gefängniszellen, die die Ehepaare jeweils allein besetzen, endlich Ruhe. Gramps läßt seinen Vorsatz, aus dem Leben zu scheiden, fallen, als er über das Fernsehen erfährt, daß die Erfindung von "supe-anti-gerasone" es nun ermögliche, sich auch zu verjüngen.

Hintergründig geht es in "Tomorrow ..." - wie in den schon besprochenen Romanen - um die Sinnlosigkeit des Lebens. Als paradox erscheint die Situation dadurch, daß man das Leben, das sich als sinnlos erweist, auch noch zu verlängern versucht. Zeichen für die Sinnlosigkeit ihres Lebens ist die Freizeitbeschäftigung der Familie Schwartz, das Fernsehen. Gramps kann es kaum bis zur nächsten Übertragung der Familienserie aushalten, die nicht wie die Dallas-Serie noch keine zwei Dutzend, sondern bereits 29121 Fortsetzungen aufzuweisen hat. "I can't wait to see what's going to happen next"(292).

   To-morrow, and to-morrow, and to-morrow,
   Creeps in this petty pace from day to day,
   To the last syllable of recorded time;
   And all our yesterdays have lighted fools
     The way to dusty death.

So meditiert Macbeth in Shakespeares Tragödie über die Flüchtigkeit der Zeit, in deren beschränkter Dauer das Leben des Menschen nur zu dem kurzen Auftritt eines Schauspielers wird. In satirischer Abwandlung erweist sich die langsam dahinkriechende Zeit in Vonneguts Geschichte in ihrer Sinnlosigkeit,

> it is a tale
> Told by an idiot, full of sound and fury,
> Signifying nothing.

Doch selbst "sound and fury" beleben - wie noch in Faulkners danach benanntem Roman - bei Vonnegut kaum noch die Szene.

Wenn sich in der Folge der Kurzgeschichten eine Entwicklung aufzeigen lassen sollte, so dann - wie auch später bei den Romanen - eine zunehmende Tendenz zur Didaxis. Die Titelgeschichte von *Welcome to the Monkeyhouse* endet damit, daß Billy, einer der Charaktere, in einer sich über zwei Seiten erstreckenden Belehrung zeigen will, wie die Welt aus ihrem "Tod", den sie lebt, herausgeführt werden könnte. Worum es ihm dabei geht, ist, "to restore a certain amount of innocent pleasure to the world, which is poorer in pleasure than it needs to be"(45). Es ist offensichtlich Vonneguts Anliegen, mit seinen Erzählungen und Romanen "Vergnügen" zu stiften. Doch es ist das Vergnügen des "schwarzen Humors" oder des Galgenhumors, wie der Autor es selbst nennt, wenn man lacht, obwohl man um sein Verdammtsein weiß.

Die auf *Slaughterhouse-Five* folgenden Romane ändern das Gesamtbild von Vonneguts Erzählkunst wenig. Obwohl er meinte, mit dem Roman über die Zerstörung Dresdens das erreicht zu haben, um was es ihm als Schriftsteller ging, schrieb er weiter. Die nächsten beiden Romane, *Breakfast of Champions*, 1973, und *Slapstick*, 1976, vermögen nicht mehr an den Erfolg des vorausgehenden Werkes anzuknüpfen. Die Trennung von Familie und Kindern kennzeichnen dabei Vonneguts Schaffensperiode der siebziger Jahre. Einen Neuansatz sehen eine Reihe von Kritikern in der Serie von Romanen, die nach der Schließung seiner zweiten Ehe ab 1979 entstanden. Dabei handelt es sich um *Jailbird*, 1979, *Deadeye Dick*, 1982, *Galápagos*, 1985, *Bluebeard*, 1987, und *Hocus Pocus*, 1990. Die Tendenz zur Didaxis setzt sich fort, konzentriert sich jedoch mehr auf die Einleitung der Werke, als daß sie als Teil ihrer direkten Aussage erscheint. Das Phantastische tritt zurück, sodaß Allen sogar von einer neorealistischen Phase Vonneguts sprechen zu können glaubt. Eine Ausnahme in der Serie bildet *Galápagos*, ein Roman, in dem das Grundanliegen des Autors noch einmal in umfassender, wenn auch nicht in künstlerisch gelungener Weise zum Ausdruck gelangt.

Galápagos, 1985

Der Mensch erscheint in dem Roman als eine Fehlentwicklung der Evolution. Diese besteht in einem zu großen Hirn. "Every human being back then had a brain weighing about three kilogram! There was no end to the evil schemes that a thought machine that oversized wouldn't imagine and execute.[...] Can it be doubted that three-kilogram brains were once nearly fatal defects in the evolution of the human race?"(8) Es ist die Rede von den "ridiculous mistakes in evolution"(26). Das zu große Hirn ermöglicht es dem Menschen, seine Welt weitgehend frei zu gestalten, seine Weiterentwicklung selbst zu bestimmen. Dabei verliert er nicht nur die Fähigkeit, das zu seiner Erhaltung Notwenige instinktiv zu tun, sondern entwickelt stattdessen die Mittel zu seiner Selbstvernichtung. In *Cat's Cradle* waren dies die Atombombe und "ice-nine", in *Slaughterhouse-Five* waren es die Bombengeschwader des zweiten Weltkrieges. Zu den Vernichtungskatastrophen in anderen seiner Romane gehören auch Auschwitz und -immer wieder - Vietnam. Vietnam erscheint auch in *Galápagos* als Beispiel der Sinnlosigkeit der in die Selbstvernichtung führenden Entwicklung der Menschheit. Wie

für Billy Pilgrim die Zerstörung Dresdens zum zentralen Ereignis seines Lebens wurde, so für Leon Trotzky Trout, den Erzähler von *Galápagos*, der Vietnamkrieg, als er eine Großmutter erschoß, nachdem diese seinen ärgsten Feind wie seinen besten Freund mit einer Handgranate getötet hatte.

Zu den Merkmalen des mit einem zu großen Hirn ausgestatteten Menschen gehört aber auch das spielerische Element. Die Welt, die er sich schafft, ist der Willkür seines Spiels anheimgegeben. Beispiel dafür ist der weltweite Zerfall des künstlich festgesetzten Wertes der Währungen. Obwohl nicht weniger Lebensmittel produziert werden als zuvor, hungern Menschen, weil sie sie mit dem inzwischen entwerteten Geld nicht mehr zu kaufen imstande sind.

Trout, der Erzähler, ist ein Sohn des rätselhaften, aus früheren Romanen schon bekannten Science Fiction-Autors Kilgore Trout. Seit seinem bereits erwähnten Erlebnis in Vietnam versteht er die Welt nicht mehr. Wenn er eine Million Jahre nach dem zentralen Ereignis des Romans dessen Geschichte als Geist erzählt, so tut er dies aus der Sicht dessen, der durch das Erlebnis der Sinnlosigkeit sein seelisches Gleichgewicht verlor. Alles wird für ihn zu "a meaningless nightmare"(127). Mit Hilfe eines schwedischen Arztes gelingt es ihm, zu desertieren und in Schweden Asyl zu finden. Dort arbeitet er auf einer Werft an einem Schiff, das später von Guayaquil in Equador aus als Bahía de Darwin zu den Galápagos-Inseln fahren soll. Bei den Arbeiten wird er jedoch durch eine herabfallende Stahlplatte geköpft und überquert nach der Beerdigung seiner sterblichen Überreste als Geist den Atlantik, um sich vorübergehend im Hirn des Kapitäns des Schiffes einzunisten. Wenn er nach einer Million Jahren von seinen Erlebnissen berichtet, so schreibt er mit dem Finger in die Luft. "Does it trouble me to write so insubstantially, with air on air? Well my words will be as enduring as anything my father wrote, or Shakespeare wrote, or Beethoven wrote, or Darwin wrote. It turns out that they all wrote with air on air, and I now pluck this thought of Darwin from the balmy atmosphere"(290). Darauf zitiert er eine Passage aus Darwin.

Vonneguts Erzähler muß so lange weiterleben, nicht nur, um biologische Entwicklungen überschauen zu können, sondern auch um das Leben und die Welt verstehen zu lernen, wozu die normale Lebensspanne nicht ausreicht. Als sein verstorbener Vater, der mit ihm als Geist zu verkehren vermag, ihn zu überreden versucht, "the blue tunnel into the Afterlife" - d.h., in den endgültigen Tod - zu durchschreiten, protestiert er: "'But I haven't completed my research,' [...] I had chosen to be a ghost because the job carried with it, as fringe benefit, licence to read minds, to learn the truth of people's past, to see through walls, to be many places all at once, to learn in depth how this or that situation had come to be structured as it was, and to have access to all human knowledge"(253). Die lakonische Antwort seines Vaters darauf lautet: "For all your eavesdropping you've accumulated nothing but information.[...] The more you learn about people, the more disgusted you'll become. I would have thought that your being sent by the wisest men in your country, supposedly, to fight a nearly endless, thankless, horrifying, and, finally, pointless war, would have given you sufficient insight into the nature of humanity to last you throughout all eternity!"(253f.)

Es geht dem Erzähler aber auch nicht nur um das Wissenwollen, wie oder warum alles geschah und geschieht, sondern ebenso um den Glauben an den Menschen. Er erinnert sich daran, daß seine Mutter Anne Frank zu zitieren pflegte, die angesichts der Vernichtung der Juden durch die Nazis sagte, daß "In spite of everything, I still believe people are really good at heart." Der Autor benutzt das Zitat als Epigraph für seinen Roman. Diese Hoffnung erhält die, die mit der Bahía de Darwin auf den Galápagos

stranden, am Leben. "Mother was right: Even in the darkest times, there really was still hope for humankind"(259). Nach einer Million Jahren sieht der Erzähler die Hoffnung Anne Franks endgültig bestätigt: "I have now described almost all the events and circumstances crucial, in my opinion, to the miraculous survival of humankind to the present day. I remember them as though they were queerly shaped keys to many locked doors, the final door opening on perfect happiness"(270). "The Law of Natural Selection went to work"(261) und funktionierte diesmal. Der Mensch entwickelte sich zu einem Lebewesen mit einem kleinen Hirn, einem seehundartigen Fell, mit zu Flossen rückgebildeten Extremitäten und einem für den Fischfang geeigneten Maul. In dieser, seiner Umwelt angepaßten Gestalt hat der Mensch keine Probleme mehr. "Nothing ever happens around here anymore that I haven't seen or heard so many times before. Nobody, surely, is going to write Beethoven's Ninth Symphony - or to tell a lie, or start a Third World War"(259).

Die Reise der Bahía de Darwin zu den Galápagos-Inseln steht im Zeichen Darwins. Das Schiff ist nach der Bucht benannt, in der Darwin auf seiner Reise mit The Beagle die Inseln betreten hatte. Sein Porträt hängt in der Bar des Schiffes. In der Broschüre für "the Nature Cruise of the Century", den das Schiff unternehmen soll, wird Darwin zitiert. Vor allem wird Bezug genommen auf "the most broadly influential scientific volume produced during the entire era of great big brains. It did more to stabilize people's volatile opinions of how to identify success or failure than any other tome. Imagine that! And the name of his book summed up its pitiless contents: *On the Origins of the Species by Means of Natural Selection or the Preservation of Favoured Races in the Struggle for Life*" (13f.) Der Erzähler sieht alsdann den von Darwin beschriebenen Prozeß der Evolution eine Million Jahre lang am Werk, vermag den Leser aber kaum von der Richtigkeit der Theorie zu überzeugen. Trotz seiner umfassenden biologischen und allgemein wissenschaftlichen Kenntnisse verblüfft in Skinners *Walden II* dessen naive Wissenschaftsgläubigkeit. Bei Vonnegut verblüfft dagegen seine wissenschaftliche Naïvität in seiner Darstellung einer möglichen Entwicklung. Es wird dokumentiert, was der Mensch mit seinem großen Hirn Schreckliches anzurichten vermochte; es wird aber nicht dargelegt, daß sein zu großes Hirn ihn daran gehindert hätte, auf den Galápagos-Inseln zu überleben. Das Wissen, zu dem der Erzähler in einer Million Jahren gelangt, bleibt äußerst fragwürdig, wenn nicht sinnlos.

Der Entwicklung des Menschen zu einem seehundartigen Lebewesen in Vonneguts *Galápagos* entspricht der versuchte Neuanfang der Menschheit in Malamuds *God's Grace*. Bei Vonnegut überleben das Aussterben der Menschheit durch den Verlust ihrer Reproduktionsfähigkeit nur die zehn mit der Bahía de Darwin auf den Galápagos Gestrandeten. Bei Malamud sind es Cohn als einziger Mensch und ein paar Menschenaffen. In dem früheren Roman wird Adolf von Kleist, der Kapitän des Schiffes, als einziges überlebendes männliches Wesen zu einem "latter-day Adam"(49) oder einem neuen Noah. "The *Bahía de Darwin* wasn't just any ship. As far as humanity was concerned, she was the new Noah's ark"(215). Santa Rosalia, die nördlichste der Galápagos-Inseln, auf der man strandete, wird dann zum neuen Berg Ararat. Wie in *God's Grace* Cohen mit einer Schimpansin eine neue Menschenart schaffen will, nachdem sich die bisherige als nicht gelungene Schöpfung Gottes erwiesen hat, versucht bei Vonnegut die sich unter den Überlebenden befindende Biologin Mary Hepburn, selbst unfruchtbar, mit dem Samen des Kapitäns durch künstliche Befruchtung der weiblichen Überlebenden den Fortbestand des Menschengeschlechts zu retten. Während Malamuds Versuch die erste Generation nicht überlebt, entsteht auf den Galápagos eine Nachkommenschaft, die die Katastrophe des Jahres 1986 eine Million Jahre überlebte und keine Anzeichen zeigt, aussterben zu wollen. Sie hat sich aber im Laufe ihrer Weiterentwicklung in einem Maße an die neuen Lebensbedingungen angepaßt, daß nichts mehr von dem erhalten blieb, was als menschlich bezeichnet werden könnte. Die seehundartigen Lebewesen kennen weder gut und böse, noch fragen sie nach dem Sinn ihres Lebens und der Welt.

Wesentliche Züge des Romans konnten soweit beschrieben werden, ohne daß auf die Handlung eingegangen zu werden brauchte. Sie erweist sich als ein sehr willkürliches Artefakt, das die Grundlage für die Diskussion der soweit behandelten Fragen durch den Erzähler liefern muß. Ausgenommen werden muß die Rahmenhandlung, die Geschichte des Erzählers, auf die bereits eingegangen worden ist. Was Trout erzählt, ist der mißlungene "Nature Cruise of the Century". Im Zeichen Darwins sollen prominente Gäste aus aller Welt auf der Bahía de Darwin zu den Galápagos fahren, um dort durch geschulte Führer in die ungewöhnliche Fauna und Flora der Inseln eingeführt zu werden. Was der Erzähler von dem Wert einer solchen Kreuzfahrt hält, wird ersichtlich, wenn er den ersten Eindruck Darwins von den Inseln zitiert: "Nothing could be less inviting than the first appearance. A broken field of black basaltic lava, thrown into the most rugged waves, and crossed by great fissures, is everywhere covered by stunted, sun.burnt brushwood, which shows little signs of life. The dry and parched surface, being heated by the noon-day sun, gave to the air a close and sultry feeling, like that from a stove: we fancied even that the bushes smelt unpleasantly"(12f.) Als sich der Tag der Abreise nähert, sagen jedoch alle prominenten Gäste - darunter Jacqueline Kennedy Onassis, Henry Kissinger und Rudolf Nureyev - wegen einer inzwischen eingetretenen weltweiten Wirtschaftskrise ab. Nur sechs Personen finden sich im Hotel El Dorado am Donnerstag dem 27.November 1986 ein, um am nächsten Tag die Kreuzfahrt anzutreten. Doch bevor es dazu kommt, bricht ein Krieg zwischen Peru und Equador aus, und die hungernde Menge raubt das Schiff und das Hotel aus. Vier der noch überlebenden Reisenden retten sich mit dem Kapitän auf das nur noch bedingt manövrierfähige Schiff. Mit ihnen waren sechs Kanka-bono-Kinder auf das Schiff gekommen, letzte Überlebende eines Eingeborenenstammes aus den Bergen. Nach dem Tode eines der Reisenden strandet man auf der nördlichsten der Galápagos-Inseln, wo die Biologin ihr Experiment der Fortpflanzung der Überlebenden beginnt. Weitere Einzelheiten des Geschehens bleiben ziemlich belanglos, außer der schon erwähnten Tatsache, daß der Rest der Menschheit ausstirbt, ohne daß es noch zu einem Kontakt mit den Gestrandeten gekommen wäre.

Galápagos setzt die Reihe der Zukunftsromane Vonneguts in der von ihm bekannten Manier fort. Seine besondere Bedeutung erhält das Buch dadurch, daß in ihm das Welt- und Menschenverständnis des Autors noch einmal in grundsätzlicher Weise an Hand evolutionistischen Denkens veranschaulicht wird: die sich selbst zerstörende Menschheit erhält nach ihrem Untergang noch einmal die Gelegenheit zu einem Neuanfang. Die Möglichkeit des Neuanfangs wird jedoch wie die positiven Entwicklungen aus der Sicht eines infolge der Sinnlosigkeit der Welt geistig erkrankten Menschen erlebt. Die Spannung der Vonnegutschen Romane wird in der Kritik als eine solche "zwischen der Unmöglichkeit der Sinnfindung und der Notwendigkeit einer Sinnstiftung"(Freese) gesehen. Nur erweist sich die Sinnstiftung immer wieder als vergeblich. Der Mensch verliert in der in *Galápagos* dargestellten Entwicklung zwar sein Organ, mit dem er im Begriff war, sich selbst zu zerstören, er verliert aber gleichzeitig auch alle Eigenschaften, die ihn als Menschen qualifizierten. Die Lösung, die der Erzähler in der Entwicklung sieht, wird nur von einem geistig Kranken als solche gesehen. Für den Autor versteckt sich dahinter bittere Ironie. Für ihn ist der Mensch nicht mehr zu retten. Das Positive, das als Botschaft Vonneguts allein gelten kann, ist, das jeder sich seines Nächsten annehme, um das Unabwendbare erträglich zu machen.

Literatur

Zitiert wurde nach *Slaughterhouse-Five*; New York, 1971 (Dell), *Cat's Cradle*, 1965 (Penguin); *Welcome to the Monkey House*, New York, 1968; *Galápagos*, New York, 1985 (Dell).

Sekundärliteratur:
Peter Reed, *Kurt Vonnegut, Jr.* New York, 1972.
Jerome Klinkowitz u. John Somer, hg., *The Vonnegut Statement: Original Essays on the Life and Work of Kurt Vonnegut*, New York, 1973.
Stanley Schatt, *Kurt Vonnegut, Jr.*, Boston, 1976.
James Lundquist, *Kurt Vonnegut*, New York, 1976.
Richard Giannone, *Vonnegut: A Preface to His Novels*, Port Washington, N.Y., 1977.
Jerome Klinkowitz, *Kurt Vonnegut*, New York, 1982.
William Rodney Allen, hg., *Conversations with Kurt Vonnegut*, Jackson, MS, 1988.
Robert Merrill, hg., *Critical Essays on Kurt Vonnegut*, Boston, 1990.
William Rodney Allen, *Understanding Kurt Vonnegut*, Columbia, SC, 1990.
Jerome Klinkowitz, *Slaughterhouse-Five: Reforming the Novel and the World*, Boston, 1990.
Leonard Mustsazza, *Forever Pursuing Genesis: The Myth of Eden in the Novels of Kurt Vonnegut*, Lewisburg, PA, 1990.

Experimentelle Erzählkunst

Ging es in den ersten Teilen unserer Ausführungen um jene Erzählkunst, deren Gegenstand die problematisch gewordene Identität des Menschen unserer Zeit war, so im anschließenden Teil - über die surrealistische und absurde Erzählkunst - um eine Welt, in der sich keine Identität und damit auch kein Sinn mehr finden läßt. Dies gilt in gleicher Weise für die Romane und Erzählungen, die im folgenden Teil als "new fiction" oder "experimentelle Erzählkunst" zur Darstellung gelangen sollen. Sie gehen davon aus, daß der Wirklichkeit als solcher kein Sinn eingegeben ist und daß derjenige, der mit ihr umzugehen hat, sich genötigt sieht, ihr einen solchen zu verleihen, um mit ihr zurechtzukommen.

Die Gruppe der Autoren, deren Werk der "metafiction", der "new fiction" oder der "experimentellen Erzählkunst" zuzurechnen ist, läßt sich von ihrer Erzählweise wie von ihrer Bedeutung her schwer abgrenzen. Da ihrer Vorstellung nach der Leser - und als solcher auch der Kritiker - an dem Prozeß der Sinn*er*findung beteiligt werden soll, bestimmt dessen erfolgreicher oder erfolgloser Umgang mit dem Text dessen Stellenwert mit. Charakteristisch für diese Problematik der "Kanon"-bildung in dieser Hinsicht ist die sich ständig vermehrende Zahl der Autoren in den Studien Jerome Klinkowitz' zu diesem Gegenstand. In Anbetracht dieser Situation dürfte es erlaubt sein, bei einer Wertung die Häufigkeit, mit der die Autoren in der Kritik Aufmerksamkeit gefunden haben, mitzuberücksichtigen. Danach wären es vor allem drei Autoren, die bereits als Klassiker der "experimentellen Erzählkunst" betrachtet werden können, John Barth, Donald Barthelme und Thomas Pynchon. Mit Vorbehalt wäre ihnen John Hawkes noch zuzuzählen. Eine Sonderstellung nehmen William Gaddis und John Gardner ein, ersterer, weil er von einer Reihe von Kritikern als der zu ihrem Bedauern vernachlässigte Begründer der neuen Erzählweise betrachtet wird, letzterer wegen seines - nach unserem Dafürhalten vergeblichen - Versuches, sich von den anderen Autoren abzusetzen. Aus der großen Zahl der weiteren Autoren kann hier nur ein kleiner Teil herangezogen werden, auf dessen jeweils spezifische Bedeutung noch hinzuweisen sein wird. Dabei handelt es sich um William Gass, Ronald Sukenick, Raymond Federman, Robert Coover, Richard Brautigan und W.S.Merwin. Eine Reihe weiterer Erzähler, die ihnen zum Teil an Bedeutung nicht nachstehen, kann nur beim Namen genannt werden: Steve Katz, Eugene Wildman, Gilbert Sorrentino, Walter Abish, James Park Sloan, John Irving, Alexander Theroux, Thomas McGuane, Richard Yeats, Dan Wakefield und Tom Glynn. Auch diese Aufzählung bleibt unvollständig. LeRoi Jones und Ishmael Reed wurden bereits als afroamerikanische Erzähler berücksichtigt. Beachtung fanden auch schon Walker Percy, E.L.Doctorow sowie Stanley Elkins, die in einem Teil der bisherigen Kritik zu dieser Gruppe gezählt werden. In späteren Kapiteln werden die ebenfalls gelegentlich ihnen zugezählen Vladimir Nabokov, Jerzy Kossinsky und Joyce Carol Oates Berücksichtigung finden.

Was fast alle genannten Autoren verbindet, ist der Einfluß, den Jorge Luis Borges auf ihr Schaffen direkt oder indirekt ausgeübt hat. Dieser Einfluß des argentinischen Schriftstellers wurde vor allem seit dem Erscheinen der englischen Übersetzung seiner *Ficciones* und seiner *Labyrinths* 1962 sichtbar. Borges geht davon aus, daß alle Wirklichkeit vielleicht nur ein Traum sei. Doch könnte es nützlich sein, ihr einen Sinn zu verleihen. Fiktion und Wirklichkeit werden für Borges austauschbar. Alles Erzählen bleibt unabgeschlossen. Für ihn existiert keine allgemeingültige Zeit; jegliche Chronologie verliert damit ihren Sinn. Borges' Strategie ist die Geschichte in der Geschichte, die Vermischung von Traum und Realität und die Reise durch die Zeit; sein Prinzip ist die Auflösung des Eindeutigen in das Vieldeutige. Seine Welt ist voll von Architektur, Spiegeln, Enzyklopädien und Labyrinthen. Allen diesen Vorstellungen begegnen wir auch in der "metafiction" der von uns genannten nordamerikanischen Autoren.

Nach Raymond Federman sind Borges' *Fiktionen* "fiction [...] that challenges the tradition that governs it; [...] that constantly renews our faith in man's imagination and not in man's distorted vision of reality"(7). Literatur wird nicht mehr als Produkt, sondern als Prozeß betrachtet, dessen Anfang und Ende willkürlich bleiben. Nicht die Ratio, sondern die visionäre dichterische Vorstellung ist entscheidend, da es im Grunde für die experimentellen Erzähler keine Wirklichkeit gibt, die rational faßbar wäre. Robert Sukenick beschreibt die Situation, in die sich solche "new fiction" gestellt sieht, folgendermaßen: "Reality does not exist, time does not exist, personality does not exist. God was the omniscient author, but he died; now [...] reality lacks the sanction of a creator, there is no garantee as to the authenticity of the received vision. Time is reduced to presence, a series of discontinuous moments. Time is no longer purposive, and so there is of course an illusion. Personality, after passing through a phase of awkward self-consciousness, has become, quite minimally, a locus for our experience"(41). Wenn keine Wirklichkeit mehr vorgegeben ist, hat die Imagination freies Feld, sich zu entfalten. Nachdem Wirklichkeit auf die Erfahrung von Wirklichkeit reduziert wurde und da der Schriftsteller durch seine Kreativität die Wirklichkeit zu verändern vermag, kann ihre realistische Abbildung und Nachahmung, das Prinzip der Mimesis, nicht mehr das Vorgehen der Imagination beschreiben. Die Methode der neuen Literatur ist eigenständige spontane Kreation, ein Spiel der Imagination mit Worten. So heißt es bei Federman: "To write then is to produce a meaning and not to reproduce a pre-existing meaning. [...] fiction can no longer be a reality or a representation of reality; it can only be A REALITY [...]. To create fiction is, in fact, a way to abolish reality, and especially to abolish the notion that reality is truth"(8).

Mit der Abkehr von der Vorstellung von Wirklichkeit im traditionellen Sinne entfallen für die Autoren der "experimentellen Erzählkunst" auch deren Kategorien wie Zeit, Raum, Handlung oder Persönlichkeit. "The plot having disappeared," heißt es denn auch bei Federman, "it is no longer necessary to have the events of fiction follow a logical, sequential pattern (in time and space)"(11). Wenn es aber keine Wirklichkeit für den Autor außer der von ihm entworfenen gibt, produziert dieser sich in seinem Werk immer nur wieder selbst. "New fiction" spiegelt demnach immer nur das Bewußtsein des Schriftstellers wider, da Wirklichkeit nur als jeweilige individuelle Erfahrung Gültigkeit hat: "While pretending to be telling the story of his life, or the story of any life, the fiction writer can at the same time tell the story of the story he is telling, the story of the language he is manipulating, the story of the method he is using [...], the story of the fiction he is inventing, and even the story of the anguish (or joy, or disgust, or exhilaration) he is feeling while telling the story"(12). Die neuen Erzählungen machen also Erzähler und Erzählakt mit zum

Erzählgegenstand oder in vielen Fällen gar zu ihrem Hauptgegenstand. Laurence Sternes *Tristram Shandy* von 1760-1767 wird zu dem wohl bedeutendsten Vorläufer solchen Erzählens.

Leslie Fiedler sieht in seiner Studie über *Love and Death in the American Novel* von 1960 die "new fiction" von einer Wende nach innen gekennzeichnet, die er als "the invention of a new kind of self, a new level of mind," umschreibt, "for what has been happening since the 18th century seems more like the development of a new organ than the mere finding of a new way to describe old experience"(XXVIII). Ausgangs- und Bezugspunkt in der Erzählliteratur sind das Individuum, seine Gedanken und Empfindungen, seine seelischen Bewegungen. In der Literatur des 18.Jahrhunderts entwickelte sich - so Fiedler - als Reaktion auf den Rationalismus der Aufklärung die Strömung der "Empfindsamkeit". Die "new fictions" der amerikanischen Literatur knüpfen nach Fiedlers Meinung an die "literature of sensibility" an, machen in der "New Sensibility" Introspektion zur vorherrschenden Haltung des Schriftstellers und betonen die Fähigkeit der Person, emotional und intellektuell auf Erfahrungen zu reagieren.

Ihab Hassan betrachtet in seinen kritischen Schriften die "Anti"- oder "Aliteratur" der "new fiction" als Resultat reduktiver Prozesse, als Akte der Auflehnung und der Verneinung. "The negative, acting through art, language and consciousness," heißt es in *The Dismemberment of Orpheus*, "shapes the boundary state that I call silence"(14). Durch "silence" wird sich nach Hassan die Literatur der Notwendigkeit bewußt, ihre Formen, Gesetze und Methoden anzuzweifeln, zu überprüfen und zu untergraben. "Silence develops as the metaphor of a new attitude that literature has chosen to adopt towards itself. This attitude puts to question the peculiar power of literary discourse and challenges the assumption of our civilization"(*Literature of Silence*, 15). "Silence" bedeutet denn auch "an innovation in consciousness"(216) und setzt einen neuen Anfang: "Language acquires new concreteness and reveals, at the same time, new dimensions of the Absolute. It opens itself to the unknown, to dream, chance, absurdity, and in so doing creates mental space for the artist, an altered perception"(*Dism.*, 79). Mit Hassan bewegen wir uns aber bereits auf eine Mythisierung der "new fiction" zu, an deren Ende eine neue und bessere oder richtiger geschaute Wirklichkeit sich zu enthüllen scheint. So weit dürfte der größere Teil der Autoren der "new fiction" nicht gehen. Überhaupt lassen sie sich nicht alle mit der soweit formulierten Beschreibung erfassen. Sie unterscheiden sich vor allem danach, wie Wirklichkeit und Imagination sich bei ihnen zueinander verhalten. Findet die Imagination bei Vonnegut noch ihre "realistische" Verankerung als Schau des an der Sinnlosigkeit der Wirklichkeit leidenden Helden, so gewinnt die Erfahrung der Wirklichkeit bei Richard Brautigan einen solchen Grad von Solipsismus, daß deren Mitteilung für den Leser jede Bedeutung verliert. Bei den Werken von Autoren, die dazwischen liegen, wird die Balance zwischen "creation" und "adjustment" in irgendeiner Form noch gewahrt.

In Entsprechung zu den "fabulators" der frühen Studie von Scholes sieht Gerhard Hoffmann zur Zeit des Ausklingens der "experimentellen Erzählkunst" "metafiction" als Endprodukt einer stufenweisen Verabsolutierung des Phantastischen. "The history of the fantastic," heißt es bei ihm, "can be seen as a gradual radicalization of the ways in which various levels of narration are 'fantasized', the final outcome being the transformation of all basic elements in the narrative situation"(282). "In the postmodern novel," heißt es am Schluß, "the fantastic, even if it is all-encompassing in its presence, gives expression only to *aspects* of existence, without attempting a definite or probable or 'real' explanation, interpretation or understanding of the world or the self." Die postmodernen Romane werden damit für ihn zu "radical experiments". Die genannten "aspects" sind "the only reality"(362). Die "true unification", die für ihn der postmoderne Text durch das Phantastische erreicht, liegt "in the endlessness of the possibilities of the imagination to create." Darin sieht Hoffmann wie schon Hassan "a humanizing perspective"(364). In der "Verunendlichung" der Möglichkeiten werden diese aber willkürlich und führen zu einer entmenschlichenden Sinnentleerung, wie menschlich die Intentionen der einzelnen Autoren auch gewesen sein mögen.

Literatur

Robert Scholes, *The Fabulators*, New York, 1967, erweitert zu *Fabulation and Metafiction*, Urbana, IL, 1979.
Ihab Hassan, *The Literature of Silence*, New York, 1967.
-----------, *The Dismemberment of Orpheus: Toward a Postmodern Literature*, New York, 1971.
Raymond Olderman, *Beyond the Waste Land: A Study of the American Novel in the Nineteen-Sixties*, New Haven, 1972.
Raymond Federman, hg., *Surfiction, Fiction Now ... and Tomorrow*, Chicago, 1974.
Jerome Klinkowitz, *Literary Disruptions: The Making of a Post-Contemporary American Fiction*, Urbana, IL, 1975.
Manfred Pütz, *The Story of Identity: American Fiction of the Sixties*, Stuttgart, 1979.
Larry McCaffery, *The Metafictional Muse: The Works of Robert Coover, Donald Barthelme, and William H. Gass*, Pittsburgh, 1982.
Gerhard Hoffmann, "The Fantastic in Fiction: Its 'Reality' Status, its Historical Development and its Transformation," *REAL*, 1, 1982, 267-364.
Charles Caramello, *Silverless Mirrors: Book, Self & Postmodern Fiction*, Tallahassee, FL, 1983.
Patricia Waugh, *Metafiction: The Theory and Practice of Self-Conscious Fiction*, London, New York, 1984.
Jerome Klinkowitz, *Literary Subversions: New American Fiction and the Practices of Criticism*, Carbondale, IL, 1985.
Rüdiger Imhof, *Contemporary Metafiction: A Poetological Study of Metafiction in English Since 1939*, Heidelberg, 1986.
Brian McHale, *Postmodernist Fiction*, New York, 1987.
Joseph C. Schöpp, *Ausbruch aus der Mimesis: Der amerikanische Roman im Zeichen der Postmoderne*, München, 1990.

Siehe ferner die bereits auf S.15 genannten Studien von Tony Tanner, Brigitte Scheer-Schäzler, Philip Spevick, Malcolm Bradbury, Allen Wilde, Arno Heller und Gerhard Hoffmann.

William Gaddis, geb.1922

William Gaddis wird seit dem Erscheinen von *Carpenter's Gothic*, seinem dritten Roman, 1985 und der gleichzeitigen Neuauflage seiner früheren Werke als Taschenbuchausgaben von Kennern nicht nur als Vorläufer, sondern auch als bedeutender Vertreter der experimentellen Erzählkunst anerkannt. Sein erster Roman, *The Recognitions*, 1955, war nur von wenigen Kritikern als ungewöhnliches Publikationsereignis registriert worden, und die Verleihung des *National Book Award* für *J.R.*, seinen zweiten Roman, hatte weder Kritiker noch Leser zu einer eingehenderen Beschäftigung mit dem Werk des Autors aufmuntern können. Im Nachhinein wird versucht, Gründe für das lange Ausbleiben der Anerkennung zu finden. Der Fall Gadddis wird dabei zum Teil eher eine Sache der Rezeptions- als eine der Literaturgeschichte.

Gaddis, auf Manhattan geboren, wuchs nach der Scheidung seiner Eltern in der Umgebung New Yorks auf, studierte an der Harvard Universität und ließ sich nach dem Kriege im Greenwich Village nieder, während er für den *New Yorker* tätig war. 1947 begab er sich für längere Zeit auf Reisen nach Mittelamerika, Nordafrika und Europa, die deutliche Spuren in seinem ersten Roman hinterließen, an dem er während dieser Zeit arbeitete.

The Recognitions, 1955

Als Gründe dafür, daß der Roman nur wenige Leser fand und auch heute kaum findet, werden seine Länge - 956 Seiten! -, sowie die unzähligen, nicht oder oft nur mit Schwierigkeit zu entziffernden Anspielungen, die kaum überschaubare Zahl der auftretenden Personen und die labyrinthischen Verschränkungen des Handlungsgefüges genannt. Dies sind auch Gründe, die es erschweren, den Roman in wenigen Worten zu beschreiben, doch keine Gründe, die die Beurteilung seines Wertes beeinflussen dürften, wenn das, was die Schwierigkeiten ausmacht, ihn als ein Erzählkunstwerk besonderer Art qualifizieren. Dem wird bei einer Analyse des Romans nachzugehen sein.

Im Mittelpunkt des Romans steht eine Gruppe von in Manhattan - insbesondere im Greenwich Village - lebenden Personen, die jene Länder bereist, die der Autor selbst aufgesucht hatte, wie Mittelamerika, Frankreich, Spanien, Italien und - nur am Rande - Nordafrika. Die Zeit des Geschehens deckt sich in etwa mit der Zeit, in der der Roman entstand. Das Anliegen fast aller am Geschehen Beteiligten ist die Kunst: Literatur, Malerei, Musik, Film oder die Kunst des Fälschens. Immer wieder tritt dabei das künstlerische Anliegen in Verbindung mit religiöser Suche auf oder erscheint als Ersatz für eine solche.

In der Folge der Generationen erscheinen religiöse und künstlerische Anliegen in dem Geistlichen Reverend Gwyon und seinem Sohn Wyatt. Mit Gwyon Senior greift der Roman zurück in die Zeit um den oder nach dem Ersten Weltkrieg. Wichtigstes Ereignis des äußeren Geschehens um den Geistlichen ist der Tod seiner Frau auf der Überfahrt nach Spanien. Sie war an einer akuten Blinddarmentzündung erkrankt, die von Frank Sinisterra, einem Geld- und Paßfälscher operiert wurde, der mit den Papieren eines Arztes seine Einwanderung in die USA zu legalisieren versuchte. In Spanien läßt Gwyon seine Frau nach katholischem Ritus bestatten. Er besucht die heiligen Stätten der Alten Welt und vertieft sich in das Studium der Religionsgeschichte, das er zu Hause mit einem Kurs über den Mithraskult begonnen hatte. In seine protestantische neuenglische Gemeinde zurückgekehrt, flicht er immer mehr Vorstellungen nichtprotestantischen Christentums sowie heidnischer Religionen und Mythen in seine Predigten ein. Zu einem Höhepunkt gelangt seine Geschichte, als er - inzwischen dem Wahnsinn verfallen - an dem Weihnachtsfest, das auch für die anderen Personen des Romans von Bedeutung wird, statt einen Weihnachtsgottesdienst zu halten, den Mithraskult vollzieht. Er beendet sein Leben in einer Irrenanstalt.

Die ihm überlieferte Religion war die der protestantischen Ethik im Sinne Max Webers: "Anything pleasurable could be counted upon to be, if not categorically evil, then worse, a waste of time. Sentimental virtues had long been rooted out of their systems. They did not regard the poor as necessarily God's friends. Poor in spirit was quite another thing. Hard work was the expression of gratitude. He wanted, and, as things are arranged, money might be expected to acrue as incidental testimonial"(13f.). Gwyon genügte dieses Religionsverständnis nicht. Er suchte in anderen Religionen und in den Mythen das Mysterium, das er in seinem Glauben verloren gegangen sah. Im Rahmen einer im Stil von Dos Passos' "Camera Eye" wiedergegebenen vorweihnachtlichen Szenenbeschreibung heißt es in einer der seltenen auktorialen Äußerungen zu dem Thema: "Gods, superseded, become devils in the system which supplants their reign, and stay on to make trouble for the successors, available, as they are, to a few for whom magic has not disappeared and been superseded by religion" (102). Religion auf Religion hat für Gwyon den Zauber, das Geheimnis des Göttlichen, das der Welt Sinn verleiht, verdeckt. Auf der Suche nach ihm verfällt er dem Wahnsinn.

Wie sein Vater zunächst für das Amt eines Geistlichen bestimmt, wendet sich Wyatt Gwyon sehr bald der Malerei zu. Auch als Künstler hat er es mit den Mysterien zu tun. "The priest is the guardian of mysteries," sagt ihm Basil Valentine, der Kunstkritiker des Bildfälscherrings, für den er arbeitet. "The artist is driven to expose them"(261). Als Maler hat er das Geheimnis zur Darstellung zu bringen. Seine Kunst lernt Wyatt in Deutschland und in Paris. Von seinem deutschen Meister lernt er, daß es nicht auf Originalität ankomme, die mit der Tradition bricht. "When you paint," zitiert er ihn, "you do not try to be original, only you think about your work, how to make it better, so you copy masters, only masters, for with each copy of the copy the form degenerates ... you do not invent shapes, you know them, auswendig wissen Sie, by heart..." (89). Vorbild werden für ihn Memling und die alten flämischen Meister. Ein von Memling inspiriertes Bild verkauft sein Lehrer später als echten neu entdeckten Memling. Als sich seine eigenen Bilder im Stil der flämischen Meister nicht verkaufen lassen, verdient er seinen Lebensunterhalt als Zeichner in einem Brückenbaubureau und durch das Restaurieren alter Bilder, bis ihn eines Tages Recktall Brown, ein Kunsthändler, dafür gewinnt, Bilder im Stile alter Meister zu malen und sie mit deren Namen zu zeichnen, um sie als Neuentdeckung verloren gegangener Werke teuer verkaufen zu können. Basil Valentine liefert hierzu die Gutachten als Sachverständiger.

Mit aller Hingebung versucht Wyatt, sein künstlerisches Anliegen in den Bildern zum Ausdruck zu bringen. Als er seinen Bund mit Brown auf dessen Weihnachtsgesellschaft aufkündigen und sich als Maler der Bilder enthüllen will, kommt der Kunsthändler auf groteske Weise zu Tode, indem er in einer Ritterrüstung, die er sich angelegt hat, die Treppe herunterstürzt. Nachdem die anderen Gäste das Haus fluchtartig verlassen haben, bleibt Wyatt mit Valentine allein bei der Leiche Browns zurück. Verzweifelt über das Mißlingen seiner Enthüllung versucht er, Basil Valentine zu erstechen, und flieht, im Glauben, ihn ermordet zu haben, nach Europa. Dort sucht er vergeblich das Grab seiner Mutter. Ihre sterblichen Überreste waren mit denen eines Mädchens verwechselt worden, das zu der Zeit seines Besuches auf dem Friedhof gerade in Rom heilig gesprochen werden soll. Er zieht sich schließlich in ein Franziskanerkloster zurück, das auch schon sein Vater aufgesucht hatte. Dort restauriert er wieder Bilder. Dabei ißt er Brot, das - nur eine der zahllosen von grotesken Einzelheiten - mit der Asche seines Vaters gebacken wurde, die dem Kloster inzwischen zugesandt und für Mehl, das er früher zu schicken pflegte, gehalten worden war. Doch kann er nicht im Kloster bleiben. Der Pförtner schickt ihn, wie schon seinen Vater, weiter: "Go where you're wanted, he said" (894). Zu dem Schriftsteller, der ihn begleitet, sagt Wyatt beim Läuten der Glocken: "The bells, the old man ringing me on. Now at last, to live deliberately"(900).

In dieser in vieler Hinsicht grotesken Geschichte Wyatts geht es um die Geschichte eines suchenden Menschen, um den Versuch, als Künstler im Werk zu sich selbst zu finden. Die vielfältigen Anspielungen lassen ihn in Analogie zu einer Reihe literarischer und mythologischer Gestalten treten. Wie der Clemens der frühchristlichen *Recognitiones* begibt er sich auf die Suche nach der Wahrheit und wird - wie jener von Simon dem Magier - versucht von dem Kunsthändler Brown. Letzterer ist vor allem aber auch der Mephisto, dem Wyatt seine Seele verkauft, von dem sich zu lösen ihm aber schließlich gelingt. Wenn er sich am Schluß wieder auf Wanderschaft begibt, erscheint er als der Ewige Jude oder - worauf im Roman mehrfach angespielt wird - als der Fliegende Holländer. Wie T.S.Eliot in seinen *Four Quartets,* geht es ihm um die Erlösung der Zeit. Wyatt versucht dies, durch seine Kunst zu erreichen: "A work of art redeems time" (144). Obwohl sich Esme, sein Modell - bildlich: seine Senta, seine Helena -, für ihn opfert, hat er seine Erlösung am Schluß keineswegs gefunden. Dies gilt in gleicher Weise für Otto Pivner, der - allerdings parodistisch - den Wagner zu Wyatts Faust spielt und sich, auf Paulus berufend, Eliot zitiert: "Saint Paul would have us redeem time; but if present and past are both present in time future, and that future contained in time past, there is no redemption but one"(160).

In vielfacher Weise wird in dem Roman auf die "redemption" angespielt; doch es bleibt bei Anspielungen und kommt zu keiner Konkretisierung. Spanien, wohin sich Wyatt - nun unter dem Namen Stephen, den ihm seine Eltern ursprünglich zugedacht hatten, und als ein zweiter Stephen Dedalus - auf seiner Suche begeben hatte, erscheint vor allem als Leere: "It's not a land you travel in, it's a land you flee across, from one place to another, [...] It's like drowning, this despair, this ... being engulfed in emptiness"(816). In einer der symbolträchtigen Szenenbeschreibungen des Romans wird der aufkommende Tag in Spanien folgendermaßen dargestellt: "Dawn is not dawn. The night withdrew to expose it evenly pallid from one end to the other as a treaded corpse, where the hair, grown on unaware of the futility of its adornment, the moment of the brown spot past, is shaved away like those early hours stubbled into being and were gone, and the day laid out, shreds of its first reluctance to appear still blown across its face where dark was no longer privation of light but the other way round as good, exposed passive and foolish at the lifting of chaos, is the absence of evil"(856). In diesem Land aber wurde Camilla, Wyatts Mutter, wie eine Jungfrau in einer weißen Karosse zum Friedhof gefahren. Mit dem Leichnam eines Mädchens verwechselt, wird sie - fälschlicherweise - heilig gesprochen und das trotz der Vergewaltigung, die jenes Mädchen über sich ergehen lassen mußte. Aber die Zeichen solcher Wiedergewinnung der Unschuld sind wiederum trügerisch, wenn deutlich gemacht wird, daß die Heiligsprechung aus kommerziellen Gründen betrieben wurde: Die Gemeinde braucht ihre Heilige, um in den Genuß der Einnahmen zu gelangen, die die Pilger bei dem Besuch ihres Grabes erbringen.

Der Versuch, die verlorene Unschuld wiederzugewinnen, verläuft parallel zu dem Versuch Wyatts, sich in seiner Kunst zu finden. Von seinen frühen Versuchen zu malen, heißt es: "Of these fragments of intricate work most were copies. Only those that were copies were finished. The original works left off at that moment where the pattern is conceived but not executed, the forms known to the author but their place daunted, still unfound in the dignity of the design"(52). Das heißt, daß er dem, was er vor sich sieht, noch keine künstlerische Gestalt verleihen kann und nicht fähig ist "to expose [it]"(261). Dies kann bereits als ein Zeichen dafür gelten, daß der Roman noch nicht - zumindest nicht in seiner Ganzheit - der experimentellen Erzählkunst zuzurechnen ist, insofern diese nichts als existierend anerkennt, das nicht sprachlich formuliert oder als Kunstwerk gestaltet ist. Wyatt versucht sich an einem Bild seiner Mutter nach der Vorlage einer Photographie, die sie noch vor ihrer Hochzeit zeigt. Er malt das Bild nicht zu Ende: "There is something about a ... an unfinished piece of work, a ... a thing like this where ... do you see? Where perfection is still possible? Because it's there, it's there all the time, all the time you work trying to uncover it"(57). Doch es kommt auch in bezug auf das Bild seiner Mutter nicht zu dem "uncovering", dem "exposing". Otto zitiert in einem Gespräch mit Esme Cicero über die Kunst des Praxiteles: "Cicero gives Praxiteles no credit for anything of his own in his work, but just for removing the excess marble until he reached the real form that was there all the time"(124). Die Idee des Kunstwerks ist danach immer schon vorgegeben.

Otto läßt Gordon, den Protagonisten des von ihm verfaßten Gesellschaftsstücks, in Nachahmung Wyatts sagen: "Orignlty not inventn bt snse of recall, recogntion, pttrns alrdy thr"(sic!123). In jedem Gemälde überdeckt eine Schicht die andere in dem Versuch, größere Perfektion zu erreichen. Darunter bleibt das "pattern", die "Idee" im platonischen Sinne, erhalten. Otto erzählt auch die Geschichte, die er von einem Freund - vermutlich von Wyatt - gehört zu haben vorgibt, daß ein gefälschter Tizian von der Leinwand abgekratzt wurde, sodaß ein unbedeutendes Werk zum Vorschein gelangte, unter dem sich jedoch tatsächlich ein echter Tizian befunden haben sollte. "It was as though when the forger was working, and he didn't know the original was underneath, I mean he didn't know he knew it, but it knew, I mean something knew. I mean, do you see what I mean? That underneath that the original is there that the real ... thing is there, and on the surface..."(450f.). Am Schluß kratzt Wyatt im Kloster ein unbedeutendes Bild von einem echten Tizian ab. Hinter allen Versuchen der Darstellung wird eine letztlich gültige Wirklichkeit angesetzt. Nach der Fertigstellung eines Bildes und der Betrachtung von Picassos *Night Fishing in Antibes* hat Wyatt das seltene Erlebnis, diese Wirklichkeit zu schauen: "It was one of those moments of reality, of near-recognition of reality," berichtet er Esther, seiner Frau. "I'd been worn out in this piece of work, and when I finished it I was free, free all of a sudden out in the world. In the street everything was unfamiliar, everything and everyone I saw was unreal [...] and I went in there just to stop for a minute. And there I saw this thing [das Bild Picassos]. When I saw it all of a sudden everything was freed into one recognition, really freed into reality that we never see, you never see it. You don't see it in paintings because most of the time you can't see beyond a painting"(91f.). Die "recognition" wird zu einer Art "epiphany" im Joyceschen Sinne.

Was sich im Kunstwerk enthüllt, gewinnt aber seine eigene Macht. Nach ihrem letzten Besuch in Wyatts Atelier, bei dem sie sich ganz zum Teil seiner Wirklichkeit geworden fühlt, schreibt Esme in dem Brief, den sie bei dem von ihr geplanten, aber dann mißlungenen Selbstmord hinterlassen will: "It does not seem unreasonable that we invent colors, line, shapes, capable of being, representative of existence, therefore it is not unreasonable that they, in turn, later, invent us, our ideas, directions, motivations, with great audacity, since we, ourselves having them upon our walls. [...] They by conversion into an idea of the person, do, instantaneously destroy him"(473).

Malen ist für Wyatt "proving one's own existence"(96). Doch dieses Sein wird im Schaffen zu dem des Werkes. Valentine sagt ihm: "An artist does not exist, except as a vehicle for his work." Wyatt bestätigt es: "Yes, I don't live, I'm ... I am lived"(262). Die Wirklichkeit des Bildes gewinnt Macht über ihn. Um aber die Wirklichkeit im Bild aufscheinen lassen zu können, bedarf es unzähliger Versuche, den Gegenstand richtig zu erfassen und d.h. auch, in den unterschiedlichsten Möglichkeiten seines Erscheinens. Schon von seinen frühen Skizzen spricht Wyatt als "studies in perspective"(59). Wenn er nach der Art der flämischen Meister malt, "I take five or six or ten ... the Flemish painter took twenty perspectives if he wished, and even in a small painting you can't include it all in your single vision, your one miserable pair of eyes, like you can photograph, like you can painting when it ... when it degenerates and becomes conscious of being looked at"(251). Diese "separate multiple consciousnesses of the ... things in these Flemish primitives" machen aber nicht nur die "Kraft"("force") ihrer Gemälde aus, sondern auch ihren "Makel"("flaw"), insofern sie eben nur separate Teileinsichten in die Wirklichkeit gewähren. "Separateness," sagt er später, als er im Kloster den echten Tizian freilegt, "that's what went wrong, you'll understand ... or, - Everything withholding itself from everything else..." (874). Doch sind es die "separate consciousnesses", mit denen man normalerweise leben muß. Für Leute, "who read with the surface of their minds, people with reading habits that make the smallest demands on them, people brought up reading for facts, who know what's going to come next and want to know what's coming next, and get angry at surprises" ist nichts "tempered by possibility"(113). Für Wyatt ist, nach der Aussage Esthers, Wirklichkeit "a great, empty nothing"(119), das sich erst in der Wahrnehmung beziehungsweise Gestaltung füllt. In diesem Wirklichkeitsverständnis liegt der Ansatz für die Betrachtungsweise der "metafiction". Es wird in *The Recognitions* wirksam, wenn für die Mehrzahl der am Geschehen beteiligten Personen sich die "recognition" verweigert und es für sie gilt, mit der "separateness" leben zu müssen. So gilt für Brown als typischem Vertreter dieser Welt, daß alles mit Worten machbar ist: "You can do anything with the same words" (350). Man schreibt Baedekers *Babel*(475) im Sinne von Borges, wonach alles möglich ist, aber alles auch *nur* möglich ist, Möglichkeit zur einzigen Wirklichkeit wird.

Es ist hier nicht möglich, die Fülle des Geschehens, in das der Rest der Personen verwickelt ist, ausführlicher zu beschreiben. Der Kreis um Brown und Valentine erweitert sich um Personen, die in eine politische Intrige verwickelt sind, in der es um die Wiederherstellung der Monarchie in Ungarn gehen soll. Frank Sinisterra erscheint, nachdem er seine Gefängnisstrafe für sein verhängnisvolles Auftreten als Arzt abgesessen hat, wieder als Geldfälscher und versucht nach einem mißglückten Coup vergeblich, sich in Spanien Wyatts anzunehmen. Es bleibt offen, ob er beim Herstellen einer Mumie Selbstmord begeht oder fälschlicherweise für denjenigen erschossen wird, als den er sich mit einem falschen Paß ausgibt.

Die meisten der anderen Personen erscheinen als Besucher von Parties oder treffen sich in Bars oder Cafés. Die Darstellungen dieser Begegnungen gleichen einem Tonbandprotokoll, ähnlich dem "Camera Eye" in Dos Passos' *USA*. Ohne Nennung der Sprecher gleiten die belanglosen Reden der einzelnen Personen ineinander über. Es sind Bewußtseinsfetzen, die aus dem Chaos des Unbewußten auftauchen, sich aber kaum zu sinnvollen Mustern fügen. Was von einem vorübergehenden Zustand Wyatts gesagt wird, gilt generell für diese Gespräche: "consciousness it seemed, was a succession of separate particles, being carried along on the surface of the deep and steady flow of life, of time itself"(51). Wenn jemand dieses Leben ernst zu nehmen versucht, wird er schnell zurechtgewiesen: "What's tragedy to you is an anecdote to everybody else. We're comic. We're all comics. We live in a comic time. And the worse it gets the more comic we are"(640). Mit der Geschichte dieses größeren Teils der Personen wird - wie die Kritik immer wieder hervorhebt - der Roman zur menippischen Satire. Alkohol, Drogen und sexuelle Perversion bestimmen die Szene. Man feiert Saturnalien auf einer Party von Homosexuellen in Harlem; die Weihnachtsparty bei Esther wird zu "a real Walpurgis"(751). "They're all nuts"(537).

Schon in bezug auf Wyatt kann von einer "disruption of the symbolic order" (Johnston 117) gesprochen werden. Die Anspielungen auf Clemens, Faust oder den Fliegenden Holländer fügen sich nicht mehr zu einem zusammenhängenden sinngebenden Muster. Dies gilt noch mehr für die Unzahl der Anspielungen in dem Karneval der Party- oder Barszenen. Als Protokolle von hochtrabendem aber doch sinnlosem Partygeschwätz gewinnen diese Teile des Romans eine gewisse Glaubwürdigkeit. Die Kritiker jedoch, die meinen, daß in ihnen der Leser neue Muster selbst finden müsse, um dem Ganzen Sinn zu verleihen, überfordern diesen. Mit ihren sich wiederholenden grotesken Albernheiten langweilen sie ihn eher. Es handelt sich wie bei Heller und Vonnegut oft um surrealistische Verzerrungen und um schwarzen Humor. So berichtet Stanley, einer der Charaktere, der vor allem am Schluß eine gewisse Bedeutung erlangt, wie man bei seiner Ankunft in Genua eine Leiche in einem Koffer fand: "In one of the suitcases they found a body all chopped up.[...] He said it was only ... only some Holy Innocents." Auf das Entsetzen seiner Gesprächspartnerin hin gesteht er dann ein: "No, it was ... he confessed it was only his best friend"(902), woraufhin sich die Gesprächspartnerin wieder beruhigt. Ein Beispiel schwarzen Humors wie dieses läßt sich im gegebenen Kontext wohl rechtfertigen, gewinnt aber kaum Bedeutung, wenn dieser nur aus Serien solcher Beispiele besteht und damit zur bloßen Alberei wird. Das gilt auch für das Ende des Charakters, der diese Begebenheit mit der im Koffer versteckten Leiche erzählt. Stanley ist Musiker und befindet sich nach dem Tod seiner Mutter auf einer Pilgerfahrt nach Rom. Sein großer Ehrgeiz ist es, eine Trauermesse zu schreiben und sie auf der Orgel in der Kathedrale von Tenestrula zu spielen. Wie nur wenigen der anderen Charaktere gelingt es ihm, sein Werk zu vollenden. Doch als er es spielt, bricht die Kathedrale über ihm zusammen und begräbt ihn. "Most of his work was recovered too, and it is still spoken of, when it is noted, with high regard, though seldom played"(956). Wir zitierten die letzten Worte des

Romans. Es wäre ein ernst zu nehmender Schluß, stünde er nicht am Ende einer Reihe von Albernheiten. Wenn *The Recognitions* auch wohl kaum als Vorläufer der experimentellen Erzählkunst anzusehen sind, so stellen sie doch einen Wendepunkt dar, an dem das symbolische Muster, auf das bis zur Jahrhundertmitte der Roman sich stützte, aufbricht und an dem die verbliebenen Fragmente - ohne auf eine ihnen zugrundeliegende Wirklichkeit zu verweisen - sich verselbständigen.

Gaddis' nächster Roman, *J.R.*, 1975, erschien nicht nur zu einer Zeit, da sich die experimentelle Erzählkunst durchgesetzt hatte, sondern weist auch alle ihre Kennzeichen auf. Ein Bezug zur realen Welt ist aber auch in *J.R.* noch gegeben. Doch als Satire verweist der Roman auf deren illusionistischen Charakter. Dieser zeigt sich konkret in dem Finanzimperium, das sich J.R.Vansant als elfjähriger Schüler in Telephongesprächen in wenigen Tagen nach dem Muster der "traditional ideas and values that have made America what it is today"(652) aufbaut und das in kürzester Zeit wieder zusammenbricht, aber nicht ohne das Leben einer Reihe von Personen zu zerstören.

J.R. ist mit 726 Seiten von etwas geringerem Umfang als *The Recognitions*, liest sich aber wesentlich mühsamer, da der Roman nur aus Dialogen besteht, deren Sprecher nicht leicht identifizierbar sind; zudem fehlt da - wo Telephongespräche geführt werden - noch die Rede des Gegenübers. Der Suche des Lesers nach dem Zusammenhang der Redeteile und der Bedeutung entspricht dabei dem Bemühen der Personen im Roman, ihre Situation zu durchschauen. Die literarisch-mythologischen Anspielungen sind wesentlich geringer als in *The Recognitions*. Als am sinnträchtigsten erweisen sich diejenigen auf Richard Wagners *Ring*, insbesondere auf dessen *Rheingold*, wobei sich Gaddis auf Wieland Wagners Vergleich Walhallas mit Wall Street berufen kann.

J.R. ist eine vernichtende Kritik am amerikanischen Wirtschaftssystem und hat als solche seine Bedeutung, mutet dem Leser aber zu viel zu, um auch als spannende Lektüre sein Interesse wachzuhalten. Tom Wolfe sollte dies zu dem gleichen Thema mit *The Bonfire of the Vanities* dreizehn Jahre später besser gelingen.

Carpenter's Gothic, 1985

Nach der Lektüre der ersten beiden Romane von William Gaddis greift der Leser erleichtert zu seinem dritten und bisher letzten, da sich dieser auf 262 - kürzere - Seiten beschränkt. Auch hier wird ihm die Lektüre nicht leicht gemacht. In sieben Abschnitten registriert der Roman Gespräche in einem alten Haus am Hudson River in ähnlicher Weise wie seine beiden Vorgänger. Es bereitet dem Leser Mühe, die Handlung, auf die die Gespräche eingehen, und selbst die verbindenden Texte zu verstehen. So stirbt nach Steven Moores Verständnis Elizabeth Booth, die mit ihrem Mann Paul das alte Haus in "Carpenter's Gothic" am Hudson gemietet hatte, an einem Herzanfall(114). Nach John Johnston wird sie ermordet. Johnston schließt sich damit der Meinung der Presse im Text des Romans an(211).

Thematisch bildet der Roman eine Fortsetzung von *J.R.*. Es geht um Geschäfte mit Investitionen, die der realen Grundlage - hier vermeintlicher bzw. angeblicher Erzvorkommen in Afrika - entbehren. Durch die fast ausschließlich betrügerischen Geschäfte mit einem Nichts findet eine Reihe der beteiligten Personen den Tod. Eine Ausweitung erfährt die Thematik dadurch, daß die finanziellen Machenschaften zu kriegerischen Auseinandersetzungen führen.

Hauptmerkmal für die Zugehörigkeit von *Carpenter's Gothic* zur "metafiction" ist, wie bereits in *J.R.*, der Scheincharakter der in ihm dargestellten Welt, aber auch der fragmentarische Charakter der Faktenvermittlung, die der Ergänzung durch den Leser bedarf. Zudem wird aus Romanen, in denen zwei der beteiligten Personen die dargestellten Ereignisse verarbeiten, zitiert.

Die Anspielungen auf literarisch-mythologische Paradeigmata beschränken sich weitgehend auf die Bibel, von der *Genesis* über die *Sprichwörter* und den *1.Brief an die Thessalonicher* bis zur *Geheimen Offenbarung*. Es geht immer wieder um Neubeginn und Scheitern. Paul Booth war im Vietnamkrieg als Offizier gescheitert. Einer seiner eigenen Leute hatte versucht, ihn in die Luft zu sprengen. Mit Elizabeth, der Erbin eines Bergbauunternehmens, glaubt er, neu anfangen zu können. Bei den Geschäften, um die es ihm dann geht, ist es der Versuch, die Dinge zusammenzubringen: "Trying to set things together here look, getting things lined up everything's just about ready to fall in place" (77). Doch alles fällt wieder auseinander.

McCandless, der Besitzer des Hauses, erscheint, um seine Hinterlassenschaft in Ordnung zu bringen und neu anfangen zu können. Das ist, nach dem Kommentar seiner ersten Frau, was er sein ganzes Leben lang schon getan hat, "to get things cleaned up once for all"(249). Paul verläßt am Ende mit Edie, der besten Freundin seiner nun toten zweiten Frau Elizabeth das Haus. Bei der Abfahrt, mit der der Roman endet, gebraucht er ihr gegenüber die gleichen Worte wie im ersten Abschnitt gegenüber Elizabeth: "I've always been crazy about the back of your neck." Ein besseres Ende wird auch nach diesem Neuanfang nicht zu erwarten sein. Billy, der Bruder Elizabeths, der zum ersten Mal in seinem Leben ernsthaft etwas tun will, wird mit dem Flugzeug, das ihn nach Afrika bringen soll, abgeschossen. Das Geschehen im mittleren Abschnitt des Romans spielt am Allerseelentag. Elizabeth fürchtet sich: "Halloween out there..." McCandless antwortet: "Like the whole damned world isn't it" (118). Die vier Reiter der Apokalypse ziehen über die Berge Afrikas(187),

Carpenter's Gothic zeigt deutliche Anzeichen des Endes der "metafiction". Der Autor ist zu sehr an den Mißständen der Wirklichkeit seiner Zeit interessiert, als daß die zu seitenlangen "Predigten" ausartenden diesbezüglichen Äußerungen der Charaktere nur als Fiktionen oder als auf Fiktionen bezogen verstanden werden könnten. Dies gilt für die Kritik an dem "scientific creationism", dem sektiererischen, gegen Darwin gerichteten Bibelglauben, den der frühere Geologe und Lehrer McCandless obsessiv über zehn Seiten anprangert, wie für die Kritik an dem "scientific socialism"(188), dem Versuch der Sowjetunion, Afrika für sich zu gewinnen. Allein die Kritik an den tödlichen Finanzgeschäften wird wirklich in Handlung umgesetzt. Aber immer wieder spricht aus den Worten der Charaktere die Weltanschauung des Autors, so wenn es heißt: "Two hundred years that's about all it is, progress, improvement everywhere, what's worth doing is worth doing well and they find out that's the most dangerous thing of all, all our grand solutions turn into their nightmares. Nuclear energy to bring cheap power everywhere and all they hear is radiation threats and what in hell to do with the waste" (230).

Unbefriedigt läßt auch das zweideutige Wirklichkeitsverständnis, das der Roman vermittelt. Elizabeth fragt McCandless: "Isn't it awful how we've handed these kids a trashed up world from all those great ideas of progress and civilization and you knew all the time? [...] all go out and kill each other over something that's not even there?" (242). Nach McCandless' Meinung geschah das schon 2000 Jahre lang. Doch

Elizabeth klagt ihn - auf Auschwitz anspielend - an, nichts dagegen getan zu haben: "And it's only you've done nothing...[...] to see them all go up like that smoke in the furnace all the stupid, ignorant, blown up in the clouds and there's nobody there, there's no rapture no anything just to see them wiped away for good it's really you, isn't it. That you're the one who wants Apocalypse, Armageddon.[...] you despise their, not their stupidity no, their hopes because you haven't any, because you haven't any left"(243f.). McCandless bekennt seine Hilflosigkeit dem Dilemma gegenüber, und auch Elizabeth erweist sich als hilflos. Es wird eine Wahrheit angesetzt, die jedoch - aus sehr unterschiedlichen Gründen - keine Anerkennung findet. Nehmen wir den Roman in diesem Sinne beim Wort, hebt er eigentlich die Welt der bloßen Möglichkeiten, die die experimentelle Erzählkunst propagiert, auf. Doch - und darin besteht die Zweideutigkeit - leben die Charaktere - nach der Philosophie des schon in *The Recognitions* zitierten Hans Vaihinger - weiter, "als ob".

Es wird berichtet, daß ein weiterer Roman Gaddis' kurz vor der Vollendung stehe, in dem die Rechtsprechung in den USA im Mittelpunkt stehen soll. Ob er zur weiteren Bereicherung der amerikanischen Erzählkunst unserer Zeit beitragen wird, bleibt abzuwarten.

Literatur

Zitiert nach den mit den Erstausgaben seitengleichen Taschenbuchausgaben.

Sekundärliteratur:
Steven Moore, *A Reader's Guide to William Gaddis's RECOGNITIONS*, Lincoln, NB, 1982.
John Kuehl u. Steven Moore, hg., *In Recognition of William Gaddis*, Syracuse, 1984.
Steven Moore, *William Gaddis*, Boston, 1989.
John Johnston, *Carnival of Repetition: Gaddis's RECOGNITIONS and Postmodern Theory*, Philadelphia, 1990.

John Hawkes, geb.1925

John Hawkes zählt spätestens seit dem Erscheinen von *Second Skin* 1964, seinem bereits vierten Roman, zu dem Kern der Autoren der "new fiction". Doch hatte er schon mit seinem ersten Roman, *The Cannibal*, 1949 - ähnlich wie Gaddis mit *The Recognitions* - ein Zeichen gesetzt, das auf die spätere Entwicklung vorverweisen sollte. 1925 im weiteren Umfeld von New York in Connecticut geboren, verbrachte er seine Jugend in Neuengland, Alaska und New York. Sein Studium an der Harvard Universität unterbrach er nur kurz, um als Krankenwagenfahrer in Italien und Deutschland am Ende des letzten Weltkriegs zu dienen. Zu den wesentlichen Impulsen, die er während seines Aufenthaltes an der Universität erhielt, gehörten die Kurse Albert Guerards in "creative writing". Sein erster Roman, Frucht eines dieser Seminare, erschien mit einem empfehlenden Vorwort des Meisters. Seitdem wirkt Hawkes als Schriftsteller und Lehrer an der Brown Universität in Providence, RI.

The Cannibal, 1949

Hawkes' erster Roman gehört mit James Jones' *From Here to Eternity* und Norman Mailers *The Naked and the Dead* zu den oben gesondert betrachteten Kriegsromanen, zu denen auch Joseph Hellers *Catch-22* und Kurt Vonneguts *Slaughterhouse Five* zählen. Mehr noch als bei den beiden letztgenannten Werken erscheint hier die Welt des Krieges bzw. der Nachkriegszeit als Alptraum eines durch die Ereignisse verstörten Geistes. Der bei aller phantastischen Verzerrung dennoch erhaltene Wirklichkeitsbezug erschwert die Interpretation und führte in der bisherigen Kritik zu unterschiedlichen Auslegungen. Jeder Leser ist genötigt, sich seinen eigenen Weg durch die Phantasmagorien der Welt des Romans zu bahnen.

Der Roman beginnt mit einem Vorspann, in dem Zizendorf, der Erzähler, erklärt, daß sich Deutschland unter seiner Führung von der Katastrophe des gerade zuendegegangenen Weltkriegs erholt habe. Nur habe die Welt bisher kaum etwas davon erfahren, weshalb er sich - während seines vorübergehend erzwungenen Aufenthaltes außerhalb des Landes - verpflichtet fühlte, davon zu berichten. Da sich dieser Bericht auf eine dem Leser bekannte - bzw. erschließbare - Wirklichkeit bezieht, nämlich diejenige Deutschlands in Jahre 1945, enthüllt sich der Erzähler durch seine davon grotesk abweichenden Darstellungen zu Beginn als geistig gestört. Doch streckenweise entfällt die Perspektive Zizendorfs, und im zweiten der insgesamt drei Teile wird von ihr überhaupt kein Gebrauch gemacht, ohne daß die dargestellte Welt aus der Perspektive des dann eintretenden Er-Erzählers weniger phantastisch erscheint. Unter diesen Umständen fällt es schwer, das, was erzählt wird, von dem zu trennen, wie es erzählt wird, was im folgenden dennoch versucht werden soll.

Der erste und der dritte Teil, beide "1945" überschrieben, bilden eine nur durch den zweiten Teil unterbrochene Einheit, in der jedoch ein Szenenfragment in ein anderes übergeht, sodaß erst allmählich ein Mosaik mit erkennbaren Konturen eines Bildes entsteht. Im Zentrum steht ein Mietshaus in Spitzen-on-the-Dein mit seinen Bewohnern. Im Erdgeschoß wohnt die alternde Stella Snow, die sich Balamirs annimmt, der als Sohn des Kaisers mit anderen seiner Insassen dem Irrenhaus entflohen ist und sie als seine Mutter anerkennt. Im zweiten Stockwerk wohnt der Duke, der im Titel genannte Kannibale. Er verfolgt den Sohn von Stellas jüngerer Schwester Jutta durch die Stadt wie einen Fuchs. Wie ein Wild wird der Junge "erlegt", zerlegt, gebraten und - gemeinsam mit Stella - verspeist. Im befreiten Deutschland will Balamir als Kaiser den Duke zum Reichskanzler machen.

Bewohner des dritten Stockwerks ist der "Census-Taker", der meist betrunken ist, von Zizendorf aber als seine rechte Hand betrachtet wird. Auch der Tuba spielende Lehrer Stintz aus dem vierten Stockwerk hat - wie der Volkszähler - eine nur untergeordnete Bedeutung. Er wird Zeuge, wie Leevey, der Amerikaner, der gelegentlich auf einem Motorrad durch die Stadt fährt und ein Drittel des Landes als "Okkupationsmacht" kontrolliert, von Zizendorf und zweien seiner Helfer umgebracht wird. Zizendorf erschlägt Stintz daraufhin mit seiner eigenen Tuba und verbrennt ihn zusammen mit dem Bürgermeister in dessen Haus. Das fünfte Stockwerk schließlich bewohnt Jutta mit ihrer Tochter Selvaggia und ihrem Sohn, der ohne Namen bleibt. Juttas Mann, der Besitzer der lokalen Zeitung, gilt als in Rußland vermißt. Sie tröstet sich mit Zizendorf, einem der Herausgeber der Zeitung. Das Geschehen, in das die Bewohner des Hauses verstrickt sind, erstreckt sich über zwei Tage und findet nach der Ermordung des Jungen und des Amerikaners in der "Machtübernahme" Zizendorfs seinen Höhepunkt. Mit dieser kehren alle früheren Insassen wieder in die Irrenanstalt zurück, der sie entflohen waren, zu ihrem "vorübergehend erzwungenen Aufenthalt außerhalb des Landes".

Der mittlere Teil des Romans - "1914" überschrieben - spielt zur Zeit des Ausbruchs des Ersten Weltkriegs in einer nur als "das Grab" benannten Stadt. Im Zentrum des Geschehens stehen Stella als Tochter eines alten Generals, ihr Auftritt im *Sportswelt*-Brauhaus von Herrn Snow, ihre Heirat mit dessen Sohn Ernst, der Tod ihres Mannes und die kurz darauf erfolgende Geburt ihres Sohnes. Daneben erscheint ein heimatloser Engländer namens Cromwell, für den sich Stella vorübergehend interessiert, hat der alte Snow ein Verhältnis mit dem Kindermädchen des Generals und wird die kranke Jutta in einem Kloster untergebracht.

Das soweit umschriebene Geschehen ergibt, für sich betrachtet, nicht viel Sinn. Die Grausamkeit der Ereignisse in der dem Leser möglicherweise bekannten Wirklichkeit erstickt jedes Lachen, das die Verzerrungen nahelegen könnten, im Keim. Der für das Werk Hawkes immer wieder - auch von ihm selbst - in Anspruch genommene Humor erreicht hier selbst die Grenzen eines "schwarzen Humors". Es bedarf der eingehenderen Betrachtung des "Wie" der Darstellung, um einem möglichen Sinn auf die Spur zu kommen. Hierzu sei eine Beschreibung des Hauses von Stellas Eltern zitiert: "The house where the two sisters lived was like an old trunk covered with cracked sharkskin, heavier on top than on the bottom, sealed with iron cornices and covered with shining fins. It was like the curving dolphin's back: fat, wrinkled, hung dry above small swells and waxed bottles, hanging from a thick spike, all foam and wind gone, over many brass catches and rusty studs out in the sunshine. As a figure that breathed immense quantities of air, that shook itself in the wind flinging water down into the streets, as a figure that cracked open and drank in all a day's sunshine in one breath, it was more selfish than an old General, more secret than a nun, more monstrous than the fattest shark"(80). Für O'Donnell handelt es sich um eine "surreal and gothic"(39) Umschreibung des Hauses als Schiff und Hai, das bildhaft für ungeheuren Appetit und Selbstzufriedenheit stehe und mit Poes "House of Usher" verglichen werden könne. Sicher handelt es sich um eine surrealistische Beschreibung - was andere Kritiker wieder nicht gelten lassen wollen -, doch kann deren symbolische oder allegorische Interpretation nur als willkürlich bezeichnet werden. Vor allem handelt es sich um eine visuell kaum realisierbare Vorstellung. Es fällt schwer, sich ein so beschriebenes Haus selbst als Alptraum vorzustellen.

Anders verhält es sich mit der Fortsetzung der Beschreibung, in der Stella in den Mittelpunkt rückt: "Stella combed her hair before the open window, sunlight falling across her knees, something holding her head up to catch the wind, as wide awake as if she had slept soundly through the night without wild dreams"(80). Und vier Seiten weiter: "The jingling sound [der Sporen ihrer jüngeren Zwillingsbrüder] hung in her ears, one of the birds had become audible, and she thought of a parakeet with long sharp nails bathing in a blue pond where the green grass swayed and the sun was orange. There was no shock in the day, but the same smothered joy crept up with the morning's trade and old flags that were unfurling along the guarded streets" (84). Hier gewinnen die Zeilen Sinn als literarische Zitate, zum einen der Legende von der Lorelei, die auf dem Felsen über dem Wasser ihr Haar kämmt und die Rheinschiffer, die zu ihr hochschauen, ins Verderben führt, zum anderen von Wallace Stevens'

"Sunday Morning", wonach selbst der Tag, an dem der Erste Weltkrieg ausbricht, nur ein Tag wie jeder andere ist, da sich in der Geschichte doch auch nur alles wiederholt. Das ziemlich belanglose Detail des Gegenwartsgeschehens erhält dadurch seine Bedeutung, daß es surrealistisch mit dem Detail des literarischen Zitats verschränkt wird.

Eine solche Verschränkung liegt auch vor, wenn bekannte historische Wirklichkeit als Muster für die fiktive Wirklichkeit des Romans herangezogen wird. Cromwell bringt zum Beispiel Stella nach ihrem Auftritt im *Sportswelt*-Brauhaus in einer Droschke nach Hause. Ernst läuft ihnen nach und will sich in das Fahrzeug stürzen. Er erscheint in diesem Augenblick als Gavrilo Princip, der Attentäter von Sarajewo, Cromwell als Erzherzog Franz Ferdinand, Stella als die Erzherzogin(73). Ein Sinn ergibt sich daraus nicht notwendigerweise. Hawkes geht es nicht um Sinngebung; was soll aber solches Erzählen, wenn es ohne einen Sinn ist?

Einen Sinn vermitteln am ehesten noch die Beschreibungen Stellas. In surrealistischer Weise wird sie zu einer Germania hochstilisiert, die um den Niedergang ihres Volkes trauert und auf seine Wiedergeburt hofft. Zu Beginn des zweiten Kapitels heißt es: "To countenance the sickle over the wheat, to sweep out of the years the mellow heartbreak or the grand lie, to strike forward barehanded to a very particular and cold future, a diminutive but exact ending, a final satisfactory faith that is cruel and demonic, is to suffer the highest affection and lose it, to meet the loss of life and the advent of a certain reality"(37). Die Aussage wird unmittelbar darauf auf Stella bezogen, könnte aber auch das in dem Roman dargestellte Leben als Suche nach höchster Erfüllung interpretieren, die mit dem Scheitern im Tode endet.

In ihren Auftritten im *Sportswelt*-Brauhaus erscheint Stella als "sorceress", als Verführerin der Sinne, aber auch als Cassandra, die Prophetin, die den Untergang voraussieht. Als Repräsentantin des Kreislaufs von Werden und Vergehen erscheint sie auch aus der Perspektive Zizendorfs: "You can ask no man to give up his civilization, which is his nation. The old must go, stagger over the failing drawbridge, fall down before the last coat of arms. I thought Madame Snow too old to understand, I thought she should wither away and die, with her long, false flaxen hair, because I thought she would run rattle-tattle through the night for preservation. Here I was wrong, since she was the very hangman, the eater, the greatest leader of us all. Death is as unimportant as life; but the struggle, the piling of bricks, the desperate attempts of the tenant; that is the man of youth, the old woman of calm, the nation of certainty"(155). Tod wird mit Leben in seiner Bedeutungslosigkeit gleichgesetzt. Doch im Gebären liegt wie im Töten Bedeutung. Zizendorf spricht hier von "the tenant". Alle Figuren des Romans sind "tenants", d.h. nach Erweiterung der anfangs zitierten Beschreibung des Hauses, Mitglieder der von der Katastrophe betroffenen Gesellschaft. Zizendorf ist dabei "the man of youth", Stella "the old woman of calm"; zusammen bilden sie "the nation of certainty". Das Mietshaus steht für das Land bzw. die Nation, die nach ihrem Untergang ihre als absurd erscheinende Wiedergeburt erwartet. Das Zusammen von Leben und Tod, die zerstörerische und doch gleichzeitig schöpferische Kraft sind immer wieder zentrales Thema in Hawkes' Romanen. Es bedarf jedoch großer Phantasie, das Thema in der konkreten Darstellung von *The Cannibal* wiederzuerkennen.

Das mit *The Cannibal* begonnene Romanschaffen Hawkes' setzt sich bis in die Gegenwart fort. Neben den Romanen entstanden drei Novellen und eine Reihe von Kurzgeschichten, die 1969 als *Lunar Landscapes* in einem Sammelband erschienen. Von den *The Cannibal* nächsten Romanen parodierte *Beetle Leg*, 1951, den Westerner, *The Lime Twig*, 1961, den englischen Detektivroman. Dabei geht es - so O'Donnell - weniger um das Parodieren als solches, als vielmehr um die Situation, die dieses veranlaßt. Hawkes erkundet hier die Grenzen seiner Kunst und des künstlerischen Aktes durch Nachäffen, Verspotten sowie Parodieren der Formen oder Konventionen, durch die dieser Akt traditionellerweise zustandekommt. In beiden Romanen geht es damit auch um die Frage nach dem künstlerischen Prozeß, die in dem dann folgenden Roman noch stärker in den Mittelpunkt rücken sollte.

Second Skin, 1964.

In diesem Roman haben wir es mit einem Text zu tun, der erst durch die Interpretation Sinn oder Bedeutung zu gewinnen vermag. Das ist vor allem dadurch möglich, daß sein Erzähler in der gleichen Weise mit der von ihm vermittelten Wirklichkeit zu verfahren scheint.

Erzähler ist ein 59-jähriger früherer Seeoffizier, genannt Skip, Skipper oder Papa Cue Ball, dessen Aussehen mit demjenigen Mussolinis verglichen wird. Er erzählt die Geschichte seines Lebens, als er auf einer tropischen oder subtropischen Insel in dem nicht genannten, aber erschließbaren Jahr 1953 darauf wartet, daß das farbige Eingeborenenmädchen Catalina Kate ein - sein? - Kind zur Welt bringt. Skip schließt seine Niederschrift zwei Tage nach der Geburt des Kindes ab.

Skipper und seine Inselwelt erscheinen in der Erzählung als reine Gebilde der Imagination. Der Erzähler bezeichnet sich selbst als "old Ariel in sneakers, sprite surviving in bald-headed man of fair complexion"(162). Er verbringt die Zeit in seiner Hängematte, die Catalina mit Blütenblättern füllt; die Insel aber ist "a wandering island [...] unlocated in space and quite out of time"(46), also 1953 und auch nicht. Es ist, wie es mehrfach heißt, "my time and no time"(162). In der letzten Nacht, der Nacht vor Allerseelen, feiert er mit Sonny, seiner früheren Ordonanz, zweiten Anwärter auf die Vaterschaft des Kindes, mit Catalina und dem Neugeborenen auf dem kraterförmigen Friedhof der Insel beim Licht zahlloser Kerzen mit Brot, Blutwurst [!] und Wein seine Toten. Der Beruf, dem er auf der Insel nachgeht, besteht in der künstlichen Befruchtung von Kühen. Als "artificial inseminator" erzeugt er nicht selbst Leben, sondern leistet dazu nur Hilfestellung.

Die Erinnerungen an die "once-living members of [his] adored and dreadful family", die er auf der Insel niederschreibt, sind für ihn zu Träumen geworden(2f.). "History" ist für ihn grundsätzlich "a dream already dreamt and destroyed"(45). Er beschwört sie mit dem Nennen der Namen; "Naming Names" ist der Titel des ersten Kapitels. Mit dem Beschwören der Namen aus seiner Vergangenheit versucht er, sich von dem Alptraum zu befreien, den sie für ihn bedeutet. "I hear that name - Miranda, Miranda! - and once again quicken to its false suggestiveness, feel its rhapsody of sound, the several throbs of the vowels, the very music of charity, innocence, obedience, love. For a moment I seem to see both magic island and imaginary girl"(5). Es ist die gleiche rhythmische und klangvolle Sprache, mit der Poe Ligeia vor die Augen seiner Einbildungskraft heraufbeschwört. Nur der Name ist durch den Mirandas aus Shakespeares *The Tempest* und seiner Märcheninsel ersetzt: "Ligeia! Ligeia! Buried in studies of a nature more than all else adapted to deaden impressions of the outward world, it is by that secret word alone - by Ligeia - that I bring before mine eyes in fancy the image of her who is no more."

Zentrale Ereignisse seiner ihm nun als Traum erscheinenden Vergangenheit sind der Selbstmord seines Vaters, die Meuterei auf seinem Schiff während des Krieges, der Selbstmord seiner Frau Gertrude, die Ermordung seines Schwiegersohnes Fernandez und schließlich der Selbstmord seiner Tochter Cassandra durch einen Sprung aus einem außer Betrieb gesetzten Leuchtturm auf einer Atlantikinsel. Er glaubt, in irgendeiner Weise an diesen Ereignissen mitschuldig zu sein und sieht sich als "one of those little black seeds of death"(161). Bewußt spart Hawkes die Motivationen für das Handeln der Personen aus. Die Ereignisse erscheinen wie ein "waxen tableau, no doubt the product of a slight and romantic fancy"(9). Sie werden poetisch umschrieben, symbolisch aufgeladen; Bedeutungsmöglichkeiten häufen sich an, von denen der Erzähler die bevorzugt, die sich als "seeds of death" erweisen, die der Leser aber immer auch anders auszudeuten vermag. Ein homosexuelles Verhältnis zu Sonny, ein inzestiöses zu seiner Tochter werden nahegelegt. Aber wie auch bei der Vaterschaft von Catalinas Kind wird der Leser letztlich im Ungewissen gelassen. Dem Leser bleiben viele Möglichkeiten des Verstehens offen, wenn er bereit ist, den Text ernst zu nehmen. Es wird aber zu einem - vom Autor bewußt provozierten - spielerischen Verstehen, bei dem die Imagination des Lesers unter Umständen mehr leisten muß, als der Autor anzubieten bereit ist. Daher werden noch viele phantastische Interpretationen des Romans zu erwarten sein.

Die Offenheit der Bedeutung des Romans ist weitgehend durch den Charakter des Erzählers bestimmt. Er rechnet sich zu den "few good men with soft reproachful eyes, a few honor-bright men of imagination"(18), die die Wirklichkeit mehr erleiden, als daß sie sie aktiv gestalten. Er ist ein frommer Mann, der dem Schiffsgeistlichen hilft, die Kommunion auszuteilen, der sein Morgengebet spricht und ein Marienmedaillon stets bei sich trägt; doch der Wirklichkeit steht er hilflos gegenüber, so daß sie ihm in der Erinnerung zum Alptraum wird und er sie nur mit Hilfe der Imagination bewältigen zu können glaubt. Doch auch in seiner Imagination ist er nicht nur der "lover", sondern auch der "destroyer" Cassandras. Wie in *The Cannibal* erweist sich dabei die Paradoxie allen Seins im Miteinander von Leben und Tod. Die die Wirklichkeit zu bewältigen versuchende Imagination beschwört mit den "seeds of life"(167), die Oscar, der Bulle, beisteuern muß, in der gleichen Weise die Saat des Todes, die in ihr aufgeht.

Ein ähnlicher Ansatz wie in *Second Skin* findet sich in Hawkes' nächstem Roman:

The Blood Oranges, 1971.

Wie in *Second Skin* bewegt sich das Geschehen in *The Blood Oranges* auf zwei Zeitebenen, der der Gegenwart des Erzählers und der der Vergangenheit, an die dieser sich erinnert. Dem Gegenüber der "seeds of life" und der "seeds of death" des früheren Romans entspricht das einer freien, sich immer neu erfüllenden Liebe und einer Liebe, die den Partner als Besitz zu beanspruchen versucht. Wieder muß der Leser selbst entscheiden, welche Bedeutung er dem dargestellten Geschehen zumißt, und das heißt in diesem Falle, ob er den "love song" des Erzählers ernst nimmt oder ihn nur als

Parodie betrachtet. Wieder ist ein Bezug zu einem Shakespearestück gegeben; der Handlungsort Illyrien und der Vergleich eines der Protagonisten mit Malvolio verweisen auf *Twelth Night*. Es bedarf allerdings einiger Phantasie seitens des Lesers, die Beziehungen zu der Shakespeareschen Komödie zu konkretisieren.

Cyril, der Erzähler, versteht sich als eine in einen aus Liebe gefertigten Gobelin gewebte Gestalt. Er ist nicht das Einhorn aus den berühmten Gobelins des Metropolitan Museums in New York, an das der Leser vielleicht zuerst denken mag, sondern - worin bereits der möglicherweise parodistische Charakter erkennbar wird - der weiße Bulle oder der Bock, der die Schafe bespringt. Er sieht sich und alle ihm begegnenden Personen damit beschäftigt, das Bild des Teppichs zu vervollständigen. Als "faithful sex-singer"(3 u.ö.) singt er das Lied sinnlicher Lust. Doch das Bild im Gobelin ist beschädigt; dort wo er es zu vervollkommnen versuchte, ist es zerrissen.

Sein bisheriges Leben betrachtet er als ein Leben ohne Schmerz, doch existiert es für ihn nur als Erinnerung oder gar als Traum: "But it is hardly a fault to have lived my life, and still to live it, without knowing pain. And dormancy, memory, clairvoyance, what more could I want? My dormancy is my hive, my honeypot, my sleeping castle, the golden stall in which the white bull lies quite alive and dreaming"(35f.). Ringe und Kreise erscheinen ihm als Zeichen dafür, daß sich alles harmonisch rundet. Doch die Ringe, die er beim Rauchen bläst, bestehen aus "poisonous smoke"(10). Zu den runden Gegenständen, die er am Schluß aufzählt, gehört auch der Keuschheitsgürtel, der eine weniger erfreuliche Rolle in der Vergangenheit spielte: "The sun casts orange discs on the sea, our nights are cool. From three adjacent wooden pegs on my white wall hang a dried-out flower crown, a large and sagging pair of shorts, the iron belt - and is it any coincidence that all my relics are circular? Who can tell? Everything coheres, moves forward"(271).

Der Erzähler versagt sich keine Gelegenheit, der Lust zu frönen, und er weiß sich damit im Einverständnis mit Fiona, seiner Frau, die ebenso sicher ist wie er, daß sie tun können, was immer sie wollen(229). Omen für die Liebe, der sich Cyrus ergibt, ist für ihn das Paaren von Vögeln, dessen Zeuge er geworden war: "There on the wall of small black stones that resembled the dark fossilized hearts of long-dead bulls with white hides and golden horns, there on the wall and silhouetted against the blue sky and black sea were two enormous game birds locked in love. They were a mass of dark blue feathers and silver claws, in the breeze they swayed together like some flying shield worthy of inclusion in the erotic dreams of the most discriminating of all sex-aestheticians.[...] Exposed on the bare rock, lightly blown by the breeze, the smaller bird lay with her head to one side and eyes turning white, as if nesting, while above her the big bird clung with gently pillowed claws to the slight shoulders and kept himself aloft, in motion, kept himself from becoming a dead weight on the smooth back of the smaller bird by flying, by spreading his wings and beating them slowly and turning his entire shape into a great slowly hovering blue shield beneath which his sudden act of love was undeniable. Grace and chaos, control and helplessness, mastery and collapse - it was all there, as if the wind was having its way with the rocks"(14f.). Das Paaren der Vögel wird ihm zum guten Zeichen: "Obviously the two birds mating on the horizon were for me a sign, an emblem, a mysterious medallion, a good omen"(15).

Doch wie in dem Paaren der Vögel sich bereits "grace" und "chaos" gegenüberstehen, so findet das doch insgesamt verheißungsvolle Zeichen sein Gegenbild in dem des Adlers, den Fiona in der Morgendämmerung ausmacht: "Unmistakably [...] the eagle was now hooked almost directly above us on bent but stationary wings in the black and silver medium of the empty sky. Stark, unruffled, quite alone, a featureless image of ancient strength and unappeased appetite, certainly the distant bird was both incongruous and appropriate, at once alive and hence distracting but also sinister, a kind of totemic particle dislodged from the uninhibited hills and toneless light"(138). In dem ersten Bild sieht Cyril sich "grace and chaos" harmonisch ergänzen, in dem des Adlers sieht er die Bedrohung der Harmonie, die er als "sex-aesthetician" nicht wahr haben will.

Cyril bezeichnet sich selbst als "sex-singer". Der Roman ist sein Gesang, in dem er das Erinnerte in lyrischen Ergüssen feiert. Als Beispiel eines solchen Ergusses sei seine Beschreibung eines Mimosenbaums zitiert: "I stood there thinking of the delicate structure of so much airy growth and admiring this particular depth of yellow. I was alone, the sun had warmed the tree, the tree was full throated, I began to smell its gentle scent. And then I raised my hands, displaying my thick black coat sleeves, my frayed white cuffs, my golden cuff links and golden ring, and slowly thrust my hands deep into the vulnerable yellow substance of the mimosa tree. Into my hands I gathered with all possible tenderness one of the hivelike masses of yellow balls. And keeping my eyes open, deliberately I lowered my face into the cupped resiliency, and felt the little fat yellow balls working their way behind my spectacles and yielding somehow against my lips. I stopped breathing, I waited, slowly I opened my mouth and arched my tongue, pushed forward my open mouth and rounded expectant tongue until my mouth was filled and against all the most sensitive membranes of tongue and oral cavity I felt the yellow fuzzy pressure of the flowering tree"(54). Alle Sinne sind an der Wahrnehmung beteiligt. Doch das Wahrgenommene wird auch vereinnahmt. Leidenschaftlich reißt er die Blüten an sich und zerstört sie damit natürlich auch. Das Gleiche geschieht bei einem "grape-tasting-game", bei dem man zwischen den Reben steht, die Trauben mit dem Mund zu fassen versucht, um sie dann auszusaugen und zu zerkauen(99). Die Sprache wird dabei regelrecht "lüstern".

Die Art der Liebe, die von Cyril besungen wird, bedarf noch einer kurzen Beschreibung. John Updikes *The Couples* hatte schon 1968 eine erste schriftstellerische Verarbeitung des damals Mode gewordenen Partnertauschs oder des Gruppensex' dargeboten. Hawkes nimmt in *The Blood Oranges* diese Mode auf. Sein Erzähler bewohnt mit seiner Frau eine Villa an der Küste Illyriens. In ihrer bereits achtzehnjährigen Ehe haben sie immer einander die Freiheit gegeben, außereheliche Gelegenheiten des Liebesverkehrs wahrzunehmen. Als ein Ehepaar, Hugh und Catherine, mit seinen drei Töchtern durch einen Unfall in ihrem Dorf strandet, laden sie es ein, die ihnen benachbarte Villa zu beziehen. Gleich in der ersten Nacht legen es Cyril und Fiona darauf an, ihren Ehepartner zu tauschen. Doch Hugh spielt nicht mit. Er vermag die Vorstellung Cyrils und Fionas von Liebe nicht zu teilen, und nachdem er dem Spiel lange genug zugesehen hat, legt er Catherine den Keuschheitsgürtel um, den er in dem Verlies einer nahegelegenen Ruine gefunden hatte. Cyril versucht vergeblich, Hugh davon zu überzeugen, daß er falsch gehandelt habe. Nach einer Nacht mit Fiona erhängt jener sich in dem Photoatelier, das er sich eingerichtet hatte. Zur Zeit, da Cyril die Geschichte erzählt, hat sich Fiona der Kinder angenommen und an einem anderen Ort niedergelassen. Cyril lebt in seiner Villa mit dem Bauernmädchen Rosetta, das Hugh als Modell für Aktphotographien benutzt hatte, und versucht, Catherine, deren Sinne nach dem Selbstmord Hughs versagten, wiederzugewinnen. Zu ergänzen wäre, daß nach Hawkes' Interpretation seines eigenen Romans Hughs Tod nur einen Unfall bei dem Versuch darstellt, durch eine Selbstmordsimulation eine Selbstbefriedigung zu erfahren. Kaum einer seiner Leser konnte bisher diese perverse Vorstellung nachvollziehen.

Hughs Liebe wird von Cyril als "sick innocence"(3) bezeichnet. Für den Erzähler ist es "simply not in my character, my receptive spirit, to suffer sexual possessiveness, the shock of aesthetic greed"(57). Er hofft, "that in the circumscribed country of Illyria a grassy wind was bound to blow away the last shreds of possessiveness"(155). Aber es ist eben die begrenzte Welt des imaginären Illyrien, in der Cyrils Liebe angesiedelt ist. Durch Hugh wird sie mit der Wirklichkeit konfrontiert. In Hughs Munde wird der "love song" Cyrils und Fionas zu einem Schrei: "in Hugh's dry mouth our lovely song became a shriek"(58). Hughs "possessiveness" und grausame Eifersucht sind zwar keine positive Alternative zu der Liebe des Erzählers, stellen aber deren Illusionscharakter bloß. Hughs Spezialität ist die Aktphotographie. Er photographiert nackte Bauernmädchen. "Hugh's death," versucht demnach Cyril zu erklären, "was an accident inspired, so to speak, by his cameras, his peasant nudes, his ingesting of the sex-song itself"(211). Der repressive Charakter seiner Art von Liebe rechtfertigt jedoch keineswegs die Promiskuität des "circumscribed country of Illyria." Im Grunde scheint der Erzähler darum zu wissen, wenn er sich im Geheimen mit Hugh identifiziert, als dieser, veranlaßt durch einen Traum, in der Ruine nach dem Gürtel sucht und ihn findet. "Lover and destroyer", "the seeds of life" und "the seeds of death" begegnen sich demnach als mögliche Wirklichkeit und imaginäre Welt in *The Blood Oranges* wie in *Second Skin*.

In den *The Blood Oranges* folgenden Romanen geht es immer wieder um den vergeblichen Versuch der Imagination, angesichts der Absurdität des Lebens und seiner Begrenztheit durch den Tod, zu einer Sinnfindung zu gelangen. *Death, Sleep & the Traveller*, 1974, und *Travesty*, 1976, bilden in diesem Sinne mit *The Blood Oranges* eine Trilogie, während *The Passionate Artist*, 1979, wieder *Second Skin* näher steht. In *Virginie, Her Two Lives*, 1982, greift eine jugendliche Erzählerin am Ende des letzten Weltkrieges in Paris bezeichnenderweise zurück auf ihr früheres Leben zur Zeit des Marquis de Sade. Als Hintergrund für seinen bisher letzten Roman, *Adventures in the Alaska Skin Trade*, 1985, dienen ihm seine Erinnerungen an seine Kindheit.

Hawkes wird von seinen Kritikern vor allem seiner Romane wegen geschätzt. Doch verdient seine kürzere Prosa durchaus auch Aufmerksamkeit. Als Beispiel sei eine seiner Kurzgeschichten vorgestellt:

"The Universal Fears", 1973.

Die Geschichte scheint zunächst in eine ganz andere Welt als die der bisher besprochenen Romane zu führen. Die im Mittelpunkt stehende Schule für schwererziehbare Mädchen erinnert an Stephen Cranes *Maggie*, indem sie die durch soziale Not erzeugte jugendliche Kriminalität zur Schau stellt. Der Leser begegnet der gleichen Welt wie in Joyce Carol Oates' "How I Contemplated the World from the Detroit House of Correction..." von 1969, nur daß die Perspektive diesmal nicht die der Schülerin, sondern die des Lehrers ist.

Der später als Walter Jones identifizierte Protagonist sieht sich genötigt, eine Stelle als Lehrer an einer Schule für schwererziehbare Mädchen anzunehmen. Gleich zu Beginn seines Auftretens in der Klasse wird er von den Mädchen angegriffen und schwer verletzt. Wie sich herausstellt, war es William Smyth, seinem Vorgänger, nicht anders ergangen. Der Direktor, der beide in der Folge anstellte, heißt Dr.Smyth-Jones. Schon in der Namensgebung zeigt sich das Problem der dabei fraglich werdenden Identität an.

Als Jones von den Mädchen niedergeschlagen wird, heißt es - in der in der Geschichte weitgehend dominierenden personalen Erzählweise -, "[that] he suddenly realized that injury attacks identity, which was why, he now knew, that assault was crime"(123). Der Protagonist wird um seine Identität besorgt. Äußerlich wird sie zunächst durch die Wundverbände bestimmt. Der Verband um Bauch und Lende, den ihm in der Schule eine junge Lehrerin als erste Hilfe angelegt hatte, wird im Krankenhaus von einem männlichen Famulus durch einen Kopfverband ersetzt. Als er nach Hause kommt, will ihn Murphy, sein Hund, nicht anerkennen. Er muß viel Geduld aufwenden, um dessen Vertrauen wiederzugewinnen.

Die Fahrt zu seinem Vater bricht er ab, als er sich dessen Reaktion vorstellt. Unter anderem überlegt er, daß er seinem Vater sagen wird: "*I believe I want to know how those girls exist without romance*"(127). Er kehrt daraufhin sofort zur Schule zurück. Die Schülerinnen erkennen ihn trotz seines Verbandes wieder: "Yes, they knew who he was, and he in turn knew all about their silence game and actually was counting on the ugliness [of his appearance]"(128). Äußerlich völlig verändert, setzt er mit Beharrlichkeit seine Identität durch. Für die Mädchen wird dies zu der "romance", die sie erwarteten. Die Frage der Identität wird zu einer Frage des Willens, im Rahmen der zuvor betrachteten Romane zu einer Frage der diesen Willen bestimmenden Einbildungskraft. Im Gegensatz zu den Romanen vermag der Protagonist der Kurzgeschichte seine Wirklichkeit mit Hilfe seiner Imagination zu meistern.

Literatur

Zitiert wurde nach *The Cannibal*, New York, 1949; *Second Skin*, New York, 1964; *The Blood Oranges*, New York, 1972; "The Universal Fears" aus *Superfiction*, hg. Joe David Bellamy, New York, 1975.
Eine Auswahl der Werke John Hawkes ist zugänglich in *Humor of Blood & Skin: A John Hawkes Reader*, New York, 1984.

Sekundärliteratur:
Frederick Busch, *Hawkes: A Guide to His Fictions*, Syracuse, 1973.
John Kuehl, *John Hawkes and the Craft of Conflict*, New Brunswick, 1975.
Eliot Berry, *A Poetry of Force and Darkness: The Fiction of John Hawkes*, San Bernadino, 1979.
Patrick O'Donnell, *John Hawkes*, Boston, 1982.
Donald J.Greiner, *Understanding John Hawkes*, Columbia, SC, 1985.
Elisabeth Kraus, *Erwartungs-Angst als Modus kognitiver Ästhetik in John Hawkes Werk*, München, 1990.
Stanley Trachtenberg, *Critical Essays on John Hawkes*, Boston, 1991.

John Barth, geb.1930

Unter den inzwischen zu Klassikern avancierten Autoren der "New Fiction" kann John Barth zu Recht als "quintessential" betrachtet werden, insofern sein Werk immer wieder zu deren Definition herangezogen wird. Doch gilt dies erst für die mit *The Sot-Weed Factor* 1960 beginnende Reihe seiner "Fiktionen". Barth war 1930 in Cambridge, Maryland, am Ostufer der Chesapeake Bay geboren worden, studierte an der John Hopkins Universität in Baltimore, wohin er nach längerer Tätigkeit an der State University of Pennsylvania und der State University of New York in Buffalo 1973 als Lehrer zurückkehrte. Seine ersten beiden Romane, *The Floating Opera*, 1956, und *The End of the Road*, 1958, beide später in einer verbesserten Auflage, 1966 respektive 1967, neu aufgelegt, gehören in die Reihe der existentialistischen Romane seiner Zeit und erregten zunächst keine größere Aufmerksamkeit. Erst nach 1960 wurden die in ihnen dargestellten Schamlosigkeiten als Teil seiner besonderen Art nihilistischen Denkens akzeptiert. Dabei blieb offen, ob dieses Denken uneingeschränkt als nihilistisch zu verstehen sei oder ob es ein solches nur satirisch parodiere. Es stellte sich die Frage, ob das Ringen seiner Helden als eine Suche nach Identität und Sinn verstanden werden sollte, das zum Scheitern verurteilt war, oder nur als Versuch, einen Weg durch das Chaos einer bedeutungslosen und absurden Welt zu finden. Eine Antwort darauf soll durch eine Analyse seiner wichtigsten Werke gegeben werden.

The Sot-Weed Factor, 1960, verbesserte Auflage 1967.

Barths dritter Roman erzählt die Geschichte Ebenezer Cookes, des Verfassers einer Satire gleichen Titels, die zuerst 1708, dann, in einer gemilderten Form, 1731 erschienen war und die Zustände in der damaligen Kolonie Maryland geißelte. Da über Cook(e) so gut wie nichts bekannt ist, hatte Barth freie Hand, sein Leben imaginär auszugestalten.

Trotz zahlreicher Rückgriffe auf die Jugend des Helden und die frühe Geschichte der Kolonien und trotz eines Ausblicks auf das weitere Schicksal der im Roman erscheinenden Personen im Epilog, konzentriert sich der über 800 Seiten lange Roman auf die Jahre 1694/5, die Überfahrt des Helden nach Maryland und die Abenteuer, die er zu bestehen hat, um seinen väterlichen Besitz Malden übernehmen zu können. Die Darstellung nimmt die Tradition sowohl des kritisch-historischen Romans auf, die William Makepeace Thackeray in *The History of Henry Esmond*, 1852, an einem Geschehen aus etwa der gleichen Zeit ausgeformt hatte, als auch die des Abenteuerromans, wie er in Tobias Smoletts *Roderick Random*, 1748, oder *Humphry Clinker*, 1771, vorliegt. Doch parodiert Barth diese Traditionen. Die Sprache seiner Vorgänger geschickt imitierend, führt der Autor den Leser von einem Abenteuer zum anderen. Liebesabenteuer, Überfälle von Piraten, Gefangenschaft bei den Indianern erscheinen in bunter Folge; der Leser bleibt ständig unterhalten und in Spannung, wird aber auch immer wieder an der Nase herumgeführt, wenn sich die unmöglichsten Zufälle ereignen, die die von ihm erwartete Glaubwürdigkeit des Erzählers in Frage stellen.

Der Ebenezer Cooke des Romans wurde mit seiner Zwillingsschwester Anna 1666 auf Malden an der Chesapeake Bay geboren. Die Mutter war bei der Geburt gestorben, der Vater kehrte nach England zurück, wo er die Kinder in die Obhut Henry Burlingames als Tutor gibt, bis Ebenezer die Universität bezieht. Nach abgebrochenem Studium soll sich dieser in einem Londoner Kaufmannskontor darauf vorbereiten, die väterlichen Anwesen in Maryland zu übernehmen. Er fühlt sich jedoch, ohne je eine Zeile geschrieben zu haben, zum Dichter berufen und verbringt seine Freizeit in der Schenke. Das große Abenteuer seines Lebens wird durch einen Wettstreit mit seinen Freunden um die Dirne Joan Toast eingeleitet, der damit endet, daß er aus der Begegnung mit ihr zwar unberührt hervorgeht, der Vater aber seine Schulden zahlen muß. Von Burlington in der Maske Lord Baltimores, des früheren Eigentümers der Kolonie, zum *poeta laureatus* ernannt, verläßt er England mit dem Ziel, das Loblied der Kolonie in einer *Marylandiad* zu besingen und als Dichter seine Unschuld zu bewahren.

Schon auf der Reise begegnet Cooke einer Reihe von Abenteuern, die durch zwei Momente gekennzeichnet sind, die Frage nach seiner eigenen Identität und der seines früheren Tutors sowie die nach seiner Unschuld. Als angeblicher Parteigänger Lord Baltimores gerät Cooke in die Auseinandersetzung der politischen Parteien und steht in ständiger Gefahr, sein Leben zu verlieren. Er entkommt dadurch, daß sich andere, meist ohne sein Wissen, für ihn ausgeben. Während andere sich für Cooke ausgeben, übernimmt Burlington eine ganze Reihe von Rollen anderer Personen. Das die Identität aller Beteiligten in Frage stellende Spiel mit den Masken durchzieht den ganzen Roman. Es endet damit, daß John Code, Cookes Gegner, nie identifiziert werden kann, Burlingame von der Bühne verschwindet und Cooke nicht weiß, wer sein Tutor war und was aus ihm geworden ist. Hinter dem Infragestellen der Identität steht ein Menschenbild, das in den Gesprächen des Helden mit Burlingame entwickelt wird. Der Mensch ist danach "Chance's fool, the toy of aimless Nature - a mayfly flitting down the winds of Chaos"(372). Wüßte der Mensch um seine Bestimmung, müßte er wahnsinnig werden. Er wird davor bewahrt, wenn er sich darüber keine Gedanken macht oder aber sich des Nichts, das seine Seele ausmacht, bemächtigt und es nach seinem Willen formt: "The captor's sole expedient is to force his will upon't ere it works his ruin! [...] One must needs make and seize his soul, and then cleave fast to't, or go babbling in the corner; one must choose his gods and devils on the run, quill his own name upon the universe, and declare, "Tis *I*, and the world stands such-a-way!' One must *assert, assert, assert*, or go screaming mad. What other course remains?"(373) Der Mensch wird in dieser nihilistischen Betrachtung der Welt zum Schöpfer seiner eigenen Identität. Der Held des Romans erwirbt sie sich, indem er auf seiner Unschuld als höchstem Wert und seiner Ambition, Dichter zu sein, treu bleibt, wozu es seiner Meinung nach der Unschuld bedarf. Burlingame hofft, seine Identität durch die Aufdeckung seiner Herkunft zu finden. Die Identität eines jeden von ihnen steht in Einklang mit der Art ihres Bemühens um sie: Burlingame verschwindet als Person von der Bildfläche, nachdem er seine Herkunft erfahren hat, und Ebenezer sinkt zur Bedeutungslosigkeit eines alltäglichen Schreiberdaseins herab, nachdem er sich genötigt sah, seine Unschuld zu opfern, und auf Grund seines *Sotweed Factors* nun wirklich zum *poeta laureatus* ernannt worden war.

Die Geschichte der Unschuld Ebenezers beginnt damit, daß er den Versuchungen Joan Toasts widersteht. Am Schluß heiratet er sie, die ihm nachgereist war und die unmöglichsten, meist mit Vergewaltigung endenden Abenteuer erlebt hatte, nicht nur nach dem Gesetz, sondern vollzieht auch mit ihr die Ehe, um den inzwischen an sie gefallenen Besitz Maldens zurückzugewinnen. Als Dichter glaubte Ebenezer, sich nicht mit der Wirklichkeit einlassen zu dürfen. Am Schluß erkennt er darin seinen großen Fehler: "This was the great mistake I made in starting: the poet must fling himself into the arms of Life [...] and pry into her priviest charms and secrets like a lover, but he must hide his heart away and ne'er surrender it, be cold as the callous gigolo, whose art with women springs from his detachment"(511). Das Bewahren seiner Unschuld als Emblem seiner Distanz zum Leben hatte andere in Gefahr gebracht und vor allem Joan endgültig auf den Weg des Untergangs getrieben. Er vollzieht am Schluß nicht nur Maldens wegen die Ehe mit ihr, sondern auch weil er seine an ihr begangene Schuld büßen will: "This is the crime I stand indicted for, [...] the crime of innocence, whereof the Knowledged must bear the burden. There's the true Original Sin our souls are born in: not that Adam *learned,* but that he *had* to learn - in short, that he was innocent"(801). Die Geschichte vom Sündenfall wird ironischerweise die von der Notwendigkeit des Sündenfalls. Die Geschichte Joans und Ebenezers endet damit, daß sie bei der Geburt ihres Kindes stirbt, und daß er, von Joan angesteckt, an Syphilis erkrankt ist.

Einen breiten Raum nimmt auch die Geschichte Burlingames im Roman ein. In ihr geht es im Zusammenhang mit der Bestimmung seiner Identität durch seine Herkunft um die Geschichte des Landes im besonderen und um das Verständnis von Geschichte im allgemeinen. Burlingame klärt Ebenezer darüber auf, wie es um die Freiheit in den Kolonien bestellt ist: "There is a freedom there that's both a blessing and a curse. 'Tis more than just political and religious liberty - they come and go from one year to the next. 'Tis philosophical liberty I speak of, that comes from want of history. It makes every man an orphan like myself, that freedom, and can as well demoralize as elevate"(181). Damit wird die immer wieder postulierte Geschichtslosigkeit der Neuen Welt dahingehend interpretiert, daß erst der Geschichtsschreiber die Geschichte dieser Welt mache, wie jeder Einzelne sich seine Identität erst schaffe. Die Machbarkeit der Geschichte wird im Roman an der Diskrepanz zwischen Captain John Smiths *General Historie of Virginia* von 1624 und dessen geheimem - natürlich fiktivem - Tagebuch demonstriert, das Burlingame aufspürt und aus dem er alles über seine Herkunft erfährt. Die Lehre, die der "Author" im Epilog daraus zieht, ist, "that we all invent our pasts, more or less, as we go along, at the dictates of Whim and Interest, the happenings of former times are as clay in the present moment that will-we, nill-we, the lot of us must sculpt"(805). Was in der gedruckten *Historie* als Wirklichkeit dargestellt wurde, wird im geheimen Tagebuch als Mythos entlarvt. Die aus dem Tagebuch gewonnene Wirklichkeit ist aber nur wieder ein neuer Mythos, der dazu dient, das Chaos zu überdecken, mit dem der Mensch zu leben gezwungen ist.

Es sei hier darauf verzichtet, auf weitere Handlungszweige und auf die darin zur Darstellung gelangenden Themen einzugehen; in allen zeigt sich die prinzipielle Sinnlosigkeit einer Welt ohne Gott, in deren Chaos der Mensch nur als Spielball von Mächten leben kann, die er nicht zu beherrschen vermag, oder in der er sich dadurch zu behaupten versucht, daß er ihr selbst einen Sinn verleiht. Das Schicksal der Charaktere im Roman dokumentiert jedoch nur, daß der Mensch sich immer wieder dem Chaos ausgesetzt sieht oder - dieses nicht beachtend - in der Bedeutungslosigkeit versinkt. Cooke arbeitet, nachdem er Malden verkauft hat, für - und später mit - einem Nicholas Lowe. Als Nicholas Lowe war ihm Burlingame zuletzt erschienen. Bis zu seinem Lebensende glaubt Cooke, daß sich Burlingame hinter Lowe verstecke. Die

Welt, die sich der Mensch schafft, um mit dem Chaos leben zu können, erscheint danach nicht als Wille und Vorstellung im Schopenhauerschen Sinne, sondern als bloße fixe Idee. Die Form des Abenteuer- und Geschichtsromans parodierend, werden in *The Sot-Weed Factor* als erlebt dargestellte historische und fiktive Welten zum Spielmaterial, aus dem in paranoider Weise Zusammenhänge und Identitäten als sich immer wieder aufhebende Wirklichkeiten erstellt werden sollen. Mit Recht wird der Roman daher von einer Reihe von Kritikern als "nihilistic comedy" verstanden. Das Paradoxon dieser Komödie besteht darin, daß bei aller Vergeblichkeit, dem Leben einen Sinn abzugewinnen, Leben nur durch die Verneinung einer solchen Sinnlosigkeit möglich zu werden scheint.

Giles Goat-Boy, 1966

Bedient sich Barth in *The Sot-Weed Factor* der Geschichte, so in *Giles Goat-Boy*, seinem nächsten Roman, des Mythos' und der Allegorie. John Updike war ihm in bezug auf die Mythologisierung seiner Zeit bereits mit seinem *Centaur*, 1963, vorausgegangen. Das Universum erscheint in dem Roman als Universität; die Welt der sechziger Jahre ist ihr Campus, aufgeteilt in einen westlichen und einen östlichen. Gott ist der Gründer der Universität, die Staatsoberhäupter erscheinen als deren Kanzler; die Menschheit wird durch die Studentenschaft vertreten. Der Kapitalismus wird im westlichen Campus zum "informationalism", der Kommunismus im östlichen zum "Student Unionism", und seit dem "Second Campus Riot" mit den "Siegfrieders", der Entsprechung zum letzten Weltkrieg, führen beide Lager einen "Quiet Riot", ihren "Kalten Krieg". Jede Seite ist im Besitz eines großen Computers, der sich selbst programmieren kann. Der "West Camp Computer" (=WESCAC) ist sogar in der Lage, schöpferisch tätig zu werden. Auf Grund ihrer Fähigkeit der "*E*lectro-encephalic *A*mplification and *T*ransmission" können beide Computer die ganze Menschheit vernichten, "EAT"; man braucht dazu nur auf einen Knopf zu drücken, wenn dies die Computer inzwischen nicht schon von selbst können; doch das wissen wiederum nur die Computer.

Der Held der Geschichte ist GILES "the Goat-Boy", das "*G*rand-tutorial *I*deal *L*aboratory *E*ugenical *S*pecimen". Als "Natural Man" wurde er in seiner Kindheit dazu verurteilt, unter Ziegen aufzuwachsen. Als Sohn WESCACs ist er dazu bestimmt, auf dem Campus die Stelle des "Grand Tutor" zu übernehmen. In seiner Geschichte geht es um das Bestehen von Prüfungen und Leiden, damit er, um seine Stellung einnehmen kann, ferner um seine Lehre und vor allem um das, was er durch seine verrückten Abenteuer lernt.

Die Geschichte wird als von dem Computer verarbeitet erzählt. Dieser benutzt dazu einerseits, von Giles fragmentarisch eingegebenes echtes Material, sowie solches, das er selbst "into a coherent narrative from the Grand Tutor's point of view, and 'read [...] out' in an elegant form on its automatic printers!" (29) umformte ("recomposed"). Ihr Titel lautet: "R.N.S. The Revised New Syllabus of George Giles our Grand Tutor Being the Autobiographical and Hortatory Tapes Read Out at New Tammany College to His Son Giles(,)Stoker By the West Campus Automatic Computer And by Him prepared for the Furtherment of the Gilesian Curriculum"(35). "Old" und "New Syllabus" stehen für Altes und Neues Testament; der "Revised New Syllabus" ist in diesem Zusammenhang die Lehre Giles' als Überarbeitung des Neuen Testaments.

Ein "Cover Letter to the Editors and Publishers", gezeichnet J.B. (=John Barth), behauptet, daß J.B. das Manuskript des *Revised New Syllabus* von Giles Stoker erhielt, als er gerade seinen neuen Roman, *The Seeker*, schrieb. Der Held seines eigenen Werkes sollte so alt sein wie George Giles am Ende seiner Geschichte. Giles Stoker wird von J.B. beschrieben als "so like a certain old memory of myself, and yet so *foreign*, even wild, I was put in mind the three dozen old stories wherein the hero meets his own reflection or is negotiated with by a personage from nether realms"(22). Es wird damit offensichtlich, daß der *R.N.S.*, den J.B. seinem Verleger anstelle seines eigenen Romans sendet, ein Produkt seiner eigenen Träumereien ist. George Giles betrachtet sich selbst als "disposed to approach the events of history as critically as those of fiction"(116). In Anbetracht der "awful arbitrariness of Facts [...][he] looked upon [his] life and the lives of others as a kind of theatrical impromptu, self-knowledge as a matter of improvisation, and moral injunctions [...] as so many stage-directions"(117) Wie in dem vorhergehenden Roman werden Wirklichkeit und Fiktion auf den verschiedensten Ebenen austauschbar. Wenn Billy Bockfuss - der unter den Ziegen lebende George Giles - ein Studentenpärchen hinter Büschen beobachtet, hört er sie über das, was sie tun, so sprechen, als läsen sie ein Gedicht.

Die Schwäche von *Giles Goat-Boy* liegt in der Analogisierung von "universe" und "university". Barth gestand, daß "the allegorical and *roman à clef* aspects of *Giles Goat-Boy* are deliberately laid on in an obvious way, since they're the least central elements in the fiction - a mere way of speaking"(Waldmeir 50). Dem anspruchsvollen Leser, den Barth voraussetzt, erscheint das Verfahren als zu oberflächlich. Allenfalls wäre es in bezug auf die historische Situation noch als "a mere way of speaking" hinzunehmen, nicht aber in bezug auf die literarischen Analogien, wenn der Enos Enoch als Entsprechung zu Christus verstanden wird, Platons Dialoge als diejenigen eines Scapulas erscheinen, Sokrates in Maios umbenannt wird, Odysseus in Laertides, Sophokles' *Oedipus Rex* in *Taliped Decanus* umgeschrieben wird. Die Analogisierung wird zu einer läppischen Spielerei. Im Roman selbst ist die Rede von "the awful triteness of these sentiments"(708). Es kann sehr wohl auch von der "triteness" solcher Spielerei gesprochen werden.

Dreimal versucht Giles, zum "Grand Tutor" ernannt und durch WESCAC als solcher bestätigt zu werden, das letzte Mal dadurch, daß er seinen Vater WESCAC verleugnet; jedesmal mißlingt es ihm. Am Ende des zweiten Versuchs steht die Botschaft des "Seminar-on-the Hill", der Entsprechung zur Bergpredigt: "*Passèd are the flunked*" (646). "Failure" wird danach zu "Passage"(652). Giles wendet sich schließlich von seinem Vater WESCAC als dem Prinzip der Differenzierung ab und fordert - in Analogie zur christlichen Liebe - zum "Umarmen" auf: "There in a word was the Way: Embrace!"(646) "Embrace" bedeutet dabei aber, daß es keinen Unterschied zwischen "Wahr" und "Unwahr" und ebenfalls keinen geschlechtlichen Verkehr gibt, den Giles in WESCACs Bauch vollzieht.

Als Beispiel für die sich dabei immer wieder selbst aufhebende Argumentation sei die Beschreibung eines Gesprächs zwischen Max Spielman, Giles' Tutor, und Leonid, dem Stiefsohn eines Spions, der in das östliche Lager übergewechselt war - in Analogie zu einem der Atomspione zur Zeit der Entstehung des Romans - zitiert: "As to principle they were agreed: if the desire to sacrifice oneself, whether by martyrdom or in perfect selflessness, was selfish, and thus self-contradictory, then to attain that end one must not aspire to it. Further, they agreed - sometimes, at least - that *not-*

aspiring, if conceived as a means to the same end, was morally identical with aspiring, and that imperfect selfishness, when deliberately practiced to avoid the vanity of perfection, became itself perfect, itself vain. Thereafter, as best I could infer, they aspired to not-aspire to an imperfect imperfection, each in his way - and found themselves at odds. Would an unvain martyr stay on in Main Detention, Maios-like, even unto the Shaft [in Analogie zu dem Kreuz Christi], as Max was inclined to, or escape, given the chance, to continue his work in studentdom's behalf? Leonid insisted, most often, that the slightly selfish (and thus truly selfless) choice was the latter, and offered 'daily' to effect my keeper's freedom by secret means"(635). Das Gespräch erinnert an die Argumentation Thomas Beckets in T.S.Eliots *Murder in the Cathedral*. Beckets Worte sprechen die grundsätzliche Absurdität christlichen Glaubens an, der erbeten wird, aber als Gnade Gottes nicht "verdient" werden kann. In Barths Roman entfällt mit der Philosophie des "Umarmens" die Unterscheidung, die Differenzierung. "Imperfection" wird der "perfection" gleichgesetzt: "That he could *see* no defect in his insight proved to him that the defect existed, since perfect insight would see its imperfections; had he not been naïve to think himself not naïve?(702) Es wird dann zu einer Banalität, die "Passage by Failure" damit zu begründen, "that the failure truly equal to passage might be the failure to understand truly that Failure is Passage"(730). Am Ende steht das Paradoxon, daß Giles leugnet, der "Grand Tutor" zu sein, daß er seine Prüfung nicht bestanden hat, aber doch so handelt, als habe er die Prüfung bestanden und sei der "Grand Tutor". Seine komischen Abenteuer sind die des pikaresken Helden, das heißt, eines Anti-Helden nach dem Vorbild Don Quixotes. In den Händen des Anti-Helden wird der "New Syllabus" nicht zu einem "Revised New Syllabus", sondern zu einem "Non-Syllabus"; die Botschaft ist, daß es keine Botschaft zu verkünden gibt. Was dem Leser bleibt, ist die Freude an dem erfindungsreichen Fabulieren, wenn ihn die Länge des Romans nicht vorzeitig erschöpft.

Erwähnt sollte noch werden, daß es *Giles Goat-Boy* in bezug auf Obszönitäten mit seinem Vorgänger aufnehmen kann. Daß sie für Barth bereits zum Kennzeichen der modernen Literatur geworden sind, wird im Roman selbst dokumentiert: Als einer der Charaktere den Ausdruck "balls" gebraucht, kommentiert der Erzähler: "Not sufficiently conversant with modern literature to have mastered obscene slang, I nonetheless guessed by her tone she meant the term otherwise than literally"(429).

Lost in the Funhouse, 1968

Bei *Lost in the Funhouse*, Barths nächstem Buch, handelt es sich um eine Serie von "Fiktionen", die zum Teil als auf ein Tonband aufgenommene Texte zu verstehen sind und - wie der Autor behauptet - eine Einheit bilden. Neben dem Auftreten von Ambrose Mensch läßt sich eine solche Einheit schwer erkennen, es sei denn, man sehe sie in dem zugrundeliegenden Wirklichkeitsverständnis, das bereits auch die vorausgehenden Romane bestimmte.

In der ersten dieser "Fiktionen", "Night-Sea Journey", ist der Sprecher des Textes als Sperma zu identifizieren, das, mit Millionen anderer Spermien gezeugt, durch die es umgebende Flüssigkeit zu dem zu befruchtenden Ei gelangen soll. Auf seinem Wege sieht es einen seiner Gefährten nach dem anderen nach vergeblichem Ringen, die Oberfläche zu erreichen, ertrinken. Der Sprecher erscheint dabei - wie auch in anderen

"Fiktionen" des Bandes - als sein eigener Zuhörer: "One way or another, no matter which theory of our journey is correct," heißt es gleich zu Beginn, "it's myself I address; to whom I rehearse as to a stranger our history and condition, and will disclose my secret hope though I sink for it"(3). Erzählen, Sprechen oder Schreiben dient dabei weniger der Mitteilung als dem Versuch, das Nichts des Schweigens auszufüllen.

Wie in den vorausgehenden Romanen wird nach der eigenen Identität und nach dem Sinn des Seins gefragt. Der Sprecher hat gehört, daß er wie alle anderen Spermien von einem "common Maker" stamme. Er meint, an Gerüchte solcher Art glauben zu können, "*because* they are absurd"(3). Wenn er daraufhin fragt: "Has that been said before?"(4) verweist er deutlich auf das christliche "credo quia absurdum est." Der Sprecher gelangt immerhin zu einer Definition dessen, was ihn angesichts aller scheinbaren Sinnlosigkeit am Leben zu erhalten scheint; er nennt es Liebe: "'Love is that drives and sustains us!' I translate: we don't know *what* drives and sustains us, only that we are most miserably driven and, imperfectly, sustained - *Love* is how we call our ignorance of what whips us"(5).

Nach der Mutmaßung eines inzwischen ertrunkenen Gefährten ist das Ziel der Reise ein "She": "I've begun to believe, not only that She exists, but that She lies not far ahead, and stills the sea, and draws me Herward! Aghast, I recollect his maddest notion: that our destination [...] was no shore, as commonly conceived, but a mysterious being, indescribable except by paradox and vaguest figure: wholly different from us swimmers, yet our complement, the death of us, yet our salvation and resurrection"(10). Der Sprecher versucht, sich einerseits einer solchen Erlösung, die gleichzeitig seinen Untergang bedeutet, zu verweigern, sieht in ihr aber andererseits den einzigen Sinn seiner Existenz: "I am not deceived. This new emotion is Her doing; the desire that possesses me is Her bewitchment. Lucidity passes from me; in a moment I'll cry 'Love!' bury myself in Her side, and be 'transfigured'. Which is to say, I die already; this fellow transported by passion is not I; *I am he who abjures and rejects the night-sea journey! I"(12)*. Die zu sich selbst sprechende Stimme wendet sich am Schluß an ein Du, in dem sie aber nur sich selbst wiederfindet. Die Akte der Verweigerung und der Hingabe werden identisch bzw. heben sich auf. Die poetologische Bedeutung des absurden Geschehens besteht in nichts anderem, als daß mit dem Aufzeigen der Sinnleere etwas sinnvolles geschieht.

Der "Night-Sea Journey" geht in der Sammlung ein Streifen voraus, der, ausgeschnitten und an seinen Enden verdreht zusammengeklebt, ein Moebius-Band ergibt, das, der Länge nach geteilt, immer wieder in sich verschlungene Bänder ergibt. Der Text des Streifens lautet: "Once upon a time there was a story that began." Dementsprechend sind die in dem Band gesammelten "Fiktionen" immer wieder nur neue Entwürfe fiktiver Sinngebung. In dem letzten der Texte schildert der einstige Sänger des mykenischen Hofes, wie Ägistos ihn nach Agamemnons Abreise in den Trojanischen Krieg auf einer unbewohnten Insel aussetzte und er nun auf Ziegenhäuten seine *Anonymiad* schreibt. Diese umfaßt alle Versionen der antiken Geschichte, wie sie der Leser aus der überlieferten Dichtung kennt. Die beschriebenen Häute übergibt der Sänger in versiegelten Amphoren dem Meere. Geschichte wird damit zu einer Wirklichkeit, die der Dichter entwirft, um sich am Leben zu erhalten.

Der Anonymus wird von Ägistos ausgesetzt, da er mit ihm einen lästigen Nebenbuhler um die Liebe sowohl Klytämnestras als auch Metopas, der Geliebten des Sängers, los werden will. Im Exil wäre Metopa für den Anonymus allerdings nur ein Ärgernis. Das Besingen der Liebe ist ihm wichtiger geworden als die Liebe selbst. Seine *Anonymiad* besteht aus neun den neun Musen gewidmeten Gesängen. Metopa steht in deren Reihe für Melpomene, die Muse der Tragödie, aber auch für Erato, die lyrische Muse, deren Gesang jedoch nie zustandekommt. Die Gesänge schwimmen in ihren Amphoren, deren Wein der Sänger ausgetrunken hat, auf dem Meere und erreichen vielleicht wieder seinen Strand, an dem er sie, halb von der Salzflut zerfressen, finden mag, ohne sie als seine eigenen wiederzuerkennen. Doch sie erweisen sich als für ihn selbst geschrieben, da er sich mit ihrer Niederschrift am Leben erhielt.

Elf weitere kürzere und längere Texte unterschiedlicher Art erscheinen zwischen dem soweit kurz beschriebenen Anfang und Ende der Sammlung. Sie sind nicht alle von der gleichen Qualität, kreisen aber immer um das gleiche Thema. Die Mitte des Buches wird von der Titelgeschichte des Bandes, "Lost in the Funhouse", eingenommen. In ihr beschreibt Ambrose, wie er sich auf dem Jahrmarkt in einem Lachkabinett verlaufen hat und hinter den Kulissen, aus denen er nicht mehr herausfindet, verhungernd seinem Lebensende entgegensieht. Bereits in den Spiegeln des Lachkabinetts erschien das Leben in allen möglichen Verzerrungen; hinter dessen Kulissen jedoch verliert sich Ambrose völlig. Dort aber kommt es zur Niederschrift seines Verfangenseins in einem Labyrinth.

Die Niederschrift von dem Erlebnis im Labyrinth des Lachkabinetts wird selbst zu einem labyrinthischen Unterfangen. Ambrose reflektiert über den Aufbau einer Geschichte mit Anfang, Mitte und Ende. Doch die Reflektion über den Anfang immer von neuem wieder aufnehmend, bringt er die Geschichte nie zu einem Ende. Der Erzähler bleibt in den Voraussetzungen, unter denen er schreibt, verfangen, wie auch der Entwurf eines möglichen Sinnes im literarischen Werk in der Reflexion über einen sinnvollen Entwurf solipsistisch in sich selbst verfangen bleibt.

Der Solipsismus des Erzählens in *Lost in the Funhouse* findet seinen deutlichsten Ausdruck in dem "Echo" benannten Text, der die Geschichte des Narzissus neu zu erzählen versucht. Auch hier geht es nicht allein um den Solipsismus als solchen, sondern wieder um denjenigen der Darstellungsweise. Weitere Texte, wie "Title", "Glossolalia" oder "Life-Story" beinhalten danach nichts anderes mehr als reine Erzähl*versuche*; zum Erzählen selbst kommt es nicht mehr. "Life-Story" wird dabei zu "another story about a writer writing a story" (117), die sich fortsetzen ließe wie das Moebius-Band, "about a writer writing a story ..." bis ins Unendliche. Sie findet allerdings ein Ende und zwar mit den folgenden Worten: "'Happy birthday,' said his wife et cetera, kissing him et cetera to obstruct his view of the end of the sentence he was nearing the end of, playfully refusing to be nay-said so that in fact he did at last as did his fictional character end his ending story endless by interruption, cap his pen"(129). Dabei bleibt offen, wer der Autor und wer der erfundene Charakter ist, erscheint doch die Geschichte als die eines Autors, der diesen Autor nur erfunden hat "et cetera". Es bleibt, wie es einer der Kritiker haben will, ein Trost, wenn am Ende des vorletzten Textes, der "Menelaiad", Menelaus es schließlich aufgibt, danach zu fragen, ob er Proteus festhalte, der sich in einen Löwen, in eine Schlange, in Wasser, in einen Baum, vielleicht in Menelaus selbst verwandelt, der glaubt Proteus festzuhalten. Er fragt auch nicht mehr, ob Helena in Troja nur als Wolkenbild erschien, um sich Paris zu entziehen, oder dies nur vorgibt, um Menelaus den Ehebruch zu vertuschen. Auf komisch absurde Weise reflektiert Barth hierbei über die verschiedenen Versionen des Helena-Mythos', wie dies kurz zuvor H.D. in ihrer *Helena in Egypt*, 1961, in ernsthafter Weise tat.

Menelaus erzählt seine Geschichte vor einem Sohn des Nestor und einem Jüngling, hinter dem sich Telemach oder Orest verbergen könnten. Die Identifizierung wird für den Leser durch die perspektivischen Verschiebungen von einem Redner auf einen anderen dadurch erschwert, daß ständig in ineinander verschachtelten Reden zitiert wird, so daß der Text in bis zu vier doppelten und drei einfachen Anführungszeichen eingerahmt erscheint. Auch bei dieser Form handelt sich um eine sich selbst aufhebende Weise des Schreibens. Bei der Sinnverweigerung des Textes fragt sich der Leser vergeblich nach dem Sinn eines solchen, um vom Autor ausgelacht zu werden, weil dieser ja nur zeigen will, daß es keinen Sinn gibt.

In seinem nächsten Buch, *Chimera*, 1972, setzt Barth mit zwei Novellen seine in der zweiten Hälfte von *Lost in the Funhouse* begonnene Nacherzählung griechischer Mythen fort und versetzt in einer dritten den Leser in die Welt von *Tausendundeine Nacht*, in der Scheherezade in Anwesenheit ihrer jüngeren Schwester Dunyazade erzählt. Klinkowitz kennzeichnet *Chimera* "as an allegory of [Barth's] own exhaustion"(7).

Einen neuen Anfang versucht Barth in seinem nächsten Werk, *LETTERS*, 1979. "An Old-Time Epistolary Novel by 7 Fictitious Drolls & Dreamers each of which Imagines Himself as Actual," lautet sein Untertitel. In der die Geduld des Lesers durch seine Länge wieder auf die Folter spannenden Parodie des traditionellen Briefromans hält der sich in einer Krise befindende Autor Rückblick auf sein Leben und sein Werk. Dieser Rückblick wird zu einem solipsistischen Unternehmen, insofern der Autor durch ein Neulesen früherer Versuche seine gegenwärtige Krise zu meistern beabsichtigt. Der Leser, seinerseits zum Neulesen des früheren Werks aufgefordert, verstrickt sich in diesem Prozeß, der für ihn im Grunde nicht mehr fruchtbar werden kann, da ihm nicht gestattet wird, den Text selbst zu interpretieren, wenn sich die Autoreninterpretation im quasi-dialektischen Austausch mit den Stimmen seiner Figuren selbstperpetuiert.

In *Lost in the Funhouse* hatte Barth seine Entsprechung zu *The Portrait of the Artist as a Young Man*, James Joyces Darstellung eines Schriftstellers am Anfang seiner Laufbahn, gesehen. Doch der Künstler Barths blieb im Gegensatz zu dem seines Vorgängers mit seiner sich wiederholenden Reflextion auf einen solchen Anfang in ihm stecken. In den späten Romanen - beginnend mit *LETTERS* - zeigt sich diese Rückwendung immer mehr durch das Aufgreifen autobiographischer Momente. Dies gilt sowohl für *Sabbatical*, 1982, und *Tidewater Tales*, 1987, als auch für seinen bislang letzten Roman, *The Last Voyage of Somebody the Saylor*. Das bedeutet nicht, daß das Fabulieren dabei zu kurz kommt. Es kommt im Gegenteil in *Sabbatical* zu voller Entfaltung, wenn die dargestellte Segelfahrt in Analogie zu Poes *Adventures of Arthur Gordon Pym* gesehen wird oder in dem späteren Werk die Welt von *Tausendundeine Nacht* in die des gegenwärtigen Erzählers einbezogen wird.

The Last Voyage of Somebody the Saylor, 1991

Der Titel des Romans läßt den Bezug zu den Erzählungen von *Tausendundeiner Nacht* bereits erkennen: Einer seiner Erzähler, Somebody "the Saylor", tritt als Rivale

Sindbads des Seefahrers aus der orientalischen Märchensammlung auf. Zu Beginn liegt er im Krankenhaus und beabsichtigt, die letzte Geschichte Scheherezades zu erzählen. Es soll eine Geschichte sein, wie sie früher von Simon William Behler, dem einmal berühmten "New Journalist", erzählt wurde, der sich Bill Baylor nannte. Die letzte Geschichte Scheherezades erscheint wiederum in einem Rahmen, der die Umstände wiedergibt, unter denen sie erzählt wurde. Lange nach dem Tode König Schehriyârs, dem sie ihre früheren Geschichten erzählen mußte, um ihr Leben zu retten, möchte sie selbst endlich sterben. "The Destroyer of Delights", der Tod, will ihr dies aber nur gewähren, wenn sie ihm noch eine Geschichte erzählt. Der Roman ist alsdann diese Geschichte, die sie "with a little help from yours truly, ma'am: 'Baylor' the Taler of Behler the Failer"(10) erzählen soll. In dem Bericht von der letzten Reise Somebodys des Seefahrers, erscheinen alsdann ein neutraler Beobachter und der Protagonist im Wechsel als Erzähler, bzw.der Protagonist gibt vorübergehend die Maske des neutralen Beobachters auf und erzählt selbst. Innerhalb der Geschichte treten aber noch weitere Erzähler auf, vor allem Sindbad selbst, der seine Abenteuer als Seefahrer noch einmal, anfänglich ziemlich genau dem Original in *Tausendundeine Nacht* folgend, erzählt, sowie Jaydâ "the Cairene", die Dienerin von Sindbads Tochter Yasmin. Die Vielfalt der Perspektiven wird bereits zum Zeichen für die Vielfalt der Möglichkeiten, der dargestellten Welt Sinn zu verleihen.

Somebody erzählt die Geschichte von seiner letzten Reise in Sindbads Haus, in das er sich als Bettler gleichen Namens eingeschlichen hat. Harun al Raschid, der Kalif von Bagdad, hatte Sindbad gebeten, noch einmal - auf einer siebenten Reise - den Herrscher von Serendib aufzusuchen, von dem er auf seiner letzten Reise angeblich reich beschenkt worden war. Sindbad versucht, die Reise hinauszuschieben oder gar hinfällig werden zu lassen, da sein Bericht von dem reichen Serendib bloße Erfindung war, um ein ziemlich verbrecherisches Unternehmen zu verdecken. Während dieser Zeit erzählen nun jeweils Sindbad und Somebody die Geschichten ihrer ersten sechs Reisen. Dazwischen verbringt Somebody die Nächte mit Sindbads Tochter Yasmin. Übergreifendes Thema ist die Frage, ob Yasmin noch ihre Unschuld besitzt, und wenn nicht, wer sie ihr geraubt hat.

Die Erzählungen Somebodys von seinen ersten vier Fahrten sind realistische Berichte von Abschnitten seines Lebens, seinem siebenten, seinem vierzehnten, seinem 42. und schließlich seinem 5o.Geburtstag. Somebody ist wie Barth 1930 in einer Stadt an der Chesapeake Bay geboren. Barths Cambridge in Dorchester County wird dabei zu Dorset, der Choptank River zu einem Chaptico. Die Umsetzung des Autors in den Erzähler ist zu offensichtlich, als daß sie anders als bewußt auf ihn verweisend verstanden werden könnte. Neben weiteren biographischen Einzelheiten - Zwillingsschwester, Scheidung usw. - verweisen auch allgemeine Charakterisierungen auf den Autor, so wenn es heißt: "Yet is was not until the American sixties really hit their stride that 'Baylor' found his most successful writing (and writing) self"(197). Oder: "By the decade's end, in short, though in other respects a more contented man than he can recall ever having been before, Baylor has unquestionably become the sixties souvenir that he had feared in Spain he might becoming"(322f.). Die Aussagen könnten - wie weitere ähnlicher Art - ohne weiteres auf Barth übertragen werden.

Am Ende seiner vierten Fahrt wird Baylor allerdings - wie vor ihm Mark Twains Yank in *The Yankee at King Arthur's Court* - in eine andere Welt, in seinem Fall in die Märchenwelt von *Tausendundeine Nacht*, versetzt. Südlich von Sri Lanka wird er, als er zu ertrinken glaubte, von dem Schiff gerettet, das Yasmin dem Kalifen von Oman als Braut zuführen sollte. Nach einer Reihe von Abenteuern gelangt er, als Bettler verkleidet, in Sindbads Haus, wo er dann seine Geschichten erzählt.

Jedoch, während die Tischgesellschaft voller Bewunderung für die schon oft gehörten Geschichten des Hausherrn ist, hält sie die Welt, von der Baylor erzählt, für zu phantastisch. Als dieser aber von seiner fünften und sechsten Reise berichtet, wechseln die Fronten. Baylor "enthüllt" die Wahrheit, die Sindbad mit seinen Berichten zu vertuschen versuchte. Natürlich handelt es sich dabei um eine Perspektivenverschränkung wie in Bildern Eschers. Was Baylor "enthüllt" ist wie das, was Sindbad "erfindet", Teil einer nur imaginierten Welt.

Zwischen dem abendlichen Erzählen beim Mahl verbringt Baylor seine Zeit mit Yasmin und mit der Niederschrift seiner Erzählungen. Beides wird allerdings für ihn zu einem einzigen Akt. Schon in früheren Werken umschrieb Barth sein Bemühen mit dem Wortspiel von "pen" und "penis". Mit seiner Feder schreibt er die Erlebnisse des Gliedes seines Protagonisten. "Yasmin tonight is Simon's writing paper," erklärt ihm Sindbads Tochter. "Inscribe yourself on her, and in your writing I shall read our story's next chapter" (351). Sindbad der Seefahrer hatte nichts anderes getan. Hinter einem Teil seiner Abenteuer steht die inzestiöse Begegnung mit seiner Tochter. Er war es, der, wie sich herausstellt, ihr die Unschuld raubte. Wie Yasmin hatte auch Daisy, Baylors Jugendfreundin, ihre Unschuld durch ihren Vater verloren. Doch neben dem Inzest geht es in der Geschichte von der letzten Reise Somebodys um Sex in jeder denkbaren Form. Die Skala reicht von der Selbstbefriedigung bis zur Vergewaltigung durch Piraten, wie Barths Leser sie bereits in *The Sot-Weed Factor* kennenlernten. Dahinter lauert die Angst, nicht mehr schreiben zu können, die Angst vor der Impotenz; Umar al-Yom, Yasmins ursprünglicher Geliebter, erweist sich wie Burlingame in *The Sot-Weed Factor* als impotent.

Nach Aufklärung aller Verwicklungen vor dem Kalifen und mit seiner Hilfe wird Baylor gewährt, mit Yasmin seine Reise nach Serendib, nämlich seiner Heimat am Chesapeake, anzutreten. Nach erneutem Schiffbruch findet er sich in einem der Krankenhäuser Dorsets wieder, von wo die Geschichte ihren Ausgang nahm. Der Kalif hatte ihm noch aufgetragen, seine Abenteuer niederzuschreiben. Er tut dies nun von seinem Krankenbett aus, wenn er die Geschichte von Somebodys letzter Reise schreibt. So ist doch er wieder - und nicht Scheherezade - der Erzähler des Romans.

Scheherezade hatte Barth allem Anschein nach schon immer fasziniert. Vielleicht wurde auch ihm schon sehr früh eine - ungekürzte! - Ausgabe der Märchensammlung geliehen wie Baylor/Behler/Somebody von der Mutter seiner Freundin Daisy. Es gelingt Scheherezade, mit ihren Märchen die Aufmerksamkeit des Königs derart zu fesseln, daß er sie nicht - wie alle seine früheren Frauen - töten läßt. Barth erzählt, um die Leere, die für ihn die Welt zu bedeuten scheint, zu füllen und ihr vorübergehend Sinn zu verleihen. Schreibt er mit der letzten Geschichte Scheherezades seine letzte Geschichte? Die Identifizierung des Erzählers mit ihr legt solches nahe. Ein weiterer Umstand verweist darauf. "The Destroyer of Delights", der Tod, verlangt von Scheherezade ihre letzte Geschichte, bevor er ihr zu sterben gewähren will. Er erscheint am Anfang wie am Ende des Romans als "The Familiar Stranger". Es ist der geheimnisvolle Fremde, der - in Thornton Wilders Einakter als *Gray Champion* - ein Requiem bei Mozart bestellt haben sollte, das sein letztes Werk wurde. In der an seinem Bett sitzenden Ärztin erkennt der Erzähler am Schluß die Zwillingsschwester,

die er bei der Geburt mit seiner Nabelschnur erwürgte und die ihn nun einlädt, ihr zu folgen. Der Roman endet mit dem Countdown dazu: "Two.One."
Mit seinen drei in den sechziger Jahren veröffentlichten Büchern erreichte Barth höchste Anerkennung als der experimentelle Erzähler, der die Unfähigkeit der Sprache, Wirklichkeit zu erfassen, zur Darstellung brachte und Fiktionen entwarf, um sich mit ihnen der Leere, die ihm blieb, zu erwehren. In seinem Essy über "The Limits of Imagination" in *The Friday Book* spricht er diesbezüglich von den "limitations of imitation". Mit seinem bisher letzten Roman gelingt es ihm, die Bedingtheit seiner Leistung durch diese "limitations" zur Darstellung zu bringen.

"The Literature of Exhaustion", 1967, und "The Literature of Replenishment", 1979

In der Einleitung zu dem Nachdruck seiner bekanntesten kritischen Äußerungen, "The Literature of Exhaustion", 1967, und "The Literature of Replenishment", 1979, in *The Friday Book*, 1984, zählt sich Barth zu den Schriftstellern, die "for better or worse want every dozen years or so not only to get a working perspective on what they and their contemporaries are up to, but to publish their ruminations"(193). Die beiden genannten Essays sind solche "Grübeleien", und deren erste galt für viele Autoren und Kritiker der sechziger und siebziger Jahre als eine Art von postmordernem Manifest. Nach der Meinung ihres Autors wurde diese erste "Grübelei" oft mißverstanden, so daß Barth sich genötigt sah, sie durch seine zweite zu korrigieren:
"A dozen years ago I published [...] a much-misread essay called 'The Literature of Exhaustion', occasioned by my admiration for the stories of Señor Borges and by my concern, in that somewhat apocalyptic place and time for the ongoing health of narrative fiction.[...] The simple burden of my essay was that the forms and modes of art live in human history and are therefore subject to used-upness, at least in the minds of significant numbers of artists in particular times and places: in other words, that artistic conventions are liable to be retired, subverted, transcended, transformed, or even deployed against themselves to generate new and lively work. I would have thought that point unexceptionable. But a great many people [...] mistook me to mean that literature, at least fiction, is *kaput*; that it has all been done already; that there is nothing left for contemporary writers but to parody and travesty our great predecessors in our exhausted medium - exactly what some critics deplore as postmodernism.
That is not what I meant at all. [...] I agree with Borges that literature can never be exhausted, if only because no single literary text can ever be exhausted - its 'meaning' residing as it does in its transactions with individual readers over time, space, and language"(205).
Barth hatte natürlich von "Erschöpfung", ja sogar von "Endgültigkeit" ("ultimacy") in bezug auf die Erzählkunst gesprochen. Doch das Entscheidende für den Schriftsteller seiner Zeit sollte sein, von dem, was sich daraus ergab, Gebrauch zu machen. Borges' Werk dokumentierte für ihn "how an artist may pardoxically turn the felt ultimacies of our time into material and means for his work - *paradoxically*, because by doing so he transcends what had appeared to be his refutation"(71). Paradox ist die Situation aber auch dadurch, daß in der von Barth in seiner Erzählkunst praktizierten parodistischen und solipsistischen Verwertung ihre über sich hinausgreifende Bedeutung geleugnet wird.

In seinem späteren Essay modifiziert Barth seine Position: "What my essay 'The Literature of Exhaustion' was really about, so it seems to me now, was the effective 'exhaustion' not of language or of literature, but of the aesthetic of high modernism. [...] In 1966/67 [...] a number of us, in quite different ways and with varying combinations of intuitive response and conscious deliberation, were already well into the working out, not of the next-best thing after modernism, but of the *best next* thing: what is gropingly now called postmodernist fiction; what I hope might also be thought of one day as a literature of replenishment"(206). Seine eigene Position sieht er in einer Synthese von dem, was er als "premodernism" und "modernism" bezeichnet: "A worthy program for postmodern fiction, I believe, is the synthesis or transcension of these antitheses, which may be summed up as premodernist and modern modes of writing. My ideal postmodernist author neither merely repudiates nor merely imitates either his twentieth-century modernist parents or his nineteenth-century premodernist grandparents. He [...] aspires to a fiction more democratic in its appeal than such late-modernist marvels (by my definition) as Beckett's *Texts for Nothing* or Nabokov's *Pale Fire*. He [...] *should* hope to reach and delight, at least part of the time, beyond the circle of [...] professional devotees of high art"(203). Trotz dieser in sie gesetzten Hoffnung blieb postmoderne Erzählkunst auch in diesem modifizierten Sinne Literatur für diese Verehrer der Hohen Kunst.

Literatur

Zitiert wurde nach *The Sot-Weed Factor*, New York, 1969 (Bantam); *Giles Goat-Boy*, St.Albans, 1981 (Panther); *Lost in the Funhouse*, New York, 1968; *The Last Voyage of Somebody the Saylor*, Boston, 1991; *The Friday Book*, New York, 1984.

Sekundärliteratur:
Jac Tharpe, *John Barth: The Sublimity of Paradox*, Carbondale, IL, 1974.
John Stark, *The Literature of Exhaustion: Borges, Nabokov, Barth*, Durham, NC, 1974.
David Morrell, *John Barth: An Introduction*, University Park, PA, 1976.
Joseph Waldmeir, hg., *Critical Essays on John Barth*, Boston, 1980.
Charles B.Harris, *Passionate Virtuosity: The Fiction of John Barth*, Urbana, 1983.
Ursula Alart, *"Exhaustion" und "Replenishment": Die Fiktion in der Fiktion bei John Barth*, Heidelberg, 1984.
Heide Ziegler, *John Barth*, London, 1987.
Max F.Schulz, *The Muses of John Barth: Tradition and Metafiction*, Baltimore, 1990.
Stan Fogel und Gordon Slethaug, *Understanding John Barth*, Columbia, 1990.

Thomas Pynchon, geb.1937

Zu den von seinen Anhängern am meisten gefeierten und von den Kritikern am ausführlichsten diskutierten experimentellen Erzählern der Gegenwart zählt Thomas Pynchon. Daß er unter diesen Erzählern derjenige ist, von dessen persönlichem Leben am wenigsten bekannt ist, mag als ein weiterer Superlativ gelten. 1937 auf Long Island als Sproß einer alten neuenglischen Familie geboren, studierte er zunächst Ingenieurwissenschaften und später englische Literatur an der Cornell University, diente in der Marine und schloß seine Studien 1959 mit dem Bakkalaureat ab. Von 1960 bis 1962 arbeitete er für den werksinternen Informationsdienst bei Boeing, um dann nach dem Erfolg seines ersten Romans, *V.*, 1963, unterzutauchen. Aus dem Wenigen, das inzwischen in Erfahrung gebracht werden konnte, geht hervor, daß er seitdem in Kalifornien lebt. Seine frühen, zum Teil schon an der Universität entstandenen Kurzgeschichten erschienen erst 1984, mit einem Vorwort versehen, gesammelt unter dem Titel *Slow Learner*. Dazwischen waren zwei Romane erschienen, *The Crying of Lot 49*, 1966, und *Gravity's Rainbow*, 1973. Erst nach langer Pause kam 1990 sein bisher letzter Roman, *Vineland*, zur Veröffentlichung.

"Entropy", 1960

Pynchons Kurzgeschichten gehören nicht zu den Meisterwerken des Genres. Ihr Autor gestattete ihren Nachdruck auch erst nach langem Zögern. Sie lassen sich als spontane Experimente im Stil der Beat-Generation verstehen, die sich nicht nach einer Handlung orientieren, sondern eher "happenings" in Form einer Collage - in Pynchons eigenen Worten: einer Fuge - aneinanderreihen. Als die bekannteste darf "Entropy" betrachtet werden. Ihr Thema, Entropie, gehört zu den zentralen Obsessionen ihres Autors.
  Zwei "happenings" werden in "Entropy" beschrieben, Meatball Mulligans Party zur Auflösung seines Mietvertrags im dritten Stockwerk eines Mietshauses, die sich nach 39 Stunden ihrer Erschöpfung nähert, sowie der Tod eines kleinen Vogels in der Treibhausatmosphäre im darüberliegenden Stockwerk, den Callisto mit der Hilfe seiner Freundin Aubade abzuwenden versucht.
  Callisto erläutert dem Leser das Phänomen der Entropie: In der Treibhausatmosphäre seiner Wohnung hatte er eine "Rousseau-like fantasy" geschaffen, die hermetisch von der Außenwelt, "the city's chaos", abgeschirmt war. "Through trial and error Callisto had perfected its ecological balance, with the help of the girl its artistic harmony" (68). Anfang Februar bemerken Callisto und seine Freundin, daß sich die Außentemperatur seit Tagen nicht geändert hat. Sich auf Henry Adams und dessen Gedanken über die Jungfrau Maria und den Dynamo beziehend, glaubt er, daß der von ihm vorausgesagte Augenblick der Entropie schließlich gekommen sei: "The cosmologists had predicted an eventual heat-death for the universe (something like Limbo: form and motion abolished, heat-energy identical at every point in it)"(69). Daß die Außentemperatur sich nicht mehr ändert, wird zum Zeichen für die bevorstehende Apokalypse(70).
  Im Falle der Treibhausatmosphäre in Callistos Wohnung handelt es sich um eine in geschlossenen Systemen mögliche partielle Entropie. Derzufolge muß der kleine Vogel sterben. Da Callistos Temperatur die gleiche ist wie die des Vogels, ist der zum Überleben notwendige Wärmeaustausch zwischen ihm und dem Tier nicht möglich. Auch außerhalb der Wohnung hat sich bereits ein Temperaturausgleich vollzogen, so daß es nicht mehr lange dauern kann, bis das geschlossene System der Wohnung an das der Außenwelt angepaßt ist. Aubade schlägt die Fenster ein und wartet mit Callisto, "until the moment of equilibrium was reached, when 37 Fahrenheit should prevail both outside and inside, and forever, and the hovering, curious dominant of their separate lives should resolve into a tonic of darkness and the final absence of all motion"(85f.). Für sie ist Apokalypse Wirklichkeit geworden.

Für Callisto betrifft Entropie - oder das ihr zugrundeliegende zweite thermodynamische Gesetz - nicht nur das Leben des Körpers, sondern auch die Welt der Ideen. "He" - wie Henry Adams in seiner *Education,* spricht Callisto von sich in der dritten Person - "found in entropy or the measure of disorganization for a closed system an adequate metaphor to apply to certain phenomena in his own world. He [...] envisioned a heat-death for his culture in which ideas, like heat-energy, would no longer be transformed, since each point in it would ultimately have the same quantity of energy; and intellectual motion would, accordingly, cease"(74).

Das Prinzip der Entropie wird in der Geschichte auch auf die Kommunikations- bzw. Informationstheorie übertragen. Saul, Meatballs Nachbar vom zweiten Stockwerk, findet, nachdem seine Frau ihn verlassen hat, bei diesem Zuflucht. Wie in der perfekten Ordnung der Treibhausatmosphäre - in bezug auf Wärme und Energie - jeder Teil mit jedem anderen identisch wird, nehmen die Worte in der perfekten Kommunikation identische Bedeutungen an. Saul gibt hierzu ein Beispiel: "Tell a girl: 'I love you.' No trouble with two-thirds of that, it's a closed circuit. Just you and she. But that nasty four-letter word in the middle, *that's* the one you have to look out for. Ambiguity. Redundance. Irrelevance, even. Leakage. All this is noise. Noise screws up your signal, makes for disorganization in the circuit"(76f.) Perfekte Harmonie, perfekte Ordnung wird schließlich - wie die Kündigungs-Party Mulligans zeigt - zum Chaos. Mulligans Party selbst zeigt wiederum verschiedene Aspekte des Problems. Einer dieser Aspekte erscheint in der Darstellung von Duke de Angelis Jazz-Quartett. Die vier Musiker "were going through motions of a group having a session without instruments"(81). Ihre letzte Errungenschaft wäre, "to think everything"(82). Ihre Perfektion endet schließlich im Chaos oder im Nichts, führt "back to the airless void" von - so ließe sich sagen - Poes "Eureka"(83).

Angesichts des Chaos' seiner Party hat Meatball die Wahl, "(a) lock himself in the closet and maybe eventually they would all go away, or (b) try to calm everybody down, one by one." "He decided to try and keep his lease-breaking party from deteriorating into total chaos"(84). Die erste der Möglichkeiten hätte seinen Tod bedeutet - eine Art von Entropie des geschlossenen Systems seiner selbst. Die zweite Möglichkeit drängt den Tod zurück, doch nur für kurze Zeit. Die "arabesques of order", die Callisto schuf, "[are] competing fugally with the improvised discords of the party downstairs"79). Pynchon errichtet in seiner Geschichte ein System von Korrespondenzen, das er mit größerer Kunst in seinen Romanen weiter ausbauen sollte. In "Entropy" bleibt es bei Gegenüberstellungen oder Kollagen von Ideen.

V., 1963

Ein zusätzliches Element, das die Romane Pynchons bestimmt, ist die Paranoia. Obsessiv versuchen die sich in deren Welten verloren fühlenden Charaktere, Zusammenhänge zu erkennen, um ihnen Sinn abgewinnen zu können. Dem Leser erschließt sich ihre Wirklichkeit aus der paranoiden Sicht der Charaktere, so daß er ständig in der Gefahr steht, in deren Zwangsvorstellungen einbezogen zu werden. Für den Kritiker ergibt sich daraus bei der Beschreibung der Werke die Gefahr, sich auf Bedeutungen festzulegen, die nur als Möglichkeiten verstanden werden wollen. Um jedoch ein Bild von diesen Möglichkeiten zu vermitteln, muß er auf das Spiel mit den sich ihnen anbietenden Bedeutungen eingehen. Seine Interpretation wird dann nur eine unter anderen, die grundsätzlich möglich sind. Dies gilt als Vorbehalt auch für den hier unternommenen Interpretationsversuch.

Die schier unglaubliche Vielfalt der in den Roman eingebrachten Ereignisse rankt sich im wesentlichen um zwei Figuren, Herbert Stencil und Benny Profane. Stencils Vater stand im Dienst des britischen Foreign Office, war 1919 auf mysteriöse Weise auf einer Mission auf Malta umgekommen und hatte Aufzeichnungen über eine V. bezeichnete Person hinterlassen, die sein Sohn zu identifizieren versucht. Für diesen wird die Suche nach dem Wer oder Was dieser Peron zur einer Angelegenheit seiner eigenen Identitätsfindung.

V. erscheint Stencil - der Chronologie nach - zuerst 1893 als Victoria Wren in Kairo, wo sie in die Faschodakrise verwickelt war. Im Jahre darauf taucht Victoria Wren in Florenz auf, wo sie in Verbindung mit einem Versuch, Botticellis Venus aus den Uffizien zu stehlen, und mit dem Anschlag eines argentinischen Gauchos auf das venezolanische Konsulat in Zusammenhang gebracht wird. Kurz vor dem Ersten Weltkrieg verliebt sich - nach Stencils Recherchen - eine nur als V. bezeichnete Besitzerin eines Pariser Modesalons in eine fünfzehnjährige Primaballerina, die auf masochistische Weise bei einer Premiere ihren Tod findet. 1919 ist eine Veronica Manganese in die Unruhen anläßlich des Unabhängigkeitskampfes Maltas verwickelt. Als Stencils Vater Malta nach einem Kontakt mit V., die er zuerst in Florenz kennengelernt hatte, verließ, verschwand er samt seinem Boot in den Wellen des Mittelmeers. 1922 identifiziert Stencil V. als Vera Merowing, die als Gast auf einer Farm in der ehemaligen deutschen Kolonie Südwestafrika die brutale Niederwerfung eines Eingeborenenaufstands miterlebt. Schließlich scheint V., als "Bad Priest" verkleidet, bei einem Bombenangriff auf Malta umzukommen.

Die einzelnen Episoden werden auf unterschiedliche Weise und aus verschiedenen Perspektiven vermittelt. Die dominierende Perspektive ist diejenige Stencils. Doch wird er als völlig unzuverlässiger Erzähler charakterisiert. Er "stencilizes" die Tatsachen, die er in Erfahrung bringt. Zum Teil gibt Stencil nur wieder, was andere ihm erzählen. Die Ereignisse um die Faschodakrise wiederum werden - als von Stencil in Erfahrung gebracht - aus der Perspektive von Personen gesehen, die nur am Rande davon berührt sind. Der Bericht eines deutschen Soldaten aus der Zeit des Hereroaufstands wird als Fiebertraum wiedergegeben. Durch die unterschiedlichsten Signale wird der Leser davor gewarnt, das Erzählte für bare Münze zu nehmen. Damit wird die Bestimmung der Wirklichkeit grundsätzlich als problematisch charakterisiert. Stencils Nachforschungen werden zu einer Obsession, wenn er fast alle Erscheinungen der Wirklichkeit als Glieder in der Kette zu bestimmen versucht, die die Geschichte V.s ausmachen soll. V. wird für ihn schließlich auch zu einer Ratte in den Abwasserkanälen Manhattans: Ein Jesuitenpater soll eines Tages seine Gemeinde verlassen haben, um den Ratten Manhattans das Evangelium zu verkünden. In besonderer Weise soll er sich mit einer auf den Namen Veronica getauften Ratte eingelassen haben. Wie der Epilog zu berichten weiß, handelt es sich dabei um den gleichen Pater, der 1919 Veronica Manganese auf Malta begegnet war. Grotesker ließe sich die Identifikation V.s kaum noch vorstellen. Sie dokumentiert nur wieder die Vergeblichkeit aller Versuche Stencils, die Wirklichkeit - wie auch sich selbst - an Fakten, die er aus der Vergangenheit erschließen zu können glaubt, zu bestimmen.

Wie Callisto in "Entropy", spricht Stencil von sich immer in der dritten Person. In dieser "Objektivierung" sieht er sich nicht in der Lage, seine Identität zu finden. Er fürchtet sich aber auch davor, daß er eine solche tatsächlich finden könnte. Als er von dem sehr wahrscheinlichen Tod V.s in Malta 1942 erfährt, findet er Zuflucht zu einer Ausrede, seine Suche noch nicht abschließen zu können, und nimmt den fadenscheinigsten Hinweis auf noch ungeklärte Aspekte zum Anlaß, sie fortzusetzen. Seine Identität besteht gewissermaßen in der Suche nach ihr. Die Suche ergibt aber nichts als eine Addition von Einzelheiten, die nur unter der Voraussetzung der Paranoia als Glieder einer Kette verstanden werden können, wenn dies nicht ein Paradoxon beinhaltet, insofern nämlich die Paranoia sich gerade dadurch bestimmt, unzusammenhängende Dinge fälschlicherweise als zusammenhängend zu betrachten. Das Paradoxon löst sich natürlich wiederum unter der Voraussetzung des Absurden auf: Paranoia wird dann zum Normalverhalten des Menschen schlechthin.

Obwohl der Leser auf die Unzuverlässigkeit der Aussagen des Erzählers aufmerksam gemacht wird, lädt deren ungewöhnliche Bildhaftigkeit ihn ein, nach Bedeutungen zu fragen, die über Stencils eigene Interpretation hinausgehen oder von diesen unberührt bleiben. Von Bedeutung wird zum Beispiel die Entwicklung, die V. durchläuft. Die zunächst normal liebende Frau wird zur Dirne, zur Lesbierin und schließlich zum Transvestiten. Zunehmend nimmt sie faschistoide Züge an. In Malta sollte sie mit Mussolini befreundet gewesen sein; ihr Begleiter in Südwest gehörte zu den frühen Anhängern Hitlers. Die Entwicklung entspricht einer fortschreitenden Entmenschlichung und Materialisierung. Als die Kinder die von einem eingestürzten Balken eingeklemmte Leiche des "Bad Priest" - ihrer letzten Erscheinungsform - "demontieren", finden sie sie aus lauter künstlichen Teilen zusammengesetzt: einem Glasauge mit einer eingebauten Uhr, einem in den Nabel eingenähten Saphir, metallene Füße usw. Lassen sich diese Entwicklungsketten unter dem Aspekt der fortschreitenden Entmenschlichung zusammenfassen, so verweisen andere zur Charakterisierung gebrauchte Bilder auf Erscheinungsformen Astartes, der Venus, der Weißen Göttin, der Fruchtbarkeitsgöttin schlechthin. Doch auch die diesbezügliche Bildreihe ließe sich unter dem Aspekt der fortschreitenden Entmenschlichung fassen, wenn das Weibliche als die Antriebskraft der abendländischen Geschichte im Sinne von Henry Adams' "The Virgin and the Dynamo" verstanden wird, die sich - völlig materialisiert - zu Beginn unseres Jahrhunderts verströmt. Die Geschichte der geheimnisvollen V. wäre demnach eine Entmythologisierung des von Isolde über Goethes Gretchen bis in unsere Zeit überlieferten Mutter- und Frauenbildes der westlichen Welt.

Bei dem Versuch, dem gegen Pynchon immer wieder erhobenen Vorwurf des Nihilismus zu begegnen, verweisen eine Reihe von Kritikern - von Slade bis Eddins - auf die gnostischen Elemente, die in allen seiner Romane erscheinen, in *V.* vor allem in der Gestalt des Parakleten. Im Zeichen des Parakleten, des Heiligen Geistes, steht Fausto Maijstral, der Sohn eines Maijstrals, dem Stencils Vater bereits 1919 auf Malta begegnet war. Fausto geht aus der Lähmung durch den Tod seiner Frau und der Begegnung mit dem sterbenden "Bad Priest" während des Bombenangriffs als neuer Mensch hervor. Seine Tochter Paola kehrt nach einer Reihe von Abenteuern, die in manchem denjenigen V.s ähneln, zu ihrem Mann, den sie verlassen hatte, zurück und schenkt ihm den elfenbeinernen Kamm, der ursprünglich Veronica Wren gehörte. Diese hatte ihn in einem Bazar in Kairo erworben. Auf seinem Rücken waren von Mahdis gekreuzigte britische Soldaten eingeschnitzt. Beider Schicksale, Faustos wie das seiner Tochter, deuten eine "Wiedergeburt" jenseits einer der Vermaterialisierung und damit der Entropie verfallenen Welt an. Doch sie bleibt ohne "zuverlässigen"

Erzähler fragwürdig. Die Autobiographie, die Fausto zu schreiben versucht, bleibt Fragment, die "Erlösung" aus der materiellen Welt im gnostischen Sinne bloße Andeutung.

Parallel zur Geschichte Stencils - und nur lose mit ihr verbunden - verläuft diejenige Benny Profanes. Profane ist - seiner eigenen Definition zufolge - ein moderner Schlehmil. Er läßt sich treiben, ist nicht bereit, sich in irgendeiner Weise zu binden. Ihm widerfahren die unmöglichsten Abenteuer, doch er nimmt sie gelassen hin. Er läßt sich von anderen gebrauchen, läßt sich aber auch von ihnen aushalten. Der kritische Punkt wird für ihn immer dann erreicht, wenn das Annehmen von Hilfe oder das Hilfe Leisten ihn zu binden droht. Als ihn am Schluß die College-Studentin auf Europatour, die er in Malta trifft, seiner Abenteuer wegen bewundert und ihn fragt: "Haven't you learned?" antwortet er, ohne lange nachdenken zu müssen: "No [...] offhand I'd say I haven't learned a goddam thing"(454).

Profanes Geschichte beginnt mit einem Besuch bei einem früheren Marinekameraden in Norfolk, Virginia, wo er Paola vor den Zudringlichkeiten eines anderen Kameraden rettet. Mit ihr begibt er sich nach New York, wo er sich in mehreren, nur lose miteinander verbundenen Kreisen bewegt. Den größten dieser Kreise bildet die "Whole Sick Crew", aus Künstlern, Kritikern und anderen bestehend, deren Leben sich mehr oder weniger in Trinken, Huren und in belangloser Konversation zu erschöpfen scheint. Ihr Hauptzeitvertreib ist das "Yoyoing", d.h. hin-und herzufahren. Für Profane umschreibt es einen "state of mind". Das Jojo dreht sich um sich selbst und bewegt sich auf und ab. Es steht als Zeichen dafür, daß man sich mit der Sinnlosigkeit des Lebens abgefunden hat. Von den Mitgliedern der "Whole Sick Crew" wird aber auch angenommen, daß sie mit ihrer Spielwarenfabrik für Jojos, die sich in einen Konzern für Raumfahrtausrüstung entwickelt hat, insgeheim die Fäden der Weltpolitik in ihren Händen halten. Dem vielfältigen Geschehen in den Kreisen, in denen sich Profane bewegt, kann hier nicht mehr nachgegangen werden. Ein Beispiel sei nur angeführt, wie sich auch in ihm die Entmenschlichung der Welt dokumentiert. Profane arbeitet vorübergehend für die Anthroresearch Association, einen Zweig von Yoyodyne, dem oben genannten Konzern. Dort werden an künstlichen Figuren Strahlungseinwirkungen und Verkehrsunfallfolgen gemessen. Die Namen der künstlichen Figuren sind SHROUD und SHOCK: "Synthetic Human, Radiation Output Determined" und "Synthetic Human Object, Casuality Kinematics". SHROUD behauptet Profane gegenüber: "Me and SHOCK are what you and everybody will be someday"(260). Die Materialisierung und Entmenschlichung V.s findet in dieser Episode ihre Entsprechung in der Geschichte Profanes.

Aber auch in der Welt, in der sich Profane bewegt, gibt es Lichtblicke. In ihr erscheint nicht nur Paola, die diesbezüglich bereits genannt wurde, sondern auch der farbige Altsaxophonist McClintic Spiker. Von seinem Musizieren in einer Bar, der *V.Note*, ermüdet, zieht er sich in ein Bordell in Harlem zurück. Sein Mädchen ist Ruby, hinter der sich Paola verbirgt. Spiker genügt es nicht, nur "cool" zu bleiben, d.h., der Welt mit Gelassenheit zu begegnen. Für ihn vollzieht sich das Leben in dem Rhythmus von Flip und Flap. Nach der Aufregung des Krieges, Flip, kommt die Gleichgültigkeit, Flap. Doch gelegentlich bedarf es wieder des Flips, um leben zu können. Die Begegnung mit Paola wird für ihn zu einem Flip, wenn er lernt, sich um etwas zu kümmern. Zu seinem Motto wird: "Keep cool but care". Wie Maijstral und Paola - und in gewissem Sinne Rachel, auf die hier nicht mehr eingegangen werden kann - wird damit eine Alternative für das Verhalten Profanes angedeutet. Profane begnügt sich mit dem "cool". Er findet sich damit ab, mit dem Chaos leben zu müssen. Für Stencil gilt das "care". Doch wird bei ihm im Gegensatz zu Spiker das "cool" völlig ausgeklammert. So wird, wenn er versucht, aus den Daten, die er gewinnt, dadurch einen Sinn zu finden, daß er sie miteinander verbindet, alles mit allem identisch und verliert somit seine Eigenidentität.

Die Geschichten Spikers, Maijstrals oder Paolas bedürften im Roman eines Stencil, der die Möglichkeiten der Zusammenhänge überprüft. Wenn auch Ausgeburten einer Obsession, zeigten die Zusammenhänge immerhin eine bildhafte Bedeutung. Außerhalb des - wenn auch zunächst irreführenden - Zusammenhanges bleibt das Geschehen eine Kabale - auf eine solche wird im Text selbst angespielt -, in der jeder Leser seine eigene Bedeutung finden muß. Lesern und Kritikern wird ein Arsenal von Bedeutungsmöglichkeiten zur Verfügung gestellt, das sich der völligen Entschlüsselung immer wieder entziehen wird. Sie müssen auf der Hut sein, nicht dem Schicksal Stencils zu verfallen. Es bleibt allerdings offen, ob es die dargestellte Welt ist, die unter der Paranoia leidet, oder derjenige, der sie darzustellen versucht, oder aber auch der, der sie als Leser entschlüsseln will.

In der Darstellung des Werkes wurde das ausgeklammert, was als Pornographie bezeichnet werden müßte. Wie die vorausgehenden Kapitel zeigen, gehört diese bereits zum "Gütezeichen" der Erzählkunst unserer Zeit. In dem hier aufgezeigten Zusammenhang gehört diese Pornographie jedoch zu dem wenigen, das eindeutig als Entmenschlichung in seiner Bedeutung festgelegt werden kann. Das Werk, das die Entmenschlichung der Welt unserer Gegenwart darzustellen versucht, wird selbst zum Produkt dieser entmenschlichten Welt. Es ist die Koketterie eines großen Teils der Gegenwartsliteratur, die eigene Entmenschlichung durch die Geste zu verdecken, die Entmenschlichung der Welt aufzeigen zu wollen: ein weiteres Paradoxon unserer Wirklichkeit.

The Crying of Lot 49, 1966

Der Yoyodyne Konzern aus *V.* erscheint in Pynchons nächstem, wesentlich kürzeren Roman, *The Crying of Lot 49*, wieder mit einer Fabrik als Zentrum San Narciscos, einer neuen Ansiedlung in Kalifornien. In Analogie zu San Francisco, einem der weiteren Handlungsorte des Romans, war die Stadt nach dem in sein Spiegelbild sich verliebenden Narziß benannt worden. Das Geschehen wird aus der Perspektive der auch als Hauptakteurin fungierenden Heldin, Oedipa Maas, wiedergegeben. Mit einem Disk Jockey in San Francisco verheiratet, erhält sie eines Tages die Nachricht, daß sie von Pierce Inverarity zum Mitvollstrecker seines Testaments eingesetzt worden war. Inverarity hatte - vor allem durch Grundstückspekulationen - ein beachtliches Vermögen angesammelt und trotz ebenso beachtlicher Verluste bei seinem Tode genug hinterlassen, daß es sich lohnte, seine vielfältigen Investitionen zu identifizieren. Oedipa hatte ihn in Mexico City kennengelernt, bevor sie ihrem Mann, Wendell, genannt Mucho Maas, begegnet war. In einem späteren Telephonanruf mitten in der Nacht hatte Inverarity ihr "a little visit from the Shadow"(11) versprochen. Zum "Schatten" wird Inverarity für Oedipa, wenn sie sich nach San Narcisco begibt, um sein Erbe zu entschlüsseln.

Die Entschlüsselung dieses Erbes wird für Oedipa zu dem verzweifelten Versuch, sich selbst zu entschlüsseln. In einer Ausstellung von Gemälden eines Exilspaniers namens Varo in Mexico City war ihr eines seiner Bilder besonders aufgefallen: "In the central painting of a triptych, titled 'Bordando el Manto Terrestre,' were a number of frail girls with heart-shaped faces, huge eyes, spun-gold hair, prisoners in the top room of a circular tower, embroidering a kind of tapestry which spilled out the slit windows and into a void, seeking hopelessly to fill the void: for all the other buildings and creatures, all the waves, ships and forests of the earth were contained in this tapestry, and the tapestry was the world"(21). Angesichts dieses Bildes wird sie sich ihrer Situation bewußt: "She had looked down at her feet and known, then, because of the painting, that what she stood on had only been woven together a couple thousand miles away in her own tower, was only by accident known as Mexico, and so Pierce had taken her away from nothing, there's been no escape. What did she so desire escape from? Such a captive maiden, having plenty of time to think, soon realizes that her tower, its height and architecture, are like her ego only incidental: that what really keeps her where she is is magic, anonymous and malignant, visited on her from outside and for no reason at all. Having no apparatus except gut fear and female cunning to examine this formless magic, to understand how it works, how to measure its field strength, count its line of force, she may fall back on superstition, or take up a useful hobby like embroidery, or go mad, or marry a disk jockey. If the tower is everywhere and the knight of deliverance no proof against the magic, what else?"(21f.) Unter dem Vorzeichen dieses Bildes der Welt als einem von ihr selbst geknüpften Teppich wird Oedipas Versuch, Ordnung in das Erbe Inveraritys zu bringen, ein Versuch, Ordnung in ihre eigene Welt zu bringen und sich selbst zu bestimmen.

In der Toilette eines Lokals, in dem die Angestellten von Yoyodyne verkehren, fällt ihr ein Name mit einer chiffrierten Anschrift auf: "WASTE only, Box 7391, L.A." Begleitet wird die Anschrift von dem Zeichen eines durch einen zweiten Trichter erweiterten Posthorns (eine Kombination des Zeichens der Post und des Taubstummseins,52). Im Zusammenhang damit begegnet sie dem, was sie als das "Tristero System" bezeichnet. "Things then did not delay in turning curious"(40). In verschiedenen Begegnungen, vor allem aber im Text einer elisabethanischen Rachetragödie und in der von Inverarity hinterlassenen Sammlung gefälschter Briefmarken, stößt sie immer wieder auf das Zeichen, den Namen Tristeros und den WASTE-Code. Wie bei Stencil in *V.* reichen ihre Recherchen weit in die Vergangenheit zurück, bei ihr sogar bis in die Zeit des Freiheitskampfes der Vereinigten Niederlande gegen die spanische Herrschaft. Tristero erscheint dabei als historische Persönlichkeit, die das Monopol der Thurn und Taxis Post zu brechen versuchte und eine Geheimpost als Konkurrenzunternehmen gegründet hatte, die sich über verschiedene Wechselfälle bis in die Gegenwart in verschiedenen Ausformungen erhalten hat.

Nachdem Oedipa erste Anhaltspunkte über die Bedeutung der Zeichen, des Codes und von Tristero, gewonnen hat, glaubt sie, ihnen überall wiederzubegegnen. Zunächst nach den Zeichen nur Ausschau haltend, fühlt sie sich schließlich immer mehr von ihnen verfolgt. "Possibilities for paranoia become abundant"(165). Hinter dem ganzen System der Tristero-Post sieht sie Inverarity und fühlt sich von ihm beauftragt, sein Erbe weiterzutragen. Als ihr einer ihrer Bekannten das Testament als einen Jux Inveraritys ausreden will, weist sie eine solche Möglichkeit zurück. Es scheint ihr, als sei sie auf ein die Welt in geheimnisvoller Weise steuerndes Kommunikationssystem gestoßen, das sich der Unfreiheit des öffentlichen Verkehrs entzieht, oder als sei sie in eine eigens für sie von Inverarity aufgestellte Falle geraten. Oder sollte sie sich das eine oder andere nur einbilden? Sie kann sich für keine der Alternativen entscheiden. Was sie in ihrem Dilemma erlebt, ist die Leere. "For this, oh God, was the void" (171). Es ist die Leere, die sie vergeblich durch das Knüpfen von Mustern im Teppich zu füllen hofft.

Eine letzte Aufklärung erhofft sich Oedipa von der Versteigerung der Briefmarken, "lot 49". Sie haben einen Käufer angezogen, der seine Identität verbirgt, aber zur Auktion erscheinen will. Als der Posten aufgerufen werden soll, endet der Roman. Dem Leser wird nicht mehr enthüllt, welche der Möglichkeiten sich Oedipa in dem Fremden offenbaren. Wenn zuvor die schweren Tore und Fenster des Raumes geschlossen wurden, soll dies möglicherweise besagen, daß sie mit ihrem Problem in sich eingeschlossen leben muß.

Oedipa ist nicht bereit, sich dem System der etablierten politischen und gesellschaftlichen Ordnung zu unterwerfen, in das sich die meisten der ihr begegnenden Personen aus Angst vor dem Unheimlichen des Tristero-Systems flüchten. "For there either was some Tristero beyond the appearance of the legacy America, or there was just America and if there was just America then it seemed the only way she could continue, and manage to be at all relevant to it, was as an alien, unfurrowed, assumed full circle into some paranoia"(182). Die etablierte Ordnung wird von Oedipa als Leere empfunden und bedeutet für sie den Tod. Ohne Tristero gleichen sich in ihr die Kräfte aus und löst sich die Wirklichkeit im Sinne der Entropie auf. Wirklichkeit bleibt für sie nur in der Annahme des Tristero-Systems als Wahnvorstellung möglich. Eine für den Einzelnen sinnvolle Wirklichkeit ergibt sich danach nur in der Paranoia. Wie im Falle von *V.* bleibt die Frage offen, ob in *The Crying of Lot 49* eine Welt aus der Sicht einer Paranoia entworfen wird oder eine Welt, in der zu leben, zur Paranoia führt.

Gravity's Rainbow, 1973

Pynchons dritter Roman, *Gravity's Rainbow*, wird von der Kritik, wenn nicht als sein bester, so zumindest als sein bedeutendster betrachtet. Für Tony Tanner ist er "one of the great historical novels of our time and arguably the most important literary text since *Ulysses*"(75). Ein großer Teil der Kritiker folgte der Einschätzung Tanners. Ein halbes Dutzend Bücher und Dutzende von Aufsätzen zeugen von dem Interesse an dem Werk. Die Erforschung des in dem Roman verarbeiteten Wissens seines Autors verdeckt dabei aber möglicherweise die Frage nach der Umwandlung dieses Wissens in Kunst, die die folgende Darstellung begleiten soll.

Die Handlung des Romans spielt - von gelegentlichen Rückblicken in die Vergangenheit abgesehen - in den Monaten kurz vor und nach dem Ende des letzten Weltkriegs in England und Deutschland. Mittel- oder unmittelbar geht es um das Geheimnis der deutschen V 2-Rakete. "Gravity's rainbow" beschreibt die Parabel ihrer Laufbahn. Es ist vor allem Tyrone Slothrop, ein Nachkomme eines der ersten Siedler Neuenglands, der dem Geheimnis, dem "Text" der Rakete auf die Spur zu kommen versucht. Wie auch andere Charaktere des Romans versucht er, aus der Vielfalt der ihm begegnenden Tatsachen einen Text zu gewinnen, der der ihm nur als Chaos erlebten Welt Ordnung und Sinn zu verleihen vermöchte. Mit ihm sieht sich der Leser veranlaßt, dem Text des Romans einen einheitlichen Sinn abzugewinnen. Für die

Charaktere des Romans wie für den Leser steht dieses Unterfangen im Zeichen der Paranoia. Es besteht der Zwang, nach dem wahren Text zu fragen, der sich doch immer wieder der eindeutigen Festlegung entzieht. Zeugnis dafür sind die zahlreichen sehr unterschiedlichen und sich keineswegs deckenden Interpretationen des Romantextes.

Slothrops Suche nach dem Geheimnis der Rakete steht für die Suche nach den Zusammenhängen von Ereignissen, die der Geschichte Sinn zu verleihen vermöchten. Eines der vielen Bilder für diese Zusammenhänge ist das des Spinnennetzes. So wird zum Beispiel Roger Mexico, ein junger britischer Offizier, charakterisiert als ein "spider hitching together his web of numbers"(40). Er registriert alle Raketeneinschläge in London und seiner Umgebung, um die Möglichkeit künftiger Einschläge zu berechnen. Seine Karte wird als sein "network of death"(56) bezeichnet. Wie willkürlich sein Netz ist, zeigt der groteske Vergleich mit der entsprechenden Karte Slothrops. Dieser trägt darauf alle Orte ein, an denen er sich mit seinen Freundinnen trifft. Es ergibt sich, daß dort oft auch die Raketen einschlagen. Doch die Muster stimmen nie ganz. Dafür, daß sie nie ganz stimmen können, wird an anderer Stelle Gödels Unvollständigkeitssatz (Gödel's theorem) in "Irish proletarian language" zitiert: "*when everything has been taken care of, when nothing can go wrong, or even surprise us ... something will*"(275).

Als das wichtigste Bild für den Sinnzusammenhang der Wirklichkeit erscheint jedoch der "Text". Für die Eingeborenen aus der früheren deutschen Kolonie Südwestafrika, die für das Raketenprojekt arbeiten, wird die Rakete selbst zum Text, in dem der geheime Zusammenhalt aller Dinge verschlüsselt sein soll. "We *are* supposed to be the Kabbalists out here," sagen sie von sich selbst, "to be the scholar-magicians of the Zone, with somewhere in it the Text, to be picked to pieces, annotated, explicated [...] well we assumed - natürlich! - that this holy Text had to be the Rocket [...] our Torah. What else?" Doch dies ist für sie noch nicht der wahre Text. "Its symmetries, its latencies, the *cuteness* of it enchanted and seduced us while the real Text persisted, somewhere else, in its darkness, our darkness [...] even this far from Südwest we are not to be spared the ancient tragedy of lost messages, a curse that will never leave us"(520). Das Bemühen, die "lost message", den "wahren" Text zu finden, bestimmt - wie in den früheren Romanen - als Paranoia alles Handeln. "Like other sorts of paranoia, it is nothing less than the onset, the leading edge, of the discovery that *everything is connected*, everything in the Creation, a secondary illumination - not yet blindingly One, but at least connected, and perhaps a route In for those like Tchitcherine who are held at the edge"(703). (Tchitcherine ist der russische Halbbruder Enzians, des Vertreters der Südwestafrikaner. Er fixiert mit der Erfindung eines Alphabeths für die Niederschrift der mündlichen Überlieferung eines zentralasiatischen Volkes diese Überlieferung und verurteilt sie damit zum Aussterben.) Die paranoide Suche nach dem wahren Text ist ein quälendes Erlebnis, das zur Erwartung einer Offenbarung führt, die sich nie ereignet.

Als ein anderes der zahlreichen Bilder für die möglichen Zusammenhänge der Dinge erscheint der Benzolring. Der Roman erzählt, wie Kekulé entdeckte, daß sich Kohleatome zu Ringen verbanden, und wie er mit seiner Entdeckung den Grund zur deutschen Farbenindustrie legte, die sich zur IG-Farben vereinigen sollte. Der Benzolring wie der Konzern, in denen sich Atome bzw. Machtstrukturen untereinander verbinden, sind als geschlossene Systeme zur Entropie verurteilt. Das Bild des Benzolrings wird noch erweitert. Laszlo Jamf - ein Wissenschaftler, bei dem Pökler,

der Raketenexperte in Peenemünde und später in Nordhausen, studiert hatte - haßt "the covalent bond". Er ist der Überzeugung, "that, for synthetics to have a future at all, the bond must be improved on - some student even read 'transcended.' That something so mutable, so *soft*, as a sharing of electrons by atoms of carbon should lie at the core of life, *his* life, struck Jamf as a cosmic humiliation. *Sharing*? How much stronger, how everlasting was the *ionic* bond - where electrons are not shared, but *captured. Seized!*"(577) Er will an die Stelle der Kohle Silizium, Bor oder Phosphor setzen, an die Stelle des Wasserstoffs Stickstoff, "[to] move beyond Life, toward the inorganic. Here is no frailty, no mortality - here is Strength, and the Timeless"(580). Der organische Ring stünde für den organischen Lebenszyklus von Geburt, Tod und Wiedergeburt. Im anorganischen Ring würde die Dauerhaftigkeit des Todes gewährleistet sein. Jamf gibt seine Versuche, einen anorganischen Ring zu konstruieren auf, die IG-Farben entwickeln jedoch "Imipolex G", in dessen Molekülen die Kohlenketten kreuzweise miteinander verbunden sind und aus dem das Leichentuch besteht, in dem Gottlieb, Lustknabe, Pseudo-Isaak, Pseudo-Christus und vieles andere, am Ende in einer Rakete in den Tod fliegt.

Die verschiedenen Bilder verweisen auf unterschiedliche Bedeutungen, ohne sich endgültig festlegen zu lassen. Sie bedürfen der Ergänzung durch eine unbekannte Größe, die das Netz, in das sie verknüpft sind, erst vervollständigen und ihm Sinn verleihen würde. Es ist eine "Macht", die sich hinter allen Phänomenen, denen die Charaktere auf ihrer Suche begegnen, verbirgt. Sie erscheint in der Anonymität eines "Systems". Es ist "the Firm", konkretisiert in einer Verbindung aller großen Chemieunternehmen der Welt, dem "meta-cartel"(566). Manchmal wird es als eine Entsprechung zu Gott betrachtet. Es scheint alles Leben zu kontrollieren, so auch Slothrop. "Oh, the hand of a terrible croupier is that touch on the sleeves of his dreams: all in his life of what has looked free or random, is discovered to've been under some Control, all the time, the same as a fixed roulette wheel - where only destinations are important, attention is to long-term statistics, not individuals: and where the House always does, of course, keep turning a profit"(209).

Besondere Bedeutung kommt neben den Bildern des Miteinanderverbindens denen der Bewegungsrichtung zu. Entscheidend ist, daß die Bewegung nicht zu ihrem Ziel gelangt. Das "Center", zu dem sie zurückkehren sollte, das "Eternal Center", die "Final Zone", wird nicht erreicht. Die Bewegung bleibt "always to be held at the edges of revelations" (566). Eine ähnliche Rolle wie der "Rand"("edge") spielt die "Grenze" ("interface"); konkretisiert als Schallgeschwindigkeitsgrenze, steht sie auch als Bild für die Grenze zwischen Leben und Tod, Sterblichkeit und Unsterblichkeit, zwischen dem Organischen und dem Anorganischen.

Eine der wichtigsten Gegenüberstellungen im Roman ist die von Liebe und Tod. Liebe steht für die Natur, Tod für die moderne Technologie, wie sie Enzian in dem deutschen Raketenprojekt kennenlernt. Das, was er in seiner afrikanischen Heimat als Liebe kannte, wird in dem System, in dem diese Technologie existiert, pervertiert. Enzian macht die Entdeckung, "that love, among these men, once past the simple feel and orgasming of it, had to do with masculine technologies, with contracts, with winning and losing. Demanded, in his own case, that he enter the service of the Rocket.... Beyond simple steel erection, the Rocket was an entire system *won*, away from the feminine darkness, held against the entropies of lovable but scatterbrained Mother Nature" (324). Die Rakete steht in diesem Zusammenhang für den Tod.

In der Welt der Raketentechnik erscheint das Gegenüber von Liebe und Tod auch als dasjenige von Pan und Titan. Blicero, alias Weissmann, der die Entwicklung der Rakete leitet und Enzian mit seinen Leuten aus Südwest geholt hatte, versucht in seinen Träumen jenseits des Gegenübers von Pan und Titan zu gelangen. Er möchte ausbrechen aus dem "cycle of infection and death", "to be taken in love", damit er Aufnahme finde "into the radiance of what we would become"(724). Doch auch er vermag die Grenze nicht zu überschreiten.

Es bleibt nicht nur offen, was sich jenseits der Grenze, der man sich immer wieder auf die unterschiedlichste Weise nähert, offenbaren wird, sondern auch, ob es sich in der Außenwelt zu erkennen geben soll oder nur im Bewußtsein. "Have you ever waited for *it*?" wird gefragt, "wondering whether it will come from the outside or inside?"(720) Wenn jeder seinen eigenen Weg auf der Suche finden oder *er*finden muß, wird auch jeder auf seine Weise die heiligen Schriften zu lesen haben. Die Gnostiker, die Kabbalisten, die Manichäer, die im Roman angesprochen sind, lesen die Torah je auf ihre eigene Weise. "Each will have his personal Rocket"(727), wobei die Rakete für den zu interpretierenden Text steht. "Stored in its target-seeker will be the heretic's EEG, the spikes and susurrations of heartbeat, the ghost-blossomings of personal infrared, each Rocket will know its intended and hunt him, ride him a green-doped and silent hound, through our World, shining and pointing in the sky at his back, his guardian executioner rushing in, *rushing closer*"(727) Die Außenwelt wird zur Projektion der Innenwelt, die sich in der Apokalypse, die die Rakete anzeigt, narzißtisch selbst zerstört.

Der Roman endet mit dem Abschuß der letzten V 2 in der Lüneburger Heide. Nachdem eine Rakete mit der Seriennummer 00000 auf ein Ziel abgeschossen worden war, das niemand kennt, startet Blicero die letzte Rakete mit der Seriennummer 00001. Mit der Rakete fliegt, eingehüllt in ein Tuch aus Imipolex G, Gottfried. In einem Vergleich des Countdown von 10 bis 1 mit der Interpretation der 10 Sephiroth der Kabbala wird der Flug der Rakete zu einer Rückkehr zu Gott(753), aber auch, wie andere Akte der Gewalt, zu einem Geschlechtsakt, in diesem Falle einem der Selbstbefriedigung (758).

Die letzten beiden Kapitel tragen die Überschriften "Ascent" und "Descent". Gottfried, "the victim, in bondage of falling, rises on a promise, a prophecy, of Escape" (758). "But it was *not a star*", den die Zuschauer in einem Kino in Los Angeles auf ihr Dach herabfallen sahen, "it was falling, a bright angel of death." Die Rakete hinterläßt nur "its last unmeasurable gap above the roof of this old theatre" (760). Der Roman wird damit zu einer neuen Version des Welttheaters. Die Kinobesucher schauen nicht mehr auf eine Vision der Wirklichkeit; sie schauen über sie hinaus, doch in die Leere, die sich dahinter auftut. Die Rakete ist kein den Erlöser versprechender Stern. Gottfried bringt nicht den "Frieden Gottes", sondern den Tod oder den Frieden des Todes in der Apokalypse.

Der Versuch, den in die Wirklichkeit eingeschriebenen Text zu lesen, um damit ihren Sinn zu erkennen, kommt dem Bemühen gleich, ihr einen Text einzuschreiben und ihr damit Ordnung zu verleihen. Das vollständige Vereinnahmen in die Ordnung bedeutet aber gleichzeitig ihren Untergang: Entropie. Doch Pynchon bemüht auch Gödel, dessen Gesetz zufolge, sich nie alles vereinnahmen läßt. Ein Rest muß immer übrigbleiben. Das Spiel, neue Netze auszuwerfen, die Wirklichkeit einzufangen, wird weitergehen.

Hinter Pynchons Bemühen, bzw. dem seiner Charaktere, steht die Sehnsucht nach einer verlorengegangenen Welt, einer Welt, die noch nicht der Vereinnahmung unterworfen war. Es ist die Welt Pans, die Welt der Natur. Dwight Eddins sieht darin einen "Orphic naturalism"(17), "a variety of Orphism that leans heavily upon the assumptions of Rainer Maria Rilke's poetry in its identification with natural process and its assimilation of life and death into a unifying lyric of praise"(111). Er würde die freudige Annahme des Todes als Eingehen in die Einheit aller Dinge und der ewigen Wiederkehr erwarten lassen. Doch von freudiger Annahme ist in dem Roman nicht die Rede; an ihrer Stelle steht die Nostalgie.

Pynchon führt in *Gravity's Rainbow* seinen Leser immer wieder auf die Suche, die aber stets in der Leere endet. Der Leser sieht sich genötigt, dem Autor in die Leere auf Grund von Verweisen zu folgen, deren Bedeutungen für ihn zweideutig bleiben, da sie von einem sehr unzuverlässigen Erzähler oder seinen ebenso unzuverlässigen Charakteren angeboten werden. Die äußerst komplexe Handlung des Romans liefert keinen Aufschluß über die Richtigkeit des Bedeutungsangebotes. Daß aber die Handlung weder dies tut, noch selbst die Unmöglichkeit einer Bedeutungsfindung aktualisiert, muß als ein Mangel in Pynchons Kunst betrachtet werden.

Vineland, 1990,

Pnychons bisher letzter Roman, führt den Leser zurück in die Welt Kaliforniens, die ihm bereits in *The Crying of Lot 49* begegnet war. Die in dem früheren Roman bereits anklingende Gesellschaftskritik nimmt hier aber einen weit größeren Raum ein. Stellenweise befleißigt sich der Erzähler einer realistischen Betrachtungsweise, die an Tom Wolfes *Electric Kool-Aid Acid Test* erinnert. Doch sorgt die Verschachtelung der Perspektiven dafür, den Leser unversehens - wie in *Alice in Wonderland* - in Bereiche unterschiedlicher Wirklichkeiten hinüberzuführen.

Im wesentlichen handelt es sich um die Geschichte der Blumenkinder der sechziger Jahre und den Verlauf ihres weiteren Lebens bis 1984 auf dem Hintergrund der amerikanischen Geschichte von Nixon bis Reagan. Im Zentrum des Geschehens stehen der Klavierspieler Zoyd Wheeler, seine Frau Frenesi ("free and easy") und beider (oder nur ihrer?) Tochter Prairie. Zum entscheidenden Ereignis wird, daß Frenesi, die mit ihrer Filmkamera die Geschichte des studentischen Aufstandes und die Grausamkeit der Obrigkeit zu dokumentieren beabsichtigte, sich in einen Beamten der Sicherheitsbehörde verliebt, die Bewegung verrät und sich als Werkzeug zum Mord an einem ihrer Führer mißbrauchen läßt. Die Vergangenheit Frenesis wird durch Prairie aufgedeckt, als sie ihren (vermeintlichen?) Vater verläßt, um ihre Mutter zu finden.

Das Muster von Chaos - oder Leere - und Ordnung - oder Bedeutung - aus den früheren Romanen erscheint in *Vineland* in dem Gegenüber des Lebens der Blumenkinder in der Welt des Rock-and-Roll und der staatlichen Ordnungsgewalt, die Demonstrationen auflöst und nach Drogen fahndet. Die Welt der "sixties people" lebt in der Nostalgie ihrer Kinder weiter. "All o'you are still children inside," wird ihnen gesagt, "livin your real life back then"(28). Zoyd ist "a old hippie that's gone sour"(31). Man entzieht sich der Welt der Verantwortung durch die Droge oder genügt ihr als Informant. Doch der Staat ist 1984 weder an Zoyd noch an Frenesi mehr interessiert. Die Ordnung ist nicht nur wiederhergestellt, sondern anscheinend so total, daß sie in den Zustand der Entropie eintritt.

Die Handlung bewegt sich, wenn diesbezüglich auch nicht immer konsequent durchgeführt, auf zwei bzw. drei Wirklichkeitsebenen. Die ersten beiden sind die der normalen, im Stil des gesellschaftskritischen Realismus dargestellten Wirklichkeit und die illusionistische Wirklichkeit der Medien. Zoyds Vorstellung von wirklichem Geschehen wird kommentiert, wenn es heißt: "When you said cuttin' and shootin' I didt'n[sic!] know you were talkin' about film" (52). Für die am Geschehen Beteiligten, wie gelegentlich für den Leser, verschwimmen beide Wirklichkeitsebenen ineinander. Entscheidend ist aber, daß die Medienwirklichkeit die normale Wirklichkeit usurpiert. Die Filmkamera wird - wie in allerdings viel überzeugenderer Weise in dem zwei Jahre zuvor erschienenen Roman Tom Wolfes, *The Bonfire of the Vanities* - zur Waffe. "The two separate worlds - one always includes a camera somewhere, and the other always includes a gun, one is make-believe, one is real?"(241) Frenesi nimmt statt ihrer Kamera die Pistole mit; das Entscheidende ist aber beim Mord nicht der Schuß der Waffe, sondern das Bild vom Gesicht der am Mord Beteiligten, das die Kamera einfing. Die Geschichte der Blumenkinder wird schließlich für deren Kinder zum Film. Das gescheiteste Kind, das Jasmin, dem Sohn Frenesis aus ihrer letzten Ehe, je begegnete, hatte ihm im Kindergarten geraten, "to pretend his parents were characters in a television sitcom. 'Pretend there's a frame around 'em like the Tube, pretend they're a show you're watching'"(351). Die Revolution, die sich wie Frenesi und ihre Freundin DL des Films bediente, verkaufte sich den Medien. "Whole problem 'th you folk's generation," wird Zoyd von einem Musiker der nächsten Generation mit dem etwas auf verrückte Weise sprechenden Namen Isaiah Two Four ("Dann schmieden sie Pflugscharen aus ihren Schwertern") gesagt, "is you believed in your Revolution, put your live right out there for it - but you sure didn't understand much about the Tube. Minute the Tube got hold of you folks that was it, [...] sold it all to your enemies"(373). "The Tube" wird - wie in *Gravity's Rainbow* "The System" - zu einem die Wirklichkeit allein bestimmenden Medium.

In "The Tube" leben - und damit ist die dritte Wirklichkeitsebene angesprochen - die Toten weiter. In Vineland, einer imaginären County im Norden Kaliforniens, in die sich Zoyd und mit ihm viele der früheren Hippies zurückzogen, haben sich auch die "Thanatoids" als Kommune niedergelassen. Erst gegen Ende bestätigt sich, daß sie das sind, was ihr Name besagt: Tote. Doch es bleibt offen, ob es real Verstorbene sind oder diejenigen, die wie Tote leben, da sie keinen Sinn mehr im Leben finden können. In dem Film, den das Buch als Roman von der Geschichte der Blumenkinder dreht, werden die Unterschiede verwischt. In "The Tube" lebt man mit den Toten als Tote im Leben.

Die Welt der Blumenkinder, der Kinder der sechziger Jahre, ist ein Land der Kinder, aber der nicht mehr unschuldigen Kinder. Sie lebt in der wehmütigen Erinnerung weiter. Die Gegenwart erscheint als eine faschistoide Alptraumwelt der Medien. In ihr ist kein Platz für Blumenkinder. Sie jedoch mit der Welt der Konzentrationslager und Gulags gleichzusetzen, wie es der Roman tut, stellt eine sträfliche Verharmlosung der in diesen begangenen Verbrechen dar, die genug Anlaß für einen amerikanischen Historikerstreit sein könnte.

Das Verdienst des bisher letzten Romans von Pynchon liegt in dem - wenn auch nur teilweise geglückten - Spiel mit den verschiedenen Wirklichkeitsebenen, der normalen Wirklichkeit, der der Medien und der des Todes im Leben. Seinen historischen Wert wird er wahrscheinlich aber auch als eine wehmütig auf die Zeit der sechziger Jahre zurückschauende Geschichte der Blumenkinder erhalten. Diese Rückschau darf wohl aber auch als eine Rückschau auf die Versuche der experimentellen Erzählkunst verstanden werden, ihre als Leere empfundende Zeit mit ihren Wirklichkeitsentwürfen zu füllen.

Literatur

Zitiert nach: *Slow Learner*, New York, 1984 (Bantam); *V.*, London, 1975 (Picador); *The Crying of Lot 49*, Philadelphia u. New York, 1966; *Gravity's Rainbow*, London, 1973 (Picador); *Vineland*, Boston, 1990.

Sekundärliteratur:
Joseph W.Slade, *Thomas Pynchon*, New York, 1974.
George Levine u. David Leverenz, hg., *Mindful Pleasures: Essays on Thomas Pynchon*, Boston, 1976.
Edward Mendelson, hg., *Pynchon: A Collection of Critical Essays*, Englewood Cliffs, NJ, 1978.
William M.Plater, *The Grim Phoenix: Reconstructing Thomas Pynchon*, Bloomington, IN, 1978.
David Cowart, *Thomas Pynchon: The Art of Allusion*, Carbondale, IL, 1980.
Thomas Schaub, *Pynchon: The Voice of Ambiguity*, Urbana, IL, 1981.
Tony Tanner, *Thomas Pynchon*, London u. New York, 1982.
Molly Hite, *Ideas of Order in the Novels of Thomas Pynchon*. Columbus, OH, 1983.
Peter Cooper, *Designs and Symptoms: Thomas Pynchon and the Contemporary World*, Berkeley, CA, 1983.
Thomas Moore, *The Style of Connectedness: Gravity's Rainbow and Thomas Pynchon*, Columbia, MO, 1987.
Dwight Eddins, *The Gnostic Pynchon*, Bloomington, 1990.
Debora L.Madsen, *The Postmodernist Allegories of Thomas Pynchon*, London, 1991.

Donald Barthelme, 1931-1989

In keiner Aufzählung der bedeutendsten Autoren der "new fiction" fehlt der Name Donald Barthelmes. 1931 in Philadelphia als Sohn eines Architekten geboren, war er in Houston, Texas, aufgewachsen, hatte dort studiert und war - nach dem Militärdienst in Japan und Korea - als Journalist und Direktor des Museums für moderne Kunst in Houston tätig gewesen, bevor er sich 1962 auf Manhattan als seiner Wahlheimat niederließ. Seine "new fiction" unterscheidet sich in mancherlei Hinsicht von der seiner Zeitgenossen. Das äußerlich auffallendste Merkmal seiner Erzählkunst ist die Kürze. Sein Werk besteht aus etwa 200 Kurzprosatexten und vier Kurzromanen. Der größere Teil seiner Texte erschien zuerst in *The New Yorker*, und ist durch die für diese Zeitschrift charakteristische Intelligenz des distanzierten und gelassenen, dem Snobismus nicht allzu fernen Beobachters des Großstadtlebens gekennzeichnet. In dieser Hinsicht kann er als ein Nachfolger Nathanael Wests betrachtet werden.

Entscheidender für den Unterschied ist jedoch die grundsätzlich andere Erzählweise, deren sich Barthelme bedient und die seine besondere Handschrift markiert. Radikaler als seine Zeitgenossen versucht sie, den Sinnverlust der Sprache als Sinn-"befreiung" dazu zu nutzen, auf die als "dreck" verbliebene Wirklichkeit der modernen Konsumgesellschaft - in Analogie zur Pop Art - im Rahmen des neuen Textes als "Kunst"(?)-Objekt wieder aufmerksam zu machen. Zur Einführung in die Erzähl- oder Darstellungsweise Barthelmes bedienen wir uns einer Folge von Texten aus dem Band

City Life, 1970.

Schwierigkeiten begegnet der uneingeweihte Leser, wenn er - wie am Anfang von "Bone Bubbles" - scheinbar sinnlosen Wortfolgen begegnet: "bins black and green seventh eighth rehearsal pings a bit fussy at times fair scattering grand and exciting world of his fabrication topple out against surface irregularities fragilization of the gut constitutive misrecognitions of the ego most mature artist then in Regina loops of chain into a box several feet away Hiltons and Ritzes fault-tracing forty whacks active enthusiasm old cell is darker"(117) Unsere normale Leseerwartung sucht vergeblich nach Anfang und Ende eines Satzes. Syntaktische Signale führen in die Leere und konstituieren keine Zusammengehörigkeit der Sprachfolgen. Der Sinnansatz einer bestimmten Wortfolge wird sofort wieder aufgehoben, da er nicht weiter entfaltet wird, sondern immer wieder von neuen Sinnansätzen abgelöst wird. Die Wortfolgen werden zu Seifenblasen, "bubbles". Die Erwartung, einen Sinn zu finden, die sich immer wieder einstellt, wird jeweils wieder enttäuscht. Eine Seifenblase läßt die andere platzen.

Betrachten wir jedoch den Text näher, so begegnen uns vertraute Signale. Wir erkennen uns bekannte Sprachfetzen, wie sie uns im Alltag, etwa beim Lesen einer Zeitung begegnen. Es wäre denkbar, daß der Autor willkürlich kurze Wortfolgen aus einer Zeitung zu dem Text von "Bone Bubbles" zusammengestellt hätte. Wahrscheinlicher ist, daß er nicht nur Zeitungen, sondern Publikationen verschiedenster Art für diese Collage von Sprachfetzen benutzte. Bei der Lektüre entsteht ein Effekt, wie er sich bei diagonalem Lesen einstellt, das so großzügig verfährt, daß der Sinnzusammenhang verlorengeht. Die Lektüre von "Bone Bubbles" entspräche damit dem vergeblichen Versuch der Informationsspeicherung. Der Text wird zum Zweck der Speicherung so stark reduziert, daß er seine Bedeutung verliert und sich dem Gedächtnis wieder entzieht. Er demonstriert die Unmöglichkeit, aus der Fülle der zum Teil wichtigen, zum Teil banalen Informationen noch einen Sinnzusammenhang zu gewinnen. Solcher verwirrenden Leseerfahrung scheint die geregelte Form zu widersprechen, in der uns der Text begegnet: die Wortfolgen gliedern sich in genau jeweils halbseitige Abschnitte. Das Ganze hat eine Überschrift und erscheint in einer angesehenen Zeitschrift bzw. in dem Buch eines renommierten Verlags. Doch der äußere Anschein trügt. Die feste äußere Form erweist sich als unangemessen für den keinen Zusammenhang mehr aufweisenden Text und gibt damit dem Leser Anlaß, sich darüber zu amüsieren.

Auf der gleichen Ebene des Sprachspiels wie "Bone Bubbles" bewegt sich ein acht Seiten langer Text mit der Überschrift "Sentence". Er besteht aus nichts anderem als einem einzigen Satz über den Satz. Dieser hat weder einen Anfang noch ein Ende, folgt jedoch im Unterschied zu dem vorherigen Text normalen syntaktischen Regeln und zeigt logischen Zusammenhang. Wir zitieren wieder den Anfang des Textes: "Or a long sentence moving at a certain pace down the page aiming for the bottom - if not the bottom of this page then of some other page - where it can rest, or stop for a moment to think about the questions raised by its own (temporary) existence, which ends when the page is turned, or the sentence falls out of the mind that holds it (temporarily) in some kind of an embrace, not necessarily an ardent one, but more perhaps the kind of embrace enjoyed (or endured) by a wife who has just waked up and is on her way to the bathroom in the morning to wash her hair"(107). Der am Ende des Zitats eingebrachte Vergleich führt zu einer Kette weiterer Vergleiche, die als "riders" bezeichnet werden. Fragmentarisch assimiliert der Satz auf diese Weise die ganze Welt des Verfassers. Ihr Sinn erschöpft sich jedoch darin, daß sie Teile des Satzes werden und diesen charakterisieren sollen.

Das Ende des Textes stellt selbst eine Art von Interpretation dar: "a disappointment, to be sure, but it reminds us that the sentence itself is a man-made object, not the one we wanted of course, but still a construction of man, a structure to be treasured for its weakness, as opposed to the strength of stones"(114). Der Vorteil des menschlichen Konstrukts besteht darin, geschmeidig genug zu sein, alles mögliche zu assimilieren, seine Schwäche ("weakness") darin, die Wirklichkeit, die "stones", damit nicht fassen zu können. Solipsistisch verweist er nur auf die Wirklichkeit seiner selbst als Konstrukt. Sprache und Wirklichkeit tauschen ihren Platz: die Sprache verweist nicht mehr auf eine außer ihr liegende Wirklichkeit, sondern eine außer ihr liegende Wirklichkeit wird herangezogen ihre Wirklichkeit zu beschreiben.

Eine nächste Stufe der Collage läßt sich durch einen Text mit dem Titel "Brain Damage" illustrieren. Dieser besteht aus zehn voneinander unabhängigen Abschnitten. Die einzelnen Abschnitte haben ihre jeweils eigene Thematik. Der erste handelt von den "spirit teachers", einer Umschreibung Barthelmes für die Modepsychotherapeuten seiner Zeit, der zweite davon, eine blaue Blume an den elektrischen Strom anzuschließen usw. Ein Zusammenhang besteht allem Anschein nach nur darin, daß es sich um Produkte von "Hirnschäden" handelt. Ein sich in den Abschnitten anbahnender Sinn wird durch das Nebeneinander der disparaten Texte wieder aufgehoben. Was sich in bezug auf "Bone Bubbles" über die kurzen Wortfolgen sagen ließ, gilt hier für die Folge der Prosabeschreibungen oder Erzählungen der einzelnen Abschnitte.

Eine andere Art der Collage benutzt Barthelme, wenn er - wie in "Paraguay" - von einem vorgegebenen Text ausgeht und ihn schrittweise dadurch verfremdet, daß er im Stil des ursprünglichen Textes eine immer weniger vorstellbare Welt zu beschreiben versucht. Der Text beginnt, laut Anmerkung, mit einem Auszug aus Jane E.Duncans *A Summer Ride Through Western Tibet*, London, 1906: "The upper part of the plain that we had crossed the day before was now white with snow"(19). Es handelt sich dabei um eine ganz normale Reisebeschreibung. Die erste Verfremdung erfährt der Text dadurch, daß als Reiseziel Paraguay angegeben wird. Es wird dabei allerdings deutlich gemacht, daß es sich nicht um das Paraguay handelt, das wir auf unseren Landkarten finden könnten. Die Expedition, von der im Stile einer Reisebeschreibung berichtet wird, führt in eine äußerst seltsame *terra incognita*. In ihr häuten sich die Menschen wie Schlangen, und alles wird immer kleiner ("Microminiaturization"), um nur zwei Beispiele zu nennen. Die Beschreibung wird schrittweise zur reinen Phantasie, doch wird dies auf eine Art und Weise bewerkstelligt, daß der Leser die Übergänge nicht immer sofort erkennt und nicht sicher sein kann, ob es sich um spielerische Phantasie handelt oder um eine Zukunftsvision im Sinne der "sience fiction". Das Ganze scheint sich zu dem Alptraum einer totalitären Gesellschaft im Sinne von Orwells *1984* zu steigern, enthüllt sich jedoch - zumindest am Ende - als bloßes sprachliches Gebilde. Das schrittweise Hinüberführen in die Welt des Alptraums wird möglich, da auch die aus dem Reisebericht Duncans entnommenen Teile nur sprachliche, nicht mit der Wirklichkeit identische Konstrukte darstellen. Danach erweist sich auch die mittels der Sprache erfaßte Wirklichkeit letztlich als Konstrukt.

"A Shower of Gold", 1964

Sprache und Wirklichkeit bleiben bei Barthelme - wie bei den bereits behandelten experimentellen Erzählern - Entwürfe des Erzählers oder seiner Gestalten. In exemplarischer Weise zeigt dies Bernd Engler in seiner Interpretation von "A Shower of Gold" aus der ersten Sammlung von Barthelmes Kurzprosa, *Come Back, Dr.Caligari*, 1964. In der Geschichte bewirbt sich Peterson, ein Bildhauer in Geldnöten, um die Teilnahme an einer Fernsehsendung. Titel der Sendung ist *Who Am I?* Eine Miss Arbor, die ihn interviewt, erklärt ihm, daß es in der Sendung darum gehe, "to discover what people *really are*. People today, we feel, are hidden away inside themselves, alienated, desparate, living in anguish, despair and bad faith. Why have we been thrown here, and abandoned? That's the question we try to answer, Mr.Peterson. Man stands alone in a futureless, anonymous landscape, in fear and trembling and sickness unto death. God is dead. Nothingness everywhere. Dread. Estrangement. Finitude. *Who Am I?* appraoches these problems in a root radical way". Mit ihrer Erklärung überhäuft sie ihren Gesprächspartner gleich mit einem Schwall pseudoexistentialistischer Termininologie. Peterson weiß mit der ihm suggerierten Absurdität der Welt nichts anzufangen und versucht, seine Bewerbung zurückzuziehen. Doch die Absurdität fängt ihn nun ein: "You may not be interested in absurdity," kontert Miss Arbor seinen Versuch, "but absurdity is interested in *you*"(15).

In den folgenden Episoden begegnet Peterson verschiedenen Erscheinungsformen einer als absurd deutbaren Wirklichkeit. Bereits die Erläuterung der Sendung durch Miss Arbor enthält eine Interpretation der Wirklichkeit, die es darauf anlegt, ihre Absurdität zu beweisen. In den darauf folgenden Episoden geht es darum, wie seine Beteiligung an der Sendung seine zukünftige Wirklichkeit bestimmen könnte. Sein Friseur klärt ihn mit einem der Buberschen Philosophie entlehnten Jargon und mit einem Hinweis auf Nietzsche darüber auf, daß es immer nur *seine* Wirklichkeit sei, mit der er sich auseinanderzusetzen habe und nicht diejenige, die jemand ihm aufzwingen will. Der "cat-piano player", der ihm seine Aufwartung macht, klärt ihn auf, daß seine Sorge um die Katze, die er aufnahm, zu seiner Selbstbestimmung gehöre: "You *chose* that kitten as a way of encountering that which you are not, that is to say, kitten. An effort on the part of the *pour-soi* to-"(19).

In der letzten der insgesamt sieben Episoden wird Peterson, zusammen mit zwei weiteren Kandidaten, auf die Sendung vorbereitet. Er hat sich schließlich zum "Glauben" an die Absurdität menschlicher Existenz bekehrt. Doch er gibt sich damit nicht zufrieden. "In this kind of world," sagt er, "absurd if you will, possibilities nevertheless proliferate and escalate all around us and there are opportunities for beginning again"(22). Der Mensch, jeder Möglichkeit zur objektiven Erkenntnis der Wirklichkeit oder seiner selbst beraubt, bleibt einer von Sartre als *mauvaise foi* bezeichneten Selbsttäuschung verfallen. Dieser *mauvaise foi* erscheint in dem Zitat aus der ersten Episode bei Barthelme als "bad faith", in der Schlußepisode als Signal des Lügendetektors in Großbuchstaben: BAD FAITH(21) Doch hat der Mensch die Freiheit, sich als Subjekt immer wieder neu zu entwerfen und damit - zumindest vorübergehend - dem "bad faith" zu entziehen. In diesem Sinne erweist sich Barthelmes Geschichte als eine Weiterführung der Identitätsproblematik in der *modernen* Erzählkunst. Doch mit der Art seines Neuentwurfs geht er darüber hinaus. Peterson fährt am Schluß fort zu erzählen, "although he was, in a sense, lying, in a sense he was not"(23). Er scheitert nicht nur an der Fiktionalität seiner Entwürfe, sondern auch an der Gefahr der Täuschung darüber, daß er sich selbst entworfen habe(Engler 399). Wie bei den anderen experimentellen Erzählern bleiben die Wirklichkeitsentwürfe Barthelmes bloße, aber zur Selbstbehauptung notwendige Möglichkeiten. Sie sind aber auch nicht wie deren wuchernde Wirklichkeitsteppiche Produkte der Einbildungskraft, sondern Konstrukte im Sinne der konzeptionellen Kunst eines Sol LeWitts(Trachtenberg 14). Dieser Konstruktionscharakter zeigt sich in einfachster Weise in dem immer wieder zitierten Text von

"The Balloon", 1968,

aus *Unspeakable Practices, Unnatural Acts*. Der Erzähler läßt auf Manhattan einen Ballon aufblasen, der sich von der 14.Straße bis zum Plaza am Central Park erstreckt. Er konstruiert damit eine Situation, die unterschiedliche Reaktionen auf das Phänomen, aber auch auf die Wirklichkeit überhaupt ermöglicht. Ein Teil der Bevölkerung reagiert auf das "konkret Besondere" ("concrete particular") des Ballons sehr gelassen: "Some people found the balloon 'interesting'. As a response this seemed inadequate to the immensity of the balloon, the suddenness of its appearance over the city; on the other hand, in the absence of hysteria or other societally induced anxiety, it must be judged a calm, 'mature' one"(54). In bezug auf die Bedeutung des Phänomens reagiert man - im Sinne der experimentellen Erzähler - sehr vorsichtig: "There was a certain amount of initial argumentation about the 'meaning' of the balloon; this subsided, because we have learned not to insist on meanings, and they are rarely even looked for now, except in cases involving the simplest, safest phenomena. It was agreed that since the meaning of the balloon could never be known absolutely, extended discussion was pointless"(54) Bedeutung gewinnt der Ballon nur dadurch, daß sich die Leute in irgend einer Weise zu ihm in Beziehung setzen, wie wenn die Kinder ihn als Spielplatz benutzen. Man bewundert ihn, weil er sich nicht endgültig definieren läßt und immer neue Möglichkeiten bietet, ihn zu verstehen.

Die wichtigste Funktion des Ballons besteht schließlich darin, daß er eine Alternative für die Wirklichkeit darstellt, in die die Leute Tag für Tag eingespannt sind: "The balloon, for the twenty-two days of its existence, offered the possibility, in its randomness, of mislocation of the self, in contradistinction to the grid of precise, rectangular pathways under your feet. The amount of specialized training currently needed, and the consequent desirability of long-term commitments, has been occasioned by the steadily growing importance of complex machinery, in virtually all kinds of operations; as this tendency increases, more and more people will turn, in bewildered inadequacy, to solutions for which the balloon may stand as a prototype, or 'rough draft'"(57f.) Der Erzähler schuf mit seinem Ballon, bzw. mit seiner Ballongeschichte, eine Gegenwirklichkeit, die eine Erholung von dem Eingespanntsein in die Alltagswirklichkeit zu bieten vermag. Edgar Allan Poe versuchte in seiner Kurzgeschichte "The Balloon Hoax" noch nachzuweisen, daß die seiner Einbildungskraft entsprungene Wirklichkeit es mit der empirischen Wirklichkeit aufzunehmen vermöge. Barthelme zieht es vor, dieser eine andere entgegenzustellen.

Der Konstruktcharakter der Barthelmeschen Texte läßt sich oft gerade daran erkennen, daß sich sehr leicht theoretische Äußerungen daraus zitieren lassen, die den Vorstellungen des Autors entsprechen. In "See the Moon?" aus der gleichen Sammlung wie "The Balloon" heftet der Erzähler Erinnerungsstücke in der Hoffnung an die Wand, daß sie sich eines Tages zu einer Einheit fügen und Sinn ergeben könnten: "It's my hope that these ... souvenirs ... will someday merge, blur -cohere is the word, maybe - into something meaningful. A grand word, meaningful. What do I look for? A work of art, I'll not accept anything less" (98). Fragmente sind die einzigen Formen, denen er Vertrauen schenkt; er mißtraut jeder vorgegebenen Bedeutung. Doch wird die Hoffnung der Sinnfindung - vor allem im Kunstwerk - nicht ganz aufgegeben. Der Text erweist sich aber in der Erörterung der Fragestellung als "metafiction", er thematisiert sein eigenes Anliegen.

In "Daumier" aus *Sadness* von 1972 ist die Rede von der Unersättlichkeit des Ichs: "Now, here is the point about the self: It is insatiable. It is always, always hankering. It is what you might call rapacious to a fault"(214). Das heißt im Textzusammenhang, daß sich das Selbst nicht mehr mit der vorentworfenen Wirklichkeit zufrieden gibt und daher immer neue Rollen für sich erfindet, in denen es zumindest vorübergehend oder teilweise Erfüllung finden kann, "the surrogate, the construct, [which] is in principle satiable. We design for satiability"(215). In der "Schlußfolgerung" heißt es dann: "The self cannot be escaped, but it can be, with ingenuity and hard work, distracted. There are always openings, if you can find them, there is always something to do," d.h., es läßt sich immer eine Rolle und damit die Möglichkeit zur Integration in eine Wirklichkeit finden. Die abstrakten Aussagen geben einen Sinn, sind aber nicht aus dem Geschehen abzuleiten, in dem sie erscheinen. Dieses dient oft nur dazu, die Gelegenheit zur abstrakten Erörterung zu schaffen.

In "Nothing: A Preliminary Account" aus *Great Pleasures* von 1974, einer Sammlung, die der Autor als nichtfiktive Prosa bezeichnete, bedient Barthelme sich denn auch einer eher essayistisch zu nennenden Form. In "Nothing" wird aufgezählt, was das Nicht nicht ist, und darin Befriedigung gefunden, daß sich die Liste kaum abschließen läßt. Nichts ist, um nur ein Beispiel zu zitieren, "not pain or *pain* or the mustard we spread on the *pain* or the mustard plaster we spread on the pain, free simple, the roar of fireflies mating, or meat"(246). In der langen Reihe von Aufzählungen parodiert Barthelme das Philosophieren Kierkegaards, Heideggers und Sartres. "Heidegger suggests that 'Nothing nothings' - a calm, sensible idea with which Sartre, among others, disagrees.[...] Heidegger points us toward dread. Having borrowed a cup of dread from Kierkegaard, he spills it, and in the spreading stain he finds (like a tea-leaf reader) Nothing. Original dread, for Heidegger, is what intolerabilizes all of what-is, offering us a momentary glimpse of what is not, finally a way of bumbing into Being. But Heidegger is far too grand for us; we applaud his daring but are ourselves performing a homlier task, making a list"(247). Barthelme beschränkt sich auf das Aufzählen in der Liste, auf das Aneinanderreihen von Fragmenten, als Möglichkeiten, aus denen sich - "vielleicht" in seiner Kunst - einmal eine Bedeutung, ein Sinn ergeben könnte.

"The Leap", 1979

Autobiographischen Charakter erhält die abstrakte Äußerung - in Dialog umgesetzt - in "The Leap" aus *Great Days* von 1979. Barthelme war als Katholik aufgewachsen, betrachtete sich aber später als Renegat. In "The Leap" geht es nun um den "Sprung" in den Glauben im Sinne Kierkegaards. Trotz allen parodistischen Beiwerks wird der Sprung in den Glauben von den Gesprächspartnern des Textes ernsthaft erwogen. Der schon gefaßte Vorsatz wird jedoch wieder fallen gelassen.
 - I can't make it.
 - The leap.
 - Can't make it. I am a double-minded man.
 - Well.
 - An incorrigibly double-minded man.
 - What then?
 - Keep on trying?
 - Yes. We must.
 - Try again another day?
 - Yes. 385

Die "double-mindedness" Barthelmes besteht darin, daß es für ihn immer wieder andere Möglichkeiten zu geben scheint, daß er seine Freiheit darin sieht, immer neue Möglichkeiten entwerfen zu können. Zu einem schon vorgegebenen Glauben, der eine sinnvolle Wirklichkeit ergeben würde, kann er sich nicht entschließen.

Snow White, 1967

Klinkowitz, der in seinen *Literary Disruptions* Barthelme als einen der bedeutendsten experimentellen Erzähler einführte, betrachtete dessen *Snow White* als Schlüsselwerk der Postmoderne. Der Roman stünde damit in Konkurrenz mit Pynchons *Gravity's Rainbow*, für den von anderer Seite der gleiche Anspruch erhoben wird. Wie der postmoderne Erzähler seine Texte als Collagen von gleichwertigen Fragmenten betrachtet, sollte der Kritiker auch ihre Werke eher als Fragmente postmodernen Erzählens werten, die mit jeweils gleichem Anspruch als Wirklichkeitsentwürfe ihre Gültigkeit besitzen. Seit Klinkowitzens Urteil wird jedoch *Snow White* als Muster der "new fiction" immer wieder neuen Interpretationen unterzogen, wie allerdings auch Barthelmes zweiter Kurzroman *The Dead Father*.
 Der Roman kann als Palimpsest des Grimmschen Märchens von "Schneewittchen und den sieben Zwergen" bzw. von dessen Walt Disney-Verfilmung gelesen werden. Im vorliegenden Falle überträgt das Palimpsest jedoch nicht die Bedeutung der Vorlage auf ein Geschehen in der Gegenwart, sondern eliminiert jede Bedeutung, die

sich mit ihr verband. Die Lesererwartung, die sich bei dem Auftreten eines Schneewittchens einstellt, wird Schritt für Schritt enttäuscht. In ihrer neuen Umwelt erhält die Märchenfigur keinen neuen Sinn, sondern bleibt offen für alle möglichen Bedeutungen, die ihr der Leser als Interpret zulegen mag. Im Märchen ist Schneewittchen schöner als die Schönste im ganzen Lande. Diese Schönste ist ihre böse Stiefmutter, die daher danach trachtet, sie umzubringen. Barthelmes Roman beginnt mit einer Beschreibung der Titelheldin: "She is a tall dark beauty containing a great many beauty spots: one above the breast, one above the belly, one above the knee, one above the ankle, one above the buttock, one on the back of the neck. All of these are on the left side, more or less in a row, as you go up and down: [Hier folgen untereinander gegen den linken Rand hin sechs kleine Kreise zur Illustration der Anordnung der Schönheitspflästerchen.] The hair is black as ebony, the skin white as snow"(3) Der letzte Satz ist in Anlehnung an die englische Übersetzung des Märchens formuliert. Deutlich erfolgt in dieser Einleitung eine für den gesamten Text charakteristische "disruption", die Peper in Anlehnung an Roman Jakobson als Similaritätsstörung bezeichnet(163). Zu der im Märchen bedeutsamen Schönheit Schneewittchens treten die diese nur vortäuschenden Schönheitspflästerchen. Der Zusammenhang ergibt sich eher durch sprachliche Similarität als durch Bedeutung.

In der Beschreibung dominiert nicht mehr wie im Märchen das Weiß, sondern das Schwarz. Die schwarzen Schönheitspflästerchen brauchen nicht nur als Schönheitsverweise verstanden zu werden, sondern lassen als "spots" auch an eine mögliche "Befleckheit" ihrer Trägerin denken. Snow White hat, wie sich bald herausstellt, längst ihre Unschuld verloren. Sie hat mit allen sieben Männern der Kommune, in der sie lebt, bereits Verkehr gehabt. Die Männer - Kevin, Edward, Hubert, Henry, Clem, Dan und ihr Anführer Bill - reinigen Gebäude und rühren die Kessel, in denen sie chinesische Säuglingsnahrung herstellen. Die sieben Männer machen für sie nicht mehr als zwei Männer aus, wie sie sie sich durch ihre Kenntnisse aus Filmen vorstellt. Sie sind für sie daher nur Zwerge. Statt mit ihnen unter der Dusche zu verkehren, ließe sie sich lieber künstlich befruchten. Erfüllung erwartet sie sich - gemäß dem Märchen - von einem Prinzen. Doch Paul, der dazu Auserwählte kann sich nicht ermannnen. Er huldigt der zur Zeit der Entstehung des Romans von Herbert Marcuse verkündeten Verweigerungstheorie. Er bleibt Voyeur und trinkt am Schluß den vergifteten "vodka Gibson", den Jane, die böse Stiefmutter des Märchens, Snow White zugedacht hatte, und stirbt vor ihren Augen. Schneewittchen wird wieder zur Jungfrau. Sie erfährt keine Erlösung nach dem Muster des Märchens, sondern wird als Gottheit in den Himmel aufgenommen. Die hier nur einige wesentliche Züge wiedergebende Beschreibung läßt erkennen, daß ein Handlungsfaden den Roman durchzieht. Doch läßt die Handlung wenig Logik oder Motivation erkennen. Trachtenberg spricht von einer "anecdotal structure of unrelated incident"(230). Die einzelnen Ereignisse werden ziemlich willkürlich aneinandergereiht. "Oh I wish there were some words in the world that were not the words I always hear" wünscht sich Snow White zu Beginn. Daraufhin zitiert Henry T.S.Eliots "Lovesong of J.Alfred Prufrock": "Murder and create!"(6) Das Wortgefüge des Märchens wird aufgehoben ("murder"); dem Leser wird zugemutet, die Fragmente, die der Roman anbietet, zu etwas Neuem zusammenzufügen ("to create").

Paul, der als Prinz versagt, sitzt in "his baff", seinem Bad, und schreibt eine Palinode: "'Perhaps it is wrong to have favorites among forms,' he reflected. 'But retraction has a special allure for me. I would wish to retract everything, if I could, so that the whole written world would be ...'"(13). Um kreativ sein zu können, möchte er alles, was schon geschrieben wurde, vergessen machen. Neues zu schaffen, heißt dann, aus der vorgegebenen Bedeutung der Wirklichkeit auszubrechen.

Wenn Snow White über ihren Verkehr mit der Kommune reflektiert, heißt es: "It means that the 'not-with' is experienced as more pressing, more real, than the 'being-with.' It means she seeks a new lover. *Quelle tragédie!* But the essential loneliness of the person must also be considered"(92). Snow White gibt sich nicht mit dem "being-with" zufrieden, da sie um dessen zufällige Vorgegebenheit weiß. Sie sucht den "new lover", dem noch "not-with", der sich im Märchen einstellte, der ihr aber in ihrer Wirklichkeit nie begegnen wird.

Die Welt, in der sich Barthelmes Snow White bewegt, ist eine Welt des Abfalls. Dan rechnet sich aus, daß den Statistiken zufolge abzusehen sei, daß unsere Produktion in Kürze aus 100% Abfall bestehen werde. "Now at such a point, you will agree, the question turns from the question of desposing of this 'trash' to a question of appreciating its qualities, because, after all, it's 100 percent, right? And there can no longer be any question of 'disposing' of it, because it's all there is, and we will simply have to learn how to 'dig' it - that's slang, but peculiarly appropriate here"(97) Abfall ist alles das, für was man keine Verwendung mehr hat, im Falle des literarischen, sprachlichen Textes alles, was seine Bedeutung verloren hat. Wenn der Text aber keine Bedeutung mehr hat oder beliebige Bedeutungen annehmen kann, sind alle Texte von gleichem Wert. Der Text gewinnt damit - so Peper - seine "Freiheit von der Herrschaft eines verbindlichen Sinnes" (171). Eine Suppendose hat natürlich den gleichen Wert wie jede andere in Andy Warhols Pop Art-Suppendosenbild.

"Everyone wanders around having his own individual perception," meint Kelvin, einer der Zwerge. "These, like balls of different colors and shapes and sizes, roll around on the green billiard table of consciousness. [...] Where is the figure in the carpet? Or is it just ... carpet?" (129) Ein Muster bzw. ein Sinn scheint sich nicht mehr zu ergeben.

Die gewonnene "Freiheit von der Herrschaft eines verbindlichen Sinnes" wird in dem Roman von der Kommune begrüßt. "We like books," sagt Dan, "that have a lot of *dreck* in them, matter, which presents itself as not wholly relevant (or, indeed, at all relevant) but which, carefully attended to, can supply a kind of 'sense' of what is going on. This 'sense' is not obtained by reading between the lines (for there is nothing there, in those white spaces) but by reading the lines themselves - looking at them and so arriving at a feeling not of satisfaction exactly, that is too much to expect, but of having read them, or having 'completed' them"(106). Und gleich im nächsten Abschnitt ermahnt Jane ihre Mutter: "Don't go reading things into things mother. Leave things alone. It means what it means"(107). Bei aller Offenheit in bezug auf seine Bedeutung vermittelt Barthelmes Text "a kind of 'sense' of what is going on"; er vermittelt seine Vorstellung von dem, was er mit dem Text beabsichtigt, in der Präsentation des "drecks" aber auch eine Kritik an der Gesellschaft die ihn produzierte.

The Dead Father, 1975

Barthelmes zweiter Roman, *The Dead Father*, kann als Pendant zu seinem ersten betrachtet werden. Stand in dem ersten die vergeblich von einem Prinzen Erfüllung erwartende Frau, so im zweiten der alles zu beherrschen versuchende, aber letztlich impotente Vater auf der Suche nach dem verlorenen Vlies. Wie in *Snow White* das Grimmsche Märchen, so kann in *The Dead Father* Freuds *Totem und Tabu* als überschriebene Vorlage betrachtet werden. Barthelme setzt in seinem Text die Interpretation des Vater-Sohn-Verhältnisses von Freud außer Kraft. Auch der zweite Roman hat also eine nacherzählbare Geschichte, die - mit Lois Gordon - als "quest" oder - mit Paul Goetsch - als der Weg des Sohnes zu neuer Weltbewältigung interpretiert werden kann. Ihre einzelnen Episoden fügen sich jedoch keineswegs in eine folgerichtige Entwicklung, sondern stehen neben Texten, die als Ballast ("dreck") bezeichnet werden können, doch gleiche Aufmerksamkeit von dem Leser erwarten. "All objects and events [...] are accorded the same weight and so become virtually interchangeable" heißt es sehr richtig bei Trachtenberg(44). Doch der, wenn auch minimale, Handlungsfaden läßt bei dem Leser immer wieder die vergebliche Erwartung aufkommen, daß sich diesem alles zuordnen ließe.

Der Roman beginnt mit einer Beschreibung des toten Vaters:
"The Dead Father's head. The main thing is, his eyes are open. Staring up into the sky. The eyes a two-valued blue, the blues of the Gitanes cigarette pack. The head never moves. Decades of staring. The brow is noble, good Christ, what else? Broad and noble. And serene, of course, he's dead, what else if not serene? From the tip of his finely shaped delicately nostriled nose to the ground, fall of five and one half meters, figure obtained by triangulation.[...]

Dead, but still with us, still with us, but dead. No one can remember when he was not here in our city positioned like a sleeper in troubled sleep, the whole great expanse of him running from the Avenue Pommard to the Boulevard Grist. Overall length, 3,200 cubits. Half buried in the ground, half not. At work ceaselessly night and day [...] Controls what Thomas is thinking, what Thomas has always thought, what Thomas will ever think, with exceptions. The left leg, entirely mechanical, said to be the administrative center of his operations, working ceaselessly night and day through all the hours for the good of all"(3f.).

Mit diesem toten Vater verbinden sich alle möglichen Vorstellungen von einem Vaterbild mit Belanglosigkeiten wie zum Beispiel seiner "Vermessung". Er hat Eigenschaften eines Denkmals oder einer Person, die in einem Denkmal verehrt wird. Man erinnert sich an ihn wie an ein Vorbild, kann ihn aber auch als irrelevant abtun. Pathetik spielt hinein, wenn er, obwohl tot, noch mit uns sein soll. Im Roman erweist er sich noch als sehr lebendig, wenn er seinen Sohn Thomas "kontrolliert". Jeder Leser mag an andere Vorlagen für dieses von Barthelme zusammengesetzte Vaterbild denken, neben Freud an Joyces *Finnegans Wake*, an Samuel Beckett, T.S.Eliot oder - so Goetsch - an Ionescos *Le roi se meurt*. Uns erinnert der halb in der Erde begrabene Riese an William Carlos Williams' *Paterson*. Die Bedeutung, die dem Konstrukt abgewonnen werden kann, besteht wohl einfach darin, daß sich in ihm alle dem Vaterbild im Laufe der Geschichte zugewachsenen Bedeutungen vereinigen, um natürlich letztlich aufgehoben zu werden.

Der Vater tritt in der Folge als derjenige auf, der alle und alles beherrschen zu können glaubt, aber Schritt für Schritt entmachtet wird bzw. seiner Machtlosigkeit gewahr wird. "I am the Father," lautet zunächst sein Anspruch in bezug auf seine Fähigkeit zu zeichnen und zu malen. "All lines are my lines. All figure and all ground mine, out of my head. All colors mine. You take my meaning"(19). Er ist derjenige der die Wirklichkeit nicht nur für sich selbst, sondern auch für seine Söhne bestimmt. Der Sohn kann nach seinem Dafürhalten nie voll die Stellung des Vaters übernehmen. "A son can never," behauptet er, "in the fullest sense, become a father. Some amount of amateur effort is possible. A son may after honest endeavor produce what some people might call, technically, children. But he remains a son"(33). Der Nachfolgende ist immer durch den Entwurf des Vorausgegangenen, des Vaters, bestimmt. Barthelme folgt hier in der Rolle des toten Vaters den Vorstellungen, die Harold Bloom in *The Anxiety of Influence*, 1973, von dem Einfluß der bereits bestehenden Kunst auf jede neue Kunst entwickelte. In dem in den Roman eingefügten "Manual for Sons" wird diese Vorstellung noch weiter entwickelt: "The death of fathers: When a father dies, his fatherhood is returned to the All-Father, who is the sum of all dead fathers taken together [...]. Fatherless now you must deal with the memory of a father. Often that memory is more potent than the living presence of a father, is an inner voice commanding, haranguing, yes-ing and no-ing - a binary code, yes no yes no yes no yes no, governing your every, your slightest movement"(144). Die im Roman dargestellte Handlung schafft Situationen, in denen es zu Aussagen kommen kann, wie wir sie zitierten. Der Handlung fällt dabei aber auch die Funktion zu, die Unzuverlässigkeit der Aussagen zu dokumentieren. In ihr muß der Vater die Insignien seiner Macht an seinen Sohn Thomas abtreten, erst die Gürtelschnalle, dann das Schwert, dann den Paß und schließlich die Schlüssel.

Unmittelbarer in die Handlung integriert erscheint die Reaktion des Sohnes in dem folgenden Dialog. Auf die Frage Julies: "What will we do with ourselves when it is all over?" antwortet Thomas:
Could be answered possibly in terms of the kind of life one has imagined for oneself. Or in terms of what one is actually doing.
Both good choices, said the Dead Father. Also their congruence or non-congruence would be of interest.
Ugh! said Julie.
I hope I haven't spooked you.
I'd say you rather have.168f.
Ein neuer Weg scheint sich hier für den Sohn bzw. für die nächste Generation zu öffnen. Die Vorstellung, die sie von ihrer Zukunft hat, kann zu einem Entwurf ihrer Wirklichkeit werden.

Thomas läßt den Vater an Seilen durch eine phantastische öde Landschaft von seinen 19 Brüdern schleppen. Es kommt zu den unglaublichsten Abenteuern. Der tote Vater bricht mehrfach aus und erschlägt dabei das eine Mal ein ganzes Orchester, das aber, wie sich herausstellt, aus Pappkameraden bestand, ein anderes Mal unzählige Tiere, wie Ajax in Homers *Ilias* die Rinderherde niedermetzelte. Als Parodie der väterlichen Brachialgewalt dürften Episoden dieser Art ihr Ziel beim Leser verfehlen. Dazu sind sie zu lächerlich angelegt.

Ziel der Reise sind das Goldene Vlies und das Grab. Das Goldene Vlies, die Schamhaare Julies, die immer schon in seiner Nähe war, darf er sehen, aber nicht berühren. Die Bagger stehen bereit, sein Grab, in das er sich legen muß, zuzuschütten.

Der "verbindliche Sinn" von der Autorität des übermächtigen Vaters wird in Barthelmes Roman gründlich abgetragen. "Aus der permanenten Sinnreduktion," so meint Winfried Fluck mit einer ganzen Reihe anderer Kritiker und mit Berufung auf J.Hillis Miller, "entsteht zugleich eine Freiheit zu neuer Sinnbildung, die allerdings in ihrem instabil-prozessualen Status belassen werden muß, wenn sie nicht selbst wiederum zentrierend sein will"(555). Neben dem in *Snow White* zitierten Bild der "figure in the carpet" aus Henry James' Erzählung und dem nicht zu erkennenden Muster im Teppich sieht er die Alternative des Bildes "eines sich in ständiger Bewegung befindlichen prozessualen Subjekts" entstehen(565). Das heißt aber, daß dieser Proteus von Subjekt, will man ihn fassen und ihm einen Sinn abgewinnen, sich sofort wieder verwandelt. Gerade das ist jedoch die Absicht Barthelmes. "Der Schriftsteller [wie Barthelme] (gleich dem Pop-Künstler)" - so Schöpp - "erfindet seine Gegenstände nicht mehr, er findet sie nur noch vor; er stellt sie nicht mehr her, er stellt sie vielmehr nur noch in einem Kunstraum aus"(336). Dem Interpreten bleibt nichts anderes übrig, als sich mit dem Anschauen, d.h. dem Lesen zu begnügen. Nach dem Urteil John Gardners "[Barthelme's] writing has emotional control, clarity of style, and at least an impression of life's tragic waste; but even at his best, as in *The Dead Father*, Barthelme goes not for the profound but for the clever"(On Moral Fiction, *81)*.

Barthelmes Sammlungen ausgewählter Kurzprosa, *Sixty Stories*, 1981, und *Forty Stories*, 1987, können bereits als abschließende Retrospektive seines Schaffens verstanden werden. Die noch bis zu seinem Tode 1989 entstandenen Werke - einschließlich seines posthum veröffentlichten letzten Romans - verändern das Bild kaum. Die Zeit der experimentellen Erzählkunst lief aus. Seine beiden letzten Romane, *Paradise*, 1986, und *The King*, 1990, fanden bei weitem nicht mehr den Widerhall wie die beiden ersten. In *Paradise* verläßt ein Architekt im Alter des Autors seine Familie und seinen Beruf, um in New York ein neues Leben zu beginnen. Dort gewährt er drei jungen Frauen Unterkunft in seiner Wohnung, wird aber bald wieder von ihnen verlassen. Die drei Frauen können als Anspielung auf Percy Walkers *Love in the Ruins* verstanden werden, wo der Protagonist mit drei Frauen in einem verlassenen Motel die Apokalypse erwartet. Die drei Frauen erscheinen aber als die drei Graien bereits in seinem Kurzprosatext "A Shower of Gold". Das alte Paradies ist Simon, dem Protagonisten, verlorengegangen; ein neues vermag er nicht zu finden. Die positivere Haltung zum Leben, die eine Reihe von Kritikern in den Spätwerken Barthelmes entdecken zu können glaubt, besteht darin, daß man die verbliebene Leere zu akzeptieren lernt.

In *The King* erweckt Barthelme - wie vor ihm Mark Twain in *A Connecticut Yankee at King Arthur's Court* und John Steinbeck in *Tortilla Flat* - König Arthur und seine Tafelrunde zu neuem Leben. In einer Überlagerung des Aufstandes Mordreds gegen seinen Vater, König Arthur, mit dem Geschehen des letzten Weltkriegs wird das Vater-Sohn-Thema von *The Dead Father* noch einmal aufgenommen.

Literatur

Zitiert nach: *City Life*, London, 1971; *Sixty Stories*, New York, 1982 (Obelisk); *Snow White*, New York, 1967; *The Dead Father*, New York, 1975.

Sekundärliteratur:
Lois Gordon, *Donald Barthelme*, Boston, 1981.
Charles Molesworth, *Donald Barthelme's Fiction: The Ironist Saved from Drowning*, Columbia, MO, 1982.

Maurice Couturier u. Regis Durand, *Donald Barthelme*, London, 1982.
Bernd Engler, "Entwürfe der Wirklichkeit: Donald Barthelmes 'A Shower of Gold'," in *Wirklichkeit und Dichtung: Studien zur englischen und amerikanischen Literatur*, hg., U.Halfmann u.a., Berlin, 1984, 387-402.
Wayne B.Stengel, *The Shape and Art in the Short Stories of Donald Barthelme*, Baton Rouge, LA, 1985.
Joseph C.Schöpp, "'Enmeshed in endtanglements': Intertextualität in Donald Barthelme's *The Dead Father*," in *Intertextualität: Formen, Funktionen, anglistische Fallstudien*, hg. U. Broich u.a., Tübingen, 1985, 332-348.
Jürgen Peper, "Barthelme's *Snow White*: Ein Moment in der Geschichte kultureller Dekonzeptualisierung," *Amerikastudien*, 31, 1986, 155-171.
Paul Goetsch, "Donald Barthelmes *The Dead Father*," in *Studien zur englischen und amerikanischen Prosa nach dem Ersten Weltkrieg*, hg.M.Dietrich und C.Schöneich, Darmstadt, 1986, 200-214.
Winfried Fluck, "'No Figure in the Carpet': Die amerikanische Postmoderne und der Schritt vom Individuum zum starken Signifikanten bei Donald Barthelme,"in *Individualität*, hg. M.Frank und Anselm Haverkamp, München, 1988, 541-568.
Stanley Trachtenberg, *Understanding Donald Barthelme*, Columbia, SC, 1990.
Alexander Folta, *Donald Barthelme als postmoderner Erzähler: Poetologie, Literatur und Gesellschaft*, Frankfurt a.M., 1991.

John Gardner, 1933-1982,

einer der heftigsten Kritiker der experimentellen Erzähler der sechziger Jahre, ist selbst einer der ihren. 1933 in Batavia im westlichen New York geboren, wurde er nach seinem mit einer Promotion abgeschlossenen Studium College- und später Universitätsprofessor. Als Lehrer ging es ihm nicht so sehr, wie vielen anderen Autoren seiner Zeit, um die Verbreitung seiner eigenen theoretischen Vorstellungen als um die Erschließung der literarischen Tradition für die Gegenwart, sei es durch kritische kommentierte Ausgaben der Werke alter Schriftsteller oder sei es durch Nach- oder Neuerzählen von deren Geschichten. So rekonstruierte er mittelalterliche Mysterienspielzyklen, edierte Gedichte Chaucers und machte eine Reihe weiterer mittelalterlicher Werke in neuen Übersetzungen dem modernen Leser wieder zugänglich. Von seinen wissenschaftlichen Kollegen wurde er dafür als Popularisierer abgetan. Sein Anliegen entsprach im Grunde Ezra Pounds "Make It New". Er übersetzte nicht nur, sondern interpretierte gemäß seinem modernen Weltverständnis neu, wenn natürlich auch nicht alle seine Leser sein Weltverständnis teilten.

Womit er sich aber von anderen experimentellen Erzählern seiner Zeit absetzte, war die Ablehnung von deren "nihilistischem Existentialismus" und deren Resignation, der Welt einen Sinn abgewinnen zu können. Auch er experimentierte in hohem Maße mit seiner Erzählweise. Indem er die klassischen Stoffe, deren Kenntnis er bei dem Leser voraussetzte, neu erzählte, schrieb auch er "metafiction". Doch seine "metafiction" erhebt den Anspruch, der menschlichen Existenz eine positive Seite abzugewinnen. *On Moral Fiction* heißt sein großer Aufsehen erregender Essay von 1978. Seine Romane und Erzählungen - wie seine literaturwissenschaftlichen Werke - wollen durchaus belehren. Sie sind, wenn nicht didaktische, so doch "moralische" Literatur. Was er darunter versteht, sei an seinem Roman *Grendel* von 1971 aufgezeigt.

Grendel, 1971.

Der Roman erzählt, wie der Titel vermuten läßt, die Geschichte des Beowulf-Epos' aus der Perspektive Grendels wieder. Aus dieser Perspektive erfahren die Heldentaten der Speerdänen natürlich eine ganz andere Bewertung als im Epos. Dieses nimmt sich nun wie eine große Prahlerei aus, als Lüge des Scop, des "Shapers", wie er im Roman genannt wird. Grendel wird jedoch keineswegs zu einem neuen Helden, mit dem sich der Leser identifizieren könnte. Er bezeichnet sich selbst als ein "pointless, ridiculous monster crouched in the shadows, stinking of dead men, murdered children, martyred cows"(2). Als der "Shaper" von der Erschaffung der Welt singt, erkennt Grendel sich selbst als Nachkommen Kains: "He told of an ancient feud between two brothers which split all the world between darkness and light. And I, Grendel, was the dark side [...]. The terrible race God cursed"(43).

Aber als Vertreter des Bösen hat er in dieser Welt eine wichtige Funktion. Der Bruderstreit wird zum Streit zwischen Gut und Böse, Himmel und Hölle, und bestimmt die menschliche Existenz. Diese ist, nach dem Titel eines Blakeschen Gedichtes, *The Marriage of Heaven and Hell*. Blakes Werk ist neben dem Beowulf-Epos die andere literarische Vorlage für Gardners Roman. Ihm entnimmt er die Lehre, die er mit dem Neuerzählen der Beowulfgeschichte formulieren will. Bei Blake heißt es in dem einleitenden Abschnitt: "Without contraries is no progression. Attraction and Repulsion, Reason and Energy, Love and Hate, are necessary to Human existence." Diese Lehre zu formulieren, gestaltet Gardner den Beowulfstoff um. Der zwölfjährige Krieg Grendels gegen Hrothgar und seine Mannen spielt dabei eine nur untergeordnete Rolle, gibt aber Gelegenheit, in den zwölf Kapiteln in Zuordnung zu den Zeichen des Tierkreises und den planetarischen Konstellationen die heldischen Ideale der Kritik des Skeptikers Grendel zu unterziehen.

Neu eingeführt werden eine Auseinandersetzung Grendels mit Unferth und die Heirat Hrothgars mit Wealthreow. Doch zu den Höhepunkten werden für Grendel und den Leser der Einfluß des Gesangs des "Shapers" auf Grendel, dessen Gespräch mit dem Drachen, der im Epos in ganz anderer Funktion und erst lange nach dem Tode des Ungeheuers in Erscheinung tritt, ferner sein Gespräch mit Ork, dem alten Priester am Hofe Hrothgars und schließlich der Todeskampf Beowulfs mit Grendel. "Talking, talking, spinning a spell, pale skin of words that closes me in like a coffin. Not in a language that anyone any longer understands," beginnt das zweite Kapitel. Gemeint ist hier wohl, daß Grendel seine Geschichte in altenglischer Sprache, die heute niemand mehr versteht, erzählt. Dies bedeutet im Kontext des Romans, daß das Altenglische für den modernen Leser übersetzt werden muß, was aber wiederum ein Bild dafür ist, daß das "Wortgewebe" des *Beowulf*-Dichters vom gegenwärtigen Autor durch ein neues ersetzt wird.. Als Beowulf am Schluß in seiner tödlichen Auseinandersetzung mit dem Ungeheuer diesem ins Ohr flüstert, heißt es: "He's whispering - spilling words like showers of sleet, his mouth three inches from my ear. I will not listen. I continue whispering. As long as I whisper myself I need not hear"(149). Die Wand, gegen die Beowulf das Ungeheuer schleudert, ist nicht eine Wand, die er nur singt, sondern eine, die Schmerzen verursacht. "All order," hat Grendel gelernt, "is theoretical, unreal - a harmless, sensible, smiling mask men slide between the two great, dark realities, the self and the world - two snake-pits" (138). Es sind aber nicht nur Worte, sondern auch Wirklichkeiten, an denen man sich den Kopf anstoßen kann. Schon zuvor hieß es: "The world resists me and I resist the world." Im Widerstand, den die Wirklichkeit der Welt leistet, wird sich der Mensch seiner selbst bewußt. So heißt es auch im Anschluß an die zuletzt zitierte Aussage: "I observe myself observing what I observe"(22). Im dialektischen Gegenüber findet sich der Mensch - und auch das Ungeheuer Grendel - selbst.

Der Drache, bei dem Grendel Rat sucht, will ihm zu verstehen geben, daß alle Wirklichkeitsvorstellungen nur Illusionen seien. Die Menschen, meint er, "only think they think. No total vision, total system, merely schemes with a vague family resemblance, no more identity than bridges and, say, spiderwebs. But they rush across chasms on spiderwebs, and sometimes they make it, and that, they think, settles it!"(55) Doch Grendel verfällt nicht dem Nihilismus des Drachen. Um ein Bild aus A.R.Ammons's "Identity" zu gebrauchen, webt die Spinne ständig neue Muster, die nie miteinander identisch sind, da sie immer wieder an andere Wirklichkeiten angeknüpft werden müssen. So wird jeder Versuch, Wirklichkeit in Worte zu fassen, auch zu einem Versuch, Wirklichkeit neu zu konstituieren.

Grendel lauscht verzückt dem "Shaper" und bewundert ihn. Der "Shaper" singt das Beowulf-Epos. Grendel zitiert die ersten Zeilen in seiner "Übersetzung"! "Lo, we have heard the honor of the Speardanes." Was er singt, sind jedoch Lügen. Für Grendel sind die Speerdänen keine Helden. "No wolf was so vicious to other wolves"(27) kommentiert er. Doch mit dem Gesang, "even to me, incredibly, he [the Shaper"] had made it all seem true and very fine." In seinem Gesang verändert er die Wirklichkeit. Er kann sie besser machen. "What was he? The man had changed the world, had torn up the past by its thick, gnarled roots and had transmuted it, and they, who knew the truth, remembered it his way - and so did I"(36). Grendel formuliert hiermit für den "Shaper" gewissermaßen Gardners eigenes Ziel, durch sein Erzählen die Welt besser zu machen. Doch selbst Grendel hinterfragt sich. Er ist "too conscious all at once of [his] whispering, [his] eternal posturing, always transforming the world with words - changing nothing"(41). Grendel verteidigt seinen Glauben an die Fähigkeit des Dichters, die Welt zu verbessern auch gegenüber dem Drachen. Beides ist in Betracht zu ziehen: die durch die Einbildungskraft geschaute Wirklichkeit und die, der man täglich begegnet. Der Gesang des "Shapers" läßt selbst Grendel seine Zweifel, seine Einsamkeit überwinden. "It was their [der Dänen] confidence [...], their hope"(66).

In Grendels Gespräch mit Unferth geht es um den "Helden". "Except in the life of a hero, the whole world's meaningless. The hero sees values beyond what's possible. That's the *nature* of a hero. It kills him, of course, ultimately. But it makes the whole struggle of humanity worthwhile" (77). Der Held steht damit in der gleichen Situation wie der Sänger. Beide bedürfen des Widerstandes, um zu ihrer Identität zu finden. Ork, der Priester, meint, "that beauty requires contrast, and that discord is fundamental to the creation of new intensities of feeling" (115). So braucht auch Beowulf Grendel, um sich als Held zu erweisen und eine neue Friedensordnung zu errichten. Wirklichkeit wird so zu einem ständigen Prozeß. In dieser Hinsicht bleibt auch der Drache unwidersprochen, wenn er sagt, "[that t]he essence of life is to be found in the frustration of established order. The universe refuses the deadening influences of complete conformity. And yet in its refusal, it passes toward novel order as a primary requisite for important experience"(58). "Complete conformity" wäre Entropie, wie sie von den Erzählern beschworen wird, gegen die sich Gardner so heftig wendet. Er setzt ihnen die "moral fiction" seines "Shapers" entgegen, selbst experimentierend, wenn er Grendel seine eigenen Verse machen läßt, Beowulf zitiert, übersetzt, umgestaltet und Blakes Weltbild im Rahmen der Welt der germanischen Methalle zum Paradigma erhebt.

Als gelungen darf das Experiment Gardners nicht gerade betrachtet werden. Er arbeitet mit Versatzstücken der Literatur und überträgt den Stil eines altenglischen Epos in moderne Prosa. Aber diese Umwandlung bleibt bei Äußerlichkeiten. Denn nicht mehr die Abenteuer der Helden erregen - wie in der Vorlage - den Leser, sondern die zahlreichen Dialoge, die sein "Mitdenken" herausfordern. Sein "Miterleben" wird nicht mehr gefragt. Darin liegt ein bedauerlicher Mangel der Erzählkunst Gardners.

On Moral Fiction, 1978

Mit seinem Buchessay *On Moral Fiction* erregte Gardner ebensoviel oder gar mehr Aufsehen als mit seinen Romanen. Der Grund waren die im Essay enthaltenen Beschuldigungen gegenüber den experimentellen Autoren, daß sie einem "nihilistischen Existentialismus" huldigten und mit diesem die literarische Kritik zu monopolisieren versuchten. In ihrer Darstellung des Menschen als "cosmic accident" und der Willkürlichkeit aller Sinnbestimmungen der Realität sieht er einen Nihilismus, der Leben unmöglich macht. Demgegenüber entwerfe seine "Moral Fiction" eine Welt, mit der sich leben ließe. Auch *seine* Weltsicht ist nur bedingt optimistisch: Die Apokalypse ist auch für ihn unvermeidlich. Der Künstler aber hat, wie er meint, die Mittel, sie so lange wie möglich zurückzuhalten. Gardner veranschaulicht seine Gedanken im Bilde von Thors Hammer: "It was said on the old days that every year Thor made a circle around Middle-earth, beating back the enemies of order. Thor got older every year, and the circle occupied by gods and men grew smaller.[...] All we have left is Thor's hammer, which represents not brute force but art, or, counting both hammerheads, art and criticism"(3). Der Dunkelheit wird Widerstand geleistet, doch der Kreis des Lichtes wird zunehmend kleiner. In diesem beschränkten Rahmen betrachtet Gardner es als die Aufgabe der Kunst, "to improve life, not debase it"(5). "Art [...] beats back the monsters", wie der "Shaper" in *Grendel*. Sie ist "a game played against chaos and death, against entropy." Es bleibt aber nur ein vorübergehendes Hinhalten gegenüber den zerstörerischen Kräften: "Art builds temporary walls against life's leveling force"(6). Wie Pynchon versteht Gardner "Dichtung als Aufschub des Endes"(Schöpp). Kunst sollte dabei kein resignatives Hinnehmen des doch Unvermeidbaren sein, sondern aktives Handeln, das - soweit es nicht auf Zerstörung angelegt ist - Leben bejaht: "Moral action is action which affirms life"(23). Seine nihilistischen Zeitgenossen erscheinen als Drachen in seinen Romanen und Erzählungen - so in *Grendel* oder in "Queen Louisa". Das Chaos, das das Leben bedroht, das Ungeheuer Grendel im Roman, wird aber auch zur Notwendigkeit, daß Leben - im Roman: Beowulf - sich erweisen kann. Auf diese Weise verknüpft sich Gardners Vorstellung von der "Moral Fiction" mit seinem vor allem an Blake orientierten dualistischen Weltbild.

Gardner setzt sich ab von der Forderung seiner experimentierenden Zeitgenossen, daß Kunst nicht die Wirklichkeit imitieren dürfe. Für ihn ist die Erzählkunst notwendigerweise mimetisch. Doch betrachtet sie die Wirklichkeit aus einer Distanz, die es ermöglicht, sie besser zu überschauen, als wenn man in ihr befangen lebt. "In fiction we stand back, weigh things as we do not have time to do in life; and the effect of great fiction is to temper real experience, modify prejudice, humanize"(114). Einer Definition des Erzählens kommt er am nächsten, wenn es kurz darauf heißt: "The writing of fiction is a mode of thought because by imitating we come to understand the thing we imitate. Fiction is thus a convincing and honest but unverifiable science (in the old sense, knowledge): unverifiable because it depends on the reader's sensitivity and clear sense of how things are, a sense for which we have no tests"(116).

Die moralische Wirkung kommt für Gardner dadurch zustande, daß der Schriftsteller seine Charaktere so darzustellen vermag, daß sie und ihr Leben stiftendes Handeln als glaubwürdig erscheinen: "The artist's theory, as revealed by his method [...], is that the things he thinks when he thinks most dispassionately - not 'objectively,' quite, but with passionate commitment to discovering whatever may happen to be true [...] - that the ideas the artist gets, [...] when he tinks with the help of the full artistic method, are absolutely valid, true not only for himself but for everyone, or at least for all human beings"(122f.). Die "moral art", die Gardner damit fordert, dient nicht dem Schönen ("beautiful"), sondern dem Erhabenen ("sublime"), wobei er selbst sich an der Unterscheidung Kants orientiert. "The beautiful is the pleasant, comfortable, and relatively trifling affirmation [...]," heißt es in dem Essay, "the sublime [...] hard-won, defiant affirmations (moral). The first celebrates what can be domesticated and enjoyed, what makes life pleasant or can anyway be tolerated: a bowl of roses [...]. The sublime, on the other hand, celebrates mankind's defiance - like Thor's - of the awesome powers which will one of these days destroy him: mad Lear fending off the powers of evil[...]. [...] the observer violently asserts himself against man's extinction by brainless Fate"(164). Dieses Zitat formuliert noch einmal das Wesentliche von Gardners "moralischem" Kunstverständnis.

The Sunlight Dialogues, 1973

Führte *Grendel* den Leser in die heroische Vergangenheit der germanischen Welt, so Gardners zwei Jahre später veröffentlichter Roman in die Gegenwart seines eigenen Landes. Doch in dieser Gegenwart werden - wie in der Vergangenheit des früheren Werkes - Handlungs- und Verstehensmuster auch anderer Zeiten zu neuem Leben erweckt. Vor allem sind sie diesmal der frühen Menschheitsgeschichte in den Religionen Mesopotamiens und einem der frühesten Dokumente der Weltliteratur, dem Gilgamesch-Epos, entnommen. Seine Kenntnisse bezog Gardner vor allem aus A.Leo Oppenheims *Ancient Mesopotamia: Portrait of a Dead Civilization*, 1964, von wo er die Kapitelüberschriften für seinen Roman entnahm und woraus er ganze Passagen zitiert. Als Quellen erscheinen daneben die Bibel, Blake, Dante und eine ganze Reihe anderer Klassiker der Weltliteratur.

Im Zentrum des Romans stehen die Monologe des Sunlight Man Taggard Hodge und die Überlegungen, die Fred Clumly, der Chef der Polizei von Batavia unweit von Buffalo, der Heimat des Autors, darüber anstellt. Der Rest des Romans dient vor allem dazu, die in ihnen vorgetragenen Gedanken in einem zwischenmenschlichen Geschehen zu verankern. Doch das dazu bemühte Personenarsenal erhält dabei unterschiedliche Funktionen zugewiesen, die die Bedeutungsvielfalt des Romans wesentlich bereichern, auf die aber hier nur in beschränktem Maße eingegangen werden kann.

Der Roman kann, wie dies in der Kritik bereits geschah, als "metaphysische Detektivgeschichte" betrachtet werden: Der Polizeichef spürt nämlich nicht nur den möglichen Verbrechen Taggard Hodges, sondern auch der Lehre nach, die er als Sunlight Man verkündet. Taggard war nach langer Abwesenheit nach Batavia zurückgekehrt, um sich an seinem Schwiegervater zu rächen, der ihm das Geld für die Heilung seiner über alles geliebten, aber dem Wahnsinn verfallenen Frau verweigert hatte. Selbst inzwischen wahnsinnig, erwürgt er den Schwiegervater und verkündet seine Lehre. Taggard sitzt im Gefängnis, nicht wegen der Ermordung seines Schwiegervaters, sondern dafür, daß er mit weißer Farbe LOVE quer über die Fahrbahn einer Straße schrieb. Als geschickter Zauberer und Befreiungskünstler nach dem Vorbild Houdinis entzieht er sich der Polizeigewalt, befreit einen seiner Mitgefangenen, der bei den weiteren Eskapaden Taggards noch zweimal zum Mörder wird, während Clumly sich der Identität des Sunlight Man zu vergewissern versucht und sich anhört, was er zu verkünden hat. Als sich Taggard schließlich der Polizei stellt, wird er von einem Beamten, der sich von ihm bedroht fühlt, erschossen.

Fred Clumly wirkt in seiner äußeren Erscheinung wie auch in seinem Handeln zunächst lächerlich und den Erwartungen der Vertreter der Stadt kaum gewachsen. Wenn man mit seinem energischen Einschreiten rechnet, wendet er sich anderen Dingen zu. Entscheidend ist jedoch, daß er sich für "Law and Order" verantwortlich weiß. "That's my job. I'm aware as you are there are differences of opinion about some of the laws we're paid to enforce, but a cop hasn't got opinions"(23). Clumly repräsentiert den Thor aus *On Moral Fiction*. Deutlich wird dies bereits in dem Goethes *Faust* nachempfundenen Prolog zum Roman, einem Gespräch, das lange nach den Ereignissen von einer nur als "Judge" eingeführten Autorität, die einmal die Geschicke der Stadt zu bestimmen schien, und Clumly geführt wird. "Take any ordinary man," sagt der Richter, "give him a weapon [...] - and behold! you've created order"(3). Dieser Mann mit der Waffe ist Clumly als Chef der Polizei. Die Ordnung ist mehr oder weniger willkürlich, doch notwendig, um der Entropie zu wehren, die die wachsende Kriminalität in der Stadt darstellt.

Dem "Law and Order" stellt nun der Sunlight Man "justice" gegenüber: "I love justice, you love law"(328). "Justice" bedeutet für den Sunlight Man ein Handeln nach "the blueprint already complete for all Time and Space", im Babylonischen: "Istaru". Dem steht "simtu" gegenüber, "personal fate"(420), der Ordnung einer Gemeinschaft in einer bestimmten Zeit und einem bestimmten Raum entsprechend. In gewissem Sinne entspricht dieses Gegenüber demjenigen der "chronological" und der "horological time" in Melvilles *Pierre*. Der Interpretation des Sunlight Man nach entspricht "Justice" dem babylonischen Weltbild, in dem "body" und "mind" in ihrer Dualität zu einer Einheit finden, insofern die Götter den für sie aufgestellten Statuen einwohnen. "Law" steht dabei für die jüdisch-christliche Tradition.

Mit der Berufung auf das Gilgamesch-Epos verneint der Sunlight Man persönliche Unsterblichkeit: Unsterblichkeit finde der Mensch nur in dem Werk, das er hinterläßt. Aber: "To get the walls [sein Werk] built, Gilgamesh is forced to make all the inhabitants of his city work for him like slaves. The people cry out to the gods, the gods are enraged and resolve to destroy him. There you have the paradox"(532). "Shall I act within the cultural order I do not believe in but with which I am engaged by ties of love or anyway ties of fellow-feeling," stellt sich für ihn - und schließlich auch für Clumly - die Frage, "or shall I act within the cosmic order I *do* believe in, at least in principle, an order indifferent to man? And then again, shall I act by standing indecisive between the two orders - not striking out for the cosmic order because of my human commitment, not striking out for the cultural order because of my divine commitment? Which shall I renounce, my body - of which ethical intellect is a function - or my soul?" (533) Der Versuch, außerhalb der "cultural order" zu leben, führt für den Sunlight Man zum Wahnsinn. Clumly bleibt dem "Law and Order" treu, wie seine blinde Frau Esther ihm treu ergeben ist, doch er lernt in seiner Begegnung mit dem Sunlight Man die Begrenztheit und Bedingtheit dieser Ordnung anzuerkennen. In der Rede, die er, als er von dem Tode des Sunlight Man erfährt, am Schluß hält, heißt es: "We have to stay awake, as best we can, and be ready to obey the laws as best as we're able to see them. That's it. That's the whole thing." Aber es gilt auch die Lehre der Bergpredigt: "Blessed are the meek, by which I mean all of us, including the Sunlight Man [...]. God be kind to all Good Samaritans and also bad ones. For of such is the Kingdom of Heaven"(672). Doch es erscheint als zweideutig, wenn er sich nach dem Applaus, der ihm gespendet wird, emporgetragen fühlt "to where the light was brighter than sun-filled clouds, disanimated and holy"(673). "Disanimate", "entmutigt", war das Wort der italienischen Großmutter des erschossenen Polizisten, das Clumly nicht verstanden hatte. In der Erklärung, die der Autor selbst gibt, ist es eine Metapher für "one who sees the totality, the connectedness, and is able to communicate it to other people, to make people see relationships"(Butts 78).

Steht das Gegenüber des Sunlight Man und des Polizeichefs auch im Mittelpunkt des Romans, so erschöpft sich dessen Bedeutung darin keineswegs. Sehr deutlich macht sich auch die Bibel als eines der Grundmuster für die Konstellationen des Romans bemerkbar. Danach entspricht der Richter in der Rahmenhandlung Gottvater, der einmal die Geschicke der Stadt entschied, dem aber die Zügel aus der Hand geglitten sind. Im Prolog bildet er mit Clumly und seiner Betreuerin eine Art Trinität. Der Sunlight Man erscheint als neuer Christus; von Clumly gefragt, woher er komme, antwortet er: "I come from the Lord of Hosts"(55): Mehrfach werden ihm Worte Christi in den Mund gelegt. Doch erweist er sich als falscher Messias. Eine lange Reihe von Anspielungen und Vergleichen bezieht sich auf Adam, Kain, Jakob, Saul, David oder Jonah.

Der Gang der amerikanischen Geschichte wird in dem Schicksal der Hodges nachgezeichnet. Der Vater von Taggard Hodge war Mitglied des Kongresses. Er stand für die Ideale der amerikanischen Demokratie. Aus der Sicht seines geistig nicht ganz gesunden Enkels Luke wird er, wie folgt, gesehen: "*The Old Man knew the secret, that was all. He knew how to see into all of them and forgive them: he understood that nothing devoutly believed is mere error, though it may only be half-truth, and so he could give them what they needed.[...] He got up ouside himself to where he could act as though he himself, his own life, were irrelevant. That's all it's ever taken*"- (640f.). Der alte Hodge ist ein Thor im Sinne von *On Moral Fiction*. Seine Söhne sind nicht mehr in der Lage, eine solche Persönlichkeit darzustellen. Sein Enkel Will

Hodge Jr sieht ihre Verwirklichung in seiner Zeit, d.i. 1966, nicht mehr möglich: "The Congressman's ideas were no longer viable, his faith was as empty and dead as his estate, yet they'd left their mark on Will Hodge Jr as on all of them. The American dream turned nightmare. They were not such fools - or anyway Will Jr was no longer such a fool - as to pursue the dream, but at least, with the impossible ideal in mind, he could hate the forces that denied it"(344). Das Verfolgen derjenigen, die das Ideal verneinen, macht Wills Lebensweg im Roman aus. Der Kreis, den das Schwingen von Thors Hammer für das Leben freihält, ist kleiner geworden. Stone Hill Farm, die der alte Hodge erworben hatte und deren Haus er hatte bauen lassen, war ein Paradies für seine Familie. Seinem Sohn Will Senior ging es verloren. Taggard läßt das Haus in Flammen aufgehen.

Noch weitere Schichten des Romans wären zu analysieren und zu interpretieren, worauf im hier gegebenen Rahmen verzichtet werden muß. Seine Schwäche zeigt sich wie bei seinem Vorgänger darin, daß die Handlung nicht aus sich heraus die Bedeutung, die Gardner intendiert, hervorzubringen vermag. Doch wurde in dem späteren Roman zumindest eine Klärung des natürlich immer noch eigentümlichen Weltbildes des Autors erreicht.

"Queen Louisa", 1974

Die Unbestimmtheit der Wirklichkeit, die neue Sinngebungen erforderlich macht, führt bei Gardner zu den groteskesten, an Lewis Carroll und dessen *Alice in Wonderland* erinnernden Situationen und Verwandlungen. Ein Extrem solcher ungewöhnlichen Verwandlungen stellen die "Tales of Queen Louisa" aus *The King's Indian*, Gardners erster Sammlung von kürzerer Prosa, dar. Zur Illustration genügt die erste dieser "Tales", "Queen Louisa". Die anderen sind "King Gregor and the Fool", "Muriel" und - erst in der zweiten Kurzprosasammlung, *The Art of Living*, von 1981 erschienen - "Trumpeter". Die Verwirrung über die jeweilige Wirklichkeitsbestimmung wird in der Folge der Geschichten allerdings noch dadurch kompliziert, daß sie in jeder aus einer anderen Perspektive gesehen wird.

"Queen Louisa" wird durch die Perspektive der im Titel genannten Protagonistin bestimmt. Queen Louisa, einmal eine alte Kröte, ein andermal "a magnificently beautiful redheaded woman with a pale, freckled nose"(171), wacht jeden Morgen gereizt und voller Sorgen auf. Beim morgendlichen Erwachen ist sie von Angst vor der Begegnung mit einer sinnlosen Wirklichkeit erfüllt. Sie versucht, sie dadurch zu meistern, daß sie auf die Details, die ihren Tageslauf bestimmen, achtet: "Orderly details make orderly days"(158).

Das Geschehen bewegt sich sehr bald auf verschiedenen Wirklichkeitsebenen. Die Königin ist eine schöne Frau und zugleich eine häßliche Kröte; das Zimmermädchen - später Muriel genannt - ist die Tochter eines einfachen Bauern im Dorf, aber auch die Tochter des Königs und - vermeintlich - der Königin. Die Kammerfrau hat das Haus mit einem großen Hund verlassen, der wiederum als der Vater des Zimmermädchens erscheint. Es wird nahegelegt, daß es sich um Vorstellungen einer Verrückten, nämlich "mad Queen Louisa"(157) handele. Andererseits heißt es auch: "Mad she might be - so everyone maintained, though they did not seem so all right themselves, in her opinion"(159). Wenn es keine eindeutige Sinnbestimmung gibt, fällt es schwer zu entscheiden, welche normal und welche anormal sein sollte. Eine weitere Ebene in der

Bestimmung des Verrücktseins wird am Schluß angesprochen, wenn es heißt, "[that] she was insane and could never know anything for sure, and perhaps the whole story was taking place in a hotel in Philadelphia" (170f.). Der nächste Schritt wäre die Behauptung, es handele sich nur um eine vom Erzähler erfundene Geschichte, die ihrer Wirklichkeit Sinn verleihe. Aber auch insofern handelt es sich um "metafiction", als es immer erst um eine zu findende bzw. zu erfindende Sinngebung geht. "Instead of presenting more or less realistic events that carry symbolic meaning," interpretiert Henderson die Situation, "he dramatized that meaning in fantastic events, leaving the reader to infer what 'really' happened"(34). Eine Entwirrung dieser auf verschiedenen Ebenen verlaufenden Fäden könnte die Annahme herbeiführen, daß eine Frau unseres Zeitalters in einem Hotel in Philadelphia in archetypischen Bildern einen ihrer persönlichen Situation analogen Traum hat. Danach beging König Gregor nach dem Tode seiner Tochter Muriel Ehebruch mit der Kammerfrau. Die Tochter aus diesem Verhältnis wuchs bei einem Bauern auf und wurde später Dienstmagd am Hofe.

Aus dem vielfältigen, wahrhaft verrückten Geschehen seien hier nur zwei Einzelheiten aufgegriffen: Queen Louisa erzählt von ihrer einfachen Herkunft aus einer Hütte am Waldesrand. Ihre Mutter war Irin, ihr Vater ein Drache. Damit wird die Geschichte ziemlich mysteriös und nur verständlich, wenn man frühere Geschichten oder Romane Gardners gelesen hat. Die Mutter repräsentiert damit das katholische Element, das noch eine feste Weltordnung darstellt. Der Drache steht - wie in *Grendel* - für die Willkürlichkeit der Sinnbestimmung. Als Louisas Vater, der Drache, von der Polizei abgeführt wird, weil er die Kirche in Brand gesteckt hatte, deklamiert er in Hexametern: "Who can swear / that his own apprehension of reality is valid? [...] Have faith! Love even those who bring sorrow to you!"(167) Mit dem Glauben an die Liebe wird allerdings bereits die Gegenposition zu dem Verfallensein an die Sinnlosigkeit angesprochen.

Queen Louisa stellt schließlich ihre Antagonistin, die Kammerfrau bzw. Hexe, die die Eremiten aus dem naheliegenden Kloster vertrieben hätte. Sie trifft die Hexe dabei an, als sie im Begriff ist, einen mitten in Eis und Schnee blühenden Rosenbusch umzuhauen. Bei jedem Axthieb treibt der Busch neue Triebe und Blüten. Die Mönche hatte die Hexe in Wölfe verwandelt, um Louisa zu beweisen, daß das Böse tatsächlich existiere. "Your whole life," sagt sie, "has been a terrible mistake! The forces of evil do exist! [...] We're cosmic accidents! [...] Life is gratuitous, it has no meaning till we make one up by our intensity"(169f.). Doch als die Hexe die in Wölfe verwandelten Mönche auf die Königin hetzen will, erscheinen die verwundeten Ritter, um dieser beizustehen. Sie gebietet ihnen Halt, und nun verwandeln sich alle Märchengestalten zurück in menschliche Personen und erkennen einander als Liebende. Der Rosenbusch nimmt, nachdem er seine Wirkung getan hat, wieder sein winterliches Aussehen an. Die Liebe, verkörpert im blühenden Rosenbusch, ergibt eine sinnvollere Wirklichkeit als der Haß, der aus der Hexe spricht, für die die Sinngebung willkürlich bleibt. Sinngebung hat aber nur einen Wert, wenn sie es ermöglicht, mit ihrer Hilfe zu leben.

"The King's Indian: A Tale", 1974

"The King's Indian", die Titelgeschichte von Gardners erster Kurzprosasammlung stellt ein wahres Zauberwerk von Erzählkunststücken dar, in dem sich der Leser schnell - wie in Barths *Lost in the Funhouse* oder in einem Bild von Escher - verirren kann. Es ist ein trickreiches Spiel mit den verschiedensten Wirklichkeitsebenen und eine Collage aus einer Fülle literarischer Versatzstücke, diesmal hauptsächlich aus dem amerikanischen Bereich. Die beste Beschreibung liefert der Autor selbst, der sich im vorletzten Kapitel in den Erzählvorgang einmischt: "Take my word, in any case, that I haven't built it as a cynical trick, one more bad joke of exhausted art [eine Anspielung auf Barths 'literature of exhaustion']. The sculptor-turned-painter that I mentioned before is an actual artist, with a name I could name, and what I said of him is true. And you are real, reader, and so am I, John Gardner the man that, with the help of Poe and Melville and many another man, wrote this book. And this book, this book is no child's top either - though I write, more than usual, filled with doubts. Not a toy but a queer, cranky monument, a collage: a celebration of all literature and life; and environmental sculpture, a funeral crypt"(316). Neben den vom Autor genannten Werken von Poe und Melville ist vor allem Coleridges "Rime of the Ancient Mariner" zu nennen. Die Geschichte wird von einem alten Seeman einem Gast erzählt, bei Coleridge anläßlich einer Hochzeit, bei Gardner in einer Schenke im Westen der USA. In beider Garn erscheint ein Albatros. Doch die Erzählsituation läßt sich bei Gardner auch mit derjenigen der Southwestern Humor Story vergleichen, wie wir ihr in Mark Twains "Jumping Frog" begegnen. Der Seemann erzählt - wie der Westerner Mark Twains - eine Lügengeschichte.

Gardners Erzählsituation geht aber noch über diese Vorlagen hinaus bzw. formt sie eigenständig um. Er gesellt dem Erzähler und dem Gast als Wirt einen Engel zu. Seemann, Gast und Wirt entsprechen der Trinität in dem Prolog von *The Sunlight Dialogues*, sind hier aber vor allem der Künstler, der Kritiker und die Muse. Allerdings sind hierbei wiederum andere Vorlagen mit im Spiel, Joseph Conrads "Youth" und Jacques Offenbachs Phantastische Oper *Les Contes d'Hoffmann*. In dem Libretto dieser Oper verarbeitete Jules Barbier mehrere Erzählungen E.T.A.Hoffmanns, vor allem aber die Novelle "Der Sandmann", die schon Barthelme als Vorlage diente. Auch im Rahmenspiel von Offenbachs Oper befinden wir uns - in Entsprechung zu der Rahmenerzählung bei Hoffmann - in einem Gasthaus; und auch hier steht dem Erzähler die Muse zur Seite.

Bei den Werken Melvilles und Poes, die in Gardners Geschichte eingegangen sind, handelt es sich vor allem um *Moby-Dick* und *Arthur Gordon Pym*, daneben aber auch noch um des ersteren *Billy Budd* und des letzteren "Ligeia" und "Maelzel's Chess Player". Ferner wären zu nennen Mark Twains *Huckleberry Finn*, Miltons *Paradise Lost* ("I speak of such matters as devils and angels and the making of man, which is my subject," sagt der Seemann am Anfang in Anlehnung an den englischen Dichter.), Charles Dickens' *Bleak House* oder Charles Brockden Browns *Wieland* (in bezug auf die "spontaneous combustion" von Dr.Luther Flint) oder John Barth (bezüglich der Schändung Mirandas in Anlehnung an diejenige Janes in *The Sot-Weed Factor*).

Im Zentrum des Spiels mit verschiedenen Wirklichkeitsebenen steht ein Betrug. Als der strenggläubige Kapitän Dirge von einer langen Walfangfahrt zurückkehrt, geben die Schiffsbesitzer vor, nicht mehr mit seiner Rückkehr gerechnet zu haben, da mehrere Schiffe die Nachricht von dem Untergang seines Schiffes, der *Jerusalem*, nach Hause gebracht hatten. Als Beweisstück zeigen sie ein Bild aus der Kapitänskajüte, das angeblich aufgefischt worden sei, von dem man jedoch eine Kopie hatte anfertigen lassen. Davon irritiert, will Dirge wieder auf Walfang gehen, um die

Gerüchte an Ort und Stelle im Südpazifik zu verfolgen. Bevor er dazu kommt, wird er von einem Dr.Flint, der mit seiner Tochter Miranda und seinem Gehilfen Swami Havananda als Zauberkünstler auftritt, ermordet. Flint, als blinder Jeremias verkleidet, übernimmt mit seinen Begleitern das Kommando des Schiffes. Jonathan Upchurch, der als alter Mann die Geschichte erzählt, war als junger Mann, nach einem dem Abenteuer Arthur Gordon Pyms ähnlichen Erlebnis auf einem Segelboot, auf die *Jerusalem* gelangt und wird nun schrittweise Zeuge der Aufdeckung des Betrugs.

Die kurze Inhaltsangabe läßt bereits die verschiedenen Möglichkeiten der einzelnen Wirklichkeitsebenen erkennen. Das Besondere dieser Geschichte Gardners liegt in der Gegenüberstellung der imaginären Sinnfindung in den Wirklichkeitserlebnissen des fabulierenden alten Seemannes und der betrügerischen Wirklichkeitsdarstellung durch Dr.Flint und seine Begleiter. Entscheidend ist aber auch hier wieder - wie in den anderen schon betrachteten Werken Gardners - die Enthüllung der falschen Wirklichkeitsdarstellung und die Bejahung dieser Enthüllung, die zu einem kreativen Verhältnis zur Wirklichkeit führt. In der Erzählung erfolgt eine wesentlich weitläufigere Differenzierung, der hier nicht nachgegangen werden kann; nur ein Detail daraus sei noch angeführt.

Upchurch hatte sich schon an Land als Zuschauer bei den Veranstaltungen Dr.Flints in dessen Tochter Miranda verliebt. Auf der *Jerusalem* verliebt er sich in die vermeintliche Augusta, die angebliche Tochter Kapitän Dirges, die von ihm aber nach der Meuterei als Miranda wiedererkannt wird. Inzwischen von dem Adlatus Flints vergewaltigt, hat sie ihre Schönheit verloren und ist entstellt. Ihr Schicksal wird damit aber auch das der Frau im Sinne von Denis de Rougemonts *L'amour en l'occident*, wie das folgende Zitat belegen mag: "Miranda was no idealist lapsed or otherwise: mere girl, mere woman, humanity's showpiece, transformed by nineteen centuries of pampering to a stage creation, tinseled puppet painted [vgl. Melvilles Bild der 'tinselled beauty' in *Moby-Dick*!], taught speech by troubadours - championed by knights who knew her lovely and probably unfaithful - philosophized by painters and jewelers and poets - and now the theater had collapsed on her, ground her to the staddle, revealed what she was"(304). De Rougement sieht natürlich die hier als falsch enthüllte Schönheit als Produkt gnostisch-manichäischen Denkens, dem Gardner sonst seine Sympathien schenkt. Hier erscheint sie bei Gardner in einem negativen, zerstörerischen, ja dämonischen Sinne, aber vielleicht in seiner Interpretation der Menschheitsgeschichte als notwendigerweise zerstörerische Macht, an deren Überwindung, einem Ringen mit den Dämonen, sich der Erzähler als Held zu erweisen vermag. Jonathan ist am Ende nicht nur bereit, "to take care of [her]", sondern auch bereit, sie zu lieben und zwar im Wissen um ihren verneinenden Charakter.

Ein anderes Element, auf das hier nicht mehr eingegangen werden kann, ist das der spezifisch amerikanischen Bedeutung. Wie Melville mit seinem *Moby-Dick* und Mark Twain mit seinem *Huckleberry Finn* schrieb Gardner nach Ansicht von David Cowarts mit seiner Erzählung auch eine Allegorie Amerikas.

Anlage und Aussage hinterlassen bei dem Leser von "The King's Indian" ein zwiespältiges Gefühl. Es wird ein interessantes Spiel eröffnet - "king's gambit" ist ein Eröffnungszug im Schachspiel - und eine spannende Geschichte erzählt. Der Literaturkenner entdeckt mit Vergnügen die Herkunft der Versatzstücke. Doch der Leser ärgert sich auch, immer wieder an der Nase herumgeführt worden zu sein, wenn er sich gezwungen sieht, sich mit einer Sinngebung der Wirklichkeit zu identifizieren, die kurz darauf schon widerrufen wird.

Das Ansehen, das Gardner seit der Veröffentlichung von *Grendel* genoß, brachte viel Unruhe in sein Leben. Er stellte sich einer langen Reihe von Interviews, hielt Gastvorträge in aller Welt und nahm mehrere Gastprofessuren an renommierten Universitäten wahr. Nach fünfundzwanzigjähriger Ehe trennte er sich von seiner ersten Frau. Am Tage vor seiner Vermählung mit seiner dann dritten Frau verlor er die Kontrolle über sein Motorrad und fuhr in den Tod. Er hinterließ ein umfangreiches Werk. Von seinen insgesamt zehn Romanen wären vor allem noch zu nennen *October Light*, 1976, und *Mickelson's Ghost*, 1982. Doch die hier betrachteten Werke umschreiben die Möglichkeiten seiner Kunst, die sicherlich, wie aufgezeigt werden konnte, ihre Schwächen hat, aber dennoch eine Stimme im Chor der amerikanischen Erzählkunst darstellt, die nicht übersehen werden sollte. Bei aller Kritik an anderen experimentellen Erzählern ist er einer der ihren. Wie sie vermag auch er mit seiner Kunst die Entropie nicht abzuwenden, sondern sie nur hinauszuzögern. Ob er - wie auch die anderen - als Pessimist oder Optimist bezeichnet werden sollte, hängt letztlich von dem Leser ab, ob er mit dem vorübergehenden Aufhalten des Untergangs glücklich werden kann.

Literatur

Zitiert nach *Grendel*, New York, 1972 (Ballantine); *On Moral Fiction*, New York, 1978; *The Sunlight Dialogues*, New York, 1972; *The King's Indian*, New York, 1974.

Sekundärliteratur:
Robert A.Morace u. Kathryn Van Spenckeren, hg., *John Gardner: Critical Perspectives*, Carbondale, IL, 1982.
David Cowart, *Arches and Light: The Fiction of John Gardner*, Carbondale, 1983.
Gregory L.Morris, *A World of Order and Light: The Fiction of John Gardner*, Athens, GA, 1984.
Jeff Henderson, hg., *Thor's Hammer: Essays on John Gardner*, Conway, AR, 1985.
Leonard Butts, *The Novels of John Gardner: Making Life Art as a Moral Process*, Baton Rouge, LA, 1988.
Jeff Henderson, *John Gardner: A Study of the Short Fiction*, Boston, 1990.

Die *Akademiker*

Die meisten der heutigen amerikanischen Schriftsteller könnte man wohl als Akademiker bezeichnen, insofern sie als Lehrer für "creative writing" tätig sind. Die in diesem Kapitel als "Akademiker" behandelten experimentellen Erzähler sind nicht nur Mitglieder akademischer Institutionen, sondern haben sich auch maßgeblich als Philosophen, Literaturwissenschaftler oder Literaturtheoretiker betätigt. Ihre Fiktionen sind oft nur Anwendungen ihrer theoretischen Überlegungen. Zu ihnen gehören neben William H.Gass, Ronald Sukenick und Raymond Federman auch die hier nicht weiter behandelten Steve Katz, geb. 1935, mit seiner häufig zitierten Fiktion *The Exagggera-*

tions [sic!] *of Peter Prince*, 1968, und Gilbert Sorrentino, geb.1929, mit seinem als exemplarisch erachteten Werk *Mulligan Stew*, 1979.

William H.Gass

Der Fedehandschuh, den Gardner mit seinem Essay *On Moral Fiction* 1978 den experimentellen Erzählern seiner Zeit hinwarf, wurde noch im gleichen Jahr von William H.Gass bei einer Begegnung an der University of Cincinnati aufgenommen. In der sich daraus ergebenden Gass-Gardner-Debatte ging es hauptsächlich um die Verantwortung des Schriftstellers im Geschehen seiner Zeit. Gass vertrat die Position, daß die Sprache nie in der Lage sei, die Wirklichkeit, die Gardner verändert sehen wollte, zu erfassen und daß die Erzählkunst den Menschen nicht verbessern könne, der Schriftsteller sich demnach auf die Welt seiner Worte beschränken müsse. Es konnte im Vorausgehenden gezeigt werden, wie die unter Gardners Anklage stehenden Autoren, besonders Pynchon und Barthelme, sich sehr wohl in ihren Werken gesellschaftskritisch engagierten. Dies gilt auch - wie zu zeigen sein wird - selbst für Gass. Die 1978 hitzig umstrittene Frage nach dem Wirklichkeitsbezug des Sprachkunstwerkes ist in Hinsicht auf seine gesellschaftliche Relevanz gegenstandslos geworden. In bezug auf die Problematik, Wirklichkeit sprachlich zu erfassen und darzustellen, hatte es keine ernsthaften Meinungsverschiedenheiten gegeben. Diese Problematik steht nun im Mittelpunkt des schriftstellerischen Bemühens von Gass. Als Student hatte er an der Cornell University noch Wittgenstein kennengelernt. Zu seinen Lehrern hatte Max Black gehört, der mit seiner Studie *Models and Metaphor* (1962) dessen Sprachphilosophie weitergeführt hatte. Seit seiner Promotion 1954 lehrte Gass selbst vornehmlich Sprachphilosophie, zunächst an der Purdue University, seit 1969 an der Washington University in St.Louis.

1924 in Fargo, North Dakota, geboren, wuchs Gass in Ohio auf, besuchte das Kenyon College - mit John Crowe Ransom zu dieser Zeit noch eine der Hochburgen des New Criticism -, um nach seinem Bakkalaureat an die Cornell University überzuwechseln. Auf Grund seiner Ende der sechziger Jahre erschienenen drei Werke, von einigen Kritikern zu den bedeutendsten der experimentellen Erzähler gerechnet, dürfte ihm auf lange Sicht doch eine begrenztere Rolle in der Geschichte der Erzählkunst zukommen. Diese kann in dem Einfluß gesehen werden, den seine "essay-novella" *Willie Masters' Lonesome Wife* als "prime example of metafiction" (Holloway 75) oder "a virtual casebook of literary experimentalism" (McCaffery) ausübte. Gass selbst betrachtete das Experiment dieses Buches als mißlungen. Im Zusammenhang mit seiner "essay-novella" stehen natürlich seine kritischen Schriften, die inzwischen in vier Bänden gesammelt erschienen, deren erster, *Fiction and the Figures of Life*, 1970, weiteste Verbreitung fand. Er dient im folgenden zu einer kurzen Orientierung über die theoretischen Vorstellungen des Autors.

Für Gass sind alle Fiktionen, einschließlich die der Philosophie, der Naturwissenschaften, der Mathematik wie die der Literatur vor allem *Bedeutungssysteme*, die den Grad ihrer Brauchbarkeit ihrer internen Konsistenz verdanken und nicht der Weise, in welcher sie mimetisch die Außenwelt repräsentieren oder ihr korrespondieren. Der diesbezüglich immer wieder zitierte "Lehrsatz" der experimentellen Erzählkunst lautet: "There are no descriptions in literature, there are only constructions"(27). Der

Verfertiger von Fiktionen baut seine Welt mit Hilfe von Wörtern, Konzepten, Transformations- und Interferenzregeln. Er "beschreibt" nicht, da wörtlich draußen nichts ist, auf das sich seine Wörter beziehen würden. Die Welten, die er schafft, sind immer nur imaginativ möglich und brauchen der wirklichen Welt nicht zu gleichen(9).

Ähnliches wie für die Sprache gilt für die Charaktere in den Fiktionen. Ein fiktiver Charakter ist danach "(1) a noise, (2) a proper name, (3) a complex system of ideas, (4) a controlling conception, (5) an instrument of verbal organization, (6) a pretended mode of referring, and (7) a source of verbal energy." "(1) He is always," wie eine Fußnote ergänzend interpretiert, "a 'mister', and his name functions musically much of the time [...]. His name (2) locates him, but since he exists nowhere but on the page (6), it simply serves to draw other words toward him (3), or actualize others, as in conversation (7), when they seem to proceed from him, or remind us of all that he is an emblem of (4), and richly interact with other, similarly formed and similarly functioning verbal centers (5)"(44). Entscheidend ist, daß nur *die* Merkmale einer Person zur Geltung kommen, die im Werk genannt sind, denn diese allein sind sprachlich "gemacht" worden. Ergänzen wir sie als Leser nach unserer Vorstellung oder Kenntnis von Wirklichkeit, könnten wir ihre fiktive Wirklickeit verfehlen. "The esthetic aim of any fiction," heißt es, "is the creation of a verbal world, or a significant part of such a world, alive through every order of its Being"(7).

In bezug auf die Autonomie des sprachlichen Kunstwerks bewegt sich Gass damit weitgehend im Rahmen des *New Criticism*. Er verläßt diesen Rahmen, wenn er nicht bereit ist, das sprachliche Konstrukt als mögliches "Modell" für die Wirklichkeit anzuerkennen. Die völlige Autonomie des sprachlichen Kunstwerks erweist sich in der Praxis jedoch als illusorisch. Wenn in Gass's *Omensetter* ein Kind einem alten Mann, der sich als Historiker der Stadt Gilean in Ohio betrachtet, prahlerisch erzählt, es lebe auf einem Baum, der sich so hoch in die Lüfte erhebe, daß man glatt ("clean") bis nach Columbus sehen könne, ist McCaffery der Ansicht, daß eine solche Behauptung nur in der Sprache der Fiktion möglich sei und sich erst durch das Bezugssystem des Romans mit Bedeutung fülle. "Clean to Columbus" könne nicht wörtlich genommen werden, da Columbus von Gilean aus nicht gesehen werden könne. Es bedeute einfach so viel wie "sehr weit", und für Columbus könne der Name einer beliebigen Stadt eingesetzt werden. Daß aber der Name Columbus benutzt werde, ergebe im Roman die Bedeutung von Geschichte, an der der alte Mann interessiert sei. Eine solche Interpretation verkennt, daß die Behauptung des Kindes erst ihre Bedeutung als Prahlerei erhält, wenn sie an der Wirklichkeit - der tatsächlichen Entfernung zwischen Gilean und Columbus - gemessen werden kann. Ferner erhält der Name der Stadt nicht erst durch das Bezugssystem des Romans seine historische Verweisfunktion, sondern dadurch, daß ihre Begründer sie nach dem historischen Entdecker benannten. Das Medium der Sprache impliziert - auch bei Gass - immer wieder Bezüge zur außerliterarischen Wirklichkeit.

Omensetter's Luck, 1966

Im Zentrum des genannten Romans steht Brackett Omensetter, der nach Gilean kommt und als "wide and happy man"(31) auffällt. Die Bewohner des Städtchens bewundern und beneiden ihn als jemanden, der mit der Natürlichkeit eines Adam vor dem Sündenfall zu leben vermag. Im Roman wird sein Erscheinen aus der unterschiedlichen Sicht dreier Einwohner wiedergegeben. Diese sind Israbestis Tott, ein alter Mann, der sich als Historiker des Städtchens betrachtet und deren kollektive Erinnerung repräsentiert, sein ihn bewundernder Hausherr Henry Pimber sowie sein Gegner, der Geistliche Jethro Furber. In der Sicht einer jeden dieser Personen zeigt Gass eine der Möglichkeiten der Kunst: Tott ist der Künstler, der die Menschen und die Ereignisse der von ihm verherrlichten Vergangenheit in bloße Elemente seiner Geschichten, die er über sie erzählt, verwandelt, dabei immerhin in Geschichte bewahrt, was nicht mehr ist. Pimber sieht in dem in natürlicher Unschuld lebenden Omensetter eine noch heile Welt, an der er selbst gesunden könnte. Doch muß er erkennen, daß diese Unschuld für ihn nicht zurückzugewinnen ist und daß Omensetter selbst sie verlieren muß. Furber spielt in diesem Trio den Künstler, der sich seines Künstlertums bewußt ist. Gegenüber Omensetter als Adam übernimmt er die Rolle des Satan. Er errichtet mit Worten eine Gegenwelt zu derjenigen Omensetters, um ihm nach dem Verlust seiner Unschuld in dieser ein Unterkommen zu ermöglichen. Der Roman wird damit zur Darstellung der Möglichkeit einer - allerdings sehr fragwürdigen - "Erlösung" durch Kunst nach dem Sündenfall in dem Eden der Neuen Welt.

Willie Masters' Lonesome Wife, 1968

Willie Masters' Lonesome Wife stellt einen der extremsten Versuche der experimentellen Erzählkunst dar, auf die Eigenbedeutung des Mediums der Sprache im Kunstwerk zu verweisen. Bab, Masters' einsame Frau, berichtet in der "essay-novella" über die Entstehung des Textes und den damit identischen Geschlechtsakt bzw. über dessen Mißlingen. Der Entstehung des Textes bzw. des Geschlechtsaktes entspricht wiederum die Lektüre des Buches. Der Akt vollzieht sich, wenn der Leser die Titelseite mit der Vorderansicht einer nackten Frau aufschlägt, die Blätter hin- und herwendet und mit dem Schließen des Buches zu dem Photo mit der Rückansicht der nackten Frau auf der Rückseite gelangt. Der Text ist auf verschiedenen Papiersorten gedruckt, dünnem, dann dickerem Papier und schließlich noch dickerem Glanzpapier. Die Farben der Papiere entsprechen den im Text angedeutenden Gefühlen der am Akt (des Lesens) beteiligten Personen, von Blau über Oliv und Rot zu Weiß. Innerhalb der einzelnen Teile werden drei verschiedene Drucktypen verwendet, und der Leser wird angewiesen, die durcheinandergemischten Wortfolgen in der gleichen Drucktype jeweils hintereinander zu lesen, wodurch die Konvention des kontinuierlich linearen Lesens aufgehoben werden soll.

Außertextliche Wirklichkeit erscheint in der "essay-novella" als Metapher. Doch ähnlich wie bei John Gardner findet Gass Metaphern in der außerliterarischen Wirklichkeit - hier des Geschlechtsaktes - zur Beschreibung der Textentstehung. Das normale Verhältnis von Sprache und Wirklichkeit wird damit umgekehrt.

In the Heart of the Heart of the Country, 1968

Im gleichen Jahr wie *Willie Masters' Lonesome Wife* erschien die Sammlung der fünf Erzählungen, die seit 1958 entstanden waren und deren letzte ihr den Titel gab: *In the Heart of the Heart of the Country*. Der Band wird von "The Pedersen Kid", der längsten der Erzählungen, eröffnet. Sie beginnt damit, daß Big Hans, ein Landarbeiter in Diensten von Magnus, den Jungen der benachbarten Pedersens bewußtlos und halberfroren vor dem Stall der Farm auffindet, ihn ins Haus bringt und wiederbelebt. Wieder zu sich gekommen, erzählt ihm der Junge, daß ein Fremder in ihr Haus eingedrungen sei und seine Eltern in den Keller eingesperrt habe. Er selbst sei geflohen, um Hilfe von den Nachbarn zu erbitten. Pa Magnus und sein Sohn Jorge, der Erzähler des Geschehens, fahren daraufhin in Begleitung von Big Hans mit dem Pferdeschlitten zu Pedersens Farm. Als sie sich dem Hause nähern, wird Pa erschossen. Big Hans ergreift daraufhin die Flucht; Jorge dringt in das Haus ein und verbirgt sich in dessen Keller, bis er zu hören und zu sehen glaubt, wie der Eindringling das Haus verläßt und davonreitet. Er sieht sich daraufhin im Hause um und richtet sich in dessen Keller ein.

Jorge, aus dessen Perspektive der Leser von dem Geschehen erfährt, war nicht zugegen, als Pedersens Junge Big Hans von dem Überfall auf sein Elternhaus berichtet hatte. Als Jorge dann durch Big Hans davon erfährt, will er ihm nicht glauben und wirft damit die Frage nach Wirklichkeit und Fiktion des von dem Jungen erzählten Geschehens auf:

"Yes, yes, hell Hans, the kid's scared of having run away. He don't want to say he done a fool stunt like that. So he makes the whole thing up. He's just a little kid. He made the whole thing up.

Hans didn't like that. He didn't want to belive the kid and more than I did, but if he didn't then the kid had fooled him sure. He didn't want to believe that either"(16f.). Bei allem Zögern neigt Hans dazu, das Ganze für mehr als ein "make-up" oder einen Traum(17) zu halten. Durch die Auseinandersetzung, in die Jorge jedoch als Erzähler mit Big Hans tritt, wird das Interesse von der Enthüllung des Falles abgelenkt und auf die Frage nach dessen Wirklichkeitscharakter ausgerichtet. Damit, daß er den Jungen vor dem Erfrieren errettete, glaubt Big Hans, genug getan zu haben. "It's time you did something then, ain't it?" meint er Jorge gegenüber. Doch dieser fühlt sich nicht dazu veranlaßt, die Pedersens zu retten, da er dem Jungen nicht glaubt. "Why should I" entgegenet er. "I don't think they're freezing. You're the one who thinks that. You're the one who thinks he ran for help"(21). Jeder wird gewissermaßen für *seine* Wirklichkeit verantwortlich. Indem er seiner Wirklichkeit gerecht wird, bewährt er sich.

Zu Beginn des zweiten Teils der Geschichte, in dem die Schlittenfahrt zur Pedersen Farm geschildert wird, sieht sich Jorge, der nur unwillig mitkommt, zunächst auf einer Art von "quest": "It was like I was setting out to do something special and big - like a knight setting out - worth remembering"(32f.). Doch dann wird das Ganze für ihn zu einem Traum: "I dreamed coming in from the barn and finding his back to me in the kitchen and wrestling with him and pulling him down and beating the stocking cap off his head with the barrel of the gun. I dreamed coming in from the barn still blinking with the light and seeing him there and picking the shovel up and taking him on." Der Traum hält jedoch nur so lange an, als Jorge sich noch warm fühlt. Als ihm kalt wird, weicht sein heroisches Gefühl: "When I got good and cold the feeling slipped away. I couldn't imagine him with his gun or cap or yellow gloves. I couldn't imagine me coming on to him. We weren't anyplace and I didn't care"(33). Der Leser, der auf Jorge als Erzähler angewiesen ist, wird auf diese Weise natürlich in bezug auf den Wahrheitscharakter des Berichteten verunsichert.

Als Pa und Hans nach ihrer Ankunft auf der Pedersen Farm mit einer Schaufel zur Scheune gehen, bleibt Jorge frierend im Schlitten sitzen. Wenn er berichtet, nach einiger Zeit seinem Vater und Big Hans gefolgt zu sein und sie gebeten zu haben, nach Hause zurückzukehren, kann der Leser nicht mehr sicher sein, ob es sich nun -

in Analogie zu Pedersens Kid, mit dem er sich selbst vergleicht - um die Vorstellung des dem Erfrieren nahen Jungen handelt oder um wirkliches Geschehen.

Nach dem Tod seines Vaters und der Flucht von Big Hans denkt Jorge in seinem Versteck im Keller des Pedersenschen Hauses im dritten Teil der Geschichte mehrfach an seine frühe Kindheit zurück. Unter anderem erinnert er sich daran, daß er auf einem Steckenpferd auf Jagd ritt und so tat, als erschieße er seinen Vater, und daß sein Vater auf das Spiel eingegangen war. Jetzt hatte er die Wirklichkeit von dem, was der Pedersensche Junge erzählt haben sollte, als erfunden betrachtet und war doch darauf eingegangen, als sei es - wie in dem Kindheitserlebnis - ein Spiel. Der Leser wird nicht darüber aufgeklärt, ob der Fremde wirklich Jorges Vater erschossen und die Pedersens umgebracht hatte und wer der Fremde war. Das spielt auch nicht mehr die entscheidende Rolle. Entscheidend ist, daß Jorge Herr *seiner* Wirklichkeit ist und ihr als Erzähler gerecht zu werden glaubt. Spielerisch denkt er daran, den von Big Hans und Pa begonnenen Tunnel durch den Schnee weiter voranzutreiben: "There was no need for me to grieve. I had been the brave one and now I was free. The snow would keep me. I would bury pa and the Pedersens and Hans and even ma if I wanted to bother. I hadn't wanted to come but now I didn't mind"(78). Die Geschichte wird damit zu einer Initiationsgeschichte, deren besondere Art darin besteht, daß die Initiation durch die Behauptung der eigenen Wirklichkeitsvorstellung erfolgt.

"The Pedersen Kid" steht noch an der Grenze zwischen perspektivischem Erzählen, wie es seit Henry James und vor allem durch William Faulkner praktiziert wurde, und experimentellem Erzählen, insofern die Beschränkung auf die Fiktion primär durch die Perspektive des jugendlichen Erzählers und nicht durch die Textkonstruktion bedingt ist. Gass sieht sich nicht gerne als "postmoderner" Autor bezeichnet. Er selbst betrachtet sich als "purified modernist". Als solcher erweist er sich auf alle Fälle in "The Pedersen Kid".

Nachzutragen ist, daß sich Jorge im Hause der Pedersens am Ende in der gleichen Lage wie Pedersens Junge im Hause seiner Eltern sieht. Als er den Fremden das Pedersensche Haus verlassen sieht, nimmt er an, daß dieser nun zum Haus seiner Eltern reiten und alle außer dem Jungen, seinem Substitut, umbringen wird. "But he'd leave the kid, for we'd been exchanged, and we were both in our own new lands"(73). Die "new lands" sind die Welten seiner Imagination. Der Ritt des Fremden wird zum Bild der sich von einer Wirklichkeit zur anderen wandelnden Einbildungskraft. Der Erzähler beschreibt den Ritt in der Manier der von Gass hoch geschätzen Gertrude Stein, indem er die einzelnen Phasen des Geschehens und deren Wiederholungen Satz für Satz pedantisch aufzeichnet: "The horse circled round in it. He hadn't known the way. He hadn't known the horse had circled round. His hands were loose upon the reins and so the horse had circled round. Everything was black and white and everything the same. There wasn't any road to go. There wasn't any track. The horse had circled round in it. He hadn't known the way. There was only snow to the horse's thighs. There was only cold to the bone and driving snow in his eyes. He hadn't known. How could he know the horse had circled round it? How could he really ride and urge the horse with his heels when there wasn't any place to go and everything was black and white?"(73) Der Leser bewegt sich mit dem Reiter im Kreise.

Einer anderen Art der Wirklichkeitserschließung begegnet der Leser in "Mrs.Mean", der zweiten, erstmals 1961 veröffentlichten Geschichte des Sammelbandes. Die Skizze, um die es sich dabei eigentlich handelt, beginnt mit der Benennung einer Person: "I call her Mrs.Mean"(80). "Call me Ishmael", die Eingangsformel von Melvilles *Moby-Dick* war - wie wir zeigten - mit "Call me Stingo" von Styron und mit "Call me Jonah" von Vonnegut aufgenommen worden. Gass wandelt die Formel ab. Bei ihm schlüpft der Erzähler nicht selbst in eine fiktive Rolle, sondern verleiht eine solche einer anderen Person. Er selbst bewahrt die Distanz des unbeteiligten Beobachters und begibt sich damit in die Situation eines anderen Melvilleschen Werkes: der Skizze "The Piazza". Dort beobachtet der Erzähler von der Veranda seines Hauses aus ein glänzendes Objekt hoch am Berge, das er für einen Palast hält, bis sich herausstellt, daß sich die Sonne in dem Fenster einer armseligen Hütte spiegelte. Der Erzähler von "Mrs.Mean" befindet sich in einer ähnlichen Ausgangssituation: "I see her, as I see her husband and each of her four children, from the porch, or sometimes when I look up from my puttering, or part my upstairs window curtains. I can only surmise what her life is like inside her little house; but on humid Sunday afternoons, while I try my porch for breeze, I see her hobbling on her careful lawn in the hot sun, stick in hand to beat her scattered children, and I wonder a lot about it."

Mrs.Mean gewinnt kein Eigenleben in der Geschichte. In den Überlegungen des beobachtenden Erzählers wird sie nur zu einem Typ und zwar zu einem grotesken Typ im Sinne Poes: "I don't know her name. The one I've made to mark her und her doings in my head is far too abstract. It suggests the glassy essence, the grotesquerie of Type" (80). In dem Maße, in dem der Erzähler der von ihm beobachten Wirklichkeit imaginativ Bedeutung verleiht, entzieht er ihr das Leben. Gass schildert den Vorgang im Bild der Spinne, die ihrem Opfer das Blut aussaugt: "I had chosen to be idle, [...] to surround myself with scenes and pictures; to conjecture, to rest my life upon a web of theory - as ready as the spider is to mend or suck dry intruders." Die Entdeckung bzw. die Erfindung der imaginären Wirklichkeit führt damit wie bei Poe zur Zerstörung der Wirklichkeit, in der der Erzähler lebt. Wenn die Imagination sich der beobachteten Personen annimmt und ihnen Rollen zuteilt, ist dies ein teuflisches Unternehmen, insofern sie ihnen ihre Seele raubt: "I take their souls away," bekennt der Erzähler(81). Es ist ein *Spiel* mit deren Wirklichkeit: "I play with them." Die imaginative Verwandlung des Beobachteten wird zum Puppenspiel, zur "puppet show": "I puppet them to something"(83).

Die Frau des Erzählers sieht ihre Umwelt nüchterner als ihr Mann: "My wife maintains that Mrs.Mean is an immaculate housekeeper and that her home is always cool and dry and airy. She's very likely correct as far as mere appearance goes but my description is emotionally right, metaphysically appropriate. My wife would strike up friendships, too, and so, as she says, find out; but that must be blocked. It would destroy my transcendence. It would entangle me mortally in illusion"(104f.) Die pragmatische Wirklichkeit wäre der Tod der Einbildungskraft. Demgegenüber versucht der seiner Imagination verhaftete Erzähler, sich den Eingang in diese pragmatische Wirklichkeit zu erzwingen, wenn es am Schluß der Skizze heißt: "I am terribly and recklessly impelled to force an entrance to their lives, the lives of all of them; even, although this is absurd, to go into the fabric of their days, to mote their air with my eyes and move with their pulse and share their feeling; to be the clothes that lie against their skins, to shift with them, absorb their smells" (118). Der künstlerische Prozeß, der in *Willie Masters'* mit dem Geschlechtsakt verglichen wird, erscheint in "Mrs.Mean" als Akt der Besitzergreifung.

Gass bedient sich in "Mrs.Mean" immer wieder literarischer Vorlagen. Neben weiteren Anspielungen auf Melviiles *Moby-Dick* wäre besonders noch auf Wordsworths "I wandered lonely as a cloud" zu verweisen; statt der "daffodils" bei dem englischen Romantiker tanzen bei Gass die "dandelions" im Winde: "They gambol brightly and my heart goes out to them, dancing there, as it goes out seldom: gay as they are within the ridiculous, happy inside the insane"(97f.). Die Einbildungskraft übernimmt in "Mrs.Mean" - und nicht nur in diesem Werk von Gass - eine ähnliche Rolle wie bei den Romantikern, auf deren Werke er sich bezieht: ihre Welt entsteht als Gegenwelt zur Alltagswelt und ersetzt sie nicht notwendigerweise, wie bei den meisten der anderen experimentellen Erzähler.

Daß diese Gegenwelt helfen kann, in der Alltagswelt zu bestehen, zeigt die sonst eher an Kafka erinnernde vierte, zuerst 1967 erschienene Geschichte von *In the Heart of the Heart*, "Order of Insects". In ihr berichtet eine namenlos bleibende Hausfrau, daß sie eines Tages tote schwarze Käfer um ihren Teppich herum drapiert findet. Sich zunächst vor ihnen fürchtend, sieht sie nach und nach in ihnen ein ästhetisches Ordnungsprinzip, mit dem sie sich zu identifizieren sucht, um dem nicht mehr zu bewältigenden Alltag zu entfliehen. Die Identifikation mit dem Kunstobjekt verursacht ihr aber ein schlechtes Gewissen gegenüber dieser Alltagswelt.

Am Ende des Kurzprosabandes steht die zuerst in ihm veröffentlichte Titelgeschichte "In the Heart of the Heart of the Country". Ihr Erzähler hat sich in den Westen zurückgezogen, um Abschied von der Liebe zu nehmen: "I am in retirement from love"(173). Die Geschichte beginnt wieder wie "Mrs.Mean" mit einer literarischen Reminiszenz: "So I have sailed the seas and come .. to B .."(172). Gass verwandelt dabei allerdings William Butler Yeats' "Sailing to Byzantium" in eine Doppeldeutigkeit. In der Abkürzung liest sich der Ort als das Hilfsverb "to be". Der Erzähler kommt demnach, wenn wir den Bezug zu dem Gedicht von Yeats aufnehmen, nach Indiana, um "zu sein", um im Schaffen eines Kunstwerks seine Identität zu finden; er schreibt ein Gedicht.
Der Text berichtet von keinem sich zu einer Handlung fügenden Geschehen. Seine 36, jeweils mit eigenen Titeln versehenen Teile ergeben kein zusammenhängendes Bild. Sie stellen nur immer wieder neue, aber vergebliche Versuche dar, die Landschaft Indianas in Poesie zu verwandeln. Ganze Passagen solcher Versuche zeichnen sich durch ihren Klang und ihren Rhythmus aus. So heißt es am Ende des ersten der mit "My House" betitelten Abschnitte: "having love left over which I'd like to lose; what good is it now to me, candy ungiven after Halloween?(173) Ständig spielt der Erzähler - sich immer wieder bekannter Kinderreime bedienend - vor allem mit Alliterationen: "I cannot write the poetry of such proposals, the poetry of politics, though sometimes - often - always now - I am in that uneasy peace of equal powers which makes a State; then I communicate by passing papers, proclamations, orders, through my bowels"(175). Wieder kommt auch in dieser Passage zum Ausdruck, daß sich der Gegenstand seines Bemühens nicht poetisieren läßt.
Die Natur, der der Erzähler in Indiana begegnet, ist nicht mehr diejenige, die in früherer Dichtung besungen wurde. Statt sie zu besingen, muß er sie kritisieren: "Come into the country, then. The air nimbly and sweetly recommends itself unto our gentle senses. Here, growling tractors tear the earth. Dust roils up behind them.

Drivers sit jouncing under bright umbrellas. They wear refrigerated hats and steer by looking at the tracks they've cut behind them, their transistors blaring: Close to the land, are they? good companions to the soil? Tell me: do they live in harmony with the alternating seasons?

It's a lie of old poetry. The modern husbandman uses chemicals from cylinders and sacks, spike-ball-and-claw machines, metal sheds, and cost accounting. Nature in the old sense does not matter"(194).

In der späteren Debatte mit Gardner die gesellschaftliche Verantwortung des Schriftstellers leugnend, nimmt er sie doch in seinen eigenen Texten wahr. Nach Frederick Busch "In the Heart of the Heart of the Country" "celebrates the imagination and condemns it; the condemnation celebrates life"(Holloway 73). Die Imagination versagt, weil ihr Gegenstand ihrer nicht mehr wert ist. Mit der Darstellung solchen Versagens übt Gass Kritik an der sich ihr darbietenden Welt. Mit der Kritik versucht er aber nichts anderes als Gardner, nämlich die Welt zu verbessern. Erst wenn sie verbessert ist, kann er wieder das Leben feiern.

Das Werk von Gass erweist sich in seiner Gesamtheit wie "In the Heart of the Heart of the Country" als Versuch. In diesem Sinne ist Gass experimenteller Erzähler. Doch wie die in seinem Werk dargestellten Versuche mißlingen oder fragwürdig bleiben, so auch seine eigenen Versuche experimentellen Erzählens. Nach den bisher veröffentlichten Fragmenten zu urteilen, wird sein nun seit fast zwanzig Jahren im Entstehen begriffener autobiographischer Roman *The Tunnel* daran kaum etwas ändern.

Literatur

Zitiert nach *Fiction and the Figures of Life*, New York, 1970; *Omensetter's Luck*, New York, 1966; *In the Heart of the Heart of the Country*, New York, 1968.

Sekundärliteratur:
Arthur M.Saltzman, *The Fiction of William Gass: The Consolation of Language*, Carbondale, IL, 1986.
Watson L.Holloway, *William Gass*, Boston, 1990.

Ronald Sukenick, geb. 1932

Zeichnen sich die zunächst betrachteten "metafictions" dadurch aus, daß ihre Erzähler deren Zustandekommen reflektieren, so zeigt sich schon bei Gass an, wie dieses Reflektieren zum Hauptgegenstand der Fiktionen wird. Dies gilt in noch stärkerem Maße für Ronald Sukenick und gewinnt bei Raymond Federman dazu noch eine besondere Bedeutung.

Der 1932 in Brooklyn geborene Sukenick lehrt seit bereits vielen Jahren an der University of Colorado in Boulder. Seine wissenschaftliche Karriere eröffnete er mit der 1967 erschienenen Studie über *Wallace Stevens: Musing the Obscure*. In ihr entwickelte er mit seiner Analyse von Stevens' Werk bereits seine eigene Poetologie. "Life consists / Of propositions about life"(25) zitiert er den Dichter. "The mind," so umschreibt er Stevens Position, "orders reality not by imposing ideas on it but by discovering significant relations with it, as the artist abstracts and composes the elements of reality in significant integrations that are works of art"(12). In seinen eigenen Fiktionen geht er noch wesentlich weiter. "Fiction," heißt es in seinem Essay "The New Tradition", "is one of the ways we have of creating ourselves and the lives we lead"(202). Seine eigenen Schriften sind der Suche nach der imaginativen Einheit der jeweils durch die Erfahrung gewonnenen Daten gewidmet. Fiktion wird für ihn, so Manfred Pütz, zum vornehmlichen Instrument für die Suche nach Wahrheit über das selbst geschaffene Ich und über die Welt, die sich sogleich um dieses Ich zu bilden beginnt(176). Erfahrung ist für Sukenik ein Code, der mit Hilfe der Intelligenz aufgebrochen und von der Imagination wieder zusammengesetzt werden muß. Seine Fiktionen werden zu Versuchsfeldern für die Erprobung von Möglichkeiten solchen Zusammensetzens. Der Leser wird in das Spiel miteinbezogen, sich und die Welt immer wieder neu zu erfinden. "If reality exists, " heißt es in "The Death of the Novel", "it doesn't do so *a priori*, but only to be put together. Thus one might say reality is an activity of which literature is part" (47). Nach Pütz ist die "identity story" für Sukenick nicht länger eine Geschichte von der Suche nach dem Selbst, sondern eine solche über die Unmöglichkeit, eine Geschichte über unveränderliche und identifizierbare Personalitäten zu erzählen(177). In seinen Fiktionen entwickelt er neue Weisen, seine Konzeption einer von einer multiplen Personalität und aufgelösten Identität vorzustellen(179).

"The Death of the Novel", 1969

Bekannter als seine sieben Romane sind Sukenicks unter dem Titel *The Death of the Novel* gesammelten Erzählungen oder - nach dem inzwischen in Gebracuh gekommenen Begriff - "critifictions", besonders aber die Titelgeschichte des Bandes. Die ersten beiden Abschnitte der "Essayerzählung" - aus denen oben schon ein Ausschnitt zitiert wurde - sind zu einem der Manifeste der "New Fiction" geworden:
"Fiction constitutes a way of looking at the world. Therefore I will begin by considering how the world looks in what I think we may now begin to call the contemporary post-realistic novel. Realistic fiction, presupposed chronological time as the medium of a plotted narrative, an irreducible individual psyche as the subject of its characterization, and, above all, the ultimate, concrete reality of things as the object and rationale of its description. In the world of post-realism, however, all of these absolutes have become absolutely problematic.
The contemporary writer - the writer who is acutely in touch with the life of which he is part - is forced to start from scratch: Reality doesn't exist, time doesn't exist. God was the omniscient author, but he died; now no one knows the plot, and since our reality lacks the sanction of a creator, there's no guarantee as to the authenticity of the received version. Time is reduced to presence, the content of a series of discontinuous moments. Time is no longer purposive, and so there is no destiny, only chance. Reality is, simply, our experience, and objectivity is, of course, an illusion. Personality, after passing through a phase of awkward self-consciousness, has become, quite minimally, a mere locus for our experience. In view of these annihilations, it should be no surprise that literature, also, does not exist - how could it? There is only reading and writing, which are things we do, like eating and making love, to pass the time, ways of maintaining a considered boredom in face of the abyss"(41).

Passagen wie diese finden sich über die ganze "story" verstreut. Für sich betrachtet, konstituieren sie keineswegs das, was man gewöhnlich als "story" bezeichnen würde. Zwischen ihnen erscheint eine Collage der verschiedensten Arten von Geschriebenem, vor allem aber Autobiographischem.

Eines der autobiographischen Elemente besteht in der Information, daß sich der Autor zwei Wochen freigehalten hat, um die "Geschichte" zu schreiben. Gegen Ende ist von dieser Zeit nur noch eine Stunde übriggeblieben, und er muß sich beeilen, fertig zu werden. Wiederholt streut er Berichte über das, was sich in dieser Zeit außer seinem Schreiben an der Geschichte zutrug, ein: Er hält ein Seminar über den Tod des Romans und trifft sich mit seinen Studenten in der Cafeteria. Er berichtet von seinem Leben auf der Lower East Side von Manhatten und von seinen Erfahrungen am College außerhalb der Stadt. Von der Gegenwart seines Schreibens und der nebenhergehenden Ereignisse wechselt er über zur Vergangenheit, um mitzuteilen, was sich zwischen den Zeiten, da er "Geschichten" schrieb, ereignete. Einige dieser Berichte nimmt er auf Band auf. Wenn ihm nichts weiter einfällt, zitiert er die Zeitung - z.B. über Unruhen an der Universität. Die Zeit ist der Januar 1968. Der Tag, an dem die "Geschichte" fertig sein soll, ist der 20.Januar. Es ist die Rede von vier Frauen: Lynn, der Ehefrau des Autors, seiner Maitresse, Betty, einer seiner Studentinnen, und Teddy, einem fünfzehnjährigen Mädchen, das er in der Stadt trifft. Der größere Teil der "Geschichte" ist den Sex-Abenteuern mit Betty und Teddy gewidmet.

Der Autor gesteht unverhohlen, daß er mit der Veröffentlichung der "Geschichte" Geld machen will: "My chief concern is whether I'm going to be able to sell this unprecedented example of formlessness. How can you sell a current in a river? [...] how about a little sex, that's the trick. That's what this needs. A little sex. Okay, a little sex"(49). Aus dieser Absicht wird eine ganze Menge Sex. Der Autor spielt "Biedermann und die Brandstifter" mit seinem Leser. Er erzählt ihm unverblümt, daß er ihn zum besten haben will, doch der Leser hält dies für die neuste Errungenschaft der avantgardistischen Kunst.

Bei Sukenick ist der Leser natürlich nie sicher, ob der Autor tatsächliche Erfahrungen wiedergibt oder ob er solche nur erfindet. Während er schreibt, liest er aus den Notizen für sein Seminar: "We improvise our novels as we improvise our lives," heißt es darin. "The world is real because it is imagined"(47). Danach spielt es letztlich keine Rolle, ob es sich um wirkliche oder erfundene Erfahrungen handelt; die beiden sind identisch.

Für Sukenick gibt es keine "großen Werke" mehr: "There's one of the ideas we have to get rid of: the Great Work. That's one of the ways we have of strangling ourselves in our culture. We've got enough Great Works. Once a work becomes Great forget it. What we need is not Great Works but playful ones in whose sense of creative joy everyone can join. Play, after all, is the source of the learning instinct, that has been proved by indisputable scientific experiments. And what characterizes play? Freedom. spontaneity, pleasure"(56). Sukenick mag damit recht haben, daß wir keine "großen Werke" mehr brauchen. Aber was bietet er seinen Lesern an deren Stelle? Worin besteht das von ihm versprochene Vergnügen, das der Leser empfinden soll? Für ihn selbst scheint es darin zu bestehen, daß er damit, daß er seine Leser zum Narren hält, Geld verdient. Es gehört zu seiner Pose, dies offen zu bekennen: "From now on I'm going to be completely open with you my friend, as wide open as the form of this performance. You may cut me down in my tracks, you, reader, may close the book or worse, not even buy it, you, editor, may not even publish it. I stand before you nude and defenseless, my naked soul quivering in below-zero cold. Exhibitionist." Die Passage fährt damit fort, das Leben des Autors mit dem, was er schreibt, zu identifizieren: "as the tempo of the chronicle becomes more and more frantic, as it begins to consume my life so that day by day, hour by hour, there is more and more of my life in it than there is left out of it, period end of sentence. Oh there are still quite a few little things that I leave out, I'm not really an exhibitionist after all, or if so, a crafty one, but fewer and fewer. For one thing, I do very little else now beside work on this story, so there's very little else to put in. Is this life becoming art? Does it matter? The only thing that matters is to keep going from moment to moment, as quick and fluid and surprising as one moment flowing continuously into the next"(71). Worauf dies hinausläuft, ist der nahezu absolute Narzißmus. Die künstlerische Betätigung des Autors (oder sein Leben) handelt nur noch von sich selbst. Was aber soll das den Leser interessieren?

Das Erstaunliche ist jedoch, daß "The Death of the Novel" zumindest zwei ausgezeichnete Erzählungen parabelhaften Charakters enthält. In der einen geht es um Junior, dem plötzlich die Zeit verlorengeht. Als er eines Tages an einem Kiosk auf einer Zeitung entdeckt, "that it wasn't that time at all, but the day before", kommt er mit seinem Zeitverständnis nicht mehr zurecht. Am Ende weiß er nicht mehr zwischen gestern, heute und morgen zu unterscheiden. Alles wird ihm schließlich zur Gegenwart. Mit der Zeit verliert er aber auch sein Leben. "He was already dead to the world, and the world to him, entombed in today. When he actually died, he died, unlike other people, on a day on which he had never died before, and on which he would never die again. On, in fact, today. His tombstone bears the following inscription: *Junior Junior, Jr. Age 35. Born today. Lived today. Died today*" (85f.).

Die andere Parabel ist die von "Jimmy the Jay", der Elster, die die Nester anderer Vögel ausraubt und grimmig ihre Forderung stellt: "Gimme!" Wenn andere denken, daß sie nur ihren Namen falsch ausspreche, und sie Jimmy nennen, wird sie ganz freundlich und hilft, andere zu versorgen. Beide Parabeln - wie einige der Parabeln W.S.Merwins - illustrieren vortrefflich die Unmöglichkeit bzw. die zerstörerische Kraft der Isolation, die der Autor in seinen narzißtischen Fiktionen zu praktizieren versucht. Im Ganzen der "story" bilden sie jedoch nur Einlagerungen in einem Text, der vornehmlich den Fluß der Gedanken und der fiktiven, fiktionalisierten oder tatsächlichen Erfahrung des Autors wiederzugeben versucht. Der Text wird zur "performance"(Kutnik); er versucht festzuhalten, was sich gerade vollzieht.

"What's Your Story", 1960

Als Beispiel für die "playfulness", von der Sukenick in "The Death of the Novel" spricht, kann seine schon 1960 zuerst veröffentlichte "Geschichte" "What's Your Story" genannt werden. Um augenfällig zu machen, daß sie ein Produkt seines Schreibens ist, läßt er Korrekturen, die er im Laufe seiner Überarbeitung anbrachte, im gedruckten Text stehen. Ein Beispiel: "protruding from the robe strike striped robe"(137). Der Autor beschreibt, wie er an verschiedenen Tischen sitzt: einem schwarzpolierten Tisch in seinem billigen Zimmer an der Harvard Universität, einem "escritoire" in Paris und - "where the real story takes place", d.h., wo er gerade schreibt - seinem Tisch in Manhattan.

Die "Geschichte" beginnt, als er erwacht "from the American dream of tomorrow to the flat truth of today. Black ink, my handwriting"(139). Ein Teil seines Traumes besteht aus Szenen, die bekannten Bildern entnommen sind, wie Rousseaus "Schlafende Zigeunerin" oder Leuzes "Washington Crossing the Delaware." Seine gegenwärtige Wirklichkeit besteht im Schreiben der Geschichte, in der ihn Ruby Geranium, ein Mafia-Boss, zu überreden versucht, sich an seinen Unternehmungen zu beteiligen, und GunCannon, ein Polizeisergeant, ihn verfolgt. Er will diese schließlich loswerden und plant ein Treffen zwischen ihnen. Dies mißlingt ihm ganz und gar, da er nicht Meister seines Handlungsschemas ist. Er versucht daraufhin, seine Verbindung zu beiden dadurch zu beenden, daß er aufhört, weiter an der "Geschichte" zu schreiben. "Beat it I told them, just like that. Beat it. The story's over. The game is up"(153). Doch sie werden zurückkommen. Das Spiel ist die Geschichte, die Geschichte das Spiel. Der zu Beginn gehörte Schuß wird immer wieder gehört. Der Autor empfiehlt: "Start with immediate situation. One scene after another, disparate, opaque, absolutely concrete. Later, a fable, a gloss, begins to develop, abstractions appear. End with illuminating formulation. Simple, direct utterance"(154). Der Leser wird damit aufgefordert, seine eigene Geschichte zu erzählen. Was hat er mit "What's Your Story?" gewonnen? "The communication of our experience to others is the elemental act of civilization," zitiert der Autor am Schluß seiner Geschichte. Die Kommunikation seiner fiktiven, fiktionalisierten oder tatsächlichen Erfahrung dürfte aber kaum eine Bereicherung unserer Zivilisation ausmachen.

Dies gilt auch für Sukenicks mit *Up*, 1968, beginnendes Romanschaffen, das dem Muster von "The Death of the Novel" folgt. Sein zweiter Roman, *Out* von 1973, wird von Kutnik als "one of the best metafictional/performatory novels written by an American in recent years"(113) bezeichnet. Er zeigt in der Tat beispielhaft fast alle Charakteristika der experimentellen Erzählkunst, die im Prinzip jedoch von Gass oder Barthelme vorweggenommen wurden. Seine elf Kapitel sind rückwärts von 10 bis 0 numeriert. Die Seiten von zunächst zehn Zeilen werden jeweils von Kapitel zu Kapitel um eine Zeile kleiner, so daß Kapitel 0 nur noch leere Seiten enthält. Dem Autor gehen die Wörter aus. Der Leser wird animiert, selbst Wörter zu liefern. Einerseits geht es in *Out* um eine Reise von New York nach Californien, andererseits doch wieder nur darum, von der Erfahrung des Erzählens zu erzählen.

In Sukenicks nächstem Roman, *98.6* (= 37°C, Fiebergrenze!), 1975, begibt sich der Autor auf die Rückreise vom Westen nach dem Osten. Die USA erscheinen jetzt als Frankenstein. In den Schrecken der Wirklichkeit von Frankenstein gibt es keinen Sinn zu erkennen. "Another failure" sind die letzten Worte des Romans. Doch das Mißlingen besteht nicht darin, der Wirklichkeit Frankensteins keinen Sinn abringen zu können. Es ist vielmehr - nach Kutnik - notwendige Voraussetzung für einen Roman, der die Wirklichkeit wiedergeben will, wie sie wirklich ist: ein ständiges Fließen von einem Augenblick zum nächsten, von einer Seite zur anderen(130).

Die besondere Note von Sukenicks viertem Roman, *Long Talking Bad Conditions Blues*, von 1979 besteht darin, daß die insgesamt nostalgische Tonlage des Textes ihren Niederschlag in Blues-Rhythmen findet. Bereits in den früheren Werk - wie auch bei Gass - findet die Fiktionalisierung von Erfahrung immer wieder ihren Niederschlag in der Rhythmisierung der Sprache. *Long Talking* bildet in dieser Hinsicht einen Höhepunkt.

Noch deutlicher als in *98.6* zeigt sich das gesellschaftskritische Engagement des Autors in *The Endless Short Story*, seinem Roman von 1986. Aber auch hier verzichtet Sukenick nicht auf die für seine Fiktionalisierung von Erfahrung charakteristischen Mittel. So bleibt die Gesellschaftskritik schließlich nur ein spielerischer Versuch, Erfahrungsdaten zu kombinieren oder den Leser zu animieren, es zu tun. 1987 erschienen die bisher letzten Romane Sukenicks: *Blown Away* und *Down and In*.

Literatur

Zitiert nach *Wallace Stevens: Musing the Obscure*, New York, 1967; "The New Tradition" in *In Form: Digressions on the Art of Fiction*, Carbondale, IL, 1985; *The Death of the Novel and Other Stories*, New York, 1969.

Sekundärliteratur:
Jerzy Kutnik, *The Novel as Performance: The Fiction of Ronald Sukenick and Raymond Federman*, Carbondale, 1986.

Raymond Federman, geb.1928

Seit dem Kapitel über "Ronald Sukenick & Raymond Federman" in Jerome Klinkowitz' *Literary Disruptions* zählen die beiden Autoren zu den bedeutenderen "disruptionists". Ihr besonderes Verdienst sieht Klinkowitz darin, daß sie "the most straight acedemic writing" veröffentlichen und so "the highest profile of theory behind such works" vorzuweisen haben(119). Nach Jerzy Kutnik "these two writers are distinguished from most other contemporary novelists by the acuity of their awareness of what performing the art-perceiving role means today. In their exploration of the problematics of performance, from its narrowly literary aspects, through more broadly aesthetic and cultural areas, to genuinely epistemological dimensions, they have placed themselves on the center stage of postmodern fiction"(236). Beide Autoren zeichnen sich auch - zusammen mit anderen, wie Steve Katz und in besonderem Maße Walter Abish - durch ihre jüdische Herkunft aus, die sich in ihrer New Fiction niederschlägt. Es ist jedoch vor allem Raymond Federman, für den "postmodern" oder "postcontemporary fiction" auch zur "postholocaust fiction" wird.

1928 in Paris geboren, lebte er bis 1947 in Frankreich. Wie Beckett, den er als einen seiner Meister betrachtet, schreibt er Französisch wie Englisch. Das entscheidende Ereignis seines Lebens war, daß ihn seine Mutter in einer Abstellkammer versteckte, als sie mit ihrem Mann und ihren beiden anderen Kindern von den Nazis abgeführt wurde. Während sie in Auschwitz umkamen, schlug sich der erst Vierzehnjährige im besetzten - und vorübergehend im unbesetzten - Frankreich bis zum Kriegsende durch. In allen seinen Schriften, bekennt er in einem Interview, versuchte er, "to write the essential of the closet experience of [his] childhood [...]. The closet becomes a womb and a tomb - the beginning of [...] his life, but also its end - metaphorically speaking"- (142). 1947 wanderte Federman in die USA aus und diente nach einer Reihe von verschiedenen Gelegenheitsarbeiten als Freiwilliger im Koreakrieg. Nach seiner Entlassung studierte er an der Columbia University in New York und promovierte 1963 an der University of California in Los Angeles mit einer Studie über Beckett.

Seitdem unterrichtet er an der State University of New York in Buffalo. 1971 erschien mit *Double or Nothing* sein erster Roman. Inzwischen liegen sechs Romane - bzw. Fiktionen - aus seiner Feder vor.

Seine Auffassung von der für seine Zeit erforderlichen Erzählkunst, die er selbst als "surfiction" bezeichnet, formulierte er als "Four Propositions in Form of an Introduction" für die Anthologie kritischer und theoretischer Äußerungen über das Thema, die er 1975 unter dem Titel *Surfiction: Fiction Now...and Tomorrow* herausgab. Diesen "propositions" zufolge ist Federman nicht an der Erzählkunst interessiert, wie sie von *Don Quixote* bis in seine Zeit verfaßt wurde. Sein Anliegen ist eine Erzählkunst, die von anderen als experimentell bezeichnet wird, für ihn aber die einzige Möglichkeit, heute schreiben zu können, darstellt: Sie ist "that fiction which the leaders of the literary establishment [...] brush aside because it does not conform to *their* notions of what fiction should be"(6f.). "The only fiction that still means something today is" für Federman "that kind of fiction that challenges the tradition that governs it; the kind of fiction that constantly renews our faith in man's imagination and not in man's distorted vision of reality - that reveals man's irrationality rather than man's rationality. This I call SURFICTION. However, not because it imitates reality, but because it exposes the fictionality of reality"(7). Für Federman gibt es keine Wirklichkeit. Sie existiert allein "in man's distorted vision" von ihr, d.h. in fiktionalisierter Form. Diese Position ist natürlich logisch nicht haltbar; wenn er glaubt, von einer "fictionalized reality" sprechen zu können, setzt dies die Existenz einer "nichtfiktionalisierten" Wirklichkeit voraus.

Der nächste Schritt in der Argumentation Federmans besteht darin, daß keine vorgegebene Bedeutung existiert, daß eine solche immer erst geschaffen werden müsse. Die autonome Wirklichkeit der New Fiction muß erst entworfen oder vorgestellt werden, bevor ihr eine Bedeutung abgewonnen werden kann. Als solche ist sie unabhängig. Es fällt allerdings schwer, sich unter solchen Voraussetzungen vorzustellen, wie diese imaginäre Wirklichkeit die "wirkliche Welt" verbessern können soll. Demgegenüber klingt es bescheidener, wenn Federman behauptet, "[that] fiction will no longer be regarded as a mirror of life, as a pseudorealistic document that informs us about life, nor will it be judged on the basis of its social, moral, psychological, metaphysical, commercial value, or whatever, but on the basis of what it is and what it does as an autonomous art form in its own right"(8f.).

Die erste Forderung Federmans ist, daß der Leser die Wahl haben solle, den Text zu lesen, wie er wolle, und nicht notwendigerweise mit der ersten Seite beginnen und mit der letzten aufhören müsse. Er soll anfangen, wo es ihm beliebt, und nach Laune vor- und zurückblättern können.

Der zweiten Forderung zufolge ist es "no longer necessary to have the events of fiction follow a logical, sequential pattern"(10), da die erzählende Prosa keiner Handlung mehr bedürfe.

In der vierten Forderung geht es um den Stoff der Erzählkunst: Alles könne ihr als Stoff dienen. Tatsächlich erfindet seine New Fiction aber ihre eigenen Stoffe und wird dadurch autark. "If the material of fiction is invention," heißt es, "then writing of fiction will be a process of inventing, on the spot, the material of fiction"(12). Das macht aber Federmans "surfiction" zur "metafiction", d.h. zur "fiction on fiction".

In der dritten und letzten seiner Forderungen zieht Federman seine Schlußfolgerungen aus den vorhergehenden: "It is obvious from the preceding propositions that the most striking aspects of the new fiction will be its semblance of disorder and its deliberate incoherency. Since [...] no meaning pre-exists language, but meaning is produced in the process of writing (and reading), the new fiction will not attempt to be meaningful, truthful, or realistic; nor will it attempt to serve as the vehicle of a ready-made meaning. On the contrary, it will be seemingly devoid of any meaning, it will be deliberately illogical, unrealistic, non sequitur, and incoherent. And only through the joint efforts of the reader and creator will a meaning possibly be extracted from the fictitious discourse"(13). Folgen wir Federmans Argumentation wird unsere eigene Analyse äußerst fragwürdig: *unser* Leser mag aus dem, was wir schreiben, eine andere Bedeutung gewinnen als die, die wir zu formulieren glauben und - auf der nächsten Ebene - auch eine andere als die, an die Federman dachte. Doch dürfte wohl kaum ein Leser den Autor voll beim Wort nehmen. Kutnik ist ziemlich sicher, daß sich Federman darüber im klaren ist, " [that] though the final meaning is what the reader creatively actualizes during the act of reading, this meaning (or all the meanings that individual readers of the work may actualize) is inscribed, as a potentiality, by the author into his work"(169f.). Worauf es schließlich ankommt, ist, daß Wirklichkeit immer wieder neu nach ihrer Bedeutung befragt werden muß.

Die Wirklichkeit, die Federman in seinen Schriften immer wieder zum Ausdruck bringen will, ist die seiner Erfahrung in der Abstellkammer oder - allgemeiner - sein Überleben des Holocaust. Sein Theoretisieren als postmoderner Schriftsteller geht Hand in Hand mit seinem Versuch, seine Identität als "Displaced Person: The Jew/The Wanderer/The Writer" - so der Titel eines seiner Essays - zu definieren.

"The Jewish writer," behauptet er, "was invented after World War II." Nach dem Holocaust fand sich der jüdische Schriftsteller gezwungen "to assume [...] moral responsibility for the entire history and suffering of the Jewish people." Er mußte zum "historian of the Holocaust"(89) werden. Das Problem, mit dem sich Federman konfrontiert sieht, ist, *wie* er seine Geschichte erzählen soll. Der Weg, den er glaubt gehen zu müssen, ist der des Umwegs. "The central event in Federman's fiction," zitiert er selbst einen seiner Kritiker und Freunde, Charles Caramello, "is not the extermination of his family, but the erasure of that extermination as a central event"(90) oder - so ließe sich sagen - das Anliegen, mit seiner Vergangenheit fertig zu werden. Federman stimmt bis zu einem gewissen Grade mit George Steiner darin überein, "[that] what should be told and retold is not the story of the Holocaust and the suffering of the Jews in the camps, but the absence of words to express the event"(91f.). Doch Federman geht über Steiner hinaus: "To say that it is impossible to say what cannot be said, is indeed a dead end in today's literature, unless one makes of this gap, this lack, this linguistic void the essential moral and aesthetic concern which displaces the original event towards its erasure, and thus transcends 'the story'." Für Federman bedeutet dies, "[that] it is no longer through the functions of memory that one will confront the issue, but with the powers of imagination." Sollte es ihm gelingen, die Situation des Holocaust mit Hilfe seiner Imagination darzustellen, könnte er vielleicht erkennen und verstehen, wie es sich wirklich ereignet haben mag. Diese Wirklichkeit imaginativ herzustellen, bedeutet für ihn, sie zu erleiden.

Wie Caramello bereits feststellte, übertreibt Federman, wenn er sagt, "[that it is] NOT through ethics but aesthetics, NOT through content but form, NOT [...] that we will eventually come to terms with the Holocaust and its consequences"(92). Die Wahrheit ist, daß er den Umweg über die "Form" machen *muß*, um zu dem "Inhalt" zu gelangen. "The form of the text [...] will eventually allow us to express the tragedy of Jewish suffering during the Holocaust"(97). Für Federman als jüdischem Schriftsteller werden "postmodern" und "postholocaust" Literatur eins. Postmodernismus ist sein Weg, nach Auschwitz weiter schreiben zu können.

The Voice in the Closet, 1979

Die Abstellkammer, in die Federman gesteckt wurde, als die Nazis kamen, um seine Eltern und seine Schwestern abzuholen, erscheint in allen seinen Werken, am eindrucksvollsten und bedeutungsvollsten jedoch in *The Voice in the Closet*.

The Voice in the Closet wurde erstmals 1979, etwa gleichzeitig in seiner französischen Version, *La voix dans le cabinet de débarras*, veröffentlicht. Beide Versionen wurden - zusammen mit einem französischen Beispiel experimenteller Kunst, Maurice Roches *Echos* - im gleichen Jahr in vorbildlichem Druck und kunstvoller Gestaltung noch einmal herausgegeben. Von der einen Seite her aufgeschlagen, liest man in dieser Ausgabe die englische Version, von der anderen her die französische. Dazwischen befinden sich Roches *Echos* mit dem normalen Text in *recto*, dessen Negativ in *verso*. Federmans englischer Text erscheint in quadratischen Blöcken, sein französischer in Rechtecken auf je zwanzig Seiten *recto* gegenüber Linien in *verso*, die sich zu fünf Türen oder Kästen in Türen oder Kästen fügen und den ständig erneuerten Versuch illustrieren sollen, über seine Erfahrung in der Abstellkammer zu schreiben. Die erste der unnumerierten Seiten des englischen Textes ist in Faksimile auf der folgenden Seite wiedergegeben.

Um *The Voice in the Closet* zu schreiben, zog Federman die Papierbogen waagerecht in die Maschine und schrieb die verschiedenen Stimmen, derer er sich bediente, auf die einander gegenüberliegenden Seiten des Blattes. Er behauptet, vierhundert solcher Seiten geschrieben zu haben, bevor er daran ging, das Manuskript auf seine gegenwärtige Form, seinen Zwanzig-Seiten-Roman, wie er sie nennt, zu kürzen.

Die quadratischen Blöcke auf jeder Seite repräsentieren Versuche, den Kasten der Abstellkammer zu beschreiben. Es kostet einige Anstrengung, sie zu lesen oder - besser: - zu entwirren. Der Leser muß sich seinen Weg durch das Dunkel der Seiten als Abstellkammern ertasten. Federman sitzt allem Anschein nach an seiner Schreibmaschine, seiner "selectric stud", die ihn wieder mit der Stimme des Jungen sprechen macht, der er damals war. Was vermutlich gesprochen wird, ist das, was er bereits sein ganzes Leben lang zu sagen versuchte. Doch alle seine früheren Versuche waren offensichtlich "so many detours". Er ist gewarnt: "no more false starts". Was er bisher machte, waren "relentless false justifications in the margins." Mehr muß kommen "in my own words now that I may speak." Was er zu sagen haben wird, ist "the real story from the other side extricated from inside roles reversed without further delay." Er sieht sich in der Doppelrolle des Schriftstellers, der über eine Person schreiben will, die er selbst sein oder gewesen sein soll, über eine Person, die ihn bittet, daß er über sie schreibe oder daß sie mit seiner Hilfe hervorgebracht werde.

An dieser Stelle beginnt er tatsächlich mit seiner Geschichte "without further delay": "they pushed me into the closet on the third floor." Dies bedarf bereits einer Erklärung: "I am speaking of us" - wahrscheinlich auf alle Mitglieder der Familie Bezug nehmend, die an dem Geschehen beteiligt waren. Er stellt Überlegungen über das weitere Schicksal seiner Familie an. Danach muß er wieder darauf verweisen, daß

here now again selectricstud makes me speak with its balls all balls foutaise sam says in his closet upstairs but this time it's going to be serious no more masturbating on the third floor escaping into the trees no the trees were cut down liar it's winter now delays no more false starts yesterday a rock flew through the windowpane voices and all I see him from the corner of my eye no more playing dumb boys in the street laughing up and down the pages en fourire goofing my life it's a sign almost hit him in the face scared the hell out of him as he waits for me to unfold upstairs perhaps the signal of a departure in my own voice at last a beginning after so many detours relentless false justifications in the margins more to come in my own words now that I may speak say I the real story from the other side extricated from inside roles reversed without further delay they pushed me into the closet on the third floor I am speaking of us into a box beat me black and blue question of perspective how it should have started in my little boy's shorts I am speaking of me sssh it's summertime lies again we must hide the boy sssh mother whispering in her tears hurts to lose all the time in the courtyard bird blowing his brains out on

er von sich selbst als demjenigen spricht, der an der Schreibmaschine sitzt. Die Schwierigkeit, den Text auf diese Weise zu lesen, entspricht der Schwierigkeit, die Geschichte zu erzählen. Es ist unter anderem eine "question of perspective".

Der Leser hat Schwierigkeiten, die verschiedenen Stimmen zu identifizieren. Beide sprechen von sich selbst in der ersten Person Plural oder von einander im Plural. Daneben verweisen sie auf "sam". Von anderen Texten Federmans her können wir schließen, daß damit Samuel Beckett gemeint ist. In dem vorliegenden Text ergibt der Verweis keinen Sinn. Worauf es ankommt, ist, daß es sich bei den beiden Stimmen, die von sich selbst sprechen, um den Autor, der den Text gerade schreibt, handelt und um die Stimme, die aus dem, was er tatsächlich oder vermeintlich schreibt, spricht. Die verwickelte Situation wird auf der folgenden Seite mit dem Weg beschrieben, den der Text zurücklegt: "from his fingers into my voice back to him on the machine."

Er "on the machine" beginnt wieder mit seiner Geschichte in der Abstellkammer. Er ist "federman", der "featherless little boy dammit in our closet after so many false names foisted upon me evading the truth." Der Autor verliert sich vor der Schreibmaschine in seinem Wortspiel: "federman", "featherless", betrachtet sein Schreiben über das Ereignis in seiner Jugend als ein Öffnen von Türen "to stare at my nakedness". Dies ist "a metaphor I suppose" und "wrong again". Immer wieder begegnet er "traps evasions question of patience determination take it or leave it", wobei er auf seinen damals letzten Roman, *Take It or Leave It*, 1976, anspielt. Er erkennt "the futility of telling". Dennoch beginnt er von neuem: "my life began in a closet a symbolic rebirth in retrospect." Die Art, wie er die Geschichte erzählt, wird zu einem symbolischen Akt oder einer Lüge: "giggling they pushed me into the closet among empty skins and dusty hats my mother my father the soldiers they cut little boys' hands old wife's tale." Es ist eine "old wife's tale", aus dem Ersten Weltkrieg, daß deutsche Soldaten kleinen Jungen die Hände abgeschnitten haben sollten; hier wird sie zum Bild für das Verzerren der Wirklichkeit während des Erzählens, aber auch für das Abgeschnittenwerden der Familie von dem Leben des Jungen in der Abstellkammer.

Mit der Geschichte anzufangen, bedeutet, sich selbst wieder zu erfinden: "I'm beginning to see my shape only from the past from the reverse of farness looking to the present can one possibly into the future even create the true me invent you federman with your noodles gambling my life away double or nothing in your verbal delirium." *Double or Nothing* war der erste Roman des Autors von 1971.

Von Seite zu Seite steigert sich das "verbal delirium". Es zeigt sich z.B., wenn "moinous" - ichwir: Federman und alle Rollen, in die er in seinen früheren Veröffentlichungen geschlüpft war - fragt: "but where were you tell me dancing when it all started where were you when the door closed on my shouting I ask you when I needed you the most letting me be erased in the dark at random in his words scattered nakedly telling me where to go how many times yes how many times must he foist his old voice on me his detours cancellations ah that's a good line lies me to tell now procrastinations I warned him deep into my designs refusing to say millions of words wasted to say the same old thing mere competence never getting it straight his repetitions what really happened ways to cancel my life digressively each space relating to nothing other than itself me inside his hands progress quickly discouraged saying that it was mad laughter to pass the time."

In seiner Verzweiflung darüber, nicht fähig zu sein, seine Geschichte zu erzählen, erzählt er sie - *ex negativo* gewissermaßen -, wenn er sich vorstellt, wie er wieder im dunklen Schoß der Abstellkammer wartet und das Schicksal seiner Familie vor seinen Augen vorbeiziehen sieht: "down the staircase with their bundles moaning yellow stars" - die Sterne, die sie zu ihrer Identifikation als Juden tragen mußten - "to the furnace" - dem von Auschwitz - "the boots" der Soldaten "my father mother sisters too to their final solution" - der "Endlösung" der jüdischen Frage - "when I needed him," seinen Vater, "the most last image of my beginning to the trains to be remade unmade to shade the light" - Bezug nehmend auf einen in einem Konzentrationslager hergestellten Lampenschirm aus menschlicher Haut. Und dann spricht der Autor über die Namen, die er annahm, wenn er versuchte, seine Geschichte zu erzählen, um damit zu sich selbst zu finden: Boris, den Helden seines ersten Romans, den Anonymus seiner anderen Werke, reduziert zu einem "hommes de plume", oder die Umkehrung seines Namens zu "namredef".

Die Situation, die Federman in *The Voice in the Closet* beschreibt, ist, "[that] my whole family parenthetically XXXX into typographic symbols while I endure my survival from its implausible beginning to its unthinkable end." Er hofft, sein Überleben dadurch ertragen zu können, daß er versucht, seine Geschichte zu schreiben, um feststellen zu müssen, daß sie sich nicht schreiben läßt. Dennoch hofft er, daß es ihm eines Tages gelingen werde: "he thinks his words will eventually stumble on the right aggregate of my being how clever he would like it to be my fault if his words fail to save me."

Es kann daran gezweifelt werden, ob Federman je über "the right aggregate" stolpern wird. Doch *The Voice in the Closet* kann als ein überzeugendes und bewegendes Dokument eines Juden betrachtet werden, der dem Holocaust entkam und als Schriftsteller eine neue Bestimmung zu finden versucht. Mit seinem Text dokumentiert er, daß die Geschichte des Holocaust nicht geschrieben werden kann und daß - paradoxerweise - sein Versuch, es dennoch zu tun ein beachtliches literarisches Werk darstellt, das sich als Essay, Roman, Meditation oder Geschichte bezeichnen läßt. Es ist ein gelungener "metafiktionaler" Text, insofern er den Prozeß des Versuches nachzeichnet, in einer Welt Bedeutung zu finden, die für seinen Verfasser bedeutungslos geworden ist.

The Twofold Vibration, 1982

Bevor er *The Voice in the Closet* schrieb, hatte Federman bereits mit einem weiteren Roman begonnen. Er legte ihn beiseite, vermutlich, um sich mit *The Voice* für das Schreiben einer weiteren Version der Geschichte seines Lebens zu entschuldigen. Er mußte die früheren Versionen seiner Geschichte als mißlungen betrachten, und seine zukünftigen versprachen nicht gerade, "[that] his words will eventually stumble on the right aggregate". Es ist fraglich, ob es ihm je besser gelingen wird, sein Dilemma zu beschreiben als in *The Voice*. Kutnik sieht, daß Federman - getreu dem Diktum Becketts - "is determined to 'fail as no other dare to fail' and thus 'make a failure a howling success'. Of all his books published so far," sagt er, "the one that comes closest to achieving this goal and becoming a very successful artistic failure is his [...] *The Voice*." Doch in bezug auf die Bedeutung des Holocausts für die Zukunft kommt *The Twofold Vibration* von 1982 dem Erfolg des kleineren Buches sehr nahe.

In seinem Interview mit Larry McCaffery sagt Federman, daß er gewöhnlich seine Romane mit einem Satz beginne, der ihm gerade durch den Kopf ginge. In *The*

Twofold Vibration ist es der folgende Satz: "If the night passes quietly tomorrow he will have reached the 21st century and be on his way"(2). Wie der Leser später erfährt, wird er nicht "unterwegs" sein. Doch wie in *The Voice* geht es in dem Roman nicht so sehr darum, was geschah oder geschehen könnte, als darum, wie wir davon erfahren. Es handelt sich um einen weiteren Versuch, die "wahre Geschichte" zu schreiben. Im Gegensatz zu den früheren Versuchen, "it begins in the future."

Mit der Zukunft zu beginnen, bedeutet für den Autor nicht, daß er Science Fiction schreibt. Er zieht es vor, von "exploratory or better yet extemporaneous fiction" zu sprechen, was ihm "more space, room to expand forward and backward" erlaubt, "room to turn imagination loose on the spot and shift perspectives unexpectedly." Es ist "a way to look at the self, at humanity, from a potential point of view, premembring[!] the future rather than remembring the past"(1). In gewissem Sinne tut er das Gleiche wie Bellamy in seinem *Looking Backward: 2000-1887*. Er erkundet "the future retrospectively"(129), doch aus einer kürzeren Distanz, als Bellamy es tat.

Wie der von Beckett übernommene Titel besagt, schaut der Autor in zwei Richtungen: Indem er sich in die Zukunft versetzt, versucht er, mit der Vergangenheit fertigzuwerden. Die Vergangenheit ist natürlich wieder seine Erfahrung als Überlebender des Holocaust: "I'm not morbid, I'm happy, can't you see, yes happy to be here with you, but you see the fact of being a survivor, of living with one's death behind, in a way makes you free, free and irresponsible toward your own end, of course you feel a little guilty while you're surviving because there is this thing about your past, your dead past and all that, but you have to get on with things, sustain your excessiveness, so to speak, yes imagine you have this wretched past, so wretched, gruesome, but it's the only past you've got, I mean you're stuck with it, but then they take it away from you, erase it, make typological symbols out of it, funny little xxxx's on pieces of paper, you're dead as far as they are concerned, nonexistent, I mean how do you live without a past, well you manage to survive anyhow, to fake it, fictitiously, extemporaneously, not as revenant but as devenant, by projecting yourself ahead of yourself"(50). Wir erfahren sehr wenig über die Zukunft in dem Roman; doch wir sehen, wie der Autor versucht, von seiner Rückschau aus der Zukunft seine Vergangenheit zu begreifen. Mit der Vergangenheit fertigzuwerden, ist für ihn notwendig, um der Gegenwart einen Sinn abgewinnen zu können.

Für den Autor von *The Twofold Vibration* oder seinen Protagonisten, den alten Mann, besteht die besondere Situation darin, daß sein Ende durch sein Überleben des Holocaust "verschoben" wurde: "this postponement of the end, this transition from lessness to endlessness, this shift from ultimate to penultimate or even to antepenultimate, seems to adumbrate a greater mystery, a greater horror too, and that is why perhaps our old man must be expelled from this world, one cannot wander forever in a borrowed land, live a deferred life, but of course I am only speculating here"(147).

Als Erzähler erscheint der Autor selbst in seinem Roman. Sein Name wird ausdrücklich erwähnt. Doch betrachtet er sich als "a scribe [...] a detached reporter [...] a secondhand teller"(33), der die Geschichte eines alten Bekannten niederschreibt, "the old man", der am Vorabend des Neujahrstages 2000 auf einem Raumfahrthafen auf seine Deportation in eine Raumkolonie wartet. Der "alte Mann" ist natürlich ein *alter ego* Federmans. Sein Geburtsjahr ist allerdings dasjenige von Federmans Vater. Federman selbst erscheint als der Autor von *Amer Eldorado* (der gekürzten französischen Version von *Take It or Leave It*) und *The Voice*. Er umfaßt alle Rollen, die er in seinen früheren Werken angenommen hatte: "we are the sum of the roles we play, those we played in the past as those still to be played in the future"(41). Federman ist "the writer [who] names himself through an infinity of fictitious third persons"(150). Er erfährt den größeren Teil der Geschichte von Namredef und Moinous, Freunden des alten Mannes, die sich auf dem Raumfahrtbahnhof befinden, um ihm zu helfen. Namredef und Moinous sind natürlich - wie in *The Voice* - wieder Pseudonyme für Federman. Vieles von dem, was erzählt wird, ist, "what the narrators of this story have reported to me after they last saw the old man and his dog in the antechamber of departure, Namredef and Moinous who shall soon play a more prominent role as the plot unfolds, for it is from them, Namredef and Moinous, inseparable narrators of my story, but also devoted lifelong friends and acolytes of the old guy, who have been investigating the situation, that all information is received"(33). Federman spricht von ihnen als wirklichen Personen, läßt aber keinen Zweifel an ihrer Fiktivität: "they have been introduced simply for the convenience of the narrative, to help along, to allow some shifts of point of view and some creative free play"(79). Der Perspektivenwechsel erfolgt wie in den Graphiken Eschers; Perspektiven werden dadurch aufgehoben, daß sie ineinander überführt werden, hier die des Autors in die seiner *alter egos* im Roman. Am Ende schließt der Autor die Augen und "Namredef and Moinous fade away into [his] subconscious"(174).

Der Roman reicht tatsächlich nicht über den 1 Januar 2000 hinaus. Der alte Mann erwartet seine Deportation. Es hatte einen Augenblick in der Geschichte gegeben, da die Menschen ihre Situation nicht mehr ernst nehmen konnten und zu lachen begannen. Man riß alle Grenzen ein und gründete die Vereinigten Staaten des Planeten Erde im Jahre 1993. Ein Jahr später hatte man damit begonnen, Raumkolonien mit allen möglichen Menschen zu besiedeln, die auf der Erde unerwünscht waren oder nicht mehr gebraucht wurden. Sie waren ein Ort "[where] undesirables are sent, [...] criminals and perverts, madmen or those who are considered physically or mentally abnormal, social derelicts, the useless ones, the good-for-nothings, and others too, [...] old folks and sick people are also sent there, the incurables, that solves the problem of the aged, social security and medicare, and it also wipes out crime and unemployment, not to mention sexual perversion artists too are sent there, yes especially experimental artists"(3). Die Raumkolonien sind nichts anderes als die Konzentrationslager der Zukunft. Niemand weiß natürlich etwas Genaueres über sie zu sagen. Sie mögen nur "another form of charitable deception"(13) wie die "Baderäume" in Auschwitz sein, in denen Menschen vergast wurden. Für den alten Mann sind sie nur eine Lüge: "Yes of course, it's not true, maybe in the future there will be such places, but for the time being it's not possible, I mean technologically, it's a lie, a myth, I have invented the space colonies so that I can be sent there, imaginatively speaking"(148). Die Auswahl der zu Deportierenden erfolgt durch einen Komputer, Onselacouledouce genannt, einer Entsprechung zu WESCAC in Barths *Giles Goat-Boy*.

Die Situation des alten Mannes ist wieder diejenige des jungen Federman in der Abstellkammer. Die Deportationsszene, mit deren Hilfe der Autor einen neuen Anfang machen wollte, seine Situation zwischen Anfang und Ende zu ergründen, erweist sich als nichts anderes als ein neues Abstellkammererlebnis. Alle anderen zur Deportation bestimmten Passagiere haben den riesigen Warteraum verlassen und das Raumschiff bestiegen; nur der alte Mann bleibt zurück. Er wurde nicht aufgerufen. Er wird nicht deportiert, weiß aber nicht, warum er verschont blieb. "A barrage of unresolved events" konfrontiert den Autor am Ende seines Buches. Das Verbleiben der "twofold vibration" legt nach Beckett nahe, "that in this old abode all is not yet quite for the best"(175) und es bleibt dem Autor nichts anderes übrig, als weiter zu schreiben. *The Twofold Vibration*, das Buch, konnte sein Problem nicht lösen: es dokumentiert nur wieder seine Not, die Leere seiner Abstellkammersituationen mit Versuchen, ihnen Bedeutung abzugewinnen, zu füllen. Wiederum Beckett zitierend, "Words are both what help us get where we want to go and prevent us from getting there"(66).

The Twofold Vibration, wie die anderen Werke, die wir mit ihrem Autor als Romane bezeichneten, sind keine Fiktionen im traditionellen Sinne. Federman erfindet Fiktionen, um herauszufinden, ob er mit einer von ihnen das treffen könnte, was als wirklich vorstellbar wäre. "The governing tense of my fiction," sagt er inseinem Interview mit McCaffery, "is indeed the conditional tense"(128). "The unimagined remains to be invented for him"(5). Er spricht über die Möglichkeit von Erzählkunst, aber schreibt sie nicht. Ihn treibt "a profound and personal need to come to terms with the unexplainable"(5), die ihn treibt. Im Zentrum dessen, was unerklärt geblieben ist, steht das Erlebnis des Holocaust; "for the stupefying truth is that the Holocaust is the epic event of the 20th century"(12). *The Twofold Vibration* - wie alle "Romane" Federmans - kann schließlich als "metacritifiction" über die Unmöglichkeit, mit Auschwitz oder - darüber hinaus - mit unserer gegenwärtigen Welt fertig zu werden, betrachtet werden. Wie für Hamlet (1,2,255) "all is not well", für Federman "all is not yet quite for the best - as such."

Gegen Ende des Romans sieht der alte Mann ein, "that I had no more ideas, no ideas as such, that I was totally devoid of ideas, empty, still I thought I might be able to go on, make of this emptiness an occasion, because, I told myself, the basic principle of communication itself, that is to say how to translate the facts, the immediate sensations of experience into an alternative structure of language, constitutes an idea in itself, an idea about not having ideas"(159). Wie der alte Mann sich darüber Gedanken macht, keine Gedanken zu haben, schreibt Federman darüber, nicht schreiben zu können. Das macht seine tragische Situation als Überlebender des Holocaust aus und das läßt sein "postmodern" "postholocaust writing" werden.

Dies gilt auch für die beiden nächsten Romane des Autors. Auch in ihnen steht das Abstellkammererlebnis im Hintergrund. In *Smiles on Washington Square*, 1985, setzt die Begegnung mit einem Passanten den Gedanken in Bewegung, was hätte geschehen können, wenn man nicht nur aneinander vorbeigegangen wäre. Der Gedanke wird zur Folie für die Frage nach dem, was geschehen wäre, hätte seine Mutter Federman nicht in die Kammer gestoßen. In *For Whom It May Concern*, 1990, beabsichtigt ein inzwischen nach Amerika ausgewanderter Bildhauer, sich mit seiner Cousine Sarah zu treffen, die in einen Kibbuz nach Israel verschlagen wurde. Bei einer Zwischenlandung in Paris, wo beide ihre Eltern verloren hatten, verbringt er die Wartezeit mit Erinnerungen an das frühere Erlebnis in dieser Stadt, das sein weiteres Leben bestimmte. Wie der alte Mann in *The Twofold Vibration* versucht er, "to decipher in the blackness of that hole the meaning of his mother's gesture"(141).

Literatur

Zitiert nach Tom LeClair und Larry McCaffery, *Anything Can Happen: Interviews with Contemporary American Novelists*, Urbana, IL, 1983; Federman, *Surfiction:*

Fiction Now ... and Tomorrow, Chicago, 1975; "Displaced Person: The Jew/The Wanderer/The Writer", *Denver Quarterly*, 19, 1984, 126-51; *The Voice in the Closet*, Madison, WI, 1979; *The Twofold Vibration*, Bloomington, IN, 1982; *To Whom It May Concern*, Boulder, CO, 1990.

Sekundärliteratur:
Jerzy Kutnik, *The Novel as Performance: The Fiction of Ronald Sukenick and Raymond Federman*, Carbondale, IL, 1986.
Gerhard Efferz, *Text und/oder Spiel: Raymond Federmans Roman THE TWOFOLD VIBRATION*, Bonn, 1987.

Weitere experimentelle Erzähler

Robert Coover, geb.1932

Robert Coovers Werk trägt alle Kennzeichen der New Fiction, fand aber erst seit dem als Skandalerfolg zu betrachtenden Rosenbergroman, *The Public Burning*, 1977, stärkere Beachtung in der Kritik. 1932 in Charles City, Iowa, geboren, absolvierte Coover sein Studium an der University of Southern Illinois und der Indiana University. Nach seinem Militärdienst in der Marine und weiteren Studien an der University of Chicago verdiente er neben seiner schriftstellerischen Tätigkeit seinen Unterhalt an verschiedenen Universitäten und Colleges als Lehrer für "creative writing". Mit einer Spanierin verheiratet, lebt er den größeren Teil des Jahres in Europa. Er kann nicht wie die im vorausgehenden Kapitel behandelten Erzähler als Vertreter einer akademischen New Fiction betrachtet werden. Obwohl auch er - besonders in seinen späteren Fiktionen - nach abstrakten Vorstellungen konstruiert, bemüht er sich weniger um deren theoretische Fundierung. Sein literarisches Vorbild ist - wie schon für Federman - Samuel Beckett. Ihm ist auch ein bemerkenswerter früher, aber erst 1971 veröffentlichter Essay, "The Last Quixote", gewidmet.
    Bereits in seinem ersten Roman, *The Origin of the Brunists*, 1966, entwickelt er das für einen großen Teil seiner Fiktionen typische Schema, demzufolge seine Charaktere Systeme konstruieren, mit denen sie ihrer Wirklichkeit Sinn abzugewinnen versuchen, die sie dann aber als von sich unabhängig betrachten. Die Figuren in Coovers Fiktionen vergessen, daß sie selbst die Wirklichkeit, von der sie sich abhängig fühlen, entworfen haben.
    Der frühe Roman geht aus von einer Bergwerkskatastrophe, bei der 96 Bergleute umkommen und Giovanni Bruno als einziger überlebt. Der Versuchs Brunos und der Gemeinde, dem Unglück einen Sinn abzugewinnen, machen den Roman zu einer Parabel für die Genese einer Religion. Die Tatsache, daß auch diejenigen, die um die Fiktivität ihrer Sinngebung wissen, schließlich an sie glauben, wird zum "metafiktionalen" Merkmal im spezifisch Cooverschen Sinne.

The Universal Baseball Association, Inc., J.Henry Waugh, Prop., 1968

Coovers zweiter Roman folgt dem Schema seines ersten; doch spielt der Autor in ihm mit einem weit komplizierteren System, das zudem die Kenntnis der Regeln und der Geschichte des Baseballs voraussetzt, die dem nicht-amerikanischen Leser meist nicht bekannt sein dürften.

J.Henry Waugh [JHW...h], der Jahwe der Geschichte, entwirft ein nach den Regeln des Baseball funktionierendes Würfelspiel, das für ihn zunehmend Wirklichkeitscharakter gewinnt; er verkehrt schließlich mit den Figuren seiner Schöpfung auf deren Ebene. Im letzten Kapitel leben die erfundenen Figuren auch ohne ihn weiter. Der weiße Ball, das zentrale Symbol der Geschichte, ist an und für sich gesehen, ohne Bedeutung; aber dadurch, daß ein Spiel mit ihm entworfen wird und er in diesem Spiel eine Funktion zugeteilt bekommt, entsteht ein System, in dem alles in bezug auf ihn Sinn gewinnt. Das bedeutet nicht, daß mit dem gewonnenen Sinn alles zum Besten verläuft: Henry verliert den Spieler, den er als seinen Sohn betrachtet. Er streitet sich mit einem anderen Spieler, Lou Engel, dem Luzifer der Geschichte. Eine gewichtige Rolle spielt Jock Casey, dessen Initialen - wie diejenigen Jim Caseys in Steinbecks *The Grapes of Wrath* - auf Jesus Christus verweisen.

Mit seiner die biblische Geschichte parodierenden Fabel meint Coover eine Möglichkeit zu zeigen, um mit Hilfe von Fiktionen Wirklichkeit zu bewältigen. Wirklichkeit, Bedeutung, Schönheit oder Gott mögen danach von Menschen erfunden worden sein, sie erweisen sich im Leben jedoch als nützlich und vielleicht sogar als notwendig.

Pricksongs & Descants: Fictions, 1969

Der Titel von Coovers Sammlung seiner kürzeren Prosa nimmt Bezug auf den einen *cantus firmus* variierenden Diskant; dieser wird als kompositorisches Verfahren - wie ähnlich bereits bei William H.Gass - zum Geschlechtsakt in Beziehung gesetzt; "pricksongs" sind "death-cunt-and-prick songs"(16) nach der Umschreibung in der als Prolog dienenden Fiktion "The Door". Die einzelnen Fiktionen sind alle auf ihre Weise aufschlußreich, lassen jedoch ein durchgehendes Muster erkennen. Die Variationen dazu halten sich in Grenzen. Auf nur einige ihrer wichtigeren kann im folgenden eingegangen werden.

In "The Magic Poker", dem "Zauberschürhaken", bekennt der Erzähler offen, daß er die Wirklichkeit, über die er jetzt spricht, mit dem Sprechen erst selbst erfinde. "I wander the island, inventing it"(20). Er ist der Prospero, der seine eigene Zauberinsel erfindet und sie bevölkert. Als Erfinder seiner Inselwirklichkeit bleibt er fast die ganze Zeit gegenwärtig und bringt sich mehrfach in Erinnerung. Von den zwei Mädchen, die er mit einem Motorboot auf der Insel landen läßt, heißt es: "I have brought two sisters to this invented island, and shall, in time, send them home again. I have dressed them and may well choose to undress them"(25). Vorübergehend wird der natürlich auch erfundene Sohn des Aufsehers über die Insel - eine Art Caliban - vermißt, woraufhin der Erzähler vorgibt, unsicher zu werden, welches die normale und welches die erfundene Wirklichkeit sei: "This is awkward. Didn't I invent him myself, along with the girls and the man in the turtleneck shirt? [...] I don't know. The girls, yes, and the tall man in the shirt - to be sure, he's one of the first of my inventions. But the caretaker's son? To tell the truth, I sometimes wonder if it was not he who invented me"(27). Die Erfindungen versuchen, sich, wie in *The Universal Baseball*, zu verselbständigen, doch behält der Erzähler in diesem Fall die Oberhand. Mehrfach reflektiert er in parodistischer Weise über die Bedeutung seiner Erfindungen, so über den Kot in einem Teekessel: "A love letter! Wait a minute, this is getting out of hand! What happened to that poker, I was doing much better with the poker, I had something going there, archetypal and even maybe beautiful, a blend of eros and wisdom, sex and sensibility, music and myth. But what am I going to do with shit in a rusty teakettle? No, no, there's nothing to be gained by burdening our fabrications with impieties"(30) In der Tat wird mit diesen "impieties" wenig gewonnen. Sie vermögen nicht einmal mehr den inzwischen daran gewöhnten Leser experimenteller Erzählkunst zu schockieren. Doch "belastet" Coover in zunehmendem Maße seine Fiktion mit dem Ballast von Sex und Fekalien in einem Maße, daß - wie etwa in dem bisher letzten seiner Romane, *Pinocchio in Venice*, 1991, - kaum noch etwas anderes übrig bleibt als dieser Balllast.

Vorübergehend wird es für den Erzähler zum Problem, ob seine Erfindungen nicht zu Wirklichkeiten werden: "At times, I forget that this arrangement is my own invention. I begin to think of the island as somehow real, its objects solid and intractable, its condition of ruin not so much as aesthetic design as an historical denouement. [...] I wonder if others might wander here without my knowing it; I wonder if I might die and the teakettle remain"(33). Der auf seine Weise gefüllte Teekessel wird die Inselwirklichkeit leicht als Erfindung Coovers identifizieren lassen. Die angebliche Verunsicherung bleibt Spiel und Pose. Dies gilt auch für sein vorübergehendes Verschwinden aus der Geschichte. Er vermag sich immer wieder seiner Erfindung zu vergewissern. Zu seinen Erfindungen zählt sogar der von ihm angeredete Leser. "Perhaps tomorrow I will invent Chicago and Jesus Christ and the history of the moon. Just as I have invented you, dear reader, while lying here in the afternoon sun, bedded deeply in the bluegreen grass like an old iron poker"(40). Natürlich weiß der Erzähler, daß er von dem Leser nicht ernst genommen wird, da er erst einen Leser erfinden muß, von dem er annehmen kann, daß er ihm Glauben schenke.

Außerhalb der von ihm erfundenen Inselwirklichkeit läßt der Erzähler die Großmutter der beiden Mädchen ein Märchen erzählen: "Once upon a time"(40). In dem Märchen werden wieder alle zuvor erfundenen Elemente von neuem ins Spiel gebracht. Eines der Mädchen ist die Prinzessin des Märchens, der Sohn des Aufsehers ist Caliban, der Mann im weißen Hemd der Prinz, der die Prinzessin erlösen wird u.s.w. Die erzählende Großmutter wird zu einer Rückbindung zur wiederum nur fiktiven Wirklichkeit des Erzählens.

Hinter der Phantasiewelt des Märchens steht die Möglichkeit einer normalen Wirklichkeit: der Besuch der beiden Mädchen auf einer Insel in Minnesota mit einem inzwischen verfallenden Ferienwohnsitz, die er 1957 besuchte und auf der er wahrscheinlich die Geschichte zu schreiben begann. Doch diese aus dem Märchen abstrahierbare Wirklichkeit ist genauso Fiktion wie das von der Großmutter erzählte Märchen oder die Sex- und Fekalienphantasien des Erzählers.

Coover bedient sich - auf parodistische Weise - der verschiedensten Erzählformen als Muster für seine Fiktionen: des Märchens, wie in "The Magic Poker" oder in "The Gingerbread House", seiner Version von "Hänsel und Gretel", der Lügengeschichte oder selbst biblischer Geschichten. Letzteres ist der Fall bei seiner Nacherzählung der Sintflutgeschichte aus der Perspektive eines Bruders von Noah in "The Brother" oder bei der Geschichte der göttlichen Geburt Christi in "J's Marriage". Wie in Philip Roths "The Conversion of the Jews" wird in "J's Marriage" die unbefleckte Empfängnis als

Möglichkeit angesetzt. Bei Roth wurde eine solche Möglichkeit damit begründet, daß Gott allmächtig sei. Bei Coover wird sie wie *alle* Wirklichkeit möglich als Fiktion. J - das ist: Joseph - versteht in Coovers Fiktion die Welt nicht mehr. Eine göttliche Zeugung Christi erscheint ihm absurd. "He couldn't imagine whatever had brought a God to do such a useless and, well, yes, in a way, almost vulgar thing." Er findet sich aber schließlich damit ab: "Finally, he simply gave in to it, dumped it in with the rest of life's inscrutable absurdities"(117). Als Mann des Geistes weiß sich J Maria überlegen, hat aber Verständnis für ihre Empfindungen. Nach seiner Auffassung "love could be distinguished without reference to sex"(113). Er vermag sogar die Geburt des Kindes selbst als Wunder zu erleben: "It was - that moment of the strange birth - J's most mystic moment, his only indisputable glimpse of the whole of existence", doch ein Augenblick, "which he later renounced, needless to say, later understood in the light of his overwrought and tortured emotions"(118). Immerhin war es der Höhepunkt auch seiner Liebe zu Maria. Die göttliche Geburt wird damit zu einer Fiktion, die Sinn ergibt, sogar Liebeserfüllung bedeuten kann, aber rational nicht erklärt werden kann.

In "The Elevator", einer der bekanntesten Fiktionen Coovers, benutzt Martin jeden Morgen den Aufzug, um zu seinem Büro im 14.Stockwerk zu gelangen. In 15 Abschnitten werden Phantasien von Fahrstuhlfahrten des in die Alltagswirklichkeit eingespannten Protagonisten dargestellt, die ihre Wurzeln in dessen Ängsten, Lüsten oder Depressionen haben. Der Aufzug wird dabei zu einem Bild der Welt *en miniature*, wenn es heißt: "This small room, so commonplace and so compressed, he observes with a certain melancholic satisfaction, this elevator contains them all: space, time, cause, motion, magnitude, class. Left to our own devices, we would probably discover them"(129). Auf das Ganze der Fiktion bezogen, bedeutet dies aber nur, daß die Wirklichkeit der Imagination durch die gleichen Kategorien bestimmt wird wie die des Alltags.

Die verblüffendste Variante der Aufzugsfahrten besteht darin, daß Martin an einem Abend, als er verspätet nach Hause will, zum 15.Stockwerk fährt, um festzustellen, daß es dieses gar nicht gibt: "Fool! wretched fool! he wept, there *is* no fifteenth floor!"(132) Doch die Aufforderung von "In" und "Out" an den Liftboy in Scott Fitzgeralds "Mayday", noch höher zu fahren, nachdem das oberste Stockwerk erreicht ist, ist wesentlich wirkungsvoller als der nächtliche Versuch Martins in Coovers Fiktion. Worin Coovers Phantasie vor allem schwelgt, ist, daß jemand, der es nicht wahrhaben will, die Luft im Aufzug verpestet, und Martin, als der Aufzug abstürzt, sich des Mädchens bemächtigt, das ihn führt.

Aus Phantasien wie in "The Elevator" besteht auch "The Babysitter". Ein Mädchen kommt als Babysitter mit zehn Minuten Verspätung um 7 Uhr 40 zu den Tuckers, die zu einer Gesellschaft eingeladen sind. Gewissenhaft betreut es die zwei Kinder und den Säugling, schläft aber schließlich vor dem Fernsehapparat ein. Kurz nach zehn Uhr kommen die Tuckers zurück und wecken das Mädchen. Diese abendliche Kinderbetreuung muß von dem Leser aus den insgesamt 106 kurzen diskontinuierlichen Abschnitten der Fiktion rekonstruiert werden. In der Hauptsache aber berichten diese von dem, was in den Gedanken der beteiligten Personen vorgeht, in denen des Mädchens, in denen Harry Tuckers und seiner Frau Dolly, in denen Jacks, des Freundes des Mädchens, sowie in denen seines Freundes Mark, dem Sohn der Freunde, die die Tuckers eingeladen haben. "The Babysitter" hat den bisher erwähnten

Fiktionen gegenüber den Vorzug, daß die Phantasien der Beteiligten zu spannungsreichen Situationen führen: Das Mädchen stellt sich vor, was alles passieren könnte, Jacks und Marks Gedanken sind darauf ausgerichtet, sich des Mädchens zu bemächtigen, Harry denkt ständig daran, wie er sich an das Mädchen heranmachen könnte, und Dolly hat Angst, daß ihr zu enger Gürtel platzen könnte. Es kommt in dem collageartigen Zusammenwirken der verschiedenen Lust- und Angstphantasien zu einem tatsächlichen dramatischen Höhepunkt, als die Phantasien als solche enthüllt werden, die Tuckers nach Hause kommen und alles in Ordnung finden.

Zu den Merkmalen experimentellen Erzählens gehören die diskontinuierliche Darstellung oder das Einblenden von Fernsehprogrammen - darunter eine Verfilmung von Charlotte Brontës *Jane Eyre* -, in denen sich die Phantasien der Figuren zum Teil spiegeln. Ansonsten kann diese Fiktion durchaus als eine realistische Geschichte verstanden werden. Die Phantasien lassen sich als solche "realer" Personen verstehen.

Pricksongs & Descant werden abgeschlossen von "The Hat Act". Ein Zauberer erscheint auf der Bühne und holt immer neue Überraschungen aus seinem Zylinder. Um seine Zuschauer befriedigen zu können, müssen die Zaubereien immer verrückter werden. Sie werden zu Bildern für die Fiktionen Coovers. Wie die Kunststücke des Zauberers bestehen sie aus "Tricks", die den Leser durch immer neue Erfindungen überraschen oder schockieren sollen, aber immer weniger den Anspruch erheben können, mit der Wirklichkeit zu konkurrieren, und sich - so in "The Babysitter" - offen als Phantasieschöpfungen zu erkennen geben.

The Public Burning, 1977

The Public Burning gehört zu der inzwischen bereits beachtlichen Reihe von Romanen, die die Kritiker mit Superlativen bedachten. Für Heinz Ickstadt ist er "*der politische Roman der Postmoderne par excellence*"(Hoffmann 101). Nach John Gardners *On Moral Fiction* Coover "reduces large and complex forces to humorless comic strip cartoons"(195) in dem Buch. Wir teilen mit anderen Kritikern die Meinung, daß es sich um das unverschämteste Buch seiner Zeit handelt; es ist nicht nur schamlos, sondern verletzt auch die letzten wenigen unserer Zeit noch verbliebenen Regeln des Anstands.

Coover greift mit *The Public Burning* noch einmal das bereits von Doctorow fünf Jahre zuvor behandelte Thema der in der späteren Kritik fragwürdig gewordenen Verurteilung des Ehepaars Julius und Ethel Rosenberg als Atomspionen auf. Daß Nixon als einer der am Prozeß Beteiligten inzwischen Präsident der USA gewesen war und sein Amt auf Grund der Watergate-Affäre hatte aufgeben müssen, trug wesentlich zu dem Aufsehen bei, das der Roman erregte.

The Public Burning gliedert sich in vier Akte, eingerahmt von Prolog, drei Intermezzi und Epilog. Die einzelnen Akte bestehen aus jeweils sieben Kapiteln oder Szenen, die abwechselnd dem Bewußtsein Robert Nixons, dem Vizepräsidenten der USA zur Zeit der Hinrichtung der Rosenbergs, und dem des allwissenden Autors folgen, der sich wiederum verschiedener Stimmen bedient. Die erzählte Zeit erstreckt sich von Mittwoch, dem 17.Juni 1953, bis zum darauf folgenden Samstag, dem Morgen nach der Hinrichtung. Berichtet wird von den letzten Vorbereitungen für die Hinrichtung, von der Hinrichtung selbst sowie von Nixons Anteil an dem Geschehen. Doch dieses Geschehen wird in eine ungeheure Fülle von Hintergrundmaterial eingebettet, das dem Leser Anhaltspunkte vermitteln soll, den zentralen Ereignissen Bedeutung abzugewinnen. Die Hintergrundsgeschichte betrifft die beteiligten Personen wie die Zeit im allgemeinen und stützt sich auf die Briefe, die sich die Rosenbergs während ihrer dreijährigen Haft geschrieben hatten, auf Dokumente des FBI, auf Zeitungs- und Radionachrichten und anderes authentisches Material. Die Geschichte Nixons ist in diesem Rahmen auch diejenige seiner Ambition, Präsident der USA zu werden. Die Fülle des Materials dient nicht notwendigerweise der Erhellung. Mit ihren zahlreichen Wiederholungen läßt sie die Lektüre eher streckenweise langweilig werden.

Nach der soweit durchgeführten Beschreibung könnte der Eindruck entstehen, es handele sich bei *The Public Burning* um einen realistischen Roman. Dies ist nun keineswegs der Fall. Das soweit umschriebene Geschehen erscheint in einem phantastischen, meist allegorischen Rahmen. Eine der Hauptfiguren des Romans ist Uncle Sam, ein allegorisches Konglomerat von all dem, was der Autor mit dem sogenannten Mythos Amerikas in Verbindung bringt. Uncle Sam hatte seine Inkarnation in Benjamin Franklin und anderen amerikanischen Präsidenten gefunden und hat sich Nixon als seine nächste Wahl ausgesucht. Sein Gegenspieler in dem Drama des Romans ist das "Phantom", eine allegorische Verkörperung der kommunistischen Welt und aller subversiven Elemente Amerikas. Höhepunkt des Geschehens im Roman ist "the public burning", die öffentliche Verbrennung der Verurteilten auf dem Times Square als Teil eines burlesken Pandämoniums in der Form eines allumfassenden Volksfests, während die historische Hinrichtung auf dem elektrischen Stuhl in Sing Sing stattgefunden hatte. Nixon betritt im Roman die Todeszelle Ethel Rosenbergs in Sing Sing und verläßt sie auf dem Times Square.

Mit seiner burlesken Darstellung versucht Coover nichts anderes, als aus der Verurteilung der Rosenbergs und der Geschichte seiner Zeit eine Farce zu machen. Doch die burleske Verzerrung seiner Allegorie diskreditiert seine Satire des amerikanischen Mythos. Die durch die Fülle der sich wiederholenden Informationen verursachte Langeweile, die groteske Verzerrung einer gegebenenfalls berechtigten Satire und die Geschmacklosigkeiten, auf die noch zurückzukommen sein wird, erlauben es nicht, *The Public Burning* als gelungenes Kunstwerk zu betrachten. Dennoch bleibt interessant, was alles der Autor in seinem Roman unterzubringen versucht hat.

Innerhalb des bisher umschriebenen dramatischen Geschehens spielen Nixon und Ethel Rosenberg nicht nur ihre Rollen in dem Spionageprozeß, sondern auch Rollen, die sie früher einmal als Amateurschauspieler gespielt hatten. Die Rollen werden dabei austauschbar, wie zum Beispiel in der Szene, in der Ethel Rosenberg im Zimmer des Gefängnisdirektors erscheint und die Erzählung mehrfach von der Rolle in dem von ihr früher gespielten Stück zu ihrer gegenwärtigen Rolle als Verurteilte wechselt, wodurch auch die historische Wirklichkeit als Rollenspiel charakterisiert wird. Die Rosenbergs werden auf die Bühne gestellt, und sowie "the stage lights up", erwartet der Regisseur von ihnen, daß sie ihre "national role" wahrnehmen(3). Für Nixon ist der ganze Prozeß nur ein Theater. "Not only was everybody in this case from the Judge on down - indeed, just about everyone in the nation, in and out of government, myself included - behaving like actors caught up in a play, but we all seemed moreover to be aware of just what we were doing and at the same time of our inability, committed as we were to some higher purpose, some larger script as it were, to do otherwise. Even the Rosenbergs seemed to be swept up in this sense of an embracing and compelling drama, speaking in their letters of sinister 'plots' and worldwide 'themes' and 'setting the stage' and playing the parts they had been - rightly or wrongly - cast for 'with honor and with dignity'"(117). In dem größeren Drama, in dem der Fall der Rosenbergs nur eine Episode darstellt, betrachtet sich Nixon als "the principal actor", innerhalb des Geschehens aber auch "more like a kind of stage manager"(120). "A well-turned case is," nach der Ansicht des Staatsanwalts Saypol, "just like a stage play really." Justiz wird als nichts anderes denn als "entertainment" betrachtet(121); es gibt die Manipulationen hinter der Bühne, eine brillante Textvorlage und Proben für die Zeugen.

Wenn Nixon zuweilen auch denkt, daß die Geschichte "had all been scripted out in advance", lernt er doch erkennen, "[that] there were no scripts, no necessary patterns, no final scenes, there was just *action*, and then *more action*! Maybe in Russia History had a plot because one was being laid on, but not here - *that was what freedom was all about!* It was what Uncle Sam had been trying to tell me: *Act - act in the living present!*" Es macht Nixons Krise aus, daß er akzeptiert, was er bereits wußte, "that there was no author, no director, and the audience had no memories - they got reinvented every day!"(362)

In ähnlicher Funktion wie die Metapher des Schauspiels erscheint die der Dichtung ("poetry"). Sie steht nicht nur für die Fähigkeit, Gedichte zu schreiben, sondern auch für das Verfassen von Nachrichten. Der "National Poet Laureate" des Romans ist das *Time* Magazin als der einflußreichste Manipulator der öffentlichen Meinung. "Raw data," heißt es. "is paralyzing, a nightmare, there's too much of it and man's mind is quickly engulfed by it. Poetry is the art of subordinating facts to the imagination, of giving them shape and visibility, keeping them *personal*. [...] *only* through the frankly biased and distorting lens of art is any real grasp of the facts - not to mention Ultimate Truth - even remotely possible"(320). Der Dichter und das *Time* Magazin werden nicht nur als "Unterhalter"("entertainers") betrachtet. Der Dichter "is also a prophet of religious truth, the recreator of deep tribal realities"(328). Das Nachrichtenwesen und die Presse werden zu zentralen Bildern für "metafiction" im Kontext des Romans, da sie als die wichtigsten Instrumente zur Manipulation der Wahrheit betrachtet werden; und das heißt, daß sie aus der sonst chaotischen Vielfalt der Fakten erst sinnvolle Zusammenhänge herstellen.

Wie in *The Book of Daniel* gehören in *The Public Burning* Sklaverei und Freiheit zu den wichtigsten dieser Bedeutungszusammenhänge:

Freedom is pitted against slavery;
lightness against the dark!

Wie in Doctorows Roman Paul Isaacson mit Hilfe der ihm vorgegebenen marxistischen Theorie alles erklären kann, so vollzieht sich in *The Public Burning* in Rußland Geschichte nach einem sinnvollen "plot because one was being laid on." In der amerikanischen Geschichte dagegen gibt es keinen solchen "Plan". In ihr gibt es nur Entwürfe, die immer wieder verändert werden können: "- *That was what freedom was all about!*"(362) Immer wieder wird in dem Roman betont, daß "Pläne", Muster ("patterns") oder Ordnungen ständig aufgelöst und neu entworfen werden. Die Möglichkeit, sie aufzulösen, ist Voraussetzung für die Freiheit. Es bedarf einer Ordnung, doch sie ist nicht vorgegeben. "There *is* no purpose, there *are* no causes, all that's just stuff we make up to hold the goddam world together"(436) läßt Coover Nixon sagen. Am Schluß glaubt dieser, daß Uncle Sam recht habe, wenn er meint, "[that] it ain't easy holdin' a community together, order ain't what comes natural"(531), doch ist sie für das Überleben des Gemeinwesens unabdingbar.

Das Feiern der Hinrichtung der Rosenbergs wird in dem Roman zur Parodie eines Erneuerungsrituals der USA. Times Square wird zum Schauplatz bestimmt als "an American holy place long associated with festivals of rebirth"(4). In Uncle Sams Worten "this is to be a consecration, a new charter of the moral and social order of the Western World, a precedint on which the future is to be carn-structed to ensure peace in our time!"(sic! 91) Die Hinrichtung der Rosenbergs wird für Uncle Sam damit Anlaß zur Erneuerung der USA, zu dem "reestablishment of our national *character*"(94). Sie wird zu "Uncle Sam's purification-by-fire spectacular"(453). "*The untransacted destiny of the American people is*" für Uncle Sam "*to establish a new order in human affairs, to confirm the destiny of the human race*"(496f.)

Selbst Uncle Sam weiß im Roman, daß die im Herzen New Yorks gefeierte Hinrichtung der Rosenbergs nur eine Metapher ist. Doch als solche soll sie eine sinngebende Ordnung schaffen, nach der die Welt in Frieden leben könnte. Erst wird mit ihrer Begründung eine "Meinung" verbreitet, dann regiert die "Meinung" die Welt. "Practical politics consists in ignorin' facts!" sagt Uncle Sam. "*Opinion* ultimately governs the world.[...] a trial in the midst of all this flux and a slippery past is just one set of bolloxeratin' sophistries agin another [die andere ist die des Phantoms] - or call 'em mettyfours if you like, approximations"(sic! 86).

Ursprünglich sollte die Hinrichtung am Donnerstagabend stattfinden. Durch eine Verzögerung wurde sie auf die Zeit kurz vor Sonnenuntergang am Freitag verlegt, vor Beginn des jüdischen Sabbat und auf die Zeit der Kreuzigung Christi. "Friday. Sunset. The two thieves. Jews condemned by Jews. Some pattern had been dissolved by the overnight delay [Donnerstag wäre der 14.Hochzeitstag der Rosenbergs gewesen], it was true, but others were taking shape"(228). Von dem inzwischen drei Jahre zurückliegenden Prozeß sprach man als dem "Easter Trial"(22). Der Roman kennt einen Judas, Ethels Bruder - bei Doctorow Doctor Mindish -, einen Kaiphas und einen Pontius Pilatus, den Obersten Gerichtshof der Vereinigten Staaten und Präsident Eisenhower als Berufungsinstanzen. Die Rosenbergs werden in diesem biblischen Bedeutungszusammenhang zu Christusfiguren oder zu den zwei mit Christus hingerichteten Räubern, da sie beschuldigt wurden, Atomgeheimnisse gestohlen zu haben. Als Christusfigur erscheint in dieser biblischen Parodie aber vor allem Nixon. Er spielt in ihr den Erlöser. Uncle Sam hat ihn als seine nächste Inkarnation zum Präsidenten auserwählt(530).

Hundert Millionen Menschen kommen zum Times Square, um der Hinrichtung beizuwohnen. Alle Mitglieder der drei amerikanischen Verfassungsorgane sind anwesend, alle Berühmtheiten der amerikanischen Öffentlichkeit, von Politikern, Filmstars und Clowns bis zu den Verbrechern. Es erscheinen Walt Disney, die Marx Brothers, berühmte Bands, Vertreter aller Arten des Show-Geschäfts. Alle Ebenen des kulturellen Lebens beteiligen sich an dem "Reinigungsritual" des amerikanischen Mythos. Nixon begibt sich jedoch nach Sing Sing, um Ethel Rosenberg dazu zu überreden, ein Geständnis abzulegen und damit ihr Leben zu retten. Als er ihr aber begegnet, lernt er, ihre Haltung zu verstehen und sie zu lieben. Was Nixon allein in seiner Liebe zu Ethel Rosenberg intersssesiert, ist, "being alive!"(436) Er glaubt, damit sowohl dem Phantom als auch Uncle Sam entronnen zu sein. "There was nothing overhead any more. I had escaped them both! I was outside guarded time!"(442) Ethel, die zunächst auf seine Annäherungsversuche eingeht, läßt ihn die Hosen herunterziehen und schreibt ihm mit ihrem Lippenstift, ohne daß er es merkt, auf den Hintern: "I AM A SCAMP"(469). Als die Wachen kommen, stößt sie ihn in den Hinrichtungsraum. Dort findet er sich aber in der Kopie des Raumes auf dem Times Square wieder. Da er seine Hosen nicht rechtzeitig wieder hochzuziehen vermag, fordert er die Zuschauermenge auf, auch ihrerseits die Hosen herunterzulassen. "We have ALL been caught with our trousers down!" kann er dann sagen, mit der allegorischen Bedeutung natürlich, daß sich die Vereinigten Staaten durch die Hinrichtung der Rosenbergs in einer peinlichen Situation befinden.

Die Liebeserklärung Nixons an Ethel Rosenberg und ihre Folgen stehen als Geschmacklosigkeit keineswegs isoliert in dem Roman. Genau so geschmacklos ist es, wenn Coover die Marx Brothers die Hinrichtung nachahmen läßt. Harpo Marx spielt Ethel Rosenberg, wie sie den elektrischen Schlag auf dem Hinrichtungsstuhl zunächst überlebt. Chico, der den Henker nachahmt, schaltet daraufhin den Strom ab. Harpo fällt darauf in den Stuhl zurück, "grinning blissfully". "Chico puts his ear to Harpo's chest to listen to his heart. 'It'sa Duh-four-shocksa [Dvorák] New Worlt Sinfunny!'"(456). Eine Hinrichtung und besonders eine, die als ungerecht betrachtet wird, sollte nicht Gegenstand solch schlechten Witzes werden.

Nixon bekommt schließlich seine Hosen wieder hoch, hat sie aber wieder unten, als Uncle Sam ihn am nächsten Morgen in seiner Wohnung in Washington besucht. Uncle Sam vergewaltigt ihn und bestimmt ihn damit zum nächsten Präsidenten. Das "Erneuerungsritual" führt damit aber nur zur Wiederherstellung der *alten* Ordnung. Von Julius Rosenberg wird im Roman gesagt, "[that] sometimes he just wants to ram the goddam thing with his head in all-out frontal attack, wants to destroy all this so-called history so that history can start again"(193). Der Theorie der New Fiction zufolge wird aber jeder neue Geschichtsentwurf der Willkür derer unterworfen sein, die sie manipulieren.

Die Atomspionage der Rosenbergs war im Roman vielleicht nur die Erfindung Harry Golds, mit dessen Hilfe das FBI die Rosenbergs auszumachen vermochte. Einer der Beteiligten fragt sich, "if Gold was even a spy, maybe he was making the whole thing up.[...] he played these weird baseball games with decks of cards, inventing a whole league of eight teams with all their players [...]. It's a wonder one of his ace pitchers didn't turn up in the trial testimony"(124). Dies bedeutet nichts anderes als die Wiederauferstehung von J.Henry Waugh, dem Besitzer der Universal Baseball Association, in Harry Gold. Der Spionageprozeß wird zum bloßen Spiel Waughs bzw. des Autors.

Doctorow versuchte in *The Book of Daniel* als "metafiction" mit Hilfe der Einbildungskraft der Spionageaffäre besser gerechtzuwerden als die Historiker, obwohl auch er wußte, daß seine Darstellung nur eine der möglichen Annäherungen an die Wirklichkeit war. Coovers *The Public Burning* dokumentiert, daß seine durch Willkürlichkeit bestimmte Art der Fiktion nicht in der Lage ist, geschichtliche Wirklichkeit verstehbarer zu machen. Nach Coovers eigener Ansicht ist es die Aufgabe des "fiction maker [to] furnish better fictions with which we can re-form our notions of things"(Gordon 9). *The Public Burning* bietet dergleichen Hilfe nicht an. Es bleibt natürlich die Frage, was als die "better fiction" verstanden wird. Nach Jackson I.Cope werden alle Märchen und auch alle Mythen mit der"voice of authority" erzählt, und es ist das absolute Abdanken des Kindes, wie auch eines jeden erwachsenen Lesers oder Hörers, "to that absolute authority that remakes the merely typical, recurrent pattern of experience into an article of faith, the typical become archetypical, the patterned become magic, mythic. Coover reworks these narratives from within, the narrative voice always emergent from the participants themselves as they work through their own limited destinies within the larger patterns to a perception that the pattern itself is limited, dubious, its meaning indescernible. And with this discovery, character and reader are thrown back upon the resources of individual action"(19). Diese Interpretation kann auch auf *The Public Burning* angewendet werden. Cope versteht den Roman als "dialogical novel" im Sinne von Michail Bachtin, damit aber auch als ein Werk, in dem nicht eine einzelne Stimme als Autorität anerkannt wird. Das heißt aber, daß die auch bei Coover als notwendig betrachtete Ordnung immer wieder aufgelöst oder als Hilfskonstruktion durchschaut wird. Nur geht die Auflösung bei Coover so weit, daß nichts für eine auch noch so vorübergehende Ordnung übrig bleibt. Er tat auf alle Fälle gut daran, sich in seinen späteren Fiktionen nicht noch einmal an einem historischen oder zeitgeschichtlichen Gegenstand zu versuchen. Doch erreicht er auch in ihnen nicht mehr das künstlerische Niveau der früheren Werke.

Gerald's Party, Coovers phantastischer Detektivroman von 1986, ist nach einem seiner Kritiker im *Hudson Review* "a savage funny exposure of sex and obscenity in what passes for polite society." Im Falle Coovers muß man schon eine besondere Vorliebe für Obszönitäten mitbringen, um deren "Bloßstellung" genießen zu können. Ihre Ausbreitung über mehr als 300 Seiten ergäbe nicht viel Sinn, wenn es nur um ihre Bloßstellung ginge. Wir sehen das Groteske - und mit einer Leiche in einem der Zimmer auch Grauenhafte - des Treibens keineswegs wie der bereits zitierte Kritiker ausgewogen durch den Humor, mit dem Coover den Leser dabei noch zum Lachen bringen will. Der Kritiker des *Hudson Reviews* bestätigte unser Urteil über den schon erwähnten bisher letzten Roman Coovers, *Pinocchio in Venice*, 1991, zu dem wir anläßlich einer Lesung des Autors kamen, wenn er ihn beschreibt als "defecating on anything the human race has ever found pleasant or believed in." Auch dafür wird Coover weiterhin Leser und bewundernde Kritiker finden. Insgesamt hat der Enthusiasmus für seine "Kunst" jedoch merklich nachgelassen. Einen Teil seiner späteren Kurzprosa sammelte er als *A Night at the Movies*, 1987, in Form eines Filmprogramms. Die letzte der darin enthaltenen "Nummern", "ROMANCE! You Must Remember This" hatte bereits als Vorstudie zu *Gerald's Party* gedient und kann wie der Roman als Palimpsest von Billy Wilders *Casablanca* betrachtet werden.

Literatur

Zitiert nach *Pricksongs & Descants: Fictions*, New York, 1969; *The Public Burning*, New York, 1977.

Sekundärliteratur:
Richard Andersen, *Robert Coover*, Boston 1981.
Lois Gordon, *Robert Coover: The Universal Fictionmaking Process*, Carbondale, IL, 1983.
Jackson I.Cope, *Robert Coover's Fictions*, Baltimore, 1986.

Richard Brautigan, 1933-1984

Eine besondere Stellung unter den experimentellen Erzählern kommt Richard Brautigan zu. 1935 in Tacoma, Washington, geboren, lebte er längere Zeit in San Francisco und dessen Umgebung, wo er sich an den literarischen Bemühungen der Beat-Generation beteiligte. Später zog er sich für längere Perioden nach Montana zurück, wo er bereits einen Teil seiner Kindheit verbracht hatte. Als er 1984 durch Freitod aus dem Leben schied, hatte er neun Romane, zwei Bände Kurzprosa und vierzehn Bände bzw. Bändchen Gedichte veröffentlicht. Seit dem Erscheinen seines zweiten Romans, *Trout Fishing in America*, 1967, wurde er als Symbolfigur der Hippie-Generation gefeiert. Die wissenschaftliche Kritik verhielt sich seinem Schaffen gegenüber zunächst zurückhaltend. Inzwischen hat es jedoch auch unter akademischen - vor allem europäischen - Kritikern seine Bewunderer gefunden. Wenn der Theorie der New Fiction zufolge der Leser an der Bedeutungsfindung beteiligt sein soll, so bieten hierzu die Texte Brautigans ein fruchtbares Feld. Es kann gesagt werden, daß Brautigan in der Geschichte der amerikanischen Erzählkunst nicht durch sein eigenes kreatives Schaffen Bedeutung gewinnt, sondern dadurch, daß er mit diesem Kritikern Texte zur Verfügung stellte, die sie zur "kreativen" Bedeutungsfindung anregte. Die Interpretationen werden interessanter als der interpretierte Text. Doch zunächst der Text:

Trout Fishing in America, 1967

Der Titel könnte auf ein Sachbuch über die Kunst des Angelns in der Art von Izaak Waltons *The Complete Angler*, 1653, eines der meistgelesenen englischsprachigen Bücher, verweisen. Dies ist jedoch nicht der Fall. Das Buch erhebt den Anspruch, ein Roman zu sein. Der Autor spricht von "Kapiteln", wenn auch kaum ein Zusammenhang zwischen den insgesamt 47, oft nur eine oder zwei Seiten langen Teile im Sinne einer einen Roman konstituierenden Folge besteht. Durchgehende Themen sind Besuche von Forellenbächen, Begegnungen auf San Franciscos Washington Square vor dem Denkmal Benjamin Franklins, Begegnungen mit einem als Trout Fishing of America Shorty bezeichneten Krüppel, ferner allem Anschein nach autobiographisch authentische Erlebnisse des Autors mit seiner Frau und seiner kleinen Tochter u.a.m. Meist handelt es sich um alltägliche Ereignisse, die, aus einem bestimmten Blickwinkel betrachtet, in einer besonderen Stimmung erlebt werden und mit ziemlich willkürlicher Phantasie ins Komische, Groteske und Absurde verzerrt werden. "In the California Bush" berichtet z.B. von so belanglosen Dingen wie dem Aufenthalt in einer entlegenen Hütte, bei dem das Abfallproblem dadurch gelöst wird, daß man diesen in das Toilettenhäuschen eines verlassenen Hauses in der Nachbarschaft verschwinden läßt. Reine Alberei ist der Bericht von einem Besuch im "Cleveland Wrecking Yard", wo man Forellenbäche inklusive Wasserfällen mit allem, was dazu gehört, wie Forellen, Bäume, Büsche usw., als Meterware oder im Dutzend kaufen kann. Verfremdung wird einfach durch die Übertragung von Kategorien eines Wirklichkeitsbereichs auf einen anderen erreicht. Sicher kann dahinter eine satirische Betrachtung unserer modernen Welt gesehen werden, in der die Natur abgewirtschaftet und als bloße Ware behandelt wird. Literarische Bedeutung gewinnt der Text jedoch damit keineswegs. Die "Hintergründigkeiten", auf die die Kritik verweist, sind allzu *vorder*gründig.

Als eines der Mittel, Wirklichkeit zu verfremden, benutzt Brautigan Synästhesien. Bei dem Besuch von Paradise Creek ist er z.B. davon besessen, daß alles nach Schafen rieche. Es heißt dann: "Everything smelled of sheep. The dandelions were suddenly more sheep than flower, each petal reflecting wool and the sound of a bell ringing off the yellow. But the thing that smelled the most like sheep, was the very sun itself. When the sun went behind a cloud, the smell of the sheep decreased, like standing on some old guy's hearing aid, and when the sun came back again, the smell of the sheep was loud, like a clap of thunder inside a cup of coffee"(50). Bei den Synästhesien handelt es sich wie schon bei dem Beispiel der meterweise kaufbaren Forellenbäche um Überlagerungen verschiedener Wirklichkeitsbereiche, um Kollagen oder Montagen, die sich allem Anschein nach unter dem Einfluß von Drogen einzustellen vermögen. Eine solche Kollage erscheint auch in dem Abschnitt "The Cabinet of Doctor Caligari", in dem der Erzähler von seiner Kindheit schreibt. Dort heißt es: "My books were a pair of Sears Roebuck boots, one with green rubber pages"(51).

Der kundige Leser findet eine Reihe von Anspielungen auf die literarische Tradition. Besonderer Beliebtheit erfreuen sich bei den Kritikern die möglichen Bedeutungen von Trout Fishing of America Shortys. Zu einer einleuchtenden Aussage von Gewicht gelangen sie kaum. Zu den Bewunderern des Werkes gehören z.B. Tony Tanner und vor allem Marc Chénetier. Des letzteren Studie kann als klassisches Beispiel für die "Sinngewinnung" durch einen Kritiker betrachtet werden. Der Text dient dabei im Grunde nur als Vorwand für den Kritiker, Theorien zu entwickeln oder zu bestätigen. Als Beispiel dafür mag Chénetiers abschließender Kommentar zu Brautigans Kurzprosafolge *The Tokyo-Montana Express*, 1980, gelten: "Such is the substance of Brautigan's work: instants, selected by will, or forced on the attention; anecdotes and vignettes; things or objects waiting, in the process of becoming; snapshots; epiphanies; concatenations. Duration is out of question. Horizontality suggests the superficial and artificial, like metonymic echoes over the void. Only a vertical drilling down into the moment offers access, however problematic, to the truth of existence: '[A wind] through my sleep shaking the branches of my dreams all the way down to the roots of that which I call myself'(*TME*,183). Instants, then, side by side; between them and beyond them, nothingness. As Bachelard has it: 'Absolute naught on both edges of the instant.' Or as Brautigan puts it: 'I find the breaks in his diary very beautiful like long poetic pauses where you can hear the innocence of eternity'(*MTE*,6)"(82f.). Worin besteht "the innocence of eternity", die Brautigan zu vernehmen glaubt? Der Augenblick besteht aus nichts anderem als dem, was ihn auch umgibt, nämlich dem Nichts. Es handelt sich um große Worte, deren Sinn der Entropie anheimgefallen ist. Brautigan in dem hier vorgegebenen Rahmen zu behandeln, rechtfertigt sich letzlich nur, um die "Metakritik" zu charakterisieren, die an ihm "wirksam" wurde und immer noch wird. Hierzu seien jedoch noch zwei Beispiele aus *In Watermelon Sugar* angeführt.

In Watermelon Sugar, 1968

Als im herkömmlichen Sinn "realistischer" Kern des Textes läßt sich ein zweitägiger Lebensausschnitt des Erzählers ausmachen. An den beiden Tagen schreibt er an seinem

Buch, geht zum Essen, besucht mit einem seiner Freunde eine Fabrik und wendet sich von seiner bisherigen Freundin ab und einer neuen Freundin zu, ohne daß letzteres für ihn große Bedeutung gewinnt.

· Dieser als "realistisch" zu abstrahierende Hintergrund wird nun aber phantastisch ausgefüllt, unter anderem mit der Geschichte der Eltern des Erzählers, die, als er noch Kind war, von der Sprache mächtigen Tigern vor seinen Augen gefressen wurden, und derjenigen von InBoil und seiner Bande, die in Hütten bei den "Forgotten Works" leben, sich ständig mit Whiskey betrinken und schließlich in iDeath, dem Zentrum, in dem der Erzähler und seine Freunde leben, sich selbst verstümmeln. Alles in diesem Phantasieland ist aus Wassermelonenzucker gemacht, der in den Watermelon Works hergestellt wird.

Nach dem Lunch mit seinem Freund Fred begibt sich der Erzähler am zweiten Tag zur "Statue of Mirrors". Am Anfang des nach dieser betitelten Kapitels heißt es:

"Everything is reflected in the Statue of Mirrors if you stand there long enough and empty your mind of everything else but the mirrors, and you must be careful not to want anything from the mirrors. They just have to happen.

An hour or so passed as my mind drained out. Some people cannot see anything in the Statue of Mirrors, not even themselves.

Then I could see iDEATH and the town and the Forgotten Works and rivers and fields and the piney woods and the ball park and the Watermelon Works"(112).

Die Aufzählung setzt sich fort - jedes Glied mit "I saw [...] I saw" beginnend - und endet damit, daß der Erzähler im Spiegel sieht, wie sich Margret, die er zugunsten von Pauline aufgegeben hat, im Apfelbaum vor ihrer Hütte mit einem blauen Schal erhängt. Der Rest der Geschichte beschreibt alsdann die Bergung und Beisetzung der Leiche. Alles Geschehen wird damit zu einem imaginierten Vorgang, mit dem sich der Spiegel füllt, nachdem sich der Erzähler ganz aus ihm zurückgezogen hat. Der Tod des verlassenen Mädchens braucht dann nur ein Bild für dessen Enttäuschung zu sein. In der von Chénetier als Minimalisierung bezeichneten Art der Darstellung soll das Ereignis - im Spiegel als Tod gesehen - wieder mythische Dimensionen gewinnen. Das müßte jedoch noch nachgewiesen werden.

Das andere Beispiel betrifft den Namen des Erzählers. Schon mehrfach konnte auf Abwandlungen des Anfangs von Melvilles *Moby-Dick*, "Call me Ishmael", in der modernen Erzählkunst hingewiesen werden, so in Styrons *Sophie's Choice*, Gass' "Mrs.Mean" oder Vonneguts *Cat's Cradle*. Brautigans Aufforderung lautet: "Just call me whatever is in your mind"(4). Dies entspräche zunächst der Maxime der New Fiction, daß der Leser aufgefordert ist, einen Sinnzusammenhang herzustellen, hier dadurch, daß ihm die Namensgebung anheimgestellt wird. Brautigans Formel führt jedoch noch weiter. In dem dritten, "My Name" betitelten Abschnitt des ersten Buches von *In Watermelon Sugar* heißt es:

"I guess you are kind of curious as to who I am, but I am one of those who do not have a regular name. My name depends on you. Just call me whatever is in your mind.

If you are thinking about something that happened a long time ago: Somebody asked you a question and you did not know the answer.

That is my name.

Perhaps it was raining very hard.

That is my name.

Or somebody wanted you to do something. You did it. Then they told you what you

did was wrong - "Sorry for the mistake," - and you had to do something else. That is my name"(4).
Noch neun weitere Möglichkeiten werden aufgezählt. Während die Formel bei Melville, Vonnegut und Styron auf eine mythische bzw. literarische Vorlage verweist, werden in Brautigans Variante alle Bezüge solcher Art aufgelöst. Das Gemeinsame der aufgezählten Möglichkeiten besteht allenfalls darin, daß es sich um intensiv erlebte Situationen handelt. Insofern geht allerdings auch der Erzähler - gemäß der Forderung der New Fiction-Theorie - im Text auf.

Die Literatur über Richard Brautigan macht es erforderlich, sich immer von neuem mit seinem Werk auseinanderzusetzen. Dabei fällt auf, wie stark die Interpretationen voneinander abweichen. In ihrer Unterschiedlichkeit erweist sich ihre Willkürlichkeit bzw. diejenige der Textvorgabe. Aber selbst wenn sich, wie in der Studie Annegreth Horatscheks, die arbiträren Entwürfe zu einem sinnvollen Muster zusammenfügen liessen, blieben sowohl der Sinn des Musters wie auch die Form, in der dieses dargestellt wird, fragwürdig. In bezug auf die Form bleibt festzuhalten, daß die perversen Verzerrungen, die sich die Phantasie des Autors erlaubt, seine möglichen Wirklichkeitsentwürfe von vornherein nichts anderes sein lassen als eben willkürliche Entwürfe. In bezug auf die Aussage wäre festzuhalten, daß der Versuch, die erklärtermaßen schriftlich nicht fixierbare Wirklichkeit in der Fiktion einzufangen, einen Widerspruch in sich selbst beinhaltet. Vielleicht kommt Annegrath Horatschek in ihrer Interpretation des letzten Romans von Brautigan, *So the Wind Won't Blow It All Away*, 1982, dem Paradoxon seines Unterfangens am nächsten, wenn sie den Roman in seinem Versuch, die Vergangenheit zu rekonstruieren, an der Begrenzung der Wirklichkeit durch den Tod scheitern sieht. Das Erfassen der "Realität" erweist sich als nur rückwirkend aus der Perspektive des Todes möglich; die Versuche der notwendigen Lebensentwürfe, die ihn ignorieren, werden damit allerdings zu Wahngebilden degradiert. Eine solche Einsicht ließe auch dem Freitod des Autors einen Sinn abgewinnen.

Literatur

Zitiert nach *Trout Fishing in America*, New York, 1967 (Laurel); *In Watermelon Sugar*, London, 1970.

Sekundärliteratur:
Terrence Melley, *Richard Brautigan*, New York, 1972.
Marc Chénetier, *Richard Brautigan*, London, 1983.
Edward H.Foster, *Richard Brautigan*, Boston, 1983.
Jay Boyer, *Richard Brautigan*, Boise, ID 1987.
Annegreth Horatschek, *Erkenntnis und Realität: Sprachreflexion und Sprachexperiment in den Romanen von Richard Brautigan*, Tübingen, 1989.
Keith Abbott, *Downstream From TROUT FISHING IN AMERICA*, Santa Barbara, 1989.

William S.Merwin, geb.1927

Zu den nur selten erwähnten experimentellen Erzählern gehört William S.Merwin. 1927 in New York City geboren, verbrachte er seine Kindheit in New Jersey und Pennsylvanien und studierte an der Princeton University. Nach Ableistung seines Militärdienstes und dem Abschluß seiner Studien begab er sich nach Europa. Dort lebte er lange Jahre auf der iberischen Halbinsel und im Süden Frankreichs und verdiente sich seinen Lebensunterhalt als Privatlehrer, vorübergehend auch als Lehrer des Sohnes des englischen Dichters Robert Graves. Heute lebt er mit seiner inzwischen dritten Frau auf Hawai. Während seines Europa-Aufenthaltes schrieb er für *The Nation*, für die BBC und erwarb sich im Laufe der Jahre ein beachtliches Ansehen als Dichter. Seine daneben entstandene kurze Prosa erschien in bisher zwei Sammlungen, *The Miner's Pale Children*, 1970, und *Horses and Travellers*, 1977. Auch als "Prosagedichte" bezeichnet (Davis 130), besteht ihre Besonderheit in ihrer extremen Kürze. Sie sind meist nicht länger als zwei Seiten und können als surrealistische Parallelen oder - in Anbetracht von Merwins Interesse am Zen-Buddhismus - als Koans gelesen werden.

"Tergvinder's Stone", 1970

In "Tergvinder's Stone" aus der ersten der beiden Sammlungen rollt der im Titel genannte Protagonist einen großen Stein in sein Wohnzimmer. Er mißt ihm keine Bedeutung wie etwa dem Plymouth Rock zu, bei dem die ersten Pilgerväter die amerikanische Küste erreichten. Es genügt ihm, daß der Stein nun dort liegt, wo er hingehört. "It was the order of things"(13). Dieser soweit wiedergegebene erste Teil der sehr "kurzen Kurzgeschichte" ergibt bereits einen der New Fiction entsprechenden Sinn: Was andere auch denken mögen, Tergvinder muß seine eigene Ordnung finden.
  Der zweite Teil geht weit darüber hinaus. Tergvinder gesteht dem Erzähler, daß er, bevor er den Stein in das Zimmer rollte, "had become aware of a hole in the darkness in the middle of the living room, and out of that hole a breathing, a mournful dissatisfied sound of an absence waiting for what belonged to it, for something it had never seen and could not conceive of, but without which it could not rest"(14). Tergvinder kniet sogar neben seinem Stein nieder und hält mit ihm stundenlang in aller Stille Zwiegespräche.
  Es ist absurd und entgegen aller Wahrscheinlichkeit, daß jemand einen Felsbrocken in sein Zimmer rollt, ergibt aber einen trefflichen Sinn als Parabel von einem Menschen, der - nicht länger an Gott glaubend - sich nach irgendetwas umschaut, das die Leere, die sich für ihn auftat, zu füllen vermag.

"The Nest", 1977

Die zweite der Geschichten Merwins, die hier angeführt sei, "The Nest", findet sich in dem zweiten der beiden Sammelbände. Sie ist kurz genug, um sie, statt sie zu beschreiben, zu zitieren. Dies erfolgt entgegen der soweit befolgten Gepflogenheit in deutscher Sprache:

Das Nest

Ein Taubenpaar entdeckte einst in einem leeren Schuppen einen aufgespannten Regenschirm, der - mit der Öffnung nach oben - von einem Balken herabhing, wo ein Schäfer ihn zurückgelassen hatte. Es war Frühling. Sie bauten ihr Nest in dem schwarzen Netz. Der Wind unter dem zugigen Dach schaukelte den Schirm hin und her, doch störte sie sonst nichts, weder ihre Eier, noch ihre Erstgeborenen.

Die beiden erstgeborenen Jungen lernten fliegen und zogen immer weitere Kreise über dem Land, und es begegnete ihnen kein Unheil, bis es eines Tages, als sie alleine ausgeflogen waren, regnete. Zwischen ihnen und ihrem Zuhause öffneten sich ein Dutzend Regenschirme. Plötzlich kam es ihnen vor, als flögen sie mit dem Kopf nach unten. Sie waren so erschrocken, als sei ihnen mit einem Male aufgegangen, sie seien der falschen Seite des Lichtes zugekehrt. Sie versuchten, auf dem Rücken zu fliegen, doch sie wurden auf die Erde geschleudert, wo sie von herumlaufenden Tieren, die dort die ganze Zeit lauernd ihre Köpfe nach herabfallender Beute reckten, ergriffen und aufgefressen wurden.

Das nächste Taubenpaar, das in dem selben Nest heranwuchs, erlitt das gleiche Schicksal, auf die gleiche Art. Und so das nächste und alle folgenden Generationen. Schließlich wurden die Eltern zu alt, weitere Jungen zu zeugen.

"Nun," sagten sie, "das Nest hätte sowieso nicht mehr getaugt. Im Laufe der Jahre hatte sich eine Kruste aus Stroh und Kot gebildet und das Gewebe zerfressen, und es hing in Fetzen von dem Gestänge herab.

"Doch keines von ihnen kam je zurück," sagte einer der Eltern.

"Ich glaube, das ist natürlich," antwortete der andere. "Sie mußten ihre eigenen Familien gründen. Hier ist dies das einzige Nest."

"Ja," sagte der erste, "und sie mußten vielleicht weit fliegen, um eines wie dieses zu finden."

Die Geschichte bedarf keiner weit ausgreifenden Interpretation; sie charakterisiert jedoch auf einmalige Weise die in diesem Teil dargestellte New Fiction der experimentellen Erzähler und zeigt ihre Grenzen: Jeder betrachtet die Welt auf seine Weise, gewöhnlich danach, wie er es von seinen Vorgängern übernommen hat und wie er es gewohnt ist. Doch sie falsch zu verstehen, kann tödlich sein.

Literatur

Zitiert nach *The Miner's Pale Children*, New York 1970; *Houses and Travellers*, New York 1977, übersetzt von Annemarie Link.

Sekundärliteratur:
Cheri Davis, *W.S.Merwin*, Boston, 1981.

Erzählkunst der Immigranten

Die in diesem Teil behandelten Immigranten sind Vladimir Nabokov und Jerzy Nikodem Kosinsky. Eine Reihe von Kritikern zählt sie zu den experimentellen Erzählern. Doch nicht alle ihre Werke tragen die Merkmale der New Fiction. Zudem schlägt sich in ihnen die Herkunft der Autoren in bezug auf den Inhalt wie auf die Form - wenn auch auf unterschiedliche Weise - nieder.

Vladimir Nabokov, 1899-1977

Vladimir Nabokov war 1899 als Sohn eines angesehenen Juristen und Politikers in St.Petersburg geboren worden und mit seinen Eltern 1919 nach Berlin ausgewandert. Sein Studium absolvierte er in England an der Universität in Cambridge. Die weiteren politischen Ereignisse veranlaßten ihn, 1937 nach Paris und 1940 schließlich nach Amerika weiterzuziehen. 1945 erwarb er die amerikanische Staatsbürgerschaft, zog sich aber 1959 nach Montreux am Genfer See zurück, wo er 1977 verstarb. Bevor er 1955 mit *Lolita* einem weltweiten Lesepublikum bekannt wurde, hatte er bereits neun Romane, eine Reihe von Erzählungen und Gedichten in russischer Sprache und zwei Romane in englischer veröffentlicht. *Lolita* stellte einen ausgesprochenen Sensations- wenn nicht gar Skandalerfolg dar, brachte jedoch einen der bedeutendsten Romanciers seiner Zeit ins Rampenlicht des Interesses, ohne das seine übrigen Werke vielleicht nicht die ihnen gebührende Anerkennung gefunden hätten.

Lolita, 1955

Nachdem vier amerikanische Verlage sich geweigert hatten, *Lolita* zu veröffentlichen, erschien der Roman 1955 in der auf Pornographie spezialisierten Pariser Olympia Press. Als man sah, welch ein Aufsehen er in der Kritik erregte und wieviel sich mit ihm aufgrund dessen verdienen ließ, erklärte sich sogleich auch ein New Yorker Verlag bereit, das Werk zu drucken. Die amerikanische Ausgabe erschien 1958. Danach rückte der Roman in die Reihe der mit Superlativen bedachten Werke der amerikanischen Erzählkunst auf.

In seinem für die amerikanische Ausgabe schon 1956 geschriebenen Nachwort nennt Nabokov drei Themen, die für den amerikanischen Verleger tabu seien: 1. die glückliche Ehe zwischen Schwarz und Weiß mit erfolgreichem Nachwuchs, 2. der lang lebende und zufrieden sterbende Atheist und schließlich 3. das Thema von *Lolita*, die perverse Liebe zu einem minderjährigen Mädchen. Die in allen Details in *Lolita* geschilderte Liebe eines siebenunddreißigjährigen Mannes zu einem zwölfjährigen Mädchen verletzte einerseits ein Tabu, verlockte andererseits die an pornographischer Literatur interessierten Leser. Nabokov selbst weist allerdings mit einem Teil der Kritiker den Vorwurf der Pornographie zurück. Dennoch spielt bei der Rezeption des

Romans die schrittweise Auflösung sexueller Tabus als psychologisches und gesellschaftliches Phänomen eine nicht zu übersehende Rolle. Nabokov bricht mit seiner Darstellung der Liebe zu einer Minderjährigen auf verhängnisvolle Weise eines der wahrscheinlich letzten noch verbliebenen dieser Tabus, verhängnisvoll in Anbetracht der noch heute hohen oder noch höheren Rate des das Leben der Betroffenen zerstörenden Kindermißbrauchs. Nabokov bricht das Tabu, ohne allerdings das damit verbundene Tun zu rechtfertigen. Das Verbotene bleibt verboten. Jedoch wird nach der Ursache für den Verstoß gegen das Verbot gefragt.

Der Roman wird von dem Protagonisten, der sich hinter dem selbstgewählten Pseudonym Humbert Humbert - meist nur mit seinen Initialen H.H. genannt - verbirgt, mit Hilfe von Tagebuchaufzeichnungen kurz vor seinem Tode erzählt. Zur Zeit der Niederschrift befindet er sich im Gefängnis und erwartet seine Hinrichtung. Er war für die Ermordung von Lolitas früherem Liebhaber zum Tode verurteilt worden. Der von ihm gewählte Titel seiner Aufzeichnungen lautete "Lolita, or the Confessions of a White Widowed Male". Der Bekenntnischarakter wird am Ende der Niederschrift bestätigt, wenn es heißt: "When I started, fifty-six days ago, to write *Lolita*, first in the psychopathic ward for observation, and then in this well-heated, albeit tombal, seclusion, I thought I would use these notes in toto at my trial, to save not my head, of course, but my soul"(325). Herausgegeben werden die Aufzeichnungen nach dem Tode des Protagonisten und seines Opfers von dem fiktiven Psychologen John Ray.

Humbert war in Paris geboren worden und nach dem Kriege nach Amerika ausgewandert, um das bescheidene Erbe eines Onkels anzutreten. Er fühlt sich in besonderer Weise von minderjährigen Mädchen angezogen und versucht, seine Neigung mit der folgenden Theorie zu erklären: "Between the age limits of nine and fourteen there occur maidens who, to certain betwitched travellers, twice or many times older than they, reveal their true nature which is not human, but nymphic (that is, demoniac); and these chosen creatures I propose to designate as 'nymphets'"(18f.). Besonderer Eigenschaften bedarf es auch auf seiten des "nympholept", desjenigen, der von dem Charme der Nymphets angezogen wird. "You have to be an artist and a madman, a creature of infinite melancholy, with a bubble of hot poison in your loins and a super-voluptuous flame permanently aglow in your subtle spine (oh, how you have to cringe and hide!), in order to discern at once, by ineffable signs - the slightly feline outline of a cheekbone, the slenderness of a downy limb, and other indices which despair and shame and tears of tenderness forbid me to tabulate - the little deadly demon among the wholesome children; she stands unrecognized by them and unconscious herself of her fantastic power" (19). Maßgebend für das Verhältnis zwischen "nymphet" und "nympholept" ist das "Dämonische" auf der einen Seite, das Künstlerische oder Irre auf der anderen.

John Ray als fiktiver Herausgeber sieht in Humberts Bekenntnissen eine Fundgrube für Psychologen. Er erscheint dabei in dem ironischen Zwielicht des Wissenschaftlers, der sich für die Hintergründe des Geschehens ein besseres Verständnis zutraut, als dem, der es selbst erlebt hat. Humbert hält - wie der Autor selbst - nicht viel von der Psychologie. Er betrachtet seine Schwierigkeit nicht mit den Augen eines Psychologen, sondern mit denen des Künstlers, der, von dem Geheimnisvollen fasziniert, dieses zu ergründen versucht, um - wie die weitere Entwicklung zeigen soll - daran zugrunde zu gehen.

Vladimir Nabokov

Humbert weiß als promovierter Literaturwissenschaftler das Phänomen seiner ungewöhnlichen Neigung zunächst mit literarischen Beispielen zu rechtfertigen. Er beruft sich unter anderem auf Dante, Petrarca oder Poe. Darüber hinaus versucht er klarzustellen, daß die Liebe zu jungen Mädchen oder die Heirat mit ihnen zu anderen Zeiten und in anderen Gesellschaften durchaus als normal betrachtet wurde und wird, und klagt gewissermaßen seine Zeit und Umwelt an, hier ein falsches Tabu aufgerichtet zu haben. Hier befindet sich eine echte Falle für den Leser, wenn er sich von H.H. überzeugen läßt und in dem Roman ein Plädoyer für die Aufhebung der Schranken sieht, die gegenüber Minderjährigen von gesetzlicher Seite bestehen. Er wird widerlegt durch den zweiten Teil des Romans, in dem die Folgen dieses Überschreitens gezeigt werden. Nach dem Zeugnis des Autors in dem bereits erwähnten Nachwort wurde von einer Reihe von Lesern allerdings diesbezüglich eine Diskrepanz zwischen den beiden Teilen des Romans gesehen. Eine solche besteht tatsächlich, insofern der Erzähler den Leser im ersten Teil von der Unangemessenheit des Tabus zu überzeugen versucht, seine im zweiten Teil dargestellte spätere Reue oder Zerknirschung jedoch die Einsicht in die Richtigkeit des Schutzes für Minderjährige durch das Tabu gewissermaßen voraussetzt.

Der Erzähler weiß nun aber auch einen gewissen psychologischen Grund für seine Neigung anzuführen, nämlich seine unerfüllt gebliebene Jugendliebe. Im Alter von dreizehn Jahren hatte er sich am Mittelmeer in die gleichaltrige Annabel Leigh verliebt, die kurz nach ihrer Begegnung starb. "In a certain magic and fateful way Lolita began with Annabel," gesteht H.H.(16). Lolita wird für ihn zu einer Reinkarnation seiner Jugendliebe. "That little girl with her seaside limbs and ardent tongue haunted me ever since - until at last, twenty-four years later, I broke her spell by incarnating her in another"(17).

Annabel ist für Humbert jedoch nicht nur eine biographische Erinnerung, sondern auch eine literarische. Hinter ihr verbirgt sich Annabel Lee, die verstorbene Geliebte in Poes nach ihr benannten Ballade. Bereits die ersten Worte des Romans erinnern an die Klangmalereien des amerikanischen Dichters: "Lolita, light of my life, fire of my loins. My sin, my soul. Lo-lee-ta: the tip of the tongue taking a trip of three steps down the palate to tap, at three, on the teeth. Lo. Lee. Ta." Wie der Name Ligeias in Poes nach ihr benannter Erzählung wird gleich zu Beginn des Romans durch den Klang des Namens die Erinnerung an die verstorbene Geliebte heraufbeschworen. Der Strand am Mittelmeer wird in der Erinnerung in Analogie zu Poes "Kingdom by the sea" zum "Princedom by the sea"(43). Das Leben Humberts bewegt sich nach den Worten des Poeschen Gedichtes "by the side of my darling - my darling - my life and my bride"(51). Seine Äußerungen werden, an Poes "Ulalume" erinnernd, zu "ullalations"(56). Doch so interessant diese Anklänge an Poe auch sein mögen, entscheidend ist das beiden Schriftstellern gemeinsame Motiv der romantischen Sehnsucht nach einer vollendeten reinen Liebe, die in der Wirklichkeit dieser Welt nicht möglich ist bzw. durch die Wirklichkeit dieser Welt zunichte gemacht wird.

Das Erlebnis des Erzählers ist zunächst rein ästhetischer Art. Er wird von etwas fasziniert, das er selbst kaum zu bestimmen vermag. Der fiktive Herausgeber seiner Bekenntnisse meint zwar, daß der Leser daraus eine Lehre abzuleiten vermöge, doch der Autor beteuert in seinem Nachwort, daß für ihn "a work of fiction exists only in so far as it affords me what I shall bluntly call aesthetic bliss"(332). Diese Haltung des Autors zu seinem Werk hat zunächst natürlich nichts mit der Haltung des Erzählers

zu Lolita direkt zu tun, indirekt aber doch, da sich die Haltung des Autors in dieser Hinsicht in derjenigen Humberts spiegelt. Annabel ist für diesen - wie später Lolita - eine Fee aus einem Märchenland, etwas verlockend Schönes, aber auch etwas Erschreckendes. Mit dem Traum von Annabel verbindet sich - wie in dem Poeschen Gedicht - der Gedanke an ihren Tod. Mit der Faszination, die Humbert an Lolita kettet, verbindet sich auf der einen Seite die Vorstellung von ihrer Reinheit, auf der anderen die Angst, diese durch die Lust, sie fleischlich zu besitzen, zu zerstören.

Das Ideal Annabels verfolgt den Erzähler, da sie rein geblieben war. Trotz der Lust, die er in sich brennen fühlt, unternimmt Humbert alles, auch Lolitas Reinheit zu erhalten: "despite the insatiable fire of my venereal appetite, I intended, with the most fervent force and foresight, to protect the purity of that twelve-year old child"(56). Sein Bedürfnis, Lolitas Reinheit zu schützen, bezeichnet er als "pathetic", seinen "venereal appetite" als "horrible" und gebraucht damit zwei zentrale Begriffe aus der Vorstellungswelt Poes. Wie bei diesem gehen in Nabokovs *Lolita* Erfüllung und Zerstörung Hand in Hand. Der Augenblick, der die Erfüllung zu versprechen scheint, wird zum Beginn des Verderbens. So heißt es gleich in dem Bericht von der ersten Nacht mit Lolita: "I should have understood that Lolita had already proved to be something quite different from innocent Annabel, and that the nymphean evil breathing through every pore of the fay child that I had prepared for my secret delectation, would make the secrecy impossible, and the delectation lethal. I should have known (by the signs made to me by something in Lolita - the real child Lolita or some haggard angel behind her back) that nothing but *pain* and *horror* would result from the expected *rapture*"(131).

Die Ironie - und darin unterscheidet sich Nabokovs Roman wesentlich von Poes Gedichten und Erzählungen - liegt nun aber darin, daß Lolita nicht mehr die Reinheit verkörpert, die er bei ihr erwartete. Sie hatte in einem Ferienlager bereits ausgiebig Verkehr mit dem anderen Geschlecht gehabt und betrachtet das, was der Erzähler von ihr erwartet, als ein Spiel der Kinder, in das sie den Erwachsenen noch einweihen muß. "She saw the stark act merely as a part of a yongster's furtive world, unknown to adults"(140f.). Humbert, der Versucher, der umsichtige Liebhaber, wird letztlich von Lolita verführt. Diese Tatsache befreit ihn aber nicht von dem Bewußtsein, Lolitas Leben durch seinen Verkehr mit ihr zu zerstören und befreit ihn nicht von dem Verlangen, sie zu besitzen. Sein Verlangen soll sich aber als "lethal", als "tödlich" erweisen, da er sich bewußt ist, daß es für sie nicht das Gleiche bedeutet, wie für ihn.

Einen besonderen Akzent erhält die Schuld Humberts gegen Ende des Romans, wenn er erkennt, daß er seine Vorstellung von der idealen Liebe durch den nur auf eigene Befriedigung bedachten sexuellen Akt korrumpierte. Nabokov gebrauchte - wie Tennessee Williams in analogem Zusammenhang - das Wort "tenderness". "Tandresse?" fragt sich Humbert. "Surely that was an exploded myth"(215) und zwar nachdem er von Lolita Besitz ergriffen hat. In seiner Liebe, die in ihm dennoch nicht erlischt, will er Lolita gereinigt sehen von dem "sterile and selfish vice"(292). Gegen Ende heißt es: "I recall certain moments, [...] when after having my fill of her [...] I would gather her in my arms with, at last, a mute moan of *human tenderness* [...] - and the tenderness would deepen to shame and despair, and I would [...] caress her at random and mutely ask her blessing, and at the peak of this human agonized *selfless tenderness* [...] all at once, ironically, horribly, lust would swell again"(300). Die Augenblicke der selbstlosen Zärtlichkeit werden schnell zerstört durch die überwälti-

gende Lust, die nur sich selbst kennt. Humbert erkennt, daß er Lolita nicht das zu geben vermochte, was sie brauchte, vor allem nicht ein Zuhause, in dem sie in Geborgenheit hätte aufwachsen können(301). "Lolita had nothing", muß er gestehen. Er erinnert sich, daß es seine Gepflogenheit war, "to ignore Lolita's states of mind while comforting my own base self." Er gesteht auch zu, daß er sich nicht mit seiner empfindsamen Imagination dafür entschuldigen kann: "I admit that a man of my power of imagination cannot plead personal ignorance of universal emotions"(302).

Fühlt sich Humbert im ersten Teil von der Lust getrieben, Lolita zu besitzen, so fühlt er sich nach ihrer Inbesitznahme im zweiten Teil des Romans von dem Bewußtsein seiner Schuld verfolgt. Dieses Schuldbewußtsein sublimiert sich in einem Verfolgungswahn; er glaubt, er werde von jemandem verfolgt, der ihm Lolita rauben will. Er weiß, daß er Lolitas Leben mit seiner brutalen Lust zerstört hat und vermag sich vorzustellen, was sie darüber denkt: "He [Clare Quilty] broke my heart. You merely broke my life" (294). Clare Quilty war der Mann, den Lolita liebte. Humbert merkt in seiner Ichbefangenheit nicht - oder will es nicht wahrhaben -, daß Lolita ihn nicht liebt. Das Perverse der Situation besteht darin, daß derjenige, den sie liebt, Clare Quilty, impotent ist und seine Befriedigung darin findet, mit ihr perverse Liebesakte nach de Sade zu filmen. (Eine ähnliche Situation schildert Tennessee Williams in seiner Kurzgeschichte "One Arm".) Während Quilty die Perversion damit selbst zur Kunst erheben will, versucht Humbert, sein Leiden an der Perversion in der Niederschrift seiner Erlebnisse als Roman festzuhalten. Aber C.Q.(d.i. Clare Quilty), den er als denjenigen, der ihm Lolita rauben will, ermordet, erweist sich für den Leser, der H.H.s Obsession durchschaut, auch nur als ein *alter ego*, gegen das der Erzähler vergeblich anzukämpfen versucht.

Im Rahmen seiner kritischen Äußerungen über die Psychologie verwahrt sich der Erzähler gegen die Auffassung, daß künstlerische Befähigung nur eine sekundäre sexuelle Äußerung darstelle. Für ihn ist "sex [...] but the ancilla of art"(273). Dementsprechend erhebt sich für ihn die Kunst über die durch die sexuelle Lust bestimmte Wirklichkeit. "I see nothing for the treatment of my misery but the melancholy and the local alliative of articulate art"(298). Die Niederschrift dient Humbert nicht dazu, seinen Kopf zu retten, obwohl er immer wieder die Geschworenen anspricht und eher eine Zuchthausstrafe als die Todesstrafe erwartet; vielmehr geht es ihm um die Rettung seiner Seele. Er tut es, indem er seine Ichbezogenheit überwindet und Lolita alles Gute für ihr weiteres Leben wünscht. Wenn er jedoch darüber hinaus versucht, sein Vergehen durch Umsetzung in Kunst wieder gutzumachen, so ist das ein vergebliches Unterfangen. So lauten seine letzten, an Lolita gerichteten Worte: "Do not pity C.Q. One had to choose between him and H.H., and one wanted H.H. to exist at least a couple of months longer, so as to have him make you live in the minds of later generations. I am thinking of aurochs and angels, the secret of durable pigments, prophetic sonnets, the refuge of art. And this is the only immortality you and I may share, my Lolita"(325). Humbert schafft ihr in einem Bereich dauerhaftes Leben, der sie selbst gar nicht interessiert.

Humberts Bekenntnisse folgen mit diesem Anliegen der Verewigung in der Kunst einem romantischen Ideal, verkehren es jedoch, indem sie es parodieren, in ihr Gegenteil. Das Romantische des Ideals bestünde in der Sehnsucht nach einem in dieser Welt unerreichbaren Ziel: In *Lolita* wird dieses Ziel jedoch nicht - wie etwas bei Nathaniel Hawthorne - in eine transzendente Welt verlagert, sondern in den Bereich der Kunst, in die romanhafte Gestaltung der Bekenntnisse. Diese aber führt nicht zu dem ersehnten Ziel, da das hier dargestellte Abbild erlebbarer Wirklichkeit sich als Perversion oder Groteske offenbart. Die durch die Ironie gebrochene romantische Welt bleibt nicht ganz frei von Sentimentalität, da der Protagonist in seiner Hilflosigkeit der Wirklichkeit gegenüber fast rührselig wird, es sei denn, sie wird dadurch aufgehoben, daß er für den Leser zum Clown wird. Die dazu notwendige Komik läßt sich jedoch schwerlich mit der Brutalität vereinbaren, mit der der Perversion ihr "Spiel" erlaubt wird.

Eine besondere Note erhält das Thema der Begegnung der romantischen Sehnsucht mit der Wirklichkeit in *Lolita* - wie bei Nabokov überhaupt - dadurch, daß es sich im Rahmen einer Begegnung der Alten mit der Neuen Welt abspielt. Humbert, der Bürger der Alten Welt, gerät nicht nur in Konflikt mit seiner körperlichen Begierde, sondern auch mit der banalen Wirklichkeit der Neuen Welt, der er in Lolitas Nüchternheit und Spießbürgerlichkeit begegnet. Nabokov beteuert wohl zu Recht in seinem Nachwort, daß es nicht beabsichtigt gewesen sei, im Roman die Vereinigten Staaten, die ihm zur neuen Heimat geworden waren, in ein schlechtes Licht zu rücken. Im Roman gewinnt das thematische Gegenüber jedoch auch in dieser Form Gestalt. Humberts amerikanischer Gegenspieler wird dabei Clare Quilt, Lolitas Gegenpart Annabel.

Kunstvoll findet das Gegenüber von romantischer Sehnsucht und brutaler Wirklichkeit und von Alter und Neuer Welt auch in der Sprache Gestalt. Im Nachwort heißt es: "After Olympia Press, in Paris, published the book, an American critic suggested that *Lolita* was the record of my love affair with the romantic novel. The substitution 'English language' for 'romantic novel' would make this elegant formula more correct," und er bedauert im Anschluß daran, daß er nicht mehr in seiner russischen Sprache schreiben könne(334). In der Fiktion der Bekenntnisse eines Immigranten kann sich Nabokov der ihm fremden Sprache in einer Weise bedienen, die die höchsten, auch romantischen Effekte herauszuholen vermag, ohne sentimental zu werden. Allerdings enthält sein Englisch auch gewisse komische Akzente, die darauf verweisen, daß sich der Autor einer ihm fremden Sprache bedient.

Auf die New Fiction der nächsten Dekade verweist *Lolita*, insofern der Erzählvorgang mehrfach reflektiert wird. Der Roman wird zur "metafiction", wenn Humbert die Umstände der Niederschrift seiner Bekenntnisse beschreibt und John Ray sie als Herausgeber kommentiert. Er ist in gewissem Sinne experimentelle Erzählkunst, da er mit unterschiedlichen Wirklichkeitsvorstellungen operiert, wenn sie sich auch als höchst romantisch erweisen.

Pnin, 1957

Nabokovs erster, nach dem Erfolg von *Lolita* 1957 erschienener Roman *Pnin* erzählt die Geschichte des russischen Immigranten Timofey Pnin, Assistent Professor am Waindell College im Nordosten der USA. Im Zentrum stehen die Jahre 1950 bis 1954, da er an dem College lehrte. In Rückblicken, meist Erinnerungen, wird sein früheres, dem des Autors sehr ähnliches Leben erfaßt, seine Jugend in St.Petersburg, seine Emigration nach Prag, sein dortiges Studium, sein Pariser Aufenthalt von 1925 bis 1940, seine Ehe mit Liza und schließlich seine Emigration in die USA. Es geht dabei weniger um eine Handlung im traditionellen Sinne, als um das Porträt eines etwas hilflosen und sentimentalen Mannes, der versucht, mit den für ihn ungewöhnlichen

Lebensumständen in immer wieder neuer Umgebung zurechtzukommen. Guten Willens, immer das Richtige zu tun, macht er genau das Falsche und gerät in die komischsten Situationen. Er wird zum Gegenstand des Ulks, aber auch des Mitleids der anderen. Der Erzähler besteht keineswegs darauf, daß Pnins Verhalten allein durch sein Leben in der Fremde bedingt sei; er wäre - wie etwa in seinem Verhältnis zu Liza - in seiner ursprünglichen Umgebung vielleicht genauso hilflos gewesen.

Mehrfach ergeben sich Ansätze zu einer regelrechten Handlung; der Erzähler nimmt die Möglichkeit dazu jedoch bewußt nicht wahr; er verzichtet auf die weitere Entfaltung des Geschehens und läßt es in Erinnerungsbilder einmünden. Die Gegenwart wird auf diese Weise immer wieder durch die Vergangenheit verbrämt. Die Komik von Pnins Verhalten erscheint meist vor einem dem Tragischen nahen Hintergrund, wenn ein Mensch wie mit Pnins Charakter die Ereignisse als tragisch zu empfinden imstande wäre. Solche Tragik erscheint in Pnins jugendlicher Liebe zu Mira, die er durch Revolution und Bürgerkrieg aus dem Auge verloren hat. Als er sie wieder trifft, sind beide verheiratet. Mira stirbt später in einem Konzentrationslager. Auch Pnins Verlust seiner Stelle am College enthält einen tragischen Keim. Doch seine Abreise von Waindellville gestaltet sich zu einer komischen, wenn auch komisch-pathetischen Szene.

In *Pnin* wird nicht - wie in der Mehrzahl der Romane seiner Zeit - die Frage nach dem Sinn des Lebens gestellt. Es geht nicht - wie bei dem ihm etwa vergleichbaren pikaresken Helden Augie March in Bellows Roman - um die Gewinnung einer spezifischen Identität. Pnin hat seine, wenn auch bescheidene und oft komische Identität. Sie beruht vor allem in seiner Verankerung in der Vergangenheit. Sein Erinnern ist nicht nur sentimentales Zurückversetzen in die Vergangenheit, sondern hat eine Proustsche Qualität des Wiedererkennens, auch im Sinne des Sichvergewisserns in lebensintensiven Augenblicken. Pnin findet z.B. in der Natur auch etwas, was er in Rußland hatte erleben können. Der Roman zeigt einen relativ einfachen Menschen in seinem unbeholfenen Bemühen, mit seiner Welt zurechtzukommen, die ihm tückisch begegnet, der aber nie aufgibt, sondern tapfer weiter seinen Weg geht.

Es handelt sich bei *Pnin* um keinen großen Roman, aber einen Roman mit köstlichem Humor und voller Liebe für den Menschen. Er zeigt eine gewisse Tiefe, wenn sich tragische Möglichkeiten auftun und öffnet einen Blick auf die Vielfältigkeit des Lebens, die Pnin nur in einem kleinen Ausschnitt zu bewältigen versuchen kann.

Der Erzähler hält sich in dem Roman anfangs weitgehend im Hintergrund, taucht nur gelegentlich auf, um den Leser wissen zu lassen, daß er Pnin kenne. Erst im letzten Kapitel tritt er voll in Erscheinung und erzählt aus der Perspektive seines eigenen Erlebens, woraus hervorgeht, daß er, als er nach Waindell kam, das, was er von Pnin zu berichten wußte, von seinen Kollegen erfahren hatte. Auch der Erzähler ist Immigrant und war Pnin schon in St.Petersburg begegnet. Während dieser nur mäßig Englisch spricht, vermag der Erzähler alle Register der englischen Sprache zu ziehen. Er tut dies in sehr eigentümlicher, doch korrekter Weise, aber so, daß dem Wort neue Nuancen abgewonnen werden, die von großer Erlebnisfähigkeit zeugen, bzw. einer solchen Ausdruck zu verleihen vermögen. Der Erzähler - und mit ihm der Autor - sieht in Pnin aus mehr humorvoller als komischer Distanz sein *alter ego*.

Pale Fire, 1962

Nabokovs nächster, fünf Jahre nach *Pnin* erschienener Roman, *Pale Fire*, besteht aus einem "Poem in Four Cantos" und einem Kommentar dazu. Zu letzterem gehören auch noch das Vorwort und ein Index. Der Roman wurde von der Kritik als "metafiction" sogleich für die New Fiction vereinnahmt.

Als Verfasser des Gedichtes erscheint der amerikanische Dichter John Shade aus New Wye, Appalachia. Kommentiert wird es von Dr.Charles Kinbote, Professor am Wordsmith College in New Wye, Immigrant aus dem imaginären nordeuropäischen Königreich Zembla.

Das 999 Zeilen lange, in "heroic couplets" geschriebene Gedicht Shades kann als eine moderne Variante zu Popes - im Gedicht selbst auch genannten - "Essay on Man" aber auch zu Wordsworths *Prelude* betrachtet werden. Zudem finden sich in ihm Anklänge an Poe, Browning, Yeats, T.S.Eliot, Wallace Stevens und andere Dichter. In ihm berichtet sein Verfasser über sein Leben und reflektiert über den Sinn des Lebens sowie über das Leben nach dem Tode. Das Gedicht will nicht so sehr als eigenständiges Kunstwerk verstanden werden, sondern eher als eine Parodie auf moderne Gedankendichtung mit suggestiven Anspielungen auf das Leben des Verfassers.

Es beginnt mit den folgenden Zeilen:
   I was the shadow of the waxwing slain
   By the false azure in the windowpane.

Nach der Meinung des Kommentators sollte die erste der beiden Zeilen auch das Gedicht beschließen. Thematisch kommt in diesen Zeilen der gescheiterte Versuch des Vogels zum Ausdruck, seinen Flug in der im Festerglas gespiegelten Weite seiner Wirklichkeit fortzusetzen. Der Dichter betrachtet sich dabei nur als Schatten des Vogels. Als Scheitern, den Flug jenseits der Fensterscheiben fortzusetzen, versteht Shade sein Schicksal, keine Nachkommen zu hinterlassen. Das Weiterleben in den Nachkommen wäre für ihn eine Form des Überschreitens der eigenen Lebensspanne. Dieses wird durch den im zweiten Canto geschilderten Selbstmord seiner Tochter unmöglich gemacht.

Im dritten Canto berichtet Shade von seinen Versuchen, das Problem der Sinngebung von einem prinzipiell atheistischen Standpunkt aus zu lösen. Sein Bemühen endet damit, daß ihm in einer Ohnmacht ein "white fountain" im Jenseits erscheint. Zunächst sieht er die Bedeutung des Erlebnisses dadurch bestätigt, daß eine Frau, deren Herz ausgesetzt hatte und wiederbelebt worden war, ebenfalls einen "white fountain" geschaut haben sollte; doch stellt sich heraus, daß es sich um einen Druckfehler handelte; sie hatte einen "white mountain" gesehen.

Der letzte Canto definiert das Leben "in terms of combinational delight". Dabei handelt es sich um ein ironisches Plädoyer für ein ästhetisches Weltverständnis:
         I feel I understand
   Existence, or at least a minute part
   Of my existence, only through my art,
   In terms of combinational delight;
   And if my private universe scans right,
   So does the verse of galaxies divine
   Which I suspect is an iambic line.

I'm reasonably sure that we survive
And that my darling somewhere is alive,
As I am reasonably sure that I
Shall wake at six tomorrow. Z.970 ff.

Seine Erwartung wird enttäuscht: er erwacht nicht am Morgen des nächsten Tages, denn er wird noch an dem Tag, da er diese Zeilen schreibt, von einem Wahnsinnigen ermordet. Er lebt gewissermaßen wie der Vogel von der Illusion, daß sich die Wirklichkeit in der Spiegelung fortsetze. Tatsächlich lebt er fort als Schatten in seinem Gedicht bzw. in dem Kommentar, den Dr.Kinbote zu diesem verfaßt, d.h. also in der Spiegelung - und zwar auch, wie sich in dem Kommentar zeigt, in der Spiegelung seines Gedichtes im Leben Dr.Kinbotes. Wenn es in dem Gedicht heißt:
Man's life as commentary to abstruse
Unfinished poem. Note for further use. Z.939 f.
so ist Dr.Kinbote derjenige, der in seinem Kommentar davon weiteren Gebrauch macht. Das Gedicht überschreitet aber mit Hilfe des Kommentars die Grenze des Todes. Dieses bei Nabokov immer wieder erscheinende Thema steht später im Mittelpunkt seines vorletzten Romans, *Transparent Things*.

Dr.Kinbote, der Verfasser des Vorwortes, war sechs Monate vor dem Tode Shades am Wordsmith College erschienen. Als Nachbar und Kollege drängte er dem Dichter seine Freundschaft auf und berichtete ihm von seiner Vergangenheit in Zembla in der Hoffnung, daß er diese zum Gegenstand seines letzten Gedichtes mache. Bei dem Tode Shades eignet er sich das Gedicht an und sieht zu seiner großen Enttäuschung seine Vergangenheit völlig unbeachtet. In seinem Kommentar, zumindest zu den unterdrückten - wahrscheinlich von ihm erfundenen - Varianten, versucht er nun, den Einfluß darzustellen, den seine Vergangenheit auf das Werk hatte und ergänzt die Anmerkungen zu dem Gedicht durch einen Bericht von seinem eigenen Leben. Sein angebliches, immer weniger verhülltes Geheimnis ist, daß er Charles the Beloved (Karl der Beliebte), der letzte regierende König Zemblas gewesen sein will, den man vor einem Jahr - 1958 - nach 32-jähriger Regierungszeit gestürzt hatte. Er erscheint in New Wye unter anderem Namen, um der Verfolgung durch die Revolutionäre zu entgehen. Gradus, der nach seiner Interpretation von diesen ausgewählt worden war, ihn zu töten, findet ihn, erschießt jedoch in seiner Ungeschicklichkeit nicht ihn, sondern Shade. Kinbotes Name bedeutet in seiner Heimat "Königsmörder", was er dahingehend erläutert, daß er durch die Annahme dieses falschen Namens selbst den König, der er gewesen sein will, tötet.

Kinbotes Bericht - stückweise in den Kommentar eingeflochten - läßt an Verrücktheiten nichts zu wünschen übrig. Nicht nur das Geschehen ist verrückt; Kinbote selbst ist im extremsten Sinne absonderlich. Zu seinen Absonderlichkeiten zählt die homosexuelle Neigung zu Knaben und jungen Männern, die die Bemühungen, ihn wegen des Fortbestandes des königlichen Hauses zu verheiraten, zu den komischsten Begegnungen führt, sei es mit jungen Damen vom Hofe, sei es mit der Tochter eines Bergbauern, die sich vor ihm auszuziehen beginnt. Es gelingt ihm, aus dem Palast, in dem er von den Revolutionären gefangen gehalten wurde, zu entfliehen, indem er sich eines unterirdischen Ganges bedient, den einst sein Großvater hatte bauen lassen, um sich heimlich mit seiner Geliebten treffen zu können. Die weitere Flucht gelingt mit Hilfe eines roten Sportpullovers und einer roten Mütze, da die Verfolger durch Dutzende seiner Anhänger in gleicher Aufmachung irregeleitet werden.

Wenn Shade sich in seinem Gedicht über Marx und Freud lustig macht, will er beim Wort genommen werden, keineswegs jedoch, wenn er seine eigenen philosophischen Überlegungen entwickelt. Entsprechendes gilt für Kinbotes Kommentar. Sein Bericht über die Machenschaften der von den Sowjets unterstützten Revolutionäre will oder kann als eine Entsprechung zur geschichtlichen Wirklichkeit verstanden werden, nicht jedoch der über seine Rolle in Zembla und seine abenteuerliche Flucht.

Es besteht aber ein sehr wesentlicher Unterschied zwischen dem Leben Shades und demjenigen Kinbotes, alias Charles the Beloved. Shades Leben ist immer in gewisser Weise auf seine Umwelt bezogen, zumindest auf seine Tochter und deren Schicksal, aber auch - zum Ärger von Kinbote - auf seine Frau Sybil. Kinbotes Leben nimmt keinen Bezug zur Umwelt auf. Ausdruck für sein beziehungsloses Verhalten ist seine Homosexualität, die ihm gewissermaßen nur zur Selbstbefriedigung dient. Die Freundschaft zu Shade, von der er gerne spricht, existiert im Grunde nicht. Es wird sehr deutlich, wie er sich Shade aufdrängt, damit dieser sein Leben in seinem Gedicht verherrliche. So wird auch sein Kommentar zu "Pale Fire" zu einer Perversion. Der Kommentar zu dem Gedicht Shades wird zu einem Bericht seines eigenen Lebens.

Eine letzte Ironie erhält das Ganze dadurch, daß am Ende offen bleibt, ob Charles the Beloved nicht eine bloße Erfindung Kinbotes ist. Gradus, der Mörder Shades, gibt sich als Irrer aus, der einer Anstalt entflohen ist, und wird als solcher behandelt. Für seine Geschichte ist Kinbote alleiniger Zeuge. Bezeichnend ist aber, daß nicht er, Kinbote, in seiner in sich konsequent entwickelten Geschichte das Opfer von Gradus wird, sondern Shade.

Dessen Leben ist, wie die anfangs zitierten Zeilen zeigen, sein Gedicht. Sein Leben geht nicht auf; es wird durch Gradus zerstört. Kinbotes Leben bleibt in sich selbst versponnen. Gradus bleibt für ihn ein Hirngespinst als der von den Revolutionären bestellte Mörder. Als Hirngespinst lebt er auch gewissermaßen selbst immer weiter. Am Schluß seines Kommentars heißt es: "I may assume other disguises, other forms, but I shall try to exist. I may turn up yet, on another campus, as an old, happy, healthy, heterosexual Russian, a writer in exile, sans fame, sans future, sans audience, sans anything but his art"(336f.). Als ein solcher Schriftsteller im Exil war er in *Pnin* erschienen. Am Ende heißt es schließlich: "Oh, I may do many things! History permitting, I may sail back to my recovered kingdom. I may huddle and groan in a madhouse." Sind Shade wie dem Vogel durch die Fensterscheiben Grenzen gesetzt, so versucht Kinbote, sie mit Hilfe seiner Einbildungskraft zu überwinden, jedoch handelt es sich um die Einbildungskraft eines Wahnsinnigen. Aber selbst der imaginären Wirklichkeit des Wahnsinnigen sind letztlich Grenzen gesetzt: "wherever the scene is laid, somebody, somewhere, will quietly set out [...] a bigger, more respectable, more competent Gradus"(337).

Der Interpret, der dem Werk einen tieferen Sinn abzugewinnen versucht, wird vom Autor selbst auf die Absurdität seines Unterfangens verwiesen. Er gerät in die Situation Kinbotes als Kommentator von Shades Gedicht. Aber vielleicht kann gerade darin die Aussage des Romans gesehen werden, daß weder die Kunst der Dichtung - wie diejenige Shades - der *Welt* eine Ordnung abzugewinnen vermag, noch die Interpretation - wie der Kommentar Kinbotes - der *Dichtung* Sinn verleihen kann. Kinbote bringt nur sein eigenes introvertiertes imaginäres Ich als eines in der Folge von anderen möglichen zum Ausdruck.

So wird das Werk Ausdruck eines ästhetischen Weltverständnisses, das sich selbst parodierend seiner Unzulänglichkeit und seines Spielcharakters bewußt ist. Dieses Spiel zeigt sich äußerlich im Gegeneinanderausspielen der Formen: Gedicht und Kommentar. Es zeigt sich aber auch im Spiel der unterschiedlichen Wirklichkeitsinterpretationen. Der Leser bleibt in der Teilnahme am Spiel amüsiert. Ein Sinn kann sich auch für ihn nicht ergeben. Der Versuch, der Wirklichkeit einen solchen zu verleihen, wurde ihm als Versuch eines Wahnsinnigen vorgeführt.

Pale Fire, ein Roman als kommentierter Text, war verständlicherweise für die Kritik sehr bald ein Musterbeispiel für metafiktionales Erzählen. Doch entspricht er genausowenig wie *Lolita* dem phänomenologischen Wirklichkeitsverständnis der New Fiction. Es sind nicht nur unterschiedliche Interpretationen von Wirklichkeit, die gegeneinander ausgespielt werden, sondern es bleibt eine abbildhafte Wirklichkeit als Grundlage, über die sich eine romantische Wirklichkeitsvorstellung vergeblich zu erheben versucht. Der Titel des Romans ist Shakespeares *Timon of Athens* entnommen. Dort ist von dem "pale fire" des Mondes als dem von der Sonne geborgten Licht die Rede(4,3,439). Nach Kernans Interpretation Nabokov "does not try to find the kernel of truth by literally representing some absolute reality, but rather by palely reflecting the light of some distant sun, in an elaborate play of correspondences and possibilities which suggest, but do not prove, some ultimate pattern of meaning, some elaborate game of complex moves"(in Bloom 123).

Wie schon in *Lolita* scheint in dem Roman als "pale fire" auch das Gegenüber von materiell verankerter Neuer Welt und der romantisierten Vorstellung einer ihr überlegenen Alten Welt auf. Aber auch damit sind die unterschiedlichen Möglichkeiten, den Roman aufgrund seiner nie voll durchsichtigen oder absichtlich manipulierten Erzählperspektive zu interpretieren, wie die bisherige umfangreiche Kritik zu ihm bezeugt, keineswegs erschöpft. Dementsprechend gilt auch für den nächsten Roman, daß nur ein Teil der Möglichkeiten, ihn zu interpretieren, aufgezeigt werden kann.

Ada, or Ardor: A Family Chronicle, 1969

In Nabokovs Schaffen lassen sich vier Phasen unterscheiden. Die erste wäre die seiner in russischer Sprache geschriebenen Werke, die zweite die seiner in Englisch verfaßten Romane vor *Lolita*. In der dritten Phase entstehen die Werke, die seinen eigentlichen Beitrag zur amerikanischen Erzählkunst ausmachen, *Lolita*, *Pnin*, *Pale Fire* und *Ada*. *Ada*, der letzte dieser vier Romane, war, wenn nicht ganz, so doch zum größten Teil bereits in der Schweiz entstanden. Die späteren Romane, *Transparent Things*, 1972, und *Look at the Harlequins!*, 1974, können als Epiloge zu seinem Schaffen betrachtet werden. *Ada* ist nicht der bedeutendste Roman Nabokovs, bildet jedoch einen beachtenswerten Abschluß seiner mit *Lolita* eingeleiteten Erfolgsserie.

Die beste kurze, wenn auch ironische Beschreibung des Romans liefert Nabokov selbst in den letzten vier Abschnitten seines Werkes:

"Ardis Hall - the Ardors and Arbors of Ardis - this is the leitmotiv rippling through *Ada*, an ample and delightful chronicle, whose principal part is staged in a dream-bright America - for are not our childhood memories comparable to Vineland-born caravelles, indolently enciceld by the white bird of dreams? The protagonist, a scion of one of our most illustrious and opulent families, is Dr.Van Veen, son of Naron "Demon" Veen, that memorable Manhattan and Reno figure. The end of an extraordinary epoch coincides with Van's no less extraordinary boyhood. Nothing in world literature, save maybe Count Tolstoy's reminiscences, can vie in pure joyousness and Arcadian innocence with the "Ardis" part of the book. On the fabulous country estate of his art-collecting uncle, Daniel Veen, an ardent childhood romance develops in a series of fascinating scenes between Van and pretty Ada, a truly unusual *gamine*, daughter of Marina, Daniel's stage-struck wife. That the relationship is not simply dangerous *cousinage*, but possesses an aspect prohibited by law, is hinted in the very first pages.

In spite of the many intricacies of plot and psychology, the story proceeds at a spanking pace. Before we can pause to take breath and quietly survey the new surroundings into which the writer's magic carpet has, as it were, spilled us, another attractive girl, Lucette Veen, Marina's younger daughter, has also been swept off her feet by Van, the irrestible rake. Her tragic destiny constitutes one of the highlights of this delightful book.

The rest of Van's story turns frankly and colorfully upon his long love-affair with Ada. It is interrupted by her marriage to an Arizonian cattle-breeder whose fabulous ancestor discovered our country. After her husband's death our lovers reunited. They spend their old age traveling together and dwelling in the various villas, one lovelier than another, that Van has erected all over the Western Hemisphere.

Not the least adornment of the chronicle is the delicacy of pictorial detail: a latticed gallery; a painted ceiling; a pretty plaything stranded among the forget-me-nots of a brook; butterflies and butterfly orchids in the margin of the romance; a misty view descried from marble steps; a doe at gaze in the ancestral park; and much, much more"(588 f.).

Daß der Roman in dem Roman selbst beschrieben wird, verweist bereits auf seinen metafiktionalen Charakter. Er erzählt nicht nur die Geschichte Adas, sondern auch die Geschichte seiner Entstehung. Dr.Van Veen schreibt in seinem 97.Lebensjahr in der Nähe des Genfer Sees das Buch seiner großen Liebe zu seiner Halbschwester und Cousine Ada. Bis zu einem gewissen Grade handelt es sich um eine fiktionalisierte Biographie des Autors; nämlich insofern er die Geschichte des Scheiterns darstellt, die Träume seiner Jugend in der Welt der Kunst zu verwirklichen.

Das zentrale Ereignis des Romans ist, daß sich der vierzehnjährige Van in seine zwölfjährige Cousine Ada verliebt, die, wie er erst viel später erfährt, die Tochter seiner Tante Marina und seines Vaters Demon ist. Zur Zeit dieses Ereignisses, nämlich 1884, benutzt man bereits "petroloplanes"(Flugzeuge), "dorophones"(Telephone) und andere erst später erfundene oder konstruierte Gebrauchsgegenstände, womit angezeigt wird, daß die Vergangenheit in der Erinnerung des Erzählers zur bleibenden Gegenwart geworden ist. Der "anachronistischen Synchronisierung" entsprechen die räumlichen Identifikationen. Das Rußland und das Amerika der Vergangenheit werden zu Estotiland, einem russischen Äquivalent zu "French Canady", und dem "Demonia" der USA. Ardis Hall kann als ein Äquivalent zu dem Landhaus der Nabokovs im vorrevolutionären Rußland betrachtet werden.

Zeit ist eines der zentralen Themen des Romans. Sein Erzähler wird als Autor eines Buches über die *Texture of Time*(337) eingeführt. Das vierte der fünf Bücher, in die sich der Roman gliedert, besteht aus einer Abhandlung über die Zeit. Diese ist danach "but memory in the making"(559). Sie wird für den Erzähler zu einem ästhetischen Problem: "I wish to caress Time.[...] I delight sensually in Time"(537), gesteht er sich.

Nebenbei erfährt der Leser, daß der Erzähler durch die Schweizer Alpen fährt, während er seine Überlegungen über die Zeit anstellt. "My aim was to compose a kind of novella in the form of a treatise on the Texture of Time, an investigation of its veily substance, with illustrative metaphors gradually increasing, very gradually building up a logical love story, going from past to present, blossoming as a concrete story, and just as gradually reversing analogies and disintegrating again into bland abstraction"(562f.). Mit diesen Zeilen beschreibt der Erzähler nicht nur seinen Traktat über das Gewebe der Zeit, sondern auch seinen Roman als ganzen, nur auf einer höheren Ebene als in den bereits zitierten letzten Abschnitten des Werkes. Die Liebesgeschichte erweist sich danach als eine der "illustrative metaphors", als Konkretisierung der "Abstraktion" in einer "Geschichte".

Die Vergangenheit als Erinnerung spielt vom Beginn ihrer Begegnung an eine entscheidende Rolle für die beiden Liebenden: "Not only in ear-trumpet age - in what Van called their dot-dot-dotage - but even more so in their adolescence (summer, 1888), did they seek a scholarly excitement in establishing the past evolution (summer, 1984) of their love, the initial stages of its revelations, the freak descrepancies in gappy chronographies. She had kept only a few - mainly botanical and entomological - pages of her diary, because on rereading it she had found its tone false and finical; he had destroyed his entirely because of its clumsy schoolboyish style combined with heedless, and false, cynicism. Thus they had to rely on oral tradition, on the mutual correction of common memories.[...] Calendar dates were debated, sequences sifted and shifted, sentimental notes compared, hesitations and resolutions passionately analyzed. If their recollections now and then did not tally, this was often owing to sexual differences rather than to individual temperament. Both were diverted by life's young fumblings, both saddened by the wisdom of time"(109). Als sie sich 1893 ein Photoalbum anschauen, war ihre Liebe bereits Dichtung geworden: "She had never realized, she said again and again (as if intent to reclaim the past from the matter-of-fact triviality of the album), that their first summer in the orchards and orchidariums of Ardis had become a sacred secret and creed, throughout the countryside.[...] Their swains, plucking ballads on their seven-stringed Russian lyres under the racemosa in bloom or in old rose gardens (while the windows went out one by one in the Castle), added freshly composed lines - naive, lackey-daisical, but heartfelt - to cyclic folk songs"(409). "The Past, then," wie sie im Roman erzählt wird, "is a constant accumulation of images"(545).

Während der ganzen Zeit steht es dem Leser frei, eingedenk der verwandelnden Kraft der Erinnerung die skandalöse inzestuöse Liebesaffäre als Metapher für nur vorgestellte Liebe zu verstehen. Der Geschlechtsakt ist nur "the minor poetry of flesh"(523). Die Ereignisse ordnen sich zu Mustern von Geschichten, die schon einmal erzählt worden waren wie in der schon zitierten Familienchronik Tolstois oder in Tschechows Dramen, vor allem in den *Drei Schwestern* und dem *Kirschgarten*, oder wie sie im Roman von Mlle Larivière erzählt werden, die unter ihrem Autorennamen Montparnasse Geschichten nach dem Vorbild Flauberts und anderer französischer Schriftsteller verfaßt. Van und Ada zitieren den "amerikanischen Dichter" John Shade aus Nabokovs *Pale Fire*. Der Leser bewegt sich mit dem Erzähler in einer sehr künstlichen Welt. Wenn Van Ada in der Bibliothek von Ardis Hall verführt, "it might have become a chapter in one of the old novels on its own shelves; a touch of parody gave its theme the comic relief of life"(137). Die Bibliothek, deren sich Nabokov in

Ada parodistisch als Vorbild bedient, enthält alle repräsentativen Werke der Romanliteratur des 19. und 20. Jahrhunderts.

In vielen Fällen wird das Geschehen zu einem Spiel mit Worten. "Insect", "nicest" und "scient" erscheinen als Anagramme von "incest"(85). Marina empfängt von Demon Armina (ihr Anagramm). Ada begegnet Van in "ardor" im "arbor". Vans Mutter lebt in verschiedenen Sanatorien, "sanastorias" und "astoriums"(26f.). Van ist nicht nur Schriftsteller, sondern auch Varieté-Künstler; er geht auf den Händen. "The rapture young Mascodagama" - so nennt sich Van als Varieté-Künstler - "derived from overcoming gravity was akin to that of artistic revelation[...]. Van on the stage was performing organically what his figures of speech were to perform later in his life"(185). Er schreibt einen Science Fiction-Roman oder - wie er es nennt - ein Buch technologischer Fiktion, *Letters from Terra*, das seine eigene Welt als "Antiterra" beschreibt. Wie der Leser später erfährt, ist "Terra" die historische Welt seiner Zeit, die die beiden Weltkriege umfaßt, "Antiterra" die imaginäre Welt der beiden Liebenden. Doch getrennt von Ada ist "Antiterra" für Van schrecklicher als "Terra": "He wondered what really kept him alive on terrible Antiterra, with Terra a myth and all art a game, when nothing mattered any more since the day he slapped Valerio's warm bristly cheek; and whence, from what deep well of hope, did he still scoop up a shivering star, when everything had an edge of agony and despair, when another man was in every bedroom with Ada"(452). Einen Ausweg findet er in den erotischen Träumen (359) von seiner frühen Liebe. Mit ihr erlebt er ein Paradies auf Erden, wie er es in Andrew Marvells "The Garden" vorgezeichnet findet. *Ada*, der Roman des Erzählers, wird zur Entsprechung von Marvells Gedicht: zur Kunst sublimierte Liebe. Sein Paradies findet aber auch ein Gegenbild in Hieronymus Boschs Triptychon "Der Garten der Lüste". In Nabokovs Paradies zeigt sich, wie Robert Alter es sieht, "the perilous closeness of beauty and monstrosity"(Bloom 188).

Ada legt in seinem phantasievoll entwickelten Geschehen die Träume bloß, die der sexuellen Frustration des Erzählers entspringen. Wie *Lolita* verbreitet der Roman eine Art romantischer Nostalgie und macht sich gleichzeitig über den Leser lustig, der seine Geschichte zu ernst nimmt. Er unterhält den Leser, der sich über den Spaß freuen kann, den der Erzähler aus seiner Verzweiflung gewinnt.

Ein großer Teil des Geschehens ereignet sich in der Neuen Welt. Doch die Erinnerungen kehren zur Alten, zum Teil in die Neue verlegte Welt zurück. Nabokov - so ließe sich sagen - nimmt mit *Ada* Abschied von der Neuen Welt, wie er mit seinem letzten Roman, *Look at the Harlequins!* Abschied von seinem trickreichen Versuch nimmt, mit der Welt dadurch zurechtzukommen, daß er sie in Kunst verwandelt. Doch die Alte Welt, zu der der Erzähler in *Ada* zurückkehrt, besteht nur noch in seiner Erinnerung und erweist sich auch in ihr nur als ein sehr zerbrechliches Produkt seiner Phantasie, wie die Welt des Erzählers in seinem letzten Roman als die eines Geisteskranken entlarvt wird.

Nabokov reflektiert nicht so sehr über die Grenzen erzählerischer Möglichkeiten wie die experimentellen Erzähler seiner Zeit, sondern über seine Situation als Immigrant in einer ihm fremden Welt. In fast allen seinen Romanen verherrlichen die Erzähler ihre meist unerfüllt gebliebene Jugendliebe und trauern ihr nach. Nabokovs Jugendliebe ist das St.Petersburg seiner Kindheit und frühen Jugend und der väterliche Landsitz in seiner Umgebung. "Give me anything on any continent resembling the St.Petersburg countryside and my heart melts. What it would be actually to see again my former surroundings, I can hardly imagine. Sometimes I fancy myself revisiting them with a false passport, under an assumed name. It could be done", heißt es in *Speak, Memory*, Nabokovs Autobiographie. Er tut es. Der falsche Paß ist ausgestellt auf die Namen Humbert, Pnin, Veen und eine Reihe anderer seiner Romangestalten. Aus der Sicht der Erwartungen ihrer ersten Liebe leben sie in einer ihnen fremden Welt. Wenn Van in *Ada* - wie seine Vorgänger in den vorausgehenden Romanen - darüber reflektiert, so tut er dies auch über die Situation des Menschen in seiner Zeit schlechthin, insofern diesem die Welt fremd geworden ist und er in ihr keine Heimat mehr findet. Im Hintergrund bleibt die Sehnsucht nach einer anderen, einer transzendenten Welt, die nach Vladimir Alexandrovs Studie in außergewöhnlichen Augenblicken als Andeutungen von Unsterblichkeit aufleuchten soll, in den vier hier behandelten Romanen für den Leser aber kaum zur Geltung gelangt.

Literatur

Zitiert nach *Lolita*, London, 1969 (Corgi); *Pale Fire*, London, 1966 (Corgi); *Ada, or Ardor: A Family Chronicle*, New York, 1969; *Speak, Memory: An Autobiography Revisited*, New York, 1966.

Sekundärliteratur:
Andrew Field, *Nabokov: The Man and His Work*, Boston, 1967.
Alfred Apple, Jr., hg., *The Annotated Lolita*, New York, 1970.
Julia Bader, *Crystal Land: Artifice in Nabokov's English Novels*, Berkeley, CA, 1973.
Herbert Grabes, *Erfundene Biographien: Vladimir Nabokovs englische Romane*, Tübingen, 1975.
L.L.Lee, *Vladimir Nabokov*, Boston, 1976.
Dabney Stuart, *Nabokov: The Dimensions of Parody*, Baton Rouge, LA, 1978.
Ellen Pifer, *Nabokov and the Novel*, Cambridge, MA, 1980.
Lucy Maddox, *Nabokov's English Novels*, Athens, GA, 1983.
Brian Boyd, *Nabokov's ADA: The Place of Consciousness*, Ann Arbor, MI,1984.
D.Barton Johnson, *Words in Regression: Some Novels of Vladimir Nabokov*, Ann Arbor, MI, 1984.
Stephen Jan Parker, *Understanding Vladimir Nabokov*, Columbia, SC, 1987.
Harold Bloom, hg., *Vladimir Nabokov: Modern Critical Views*, New York, 1987.
Vladimir E.Alexandrov, *Nabokov's Otherworld*, Princeton, 1991.

Jerzy Kosinski, 1933-1991

Vladimir Nabokov hatte als Jugendlicher den Ersten Weltkrieg erlebt, bevor er mit seinen Eltern das danach kommunistisch gewordene Rußland verließ. Den Kriegs- und Revolutionswirren hatte seine Familie ausweichen können. Jerzy Kosinski überlebte in Polen den Zweiten Weltkrieg als Kind unter den grausamsten Bedingungen. Jüdisch- russischer Herkunft, war er in gut bürgerlichen Verhältnissen 1933 in Lodz geboren und nach Ausbruch des Krieges seiner Sicherheit wegen der Obhut einer Frau auf dem Lande übergeben worden. Durch deren Tod und die Wirren des Krieges ver-

lor er den Kontakt zu seinen Eltern und war gezwungen, sich gegen die ihn als fremden Außenseiter betrachtende Landbevölkerung wie gegen die deutsche und später die sowjetische Besatzungsmacht zu behaupten. In *The Painted Bird* verwandelte er diese Kindheitserlebnisse in seinen ersten Roman. Das Werk wurde damit nicht zur Autobiographie, doch zu einem erschütternden Dokument der durch Menschen möglichen Gemeinheit und Grausamkeit.

Am Ende des Krieges hatten seine Eltern den Jungen in einem Waisenhaus in Lodz wiedergefunden. Mit zwölf Jahren begann er mit seiner Schulausbildung, aber erst 1948 fand er nach einem schweren Skiunfall wieder zu seiner Sprache, die er während des Krieges verloren hatte. Von diesem Zeitpunkt an kann sein Leben als eine Kette von Erfolgen und Glücksfällen betrachtet werden. Er studierte erfolgreich Soziologie an der Universität Lodz und kam als Assistent der Polnischen Akdmie der Wissenschaften in Warschau auch zu einem Forschungsaufenthalt nach Moskau. 1957 gelang ihm die Flucht in die USA. In kürzester Zeit erwarb er sich ausreichende Kenntnisse in der englischen Sprache, um an der Columbia University in New York noch einmal seine Studien aufnehmen zu können. In der Öffentlichkeit machte er mit zwei erfolgreichen soziologischen Studien auf sich aufmerksam, in denen er seine Erfahrungen in Moskau und mit dem kommunistischen System im allgemeinen verarbeitete. Als er 1962 Mary Hayward Weir, die Witwe eines der reichsten Männer der USA, heiratete, öffneten sich ihm die Tore zu allem, was der "Amerikanische Traum" vom großen Glück versprach. Jetzt wandte er sich dem Romanschaffen zu, das 1965 mit *The Painted Bird* zu seinem ersten und - insgesamt gesehen - größten literarischen Erfolg führte. Im gleichen Jahre erwarb er die amerikanische Staatsbürgerschaft. Nach dem Tode seiner Frau 1968 war Katharina von Fraunhofer seine Lebenspartnerin. Bis zu seinem Freitod 1991 erschienen acht weitere Romane.

The Painted Bird, 1965

Nach einer kurzen Einleitung in die Situation Osteuropas während des Zweiten Weltkrieges berichtet der namenlose Erzähler, wie er als Kind diese Zeit erlebte. Seine Geschichte beginnt mit seinem sechsten Lebensjahr, als seine Eltern ihn an einen Ort im Osten des Landes schickten, damit er den Gefahren des Krieges entginge. In den folgenden sechzehn Kapiteln erzählt er einzelne Episoden aus seinem Erleben während des Krieges; in den letzten drei Kapiteln des Romans berichtet er von seiner Anpassung an die Nachkriegsverhältnisse nach der Rückkehr zu seinen Eltern und von der Wiedergewinnung seiner Sprache. Der Text enthält keinerlei Anzeichen von dem Alter des Protagonisten zur Zeit, da er seine Geschichte erzählt. Die Sprache zeichnet sich aus durch große Einfachheit und eine außergewöhnliche Enthaltsamkeit in bezug auf die Äußerung von Gefühlen. Sie könnte als die des Jungen unmittelbar nach seinen Kriegserlebnissen, aber auch als die des späteren Erwachsenen verstanden werden, der gerade erst die englische Sprache zu meistern lernte.

Das Thema des Romans ist die grundsätzliche Außenseitersituation des Menschen oder die - auf ihr basierende - Grausamkeit menschlichen Lebens. In paradigmatischer Weise bringt die im Romantitel angesprochenen Episode das zum Ausdruck. Für einige Zeit war der Junge bei dem Vogelfänger Lekh untergekommen. Als Ludmila, dessen große Liebe, ihm einige Tage lang aus dem Wege geht, reagiert Lekh die in ihm angestaute Aggression damit ab, daß er seine Vögel bunt bemalt und sie freiläßt, damit

sie von ihren Artgenossen zerrissen werden: "One day he trapped a large raven, whose wings he painted red, the breast green and the tail blue. When a flock of ravens appeared over our hut, Lekh freed the painted bird. As soon as it joined the flock a desperate battle began. The changeling was attacked from all sides. Black, red, green, blue feathers began to drop at our feet. The ravens flew amuck in the skies, and suddenly the painted raven plummeted to the fresh-plowed soil. It was still alive, opening its beak and vainly trying to move its wings. Its eyes had been pecked out, and fresh blood streamed over its painted feathers. It made yet another attempt to flutter up from the sticky earth, but its strength was gone"(51). Der Erzähler gibt hierzu keinen Kommentar. Als Junge war auch er - wie der bemalte Vogel - mit seinen dunklen Augen und seinem dunklen Haar für die blonde und blauäugige Landbevölkerung, unter der er zu leben gezwungen war, ein Außenseiter. Man hielt ihn für einen Zigeuner oder Juden, man nannte ihn den "Black One" und glaubte, er sei "possessed by an evil spirit"(20). "Hell is the inability to escape from others who prove and prove again to you that you are as they see you," sagt Kosinski in *The Art of the Self*(34), dem Kommentar zu seinem zweiten Roman, *Steps*, in Anlehnung an Sartres Definition der Hölle als der Unfähigkeit, allein zu sein. Alle Menschen sind danach Außenseiter. Es gibt keine Verständigung, sondern nur Befehlen und Gehorchen. So spielt es imgrunde auch keine Rolle, daß der Junge seine Sprache verliert: "It mattered little if one was mute; people did not understand one another anyway" (233).

Der Junge lernt, daß er als Außenseiter ständig um sein Überleben kämpfen muß. Wie die Helden de Sades oder Jean Genets kämpft er wie fast alle Protagonisten Kosinskis um Herrschaft über den jeweils anderen. Tiefenthaler verweist in diesem Zusammenhang auch auf Nietzsches Übermenschen und das Kapitel "Herrschaft und Knechtschaft" in Hegels *Phänomenologie des Geistes*(Hoffmann III,216). Um der Manipulation durch andere zu entgehen, sehen sich Kosinskis Protagonisten gezwungen, andere zu manipulieren und zu beherrschen. Der Junge in *The Painted Bird* bewundert Menschen, die fähig sind, Macht auszuüben. Er kann seinen Blick nicht von dem SS-Offizier losreißen, auf dessen Befehl ein Jude getötet worden war: "In a world of men with harrowed faces, with smashed eyes, bloody, bruised and disfigured limbs, among the fetid, broken human bodies, he seemed an example of neat perfection that could not be sullied: the smooth, polished skin of his face, the pure metal eyes. Every movement of his body seemed propelled by some tremendous internal force. The granite sound of his language was ideally suited to order the death of inferior, forlorn creatures. I was stung by a twinge of envy I had never experienced before, and I admired the glittering death's head and crossbones that embellished his tall cap"(113f.).

An die Stelle des SS-Offiziers treten später zwei russische Soldaten als seine Vorbilder, der Politoffizier Gavrila und der Scharfschütze Mitka. Gegen Ende des Krieges befindet er sich in einem russischen Lazarett und genießt die Protektion dieser beiden und ihrer Freunde. Gavrila versucht, ihm die kommunistische Heilslehre zu vermitteln. In seinem Sinne möchte er dadurch ein großer Mann werden, daß er allen Leidenden hilft. Er fühlt sich zu Gavrila hingezogen, aber um überleben zu können, macht er sich Mitkas Handlungsweise zu eigen. Nachdem einige von Mitkas Freunden von Bauern in einem nahe gelegenen Dorf getötet oder verletzt worden waren, nimmt dieser den Jungen mit sich in den in der Nähe liegenden Wald und läßt ihn Zeuge werden, wie er kaltblütig fünf Menschen erschießt, um seine Freunde zu rächen: "How

I envied Mitka! I suddenly understood a good deal of what one of the soldiers had said in a discussion with him. Human being, he said, is a proud name. Man carries in himself his own private war, which he has to wage, win or lose, himself - his own justice, which is his alone to administer. Now Mitka the Cuckoo had meted out revenge for the death of his friends, regardless of the opinions of others, risking his position in the regiment, and his title of Hero of the Soviet Union.[...] I also understood something else. There were many paths and many ascents leading to the summit. But one could also reach the summit alone, with the help at most of a single friend, the way Mitka and I had climbed the tree. This was a different summit, apart from the march of the working masses"(206).

Der Junge hatte, schon bevor er Mitka begegnete, gelernt, sich zu rächen. Als er sein Leben durch einen Bauern bedroht sah, bei dem er eine Zeitlang gearbeitet hatte, lockte er diesen in einen alten verlassenen Bunker, verschloß dessen Ausgang und schaute kaltblütig zu, wie er von den Ratten lebendigen Leibes aufgefressen wurde. Als er nach dem Kriege von einem Bauern geschlagen wurde, weil er aus Versehen seinen Tisch auf dem Markt umgestoßen hatte, rächt er sich mit Hilfe eines Freundes dadurch, daß er einen mit Bauern beladenen Zug in den Abgrund stürzen läßt. Es ist nicht, wie gerade die zuletzt erwähnte Episode dokumentiert, so sehr die Rache, die das grausame Handeln des Jungen motiviert, sondern das Ausüben von Macht im Überlebenskampf. Der "Silent One", wie er seinen Freund nennt, und er hatten eine alte Eisenbahnlinie entdeckt, deren Bau am Ufer eines Flusses abgebrochen worden war. Den Jungen gelingt es, die zu dem Gleis führende Weiche wieder funktionsfähig zu machen. Sie haben damit die Macht, Züge in den Abgrund fahren zu lassen. Der Erzähler beschreibt seine Situation, wie folgt:

"And whenever I sat in the shade of a tree and watched a train appear on the horizon, I was overcome by a sense of great power. The lives of the people on the train were in my hands. All I had to do was leap to the switch and move the points, sending the whole train over the cliff into the peaceful stream below.[...]

I recalled the trains carrying people to the gas chambers and crematories. The men who had ordered and organized all that probably enjoyed a similar feeling of complete power over their uncomprehending victims.[...] They had the power to decide whether the points of thousands of railroad spurs would be switched to tracks leading to life or to death.

To be capable of deciding the fate of many people whom one did not even know was a magnificent sensation"(220).

Zu dieser Zeit kämpfen die Jungen nicht mehr wie zur Zeit des Krieges um ihr Leben. Doch kann ihre Haltung als noch durch den brutalen Überlebenskampf geprägt verstanden werden. Kritiker interpretieren das Tun des Jungen gewöhnlich als ein Ringen um Identität, gestehen jedoch meist ein, daß diese am Ende noch keineswegs gefestigt ist. Doch die einzige Identität, die der Junge in *The Painted Bird* - wie die Protagonisten in den späteren Romanen Kosinskis - erreichen, ist die, sich als der Stärkere erwiesen zu haben.

Wie die Episode mit dem bemalten Vogel bereits zeigte, erweist sich bei Kosinski sexuelle Frustration als eine der wesentlichen Quellen menschlicher Brutalität. Lekh unternimmt sein grausames Spiel mit den Vögeln, weil Ludmila ihm aus dem Wege geht. Ludmila wird auf grausame Weise von den Bäuerinnen gelyncht, da sie ihnen ihre Männer abspenstig gemacht hatte. Von Ewka, dem Mädchen, das ihn lehrt, sie zärtlich zu lieben, muß er erfahren, daß sie inzestiöser Liebe zu ihrem Bruder, ihrem Vater und einem Geisbock hörig ist. Im Traum sieht er sich, "seizing her like a spider, entwining as many legs around her as a centipede has"(147). Wenn er Labina, die ihm Unterschlupf gewährt, beobachtet, wie sie ihre Liebhaber empfängt, lautet sein Kommentar: "I looked on with disappointment and disgust at the two intertwined, twitching human frames. So that's what love was: savage as a bull prodded with a spike; brutal smelly, sweaty. This love was like a brawl in which man and woman wrestled pleasure from each other, fighting, incapable of thought, half stunned, wheezing, less than human"(165). Es wird dem normalen Leser schwer fallen, sich Menschen, wie Kosinski sie zeichnet, in der Wirklichkeit vorzustellen. Solche Verrohung scheint nur in der außergewöhnlichen Situation des Krieges und der extremen Armut der ländlichen Bevölkerung denkbar zu sein. Der Mensch wird unter diesen Umständen zum Tier. Das beste Beispiel hierfür ist wieder die Liebe Lekhs für Ludmila: "To Lekh she seemed to belong to that pagan, primitive kingdom of birds and forests where everything was infinitely abundant, wild, blooming, and royal in its perpetual decay, death, and rebirth; illicit and clashing with the human world"(49). Doch ihre Liebe ist "less than human". Sie ist "less than animal", da sie nicht einmal mehr durch den Instinkt geleitet wird und ohne diesen durch Perversion in Selbstzerstörung endet.

Der Verlust des Instinkts wird bei den Menschen, denen der Junge auf seiner Irrfahrt während des Krieges begegnet, nicht durch Vernunft ausgeglichen. Religion ist bei ihnen zum Aberglauben degeneriert. In ihrer Erfahrung, daß sie nur durch Ausübung von Macht zu überleben vermögen, beschwören sie die Geister, die sie ihnen verleihen. Als der Junge sieht, daß ihm Gebete nicht helfen, ist er bereit, sich mit dem Teufel zu arrangieren. "In a sense I had already been recruited by the powers of Evil and had made a pact with them", meint er und "felt stronger and more confident"(154) mit ihrer Hilfe.

Überleben oder Selbstverwirklichung in dieser Welt wird für die Protagonisten in Kosinskis Romanen nur durch die Überwältigung anderer Menschen möglich. Kosinskis eigener Kommentar hierzu in *The Art of the Self* lautet: "If sin is any act which prevents the self from functioning freely, the greatest sources of sin are those formerly protective agencies like society and religion. The original sense of 'creative' becomes completely reversed; now the only possible creative act, the independant act of choice and self-enhancement, seems to be the destructive act as in Sade"(22). In seiner Einleitung zur zweiten Auflage von *The Painted Bird* behauptet Kosinski, "that [he] wanted to write fiction which would reflect, and perhaps exorcise the horrors that they had found so inexpressible"(XXIII). Doch er treibt den Teufel mit Beelzebub aus. Die Mächte, die er zur Hilfe ruft, sind schlimmer als die, die er vertreiben will. Im Kontext von *The Painted Bird* mögen die extrem sadomasochistischen Handlungen noch dadurch gerechtfertigt sein, daß sich der Junge nur dadurch helfen kann, daß er sich der Mittel bedient, die er bei den anderen verabscheut. Sie lassen sich nicht mehr rechtfertigen, wenn sich der Autor mit der Haltung des Erzählers von *The Painted Bird* in bezug auf seine eigene Haltung zu der Welt, in der er lebt, während er den Roman schreibt, identifiziert oder sie auf die Protagonisten seiner späteren Romane überträgt, deren Situation sich nicht mit der des Jungen vergleichen läßt. Sepp Tiefenthaler glaubt, folgende Äußerung Pierre Klossowskis über den Marquis de Sade auf Kosinski anwenden zu können: "Will man Sade Gerechtigkeit widerfahren lassen, wird man diese 'ruchlose Philosophie' ernst nehmen müssen. Denn so, wie sie sich in seinem unerschöpflichen Werk verströmt, setzt sie ein unheilvolles Fragezeichen hinter den Entschluß zu denken und zu schreiben, insbesondere eine Handlung zu denken oder zu beschreiben, *statt* sie zu begehen"(194). Man kann dem zustimmen, doch möchte man wohl kaum auf diese Weise umgebracht werden, wenn Schreiben zu einer Kompensation für Mord wird. Solches Schreiben zu goutieren, implizierte Masochismus auf seiten des Lesers.

Steps, 1968

Kosinskis zweiter Roman kann als eine Fortsetzung seines ersten betrachtet werden. Wie er seine Kindheitserlebnisse während des Krieges in *The Painted Bird* in Metaphern für seine Sicht menschlicher Existenz verwandelt, so in *Steps* Episoden aus seinem späteren Leben. *Steps* kann auch als Kosinskis Beitrag zur New Fiction betrachtet werden. Er besteht aus fünfunddreißig, von einem nicht beim Namen genannten Ich-Erzähler wiedergegebenen Episoden. Zwischen diesen erscheinen, zum Teil nur durch eine Stimme wiedergegebene, Dialoge. Die Episoden und Dialoge bilden nach Kosinkis eigener Interpretation in *The Art of the Self* ein Muster, das Bedeutungen aufscheinen läßt: "We seem to perceive reality in episodes, in groups of organized 'acknowledgements.' The episode - in its extension, the plot - is the objective correlative of the work, the way meaning is conveyed to the reader"(14). Doch allzu sehr unterscheidet sich der zweite Roman keineswegs von dem ersten. Im Unterschied zu jenem ordnen sich hier die einzelnen Episoden zu keiner erkennbaren Folge. Doch spielt auch in dem ersten Roman die zeitliche Folge keine große Rolle. Entscheidend ist für beide die Aussagekraft der einzelnen Episoden als Paradigmen für Grundsituationen menschlichen Seins.

Einige Episoden in *Steps* könnten ohne weiteres auch als Teile von *The Painted Bird* gelesen werden, wie diejenige in der der Erzähler einem Treffen von Bauern beiwohnt, die zuschauen, wie sich eine Hure mit einem Pferd einläßt, die der Szene mit Ewka und dem Ziegenbock entspricht. Wie in *The Painted Bird* dominieren die Szenen mit pervertiertem Sex. Andere sind, wie die folgende, verhältnismäßig harmlos:

"The defendant's behavior prejudiced the jury. He never admitted or even seemed to realize that what he had done was a brutal crime; he never argued that he had lost control or had not known what he was doing or that he would never do anything like it again. He just described his encounter with the victim without exaggeration, and in the most ordinary terms.

Almost all of us on the jury were able to discuss and imagine how he had committed the crime and what had impelled him to it. To clarify certain aspects of the case, some of the jurors acted out the role of the accused in an attempt to make the rest of us understand his motives. After the trial, however, I realized that there was very little speculation in the jury room about the victim of the murder. Many of us could easily visualize ourselves in the act of killing, but few of us could project ourselves into the act of being killed in any manner. We did our best to understand the murder: the murderer was a part of our lives; not so the victim"(93f.).

Die didaktische Absicht ist offensichtlich.

Eine solche ist auch in einer Reihe von Sexszenen zu erkennen. Ein Sexexperiment mit einer anderen Partnerin wird zum Test dafür, daß die Geliebte "capable of independent judgement" ist und bei ihrem früheren Partner bleiben möchte(45). "Nothing mattered," sagt hierzu ein Freund des Erzählers, "as long as it helped bring out someone's fulfillment"(95). Das Argument, der Partnerin zu helfen, ist nichts anderes als ein Vorwand, mit ihrer Hilfe selbst Befriedigung zu finden. In seinem Solipsismus fürchtet der Erzähler, von anderen manipuliert und beherrscht zu werden; doch er versucht die ganze Zeit, andere zu manipulieren und zu beherrschen(129).

Die erste Episode des Romans kann als Paradigma für deren ganze Reihe betrachtet werden: Der Erzähler bemerkt, wie ein kleines Mädchen von der Frau mißbraucht wird, die seine Wäsche besorgt. Das Mädchen wird neugierig auf die bunten Karten, die er in seinen Hosentaschen verschwinden läßt. Er sagt ihr, daß er ihr mit ihnen alles kaufen könne, was sie sich wünsche. Er überredet sie, mit ihm zu kommen, um sich davon zu überzeugen. In der nächsten Stadt erfüllt er auf diese Weise alle ihre Wünsche, wohl wissend, daß sie ihm alles anbieten wird, wonach ihm verlangt.

Von den weiteren sieben Romanen sei hier nur noch *Passion Play* kurz vorgestellt, um aufzuzeigen, wie der in den beiden frühen Romanen dominierende Solipsismus der Protagonisten im Kontext der siebziger Jahre zum Ausdruck gelangt.

Passion Play, 1979

Der Roman erzählt die Geschichte des fünfzigjährigen Fabian, eines amerikanischen Polospielers polnischer Herkunft, der mit seinen beiden Pferden in einem luxuriösen Caravan durch die Lande zieht. Als Polospieler wie als Verfasser von Büchern über die Kunst des Reitens hat er seine Zeit überlebt. Er läßt sich aber immer noch als Ersatzmann oder Trainer, aber auch als Reitlehrer anheuern und zu Vorträgen über die Kunst des Reitens engagieren. Als moderner Don Quichote erlebt er die verschiedensten Abenteuer, die aber hier nicht aufgezählt werden können.

Fabian weiß, daß er zu alt geworden ist für einen aktiven Polospieler und sucht nach einer neuen Identität. Es kommt jedoch nur dazu, daß er sein altes Ich erneut verteidigt, sei es dadurch, daß er sich als besserer Reiter als sein Gegener erweist, oder sei es, daß er junge Mädchen für sich gewinnt. Wie bei Hemingway scheint Kosinskis Held seine Identität durch physische Bewährung zu gewinnen bzw. zu behaupten. Doch ein wesentlicher Unterschied zu Hemingway besteht darin, daß es Kosinski und seinen Protagonisten - und so auch in *Passion Play* - vor allem darum geht, nicht von anderen manipluiert zu werden. Anderen will er damit helfen, daß er sie von all ihrer Zurückhaltung und allen Hemmungen befreit und so in die Lage zu versetzen glaubt, daß sie ihre eigene Persönlichkeit voll zu entwickeln vermögen. Das Ergebnis ist das Gegenteil davon. Die Opfer seines "humanitarianism" werden zu Sklaven ihrer Leidenschaften. Fabian behauptet, seinen Frauen zu ihrer Selbstverwirklichung zu verhelfen, wenn er ihm gelingt, sie im Geschlechtsakt völlig zu enthemmen; was er tatsächlich tut, ist, daß er sie - wie seine Polopferde - völlig seiner Gewalt unterwirft. Unglaubliche Entmenschlichung erscheint hier im Gewande menschlicher Befreiung. Der Held Kosinskis, der sich dadurch zu verwirklichen glaubt, daß er Macht über andere gewinnt, wird selbst zum Sklaven seiner Obsession. Dies zeigt sich in paradigmatischer Weise in einer Episode, die Tarden, der Protagonist in Kosinskis fünftem Roman, *Cockpit*, von 1975, von dem Fahrradrad, mit dem er als Kind spielte, erzählt:

"I remember an old bicycle wheel that I used to roll in front of me when I was a boy, guiding it with a short stick. I believed the wheel was animated by a powerful spirit. I ran behind it barefoot, urging it on, the sole of my feet hard as its rim. Whenever the wheel began to totter, my stick would whip it back to life and the wheel would suddenly leap forward, as if daring me to pursue it.[...]
Whenever I rested and the wheel lay still, I felt impatient and guilty. Its very shape demanded movement, and soon I would leap up and send it on its way again. [..] I guided the wheel with my stick, lashing at it when it slowed down, making it skim over the empty fields and ditches like a stone over water. The wind whipped my face and chilled my fingers, but I felt nothing. I was conscious only of vaulting through space"(162f.).
Er bringt das Rad in seine Gewalt, doch es fordert seine ganze Kraft, es in Bewegung zu halten. Das Leben wird für ihn zu einem Spiel wie jenem mit dem Rad, das ihn in Bewegung hält und das er in Bewegung halten muß, bis er sich eines Tages verausgabt hat. Dies dann wird zum Thema seiner letzten drei Romane, *Passion Play*, *Pinball*, 1982, und *The Hermit of 69th Street*, 1988.

Mehrfach konnte bei der Darstellung der Erzählkunst Kosinskis auf Episoden zurückgegriffen werden, in denen sich sein Anliegen paradigmatisch verdichtet. Wie immer man sein Anliegen beurteilen mag, in dieser Art der Gestaltung zeigt Kosinski sein erzählerisches Können.

Jerzy Kosinski setzte sich aktiv für die Civil Rights-Bewegung ein und organisierte als Präsident der amerikanischen Sektion des PEN-Clubs Hilfe für Schriftsteller hinter dem Eisernen Vorhang.

Literatur

Zitiert wurde nach *The Painted Bird*, 2.Aufl., Boston, 1976; *Steps*, New York, 1968; *Cockpit*, New York, 1976 (Bantam); *The Art of the Self*, New York, 1968.

Sekundärliteratur:
Sepp L.Tiefenthaler, *Jerzy Kosinski: Eine Einführung in sein Werk*, Bonn, 1980.
Norman Lavers, *Jerzy Kosinski*, Boston, 1982.
Paul R.Lilly, Jr., *Words in Search of Victims: The Achievement of Jerzy Kosinski*, Kent, OH, 1988.
Barbara Luback, *Plays of Passion: Jerzy Kosinski and His Fiction*, Bristol, IN, 1988.

Neorealistische Erzählkunst

Die Verfechter der experimentellen Erzählkunst hatten die traditionelle realistische Erzählkunst für tot erklärt. Die Bestimmung von Wirklichkeit war für sie fragwürdig geworden, und dementsprechend wurde ihre "realistische" Nachbildung im Erzählkunstwerk sinnlos. Doch der Realismus überlebte - wie so vieles schon Totgesagte - seine Todeserklärung. Er überlebte sie durch das Weiterwirken der schon vor dem Einsetzen der experimentellen Erzählkunst tätigen realistischen Erzähler wie auch durch deren Nachfolger. Wie schon in den ersten Teilen unserer Darstellung - vor allem in demjenigen über die gesellschaftskritische und psychologische Erzählkunst - gezeigt werden konnte, bedeutete dieses Weiterwirken in vielen Fällen auch eine Weiterentwicklung. Diese wiederum ergab sich nicht nur durch neue Erzählweisen - oder "Erzählstrategien" -, deren man sich bediente, um der darzustellenden Wirklichkeit gerecht zu werden, sondern in gleicher Weise durch die Wandlung der Wirklichkeit, vor allem durch den Wandel, der sich im gesellschaftlichen Zusammenleben der Zeit vollzog. Aus der Perspektive der traditionellen gesellschaftlichen Ordnung gesehen, handelte es sich um deren Auflösung mit allen aus ihr resultierenden Problemen der Verständigung. Strukturen einer neuen Ordnung ließen sich noch nicht erkennen und dürften auch bis heute schwerlich festzulegen sein. So wurde schon für den späten Saul Bellow die Wirklichkeit seiner Zeit unwirklicher als die Welt der Fiktion. Der Realismus der Erzähler seit den sechziger Jahren, der hier als Neorealismus bezeichnet werden soll, versucht, diese phantastisch erscheinende Wirklichkeit abzubilden. Eine Grenze zwischen diesem Neorealismus und dem herkömmlichen Realismus läßt sich kaum eindeutig festlegen. Um einen Realismus, der der verwandelten Wirklichkeit seiner Zeit gerecht zu werden versucht, handelt es sich bereits bei den Autoren, die wir in der ersten Hälfte unserer Darstellung behandelten. In diesem Zusammenhang will der nun folgende Teil die Darstellung der früheren, vor allem der gesellschaftskritischen und psychologischen Erzählkunst fortsetzen. Im Vordergrund sollen zwei Autoren stehen, die nicht nur durch die Fülle ihres Schaffens einen dauerhaften Platz in der amerikanischen Erzählkunst gewonnen haben, sondern auch durch das überzeugende Bild, das sie von der sich im Wandel befindenden Gesellschaft ihrer Zeit entwerfen, John Updike und Joyce Carol Oates. Dazu gehören neben anderen, hier nicht mehr zur Betrachtung gelangenden Autoren auch John Cheever, William Kennedy und die Gruppe der sogenannten "Minimalisten" und ihr nahestehende Autoren, die eine eigene Annäherung an die hierbei auftretende erzählerische Problematik versuchen.

John Updike, geb.1982

Bei der Ausgrenzung der Erzähler des Südens sowie der jüdischen und afroamerikanischen Erzähler im ersten Teil des hier vorgelegten Überblicks über die amerikanische Erzählkunst nach 1950 stellt sich die Frage, wie mit den Autoren zu verfahren sei, die damit nicht erfaßt wurden. Nach der für die Ausgrenzung vorgebrachten

Begründung handelt es sich bei ihnen zunächst um Erzähler, die in der Banalität des Alltags ihrer Zeit und angesichts des Fehlens einer für sie verbindlichen Wertvorstellung ihrer Gesellschaft keinen Ansatz zur Neuorientierung in regionaler Tradition oder ethnischer Herkunft zu finden vermochten. Einige von ihnen sah man durch ihren WASP(White-Anglo-Saxon-Protestant)-Hintergrund gekennzeichnet. Er wurde vor allem für John Updike geltend gemacht. Dieser Hintergrund liefert ihm, wie anderen Autoren gleicher Herkunft, kaum noch eine Orientierungshilfe in dem gesellschaftlichen Umwandlungsprozeß seiner Zeit. Die Hilflosigkeit des sich in dieser Situation befindlichen Durchschnittsamerikaners nachzuzeichnen, war sein vornehmliches Bemühen.

Väterlicherseits holländischer, mütterlicherseits Pennsylvania-deutscher Herkunft war Updike 1932 in Shillington, in der Nähe von Reading geboren und in einer dem modernen Suburbia entsprechenden Provinzialität aufgewachsen, die er in ihren verschiedenen Ausformungen und in den verschiedenen Phasen ihrer Entwicklung in seinen Erzählungen und Romanen nachzubilden versuchte. Nach seinem Studium an der Harvard University gelang es ihm sehr bald, seine neugegründete Familie als Schriftsteller zu ernähren. Er schrieb Kurzgeschichten, die sich gut verkauften und vor allem im *New Yorker* erschienen. Zum Schreiben seiner Romane zog er sich nach Neuengland zurück. Als erfolgreicher Schriftsteller ließ er sich schließlich in der Nähre von Boston nieder.

Seine Entwicklung als Erzähler läßt sich am besten an der Folge seiner inzwischen auf vier Bände angewachsenen "Rabbit"-Romane ablesen, in denen er jeweils am Ende einer Dekade die Versuche seines Protagonisten Harry Armstrong, genannt Rabbit, mit seiner Ehe, seiner Familie und seiner Zeit fertig zu werden, beschreibt. Dabei handelt es sich um *Rabbit, Run*, 1960, *Rabbit Redux*, 1971, *Rabbit Is Rich*, 1979, und *Rabbit at Rest*, 1990. Es brauchte nicht zu verwundern, wenn dem noch ein *Rabbit's Son* folgen würde. Doch zunächst betrachtet der Autor seine Serie, von der er auch als *Pennsylvania Tretralogy* spricht, als abgeschlossen.

Rabbit, Run, 1960

Bei *Rabbit, Run* handelt es sich bereits um Updikes zweiten Roman; doch er erst begründete sein fortdauerndes Ansehen als einer der bedeutenderen amerikanischen Autoren seiner Zeit.

Der Ort der Handlung, eine Vorortgemeinde von Brewer in Pennsylvanien, trägt deutlich die Züge des Geburtsortes des Autors. Die Handlung beginnt damit, daß Harry Armstrong, der Protagonist, während seiner Schulzeit bewunderter Basketballspieler, eines Abends seine Frau Janice und ihren gerade zweijährigen Sohn Nelson ohne vorherige Ankündigung verläßt. Anlaß hierfür ist, daß seine Frau den Haushalt verwahrlosen läßt, den ganzen Tag am Fernsehen verbringt und trinkt. Nach dem ersten Impuls, nach dem Süden zu fahren und irgendwo unterzutauchen, kehrt er nach Brewer zurück und lernt durch seinen früheren Trainer Tothero Ruth kennen, ein Mädchen, das vom Verkauf ihrer Liebe lebt. Harry überzeugt Ruth davon, daß er sie ernsthaft liebe, und lebt mehrere Monate mit ihr. Jack Eccles, dem jungen Geistlichen der episkopalischen Kirche, der die Familie seiner Frau angehört, spürt ihn auf und überredet ihn, zu seiner Frau zurückzukehren, die er schwanger verlassen hatte und die nun mit einer Tochter niederkommt. Als Harry neuerdings davonläuft, fängt Janice wieder an zu trinken und läßt in stark angetrunkenem Zustand das neugeborene Kind beim Baden ertrinken. Als Harry davon erfährt, kehrt er zurück, ergreift jedoch wieder die Flucht, als er im Gesicht von Janice zu lesen glaubt, daß sie ihm die Schuld an dem Tode des Kindes zuschreibe. Als er von Ruth erfährt, daß sie ein Kind von ihm erwarte, sieht er sich vor die Alternative gestellt, sich von Janice scheiden zu lassen und Ruth zu heiraten oder sich nie wieder bei letzterer sehen zu lassen. Er weicht aus und läuft davon.

Harry ist nicht bereit, die Konsequenzen seines Tuns auf sich zu nehmen: Er läuft - und daher sein Spitzname Rabbit, der ihm auf der Schule zugelegt worden war - wie ein Hase davon, weil er - und das besagt sein Familienname Angstrom - vor diesen Konsequenzen Angst hat. Harrys Situation wird am Anfang und am Ende des Romans durch sein Basketballspielen bildhaft umrissen. Einleitend wird geschildert, wie er auf seinem Nachhauseweg Kinder am Straßenrand Basketball spielen sieht und sie bittet, mitspielen zu dürfen. Er ist stolz, ihnen seine Kunst vorführen zu können. Aber keiner kennt seinen Namen, der, als er noch aktiv war, großes Ansehen genoß. Die Szene zeigt, wie sehr er noch in der als Ideal erscheinenden, für ihn aber vergangenen Welt seiner Jugend befangen ist. Am Ende gibt der Erzähler Harrys Gedanken wieder, wenn es heißt: "It's like they heard you were great and put two men on you and no matter which way you turned you bumped into one of them and the only thing to do was pass. So you passed and the ball belonged to the others and your hands were empty and the men on you looked foolish because in effect there was nobody there"(248f). Mit Janice und Ruth hat ihm das Leben zwei Mitspieler zugeordnet, die ihn daran hindern, das Spiel des Lebens allein zu beherrschen. Er muß den Ball abgeben und wird zu einem Nichts. Die Kunst Updikes besteht darin, dem oft - wie hier - banalen Geschehen in treffenden Bildern Bedeutung zu verleihen.

Nach seiner großen Zeit als Basketballspieler hatten sich Harry keine Aufgaben angeboten, die ihm das Leben als lebenswert hätten erscheinen lassen. Vorübergehend verdient er damit sein Geld, daß er in einem Kaufhaus eine neue Küchenmaschine anpreist. Eccles vermittelt ihm für die Zeit, da er mit Ruth zusammenlebt, eine Gelegenheitsarbeit als Gärtner bei einer alten Dame. Später wird er als Gebrauchtwarenverkäufer bei seinem Schwiegervater tätig. Ruth wirft ihm vor: "How would you support me? How many wives can you support? Your jobs are a joke. You aren't worth hiring. Maybe once you could play basketball but you can't do *any*thing now. What the hell do you think the world is?"(246) Eine Ausnahme scheint seine Arbeit als Gärtner darzustellen. Der Garten, den er zu betreuen hat, zeichnet sich durch eine Fülle von Rhododendren aus, die der verstorbene Mann der Besitzerin, einer Mrs. Smith, gepflanzt hatte. Harry gelingt es, die Rhododendren in voller Pracht zur Blüte zu bringen und gewinnt mit seinem Erfolg die Anerkennung der alten Dame. Doch für diese wird mit dem Erblühen der Rhododendren nur ihre Vergangenheit noch einmal lebendig; im Bewußtsein eines in dieser erfüllten Lebens kann sie nun sterben. Die vorübergehend erfüllt erscheinende Gegenwart wird damit zur Erinnerung an die Vergangenheit und öffnet das Tor zum Tode. Harry wird dabei zum Bringer des - in diesem Falle freundlichen - Todes. Todbringer wird er aber auch für Janice und Ruth: für Janice, weil seine Flucht die Ursache für den Tod des Kindes wird, und für Ruth, weil er von ihr erwartet, daß sie das Kind, das sie von ihm empfangen hat, abtreiben läßt. Ruth sagt es ihm ins Gesicht: "You're Mr.Death himself. You're not just nothing, you're worse than nothing"(245). Selbst nichts seiend, bringt er den anderen den Tod.

Eng mit der Untauglichkeit zum Leben ist bei Harry die Untauglichkeit zum Lieben verbunden. Mit der Selbstsicherheit, die er einmal als Basketballspieler besaß, glaubt er, bei den Frauen immer noch Eindruck machen zu können. Er vermag zwar zunächst noch Ruth zu überzeugen und glaubt, sogar Lucy, die Frau des Geistlichen, gewinnen zu können, doch erkennt Ruth bald, daß er nur zu fordern, aber nicht zu geben vermag: "Why don't you look outside your own pretty skin once in a while?"(244) fragt Ruth ihn. Mit Janice glaubt er, wie mit einer Hure verkehren zu können, und wundert sich, wenn sie sich ihm verweigert. Wie er einst als Basketballspieler umjubelt wurde, erwartet er nun, von den Frauen umworben zu werden.

Zu seiner Angst, Bindungen einzugehen, gehört seine Unfähigkeit, sich zu entscheiden. "Why can't you make up your mind what you want to *do*?" fragt ihn Ruth. Seine Antwort ist: "Can't I? I don't know." Es erinnert an Hemingway, wenn Harry im weiteren Verlauf des gleichen Gespräches sagt: "I don't know any of these answers. All I know is what feels right"(246). Es ist die Maxime der Helden Hemingways, so zu handeln, daß sie sich wohl dabei fühlen. Doch sie bewähren sich im Entscheiden, und dies ist die Fähigkeit, die Harry nicht besitzt. Er zieht es vor, die Dinge einfach an sich herankommen zu lassen: "He likes things to happen of themselves"(247). Damit findet er aber keinen festen Halt im Leben.

Mehrfach wurde der Roman bereits als eine "quest for belief" des Helden interpretiert. Wenn eine solche tatsächlich vorliegen sollte, führt sie zumindest zu keinem Erfolg. Die im Roman reichlich gebrauchten religiösen Bilder und religiösen Gespräche und Betrachtungen haben sehr wenig mit Harrys tatsächlichem Verhalten zu tun. Er betrachtet sich als einen gläubigen Christen, was Ruth, die von Gott nichts wissen will, verwundert. Sein Glaube gewinnt in der Handlung und auch in seinen Gesprächen mit dem Geistlichen keine Konturen. Die Schalheit religiöser Konventionen wird angeprangert; das Bedürfnis zu beten wird zum Ausdruck gebracht; für das Handeln Harrys bleibt dies aber ohne jede Bedeutung. Die religiöse Ebene erscheint - anders als bei Styron etwa - als funktionsloser Überbau.

Religion geht bei Updike in seltsamer Weise immer wieder Hand in Hand mit Sex. Im geschlechtlichen Akt finden seine Protagonisten eine Erfüllung, die mit einer Erfüllung im Glauben verglichen oder gleichgesetzt wird. Doch wie dem Glauben kommt auch dem Sex keine überzeugende Funktion im Geschehen des Romans zu. Updikes genüßliche Beschreibungen des Geschlechtsaktes in all seinen Variationen und Perversionen lesen sich als Anbiederungen an ein danach süchtiges Lesepublikum zur Erweiterung der Absatzmöglichkeiten des Werkes.

Updike bedient sich in *Rabbit, Run*, wie in den meisten seiner Romane, sowohl der auktorialen, als auch der personalen Erzählweise. Die Perspektive folgt des öfteren dem Bewußtsein Harrys, gelegentlich aber auch dem anderer Personen des Romans. Das Erzählen geht dabei mehrfach in die Wiedergabe des Bewußtseinsstroms der entsprechenden Person über. Mit den unterschiedlichen Perspektiven gelingt es Updike, das oft nur banale Geschehen aus der Stimmung der beteiligten Personen auch für den Leser interessant werden zu lassen. Überzeugen tut Updike aber vor allem immer wieder durch die Bildhaftigkeit seines Erzählens. Eines dieser Bilder sei zum Abschluß der Beschreibung von *Rabbit, Run* noch genannt. Die Entscheidung, vor die Harry immer wieder gestellt wird, ist die zwischen dem "richtigen" und dem "guten" Weg. Dabei gibt es für ihn keinen billigen Kompromiß, wodurch die Entscheidung erschwert oder gar unmöglich gemacht wird. Mrs.Smith hat verschiedene rote und weiße Rhododendrenarten in ihrem Garten, aber nur eine rosafarbene. Diese ist für sie überhaupt die einzige gelungene Verschmelzung von Rot und Weiß. Außer ihr läßt sie keine anderen rosafarbenen Rhododendren gelten. D.h. also, daß in einem guten Kompromiß der "richtige" Weg mit dem "guten" Weg übereinstimmen muß. Im Roman kommt ein solcher Kompromiß nicht zustande.

Rabbit Redux, 1971

Wie der Titel des zweiten Rabbit-Romans bereits ankündigt, wird Harry Angstrom zu seiner Frau Janice zurückgeführt. Die Spannung zwischen den beiden Ehepartnern ist jedoch geblieben. Die Abenteuer, die Harry in *Rabbit Redux* durchsteht, beleuchten in signifikanter Weise die Erscheinungen der Zeit, in der der Roman entstand: den freieren Umgang im geschlechtlichen Verkehr nach Einführung der Pille, das Treiben der Hippies und ihre Suche nach Glück mit Hilfe von Drogen sowie die Black Power-Bewegung. Janice verläßt Harry, da sie bei ihm nicht die Befriedigung findet, die ihr, wie sie glaubt, einer der Angestellten ihres Vaters schenken könnte. Harry nimmt Jill, das Hippie-Mädchen auf, das ihren Eltern in Neuengland mit einem Porsche entflohen ist. Als weiterer "fugitive" nistet sich Skeeter, ein Farbiger, in seinem Hause ein, der als politischer Unruhestifter und Drogenhändler gesucht wird. Obwohl Harry sieht, wie er von beiden - besonders aber von Skeeter - ausgenutzt wird, wagt er nicht, sie aus dem Haus zu weisen. Selbst als Harrys inzwischen dreizehnjähriger Sohn sieht, wie Skeeter Jill mit immer härteren Drogen in den Tod treibt, schreitet er nicht ein. Sein Verhältnis zu den beiden gesellschaftlichen Außenseitern endet mit einer Katastrophe. Als Harry und Nelson eine Nacht außerhalb verbringen, brennt das Haus ab, und Jill kommt in den Flammen um. Es bleibt offen, ob der Brand von Nachbarn, die Harrys Umgang mit den beiden Außenseitern nicht billigten, oder von Skeeter, der wie die Brandstifter Max Frischs auftritt, gelegt worden war. Harry hilft Skeeter noch, die Stadt zu verlassen. Harry und Janice finden wieder zueinander.

Obwohl *Rabbit Redux* wie sein Vorgänger *Rabbit, Run* als grundsätzlich unpolitisch betrachtet werden kann, stellt auch er ein typisches Zeitgemälde dar. Doch mehr als sein Vorgänger malt er den geschichtlichen und politischen Hintergrund aus. Zeit des Geschehens ist das Jahr 1969; Nixon ist Präsident; der Vietnamkrieg ist noch im Gange; im Fernsehen verfolgt man die erste Landung auf dem Mond; in mehreren Städten finden Rassenunruhen statt; die Zentren der Städte entleeren sich und verlieren ihren ursprünglichen Charakter als Treffpunkte der Gesellschaft; das Leben der Menschen spielt sich hauptsächlich in Suburbia ab. Der Held ist der gleiche, nur etwas gealtert. Noch immer fällt es ihm schwer, sich zu entscheiden oder die Initiative zu übernehmen. "It's the year nineteen sixty-nine and there's no reason for two mature people to smother each other to death simply out of inertia. I'm searching for a valid identity and I suggest you do the same"(93f), sagt ihm Janice.

Die letzten Jahre hatte Harry zumindest eine Identität durch seine berufliche Tätigkeit als Setzer gefunden. Doch am Schluß des Romans verliert er seine Stellung, da keine Setzer mehr gebraucht werden. Jill und vor allem Skeeter wollen ihn politisch für sich gewinnen, haben aber wenig Erfolg damit, zumal sie selbst auf ihren Wegen scheitern. In dem Lied Babes, der schwarzen Sängerin, gibt es nach den Worten des Kohelet "a time to be born, a time to die" (111). Angstrom möchte darüber hinaus. "He loves life" (68), wird von ihm ausdrücklich gesagt. Aber auch 1969 gewinnt dieses Leben für ihn keine Gestalt. Die Geschichte Harry Angstroms wird zur Geschichte des Helden, der keine Identität zu gewinnen vermag.

Rabbit Is Rich, 1982

Rabbit Is Rich spielt im Jahre 1979 und vermittelt ein Bild der siebziger Jahre in ihrer Gesamtheit. Harry Angstrom ist sechsundvierzig Jahre alt. Carter ist Präsident der USA und hat seine Schwierigkeiten mit dem Iran. Man gibt sich gesundheitsbewußt: das "running" Rabbits wird zum "jogging". Hand in Hand mit dem Gesundheitsbewußtsein geht das Umweltbewußtsein; zum Winterurlaub fährt *man* jetzt in den "Sun Belt" oder fliegt in die Karibik. Der Wagen des Jahrzehnts ist der Toyota.

Harry war inzwischen von seinem Schwiegervater als Verkäufer in dessen Toyota-Agentur aufgenommen worden und ist seit dessen Tod deren Manager. "Rabbit is rich"(7), und zum ersten Mal seit seiner Jugendzeit fühlt er sich glücklich, "happy, simply, to be alive"(13). Thelma, die Frau eines seiner Freunde, mit der er bei einem Partnertausch eine Nacht lang schläft, beschreibt ihm den Eindruck, den er auf sie macht: "The way you never sit down anywhere without making sure there's a way out.[...] Your good humor. You *believe* in people so.[...] You're just terribly generous. You're so grateful to be anywhere.[...] You're so glad to be alive"(385). Er genießt die Anerkennung, die er durch die Aufnahme in den Golf Country Club und in den Rotary Club gefunden hat. Doch beruht die Anerkennung auf keiner wirklichen Leistung seinerseits. Er hat damit keineswegs zu einer neuen Identität gefunden. Die seiner Jugend hat sich verflüchtigt. "In middle age you are carrying the world in a sense and yet it seems out of control more than ever, the self that you had as a boy all scattered and distributed like the pieces of bread in the miracle"(175). Die neue Identität sollte er als Geschäftsmann, Ehemann und Vater gewinnen. Doch Inhaber der Toyota-Agentur sind seine Schwiegermutter und seine Frau; der Erfolg des Geschäftes hängt von der Reklame des Herstellers und seinem ersten Mitarbeiter ab, mit dem seine Frau früher ein Verhältnis gehabt hatte. Im Eheleben hat man sich inzwischen eingerichtet. Die Partner aber sind austauschbar geworden. Harrys Schwierigkeiten als Vater Nelsons machen das Wenige an Handlung aus, das der Roman aufzuweisen hat. Harry fühlt sich von Nelson verdrängt, als dieser sein Studium abbricht, heiratet und in das Geschäft aufgenommen werden will. Nelson fühlt sich als nicht anerkannt, ist aber auch - inzwischen zweiundzwanzig Jahre alt - noch nicht bereit, das Leben selbständig zu meistern. "I think he's just scared," meint Janice, und als Harry fragt, wovor er Angst habe, sagt sie: "The same thing you were scared of at his age. Life"(326). Entscheidend ist, daß man sein Auskommen hat; dazu gehören nicht nur Essen und Trinken, sondern vor allem auch Sex. Wohlstand und Sex gehen Hand in Hand. So heißt es von Harrys Gedanken über Janice: "he cannot dislike this brown-eyed woman who has been his indifferent wife for twenty-three years just this May. He is rich because of her inheritence and this mutual knowledge rests adhesively between them like a form of sex, comfortable and sly"(40). Die Zusammengehörigkeit von Geld und Sex demonstrieren Harry und Janice, wenn sie die Krugerrand, die sie als Vermögensanlage kauften, über das Bettlaken ausstreuen und darauf kopulieren.

Die damit im Privaten gekennzeichnete Situation des Sich-Abfindens mit dem Leben, wie man es vorfindet, steht stellvertretend für die allgemein menschliche, gesellschaftliche und politische Situation nach dem Abklingen oder Verebben der großen

Reformbewegungen. Alle Rechte, für die man gekämpft hatte, scheinen gewonnen zu sein. Doch auch die Gesellschaft hat dadurch zu keiner neuen Identität gefunden, sondern nur eine bestehende Identität aufgegeben. Aufzuzeigen, wie sich dies schrittweise innerhalb von drei Jahrzehnten vollzog, macht mit den Wert der ersten drei Rabbit-Romane aus.

Rabbit at Rest, 1990

Mit *Rabbit at Rest*, Updikes soweit letztem Roman, fand die Harry Armstrong-Serie ihren zumindest vorläufigen Abschluß. Harry - nunmehr sechsundfünfzig Jahre alt - erleidet einen schweren Herzinfarkt, als er, wie zu Beginn von *Rabbit, Run*, mit einem Jungen Basketball spielt, und stirbt auf der Intensivstation. Nach dem Tode seiner Schwiegermutter hatte Janice durchgesetzt, daß Nelson die Geschäftsführung der nun ihr allein gehörenden Toyota-Agentur übernahm. Die Angstroms verbringen nun die Hälfte des Jahres in einer Eigentumswohnung an der Golfküste Floridas. Im Mittelpunkt des Geschehens steht Nelson bzw. die Sorge um ihn, da er drogensüchtig geworden war und so in Schulden geraten ist, daß die Agentur aufgegeben werden muß und der größte Teil des Vermögens der Familie verloren geht. Nelson selbst unterzieht sich erfolgreich einer Entwöhnungskur und versucht, einen neuen Anfang im Leben zu finden. Aber die Aufregung hat mit zum Herzinfarkt des Vaters beigetragen. Janice beabsichtigt, im Immobiliengeschäft tätig zu werden.

Harry, aus dessen Perspektive der weitaus größte Teil des Geschehens dargestellt wird, ist ein ziemlich uninteressanter Held geworden. Doch was er an Charakter verloren hat, hat er als Typ gewonnen. Noch deutlicher als in den vorausgegangenen Romanen ist er zum Repräsentanten des Durchschnittsamerikaners seines Jahrgangs geworden. Durch ihn lernt der Leser das Leben der achtziger Jahre - der Reagan-Ära - kennen. Man lebt weitgehend von dem bereits Erworbenen. "It's easy to be rich, that's what this country is all about"(39). Im Alter zieht man sich zurück in den Sun Belt. Das Kabelfernsehen bietet eine kaum noch überschaubare Auswahl von Programmen. Das Umschalten von einem Kanal zum anderen ist schon zu einem Spiel geworden. Der Leser lernt mit der Beschäftigung der Angstroms so ziemlich alle Fernsehprogramme der achtziger Jahre kennen. Die Kennzeichen des Alltags werden auf den neuesten Stand gebracht. Der Computer ist zum Spielzeug der Kinder geworden. Der schon in den beiden vorausgegangenen Romanen freie Geschlechtsverkehr wird durch AIDS bedroht. Der Homosexuelle ist, so wird der Leser belehrt, nicht mehr "queer", sondern "gay". Die Bademode hat sich über die Jahrzehnte geändert. Langspielplatten und Tonbänder sind durch CD abgelöst. An die Stelle der Hippies sind die Yuppies getreten. Muster des erfolgreichen Geschäftsmannes ist jetzt Donald Trump. Das Jogging spielt in *Rabbit at Rest* keine Rolle mehr; Janice betreibt dafür Aerobics. Aus Johnny Fry's Chophouse war in den siebziger Jahren ein Café Barcelona geworden, dann ein Crêpe House und in den achtziger Jahren schließlich ein Salad Binge. Der an diesem amerikanischen Alltag nicht teilnehmende Leser begegnet einer ganzen Reihe ihm noch fremder Wörter, deren Bedeutung er in keinem seiner Wörterbücher verzeichnet finden wird.

Lange Zeit erwarteten Kritiker, daß Updike *den* amerikanischen Roman für seine Zeit schreiben könnte, wie dies Dos Passos mit *USA* für die seine tat. Die Angstrom-Tetralogie *ist der* amerikanische Roman seiner Zeit, allerdings nicht mehr in dem gleichen

Sinne wie *USA*. Dos Passos zeichnete das Amerika im ersten Drittel unseres Jahrhunderts schon als eine "world adrift", in der der Einzelne jedoch noch um seinen Platz in der Gesellschaft rang oder nach seiner Bestimmung suchte. In der Welt, die Updike in seiner Angstrom-Tetralogie darstellt, findet jeder seinen Platz. "You're going to be part of some organization or other in this life. Toyota's been good to us and good to your grandfather," sagt Harry seinem Sohn(38). Toyota kann mit jedem beliebigen Namen ausgetauscht werden. Doch die Welt, in die man eingefügt wird, ist bedeutungslos geworden wie der Toyota für Nelson. Die Angstrom-Tetralogie ist *der* amerikanische Roman seiner Zeit, wenn das Leben in den USA wirklich so banal und trivial geworden ist, wie sie es schildert. Ein *großer* Roman kann sie schon aus diesem Grunde aber kaum sein.

Die politischen Ereignisse, die den Hintergrund des Geschehens bilden, sind vor allem die Ablösung der Reagan-Ära durch die Präsidentschaft Bushs und der Beginn der Auflösung des kommunistischen Machtsystems in Osteuropa. Das zentrale Ereignis ist für Harry die Katastrophe von Lockerbie kurz vor Weihnachten 1988. Als er zu Beginn des Romans auf die Ankunft des Flugzeuges wartet, mit dem Nelson und seine Familie kommen, hat Harry das Gefühl, er warte auf seinen eigenen Tod. Immer wieder kreisen seine Gedanken um den Tod. "There has been a lot of death in the newspaper lately"(8). Und dazu gehört vor allem Lockerbie. "Everything falling apart," das wird für ihn zum Charakteristikum der Zeit, "airplanes, bridges, eight years under Reagan of nobody minding the store, making money out of nothing, running up dept, trusting in God"(9). "Trusting in God" wird in diesem Zusammenhang zur hohlen Phrase.

Als er sich von Thelma verabschiedet, mit der er seit dem Partnertausch in *Rabbit Is Rich* gelegentlich Verkehr hat, ermahnt ihn diese: "Believe in God, darling. It helps." Er leugnet, *nicht* an Gott zu glauben. Doch Thelma will noch mehr, bevor sie Harry gehen läßt: "Before you go, let me see him at least," und öffnet ihm die Hose. Als Prue, Nelsons Frau, meint, ihr Mann betrachte sie und ihre beiden Kinder nur als "trash", entgegnet Harry ihr, daß sie niemandes "trash" sei; im Stillen aber ist er davon überzeugt: "We're all trash, really. Without God to lift us up and make us into angels we're all trash"(339f). Da er noch kein Engel ist, läßt er sich, kaum da Prue ihre Zigarette ausgeraucht hat, von ihr gleich zweimal verführen, obwohl er erst an diesem Tage nach einer Herzoperation gerade aus dem Krankenhaus entlassen worden war.

Nelson ist während seiner Entziehungskur religiös geworden. Er ist jetzt mit seinem Glauben glücklich. "All these years, I think I've been seriously depressed; everything seemed too much: Now I just put it all in God's hands, roll over, and go to sleep"(401). Harry kann - wie auch der Leser - Nelsons Religiosität nicht ernst nehmen. Der Leser kann aber genau so wenig Harrys Glauben ernst nehmen. Obwohl immer wieder angesprochen, ist es nicht sein Verhältnis zu Sex oder Gott, das Harry als Typ eines modernen Durchschnittsmenschen interessant werden läßt. Was ihn charakterisiert und damit interessant macht, ist, daß er - wie schon zu Beginn von *Rabbit, Run* - davonläuft und sich schließlich mit der Leere, die ihm bleibt, abfindet. Sterbend wendet er sich an Nelson. "'Well, Nelson,' he says, 'all I can tell you is, it isn't so bad.' Rabbit thinks he should maybe say more, the kid looks wildly expectant, but enough. Maybe. Enough"(505). Es ist ein klägliches Fazit, das er damit aus seinem Leben zieht. Sein Leben zog in seinem Bewußtsein an ihm vorbei wie die Programme auf dem Fernsehschirm.

"A & P", 1961

Updike begann seine Karriere als Schriftsteller mit Kurzgeschichten. Diese Erzählform sollte auch weiterhin sein literarisches Schaffen mitbestimmen. Bereits 1962 erschien die zweite seiner inzwischen zehn Kurzgeschichtensammlungen, *Pigeon Feathers and Other Stories*. In ihr sind auch die 1961 im *New Yorker* erschienene Titelerzählung und "A & P" nachgedruckt.

In "A & P" erscheint der Erzähler als neunzehnjähriger Kassierer in einem Supermarkt der im Titel genannten Kette. Er bedient sich der Umgangssprache, mit der er auch mit seinesgleichen verkehrt. "In walks these three girls in nothing but bathing suits"(187). Mit diesem Satz beginnt seine Geschichte. Das Erscheinen der Mädchen in der dürftigen Bekleidung erregt nicht nur das Interesse des neunzehnjährigen Kassierers, sondern auch das des etwas älteren und verheirateten Kollegen an der nächsten Kasse. Ihre Beschreibung wird völlig von dem Reiz bestimmt, den sie auf den Erzähler ausüben. Lüstern verfolgt er den Gang der Mädchen durch den Laden und fühlt sich glücklich, daß sie zu seiner Kasse und nicht zu der seines Kollegen kommen. In diesem Augenblick jedoch erscheint Lengel, der Geschäftsführer des Ladens, und moniert die Bekleidung der Mädchen. Er beschämt sie. Selbst das scheinbar so selbstsicher auftretende Mädchen unter ihnen glaubt der Erzähler erröten zu sehen. Er ist dadurch so betroffen, daß er sich auf ihre Seite stellt: "The girls, and who'd blame them, are in a hurry to get out, so I say 'I quit' to Lengel quick enough for them to hear, hoping they'll stop and watch me, their unsuspected hero"(195). Dadurch, daß er demonstrativ seine Stelle aufgibt, weil sein Vorgesetzter einen Kunden demütigte, gewinnt der Erzähler die Selbstsicherheit, die er bei dem einen der Mädchen bewunderte. "Sammy, you don't want to do this to your Mom and Dad," meint Lengel, der die Eltern des Erzählers kennt. Doch dieser befreit sich mit seiner Entscheidung von der Bestimmung durch die Eltern und vollzieht den Schritt zum Erwachsensein.

Die Geschichte kommt ohne Sex und Gott aus und zeigt eine in den Romanen Updikes selten erreichte Geschlossenheit. Sie überzeugt durch die Intensität, mit der Updike den Erzähler sein Erlebnis wiedergeben läßt, und gewinnt zeichenhaften Charakter über die geschilderte partikulare Situation hinaus.

"Pigeon Feathers", 1991

In "Pigeon Feathers" liest der vierzehnjährige, erst vor kurzem in die Kirche aufgenommene David H.G.Wells *Outline of History* und scheint seinen Glauben zu verlieren. Wells zufolge war Jesus nur "an obscure political agitator [who b]y an accident [...] survived his own crucifixion and presumably died a few weeks later." Die Mythen, die daraus erwuchsen, und die Theologie, die die Kirche daraus entwickelte, stehen in direktem Gegensatz zu seinen "simple, rather communistic teachings." David kann es nicht glauben, "that at a definite spot in time and space a brain black with the denial of Christ's divinity had been suffered to exist"(118f). Der Erzähler berichtet, welche Schwierigkeiten David daraus erwachsen. Als sich seine Eltern darüber streiten, ob der Boden eine Seele habe, fragt er selbst nach der Existenz einer Seele und danach, was mit ihr zwischen Tod und Auferstehung geschehe. Der Geistliche kann ihm keine befriedigenden Antworten auf seine Fragen geben. Seiner Mutter, die sein bekümmertes Gesicht sieht und fragt, was ihm fehle, antwortet er: "I asked Reverend Dobson about Heaven and he said it was like Abraham Lincoln's goodness living after him"(136). Es stört ihn nicht, daß er selbst kein Lincoln ist, doch die Tatsache, daß man dann gar keinen Gott braucht. Seine Mutter zieht den Vater mit ins Gespräch. Doch auch dieser kann ihm nicht helfen: "Nowhere in the world of other people would he find the hint, the nod, he needed to begin to build his fortress against death. They none of them believed. He was alone. In that deep hole"(139). David findet keine Antwort auf sein Fragen, aber ist nicht bereit "[to] submit to death"(140).

An seinem fünfzehnten Geburtstag schenken die Eltern ihm ein Gewehr. Bald darauf bittet die Mutter ihn, die Tauben in der Scheune zu schießen, da sie die dort abgestellten Möbelstücke beschmutzen. "He had the sensation of a creator"(147), als er nach einigem Zögern dem Wunsch der Mutter nachkommt. Während er die sechs toten Tauben verscharrt, bewundert er ihre Federn. Als er die letzten beiden in das dafür vorbereitete Loch legt und aufsteht, "crusty coverings were lifted from him, and with a feminine, slipping sensation along his nerves that seemed to give the air hands, he was robed in this certainty: that the God who had lavished such craft upon these worthless birds would not destroy His whole Creation by refusing to let David live forever"(149f).

David erlebt mit dem Töten der Tauben seine Initiation. Am Anfang seiner Glaubensschwierigkeiten hatte er eine Vision seines eigenen Todes. Am Ende der Geschichte bringt er den Tauben den Tod und fühlt sich dabei wie ein Schöpfer. Er findet nun eine Antwort auf seine Fragen in dem Erlebnis, daß die von ihm getöteten Tauben ihn bereits die Schönheit des Schöpfers aller Dinge erfahren ließen. Dies wird für die wenigsten Leser eine plausible Antwort auf die Frage nach der Existenz Gottes sein; sie bleibt jedoch - anders als in den anfangs beschriebenen Romanen Updikes - glaubhaft für den in der Geschichte gezeichneten Charakter.

"Pigeon Feathers" kann bereits als Vorstufe zu *The Centaur* betrachtet werden. Die Geschichte spielt wie in diesem dritten Roman Updikes vornehmlich auf einer alten Farm in Firetown, Pennsylvania, auf der Davids Mutter aufgewachsen war und die der Vater auf das Drängen der Mutter zurückgekauft hatte. Der Vater ist Lehrer in der nächsten Stadt, aber unzufrieden mit seinem Beruf wie mit dem Leben auf dem Lande.

The Centaur, 1963

Das Besondere von *The Centaur* besteht darin, daß eine Reihe von Personen als mythologische Figuren auftritt oder solchen entspricht. So erscheint George Caldwell, der Lehrer aus "Pigeon Feathers", gleich im ersten Kapitel als der Zentaur Chiron. Als ihm von einem Schüler ein wahrscheinlich vergifteter Pfeil in die Hüfte geschossen wird, begibt er sich in die Autoreparaturwerkstatt Al Hummels, eines modernen Hephaistos, der ihm den Pfeil herausziehen soll. Die ziemlich groteske Montage von mythischem und realistischem Geschehen erklärt sich in dessen weiterer Entfaltung dadurch, daß es als Erinnerung von George Caldwells Sohn Peter wiedergegeben wird. Dieser ist - wie der Autor - zur Zeit der Niederschrift des Romans einunddreißig Jahre alt und lebt als expressionistischer Maler mit seiner farbigen Freundin in New York. Tiefsinnige Interpretationen der mythischen Zutaten dürften fehl am Platze sein, da diesen keine - zumindest keine nennenswerte - bedeutungstiftende Funktion zukommt.

George Caldwell, zur Zeit des Geschehens, dessen sich sein Sohn erinnert, fünfzig Jahre alt, war als Sohn eines presbyterianischen Geistlichen geboren, nach dessen frühem Tod in bescheidenen Verhältnissen aufgewachsen und hatte nach verschiedenen Gelegenheitsarbeiten durch Vermittlung von Verwandten seiner Frau eine Anstellung als schlechtbezahlter Lehrer für Naturwissenschaften an der Oliger High School gefunden. Zu seinem Leidwesen lebt er seit einiger Zeit auf der Farm, die früher der Familie seiner Frau gehörte und auf deren Drängen zurückgekauft wurde. Das Lehrerdasein ist für ihn eine Qual. Diese entspricht den Schmerzen, die Chiron durch seine Wunde erleidet. Caldwell weiß aber auch nicht, welcher Beruf ihm mehr liegen würde. Seine Leiden spiegeln sich in den Abenteuern, die er während dreier Tage erlebt. Trotz seines Leidens am Leben hilft er doch stets in selbstloser Weise seinen Nächsten, vor allem seinen Schülern, obwohl sie ihn quälen. Ebenso fühlt er sich für seine Familie als deren "Ernährer" verantwortlich.

Der Arzt, dem er sein Leid klagt, hält ihn nur für etwas erschöpft. Im Grunde möchte Caldwell, wie der mythische Chiron, aus seiner Qual entlassen werden und sterben. Chiron findet Erlösung von seinem Leiden, als die Götter ihm gestatten zu sterben. Sein Tod ermöglicht auch die Befreiung des an den Felsen geschmiedeten Prometheus. Im Leben Caldwells bedeutet dies, daß er das Leiden auf sich nimmt, um seinem Sohn Peter, dem Prometheus des Romans, ein besseres Leben zu ermöglichen. In Entsprechung zum Mythos wird Caldwells Fahrt zur Schule am vierten Tag der geschilderten Ereignisse als die Fahrt Chirons in den Hades beschrieben. Doch Peter weiß nichts mit der Freiheit anzufangen, die ihm der Vater durch sein Opfer ermöglicht; er scheitert als schöpferischer Künstler. In seiner Erinnerung gewinnt die Vergangenheit noch einmal mythische Dimensionen. In seiner Gegenwart sind solche nicht mehr erkennbar.

Wie in *Rabbit, Run* und einer Reihe der Kurzgeschichten, werden auch in *The Centaur* wieder religiöse Fragen angesprochen. Ein Zitat von Karl Barth ist dem Roman vorangestellt: "Heaven is the creation inconceivable to man, earth the creation conceivable to him. He himself is the creature on the boundary between heaven and earth." Angesprochen ist damit die Ungewißheit, in der der Mensch zwischen Himmel und Erde, zwischen dem, was er erfassen kann, und dem, was sich ihm entzieht, steht. Doch über Andeutungen hinaus erfährt die damit angesprochene Thematik keine Entfaltung.

Nach *The Centaur* erschienen neben den Rabbit-Romanen in regelmäßigen Abständen acht weitere Romane, von denen hier nur zwei genannt werden sollen. Mit deren erstem, *The Couples*, 1968, erzielte Updike seinen wohl größten Verkaufserfolg. Sein - später auch in *Rabbit Is Rich* wieder aufgenommenes Thema - ist der zur Zeit des Erscheinens gerade in Mode gekommene Partnertausch. Echte Liebe, will der Roman allem Anschein nach glaubhaft machen, ist in der modernen Gesellschaft nicht mehr möglich, aber auch die ausführlich betriebene und ebenso ausführlich beschriebene sexuelle Betätigung vermag nicht zu befriedigen. Bei dem anderen der beiden Romane handelt es sich um *Roger's Version* von 1987. In ihm kommt das Neben- bzw. Miteinander von Religion und Sex noch einmal voll zur Entfaltung. Ein junger Datenverarbeiter entwirft ein Computer-Programm (DEUS), um mit seiner Hilfe Gott auf die Spur zu kommen. Sein Gesprächsparter, ein etwas älterer Theologieprofessor, interessiert sich für junge Mädchen. Wenn sich auch einige der Kritiker gerade auf diesen Roman berufen, um Updike als durchaus ernst zu nehmenden christlichen Schriftsteller zu reklamieren, sind wir mit deren Mehrheit der Ansicht, daß sich gerade in ihm die Absurdität seiner diesbezüglichen Vorstellungen offenbart.

Abschließend sei noch auf die in zwei Bänden veröffentlichte Sequenz von Kurzgeschichten eingegangen, in der Updike die Situation des Schriftstellers seiner Zeit karikiert, *Bech: a Book* und *Bech Is Back*.

Bech: a Book, 1970

Die Kunst des Erzählens, um die sich Henry Bech, der Protagonist der Sequenz, bemüht, erweist sich nicht in der Lage, das Leben - vor allem wieder Liebe und Religion - zu ersetzen. Die Ironie seiner Situation besteht darin, daß er des Erfolges seines ersten Romans wegen als großer Schriftsteller gefeiert wird, der er nicht mehr ist. Seine beiden späteren Romane waren Mißerfolge, und zu der Zeit, mit der der erste Teil der Sequenz einsetzt, ist er unfähig, überhaupt zu schreiben. In dieser Situation sieht er sich genötigt, als Vertreter amerikanischer Kultur im Rahmen der zu jener Zeit gerade neu abgeschlossenen Kulturabkommen mit dem Ostblock in der Sowjetunion, in Rumänien und in Bulgarien aufzutreten. Er ziert sich zwar, wenn er von Schulen und Universitäten zu Vorträgen und Diskussionen eingeladen wird, läßt sich aber doch immer wieder gerne dazu überreden. Er fühlt sich geschmeichelt, zu großen Empfängen als Gesellschaftslöwe erscheinen zu dürfen. Für all diese Gelegenheiten hat er sich eine Maske zugelegt, die ihm fremd erscheint, mit der zu identifizieren er sich jedoch immer mehr genötigt sieht. Den Höhepunkt seines Ruhmes unter dieser Maske feiert er, als sich der Traum seiner Mutter erfüllt und er in die *American Academy of Arts and Letters* aufgenommen wird, die als museales Abstellgleis längst vergessener Honoratioren des kulturellen Lebens dargestellt wird.

Anläßlich seines Bulgarienaufenthaltes wird seine Situation folgendermaßen umschrieben: "He was, himself, a writer, this fortyish young man, Henry Bech, with his thinning curly hair and melancholy Jewish nose, the author of one good book and three others, the good one having come first.[...] His reputation had grown while his power declined. As he felt himself sink, in his fiction, deeper and deeper into eclectic sexuality and bravura narcissism, as his search for plain truth carried him further and further into treacherous realms of fantasy and, lately, of silence, he was more and more thickly hounded by homage, by flat-footed exegetes, by arrogantly worshipful undergraduates who had hitchhiked a thousand miles to touch his hand, by querulous translators, by election to honorary societies, by invitation to lectures, to 'speak', to 'read', to participate in symposia trumped up by ambitious girlie magazines in shameless conjunction with venerable universities. His very government, in airily unstamped envelopes from Washington, invited him to travel, as an ambassador of the arts, to the other half of the world, the hostile, the mysterious half"(44).

In einer der Geschichten der Sequenz legt sich Bech in einer der wenigen ihm vergönnten Ruhepausen bei dem Besuch eines Mädchen-Colleges im Süden unter Eichen ins Gras und meditiert. Angesichts der üppigen Natur, die ihn umgibt, die er aber auch in den frischen jungen Mädchen aufblühen sieht, wird er sich seiner Misere bewußt. Er erkennt seine Uneigentlichkeit, die darin besteht, daß er nur eine Maske repräsentiert, sich aber - was noch viel schlimmer ist - unter der Maske keinerlei Substanz mehr befindet.

Daß man ihn feiert, ist für die Veranstalter bereits Routine oder ein Geschäft geworden, bei dem jeder auf seinen eigenen Vorteil bedacht ist. Als er sich in London wieder einmal auf Vorträge einläßt, heißt es: "The unreality had swept in. It was his fault; he had wanted to be noticed, to be praised. He had wanted to be a man in the world, a 'writer'. For his punishment they had made from the sticks and mud of his words a coarse large doll to question and torment, which would not have mattered except that he was trapped inside the doll, shared a name and bank account with it. And the life that touched and brushed other people, that played across them like a saving breeze, could not break through the crust to him. He was, with all his brave talk [....] of individual intelligence and the foolishness of groups, too alone"(123).

Mit Henry Bech parodiert Updike den jüdischen Schriftsteller seiner Zeit in den USA. Er trägt Züge Singers, Malamuds, Roths oder Mailers. Updike ist jedoch weder boshaft, noch antisemitisch. Im Grunde reflektiert er in der Bech-Folge auch seine eigene Situation nach dem Erfolg von *Rabbit, Run* und dem darauf folgenden Mißerfolg der beiden nächsten Romane.

Bech: a Book ist aber auch "metafiction"; der Roman reflektiert in mehrfacher Hinsicht literarisches Schaffen und dessen Bedeutung für das Leben. Bech und auch andere Charaktere der Kurzgeschichten handeln nicht so sehr nach ihrer eigenen Einsicht oder nach ihrem Instinkt, sondern nach Mustern, die sie in der Literatur vorgebildet finden. So handelt Bech im Umgang mit einer seiner Geliebten so, wie er es in einem Roman - und zwar in einem Roman Updikes - beschrieben fand. Seine Erlebnisse folgen literarischen Vorbildern; in der College-Episode sind es Laniers "The Marshes of Glynn", in der Londoner Episode sind es unter anderen T.S.Eliots "The Waste Land" und Wordsworths "I wandered lonely as a cloud"; im ersten Kapitel von *Bech Is Back* ist das Muster "The Raven" von Poe. Die einzelnen Episoden gerinnen zu Einzelbildern; sie erscheinen, wie in der College-Geschichte ausdrücklich erwähnt wird, als Dias-Bilder ("slides"), die sich nicht zu einem Film mit einem Sinnzusammenhang fügen.

Noch ausdrücklicher nähert sich *Bech: a Book* der "metafiction", wenn, wie vor allem in der Geschichte von Bechs Aufenthalt in London, darüber reflektiert wird, wie die erlebte Wirklichkeit als Stoff für einen neuen Roman verarbeitet werden könnte. Merissa, die sich dort seiner annimmt, wird nicht nur zu seiner vorübergehenden Geliebten, sondern auch die Heldin seines nächsten Romans, dessen Titel er schon formuliert hat. Seinen ersten erfolgreichen Roman hatte er *Travel Light* genannt, der ihn zu neuem Erfolg führende Roman soll den Titel *Big Think* tragen. Vor dem Thema des nächsten Romans, Selbstmord, schreckt er noch zurück. Die Entstehung von *Big Think* steht im Mittelpunkt der zweiten Folge der Bech-Geschichten:

Bech Is Back, 1982

Wie die Folgebände zu *Rabbit, Run* enttäuschen auch die Erzählungen von *Bech Is Back*. Was in der ersten Folge als Satire auf den literarischen Betrieb noch originell war, wird in der zweiten weitgehend zum Klischee. Wie Bech zuvor die Länder hinter dem Eisernen Vorhang bereiste, so besucht er jetzt den Rest der Welt. Die Begegnungen mit Frauen wiederholen sich, nur daß Bech sich jetzt verführen läßt, sogar zu heiraten. Der Zeit angepaßt - die Folge spielt zwölf Jahre später als ihr Vorgänger - trennt er sich wieder von seiner Frau. Sein Verleger hat inzwischen schon die dritte

Frau, diese bereits den dritten Mann. Wenn heterogener Sex nicht mehr ausreicht, werden Frauenliebe und Gruppensex mit herangezogen, und wie in *Rabbit Is Rich* kommt die nächste Generation zum Zuge. Auf Betreiben seiner Frau schreibt Bech endlich seinen vierten Roman, der natürlich - weil er von einem schon bekannten Autor verfaßt wurde - zum Bestseller wird, mit dem er aber, wie er sehr wohl weiß, sich selbst als Künstler verrät.

Die satirischen Fähigkeiten Updikes zeigen sich noch in einer ganzen Reihe von Beobachtungen. In "The Holy Land", der Geschichte von Bechs Israelreise, die wohl in Anlehnung an Saul Bellows Israelbuch dargestellt wird, heißt es von seiner Heirat: "His marriage was like this Zionist state they were in: a mistake long deferred, a miscarriage of passé fervour and antiquated tribal righteousness, an attempt to be safe on an earth where there was no safety" (60). Die Bezeichnung "holy land" gewinnt für Bech eine doppelte Bedeutung, als er sieht, wie sehr es seiner christlichen Frau gefällt: "As their words approached nonsense, some dim sense of what the words 'holy land' might mean dawned on him. The holy land was where you accepted being. Middle age was a holy land. Marriage"(72).

Die Satire auf den Autor, der nicht mehr das Niveau seines ersten Romans erreicht und von den Einladungen lebt, wird noch einmal pointiert, wenn es nach Besuchen in der Dritten Welt heißt: "He vowed never to Third-World it again, unless somebody asked him to"(41). Treffend wird die Situation des amerikanischen Romans und des Romans Updikes charakterisiert, wenn Bech auf die Frage, was in den USA mit "their noble tradition of social criticism" geschehen sei, antwortet, daß er zum "sexual display"(39) geworden sei. "Sexual display" ist vor allem *Big Think*, der vierte Roman, den Bech nun schreibt. Sein früherer Lektor hatte ihm empfohlen, seine Memoiren zu schreiben, wenn ihm sonst nichts mehr einfallen sollte(46). Updikes Memoiren, *Self-Consciousness*, die sich wie ein Roman lesen, erschienen 1989.

Bech Is Back endet mit der Beschreibung einer Cocktail Party, auf der das Buch eines Photographen vorgestellt wird. Dessen Thema ist "White on White". Bech glaubt bei der Betrachtung der Aufnahmen, sich Melville und Faulkner zuwenden zu müssen. Das Weiße am Schluß der Folge von Erzählungen ist das Weiße von Melvilles Moby Dick, hinter dem sich das rätselhafte Leben der USA verbirgt. Bech hat es nicht zu fassen vermögen. Sein *Big Think* ist in Wirklichkeit *Easy Money*, wie seine Frau den Roman benennt. Das Erstaunliche jedoch ist - und hiermit wieder an Bellow, vor allem den späten Bellow erinnernd -, daß die Welt seiner Phantasie der Wirklichkeit entsprechen soll. Einem Schriftsteller, den er auf der Cocktail Party trifft, erscheint seinen Roman als genaues Abbild des Lebens. Verwundert meint Bech: "How sad [...]. What's the point of fiction?"(145) Die Wirklichkeit entspricht der Fiktion, die Fiktion der Wirklichkeit. Der banale Alltag wird mit Hilfe der Phantasien dramatisiert. Sie geben jedoch nicht viel Sinn oder bleiben - so in der immer wieder auftretenden Verbindung von Sex und Religion - unglaubwürdig.

Literatur

Zitiert nach *Rabbit, Run*, 1971 (Penguin); *Rabbit Redux*, 1983 (Penguin); *Rabbit Is Rich*, 1984 (Penguin); *Rabbit at Rest*, London, 1990; *Pigeon Feathers and Other Stories*, New York, 1962; *The Centaur*, London, 1963; *Bech: a Book*, 1984 (Penguin); *Bech Is Back*, 1984 (Penguin).

Sekundärliteratur:
Robert Detweiler, *John Updike*, New York, 1972.
David Thorburne und Howard Eiland, hg., *John Updike: A Collection of Critical Essays*, Englewood Cliffs, 1979.
Suzanne H. Uphaus, *John Updike*, New York, 1980.
George W.Hunt, *John Updike and the Three Great Sacred Things: Sex, Religion and Art*, Grand Rapids, 1980.
Donald J. Greiner, *John Updike's Novels*, Athens, OH, 1984.
Judie Newman, *John Updike*, London, 1988.

Joyce Carol Oates, geb.1938

Nur wenige Jahre nach demjenigen John Updikes beginnt das literarische Schaffen Joyce Carol Oates'. Wie Updike zeichnet sie in ihren Romanen vor allem das Leben ihrer Zeit. Nur gelegentlich greift sie zurück auf die Zeit der Weltwirtschaftskrise oder - wie in der Familiengeschichte der Bellefleurs - auf die der Vorfahren. An die Stelle des provinziellen Pennsylvanien bei Updike tritt bei ihr meist der dem Ontariosee zugewandte Nordwesten des Staates New York.

Wie die Protagonisten ihres Zeitgenossen müssen sich auch ihre Charaktere mit der vorgegebenen Wirklichkeit abzufinden lernen. Ihr Prozeß des Lernens verläuft jedoch in der Regel dramatischer als bei diesem und oft genug auch tragisch. Sie erscheinen kaum als typische Vertreter der Zeit, sondern als in der Auseinandersetzung mit ihrer Zeit gereifte oder auch gescheiterte Charaktere. Die Wirklichkeit interpretieren sie auf ihre jeweils eigene Weise, lernen aber, damit zu leben, daß diese Wirklichkeit von anderen anders verstanden wird. Die philosophische Grundlage für ihr Wirklichkeitsverständnis findet Oates im Pluralismus bzw. Pragmatismus von William James. Es tritt am deutlichsten in *The Assassins*, ihrem Roman von 1975, in Erscheinung. Dieses sich wechselseitig bedingende Wirklichkeitsverständnis wirkt sich auch auf die Erzählweise der Autorin aus. In vielen ihrer Romane kommt das Geschehen aus der Perspektive mehrerer Personen zur Darstellung.

In dem oft tödlich auslaufenden Versuch der Protagonisten, sich selbst zu entwerfen und die Wirklichkeit nach dem eigenen Entwurf zu bestimmen, wird in der Folge der Romane und Erzählungen immer deutlicher Nitzsches Sicht, nach der dem apollinischen das dionysische Element (als "life force") gegenübersteht, erkennbar, so vor allem in *Childwold* von 1976. Diese "life force" versteht Oates jedoch nicht so sehr im Sinne Bergsons oder G.B.Shaws, sondern eher in demjenigen von D.H.Lawrence. Lawrence ist auch das literarisches Vorbild, an dem sie sich orientiert, und nicht etwa James Joyce oder Virginia Woolfe.

Oates' "life force" gewährleistet zwar einerseits den Fortbestand des Lebens, läßt es andererseits aber auch immer wieder in einem Chaos versinken. Die Auseinandersetzung der Protagonisten mit der ihnen vorgegebenen Wirklichkeit endet oft genug in der Ambiguität zwischen der Möglichkeit, diese mitzubestimmen, und der Kapitulation davor. Möglichkeiten, die vorgegebene Wirklichkeit zu übersteigen, tun sich immer wieder auf, doch weniger in dem Sinne, daß der Mensch aus eigener Kraft dazu fähig wäre, als eher durch das Erahnen oder Erkennen eines übergeordneten, der Wirklichkeit Sinn verleihenden Prinzips.

1938 in Lockport, New York, geboren, begann Joyce Carol Oates ihr Studium an der Syracuse University und schloß es mit der Magisterprüfung an der University of Wisconsin in Madison ab. Seit 1961 verheiratet, unterrichtete sie an verschiedenen Universitäten und hat seit einiger Zeit eine Professur an der Princeton University inne. Wie Updike begann sie ihre schriftstellerische Laufbahn mit Kurzprosa. Ein Jahr nach ihrer ersten Sammlung von Kurzgeschichten, *By the North Gate*, 1963, erschien ihr erster Roman, *With Shuddering Fall*. In diesem erliegt die Protagonistin zunächst den Versuchungen dieser Welt, indem sie sich mit einem jungen Mann einläßt, der gegen die Gesellschaft rebelliert; sie lernt aber, den Wert der Geborgenheit in Familie, Heimat und Geschichte, d.h. den Wert der vorgegebenen Wirklichkeit, zu erkennen.

Nach einer weiteren Sammlung von Kurzgeschichten, *Upon the Sweeping Flood*, 1967, folgen drei Romane, die in einem gewissen Sinne als Trilogie betrachtet werden können, insofern sie die Gefahr der Protagonisten, sich selbst zum Maß zu machen, im ländlichen Bereich, in Suburbia und in der Großstadt darstellen. Es handelt sich dabei um *Garden of Earthly Delights*, 1967, *Expensive People*, 1968, und *Them*, 1969. Den Höhepunkt erreicht die Folge in

Expensive People, 1968.

Richard Everett erzählt in dem Roman als Achtzehnjähriger die Geschichte seines Lebens, vor allem aber berichtet er, wie es dazu kam, daß er - wie er behauptet - als Elfjähriger seine Mutter erschoß. Richard hat einen ungewöhnlich hohen Intelligenzquotienten. Mit seinen achtzehn Jahren verfügt er nicht nur über das Wissen eines erfahrenen Schriftstellers und Literaturkritikers, der die Ereignisse seiner Kindheit und den Prozeß ihrer Niederschrift festhält, sondern ist auch in der Lage, sie kritisch zu reflektieren. Mit dem Leser führt er ein Gespräch, um dessen möglichen Einwänden zu begegnen. Er beurteilt sich nicht nur selbst, sondern läßt auch die Meinung, die sich andere über ihn gebildet haben, zu Worte kommen.

Es bleibt offen, ob Richard den Mord wirklich begangen hat. "Richard," sagt ihm am Schluß sein Psychiater, "let me assure you of this: hallucinations are as vivid as reality, and I respect everything you say. I know that you are suffering just as much as if you had killed your mother"(305). Der Roman enthält genügend Hinweise darauf, daß Richard - wie auch andere an dem Geschehen beteiligte Personen - sich täuschen könnte. Als Motiv zu dem vermeintlichen - oder tatsächlichen - Mord nennt er das Bedürfnis nach Freiheit. Am Ende seines Berichtes ist er sich aber auch dessen nicht mehr sicher. Die einzige mit Sicherheit befreiende Tat wäre für ihn der Selbstmord. Doch dem Leser bleibt vorenthalten, ob Richard seinen Vorsatz, nach Abschluß seines Berichtes sich das Leben zu nehmen, wirklich durchführt. Die Darstellung der Wirklichkeit beschränkt sich auf das Bild, das der Erzähler sich erstellt oder ihm von anderen vermittelt wird.

Die auf diese Weise in *Expensive People* vermittelte Welt ist das amerikanische "suburbia" am Ende der fünfziger und Anfang der sechziger Jahre. Der Mord, dessen Richard sich anklagt, müßte 1960 stattgefunden haben. Richards Vater, typischer Vertreter des "jet-set", betätigt seine Geschäfte auf Flügen um die gesamte Welt. Er besitzt ein stattliches Anwesen in einer angesehenen Vorortgemeinde mit Schwimmanlage, automatisch sich öffnender Garagentür und anderen dazu gehörenden Paraphernalien. Er gehört zu einem der besten "country clubs" und gibt und besucht Cocktail-

Parties. Richards Verhältnis zu dieser Welt ist ambivalent. Er fragt sich, ob die Leute in Fernwood, der luxuriösen Suburbia seiner Eltern, wirklich leben, und meint: "If God remakes Paradise it will be in the image of Fernwood, for Fernwood is Paradise constructed to answer all desires before they are even felt. [...] And if it occurs to you, my clever reader, that there is irony intended here - that Richard Everett, miserable slob as he is, is being cute and praising Fernwood while (beneath it all) he despises Fernwood - you are wrong"(146f). Als "clever reader" fragen wir natürlich, ob die Ironie nicht gerade darin liegt, daß der Erzähler leugnet, ironisch zu sein. Ambivalent wird der Wert Fernwoods aber vor allem dadurch, daß sich die Erwartungen seiner Bewohner nicht erfüllen.

Als Gegenpol zu der Welt Fernwoods erscheint Richards Mutter Natashya. Sie stammt aus von ihr immer wieder verschleierten bescheidenen Verhältnissen und steht als Schriftstellerin der Welt ihres Mannes fremd gegenüber. Sie entflieht ihr des öfteren, um in die Bohème unterzutauchen und mit ihren Freunden aus der literarischen Welt zu schlafen. Jedoch kehrt sie immer wieder in die Welt ihres Mannes zurück, in der sie vor allem Sicherheit findet. Aus der Sicht ihres Sohnes ist die Welt der Bohème so "phony" wie die seines Vaters, doch liefert sie seiner Mutter einen Reiz, der sie aus der Banalität ihres sonstigen Alltags herauszuheben vermag.

Richard wächst in der Spannung zwischen diesen beiden Welten auf und sieht die Spannung auch in seinen Eltern selbst wirksam. Er bewundert seinen Vater als erfolgreichen Geschäftsmann, wundert sich jedoch über dessen Erfolge, da er in den Gesprächen mit Natashya, seiner Frau, stets der Unterlegene ist. Seine Mutter nennt er Nada (span.=Nichts) und nicht, wie sie es möchte, Nadia. Statt der Liebe, die er von ihr erwartet, begegnet er in ihr nur dem Nichts, der Leere. Er erfährt, daß seine Mutter ihn nicht haben wollte und eine Abtreibung versucht hatte. Sein Vater erklärt ihm nach dem Tod der Mutter rücksichtslos, daß er nicht mehr bereit sei, sich auf seine Verrücktheiten einzustellen. Beide gehen ihre eigenen Wege.

Die Analyse seines Psychotherapeuten charakterisiert Richard als Neurotiker infolge einer zu starken Mutterbindung. Wenn er während der Niederschrift seines Lebensberichtes immer wieder Photographien der Mutter aus der Zeit vor ihrer Hochzeit anschaut, erscheint ihm als Motiv zu dem "Mord" an ihr die Eifersucht, die ihn sie mit niemandem teilen lassen will. Andererseits hat er ihr gegenüber - wie auch gegenüber seinem Vater - ein Gefühl des Belästigtseins. In der Kurzgeschichte seiner Mutter, "The Molesters", sieht er eine Übertragung seines Belästigtwerdens durch die Mutter auf das eines kleinen Mädchens durch einen Farbigen.

Auf sich allein gestellt, versucht Richard die sich bei ihm einstellende Leere durch übermäßiges Essen auszugleichen. Zur Zeit der Niederschrift seiner "Autobiographie" wiegt er 240 Pfund. In dem Gegenüber von Leere und Fülle zeigt sich das Groteske seiner Situation. Die Wirklichkeit, die er zu erschließen versucht, zerfällt in zunehmendem Maße in Bruchstücke, die sich nicht mehr integrieren lassen. In gleicher Weise zerfällt seine, sich erst in den Anfängen ihrer Bildung begriffene, Persönlichkeit. Die Details der Wirklichkeit und seines Handelns nehmen Maße an, die sich jeder Einordnung in einen Sinnzusammenhang entziehen und daher komisch wirken, als Krankheitssymptome aber auch immer wieder an die Grenze zum Tragischen rühren.

In fast paradigmatischer Weise erscheinen in *Expensive People* die eingangs umschriebenen Merkmale der Erzählkunst von Joyce Carol Oates, vor allem die Spannung zwischen der vorgegebenen Ordnung und der Selbstfindung derer, die in sie eingebunden sind, sowie die Darstellung der Wirklichkeit, wie sie von den an ihr Beteiligten erlebt wird, hier allerdings durch den Filter des neurotischen Ich-Erzählers.

"The Molesters"

Die als Natashyas Werk in *Expensive People* eingefügte Kurzgeschichte war schon zuvor unter dem Namen von Joyce Carol Oates erschienen. Sie kann als exemplarisch für die frühe Phase ihres Schaffens betrachtet werden, die mit dem dritten Band ihrer Kurzgeschichten, *The Wheel of Love*, 1970, und dem ihm folgenden Roman, *Wonderland*, 1971, einen gewissen Abschluß fand.

Wie in dem Roman handelt es sich in der Geschichte um eine Ich-Erzählung. Diesmal ist es ein sechsjähriges Mädchen, das in der Gegenwartsform von ihrer Begegnung mit einem Fremden am Bach in der Nähe ihres Hauses berichtet. Ihre Mutter läßt sie nur unwillig gehen. Doch legt die Erzählerin großen Wert auf die kleine Freiheit, auf einem Stein im Bach sitzen zu dürfen und die Füße ins Wasser halten zu können. Die Mutter warnt sie davor, sich mit Fremden einzulassen.

Die Begegnung mit dem Fremden erfolgt in drei Phasen. In der ersten kommt ihr der Fremde freundlich entgegen; er will ihr ein zweiter und besserer Vater sein und hilft ihr, durch den Bach zu waten. In der zweiten Phase ist der Fremde ein Farbiger, der ihr in ähnlicher Weise begegnet, doch ihr auch behilflich ist, Hemdchen und Höschen auszuziehen. Die Mutter wird argwöhnisch, als sie bemerkt, daß sie Lakritze gegessen hatte und stellt sie zur Rede. Man wendet sich an die Polizei, damit sie nach dem "Belästiger" fahnde. Zu einer dritten Begegnung kommt es im Traum, aus dem das Kind erschreckt aufwacht. Wie aus dem von ihr wiedergegebenen Gespräch der Eltern hervorgeht, hatte sie schon seit längerer Zeit in ungewöhnlicher Weise geträumt und war deswegen in ärztlicher Behandlung gewesen.

Es entspricht der von Oates immer wieder angewandten vielfältigen Perspektivierung, wenn Richard in der Darstellung der drei Begegnungen die interpretatorische Auseinanderfaltung einer einzigen sieht. Dabei bleibt offen, ob eine einfache menschliche Begegnung aus dem Liebesbedürfnis des Kindes heraus als Wunsch- oder Angstvorstellung zu einem Akt der Unzucht wird, dessen Bedeutung dem Kind erst allmählich bewußt wird, oder ob die Nachfragen der Mutter erst zur bedeutungsmäßigen Auflagung eines ursprünglich harmlosen Erlebens führten. Wie in dem Roman offenbart sich in der Erzählung die Mehrdeutigkeit der wahrgenommenen Wirklichkeit, die sich im Bewußtsein wie verschiedene Schichten eines Palimpsests niederschlägt.

Wonderland, 1971

Das Wunderland des Titels dieses fünften Romans von Joyce Carol Oates sind die USA. "variations on an american hymn" ist sein erster, "dreaming america" ist sein dritter und letzter Teil überschrieben. Damit stellt er den Anspruch, das Leben der Vereinigten Staaten in der von ihm behandelten Zeit von 1939 bis 1971 repräsentativ zu erfassen. Doch wie auch in anderen ihrer Werke erweist sich das Schicksal der Charaktere weit individueller als bei Updike.

Ein hier noch nicht genannter Aspekt vieler Geschichten von Oates ist deren Melodramatik. Als melodramatisch kann bereits die Ermordung Natashyas durch Richard in *Expensive People* betrachtet werden. Der melodramatische Auftakt in *Wonderland* besteht darin, daß der Vater des vierzehnjährigen Jesse Harte, des Protagonisten, sich als unfähig erweist, seine Familie mit vier Kindern - ein weiteres wird erwartet - zu ernähren, und sie umzubringen versucht. Als er Jesse nach Hause bringt, erkennt dieser, daß sein Vater bereits die Mutter und alle Geschwister umgebracht hat und nun auch nach seinem Leben trachtet. Er ergreift die Flucht; der Vater begeht Selbstmord. Diesem melodramatischen, naturalistisch mit allen Details ausgemalten Auftakt des Romans folgt bis zum Ende des ersten Teils ein nahezu idyllisches Zwischenspiel.

Nach kurzen Aufenthalten bei seinem Großvater Vogel und in einem Waisenhaus wird Jesse von einem Dr.Pedersen in Lockport adoptiert. Aus ärmlichen, von ihm als selbstverständlich akzeptierten Verhältnissen stammend, tritt er damit in die Welt des Reichtums ein und erhält die Möglichkeit, sich frei zu entfalten. Dr.Pederson, ein erfolgreicher Arzt, hofft, daß Jesse einmal seine Nachfolge übernimmt. Jesse fügt sich in die ihm zunächst fremde Welt ein, da er nach dem Schockerlebnis Geborgenheit in einer Familie gefunden zu haben glaubt. Doch die Welt der Pedersons erweist sich als eine solche des Scheins. Dieser enthüllt sich in ironischer Brechung in der Predigt Pedersons vor der Lutherischen Gemeinde, wenn er in großen Worten die Zukunft Amerikas entwirft: "The destiny of man is to claim new territory, to pursue the infinite, to create maps and boundaries and lines of latitude and longitude with which to explain reality [...]. America is blessed by God. America is all men, all humanity, blessed by God and pushing outward, always outward, as we yearn for another world, we yearn to be assimilated into God as into higher protoplasmic essence(124).

Die Unangemessenheit des Anspruchs, den Pederson erhebt, zeigt sich aber nicht nur in seiner parodistischen Verzerrung des amerikanischen "Manifest Destiny", sondern ebenfalls in seiner Familie: seine Kinder sind "freaks", hochbegabt, aber zum Leben unfähig. Seine Frau versucht, ihm davonzulaufen. Jesse, der ihr dabei helfen soll, muß nach dem Scheitern des Versuchs die Familie verlassen.

Der zweite Teil des Romans schildert Jesses Ausbildung und Karriere als Arzt. Er wird in kürzester Zeit zu einem angesehenen Neurochirurgen, heiratet die Tochter eines seiner Lehrer und gründet mit dem Geld, das er unerwarteter Weise von dem Vater seiner Adoptivmutter erbt, seine eigene Praxis. Eine Erfüllung seiner Erwartungen findet er auf diesem Weg des Erfolgs allerdings nicht. Als renommierter Arzt ist er zunächst aufrichtig um seine Patienten bemüht. Seine ärztliche Tätigkeit wird zum Bild für die Absicht, der Welt als solcher zu helfen. Doch die hochspezialisierte Tätigkeit wird immer mehr zum Selbstzweck; der menschliche Aspekt des Einzelfalls tritt kaum noch in sein Bewußtsein.

Für seinen Lehrer Dr.Perrault gibt es keine Persönlichkeit. Personalität ist für ihn nur "a pattern of attitudes that are expressed in certain language patterns we recognize because we are accustomed to them, you may say *conditioned* to them, to be technical, the attitudes being a barrier to protect these people and ourselves against the inifinite. The original chaos.[...] We each have a hidden obsesssion, I suppose, a kind of monster that has made our facial structures what they are on the surface, the facial mask that is our own, uniquely in the universe, and we try to keep this monster secret, except perhaps to ourselves.[...] This is the personality people defend. But it is

ephemeral"(360). Für ihn gilt nur die Perfektion des Gehirns, das er am liebsten aus dem vergänglichen Körper trennen möchte. Jesse nimmt dazu nie Stellung; doch auch für ihn gilt die Dichotomie von Geist und Fleisch.

Diese wird für ihn in seinem Bedürfnis nach Liebe akut. Sein "Geist" ist ganz seiner ärztlichen Tätigkeit gewidmet. Sein "Fleisch" verlangt nach Liebe. Er hofft, daß Geist und Fleisch zusammenfinden, als er Helene, die Tochter eines seiner berühmten Lehrer kennenlernt und heiratet. Als sie sich sperrt, ihm das zu sein, was er von ihr erwartet, sucht er einen Ausweg in außerehelichem Verkehr, findet darin jedoch keine Erfüllung. Jesse und Helene lieben einander, fürchten jedoch, mit ihrer "separatness"(282) - so in der Sicht Helenes - ihre Identität zu verlieren. Im Hintergrund steht dabei das "Ephemere" der Personalität in der Sicht Perraults. Für Jesse gilt es, die Personalität gewissermaßen immer wieder neu zu gewinnen.

Jesse ist nicht so sehr der immer wieder bei Oates in Erscheinung tretende sich selbst bestimmende Held. Er ist vielmehr gewillt, sich in die vorgegebene Wirklichkeit einzuordnen. Nach dem traumatischen Erlebnis seiner Kindheit sucht er vor allem Geborgenheit in Ehe und Familie. Seine im zweiten Teil des Romans geschilderten Bemühungen sprengen aber bei weitem den durch das ursächliche Ereignis gesetzten Rahmen.

Hintergrund des dritten Teils des Romans sind der Vietnamkrieg und die Drogenszene in den Jahren 1970/71. Jesse ist der inzwischen berühmte Dr.Vogel.(Er hatte während seines Studiums den Familiennamen seiner Mutter angenommen.) Den Rahmen bilden Briefe Shelleys, seiner zweiten Tochter, die mit fünfzehn Jahren von zu Hause fortgelaufen war. Ihren Briefen ist zu entnehmen, daß sie sich dem Einfluß des von ihr geliebten Vaters vergeblich zu entziehen versucht hatte. Sie haßt ihre Mutter, da diese ihrem Zuhause nicht die ersehnte Geborgenheit zu vermitteln vermochte. Der Roman endet damit, daß Jesse Shelley todkrank aus der Drogenszene zurückholt. Die Zukunft bleibt offen. Es bleibt nicht ausgeschlossen, daß Jesse sich und seine Tochter umbringt, d.h., daß sich die Tat seines Vaters an ihm und seiner Tochter wiederholt.

In dem Verhältnis zu seiner Tochter geht es Jesse immer auch um die Gewinnung der eigenen Personalität. In exemplarischer Weise zeigt sich dies in seiner Reaktion auf eine Demonstration, auf die er bei der Suche nach Shelley in Chicago stößt. Er ist von der Masse angeekelt: "He was seized with a sudden hatred for it, almost nausea. He hated it, hated them. Hated the crowd and its joy in being trampled.[...] Better to die than to descend into this frenzy, to be lost in this anonymous garbage. This strange mass consciousness revolted him.[...] So much garbage in the world! And most of it human![...] Jesse could not help but think that this crowd was about to part and reveal something, a single figure, a truth.[...] But nothing. Only noise. Only bodies"(477). Er gerät in Versuchung, sich in der Masse zu verlieren, ist aber schließlich doch nicht bereit, ihr nachzugeben: "he would return to the world in which he was a single human being, a single consciousness with a destiny he must fulfill"(478). Entscheidend ist die Personalität, die er gewinnt; unklar bleibt, worin er sein "destiny" sieht.

Gegen den Tod, den sein Vater der Familie brachte, versucht Jesse in der von ihm gegründeten Familie ein Bollwerk der Geborgenheit zu schaffen. Es bleibt offen, ob sie sich nach seiner Rückkehr mit Shelley als solches erweist oder ob er schließlich wie sein Vater kapituliert.

Die Geschichte der USA in der Zeit von 1939 bis 1971, auf die die Erwartungen des Lesers durch die Titel gelenkt wird, erscheint in *Wonderland* nur am Rande. Dort, wo zeitgeschichtliche Elemente einbezogen werden, wirkt dies erzwungen. Jesses Problem ist allgemein menschlicher Art, charakteristisch für seine Zeit allerdings insofern, als es nach der "amerikanischen Hymne", die sich als falsch erwies, schwer fällt, "Amerika zu träumen", zu einer Identität in seiner Gesellschaft zu finden.

Die Reihe der Veröffentlichungen von Joyce Carol Oates setzt sich bis in die Gegenwart ungebrochen fort. Jährlich erscheinen neben kürzeren Veröffentlichungen zwei oder drei Bücher: Romane, Sammlungen von Kurzgeschichten, Essaysammlungen, Gedichtsammlungen und Editionen. In ihrer rastlosen schriftstellerischen Tätigkeit läßt die Autorin nicht immer die vom Leser oder Kritiker erwünschte Sorgfalt walten. Oates langweilt ihren Leser aber nie. Sie findet immer wieder spannende Handlungen oder Gegenstände und bedient sich immer wieder anderer Formen des Erzählens. Die Werke der zweiten Phase ihres Schaffens zeichnen sich besonders durch den bewußter eingebrachten philosophischen Hintergrund aus. Dies zeigt sich in besonderem Maße in ihrem siebten Roman:

The Assassins, 1975

In Anlehnung an David Humes *Political Discourses*, 1752, und unter Zuhilfenahme des radikalen Empirismus von William James sowie der *Kritik der praktischen Vernunft* Kants wird versucht, eine eigene politische Theorie zu entwickeln, um allerdings nur die Unzulänglichkeit einer jeden solchen Theorie zu demonstrieren. Die Unzulänglichkeit rationaler Beherrschung der Wirklichkeit erweist sich in dem Roman in dem Bewußtsein, durch dessen Filter Handeln und Denken der Personen vermittelt wird.

Der wieder melodramatische Ausgangspunkt des Geschehens ist der gewaltsame Tod Andrew Petries im Juni 1974. Andrew stammte aus einer angesehenen Familie in Albany, war der begabteste von drei Brüdern und hatte bei seinem Tode bereits eine glanzvolle politische Karriere hinter sich. Er hatte sich zurückgezogen, um nach dem Beispiel von Humes *Political Discourses* ein grundlegendes Werk über politische Theorie abzuschließen. Die Suche nach seinen Mördern verläuft erfolglos, und erst gegen Ende des Romans erfährt der Leser, daß Andrew mit dem Gedanken an einen Selbstmord gespielt hatte, diesen aber so raffiniert zu inszenieren gedachte, daß er nicht als solcher erkannt würde. Allein sein Bruder Stephen weiß darum.

Erzählt werden die Ereignisse - ähnlich wie in Faulkners *The Sound and the Fury* - in drei Teilen aus der Perspektive dreier von dem Tode Andrews betroffener Personen. Der erste Teil besteht aus einem inneren Monolog von Andrews Bruder Hugh in einer nicht näher bestimmten Erzählsituation, möglicherweise auf der Couch seines Analytikers. Er fühlte sich durch den Erfolg seines Bruders frustriert, rächte sich an ihm aber nur, indem er ihn karikierte. Seine Kunst der Karikatur betrachtete er als "far more effective than actual murder." Seine Maxime lautet "One murders in order to create"(98). Nach dem Tode seines Bruders gedenkt er sich noch dadurch an ihm zu rächen, daß er die Liebe von dessen Witwe zu gewinnen versucht. Es gelingt ihm zwar, diese durch eine Überdosis von Beruhigungstabletten in seine Gewalt zu bringen, erweist sich in dem alsdann versuchten Akt jedoch als impotent. Das Leben hatte für ihn nur in dem Antagonismus zu seinem Bruder Sinn gewonnen; mit dessen Tode läuft für ihn die Zeit aus. In der Pose des Märtyrers versucht er, sich zu erschießen, überlebt aber den Versuch als völlig Gelähmter mit einer künstlichen Lunge.

Mit Hugh zeichnet Oates eine parasitäre Lebensweise, die sich nur im Verneinen dessen, der sein Leben eigenständig zu meistern versucht, verwirklicht. Seine Identität im Negieren finden zu wollen, wird in Anlehnung an Poe(29) als pervers betrachtet. Hugh ist der perverse Künstler, der die Welt willkürlich deutet.

Der zweite Teil folgt - sich wie auch der dritte Teil des öfteren der erlebten Rede bedienend - der Gedankenwelt Yvonnes, der noch jungen Frau Andrews. Dem Denken Andrews zunächst kritisch gegenüberstehend, wird Yvonne von diesem so überzeugt und eingenommen, daß sie sich nach seinem Tode zu seinem geistigen Nachlaßverwalter berufen fühlt. Die Schwierigkeit des zweiten Teils besteht darin, daß Yvonne einerseits das politische Denken Andrews zu rekonstruieren versucht, dieses jedoch auf Grund ihrer komplexen Bewußtseinslage zu keiner eindeutigen Darstellung gelangt.

Andrew ist nach Yvonnes Dafürhalten wie William James ein "radical empiricist". James' radikaler Empirismus besteht für sie darin, daß jeder einzelne die Welt nach seiner Erfahrung beurteilt und das ihm daraus zuwachsende Wissen für alle anderen zu verallgemeinern versucht. Wenn dem so ist, kann Andrew sagen, sind seine *"public beliefs [...] a matter of choice"*(251). Denn sein Wissen steht immer in Konkurrenz zu dem aller anderen. Dies bedeutet jedoch für Andrew das Chaos. Die Vielfalt der Meinungen bedarf seiner Ansicht nach der Kontrolle: "People must be protected from one another - there must be governmental force - [...] there *must* be control - organization"(314). Darin besteht Andrews "konservativer Pragmatismus." Prinzip der Kontrolle ist für ihn dabei der kategorische Imperativ Kants, die Einschränkung der Freiheit, wo diese die Freiheit des jeweils anderen zu verletzen droht. Andrews Ziel ist dabei letztlich, wie er seinem Bruder Stephen erklärt: *"that I must have power but I must be able to control the structures in which that power is exercised"*(551). Damit versucht er aber auch nur das zu tun, was er, wie Stephen ihm vorwirft, anderen vorhält: *"You ridicule other people for the ways in which they want to control the world. [...] But you want nothing less than that yourself"*(507). Was Andrew von den anderen allein unterscheidet, ist, wie es wiederum Stephen formuliert, daß er überhaupt versucht hat, einen Weg zu finden, die Grenze der Subjektivität zu überschreiten.

Die Erkenntnis, daß Andrews Gedanken - wie die der anderen - auch nur Gedanken eines "isolated self" sind, läßt Yvonne ihren Glauben an ihn verlieren. Sie hatte versucht, mit Andrews Ideen zu leben, bleibt aber in seltsamer Weise von der Wirklichkeit unberührt. Sie begegnet ihr mit "expectant cynicism"(297). Gegenüber anderen bleibt sie reserviert. Sie sieht alle nur Masken tragen und glaubt, ihnen am besten begegnen zu können, wenn sie selbst eine Maske aufsetzt. "She thought it best to perform"(298). Nur daß sie sich nicht wie Hugh als Star auf der Bühne der Welt betrachtet. Im Theater Yvonnes spielen alle nur unbedeutende Rollen.

In Augenblicken aber, in denen sie sich einer Art Trance ausgeliefert sieht, und in denen sie sich in ungewollterweise als Frau fühlt, verkörpert sie die Lebenskraft, mit der Oates auch andere ihrer Frauengestalten auszeichnet. In solchen Augenblicken sieht sie den Tod Andrews und auch den ihren voraus: "Everything ends in the river, everything runs down to the riverbank, to the cabin on the river. The mind loosed and exuberant and free drifts at first toward the river and then, as it is sucked by invisible currents of air, or by the motion of the river itself, begins to speed, always accelerating, accelerating. [...] Everything ends there, everything yearns for that place and for the ceaseless noise of the water, part music, part inaudible conversation, part chaotic din"(408f). In dem Blockhaus hatte Andrew Selbstmord begangen, in ihm sieht sie auf ziemlich mysteriöse und den Leser irritierende Weise ihren eigenen Tod voraus. Doch bereits zu der Zeit, da sie noch an die von Andrew anvisierte bessere Zukunft glaubte, heißt es: "Chaos would come again and, perhaps, out of that chaos something that was now and at the same time old, timeless, would arise"(264). Als Motto des Romans zitiert Oates Nietzsche: "Everybody considers dying important; but as yet death is no festival." Leben erscheint danach für Oates wie für Nietzsche nur als vorübergehende Individuation aus dem mütterlichen Urgrund des Chaos', der Leben gebiert und wieder in sich zurücknimmt.

Stephen, dem der dritte Teil von *The Assassins* gewidmet ist, hatte als zwölfjähriger Junge das Erlebnis, von Gott in Besitz genommen worden zu sein. Er konvertiert zum römisch-katholischen Glauben und beabsichtigt, Priester zu werden. Doch meint er, des Rituals nicht zu bedürfen, da er Gott in sich gegenwärtig wisse(455). Er stellt keine Ansprüche an die Welt, verzichtet auf sein Erbe und betreibt keinerlei Fürsorge für den nächsten Tag. Als "Christlike, Godly" ist er aber auch "really inhuman"(470), insofern er von anderen zwar geachtet wird, ihnen aber doch ein Fremder bleibt. Stephens Verzicht geht sogar so weit, daß er schließlich meint, nicht nur die Welt, sondern sogar Gott zurückweisen zu müssen(568). Es bleibt offen, ob es sich dabei nur um einen vorübergehenden Zweifel handelt. Am Ende setzt er seine Wanderschaft in der ihm fremd bleibenden Welt fort.

In gewisser Weise ergänzt die Haltung Stephens diejenige Yvonnes in ihren Augenblicken der Erleuchtung, wenn Hugh sie beide in einem Kreuzigungsbild festhält, das die ganze Ambivalenz des Oatesschen Weltbildes sichtbar werden läßt. Stephen sieht in Hughs Bild "a crucifixion! ... A creature with an angel's immense outspread wings, nailed upon a cross that was actually a woman's body upside down"(537). Bei dem Engel und der Frau handelt es sich um Stephen und Yvonne. Für beide gilt: "One must make the attempt to live, after all"(562), bestimmt von einer nicht erklärbaren "life force" oder einer transzendenten Macht; der Weg desjenigen, der glaubt, die Welt nach seinen eigenen Vorstellungen bestimmen zu können, führt ins Leere. Dennoch - und darin zeigt sich die Ambivalenz der Vorstellungswelt von Oates bzw. deren Paradoxität - verläuft das Leben in der Wirklichkeit, in die der Mensch eingespannt ist, im Widerstreit der Individuen, die ihre Individualität darin finden, die der anderen nach der ihren zu bestimmen.

Childwold, 1976

In der Folge ihrer Romane zeigt sich bei Oates immer wieder die Tendenz, das Interesse von dem Geschehen auf das Bewußtsein der an ihm beteiligten oder es beobachtenden Personen zu verlagern. Wenn die Darstellung dieser Bewußtseinslagen die durch sie vermittelte Wirklichkeit in den Hintergrund treten läßt, gerät der Leser in Orientierungsschwierigkeiten und zwar sowohl in bezug auf Ort und Zeit des Geschehens als auch in bezug auf die Motivation der handelnden Personen. Dies gilt schon für *The Assassins*, in noch stärkerem Maße jedoch für *Childwold*.

Im Zentrum des dennoch erkennbaren Geschehens stehen Fitz John Kasch und die Familie der Bartletts. Kasch, der früh verwaiste Sohn einer begüterten Familie aus Yewville im Nordwesten des Staates New York, das wie bereits in anderen Romanen dem Heimatort der Autorin entspricht, gibt, mit seinem bisherigen Leben unzufrieden, seine erfolgreiche akademische Laufbahn auf und kehrt in seinen Heimatort zurück, um einen neuen Anfang zu machen. Thoreaus *Walden* zitierend, meditiert er: "Where I lived, what I lived for. I returned to Yewville, scene of my birth, because I wished to live deliberately, to retreat from history, both personal and collective, I wished to look inside my soul, to look slowly and thoroughly and lovingly, I wanted to live deep and suck out all the marrow of life, as the saying goes, to drive life into a corner and reduce it to its lowest terms"(21). Der Versuch, intensiv zu leben, wird für ihn aber zu einem Rückzug aus dem Leben, wenn er letztlich nur sich selbst lebt. Nur vorübergehend glaubt er, in der Begegnung mit der vierzehnjährigen Laney Bartlett in den Stimmen aus Childwold, dem für ihn zum Märchenland gewordenen Heimatort der Bartletts, Gott zu hören, "haunting, tender, maddening." Doch danach kommt die Ernüchterung: "But there is no God, there are no voices. These are phantasms in my brain, mere projections, shards of old desires, slit-off fragments of my soul that yearn to coalesce, to be born"(127). Wie viele andere Helden Oates' ist er ein "isolated ego"; die Existenz Gottes ist für ihn nur eine Projektion seines Hirns. Er entwirft immer nur sich selbst: "I am the author of myself"(247).

Laney Bartlett war er begegnet, als er sie vor den Belästigungen jugendlicher Rowdies rettete. Zu ihr entwickelt sich ein Verhältnis wie zwischen Humbert und Lolita in Nabokovs Roman. Nabokov und seine Figuren sind jedoch für Oates den falschen Ansprüchen des "isolated ego" verfallen. Wenn sie das Motiv der Liebe zu dem minderjährigen Mädchen in *Childwold* aufnimmt, parodiert sie es. Kasch bemächtigt sich des Mädchens nur in seiner Vorstellung. Im realen Leben ist er darauf bedacht, sie nicht zu verletzen, möchte sie jedoch nach seiner Idee umformen.

Als Arlene, die Mutter Laneys, ihn ihrer Tochter wegen zur Rede stellen will, glaubt er mit ihr das verwirklichen zu können, was er sich mit Laney nur vorzustellen wagte. Doch vermag er auch durch eine eheliche Bindung an sie nicht zu wirklichem Leben zu gelangen. Als ein anderer Liebhaber Arlenes seine Ansprüche anmeldet, kann er diese zwar abwehren, macht sich dabei aber vor dem Gesetz schuldig und muß fliehen.

Der Leser wird nicht allein aus der Sicht Kaschs in das Geschehen eingelassen, sondern auch aus dem aller Mitglieder der Bartlett-Familie. Er erfährt, wie in deren Bewußtsein in jeder Generation Leben neu Gestalt gewinnt. Der Großvater erinnert sich an die Zeit, da sich das Leben für ihn in aller Fülle auftat. Inzwischen hat er den größten Teil seines Landes verloren und lebt von seiner Tochter. Laney löst sich aus den Familienbanden und sucht nach neuen Möglichkeiten, ihr Leben zu gestalten. Arlene verkörpert die Lebenskraft schlechthin. Sie schwelgt in ihrem Empfangen und Gebären, sei es mit ihrem Ehemann oder - nach dessen Tod - mit ihren verschiedenen Liebhabern. Sie ist die "earth mother", und Laney betrachtet sich in dieser Hinsicht als ihre Erbin: "Life is a flow, a powerful directed flow, not to be stopped, not to be stopped for long [...]. Life is organization, life is temporality, complexity, interactions that can be observed but not explained"(234). Obwohl Laney aus den Büchern, die ihr Kasch leiht, lernt, spricht in diesen Gedanken weniger das vierzehnjährige Mädchen als vielmehr die Autorin. Die in ihren Gedanken angesprochene "life force" erweist sich im Roman aber als alles andere denn als "organized". Das Leben der Bartletts verläuft in einem Chaos ohne erkennbare Richtung. Arlene erscheint als eine bewunderungswürdige Gestalt insofern, als sie trotz aller Schwierigkeiten in diesem Chaos dem Leben bejahend gegenübertritt und es zu meistern weiß.

Auf den historischen, gesellschaftlichen und wirtschaftlichen Hintergrund wird in *Childwold* immer wieder Bezug genommen. Die Vergangenheit des Großvaters Bartlett wird von dem Ersten Weltkrieg und der Weltwirtschaftskrise am Ende der zwanziger Jahre geprägt. Arlenes Mann muß wegen der Konkurrenz der Supermärkte seinen Laden aufgeben. Das Land liegt entweder brach oder wird in Corporation-Farms bearbeitet. Arlenes ältester Sohn wird im Vietnamkrieg in menschliche Grausamkeit eingeweiht. Das anfangs umrissene zentrale Geschehen wird jedoch in eigentümlicher Weise davon kaum berührt. Das Leben geht bei allen wirtschaftlichen oder gesellschaftlichen Veränderungen weiter, wie es in Arlene als Erdmutter bildhaft zum Ausdruck gelangt. Die Zeichnung dieses Bildes verleiht *Childwold* trotz der Schwächen in der Leserorientierung und der mangelnden Einbindung des zeitgeschichtlichen Hintergrundes einen besonderen Wert.

Noch im gleichen Jahr wie *Childwold* erschienen die "novella" *The Triumph of the Spider Monkey* und die Kurzgeschichtensammlung *Crossing the Border*, auf die hier genausowenig eingegangen werden kann wie auf eine Reihe weiterer in den folgenden Jahren erscheinender Werke. Besondere Aufmerksamkeit seitens der Kritik wurde erst wieder Oates' zu diesem Zeitpunkt längsten Roman, *Bellefleur*, 1980, entgegengebracht. Mit ihm ließe sich der Beginn einer dritten Phase ihres Schaffens ansetzen, die man allerdings nur sehr vage dahingehend charakterisieren könnte, daß die Autorin sich einer immer größeren Vielfalt von Erzählformen bedient, daß vor allem aber das Mysteriöse - wenn auch keineswegs in allen Romanen - eine größere Rolle spielt.

Bellefleur, 1980

Oates stellt ihrem Roman folgende Erläuterung voran: "This is a work of the imagination and must obey, with both humility and audacity, imagination's laws. That time twists and coils and is, now, obliterated, and then again powerfully present; that 'dialogue' is in some cases buried in the narrative and in others presented in a conventional manner; that the implausible is granted an authority and honored with a complexity usually reserved for realistic fiction: the author has intended. *Bellefleur* is a region, a state of soul, and it does exist; and there, sacrosanct, its laws are utterly logical." Dem Leser erscheint das Ganze nicht so ohne weiteres "utterly logical". Er wird eher verwirrt durch die Vielfalt der oft sehr mysteriösen Ereignisse.

Eine erste Orientierung findet er in einer Unterscheidung der verschiedenen Erzählebenen. In der mit der Entstehungszeit des Romans identischen Erzählzeit erinnern sich die Überlebenden der Zerstörung des Familiensitzes der Bellefleurs, die bereits einige Jahrzehnte zurückliegt. Jene Katastrophe steht am Ende einer Handlung, die sich von der Zeugung bis zum vierten Geburtstag Germaine Bellefleurs erstreckt und die ihrerseits als Ausgangsbasis für Erinnerungen der an ihr beteiligten Personen an die vorausgehenden Generationen dient. Diese Erinnerungen werden allerdings des öfteren durch die "allwissende" Erzählerin ergänzt.

Bellefleur folgt damit weitgehend dem Schema einer Familiengeschichte, wie es z.B. William Faulkner in *Absalom, Absalom!*, 1936, zur Anwendung gebracht hatte.

Inhaltlich geht es dabei nicht nur um die Geschichte einer Familie, sondern in gleicher Weise um die Selbstbestimmung einer Generation in der Auseinandersetzung mit der sie mitbestimmenden Vergangenheit. Die Katastrophe, mit der diese Auseinandersetzung endet, wird bei Oates wieder in eine quasi-legendäre Vergangenheit versetzt; der ihr vorausgehenden Auseinandersetzung mit der Vergangenheit wird damit aber exemplarischer Charakter für gesellschaftlich menschliches Sein schlechthin verliehen.

Die Geschichte beginnt damit, daß Jean-Pierre Bellefleur, aus herzoglichem Geschlecht, von Frankreich nach Amerika auswandert und durch seine Verdienste im Unabhängigkeitskrieg zu einem der größten Landbesitzer im Nordwesten des Staates New York aufsteigt. Es folgt eine wechselhafte Geschichte der Familie mit Mord, Ehebruch und anderen Verbrechen, das Unrecht eingeschlossen, das man gegenüber Indianern und schwarzen Sklaven begeht. Raphael, der Enkel Jean-Pierres, kommt nach vorübergehender Verarmung der Familie zur Mitte des 19. Jahrhunderts zu neuem Reichtum und baut Bellefleur Manor, das die Familie bis zu seiner Zerstörung bewohnt.

Im Mittelpunkt der zur Zerstörung des Herrenhauses führenden Handlung steht Leah, die Frau von Raphaels Urenkel Gideon. Als sie ihr drittes Kind empfängt, wachsen ihr, wie sie meint, Kräfte zu, die sie dazu bestimmen, den inzwischen weitgehend verlorengegangenen Familienbesitz zurückzugewinnen. Die finanzielle Grundlage hierzu gewinnt sie bei einem Rennen, wo sie auf das Pferd ihres Mannes setzt. Die Geschichte Leahs findet ihren Abschluß am vierten Geburtstag Germaines, ihres dritten Kindes. Sie steht kurz vor ihrem Ziel, als sie erfährt, daß ihre ältere Tochter Christabel ihrem Mann, dem ein Teil des der Familie noch fehlenden früheren Besitzes gehörte, weggelaufen ist und auf sein Erbe verzichtet. Daraufhin ruft sie die Familie auf Bellefleur Manor zusammen, um zu beraten, was nun zu tun sei, als sich Gideon - begleitet von seiner Maitresse, einer Mrs. Rache - mit seinem Flugzeug auf das Gebäude stürzt, das samt den sich darin befindenden Bellefleurs zu Schutt und Asche wird. Germaine war von Gideon am Morgen bei ihrer nicht im Hause lebenden Urgroßmutter in Sicherheit gebracht worden.

Für einen Teil der am Geschehen Beteiligten ruht auf der Familie ein für sie nicht näher bestimmbarer Fluch. Als Jean-Pierre als erster in die Wildnis zieht, fühlt er sich von etwas fasziniert, das er nicht näher zu bestimmen weiß. Die Faszination, die ihn angesichts der Wildnis übermannt, führt schließlich dazu, daß er von ihr Besitz ergreift. Der Fluch erweist sich für ihn als "the lust of acquisition"(657). Dahinter steht aber die Enttäuschung darüber, daß das Mädchen, das er liebte, nach Europa zurückgekehrt war. Die Besitzergreifung des Landes wird damit zur Ersatzhandlung für die verschmähte Liebe.

Auf andere Weise wirkt sich der Fluch bei seinem Sohne Jedediah aus, der sich zwanzig Jahre als Einsiedler in die Berge zurückzieht, um Gott zu suchen, und dabei letztlich zum Mörder wird. Als man ihm mitteilt, daß sein Bruder nicht mehr lebe, kehrt er in die Gesellschaft zurück, um das Erbe der Familie anzutreten. Mit seinen Worten endet der Roman: "I don't know what to belive"(686). Auch hinter seiner Suche in der Wildnis stand unerfüllte Liebe, die er unbewußt für Germaine, die Frau seines Bruder, hegte und deren er sich nun, da er aus den Bergen zurückkehrt, annimmt, um den Fortbestand der Familie zu sichern.

Der Fluch erfüllt sich schließlich auch an Gideon. Nachdem Leah Germaine empfangen hat, zieht sie sich von Gideon zurück. Dieser geht daraufhin seine eigenen

Wege. Wie besessen wendet er sich nicht nur immer neuen Frauen zu, sondern immer schnelleren Mitteln, der Zeit zu entfliehen. An die Stelle seiner Rennpferde treten immer schnellere Autos und schließlich das Flugzeug: "Now what was the world and its claim upon him in this exhilarating sea of the invisible, this vertiginous wave-upon-wave of air upon which he floated, weightless, indeed, bodiless, flying not into the future - which did not, of course, exist in the sky - but into the obliteration of time itself? He directed his trim yellow lightweight plane away from time, away from history, away from the person he had evidently been for so many years: trapped inside a certain skeleton, defined by a certain face"(623). Er schaut sich um und sieht "ihr" Gesicht, nämlich das von Mrs.Rache, die hinter ihm sitzt. Auch im Falle Gideons hat der Wahn, der ihn treibt, seine Wurzel in verschmähter Liebe. Doch er hat sich durch den Umgang mit anderen Frauen auch an Leah schuldig gemacht. Sein Flug ist auch der Versuch, sich von dieser Schuld zu befreien. "He knew that [...] he might redeem himself only by rising free of the land"(676). Er vermag sich jedoch nicht zu erlösen, sondern übt - mit Mrs.Rache im Flugzeug - an Leah Rache für den Verrat an seiner Liebe zu ihr.

In den Fluch, der auf den Bellefleurs ruht, wird auch ihr Herrenhaus einbezogen. Darum weiß bereits sein Erbauer: "The sanctity of the Chautauqua mountains, the eerie mist-shrouded solitude of Bellefleur Manor, which seemed [...] to place the castle out of time, and to give it an otherworldly, an almost legendary aura, was soon lost to Raphael: for, after all, *he* owned the estate, *he* knew all the plunders and heartbreaking miscalculations that had gone into its creation, *he* alone was responsible for its upkeep. Like the God of creation he could not reasonably take solace in his creation, for wasn't it - after all - *his*?"(396) Die Einsicht Raphaels entspricht der Interpretation, die Oates mit dem Roman der Wirklichkeit gibt. Der auf Bellefleur ruhende Fluch besteht letztlich darin, daß seine Bewohner sich immer wieder schuldig machen, wenn sie versuchen, ihre Bestimmung dadurch zu erfüllen, daß sie von dem anderen und von dem Land Besitz ergreifen. Das jeweils Erreichte entgleitet ihren Händen. Hiram, ein im Herrenhaus schlafwandelnder Onkel Gideons, versucht, es in dem Bild zu fassen von "the exuberance of water gushing from a pipe ... and the draining away, swirling away, down the drain ... sucked by gravity back to the earth"(25). Das Bild steht gleichzeitig für Oates' Verständnis menschlichen Lebens als ständig wiederholtem und immer wieder zum Scheitern verurteiltem Versuch, sich selbst zu bestimmen. Doch das Leben geht weiter und schafft neue Möglichkeiten solcher Selbstbestimmung. Germaine, die Tochter Gideons und Leahs, überlebt die Zerstörung von Bellefleur Manor. Wenn der Roman mit einem Rückblick auf eine frühere Generation, in der Jedediah aus der Wildnis zurückkehrte und die Frau seines Bruders - auch eine Germaine - heiratet, um den Fortbestand des Geschlechtes zu sichern, endet, wird damit angedeutet, daß - wie damals - ein neuer Lebenszyklus beginnen kann. Germaine, der Keim des Lebens, bleibt erhalten.

Von den weiteren sieben Romanen, drei Kurzgeschichtensammlungen und anderen Werken der Autorin, die in den achtziger Jahren erschienen, seien hier nur zwei der Romane und ein Essay noch erwähnt: Mit *A Bloodsmoor Romance*, 1982, präsentierte Oates eine weitere Familiensaga im Gewande eines Schauerromans, in deren Mittelpunkt die etwas banalen Geschichten von fünf Schwestern gegen Ende des 19.Jahrhunderts stehen und die ihren Reiz dadurch gewinnt, daß sie von einem alten, in den Denkmustern ihrer Zeit befangenen Fräulein erzählt wird.

Ganz anderer Art ist *Marya: A Life*, 1986. In diesem Roman schildert Oates das Leben eines aus einfachen Verhältnissen stammenden Mädchens, das zu einer berühmten Schriftstellerin wird. Noch deutlicher als bereits in *Childwold* wird dabei der autobiographische Hintergrund erkennbar. Vor allem findet Oates in ihm am ehesten zu ihrer eigenen Sprache, sucht sie doch sonst gewöhnlich eine ihren Erzählerinnen oder Erzählern angepaßte Ausdrucksweise.

In die Zeit der achtziger Jahre gehört auch ihr Essay *On Boxing*, 1987, in dem sie Material verarbeitete, das sie zur Vorbereitung von *You Must Remember This*, ihren Roman aus dem gleichen Jahre, gesammelt hatte und mit dem sie Norman Mailers Essay über das Boxen, "Ten Thousand Words a Minute" von 1962, übertroffen haben dürfte. In ihm erscheint der Boxer als eine Art mythisches Symbol für die menschliche Existenz, in deren Realisierung sich bereits ihr Untergang ankündigt.

Einen Höhepunkt erreicht Oates noch einmal mit

Because It Is Bitter, and Because It Is My Heart, 1990.

Der etwas seltsame Titel des Romans erscheint bereits in dem genauso seltsamen Traum, den Deirde, eine der fünf Schwestern in *A Bloodmoor Romance*, erzählt. Danach bricht eine ihrer Schwestern ein Stück ihres Herzens ab und verzehrt es. Da sie es jedoch bitter findet, spuckt sie es wieder aus. In dem späteren Roman ist das Herz bitter, weil es in der Welt, in der die Protagonisten aufwachsen, nicht lieben darf, wie es möchte. Es ist die Welt der fünfziger und frühen sechziger Jahre, der Bürgerrechtsbewegung mit Martin Luther King, der Ermordung J.F.Kennedys und des Vietnamkrieges.

Zentrales - und wieder melodramatisches - Ereignis ist der Tod Little Red Garlocks. Am Morgen des 3.April 1956 findet ein Angler seine Leiche mit eingeschlagenem Schädel im Cassadaga River in Hammond, New York, sechzig Meilen südlich des Ontariosees. Der Täter wird nie gefunden. Der sehzehnjährige übelbeleumundete Little Red hatte am Abend zuvor die vierzehnjährigen Iris Courtney aufgelauert und sie zu belästigen versucht. Diese war vor ihm geflohen und hatte sich dem Schutz von Jinx Fairchild, einem schwarzen Basketballspieler im Alter von Little Red, anvertraut. Als Little Red ihnen auf dem Nachhauseweg den Weg versperrt, kommt es zu einer Auseinandersetzung zwischen den beiden Jungen, in deren Verlauf Jinx seinen Gegner in Notwehr tötet. Einziger Zeuge des Totschlags ist Iris. Der Tod Little Reds wird zu dem großen Geheimnis, das das weitere Leben von Iris und Jinx bestimmt. "*No one is so close to us as we are to each other*"(182). Der Unterschied ihrer Herkunft erlaubt ihnen jedoch keine engere Verbindung. Jeder der Beiden geht seinen, zum Teil durch die Hautfarbe vorbestimmten, Weg.

Wie in den meisten Ihrer Romane erzählt Oates auch in *Because It Is Bitter* das Geschehen nicht kontinuierlich, sondern schildert in einer Vielfalt von Einzelscenen, wie es zu dem Totschlag kommen konnte und welche Folgen er für die Betroffenen hat. Die Geschichte von Iris und Jinx wird damit zum Exemplum für die der Gesellschaft ihrer Zeit, der Roman ein Psychogramm der USA der Eisenhower-Ära und der kurzen Präsidentschaft Kennedys.

In Hammond ist zur Zeit des Todes von Little Red noch die Erinnerung an den Tod eines harmlosen farbigen Kriegsveteranen wach, den die Polizei niedergeknüppelt hatte, weil er fälschlicherweise verdächtigt worden war, eine Frau belästigt zu haben.

Von ihren Eltern hört Iris, daß es sich nicht schicke, Umgang mit Schwarzen zu haben. Wegen dieser allgemein verbreiteten Ansicht, wäre es für Jinx, der Iris so selbstlos geholfen hatte, unmöglich gewesen, die Polizei zu überzeugen, daß er aus Notwehr gehandelt habe.

Iris achtet Jinx und meint sogar, ihn zu lieben. Doch glaubt sie, die von der Gesellschaft geforderte Distanz wahren zu müssen. Als sie später zur Zeit ihres Studiums an der Universität in Syracuse die Nachricht von der Ermordung Kennedys hört, verliert sie die Kontrolle über sich. Was würde geschehen, wenn ein Schwarzer Kennedy ermordet hätte? Durch die Straßen der Stadt irrend, wird sie von schwarzen Jugendlichen überfallen, die sie zu vergewaltigen versuchen, gleichsam als eine Bestätigung des üblen Rufs, der den Farbigen boshafterweise nachgesagt wurde.

Jinx versucht, das Geschehene zu verdrängen und verdoppelt seine Anstrengungen in der Schule und als Basketballspieler. Wie sich Oates für *You Must Remember This* über das Boxen orientierte, so für *Because It Is Bitter* über das Basketballspiel, so daß ihre Kenntnisse, wie in dem früheren Fall diejenigen Mailers, in dem späteren diejenigen Updikes übertreffen dürften. Als bester Spieler der Schule genießt Jinx auch das Ansehen der Weißen. In einem entscheidenden Spiel seiner Mannschaft bricht er sich jedoch das Fußgelenk und muß die Hoffnungen auf eine Karriere als großer Sportler aufgeben. Er scheint sich mit dem Schicksal des ungelernten armen schwarzen Arbeiters abfinden zu wollen. Doch nachdem sein Bruder auf grausame Weise in der Drogenszene umgebracht worden ist, seine Frau ihm untreu wird und selbst seine Mutter, vom Leben enttäuscht, zur Schlampe wird, geht er als Soldat nach Vietnam. Zum Abschied hinterläßt er Iris sein Photo.

Iris hatte die Trennung ihrer Eltern miterleben müssen. Ihre Mutter trinkt sich zu Tode. Allein auf sich gestellt, wird sie jedoch zu einer guten Studentin an der Syracuse University und heiratet den Sohn des Professors, für den sie arbeitet. Das Photo von Jinx legt sie in ihr Tagebuch, das sie die ganzen Jahre über führte und das bruchstückhaft in die Schilderung ihres Leben eingefügt erscheint. Doch für sie scheint das darin festgehaltene Leben zu einem Abschluß gekommen zu sein: "In fact Iris rarely writes in the old battered journal any longer [...]; then perhaps (it's the merest glimmer of an urging, like a dream incompletely recalled) she'll throw it away. *I must learn to forget, I am learning to forget. I live the present tense and have never been so happy*"(404). Ihr zukünftiger Mann hat sein Tagebuch bereits weggeworfen.

Wie in *Bellefleur* die Geschichte der Familie mit der Zerstörung des Herrenhauses ein Ende gefunden zu haben scheint, so für Iris und Jinx ein Lebensabschnitt, der durch den Tod Little Reds geprägt war. Doch wie mit Germaine in dem früheren Roman die Möglichkeit eines neuen Anfangs immerhin angedeutet wird, so darf dies vielleicht auch für die Ehe angenommen werden, die Iris eingeht, wenn sie nicht mit allen Attributen des Spießbürgerlichen gekennzeichnet wäre, die sich Oates hätte einfallen lassen. Die Darstellung des neuen Lebens, das sich für Iris in Syracuse öffnet, ist sicher der schwache Punkt des Romans; seine Stärke liegt in der Zeichnung des Psychogramms seiner Zeit und dessen Konkretisierung in der Geschichte von Iris und Jinx.

Die Reihe von Joyce Carol Oates' Romanen scheint sich nicht nur weiter fortzusetzen - ihr zur Zeit letzter, diesmal relativ kurzer Roman ist *The Rise of Life on Earth*, 1991, die Geschichte einer Krankenpflegerin -, sondern er scheint sich sogar zu verdoppeln, insofern 1990 mit *Nemesis* ihr dritter Roman unter dem Pseudonym Rosamund Smith erschien. "Rosamond Smith," so zitiert der Umschlag einen Kritiker, "could easily become the world's Number One mystery writer." Die professionelle Routine kann ihr auf Grund einer ganzen Reihe der unter ihrem eigenem Namen veröffentlichten Romane bestätigt werden.

Literatur

Zitiert nach *Expensive People*, London, 1969; *Wonderland*, New York, 1971; *The Assassins*, New York, 1975; *Childwold*, New York, 1976 (Fawcett Crest); *Bellefleur*, New York, 1980 (Warner Books); *Because It Is Bitter, and Because It Is My Heart*, New York, 1990.

Sekundärliteratur:
Mary K.Grant, *The Tragic Vision of Joyce Carol Oates*, Durham, NC, 1978.
Joanne V.Creighton, *Joyce Carol Oates*, Boston, 1979.
Linda W.Wagner, hg., *Joyce Carol Oates: The Critical Reception*, Boston, 1979.
G.F.Waller, *Dreaming America: Obsession and Transcendence in the Fiction of Joyce Carol Oates*, Baton Rouge, LA, 1979.
Ellen G.Friedman, *Joyce Carol Oates*, New York, 1980.
Katherine Bastian, *Joyce Carol Oates's Short Stories Between Tradition and Innovation*, Frankfurt am Main, 1983.
Ellen T.Bender, *Joyce Carol Oates, Artist in Residence*, Bloomington, 1987.

Weitere neorealistische Erzähler

John Updike und Joyce Carol Oates sind die prominentesten, aber keineswegs einzigen Erzähler, die neben den bereits in den ersten vier Teilen dieser Übersicht behandelten Autoren das Fortleben der realistischen Darstellungsweise bezeugen. Eine beachtliche Reihe weiterer Namen und Werke könnte angeführt werden. Wir beschränken uns hier auf eine Auswahl von Autoren, die als "Minimalisten" Beachtung fanden, sowie auf zwei der älteren Autoren und eine jüngere Erzählerin, die zu ihrer Charakterisierung keiner weiteren Spezifizierung bedürfen, John Cheever, William Kennedy und Jayne Anne Phillips.

John Cheever, 1912-1982

John Cheever begann seine Laufbahn als Schriftsteller bereits 1930 im Alter von siebzehn Jahren. In Quincy, Massachusetts geboren, hatte er eine in der Nähe liegende Privatschule besucht, die ihn auf ein College-Studium vorbereiten sollte. Er tat nicht gut an dieser Schule, und als er frühzeitig von ihr verwiesen wurde, reagierte er seinen Ärger damit ab, daß er seinen Verweis zum Gegenstand einer Kurzgeschichte machte. Malcolm Cowley veröffentlichte sie unter dem Titel "Expelled" in seiner damals radikalen Zeitschrift *New Republic*. Der junge Cheever hatte seinen Verweis zum Anlaß genommen, das amerikanische Erziehungswesen in seiner Gesamtheit einer beißenden Kritik zu unterziehen.

Trotz des glücklichen Anfangs tat sich Cheever in der Folge schwer. Er erwies sich als geborener Erzähler, mußte aber noch hart daran arbeiten, die rechte Form für seine Geschichten zu finden. Sherwood Anderson, F.Scott Fitzgerald und vor allem Hemingway waren die großen Erzähler seiner Zeit, an denen er gemessen wurde. Er arbeitete unermüdlich an dem Stil seiner Geschichten und erzielte einen gewissen Neuigkeitseffekt, als er - so zum Beispiel in "Frère Jacque", 1938 - nach dem Vorbild von Tschechows Dramen das Aneinandervorbeireden der Personen, einführte, um deren Beziehungslosigkeit zu charakterisieren.

Erst nach seiner Verabschiedung aus dem Kriegsdienst, den er vornehmlich im Pazifik ableistete, fand er zu der für ihn charakteristischen Weise des Erzählens. Der *New Yorker* veröffentlichte 1947 "The Enormous Radio". Von diesem Zeitpunkt an fanden seine Erzählungen Aufnahme in allen angesehenen Zeitschriften.

"The Enormous Radio", 1947

Im Mittelpunkt der Geschichte steht ein wohlsituiertes jüngeres Ehepaar, Jim und Irene Westcott, "the kind of people who seem to strike that satisfactory average of income, endeavor, and respectability that is reached by the statistical reports"(33). Man bewohnt ein Appartement in einem größeren Mietshaus in keiner schlechten Gegend in New York und hofft, sich eines Tages ein Haus in Westchester, d.h., in New Yorks Suburbia leisten zu können. Von den anderen Bewohnern des Hauses unterscheiden sich die Westcotts nur durch ihre Vorliebe für ernste Musik. Um deren besseren Empfang durch den Rundfunk zu gewährleisten, kauft Jim einen neuen Radioapparat.

Der neue Apparat zeigt aber ungewöhnliche Eigenschaften: Er ist ein häßliches Monstrum und paßt überhaupt nicht in die von Irene sorgfältig ausgesuchte Inneneinrichtung der Wohnung, und statt der verschiedenen Radiostationen überträgt er die Geräusche aus den verschiedenen Wohnungen des Hauses. Er erscheint als "an aggressive intruder"(34). Am ersten Abend überhören die Westcotts "a monologue on salmon fishing in Canada, a bridge game, running comments on home movies of what had apparently been a fortnight on Sea Island, and a bitter family quarrel about an overdraft at the bank. They turned off their radio at midnight and went to bed, weak with laughter"(37).

Irene wird nun regelrecht süchtig mitzuhören, was sich in den anderen Wohnungen abspielt. Doch gibt es dabei meistens nichts zum Lachen. Als Jim am dritten Abend nach Hause kommt, bittet sie ihn, einer ihrer Nachbarinnen, die gerade von ihrem Mann geschlagen wird, zu helfen. Jim findet es ungehörig, andere zu belauschen. "It's like looking in windows." Er beschuldigt sie des Voyeurismus. Für Irene "it's so horrible, it's dreadful, [...] and it's so depressing"(39). Nach dem, was sie von den Mitbewohnern des Hauses gehört hat, ist für sie das Leben "too terrible, too sordid and awful"(40). Sie kann sich nicht vorstellen, daß es ihr und ihrem Mann so gehen könnte wie den anderen. Aber genau das ist es, was sich gleich darauf erweisen soll.

Jim läßt den Apparat reparieren, und nach einer kurzen Werbung hört Irene sogleich Beethovens 9.Sinfonie. Doch als Jim nach Hause kommt, klagt er über die wachsenden Kosten für die Lebenshaltung, wirft seiner Frau Verschwendung vor, bezichtigt sie, eine Erbschaft ungerechtfertigter Weise an sich gezogen zu haben und daß sie kaltherzig habe abtreiben lassen. Damit unterscheidet sich ihr Leben keineswegs von dem der Nachbarn. Die Geschichte endet mit der Nachrichtensendung: "An early-morning railroad disaster in Tokyo [...] killed twenty-nine people. A fire in a Catholic hospital near Buffalo for the care of blind children was extinguished early this morning by nuns. The temperature is forty-seven. The humidity is eighty-nine"(41).

Alle frühen Erzählungen Cheevers folgten der naturalistischen bzw. realistischen Tradition des Erzählens. Die realistische Erzählweise wird grundsätzlich auch in "The Enormous Radio" beibehalten. Doch mit den ungewöhnlichen Eigenschaften des Radioapparats wird ein surrealistisches Element herangezogen, um die Wirklichkeit, die sich hinter dem äußeren Schein verbirgt, aufleuchten zu lassen. Daß den Westcotts ihre eigene Wirklichkeit nicht bewußt sein soll, bevor sich die ihrer Nachbarn enthüllt, wird allerdings nicht ganz verständlich.

Wenn auch der Einsatz des surrealistischen Elements eher als Trick denn als symbolträchtige Verfremdung fungiert, gelingt Cheevers damit doch ein Neuansatz für ein Durchleuchten der Schwächen in der Gesellschaft seiner Zeit. Diese ist ähnlich gekennzeichnet wie diejenige Updikes, wenn sie äußerlich der Wohlanständigkeit ihrer WASP-Herkunft folgt, aber unter deren Schein ihre Hinfälligkeit offenbart.

Cheever gelang in der Folge von "The Enormous Radio" sehr bald der Aufstieg in die Suburbia New Yorks. Er ließ sich mit seiner Familie zunächst in Scarborough und später in Ossining in Westchester County nieder. Nach seinem Erfolg als Kurzgeschichtenautor war ihm aber nun vor allem daran gelegen, sich auch als Romancier zu etablieren. Dies gelang ihm 1957 mit *The Wapshot Chronicle*, der ihm den National Book Award einbrachte. Weniger erfolgreich war er mit den zwei folgenden Romanen, *The Wapshot Scandal*, 1964, und *Bullet Park*, 1969. Doch gelang ihm noch einmal ein größerer Wurf mit *Falconer*, 1977, der nach dem Urteil einer Reihe von Kritikern als sein Meisterwerk zu betrachten ist. Darin verarbeitet er Erfahrungen, die er als Lehrer mit einem Seminar für Gefangene von Sing Sing gewonnen hatte, wenn er darstellt, wie ein Gefangener sich zu einer neuen Identität durchzuringen vermag. Eigene Erfahrung geht auch insofern in diesen seinen letzten Roman ein, als er nach schwerem Alkoholismus 1975 durch eine Entziehungskur seine eigene Identität wiedergefunden hatte. Trotz seines Erfolges als Romancier, besonders auch mit seinem letzten Roman, geht Cheever sehr wahrscheinlich vor allem als Autor von Kurzgeschichten in die Geschichte der amerikanischen Erzählkunst ein. Eine Reihe seiner besten Erzählungen entstanden in den frühen fünfziger Jahren noch vor seinem ersten Roman.

"Goodbye, My Brother", 1951

"Goodbye, My Brother" spielt auf einer Neuengland vorgelagerten Insel, der beschriebenen Details zufolge wohl Marthas Vineyard. Dort besitzen die Pommeroys ein auf Laud's Head, einem Felsvorsprung, errichtetes Haus, in dem sich die Mutter seit dem frühen Tode ihres Mannes mit ihren Kindern und deren Familien trifft. Neben Diana, der geschiedenen Tochter sowie dem Sohne Chaddy und dem nicht beim Namen genannten Erzähler mit ihren Frauen und Kindern erscheint eines Sommers auch der im Mittleren Westen tätige jüngere Sohn Lawrence. Dieser nimmt eine Sonderstellung in der Familie ein. Er stellt sich überall quer. Wird ihm z.B. zum Empfang ein Martini angeboten, will er Rum, der im Hause nicht vorrätig ist. "He endeavored to spoil every pleasure"(10), heißt es. Er ist der Pessimist der Familie, und der Erzähler, auf Erholung bedacht, kann seinen Pessimismus nicht länger ertragen. "The company of his pessimism began to infuriate me"(18).

Der Erzähler versucht, die Haltung seines Bruders mit dem Erbe der Familie zu erklären, daß er und die anderen glauben überwunden zu haben: "With his mouth set, my brother looked to me like a Puritan cleric. Sometimes, when I try to understand his frame of mind, I think of the beginnings of our family in this country, and his disapproval of Diana and her lover reminded me of this. The branch of the Pommeroys to which we belong was founded by a minister who was eulogized by Cotton Mather for his untiring abjuration of the Devil. The Pommeroys were ministers until the middle of the nineteenth century, and the harshness of their thought - man is full of misery, and all earthly beauty is lustful and corrupt - has been preserved in books and sermons. The temper of our family changed somewhat and became more lighthearted, but when I was of school age, I can remember a cousinage of old men and women who seemed to hark back to the dark days of the ministry and to be animated by personal guilt and the deification of the scourge"(6). Lawrence wird von diesem Geist der Familie noch beherrscht und macht damit den anderen das Leben zur Hölle.

Der Erzähler erzürnt sich über die Haltung seines Bruders schließlich dermaßen, daß er ihm auf einem Spaziergang am Strand von hinten ein Wurzelholz über den Kopf schlägt. Er hatte ihn als Junge schon einmal mit einem Stein am Kopf verletzt. Jetzt möchte er ihn töten, besinnt sich aber eines Besseren und verbindet ihn. Als er sieht, daß der Bruder bei Bewußtsein ist, verläßt er ihn. "Then I turned my back on him, and as I got near to the house, I went swimming again, as I seem to have done after every encounter with Lawrence that summer"(20). Das Schwimmen ist zu einem Ritual der Reinigung für ihn geworden.

Am anderen Morgen verläßt Lawrence mit seiner Familie die Insel. Für den Erzähler scheint wieder die Sonne und bläst ein frischer Wind. "Oh, what can you do with a man like that?" fragt er verzweifelt. "What can I do? How can you dissuade his eye in a crowd from seeking out the cheek with acne, the infirm hand; how can you teach him to respond to the inestimable greatness of the race, the harsh surface beauty of life.". Er sieht seine Frau und seine Schwester vom Bade im Meer an Land kommen: "I saw they were naked, unshy, beautiful, and full of grace, and I watched the naked women walk out of the sea"(21).

Die Geschichte hat zwei biographische Hintergründe: Cheever hatte Ärger mit einem Bruder, und er sah seine Frau einmal, wie beschrieben, aus dem Waser steigen. Doch die biographische Wirklichkeit erfährt in der Geschichte eine Verwandlung. Der Bruder wird zum Vertreter der Seite seines Charakters, von der sich der Erzähler befreien möchte. Cheever möchte sich an der Welt erfreuen, sieht aber sein eigenes Ungenüge. Er möchte leben wie sein Erzähler, wird aber immer wieder von seinen Geistern geplagt, die - bedingt durch seine bisexuelle Veranlagung - zu seinen Eheschwierigkeiten führen und ihn dem Alkohol verfallen lassen. Wie viele von Cheevers Geschichten bleibt auch "Goodbye, My Brother" ambivalent. Der Erzähler befreit sich von der durch seinen Bruder vertretenen pessimistischen Weltsicht, um sich des Lebens freuen zu können. In den beiden Frauen begegnet ihm die Welt wieder in ihrer vollen Schönheit. Wie von dem Bruder befreit er sich auch von seinem schlechten Gewissen. Er ist der Kain dieser Brüdergeschichte, sieht sich aber gegenüber der Selbstgerechtigkeit seines Bruders gerechtfertigt.

Sind es in "The Enormous Radio" Schein und Wirklichkeit, die die - nicht sehr überzeugend gelöste - Spannung ausmachen, so stehen in "Goodbye, My Brother" Optimismus und Pessimismus einander gegenüber. Die Lösung ist im letzten Fall für den sonst eher pessimistischen Cheever eine Ausnahme. Zu einer wieder ganz anderen Lösung kommt es in der folgenden Geschichte:

"O Youth and Beauty", 1953.

Die Spannung, die diese Geschichte bestimmt, besteht zwischen dem Alltag eines vierzigjährigen Mannes, dem der Erfolg im beruflichen Leben versagt geblieben ist, und der Erinnerung an seine Jugend, da er als Sportler erfolgreich war. Meisterhaft schildert Cheever in der Geschichte das Leben in Suburbia unter dem besonderen Aspekt dessen, der es sich eigentlich nicht leisten kann. Noch besser als seinem späteren Freund und Bewunderer Updike gelingt ihm die Schilderung sich anbahnender und wieder beigelegter Ehestreitigkeiten. Noch vor der vollen Entfaltung der Frauenemanzipationsbewegung beschreibt er den bedrückenden Alltag einer Frau und Mutter, die sich keine fremde Hilfe leisten kann: "Louise looked pretty enough on Saturday night, but her life was exacting and monotonous. In the pockets of her suits, coats, and dresses there were little wads and scraps of paper on which was written: 'Oleomargarine, frozen spinach, Kleenex, dog biscuit, hamburger, pepper, lard...' When she was still half awake in the morning, she was putting on water for coffee and diluting the frozen orange juice. Then she would be wanted by the children. She would crawl under the bureau on her hands and knees to find a sock for Toby. She would lie flat on her belly and wiggle under the bed (getting dust up her nose) to find a shoe for Rachel. Then there were the housework, the laundry, and the cooking, as well as the demands of the children. There always seemed to be shoes to put on and shoes to take off, snowsuits to be zipped and unzipped, bottoms to be wiped, tears to be dried, and when the sun went down (she saw it set from the kitchen window) there was supper to be cooked, the baths, the bedtime story, and the Lord's Prayer. With the sonorous words of Our Father in an darkened room the children's day was over, but the day was far from over for Louise Bentley. There were the darning, the mending, and some ironing to do, and after sixteen years of housework she did not seem able to escape her chores even while she slept"(211).

Die Entfaltung der Geschichte unterliegt dann allerdings einer gewissen Stilisierung. Cash, Louises Mann, erträgt seinen Alltag in Erinnerung an seine erfolgreiche Jugend, und diese beschwört er in einem Ritual, wenn er auf Gesellschaften die Möbel als Hindernisse aufstellt, um ein Ein-Mann-Hindernisrennen zu veranstalten. Als er sich eines Tages dabei ein Bein bricht, scheint für ihn die Welt unterzugehen. Als es ihm nach der Genesung gelingt, die Hindernisse wieder zu überspringen, sinkt er erschöpft nieder. Louise eilt an seine Seite und - wie im Bilde der Pietà, des Erbarmens - "She knelt down beside him and took his head in her lap and stroked his thin hair"(217).

Als er kurz darauf nach dem Besuch bei mehreren Nachbarn angetrunken spät nach Hause kommt, will er sein Rennen wiederholen. Louise, die noch nie eine Pistole in der Hand hielt, soll ihm dazu den Startschuß geben. Da sie mit der Pistole nicht zurechtkommt, fängt er an zu laufen, bevor sich der Schuß löst. "The pistol went off and Louise got him in midair. She shot him dead"(218). Ein offener Ausgang? Unfall oder Mord? Wie immer der Leser dieses Ende verstehen mag, es schmeckt nach der

Melodramatik, die die Geschichten O'Henrys kennzeichnet. Die hier zitierten letzten Sätze der Geschichte vermögen dem Leser den Atem zu nehmen. Doch fühlt er sich zu sehr überwältigt, um einem solchen Schluß zustimmen zu können.

"The Country Husband", 1954

Das Suburbia von Shady Hill, der Schauplatz von "O Youth and Beauty", wird wie das von dem naheliegenden Bullet Park in einer ganzen Reihe weiterer Kurzgeschichten ausgemalt. Köstlich wird z.B. in "The Country Husband" berichtet, wie der Vater jeden Abend aus der Stadt "to a battlefield"(328) mit seinen Kindern während der Vorbereitung auf das Essen nach Hause kommt. Das Besondere an "The Country Husband" ist jedoch das Aufeinandertreffen verschiedener Wirklichkeitsbereiche, die mit dieser Suburbia nicht zu vereinbaren sind.

Die Geschichte beginnt mit Francis Weeds dramatischer Notlandung - einem "brush with death"(326) - in einem Kornfeld nahe bei Philadelphia. Zu Hause, wo niemand etwas von dem Flugzeugunglück weiß, hat er gar keine Gelegenheit, davon zu berichten. Als es ihm schließlich gelingt, wird er nicht ernst genommen.

Bei einer Abendgesellschaft erkennt er in der Bedienung eine Französin wieder, die am Ende des Krieges als Kollaborateuse öffentlich aus ihrer Heimat vertrieben worden war. Von seinem Wissen kann er aber unmöglich in der Gesellschaft von Shady Hill Gebrauch machen. "The people in the Farquarsons' living room seemed united in their tacit claim that there had been no past, no war - that there was no danger or trouble in the world. In the recorded history of human arrangements, this extraordinary meeting would have fallen into place, but the atmosphere of Shady Hill made the memory unseemly and impolite"(331). Nach der Gesellschaft bringt Francis das Mädchen, das auf die Kinder aufgepaßt hatte, nach Hause und verliebt sich in sie, um später zu erfahren, daß ein junger Bursche aus der Nachbarschaft im Begriff ist, sich mit ihr zu verloben. Er träumt davon, mit ihr zu entfliehen.

Der Alltag Suburbias folgt seinen eigenen Regeln und läßt, was nicht hineinpaßt, nicht als Wirklichkeit gelten bzw. verdrängt es. Damit steht er in ständiger Spannung zu der ihn umgebenden Welt, die Cheever in seiner Kurzgeschichte in überzeugender Weise darstellt.

"The Swimmer", 1964

Anderer Art ist die Spannung, die zehn Jahre später in "The Swimmer" zur Darstellung gelangt. Neddy Merrill ist zu Gast bei den Westerhazys in Shady Hill. Alle haben einen schweren Kopf vom Trinken am Abend zuvor. Neddy sitzt nach einem stärkenden Kaffee und einem Bad im Swimming Pool mit einem Glas Gin am Rand des Beckens und beschließt, nach Hause zu schwimmen. Das bedeutet, daß er seinen Weg nach Hause in Bullet Park durch alle Swimming Pools, in den Anwesen, die an seinem Wege liegen und deren Besitzer er durch die zahlreichen Gesellschaften kennt, nehmen will.

Zunächst scheint alles gut zu gehen. Er wird freundlich von den Nachbarn empfangen und durchschwimmt ihre Becken. Als er die Hälfte der Strecke zurückgelegt hat, verändert sich das Bild. Als er zu den Levys kommt, haben sie gerade ihr Haus verlassen. Er bedient sich selbst mit einem Drink. "It was his fourth or fifth drink and he had swum nearly half the length of the Lucinda River [so nennt er die Kette der Schwimmbecken nach dem Namen seiner Frau]. He felt tired, clean, and pleased at that moment to be alone; pleased with everything"(606).

Als er zu dem nächsten Anwesen gelangt, findet er dieses zu seinem Erstaunen verlassen und das Becken leer. Beim Überqueren der Landstraße gibt er sich in seinen Badehosen der Lächerlichkeit preis. Durch die nächsten Nachbarn erfährt er, daß er sein Vermögen verloren habe, andere weisen ihn kurzerhand ab. Als er schließlich nach Hause gelangt, findet er die Tür verschlossen: "The house was locked, and he thought that the stupid cook or the stupid maid must have locked the place up until he remembered that it had been some time since they had employed a maid or a cook. He shouted, pounded on the door, tried to force it with his shoulder, and then, looking in at the windows, saw that the place was empty"(612).

Die Kette der Swimming Pools wird eingangs auch als Neddys "quasi-subterranean stream"(603) bezeichnet. Sein Nachhauseschwimmen wird zu einem Untertauchen in den Strom des Unbewußten, in das Vergessen oder in die Trunkenheit. Wie in Kafkas Geschichte vollzieht sich eine "Verwandlung". Das Leben in Suburbia führt für den Protagonisten von "The Swimmer" zu einem Wirklichkeitsverlust. Der biographische Hintergrund für die Geschichte dürfte der zur Zeit ihrer Entstehung bereits ernsthafte Formen annehmende Alkoholismus des Autors sein.

Cheevers Schaffen setzte sich nach vorübergehendem krankheitsbedingtem Nachlassen in der ersten Hälfte der siebziger Jahre bis zu seinem Lebensende fort. Seine Höhepunkte bilden die das Leben in der Suburbia in der Nachkriegszeit charakterisierenden Kurzgeschichten vom Ende der vierziger bis zur Mitte der sechziger Jahre. Nach seiner Genesung vom Alkoholismus war sein Roman *Falconer* entstanden, und Bereits schwer an Krebs erkrankt, schrieb er noch einen Kurzroman, *Oh What a Paradise It Seems*, der drei Monate vor seinem Tode 1982 veröffentlicht wurde. Noch einmal versucht er darin, das Leben zu feiern, seine Welt als ein Paradies zu genießen. Gleichzeitig geißelt er sie - den Titel ironisch fassend - wegen ihres rücksichtslosen Wohlstandsegoismus gegenüber der Natur und dem Gemeinwesen.

In gewissem Sinne läßt sich Cheevers Werk mit demjenigen von James Purdy vergleichen, den wir früher bereits nannten, dessen Werk wir jedoch nicht weiter berücksichtigen konnten. Neben der wachsenden Bedeutung, die das Werk Cheevers im Laufe der Zeit gewonnen hat, hat diejenige des Schaffens von Purdy abgenommen. Eher läßt sich ein Vergleich mit Updike anstellen. Im Unterschied zu diesem übt Cheever allerdings in bezug auf den politischen Hintergrund seiner Zeit völlige Zurückhaltung.

Literatur

Zitiert nach *The Stories of John Cheever*, New York, 1978.

Sekundärliteratur:
Samuel Coale, *John Cheever*, New York, 1977.
Lynne Waldeland, *John Cheever*, Boston, 1979.
R.G.Collins, hg., *Critical Essays on John Cheever*, 1982.
George Hunt, *John Cheever: The Hobgoblin Company of Love*, Grand Rapids, 1983.

Scott Donaldson, *John Cheever*, New York, 1988.
James E.O'Hara, *John Cheever: A Study of the Short Fiction*, Boston 1989.

William Kennedy, geb.1928

Im Unterschied zu John Cheever begann William Kennedy erst spät mit seiner schriftstellerischen Laufbahn. 1938 in Albany, New York, geboren, begann er bereits als Schüler für Zeitungen und Zeitschriften zu schreiben. Er betätigte sich als Journalist in seiner Heimatstadt, während seiner Militärdienstzeit in Europa und anschließend in Puerto Rico und Florida. In Puerto Rico fand er auch seine Frau und gründete seine Familie. 1963 kehrte er in seine Heimatstadt zurück.

In Puerto Rico hatte er ein Seminar des dort als Gastprofessor vorübergehend tätigen Saul Bellow besucht, das ihm Mut machte, sich auch als Erzähler zu versuchen. Ein Streik bei der *Times Union* zu Beginn seiner Tätigkeit bei dieser Zeitung nach seiner Rückkehr aus dem Süden lieferte ihm alsdann das Thema seines ersten, 1969 erschienenen Romans, *The Ink Truck*, der in Anlehnung an Ken Kesey, Joseph Heller und Kurt Vonnegut die groteske Welt der sechziger Jahre einzufangen versuchte. Nach diesem von ihm selbst als "willful leap into surrealism" bezeichneten Erstlingswerk verschrieb er sich für sein weiteres Schaffen dem Realismus. "I felt I couldn't go on writing this hyperbolic comedy which is always six inches off the ground," bekennt er in einem Interview. "I needed to be grounded in reality. *Legs* is a consequence of that"(Reilly 33).

Die Wirklichkeit, in der er Fuß faßte, ist die seiner Heimatstadt: *Legs*, 1975, *Billy Phelan's Greatest Game*, 1978, und *Ironweed*, 1983, die auf *The Ink Truck* folgenden Romane, zeichnen die Geschichte Albanys in den dreißiger Jahren nach und bilden mit dem Rückblick auf die Mitte des 19.Jahrhunderts in *Quinn's Book*, 1988, eine Serie, die der Autor selbst als Albany-Zyklus bezeichnet. (Ein weiterer Rückblick erschien 1992 mit *Very Old Bones*.) Begleitet wird der Zyklus von Aufsätzen, die aus Reportagen über die Stadt hervorgingen und, überarbeitet, in *O Albany*, 1983, neu herausgegeben wurden. In "Albany as a State of Mind", dem den Band einleitenden Essay, beschreibt Kennedy die Absicht, die er mit seinen Essays wie mit seinen Romanen verfolgte: "to peer into the heart of this always-shifting past, to be there when it ceases to be what it was, when it becomes what it must become under scrutiny, when it turns so magically, so inevitably, from then into now"(7). Die Vergangenheit gewinnt auf diese Weise ähnlich wie bei Faulkner mythische Dimensionen. So wird Kennedys Albany auch wie Faulkners Yoknapatawpha County zu einer mythischen Landschaft, in der sich der Existenzkampf seiner Helden - von ihm selbst als "warriors" bezeichnet - abspielt.

Nach der Verleihung des Pulitzer Preises für *Ironweed* und anderen Ehrungen wurde Kennedy auch ausgiebig von seiner Heimatstadt als deren Historiker gefeiert. Doch geht es dem Autor um mehr als lokale Geschichte. In ihr sieht er "national patterns and microcosms to be tracked and the melting pot of American history"(Reilly 17). Albany ist für ihn - so in dem bereits zitierten Essay - "centered sqarely in the American and the human contiuum"(7). Der Wert seiner Romane wird letztlich daran gemessen werden, inwieweit es ihm wie Faulkner gelang, Muster allgemeinmenschlichen Verhaltens in der lokalen Geschichte zu gestalten.

Kennedys Romane legen es nahe, sie weniger mit denen seiner Zeitgenossen als mit denen zu vergleichen, die bereits in der ersten Hälfte des Jahrhunderts den auch bei ihm im Vordergrund stehenden Themen gewidmet waren: Der im Titel von *Legs* angesprochene Gangster Legs Diamond, der den Markt für den verbotenen Alkohol beherrscht, erinnert an F.Scott Fitzgeralds *Great Gatsby*, zumal er wie dieser aus der Perspektive eines ihn bewundernden Beobachters der Szene beschrieben wird. Billy Phelan, der Spieler, sowie der Protektionismus und die Korruption der politischen Maschinerie in *Billy Phelan's Greatest Game* verweisen auf entsprechende Erzählungen Stephen Cranes, respektive auf Theodore Dreisers Cowperwood-Trilogie (allerdings ohne deren Fülle an Dokumentation). Die in *Ironweed* im Vordergrund stehende Landstreicherszene schließlich mag wieder an Crane, aber auch an eine Reihe weiterer Erzähler der zwanziger und dreißiger Jahre erinnern. Das in allen seinen Romanen dominierende irisch-katholische Milieu deckt sich in vielen Einzelheiten mit demjenigen, das bereits James T.Farrell in seinen Studs Lonigan-Romanen am Beispiel Chicagos ausmalte. Dies besagt keineswegs, daß Kennedys Prosa nicht ihre eigene Prägung aufweise. In relativ einfacher, der Ausdrucksfähigkeit seiner Charaktere nahe kommender Sprache erzählt Kennedy in meist chronologischer Folge das Geschehen, wie es sich in Einzelepisoden entfaltet, zeitlich zurückgreifend, um parallele Handlungsstränge aufzunehmen oder mit den Erinnerungen der Charaktere sichtbar werden zu lassen, wie sie in ihre derzeitige Situation gelangten. Wie bei Updike und Oates wird aber auch dem Übernatürlichen in Träumen oder Visionen ein gewisser Spielraum überlassen. Doch folgt Kennedy dabei weniger dem Beispiel seiner amerikanischen Zeitgenossen, als dem des "magic realism" seines Freundes Gabriel García Márquez.

Was Kennedy in besonderer Weise unter den zeitgenössischen Erzählern auszeichnet, ist die Auswahl seiner Charaktere, die sein Bild der Gesellschaft Albanys - und damit stellvertretend für die USA - ausmachen. Sie sind alle der Schattenseite des Lebens entnommen. Es sind Spieler, Gangster oder Landstreicher, die - oft ohne Skrupel - betrügen, stehlen und töten, aber dennoch einen von ihnen selbst gesetzten Ehrenkodex einhalten und von anderen dafür bewundert werden, daß sie sich im Kampf um ihr Leben als "warriors" durchgesetzt haben. Von Legs Diamond geht für Martin Daugherty, den Journalisten, eine Faszination aus, die ihn wie Al Capone, sein großes Vorbild, nicht nur zu einem gefürchteten und gehaßten, sondern auch bestaunten "Helden" werden läßt. Neben der spektakuläreren Figur des Gangsters nimmt der Landstreicher in *Ironweed* auf einfachere Weise eine ähnlich repräsentative Rolle für den um seine Existenz ringenden Menschen ein.

Ironweed, 1983

Protagonist des Romans ist Francis Phelan, der Vater Billy Phelans aus dem vorausgehenden Roman. In seiner Jugend war er ein erfolgreicher Baseballspieler gewesen, der außerhalb der Saison bei der Straßenbahn beschäftigt war. Als er bei dem Straßenbahnerstreik 1901 einen Streikbrecher mit einem baseballgroßen Stein tödlich traf, mußte er vorübergehend die Stadt verlassen. Als ihm später sein neugeborenes drittes Kind aus der Hand gleitet und zu Tode stürzt, läuft er, seine Familie im Stich lassend, wieder davon. Wie Updikes Rabbit Angstrom entzieht er sich der Verantwortung. "Frances began to run, and in so doing, reconstituted a condition that was

as pleasurable to his being as it was natural: the running of bases after the crack of the bat, the running from accusation, the running from the calumny of men and women, the running from family, from bondage, from destitution of spirit through ritualistic straightenings, the running, finally, in a quest for pure flight as a fulfilling mannerism of the spirit"(75).

Die Suche des Amerikaners nach dem Glück in der Freiheit des Westens wird in *Ironweed* zu der - allerdings vergeblichen - Suche nach absoluter Freiheit auf der Straße. Rudy, einen anderen Landstreicher, betrachtet Francis als "a fellow traveler on a journey to a nameless destination in another country.[...] They were questing for the behavior that was proper to their station and their unutterable dreams. They both knew intimately the etiquette, the taboos, the protocol of bums. By their talk to each other they understood that they shared a belief in the brotherhood of the desolate." Doch das Leben, das sie suchen, ist - wie der große "American Dream" - eben nur ein Traum. Sie wissen, "that no such fraternity never existed, that the only brotherhood they belonged to was the one that asked that enduring question: How do I get through the next twenty minutes?"(23f). Glückseligkeit finden sie nur im Rausch, der sie ihre Misere vergessen läßt.

Nach zweiundzwanzig Jahren Landstreicherdasein kehrt Francis wieder nach Albany zurück. Für ein bescheidenes Handgeld läßt er sich in einundzwanzig Wahlbezirken der Stadt für die bevorstehenden Wahlen registrieren, wird dabei ertappt, durch die Hilfe eines bereits aus den früheren Romanen bekannten Rechtsanwalts jedoch freigesprochen. Zu seinem Ehrenkodex gehört es, daß er sich bereit erklärt, die für ihn sehr niedrig gehaltenen Kosten des Anwalts zu zahlen. Einen ganzen Tag lang schaufelt er, um einen Anfang mit dem Geldverdienen zu machen, Gräber zu. Bei dieser Gelegenheit besucht er auch das Grab des Säuglings, an dessen Tod er sich noch immer schuldig fühlt. Es ist Halloween, und die Kinder versuchen einander und die Erwachsenen mit grotesken Masken als Geister der Verstorbenen zu erschrecken. Francis spricht mit den Geistern seiner Toten, die ihn verfolgen und mit denen er abzurechnen versucht, um ein neues Leben beginnen zu können.

Doch allzu leicht läßt er sich dazu verführen, das wenige, gerade verdiente Geld wieder zu vertrinken. Mit seinen Freunden und mit Helen, der Frau, die seit neun Jahren sein Landstreicherdasein teilt, besucht er eine Bar. Dort trifft er Oscar Reo, einen früher berühmten Schlagersänger, der dem Alkohol verfallen war und vorübergehend Francis' Landstreicherdasein geteilt hatte. Er hatte sich gefangen und singt jetzt wieder, aber nur noch in einer ziemlich billigen Bar. Die Anerkennung, die er wieder bei seinen Zuhörern findet, beweist Francis, "that this drunk was not dead, not dying, but living an epilogue to a notable life." Ermutigt durch Oscar, vermag auch Helen, die, aus guten Verhältnissen stammend, eine Gesangsausbildung genossen hatte, wieder zu singen. Doch Oscar ist nur noch "another cripple, his ancient, weary eyes revealing to Francis the scars of a blood brother, a man for whom life had been a promise unkept in spite of great success, a promise now and forever unkeepable." Beim Rückblick auf die Vergangenheit glaubt Francis immer einen Grund für das gehabt zu haben, was er tat. Doch letztlich bleibt die Frage danach, wie es dazu kam, daß man das Leben aus den Händen gleiten ließ, offen. "What was it, Oscar, that did you in? Would you like to tell us all about it? Do you know?"(50f) Weder Oscar noch er können die Fragen beantworten.

Francis hat es aber noch nicht ganz aufgegeben, zu einem normalen Leben zurückzufinden. Am nächsten Tag, Allerheiligen, verdient er sich bei einem Lumpensammler sein Geld. Billy, dem er in der Stadt begegnet war und der ihn einlud, doch wieder nach Hause zu kommen, hatte er ausweichend geantwortet, daß er vielleicht kommen und dann einen Truthahn mitbringen würde. Mit dem wieder erworbenen Geld kauft er den Truthahn und bringt ihn Annie, die so lange auf seine Rückkehr gewartet hatte und bereit ist, ihn wieder aufzunehmen. Er macht sich mit seinen alten, von Annie noch aufbewahrten Kleidern fein und feiert mit der Familie, begibt sich zur Nacht jedoch wieder zu seinen Freunden. Als deren Lagerplatz von Legionären überfallen wird, erschlägt er, um einem seiner Freunde das Leben zu retten, einen der Angreifer. Der Freund stirbt auf dem Weg ins Krankenhaus. Von den folgenden Ereignissen wird im Konditional berichtet. Danach müßte der Leser annehmen, daß Francis glaubte, Helen, die an einem Magengeschwür leidet, sei in einem elenden Absteigequartier gestorben. Nach Kennedys Interpretation hat er sie in ihrem Zimmer tot aufgefunden. Die Geister, die ihn bedrängten, läßt er jetzt hinter sich. "You ain't real and I ain't gonna be at your beck and call no more"(177). Es ist Allerseelen als er schließlich doch in das Haus seiner Familie zurückkehrt. Umschreibt in anderen Romanen die Zeit von Karfreitag bis Ostern die Folge von Tod und Auferstehung zu neuem Leben, so in *Ironweed* - wie übrigens bald darauf andeutungsweise auch in William Gaddis's *Carpenter's Gothic* - die Zeit von Halloween bis Allerseelen die Folge von der Bedrängung durch die Vergangenheit bis zu ihrer Bewältigung. Am Schluß ist Francis' Weg immer noch "flight", doch nicht mehr im Sinne von "Flucht", sondern von "Flug". "He was in the throws of flight, not outward this time but upward"(163). Für ihn als Baseballspieler fliegt der Ball wieder. "The ball still flies. Francis still lives to play another day. Doesn't he?"(169) Das Leben - als Spiel! - geht weiter. Doch am Schluß bleibt die Frage: "Wirklich?"

Francis und seine Freunde sind - wie auch die Protagonisten in den anderen Romanen Kennedys - keine große Helden. Legs Diamond ist kein Held, sondern ein Verbrecher, dessen Durchsetzungsvermögen jedoch anderen Bewunderung abnötigt. Francis ist ein schwacher Held, der jedoch in seiner Schwachheit versucht, selbstlos das beste ihm Mögliche zu tun. Kennedys Helden sind Nachkommen des spezifisch amerikanischen "Helden" der "frontier". Sie zeigen aber allgemeinmenschliche Züge in ihren Versuchen, auf ungewöhnliche Weise das Leben zu meistern.

Literatur

Zitiert nach *O Albany!*, New York, 1983 (Viking Penguin); *Ironweed*, 1986 (Penguin).

Sekundärliteratur:
Edward C.Reilly, *William Kennedy,* Boston, 1991.
J.K.Van Dover, *Understanding William Kennedy,* Columbia, SC, 1991.

Jayne Anne Phillips, geb.1952

Die Charaktere in Jayne Anne Phillips' Roman und in ihren Kurzgeschichten lassen sich mit den Landstreichern in Kennedys *Ironweed* vergleichen, insofern sie in der

Gesellschaft, in der sie aufwuchsen, keinen Platz mehr zu finden glauben. Sie können weniger als "outlaws", als "Ausgestoßene", betrachtet werden denn als "Entgleiser". Für Francis Phelan gab es noch eine Familie, zu der er zurückkehren konnte. Für die meisten der Protagonisten der jüngeren Autorin ist eine solche Rückkehr in die relative Sicherheit eines gesellschaftlichen Gefüges nicht mehr möglich. Sie treiben mehr oder weniger hilflos in einer Gesellschaft, die für sie selbst nur als "a world adrift" erscheint. In dieser Hinsicht steht Phillips in der Nachfolge der Beat-Generation. Ähnlich wie Kerouac oder wie ihre Erzählerin in "Fast Lanes" begab sie sich Mitte der siebziger Jahre "auf die Straße" nach Kalifornien und zurück. Sie gehört zu denen, die die sechziger Jahre überlebten. Die Szene der Beats ist aber für ihre Generation bereits ein integraler Teil der Situation der amerikanischen Gesellschaft im allgemeinen. Mit ihren sich in dieser Welt verloren fühlenden Charakteren zeichnet die Autorin ein Bild der Wirklichkeit ihrer Zeit, vor allem der siebziger Jahre.

1952 in Buckhannon, dem Kohlenrevier Westvirginias, geboren, studierte sie an der Universität ihres Heimatstaates, besuchte einen Kurs für "creative writing" an der University of Iowa, unterrichtete vorübergehend an verschiedenen Universitäten und ließ sich nach ihrer Heirat 1984 mit ihrem Mann, einem Arzt, und ihrer Familie in Brookline, MA, nieder. Einer breiteren Öffentlichkeit wurde sie durch ihre erste Sammlung von Kurzgeschichten, *Black Tickets*, 1979, bekannt. Dieser ersten Sammlung folgte 1984 ihr bisher einziger Roman, *Machine Dreams*, und bald darauf ein zweiter Band von Kurzgeschichten:

Fast Lanes, 1987

Die erste der Geschichten aus dieser Sammlung, "How Mickey Made It", zeigt gleich eine für Phillips charakteristische Erzählsituation. Mickey erzählt seine Geschichte, während er mit der Erzählerin im Bett liegt und zwischendurch mit ihr verkehrt. Er hat sich als Barmixer und Rockmusiker durchgeschlagen, hat gerade seine Stellung verloren, ist aber sicher, wieder eine zu finden. Er wohnt und schläft für gewisse Zeit immer wieder einmal mit einer anderen Partnerin. Im Slang seiner Zeit und seines Milieus charakterisiert er sich selbst: "I dig being runny and hot, I just don't ever want to be dead and I don't give a shit what anyone thinks because I'm not amusing YOU you see I'm amusing MYSELF and whoever digs THAT can stand on my train. I got myself strapped to a big diesel and I got no complaint"(12). Wenn sich die Erzählerin ihm am Schluß wieder hingibt, denkt sie nicht anders. Jeder versucht nur, sich selbst zu befriedigen. Doch es bleibt eine freudlose Befriedigung. Dies wird nicht direkt gesagt, wird jedoch durch die jede Gefühlsäußerung oder Gefühlsbeschreibung vermeidende Erzählweise faßbar.

Den Rahmen der zweiten Geschichte des Bandes, "Rayme", bildet das Leben einer Kommune. "This story could be about anyone of those people, but it is about Rayme and comes to no conclusions"(24), charakterisiert die Erzählerin selbst ihre Geschichte. Gleich zu Beginn wird das Leben der Kommune treffend gezeichnet:: "Communal life seemed a continual dance in which everyone changed partners [...]. We were adrift"(23). Wenn der Verkehr mit einem Partner unvorhergesehene Folgen hat, wie bei der Erzählerin, wird abgetrieben. Als Rayme in der gleichen Lage ist, schwimmt sie beim Baden weit hinaus und fragt rufend die Erzählerin: "when you had your abortion, did you think about killing yourself?" Deren Antwort lautet nur: "No.[...]

Come out of the water"(33). Es gibt keine menschliche Begegnung auf Dauer mehr. "Where were we all really going, and when would we ever arrive?" wird gefragt. Eine Antwort wird - wie auf die Fragen Francis Phelans an Oscar Reo - nicht gegeben.

Noch charakteristischer für Phillips als die beiden bereits behandelten Erzählungen dürfte die Titelgeschichte sein. "Fast Lanes" berichtet von der dreiwöchigen Fahrt der Erzählerin mit einem Lieferwagen, der ihre ganze Habe enthält, von Colorado über New Orleans nach West Virginia. Die Verlegung ihres Wohnsitzes hat für sie keine weitere Bedeutung: "We pulled out of town at dawn. I had the feeling, the floater's only fix: I was free, it didn't matter if I never saw these streets again"(43). Der "American way of life", der, wenn es zu eng wird, in den noch offenen Westen führt, wird pervertiert zu ziellosem Umherschweifen. Die gesuchte Freiheit wird zur Illusion, erkauft durch Drogen und Verweigerung jeder gesellschaftlichen Verantwortung. Man raucht den "joint", ist "detached" und übt sich in Zen(52). Der Filmstar Doris Day ist das Ideal Thurmans, des Besitzers des Lieferwagens, der die Erzählerin mitnimmt. Von Doris Day heißt es, daß sie so beliebt war, "because she was out-of-it she made no sense to anyone"(40). Als Thurman die Erzählerin warnt, nicht immer auf der Überholspur zu fahren, antwortet diese: "I pass everything anyway, so I might as well stay in the fast lane. I like fast lanes"(60). Im Grunde versucht sie jedoch nur, ihre Aufregung zu unterdrücken. Sie verschmäht jede Hilfe: "I don't want help. I'll just keep going until I find a way to get off"(61). Es ist "a way to get off", aber kein Weg, der zu einem Ziel führt, das Erfüllung versprechen könnte. Sie läßt Thurman mit ihr schlafen, schickt ihn aber am anderen Morgen weiter. Solche Liebe - oder besser: solcher Sex - kann zu keiner Erfüllung führen. Als Thurman sich verabschiedet, gibt er der Erzählerin einen Rat: "I'll tell you this about fast lanes. Don't close your eyes. Keep watching every minute. Watch in your sleep. If you're careful you can make it: the fast shift, the one right move. Sooner or later you'll see your chance"(65). Doch der Rat geht ins Leere. Welche Chance soll sich auf dieser Überholspur öffnen?

Die weiteren vier Geschichten von *Fast Lane* kommen nach unserem Dafürhalten nicht an die Qualität der ersten drei heran, obwohl in der Kritik auch gerade die beiden letzten, "Blue Moon" und "Bess", als die besten genannt werden. Insgesamt kann das Werk der Autorin als unausgeglichen betrachtet werden. Die drei hier herangezogenen Geschichten lassen aber die Bedeutung und den Stellenwert ihres Schaffens erkennen. Ohne jede Sentimentalität zeigt sie in der Sprache des Milieus, das sie beschreibt, die Illusion, in der der Weg der Hippies der sechziger Jahre, der Drogenszene, der Subkultur jener Jahre, endet. Das Auflehnen gegen die Zwänge einer unmenschlich gewordenen Gesellschaft endet mit dem vergeblichen Versuch einer Selbstbefriedigung, die nicht zu befriedigen vermag, in einem Leben, das in der Traurigkeit über seine Sinnlosigkeit verläuft. Es ist das Verdienst Jayne Anne Phillips, diese Situation meisterhaft gestaltet zu haben. In der Darstellung dieser Situation liegt aber auch ihre Begrenzung.

Zitiert nach *Fast Lanes*, London, 1988.

Die *Minimalisten*

Eine Reihe von Kritikern zählt Jayne Anne Phillips auch zu den Minimalisten. Eine solche Zuordnung ist berechtigt, insofern die Charaktere ihrer Erzählungen zurückhaltend in ihren Gefühlsäußerungen sind und die Autorin keinerlei Wertung oder gar Kritik an dem Verhalten ihrer Gestalten übt. Sie selbst allerdings zählt sich entschieden nicht zu dieser Gruppe von Erzählern. Doch gilt dies auch für andere Autoren, die die Kritik als Minimalisten zu charakterisieren versuchte. Eine Beschreibung ihrer Erzählkunst, die weitgehende Anerkennung finden dürfte, enthält der Brief Kim A.Herzingers, des Herausgebers der *Mississippi Review*, mit dem er Schriftsteller und Kritiker einlud, sich im Rahmen einer Sondernummer der Zeitschrift zu dem Thema zu äußern. In dem dort abgedruckten Brief heißt es: "Our focus is the putative 'minimalist' fiction variously associated with writers such as Raymond Carver, Anne Beattie, Mary Robinson, Alice Adams, Bobbie Ann Mason, James Robinson, Andre Dubus, Richard Ford, Tobias Wolff, Elizabeth Tallent, David Leavitt, and dozens of others, works loosely characterized by equinamity of surface, 'ordinary' subjects, recalcitrant narrators and deadpan narratives, slightness of story, and characters who don't think out loud"(7). Zu den Dutzenden anderer Namen gehört der in der Einleitung zu der Sondernummer mehrfach genannte Bruder Donald Barthelmes Frederick. Bei der Fülle der Autoren beschränken wir uns auf drei, die sich bis zum heutigen Tage nach unserem Dafürhalten als die fruchtbarsten und bedeutendsten erwiesen haben: Raymond Carver, Frederick Barthelme und Richard Ford.

Die Minimalisten wissen sich im Gegensatz zu den experimentellen Schriftstellern der sechziger und siebziger Jahre, wenn sie ihre erzählte Welt als Abbild der Alltagswelt betrachten und nicht nur als Produkt ihrer Einbildungskraft. Wie die experimentellen Erzähler sind sie sich jedoch in einem hohen Maße des Kunstcharakters ihrer Werke bewußt. Mit einem Minimum an Mitteln versuchen sie, ein Maximum an künstlerischer Perfektion zu erreichen. John Barth zitiert hierzu in "A Few Words About Minimalism" Robert Brownings "Less is more" (*N.Y.Times Book Review*, 28.12.1986).

Die Welt, die sie einzufangen versuchen, ist gewöhnlich die des Alltags der Arbeit oder der Freizeit. Der gesellschaftliche Hintergrund, die psychische Verfassung der Personen oder deren Wertvorstellungen werden meist ausgespart. Ein Teil der Kritiker wirft den Minimalisten denn auch vor, daß ihre Kunst aus diesem Grunde nichts mehr auszusagen vermöge. Es werde beschrieben, wie wir leben; es werde aber nicht mehr dargestellt, warum wir so leben. Ihre Bücher, meint Robert Dunn, "are brilliant at depicting how we live, but they do not explain our lives.[...] It has been said that in our time the self is in retreat. So is our fiction"("Fiction That Shrinks From Life", *N.Y. Book Review*, 20.6.1985). Barbara Henning sieht mit anderen Kritikern jedoch den Leser dazu aufgefordert, selbst den Zusammenhang der dargestellten Einzelheiten herzustellen und ihnen Bedeutung zu verleihen("Minimalism and the American Dream ...", *MFS,35, 1989)*. Diese auch von den experimentellen Erzählern erwartete Mitarbeit des Lesers dürfte jedoch nicht bei allen Minimalisten erwünscht sein. Für alle kann jedoch gelten, daß ihr Erzählen wörtlich verstanden sein will. Die bei den experimentellen Erzählern fast durchgehend ins Spiel gebrachte Ironie ist ihnen meist fremd.

Zur Beschreibung der minimalistischen Erzählkunst gehört es auch, daß sie - wie bei Robert Dunn - als Ausdruck der Reagan-Ära bezeichnet wird. Nach dem politischen und gesellschaftlichen Engagement der Kennedy-Ära, das sich in den Anti-Vietnam-Demonstrationen oder der Bürgerrechtsbewegung äußerte, sind die achtziger Jahre bestimmt durch einen Rückzug auf die privaten Interessen der Bürger und ein Desinteresse an der Poltik Washingtons oder an den Ereignissen in der übrigen Welt. Eine solche Bestimmung dürfte allerdings auch nur für einen Teil der hier als Minimalisten charakterisierten Erzähler gelten, zumal ihr Schaffen bereits in der ersten Hälfte der siebziger Jahre beginnt. Richtiger ist, daß das Menschsein ihrer Charaktere in Anbetracht ihrer Hilflosigkeit gegenüber dem Leben, in das sie sich hineingeboren sehen, als auf ein Minimum reduziert erscheint. Was dargestellt wird, ist - wie es in dem Titel der diesbezüglichen Studie Christopher Laschs genannt wird - ein "minimal self".

Literatur

Christopher Lasch, *The Minimal Self: Psychic Survival in Troubled Times*, New York, 1984.
Kim A.Herzinger, hg., *Mississippi Review*, Nr.40/41, Winter 1985.

Raymond Carver, 1938-1988

In "My Father's Life" erzählt Raymond Carver auf nur sieben Seiten die Geschichte seines Vaters gleichen Namens. Danach war dieser 1934 in jungen Jahren von Arkansas nach Washington getrampt, um dort Arbeit zu finden. Nichts wird von den gesellschaftlichen und wirtschaftlichen Ursachen geltend gemacht, die ihre klassische Darstellung in John Steinbecks *Grapes of Wrath* bereits 1939 gefunden hatten. Carver weiß nicht zu sagen, "whether [his father] was pursuing a dream when he went out to Washington. I believe he was simply looking for steady work at decent pay. Steady work was meaningful work"(14). Nachdem er einiges Geld bei dem Bau eines Staudammes verdient hatte, holte er seine Eltern zu sich und heiratete. Anderen Familienmitgliedern gegenüber immer hilfsbereit, führte er selbst ein ziemlich bescheidenes Leben, zunächst in Washington, später in Oregon und Kalifornien als Arbeiter in Sägewerken. Er erlaubte sich gelegentlich Seitensprünge und verfiel immer wieder dem Alkohol. Als ihn sein Sohn nach einem seiner Zusammenbrüche an einem neuen Arbeitsort nach Hause holte, weiß er sich nicht zu erklären: "He'd communicate, if he communicated at all, by moving his head or by turning his palms up as if to say he didn't know or care"(17) Die Jahre während seiner Krankheit und Arbeitslosigkeit "he [...] just sat around the house trying to figure what next and what he'd done wrong in his life that he'd wound up like this"(18). "I thought," heißt es, als sein Vater starb, "that in some important ways we might be alike"(20). Er sieht in seinem Vater ein Stück seiner selbst. Er wollte immer bei seinem Vornamen genannt werden, hört diesen meist jedoch nur, wenn er seinem Vater gilt. Bei der Beschreibung der Trauerfeier am Schluß seines Berichtes über das Leben des Vaters heißt es: "I knew they were talking about my dad. *Raymond*, these people kept saying in their beautiful voices out of my childhood. *Raymond*"(21). Vom Vater ist die Rede, doch der Autor sieht auch sich in ihm. Bei der Trauerfeier kommen ihm die Tränen. Carver scheut sich nicht, dies zu bekennen. Doch er redet nicht weiter über die Gefühle, die ihn dazu bewegten. Typisch dafür ist die Art der Darstellung, wie seine Mutter der Schwiegertochter den Tod ihres Mannes mitteilt: "When he died, my mother telephoned my wife with the news. I was away from my family at the time [...]. 'Raymond's dead!' For a moment, my wife thought my mother was telling her that I was dead. Then my mother made it clear *which* Raymond she was talking about and my wife said, 'Thank God. I thought you meant *my* Raymond'"(13). In einer sehr einfachen, aber wohl formulierten Sprache werden die Einzelheiten des Vorgangs wiedergegeben. In dem Wenigen ist jedoch eine ganze Reihe mitgesagt, ohne selbst formuliert zu sein, wie der Schrecken seiner Frau, er könne gemeint sein, aber auch die Erleichterung, daß *nur* sein Vater gemeint war. Der Abschnitt ist ein gutes Beispiel für die "dead pan narrative", die Carvers Geschichten zugeschrieben wird.

"My Father's Life", ein Essay, kann, auch in bezug auf die Form, als Paradigma für Carvers Kurzgeschichten betrachtet werden. Er schildert seinen Vater wie die meisten seiner Protagonisten als ein "minimal self", das zeitweise unfähig ist, mit seiner Umwelt zu kommunizieren und seine Welt nicht mehr versteht, und das kein weiteres Ziel verfolgt, als zu überleben. Carver ist sich dabei der Gefahr bewußt, die ihn selbst in die Beschränkung auf ein solches "Minimum" treiben könnte.

Carver selbst war 1938 während des Aufenthaltes seiner Eltern in Oregon geboren worden, dann aber in Yakima, Washington, aufgewachsen. Nach seiner Schulzeit arbeitete er mit seinem Vater in einem Sägewerk, heiratete mit neunzehn Jahren und gründete eine Familie. Mit dieser zog er 1958 nach Kalifornien, um sich wirtschaftlich zu verbessern. Dort besuchte er John Gardners Kurse am Chico State College und schloß diese Phase seiner Studien am Humboldt State College 1963 mit dem Bakkcalaureat ab. Er ergänzte seine Studien an dem renommierten Iowa Writers Workshop und folgte seiner Frau auf eine Studienreise nach Israel. Mittlerweile hatte er begonnen, Gedichte und Kurzgeschichten zu schreiben und zu veröffentlichen, bekam aber auch - wie sein Vater - Schwierigkeiten mit dem Alkohol. Ein Durchbruch zur Anerkennung in der literarischen Welt gelang ihm 1971 mit der Veröffentlichung von "Neighbors" im *Esquire*. Seitdem standen ihm die Zeitschriften mit den höheren Auflagezahlen offen. Als es ihm gelang, dem Alkohol zu entsagen, bekam er Ende der siebziger Jahre sein Leben wieder in den Griff; seine Ehe ließ sich aber nicht mehr retten. 1982 trennte er sich von seiner Frau. Seit dem Erscheinen seiner ersten Sammlung von Kurzgeschichten bei einem der großen Verlage, *Will You Please Be Quiet, Please*", 1976, vor allem aber nach der Veröffentlichung von *What We Talk About When We Talk About Love*, 1981, gilt er als der bedeutendste Erzähler in der Gruppe der Minimalisten.

"Neighbors", 1971

"Neighbors" erzählt in sechs Abschnitten auf sechs Seiten , wie Bill und Arlene Miller die Wohnung ihrer Nachbarn, Harriet und Jim Stone, während deren vorübergehender Abwesenheit betreuen. Bill und Arlene, Buchhalter und Sekretärin, "were a happy couple. But now and then they felt they alone among their circle had been passed by somehow." Sie glauben, ihre Nachbarn "lived a fuller and brighter life"(65). Wie dieses bessere Leben aussehen soll, wissen sie nicht zu sagen.

Im ersten Abschnitt verabschieden die Millers die Stones, in den nächsten versorgen sie die Wohnung, gießen die Blumen und füttern die Katze. Beide erweisen sich dabei aber als sehr neugierig, eignen sich Kleinigkeiten - wie Zigaretten oder Drinks - an und probieren aus, wie sich bei den Stones leben läßt. Jedesmal, wenn sie aus deren Wohnung zurückkommen, verspüren sie ein besonderes Liebesverlangen. Als Arlene zum letzten Mal die Wohnung versorgt, vergißt sie, was sie eigentlich tun wollte. Als sie mit Bill zusammen das Vergessene nachholen will, gesteht sie ihm, daß sie Photographien entdeckt habe. Als sie aber die Tür öffnen wollen, merken sie, daß Arlene die Schlüssel in der nun für sie verschlossenen Wohnung hat liegen lassen. "He tried the knob. It was locked. Then she tried the knob. It would not turn. Her lips were parted, and her breathing was hard, expectant. He opened his arms and she moved into them"(70).

Die Millers sind - wie die Protagonisten in einer ganzen Reihe anderer Geschichten von Carver - Voyeurs. Heimlich versuchen sie, das vermeintliche Glück der anderen zu entdecken, und erfahren durch das, was sie glauben gefunden zu haben, einen gewissen Lustgewinn. Doch die Tür zu den anderen verschließt sich ihnen damit auch.

Der neutrale Erzähler liefert keine Interpretation des Geschehens. Carvers Essay "On Writing" gemäß, "Fundamental accuracy of statement is the ONE sole morality of writing." Doch durch diese Präzision "suddenly everything became clear"(23) - für Tschechow, den Carver hierzu zitiert, aber auch - für den Leser in "Neighbors". In der Beschreibung ihrer Besuche in der Wohnung der Nachbarn wird ihre Neugier sichtbar. In der Reaktion auf ihre Besuche zeigt sich, was ihnen, was in ihrem Leben fehlte.

"A Serious Talk", 1981

In "A Serious Talk", zuerst in *What We Talk About..* gesammelt, geht es um Burt, der sich mit seiner Scheidung von Vera nicht abfinden kann. Am Weihnachtstag war er gekommen, um sie und die Kinder zu sehen. Sie haben sich aber nicht viel zu sagen. Der Sohn zieht sich auf sein Zimmer zurück; Vera und die Tochter sind bald damit beschäftigt, das Weihnachtsessen vorzubereiten, zu dem Vera ihren neuen Freund eingeladen hat. Im Zimmer allein gelassen, legt Burt den ganzen Vorrat an Holzscheiten in das Feuer des Kamins, bemächtigt sich der vorbereiteten Pasteten und verläßt das Haus. Am Tage darauf kommt er wieder, um mit Vera zu sprechen. Er entschuldigt sich für sein Verhalten am Tage zuvor; doch kommt er nicht dazu, das zu sagen, was er eigentlich auf dem Herzen hat. "There were things he wanted to say, grieving things, consoling things, things like that"(126). Zu einer weiteren Präzision ist er nicht imstande, sondern vermag nur durch Gesten Zeichen zu setzen: Er leert den Aschenbecher vom Küchentisch mit den Kippen Veras und ihres Freundes aus, wäscht ihn und drückt dann seine Zigarette darin aus. Als Veras Freund anruft und Vera mit dem Hörer ins nächste Zimmer geht, schneidet er die Schnur durch. Als er das Haus verläßt, "he was not certain, but he thought he had proved something. He hoped he had made something clear. The thing was, they had to have a serious talk soon. There were things that needed talking about, important things that had to be discussed"(127).

Das "ernste Gespräch" wird wahrscheinlich nie zustandekommen. Eine Kommunikation zwischen den beiden Partnern scheint nicht mehr möglich zu sein. Wenn er den Aschenbecher reinigt und ihn für sich benutzt, versucht er noch einmal, jedoch ohne

Erfolg, seine Rechte geltend zu machen. Die Telephonverbindung unterbrechend, will er auch die Kommunikation Veras mit ihrem neuen Freund unterbinden. "There has to be tension," heißt es in Carvers Essay "On Writing", "a sense that something is imminent, that certain things are in relentless motion, or else, more often, there simply won't be a story. What creates tension in a piece of fiction is partly the way the concrete words are linked together to make up the visible action of the story. But it's also the things that are left out, that are implied"(26). "A Serious Talk" lebt von dieser "Spannung" auf das, was ausgespart wird, aber auch als nicht möglich erscheint, wie das konkret wiedergegebene Geschehen impliziert.

"What We Talk About When We Talk About Love", 1981

Das zur Kommunikation führende Gespräch kommt in "A Serious Talk" nicht zustande. In der doppelt so langen Geschichte "What We Talk About..." wird ständig geredet, doch ohne daß es dadurch zu einem Verstehen kommt. Arthur M.Saltzman weist in seiner Studie über Carver bereits darauf hin, daß es sich um eine Parodie von Platons *Symposion* handle(117). Man trinkt zwar nicht Wein, dafür macht aber der Gin unter den Gästen die Runde. Es handelt sich um zwei Ehepaare, die beide bereits in ihrer zweiten Ehe leben: um Mel und Terri sowie den Erzähler und seine Frau Laura, mit der er erst seit achtzehn Monaten verheiratet ist. Wie die Redner in Platons Dialog versucht jeder, die Liebe zu preisen bzw. zu definieren, was er darunter versteht. Das von Mel definierte Thema des Gesprächs, das Carver auch als Titel der Geschichte verwendet, paraphrasiert die Eröffnung der Rede des Pausanias in Platons Dialog: "Wenn es [...] nur einen Eros gäbe, dann wäre das ganz schön. Nun gibt es aber nicht nur einen, und weil es nicht nur einen gibt, ist es richtiger, wenn wir zunächst bestimmen, welchen es zu loben gilt."

Mel und Terri vertreten entgegengesetzte Positionen. Für Mel "real love was nothing less than spiritual love"(128). Terri dagegen ist "a romantic", wenn sie die brutale sinnliche Leidenschaft ihres ersten Mannes auch als eine Art der Liebe zu rechtfertigen versucht. Laura und der Erzähler werden von den anderen nicht ernst genommen, da sie noch nicht lange genug wieder verheiratet sind und Mel meint, daß die Liebe ständiger Wandlung unterworfen sei.

Die "spiritual love" sieht Mel vor allem durch den mittelalterlichen Ritter verwirklicht, und er wünscht sich dessen Rüstung, um nicht so leicht verletzt werden zu können. Unter dem Einfluß des Alkohols verschwimmen die Positionen der Gesprächspartner zusehends. Mel wünscht sich schließlich, als Imker in das Haus seiner früheren Frau eindringen zu können, um dort ganze Bienenvölker ausschwärmen zu lassen. Seine Ausrüstung als Imker beschreibt er wie diejenige eines Ritters. In seiner Eifersucht erweist sich seine Liebe damit so brutal wie diejenige von Terris früherem Mann, die er nicht als solche gelten lassen wollte. Der Erzähler stellt zwar keinen Zusammenhang zwischen der Ausrüstung des Imkers und der Ritterrüstung her; jedoch implizieren die detaillierten Beschreibungen den Vergleich, der beide zum Bild für die Grausamkeit der Liebe wie für das Sich-der-Liebe-Verschließen werden läßt.

So unvermittelt wie Mels Wunsch, als Imker in das Haus seiner früheren Frau einzudringen, erscheint zunächst auch sein Bericht von einem alten Ehepaar, das er nach einem schweren Unfall operiert hatte. Aus dem Gips, der den Kopf des alten Mannes umgibt, schauen nur Augen, Nase und Mund noch heraus. Was diesen jedoch bedrückt, sind nicht die Schmerzen oder der Zustand seiner Frau, sondern die Tatsache, daß er sie nicht sehen kann. "The man's heart was breaking because he couldn't turn his goddam head and *see* his goddam wife"(138). Im Zusammenhang des Gespräches über die Liebe wird der Gipsverband - ähnlich wie die Rüstung oder die Imkerausrüstung - zum Bild. Die Liebesfähigkeit erscheint auch hier "minimalisiert", d.h. reduziert auf *eine* bestimmte Weise dessen, was der Betroffene als Liebe zu empfinden vermag.

Unter dem Einfluß des Alkohols verlieren die im Gespräch hervorgebrachten Argumentationen ihre Konturen. Einzelne Elemente des Gesprächs fügen sich zu einem Mosaik, dem die einzelnen Teile als Bilder Sinn verleihen. "I could hear my heart beating," beschließt der Erzähler seinen Bericht. "I could hear everyone's heart. I could hear the human noise we sat there making, not one of us moving, not even when the room went dark"(139). Der Sinn, der sich letztenendes ergibt, ist nicht, Liebe besser zu verstehen, sondern daß sie jeden unaufhörlich, aber auf verschiedene Weise bewegt, ohne daß er sie je ganz verstehen kann.

"So Much Water So Close to Home", 1977

Eine ganze Reihe von Carvers Kurzgeschichten werden in der Gegenwartsform erzählt. So erzählt auch Claire in "So Much Water...", wie sich ihr Verhältnis zu Stuart, ihrem Mann, verändert, als sie von ihm erfährt, daß er - zusammen mit drei Freunden - bei einem Angelausflug die Leiche eines Mädchens im Wasser fand, jedoch zwei Tage lang seinem Angelvergnügen nachgegangen war, bevor man den Sheriff benachrichtigte. In der Gegenwartsform wird auf besondere Weise deutlich, wie die Erzählerin mit der exakten Beschreibung des Vorgangs versucht, sich ihrer Gefühle, aber auch der ihres Gegenübers zu vergewissern.

"My husband eats with good appetite but seems tired, edgy," beginnt die Geschichte. "He chews slowly, arms on the table, and stares at something across the room. He looks at me and looks away again. He wipes his mouth on the napkin. He shrugs and goes on eating. Something has come between us though he would like me to believe otherwise"(160). Die einfache Syntax mag zwar, wie von der Kritik des öfteren hervorgehoben, an den frühen Hemingway erinnern; doch wird bei Carver - was bei seinen Vorgängern kaum denkbar wäre - die Aufzählung der an sich banalen Einzelheiten von den Gefühlen dessen gesteuert, der in ihnen etwas zu entdecken versucht.

Nur der Bericht Stuarts von dem Ereignis wird rückblendend in der Vergangenheitsform wiedergegeben. Claire und Stuart sitzen sich dabei am Tisch gegenüber. Die Erzählerin gibt den Bericht wiederum an den Leser weiter, als würde dieser ihr gegenübersitzen: "They talked about what to do. One of the men - [als gelte es, eine Erklärung für den Zuhörer nachzuholen:] Stuart didn't say which - perhaps it was Vern Williams, [in gleicher Weise:] he is a heavy-set, easy man who laughs often - one of them thought they should start back to the car at once. The others stirred the sand with their shoes and said they felt inclined to stay"(162).

Claire muß daran denken, daß eine Schulkameradin auf ähnliche Weise umgekommen war wie die noch Unbekannte, deren Leiche die Angler gefunden hatten. Als sie und Stuart baden gehen, sieht sie sich selbst als Leiche den Fluß hinuntertreiben. Sie entzieht sich Stuarts Verlangen, weiß ihm aber nicht zu erklären, warum: "I can't answer. I don't know what I want to say"(170), und später: "I can't explain"(176). Sie ist sich immerhin zweier Dinge bewußt: "1) people no longer care what happens to other people; and 2) nothing makes any real difference"(167).

Wie die zuvor behandelte Geschichte lebt "So Much Water..." von der Spannung zwischen den am Gespräch bzw. am Geschehen beteiligten Personen. Stuart und seine Freunde wissen wohl, daß sie vielleicht besser den Tod des Mädchens sofort hätten anzeigen sollen. Doch Stuart verteidigt die Verzögerung: dem Mädchen konnte nicht mehr geholfen werden; es war tot. Claire dagegen meint: "She was dead. But don't you see? She needed help"(161). Als sie jedoch der Trauerfeier für das Mädchen beiwohnt, ist sie sich ihrer vorher geäußerten Meinung nicht mehr so sicher. Ob oder wie sich die Spannung löst, macht nicht das Wesentliche der Geschichte aus. Carver bietet sogar zwei Lösungen für den Schluß der Geschichte an. In der ursprünglichen, in *Furious Seasons*, 1977, gesammelten Version, ruft Stuart Claire an, um sie wissen zu lassen, daß seine Mutter sie besuchen werde. Claire legt den Hörer auf, ruft aber kurz darauf zurück, um ihm zu sagen: "It doesn't matter, Stuart. Really, I tell you it doesn't matter one way or the other"(177). Es bleibt offen, ob sie sich damit einverstanden erklärt, daß seine Mutter sie besucht, oder ob sie damit ihre Verweigerung ihm gegenüber aufgibt. Letzteres ist der Fall in der in *What We Talk About...* veröffentlichten Version. Denn dort hilft sie ihm, als er damit beginnt, die Knöpfe ihrer Bluse zu öffnen. In *Where I'm Calling From. New and Selected Stories*, 1988, erscheint wieder der ursprüngliche Schluß. In beiden Fällen "hat sich nichts wesentlich verändert." Das Leben geht für die Erzählerin so und so weiter, doch hat sie den Leser spüren lassen, welchen Spannungen es ausgesetzt zu sein vermag.

Einem ähnlichen Aufbau wie "So Much Water..." folgt "Where I'm Calling From" aus *Cathedral*, 1983. Der in der Gegenwartsform berichtende Ich-Erzähler kann in diesem Fall als mit dem Autor identisch betrachtet werden. Er befindet sich wie dieser in einer Entziehungsanstalt. Als Entsprechung zu der Binnenerzählung Stuarts erscheint hier die Lebensgeschichte eines Mitpatienten, in dessen Situation anläßlich eines Besuches von dessen Frau er seine eigene Gefühlen gegenüber seiner Frau, von der er sich trennte, und seiner Freundin, die ihn zu der Anstalt brachte, projiziert. Wirklichkeit und Fiktion lassen sich in diesem Falle kaum voneinander trennen.

"A Small Good Thing", 1983

Cathedral, die nächste wichtigere Sammlung nach *What We Talk About..*, erschien 1983 zu einer Zeit, da die Kritik die "Minimalisten" - und Carver als ihren bedeutendsten Vertreter - als eine ernstzunehmende neue Richtung in der amerikanischen Erzählliteratur anzuerkennen begann. Bald darauf erschien in England eine erste Auswahl, *The Stories of Raymond Carver*, 1985, und drei Jahre später findet Carver dann mit *Where I'm Calling From; New and Selected Stories*, 1988, die endgültige Anerkennung als einer der bedeutenderen Erzähler seiner Zeit. Zu dem Zeitpunkt der Anerkennung zeigt sich allerdings auch eine gewisse Lockerung der "Minimalität" seiner Erzählweise wie der Menschlichkeit seiner Charaktere. Dies wird am deutlichsten in der überarbeiteten Fassung von "The Bath" aus *What We Talk About...* in *Cathedral* unter dem neuen Titel "A Small Good Thing".

In der ursprünglichen Fassung bestellt eine Mutter eine Torte für den Geburtstag ihres neunjährigen Sohnes Scotty. Auf dem Weg zur Schule wird Scotty an seinem

Geburtstag von einem Auto angefahren und muß mit einer Gehirnerschütterung ins Krankenhaus eingeliefert werden, wo er in einen tiefen Schlaf fällt. Der Arzt tröstet die besorgten Eltern, daß der Junge bald aufwachen werde. Doch sie warten zwei Tage lang vergebens. Als die Mutter am dritten Tag nach Hause kommt, um sich zu erfrischen, erhält sie einen Anruf des Bäckers, daß die Torte für Scotty fertig sei. Da sie, übermüdet und verwirrt, nicht begreift, wer sie anruft, fragt sie zurück: "Is it about Scotty?" Der Bäcker bestätigt sie nur: "It is about Scotty.[...] It has to do with Scotty"(56). Damit endet die Geschichte in dieser ersten Fassung.

Die in *Cathedral* und dann auch in *Where I'm Calling From* aufgenommene Fassung ist etwa doppelt so lang. Sie erzählt den Vorgang breiter und - insofern er die Personen beim Namen nennt - intimer. Sie führt die Handlung aber auch weiter. Als die Mutter zum Krankenhaus zurückkehrt, erfährt sie zunächst, daß der Negerjunge, der auf der Station operiert wurde, als sie das Haus verlassen hatte, inzwischen gestorben sei. Ihre Nachfrage bekundet ihre Anteilnahme. Auch Scotty stirbt. Als die Eltern nach Hause kommen, ruft der Bäcker nochmals an, und nun erkennt die Mutter ihn. Die Eltern fahren zu ihm und zeihen ihn der Hartherzigkeit, müssen aber erkennen, daß der Bäcker nichts von dem Geschehen wußte. So kommt es zur Versöhnung, und der Bäcker erzählt den Eltern von seinem Schicksal. "Then he began to talk. They listened carefully. Although they were tired and in anguish, they listened to what the baker had to say." Das Leid verbindet. Die Eltern hören dem Bäcker nicht nur zu, sondern essen auch von dem Brot, das er ihnen anbietet: "They swallowed the dark bread. It was like daylight under the fluorescent trays of light. They talked on into the early morning, the high, pale cast of light in the windows, and they did not think of leaving"(301). Das gemeinsame Mahl wird zum Zeichen der durch das Leid zustande gekommenen Kommunikation.

Kann "The Bath" als ein Extrem minimalistischer Reduktion betrachtet werden, so "A Small, Good Thing" als Beispiel Lockerung des minimalistischen Prinzips, die seit *Cathedral* in einer Reihe von Geschichten auftritt. In "A Small, Good Thing" wirkt sich diese Lockerung nicht vorteilhaft aus. Kamen zuvor die Gefühle, die die Personen bewegten, zu kurz oder blieben unklar, so ist in der späteren Fassung zu viel von Gefühlen die Rede. Die Geschichten, die eine solche Lockerung der "minimalistischen" Prinzipien aufweisen, sind zahlenmäßig noch zu gering, um darin eine bleibende Tendenz im Schaffen Carvers zu erkennen zu können. In der Mehrzahl der inzwischen erschienenen Kurzgeschichten empfindet der Leser weiterhin eher das Zuwenig.

Die letzte der uns gegenwärtig zugänglichen Kurzgeschichten, "Errand" - als letzte in *Where I'm Calling From* abgedruckt - vereint noch einmal - ähnlich wie die Titelgeschichte dieser Sammlung - in frappierender Weise Wirklichkeit und Fiktion. In für ihn ungewöhnlicher Weise versetzt Carver den Leser diesmal in die Vergangenheit. Mit Hilfe zeitgenössischer Quellen wird zunächst von den letzten Lebensjahren und dem Tod Tschechows in Badenweiler berichtet. Der authentische Bericht schließt damit, daß Tschechows Arzt, als er sieht, daß der Tod des Dichters unmittelbar bevorsteht, eine Flasche Champagner bestellt und, als verabschiede er sich damit von ihm, mit ihm und seiner Frau das Glas leert.

Carver erweitert die soweit authentische Geschichte damit, daß er die Anweisungen beschreibt, die Olga, Tschechows Frau, dem Diener gibt, wie er sich bei der

Benachrichtigung des Leichenbestatters verhalten soll, ohne Aufsehen zu erregen. Es sind Anweisungen zu "minimalistischem" Verhalten, das die durchaus vorhandenen Regungen nicht erkennen läßt.

Literatur

Zitiert nach *Fire: Essays, Poems, Stories*, New York, 1989 (Vintage Contemporaries); *What We Talk About When We Talk About Love*, New York, 1989 (Vintage Contemporaries); *Where I'm Calling From*, New York, 1988.

Sekundärliteratur:
Arthur M Saltzman, *Understanding Raymond Carver*, Columbia, SC, 1988.

Frederick Barthelme, geb.1943

Frederick Barthelme, der jüngere Bruder des lange vor ihm als experimenteller Erzähler bekanntgewordenen Donald Barthelme, wurde 1943 in Houston, Texas, geboren. Er studierte an der Tulane University in New Orleans, an der University of Houston, am Kunstmuseum in Houston und bei John Barth an der John Hopkins University. Er betrachtet sich als Architekt, Künstler und Schriftsteller, unterrichtet an der University of Southern Mississippi und sieht sich unter den Minimalisten als der Vertreter des Sun Belt. Die USA seiner Erzählungen und Romane zeigen jedoch keine regionalen Züge. Sie erscheinen in dem uniformen Gewande der Konsumgesellschaft der Gegenwart.

Frederick Barthelmes erster Band Kurzgeschichten erschien bereits 1970, also vor den ersten Veröffentlichungen Carvers, doch wurde eine breitere Öffentlichkeit erst 1983 durch das Erscheinen seiner zweiten Sammlung, *Moon Deluxe*, aufmerksam. Mit seinem zweiten Roman, *Second Marriage*, 1984, etablierte er sich endgültig als einer der bedeutenderen Erzähler der achtziger Jahre. Es folgten weitere Romane und Erzählungen, die jedoch das spezifische Bild seines Erzählens kaum veränderten.

Wie andere Minimalisten möchte auch Frederick Barthelme nicht als solcher bezeichnet werden. Doch mit seiner Begründung rechtfertigt er eher eine solche Zuordnung. "I don't like being called a minimalist, which I am called I think because my characters don't get up on boxes and shout out their views of the world," heißt es in seinem Interview für *Contemporary Authors*. "This is not because they do not have views of the world, but rather that they recognize that we make views of the world the same way we make cars - we produce a great many, but they're not very reliable. So the characters shut up. This pleases me. There are things implicit in shutting up, in avoiding lengthy rationalizations, in side-stepping putatively careful analysis, in not arguing the great public issues."

Im Unterschied zu Carver und anderen Minimalisten bedürfen Barthelmes Erzählungen auch kaum der spekulativen Ergänzungen durch den Leser. Die dargestellte Verhaltenheit macht seine Charaktere aus. Ihr Denken und Empfinden äußert sich in ihrem Verhalten: "I try to write about people," sagt er im gleichen Interview, "who show what they think and feel through actions and reactions, through choices, through oblique bits of dialogue, but who probably don't *talk about* those same thoughts and feelings, perhaps because they've noticed that things talked about 1) are often some distance from things felt, and 2) sometimes tend to disappear in all the talk. In other words, they're skeptical about language and its use. But while they don't haul out their souls for flailing about the page, they do have something of the full range of human intelligence and emotion, which is communicated to the reader through gesture and resonance - every choice is a way of demonstrating a grasp and an appreciation and an opinion of the world in which the character finds him- or herself, and every choice reflects on every other choice"(50).

Barthelme charakterisiert mit diesen Äußerungen sein eigenes Werk in gleicher Weise wie dasjenige anderer Minimalisten, und doch zeigen seine Romane und Kurzgeschichten eine Welt, die sich beachtlich von der anderer Minimalisten unterscheidet. Zwei ihrer auffallendsten Merkmale sind die weiblichen Charaktere, die oft das Geschehen bestimmen, dem sich die männlichen Protagonisten hilflos ausgesetzt sehen, und die Szenerie der modernen Konsumgesellschaft. Beide Merkmale bestimmen die zweite der Geschichten von *Moon Deluxe*:

"Shopgirls", 1983.

Alle siebzehn Kurzgeschichten der Sammlung werden - wie eine Reihe der Geschichten Carvers - in der Gegenwartsform erzählt, aber in verschiedenen Personen, der ersten, der zweiten oder der dritten. In "Shopgirls" erscheint der nicht mehr ganz junge Protagonist als "you". Mit "You watch the pretty salesgirl slide a box of Halston soap onto a low shelf, watch her braid slip off her shoulder, watch [...]"(23) beginnt die Geschichte. "You" kann sowohl den Erzähler meinen als auch den Leser, der damit aufgefordert würde, sich in die dargestellte Situation zu versetzen. Die Möglichkeit, das "You" im letzteren Sinne zu verstehen, läßt den Leser unmittelbar am Erzählen teilhaben, insofern er sich eine Situation oder ein Geschehen vorstellen muß.

In "Shopgirls" wird der Erzähler bzw. Leser jedoch in eine sehr hilflose und lächerliche Situation versetzt. Nach seinem Namen gefragt, nennt er sich zunächst Wiley Pitts, später Robert Caul. Während er eine Verkäuferin in der Parfümerieabteilung eines Kaufhauses beobachtet, wird ihm von deren Kollegin in der Lederwarenabteilung vorgeworfen, er habe der Verkäuferin der Schuhabteilung nachgeschaut. Er ist verlegen und weiß sich nicht zu erklären. "The others think you're crazy," sagt ihm Andrea von der Lederwarenabteilung. "I said you were lonely"(26). Andrea nimmt die Situation in die Hand und lädt ihn zum Lunch mit den beiden anderen Verkäuferinnen, Jenny und Sally, ein. Sie sind geschult, den Kunden gegenüber attraktiv zu erscheinen. "We're professionals, like models. We make the women envious and we make the men feel cheated, and that's not so easy as it sounds"(29). Als "professionals" meistern sie auch die Situation für Robert.

Andrea gibt ihm den Schlüssel zu ihrer Wohnung, wo er dann bis zum Geschäftsschluß auf sie wartet. Während sie das gebratene Hähnchen essen, daß sie mitgebracht hat, erzählt sie die Geschichte ihrer Großmutter und ihres Vaters. Ihr Vater war bei einem Selbstmordversuch zum Krüppel geworden. Zum ersten Male stellt daraufhin Robert eine Frage.

"Killed himself?" you ask, sure that you shouldn't,   sure that you already know the answer.

"No," Andrea says. "Crippled himself. In a wheelchair   the rest of his life."

"I'm sorry," you say.
"Me too," she says, staring at her red nails.
Der Gedanke an den Selbstmordversuch wird zum Bestandteil banalen Alltags, dessen weiterer Verlauf dazu führt, daß Robert den Abend bei Andrea verbringt. "You sit with her until well past midnight - hours of occasional sound, occasional movement." Als sie schlafen geht, macht er es sich auf dem Sofa bequem. Am anderen Morgen "You imagine yourself leaving the apartment on a sunny day in the middle of the week. Three beautiful women in tiny white bikinis lift their sunglasses as you pass them in the courtyard"(35).

Mit einem neuen Wagen fährt er zum Einkaufszentrum, verbringt zwei Stunden bei den Haushaltswaren im zweiten Stockwerk und kauft bei einer schönen Blonden einen Spachtel mit hölzernem Griff.

Die Verkäuferinnen tun alles, um Robert attraktiv zu erscheinen. Er reagiert darauf damit, daß er ihnen nachläuft. Er ist jedoch unfähig, sich wirklich zu engagieren. Mit der "Minimalisierung" der Handlungsfähigkeit bzw. Handlungswilligkeit wird der Protagonist in "Shopgirls" zur komischen Figur. Das Erzählen wird komisch, wenn die "hours of occasional sound, occasional movement" ausgespart werden. Dem Leser, der gewissermaßen aufgefordert worden war, den Voyeur zu spielen, wird der Vorhang vor der Nase zugezogen. Er wird gefoppt, denn es gibt darüber nichts zu erzählen. Nach weit ausholendem Anfang und kurzem Ende wird das Mittelstück der Erzählung ausgelassen, wie bei anderen Kurzgeschichten Barthelmes der Anfang oder der Schluß fehlen kann - auch das eine "Minimalisierung".

"Violet", 1983

An "Violet" aus dem gleichen Sammelband seien noch zwei weitere Merkmale der minimalistischen Erzählkunst aufgezeigt. Zu Beginn der Geschichte wärmt sich der Ich-Erzähler sein gefrorenes Fertiggericht auf und schaut sich eine Call-In Interview Show an: "Kathleen Sullivan is back on CNN, a guest on the call-in interview show. She's supposed to be talking about the boom in news, but the callers, who are all men, only want to talk about her bangs, and the new drab-look clothes she wears on ABC. Tonight she's wearing one of her old purple outfits, and her hair's messed up as it used to be when she co-anchored 'Prime News 120'"(36). Namen von Rundfunkanstalten und Fernsehprogrammen werden mit ihren geläufigen Abkürzungen oder den dem Leser bekannten Titeln genannt. Die Minimalisten bezeichnen fast durchgehend Sachen durch den jeweiligen Marktnamen. Die Würstchen oder das Brot, die auf dem Supermarkt, dem "K-Mart", gekauft werden, werden bei ihrem Markennamen genannt.

Noch weniger als bei Carver kann bei Frederick Barthelme von einer Handlung gesprochen werden. In "Violet" erscheint das im Titel genannte etwa sechzehnjährige Mädchen bei dem verblüfften Erzähler und bittet ihn, sein Telephon benutzen zu dürfen. Er gewährt ihr die Bitte und läßt sie anschließend für den Abend das Regiment führen. Sie bringt ihn dazu, daß er mit ihr zum Essen ausfährt, anschließend eine Bar besucht und sie danach einen geisteskranken jungen Mann durch die Stadt fahren läßt. Am Ende bringen sie jenen Mann zu der Bar zurück, in der dessen Schwester als Bedienung tätig ist. Wie in "Shopgirls" wird der Erzähler dadurch, daß er sich alles gefallen läßt, zur komischen Figur. Wie in "Shopgirls" die Mitte der Geschichte fehlt, so in "Violet" ein Ende, das der Folge von Episoden Sinn verleihen würde. Doch nach diesem darf bei Barthelme selten gefragt werden. Telephonieren, Essen, Barbesuch, Autofahrt werden aneinandergereiht, ohne daß sich das eine aus dem anderen ergäbe. Was Barthelme damit tut, ist nichts anderes als was er, bevor er ernsthaft zu schreiben begann, als bildender Künstler zu tun beachsichtigte. Diesbezüglich heißt es in seinem Interview für *Contemporary Authors*: "I had been combining found objects, only they weren't lovely old bits of iron, but things at the hardware store - pebbled work gloves, tire tubes, duct work." Dieses Pop Art-Prinzip der Verfremdung von im Alltag gefundenen banalen Elementen in ungewöhnlicher Umgebung überträgt Barthelme in der Reihung banaler alltäglicher Vorgänge in weiter nicht motivierte Zusammenhänge auf seine Erzählkunst.

Second Marriage, 1984

Zwei der Kurzgeschichten aus *Moon Deluxe*, "The Browns" und "Exotic Nile" verarbeitete Barthelme in *Second Marriage*. In weiten Teilen des Romans registriert Henry, der Erzähler, den bloßen Verlauf des Tages vom Aufstehen bis zum Schlafengehen, auch wenn er ohne Konsequenzen für den Fortgang des Geschehens bleibt. Doch wird dieses in eine Handlung eingebettet. Die wie in den Kurzgeschichten an ihrer Einsamkeit leidenden Charaktere finden sogar zu erneuerter Begegnung.

Henry ist mit Theo verheiratet, die eine inzwischen dreizehnjährige Tochter mit in die Ehe brachte. Theo setzt durch, daß sie ein Haus kaufen. "Theo said she wanted it and she was buying it"(9). Nach einiger Zeit fängt sie an, ein Loch im Garten zu graben, weiß aber keine Erklärung dafür zu geben. "She doesn't know what she wants to do, but she knows she wants to do something, so she just starts"(58). Für Alice, die Nachbarin, ist das Graben des Loches "a metaphor for trouble"(68). Sie erklärt Henry, "Theo is depressed. The digging is a model of the emotional digging that's going on. I mean, she's digging around in herself trying to find out why she's so depressed"(69). Sie mag das Haus nicht mehr, da sie sich in ihm einsam fühlt: "I feel alone here"(71).

Nach einiger Zeit meldet sich Clare, Henrys frühere Frau, und sucht bei Theo Unterschlupf. Henry läßt es sich gefallen, daß Theo Clare in ihr Haus aufnimmt und schließlich von ihm verlangt, das Haus zu verlassen und sich eine eigene Wohnung zu suchen. "I wanted some time by myself"(83) ist ihre Erklärung, als sie mit Clare für eine Woche nach Colorado reist. Freunde und Nachbarn, vor allem Rachel, die Tochter, versuchen jedoch, die beiden Ehepartner wieder zusammenzuführen, wobei sie ihre eigene Einsamkeit vergessen möchten. Als Theo merkt, daß sie mit Clare nicht glücklich werden kann, trennt sie sich von ihr. Jetzt gelingt es Rachel, Henry ihrer Mutter wieder zuzuführen. Der Frau des befreundeten Hauswirtes war es inzwischen gelungen, ihm eine Anstellung an der Universität zu vermitteln.

Henry ist - wie die Protagonisten in den Kurzgeschichten - derjenige, der sich nicht zum Handeln aufraffen kann und sich so ziemlich alles gefallen läßt, nach Peter Prescott in *Newsweek*: "that familiar figure of feminist fun, the useless man." Er weiß nicht, was er sagen soll. Seine Standardantwort ist "Don't know"(85 u.ö.). Deutlicher als in den Kurzgeschichten wird aber auch die Hilflosigkeit der Frauen dargestellt. Hinter all ihrer Aktivität verbirgt sich Ratlosigkeit. Theo weiß nicht, wofür sie das Loch im Garten gräbt. Sie weiß letztlich auch nicht, auf was sie sich besinnen will, wenn sie sich von Henry trennt.

Bei dem Gartenfest, das Dewey Nassar, bei dem Henry zur Miete wohnt, gibt, charakterisiert Rachel die Gesellschaft als "suspended animation". Als Henry sie korrigieren will, antwortet sie: "O.K. Reverse suspended animation. They're only moving around in the yard, anyway. Maybe it isn't. That's what it looks like to me"(212). Mit Rachels Hilfe gelingt es Henry, den Schwebezustand zu überwinden. Er kehrt von dem Gartenfest nicht mehr in seine angemietete Wohnung zurück, sondern zu Theo, der Rachel bereits seine Rückkehr angekündigt hatte: "'I have been waiting for you,' she said. 'Rachel said you were going around the block, but I wasn't so sure.' We were a few feet apart in the yard. I could see her face, sharp-featured and gentle, a few freckles, her dark eyes. She looked as if she'd just gotten dressed - boots and makeup, her lips glinting, her hair fresh and brushed. I wanted to lean forward and kiss her, but she didn't move toward me, so I held back and reached to get an imaginary bit of lint off her shoulder. She laughed sweetly and caught my hand in mid-air. 'So,' she said. 'I guess Rachel tells no lies'"(217). Minimalistisches Erzählen verdichtet sich in diesem Romanschluß zu Poesie.

Mit der Handlung, die hier nachgezeichnet werden konnte, entspricht der Roman nicht mehr ganz den Forderungen, die die Minimalisten an ihre Kunst stellen. Doch es bleibt das minimalistische Registrieren auch der nicht für die Handlung bedeutsamen Ereignisse. Der von den Minimalisten geforderte Verzicht auf Kritik wird aber dadurch eingeschränkt, daß die Überwindung der Unverbindlichkeit positiv gewertet wird.

Als Bild für die Kunst, die der minimalistischen Erzählweise entspricht, erscheinen die Nile Appartments Nassars: "The apartment was a furnished two-bedroom overlooking a big square courtyard full of colored plaster animals, old signs, and fist-sized white rocks. Dewey Nassar, the guy who owned the Nile, spent a lot of time rearranging the things he had - trying an ESSO sign against some white ceramic birds with long yellow legs. putting an aluminium pyramid in the center of a circular flowerbed that was dotted with large plastic pineapples"(112). Die sich über eine ganze Seite fortsetzende Beschreibung darf keineswegs als bloße Satire verstanden werden. Barthelme hat selbst ein Kängeruh aus Ton von einem Meter Höhe in seinem Arbeitszimmer stehen, wie er gesteht; er warnt jedoch, "[that] to attack the world that produced him *because* it procuced him is about as far from what I'm interested in as I can imagine." In seinem Roman wird diese Welt jedoch durch die Handlung, die er in sie einführt, überwunden.

Literatur

Zitiert nach *Moon Deluxe*, New York, 1984 (Viking Penguin); *Second Marriage*, New York, 1984.

Sekundärliteratur:
Contemporary Authors, 122, 1988, 46-51.

Richard Ford, geb.1944

Eine "Second Marriage" wie in dem Roman Frederick Barthelmes steht auch in dem soweit letzten Roman Richard Fords, *Wildlife*, 1990, im thematischen Mittelpunkt. In der Welt der Minimalisten gehört es zur Normalität, mindestens zum zweiten Male verheiratet zu sein, ohne in der jeweils nächsten Verbindung das zuvor vermißte Glück gefunden zu haben.

Richard Ford, in Jackson, Mississippi, geboren, tat sich anfangs vor allem als Autor von Kurzgeschichten hervor, die in *Esquire* und *The New Yorker* veröffentlicht und preisgekrönt worden waren. Eine erste Sammlung seiner Kurzgeschichten erschien unter dem Titel *Rock Springs* allerdings erst 1987, ein Jahr, nachdem er mit *The Sportswriter* auch als Romancier Anerkennung gefunden hatte. Das Geschehen seiner Erzählungen und Romane spielt gewöhnlich in Great Falls, Montana, und seiner Umgebung am Übergang von der Prärie zum Felsengebirge, wo Ford sich selbst für einen größeren Teil des Jahres aufzuhalten pflegt.

"Rock Springs", 1987

In "Rock Springs", der Titelgeschichte des Sammelbandes, befindet sich Earl, der Ich-Erzähler, in Begleitung seiner zweiten Frau und der noch kleinen Tochter von seiner ersten Frau unterwegs von Montana nach Florida. Er ist der typische Protagonist der Welt der Minimalisten in einer für diese Welt typischen Situation: Er ist ohne Arbeit, ist geschieden und wiederverheiratet und unterwegs, "on the road". Über sein Leben nachdenkend, sagt er sich: "I thought that the difference between a successful life and an unsuccessful one, between me at that moment and all the people who owned the cars that were nosed into their proper places in the lot, maybe between me and that woman out in the trailers by the gold mine, was how well you were able to put things like this out of your mind and not be bothered by them, and maybe, too, by how many troubles like this one you had to face in a lifetime. Through luck or design they had all faced fewer troubles, and by their own characters, they forgot them faster"(26). Er weiß seine Schwierigkeiten nicht zu meistern bzw. ist nicht bereit, die Konsequenzen auf sich zu nehmen, die sich daraus ergeben würden.

Er hatte Montana verlassen müssen, da er wegen Scheckbetrügereien gesucht wurde. Mit Edna, seiner zweiten Frau bzw. Partnerin, und Cheryl, der Tochter, begibt er sich in einem gestohlenen Mercedes auf die Reise. Kurz vor Rock Springs, Wyoming, bricht der Mercedes in der Nähe eines neu angelegten Goldbergwerks zusammen. Unterwegs hatte Edna Earl erzählt, daß sie einmal einen Affen besessen hatte. Als sie vor ihm Angst bekam, hatte sie ihn in ihrem Zimmer festgebunden, doch an einer zu kurzen Leine, sodaß er sich während der Nacht daran erhängte. Die Leiche des Tieres warf sie in einem Plastiksack auf die Abfallhalde. Als Earl auf ihre Erzählung hin nichts zu sagen hat, wirft sie ihm vor: "Don't you care anything about that awful thing that happened to me?"(8). Er meint daraufhin, daß sie nur das in dieser Situation Angemessene getan habe. Sein Gefühlsleben ist auf ein Minimum reduziert. Vergeblich versucht er, sich über sein Leben Klarheit zu verschaffen: "There was always a gap between my plan and what happened, and I only responded to things as they came along and hoped I wouldn't get in trouble. I was an offender in the law's eyes. But I always *thought* differently, as if I weren't an offender and had no intention of being one, which was the truth. But as I read on a napkin once, between the idea and the act a whole kingdom lies. And I had a hard time with my acts, which were oftentimes offender's acts, and my ideas, which were as good as the gold they minded there where the bright lights were blazing"(17). Der Erzähler beschreibt damit die Situation vieler Protagonisten der Minimalisten. Ihr Handeln leitet sich letztlich nicht aus ihrem Denken ab, es bleibt mehr oder weniger willkürlich und damit unmotiviert. Eine Handlung im Sinne der traditionellen Geschichte kommt auf diese Weise nicht zustande.

Mit einem Taxi läßt Earl sich mit seinem Anhang in ein Motel in der Stadt bringen, um am nächsten Morgen einen neuen Wagen zu stehlen und die Reise nach Florida fortzusetzen. Edna ist aber nicht mehr bereit mitzumachen. "I'm thirty-two and I'm going to have to give up on motels. I can't keep that fantasy going anymore"(23). Sie will am nächsten Morgen mit dem Bus nach Montana zurückfahren. Die "Wirklichkeit" der minimalistischen Welt erweist sich damit als eine Phantasie, mit der man als Erwachsener nicht mehr oder auf nur noch sehr prekäre Weise zu leben vermag.

Die Kurzgeschichte endet damit, daß, nachdem Edna und Cheryl eingeschlafen sind, Earl das Zimmer verläßt und sich auf dem Parkplatz des Motels die Wagen anschaut. Es bleibt offen, ob er einen der Wagen stiehlt und allein seine Flucht "auf der Straße" fortsetzt oder ob er die Verantwortung für sein und der anderen Leben übernimmt und mit den "troubles" zurechtzukommen versucht. Mit diesem offenen Ende erhält die Geschichte einen nahezu paradigmatischen Charakter für die Erzählkunst der Minimalisten.

"Fireworks", 1987

"Fireworks" gehört zu den wenigen Kurzgeschichten in *Rock Springs*, in denen der Protagonist nicht auch gleichzeitig als Erzähler erscheint. Die Geschichte beginnt am Vorabend des 4.Juli. Die Kinder spielen auf der Straße bereits mit Feuerwerkskörpern. Eddie Starling, zum zweiten Male verheiratet, hat seine Stellung als Immobilienverkäufer verloren und ist arbeitslos. Seine Frau Loi arbeitet als Bedienung in einer Bar in der Stadt. Dort begegnet sie Louie, ihrem früheren Mann, und lädt Eddie ein, zu einem Drink zu ihnen zu kommen. Dieser weigert sich. Weiteres ereignet sich kaum, als daß Eddie in der Stadt herumkreist und schließlich mit Loi nach Hause fährt.

Unterwegs erinnert er sich, daß seine erste Frau eine Abtreibung hatte. "Jan, his first wife, had an abortion in a student apartment right on the campus.[...] Starling's mother had had to lend them money she'd gotten from Rex"(203). Sie konnten sich kein Kind leisten. Ihre Ehe hatte aber ohne das Kind auch keinen Bestand. Als sich Loi auf der Fahrt nach Hause daran erinnert, gesteht Eddie: "We were idiots." "Some people claim they make your life hold together better, though," meint Loi daraufhin(213).

Vor ihrem Hause angekommen, steigt Loi aus dem Wagen und entzündet einen Feuerwerkskörper. Tanzend schwenkt sie das sprühende Licht vor dem Wagen im Regen "and, for a moment, caught the world and stopped it, as though something sudden and perfect had come to earth in a furious glowing for him and for him alone - Eddie Starling - and only he could watch and listen. And only he would be there, waiting, when the light was finally gone"(214). Mit dem 4.Juli feiert Loi ihre Liebe, die die Dunkelheit aus ihrem Leben - zumindest für einen Augenblick - vertreibt und ihr vielleicht ein Kind schenkt, das ihre Ehe mit Eddie noch besser zusammenhält.

"Fireworks" ist eine wahrhaft "minmalistische" Geschichte, in der kaum etwas geschieht und in der kaum von Gefühlen die Rede ist. Das Wissen um die Gemeinschaft mit dem anderen ist Alles, was übrig bleibt. Den Rahmen bilden die Abtreibung und der 4.Juli. Die Abtreibung wird in diesem Kontext zum Bild für den Versuch, die Schwierigkeiten, die ein Zusammenleben mit sich bringen kann, beiseitezuschaffen. Dieser Versuch erweist sich als falsch. Mit dem 4.Juli, dem Nationalfeiertag, feiern die beiden Partner ihre Ehe als "contrat social"..

"Great Falls", 1987

Besondere Beachtung unter den Kurzgeschichten Fords verdient "Great Falls". Der "Minimalismus" ist hier weitgehend durch die Perspektive des jugendlichen Beobachters bedingt. Dieser berichtet, wie er als Halbwüchsiger das Auseinanderfallen der Ehe seiner Eltern miterlebte.

Ungewöhnlich ist es auch, daß die Geschichte mehr auf die Vergangenheit anderer Personen als auf die des Autors zurückgreift. Dieser erzählt sie als abgeschlossene Geschichte. Sich direkt an den Leser wendend, sagt er:"This is not a happy story. I warn you"(29). Im Mittelpunkt steht, daß sein Vater eines Abends seine Frau mit ihrem Liebhaber überraschte. "It was on such a night as this that the unhappy things came out"(32).

Der Vater des Erzählers nahm abends seinen Sohn mit zum Fischen und anschließend mit in eine Bar, woraus - ohne daß darauf weiter verwiesen wird - der Leser erkennt, daß sich die Mutter vernachlässigt fühlen muß. Die Überraschungsszene verläuft relativ friedlich. Die Mutter verläßt mit ihrem Liebhaber das Haus. Am nächsten Tag verabschiedet sie sich in einem Motel von ihrem Sohn, bevor sie die Stadt verläßt.

Der Erzähler, nur Beobachter des Geschehens, kann nichts über die Gefühle und das Denken der Beteiligten berichten. Doch er fragt danach, als er die Mutter mit ihrem Liebhaber sprechen sieht, bevor sie das Anwesen seines Vaters endgültig verlassen: "I wondered what they had to say to each other, something important enough that they had to stop right at that moment and say it. Did she say, *I love you?* Did she say, *This is not what I expected to happen?* Did she say, *This is what I've wanted all along?* And did she say, *I'm sorry for all this*, or *I'm glad* or *None of this matters to me?* These are not the kinds of things you can know if you were not there"(44). Der Erzähler stellt als Beobachter die Fragen, die in den meisten Fällen die Beteiligten in den Erzählungen der Minimalisten selbst nicht beantworten oder beantworten können.

Das Ende der Geschichte kann als paradigmatische Beschreibung der minimalistischen Erzählkunst wie des auf ein Minimum reduzierten Lebens betrachtet werden, wenn es heißt: "It was a thing that happened to you - I knew that - and it had happened to me in this way now. And as I walked on up the cold street that afternoon in Great Falls, the questions I asked myself were these: why wouldn't my father let my mother come back? Why would Woody [ihr Liebhaber] stand in the cold with me outside my house and risk being killed? [...] And my mother herself - why would she do what she did? [...] I have never known the aswer to these questions, have never asked anyone their answers. Though possibly it - the answer - is simple: it is just lowlife, some coldness in us all, some helplessness that caused us to misunderstand life when it is pure and plain, makes our existence seem like a border between two nothings, and makes us no more or less than animals who meet on the road - watchful, unforgiving, without patience or desire"(49). Der Erzähler beschreibt damit das, was die minimalistischen Erzähler als das Lebensgefühl derjenigen betrachten, die in der Reagan-Ära von dem proklamierten Lebenserfolg ausgeschlossen sind. "Great Falls" "wurde zur Vorstudie für *Wildlife*, den Roman von 1990.

Zitiert nach *Rock Springs*, New York, 1987.

John Barth war in seinen eingangs zitierten Bemerkungen über die "Minimalisten" von den Regeln für die "tale proper" ausgegangen, wie sie Edgar Allan Poe in seiner Besprechung von Hawthornes *Twice Told Tales* niederlegte. Nach Barth wurden diese Regeln von Poe selbst nie eingehalten, sondern eigentlich erst von den Minimalisten ernst genommen. Diese Behauptung trifft die Situation nicht ganz. Nach Poe bedurfte die "tale proper" immerhin einer Handlung, auf die die Minimalisten weitgehend verzichten. Richtig dürfte aber sein, daß sich die Minimalisten äußerst streng an die von Carver in seinen Geschichten vorgegebenen Einschränkungen halten. Damit setzen sie ihrer Kunst allerdings auch eine sehr enge Grenze. Jeder der Autoren bringt - wie sich auch bei den hier behandelten zeigt - seine eigene Note ein, doch imgrunde ähneln sie sich alle sehr. Die Behandlung weiterer Minimalisten in unserem Zusammenhang würde daher auch das Bild von dieser immerhin für die achtziger Jahre bedeutsamen Erzählkunst kaum wesentlich verändern.

Weitere Erzähler der Gegenwart

Thomas Berger, Gore Vidal, Don DeLillo, Anne Tyler, Paul Auster usw.

Die Fülle der amerikanischen Erzählliteratur seit 1950 einigermaßen vollständig darzustellen, bedürfte es mehrerer Bände des Umfangs, auf den wir uns hier beschränken. Eine ganze Reihe von Autoren und Werken ließe sich zudem nur auf Kosten des ihnen eigenen Charakters in die Tendenzen einordnen, die hier unterschieden wurden. In einem kurzen abschließenden Teil seien aber noch einige Erzähler vorgestellt, die sich nicht in diesem Sinne beschreiben lassen, deren dauerhafte Bedeutung noch nicht mit Sicherheit auszumachen ist oder deren Werk - im Falle der jüngsten Generation - noch nicht seine ausgereiften Konturen voll zu erkennen gibt. Hierbei kann es sich nur um eine bescheidene Auswahl handeln. Sie könnte ständig ergänzt werden. Statt einer solchen Ergänzung, die unser Unternehmen nie zum Abschluß gelangen lassen würde, setzen wir ein einfaches aber doch vielsagend gemeintes *usw*.

In bezug auf **Thomas Berger**, geb.1924 in Cincinnati, stimmen die Bewunderer seiner Romane darin überein, daß er zwar in fast allen Darstellungen der amerikanischen Erzählkunst seiner Zeit erwähnt werde, aber in keiner eine seinem Werk angemessene Würdigung finde. Dieses Vorwurfs eingedenk, nennen wir ihn an erster Stelle der in diesem Abschnitt behandelten Erzähler, die sich nicht den Tendenzen zuordnen lassen, die der Gliederung unseres Überblicks zugrunde gelegt wurden. Bei der Komplexität seines Werkes wird es allerdings schwierig, ihm in der seiner Bedeutung angemessenen Kürze gerecht zu werden.

Berger studierte an der Universität seiner Heimatstadt und besuchte später Seminare und Kurse an der Columbia University und an der New School for Social Research in New York, leistete jedoch zwischendurch von 1943 bis 1946 Kriegsdienst in Europa und sammelte als Angehöriger der Besatzungsarmee in Berlin die Erfahrungen, die in den Hintergrund für *Crazy in Berlin*, seinen ersten Roman von 1958, eingehen sollten.

Crazy in Berlin, 1958

Crazy in Berlin ist der erste einer inzwischen aus vier Bänden bestehenden Serie der nach ihrem Protagonisten benannten Reinhart-Romane und ließ die Kritik sogleich aufhorchen. Die anderen drei Romane sind *Reinhart in Love*, 1962, *Vital Parts*, 1970, und *Reinhart's Women*, 1981. Eine Fortsetzung der Reihe schließt ihr Autor nicht aus. *Crazy in Berlin* ist zu Recht mit Joseph Hellers *Catch-22* verglichen worden. Heller wie Berger reflektieren ironisch das Bemühen ihrer Helden, mit der Absurdität des Krieges bzw. mit seiner Rechtfertigung zurechtzukommen. Das Besondere bei Berger ist, daß sich die Absurdität vor allem in den Ideologien zeigt, denen die am Geschehen Beteiligten verhaftet sind. Vor allem aus der Perspektive Reinharts, eines amerikanischen Sanitätssoldaten im Nachkriegsberlin gesehen, kompliziert sich die Auseinandersetzung mit den Ideologien dadurch, daß sie immer wieder auch durch die Perspektive anderer an dem Geschehen Beteiligter reflektiert werden. In dieser Auseinandersetzung mit den verschiedenen Ideologien zeigt sich bereits ein wesentlicher Zug von Bergers Gesamtwerk, insofern er verschiedene Interpretationen gelten läßt und der Leser auf keine einseitig festgelegt wird.

Für Reinhart als Amerikaner geht es dabei um die Auseinandersetzung mit seiner deutschen Herkunft, die ihm zwar etwas bedeutet, von der er sich aber nicht bestimmen lassen will. Zwei Bilder sind dafür in dem Roman bezeichnend. Das erste steht gleich am Anfang: Reinhart uriniert im Dunkeln am Sockel einer Statue, die ihn mit ihrem Dreispitz an George Washington erinnert, bei der es sich aber um die Reiterstatue Friedrichs des Großen Unter den Linden handelt. Die Szene dokumentiert einerseits die Respektlosigkeit, mit der der mit Ideologie befrachteten Vergangenheit begegnet wird; andererseits dient die sich daran entzündende Auseinandersetzung mit der Vergangenheit der eigenen Bestimmung.

Am Schluß steht das Bild von Dürers *Ritter, Tod und Teufel*. "If you glance quickly at the picture you won't see anything but the Knight," meint Reinhart, "but most of all that wonderful face, sure of itself, looking not at the airy castle or horseshit Death or the mangy Devil, because they'll all three get him soon enough, but he doesn't care"(360). Reinhart - und auch die Protagonisten der späteren Romane Bergers - werden diesem Ideal nicht gerecht, bleiben aber bemüht, es zu erreichen. In *Arthur Rex*, 1978, wird dieses Ideal exemplarisch mit der Figur des Ritters auf der Suche nach dem Gral, der nie gefunden wird, wieder aufgenommen.

Die Schwäche von *Crazy in Berlin* zeigt sich in der wenig überzeugend gestalteten Handlung um die Begegnung Reinharts mit den Frauen. Diese Schwäche sollte allerdings vor allem die Folgeromane der Serie bestimmen. In ihrer Ganzheit decken die Reinhart-Romane wie die in dieser Hinsicht mit ihr vergleichbaren Rabbit-Romane Updikes die vier Jahrzehnte seines Schaffens ab. Doch ähnlich wie bei seinem Zeitgenossen erreicht keiner der folgenden die Bedeutung des ersten Romans der Serie. In Bergers *Reinhart in Love* kehrt der Protagonist nach Hause in die Provinz Ohios zurück. Seiner Auseinandersetzung mit dem Alptraum seiner Herkunft in Berlin folgt dort diejenige mit der Absurdität des "Amerikanischen Traums". In den Reinhart-Romanen bedient sich Berger einer weitgehend realistischen Erzählweise, in der jedoch die vermittelte Wirklichkeit durch Ironie ihre Eindeutigkeit verliert. Die drei letzten Romane der Serie vermögen aber im Vergleich zu den ihr zeitgeschichtlich entsprechenden Rabbit-Romanen Updikes nicht mehr zu überzeugen, besonders wenn der in *Crazy in Berlin* noch bestimmende schwarze Humor der Komödie weicht. Es kann als bezeichnend betrachtet werden, wenn 1964 auf *Reinhart in Love* nicht *Vital Parts*, sondern erst der durch seine Verfilmung wohl bekannteste Roman Bergers, *Little Big Man*, folgte, insofern dieser in grundsätzlicherer Weise die Begegnung mit dem "Amerikanischen Traum" zur Darstellung bringt.

Little Big Man, 1964

Bergers Romane folgen den verschiedendsten Gattungsmustern, *Killing Time*, 1967, dem des Kriminalromans, *Sneaky People*, 1975, dem der Kindheitserinnerung, *Who Is Teddy Villanova?*, 1977, dem des Detektivromans, *Arthur Rex*, dem des Arthurromans, *The Feud*, 1983, dem des Naturalismus oder *Nowhere*, 1985, dem der Utopie bzw. Dystopie. Nie wird eine Erfüllung der vorgegebenen Form erstrebt; mit ihr wird vielmehr gespielt und versucht, ihr neue Möglichkeiten zu entlocken. Dies ist auch der Fall bei *Little Big Man*. Der Roman folgt dem Muster des Westeners bzw. der "captivity narrative", dem Bericht von der Gefangenschaft bei den Indianern. Die Erzählsituation in *Little Big Man* ist ähnlich derjenigen, der sich später Ernest J.Gaines in seiner "slave narrative", *The Autobiography of Miss Jane Pittman*, bedient: Der über 100 Jahre alte Protagonist/die Protagonistin diktieren ihr Leben auf ein Band, das von einer anderen Person herausgegeben wird. Der Effekt der doppelten Vermittlung bei Berger läßt sich jedoch in seiner Unzuverlässigkeit eher mit demjenigen von Ishmael Reeds *Flight to Canada* vergleichen.

Jack Crabb, der zur Zeit des Diktats 111-jährige Protagonist, war nach dem Tode seiner weißen Eltern von Cheyenne-Indianern aufgezogen worden, lebte unter den Indianern wie unter Weißen und behauptet, der einzige überlebende Weiße von General Custers Schlacht am Little Bighorn 1876 gewesen zu sein. Weder er, noch der Herausgeber seines Berichtes können als zuverlässige Erzähler betrachtet werden. Crabbs Bericht über die Gefangenschaft bei den Indianern folgt zu sehr dem Muster der Lügengeschichte ("tall tale") des Südwestens, um vom Leser ernst genommen werden zu können; Ralph Fielding Snell, der Herausgeber des Bandes, ist der "Easterner", dem man den Bären der Lügengeschichte aufbindet. In der Abwandlung des Erzählmusters wird die heroische Vergangenheit an der Grenze zum Westen als Teil des "Amerikanischen Traums" als Mythos entlarvt. Doch geht es Berger dabei nicht nur um den Mythos des Westens, sondern um die unterschiedlichen Lebensweisen der Indianer und der Weißen. Crabb, der Weiße, der als Indianer aufwuchs, verleugnet nie seine Herkunft; für den Leser erscheinen beide Lebensweisen jedoch in einem zweifelhaften Licht. Wie in bezug auf die Ideologien in *Crazy in Berlin*, wird hier keiner der Lebensweisen der absolute Vorzug gegeben, kein Wunder, wenn wir sie nur durch das Medium der Lügengeschichte kennenlernen.

In allen seinen Romanen sieht Berger die Welt ähnlich wie der von ihm geschätzte Friedrich Nietzsche, doch er kritisiert sie nicht, sondern akzeptiert sie mit all ihrer Widersprüchlichkeit und Absurdität.

(Zitiert nach *Crazy in Berlin*, New York, 1982, Delta. Sekundärliteratur: Brooks Landon, *Thomas Berger*, Boston, 1989.)

Ein Erzähler, der sich allein der Fülle seiner Werke wegen nicht übersehen läßt, ist **Gore Vidal**, geb.1925. Als Enkel von Thomas Pryor Gore, dem ersten Senator von Oklahoma, in Westpoint geboren, an dessen Offiziersschule sein Vater tätig war, wuchs Vidal sehr früh in die politische Szene der USA hinein, in der zu agieren er mehrere Versuche machte. Doch betrachtete er sich stets vor allem als Schriftsteller, Verfasser von Filmskripten und Fernsehprogrammen. Seinen ersten Roman schrieb er noch als Angehöriger des Army Transport Service auf seinen Fahrten zur Versorgung der militärischen Stützpunkte auf den Aleuten. Dieser erschien 1946 als *Williwaw*, nachdem er seinen Dienst quittiert hatte. Seitdem lebte er fast ausschließlich von seiner Schriftstellerei, ließ sich hierzu zunächst in Guatemala, später in Italien nieder.

Größere Aufmerksamkeit wurde ihm allerdings erst zuteil, als er in seinem dritten Roman, *The City and the Pillar*, 1948, in an Hemingway geschulter Erzählmanier den amerikanischen Helden als Homosexuellen darstellte. Neben einer hohen Auflagenzahl brachte ihm der Roman die Freundschaft von einer ganzen Reihe von Schriftstellerkollegen ein, die sich wie er veranlagt wußten, wie Paul Bowles, Christopher Isherwood, André Gide oder George Santayana. Mit Tennessee Williams reiste er ein ganzes Jahr lang feiernd durch Italien.

Immer unterhaltsam, verarbeitete er mit seinem umfassenden soziologischen, historischen, aber auch philosophischen Wissen, Kitsch und Klatsch nicht scheuend, die unterschiedlichsten Themen. Seine Erfahrungen mit Hollywood flossen ein in *Myra Breckinridge*, 1968, *Miron*, 1974, die zumindest Robert F.Kiernan als seine besten Romane betrachtet, und *Hollywood*, 1990.

Großen Erfolg erzielte Vidal mit dem aufführlich recherchierten historischen Roman über Kaiser Julian Apostata,*Julian*, 1964, dem mit *Creation*, 1981, ein zweiter Roman aus dem Bereich der Alten Geschichte folgte. Der politischen Vergangenheit seiner Familie wird er in einer beachtlichen Reihe von Romanen gerecht, die allmählich zu einer amerikanischen Chronik zusammenwachsen. Die Helden dieser Geschichte sind meistens die Außenseiter wie z.B. Aaron Burr. Dazu gehören neben *Burr*, 1973, *1876*, 1976, und *Lincoln*, 1984. Oft interessante Unterhaltungsliteratur, dürften Vidals Romane jedoch von nur begrenzter Bedeutung für die Geschichte amerikanischer Erzählkunst sein.

(Sekundärliteratur: Ray Lewis White, *Gore Vidal*, Boston, 1968; Bernard Dick, *The Apostate Angel: a Critical Study of Gore Vidal*, New York, 1974; Robert F.Kiernan, *Gore Vidal*, New York, 1982.)

Ein Autor, der sich kaum den Tendenzen zuordnen läßt, an denen sich die hier vorgelegte Darstellung der amerikanischen Erzählkunst seit 1950 orientiert, ist **Don DeLillo**. 1936 als Sohn italienischer Immigranten geboren, wuchs er in der Bronx auf, absolvierte sein College-Studium an der Fordham University und etablierte sich seit dem Erscheinen seines ersten Romans, *Americana*, 1971, erfolgreich als professioneller Erzähler. Inzwischen veröffentlichte er zehn Romane. Bei aller Anerkennung, die die Besprechungen seinen Romanen zollten, blieb seine eigentliche Bedeutung im Rahmen der Erzählkunst seiner Zeit lange unbestimmt. Erst nachdem er für seinen achten Roman, *White Noise*, 1985, den American Book Award des Jahres erhielt, wurden auch die Literaturwissenschaftler auf ihn aufmerksam. Tom LeClair widmete 1987 seinem bis dahin erschienenen Werk mit *In the Loop: Don DeLillo and the Systems Novel* erstmals eine Monographie. Ihn in die Erzählkunst seiner Zeit einzuordnen, charakterisierte er seine Romane zusammen mit denjenigen von Gaddis, Pynchon und Coover als "systems novels". Den nächsten Versuch, seine Bedeutung zu bestimmen, unternahm Frank Lentricchia 1991 nach der, größere öffentliche Aufmerksamkeit verursachenden, Veröffentlichung von *Libra*, 1988, dem Roman über die Ermordung J.F.Kennedys, mit zwei Sammlungen von Aufsätzen, deren eine DeLillos Werk insgesamt, deren zweite speziell *White Noise* betrifft. Danach dürfte über die außergewöhnliche Bedeutung DeLillos kein Zweifel mehr bestehen. Dennoch bedarf es noch einer genaueren Bestimmung dessen, was diese Bedeutung ausmacht.

Zeitlich lassen sich DeLillos Werke zwischen denen der experimentellen Erzähler der sechziger und denen der Minimalisten der achtziger Jahre ansiedeln. Mit letzteren teilt er die grundsätzlich mimetisch orientierte Darstellung der - nicht nur amerikanischen - Verbrauchergesellschaft der Gegenwart mit dem Supermarkt als ihrem zentralen Symbol. Doch stellt er - anders als die Minimalisten - den Alltag dieser

Gesellschaft in umfassendere Zusammenhänge, in denen sich die Frage nach ihrer Bedeutung erhebt. Diese kommt bereits in dem Symbol des Supermarkts zum Tragen, wenn dieser nach Lentricchias überzeugender Interpretation nicht primär für die Befriedigung aller Begehrlichkeiten steht, sondern für den Traum, an der Welt teilzuhaben, in der alles für jeden möglich wird, mit dessen Erfüllung das Ich sich in das erträumte Er verwandelt sieht.

Dem Wirklichkeitsverständnis der experimentellen Erzähler steht DeLillo nahe, wenn sich das Erträumte nur als etwas Sekundäres erweist. Nicht die im Supermarkt angebotenen Waren machen die Wirklichkeit für den Verbraucher unserer Zeit aus, sondern die sie anpreisende Reklame im Fernsehen oder auf der Verpackung. So ist die Welt DeLillos vor allem auch eine Welt der Medien. Wie Emerson - so Lentricchia - noch in der "landscape of desire" den Neuen Adam der Neuen Welt suchte, Dreiser in der "cityscape" die Zukurzgekommenen sich nach dem Glanz und Reichtum der Großen Welt sehnen ließ, bilden sich die Protagonisten in der "mediascape" DeLillos ihr Ich aus Elementen des Fernsehens und anderer Massenmedien(214).

Der Unterschied DeLillos zu den Minimalisten besteht auch darin, daß alle seine Romane eine ausgeprägte, wenn auch teilweise sich im Kreise drehende Handlung aufzuweisen haben. Die Medien- wie die Verbraucherwelt zeigen sich glanzvoll, oft sogar schön, aber auch grausam und schrecklich. Fast alle Romane handeln von Gewalt und Schrecken, von denen sich der jeweilige Erzähler meist distanziert, indem er seine Welt mit der Brille des schwarzen Humors betrachtet. Die Personen, die in DeLillos Romanen in die Handlung verwickelt sind, bleiben wiederum, wie bei den Minimalisten, flach. Die Handlung entwickelt sich nicht aus den Charakteren, sondern diese finden, wenn es gut geht, ihre Identität durch ihr Tun. Sie dienen aber meist nur als auswechselbare Sprachrohre des Autors zur Kommentierung des Geschehens, dem dadurch erst Bedeutung verliehen wird.

Libra, 1988

Mit Gaddis, Coover und vor allem Pynchon verbindet DeLillo nach der Interpretation LeClairs die Form des Systemromans. Wie bei Pynchon wird die Wirklichkeit bestimmt durch nie voll zu durchschauende Verschwörungen. Am offensichtlichsten erscheint eine solche Verschwörung in dem Kennedy-Roman *Libra*. Alle zugänglichen Dokumente gewissenhaft berücksichtigend, zeichnet DeLillo zunächst die Geschichte des mutmaßlichen, später von Ruby erschossenen Mörders Lee Oswald nach. Dabei spielt die Frage eine entscheidende Rolle, ob und wie Oswald nur Handlanger von Hintermännern war, die das Attentat inszenierten. So verfolgt DeLillo in einem zweiten Erzählstrang Möglichkeiten einer daraufhin angelegten Verschwörung. Gerade dieser zweite Handlungsstrang sollte eine Reihe von Kritikern erregen, die darin ein Infragestellen der offiziellen Interpretation des Geschehens sahen, eine große Zahl von politisch interessierten Lesern aber sollte er besonders ansprechen. Entscheidend wird jedoch, daß Lee Oswald durch den Tod Kennedys - als verantwortlicher Mörder oder nicht - zum Fernsehstar wird. Wie das Attentat auf Kennedy erschien sein Tod "live" im Fernsehen. Er wird jetzt Lee Harvey Oswald, wie Kennedy und andere mit zwei Vornamen genannt. In "his strange new media birth"(L 207) hat er zu einer neuen Identität gefunden bzw. die von ihm angestrebte Identität erst gewonnen.

Die Verschwörung in *Libra* ist aber nur eines der möglichen "Systeme", die die Wirklichkeit im Geheimen bestimmen. In *Ratner's Star*, 1976, dient die Mathematik als Grundlage eines Systems, in *Running Dog*, 1978, der Geheimdienst, in *The Names*, 1982, die Sprache, in *Mao II*, 1991, der Terrorismus. "We seek pattern in art that eludes us in natural experience," sagt DeLillo in seinem bei Lentricchia abgedruckten Interview(66). Das "pattern" soll den Zusammenhang der Dinge und damit ihren Sinn aufzeigen. Doch auch in der Kunst entzieht sich eine letzte Schlüssigkeit bei der Suche nach dem "pattern". Hier gilt für DeLillos Werk Gödels Unvollständigkeitssatz. Immer bleibt ein Element übrig, das sich nicht in das System einbeziehen läßt und das das System in Frage stellen kann. Daß sich das System nie voll schließt, hat aber auch zur Folge, daß es nicht wie bei Pynchon zur Entropie kommt, sondern nur zur Formierung immer neuer Systeme.

DeLillos keineswegs ideologisch orientierte Darstellung der Gesellschaft unserer Zeit ist immer auch Kritik an ihr. Mit der Darstellung der Katastrophe versucht er deren Gefahr zu bannen bzw. vor ihr zu warnen. Nach der Aussage des Schriftstellerprotagonisten in *Mao II*, seinem bisher letzten Roman, besteht allerdings wenig Hoffnung, daß dies heute noch möglich sei. "Years ago I used to think it was possible for a novelist to alter the inner life of a culture," heißt es dort. "Now Bomb-makers and gunmen have taken that territory. They make raids on human consciousness. What writers used to do before we were all incorporated"(41). Der Roman selbst ist demnach zum Teil der "mediascape" geworden. Wenn er aus deren Perspektive die heutige Wirklichkeit zu erfassen versucht, erhält seine Kritik einen höchst ironischen Akzent.

White Noise, 1985

Gebührt *Libra* der Vorrang unter den Romanen DeLillos seiner konkreten geschichtlichen Verankerung wegen, so *White Noise* wegen seiner umfassenden Thematik. Das Thema, das in den zunächst dargestellten banalen Alltag schrittweise eingeführt wird, ist der Tod. Im Mittelpunkt des Geschehens steht Jack Gladney, Professor am College-on-the-Hill in einer kleinen Stadt, irgendwo weit weg von New York, mit seiner inzwischen vierten Frau Babette und vier Kindern aus früheren Ehen. Gladney hat sich als Begründer und Leiter eines Instituts für Hitler-Studien hervorgetan. Er erzählt die sich über ein Jahr erstreckende Geschichte, in ähnlich aufzählender Weise wie die Minimalisten, in der Vergangenheitsform, aber so als sei alles gerade erst geschehen.

Der Alltag der Gladneys wird bestimmt durch Fernsehen und Supermarkt. Das Fernsehen vermittelt auf der einen Seite die Faszination, die dem sonstigen Ablauf des Tages fehlen würde. "That night, a Friday," heißt es so, "we gathered in front of the set, as was the custom and the rule, with take-out Chinese. There were floods, earthquakes, mud slides, erupting volcanoes.[...] We were [...] watching houses slide into the ocean, whole villages crackle and ignite in a mass of advancing lava. Every disaster made us wish for more, for something bigger, grander, more sweeping"(64). Zusammen mit anderen Medien prägt das Fernsehen die Wirklichkeitsvorstellungen der Zuschauer, Hörer oder Leser. Ins Groteske verzerrt erscheint die Medienwirklichkeit, wenn der Erzähler feststellt, daß es regne. Heinrich, sein vierzehnjähriger Sohn aber behauptet, daß das Radio gesagt habe, es werde erst am Abend regnen(22f.).

Mit Murray Siskind, einem Kollegen, der hauptsächlich als Gesprächspartner herhalten muß, besucht der Erzähler eines Tages "the most photographed barn in America". "No one sees the barn," sagt Murray. "We see only what the others see. The thousands who were here in the past, those who will come in the future. We've agreed to be part of a collective perception. This literally colors our vision. A religious experience in a way, like tourism"(12). Als der Erzähler seine Tochter Bee vom Flughafen abholt und sich eine Menschenmenge um einen Passagier drängt, der von der Katastrophe berichtet, der er und seine Mitreisenden nur knapp entkommen seien, fragt diese: "Where's the media?" Als man ihr antwortet, daß es in Iron City keine gäbe, ist sie entrüstet: "They went through all that for nothing?"(92).

Das große wiederkehrende Ereignis des Alltags ist der Einkauf auf dem Supermarkt. Bei einer solchen Gelegenheit meint der Erzähler, "that Babette and I, in the mass and variety of our purchases, in the sheer plenitude those crowded bags suggested, the weight and size and number, the familiar package designs and vivid lettering, the giant sizes, the family bargain packs with Day-Glo sale stickers, in the sense of replenishment we felt, the sense of well-being, the security and contentment these products brought to some snug home in our souls - it seemed we had achieved a fullness of being"(20). Die durch den Einkauf auf dem Supermarkt erzielte Befriedigung besteht in dem Gefühl, daß "*man*" teilhat an der Verbrauchergesellschaft.

Der banale Alltag bestimmt auch das Leben am College. Die Hitler-Studien Gladneys sind im gleichen Gebäude untergebracht wie das "popular culture department"(9), an welchem ausschließlich Emigranten (émigrés) aus New York beschäftigt sind. Murray, der derzeitige Gastprofessor des Instituts, möchte in Analogie zu Gladneys Hitler-Studien Elvis Presley-Studien am College einführen und hält ein Seminar über Autozusammenstöße ab.

Bewegung kommt in den Alltag der Gladneys, als eines Tages einem beschädigten Tankwagen Chemikalien entweichen und eine Wolke bilden, deren giftiger Niederschlag als tödliche Bedrohung angesehen wird. Die Bevölkerung wird evakuiert. Die ärztlicher Untersuchung, der sich alle stellen müssen, erklärt Gladney für infiziert. Seitdem glaubt er, den Tod in sich zu tragen. Nicht mehr der jeden erwartende natürliche Tod bestimmt von nun an seine Lebenserwartung, sondern die alle seine Daten verarbeitende Diagnose des Komputers.

Nach der Rückkehr aus der Evakuierung erfährt der Erzähler, daß seine Frau seit einiger Zeit Tabletten schluckt, die ihr die Angst vor dem Tode nehmen sollen, aber doch nicht wirken. Gladney gesteht nun auch seine Angst vor dem Tode und versucht, in den Besitz der Tabletten zu kommen, obwohl er weiß, daß sie Babette nicht halfen. Der Versuch, den Mittelsmann, von dem sie die Tabletten erhielt und der mit ihr in einem Motel geschlafen hatte, zu erschießen, mißlingt. Gladney wird selbst dabei verletzt. Der Alltag geht weiter, als sei nichts geschehen.

Der Tod bestimmt kaum die Handlung, sondern fast ausschließlich die Gespräche. Eine Kollegin, die er angesprochen hatte, Babettes Tabletten zu untersuchen, erklärt dem Erzähler im Gespräch, "[that] it's a mistake to lose one's sense of death, even one's fear of death. Isn't death the boundary we need? Doesn't it give a precious texture to life, a sense of definition?"(228) Das entscheidende Gespräch über den Tod führt der Erzähler gegen Ende des Jahres mit Murray. Ähnlich wie seine Kollegin behauptet dieser, "[that a] person has to be told he is going to die before he can begin to live life to the fullest"(285). Seine Angst zu beschwichtigen, empfiehlt er dem

Erzähler, "[to r]ead up on reincarnation, transmigration, hyperspace, the resurrection of the dead and so on. Some gorgeous systems have evolved from these beliefs." Als Gladney daraufhin meint, daß diese Systeme so verschieden seien, fordert Murray ihn auf, sich eines, das ihm passe, auszusuchen(286).

Verschiedene Möglichkeiten, dem Tode auszuweichen oder zu begegnen, werden in diesem und in anderen Gesprächen angeführt. In dem Bemühen, ihm auszuweichen, identifiziert man sich mit der Masse. "Crowds came to form a shield against their own dying. To become a crowd is to keep out death,"erklärt Murray dem Erzähler(73), und später wirft er ihm vor, sich mit seinen Hitler-Studien vor dem Tode zu verstecken: "Some people are larger than life. Hitler is larger than death. You thought he would protect you.[...] On one level you wanted to conceal yourself in Hitler and his works. On another level you wanted to use him to grow in significance and strength"287).

Dem Tod zu begegnen, werden das tibetanische wie das ägyptische Totenbuch erwähnt, wird der in Mexiko gefeierte Tag der Toten genannt. Murray empfiehlt Gladney schließlich das Töten als Alternative zum Sterben. "The killer, in theory, attempts to defeat his own death by killing others," heißt es(291). "Violence" wird dabei zu einer "form of rebirth"(290). Zum Töten bedarf es aber der "Planung", eines "plot". Nach seiner Theorie ist für Murray aber das ganze Leben ein Plot. "Your whole life is a plot, a scheme, a diagram.[...] To plot is to affirm life, to seek shape and control.[...] To plot, to take aim at something, to shape time and space. This is how we advance the art of human consciousness"(292). Schöpferisches Tun wird hier ziemlich willkürlich mit dem Planen eines Mordes in Verbindung gebracht. Am Ende der Aufzeichnung des Gesprächs notiert der Erzähler die Mahnung der Bank, sich die Geheimnummer der Kundenkarte seiner Bank einzuprägen. Es bedarf des "code", um hinter das Geheimnis zu gelangen, das das jeweilige Leben bestimmt.

Eine andere Ebene des geheimnisvollen möglichen Zusammenhangs aller Dinge wird in dem Gespräch aufgerollt, das der Erzähler mit einer alten Nonne führt, nachdem er sein Opfer in deren Krankenhaus eingeliefert hat und dieses dort von ihr verbunden wird. Mit Erstaunen stellt er fest, daß sie nicht an Engel und vielleicht nicht einmal an ein Leben nach dem Tode glaubt, aber es wichtig findet, daß andere meinen, sie, die Nonnen, glaubten. "It is our task in the world to believe things no one else takes seriously. To abandon such beliefs completely, the human race would die.[...] To embody old things, old beliefs. The devil, the angels, heaven, hell. If we did not pretend to believe these things, the world would collapse.[...] Those who have abandoned belief must still believe in us. They are sure that they are right not to believe but they know belief must not fade completely. Hell is when no one believes. There must always be believers"(318f.). Es bedarf des Glaubens, daß jemand glaubt, um überleben zu können. "You could not survive without us," sagt ihm die Nonne.

Auch der Supermarkt ist in das Thema des Todes wie in das System des Glaubens einbezogen. Murray vergleicht ihn am Anfang mit dem Stadium zwischen Leben und Tod, an das die Tibetaner glaubten. "This place [der Supermarkt] recharges us spiritually, it prepares us, it's a gateway or pathway.[...]The large doors slide open, they close unbidden. Energy waves, incident radiation. All the letters and numbers are here, all the colors of the spectrum, all the voices and sounds, all the code words and ceremonial phrases. It is just a question of the deciphering, rearranging, peeling off the layers of unspeakability.[...] We simply walk toward the sliding doors. Waves and radiation. Look how well-lighted everything is. The place is sealed off, self-contained.

It is timeless"(37f.). Doch wie läßt es sich entziffern? Am Ende des Romans steht wieder ein Besuch im Supermarkt. Doch er war inzwischen umgebaut worden, d.h. man hatte die Waren nach einem anderen Systen geordnet. "The supermarket shelves have been rearranged. It happened one day without warning. There is agitation and panic in the aisles, dismay in the faces of older shoppers. They walk in a fragmented trance, stop and go, clusters of well-dressed figures frozen in the aisles, trying to figure out the pattern, discern the underlying logic, trying to remember where they'd seen the Cream of Wheat. They see no reason for it, find no sense in it." Man wird jedoch lernen, sich auf andere Ordnungs- oder Sinngebungsmöglichkeiten umzustellen. "But in the end it doesn't matter what they see or think they see. The terminals are equipped with holographic scanners, which decode the binary secret of every item, infallibly. This is the language of waves and radiation, or how the dead speak to the living. And this is where we wait together, regardless of age, our carts stocked with brightly colored goods. A slow moving line, satisfying, giving us time to glance at the tabloids in the racks. Everything we need that is not food or love is here in the tabloid racks. The tales of the supernatural and the extraterrestrial. The miracle vitamins, the cures for cancer, the remedies for obesity. The cults of the famous and the dead" (325f.). "Waves and radiation" - so der Titel des ersten Teils des Romans -, die die verschlüsselten Informationen auf der Verpackung der Waren lesen, werden zu dem Medium, mit dem die Toten zu uns sprechen, die wissen, was die Welt zusammenhält. Der Käufer im Supermarkt gibt sich damit zufrieden, daß die erworbenen Waren auf diese Weise abgerechnet werden. Für das, was nicht in diesen Bereich seines Verbraucheralltags fällt, sucht er Erklärungen in den Boulevardblättern.

Hier konnte nur ein kleiner Ausschnitt aus der Vielfalt der Gedanken beschrieben werden, die in dem Roman ausgebreitet wird. Doch wird auch in diesem Ausschnitt ihr Eklektizismus deutlich. Existenzphilosophische Gedanken sind als Ausgangsbasis erkennbar, werden aber durch alles Mögliche ergänzt, was dem Erzähler zu dem Thema einfällt. Ein gravierenderer Mangel des Romans als dieser Eklektizismus ist die Tatsache, das sich die Aussagen meist nicht aus dem Geschehen ergeben, sondern nur erklärend an es herangetragen werden. Dies macht den vorwiegend abstrakten Charakter der Romane DeLillos aus. Sie stellen in ihrer Eigenart eine interessante, aber doch nicht ganz gelungene Kritik an der Gesellschaft unserer Zeit dar. Die Uneigentlichkeit der postmodernen Welt wird durchschaut, doch letztlich nicht überwunden.

(Zitiert nach *White Noise*, New York, 1986, Viking Penguin; *Mao II*, New York, 1991. Sekundärliteratur: Tom LeClair, *In the Loop: Don DeLillo and the Systems Novel*, Urbana, Chicago, 1987; Frank Lentricchia, *Introducing Don DeLillo*, (L) Durham, London, 1991; ders., *New Essays on **WHITE NOISE***, Cambridge, 1991.)

Eine Bedeutung anderer Art als die der drei zuvor behandelten Erzähler gewinnt eine Autorin wie **Anne Tyler**, geb.1941 in Minneapolis, die mit ihren "domestic novels" eine langbewährte Tradition mit Erfolg aufzugreifen vermag. Ihre Romane sind - und das macht ihre Aktualität in einer Zeit der Frauenbewegung aus - vor allem Frauenromane oder aber auch Bildungsromane, in denen es um das Hineinwachsen in das Erwachsenensein, in die Ehe und in die Familie geht. Liegt der Akzent in ihren frühen Romanen - so in *The Slipping Down Life*, 1970, und *The Clock Winder*, 1972, - noch bei der Problematik des Erwachsenwerdens, so in den folgenden Romanen der siebziger Jahre, angefangen mit *Celestial Navigations*, 1974, auf der Spannung zwischen den Verpflichtungen gegenüber der Famile und der persönlichen Entfaltung. Die Protagonistinnen gehen voll in dem Familienleben auf oder versuchen, sich von ihm abzusetzen. In den achtziger Jahren treten dann Vorstellungen in den Blickpunkt, die über das Familienleben im engeren Sinne hinausreichen. Familie erscheint dabei übrigens auch noch als Großfamilie, die sich über drei Generationen erstreckt. Erstaunlich ist es - und darin sehen wir die Bedeutung Anne Tylers -, daß bei den verschiedensten Neuerungen und Weiterentwicklungen der Erzählkunst auch der an die heutige gesellschaftliche Situation angepaßte realistische Familienroman noch einen großen Leserkreis findet, ohne daß er als Trivialliteratur abgetan werden muß.

(Sekundärliteratur: Gabriele Strake-Behrendt, *Die Romane Anne Tylers. Von der Moderne zur Postmoderne*, Frankfurt a.M., 1990; Alice Hall Petry, *Understanding Anne Tyler*, Columbia, SC, 1990.)

Zu den "neuen" Erzählern der letzten zehn Jahre gehört neben den "Minimalisten" **Paul Auster**, geb.1947. Wie bei diesen reichen die Anfänge seines Schaffens in die siebziger Jahre zurück. In Newark, New Jersey, geboren, hatte er an der Columbia University studiert, sich mit seiner zweiten Frau und seinen Kindern in Brooklyn niedergelassen und sich zunächst vornehmlich als Übersetzer und Lyriker hervorgetan. Erst mit seiner *New York Trilogy*, bestehend aus *City of Glass*, 1985, *Ghosts*, 1986, und *The Locked Room*, 1987, gelang ihm der Durchbruch als Romancier. Die Romane wurden als "post-modern detective novels" gefeiert.

Der postmoderne - oder metafiktionale - Charakter der Trilogie kann darin gesehen werden, daß der Autor mit in das Geschehen einbezogen wird. So beginnt der erste der Romane damit, daß Quinn, ein anonymer Verfasser von Detektivromanen, einen Anruf erhält, der dem eigentlichen Detektiv galt, dessen Namen später als derjenige des Autors enthüllt wird. Quinn nimmt sich gelangweilt - sich mit Auster identifizierend - des Falles an: Seine Aufgabe ist es, einem Geisteskranken nachzuspüren, der seinen Sohn neun Jahre lang von jedem menschlichen Kontakt ferngehalten hatte, um der Ursprache des Menschen auf die Spur zu kommen. Denn nachdem der kranke aus der Anstalt für Geisteskranke entlassen worden ist, steht der Sohn in Gefahr, von ihm verfolgt zu werden. Dies zu verhindern, ist die Aufgabe Quinns. Zentrales Thema wird damit die Sprachlosigkeit, mit der der Sohn aufwächst. Mit der Reduzierung menschlichen Lebens auf eine sprachlose Existenz bringt Auster auch einen wichtigen Aspekt der Minimalisten in seinen Roman ein. Der Name des Geisteskranken ist "Stillman".

Noch deutlicher tritt dieser minimalistische Aspekt in dem zweiten Roman der Trilogie hervor. In *Ghosts* engagiert White einen Detektiven namens Blue, um einen Mann namens Black zu beobachten. Die Handlung besteht darin, daß Blues Leben schrittweise auf das Beobachten von Blacks Leben reduziert wird und damit seinen Eigencharakter verliert.

Der *New York Trilogy* folgten in kurzen Abständen drei weitere Romane: *In the Country of Last Things*, 1987, *Moon Palace*, 1989, und *The Music of Chance*, 1990. In dem ersten der drei Romane begibt sich eine Frau auf der Suche nach ihrem verschollenen Bruder in eine verfallende Stadt in einem fremden Land, in dem man auf bequeme Weise seinem Leben ein Ende bereiten kann. Um in der fremden Welt leben zu können, meint sie - und darin besteht der minimalistische Aspekt des Romans -, müsse man alles aufgeben, was man bisher als das zum Menschsein gehörende angesehen habe. In *Moon Palace* reduziert Fogg, wie Auster einmal Student an der Columbia University, nach dem Tode seiner Eltern sein Leben auf ein äußerstes Minimum, um experimentierend neu beginnen zu können. Auch in Austers bisher letztem, sicherlich nicht bestem, aber doch exemplarischstem Roman geht es um ein auf ein Minimum reduziertes Leben.

The Music of Chance, 1990

Nachdem ihn seine Frau verlassen hat, vertraut Jim Nashe seine zweijährige Tochter der Obhut seiner Schwester an und gibt seinen Beruf als Feuerwehrmann in Boston auf. Mit der ihm von seinem Vater, den er dreißig Jahre nicht gesehen hatte, hinterlassenen Erbschaft reist er nun, solange das Geld reicht, planlos im Lande umher. "He was like a crazed animal, careening blindly from nowhere to the next." Seine Fahrt wird zu einem "nightlong rush through the emptiness"(7). "Nashe did not have any definite plan. At most, the idea was to let himself drift for a while, to travel around from place to place and see what happened"(11). Es geschieht sehr viel in dem Roman; doch alles ereignet sich nur als "chance", als Zufall. Bei aller Bewegung bleibt Nashe stehen: "He was a fixed point in a whirl of changes, a body poised in utter stillness as the world ticked off several hundred miles a day"(14).

Nach einem Jahr begegnet Nashe Jack Pozzi, einem jungen professionellen Pokerspieler. Er läßt sich dazu verführen, sein letztes Geld in einem Spiel zum Einsatz zu bringen, das Jack bestimmt zu gewinnen meint. Mit diesem zweiten Teil wird der Roman - wie William Kennedys *Billy Phelan's Greatest Game* - zu einem Spielerroman. Bei Auster findet das Spiel in dem pennsylvanischen Landhaus von Flower und Stone, zwei Millionären, statt, die ihr Vermögen einer gewonnenen Wette verdanken. Auch die von Geld bestimmte Welt Flowers und Stones beruht auf "chance". Flowers hat ein kleines Museum eingerichtet, in dem er die belanglosesten Dinge sammelt. Vergangenheit erscheint ihm nur als eine Zusammensetzung von Sammelsurien. Stone hat sich ein Modell der "City of the World" eingerichtet, "an autobiography" und gleichzeitig ein "utopia"(79). Vergangenheit und Zukunft treffen sich in dieser Stadt in der Gegenwart. Wie in Edward Albees *Tiny Alice*, enthält das Modell dieser Stadt der Welt das Landhaus der Brüder, und in dem Modell des Hauses steht wiederum dessen Modell. Und wie sich Alice bei Albee in dem Modell des Schlosses gefangen sieht, so Nashe in dem Modell des Landhauses. Darin findet er gewissermaßen "the invisible order of things", die er sonst beim Hören klassischer Musik wahrzunehmen glaubte, in Stones Modell aber erlebt er sie als totalitäre Welt, in der er sich nun eingefangen sieht.

Nashe und Pozzi werden Gefangene von Flowers und Stone im wahrsten Sinne des Wortes, als sie das Spiel verlieren und sich beim Stechen mit 1oooo $ verschulden. Sie sehen sich genötigt, ihre Schuld durch den Bau einer Mauer mit Steinen aus einer alten irischen Ruine auf dem Grundstück der Brüder abzuarbeiten. Pozzi versucht, mit Hilfe Nashes zu entkommen, liegt jedoch am anderen Morgen schwer verletzt bewußtlos vor dem Wohnwagen, in dem die beiden untergebracht waren. Nashe arbeitet nun allein die Schulden ab, verdächtigt aber seinen Aufseher, Pozzi mit Hilfe seines Sohnes erschlagen zu haben. Als er schließlich seine Schulden abgearbeitet hat und von seinem Aufseher und dessen Sohn eingeladen wird, dies zu feiern, fährt er sich und sie mit seinem alten Wagen in den Tod. Der Leser erfährt weder, ob Pozzi noch lebt oder ob der Aufseher und sein Sohn ihn wirklich erschlagen haben. Es handelt sich um ein sehr unwahrscheinliches Geschehen. Mit dem Heraustreten aus dem normalen Leben begibt sich der Protagonist in eine phantastische Welt. In ihr wird das Gesetz von Ursache und Wirkung aufgehoben. Alles wird durch "chance" bestimmt, die jedoch einen Zwang ausübt, dem nicht mehr zu entkommen ist. Der Protagonist baut sich selbst die Mauer, die ihn einsperrt. Die phantastische Welt ist damit aber auch eine allegorische Welt und als solche Bild einer Welt, die auf ein "Minimum" reduziert ist, d.h., in der alles, was sie menschlich machen würde, zurückgenommen wird oder sich nicht mehr zu entfalten vermag.

The Music of Chance folgt damit dem Grundmuster der vorausgegangenen Romane, die nicht leicht zwischen "experimenteller" und "minimalistischer" Erzählkunst einzuordnen sind, aber das Dilemma des Menschen darstellen, der den Anschluß an die "Normalität" unserer Zeit verloren hat.

(Zitiert nach *The Music of Chance*, New York, 1990.)

Zu den Erzählern, die in den letzten zehn bis zwanzig Jahren Aufsehen erregten und ein fruchtbares Weiterleben der amerikanischen Erzählkunst versprachen, gehören neben Paul Auster eine ganze Reihe sehr unterschiedlicher Autoren, deren zukünftige Bedeutung noch nicht endgültig auszumachen ist. Die Auswahl, auf die wir uns hier beschränken, orientiert sich zum Teil daran, daß zumindest einige ihrer Werke auch bereits in deutscher Übersetzung erschienen sind.

Aufsehen erregte 1978 **John Irving**, geb.1942 in New Hampshire, mit seinem Bestseller *The World According to Garp*. Nach dem Erfolg des sehr bald auch verfilmten Romans wurden, wie in solchen Fällen üblich, auch seine drei vorausgegangenen Romane neu aufgelegt, ohne daß sie die entsprechende Beachtung in der Kritik fanden. Das Besondere von *The World According to Garp* kann darin gesehen werden, daß Irving in dem noch der realistischen Erzähltradition des 19.Jahrhunderts folgenden Roman ein ungewöhnliches Einfühlungsvermögen in die Nöte der Frau an den Tag legt. Wie in den meisten seiner anderen Romane zeigt er die Gefährdung menschlichen Lebens durch Vergewaltigung, Mord, Verstümmelung oder Selbstmord, in dem Falle des so erfolgreichen Romans aber vor allem die Gefährdung der Frau in ihrer durch die Tradition bestimmten Rolle. Die folgenden Romane bestätigen sein erzählerisches Talent, zeigen aber trotz der Versicherung des Autors, traditionellen Werten verpflichtet zu sein, eher eine verblüffende diesbezügliche Mehrdeutigkeit. Diese tritt vor allem zu Tage in *The Cider House Rules*, 1985, wenn die Kritiker sich nicht einig sind, ob die in dem Roman behandelte Frage nach der Berechtigung der Abtreibung positiv oder negativ beantwortet wird, oder in *A Prayer for Owen Meany*, wenn der Titelheld sowohl als Christus als auch als Mephisto verstanden werden kann. Das Profil, das Irving durch *The World According to Garp* gewann, wurde damit eher verwischt als bestätigt. Es bleibt abzuwarten, wie bzw. ob sich das Schaffen des Autors weiterentwickelt.

(Sekundärliteratur: Edward C.Reilly, *Understanding John Irving*, Columbia, SC, 1991.)

Clyde Edgerton, geb.1944 in Durham, NC, und heute dort als Lehrer ansässig, gehört zu den jüngeren der von Louis Rubins Algonquin Verlag geförderten Erzählern des Südens. Durch eine Lesung Eudora Weltys sah er sich angeregt, selbst Kurzgeschichten zu schreiben. Jedoch sehr bald entstanden statt dessen - inzwischen fünf - Romane, meist Familienleben in dem ihm bekannten Süden darstellend. Seine Erzähler und Protagonisten sind meist Frauen, die gegen alle möglichen Widrigkeiten ankämpfen müssen, um ein nach ihrer Vorstellung anständiges christliches Leben führen zu können. Einen Höhepunkt erreichte er 1988 mit *The Floatingplane Notebook*, dem dritten seiner Romane. Dieser erzählt die noch in der Erinnerung lebendige Geschichte der Copeland-Familie mit den Stimmen der verschiedenen Familienmitglieder, die sich zur alljährlichen Pflege der Gräber getroffen haben. Die Stimmen der Verstorbenen werden von einer dort vor langer Zeit angepflanzten Glyzinie wiedergegeben. Einer der Söhne der Familie war im Vietnamkrieg - an dem übrigens auch der Autor als Aufklärungsflieger beteiligt war - schwer verwundet worden; er kann nicht mehr gehen und nicht mehr sprechen und wird von seiner Frau verlassen. Doch die Familie nimmt sich seiner an. Das Durchhalten, Faulkners "endurance", zeigt sich in dem Roman in der durch viele Herausforderungen geprüften Familie. Vater Copeland bastelt beharrlich jahrelang an seinem Wasserflugzeug, bis er es am Schluß doch noch zum Fliegen bringt und den verkrüppelten Sohn auf seinen ersten Flug mitnimmt. Der Roman endet damit zwar recht sentimental, vermittelt aber ein lebendiges Bild von dem Leben einer südstaatlichen Familie und davon, wie deren Geschichte in der Erinnerung fortgesponnen wird. Mit der selben Technik der mehrfachen Perspektive wie in Faulkners *As I Lay Dying* arbeitend, vermittelt Edgerton jedoch ein wesentlich ausgeglicheneres Bild des Südens als sein großer Vorgänger. Dies gilt, wie für Edgerton, übrigens auch für Anne Tyler. Wie bei ihr stehen auch bei ihm Frauen im Mittelpunkt. Auch seine Romane sind "domestic novels". Das Thema der "endurance" spielt bei beiden in den Familiengeschichten eine entscheidende Rolle, und auch die vielfältigen Perspektiven erscheinen schon in Tylers *Dinner at the Homesick Restaurant*, 1982, obwohl sie ihrer eigenen Aussage zufolge Faulkners *As I Lay Dying* nicht gelesen hatte. Jeden Einfluß Faulkners auf ihr Schaffen ablehnend, bekennt sie jedoch, wie Edgerton von Eudora Welty Anregungen empfangen zu haben. Ob Edgerton noch zu den wirklich großen Erzählern aufzusteigen fähig ist, muß dahingestellt bleiben. In der bei Anne Tyler vorliegenden Form des Familienromans dürfte ihm wohl bereits die gleiche Bedeutung zukommen wie ihr.

Völlig anderer Art als dasjenige Edgertons ist das bisherige Schaffen von **T.Coraghessan Boyle**, geb.im Hudsontal außerhalb New Yorks und heute in Los Angeles lebend, wo er an der University of Southern California lehrt. Bisher liegen von ihm drei Kurzgeschichtensammlungen und vier Romane vor, von denen vor allem *World's End*, 1988, der thematisch anspruchvollste, Beachtung fand. Die Geschichte des amerikanischen Einwanderers wird in *World's End* mit allen ihren Folgen für die Gegenwart in einer überschwenglich komischen, aber gleichzeitig auch Grausen erregenden Weise dargestellt, die auch die anderen Werke des Autors kennzeichnet. Ein, wenn auch etwas später "Einwanderer" erscheint wieder in dem bisher letzten seiner Romane, *East Is East*, 1990, ein Japaner, der vor der Küste Georgias sein Schiff verläßt und auf einer vorgelagerten Insel in die unmöglichsten Situationen gerät. Für eine Reihe Kritiker erscheinen die Abenteuer seiner Kurzgeschichten und Romane als zu abwegig phantastisch, können aber als Ausdruck seiner sarkastischen, oft an Nietzsche orientierten Weltsicht verstanden werden. Sie entfalten sich meist aus einem anscheinand "normalen" banalen Alltag. Die Katastrophe wird bei Boyle nicht durch Atomkrieg und andere Ungeheuerlichkeiten herbeigeführt, sondern durch die Sinnlosigkeit, in der das Leben erstarrt ist. Boyle kennzeichnet einen der möglichen absoluten Endpunkte aller Entwicklung. Seine Charaktere erleben durch ihre Abenteuer keine Umkehr mehr; der Untergang ist in der von Boyle dargestellten Welt nicht mehr aufzuhalten.

Als außergewöhnlich begabten Erzähler würdigten die Kritiker **Padgett Powells** bei dem Erscheinen seines aus einer Prüfungsarbeit an der University of Houston hervorgegangenen ersten Romans *Edisto*, 1984. Auch die nachfolgenden Romane des in Gainesville, FL, geborenen und dort heute als Hochschullehrer tätigen Autors fanden die Anerkennung der Kritik, vermochten *Edisto* jedoch nicht zu übertreffen. In *Edisto* erzählt der zwölfjährige Simons Manigault die Geschichte seines äußerst ungewöhnlichen Werdegangs. Frühreif und von seiner Mutter zunächst weitgehend sich selbst überlassen, lernt er unter Anleitung des etwas mysteriösen Liebhabers seiner Mutter die Welt, in die er hineinwächst, zu akzeptieren. Die Gesellschaft, die Powell schildert, ist die des industrialisierten und kommerzialisierten "neuen" Südens der achtziger Jahre, den der Erzählerheld nicht gerade ideal findet, aber doch zu akzepzieren bereit ist. Der Ehrgeiz seiner Mutter ist es, daß er Schriftsteller werden soll. Seine Aufzeichnungen sind die Übungsstücke, zu denen sie ihn anleitet. Der regionale Dialekt, dessen er sich bedient, stellt den kurzen Roman in die von Mark Twains *Huckleberry Finn* eingeleitete Tradition des sich seiner Umgangssprache bedienenden jugendlichen Erzählers und macht einen der Reize des kurzen Romans aus. *Edisto* ist zu Recht mit Salingers *Catcher in the Rye* verglichen worden. Powells Roman stellt allerdings nicht mehr wie der Salingers das Hineinwachsen des Jugendlichen in die Erwachsenenwelt als psychischen Prozeß dar. Doch kann ihm daraus kaum ein Vorwurf gemacht werden. Die Welt Powells ist nicht mehr diejenige seines Vorgängers. Die seelische Verfaßtheit spielt in ihr nicht mehr die entscheidende Rolle. Die kritische Distanz zu der Fragwürdigkeit seiner Welt bewahrend, richtet man sich darauf ein, mit ihr zu leben, wenn man in ihr auch als Kuriosum betrachtet werden sollte. Dies ist auch der Tenor der folgenden Romane.

Zur Katastrophe - wie bei Boyle - gerät das Leben wieder in den bisherigen Romanen **Jay McInernys**. In Hartford, CT, geboren, ist er ganz der New Yorker Szene verschrieben. Nur in seinem zweiten Roman, *Ransom*, 1985, spielt das Geschehen in Japan, wo er selbst als Journalist tätig gewesen war. Der Protagonist seines ersten Romans, *Bright Lights, Big City*, 1984, ist Yuppie, Kind reich gewordener Eltern, der sich mit Hilfe von Kokain der Verantwortung gegenüber dem Leben zu entziehen versucht. Die Konsumermentalität seiner Eltern verabscheuend, ist er selbst dem Konsum auf anderer Ebene verfallen. An die Stelle der protestantischen Erwerbsethik der Eltern tritt bei ihm die unersättliche Sucht nach unmittelbarer Befriedigung aller Bedürfnisse, mit der er sich aber selbst zugrunde richtet. Wenn Henry Miller und seine bisherigen Nachfolger noch an Obszönität übertroffen werden können, so durch McInerny. Doch indem sie über die völlige Verfallenheit ihrer Charaktere an Sex und Droge hinausgehen und diesen eine Chance geben, wieder zu sich selbst zu finden, sind seine Romane mehr als nur Pornographie. Es bleibt abzuwarten, ob auf dem von dem Autor eingeschlagenen Weg noch weitere bedeutsame Werke erwartet werden können.

Abschließend sei auf eine Reihe von Autoren verschiedener Minoritäten verwiesen, die als Beispiele der von der Kritik mit Nachdruck beschworenen "multiethnicity" auch der amerikanischen Literatur dienen mögen. Neben dem früher als Verfasser von *A House Made of Dawn* genannten N.Scott Momaday meldeten sich inzwischen zahlreiche indianische Erzähler zu Wort. Zu ihnen gehören die in Kansas City geborene Cherokee-Indianerin Diana Glancy, geb.1941, die sich als Lyrikerin wie auch als Erzählerin - mit *Trigger Dance*, 1990, und *Firesticks*, 1992, - hervorgetan hat, wie auch die beiden aus Albuquerque stammenden Pueblos Simon J.Ortiz, geb.1941, mit mehreren Bänden von Erzählungen, und Leslie Marmon Silko, geb.1944, vor allem mit ihrem Roman *Ceremony*, 1977.

Besondere Aufmerksamkeit schenkt die Kritik auch seit geraumer Zeit der Literatur der Chicanos, der innerhalb der USA lebenden Mexikaner, von denen nur Piri Thomas mit *Down These Mean Mainstreets*, 1967, und Rudolfo Anaya, geb.1937, mit seinem Bestseller *Bless Me, Ultima*, 1972, stellvertretend für zahlreiche andere genannt seien. Neben der Erzählkunst der Chicanos meldet sich neuerdings auch die der Puertoricaner zu Wort, so z.B. Raymond Barrio mit *The Plum Pickers*.

Aus dem Bereich weiterer Minoritäten seien abschließend nur noch zwei Erzählerinnen genannt: Bharati Mukherjee, geb.1948 in Kalkutta, die als Studentin nach Amerika kam und heute mit einem kanadischen Schriftsteller verheiratet ist, mit ihrem Roman *The Tiger's Daughter*, 1972, und ihrer Kurzgeschichtensammlung *The Middleman*, 1988, und Maxine Hong Kingston, geb.1940 in Stockton, CA, chinesischer Herkunft, vor allem mit *The Woman Warrior: Memories of a Girlhood Among Ghosts*, 1976. Kingstons "autobiography as nonfictional novel"(Karl 564) kann als charakteristisch für den größeren Teil der Erzählkunstwerke der Minderheiten betrachtet werden, insofern in ihr die Begegnung der "ethnischen Minderheit" mit der "ethnischen Mehrheit" thematisiert wird. Noch wird die Literatur der hier genannten Minderheiten zu sehr von der Problematik ihrer Assimilation bzw. der Durchsetzung ihrer Eigenständigkeit bestimmt, um zu umfassenderer Bedeutung zu gelangen.

Schlußbetrachtung

Abschließend verweisen wir auf unsere bereits in der Einleitung formulierte Zusammenfassung der Ergebnisse, zu denen unsere Untersuchung der amerikanischen Erzählkunst nach der Jahrhundertmitte gelangte. Nur einige der sie kennzeichnenden Merkmale seien hier noch einmal hervorgehoben. In Anbetracht der Festlegung einer beachtlichen Zahl von Kritikern auf die überragende Bedeutung der experimentellen Erzähler, bedarf es einer besonderen Betonung vor allem eines der sonst eigentlich offensichtlichen Merkmale, nämlich der Vielfältigkeit dieser Erzählkunst. Bei allen Erneuerungen bleibt die eher traditionelle realistische Erzählweise mitbestimmend für ihr Erscheinungsbild. Ein Teil der grundsätzlich realistischen Erzählkunst nimmt jedoch Elemente anderer, auch innovativer Erzählweisen in sich auf oder entwickelt neue Formen realistischen Erzählens wie in der "faction", im "New Journalism" oder im "Minimalismus". Die grundsätzlich realistische Erzählkunst zeigt wiederum unterschiedliche, vor allem regional und ethnisch bedingte Ausprägungen.

Die schon in der vorausgegangenen Literatur bestimmende Thematik der Identitätskrise charakterisiert auch das Werk der Erzähler seit 1950, allerdings in verschärfter Form und in unterschiedlichen Ausprägungen bei den verschiedenen gesellschaftlichen Gruppen: neben den ethnischen Minderheiten und der Altersgruppe der heranwachsenden Jugendlichen sind dies unter anderem die der Frauen oder der Homosexuellen. In zunehmendem Maße wird aber auch auf eine eigene Identitätsfindung verzichtet, resignierend oder der angeblich durch den Verzicht gewonnenen Freiheit wegen.

Die in der ersten Hälfte des 20.Jahrhunderts so prominente Gesellschaftskritik in der erzählenden Prosa setzt sich über die Jahrhundertmitte hinaus fort, tritt aber zusehends zurück. In extremem Maße ist dieses der Fall in der Haltung der Verweigerung in der Literatur der Beat-Generation. Diese weitgehend durch den Konsum von Drogen bestimmte Literatur dürfte heute - von einigen Nachklängen und von der anhaltenden Bewunderung durch die "Szene" abgesehen - als abgeschlossen betrachtet werden. Der noch einmal voll engagierten Gesellschaftskritik, vor allem aus Anlaß der Bürgerrechtsbewegung und des Vietnamkriegs, folgte eine weitgehende Enthaltung von der politischen Szene, zum Teil aus einer gewissen Resignation heraus, zum entscheidenderen Teil aber der Konzentration auf die individuellen Bedürfnisse und der Mißachtung sozialer Verantwortlichkeit wegen.

Als die bedeutendste neue Entwicklung nach 1950 erwies sich die hier vornehmlich als experimentell bezeichnete Erzählkunst. In ihr vereinigten sich sehr unterschiedliche Tendenzen. Als ihre wichtigsten Kennzeichen erwiesen sich ihre antimimetische Erzählweise, ihr "Fabulieren", ihr Verzicht auf Handlung und - als "metafiction" - ihre Reflexion über den Erzählvorgang. Es war diese experimentelle Erzählkunst, der vornehmlich das Attribut "postmodern" zugeordnet wurde. Inzwischen spricht die

Kritik - sprachschöpferisch so hilflos wie in bezug auf die Bezeichnung "postmodern" - von postpostmoderner Erzählkunst. Die experimentellen Erzähler - selbst ein Federman - werden wieder konventioneller und sprechen von dem Ende ihrer Zeit.

Die anhaltende Fülle von Neuerscheinungen zeigt, daß von dem schon vor so langer Zeit vorhergesagten "Tod des Romans" nicht die Rede sein kann. Er gedeiht, was die Zahl der Veröffentlichungen betrifft, gewaltiger denn je. Viele davon zeigen ein beachtliches Niveau, so daß es ständig schwerer fällt, den Weizen von der Spreu auszusondern. Ein beachtlicher Teil der hier behandelten Autoren besuchte Seminare für "Creative Writing". Die meisten der Autoren unterrichten selbst wieder, wie man schreiben sollte. Kreativ zu schreiben wird an den amerikanischen Hochschulen als Therapie im Prozeß der Identitätssuche empfohlen. Der Literatur kommt auf diese Weise eine ganz neue Funktion zu. Sie dient als Therapie nicht mehr dem Leser, sondern dem, der sie schreibt. Aber auch wenn ihre Funktion nicht narzißtisch auf ihren Urheber beschränkt bleibt, findet sie oft einen nur begrenzten Leserkreis. Dies ist der Fall bei den meisten der experimentellen Erzähler, deren Leserschaft oft auf den Kreis ihrer Schüler und Kritiker beschränkt bleibt. Es gibt darüber hinaus jedoch genug bedeutende Erzähler und Erzählkunstwerke, die unsere Aufmerksamkeit verdienen. Doch die Pyramide der Erzählkunst der Gegenwart, von der - wie wir eingangs zitierten - Spevick sagte, sie habe keine Spitze, das heißt, keine wirklich ganz großen Erzähler mehr, hat sich zu einer Mesa erweitert. Es gibt nicht mehr die ganz großen, aber doch immer mehr sehr gute Erzähler. Darüber zu entscheiden, wer das Plateau des Tafelbergs erreicht hat, sollte die hier vorgelegte Untersuchung Hilfestellung leisten.

In der weiteren Entwicklung der amerikanischen Erzählkunst dürfte nicht nur mit einer weiteren Ausbreitung eines vielleicht etwas niedrigeren Plateaus des Tafelbergs zu rechnen sein, sondern auch mit dessen schon begonnener Aufspaltung in mehrere Berge. Die Vielfältigkeit der amerikanischen Erzählkunst zeigte bereits die Möglichkeiten unterschiedlicher kultureller Bezüge in einer pluralistischen Gesellschaft. Das bedeutet nicht - wie heute gern prophezeit - eine künftige "multiethnicity". Wie die ethnischen und anderen Minderheiten dem, was sie im Besonderen prägt, künstlerischen Ausdruck abzugewinnen vermögen, gestalten sie das umfassendere politische wie kulturelle Gemeinwesen mit, das ihre Existenz gewährleistet und dessen Teil sie inzwischen geworden sind.